Stephan Krüger
Weltmarkt und Weltwirtschaft

Stephan Krüger, Dr. rer. pol., Diplom-Volkswirt, -Kaufmann, -Soziologe, arbeitet als Unternehmensberater für Belegschaften und ihre Repräsentanten (Betriebsräte, Arbeitnehmervertreter in Aufsichtsräten und Gewerkschaften). Er ist außerdem Permanent Fellow am »Institut für die Geschichte und Zukunft der Arbeit« (IGZA).

Bislang erschienen von ihm in der Reihe »Kritik der Politischen Ökonomie und Kapitalismusanalyse« bei VSA: Band 1: »Allgemeine Theorie der Kapitalakkumulation« (2010), Band 2: »Politische Ökonomie des Geldes« (2012), Band 3: »Wirtschaftspolitik und Sozialismus« (2016), Band 4: »Keynes und Marx« (2012), Band 5: »Soziale Ungleichheit. Private Vermögensbildung, sozialstaatliche Umverteilung und Klassenstruktur« (2017).

Außerdem veröffentlichte er zuletzt bei VSA: »Grundeigentum, Bodenrente und die Ressourcen der Erde. Die Relativierung der Knappheit und Umrisse eines linken Green New Deal« (2020).

Stephan Krüger

Weltmarkt und Weltwirtschaft

Internationale Arbeitsteilung, Entwicklung und Unterentwicklung, Hegemonialverhältnisse und zukünftiger Epochenwechsel

Kritik der Politischen Ökonomie und Kapitalismusanalyse, Band 6

VSA: Verlag Hamburg

www.vsa-verlag.de

MIX
Papier aus verantwortungsvollen Quellen
FSC® C089473
FSC
www.fsc.org

Druck und Buchbindearbeiten: Beltz Bad Langensalza GmbH
ISBN 978-3-96488-021-5

Inhalt

Vorwort

Im ersten Bauplan für sein beabsichtigtes ökonomisches Werk hatte Karl Marx im Jahr 1857 als vierten und fünften Gliederungspunkt nach der inneren Strukturierung der bürgerlichen Gesellschaft mit den Existenzbedingungen der drei großen Klassen von Kapital, Lohnarbeit und Grundeigentum sowie der Zusammenfassung der bürgerlichen Gesellschaft im Staat (Gliederungspunkte 1-3) notiert: *»4) Internationales Verhältnis der Produktion. Internationale Teilung der Arbeit. Internationaler Austausch. Aus- und Einfuhr. Wechselkurs. 5) Der Weltmarkt und die Krisen.« (Grundrisse: 29)* In einem Brief an Ferdinand Lassalle vom 22. Februar 1858 hatte er präzisiert: *»Das Ganze ist eingeteilt in 6 Bücher. 1. Vom Kapitel (enthält einige Vorchapters). 2. Vom Grundeigentum. 3. Von der Lohnarbeit. 4. Vom Staat. 5. Internationaler Handel. 6. Weltmarkt.«* (MEW 29: 531) Die vorliegenden Bände des »Kapital«, von denen nur Band I zu Marx' Lebzeiten in mehreren Auflagen (und Sprachen) publiziert wurde, während die Bände II und III von Friedrich Engels nach ihm vorliegenden Manuskripten[1] editiert und herausgegeben wurden, enthalten neben dem ursprünglich ins Auge gefassten Buch 1 (Vom Kapital) auch einige Inhalte der Bücher 2 und 3, soweit sie zum Verständnis der kapitalistischen Produktionsweise als Ganzer notwendig sind. Demgegenüber sind Aussagen von Marx zum bürgerlichen Staat (Buch 4), dem Internationalen Handel (inkl. internationale Arbeitsteilung) (Buch 5) sowie Weltmarkt (Buch 6) nur als verstreute Bemerkungen in jeweils anderen Zusammenhängen im »Kapital« und den diversen Vorarbeiten (vgl. MEGA, II. Abteilung) vorzufinden.

In den bisher veröffentlichten fünf Bänden meiner »Kritik der Politischen Ökonomie und Kapitalismusanalyse« ist in der »Allgemeinen Theorie der Kapitalakkumulation« (Band 1) sowie der »Sozialen Ungleichheit« (Band 5) Wesentliches zum bürgerlichen Staat sowie zu den sozialen Klassen gesagt worden. Unter den Überschriften der Weltmarktexistenz des Kapitals sowie den Entwicklungsetappen der kapitalistischen Produktionsweise und des internationalen Währungszusammenhangs sind in der »Allgemeinen Theorie der Kapitalakkumulation« und der »Politischen Ökonomie des Geldes« darüber hinaus Analysen und Aussagen zu Weltmarkt und Weltwirtschaft getroffen worden. Gleichwohl fehlte bislang eine zusammenfassende Darstellung der kapitalistischen Weltwirtschaft mit ihren modernen Globalisierungstendenzen, der Herausbildung neuer industriell sich entwickelnder Länder (Schwellenländer) sowie des Einbezugs auch der unterentwickelten Staaten, die zwar rund die Hälfte der Erdbevölkerung beheimaten und wichtige Lager- und Produktionsstätten für industrielle und agrikole Rohprodukte besitzen, auf der Landkarte des kapitalistischen Weltmarkts jedoch nur einen Randbereich ausmachen.

---

[1] Vgl. MEGA II. Abteilung, Bände 4.2, 4.3, 11, 12 und 14.

Mit der krisenhaften Entwicklung der kapitalistischen Produktionsweise, die durch die Zunahme internationaler Ungleichheit geprägt wird, aber gleichzeitig mit ihren modernen Kommunikationsmitteln in wachsendem Ausmaß auch die abgehängte Mehrheit der Erdbevölkerung in den unterentwickelten Ländern erreicht, wird der Charakter der Welt als Eine Welt betont und gleichzeitig existenziell bedroht. Die wirtschaftliche Spaltung der Welt und die durch menschenverursachte Klimaveränderungen vom Untergang bedrohten Länder und Völker setzen neue Herausforderungen auf die Agenda auch der industriellen Metropolen und entwickelten Länder. Die Kriegsgefahr wächst, die Anzahl von »failing states« und bereits im Sumpf von Bürgerkriegen zerfallenen Staaten nimmt zu und die Migrationsprozesse von Flüchtlingen, Schutzsuchenden und Menschen, die die Hoffnung auf ein besseres Leben in ihren Heimatländern aufgegeben haben, explodieren geradezu. Damit erhalten die entwickelten Länder (West-)Europas und Nordamerikas gewissermaßen den Spiegel für jahrzehntelanges Unterlassen einer fairen internationalen Verteilung des Wohlstands vorgehalten. Bei Strafe wachsender interner Instabilitäten und der Verbreitung irrationeller, rechtspopulistischer und die Demokratie außer Kraft setzender politischer Bewegungen ist es notwendig geworden, grundlegende Veränderungen bisheriger Politiken sowohl national als auch auf der internationalen Ebene vorzunehmen.

Die internationalen Krisenprozesse bleiben nicht auf das Verhältnis zwischen entwickelten kapitalistischen Metropolen und unterentwickelten Ländern beschränkt. Mindestens gleich wesentlich ist der gegenwärtig bereits im Alltagsbewusstsein registrierte Kampf um internationale Hegemonie zwischen der militärischen Supermacht USA und der zukünftig, d.h. absehbar im kommenden Jahrzehnt sich zur größten Volkswirtschaft entwickelnden Volksrepublik China. Ein Blick in die Geschichte macht deutlich, dass bereits die Ablösung von Großbritannien als Demiurg und Hegemon des Weltmarkts durch die USA ein Prozess war, der durch die Einflüsse der nachgeordneten Mächte durch zwei verheerende Weltkriege vermittelt war; auch zwischen den beiden prinzipiell befreundeten Ländern selbst war der Epochenwechsel in der kapitalistischen Weltwirtschaft kein konfliktfreier Prozess. Noch mehr zeigt die durch die US-Politik unter der Trump-Präsidentschaft betriebene Aufkündigung des multilateralen Weltmarktregimes mit der Verhängung von Strafzöllen (insbesondere gegen China) und dem Einsatz des US-Dollars als der dominierenden internationalen Transaktionswährung zu egoistisch-nationalistischen Zwecken, dass die USA auch unter der Präsidentschaft von Joseph Biden keineswegs gewillt sind, sich in ein kooperatives Szenario zur ökonomischen und politischen Neuordnung der Welt einzuordnen oder gar einer anderen Nation die Funktion des Weltmarktdemiurgen zu überlassen. Der Kampf gegen einen neuerlichen Epochenwechsel auf dem Weltmarkt wird seitens der USA auch durch massive militärische Aufrüstung flankiert; damit steigt die Kriegsgefahr jenseits regional begrenzter Stellvertreterkriege stark an.

Als ein Ergebnis der vorgenommenen Kapitalismusanalyse hat sich eine historische Periodisierung der entwickelten kapitalistischen Produktionsweise seit Beginn des 19. Jahrhunderts bis zur Gegenwart ergeben. Sie hebt ab auf den Zusammenhang zwischen (1) dominierenden Rationalisierungsparadigmen des industriellen Produktionsprozesses in den Leitsektoren der gesellschaftlichen Gesamtreproduktionsprozesse, (2) gesellschaftlichen Arbeits- und Betriebsweisen als spezifischen Ausformungen des Zusammenhangs von Produktions-, Verteilungs- und Umverteilungsverhältnissen sowie politischen Interventionen und Regulierungen bis hin zu sozio-kulturellen Lebensweisen auf Basis der Klassen- und Sozialstrukturen und schließlich (3) internationalen institutionellen und (welt)politischen Rahmenbedingungen in Gestalt spezifischer Akkumulationsregimes. Dieser Zusammenhang, welcher zugleich dem Verhältnis von Perioden einer beschleunigten Akkumulation des Kapitals und einer strukturellen Überakkumulation von Kapital unterliegt und ihre historisch spezifischen Ausprägungen beinhaltet, bildet den methodischen Leitfaden des vorliegenden Buches.[2] Vor diesem Hintergrund werden die Profitraten sowohl der kapitalistischen Metropolen für die Vorkriegs- und Zwischenkriegszeit sowie auch für die Nachkriegsentwicklung ausgewiesen, außerdem die Profitraten der wichtigsten Schwellenländer jeweils ab dem Zeitpunkt, ab dem sie ihre regulierende Wirkung für die Allokation von Kapital und Lohnarbeit in diesen Ländern entfalten. Damit wird die Geschichte der Kapitalakkumulation im Weltmarktzusammenhang komplettiert.

Der vorliegende Band stellt die wesentlichen Eckpunkte einer Wirtschafts- und Sozialgeschichte der entwickelten kapitalistischen Produktionsweise unter den Blickpunkten von Weltmarkt, Weltwirtschaft und Weltpolitik zusammen und ist wie die bisher veröffentlichten Bände der »Kritik der Politischen Ökonomie und Kapitalismusanalyse« eine theoretisch angeleitete Interpretation des empirisch-statistischen Materials. Mit ihm wird zugleich das Projekt, welches im Verlauf des Jahrzehnts seiner Bearbeitung gewisse Erweiterungen gegenüber der ursprünglich unterlegten Planung aufgewiesen hat, abgeschlossen.[3]

Ich bin mir der teilweise nicht leichten Lesbarkeit der Bücher der vorliegenden Reihe »Kritik der Politischen Ökonomie und Kapitalismusanalyse« schon aufgrund ihres Umfangs durchaus bewusst und wurde von unterschiedlichen Seiten darauf hingewiesen, dass eine Kondensation der Inhalte auf wesentliche Bestandteile, jedoch ohne Verzicht auf theoretische Fundierungen, die Verbreitung und eventuelle politische Wirksamkeit der Texte erhöhen würde. Dies könnte mit einem eventuellen Band 7 über die »Epochen ökonomischer Gesellschaftsformationen«, in dem

---

[2] Vgl. dazu auch Krüger 2019: 13ff. mit einer zusammenfassenden Explikation dieser Zusammenhänge.

[3] Diese Erweiterung der ursprünglichen Planung hat zu einigen Verdopplungen und Wiederholungen geführt, die bei einer Überarbeitung vermieden werden können. Im Grundsatz jedoch bliebe die Darstellung mit lang- und kurzfristig-zyklischer Kapitalakkumulation (Band 1), Geld und Währung (Band 2), Markt- und politischer Umverteilung, sozialer Ungleichheit und Klassenstrukturen (Band 3), Weltmarkt und Weltwirtschaft (Band 4), Wirtschaftspolitik und Sozialismus (Band 5) sowie Keynes und Marx (Band 6) in neuer Nummerierung erhalten.

die Ergebnisse der Kritik der Politischen Ökonomie auch für vorbürgerliche Gesellschaftsformen fruchtbar gemacht werden, eine zukünftige Herausforderung sein. Daneben stehen sowieso Aktualisierungen des empirisch-statistischen Materials an, welche in gewissen Abständen auch in Kurzform[4] durchzuführen sind.

Berlin, im Frühjahr 2021

[4] Vgl. Krüger 2015 mit der Analyse des deutschen Kapitalismus von 1950 bis 2013.

Erster Abschnitt: Historische Periodisierung der kapitalistischen Produktionsweise

Kapitel 1: Industrielle Rationalisierungsparadigmen, gesellschaftliche Arbeits- und Betriebsweisen und internationale Akkumulationsregimes

a) Vorindustrielle Verhältnisse

Immer noch gehört es zum marxistischen »Mainstream«, die Entwicklung der kapitalistischen Produktionsweise als Abfolge historischer Stadien mit verschiedenen, in die Grundstruktur der kapitalistischen Konkurrenz eingreifenden Merkmalen zu klassifizieren. Danach folgt auf das Privateigentum des Arbeiters an seinen Produktionsmitteln[1] mit dem kapitalistischen Privateigentum am vergesellschafteten Produktionsprozess der Kapitalismus der freien Konkurrenz, der infolge zunehmender Zentralisation des Kapitals von einem monopolistischen Kapitalismus abgelöst wird und schließlich zunehmend durch staatliche Interventionen zugunsten des monopolistischen Kapitalsektors (staatsmonopolistischer Kapitalismus) gekennzeichnet sei.[2] Unzweifelhaft werden mit einer derartigen Stadientheorie der kapitalistischen Entwicklung historisch unterschiedliche Ausprägungen des kapitalistischen Akkumulationsprozesses erfasst – allein handelt es sich hierbei aber nur um verschiedene Ausprägungen der kapitalistischen Konkurrenz, deren allgemeines Gesetz – Ausgleich der individuellen Profitraten der Kapitale zu einer allgemeinen oder Durchschnittsprofitrate des gesellschaftlichen Gesamtkapitals als Nationalkapital – stets in Gültigkeit bleibt. Das Monopol, korrekter: die Bildung von Oligopolen (sowohl auf der Angebots- wie der Nachfrageseite von Warenmärkten) steht nicht als Negation der Konkurrenz der Einzelkapitale und der Ausgleichung individueller Profitraten zu einer nationalen Durchschnittsprofitrate gegenüber, genauso wenig wie der Wettbewerb mit ökonomischen Parametern (Produktqualitäten,

[1] Dass es sich bei diesem »kleinen« Privateigentum auf Basis individueller und zersplitterter Produktionsmittel nicht um eine eigenständige Entwicklungsperiode gehandelt hat, sondern *»diese Produktionsweise auch innerhalb der Sklaverei, Leibeigenschaft und andrer Abhängigkeitsverhältnisse [existiert hat]«* (MEW 23: 789), ist mittlerweile Allgemeingut marxistischer Theoriebildung geworden. Demzufolge ist auch allgemein anerkannt, dass der sogenannte Umschlag im Aneignungsgesetz nur ein scheinbarer ist, weil die diesem nichtkapitalistischen Privateigentum entsprechende Identität von (eigener) Arbeit und Eigentum nur eine *»delusion«* (MEW 42: 422) ist, die im umfassenden Sinne real nie existiert hat, wiewohl sie als Bewusstseinsform auf Basis kapitalistischer Verhältnisse im Warenaustausch beständig neu erzeugt wird: *»Die Scheidung zwischen Arbeit und Eigentum wird zur notwendigen Konsequenz eines Gesetzes, das* scheinbar *von ihrer Identität ausging.«* (MEW 23: 610; Hervorh. S.K.)

[2] Die Theorie des staatsmonopolistischen Kapitalismus erlebt nach der Finanzmarkt- und Weltwirtschaftskrise 2007ff. eine Renaissance; vgl. z.B. Binus/Landefeld/Wehr 2015.

Warenpreise, Servicefunktionen und Werbemaßnahmen etc.) durch Kategorien von Macht, sowohl privater wie (später) staatlicher Macht, umstandslos ersetzt wird. Dass der Konkurrenzkampf auf der anderen Seite kein friedvoller Wettbewerb ist, sondern auch unter Rückgriff auf ökonomische Gewalt und staatliche Intervention geführt wird, ist unbestritten. Ebenso wenig kann bestritten werden, dass der Prozess der Ausgleichung individueller Profitraten die Bildung von Surplusprofiten, die im Extremfall auch zeitweilige Monopolprofite sein können, enthält. Die Ungleichheit individueller Profitraten wird jedoch durch die Konkurrenz immer wieder von Neuem konterkariert und gleichzeitig immer wieder neu erzeugt. Demzufolge existiert auch die allgemeine Profitrate des gesellschaftlichen Gesamtkapitals nicht als bewusst durch die Akteure angesteuertes Ziel, sondern *»nur als Tendenz, als Bewegung der Ausgleichung der besondren Profitraten«* (MEW 25: 380), mit einem Wort *»als ein verschwimmendes Nebelbild«*. (Ibid.: 381) Die Herausbildung beständiger Unterschiede zwischen den individuellen Profitraten durch die durch Marktpreise bestimmten Surplus- (und Minus-)Profite und die ebenso beständige Ausgleichung dieser Unterschiede mit der Reduzierung der Marktpreise auf branchenspezifische Produktionspreise (Marktproduktionspreise) sind allgemeine Charakteristika dieses Prozesses, durch den sich die Verteilung der gesellschaftlichen Arbeit auf die Produktionssphären ebenso wie die Entwicklung ihrer Produktivkräfte als *»blindwirkendes Durchschnittsgesetz der Regellosigkeit«* (MEW 23: 117) durchsetzen.[3] Bei allen historischen Entwicklungsprozessen der kapitalistischen Konkurrenz findet aber keine qualitative Veränderung dieses Wertgesetzes und seiner Durchsetzungsformen statt; die Außerkraftsetzung des Profitratenausgleichs durch dauerhafte Monopolprofite großer gegenüber kleineren Einzelkapitalen im Sinne einer systematischen Spaltung zwischen einem monopolistischen und einem nicht-monopolistischen Sektor des gesellschaftlichen Gesamtkapitals ist auch nie empirisch belegt worden.[4]

Wenn es Monopole nicht nur als vorübergehende Erscheinungen der kapitalistischen Konkurrenz, sondern dauerhaft und in einem größeren gesamtwirtschaftlichen Umfang gegeben hat, dann namentlich am historischen Beginn der kapitalistischen Produktionsweise. Nachdem der Kapitalcharakter vom Wucher- und Handelskapital, diesen beiden antediluvianischen Kapitalformen, die bereits in der Antike und unter

---

3 Dieser ganze Prozess ist näher durch die zyklische Bewegung der Kapitalakkumulation vermittelt und schließt daher das Element der Zeit – Zeitdauer des industriellen Zyklus im Zusammenhang mit dem Umschlag bestimmter Bestandteile des fixen Kapitals – ein (vgl. Krüger 2010: 398ff.). Die Werttheorie als Paradigma begründet darüber hinaus eine Beziehung zwischen allgemeinem Gesetz und seinen Durchsetzungsformen, die alternativ zu allen Arten der Gleichgewichtstheorie – dies schließt Ungleichgewichtstheorien als Abweichungen und Verletzung des Gleichgewichts ein – steht (vgl. ibid.: 242ff.).

4 Für die Bundesrepublik der Nachkriegszeit ist vielmehr charakteristisch, dass die Kapitalgesellschaften im Unterschied zu Personengesellschaften und Einzelkaufleuten im Durchschnitt sogar etwas niedrigere Profitraten aufweisen (vgl. Krüger/Lieber 2016: 36 auf Basis von Daten der BBK).

feudalen Verhältnissen bestanden hatten, aus der Zirkulationssphäre in den Produktionsprozess übergegriffen hatte, beruhte dieser zunächst auf handwerklicher Arbeit in den städtischen und ländlichen Manufakturen. Charakteristisch für den manufakturmäßigen Produktionsprozess war historisch neben der internen Zergliederung der auf dem handwerkmäßigen Geschick beruhenden Funktionen der lebendigen Arbeit die Organisation der Manufakturen im Zunftwesen. Dies bedeutete gegenseitige Abschottung der Branchen voneinander durch Bewahrung und Vererbung der jeweiligen Arbeitsmethoden als Zunftgeheimnisse, die nur den Zunftmitgliedern als Eingeweihten zugänglich gemacht wurden. *»Es ist charakteristisch, daß bis ins 18. Jahrhundert hinein die besondren Gewerke mysteries (mystères) hießen, in deren Dunkel nur der empirisch und professionell Eingeweihte eindringen konnte.«* (Ibid.: 510) Der Wechsel der Arbeiter aus einer Branche in eine andere war daher sowohl durch die Spezialisierung der Arbeit als auch durch die Zunftorganisation der Produktionsstätten weitgehend verunmöglicht. Was für die lebendige Arbeit galt, galt ebenso für das Kapital. Auch sein Wechsel zwischen verschiedenen Produktionssphären war selbst für seine Existenzform als Geldkapital beschränkt; ein noch unentwickeltes Kredit- und Bankensystem, das unter entwickelten kapitalistischen Verhältnissen eine wesentliche Bedingung für die Verteilung des Kapitals auf die verschiedenen Produktionssphären ist, kam als weiteres Hemmnis hinzu. Im Resultat war in der Manufakturperiode der Ausgleich der Branchenprofitraten zu einer allgemeinen oder Durchschnittsprofitrate vielfach gehemmt. Die Bildung von Produktionspreisen war nur partiell möglich, es blieb vielfach bei der Herausbildung von Marktwerten, d.h. die Konkurrenz wirkte vornehmlich innerhalb der Produktionssphären und nicht zugleich zwischen ihnen, sodass Monopolpositionen einzelner Branchen nicht oder nur unvollständig nivelliert werden konnten.

Die Beschränkung der kapitalistischen Konkurrenz durch administrative Regulierungen von Preisen hat sich bis heute in bestimmten Dienstleistungsbereichen durchgehalten. Standesregulierungen bei Freien Berufen wie Rechtsanwälten, Wirtschaftsprüfern, Steuerberatern, Architekten etc. bedingen nicht nur qualifikatorische Eintrittsbarrieren, sondern setzen sich auch in gesetzlich kodifizierten Gebührenordnungen für abrechenbare Leistungen fort. Namentlich in angestammten lokalen und regionalen Märkten wird damit die Bildung von Produktionspreisen durch den Ausgleich der Profitraten zwischen Unternehmen dieser Freien Berufe behindert. Wo sich in diesen Sphären genuin kapitalistische Verhältnisse durch national oder sogar international agierende Anbieter durchgesetzt haben, werden die entsprechenden Leistungen nicht mehr nach den Standesgebührentabellen fakturiert, sondern frei vereinbart, was, nebenbei bemerkt, die Bildung von zeitweiligen Monopolpreisen nicht verhindert. Jedoch sorgen hier die Marktkräfte der kapitalistischen Konkurrenz dafür, dass die Bäume mittelfristig nicht in den Himmel wachsen können.

b) Das historische Werden der Großen Industrie zur Totalität

Die spezifisch kapitalistische Produktionsweise folgt der Manufakturperiode nach und überwindet die durch die handwerksmäßige Gestalt des Arbeitsprozesses und die Zunftorganisation bestimmten Grenzen der Produktivkraftentwicklung. Mit der »Großen Industrie« wird die Entwicklung der Produktivkräfte gesellschaftlicher Arbeit auf die systematische Anwendung wissenschaftlich erkannter Naturgesetze fokussiert, deren Prinzipien dem Arbeitsmittel inkorporiert werden. Für die zunächst im Mittelpunkt stehenden materiellen Produktionssphären formuliert Marx: *»Der Gesamtprozeß wird hier objektiv, an und für sich betrachtet, in seine konstituierenden Phasen analysiert, und das Problem, jeden Teilprozeß auszuführen und die verschiednen Teilprozesse zu verbinden, durch technische Anwendung der Mechanik, Chemie usw. gelöst, wobei natürlich nach wie vor die theoretische Konzeption durch gehäufte praktische Erfahrung auf großer Stufenleiter vervollkommnet werden muß.«* (Ibid.: 401) Das Prinzip des industriell organisierten Produktionsprozesses ist im Unterschied zum durch Kooperation und Arbeitsteilung organisierten Produktionsprozess die nicht nur virtuelle, sondern effektive Ersetzung menschlicher Arbeit durch Maschinerie, indem Funktionen, die bislang durch die lebendige Arbeit verrichtet wurden, auf das Arbeitsmittel übertragen werden. Wichtigster Bestandteil des maschinellen Arbeitsmittels ist die Werkzeugmaschine, d.h. der Teil der Maschinerie, mit dem in den materiellen Produktionsprozessen auf den Werkstoff eingewirkt wird. Die Ersetzung des Arbeitsmittels der Manufaktur durch Werkzeugmaschinen, die im historischen Prozess zugleich auch durch ein Größenwachstum gekennzeichnet waren, erforderte eine Potenzierung der Antriebskräfte. Die Dampfmaschine wurde zum Synonym für die industrielle Revolution im 19. Jahrhundert, obgleich die Werkzeugmaschine den ungleich wichtigeren Part im Maschinensystem innehat.[5] Marx kennzeichnet die Produktivkraftsteigerung im industriellen (materiellen) Produktionsprozess durch die Steigerung der technischen Zusammensetzung des im Produktionsprozess eingesetzten Kapitals: Wirkfähigere Arbeitsmittel, die zu seiner Zeit durch physisches Größenwachstum gekennzeichnet waren,[6] befähigen gegebene Mengen lebendiger Arbeit, wachsende Inputs materieller Rohstoffe zu verarbeiten.

---

[5] Es hat daher auch immer wieder Versuche gegeben, historische Entwicklungsetappen der industriellen Produktion, zumeist in Gestalt langer Wellen oder Zyklen, an verschiedene Antriebssysteme – Dampfmaschine, Elektromotor, Kernenergie etc. – zu binden, obgleich nicht die Kraft (Antriebssystem), sondern ihre zweckbestimmte Äußerung die maschineriegestützte Produktivitätsentwicklung markiert.

[6] Ein allgemeingültiges adäquates Maß für das von Marx sogenannte Wachstum der *»Masse der angewandten Produktionsmittel«* (MEW 23: 640) ist daher für das Arbeitsmittel oder die Maschinerie im Unterschied zum verarbeiteten Input an Rohmaterialen nicht ihre physische Größe oder Menge und deren Zunahme, sondern das Ausmaß, in dem sie sukzessive Funktionen der lebendigen Arbeit übertragen bekommen hat (vgl. Krüger 2010: 140ff.).

Das industrielle Prinzip einer Steigerung der Produktivkräfte gesellschaftlicher Arbeit – Übernahme von Funktionen lebendiger Arbeit durch die Maschinerie und dementsprechend Verwandlung von lebendiger in vergegenständlichte Arbeit – hat sich im historischen Wandel zu unterschiedlichen Rationalisierungsparadigmen im unmittelbaren Produktionsprozess verdichtet. Diese sind im Rahmen jeweiliger gesellschaftlicher Arbeits- und Betriebsweisen durchgesetzt worden. Für den Industriekapitalismus des 19. Jahrhunderts ist, zuerst in Großbritannien als seiner Geburtsstätte, die Entwicklung der Großen Industrie zu einer gesellschaftlichen Totalität charakteristisch, eine Entwicklung, die in weiteren sich industrialisierenden Ländern (Deutsches Reich, USA etc.) nachvollzogen wurde. Die Entwicklung der Großen Industrie zu einer gesellschaftlichen Totalität impliziert, dass die Produktion der Maschinerie, die ursprünglich noch in manufakturmäßig-handwerklich geprägten Produktionsprozessen gefertigt werden musste, selbst zum Gegenstand industrieller Produktionsprozesse und damit auf großer Stufenleiter, in gesamtwirtschaftlichem Umfang und auf Basis beständiger Revolutionierung der Technologie gefertigt wurde.[7] Damit verbanden sich in den Produktionszweigen für Maschinen Prozess- und Produktinnovationen, die die Grundlage für weitere Produktivitätsentwicklungen in den Einsatzprozessen der Maschinerie bereitstellten. Des Weiteren erforderte der Maschinenbetrieb die Schaffung einer entsprechenden materiellen Infrastruktur in der Gesellschaft: *»Die Revolution in der Produktionsweise der Industrie und Agrikultur ernötigte namentlich ... auch eine Revolution in den allgemeinen Bedingungen des gesellschaftlichen Produktionsprozesses, d.h. den Kommunikations- und Transportmitteln.«* (MEW 23: 404f.) Dabei konnte diese Entwicklung der Transport- und Kommunikationsmittel nicht auf die Binnenwirtschaft beschränkt bleiben, sondern musste sich auch in die neu geschaffenen weltmarktlichen Zusammenhänge ausbreiten. Denn nicht nur die gesellschaftliche Teilung der Arbeit im nationalen Rahmen, sondern auch die internationale Teilung der Arbeit wird durch den Maschinenbetrieb spezifisch fortbestimmt.[8] Erst die Große Industrie schafft den Weltmarkt als Resultat, d.h. als Absatzmarkt für ihre Waren, sowie als Voraussetzung, d.h. als Beschaffungsmarkt für die benötigten Rohstoffe. Zugleich eröffnet sie mit der ersten wirklichen Weltmarktkrise im Jahr 1825 ihren charakteristischen Lebenslauf in Gestalt sich beständig wiedererzeugenden industriellen Zyklen (vgl. ibid.: 20).[9]

---

[7] Vgl. MEW 23: 405: *»Die große Industrie mußte sich ... ihres charakteristischen Produktionsmittels, der Maschine selbst, bemächtigen und Maschinen durch Maschinen produzieren. So erst schuf sie ihre adäquate technische Unterlage und stellte sich auf ihre eignen Füße.«*

[8] Vgl. ibid.: 475: *»Es wird eine neue, den Hauptsitzen des Maschinenbetriebs entsprechende internationale Teilung der Arbeit geschaffen, die einen Teil des Erdballs in vorzugsweis agrikoles Produktionsfeld für den andern als vorzugsweis industrielles Produktionsfeld umwandelt.«*

[9] Wir kommen auf die internationalen Dimensionen der jeweiligen Betriebsweisen des gesellschaftlichen Produktionsprozesses im nachstehenden 3. Kapitel sowie im III. Abschnitt ausführlich zu sprechen.

Die Ausbreitung der großindustriellen Betriebsweise schloss wirtschaftliche, gesellschaftliche und politische Veränderungen ein. Wirtschaftlich wurde sie durch Niederkonkurrieren des Manufakturbetriebs und des häuslichen Nebengewerbes zur dominierenden Gestalt des Produktionsprozesses im Sinne einer Landnahme, was zugleich allerdings einschloss, dass neben dem Fabrikbetrieb überkommene Formen von Manufaktur und Hausarbeit teilweise in modifizierter Form fortexistierten. Auch innerhalb der Fabriken ist die Durchsetzung der industriellen Produktivkraftentwicklung durch Übernahme von Funktionen der lebendigen Arbeit durch die Maschinerie ein Prozess, der sich in verschiedenen Gewerken ungleichzeitig vollzieht, weil die verschiedenen Wertschöpfungsstufen aufgrund ihrer besonderen konkreten Arbeitsarten der Automatisierung unterschiedliche Widerstände entgegensetzen. Aber einmal etabliert, machte die industrielle Betriebsweise in gesellschaftlichem Umfang neue Personenrubriken, Frauen und Kinder, zur erwerbswirtschaftlichen Arbeitsbevölkerung und verbilligte so den familienbezogenen Wert der Arbeitskraft der Männer, weil er nun durch eine größere Anzahl von Personen verdient wurde. Politisch erzwang die sich entwickelnde Arbeiterbewegung staatliche Schutzgesetze zum Verbot von Kinderarbeit und zur Begrenzung des Arbeitstages (Zehnstundenbill).[10] Die Quintessenz dieser Entwicklungen und Zusammenhänge besteht in dem Aufweis, dass die Ausbildung einer auf ein neues Rationalisierungsparadigma im unmittelbaren Produktionsprozess gegründeten gesellschaftlichen Arbeits- und Betriebsweise ein ganzes Ensemble an ökonomischen, sozialstrukturellen und politischen Verhältnissen, also einen *»ganzen Gesellschaftsmechanismus«* (ibid.: 526) einschließt, der auch *»einer bewußten und planmäßigen Rückwirkung der Gesellschaft auf die naturwüchsige Gestalt ihres Produktionsprozesses bedarf«* (Ibid.: 504).[11] Die ökonomische Bedingung für die Durchsetzung der neuen Betriebsweise des gesellschaftlichen Produktionsprozesses als dominierende Form ist eine auf sie begründete beschleunigte Akkumulation des gesellschaftlichen Gesamtkapitals.[12]

---

[10] Marx beschreibt diese Entwicklung der Betriebsweise der Großen Industrie zwischen neuen ökonomischen Motiven der kapitalistischen Akteure und dem Widerstand der Arbeiter am Beispiel Englands in den Unterabschnitten 5 bis 8 des 13. Kapitels des I. Bandes des »Kapital«, nachdem die Maschinerie als Mittel zur Produktivkraftsteigerung sowie ihre Rückwirkung auf den lebendigen Arbeitskörper in der Fabrik (Unterabschnitte 1 bis 4) behandelt worden ist.

[11] Mit der Kategorie der »gesellschaftlichen Arbeits- und Betriebsweise« wird also eine bestimmte historische Ausprägung des Produktionsprozesses sowie der auf ihm aufgebauten und auf seine organisatorische Form zurückwirkenden Überbauverhältnisse bezeichnet. In der englischen Ausgabe des I. Bandes des »Kapital« ist sowohl etwas unspezifisch von *»mode of production«* (MEGA II, 9: 394) als auch genauer von *»industrial methods«* (ibid.: 413) die Rede. In der französischen Ausgabe werden mit *»modes sociaux d'exploitation«* (MEGA II, 7: 410) die gesellschaftlichen Rahmenbedingungen der technischen und organisatorischen Strukturen des Produktionsprozesses betont.

[12] Vgl. zum Zusammenhang zwischen ökonomischer Entwicklung, d.h. beschleunigter Kapitalakkumulation und Durchsetzung einer neuen Betriebsweise des gesellschaftlichen

Großbritannien (England) war im 19. Jahrhundert der Pionier dieser Betriebsweise der großen Industrie und fungierte auf dem Weltmarkt als »Propagandist« zur Durchsetzung derselben in anderen, nachgeordneten Ländern. Die ökonomische Potenz des britischen Nationalkapitals, gegründet auf die Produktivitätsvorsprünge der englischen Industrie sowie die überkommene Rolle Großbritanniens als Herrscher auf den Seemeeren, verschaffte englischen Waren zunächst oftmals ein Monopol; zugleich blieb die Struktur des britischen auswärtigen Handels schwerpunktmäßig auf die angestammten Gebiete des »britischen Empires« bezogen.

»Hinter der britischen Industriellen Revolution steht die Konzentration auf die kolonialen und ›unterentwickelten‹ Märkte in Übersee, die erfolgreich gekämpfte Schlacht, die allen anderen Ländern den Zugang zu den Quellen versperrte. Großbritannien besiegte sie im Osten: bereits 1766 verkaufte es mehr Waren im Chinahandel als Holland. Es besiegte sie im Westen: in den frühen 1780er Jahren brachten mehr als die Hälfte aller aus Afrika exportierten Sklaven (fast doppelt so viele wie die von den Franzosen abtransportierten) britischen Sklavenhändlern Gewinne ein. All das geschah zum Vorteil der britischen Wirtschaft. Mehr als drei Jahrzehnte nach dem Spanischen Erbfolgekrieg trugen britische Schiffe, die nach Afrika fuhren, immer noch hauptsächlich ausländische (eingeschlossen indische) Waren, seit dem österreichischen Erbfolgekrieg beförderten sie fast ausschließlich britische Waren. Großbritanniens Industriewirtschaft wuchs aus seinem Handel, insbesondere seinem Handel mit der unterentwickelten Welt, hervor. Und das ganze 19. Jahrhundert hindurch sollte dieser Sachverhalt gelten: Handel und Schifffahrt hielten die britische Zahlungsbilanz im Gleichgewicht, der Austausch überseeischer Grundstoffe gegen britische Industrieerzeugnisse bildete das Fundament der internationalen Wirtschaftsbeziehungen Großbritanniens.« (Hobsbawm 1969 I: 53f.)

Als Nationalkapital, welches aufgrund des Entwicklungsgrads seiner Nationalarbeit nach Produktivität, Intensität und Qualität an der Spitze der internationalen Stufenleiter der universellen Arbeit stand, hatte Großbritannien zunächst die unbeschränkte Rolle als *»Demiurg des bürgerlichen Kosmos«* (MEW 7: 440) inne, welcher den Rhythmus des industriellen Zyklus als Weltmarktzyklus als originäre Bewegung bestimmt und als internationaler Gläubiger den Kapitalverkehr und die Finanzbeziehungen dominiert. Das Akkumulationsregime unter der Vorherrschaft Großbritanniens im 19. Jahrhundert war ein den internationalen Handel strukturierendes System von britischem Freihandel und kolonialen Abhängigkeitsbeziehungen und Schutzzöllen sowie ein Geld- und Währungssystem goldkonvertibler Zentralbanknoten auf Basis des internationalen Goldstandards. Mit der Rolle der Londoner City als internationalem Finanzzentrum ging bereits damals die partielle Ersetzung des goldenen Weltgelds als internationales Kauf- und Zahlungsmit-

Produktionsprozesses die Kapitel 2 und 3 sowie den dritten Abschnitt des vorliegenden Buches.

tel durch den in Pfund Sterling denominierten Handelswechsel, der durch Londoner Banken und ihre ausländischen Korrespondenzinstitute diskontiert wurde, einher.

Die insgesamt zehn Vorkriegszyklen seit der »ersten wirklichen Weltmarktkrise von 1825«[13] markieren das Zeitalter des Industriekapitalismus, in dem sich die Produktionsweise der großen Industrie in den aufkommenden Metropolen des Weltmarkts verallgemeinerte. Bereits vor dem Beginn des Ersten Weltkriegs hatte jedoch Großbritannien als Pionier dieser Entwicklung seine unumschränkte Vorherrschaft in den industriellen Strukturen im Verhältnis zum Deutschen Reich und den USA verloren und die Akkumulation des britischen Kapitals hatte ab den 1880er Jahren von Zyklus zu Zyklus an Dynamik eingebüßt.

Die Zwischenkriegszeit war in Deutschland in den ersten Jahren durch Nachkriegswirren (Kriegsschulden, Gebietsverluste, Reparationen und Hyperinflation) sowie in Großbritannien (und anderen europäischen Ländern) ebenfalls durch hohe kriegsbedingte Auslandsschulden und labile Währungsverhältnisse gekennzeichnet. Nur die USA traten als kommender Weltgläubiger und zukünftiger »Propagandist« eines neuen Rationalisierungsparadigmas gestärkt in die 1920er Jahre ein. Allerdings waren die gesellschaftlichen und politischen Verhältnisse aufgrund überkommener »leimig-parasitärer Sedimente« (A. Gramsci) in den Sozialstrukturen und in den politischen Verhältnissen mit ihren die Kapitalakkumulation behindernden Sinekuren in den entwickelten europäischen Ländern noch nicht reif für die Etablierung der von den USA ausgehenden neuen Arbeits- und Betriebsweise des gesellschaftlichen Produktionsprozesses. Umgekehrt, die vielfältigen wirtschaftlichen, gesellschaftlichen und politischen Blockaden eklatierten in der ersten Großen Krise der kapitalistischen Produktionsweise, die Ende der 1920er Jahre ihren Ausgang nahm und sich in einer mehrjährigen Depressionsphase im nachfolgenden Jahrzehnt fortsetzte.[14] Die Zwischenkriegszeit ist in den 1920er Jahren gekennzeichnet durch einen Polyzentrismus der Weltwirtschaft, in dem die aufkommende Industriemacht USA sich ökonomisch vornehmlich auf ihren großen Binnenmarkt konzentrierte und politisch noch nicht bereit war, internationale Verantwortung zu übernehmen, und Großbritannien als vormaliger Demiurg und Hegemon auf den Weltmärkten nur im Finanzbereich (Londoner City) seine frühere Stellung halten konnte, bei einer allerdings ausgeprägten Schwäche seiner Währung. Die anderen industriellen Metropolen, insbesondere das Deutsche Reich und Frankreich, hatten zwar ihre ökonomische Bedeutung als Produzenten (Exporteure) sowie als internationale Schuldner gesteigert, spielten aber in den damaligen internationalen politischen Gremien keine bestimmende Rolle. Im Fehlen eines Weltmarkt-Hegemons, ist – neben internen Versäumnissen und Fehlern der staatlichen Wirtschaftspolitik – ein Grund für krisenverschärfende Prozesse innerhalb der Weltwirtschaftskrise

---

[13] Zur Datierung des zyklischen Prozesses in der Zeit vor dem Ersten Weltkrieg vgl. Krüger 2010: 803ff.; 2019: 68ff. sowie das 12. Kapitel des vorliegenden Buches.

[14] Vgl. zur Entwicklung der Kapitalakkumulation in der Zwischenkriegszeit Krüger 2010: 812ff. sowie das 12. Kapitel des vorliegenden Buches.

und der nachfolgenden Depression der 1930er Jahre zu sehen. Ein Weltmarkthegemon hätte mit eigenen Leistungsbilanzdefiziten *»die Verantwortung für die Stabilisierung in drei besonderen Punkten zu übernehmen«* gehabt: *»Erhaltung eines relativ offenen Marktes für Krisenprodukte, antizyklische Bereitstellung langfristigen Kapitals und Diskontgewährung bei Krediten … Als jedes Land sich auf die Wahrnehmung seiner nationalen Privatinteressen beschränkte, ging das Gemeinwohl der Staatengemeinschaft in die Binsen und mit ihm die nationalen Belange aller.«* (Kindleberger 1973: 305f.)

Die Weltwirtschaftskrise seit 1929 war die erste, eine bloß zyklische Überakkumulation von Kapital übersteigende Krise, die sowohl die reproduktiven Grundstrukturen als auch die Verhältnisse des Finanzsektors und der Währungsbeziehungen betraf und sich tendenziell über den gesamten Weltmarkt ergoss. Sie war zudem der Ausgangspunkt für den Umschlag der anonymen Form der Klassenherrschaft in ihre personale Form als faschistische Barbarei namentlich in Deutschland (sowie auch in Italien und Japan); auf der anderen Seite zeigte sich mit dem New Deal in den USA eine zivilisierte Modernisierung des Kapitalismus und der bürgerlichen Gesellschaft. Der Ausbruch des Zweiten Weltkriegs setzte ab 1939 wiederum außerordentliche wirtschaftliche, soziale und politische Verhältnisse auf die Agenda.

c) Fordismus als zweite höhere Betriebsweise auf großindustrieller Grundlage in der Nachkriegszeit

Vereinzelt bereits in den Jahren vor dem Ersten Weltkrieg sowie umfassender in den 1920er Jahren war in den USA eine Weiterentwicklung des industriellen Rationalisierungsparadigmas vorangetrieben worden; es ist mit den Namen von F. Taylor sowie H. Ford verbunden und fand zunächst Einzug in Fabriken der Fordschen Automobilproduktion.[15] Meilensteine der Weiterentwicklung industrieller Fertigung waren die Standardisierung gefertigter Einzelteile, Anwendung von Elektromotoren als Antriebsaggregate mit Auswirkungen auf das Fabrik-Layout im Sinne der Reduzierung des innerbetrieblichen Transmissionsmechanismus zugunsten gesamtwirtschaftlich-infrastruktureller Elektrifizierung, Übergang zu Single-Purpose-Maschinen und Etablierung der Fließbandproduktion; zugleich wurde bei Ford die Leistungstiefe von der Produktion des Rohmaterials bis zum fertigen Endprodukt maximiert.

Auf Basis dieser Weiterentwicklungen des objektiven Maschinengerüsts des Produktionsprozesses wurde nunmehr wiederum an den Operationen der lebendigen Arbeit angesetzt und diese ihrerseits einer systematischen Rationalisie-

[15] Umgesetzt wurden die Rationalisierungsideen von Taylor/Ford in den Werken »Highland Park« bereits zur Zeit des Ersten Weltkriegs und später im Werk »River Rouge« in den 1920er Jahren; vgl. Jürgens 2020.

rung unterzogen. Die weitere Zerlegung der Arbeitsoperationen in ihre konstituierenden einfachen Funktionen und ihre arbeitswissenschaftliche Messung und Normierung bilden den Nukleus der als »Taylorismus« oder »Scientific Management« bezeichneten Neustrukturierung der innerbetrieblichen Arbeitsteilung; die Zutat der menschlichen Arbeit wird damit zu einem großen Teil auf einfache monotone und repetitive Funktionen reduziert. Die Trennung von geistiger Arbeit des Planens der Prozessabläufe sowie der Arbeitsvorbereitung des aggregierten Personals und der ausführenden Tätigkeiten wird im tayloristisch organisierten Arbeitsprozess auf die Spitze getrieben und bietet neue Ansatzpunkte zur Automatisierung der Letzteren.

Allerdings war bei diesen Entwicklungen nicht nur die Entwicklung der Technologien im engeren Sinne entscheidend, sondern auch und vor allem ein soziales Kräfteverhältnis, welches die Einbeziehung neuer Bevölkerungskreise (Farbige aus den US-Südstaaten) ermöglichte. Hinzu kam die für eine Einwanderungsgesellschaft charakteristische Offenheit der Bevölkerung für neue gesellschaftliche Konstellationen, die später mit Geldlohnsteigerungen stimuliert wurde. Gleichzeitig war die Bekämpfung jeglichen Einflusses von selbständigen Organisationen der Arbeiterbewegung (Gewerkschaften) ein zentrales Dogma.[16] Insgesamt gesehen führt so der »Taylorismus« in den Fabriken zu einer fortwährenden Verbesserung des Maschinensystems und zur Ausdifferenzierung der innerbetrieblichen Teilung der Arbeit; Oberziel aller Maßnahmen ist dabei die Senkung der Kosten der industriellen Massenproduktion mit standardisierten (End-)Produkten.

Ohne dass es einen einfachen Determinismus zwischen der 1929 ausgebrochenen weltweiten Überakkumulationskrise und einem Übergang zu einer neuen, höheren Arbeits- und Betriebsweise gegeben hätte und geben könnte,[17] konnte sich nach dem Ende des Zweiten Weltkriegs dieses neue Rationalisierungsparadigma

---

[16] Dies änderte sich erst im Zuge des Rooseveltschen »New Deal« nach der Weltwirtschaftskrise Ende der 1920er/Anfang der 1930er Jahre, als die Notwendigkeit zu einem Interessenkompromiss zwischen Kapital und Arbeit unabdingbar wurde, um die Stagnation und Massenarbeitsarbeitslosigkeit der 1930er Jahre anzugehen.

[17] Die Annahme eines derartigen immanent-endogenen unteren Wendepunktes ist ein Charakteristikum der Lange-Wellen-Theorien (Kondratieff-Zyklen), die mit unterschiedlichen Begründungen – Diffusion von Basisinnovationen, die durch Bankgeldschöpfung (aus dem Nichts) für Pionier-Unternehmer finanziert werden, führen zur Überwindung des unteren Wendepunktes einer Langen Welle (vgl. Schumpeter 1961 und 1964), ähnlich technologisch Mensch (vgl. Mensch 1977); als marxistischer Vertreter Mandel unter Rückgriff auf große überzyklische Bewegungen der Profitrate (vgl. Mandel 1962) sowie zuletzt Schulmeister mit einem keynesianischen Ansatz, der unterschiedliche Konstellationen für den Aufschwung (implizites Bündnis von Realkapital und Arbeit) und den Abschwung mit Finanzspekulation und der Verbindung von Finanzindustrie und Realkapital (vgl. Schulmeister 2010 und 2018) unterlegt – zur Erklärung von langfristigen Entwicklungstendenzen der kapitalistischen Akkumulation vorgebracht werden. Unterschiede zwischen den verschiedenen Theorien bestehen auch hinsichtlich der Möglichkeit der (beliebigen) Wiederholbarkeit solcher Langer Wellen oder Zyklen auf kapitalistischer Grundlage.

im Rahmen einer höheren Betriebsweise des gesellschaftlichen Produktionsprozesses sowie einem entwickelteren Akkumulations- und Währungsregime in den Zentren des kapitalistischen Weltmarkts durchsetzen. Es eroberte in großen Mischkonzernen mit hoher eigener Leistungstiefe die jeweiligen Leitbranchen. Die Bildung dieser tief integrierten Unternehmenseinheiten schloss an die vorherigen Konzentrations- und Zentralisationsprozesse von Kapital an.

Die Ausdifferenzierung der innerbetrieblichen Arbeitsteilung durch die tayloristische Zergliederung der lebendigen Arbeit erhöhte die Rationalität des Arbeitseinsatzes im Maschinensystem und steigerte naturgemäß die technische Zusammensetzung des angewandten Kapitals. Sie stärkte aber zugleich die Widerständigkeit der Arbeitermassen, die in den Großunternehmen konzentriert waren. Weniger um die Qualifikationsanforderungen des neuen industriellen Rationalisierungsparadigmas zu erfüllen als vielmehr einer machtvollen Arbeiter- und Gewerkschaftsbewegung in den kapitalistischen Metropolen zu genügen, wurden die früher nur in geringem Umfang vorhandenen öffentlichen Umverteilungsprozesse durch staatliche Monetär- und Realtransfers nach dem Zweiten Weltkrieg ausgebaut. Daneben trug die weitere Verkürzung der Arbeitszeit als Tages-, Wochen-, Jahres- und Lebensarbeitszeit zur Integration der Arbeiterbewegung in einen sozialstaatlich modifizierten Kapitalismus bei.

Gleichzeitig gewannen die Arbeiterklasse sowie die sonstigen Lohnabhängigen im Fordismus eine neue ökonomische Wichtigkeit als Konsumenten. War im 19. Jahrhundert der Akkumulationsfonds die kritische Größe für das Wirtschaftswachstum gewesen, so gewann nunmehr die aus Arbeitslöhnen und Sozialtransfers gespeiste konsumtive Endnachfrage wesentliche Bedeutung für die Überwindung der Realisierungsschranke für die massenhaft gefertigten Waren. Damit setzte eine Transformation der Märkte aus Verkäufer- zu Käufermärkten ein und eine Lösung des »wirtschaftlichen Problems« (Keynes) schien in der langen Frist als Möglichkeit in diesem sozialstaatlich modifizierten Kapitalismus auf.

Die Nachkriegsprosperität ist das amerikanische Zeitalter. Das US-Kapital stand mit seiner Nationalarbeit an der Spitze der internationalen Stufenleiter der universellen Arbeit, dominierte den internationalen Handel und stellte mit dem Dollar, der als einzige Währung noch für Ausländer (Zentralbanken) gegen Gold de jure zur festen Parität aus der Zwischenkriegszeit von 35 Dollar pro Feinunze Gold konvertibel war, im Bretton-Woods-Währungssystem fester Wechselkurse die überragende Reserve- und Transaktionswährung auf dem Weltmarkt. In den 1950er Jahren sind die USA nicht nur Weltmarkthegemon, sondern unbestrittener Demiurg des bürgerlichen Kosmos wie Großbritannien in seinen besten Zeiten im 19. Jahrhundert.

Die internationalen Beziehungen sind durch die Systemkonkurrenz zu den um die Sowjetunion gruppierten sozialistischen Staaten – anfänglich gehörte auch die VR China nach der siegreichen Revolution in 1949 dazu – geprägt, die sich schnell zum »Kalten Krieg« auswuchs. Durch fortschreitende Entkolonialisierungsprozesse, die vielfach durch erfolgreiche nationale Unabhängigkeitsbewegungen erkämpft wurden, treten an die Stelle politisch vermittelter Ausbeutung der Kolonien durch ihre »Mutterländer« zunehmend die Gesetzmäßigkeiten des internationalen Handels.[18] Die angestammte Spaltung der Welt in einige wenige kapitalistische Metropolen und eine große Zahl unterentwickelter Länder, die vor allem als Rohstofflieferanten für die industriellen Zentren von Bedeutung sind, blieb lange Zeit relativ stabil. Erst als sich in den kapitalistischen Metropolen die Akkumulationsdynamik mehr und mehr abschwächte, gelang einigen asiatischen und lateinamerikanischen Ländern die Fortentwicklung zu »Newly Industrialized Countries« (Schwellenländer); ihre Anzahl war zunächst auf Süd-Korea, Taiwan, Singapur und Hongkong (vor Übergang zur VR China) beschränkt.

Zur fordistischen Arbeits- und Betriebsweise und ihrem Akkumulationsregime gehören ein neuer Stellenwert der Wirtschaftspolitik und damit ein erhöhtes Ausmaß der Einwirkung und partiellen Steuerung naturwüchsiger Marktprozesse durch politische Instanzen. Die sozial- und interventionsstaatliche Modifikation des Kapitalismus führte zum Aufbau einer gemischten Wirtschaft (»Mixed Economy«), die in einigen Ländern, insbesondere in Frankreich und Großbritannien, auf einem größeren Sektor verstaatlichter Unternehmen sowohl im industriellen Bereich als auch bei Banken und Finanzinstitutionen beruhte. In anderen Ländern, u.a. auch der BRD, blieben staatliche Betriebe und Unternehmen im Wesentlichen auf die kommunalen und infrastrukturellen Versorgungsanbieter beschränkt; der Einfluss des Staates auf den Akkumulationsprozess erfolgte hier hauptsächlich durch die Finanzpolitik sowohl mit umverteilender Steuer- und Abgabenerhebung als auch mit unternehmens- und haushaltsreproduktiven Transfers (Geld- und Realtransfers).

Daneben war die Geldpolitik der Zentralbanken auf der Grundlage der nun allgemein etablierten inkonvertiblen Zentralbanknoten, die an die Stelle des in der Zwischenkriegszeit modifizierten Gold(devisen)standards mit Deckungsvorschriften des inländischen Geldumlaufs getreten waren, ein wichtiges Steuerungsinstrument. Mit dem Bretton-Woods-Währungssystem wurden die nationalen und internationalen Zirkulationsprozesse mit festen Wechselkursen um den US-Dollar als Leitwährung mit Goldanker gruppiert. Die Autonomie der Geldpolitik für die binnenwirtschaftliche Geldzirkulation und die Entwicklung der nationalen Preis-

[18] Wo es namentlich um Rohstoffextraktion in unterentwickelten Ländern geht, kommt es dortselbst vielfach überhaupt nicht zur Bildung gesamtwirtschaftlicher Reproduktionsprozesse, sondern eine mehr oder weniger kleine Klasse von Grundeigentümern profitiert durch Renten von der Exploitation der Rohstoffe durch kapitalistische Konzerne aus den Metropolen. Neben dem Fortbestand traditioneller Produktionsweisen ist die Ökonomie dieser Länder daher eine klassische Rentenökonomie. Die Enteignung der Grundeigentümer und Verstaatlichung der Rohstoffquellen durch progressive Regierungen brachte allerdings vielfach keine nachhaltigen Lösungen, die den Aufbau gesamtwirtschaftlicher Reproduktionszusammenhänge ermöglicht hätten. Wir kommen darauf im 3. Kapitel in Bezug auf die kapitalistischen Metropolen und ihre internationalen Wertschöpfungsketten sowie im 10. und 11. Kapitel vom Standpunkt der unentwickelten und Schwellenländer ausführlich zu sprechen.

niveaus war allerdings durch die Verpflichtung, den Wechselkurs bei Zahlungsbilanzungleichgewichten zu verteidigen, eingeschränkt.

In keinem der gemischten Wirtschaftssysteme der Nachkriegszeit wurde die Dominanz kapitalistischer Produktionsverhältnisse gebrochen. Demzufolge blieben die allgemeinen Gesetzmäßigkeiten der Kapitalakkumulation grundsätzlich in Kraft und bewirkten die Endlichkeit von hohen wirtschaftlichen Wachstumsraten und beschleunigter Kapitalakkumulation. Bereits mit Beginn der 1960er Jahre war der ursprüngliche Produktivitätsvorsprung und die darauf begründete ökonomische Dominanz der USA in weiten Bereichen durch das BRD-Kapital und etwas später das japanische Nationalkapital relativiert worden. Ende der 1960er Jahre nahm die Spekulation gegen weiche Währungen (namentlich britisches Pfund Sterling und französischer Franc) zu und richtete sich zunehmend auch gegen den US-Dollar und seine fixe Goldparität.

Unter dem Druck nachlassender reproduktiver Akkumulationsdynamik, wachsender spekulativ induzierter Geldkapitalakkumulation und darüber verschärften internationalen Disproportionen in den nationalen Zahlungsbilanzen war Anfang der 1970er Jahre das Bretton-Woods-Währungssystem nicht mehr zu halten. Nach zweimaliger Herabsetzung der Goldparität des US-Dollars hob die US-Regierung (unter der Präsidentschaft von R. Nixon) seine De-jure-Goldkonvertibilität auf. Die Wechselkurse zwischen den wichtigsten Weltmarktwährungen wurden – mit Ausnahme westeuropäischer Währungen im Europäischen Währungssystem – freigegeben.

Der vorerst letzte internationale Währungszusammenhang, der die Bezeichnung »System« verdient, war damit Vergangenheit. Nach sechs Prosperitätszyklen mit 4- bis 5-jähriger Dauer war mit der ersten Weltwirtschaftskrise der Nachkriegszeit, die durch den Ölpreisschock der OPEC-Staaten 1973 verschärft wurde, die beschleunigte reproduktive Kapitalakkumulation beendet und wurde durch eine strukturelle Überakkumulation von Kapital abgelöst; eine Ausnahme bildete Japan, welches erst in den 1980er Jahren diesen Umschwung nachvollzog. Damit waren die Entwicklungspotenziale der zweiten entwickelten kapitalistischen Betriebsweise ökonomisch weitgehend erschöpft.

d) Überlagerung des postfordistischen Rationalisierungsparadigmas durch (finanzmarkt-)kapitalistische Blockaden

Die Auflösung des Fordismus vollzog sich nach dem ökonomischen Strukturbruch Mitte der 1970er Jahre in verschiedenen Etappen. Die kapitalistische Überakkumulation mit einem stagnativen Grundton im reproduktiven Zirkel und gleichzeitiger Beschleunigung der Geldkapitalakkumulation und ihrer Anlageformen (national wie international) traf auf eine anfangs noch wehrhafte Arbeiterbewegung, die trotz der sich im Abschwung des VI. Nachkriegszyklus 1974/75 aufbauenden Massenarbeitslosigkeit ihren Arbeitsfonds aus Geld- und Soziallohn verteidigen konnte. Hinzu kamen, in den einzelnen Ländern in unterschiedlichem Ausmaß, defizitfinanzierte Konjunkturprogramme, um dem zunächst nur als zyklischen Einbruch identifizierten Abschwung zu begegnen. Starre Geldlöhne und expansive staatliche Ausgaben gaben der Inflationierung der Warenpreise, die sich bereits im Zuge der 1960er Jahre mit öffentlichen Sozialprogrammen, Kriegsabenteuern (Vietnam-Krieg) und einer auf die Verteidigung der Wechselkurse bezogenen Geldpolitik im Bretton-Woods-System beschleunigt hatte, weiteren Auftrieb. Die im zyklischen Abschwung 1974/75 nicht aufgelöste Überakkumulation von Kapital führte mit tendenzieller Stagnation und gleichzeitig beschleunigter Inflation in der Folgezeit zur »Stagflation«. Die (nominellen) Geldzinssätze erreichten in den 1970er Jahren ein bisher einmaliges Niveau in den kapitalistischen Metropolen.

Der stagnative Grundton der reproduktiven Kapitalakkumulation, die durch die hohen Zinssätze und nunmehr flottierende Wechselkurse forcierte Geldkapitalakkumulation und die durch steigende Rohstoffpreise mitbedingten Zahlungsbilanzverwerfungen bildeten den Hintergrund für einen konservativ orchestrierten Politikwechsel, der ausgehend von Großbritannien und den USA mit dem keynesianischen Sozialstaat brach: Kampf gegen Gewerkschaftsmacht, Deregulierung der Arbeitsmärkte und eine restriktive öffentliche Ausgabenpolitik sollten über eine »Bereinigung« der Angebotsbedingungen und eine Bekämpfung der Inflation die (reproduktive) Kapitalakkumulation wieder entfesseln. Insbesondere sollte diese monetaristische Wirtschaftspolitik aber den Substanzwert der Geldvermögen sichern, der trotz hoher Nominalzinsen durch die Entwertung der Kaufkraft des Geldes teilweise negativen Realzinsen ausgesetzt war. Vor dem Hintergrund des zyklischen Abschwungs des VII. Nachkriegszyklus 1980-82, der nochmals ansteigenden Massenarbeitslosigkeit, einem nunmehrigen weitgehenden Verzicht auf keynesianisches Gegensteuern und durch ein international konzertiertes Umschalten der Geldpolitik der wichtigsten Zentralbanken auf Restriktionskurs wurde der wirtschaftspolitische Paradigmenwechsel durchgesetzt. Damit wurde das, was später Neoliberalismus genannt wurde, eingeleitet.

In der Folgezeit wurde dieser wirtschaftspolitische Kurs mit teilweise national unterschiedlichen Akzenten verschärft und beförderte die Auflösung des fordistischen, wenn auch asymmetrischen Kompromisses zwischen Management und Gewerkschaften und stärkte umgekehrt die Rolle und Funktion des kapitalistischen Privateigentums mit dem »Investor« als dominierendem Akteur. Namentlich durch die Ausdehnung der Finanzialisierung ökonomischer Beziehungen – Ausbildung neuer Formen des zinstragenden Kapitals in Geld- und Warenform (Leasing von Ausrüstungsgütern), teilweise Substitution des traditionellen Bankkredits durch Kapitalmarktfinanzierungen, Entwicklung der Banken und anderer Kapitalsammelstellen zu einer regelrechten Finanzindustrie, die neue Anlageprodukte kreierte und zur treibhausmäßigen Verstärkung des spekulativen Elements führte – wurde nun versucht, die anhaltende kapitalistische Überakkumulation und Schwäche der reproduktiven Kapitalakkumulation zu überwinden. Über eine ganze Reihe von Wirtschafts- und Finanzkrisen, die sich von der Peripherie des kapitalistischen Weltmarkts bis in sein Zentrum kaskadenartig voranfraßen und in der Finanzmarktkrise

2007/08 und der anschließenden Weltwirtschaftskrise mit ihren Folgewirkungen kulminierten, offenbarte sich das Scheitern des Finanzmarktkapitalismus und seiner neoliberalen Wirtschaftspolitik.[19]

Es wäre töricht zu behaupten, dass die sog. Eliten in Wirtschaft und Politik nicht versucht hätten, mit unterschiedlichen Konzepten, die verschiedene ökonomische Variablen in den Fokus genommen haben, gegen die sich in den meisten kapitalistischen Metropolen seit Mitte der 1970er Jahre ausbreitende Überakkumulationssituation anzugehen. Die mit den Schwerpunkten der Inflationsbekämpfung und Bereinigung der Angebotsbedingungen vollzogene Wirtschaftspolitik in den 1980er Jahren führte nach und nach zu einer Veränderung der primären, marktbestimmten Einkommensverteilung zwischen Arbeitslöhnen und Profiten zugunsten der Letzteren, d.h. zu einer ansteigenden Mehrwertrate. Allerdings war dieser Anstieg der Mehrwertrate zunehmend weniger auf Produktivkraftsteigerungen durch Veränderungen der technischen und organisatorischen Strukturen des Arbeitsprozesses gegründet als vielmehr durch Druck auf die verschiedenen Komponenten des Werts der Arbeitskraft hervorgebracht. Die unter der Überschrift »Lean Production« im Produktionsprozess implementierten Veränderungen setzten an offenkundigen Defiziten des überkommenen tayloristischen Rationalisierungsparadigmas an, verschlankten die Aufbauorganisation der Unternehmen durch Beseitigung von Hierarchieebenen und fokussierten die Prozessabläufe auf Qualitätsoptimierung (»Null-Fehler-Produktion«) anstelle nachträglicher aufwendiger Fehlerbeseitigung im Rahmen der starren fabrikinternen Arbeitsteilung und tayloristischer Automatisierung. Die mit den Verhältnissen in Japan verbundenen Konzepte von Lean Production und kontinuierlicher Verbesserung (»Kaizen«) drückten aber eher die dortige Fortdauer der beschleunigten Kapitalakkumulation, d.h. den noch nicht vollzogenen Übergang des japanischen Reproduktionsprozesses in eine strukturelle Überakkumulationssituation, aus als bereits einen Aufbruch zu einer neuen, qualitativ höheren Betriebsweise des gesellschaftlichen Produktionsprozesses.

Einem solchen Aufbruch steht zunächst die langfristig gewachsene Verselbständigung des zinstragenden Geldkapitals und seiner Finanzmärkte gegenüber der reproduktiven Wertschöpfung und Kapitalakkumulation entgegen. Die Verselbständigung der Geldkapitalakkumulation bis zur Etablierung einer Suprematie der Finanzmärkte und ihrer Akteure gegenüber den Märkten des reproduktiven Zirkels führt zu einer Finanzmarktsteuerung immer größerer Bereiche der gesellschaftlichen Beziehungen; dementsprechend wird zu Recht von einem Regime des Finanzmarktkapitalismus[20] gesprochen. Die Kapitalmarktfinanzierung der Unter-

---

19 Zu den einzelnen Entwicklungen dieser Krisenkaskade vgl. Krüger 2016: 20ff.

20 Finanzmarktkapitalismus als dominierende Ausgestaltung der kapitalistischen Produktionsweise vornehmlich in den Metropolen des Weltmarkts und nachgeordnet in den aufkommenden Schwellenländern meint dabei etwas anderes als die seinerzeitige Kategorie des »Finanzkapitalismus«, die nach R. Hilferding die Verbindung zwischen Industrie- und Bankkapital bezeichnet (vgl. Hilferding 1968). Hilferding begriff diese Verbindung als Ausdruck zunehmender Monopolisierung des Kapitals durch Kartelle und Trusts, die den

nehmen verdrängt teilweise den klassischen Bankkredit, was mit einem Bedeutungsgewinn der Wertpapierbörsen einhergeht. Die Steigerung des Unternehmenswerts (Shareholder Value) in Form des Aktienkurses als fiktiver Kapitalwert wird zu einem übergeordneten Unternehmensziel gegenüber reproduktiven Erfolgsgrößen wie Umsatzwachstum und Marktanteilssteigerung. Damit geht eine beginnende Restrukturierung des Unternehmenssektors einher. Nicht zum Kerngeschäft gehörende Unternehmensbereiche, die eine unterdurchschnittliche Verwertung erbringen oder quer-subventioniert werden mussten, werden abgestoßen und zu neuen Unternehmenseinheiten zusammengefasst. Damit wird kurzfristig der Unternehmenswert gesteigert, auch wenn sich längerfristig oftmals fehlende Synergien mit negativen Konsequenzen für die interne Rendite einstellen. In die gleiche Richtung geht die Verringerung der internen Leistungstiefe der Unternehmen durch Outsourcing von Wertschöpfungsstufen, die zunehmend auch ins Ausland mit geringeren Produktionskosten (insbesondere Arbeitslöhne) verlagert werden. Diese Verwandlung von ehemals fixen in variable Kosten steigert die Anpassung an schwankende Auslastungen und reduziert den Fixkostenblock. Finanzialisierung der Strukturen innerhalb des reproduktiven Unternehmenssektors bedeutet somit Verstärkung von marktvermittelter Ressourcenallokation anstelle der früheren unternehmensinternen Erstellung, die verursachungsgerechte Kostenzuordnung zu den Umsatzträgern wird verbessert und die internen Abteilungen Benchmark-Vergleichen (»Best Practise«) ausgesetzt. Dies erhöht die Selbststeuerung unternehmensrechtlich verselbständigter oder als Profit-Center organisierter Betriebseinheiten und stellt die auf einer Optimierung der gesellschaftlichen Arbeitsteilung aufsetzende Ergänzung zur produktivistisch-unternehmensinternen Orientierung der Lean Production mit Abbau zwischengeschalteter Hierarchieebenen dar. Technologisch möglich wird diese Verallgemeinerung von marktvermittelten Allokationsprozessen durch computergestützte Netzwerke auch über die Unternehmensgrenzen hinweg; sie führt zu neuen Logistikkonzepten, die sowohl Produktions- wie Zirkulationskosten reduzieren.

So sehr nun die Produktivitätseffekte dieses in Ansätzen etablierten Rationalisierungsparadigmas einer dieses Mal nicht an der innerbetrieblichen Arbeitsteilung, sondern der Neuformierung der gesellschaftlichen Arbeitsteilung ansetzenden Restrukturierung, zusammen mit den Kosteneffekten der Deregulierungsprozesse, positiv auf die allgemeine Mehrwertrate wirkt und die Profitrate stabilisiert, so wenig löst sie das unterliegende Grundproblem der strukturellen Überakkumulation von Kapital. Dieses besteht in dem Umfang sowohl des akkumulierten Fixkapitals als auch der Masse des fiktiven Kapitals, jeweils im Verhältnis zu den Möglichkeiten der Wertschöpfung und daher der Verwertung dieser Kapitalien. Denn Wertschöpfung und Verwertung sind beschränkt durch gesellschaftliche Distribu-

Ausgleichungsprozess zur Durchschnittsprofitrate stören und die sodann durch das Bankkapital bzw. den Finanzsektor vermittelt und überwunden werden (sollen). Nur die strukturell gewachsene Rolle des Finanzsektors haben Finanzkapitalismus und Finanzmarktkapitalismus gemein.

tionsverhältnisse, die durch die überakkumulationstypische Umverteilung zugunsten der Profite, der gleichzeitigen Beschränkung der Masseneinkommen (Senkung der Lohnquote) sowie durch eine Finanzpolitik der Ausgabenkürzung das Problem der Realisierung des gesamtwirtschaftlichen Warenprodukts auf dem Binnenmarkt steigern.[21] Die sich als Unterkonsumtion in den Verteilungsverhältnissen zeigende (relative) Übererspamis ist jedoch kein bloßes Verteilungsproblem, sondern beruht auf einem Zuviel an Kapital (in verschiedenen Formen), das keine steigende Verwertung mehr erfährt, d.h. einem Widerspruch innerhalb der Produktionsverhältnisse selbst. Dies offenbart sich anhand einer Durchschnittsprofitrate, die trotz der verschiedenen wirtschaftspolitischen Interventionen zugunsten des Kapitals auf einem niedrigen Niveau (unter zyklischen Schwankungen) verharrt und damit einen Neustart einer längerfristigen, mehrere aufeinanderfolgende Konjunkturzyklen umfassenden beschleunigten Kapitalakkumulation mit einer substanziellen Erhöhung des Niveaus dieser Profitrate verhindert.[22]

Ein postfordistisches Rationalisierungsparadigma, welches seine neuen und zusätzlichen Produktivkräfte aus der Neustrukturierung der gesellschaftlichen Arbeitsteilung, d.h. einer Restrukturierung des Unternehmenssektors schöpft, die Marktsteuerung durch tatsächliche oder simulierte Preise verallgemeinert und der Konkurrenz der Einzelkapitale vorwettbewerbliche und/oder finanzialisierte netzwerkbasierte Kooperationen an die Seite stellt, bleibt Stückwerk, weil seine Einbettung in eine neue gesellschaftliche Arbeits- und Betriebsweise nicht gelingt. Die Revolutionierung der Produktivkräfte im Rahmen einer höheren gesellschaftlichen Betriebsweise wird konterkariert durch das Regime des Finanzmarktkapitalismus, der die Verwertungsschranken für das Kapital, weil es sich um Grenzen, die aus den Produktionsverhältnissen selbst entspringen, handelt, nicht überwinden kann. Insofern bleibt es zunächst bei postfordistischen Insellösungen ohne die Chance einer umfassenden Verallgemeinerung.

---

[21] Natürlich bietet sich dem einzelnen Nationalkapital durch eine Steigerung seiner Exporte ein Ausweg aus diesem Realisierungsdilemma der kapitalistischen Überakkumulation an. Namentlich solche Kapitale, die über eine hohe internationale produkt- und preismäßige Konkurrenzfähigkeit verfügen (wie das BRD-Kapital), können diese Karte extensiv spielen und so ihre Situation auf Kosten anderer Länder verbessern. Allerdings ist dies mit zunehmenden internationalen Disproportionen in den Zahlungsbilanzen verbunden, denn nicht alle Länder und gerade nicht alle kapitalistischen Metropolen können gleichzeitig durch Forcierung ihrer Exporte ihre binnenwirtschaftlichen Nachfrageprobleme lösen.

[22] Wir zeigen die Entwicklung der nationalen Profitraten sowohl der kapitalistischen Metropolen für die Nachkriegszeit als auch der wichtigsten Schwellenländer vom Zeitpunkt ihrer regulierenden Funktion für die jeweilige nationale Ressourcenallokation im jeweiligen Argumentationszusammenhang in nachstehenden Kapiteln des vorliegenden Buches. Vgl. auch Krüger 2019, 2017 sowie 2015.

e) Umrisse einer neuen, höheren Arbeits- und Betriebsweise auf Basis von netzwerkbasierter Produktivkraftentwicklung und künstlicher Intelligenz

Die ökonomischen Formbestimmungen der digitalen Geschäftsprozesse

Mit den Bezeichnungen »Industrie 4.0« sowie »Digitalisierung und künstliche Intelligenz« wird eine erneute technische Revolution ausgerufen, die sowohl Produktion, Distribution und Zirkulation als auch die Privatsphäre der Bürger umwälzen soll. Tatsächlich erscheinen die Möglichkeiten der Vernetzung ökonomischer sozial-kultureller und politischer Beziehungen sowie der Automatisierung auch komplizierter Tätigkeiten und damit die Auswirkungen für Arbeitsbedingungen, Arbeitsplätze und die Lebensweise der Bürger immens. Auf der einen Seite werden die Möglichkeiten des »digitalen Kapitalismus« für die Modernisierung von Wirtschaft und Gesellschaft frenetisch begrüßt, auf der anderen Seite kritisch und infrage stellend bewertet; ein großer Teil der Bevölkerung hat Angst vor Jobverlusten und Einkommenseinbußen. Um diese Gemengelage von Modernisierungsjubel, Kritik und Abstiegsängsten aufzulösen und sowohl die Chancen als auch die Risiken von Digitalisierung und künstlicher Intelligenz genauer zu wägen und zu bewerten, ist zunächst eine genauere Identifikation der ökonomischen Formbestimmungen der verschiedenen digitalen Geschäftsprozesse vorzunehmen.[23]

Grundvoraussetzung der möglichen Digitalisierung vieler Lebensbereiche sind neben beständig entwickelteren Datenverarbeitungskapazitäten (Rechnerleistungen) auf Basis der Mikroelektronik die über das Internet als weltweites Datennetzwerk eröffneten Möglichkeiten der elektronischen Kommunikation und Interaktion zwischen Personen, Unternehmen und Institutionen, sowohl national als auch international. Der Zugang, die Einstellung und der Abruf von Daten sowie die Durchführung zielgerichteter Aktionen gegenüber bzw. zwischen den Internet-Protocol-Adressen (IP-Adressen) im »Internet of Men« (IOM) und dem zukünftig immer weiter an Bedeutung gewinnenden »Internet of Things« (IOT) erfolgt über Plattformen verschiedenster Art mit »Cloud-Datenräumen« an der Spitze. Dabei hat sich, ausgehend von einfachen Access-Anbietern, im Laufe der Zeit eine Hierarchie zwischen verschiedenen digitalen Plattformen herausgebildet: Sogenannten Meta-Plattformen als »Mutterschiffe«, die technische Standards durch international

[23] Diese Intention der Einordnung eint auch die Autoren verschiedener Aufsätze im »Argument-Buch« (Argument 335), die sich unter Bezugnahme auf Marx' Kritik der politischen Ökonomie zum einen mit einer zu Unrecht als Referenz-Text angesehenen Kompilation von vermeintlich aktuellen Theorieversatzstücken von P. Staab (vgl. Staab 2019) kritisch auseinandersetzen (vgl. Haug 2020) und zum anderen positive Einordnungen der Produktivkräfte und Produktionsverhältnisse des »High-Tech-Kapitalismus« versuchen; vgl. Ziegler 2020, Butello/de Paiva Lareiro 2020 sowie Boes/Kämpf 2020. Obwohl von einer neuen »Formation des Kapitalismus« gesprochen wird, gelingt keinem der Autoren eine Einordnung in die historische Reihe verschiedener gesellschaftlicher Betriebsweisen; der Versuch der Einordnung von unserer Seite (vgl. Bischoff/Krüger/Lieber 2018) wurde nicht zur Kenntnis genommen.

etablierte Betriebssysteme sowie darauf bezogene Endgeräte (z.B. Smartphones) setzen, steht eine Vielzahl von Anwenderplattformen gegenüber.[24] Letztere eröffnen den Zugang der User zu unterschiedlichen Dienstleistungen, die über diese Anwenderplattformen angeboten und nachgefragt werden.

Plattformen fungieren im kommerziellen Internet als gemeinschaftliche Produktionsbedingungen und sind solcherart *»verbindende Ader[n] einer Masse ... [individueller/S.K.] Produktionsprozesse«* (MEW 42: 620). Am Beispiel des Wegebaus hatte Marx in der seinerzeitigen analogen Welt bereits die ökonomischen Bedingungen für diese gemeinschaftlichen Produktionsbedingungen herausgestellt: *»Damit der Kapitalist nun den Wegebau als Geschäft unternehme auf seine Kosten, sind verschiedne Bedingungen nötig, die alle damit zusammenfallen, daß die auf das Kapital begründete Produktionsweise schon zu höchster Stufe entwickelt ist.«* (Ibid.: 436) Marx benennt: (1) Größe des Kapitals (Aktienkapital), (2) Zins als Verwertung (nicht Profit), (3) Bereitschaft zur Zahlung seitens der Nutzer, (4) die Nutzer sind zahlreich, d.h. nicht nur Kapitale, sondern auch Konsumenten (vgl. ib.: 436). Im Grundsatz gelten diese Merkmale auch für die heutigen digitalen Plattformen insgesamt, d.h. sowohl die Metaplattformen, die Datenräume (Clouds) sowie die Anwenderplattformen. Auch in der heutigen digitalen Welt beinhalten Plattformen die Einheit von materiellen und immateriellen Infrastrukturen: Server, Basisstationen, Übertragungsnetze (Fest- und Mobilfunknetze), Software/Dienstleistungen und Endgeräte (verschiedener Art) sind notwendig, um den Betrieb von Plattformen zu ermöglichen. In diesem Sinne bringt die Bezeichnung »Plattform-Kapitalismus« den digitalen Kern der Netzwerkstrukturen zum Ausdruck, die bereits mit der krisenhaften Entwicklung des sog. Postfordismus die gesellschaftliche Arbeitsteilung zum Ausgangs- und Angriffspunkt eines neuen Rationalisierungsparadigmas genommen hatten.

Gegenwärtig werden die Meta-Plattformen von amerikanischen (Alphabet [Google], Apple [Microsoft], Amazon [Cloud-Sparte Web Services]) und chinesischen (Alibaba, Tencent, Baidu) Internet-Unternehmen betrieben, die über ihre Tochterunternehmen zugleich spezifische Anwenderplattformen offerieren. Den Status des Internet-Mutterschiffs haben die Unternehmen erlangt, weil sie als Full-line-Anbieter schon früh eine Betriebssoftware sowie darauf bezogene Hardware (Endgeräte) angeboten und vertrieben haben und sich dadurch Konkurrenzvorteile durch Größenwachstum, gemessen durch die Anzahl der Anwender/User, verschafft haben. Quantität, d.h. die Useranzahl, ist dann in Qualität, d.h. den Status als Meta-Plattform mit hohen Markteintrittsbarrieren potenzieller Konkurrenten sowie hohen Marktaustrittskosten für die User umgeschlagen – ein Prozess, der kontemporär

[24] Diese Hierarchisierung innerhalb der digitalen Netzwerk-Ökonomie fehlt bei der instruktiven Beschreibung und Klassifizierung, die Srnicek vorgenommen hat (vgl. Srnicek 2018) und die wesentlich werden u.a. für die Konzeptionierung einer makroökomischen Strukturpolitik als Bestandteil einer neuen Betriebsweise; siehe weiter unten.

nach wie vor das Geschäftsmodell dieser Firmen mit dem Fokus auf Kundenbindung und Kundenwachstum bestimmt.

Mit dem Eigentum an der Plattform und der Betriebssoftware sind die strategischen Elemente einer Meta-Plattform beschrieben; das gleichzeitige Angebot von Endgeräten mit jeweils spezifischem Betriebssystem rundet das Gesamtangebot ab. Demgegenüber bleibt der Rest der Wertschöpfungskette, d.h. die Produktion der sonstigen Hardware das Geschäft von Unternehmen der materiellen Produktion im engeren Sinne und die Bereitstellung sowie der Betrieb der Netze zusammen mit der Konfektionierung von Content-Angeboten das Geschäftsmodell der Telekommunikationsunternehmen.

Gegenüber den Meta-Plattformen als Betreiber und Vermittler sind Anwenderplattformen wie Facebook, Amazon E-Commerce, Sina-Weibo, PayPal, Zalando, Priceline, Yelp, Naver etc. Basis für spezifische Geschäftsmodelle, die unterschiedliche ökonomische Formbestimmungen aufweisen und die Plattformbetreiber gegenwärtig hauptsächlich als Vermieter (Leasinggeber), Online-Händler und Anbieter von Finanzdienstleistungen und Kommunikationsforen ausweisen.

In der sog. Sharing-Ökonomie geht es um die jeweils zeitlich begrenzte Vermietung von Gebrauchswerten (Waren) an verschiedene Nutzer- oder Anwendergruppen. Die Plattform eröffnet hier zumeist den Zugang über eine Application Software (App), vermittelt den Abschluss des Mietvertrages und ermöglicht die Zahlung durch mobilfunkgestützte Übertragung von Depositen vom Mieter- auf das Vermieterkonto via Internet-Banking. Die vermietete Sache, zumeist im Eigentum des Betreibers der Anwenderplattform, besitzt die Form von zinstragendem Kapital in Warenform, welches wie bei der Vermietung eines Hauses oder einer Wohnung entweder potenzielles Fixkapital oder bloßes Konsumtionsmittel beim Anwender als Mieter ist. Demzufolge ist das Entgelt Mietzins, der für den Vermieter neben der Verwertung seines Eigentumstitels auch die Kosten der Instandhaltung der Mietsache abdecken muss. Für den Mieter als (kapitalistisches) Unternehmen bedeutet diese Sharing-Ökonomie die Verwandlung von Investitionsausgaben (Capex), d.h. Vorschuss für fixes Kapital (oder Anlagevermögen für Zirkulationsoperationen), in operative Kosten (Opex) und damit eine Verringerung seiner Kapitalbindung. Als operative Kosten sind die Miet- oder Leasingaufwendungen in der Regel variable oder flexibel anpassbare stufenfixe Kosten, die anders als beim Eigentumserwerb von sachlichen Bestandteilen des fixen Kapitals mögliche Leerkosten der bloßen Betriebsbereitschaft verringern.[25]

Neben der plattformgestützten Vermietung hat auch der Internet- oder Online-Handel durch Anwenderplattformen eine formalisierte und standardisierte Gestalt angenommen. Dies gilt sowohl für die bloße Handelsvermittlung, in der der Platt-

---

[25] Die plattformgestützte Sharing-Ökonomie ist an und für sich nichts Neues gegenüber dem schon seit längerer Zeit sich ausbreitenden Geschäftsmodell des Mobilien-Leasing. Was neu hinzukommt, ist nur der Zugang und die Abwicklung des Mietvertrages über das Internet und damit eine Universalisierung dieser Mietgeschäfte.

formbetreiber kein Eigentum an den Waren erwirbt und dadurch auch keine Lager- und Logistikaufwendungen zu bestreiten hat, als auch für den Online-Handel als Gegenstück zum stationären Handel, bei dem das Handelshaus seine Handelsware als Warenkapital erwirbt. Wie bei der internetgestützten Vermietung fungiert die Handelsplattform auch hier als vorgeschalteter digitaler Marktplatz, auf dem die Bestellung der Ware avisiert, der Kauf- oder Vermittlungsvertrag abgeschlossen und die Zahlung bewerkstelligt wird. Der Kostenvorteil für den Händler liegt in der preisgünstigen Präsentation seiner Ware auf seiner Website sowie in der Automatisierung der Verkaufsoperationen. Für den Käufer ist der ubiquitäre Marktzugang und die Standardisierung des Kaufprozesses ein Bequemlichkeitsvorteil; bei Nichtgefallen des gekauften Gegenstandes oder bei eventuellen Qualitätsproblemen fallen allerdings vermehrte Aufwendungen durch Mängeleinrede, Zurücksendung der Ware und Stornierung/Rückabwicklung der Bezahlung an. Eine weitere Konsequenz der zunehmenden Ersetzung des stationären durch den Online-Handel ist die Vervielfachung des Transportvolumens, um die bestellten und gekauften Waren an ihren Bestimmungsort zu bringen. Ohne eine gleichzeitige Revolutionierung des Transport- und Logistikwesens sowohl im nationalen als auch im internationalen Maßstab, die perspektivisch auf neue Transportmittel (Drohnen, selbstfahrende Lieferfahrzeuge etc.) angewiesen sein wird, stößt die Ausbreitung dieses internetbasierten Handels an materielle Grenzen.

Als weiterer Anwendungsbereich der Plattform-Ökonomie haben sich soziale Netzwerke wie Facebook, Twitter, WhatsApp etc. herausgebildet, die im Bereich der individuellen Konsumtion den Teilnehmern ermöglichen, gehaltvolle Mitteilungen oder belanglose Statements in die Welt zu setzen. Dieser Bereich der »Social Media« eröffnet neue Kommunikationsmöglichkeiten und hat sich aufgrund seiner Breitenwirkung mittlerweile als ernsthafter Konkurrent sowohl zu traditionellen Kommunikationsformen als auch zu professionalisierten Medienangeboten entwickelt. Die sozialen Medien spielen für die Durchdringung des Alltagslebens der Bevölkerung eine wichtige Rolle als »Propagandisten« der Plattform-Ökonomie.

Die Abwicklung von Mietverträgen, der Kauf der Waren sowie das Angebot und die Nutzung sozialer Netzwerke über jeweilige digitale Plattformen ergeben nun für die Plattformbetreiber persönliche Daten der Nutzer, die viel über ihre persönlichen Kaufpräferenzen und Vorlieben preisgeben. Ihre Sammlung und rechnergestützte Auswertung durch Algorithmen ermöglichen konkrete personenbezogene Ansprachen sowohl für Produktwerbung verschiedenster Art oder die Adressierung politischer Statements. Damit lassen sich Werbebotschaften personalisieren und die ansonsten auftretenden Streueffekte der werblichen Ansprache verringern. Die Erwartung ist, dass über diese persönlichen Werbeansprachen das Kaufverhalten des Konsumenten stimuliert oder das politische Wahlverhalten des Bürgers beeinflusst werden kann und die Kosten der Werbung, die unproduktive Zirkulationskosten darstellen, vermindert werden. Damit gewinnen die in großen Massen gesammelten und mehr oder weniger aufbereiteten Personendaten als immaterielle Gebrauchswerte einen Wert als Ware, der sich an dem Aufwand gesellschaftlicher Arbeit der

Sammlung, Ordnung und Aufbereitung der Rohdaten bemisst; dass diese Konfektionierung der Daten weitgehend automatisiert erfolgt, reduziert den Wert bzw. Preis derselben, sobald sich ein regulärer Markt für diese warenförmigen Datenbestände herausgebildet hat. Für die Plattformbetreiber, die möglicherweise durch ihr Hauptgeschäft nur mehr oder weniger große Zinsen auf ihr eingesetztes Kapital erwirtschaften oder im Extremfall Leistungen für die User umsonst zur Verfügung stellen wie bei Social-Media-Plattformen oder Suchmaschinen, stellt die Verwertung der Personendaten ihrer Nutzer zum Zwecke der werblichen und persönlichen Ansprache damit ein Zusatzgeschäft dar, welches bisweilen die Haupteinnahmequelle des Plattformbetreibers ausmacht.

Die Nutzung der digitalen Plattformen zur Platzierung von Werbebotschaften stellt bereits eine typische Dienstleistung dar. Jenseits der Vermittlung von Miet- oder Handelsgeschäften eignen sich Plattformen auch für Bezahldienste als zwischengeschaltete Instanz zwischen dem Konsumenten (als Käufer oder Mieter) und seiner Bank, was bis zum mobilen Bezahlen mittels Smartphone an entsprechend eingerichteten Terminals bei Händlern, in Parkhäusern etc. geht. Das »Mobile Wallet« konkurriert dergestalt mit Kredit- und Bankkarten als Instrument zur Übertragung von Bankdepositen. Ein anderes Beispiel ist Tele-Medizin, wo anstelle des persönlichen Besuchs beim Arzt eine vorbereitende oder auf geringfügige Erkrankungen bezogene Beratung des Patienten via Internet (Computer, Skype etc.) erfolgt. Der Fantasie zur Kreation plattformbezogener Dienstleistungen sind prinzipiell kaum Grenzen gesetzt und auch wenn sich nicht alle Ideen in die Praxis umsetzen lassen, ist davon auszugehen, dass die Anwendungsgebiete der digitalen Plattformen sich sowohl im Bereich der produktiv-unternehmensinternen als auch im Bereich der individuellen Konsumtion in Zukunft noch erheblich ausweiten und immer größere Teile der Bevölkerung einbeziehen werden.

Bei der ökonomischen Inwertsetzung der Plattformfunktionen reproduziert sich das hierarchische Verhältnis zwischen den »Meta-Plattformen« einerseits sowie den Anwender-Plattformen und den Nutzern andererseits. Erstere erheben für die Nutzung ihrer Infrastrukturen Provisionen, die als Tribute gegenüber den Letzteren zu Surplusprofiten mit Monopolcharakter führen, also eine Umverteilung von Mehrwert zwischen verschiedenen Kapitalgruppen zugunsten der Plattform-Giganten bewirken. Dies bedeutet nicht nur eine Störung des Ausgleichungsprozesses zur nationalen Durchschnittsprofitrate, sondern begründet zusätzlich Abhängigkeitsverhältnisse der z.B. europäischen Nationalkapitale von den in US-amerikanischer Hand befindlichen Internet-Unternehmen. Die Auflösung dieser Abhängigkeiten wird damit zu einem vordinglichen Ansatzpunkt einer aktiven europäischen Struktur- und Industriepolitik.[26]

---

[26] Bekanntlich fordert ab einem gewissen Punkt die Verfestigung von Monopolbildungen die Staatseinmischung heraus, um die grundsätzliche Funktionsfähigkeit der kapitalistischen Ressourcenallokation zu sichern bzw. wiederherzustellen. Eine mögliche Zerschlagung von Internet-Monopolen steht daher auch bei der US-Wettbewerbsaufsicht und -Regierung, die

Zur ökonomischen Inwertsetzung der Plattformformen gehört des Weiteren, neben den bisher bereits entgeltlichen Angeboten für die Plattform-User, in der Zukunft die Umwandlung von zunächst unentgeltlich angebotenen Dienstleistungen in Bezahldienste vorzunehmen. Treiber ist dabei ebenfalls das Wachstum der Nutzeranzahl und ihre Bindung an die entsprechende Plattform.

Sowohl die gegenwärtigen Monopolprofite als auch die zukünftige Monetarisierung der bisher noch unentgeltlich zur Verfügung gestellten Plattformangebote, die mit einer gesamtgesellschaftlichen Verallgemeinerung der Plattform-Ökonomie einhergehen, erklären – neben dem finanzkapitalistischen Umfeld der Börsenentwicklungen, d.h. Niedrigstzinsen und Spekulation – die gegenwärtig teilweise extrem hohen Marktkapitalisierungen von Internet- bzw. Plattform-Unternehmen, auch wenn sie aktuell (noch) erhebliche Verluste ausweisen. Dass diese Internet- bzw. Plattform-Unternehmen aktuell teilweise höhere Börsenwerte besitzen als die traditionellen Blue-Chips großer Unternehmen im Bereich der materiellen Produktion unterstreicht unter kapitalistischen Bedingungen den spekulativ-erwartungsorientierten Preis fiktiven Kapitals gegenüber dem Substanzwert der betreffenden Einzelkapitale.

Plattform-Ökonomie als netzwerkbasierte Produktivkraftentwicklung

Die Plattform-Ökonomie als Infrastruktur ordnet sich bruchlos in die seit einiger Zeit vonstattengehende Veränderung der gesellschaftlichen Arbeitsteilung ein und hebt die Produktivkraftentwicklung durch Generierung von Netzwerken auf eine neue Stufe. In der ersten Phase war die Bildung von Netzwerken auf punktuelle oder auch permanent-feste Partnerschaften zwischen Unternehmen fokussiert: gemeinsame Entwicklungsprozesse zwischen selbständigen Einzelkapitalen für sodann individuell und in Konkurrenz zueinander am Markt eingeführte Fertigprodukte sowie die bewusste Verteilung von Stufen einer Wertschöpfungskette auf selbständige Unternehmen waren die anfänglich formalisierten neuen Netzwerke zwischen selbständigen Unternehmen auf Basis von Marktprozessen. Mit den Plattformen als verbindenden Adern selbständiger Produktions-, Distributions- und Zirkulationsprozesse sowie ihrer massenhaften Verbreitung auch im Bereich der individuellen Konsumtion zwischen vielen privaten Usern sind die Netzwerke im Alltag entwickelter kapitalistischer Gesellschaften angekommen. Die Basis der Netzwerke

---

beide wahrlich nicht sozialistisch-kommunistischen Gedankengutes verdächtig sind, auf der Agenda. Für die Europäische Union wird neben der Heranziehung der europäischen Tochtergesellschaften dieser Konzerne zur regulären Besteuerung sowie der Kontrolle ihrer Geschäftsmodelle der Aufbau eigener digitaler Infrastrukturen zum sine qua non für ihre Behauptung ihrer Unternehmen in der internationalen Konkurrenz. Der Aufbau der europäischen Cloud Gaia-X kann dabei nur ein erster Schritt sein. Jenseits der vorherrschenden antikommunistischen Affekte muss sich eine europäische Strukturpolitik auch beim Ausbau der Mobilfunknetze auf den 5G-Standard stärker auf eigene Potenziale (Unternehmen) besinnen und dem dominierenden chinesischen Anbieter Huawei Grenzen setzen, um Abhängigkeiten zu vermeiden.

als Infrastruktur bleibt die marktwirtschaftliche Vermittlung zwischen selbständigen Privatproduzenten und Privatkonsumenten. Ihre Entwicklung und ihr Betrieb als selbst privatkapitalistisches Unternehmen zeigt, wie schon Marx ausführte, den hohen Entwicklungsstand der Produktivkräfte und der kapitalistischen Produktionsweise, die diese Infrastruktur nicht als unproduktives gemeinschaftliches Geschäft auf den Staat und die Steuerzahler abwälzen muss, sondern selbst profitabel durchführen kann. Umgekehrt wirft allerdings die privatkapitalistische Verfassung neue politische Probleme und Fragen mannigfacher Art auf. Neben der Abhängigkeit wesentlicher Infrastrukturen von Gesellschaften, Staaten und ganzen regionalen Wirtschaftsräumen geht es hier um den Schutz privater Daten vor unzulässiger und das informationelle Selbstbestimmungsrecht verletzender Verwendung. Die Finanzierung von Geschäftsprozessen der Netzwerkbetreiber über den Verkauf von Zusatznutzen in Gestalt personalisierter Werbung, die auf der Grundlage persönlicher Daten aufbaut, ist dabei ein noch erstes Stadium, dem mit der teilweisen Umwandlung der netzwerkbasierten Dienstleistungen in Bezahlangebote die nächste Entwicklungsstufe des digitalen Kapitalismus folgen und die privatkapitalistische Finanzialisierung der Lebensumstände weiter vorantreiben wird.

Insofern ist die Beobachtung von kritischen Ökonomen, die aus den Gratisangeboten der Netzwerkbetreiber bzw. den tendenziell gegen Null gehenden Grenzkosten von Netzwerkprodukten eine Untergrabung der Bedingungen der Marktallokation schlussfolgern, vorschnell und verallgemeinert in unzulässiger Weise die Verhältnisse einer anfänglichen Entwicklungsperiode. Schon gar nicht wird durch diese digitalen Produkte und Plattformen die kapitalistische Produktionsweise gewissermaßen im Selbstlauf überwunden, wie verschiedentlich gemutmaßt wird,[27] weil der Ausbau von Schutzrechten etc. zu ihrer privatkapitalistischen Nutzung und Verwertung Schritt mit der Produktion und Ausbreitung dieser digitalen Produkte hält;[28] Letzteres haben sie im Übrigen mit den Resultaten der allgemeinen (wissenschaftlichen) Arbeit gemein, die im Rahmen kapitalistischer Produktionsverhältnisse seit jeher durch Patente, Lizenzen und andere Schutzrechte privat verwertbar gemacht worden sind. Auch die Unterstellung einer quasi-immateriellen, weil durch Informationen/Daten geprägten Wirtschaftsweise missachtet den wichtigen Umstand, dass die Plattform-Ökonomie zu ihrer Basis hochentwickelter materieller

---

[27] Vgl. P. Masons Postkapitalismus als »Grundrisse einer kommenden Ökonomie« (Mason 2016); zur Kritik Krüger 2017b.

[28] Die *»Kapitalisierung eigentlich unknapper Güter«* und das Denken des digitalen Kapitalismus *»aus einer Logik der Unknappheit«* ist kein Spezifikum der digitalen Infrastrukturen, welches Unternehmen die Eigenschaft *»proprietärer Märkte«* verleihen würde (Staab 2019: 27), sondern als Ergebnis der privatkapitalistischen Erstellung und Betreibung allgemeiner Produktionsbedingungen zu fassen, daher auch zunächst nicht Ausdruck eines prinzipiell wertschöpfungsfeindlichen *»privatisierten Merkantilismus«* (vgl. ibid.: 44ff.), welcher den vermeintlich innovativen schumpeterianischen Unternehmer hinter sich gelassen hat, sondern umgekehrt Resultat eines hohen Standes der Produktivkraftentwicklung, die allerdings von ihrer kapitalistischen Anwendung zu befreien wäre.

Infrastrukturen wie Rechner/Server, Basisstationen, funk- und backbone-basierte Übertragungsnetze sowie Endgeräte bedarf, die als fixes Kapital der Plattform-Unternehmen erhebliche Mengen an (hochproduktiver) gesellschaftlicher Arbeit verkörpern und zudem mit dem technischen Fortschritt periodisch umgewälzt, d.h. in natura ersetzt werden müssen; ein aktuelles Beispiel ist gegenwärtig der Ausbau der Mobilfunknetze vom 4G- auf den 5G-Standard, der für viele Bereiche des Internet-of-Things unabdingbar ist. Es ist gerade die Plattform-Infrastruktur, die zum Träger der Revolutionierung der Produktivkräfte wird und an die Vergegenständlichung der Resultate geistiger und allgemeiner Arbeit gebunden bleibt.

Neben einer mehr oder weniger kontinuierlichen Ausdifferenzierung der Produktionssphären und dem Einbezug tendenziell aller Länder der Erde in die kapitalistische Weltwirtschaft, ermöglichen die aus dem Internet entspringenden Produktivkräfte nunmehr insofern eine neue Qualität, als die Vernetzung selbständiger Marktakteure sowohl im Innern der kapitalistischen Volkswirtschaften als auch zwischen kapitalistischen und unentwickelten Ländern bislang bestehende Grenzen für eine Instrumentalisierung der marktwirtschaftlichen Ressourcenallokation überwindet. Noch in der Zeit des Fordismus mussten, um eine bewusste Kontrolle und Steuerung verschiedener Produktlinien und Produktionssphären zu erreichen, dieselben unter dem Dach eines diversifizierten Großunternehmens (Konzern) zusammengefasst werden, also in die innerbetriebliche bzw. innerunternehmensmäßige Arbeitsteilung integriert werden. Dies führte zu den für diese Epoche charakteristischen Mischkonzernen mit hoher innerbetrieblicher Fertigungstiefe und einer oftmals nicht verursachungsgerechten Zuordnung der Gemeinkosten auf die Umsatzträger. Die Defizite unternehmensinterner Optimierung der Kosten werden nun durch Aufspaltung von Betrieben und Betriebsteilen und anschließender aufbauorganisatorischer (Profit Center) oder rechtlicher Verselbständigung mit Zwischenschaltung von Marktprozessen angegangen. Entscheidend ist dabei die Herstellung der Entscheidungsautonomie dieser neugebildeten Unternehmenseinheiten. In den Fällen, wo der Neuzuschnitt des Unternehmens durch Abgabe von Randbereichen und nicht-betriebsnotwendigen Assets ein korrektes Maß gefunden und keine strategisch relevanten Komplementäreffekte abgeschnitten hat und die abgegebenen Betriebsteile und Wertschöpfungsstufen beim Käufer neu zusammengesetzt und aufgebaut worden sind, ergeben sich aus dieser Umgruppierung der gesellschaftlichen Arbeitsteilung jene Produktivitätseffekte durch Spezialisierung, von denen bereits A. Smith[29] wusste und die Marx trotz aller mit der kapitalistischen Waren-

---

[29] Vgl. Smith 1786/1963: 9: *»Die außerordentliche Steigerung der produktiven Kräfte der Arbeit und die Vervollkommnung der Erfahrung, Geschicklichkeit und Sachkenntnis, womit die Arbeit überall angeleitet oder verrichtet wird, scheinen Auswirkungen der Arbeitsteilung gewesen zu sein.«*

produktion verbundenen Anarchie der gesellschaftlichen gegenüber der innerbetrieblichen Arbeitsteilung herausgestellt hatte.[30]

Während aber zu Marx' Zeiten betriebliche und gesellschaftliche Arbeitsteilung sich vor allem im Verhältnis zwischen Planmäßigkeit der einen und Naturwüchsigkeit der anderen gegenüberstanden, wird jetzt auf einer höheren Stufe die naturwüchsige Marktallokation selbst genutzt, um Verluste an Arbeitszeit, die nicht im Preis der Waren vergütet wird, zu reduzieren. Denn eine Verallgemeinerung der Marktvermittlung auf Kosten des vorherigen innerbetrieblichen Leistungsaustauschs schafft zwar kein Atom an zusätzlichem Wert, hilft aber durch den Ansporn der einzelwirtschaftlichen Akteure zur Optimierung ihrer an den Marktpreisen ausgerichteten Handlungen die verausgabte, jedoch nicht im Wert bzw. Preis vergütete Arbeitszeit zu verringern.

Mit der informationellen Vernetzung zwischen selbständigen, über den Markt interagierenden Unternehmen wird die Optimierung der gesellschaftlichen Arbeitsteilung weitergetrieben. Jetzt ist nicht mehr nur die marktorientierte Optimierung der einzelwirtschaftlichen Aktivitäten selbständiger Unternehmen überlebensnotwendig, sondern darüber hinaus ihre Verbindung mit einer bewussten Interaktion via Internet, was die synergetischen Effekte der gesellschaftlichen Arbeitsteilung steigert. In diesem Sinne erblicken wir in den Veränderungen der gesellschaftlichen Arbeitsteilung den Nukleus eines neuen Rationalisierungsparadigmas des gesellschaftlichen Produktionsprozesses. Der Einsatz immer weiter gesteigerter Rechnerleistungen zur Abstimmung ökonomischer Variablen ersetzt also nicht die Marktallokation wie Vertreter des sog. Computer-Sozialismus propagiert haben,[31] sondern erfolgt unter deren Primat und hebt dadurch ihre Effektivität auf eine neue, höhere Stufe. Zudem würde damit der Verbindung einer marktvermittelten dezentralen Ressourcenallokation mit einer bewusst-steuernden Interaktion wirtschaftspolitischer Instanzen und Akteure im Rahmen einer sozialistischen Marktwirtschaft vorgearbeitet.

---

[30] Vgl. MEW 23: 376f.: »*Statt daß in der Manufaktur das eherne Gesetz der Verhältniszahl oder Proportionalität bestimmte Arbeitermassen unter bestimmte Funktionen subsumiert, treiben Zufall und Willkür ihr buntes Spiel in der Verteilung der Warenproduzenten und ihrer Produktionsmittel unter die verschiednen gesellschaftlichen Arbeitszweige. Zwar suchen sich die verschiednen Produktionssphären beständig ins Gleichgewicht zu setzen, indem einerseits jeder Warenproduzent einen Gebrauchswert produzieren, also ein besondres gesellschaftliches Bedürfnis befriedigen muß, der Umfang dieser Bedürfnisse aber quantitativ verschieden ist und ein innres Band die verschiednen Bedürfnismassen zu einem naturwüchsigen System verkettet; indem andrerseits das Wertgesetz der Waren bestimmt, wie viel die Gesellschaft von ihrer ganzen disponiblen Arbeitszeit auf die Produktion jeder besondren Warenart verausgaben kann. Aber diese beständige Tendenz der verschiednen Produktionssphären, sich ins Gleichgewicht zu setzen, betätigt sich nur als Reaktion gegen die beständige Aufhebung dieses Gleichgewichts. Die bei der Teilung der Arbeit im Innern der Werkstatt a priori und planmäßig befolgte Regel wirkt bei der Teilung der Arbeit im Innern der Gesellschaft nur a posteriori als innre, stumme, im Barometerwechsel der Marktpreise wahrnehmbare, die regellose Willkür der Warenproduzenten überwältigende Naturnotwendigkeit.*«

[31] Vgl. Cockshott/Contrell 2011 sowie Harbach 2011.

Bei aller negativen Überformung generieren die Veränderung der gesellschaftlichen Arbeitsteilung und die Schaffung von Netzwerkstrukturen bereits unter kapitalistischen Verhältnissen Reduzierungen von Kosten und Verbesserungen der Verwertungssituation der einbezogenen Kapitale. Neben den Kostensenkungen aufgrund von Produktivitätseffekten neu zusammengesetzter Einzelkapitale, die ehemalige Randbereiche anderer Unternehmen zusammenfassen und auf höherer Stufenleiter konzentrieren, also Skalierungseffekte mit Steigerungen der Arbeitsproduktivität und Fixkostendegression erschließen, ergibt das auf der weiteren Ausarbeitung der Trennung von Eigentum und Funktion beruhende Mobilien-Leasing und Cloud-Computing durch Verwandlung von Capital- in Operative-Expenditures (Capex-Opex-Transformation) eine gesamtwirtschaftliche Reduzierung der Kapitalbindung und der Vorschüsse für fixes Kapitals durch gemeinschaftliche Netzwerkstrukturen. Vorhandene Produktionsmittel werden intensiver und durch mehrere Anwender nacheinander bei Vermietung oder gemeinschaftlich bei Infrastrukturen genutzt und damit werden Leerkapazitäten verringert und bei den Nutzern dieser Produktionsmittel eine Ökonomisierung des konstanten Kapitals mit einem Impuls zur Steigerung der Profitrate bewerkstelligt; in die gleiche Richtung wirkt die Ökonomisierung von Zirkulationskosten durch zielgerichtete Werbung, die die Abzüge von Mehrwertmasse relativ vermindert und dadurch die resultierende Profitmasse pro tanto erhöht.

Das Ausmaß dieser durch kapitalsparenden technischen Fortschritt und Ökonomisierung der Zirkulationskosten bewirkten Steigerung der nationalen Durchschnittsprofitrate hängt gesamtwirtschaftlich ab vom Saldo der Zunahme des fixen Kapitals aufseiten der Plattform-Betreiber als kapitalistische Infrastruktur-Anbieter einerseits sowie der Kapital- und Kostenreduzierung durch die Capex-Opex-Transformation aufseiten der Nutzer andererseits. Sie geht zurück auf die Verbreiterung der Trennung von Eigentum und Funktion mit Bezug auf die Produktionsmittel und der Plattform-Ökonomie als gemeinschaftliche Produktionsbedingung, ihrer gesamtgesellschaftlichen Ausdehnung und Intensität ihrer Nutzung.

Rückwirkung der netzwerkbasierten Produktivkraftentwicklung und künstlicher Intelligenz auf die innerbetriebliche Teilung der Arbeit

Gesellschaftliche und innerbetriebliche Arbeitsteilung stehen in einem Wechselverhältnis, in dem die eine die andere anstößt und weitertreibt. Die Veränderungen in der gesellschaftlichen Arbeitsteilung durch die Bildung von Unternehmensnetzwerken führt nicht nur zu einer Abstimmung und Koordination zwischen verschiedenen Funktionen einer zusammenhängenden Wertschöpfungskette zwischen verschiedenen in einem Cluster zusammengefassten Einzelkapitalen, wodurch Dopplungen von Aufgaben vermieden werden können. Die hinter der Netzwerkökonomie stehende Technologie der Digitalisierung und internetgestützten Interaktion von Akteuren bzw. IP-Adressen ermöglicht darüber hinaus cyber-physischen Systemen und künstlicher Intelligenz neue Chancen der Automatisierung bisher der lebendigen Arbeit vorbehaltener Funktionen zu erschließen. Sobald die Sensorik und Steuerung von Maschinen (Robotern) durch einprogrammierte Algorithmen eine selbständige Aktion dieser Maschinen unter vorgegebenen Bedingungen und mit vorgegebenen Aktionsszenarien möglich macht, umfasst die Automatisierung menschlicher Arbeit, d.h. ihre Verwandlung in Maschinenfunktionen (vergegenständlichte Arbeit), sowohl die noch vorhandenen einfacheren Tätigkeiten, greift aber darüber hinaus in bisher der menschlichen Arbeit vorbehaltene dispositive Entscheidungssituationen sowie allgemeine (wissenschaftliche) Arbeiten über. Die bereits durch die mikroelektronische Datenverarbeitung begonnene systemisch-ganzheitliche Rationalisierung aller Kreislaufstadien des Einzelkapitals durch die integrierte Steuerung von Einkauf, Vorproduktlager, Fertigung, Warenlager, Absatz und ideelle Reproduktion der Wertmetamorphosen wird weiter vervollkommnet.

Auch entwickeltere produktionsbezogene Dienstleistungen und kompliziertere Tätigkeiten im Finanzsektor bei Banken und Versicherungen werden nun automatisierbar. Damit ist eine immer weitergehende kostengünstige Individualisierung von Massenprodukten ebenso autonom durch Maschinen im »Internet of Things« (Machine-to-Machine, M2M) steuerbar wie z.B. Kreditentscheidungen jenseits des (bereits automatisierten) Standardbereichs aufgrund von differenzierten Scoringmodellen mit einer Vielzahl von Merkmalen des Nachfragers in Szenarien mit jeweiligen Wahrscheinlichkeitswerten. Selbst Havarien im Produktionsprozess können maschinell erkannt, analysiert und bewertet sowie selbsttätig behoben werden. Dies bedeutet nicht nur eine Revolution im unmittelbaren Produktionsprozess sowie im gesamtgesellschaftlichen Zirkulationsprozess, sondern bringt des Weiteren Produktinnovationen wie beispielweise das autonom fahrende Auto hervor, welches im Transportwesen die Ortsveränderung von Waren und die Mobilität von Personen gravierenden Veränderungen durch eine Revolutionierung der Distributionsprozesse unterzieht. Gerade das Eindringen der Digitalisierung in den privaten Alltag der Bevölkerung durch autonom fahrende KFZ, Tele-Medizin, Smart-Home, Robotereinsatz im Privathaushalt sowie e-Government etc. wird die Lebensverhältnisse in der Zukunft noch viel stärker umwälzen als die seinerzeitige Technisierung der Hausarbeit.

Allerdings gilt es bei alledem, die Grenzen dieser durch Digitalisierung und künstliche Intelligenz bewerkstelligten Automatisierung lebendiger Arbeit im Blick zu behalten. Jeder noch so ausgeklügelte Algorithmus, der auf der Grundlage enormer Rechnerkapazität Entwicklungsszenarien durchrechnet und durch Kombination derselben sogar neue zu generieren imstande ist (»Deep Learning«), also die bloße Umsetzung vorher programmierter Ereignismöglichkeiten hinter sich lässt und insofern »kreativ« wirkt, kann nicht die Spezifik menschlicher Arbeit ersetzen, die nicht nur in der bewussten Wahrnehmung und Verarbeitung der Außenwelt besteht, sondern die schöpferische Zwecksetzung und ideelle Antizipation ihrer Ergebnisse beinhaltet. Sie simuliert und antizipiert das Neue eben jenseits vorbestimmter Szenarien oder Zufälligkeiten der Chaos-Theorie und transformiert es in praktische Umsetzungsschritte – wenn auch oftmals in Trial-and-Error-Prozessen. Was Marx zu seiner Zeit dem »schlechtesten Baumeister« vor der »besten Biene«

als spezifisch menschliche Fähigkeit seiner Arbeit attestierte, dass er nämlich *»die Zelle in seinem Kopf gebaut hat, bevor er sie in Wachs baut [und dass] am Ende des Arbeitsprozesses ... ein Resultat [herauskommt], das beim Beginn desselben schon in der Vorstellung des Arbeiters, also ideell vorhanden war«* (MEW 23: 193), gilt zu heutiger Zeit nicht nur bezüglich kreativer und allgemein-wissenschaftlicher Entwicklungsarbeit unvermindert weiter. Für jede Arbeit gilt, dass ihr Arbeiter *»zugleich seinen Zweck, den er weiß, der die Art und Weise seines Tuns als Gesetz bestimmt und dem er seinen Willen unterordnen muß, [verwirklicht]«* (ibid.). Es kommt hinzu, und dies kann keine künstliche Intelligenz übernehmen bzw. ersetzen, dass die Arbeit *»kein vereinzelter Akt«* (ibid.), sondern im eminenten Sinne gesellschaftlich bestimmt ist und sich in entwickelter Form als vergesellschafteter Prozess im schöpferisch-kreativen Zusammenwirken Vieler realisiert.

Es sind also, vereinfacht gesprochen, das Bewusstsein des Arbeiters als Produzenten und sein Erfindergeist, die Einheit von Hand- und Kopfarbeit, welche sich als sein Wille und seine Aufmerksamkeit während der gesamten Dauer des Arbeitsprozesses äußern, die entwickelten Denkformen jenseits der einfachen durch mathematische Algorithmen erschließbaren Logik sowie die aus dem vergesellschafteten Arbeitsprozess jeglicher Art entspringenden Kreativ- und Lösungsressourcen sowie die Wettbewerb zwischen den unmittelbaren Produzenten befördernden Lebensgeister (sog. animal spirits), die nicht nur vorhandene Arbeitsarten durch Intensivierung befördern, sondern zugleich eine menschliche Produktivkraft sui generis erzeugen, welche zusammengenommen die differentiae specificae der menschlichen Arbeit ausmachen. Damit sind bei aller Herabsetzung von ursprünglichen Grenzen der Automatisierung zu überwindbaren Schranken gleichwohl eigentümliche Beschaffenheiten der lebendigen Arbeit identifiziert, die – jedenfalls nach heutigem Vorstellungsvermögen – letztlich nicht durch Maschinen ersetzbare Merkmale derselben darstellen.

Bevor es jedoch zu einer immer weitergehenden Automatisierung lebendiger Arbeit kommt, sind die bereits hier und heute zu registrierenden Auswirkungen der partikularen Einführung von Digitalisierung und künstlicher Intelligenz in den Blick zu nehmen. Der durch das Internet über eine oder mehrere Plattformen mit anderen Produktionen vernetzte Arbeitsprozess befördert eine Entgrenzung der Arbeit, indem sog. Cloud- und Click-Worker an beliebigen Orten der Welt tätig sind und ihre Kommunikation sowie die Zusammenfügung ihrer immateriellen Arbeitsresultate in elektronischer Form bewerkstelligen können. Auf dem gegenwärtigen Entwicklungsstand handelt es sich hierbei allerdings – noch – um mehrheitlich einfache Arbeiten. Die gesellschaftliche Kombination der Arbeit, die im herkömmlichen industriell organisierten Produktionsprozess die Bildung eines Massenarbeiters in der Fabrik bedingte, macht damit einer beginnenden Fragmentierung von Belegschaften Platz. Es reicht nun oftmals aus, über das Internet miteinander verbunden zu sein, E-Mails auszutauschen und über Videokonferenzen zu kommunizieren. Auch wenn diese Kommunikationsformen die Face-to-Face-Auseinandersetzung der einzelnen Glieder eines vergesellschafteten Arbeitskörpers nicht vollständig ersetzen können,[32] werden Reisekosten gespart und kann ehemals anfallende Reisezeit produktiv genutzt werden. Ist dennoch gemeinsame Arbeit wegen der erforderlichen technischen Anlagen an einem Ort notwendig, kann bei Dienstleistungstätigkeiten der angestammte feste Arbeitsplatz durch ein individualisiertes Notebook und individuell ungebundene Plätze ersetzt werden. Dies spart nicht nur vorzuhaltende und teilweise nicht genutzte Arbeitsplätze (im Büro), sondern befördert auch die freie Einteilung von Tagewerken durch den Arbeiter, der sein Notebook erst herunterfährt und das Gebäude erst verlässt, wenn er seine Arbeitsleistung zu einem gewissen Abschluss gebracht hat. Zu der Entgrenzung durch arbeitsplatzungebundene Tätigkeiten kommt so noch die Entgrenzung der Arbeitszeit hinzu. Entsprechendes gilt für die Tätigkeiten, die ins Homeoffice verlagert werden und damit zusätzlich die Aufwendungen für vorzuhaltende Arbeitsplätze einsparen.

Zweifellos gehen mit derartigen Entwicklungen erhöhte Spielräume für den Einzelnen in der Arbeit und vermehrte Möglichkeiten ihrer individuellen Einteilung einher. Dies kann zu einer Aufwertung der Tätigkeit, größerer Zeitsouveränität und Steigerung ihrer Produktivkraft führen, wenn die gleichzeitig hierin angelegte Tendenz zur erzwungenen Selbstausbeutung des Einzelnen durch neue Regulierungen der Arbeit ausgeschaltet wird. Dies macht bereits deutlich, welche arbeitspolitischen Erfordernisse an eine neue gesellschaftliche Arbeits- und Betriebsweise der Netzwerk-Ökonomie zu stellen sind. Die unumgängliche Flexibilisierung der Arbeitszeit und ggf. des Arbeitsortes ist mit dem Instrumentarium der Regulierung des fordistischen Normalarbeitsverhältnisses nicht mehr zu gewährleisten. Auch dem gewachsenen Bedürfnis der Arbeitenden nach Zeitsouveränität und flexiblen »Work-Life-Balances« ist mit den überkommenen starren Tarifregelungen des fordistischen Arbeitsverhältnisses nicht zu genügen. Eine freie Einteilung der zu leistenden Arbeit, die Relativierung und tendenzielle Aufhebung der Trennung von Hand- und Kopfarbeit und die stets weitergehende Übernahme von dispositiven Funktionen und Verantwortung führt quasi von selbst zur Notwendigkeit einer erweiterten Mitbestimmung der Beschäftigten im Rahmen der Betriebs- und Unternehmensverfassung, die durch eine Beteiligung am Produktivkapital (in verschiedenen Formen), d.h. durch Veränderung der Eigentumsverhältnisse und Aufhebung der Trennung des Arbeiters von den Produktionsmitteln, als Verwirklichungsbedingungen seiner Arbeitskraft abzusichern ist. Die gesellschaftliche Diskriminierung und Aufhebung ungeschützter Arbeitsverhältnisse bei Lohnabhängigen und (kleinen) Selbständigen ist dabei die Minimalbedingung für den Eintritt in derartige Regulierungen für die neue Betriebsweise.

Die technischen Möglichkeiten einer umfassenden Digitalisierung innerhalb und zwischen den einzelnen Unternehmen sowie, in weiterer Instanz, innerhalb der gesamten Gesellschaft sowie zwischen verschiedenen Ländern können ein neues, höheres Rationalisierungsparadigma des gesellschaftlichen Produktionsprozesses er-

[32] Diese Einschätzung hat sich im Zuge des vermehrten Einsatzes von Video-Conferencing im Zuge der Kontaktbeschränkungen der Corona-Krise vielfach praktisch bestätigt.

geben. Seine umfassende Inwertsetzung und Realisierung erfordert jedoch eine neue Arbeits- und Betriebsweise, die durch eine öffentliche und öffentlich kontrollierte Infrastruktur die in der westlich-kapitalistischen Welt gegenwärtig vorhandene Abhängigkeit von US-amerikanischen Internet-Konzernen beschränkt und verhindert sowie die wichtiger denn je zu nutzenden subjektiv-kreativen Potenziale der lebendigen Arbeit freisetzt und stimuliert und den unmittelbaren Produzenten die Teilhabe und Dispositionsgewalt bezüglich der Bedingungen ihrer Arbeit zueignet. Die Entwicklung eines hoch produktiven gesellschaftlichen Gesamtproduktionsprozesses und seiner unmittelbaren Produzenten setzt auch im Nichtarbeitsbereich Verhältnisse voraus, die durch sozial-kulturelle Dienstleistungen und Angebote so ausgestaltet werden müssen, dass ein allseitig entwickeltes Subjekt geschaffen wird, welches den verschiedenartigen Anforderungen aus der Arbeit, der Gesellschaft und seinen persönlichen Verhältnissen gewachsen ist. Ein derartig allseitig entwickeltes Subjekt mit einer gesellschaftlich vergewisserten Individualitätsentwicklung ist unter kapitalistischen Bedingungen, zumal den finanzkapitalistischen Verhältnissen der Gegenwart, nicht herzustellen geschweige denn für die Gesamtheit der Gesellschaftsmitglieder zu gewährleisten, sondern setzt die Transformation der kapitalistischen Produktionsweise zugunsten eines modernen Sozialismus auf die Agenda.[33]

[33] Vgl. dazu die Vorschläge in Krüger 2016.

Kapitel 2: Die Wirkung der allgemeinen Gesetze der Kapitalakkumulation unter institutionellen und politisch-ökonomischen Rahmenbedingungen

a) Beschleunigte Kapitalakkumulation als überzyklisch-ruhige Bewegungsform des immanenten Widerspruchs der Mehrwertproduktion

Mit dem Übergang der Manufakturperiode in die Produktionsweise der Großen Industrie hat sich anstelle der vorherigen nur formellen Subsumtion eines handwerklich geprägten Betriebes die für die Kapitalverwertung adäquate reelle Subsumtion des Arbeitsprozesses unter das Kapital ergeben. Mit der Ausgestaltung ihrer Rationalisierungsparadigmen und den darauf gegründeten Arbeits- und Betriebsweisen des gesellschaftlichen Reproduktionsprozesses sind Ensembles ökonomischer, sozialstruktureller sowie politischer und kultureller Verhältnisse umschrieben, die zugleich historische Entwicklungsformen der kapitalistischen Produktionsweise ausmachen. Mit der Dominanz von Nationalkapitalen auf dem Weltmarkt sowie seiner Handels-, Kapitalverkehrs- und Währungsverhältnisse werden Bedingungen der Kapitalakkumulation für die nationalen Reproduktionsprozesse verallgemeinert und die internationale Arbeitsteilung sowohl zwischen den kapitalistischen Metropolen als auch zwischen den Metropolen und den nachgeordneten Ländern ausgeformt und entwickelt. Damit ergeben sich historisch-spezifische Akkumulationsregimes, die die Rahmenbedingungen institutioneller, sozialökonomischer und politischer Art markieren, innerhalb derer sich die allgemeinen Gesetzmäßigkeiten der kapitalistischen Akkumulation entfalten. Mit dem Hinweis auf die vielfältigen politischen Einflussfaktoren für diese historisch-spezifischen Akkumulationsregimes ist die Offenheit oder Kontingenz dieser Rahmenbedingungen unterstrichen und deutlich gemacht, dass die allgemeinen Gesetzmäßigkeiten der Kapitalakkumulation, die stets nur als Tendenzen wirken können, mit jeweils nur empirisch analysierbaren Faktoren verbunden sind; einem Determinismus oder Platonismus modellhafter Wachstumsverläufe ist daher von vornherein der Boden entzogen.[1]

---

[1] Das Verhältnis von allgemeiner Theorie und der »wirklichen Bewegung der Konkurrenz« wird, je weiter von den Verhältnissen des unmittelbaren Produktionsprozesses und seiner dominierenden Betriebsweise zu den Distributionsverhältnissen (Einkommensverteilung sowie markt- und politisch bestimmter Einkommensumverteilung) und Konsumtionsverhältnissen – (nationales) System von Arbeitsarten und Bedürfnissen – und schließlich zu internationalen Verhältnissen fortgeschritten wird, theoretisch offener, d.h. das Ausmaß der ggf. modifizierenden Einflüsse von nur empirisch konstatierbaren Phänomenen auf die allgemeinen Gesetzmäßigkeiten nimmt zu. Gehaltvoll ist daher die allgemeine Theorie nur, wenn sie ihre Grenzen kennt. Vgl. Krüger 2010: 65ff.

Marx hatte das Gesetz des tendenziellen Falls der Profitrate als das *»in jeder Beziehung wichtigste Gesetz der modernen Ökonomie und [als] das wesentlichste, um die schwierigsten Verhältnisse zu verstehen«* (MEW 42: 641) bezeichnet. Er ging sogar so weit, zu behaupten, dass dieses Gesetz *»das Mysterium [bildet], um dessen Lösung sich die ganze politische Ökonomie seit A. Smith dreht und daß der Unterschied zwischen den verschiednen Schulen seit A. Smith in den verschiednen Versuchen zu ihrer Lösung [besteht]«*. (MEW 25: 223) Dies gilt bis auf den heutigen Tag, insbesondre wenn man sich auch die Diskussionen innerhalb der Marxisten um die Gültigkeit dieses Gesetzes der kapitalistischen Entwicklung vergegenwärtigt.[2]

Die allgemeinen Gesetzmäßigkeiten der Kapitalakkumulation und das Gesetz des tendenziellen Falls der Profitrate sind nur korrekt aufzunehmen, wenn die wertmäßigen Ausdrucksformen der Steigerung der Produktivkräfte gesellschaftlicher Arbeit im Rahmen des allgemeinen Prinzips industrieller Produktion – effektiver Ersatz von Funktionen der lebendigen Arbeit durch Funktionen der Maschinerie – verstanden sind. Unter heutigen Verhältnissen gilt dieses Prinzip industrieller Produktivkraftentwicklung nicht nur in stets erweitertem Umfang und auf stets höheren Automatisierungsstufen für die Zweige der materiellen Produktion, sondern zunehmend auch in den Dienstleistungssektoren. Das Maschinensystem ist die gegenständlich-technologische Verkörperung entschlüsselter Naturgesetze durch die allgemeine Arbeit und hebt die Produktion auf eine wissenschaftliche Basis; es bildet das Rückgrat der technischen und sozialen Organisation des gesellschaftlichen Arbeitsprozesses und der (verbliebenen) Funktionen der lebendigen Arbeit. Der technische Fortschritt ist unter derartigen Bedingungen im eminenten Sinn »embodied technical progress«.

Damit ist zugleich Grundlegendes über die wert- (und preis-)mäßigen Ausdrucksformen der Steigerung der Produktivkräfte gesellschaftlicher Arbeit gesagt. Die Steigerung der Produktivkräfte drückt sich in einer Steigerung der technischen Zusammensetzung des Kapitals aus, indem gegebene Quanta lebendiger Arbeit stets größere Mengen an Rohstoffen in gegebener Zeit infolge der wachsenden Über-

---

[2] Die Positionen sind so mannigfaltig, dass sie nur grob hinsichtlich ihrer wesentlichen Einwände gegenüber der Marxschen Argumentation aufgeführt werden können. Sie drehen sich hauptsächlich um das von Marx sogenannte *»Gesetz des steigenden Wachstums des konstanten Kapitalteils im Verhältnis zum variablem«* (MEW 23: 651), d.h. einer steigenden organischen Zusammensetzung des Kapitals und damit um die Beziehung des Gesetzes vom tendenziellen Fall der Profitrate »als solches« und seiner entgegenwirkenden Ursachen; dies wird teilweise überlagert von fehlenden Unterscheidungen zwischen zyklischen und langfristig-überzyklischen Bewegungen. Der japanische Ökonom Nobuo Okishio (1927-2003) hat darüber hinaus die Problematisierung des tendenziellen Falls der Profitrate mit einer inkorrekten und missverstandenen Auffassung bezüglich des Zusammenhangs von Werten und Produktionspreisen (sog. Transformationsproblem) verbunden und kommt im Ergebnis zu direkt entgegengesetzten Einschätzungen für die Entwicklung der Profitrate (vgl. Okishio 1961; zur Kritik Krüger 2010: 417ff.). An diese verschiedenen Konfusionen schließen die neueren Publikationen ohne zusätzliche Erkenntnisgewinne an, vgl. etwa Heinrich 2007.

nahme von Funktionen der lebendigen Arbeit durch die Maschinerie verarbeiten bzw. innerhalb einer Zeiteinheit steigende Leistungseinheiten erbringen. Am Resultat des Produktionsprozesses führt diese veränderte Kombination der Produktionsfaktoren innerhalb des Prozesses zu einem sinkenden Wert oder Preis pro Stück des Outputs. Dies gilt nicht nur für den Gesamtpreis pro Stück und für den Wertteil, der neu hinzugesetzte Arbeit darstellt, sondern ebenso für den Wertteil, der den übertragenen Wert der Maschinerie auf die pro Zeiteinheit produzierte Gebrauchswertmenge repräsentiert, weil in aller Regel neue Maschinerie nur die vorhandene ersetzt oder überhaupt investiert wird, wenn ihr Wert (Preis) geringer ist als der Wert (Preis) der von ihr ersetzten Arbeitskräfte. Damit gewinnt die Lohnentwicklung Einfluss auf die Produktivitätsentwicklung in jedem individuellen Produktionsprozess – ein Umstand, der zuweilen als »Produktivitätspeitsche des Arbeitslohnes« bezeichnet worden ist.

Die technische Zusammensetzung des Kapitals findet ihren wertmäßigen Ausdruck in der organischen Kapitalzusammensetzung, die den Wert (Preis) der Produktionsmittel zum Wertausdruck der neu hingesetzten lebendigen Arbeit in Beziehung setzt.[3] Dabei ist die Rückwirkung der Produktivkraftsteigerung auf den Wert der Produktionsmittel sowie der Arbeitskraft in Rechnung zu stellen. Jedoch gilt, dass der Wert (Preis) der Produktionsmittel als Outputgröße oder Resultat von Produktionsprozessen durch dieselben Methoden der Produktivkraftsteigerung bestimmt bzw. gesenkt wird, wenn deren Produktion auf industrieller Grundlage erfolgt. Entsprechendes gilt für den Wert der Arbeitskraft als Ausdruck des Werts (Preises) der notwendigen Lebensmittel zur Reproduktion des Arbeiters (inkl. des historisch-moralischen Elements im Wert der Arbeitskraft). Das heißt: die Veränderung der Preise der Produktionsfaktoren sind jeweils auf vorgängige Veränderungen in der Kombination der Produktionsfaktoren in den Sphären ihrer Produktionsprozesse zurückzuführen; dies alles gilt bei gleichbleibenden Verhältnissen auf der Geldseite. Daraus ergibt sich die Bestimmtheit der organischen (und weiter der Wert-)Zusammensetzung des Kapitals durch seine technische Zusammensetzung.

[3] Wir haben hier zu unterscheiden zwischen dem im Produktionsprozess angewandten Kapital, welches sowohl das gesamte (Brutto-)Anlagevermögen sowie die gesamte lebendige Arbeit unabhängig von ihrer Aufteilung in bezahlte und unbezahlte Arbeit beinhaltet als organische Zusammensetzung sowie den jeweils für bestimmte Zeitperioden vorgeschossenen Kapitalwert, welcher das Nettoanlagevermögen (Bruttoanlagevermögen abzüglich kumulierter Abschreibungen) als jährlichen Vorschuss für fixes Kapital sowie das vorgeschossene Geldkapital zum Kauf der Roh-, Hilfs- und Betriebsstoffe sowie von Fremdleistungen und zum Ankauf der Arbeitskräfte (variabler Kapitalvorschuss) für jeweils eine Umschlagsperiode des zirkulierenden Kapitals umfasst als Wertzusammensetzung. Die veränderte funktionelle Abgrenzung von Wertzusammensetzung des Kapitalvorschusses und organischer Zusammensetzung des angewandten Kapitals ändert jedoch nichts an dem vorliegend interessierenden Sachverhalt, dass die Veränderung der technischen Zusammensetzung des Kapitals die Entwicklung der organischen Zusammensetzung sowie, da die Umschlagsverhältnisse des Kapitals nur einen sekundär-modifizierenden Umstand bilden, auch diejenige der Wertzusammensetzung des Kapitalvorschusses bestimmt.

Unter Berücksichtigung dieses Zusammenhangs zwischen Faktoreinsatzverhältnis und Faktorpreisen und der Rückführung der Veränderung der Letzteren auf eine Veränderung des Ersteren, d.h. als Ursache-Wirkungs-Beziehung, folgt für das gesellschaftliche Gesamtkapital und die längerfristige, weil wertbestimmte Entwicklungstendenz eine notwendige Steigerung der organischen Kapitalzusammensetzung als Ausdrucksform der Produktivitätsentwicklung auf industriell-kapitalistischer Grundlage. Der im Arbeitsmittel vergegenständlichte technische Fortschritt ist zudem die Basis für die Ökonomien in der angewandten lebendigen Arbeit: Steigerungen der Arbeitsintensität, d.h. Verausgabung von mehr abstrakt-menschlicher Arbeit pro Zeiteinheit mit entsprechender Wertsteigerung bis zur Verallgemeinerung des gesteigerten Intensitätsgrades der Arbeit sowie Veränderung der Zusammensetzung des produktiven Gesamtarbeiters nach (jeweiliger) einfacher Durchschnittsarbeit und komplizierter Arbeit, beide Formen des »disembodied technical progress« erfolgen für das Gesamtkapital und längerfristig in der Regel auf der Grundlage einer in natura umgewälzten Maschinerie und wirken daher bloß abschwächend gegenüber der durch die Steigerung des veränderten Einsatzverhältnisses bestimmten Steigerung der Wertzusammensetzung des Kapitals.[4]

Mit der Begründung der Notwendigkeit einer im Zuge der Produktivkraftentwicklung steigenden organischen Zusammensetzung für das Gesamtkapital und in längerer Entwicklungsperspektive ist der tendenzielle Fall der allgemeinen Profitrate als zyklenübergreifende, langfristige Bewegung an sich bereits in allgemeiner Form begründet. Alle weiteren Einflussfaktoren für diese Profitrate stellen bereits entgegenwirkende Ursachen dar, die das Tempo des Profitratenfalls verlangsamen, zeitweise umkehren können und ebenso viele Ansatzpunkte für modifizierende Interventionen verschiedener Politiken darstellen.

Erstens. Die von Marx unterstellte langfristige Steigerung der allgemeinen Rate des Mehrwerts wirkt dem Profitratenfall entgegen, allerdings mit abnehmender Wirksamkeit. Der immanente Widerspruch der Mehrwertproduktion (bei industrieller Produktion) zwischen Steigerung der Rate des Mehrwerts auf Kosten der Masse des Mehrwerts bei konstanter Kapitalgröße bringt nicht nur allgemein den Widerspruch zwischen Produktivkraftentwicklung und Zweck der kapitalistischen Produktion als Mehrwertproduktion, d.h. den fundamentalen Widerspruch zwischen

[4] Entsprechendes gilt für eine außerordentliche Ökonomie im zirkulierenden konstanten Kapital durch anhaltende Produktivitätssteigerungen infolge der Gunst von Naturverhältnissen (natürliche Produktivkräfte der Arbeit) für die extraktive Industrie und Agrikultur, die sich in länger andauernden (relativen) Wertsenkungen von Einheiten industrieller Rohstoffe und Agrikulturprodukten ausdrücken. Unter entwickelten Verhältnissen ist eine derartige Exploitation der Naturgunst in aller Regel ebenfalls an gesellschaftlich, d.h. industriell bestimmte Produktivitätssteigerungen gebunden. Zudem wäre nicht die einmalige, sondern nur eine langfristig-nachhaltige Exploitation natürlicher Fruchtbarkeiten bzw. Ergiebigkeiten Bedingung für eine Verringerung oder Begrenzung der Steigerung der organischen Kapitalzusammensetzung. Beides bestimmt diese Umstände als Ausnahmetatbestände, d.h. als nur empirisch zu registrierende und analysierende Modifikationen allgemeiner Gesetzmäßigkeiten.

Produktivkräften und Produktionsverhältnissen zum Ausdruck, sondern drückt zugleich die Tendenz der Verschärfung dieses Widerspruches aus. Denn die Kompensation einer steigenden Mehrwertrate gegenüber der produktivitätsinduzierten Verringerung der Anzahl gleichzeitig angewendeter (produktiver) Arbeitstage im Hinblick auf die resultierende Mehrwertmasse – $M = m \cdot n = m/v \cdot v \cdot n$, wenn M die Mehrwertmasse als Produkt aus dem Mehrwert eines Arbeitstages und der Anzahl gleichzeitig angewandter Arbeitstage n sowie m/v die Mehrwertrate bezeichnen – nimmt ab im Maße wie die Surplusarbeitszeit am Gesamtarbeitstag bereits gesteigert worden ist.[5]

Zweitens. Die allgemeine Profitrate ist nicht nur durch die Verhältnisse des unmittelbaren Produktionsprozesses, sondern auch durch diejenigen des Zirkulationsprozesses des Kapitals bestimmt: die Teilung des Kapitals in produktives und Zirkulationskapital (Waren- und Geldkapital) und die gleichzeitige Existenz des Kapitals in allen seinen Daseinsformen sowie die Umschlagszeiten des fixen und zirkulierenden Kapitals wirken auf die Profitrate ein.[6] Zusätzlich zu den Differenzierungen der Kapitalstruktur und der Bewegung ihrer einzelnen Bestandteile bedingt der Zirkulationsprozess persönliche und sachliche Auslagen, Zirkulationskosten für unproduktive, weil nicht gebrauchswertvermehrende Funktionen, die als notwendige Kosten aus der Mehrwertmasse zu finanzieren sind und bei der fertigen Gestalt der Profitrate als weitere Bestandteile des Kapitalvorschusses figurieren.[7]

---

[5] Vgl. MEW 42: 258f.: »*Je größer der Surpluswert des Kapitals* vor der Vermehrung der Produktivkraft, *je größer das Quantum der vorausgesetzten Surplusarbeit oder Surpluswerts des Kapitals, oder je kleiner bereits der Bruchteil des Arbeitstags, der das Äquivalent des Arbeiters bildet, die notwendige Arbeit ausdrückt, desto geringer ist das Wachsen des Surpluswerts, den das Kapital von der Vermehrung der Produktivkraft erhält. Sein Surpluswert steigt, aber in immer geringrem Verhältnis zur Entwicklung der Produktivkraft.... Die Selbstverwertung des Kapitals wird schwieriger im Maße, wie es schon verwertet ist.*« (Hervorh. i. O.)

[6] Die durchschnittliche Umschlagszeit des zirkulierenden Kapitals bestimmt mit der Anzahl der Reproduktionsperioden pro Jahr die Jahresrate des Mehrwerts. Der Einfluss der Umschlagszeit des fixen Kapitals ist durch die Differenz zwischen Anschaffungskosten (in Wiederbeschaffungspreisen) und Restwert gegeben, d.h. als Beziehung zwischen Brutto- und Nettoanlagevermögen. Letzteres stellt für die Bestandteile des (produktiven) fixen Kapitals die Vorschussgröße für die Wertzusammensetzung dar; der Einfluss der Umschlagszeit des fixen Kapitals auf die Profitrate ist daher mit dieser bereits erfasst.

[7] Die fertige Gestalt der allgemeinen Profitrate beinhaltet nicht nur die Anordnung ihrer verschiedenen aus dem Produktions- und Zirkulationsprozess entspringenden Komponenten für das industrielle Kapital, sondern auch die jeweiligen Profitraten des Warenhandlungs- sowie des Geldhandlungskapitals (Bank- und Assekuranzkapital). Die Profitrate des Warenhandels gewinnt den kommerziellen Profit aus der Handelsspanne zwischen Verkaufs- und Einstandspreisen der Handelsware, vermindert um die sachlichen und persönlichen Zirkulationskosten, die ebenso wie beim industriellen Kapital als Vorschussgrößen neben dem Geldkapitalvorschuss zum (Handels-)Warenankauf figurieren. Die Profitrate des Bank(anlage)kapitals erschließt den Bankprofit aus den zinsabhängigen (Soll- minus Habenzinsen) und zinsunabhängigen Geschäften (Provisionen, Handelsgewinne) des Bankkapitals. Der

In der allgemeinen Profitrate des gesellschaftlichen Gesamtkapitals sind mit der Mehrwert- und Profitmasse – die Differenz zwischen beiden Größen sind die Zirkulationskosten – sowie dem vorgeschossenen Gesamtkapital – produktives Kapital als fixes Kapital, als produktiver Vorrat sowie im Produktionsprozess befindliche Halbfertigwaren (in materiellen Produktionszweigen) und Zirkulationskapital als Warenkapital (Fertigwarenvorrat inkl. Handelsware) und Geldkapital (zu unterscheiden von den Anlageformen des Leihkapitals: fiktives Kapital) – alle die kapitalistische Akkumulation in erster Instanz[8] bestimmenden ökonomischen Variablen versammelt. Die Jagd der einzelnen Kapitalisten nach (Surplus-)Profit, ihre Kostenökonomie als Produzenten und ihre Rationalisierungs- und Erweiterungsinvestitionen als Investoren sowie ihre Cash- und Anlageentscheidungen (Cash- und Treasury-Management) bezüglich periodisch freigesetzter Geldkapitalien überdecken und mystifizieren in den oberflächlichen Marktpreisbewegungen nicht nur die in zyklischer Frist gebildeten (Markt-)Produktionspreise der Warenprodukte, sondern geben auch den inneren Mechanismus der Akkumulationsdynamik nicht unmittelbar in den erscheinenden Formen an der Oberfläche frei. Es ist die Zwieschlächtigkeit des Gesetzes vom tendenziellen Fall der Profitrate als Fall der Rate und gleichzeitiges Wachstum der Masse des Profits, jeweils in gesamtwirtschaftlicher Dimension und langfristig-überzyklisch, wodurch der immanente Widerspruch der kapitalistischen Mehrwertproduktion als Gegensatz zwischen wertschöpfende Arbeit vermindernde Produktivkrafterhöhung auf industrieller Grundlage einerseits und Verwertung des vorgeschossenen Kapitalwerts andererseits seine äußeren Bewegungsformen erhält. Solange die Akkumulation des Gesamtkapitals sich

Bankprofit wird auf das Anlagekapital der Banken – dies sind die sachlichen und persönlichen Zirkulationskosten der Banken – bezogen. Analog verhält es sich bei den privaten Versicherungsunternehmen, die wie die Banken ihre Gewinne aus dem Assekuranzkapital ziehen. Letzteres wird gebildet durch die Prämienzahlungen der Kunden (Versicherten), vermindert um Auszahlungen für Versicherungsfälle (nebst zu bildenden Rückstellungen) sowie den Zinsen aus der Anlage der Differenz; auch der Assekuranzprofit ist auf das Anlagekapital der Versicherungen (Zirkulationskosten) zu beziehen. Die Profitraten dieser verschiedenen Kapitalsorten sind im Ausgleichungsprozess zur gesamtwirtschaftlichen Durchschnittsprofitrate in der Konkurrenz versammelt; dadurch werden Umfang und Verteilung des Gesamtkapitals auf die verschiedenen Produktions- und Anlagesphären sowie die Bemessung der gesamtwirtschaftlichen Zirkulationsaufwendungen im nationalen Gesamtreproduktionsprozess reguliert. Zur empirischen Analyse der Verwertungspositionen des Bank- und Assekuranzkapitals in der BRD vgl. Krüger 2017a, 2. Kapitel.

[8] Im Weiteren kommen mit der Ausdifferenzierung der Verteilungs- und Umverteilungsprozesse (markt- und politisch bestimmte Einkommensumverteilung) weitere Elemente hinzu; zu nennen sind absolute Grundrenten (im Unterschied zu Differentialrenten) sowie Steuern, die teilweise über den Wert der Arbeitskraft auf die Mehrwertrate einwirken, teilweise auf die Käufer von Investitions- und Verbrauchsgütern (Endkonsumenten) überwälzt werden. Sie schlagen im Zuge der Kontinuität des Reproduktionsprozesses aus Resultaten der Kapitalakkumulation in ihre bestimmenden Voraussetzungen um; vgl. ausführlich Krüger 2017a sowie 2020.

in rascherer Progression vollzieht als derjenigen, worin die Profitrate fällt,[9] solange führen Produktivkraftsteigerung und Akkumulation zu einer wachsenden Profitmasse in gesamtwirtschaftlicher Dimension, die wiederum das Bildungselement für die weitere Kapitalakkumulation bereitstellt. Entsprechend des Doppelcharakters der Ware sowie der doppelten Bestimmtheit des kapitalistischen Produktionsprozesses als Arbeits- und Verwertungsprozess zeigt sich nun ein Zusammenspiel zwischen (stofflicher) Masse der Akkumulation und (wertlicher) Rate der Akkumulation: *»Die Akkumulation des Kapitals, dem Wert nach betrachtet, wird verlangsamt durch die fallende Profitrate, um die Akkumulation des Gebrauchswerts noch zu beschleunigen, während diese wieder die Akkumulation, dem Werte nach, in beschleunigten Gang bringt.«* (MEW 25: 260)

Die näher durch den Progression des Profitratenfalls bestimmte beschleunigte Akkumulation des gesellschaftlichen Gesamtkapitals ist die langfristig-überzyklisch »ruhige« und nur zyklische Krisen einschließende Bewegungsform des immanenten Widerspruchs der kapitalistischen Mehrwertproduktion, indem sie den Fall der Rate des Profits durch das gleichzeitige Wachsen der Masse des Profits kompensiert. Allerdings handelt es sich nicht um einen infiniten Progress, sondern um eine ihrerseits widersprüchliche Bewegungsform. Denn auch eine wachsende stoffliche Akkumulationsmasse führt bei einer tendenziell sinkenden Akkumulationsrate langfristig zu abnehmenden Zuwächsen der produktiven Arbeitstage, also abnehmenden Zuwächsen der produktiven Beschäftigung, daher abnehmenden Zuwächsen des gesamtgesellschaftlichen Wertprodukts und daher auch trotz einer gegebenenfalls gleichzeitig steigenden allgemeinen Mehrwertrate zu abnehmenden Zuwächsen der gesamtwirtschaftlichen Mehrwertmasse. Wegen der gleichzeitig zunehmenden Zirkulationskosten in von Verkäufer- zu Käufermärkten gewandelten Marktverhältnissen sowie der Bedeutungszunahme finanzwirtschaftlicher Transaktionen, kommt es bereits früher zu einem erlahmenden Profitwachstum in gesamtwirtschaftlicher Dimension. Auch eine steigende Akkumulationsquote, d.h. ein steigender Anteil eines reinvestierten Profits bzw. Nationaleinkommens bleibt als entgegenwirkendes Moment in diese begrenzenden Rahmenbedingungen einbezogen. Die Klassische Politische Ökonomie (Ricardo) pries daher die persönliche Sparsamkeit des Kapitalisten als Tugend. Heutzutage, unter Bedingungen eines sehr viel höheren Entwicklungsstandes der gesellschaftlichen Produktivkräfte und des gewachsenen gesamtwirtschaftlichen Kapitalbestandes, wird die Akkumulation weniger aufkommensseitig wegen der Produktivitätseffekte, die sich bereits

---

[9] Vgl. MEW 25: 233: *»Aber dieselbe Entwicklung der gesellschaftlichen Produktivkraft der Arbeit drückt sich im Fortschritt der kapitalistischen Produktionsweise aus einerseits in einer Tendenz zu fortschreitendem Fall der Profitrate, und andrerseits in beständigem Wachstum der absoluten Masse des angeeigneten Mehrwerts oder Profits; so daß im ganzen der relativen Abnahme des variablen Kapitals und Profits eine absolute Zunahme beider entspricht. Diese doppelseitige Wirkung kann sich … nur darstellen in einem Wachstum des Gesamtkapitals in rascherer Progression als die, worin die Profitrate fällt.«* Es gilt also $\Delta C > \hat{p}'$.

aus einer Reinvestition der Amortisationsfonds ergeben (Ersatz des fungierenden Originalkapitals in natura), beschränkt als vielmehr verwendungsseitig, d.h. durch die Antagonismen in den gesellschaftlichen Distributionsverhältnissen. Nicht die (Brutto-)Ersparnis, sondern die Konsumnachfrage wird zum begrenzenden Element für die Aufrechterhaltung von Investitionen in einem Umfang, der eine mindestens gleichbleibende produktive Beschäftigung ermöglicht; J.M. Keynes steht für die analytische Verarbeitung dieses Problems und seiner Lösungsversuche. Allerdings sind beide Schranken der Akkumulation nur Darstellungsformen der Widersprüche kapitalistischer Produktionsverhältnisse in oberflächlich erscheinenden Formen der Distribution: »*Die Bedingungen der unmittelbaren Exploitation und die ihrer Realisation sind nicht identisch. Sie fallen nicht nur nach Zeit und Ort, sondern auch begrifflich auseinander. Die einen sind nur beschränkt durch die Produktivkraft der Gesellschaft, die andren durch die Proportionalität der verschiednen Produktionszweige und durch die Konsumtionskraft der Gesellschaft. Diese letztre ist aber bestimmt weder durch die absolute Produktionskraft noch durch die absolute Konsumtionskraft; sondern durch die Konsumtionskraft auf Basis antagonistischer Distributionsverhältnisse, welche die Konsumtion der großen Masse der Gesellschaft auf ein nur innerhalb enger Grenzen veränderliches Minimum reduzieren. Sie ist ferner beschränkt durch den Akkumulationstrieb, den Trieb nach Vergrößerung des Kapitals und nach Produktion von Mehrwert auf erweiterter Stufenleiter.*« (Ibid.: 254)

Die Anzahl industrieller Zyklen mit einer langfristig beschleunigten Akkumulation des gesellschaftlichen Gesamtkapitals wäre gering und die Dauer einer derartigen Entwicklungsperiode vergleichsweise kurz, wenn der kapitalistische Akkumulationsprozess nicht weitere immanente Spielräume für den Fortgang der beschleunigten Kapitalakkumulation, die zugleich entgegenwirkende Ursachen gegenüber dem Fall der allgemeinen Profitrate darstellen, beinhalten würde. Zu nennen sind: (1) ein steigender Anteil komplizierter Arbeiten innerhalb des gesamtwirtschaftlichen produktiven Arbeitsvolumens, zum Teil als Ergebnis der Automatisierung einfacher Arbeiten, zum Teil als Ergebnis des Strukturwandels. Dadurch steigt die Wertschöpfung nominell gleich gebliebener produktiver Arbeitsvolumina und die Mehrwert- bzw. Profitmasse des gesellschaftlichen Gesamtkapitals nimmt zu auch bei gleichbleibender Mehrwertrate. (2) (Relative) Senkung der Zirkulationskosten durch Unterwerfung auch der Zirkulationstätigkeiten unter das industrielle Rationalisierungsprinzip mit Automatisierung ehemals höherer Tätigkeiten durch Computereinsatz. Die Ökonomisierung der Zirkulationskosten vermindert relativ die Abzüge an Mehrwertmasse, d.h. steigert den Anteil der gesamtwirtschaftlichen Profitmasse am Mehrwert. (3) Einfluss der Außenwirtschaftstransaktionen, die im vorliegenden Zusammenhang der Vollständigkeit halber zu benennen sind. Der Außenhandel wirkt über die Importe der Möglichkeit nach ökonomisierend für die Kapitalvorschüsse, insofern durch billigere Gebrauchswerte aus dem Ausland gegebene Wertgrößen sich in eine steigende Produktmenge umsetzen und daher die Kapitalakkumulation dem Gebrauchswert nach steigern bzw. den Kapitalvorschuss durch Freisetzung von Kapital senken; beides steigert ceteris paribus die Profitrate. Werden durch das Nationalkapital Surplusprofite durch seine Exporte realisiert, weil die nationale Arbeit infolge international überdurchschnittlicher Produktivitätsfortschritte auf der Stufenleiter der universellen Arbeit steigt, wirkt der Außenhandel für das Nationalkapital wertsteigernd. Diese Surplusprofite erhöhen zunächst die Profite der Exporteure, werden nachfolgend in den Ausgleichungsprozess zur Durchschnittsprofitrate einbezogen und steigern dieselbe pro tanto. Die Nachhaltigkeit dieser exportbedingten Surplusprofite hängt ab von entgegenwirkenden Faktoren wie (induzierten) inländischen Preiserhöhungen bzw. einer Wechselkursaufwertung sowie der Art und Weise der »Verarbeitung« der Außenwirtschaftseffekte im nationalen Akkumulationsprozess. Das jeweils Umgekehrte – Profitverluste mit Preissenkungen und Wechselkursabwertungen – gilt cum grano salis für die verlierenden Nationalkapitale in der internationalen Konkurrenz.[10]

(4) Im Wesentlichen über die konsumtive Endnachfrage, die in der langfristig-überzyklischen Perspektive den gesamtwirtschaftlichen Wachstumsprozess nachfrageseitig trägt und absichert, üben die durch den Sozial- und Interventionsstaat bedingten Veränderungen in den Verteilungsverhältnissen durch politisch veranlasste Umverteilungsprozesse Einfluss auf die Kapitalakkumulation aus. Die öffentlichen Geld- und Realtransfers stabilisieren die konsumtive Endnachfrage und sind zusammen mit einem entwickelten Geldsystem inkonvertibler Zentralbanknoten wesentlich dafür verantwortlich, dass die zyklischen Abschwünge in der Prosperitätsperiode nach dem Zweiten Weltkrieg nicht mehr regelmäßig mit krisenverschärfenden Deflationsprozessen an den Warenmärkten verbunden waren. Die Effekte dieser sozialstaatlich vermittelten Stabilisierung und geldlichen Flexibilisierung sind eine Begrenzung der Kapitalentwertungen sowie die Erhöhung der langfristigen Wachstumsrate des Wertprodukts durch Reduzierung abschwungsbedingter Verluste.

All diese gegenwirkenden Ursachen gegenüber dem Fall der Profitrate bzw. die Einflussfaktoren zur Erweiterung der Spielräume einer beschleunigten Akkumulation des Kapitals bleiben aber nachgeordnet gegenüber den fundamentalen Bestimmungsgründen der Mehrwert- und Profitproduktion. Die Außenwirtschaftseffekte wirken darüber hinaus nur für einzelne nationale Akkumulationsprozesse auf Kosten jeweils anderer konkurrierender Nationalkapitale, markieren also gesamt-

---

[10] Vergleichbar zur Steigerung der binnenwirtschaftlichen Wertschöpfung durch importinduzierte Ökonomisierungen und exportinduzierte Surplusprofite können Direktinvestitionen wirken: Importe eröffnen die Möglichkeit zur Erschließung von Produktivitätssteigerungen, Exporte können durch Kostensenkungen die Profitrate international aufgestellter Kapitale steigern. Indirekter als Direktinvestitionen wirken grenzüberschreitende Geldkapitalströme über die Beeinflussung des (Kapital-)Zinsfußes und seiner Wirkung auf die reproduktive Kapitalakkumulation in der Binnenwirtschaft. Vgl. dazu Krüger 2010: 725ff.

haft ein Nullsummenspiel zwischen den den Hauptteil internationaler Transaktionen unter sich ausmachenden entwickelten Ländern.[11]

b) Strukturelle Überakkumulation von Kapital als Resultat der beschleunigten Kapitalakkumulation

Die immanenten Widersprüche des zwieschlächtigen Gesetzes vom tendenziellen Fall der Profitrate und der durch es bestimmten beschleunigten Kapitalakkumulation drücken sich in einer tendenziellen Abnahme der Akkumulationsdynamik (sinkende Akkumulationsrate) sowie einer tendenziellen Reduzierung der Wachstumsraten der produktiven Beschäftigung, des Wertprodukts und der Mehrwert- bzw. Profitmasse aus. Sowohl die Begrenzung der Akkumulationsquote durch die individuelle Konsumtion als auch die Geltendmachung der Realisationsschranke durch die antagonistischen Distributionsverhältnisse begründen die Endlichkeit einer mehrere industrielle Zyklen umfassenden Periode einer beschleunigten Akkumulation des gesellschaftlichen Gesamtkapitals. In beiden Fällen bedeutet die Geltendmachung dieser Schranken letztlich unüberspringbare Grenzen. Sie erzeugen eine Verdrängungskonkurrenz zwischen der (reproduktiven) Neuanlage von (Zusatz-)Kapital und der Verwertung des bestehenden Originalkapitals. Neuinvestitionen führen daher nicht zu einem entsprechenden Wachstum von Produktion und Beschäftigung, sondern setzen bestehende Wertschöpfung und Beschäftigung tendenziell außer Kurs. Die Ursache für diese Konstellation besteht darin, dass bereits zu viel Kapital akkumuliert worden ist, welches keine steigende Verwertung mehr erbringt. Anders ausgedrückt, die allgemeine Profitrate ist im Zuge der vorangegangenen beschleunigten Kapitalakkumulation nach und nach so weit gesunken, dass die Neuanlage von (zusätzlichem) Kapital keinen zunehmenden Profit erwarten lässt bzw. nur dann eine steigende Grenzleistungsfähigkeit des Kapitals (marginal efficiency of capital) verspricht, wenn an anderer Stelle fungierendes Kapital entwertet wird.

Die Erscheinungsformen dieser Erschöpfung der beschleunigten Kapitalakkumulation und ihrer Ablösung durch eine nicht nur zyklische, sondern strukturelle Überakkumulation von Kapital sind vielfältig. Oberflächlich ermöglicht die Differenz zwischen erwarteter Rendite auf neue (Real-)Investitionen und dem Geldzinssatz keinen das höhere Risiko vergütenden Unternehmergewinn mehr. Die Konsequenz ist eine Umlenkung anlagefähiger Kapitale in die Sphäre zinstragender Verwertung durch Kauf von fiktiven Kapitalen mit der zusätzlichen Aussicht auf

[11] Außenwirtschaftlich bedingte nationale Wertsteigerungen kapitalistischer Metropolen sowie zwischen Metropolen und (kapitalistischen) Schwellenländern beruhen also vornehmlich auf wechselseitiger Auf- und Abwertung der Wertschöpfung ihrer produktiven Nationalarbeiten und nicht auf der Ausbeutung der Dritten Welt, wie wir in den nachstehenden Kapiteln im Einzelnen zeigen werden.

Spekulationsgewinne durch Kurssteigerungen. Vermehrte Umlenkung freigesetzter Geldkapitale in finanzielle Anlageformen führt zu einem wachsenden Angebot an Leihkapital an den Geldkapitalmärkten und dortselbst zu Zinssenkungen.[12] Damit werden zunehmend bloße Zentralisationsprozesse von Kapital (sog. Akkumulation durch Enteignung) und/oder in wachsendem Umfang konsumtive Kredite der öffentlichen und privaten Haushalte finanziert. Beide Varianten erschließen der (reproduktiven) Kapitalakkumulation tatsächlich kurzfristig neue Spielräume: Die Zinssenkungen aufgrund eines wachsenden Geldkapitalangebots an den Kredit- und Kapitalmärkten verbessern das Investitionskalkül, weil nunmehr auch solche Investitionen zum Zuge kommen, die unter Bedingungen eines höheren Geldzinses ausgeschlossen worden waren. Zentralisationsprozesse von Kapital ordnen sich in die Neuformierung der Einzelkapitale des Unternehmenssektors ein und erzeugen die Möglichkeit von Produktivitätssteigerungen und Kostensenkungen durch neukonfigurierte Produktions- und Produktportfolios sowie durch Skaleneffekte. Die Finanzierung konsumtiver Kredite der öffentlichen und privaten Haushalte stabilisiert die konsumtive Endnachfrage und verschafft der reproduktiven Kapitalakkumulation neue Absatzmöglichkeiten durch Abmilderung der Antagonismen in den Verteilungsverhältnissen. Jenseits dieser reproduktiven Effekte wird die Finanzspekulation stimuliert: Sinkende Zinsen führen zu Kurssteigerungen des fiktiven Kapitals und zur Erwartung weiterer Kurs- und Vermögenspreissteigerungen. Damit wird das anlagesuchende Geldkapital in wachsendem Umfang als flottierende Liquidität in die Spekulationskasse geleitet und findet dortselbst in kurzfristigen Anlageformen (sog. »near-moneys«) noch zinstragende Verwertung.

Es ist nun zu Recht gefragt worden, warum die langfristig-überzyklisch aufgebaute strukturelle Überakkumulation von Kapital nicht ebenso wie die sich in jedem industriellen Zyklus zeigende zyklische Überakkumulation von Kapital wieder immanent-endogen beseitigt werden kann, warum also der Unterschied zwischen struktureller und zyklischer Überakkumulation nicht nur ein rein quantitativer ist? Denn natürlich ist es richtig, dass es permanente Krisen nicht gibt: *»Die Krisen sind immer nur momentane gewaltsame Lösungen der vorhandnen Widersprüche, gewaltsame Eruptionen, die das gestörte Gleichgewicht für den Augenblick wiederherstellen.«* (MEW 25: 259) Und: *»Dieser Prozeß [die sich im Zuge der Ak-*

---

[12] Dies markiert eine Entwicklung, in der sich die *»stille Verbindung«* (MEW 25: 434) zwischen Angebot und Nachfrage nach reproduktivem und Geldkapital in einem langfristigen Gleichklang zwischen niedriger Profitrate und sinkenden Zinssätzen infolge des volkswirtschaftlichen Übersparens (savings glut) ausdrückt: *»Da man gesehn, daß die Höhe der Profitrate in umgekehrtem Verhältnis steht zur Entwicklung der kapitalistischen Produktion, so folgt daher, daß der höhere oder niedre Zinsfuß in einem Lande in demselben umgekehrten Verhältnis zur Höhe der industriellen Entwicklung steht, soweit nämlich die Verschiedenheit des Zinsfußes wirklich Verschiedenheit der Profitraten ausdrückt … In diesem Sinn kann man sagen, daß der Zins reguliert wird durch den Profit, näher durch die allgemeine Profitrate. Und diese Art der Regulierung gilt selbst für seinen Durchschnitt.«* (MEW 25: 371f.)

kumulation vollziehende Konzentration des Kapitals sowie die Zentralisation bereits schon vorhandener Kapitale/S.K.] würde die kapitalistische Produktion zum Zusammenbruch bringen, wenn nicht widerstreitende Tendenzen beständig wieder dezentralisierend neben der zentripetalen Kraft wirken.« (Ibid.: 256) Eine Zusammenbruchstheorie des Kapitalismus gibt es nicht: *»Eine Entwicklung der Produktivkräfte, welche die absolute Anzahl der Arbeiter verminderte, d.h., in der Tat die ganze Nation befähigte, in einem geringern Zeitteil ihre Gesamtproduktion zu vollziehn, würde Revolution herbeiführen, weil sie die Mehrzahl der Bevölkerung außer Kurs setzen würde.«* (Ibid.: 274) Diese Aussage ist nicht zufällig im Konjunktiv formuliert: Weder gibt es einen Automatismus der massenhaften Entstehung revolutionären Bewusstseins als Voraussetzung für die Herbeiführung der angesprochenen Revolution, noch beinhaltet die Überakkumulation von Kapital eine objektive Zusammenbruchstendenz der Kapitalakkumulation wie seinerzeit H. Grossmann unter Fortschreibung der sog. Reproduktionsschemata behauptet hatte.[13] Da Marx aber im dritten Band des »Kapital« nicht begrifflich-systematisch zwischen einer zyklischen und einer strukturellen Überakkumulation von Kapital differenziert hat (vgl. MEW 25, 15. Kapitel) – wie er überhaupt die Darstellung des industriellen Zyklus, auch seiner Grundbestimmungen nach, in die Behandlung der Konkurrenz, d.h. außerhalb der allgemeinen Darstellung verwiesen hat[14] –, ist unter Rückgriff auf die empirisch aufzunehmenden Verhältnisse der kapitalistischen Entwicklung die Beziehung zwischen struktureller Überakkumulation von Kapital und Entwertung im Sinne einer Ergänzung nachzureichen.

---

[13] Vgl. Grossmann 1929. Bereits Hilferding hatte seinerzeit korrekt vermerkt, dass es sich bei einem »Zusammenbruch« des Kapitalismus nur *»um einen politischen und sozialen, nicht um einen ökonomischen Zusammenbruch [handeln kann], der überhaupt keine rationelle Vorstellung ist«* (Hilferding 1926: 471).

[14] Vgl. MEW 25: 839: *»In der Darstellung der Versachlichung der Produktionsverhältnisse und ihrer Verselbständigung gegenüber den Produktionsagenten gehen wir nicht ein auf die Art und Weise, wie die Zusammenhänge durch den Weltmarkt, seine Konjunkturen, die Bewegung der Marktpreise, die Perioden des Kredits, die Zyklen der Industrie und des Handels, die Abwechslung der Prosperität und Krise, ihnen als übermächtige, sie willenlos beherrschende Naturgesetze erscheinen und sich ihnen gegenüber als blinde Notwendigkeit geltend machen. Deswegen nicht, weil die wirkliche Bewegung der Konkurrenz außerhalb unsers Plans liegt und wir nur die innre Organisation der kapitalistischen Produktionsweise, sozusagen in ihrem idealen Durchschnitt, darzustellen haben.«* Tatsächlich hat er aber an vielen Stellen im »Kapital«, namentlich im V. Abschnitt des dritten Bandes zyklische Bewegungen nicht nur als beiherspielende Illustrationen behandelt. Ich habe daher dafür votiert, Grundbestimmungen des industriellen Zyklus noch als Bestandteil der allgemeinen Darstellung zu behandeln, weil sie das Element der Zeit – dies ist wesentlich für die Erklärung der Ausgleichung der Marktpreise zu Produktionspreisen und weiter zu Werten – nicht nur allgemein-qualitativ, sondern quantitativ spezifiziert aufzunehmen erlauben (vgl. Krüger 2010: 59ff. sowie 250ff.).

c) Historisch unterschiedliche Ausprägungen der strukturellen Überakkumulation von Kapital

Weltwirtschaftskrise 1929-1932, Depression der 1930er Jahre sowie unterschiedliche Auflösungsformen der strukturellen Überakkumulation

Im Unterschied zu den gegenwärtigen Verhältnissen bzw. der seit Mitte der 1970er Jahre im Modus der Überakkumulation verlaufenden Entwicklung in den Zentren des Weltmarktes war die erste Große Krise der kapitalistischen Produktionsweise noch stark durch unentwickelte Formen der abgeleiteten ökonomischen Sektoren – Geld- und Währungsverhältnisse, interne Distributions- und Nachfragestrukturen – geprägt. Zwar beruhte die strukturelle Überakkumulation von Kapital in den 1930er Jahren während und nach dem Höhepunkt der Weltwirtschaftskrise im Kern auf einer verminderten Dynamik der industriellen Kapitalakkumulation, die sich bereits im Verlauf der Vorkriegsentwicklung mit unterschiedlicher Intensität in den nationalen Reproduktionsprozessen der führenden Industriemetropolen durchgesetzt hatte und durch die Überwindung der Nachkriegsfolgen in den 1920er Jahren mit expansiven Prozessen zeitweilig überdeckt worden war. Jedoch zeugten bereits die Währungsturbulenzen im Zusammenhang mit der Rückkehr zu einem modifizierten Goldstandard zur jeweiligen Vorkriegsparität von der politischen Missachtung der zwischenzeitlich national unterschiedlich vonstattengegangenen Produktivitätsentwicklung in einigen Ländern (insbes. Großbritannien) sowie den dadurch hervorgebrachten internationalen Verschiebungen in der Hierarchie der Nationalkapitale auf dem Weltmarkt. Hinzu kamen die Kriegsschulden Großbritanniens und Frankreichs bei den USA sowie die Reparationsverpflichtungen und auferlegten Beschränkungen für die Verliererstaaten des Ersten Weltkriegs (insbes. Deutsches Reich sowie Österreich). Beides, die gewaltsame Re-Etablierung der Währungsparitäten auf Basis eines internationalen Goldstandards als auch der Ressourcentransfer aus den Schuldnerländern zugunsten der Gläubiger, wurde wirtschaftspolitisch in einem restriktiven Kurs der nationalen Finanzpolitik umgesetzt; er schwächte die konsumtive Endnachfrage, steigerte die Kapitalentwertungen und wirkte mit fortschreitender Zeit mehr und mehr restriktiv für die nationale Kapitalakkumulation. Hinzu kamen gravierende Probleme der internationalen Geldkapitalakkumulation; nicht nur ihre allgemein-immanente Verselbständigung gegenüber ihren reproduktiven Grundlagen mit einer Zunahme spekulativer Prozesse, sondern auch die z.T. fahrlässige Finanzierung langfristiger Kapitalbindungen durch kurzfristige Kredite, die nach Ablauf nicht refinanziert werden konnten und zu Bankenkrisen und -zusammenbrüchen führten, spielten in diesem Zusammenhang eine wichtige Rolle.

Der Einbruch der Produktion im Jahr 1929 ist weltweit; alle entwickelten kapitalistischen Metropolen erleben einen synchronen Umschwung der zyklischen Akkumulationsbewegung. Die Tiefe von Krise und Abschwung ist allerdings national unterschiedlich ausgeprägt, am härtesten sind die USA und Deutschland betroffen. Dieser gravierende und sich über drei Jahre erstreckende Einbruch der industriellen Produktion weist schon darauf hin, dass diese Krise einen über einen bloß zyklischen Einbruch hinausgehenden Eklat darstellte; hinzu kommt aber darüber hinaus, dass auch in der Folgezeit ein stagnativ-depressiver Grundton der Wirtschaftsentwicklung in den meisten Ländern vorherrschend bleibt. Zwar findet 1932 bzw. 1933 der Periodenwechsel in den III. Zwischenkriegszyklus statt, doch kann von der Ingangsetzung einer auch nur zyklisch beschleunigten Kapitalakkumulation in den Weltmarktmetropolen nicht gesprochen werden – geschweige denn von einer Wiedergewinnung einer langfristig-strukturellen beschleunigten Akkumulation der Nationalkapitale.

Vor dem Hereinbrechen der Krise hatte bereits der Welthandel durch fortschreitenden Protektionismus, d.h. eine »beggar-my-neighbour-Politik«, Schaden genommen und auch etliche Rohstoffexportländer in die Krisenprozesse hineingezogen. Die Nachfrage brach somit nicht nur durch binnenwirtschaftliche geld- und währungspolitische sowie finanzpolitische Austerität, sondern auch infolge des Preisverfalls von Rohstoffen sowie durch Handelskriege (Abwertungswettläufe) zwischen verschiedenen Ländern regelrecht zusammen. In den meisten Ländern schwoll die Arbeitslosigkeit zu Höchstständen an; unzureichende soziale Absicherungen der Betroffenen verschärften nicht nur die Nachfrageausfälle, sondern bedeuteten in vielen Fällen auch manifeste persönliche Not.

Nachdem die Wirtschaftspolitik die z.T. auf dem Tisch liegenden Alternativvorschläge – zu nennen sind die Forderungen von J.M. Keynes nach defizitfinanzierter Nachfragestützung im englischen Sprachraum sowie die in eine ähnliche Richtung weisenden Vorschläge der deutschen Gewerkschaften (ADGB): WTP-Plan in Deutschland[15] – vor und während der Krise nicht befolgt hatte, wurden diese Politikkonzepte in den 1930er Jahren nunmehr in verschiedenen Ländern mit unterschiedlicher Ausrichtung durch ganz unterschiedliche Regierungen aufgegriffen und angewendet. Es standen sich dabei der amerikanische »New Deal« unter dem US-Präsidenten F.D. Roosevelt mit verstärkten Regulierungen des Finanzsektors, Entflechtung von marktbeherrschenden Konzernen und Aufwertung institutioneller »industrial relations« durch Stärkung der Gewerkschaften und ihrer Kontrolle sowie staatlicher Nachfragesteigerung (öffentliche Investitionen in die Infrastruktur) einerseits und die anfangs latente Kriegsvorbereitung durch Arbeitsbeschaffungsprogramme und massive Aufrüstung bei Entmachtung der Gewerkschaften, Verbot demokratischer Parteien der Arbeiterklasse und sonstigen Werktätigen und Gleichschaltung in faschistischen Organisationen der NSDAP im Deutschen Reich nach 1933 andererseits gegenüber. So unterschiedlich vom Inhalt der Maßnahmen und der Ausrichtung der Politik diese beiden Ansätze waren, sie bewirkten Modernisierungsprozesse in der Wirtschaft und überkommenen Sozialstrukturen durch eine nachfragegestützte Expansion, die die depressiven Tendenzen der Kapitalakkumulation sukzessive überwand. Dass die Modernisierung im Rahmen des »New Deal« nachhaltig war und die Durchsetzung der neuen fordistischen Arbeits- und

[15] Zur genaueren Darstellung sowohl der Keynesschen Vorschläge als auch der Konzepte von W. Woytinski, F. Tarnow und F. Bade (WTP-Plan) vgl. Krüger 2012b: 305ff.

Betriebsweise in den USA unterstützte, während die Wirtschaftspolitik im deutschen Faschismus kriegsvorbereitend und aggressiv nach außen ausgerichtet war und zur Zerstörung erst der Zivilgesellschaft und des demokratischen politischen Gemeinwesens und sodann des eigenen Landes und der überfallenen Nachbarländer führte, liegt auf der Hand.

Während also der »New Deal« in den USA ein wesentlicher Geburtshelfer der neuen Arbeits- und Betriebsweise des Fordismus in einem gesamtgesellschaftlichen Umfang war und der Zweite Weltkrieg den Durchbruch der US-amerikanischen Politik zur Übernahme internationaler ökonomischer und politischer Verantwortung für die Gestaltung der Weltwirtschaft markierte, hinterließen der deutsche Faschismus und der verlorene Krieg im Innern von Deutschland millionenfachen Tod von Soldaten und der Zivilbevölkerung sowie gewaltige Zerstörungen materieller Werte; Letztere konzentrierten sich allerdings schwerpunktmäßig auf die Wohnungsbausubstanz sowie die materielle Infrastruktur (Transportwege und -mittel) und weniger auf das eigentliche industrielle Ausrüstungsvermögen.[16] Die Kriegszerstörungen und die Teilung des Landes schlugen sich darüber hinaus in einer restrukturierten Klassen- und Sozialstruktur nieder, die die überkommenen Sinekuren namentlich des adligen Großgrundbesitzes zu einem gewissen Grad beseitigt hatte. Der Wiederaufbau des westdeutschen Teilstaats, eingeleitet durch die Währungsreform 1948 sowie die Re-Integration in den westlichen Weltmarkt durch amerikanische Hilfen (»Marshall-Plan«), vollzog sich auf Basis neuer Wertstrukturen des fixen Kapitals, verbesserter Verwertungsverhältnisse durch eine durch Zuzüge und Flüchtlinge wachsende und im Allgemeinen gut qualifizierte Arbeitsbevölkerung sowie wachsender Nachfragen durch die vielfältigen Nachholbedarfe. Mit einem Wort: die Wiederingangsetzung des Reproduktionsprozesses in der neugegründeten Bundesrepublik kam unter der Voraussetzung hoher Mehrwert- und Profitraten zustande; beide zentralen Verwertungsausdrücke schafften der beschleunigten Akkumulation des BRD-Kapitals gute Ausgangs- und Fortführungsbedingungen.

Charakteristika der gegenwärtigen Überakkumulationsperiode nach dem Strukturbruch Mitte der 1970er Jahre: Veränderung der internationalen Arbeitsteilung, Finanzmarktkapitalismus und »säkulare Stagnation«

Auch die neuerliche strukturelle Überakkumulationsperiode im Ergebnis der beschleunigten Kapitalakkumulation der Nachkriegszeit besitzt ihren letzten Grund in den nach und nach veränderten Verwertungsverhältnissen des reproduktiven Kapitals. Im Unterschied zur Weltwirtschaftskrise Ende der 1920er/Anfang der 1930er Jahre sowie der Depressionsphase in den 1930er Jahren handelt es sich nunmehr um das Erbe eines in allen seinen Teilbereichen und -sektoren entwickelten Kapitalismus. Nicht nur die produktive Basis war zu einer gegenüber der erstmali-

---

[16] Vgl. zu den Nachkriegsbedingungen Abelshauser 1975 und 1979 sowie Detje u.a. 1982. Siehe auch unsere Darstellung der monetären Rekonstruktion in den Westzonen sowie der verfolgten Wirtschaftspolitik in Krüger 2012a: 440ff. und 2012b: 318ff.

gen Periode der Großen Industrie nochmals höher entwickelten Betriebsweise in den 1950er und 1960er Jahren ausgereift, sondern auch die Geld- und Währungsverhältnisse waren mit inkonvertiblen Zentralbanknoten und dem Bretton-Woods-Währungssystem sowie den durch die Sozialstaaten ausdifferenzierten Verteilungs- und Umverteilungsverhältnissen substanziell im Verhältnis zur Zeit vor dem Ersten Weltkrieg und der Zwischenkriegszeit fortentwickelt worden. Was durch diese strukturellen Fortentwicklungen im Rahmen der kapitalistischen Produktionsweise als Schranke der Kapitalverwertung in der Prosperitätsphase nach dem Zweiten Weltkrieg überwindbar gewesen war, stellt sich nun jedoch mehr und mehr als Grenze dieser Produktionsweise selbst dar.

Die Effekte der Ausdifferenzierung der abgeleiteten Wirtschaftsbereiche des Finanz- und staatlich-umverteilenden Wirtschaftssektors sind zunächst eine immanente Stabilisierung der Reproduktionsprozesse. Die erhöhten Spielräume der Geldpolitik reduzieren durch – mehr oder weniger – kontrollierte Inflationierung der Warenpreise die Verluste an Kapitalsubstanz und Kapitalwerten. Die etablierten Umverteilungszentren, Sozialversicherungen und eigentlicher Staatshaushalt, erweisen sich als institutionalisierte und daher widerständige Bollwerke gegenüber Wirtschaftsabschwüngen mit deflationär-depressiven selbstverstärkenden Bewegungen. Hinzu kommt, dass einige der krisenverschärfenden Fehlleistungen der Wirtschaftspolitik insbesondere in den internationalen Beziehungen zunächst nicht oder nicht im früheren Umfang wiederholt worden sind und durch das Aufkommen einer neuen Gruppe von Staaten an der Schwelle zu industrialisierten Ländern der Kapitalakkumulation neue Spielräume der Verwertung aufgeschlossen wurden.

Im Resultat dieser Entwicklungen dauert die gegenwärtige Überakkumulation von Kapital nunmehr in den meisten Ländern bereits seit vier Jahrzehnten an. Statt eines Rückfalls in eine anhaltend depressive Entwicklung ist eine zyklische Kapitalakkumulation, wenngleich in Form eines gegenüber der Prosperitätsphase veränderten Überakkumulationszyklus, erhalten geblieben. Dieser Überakkumulationszyklus von Kapital beinhaltet auch mehr oder weniger starke zyklische Erholungsprozesse, die aber in aller Regel keine gesamtwirtschaftlich verallgemeinerten kumulativen Multiplikatoreffekte aufweisen und keineswegs eine zyklenübergreifende Expansionsbewegung im Sinne einer beschleunigten Akkumulation der Nationalkapitale in Gang setzen können. Mit dem Begriff der »secular stagnation«, einem von A. Hansen 1939 geprägten Begriff, wird das Zusammenspiel von ausbleibendem bzw. geringerem Wachstum und niedriger Produktivitätsentwicklung vonseiten der bürgerlichen Ökonomie beschrieben.[17]

Eine erste Periode der strukturellen Überakkumulation von Kapital nach dem Strukturbruch Mitte der 1970er Jahre wurde zunächst durch die in der Vergangenheit aufgebauten immanenten Nachfragestabilisatoren abgemildert. Sowohl automatische Stabilisatoren durch öffentliche Transferleistungen als auch diskreti-

---

[17] Zur säkularen Stagnation gibt es eine große Anzahl von Erklärungen und Diskussionsbeiträgen; vgl. Teulings/Baldwin 2014, Lu/Teulings 2016, Bischoff/Steinitz 2016.

onäre fiskalpolitische Programme verhinderten in dieser Zeit einen Absturz der Kapitalakkumulation. Die Fortsetzung der überkommenen ungleichen Dynamik der Kapitalakkumulation sowie die zunächst noch anhaltende beschleunigte Kapitalakkumulation des zu dem Kreis der führenden Metropolen auf dem Weltmarkt hinzugestoßenen japanischen Nationalkapitals, welches nach dem Zweiten Weltkrieg zeitverzögert seinen Rekonstruktions- und Aufstiegsprozess begonnen hatte, erzeugten zwar eine Umgruppierung der internationalen Kräfteverhältnisse, markierten jedoch gleichzeitig eine gesamthafte Stabilisierung.

Als zweiter relevanter Faktor ist eine veränderte internationale Teilung der Arbeit zu nennen. Schon in den 1970er Jahren führte die Verengung der Verwertungsspielräume des Kapitals in den führenden Ländern zu einer partiellen Auslagerung von einfachen Produktionsfunktionen – namentlich im Bereich der Textil- und Bekleidungsindustrie – in Länder der bisherigen Peripherie zum Aufschluss neuer Spielräume der Kapitalverwertung. Dieser Prozess setzte sich in der Folgezeit fort und gewann an Breite und Tiefe. In durchaus widersprüchlicher Weise spielte die seit Ende der 1960er Jahre einsetzende verstärkte Internationalisierung der Geldkapitalakkumulation hier eine Rolle. Zum einen verstärkte sie die Spannungen zwischen im Bretton-Woods-System administrierten ökonomischen Variablen – Zinssätze und (fixe) Wechselkurse –, zum anderen zog sie in der Suche nach lukrativen Anlagemöglichkeiten neue Länder in den kapitalistischen Weltmarktzusammenhang.

Etliche Projekte, die durch überschüssiges Geldkapital aus den Metropolen finanziert worden waren, scheiterten und etliche Länder gerieten dadurch in eine finanzielle Schieflage. Andere jedoch waren erfolgreich mit dem Aufbau interner Wertschöpfungsprozesse und der Integration ausgelagerter Produktionsprozesse der Metropolen in binnenwirtschaftliche Liefer- und Leistungszusammenhänge; zu nennen sind neben den ursprünglichen vier asiatischen Tigerstaaten Südkorea, Taiwan sowie Singapur und Hongkong in der nachfolgenden Periode die VR China sowie die seit jeher eine wichtige Rolle als Rohstoffexporteure spielenden Länder Brasilien, Mexiko und Südafrika, etwas später stieß Indien als weiteres Schwergewicht aufgrund seiner großen Bevölkerung hinzu und fungierte nicht nur als bedeutender Absatzmarkt für Industriewaren, sondern ebenso als Hersteller von Waren und Dienstleistungen (sog. Offshoring von Softwareentwicklung und Übernahme kommerzieller Funktionen). Diese beginnende verstärkte Internationalisierung von Produktionsprozessen, die angestoßen wurde durch interne Verwertungsschwierigkeiten des (reproduktiven) Kapitals in den angestammten Metropolen, war für die Weltwirtschaft insgesamt ein Positiv-Summen-Spiel: der weitere Fall der Profitraten und Kapitalentwertungsprozesse in den Metropolen wurde aufgehalten und einige der Direktinvestitionen aufnehmenden Länder entwickelten sich nach und nach als neue gewichtige »Spieler« des Weltmarkts. Das Ergebnis war ein Wachstum von Welthandel und Weltwirtschaft, welches umso stärker ausgeprägt war, je mehr die neuen »emerging markets« und Produktionsstandorte expandierten. Insbesondere die VR China wurde nach und nach zur neuen Werkstatt der Welt und übernahm in der Finanzmarkt- und Weltwirtschaftskrise durch eine expansive Nachfragepolitik der Regierung die Lokomotivfunktion für die Weltwirtschaft.

Allerdings reichten diese Veränderungen nicht aus, um auch die Weltwirtschaft als Ganzes, d.h. vor allem die Kapitalakkumulation in den angestammten Metropolen des Kapitals zu einer neuen Periode einer längerfristigen beschleunigten Kapitalakkumulation zu führen. Einer derartigen Wieder-Ingangsetzung einer beschleunigten Akkumulation des reproduktiven Gesamtkapitals stehen zunächst die die Verwertung des fungierenden Kapitals beschränkenden Ansprüche des fiktiven Kapitals auf Bestandteile der jährlichen Wertschöpfung entgegen. Trotz gesunkener Zinsen bleiben diese Ansprüche aufgrund der Menge der nach und nach akkumulierten Eigentumstitel erheblich; die Orientierung auf Kursgewinne des fiktiven Kapitals benachteiligt zudem reproduktive Aktivitäten. Aber selbst unterstellt, das fiktive Kapital und seine Erträgnisansprüche an die jährliche Wertschöpfung würden durch planvolle Entwertungs- und Entschuldungsprozesse zurückgeführt, so bliebe das Missverhältnis zwischen zu viel akkumuliertem Fixkapital und der Fähigkeit des Reproduktionsprozesses, dasselbe mit gesteigerter Profitmasse zu verwerten. Wenn die Steigerung der Mehrwertrate durch Produktivitätssteigerungen und Lohnsenkungen nicht ausreicht, um die Profitrate nennenswert zu erhöhen und vielmehr als Kehrseite die Nachfrageschwäche durch gesteigerte Ungleichheit der Einkommensverteilung (Unterkonsumtion) verschärft, bleibt als einziger Ausweg nur eine durchgreifende Entwertung des akkumulierten Kapitalbestandes selbst. Diese wird allerdings nur von ultraradikalen Neoliberalen als »schöpferische Zerstörung« (A. Schumpeter) empfohlen; sie wäre als durchgreifender Prozess mit so großen Friktionen verbunden, die jenen sozialen und politischen Zusammenbruch, von dem seinerzeit R. Hilferding gesprochen hatte, wahrscheinlich werden lassen würde.

Eine forcierte Entwertung von Kapital in allen Formen als fiktives Kapital (Wertpapiere sowie materielle Vermögensgegenstände wie Immobilien) sowie als fixes Kapital (Produktionskapazitäten) widerspricht zudem allen kapitalistischen Prinzipien, insbesondere der Unantastbarkeit des Privateigentums. Dementsprechend war es naheliegender, dass die Politik einen systemkonformen Weg wählte, der zudem die gesellschaftlichen und politischen Widerstände geringer hielt und kontrollierbar gestalten sollte. Außerdem ist mit ihm die Hoffnung verbunden worden, dass die unausweichlichen Entwertungsprozesse über eine längere Zeitperiode gestreckt werden und eine sich irgendwann belebende reproduktive Kapitalakkumulation in die partiell bereinigten Wertverhältnisse gewissermaßen hinein- oder zurückwachsen könnte. So unwahrscheinlich, weil (zu) optimistisch diese Erwartung ist, so wichtig wurde in den drei Krisen – 2001-03, 2007-09 sowie aktuell 2020/21 – eine zunehmend gesteigerte Lockerung der Geldpolitik der wichtigsten Zentralbanken als Politik der Krisenbekämpfung. Ohne die sukzessive bis zum Quantitative Easing gesteigerte Geldpolitik und Monetarisierung von staatlichen und Unternehmensschulden hätte ein Absturz der Weltwirtschaft vergleichbar zur ersten Großen Krise 1929-32 mit anschließender Depression stattgefunden, der aufgrund der neuen quantitativen Dimensionen von Wertvernichtung und Zerrüttung von Reproduktionszusammenhängen noch viel zerstörerischer gewesen wäre.

Der Versuch, die Stabilisierungspolitik der Zentralbanken für eine Belebung der reproduktiven Kapitalakkumulation zu instrumentalisieren, war von Anbeginn an bei Licht besehen abenteuerlich. Die extrem niedrigen Zinsen, teilweise negativ, generieren steigende Preise des fiktiven Kapitals, die den Eigentümern der Titel nicht nur das Gefühl verschaffen, ohne eigene Anstrengung reicher zu werden – sein Geld arbeiten zu lassen anstatt selber zu arbeiten – und gaben zusätzlich im Wert steigende Kreditsicherheiten ab, auf die sich die Finanzindustrie mit »innovativen Produkten« stürzte. Dadurch sollte die durch die marktbestimmte Einkommensverteilung sowie die abgebaute sozialpolitische Umverteilung restringierte private Konsumnachfrage durch forcierte Kreditgewährung stimuliert werden. Es sollten, mit anderen Worten, die Probleme des Kapitalismus durch ein Mehr an Kapitalismus gelöst werden, indem die gemischte Wirtschaftsordnung der Nachkriegszeit endgültig beseitigt und stattdessen eine vermögenspreis- und konsumkreditgestützte reproduktive Kapitalakkumulation stimuliert und initiiert wird: »Asset-based, wealth driven accumulation«. Die Kehrseite dieses Prozesses ist der (weitere) Aufbau von Verschuldungspositionen der Privathaushalte, der zu demjenigen der öffentlichen Haushalte sowie der Unternehmen hinzukam. Diese »asset-based, wealth driven accumulation« hat etwas von einem Münchhausen-Effekt und war von vornherein nicht nachhaltig ausgestaltbar.[18] Ihr Waterloo erlebte diese namentlich in den USA betriebene Wirtschaftspolitik in der Immobilienkrise, die sich 2007 zu einer internationalen Finanzmarkt- und Finanzkrise auswuchs und danach in die zweite Große Krise der kapitalistischen Produktionsweise mündete.

Gleichwohl könnte entgegnet werden, dass trotz der erwiesenen Krisenhaftigkeit und fehlenden Nachhaltigkeit neoliberaler Konzepte des Finanzmarktkapitalismus die zeitliche Dauer der strukturellen Überakkumulation von Kapital auf mittlerweise mehr als vier Jahrzehnte ausgedehnt worden ist. Im Kern ist die Stabilisierung dieser strukturellen Überakkumulation seit dem Jahrtausendwechsel durch eine sukzessiv immer größer werdende Verschuldung bewerkstelligt worden. Waren es zunächst die öffentlichen Haushalte, die mit wachsenden Defiziten die binnenwirtschaftliche konsumtive Endnachfrage stabilisieren mussten, so kam mit zunehmend krisenhafter verlaufender Kapitalakkumulation die gehäufte Aufnahme von Betriebsmittelkrediten durch Unternehmen nicht zur Ingangsetzung von reproduktiven Investitionen, sondern zur Aufrechterhaltung der Zahlungsfähigkeit an und für sich insolventer Unternehmen hinzu. Des Weiteren akzentuieren internationale Zahlungsbilanzverwerfungen die nationalen Gläubiger- und Schuld-

---

[18] Kaum etwas dokumentiert die intellektuelle Verkommenheit der offiziellen Wirtschaftswissenschaft als platteste Vulgärökonomie deutlicher als diese Propagierung einer vermögenspreisgetriebenen Kapitalakkumulation. Sie ist intellektuell fast noch erbärmlicher als die abgeschmackten Axiome der neoklassischen Modelle, mit denen Stabilität und gleichgewichtiges Wachstum des Kapitalismus nachgewiesen werden sollen.

nerpositionen in Gestalt des Aufbaus von wachsenden Währungsreserven einerseits und zunehmenden internationalen Verbindlichkeiten anderer Staaten andererseits. Die wirtschaftspolitisch geleitete Verschuldungszunahme der Privathaushalte durch private Konsumkredite (inkl. Hypothekendarlehen) war somit nur eine weitere Steigerung dieser Verschuldungskaskade. Ihren finalen Höhepunkt erlebte sie durch den durch die Finanzmarktkrise erzwungenen Übergang der Zentralbank-Geldpolitik zum »Quantitative Easing«, der einerseits zwar unabdingbar zur Stützung des Gesamtsystems der internationalen Finanzbeziehungen war, andererseits aber ökonomisch einer verdeckten Zentralbankgeldschöpfung durch Gelddruckerei nahekommt.[19] Dies alles war tatsächlich nur möglich auf Basis einer Geld- und Währungsverfassung, die von Regelbindungen[20] befreit worden war und mit der Funktion der wichtigsten Zentralbanken als Lender of last Resort »spielte«; dieses »Spiel« hat bislang funktioniert und ist durch die Monetarisierung der Schulden von öffentlichen Haushalten und Unternehmen in der den XI. Nachkriegszyklus abschließenden Corona-Pandemie mit ihren »Lockdowns« in vielen Ländern, welche die Verluste der vormaligen Finanzmarkt- und Weltwirtschaftskrise nochmals übersteigen, ein zweites Mal praktiziert worden. Es gibt aber keine Gewähr dafür, dass es weiterhin und zudem auf stets wachsender Stufenleiter funktionieren wird.[21]

Die verdeckte, gleichwohl durch die ultralockere Geldpolitik der Zentralbanken alimentierte Verschuldung, die durch die Niedrigstzinsen nochmals stimuliert wird, hat zum Aufbau wachsender Ausfallrisiken durch Entwertungen von Kapital und Vermögenstiteln aller Art geführt. Angefangen bei überbewerteten Aktien- und

---

[19] Der Unterschied des Quantitative Easing zur Finanzierung von (Staats-)Ausgaben durch reine Gelddruckerei besteht in dem Umstand, dass die Zentralbanken ihre Wertpapierankaufsprogramme am Sekundärmarkt durchführen, also bereits erfolgreich emittierte Wertpapiere aufkaufen und nicht direkt am Primärmarkt als Käufer agieren. Andererseits sind die Bonitätsanforderungen für ankauffähige Wertpapiere sukzessive gesenkt worden, sodass nicht nur Staatspapiere mit kurzen Laufzeiten, sondern auch Langläufer sowie Unternehmensanleihen und Asset backed Securities (ABS) in die Zentralbank-Portfolios hineingenommen worden sind, was die Gefahr der Ausfälle und Abwertungen dieser im Portfolio der Zentralbanken befindlichen Papiere erhöht: Zentralbankvermittelte Monetarisierung von Staats- und Unternehmensschulden.

[20] Damit meinen wir sowohl die Aufhebung der de jure (Ausländer-)Konvertibilität des US-Dollars gegenüber dem Gold als auch die Freigabe der festen Wechselkurse des Bretton-Woods-Währungssystems (außer in Westeuropa mit der europäischen Währungsschlange bzw. dem Europäischen Währungssystem (EWS) als Vorläufer des Euro) und dem nachfolgenden Floaten der wichtigsten Währungen gegeneinander.

[21] Damit werden wesentliche Fragen einer modernen marxistischen Geldtheorie aufgeworfen: Hat sich die zeitgenössische Geld- und Währungsverfassung qualitativ so weit verändert, dass der von Marx herausgestellte Umschlag des Kredit- in das Monetarsystem, d.h. die Entwertung und Vernichtung der Geldfunktionen des Repräsentativgeldes heutzutage nicht mehr stattfinden kann? Wird diese Frage bejaht, wäre nicht nur Marx' Geldbestimmung neu zu fassen, sondern die gesamte Werttheorie zu reformulieren oder ad acta zu legen. Wir teilen diese Auffassung nicht und verneinen die formulierte Frage; vgl. Krüger 2012a und 2015 sowie Bischoff/Fiehler/Krüger/Lieber 2017 und Krüger/Müller 2020.

Wertpapierkursen, neuerlichen Blasen bei den Immobilienpreisen über Schieflagen von Banken, die toxische Titel in ihren Portfolios haben, bis hin zu einer wachsenden Zahl von sog. Zombieunternehmen, die mit billigen Betriebsmittelkrediten am Leben erhalten werden, weil die kreditgebenden Banken eigenkapitalverzehrende Wertberichtigungen fürchten, türmt sich der Überbau des fiktiven Kapitals jeglicher Couleur weiter auf. All dies macht die Rückkehr zu »normalen« Verhältnissen, d.h. zu einer Rückgewinnung der Steuerungsfunktion des Zinssatzes durch Ausstieg aus den Niedrigstzinsen so schwierig und gefährlich. Hinzu kommt der mittlerweile offene Gegensatz zwischen dem alten Weltmarkt-Hegemon USA und der VR China als der mittlerweile zweitgrößten Volkswirtschaft der Welt, die bereits im Vorfeld protektionistische Maßnahmen und Handelskriege entflammt und durch die USA zur Aufkündigung des Nachkriegs-Multilateralismus in den internationalen Beziehungen geführt hat. Damit hat sich eine äußerst explosive Mischung von Widersprüchen ergeben, die in vielen Momenten an die Verhältnisse der 1920er und 1930er Jahre erinnert.[22]

Die Antwort auf die Frage nach der eigentümlichen Qualität einer strukturellen gegenüber einer bloß zyklischen Überakkumulation von Kapital lautet also: Die strukturelle Überakkumulation von Kapital, die oberflächlich als säkulare Stagnation erscheint, ist erstens das immanente Resultat einer langfristig beschleunigten Kapitalakkumulation, wenn der Fall der Profitrate nicht mehr durch ein gleichzeitiges Wachstum der Profitmasse kompensiert werden kann. Dies ist unter den heutigen entwickelten Verhältnissen dann gegeben, wenn die konsumtive Endnachfrage (privat und öffentlich) einen weiteren gesamtwirtschaftlichen Wachstumsprozess nicht mehr trägt und demgemäß die Investitionen die wachsende gesamtwirtschaftliche Ersparnis nicht mehr absorbieren. Diese Unterkonsumtion ist dabei nur die Kehrseite eines in der Vergangenheit akkumulierten Kapitalbestandes, für den keine wachsende Verwertung mehr erbracht wird. Anstelle einer Zurückführung des überakkumulierten Kapitals (in verschiedenen Formen) durch umfängliche Entwertungs- und Vernichtungsprozesse wird die laufende Reproduktion sowohl angebotsseitig durch eine mehr oder weniger gewaltsame Erhöhung der Mehrwertrate als auch nachfrageseitig durch eine veränderte Struktur der Weltwirtschaft und den Aufbau von Verschuldungspositionen stabilisiert. Damit werden kurzfristig nicht reversible Tatsachen geschaffen und Zeit gekauft. All dies ist nur möglich auf der Grundlage eines von Regelbindungen befreiten Geldsystems und nur solange, solange die wichtigsten Zentralbanken ihre Rolle als Lender of last Resort erfolgreich spielen können, d.h. ihnen nicht das Vertrauen der Wirtschaftsakteure in die Kontinuität des Reproduktionsprozesses entzogen wird. Damit sind bei einer zunehmenden

---

[22] Die Ablösung der Trump-Präsidentschaft durch die US-Administration von Joseph Biden und Kamala Harris wird die Verschärfung der Beziehungen zwischen den USA und der VR China nicht zurücknehmen und allenfalls übersteigerte Irrationalitäten der Trumpschen »America-First-Politik« korrigieren. Wir kommen auf die aktuellen Entwicklungen in den Kapiteln 15 und 16 ausführlich zu sprechen.

Gleichartigkeit von Entwicklungen und Fehlentwicklungen nicht nur quantitative, sondern auch qualitative Unterschiede gegenüber der ersten Großen Krise der kapitalistischen Produktionsweise benannt, die bei der Konzipierung von Alternativen berücksichtigt werden müssen.

d) Auswirkungen von Digitalisierung und künstlicher Intelligenz auf die Kapitalakkumulation

Wir haben bereits angedeutet, dass die schöne neue Welt der Netzwerk-Ökonomie in vielfältiger Weise durch die kapitalistischen Produktionsverhältnisse und den Verwertungszwang des Kapitals überformt wird, wodurch ihre Produktivkraftpotenziale kupiert oder sogar vollständig konterkariert werden können. Auch kann zum gegenwärtigen Zeitpunkt in keinem Land der Welt von einer umfassenden Diffundierung der neuen Produktivkräfte digitaler Netzwerke in einer gesamtgesellschaftlichen Dimension gesprochen werden; in der Bundesrepublik fehlen dazu schon die technischen Grundvoraussetzungen in Gestalt eines das gesamte Land durchziehenden Netzes für schnelles Internet, an das die Gesamtheit der Bevölkerung in allen Regionen angeschlossen ist. Schon gar nicht kann davon ausgegangen werden, dass die sich abzeichnenden zukünftigen Erfordernisse für den Transport von Waren und die Mobilität von Personen bereits entwickelt und infrastrukturell in der Fläche umgesetzt worden sind.

Das gleiche gilt für die unabdingbaren neuen Regulierungen der Arbeitswelt, die notwendig sind, um durchgängig Netzwerke zu etablieren sowie die subjektiven Potenziale der lebendigen Arbeit in Wert zu setzen. In welcher Geschwindigkeit zumindest die materiell-technischen Bedingungen für einen umfassenden Betrieb von Netzwerken und Plattformen in der produktiven und individuellen Konsumtion hergestellt werden können, ist eine nur empirisch zu beantwortende Frage, die abhängig ist von den sozialen und politischen Rahmenbedingungen, unter denen die Netzwerk-Ökonomie umgesetzt wird. Der staatlichen Technologie- und Infrastrukturpolitik kommt hierbei eine Schlüsselrolle zu.

Damit kommen wir zu den ökonomisch entscheidenden Fragen: Welche Möglichkeiten eröffnet das Rationalisierungsparadigma der von einer Revolution der gesellschaftlichen Teilung der Arbeit ausgehenden Netzwerk-Ökonomie mit Digitalisierung und Ausbau der künstlichen Intelligenz für die Verwertung des Kapitals, d.h. für seine Profitrate? Und: Wären damit die Möglichkeiten für eine erneute längerfristige Phase einer beschleunigten Kapitalakkumulation unter Bedingungen dominierender kapitalistischer Produktionsverhältnisse gegeben, d.h. ohne eine gesellschaftlich-politisch bewusst ins Werk gesetzte neue Arbeits- und Betriebsweise und eines durch multilaterale Übereinkunft der wichtigsten Akteure geschaffenen neuen internationalen Akkumulationsregimes?

Wie jede Steigerung der Produktivkräfte auf industrieller Basis wirkt auch die Netzwerk-Ökonomie als Einsparung lebendiger Arbeit im Verhältnis zum Output an materiellen und immateriellen Waren. Die Neukomposition des produktiv-industriellen Wirtschaftssektors nach jeweiligen Kernkompetenzen auf einzelwirtschaftlicher Ebene und die Erschließung von Skalierungseffekten bewirken die Einsparung lebendiger Arbeit vermittelt über die makroökonomisch induzierte Restrukturierung der Einzelkapitale. Die Verwandlung von fixen Kosten in variable Kosten bewirkt, wo sie stattfindet, eine Reduzierung der Kosten der Betriebsbereitschaft bei Unterauslastung, ergibt Fixkostendegressionen bezogen auf den Preis der Einzelware und erhöht den wertbildenden Anteil der ins Werk gesetzten produktiven Arbeit. Die gemeinschaftliche Nutzung von privatkapitalistischen Infrastrukturen sowie die Entwicklung des Leasing von sachlichen Bestandteilen des fixen Kapitals verteilt die Investitionsausgaben und die operativen Kosten (Mietkosten) auf verschiedene Kapitalfraktionen und ergibt trotz des Wachstums des Fixkapitalvorschusses für die einen (Netzwerkbetreiber, Vermieter) eine gleichzeitige Verminderung von fixem Kapital für die anderen (Plattformnutzer/Mieter) und per Saldo eine gesamtwirtschaftliche Einsparung von fixem Kapital durch dessen gemeinschaftliche Nutzung.

Zu diesen die produktiv-wertschöpfende Arbeit betreffenden Produktivitätsfortschritten kommen die Effizienzsteigerungen bei den unproduktiven Lohnarbeitern des Kapitals im Zirkulationsprozess hinzu. Im Gesamtergebnis steigert also das Rationalisierungsparadigma der Netzwerk-Ökonomie durch Einsparung an lebendiger Arbeit die allgemeine Mehrwertrate, vermindert relativ den Vorschuss an konstantem fixem Kapital durch gemeinschaftliche Infrastrukturen und entlastet die Mehrwertmasse durch eine neue Ökonomie der Zirkulationskosten. Alle diese Faktoren sind Gegenkräfte gegenüber dem tendenziellen Fall der nationalen Durchschnittsprofitraten, der der Steigerung der organischen Zusammensetzung des Kapitals und der Erhöhung der Wertzusammensetzung des Kapitalvorschusses unter den Bedingungen industrieller Produktivkraftsteigerung geschuldet ist; in Sonderheit der Netzwerk-Ökonomie heißt dies: dem Auf- und Ausbau sowie der periodischen Erneuerung der gesamtgesellschaftlichen Infrastruktur als materiell-technischer Basis für die Produktion immaterieller digitaler Waren. Die mit der Digitalisierung und künstlichen Intelligenz sich ergebenden Möglichkeiten erweiterter Automatisierungsprozesse führen dort, wo sie genutzt werden und nach Maßgabe des Umfangs ihrer Anwendung, eo ipso zu einer steigenden Kapitalintensität pro Arbeitsplatz und dementsprechend wiederum zu einer Verstärkung des tendenziellen Falls der nationalen Profitraten.

Es wurde bereits darauf hingewiesen, dass das Drehen an der Schraube der Umverteilung zugunsten der Profite und zuungunsten der Löhne (Steigerung der Profitquote) bei gleichzeitiger Verstärkung der Methoden der absoluten Mehrwertproduktion und einer gesamtwirtschaftlich verlangsamten Steigerung der Produktivität nur zu einer Stabilisierung der Profitraten auf dem in der vorangegangen fordistischen Prosperitätsperiode hervorgebrachten niedrigen Niveau reicht; eine mehrfache Wiederholung einer durch geldpolitische Operationen und Aufblähung des fiktiven Kapitals bewerkstelligten konsumkreditgestützten Nachfragebelebung (asset-based wealth driven accumulation) ist ökonomisch fragwürdig und auf jeden Fall nicht nachhaltig ausgestaltbar. Umgekehrt könnte sie über kurz oder lang in die Katastrophe einer Kernschmelze des Kredit- und Bankensystems bis hin zur Diskreditierung der Geldfunktionen von Repräsentativgeldwährungen führen. Auch in den USA als dem Ursprungsland sowohl der neuen Produktivkräfte als auch der Vermögenspreis getriebenen Kapitalakkumulation hat diese Wirtschaftspolitik zwar im zweiten Jahrzehnt dieses Jahrhunderts zu einer lang anhaltenden Belebung der Konjunktur geführt, aber andererseits nicht für einen durchgreifenden »Relaunch« der Kapitalakkumulation gereicht. Im Gegenteil hat der Rückfall in protektionistische Abschottungen der US-Produktion und des US-Marktes die bereits vorhandenen Rückstände der US-Wirtschaft gegenüber den internationalen Spitzenpositionen vergrößert. Insofern laboriert die Weltwirtschaft wieder an einem historischen Knotenpunkt: Neue Produktivkräfte sind vorhanden und zeichnen sich ab, die kapitalistischen Produktionsverhältnisse hemmen jedoch sowohl ökonomisch durch niedrige Profitraten als auch gesellschaftlich, d.h. arbeitspolitisch, sozial, klassenstrukturell sowie politisch, in den verschiedenen Ländern die Etablierung einer neuen, höheren Arbeits- und Betriebsweise.

Es kommt hinzu, dass auch weltwirtschaftlich und weltpolitisch keine Evolution im Hinblick auf die Schaffung eines neuen internationalen Akkumulationsregimes in Sicht ist. Weder die USA noch die kommende weltgrößte Ökonomie China sind absehbar allein kaum in der Lage, die Funktion eines Weltmarkt-Demiurgen auszufüllen und auszuüben. Es muss in diesem Zusammenhang auch in Erinnerung gerufen werden, dass der Übergang des Weltmarkt-Demiurgen von Großbritannien auf die USA, obgleich es sich um zwei politisch miteinander verbündete Staaten handelte, durch zwei Weltkriege vermittelt war, d.h. eben nicht nur einen konsensuellen Prozess zwischen diesen Nationen darstellte. Für heutige Verhältnisse kommt hinzu, dass sich der alte und der mögliche neue Hegemon der Weltwirtschaft nicht nur ökonomisch als Konkurrenten gegenüberstehen, sondern auch politisch scharfe Rivalen sind.

Der Dritte im Bunde, die Europäische Union mit ihrem ökonomischen Kern der Euro-Zone, bleibt als supranationaler hybrider Zusammenschluss von Volkswirtschaften, die nur finanziell integriert sind, ansonsten aber heute aufgrund des Wiederauflebens nationalistischer Bewegungen mehr denn je als Nationalökonomien funktionieren, in einer bloßen Beobachterposition am Rande. Die EU/Euro-Zone ist nicht nur ökonomisch kein Riese mehr und politisch ein Zwerg, sie bleibt auch ökonomisch infolge mannigfacher Desintegrationsprozesse immer weiter unter ihren Möglichkeiten; einmalige positive Ausnahmen wie die Verständigung auf einen gemeinsam finanzierten »Corona-Wiederaufbaufonds«, die zudem große Widersprüche zwischen beteiligten Regierungen deutlich machte, reichen dabei keineswegs aus.

Dabei könnte gerade die Europäische Union als Beispiel für internationale Kooperation und Multilateralismus fungieren. Dies schließt allerdings ein, dass die Europäische Union ihre Hausaufgaben anzugehen hätte, um sich zumindest ökonomisch als Pol der Weltwirtschaft zu behaupten. Neben der Überwindung nationalistischer Rückschritte und der Fortsetzung des Integrationsprozesses auch der reproduktiven Verhältnisse in Richtung eines europäischen Reproduktionsprozesses, sind technologie- und industriepolitisch die Weichen für die Fortentwicklung der neuen Produktivkräfte der Netzwerk-Ökonomie und die Herausbildung einer entsprechenden Betriebsweise zu stellen. Ersteres bedeutet, die Abhängigkeit von den US-amerikanischen und chinesischen Meta-Plattformen durch Aufbau eines europäischen integrierten Internet-Konzerns zu vermindern; die Entwicklung der europäischen Cloud »Gaia–X« ist dabei nur ein Anfang.

Überhaupt sind unter dem Aspekt einer zukünftig stärkeren Regionalisierung der Weltwirtschaft strategische Wertschöpfungsketten wie z.B. auch der Ausbau einer europäischen Halbleiterproduktion wegen der technologisch immer stärker bereits auf dem Chip konzentrierten und damit vorbestimmten Funktionalitäten der Software neu zu gestalten. Darüber hinaus sind die struktur- und industriepolitischen Fähigkeiten und Interventionen zum Aufbau einer internationalen Spitzenstellung im Bereich von künstlicher Intelligenz und dem »Internet of Thing« zu intensivieren bzw. teilweise überhaupt erst zu schaffen. Gerade im Maschinen- und Anlagenbau hat die Europäische Union und speziell die Bundesrepublik mit ihrer führenden Weltmarktposition prinzipiell gute Ausgangsbedingungen, um die Effektivität ihrer Produkte auf die nächste Stufe zu heben. Die davon ausgehenden Synergieeffekte könnten sodann auch in anderen Produktionszweigen und bei anderen Produkten genutzt werden.

Die Herausbildung einer den neuen Produktivkräften entsprechenden und ihre Entwicklungspotenziale voll ausschöpfenden Arbeits- und Betriebsweise wird allerdings nur mit einer Einhegung der kapitalistischen Produktionsverhältnisse möglich sein, denn weder die Weitertreibung der Verschuldung verschiedener Akteure (Staaten, Unternehmen, Banken/Zentralbanken sowie Privathaushalte) noch das Setzen auf eine mehr oder weniger gewaltsame Entwertung des überakkumulierten Kapitals (in allen seinen Daseinsformen) stellen nachhaltige und zivilisierte Lösungsformen der anstehenden Aufgaben dar. Die Transformation des gegenwärtigen Finanzmarktkapitalismus in eine sozialistische Marktwirtschaft und der Aufbau eines demokratischen Sozialismus sind die bei weitem besseren und mehr Erfolg versprechenden Lösungen. Dies bedeutet, die Abhängigkeit der Akkumulation von der Maximierung der Profitrate zu vermindern, d.h. die Profitrate als eine Steuerungsvariable neben anderen im Hinblick auf Vorgaben einer makroökonomischen Strukturpolitik herabzusetzen; die Rolle der öffentlichen Wirtschaftspolitik ist gänzlich neu, d.h. proaktiv im Hinblick auf Forschungs- und Industriepolitik etc., zu definieren.

Des Weiteren ist die Mitbestimmung der Belegschaften über nicht nur arbeitspolitische, sondern auch betriebswirtschaftliche Angelegenheiten auszubauen und eine wirtschaftsdemokratische Corporate Governance in den großen Unternehmen zu etablieren. Diese Veränderungen der Betriebsverfassung sind durch die Beteiligung der Beschäftigten am Produktivkapital im Rahmen einer beteiligungsorientierten Unternehmensverfassung durch die Entwicklung genossenschaftlichen Eigentums (in mannigfachen Formen) abzusichern.[23]

e) Relativierung natürlicher Ressourcenknappheiten durch die Entwicklung der Produktivkräfte der Arbeit

Es könnte nun eingewandt werden, dass der Aufweis der sozialökonomischen Probleme und Widersprüche der gegenwärtigen Weltlage eine andere und zudem noch viel größere Gefahr, nämlich die einer ökologischen Katastrophe durch den menschengemachten Klimawandel zusammen mit der Erschöpfung natürlicher Ressourcen für die industriell-materielle Produktion, ausgeblendet hat. Tatsächlich zeigen alle Berechnungen, dass der Menschheit nur noch ein begrenztes Kontingent an zusätzlichen klimaschädlichen Emissionen, vor allem CO_2-Emissionen, im Hinblick auf die Begrenzung der seit Beginn der Industrialisierung vonstatten gegangenen globalen Erwärmung von nicht mehr als 1,5 bzw. 2° C zur Verfügung steht. Damit sei die industrielle Produktionsweise nicht nur wertmäßig als Kapitalismus, sondern auch stofflich an immanente Grenzen gestoßen, so die mittlerweile im Mainstream angekommene Befürchtung und Kritik. So unbezweifelbar die Ursache der globalen Erwärmung durch namentlich fossile Energienutzung (Kohle, Erdöl und Erdgas) sowie die Belastung der Umwelt des Planeten durch andere Schadstoffe wie bspw. Methangase, Stickstoff und Fluorkohlenwasserstoffe ist, so fragwürdig ist eine Ursachenbestimmung durch industrielle Produktivkraftentwicklung als solche, die die Zukunftsfähigkeit industriell entwickelter und genutzter Produktivkräfte der Arbeit verneint, so fragwürdig und teilweise naiv sind auch die Konsequenzen, die in Richtung Wachstums- und Konsumverzicht (Degrowth) aus diesem Befund gezogen werden.[24]

Positiv formuliert geht es bei den vermuteten stofflichen Grenzen der industriellen Entwicklung um verschiedene Ökonomien der vergegenständlichten Arbeit. Sie haben nicht nur wertmäßig eine Bedeutung, weil sie auf die Profitrate des Kapitals einwirken, sondern betreffen auch die Dimension des Stoffs oder der Gebrauchswerte und damit Produktivitätseffekte unterschiedlicher Art.

Zum einen ergeben sich diese Produktivitätseffekte aus der gesellschaftlichen Gesamtarbeit durch ihre Teilung in eine Vielzahl konkret-nützlicher Arbeiten, aus denen die Produktionszweige der Gesamtwirtschaft bestehen. Sie betreffen nach der Seite des Gebrauchswerts die Nutzung von Produktivkraftentwicklungen durch Produktinnovationen, nach der Seite des Werts die geringere Arbeitszeit, die zur Reproduktion qualitativ gleich gebliebener Produkte benötigt wird. Die Produktinnovationen wiederum betreffen sowohl Produktions- als auch Konsumtionsmit-

[23] Vgl. unsere Vorschläge zu einem politökonomischen Minimalkonsens und seine Weiterentwicklung in Richtung einer sozialistischen Marktwirtschaft in Krüger 2016.

[24] Vgl. zum Beispiel Paech 2015, aber auch Mahnkopf 2013 und viele andere.

tel. In Bezug auf die Produktionsmittel erzeugen sie in den nachgelagerten Produktionsstufen, worin sie als Inputfaktoren eingehen, spezifische Ökonomisierungen sowohl bei den Arbeitsmitteln durch eine effektivere Maschinerie als auch bei den Rohstoffen durch Energie- und Werkstoffsubstitutionen und bewirken so beständige Prozessinnovationen im unmittelbaren Produktionsprozess. In Bezug auf die Konsumtionsmittel erweitern sie den Umkreis verzehrbarer Nahrungsmittel und sonstiger Konsumgüter und/oder verbilligen deren Produktion und senken damit (relativ) den Wert der Arbeitskraft. Oberflächlich drücken sich derartige qualitative Veränderungen bei Arbeitsmitteln, Rohstoffen und Lebensmitteln als direkte und indirekte Einsparungen bei den Produktionskosten aus und vermindern in der kapitalistischen Produktionsweise – Entsprechendes gilt mutatis mutantis im Rahmen einer sozialistischen Marktwirtschaft – den Vorschuss an konstantem und variablem Kapital relativ und/oder absolut und wirken demgemäß steigernd für die Profitraten.[25]

Zum anderen betreffen die Ökonomien der vergegenständlichten Arbeit die Verhältnisse innerhalb jedes individuellen Produktionsprozesses durch die Steigerung der produktiven Nutzung gegebener Mengen an Rohstoffen, d.h. Verminderung des Abfalls der Produktion sowie Nutzbarmachung ihrer Exkremente durch stoffliche (und damit auch wertliche) Wiederverwertung. Sie umfassen also den gesamten Lebenszyklus der einzelnen Produkte. An die einzelwirtschaftliche Wiederverwertung der Produktionsexkremente schließt sich des Weiteren der gesamte Bereich des Recycling der nutzbaren Ingredienzen von Produkten als Teil der gesamtwirtschaftlichen Abfallwirtschaft an. Sie übernimmt nicht nur die (möglichst rückstandsfreie) Entsorgung von Produkten, die bereits ihren Konsumtionsprozess als Produktionsmittel in der Industrie oder als Konsumtionsmittel im Privathaushalt durchlaufen haben, sondern ist darüber hinaus im Bereich des Recycling von Wertstoffen tätig. Bereits bei der Produktentwicklung (Design) kann das spätere Recycling von Rohstoffen durch antizipative Erleichterung der Trennung der Substanzen nach vollendetem Konsumtionsprozess befördert werden. Die Gewinnung derartiger Sekundärrohstoffe vermindert pro tanto den Bedarf an (Neu-)Produkten der extraktiven Industrie und damit die Beanspruchung der Reserven und Ressourcen des Grund und Bodens. Der Recyclinggrad ist jenseits des Aufbaus und der Struktur des Produkts abhängig zum einen von der Werthaltigkeit des jeweiligen Rohstoffs, zum anderen von der Entwicklung der Verfahren der Wiedergewinnung werthaltiger Substanzen aus vorhandenen stofflichen Verbindungen. Das ressourcenschonende Ideal einer nachhaltigen Ökonomie durch möglichste Schlie-

---

[25] Vgl. MEW 25: 92*: »Das Charakteristische dieser Art der Ökonomie des konstanten Kapitals, die aus der fortschreitenden Entwicklung der Industrie hervorgeht, ist, daß hier das Steigen der Profitrate in* einem *Industriezweig geschuldet wird der Entwicklung der Produktivkraft der Arbeit in einem* andern. *… Jene Entwicklung der Produktivkraft führt sich in letzter Instanz immer zurück auf den gesellschaftlichen Charakter der in Tätigkeit gesetzten Arbeit; auf die Teilung der Arbeit innerhalb der Gesellschaft; auf die Entwicklung der geistigen Arbeit, namentlich der Naturwissenschaft. Was der Kapitalist hier benutzt, sind die Vorteile des gesamten Systems der gesellschaftlichen Arbeitsteilung.«* (Hervorh. i.O.)

ßung der Stoffkreisläufe schließt des Weiteren die Ökonomisierung von durch chemische Verfahren gewonnenen Derivaten natürlicher Substanzen, d.h. von Kunst- und Werkstoffen, die hauptsächlich aus Makromolekülen bestehen, als wichtigen Teilbereich ein. Deren technische Eigenschaften wie Formbarkeit, Härte, Wärmeformbeständigkeit etc. haben sie zu unverzichtbaren Formteilen, Halbzeugen, Fasern und Folien mit vielfältigen Verwendungsformen gemacht.[26] Der Grad der Realisierung der Schließung von Stoffkreisläufen kann damit neben der Nutzungsintensität gegebener Inputmengen im Hinblick auf die Menge des Outputs direkt anhand des jeweiligen Anteils wiedergewonnener Substanzen am jährlichen Angebot an Rohstoffen jeweiliger Spezifikation abgelesen werden.

Bei langlebigen Konsumtionsmitteln kommen alle Möglichkeiten der Verlängerung von Nutzungsdauern durch Reparaturen und stückweisen Ersatz von Teilelementen hinzu, die allerdings oftmals mit dem sog. customizing, welches die Begrenzung von Nutzungsdauern nicht nur wegen absehbar substituierender Produktinnovationen, sondern bloßer Modewechsel einschließt, konfligieren. Aber auch unter ökologischen Kriterien ist eine sowohl ökonomisch wie sozial-kulturell bestimmte Begrenzung der Nutzungsdauer von Gebrauchswerten durch ihre geplante Obsoleszenz bereits bei der Produktion kein Widerspruch, da die Eigenschaften von Ersatzprodukten in der Regel eine höhere Umweltverträglichkeit aufweisen als ihre Vorläufer. Die möglichste und beständig weiter getriebene Schließung der Stoffkreisläufe im Bereich der materiellen Produktion wirkt schließlich auch in den Dienstleistungssektor hinein, der ebenfalls auf die Nutzung vergegenständlichter Arbeitsprodukte als Arbeitsmittel angewiesen ist.

Diese verschiedenen Ökonomien der vergegenständlichten Arbeit bauen auf der Nutzung der natürlichen Ressourcen des Bodens in Agrikultur und extraktiver Industrie auf, deren Produkte die Substrate aller materiellen Güter ausmachen. Beide Zweige der sog. Urproduktion bedienen sich der Naturressourcen der Erde und beruhen zuvorderst auf natürlichen Produktivkräften der Arbeit, seien dies die Bodenfruchtbarkeit für Land- und Forstwirtschaft (inkl. Fischreichtum der Seen und Meere) oder die Lagerstätten für Industriemetalle und -minerale (einschließlich fossiler Energieträger). Die natürliche Fruchtbarkeit des agrikulturell genutzten Bodens sowie die Ergiebigkeit der explorierten und ausgebeuteten Lagerstätten für Metalle etc. bleiben die Grundlage für alle auf den natürlichen Gegebenheiten aufsetzenden gesellschaftlichen Methoden und Verfahren der Produktivitätssteigerung der Gewinnung der Produkte. Die Entwicklung gesellschaftlicher Produktivkräfte der

---

[26] Zwischen 1950 und 2015 wurden weltweit rund 8,3 Mrd. Tonnen Kunststoffe hergestellt – dies ergibt etwa 1 Tonne pro Kopf der Weltbevölkerung. Die Hälfte der Produktion stammt aus den letzten 13 Jahren. Von dieser Menge wurden ca. 6,3 Mrd. Tonnen zu Abfall, der zu 9% recycelt, zu 12% verbrannt und zu 79% auf Müllhalden deponiert wurde bzw. sich in der Umwelt anreichert (vgl. Wikipedia). Unter dem Aspekt der möglichsten Schließung von Stoffkreisläufen geht es um die Reduzierung der Verwendung von Kunststoffen durch Ersatz durch alternative Materialien, Erhöhung der Quote recyclebarer Kunststoffe sowie umweltpolitisch verträgliche Entsorgung.

Arbeit wirkt ihrerseits auf die Naturressourcen zurück. Dies beginnt bei der Kultivierung von Neuland und der Entdeckung neuer Lagerstätten von Rohstoffen, Verbesserung der Anbaumethoden durch Bewässerung und Düngung etc. in der Landwirtschaft sowie der Entwicklung und Modifikation von ertragreicheren und besser an ihre Umwelt angepassten Pflanzenarten und setzt sich in der extraktiven Industrie durch Optimierung der Fördermethoden im Bergbau zur Intensivierung des Abbaus von Rohstoffreserven und Inbebauungnahme von Rohstoffressourcen fort.[27]

Die Entwicklung der extraktiven Industrie zeigt seit Langem, dass durch verbesserte Explorationsmethoden immer wieder neue Lagerstätten von fossilen Energieträgern und Industriemineralen identifiziert werden, die in vielen Fällen trotz gleichzeitiger Ausbeutung vorhandener Lagerstätten und Abnahme ihrer Vorräte per Saldo zu einer Erhöhung der verfügbaren Reserven führen. Viele sog. Peak-Schätzungen, die das Maximum verfügbarer Rohstoffreserven zu datieren versuchen und damit implizit deren zukünftige Erschöpfung vorhersagen wollen, müssen daher immer wieder korrigiert und in die Zukunft verschoben werden. Zudem wirken gesellschaftlich ins Werk gesetzte Produktivitätssteigerungen beim Abbau der Rohstoffe in Bergwerken und Minen kompensierend gegenüber etwaigen Verringerungen in der natürlichen Produktivität der Lagerstätten, sodass in der Vergangenheit zwar erkundete, aber nicht abbaubare Ressourcen in Produktion genommen werden können. Dies kann zwar kurzfristig zu tendenziell steigenden Rohstoffpreisen durch die Ernte »höher hängender Früchte« führen, stimuliert aber andererseits wiederum die Suche nach alternativen Grundstoffen und entsprechende Werkstoffsubstitutionen. Augenscheinlichstes Beispiel für derartige Substitutionsprozesse ist die in der Mehrzahl der entwickelten Industriestaaten begonnene Energiewende von fossilen zu regenerativen Energieträgern. Für Rohstoffsubstitutionen ist schließlich auch die verstärkte Nutzung nachwachsender Substanzen bedeutsam.[28] Ihre Anwendungsweisen sind jedoch gegenwärtig noch begrenzt und insbesondere auf die Substitution von Erdöl durch Biomasse für die Energiegewinnung konzentriert. Inwieweit durch Biotechnologie der Anwendungsbereich nachwachsender Rohstoffe ausgeweitet werden kann (und soll) und namentlich in der Chemischen Industrie bisherige Produkte und Hilfsstoffe durch alternative Biotechnologie-Produkte substituiert werden können, ist gegenwärtig noch weitgehend im Bereich der Forschung und Erprobung. Entsprechendes gilt für genetisch veränderte Pflanzen für die Nahrungsmittelproduktion, die prinzipiell die Ernteerträge durch Steigerung der Flächenproduktivität für viele Produkte erhöhen kann.

---

[27] Als Rohstoffreserven gelten Vorkommen, die bereits heute abgebaut werden, als Rohstoffressourcen werden Lagerstätten bezeichnet, die zwar entdeckt, aber mit den gegenwärtig verfügbaren Abbaumethoden und Preisen nicht wettbewerbsfähig ausgebeutet werden können. Reserven, die eine geschätzte Reichweite von mehr als 40 Jahren besitzen, werden zu den Ressourcen gerechnet.

[28] Vgl. hierzu ausführlicher Krüger 2020.

Zwar bleibt der Grund und Boden eine prinzipiell begrenzte und daher knappe Größe, jedoch sind es gerade die industriell betriebene Agrikultur und der industrielle Bergbau, die dessen Knappheit in Bezug auf die Nutzung und Ausbeutung seiner Ressourcen relativieren. Dass bei dieser Ausbeutung der Ressourcen des Bodens und der Meere die Reproduzierbarkeit der Bodenfruchtbarkeit, die Regenerierbarkeit der tierischen Bestände und die Wiederherstellung devastierter Flächen durch Tagebaue und Minen zu gewährleisten ist, gehört als Nachhaltigkeitsbedingung von Agrikultur und extraktiver Industrie zu ihren Produktionsbedingungen und -notwendigkeiten hinzu.

Jede Gewinnung von Rohstoffen und tendenziell jede ihrer Verarbeitungen zu materiellen Produkten, kurz: jede materielle Aneignung der Natur verändert dieselbe und greift mehr oder weniger stark in ihre biophysischen Stoffwechselprozesse ein. Dies war immer so und bestimmt die äußere Natur als dynamisches Ökosystem, das sowohl aus sich selbst heraus als auch durch exogene Einflüsse beständig kleineren und größeren, langsameren und rascheren Wandlungen unterliegt; insofern ist die geläufige Redeweise von einem ökologischen Gleichgewicht in der Natur genauso falsch wie z.B. für Ökonomie, weil sie stationäre und komparativ-statische Zustände als Norm bzw. zumindest als Vergleichsmaßstab unterstellt. Dass im Zuge der Jahrtausende der Menschheitsentwicklung sich das Verhältnis zwischen Einflüssen autonom-zufälliger gegenüber menschenverursachter Einwirkungen auf die äußere Natur zugunsten der Letzteren erhöht hat, bedeutet im Umkehrschluss zugleich, dass auch die Fähigkeiten und Möglichkeiten zur Kontrolle dieser menschengemachten Veränderungen ebenfalls zugenommen haben. Viele Wirkungsketten innerhalb des dynamischen Ökosystems »Natur« sind analytisch erforscht und wissenschaftlich bewertet und damit sind auch die Möglichkeiten zur Gestaltung der durch Arbeit vermittelten Aneignungsprozesse der Natur gewachsen. Ökonomisierungen dieser Naturaneignung mit Technik- und Verfahrensselektion unter Einschluss der antizipierten Auswirkungen und Folgeabschätzungen bezeichnen die Elemente einer nachhaltigen Entwicklung der Produktivkräfte gesellschaftlicher Arbeit und eines bewussten, verändernden Natureingriffs.

Es wäre für den Schutz der natürlichen Umwelt (Böden, Wälder und Meere) sowie der Einhaltung proklamierter umweltpolitischer Ziele wie Sicherung/Erhaltung der Biodiversität und Schutz der äußeren Natur vor gefährlichen, kontaminierenden Stoffen etc. bereits in der Gegenwart viel gewonnen, wenn durch spezifische, durch das Gesellschaftssystem erzeugte Entwicklungen die Weltwirtschaft nicht erheblich und in einigen Bereichen tatsächlich bedrohlich weit unter ihren Möglichkeiten bliebe. Dies beginnt beim ökologischen Umbau der Produktions- und Verkehrsverhältnisse in den entwickelten kapitalistischen Metropolen, setzt sich fort in der Vermeidung technologischer Umwege in den aufkommenden Schwellenländern und endet in einer solidarischen Unterstützung der unterentwickelten Staaten, die sowohl deren akuten sozialen und ökologischen Problemen mit Hilfen begegnet und gleichzeitig deren interne Entwicklungsprozesse fördert anstatt durch aggressive Handelspraktiken systematisch zu behindern.

Damit lassen sich die eingangs notierten ökologischen Probleme der Welt auf zwei prinzipielle Ursachen zurückführen, einmal auf einen für einzelne Problemtatbestände (noch) unzureichenden Entwicklungsstand der Produktivkräfte, angefangen bei Forschung und Entwicklung durch allgemeine Arbeit über die Implementierung vorhandener Technologien in die verschiedenen Produktionsprozesse bis hin zu einer ressourcenschonenden Abfall- und Recyclingwirtschaft. Zum anderen bietet die auf der Welt dominierende kapitalistische Produktionsweise, zumal in ihrer finanzmarktkapitalistischen Ausprägung, das zweite und größere Hindernis für ökologische Problemlösungen. Während die Produktivkraftentwicklung als Anforderung und Aufgabe auf allen Gebieten und in allen Bereichen permanent besteht, könnte die Aufhebung des kapitalistischen Zwangs zur einzelwirtschaftlichen Profitmaximierung mit nur sehr eingeschränkten immanenten Steuerungsmöglichkeiten über marktwirtschaftliche Preissignale, aber mannigfachen negativen und ebenso immanent erzeugten externen Effekten für die Umwelt und Gesellschaft, die Ausschöpfung der jeweils verfügbaren Produktivkraftpotenziale optimieren und zudem die Produktivkraftentwicklung von ihren kapitalistischen Fesseln befreien. Damit bleibt es bei dem einfachen, jedoch eindeutigen Befund, dass die ökologischen Probleme und Krisen keineswegs aparte, sondern genuin kapitalistisch verursachte Tatbestände sind. Wenn daher von einer ökonomischen und ökologischen Doppelkrise gesprochen wird (vgl. Klein 2019), so ist präzisierend hinzuzufügen, dass es sich hierbei um *eine* fundamentale Krisenursache und *zwei*, zudem miteinander zusammenhängende Äußerungsformen handelt.

Kapitel 3: Zusammenspiel von internationaler Entwicklung und Unterentwicklung auf dem kapitalistischen Weltmarkt

a) Der Weltmarkt als Voraussetzung und Resultat der industriell-kapitalistischen Produktionsweise

Im Gegensatz zu allen historisch früheren, vorbürgerlichen Epochen von Gesellschaftsformationen, die es entsprechend ihrer charakteristischen limitierten Entwicklungspotenziale für die Entfaltung der Produktivkräfte der Arbeit nur zu mehr oder weniger begrenzter ökonomischer Existenz und Entwicklung mit einer prinzipiell untergeordneten Funktion eines länderübergreifenden Handels gebracht haben, ist das Vorhandensein eines den Erdrund umspannenden Weltmarkts mit mannigfachen Verflechtungen zwischen den verschiedenen Gemeinwesen und Staaten erst ein spätes Produkt der geschichtlichen Entwicklung und an die Herausbildung der industriell-kapitalistischen Produktionsweise gebunden. Dass die Tendenz, *»den Weltmarkt zu schaffen … unmittelbar im Begriff des Kapitals selbst gegeben [ist]«* (MEW 42: 321), ist eine frühe Erkenntnis der Nationalökonomie, die allerdings bei genauerer Betrachtung eine ganze Reihe von Implikationen einschließt.

Die Überschreitung lokaler oder regionaler (»nationaler«) Grenzen war bereits unter Bedingungen naturwüchsiger, z.B. antiker Gemeinwesen gegeben, die den Gebrauch von Geld kannten und Austausch von Produkten mit anderen Gemeinwesen trieben. Sofern dieser Austausch enge Grenzen überschritt, vermittelten Kaufleute einen Fernhandel, welcher exotische Gewürze und andere Luxusartikel aus der Fremde den höheren Ständen der heimischen Bewohner zugänglich machte. Diese Anfänge auswärtiger Märkte blieben allerdings in ihrer Entwicklung beschränkt und griffen keineswegs auf die heimische Produktion über. Die Bildung von Kaufmannsvermögen und die sich namentlich im Rahmen feudaler Verhältnisse daran anschließende Bildung von Wucherkapital wirkten umgekehrt zersetzend auf die unterliegenden dominanten Produktions- und Gesellschaftsverhältnisse. Sowohl der Profit der Kaufleute als auch der Zins des Wucherkapitalisten unterlagen keinen ökonomischen Gesetzmäßigkeiten, sondern beruhten in der Regel auf subjektiven Zufälligkeiten, Prellerei, Übervorteilung und Ausnutzung von Notsituationen.

In späteren Zeiten, in denen das städtische Handwerk bereits größeren Raum gegenüber feudalen Agrikulturverhältnissen gewonnen hatte, wirkt namentlich das Kaufmannskapital mit bei der Herstellung kapitalistischer Bedingungen auch in der Produktion und befördert die Ausbildung von größeren Manufakturen. *»Es findet … ein dreifacher Übergang statt:* Erstens, *der Kaufmann wird direkt Industrieller; dies ist der Fall bei den auf den Handel gegründeten Gewerben, namentlich bei Luxusindustrien, welche von den Kaufleuten mitsamt den Rohstoffen und den*

Arbeitern aus der Fremde eingeführt werden, wie im fünfzehnten Jahrhundert in Italien aus Konstantinopel. Zweitens, *der Kaufmann macht die kleinen Meister zu seinen Zwischenschiebern (middlemen) oder kauft auch direkt vom Selbstproduzenten; er läßt ihn nominell selbständig und läßt seine Produktionsweise unverändert.* Drittens, *der Industrielle wird Kaufmann und produziert direkt im großen für den Handel.«* (MEW 25: 348; Hervorh. i. O.) Als Helfer bei der Bildung von Geldvermögen sowie der Ausweitung der Märkte spielen Kaufmannskapital als vorbürgerliche Kapitalform und Fernhandel somit wichtige Rollen bei der Herausbildung und Entwicklung der kapitalistischen Produktionsweise.

Das Verhältnis der Wechselwirkung zwischen Produktion und Markt und die Entwicklung beider erhält eine neue Qualität unter den Bedingungen der Großen Industrie als die der Manufakturperiode nachfolgenden Epoche. *»Sobald ... das Fabrikwesen eine gewisse Breite des Daseins und bestimmten Reifegrad gewonnen hat, sobald namentlich seine eigne technische Grundlage, die Maschinerie, selbst wieder durch Maschinen produziert wird, sobald Kohlen- und Eisengewinnung wie die Verarbeitung der Metalle und das Transportwesen revolutioniert, überhaupt die der großen Industrie entsprechenden allgemeinen Produktionsbedingungen hergestellt sind, erwirbt diese Betriebsweise eine Elastizität, eine plötzliche sprungweise Ausdehnungsfähigkeit, die nur an dem Rohmaterial und dem Absatzmarkt Schranken findet. Die Maschinerie bewirkt einerseits direkte Vermehrung des Rohmaterials... Andrerseits sind Wohlfeilheit des Maschinenprodukts und das umgewälzte Transport- und Kommunikationswesen Waffen zur Eroberung fremder Märkte.«* (MEW 23: 474f.)

Erst mit dieser Elastizität und sprungweisen Ausdehnungsfähigkeit des maschinellen Produktionsprozesses kann das Kapital seinem Bereicherungstrieb ungehemmt frönen. Schranken bei den Beschaffungsmärkten für Rohmaterialien und beim Absatz des Fertigprodukts werden durch den Einbezug tendenziell aller Länder der Erde überwunden bzw. immer weiter hinausgeschoben. Die Arbeits- und Betriebsweisen der großen Industrie benötigen den Weltmarkt als Voraussetzung und Resultat und heben ihn dadurch auf eine qualitativ neue, höhere Stufe. Damit wird das, was bereits abstrakt im Begriff des Kapitals angelegt ist, Realität.

Die Vertiefung der internationalen Arbeitsteilung und die Steigerung des Welthandels setzt eine signifikante Reduzierung der Transport- und Kommunikationskosten voraus. In der zweiten Hälfte des 19. Jahrhunderts sanken die Transportkosten für grenzüberschreitende Frachten auf weniger als ein Drittel, bevor sie infolge internationaler Turbulenzen im Vorfeld des Ersten Weltkriegs wieder anstiegen. In den 1920er Jahren, d.h. zu Beginn der Zwischenkriegszeit, sind die Frachtraten zunächst auf einem höheren Stand als vor dem Krieg. Mit der Ausweitung der Transportkapazitäten sinken sie jedoch wieder, ein Prozess, der sich nach dem Zweiten Weltkrieg beschleunigt fortsetzt. Entsprechendes gilt für die Kommunikationskosten; die Kosten für Telefongespräche sinken noch stärker als die Frachtraten und stellen heutzutage mit der Kommunikation über das Internet – Voice over IP, E-Mail-Verkehr – eine marginale Größe dar (siehe Abb. 3.1).

Abbildung 3.1: Transport- und Kommunikationskosten des internationalen Handels; Index 1930 = 100

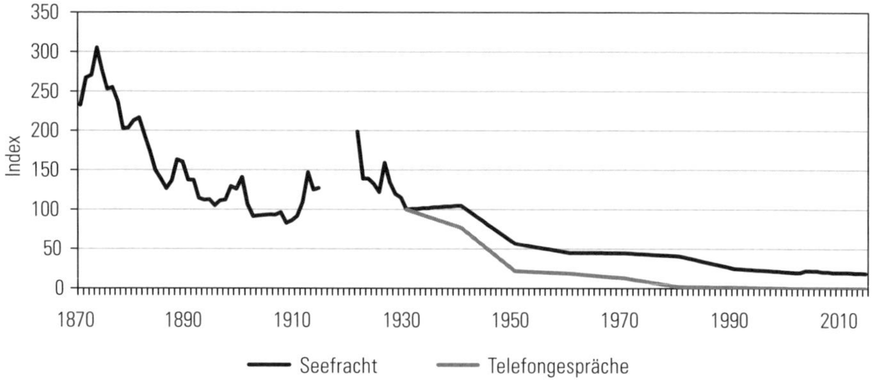

Quelle: Sachverständigenratsgutachten 2017/18, UNCTAD

Die Ergebnisse der kapitalistischen Internationalisierung von Handel und finanzieller Integration haben sich jeher quer durch die verschiedenen Ländergruppen erstreckt. Am ehesten korreliert die Intensivierung des internationalen Handels mit den historischen Perioden einer beschleunigten Kapitalakkumulation, welche dadurch zwischen den jeweiligen kapitalistischen Metropolen verallgemeinert und intensiviert wird. Die Entwicklung im letzten Dezennium des vorigen und ersten Dezennium des laufenden Jahrhunderts stellt demgegenüber ein singuläres Phänomen dar, indem das Zusammenspiel von struktureller Überakkumulation von Kapital in den Metropolen mit dem Aufkommen neuer Akteure auf dem Weltmarkt in Gestalt der Schwellenländer und einer zunehmenden Internationalisierung von Lieferketten den grenzüberschreitenden Handel, gemessen am Welt-Bruttoinlandsprodukt, historische Spitzenwerte erreichen lässt. Dabei gehen mittlerweile nach einer Schätzung der UNCTAD rd. 60% des internationalen Handels nicht mehr auf das Konto von Fertigprodukten, sondern Halbfertigwaren im Rahmen weltumspannender Produktionsnetzwerke (global value chains). Im zweiten Jahrzehnt nach dem Jahrtausendwechsel ist es allerdings mit diesem überproportionalen Wachstum des Welthandels vorbei und sein Anteil am Welt-BIP bleibt unter Schwankungen bei den vorher erreichten Anteilswerten.

Die Ausweitung des grenzüberschreitenden Handels geht vielfach parallel mit einer zunehmenden finanziellen Integration zwischen den Ländern, d.h. in erster Linie der kapitalistischen Metropolen, sodann in den letzten Jahrzehnten unter Einbezug der Schwellenländer. Der in Abbildung 3.2 dokumentierte Index für die finanzielle Integration ist ein Maß für die internationale Kapitalmobilität, d.h. für die Deregulierung namentlich der Geldkapitalakkumulation. In Perioden beschleunigter Akkumulation des reproduktiven Kapitals geht sie bekanntlich in gleichsinniger Richtung wie jene, soweit sie als Beihilfe der industriellen und kommerziellen

Abbildung 3.2: Welthandel und finanzielle Integration

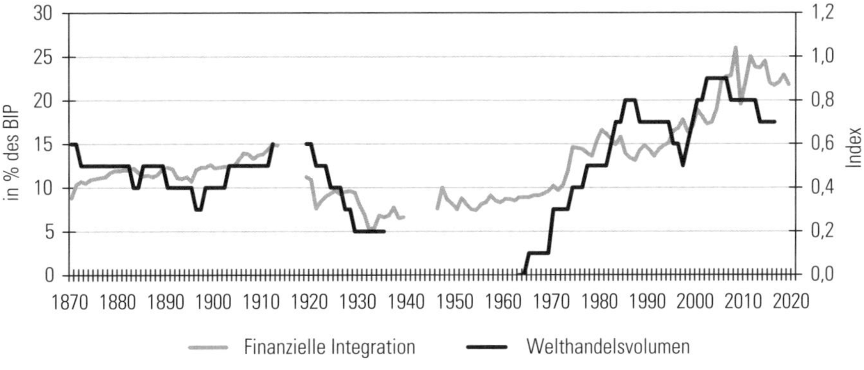

Quelle: Sachverständigenratsgutachten 2017/18, Statista

Kapitalakkumulation wirkt. Für die Nachkriegszeit kommt mit den 1970er Jahren die Überwindung vorheriger Regulierungen der Geldkapitalakkumulation hinzu, die jetzt zusammenfällt mit einer relativen Verlangsamung der reproduktiven Kapitalbildung und des Welthandels. Erst ab Mitte der 1990er Jahre gehen Welthandel und internationale finanzielle Integration wieder in gleichem schnellen Schritt und dokumentieren neben der verstärkten Integration der Schwellenländer in den Handelsverkehr das gegenwärtige Regime eines Finanzmarktkapitalismus. Schon vor der Stagnation des Anteilswerts des Welthandels am BIP gehen in der zweiten Hälfte des ersten Dezenniums nach dem Jahrtausendwechsel die internationale finanzielle Integration bzw. Kapitalmobilität im Zuge auftretender Krisen im Finanzsektor wieder zurück.

Der weltumspannende Charakter der großindustriellen Produktionsweise entwickelt sich jedoch nicht im Rahmen eines Weltkapitals, sondern auf der Grundlage jeweiliger nationaler Reproduktions- und Akkumulationsprozesse. Diese werden als historische Voraussetzungen in der sich entwickelnden kapitalistischen Produktionsweise vorgefunden, wobei die Schaffung von Nationalstaaten, in Europa namentlich durch die absoluten Monarchien, einen vorgängigen politischen Einflussfaktor darstellt. Dementsprechend ist die Existenz des Kapitals als gesellschaftliches Gesamtkapital auch und gerade in seiner produktiv-industriellen Form eine ökonomisch bestimmte Größe als Nationalkapital. Seine gesellschaftliche Basis ist ein national bestimmtes System von Arbeitsarten, d.h. von Produktionssphären des gesellschaftlichen Produktionsprozesses sowie ein nationales System von Bedürfnissen und Konsumweisen der Bevölkerung. Beide sind historisch gewachsen und unterliegen in ihrer Entwicklung auch jeweiligen Veränderungen. Aber ihre kontemporäre Reproduktion bestätigen sie als Moment des nationalen Reproduktionsprozesses und das Kapital als Nationalkapital. Die Entwicklung des Weltmarkts vollzieht sich sowohl als Entwicklung der Nationalkapitale und ihrer Beziehung aufeinander als auch als Weltwirtschaft insgesamt als sich historisch totalisierende Totalität. Es offenbart ein tiefes Unverständnis im Hinblick auf das auf kapitalistischer Grundlage den Wert- und Stoffersatz regulierenden Wertgesetzes, wenn die nationale Existenzweise des Gesamtkapitals und seines Zirkulations- und Reproduktionsprozesses nur als eine ihm exogen durch Rückwirkung des Staates oktroyierte Form bestimmt wird.[1] Umgekehrt, die Etablierung staatlicher Regulationen wie Rechtsnormen, Marktverhältnisse, Geld- und Währungsverfassung etc. baut auf den einmal etablierten und beständig reproduzierten nationalen ökonomischen Strukturen auf und befestigt diese rückwirkend.

Die Bildung und Ausgleichung einer allgemeinen Mehrwertrate und der allgemeinen oder Durchschnittsprofitrate in der Konkurrenz als Durchsetzungsformen des Wertgesetzes zur Verteilung der gesellschaftlichen Gesamtarbeit auf die verschiedenen Produktionssphären und die Entwicklung der Produktivität, Intensität und Qualität der produktiven Nationalarbeit vollziehen sich im Rahmen dieses nationalen Reproduktions- und Akkumulationsprozesses und des Gesamtkapitals als Nationalkapital.[2] Nichts kann daher falscher sein als die Vorstellung einer Weltprofitrate als regulierende Variable für die Entwicklung der Weltwirtschaft.[3] Die internationale Beeinflussung der zentralen Größen der Kapitalverwertung durch grenzüberschreitenden Handel und Kapitalverkehr unterliegt anderen Gesetzmäßigkeiten als in der Binnenwirtschaft; sie ergibt sich umgekehrt auf der Basis der binnenwirtschaftlich-nationalen Ausgleichungsprozesse und markiert als Außenwirtschaftstheorie eine besondere Sparte der politischen Ökonomie. Das Gleiche gilt mutatis mutandis für die Etablierung internationaler Wertschöpfungsketten von unter dem Dach von transnationalen Konzernen zusammengefassten Produktionsprozessen.

b) Internationale Arbeitsteilung zwischen kapitalistischen Metropolen und unterentwickelten Ländern

Weltmarkt und Weltwirtschaft sind keine umfassend und gleichmäßig über die Länder ausgebreiteten Verhältnisse. Die These von Marx bezüglich einer spezifischen internationalen Arbeitsteilung ist auch heutzutage nach wie vor aktuell und gültig: *»Es wird eine neue, den Hauptsitzen des Maschinenbetriebs entsprechende inter-*

---

[1] Nichtsdestotrotz hat es gerade innerhalb der marxistischen Theoriebildung immer diese abstrakte Auffassungsweise gegeben; vgl. etwa Wallerstein 1974: 171: *»Die Wirtschaft ist primär eine ›Weltstruktur‹, aber politisches Geschehen vollzieht sich primär im Rahmen und aufgrund von Staatsstrukturen, deren Grenzen enger sind als die der Wirtschaft.«*

[2] Vorausgesetzt sind dabei Flächenstaaten mit einer bestimmten Mindestgröße der Bevölkerung, die einen selbständigen Reproduktionsprozess ermöglichen und bedingen. Andere Verhältnisse liegen bei Klein- und Stadtstaaten sowie unentwickelten Ländern vor, die von anderen Ländern ökonomisch abhängig sind.

[3] Vgl. etwa die Berechnungen von Maito (Maito 2009).

nationale Teilung der Arbeit geschaffen, die einen Teil des Erdballs in vorzugsweis agrikoles Produktionsfeld für den andren als vorzugsweis industrielles Produktionsfeld umwandelt.« (MEW 23: 475) Auch diese internationale Arbeitsteilung hat ihre geschichtliche Spur und geht zurück auf die historische Bildung der kapitalistischen Produktionsweise.

Von vornherein war nicht jedes Milieu gleichermaßen geeignet für die Ausbildung kapitalistischer Produktionsverhältnisse: *»Nicht das tropische Klima mit seiner überwuchernden Vegetation, sondern die gemäßigte Zone ist das Mutterland des Kapitals. Es ist nicht die absolute Fruchtbarkeit des Bodens, sondern seine Differenzierung, die Mannigfaltigkeit seiner natürlichen Produkte, welche die Naturgrundlage der gesellschaftlichen Teilung der Arbeit bildet und den Menschen durch den Wechsel der Naturumstände, innerhalb deren er haust, zur Vermannigfachung seiner eignen Bedürfnisse, Fähigkeiten, Arbeitsmittel und Arbeitsweisen spornt.«* (MEW 23: 536f.) Neben diesen objektiv-ökonomischen Voraussetzungen sind auch spezifische Überbau- und Bewusstseinsphänomene bestimmend dafür, ob die Kapitalakkumulation gefördert wird. Max Weber hat gezeigt, dass der Protestantismus mit seinem Ethos von Erwerbsstreben und Askese die Kapitalakkumulation in Westeuropa in besonderer Weise begünstigt hat, wenngleich es sich hierbei keineswegs um eine hinreichende Bedingung handelt: *»Aus ihrem eigenen religiösen Leben, aus ihrer religiös bedingten Familientradition, aus dem religiös beeinflußten Lebensstil ihrer Umwelt heraus erwuchs hier in den Menschen ein Habitus, der sie in ganz spezifischer Weise geeignet machte, den spezifischen Anforderungen des modernen Frühkapitalismus zu entsprechen.«* (Weber 1972: 318) Zusammengenommen sind es sowohl objektiv vorgefundene und historisch entwickelte Bedingungen sowie auf deren Grundlage ausgebildete subjektive Verhaltens- und Bewusstseinsformen, welche den historischen Entstehungsprozess der kapitalistischen Produktionsweise prägen und danach im Zuge ihrer kontemporären Entwicklung beständig reproduziert werden. Dies schließt ein, dass innerhalb dieser kontemporären Reproduktion von Industrie- und Agrarländern auch Veränderungen zwischen den einzelnen Ländern hervorgebracht werden.

Zudem beruhte diese internationale Teilung der Arbeit zu einem Gutteil nicht etwa auf einer bewussten Übereinkunft zwischen Gleichen oder Gleichwertigen, sondern lange Zeit auf offenen Herrschaftsverhältnissen. Entwicklungsunterschiede zwischen den Ländern wurden im Rahmen der Kolonisierung der Welt durch die industriellen Metropolen in beherrschende Staaten und beherrschte, abhängige Länder umgesetzt. Die Kolonialmächte betrachteten es als ihr ureigenstes, bisweilen »göttliches« Recht, den minder entwickelten Teil der Erde zu beherrschen, auszubeuten und den Einwohnern ihre Zivilisation als überlegene Lebensweise aufzuzwingen. Dies geschah oftmals durch nackte Gewalt, sei es durch Unterdrückung der Ureinwohner des neu besiedelten Landes wie namentlich in den Siedlerkolonien der Neuen Welt (Amerika) sowie in Australien oder sei es durch mehr oder weniger willkürlich gezogene Grenzen zwischen Einflussgebieten auf fremden Kontinenten, deren Teile sodann den Status von Kolonien des »Mutterlandes« erhielten.

Die imperialistische Aufteilung der Welt zwischen den neuen industriellen Metropolen und früheren europäischen Handelsnationen barg immensen Konfliktstoff, der sich zu regionalen Kriegen auswuchs und sogar einer der Gründe für den Beginn des Ersten Weltkriegs durch das bei der Aufteilung der Welt zu kurz gekommene Deutsche Reich darstellte.

Nur die Form, keineswegs der Inhalt struktureller ökonomischer Abhängigkeit veränderte sich durch das Aufbegehren von nationalen Befreiungsbewegungen in den Kolonien und der Abschüttelung des Kolonialjochs nach zum Teil langwierigen Kriegen mit den Kolonialmächten. Aber auch wenn sich die Überwindung der formellen kolonialen Unselbständigkeit in friedlichen Formen vollzog, waren die ursprünglichen und durch den Kolonialstatus vertieften ökonomischen Entwicklungsunterschiede vielfach weiterhin prägend. Unter der Form eines internationalen Austausches reproduzierte sich das Verhältnis zwischen Entwicklung auf der Einen sowie Unterentwicklung der Anderen – bei großenteils noch nachwirkenden politischen (und kulturellen) Einflüssen der Metropolen im Hinblick auf ihre früheren Kolonien.

Weil das Verhältnis zwischen industriellen Werkstätten und unterentwickelten Ländern als Rohstofflieferanten und mehr oder weniger limitierten Absatzmärkten für die Industriewaren auch nach Überwindung der direkten politischen Unterdrückung und Abhängigkeit durch ökonomische Mechanismen reproduziert wurde, ist es keineswegs zufällig, dass diese kapitalistische Teilung der Welt über mehr als ein Jahrhundert eine bemerkenswerte Festigkeit und Starrheit aufwies. Den Aufstieg in den Kreis kapitalistischer Metropolen schafften seit der etablierten Herrschaft der industriellen Betriebsweise nur die USA und die Staaten des »alten Europa« sowie Kanada und Japan nach dem Zweiten Weltkrieg.

Schon zu Marx' Zeiten im 19. Jahrhundert schien der Aufstieg der USA als kommender Weltmacht am Horizont auf. 1776 hatten 13 britische Kolonien in Nordamerika ihre Unabhängigkeit erklärt. 1783 kam es dann zum Frieden von Paris; die ehemaligen amerikanischen Kolonien waren zwar unabhängig und frei von Großbritannien, aber noch keine Nation. Erst am Ende einer längeren Entwicklung, welche den amerikanischen Bürgerkrieg von 1861-1865 einschloss, stand die Bildung der Vereinigten Staaten von Amerika. Damit waren die USA das erste Beispiel – und eine der wenigen Fälle[4] – für einen erfolgreichen Entwicklungsprozess einer ehemaligen Kolonie; allerdings gehört dazu der Status als Einwanderungsland von Bevölkerungsteilen der entwickelten europäischen Länder und ihre Inbesitznahme des Landes durch Verdrängung der indianischen Ureinwohner (Siedlerko-

[4] In vergleichsweise ebenfalls gemäßigt-friedvollen Formen vollzog sich eine ähnliche Entwicklung später auf dem Gebiet des heutigen Kanada, welches als »Dominian« immer noch zum »British Commonwealth of Nations« gehört mit der englischen Königin als formellem Staatsoberhaupt.

lonie).[5] Bis in die 1970er Jahre blieb der Kreis der Industrieländer auf die späteren G7-Länder nebst ihren ökonomischen Satelliten vornehmlich in West-Europa beschränkt. Mit den südostasiatischen »Tigerstaaten« – Süd-Korea, Taiwan, den Stadtstaaten Singapur und, bis zur Eingliederung in die VR China, Hongkong – war es im letzten Viertel des 20. Jahrhunderts einigen wenigen weiteren Staaten gelungen, den Status eines unterentwickelten Landes der Dritten Welt hinter sich zu lassen und in einigen Wirtschaftsbereichen zu den kapitalistischen Metropolen aufzuschließen. Dieses Ergebnis war dabei nicht ausschließlich das Resultat einer eigenen erfolgreichen Entwicklung, sondern ebenso durch die in dieser Zeit beginnende erhöhte Krisenanfälligkeit der Kapitalakkumulation in den Metropolen des Weltmarkts mit verursacht.

Das nach Ende des Zweiten Weltkriegs um die Sowjetunion gruppierte »realsozialistische« Lager sowie die VR China konnten in der zweiten Hälfte des vorigen Jahrhunderts kaum ökonomisch, als vielmehr politisch und militärisch eine Gegenmachtposition zu den Metropolen der Ersten Welt entfalten. Mit dem Zusammenbruch des »Realsozialismus« in der Sowjetunion und den anderen Staaten des Rats für gegenseitige Wirtschaftshilfe (RGW) trat diese sog. Zweite Welt zunächst von der weltpolitischen Bühne ab und musste sich der Gruppe der Schwellenländer (Newly Industrialized Countries, NIC) bzw. nachgeordneten Satellitenstaaten der westeuropäischen Metropolen zuordnen.

Heute, zu Beginn des dritten Jahrzehnts des 21. Jahrhunderts, liegt der ökonomische Fokus des Weltmarkts neben den alteingesessenen Metropolen in Westeuropa, Nordamerika und Japan auf diesen Schwellenländern, zu denen mit der VR China und Indien und mit deutlichen Abstrichen Brasilien neue große »Spieler« hinzugestoßen sind, die allen Prognosen nach zukünftig eine bestimmende Rolle nicht nur ökonomisch, sondern auch politisch spielen werden. Die Russische Föderation als Nachfolgestaat der Sowjetunion spielt ebenso wie ihr Vorgänger bisher nur nachgeordnet ökonomisch und vielmehr nur politisch-militärisch in der ersten Reihe der Staaten mit.[6] Für den Rest der Welt in Afrika, großen Teilen Asiens so-

---

[5] Eine in wesentlichen Bereichen vergleichbare Entwicklung fand nur noch bei Australien als ehemalige Strafkolonie und Neuseeland sowie mit der Gründung des Staates Israel auf dem Territorium des britischen Mandatsgebietes von Palästina statt. Die bereits mit Beginn des 20. Jahrhunderts begonnene Einwanderung jüdisch-zionistischer Bevölkerung, die durch die Vertreibung und Auswanderung der Juden zur Zeit des deutschen Faschismus und danach mit der Staatsgründung 1948 feste politisch-staatliche Strukturen erhielt, führte den jüdischen Staat trotz der Infragestellung seines Existenzrechts durch die Araber und trotz der verschiedenen Kriege arabischer Staaten zur ökonomisch dominierenden Macht im Nahen Osten, die als Atommacht auch politisch einen herausragenden Status besitzt. Allerdings spielten und spielen dabei die finanziellen und politischen Unterstützungen namentlich seitens der USA eine bedeutsame Rolle,

[6] Neben den genannten BRIC-Staaten – Brasilien, Russland, Indien, China – wird vielfach noch Süd-Afrika als entwickeltstes Land auf dem afrikanischen Kontinent hinzugezählt. Zur genaueren Einordnung der Länder in Schwellenländer (NICs) und verschiedene Gruppen von sonstigen Staaten vgl. Kapitel 11.

wie den meisten Staaten Lateinamerikas wird auf absehbare Zeit nicht viel mehr als eine Nebenrolle auf der Bühne des Weltmarkts und der Weltpolitik übrig bleiben, wenngleich mit Indonesien ein Bevölkerungsschwergewicht und mit der Türkei, Mexiko und Argentinien Länder mit einer seit dem Zweiten Weltkrieg längeren kapitalistischen Entwicklung oder mit zuletzt hohen Wachstumsraten das G20-Format der ökonomisch bedeutendsten Staaten vervollkommnen.

Ökonomisches Gewicht und Bevölkerungszahl verteilen sich zumeist gegensätzlich auf die verschiedenen Ländergruppen. Die am höchsten entwickelten Industriemetropolen sind ausschließlich Länder mit einem geringen internen Bevölkerungswachstum, d.h. einer sukzessive älter werdenden Bevölkerung; ihr Pro-Kopf-Einkommen und -Vermögen sind hoch, wobei allerdings die Durchschnittswerte noch nicht viel über die in den letzten Jahrzehnten ungleicher gewordene personelle bzw. haushaltsmäßige Verteilung aussagen. Einen Sonderfall stellen einige Öl exportierende Länder dar, die als klassische Rentenökonomien von der Ergiebigkeit des Vorkommens und dem Preis ihrer Rohstoffe abhängig sind und deren einheimische Bevölkerung, d.h. ihr grundbesitzender Teil, nur solange reich sein wird, solange die Renten aus der Rohstoffextraktion fließen. Die nachgeordneten sonstigen Industrieländer weisen überwiegend eine ähnliche Bevölkerungsentwicklung wie die Metropolen auf; das Einkommens- und Vermögensniveau liegt jedoch deutlich niedriger. Viele Entwicklungsländer, insbesondere im subsaharischen Afrika, haben demgegenüber (noch) ein anderes intergeneratives Verhalten, d.h. sie haben den demografischen Übergang noch nicht beendet, und ihre deutlichen Bevölkerungszunahmen verschärfen meistenteils ihren Status als unentwickelte Länder; hinzu kommen vielfältige interne Blockaden durch parasitäre Sozialstrukturen, die entwicklungshemmend bis -zerstörend wirken und teilweise bis hin zu (Bürger-)Kriegen ausarten.

Damit ist zugleich gesagt, dass der Reichtum der industriellen Metropolen keineswegs zu einem größeren Teil auf der Ausbeutung und Armut der unentwickelten Staaten im Sinne einer einfachen Ursache-Wirkungs-Beziehung beruht. Die wirtschaftliche Potenz und das hohe Durchschnittseinkommen und -vermögen der entwickelten Ländern ergeben sich zum überwiegenden Teil aus internen ökonomischen Potenzialen; dass sie darüber hinaus beim Import von Rohstoffen aus Entwicklungsländern gewinnen, rundet das Bild nur ab und wirkt zementierend für die Unterentwicklung der Letzteren.[7] Wie im Innern der entwickelten kapitalistischen

---

[7] Die Vorstellung, dass die entwickelten kapitalistischen Länder ihren Reichtum zu einem Gutteil aus einem Ressourcentransfer zulasten der Länder der Dritten Welt gewinnen würden, ist dabei nicht nur eine naiv-populäre Anschauung wohlmeinender Zeitgenossen, sondern besitzt auch innerhalb des Marxismus eine, wenn auch falsche theoretische Wurzel. So meinte zu Beginn des 20. Jahrhunderts Rosa Luxemburg theoretisch begründen zu können, dass Marx' Darstellung der Zirkulation und Reproduktion des gesellschaftlichen Gesamtkapitals einen immanenten Mangel aufweisen würde. Denn unter der Voraussetzung eines ausschließlich kapitalistischen Umfeldes mit den zwei Klassen von Lohnarbeitern und Kapitalisten könne der Wert- und Stoffersatz auf erweiterter Stufenleiter (Akkumulation) nicht

Länder gilt auch für das Verhältnis zwischen Metropolen, Schwellenländern und unentwickelten Ländern, dass der Schlüssel für die Aufhebung der Entwicklungsunterschiede nicht in einem bloßen Umverteilungsprozess liegt – beispielsweise durch die populäre Forderung nach »Fair Trade«, d.h. Waren zu »fairen« Preisen, mit »fairen« Löhnen und unter akzeptablen Umweltstandards produziert –, sondern darüber hinaus die Produktions- und Sozialverhältnisse in den Fokus zu nehmen und zu verändern sind.[8]

c) Was ist neu an der zeitgenössischen Globalisierung?

Internationalisierung der Finanzmärkte und Ausgleich der Zinssätze

Wenn die Schaffung eines internationalen Leistungsaustauschs auf dem Weltmarkt im Begriff des Kapitals liegt und unter den Bedingungen der industriellen Produktionsweise praktisch wahr wird, was ist dann, so muss gefragt werden, neu an der allerorten thematisierten Globalisierung? Ist sie nur eine Vertiefung des internationalen Leistungsaustausches, d.h. eine graduell-quantitative Weiterentwicklung des Weltmarktes aus dem 19. Jahrhundert, oder markiert sie eine qualitative Differenz, welche den zeitgenössischen Kapitalismus gegenüber seinen historischen Vorperioden spezifisch auszeichnet?

Es ist hier zu unterscheiden zwischen der Globalisierung oder Internationalisierung der Finanzmärkte und der sich auf ihnen vollziehenden Bewegung des Kapitals in Geldform auf der einen Seite sowie der Globalisierung der kapitalistischen Produktionsprozesse durch Verteilung einzelner Produktionssphären oder einzelner Wertschöpfungsstufen auf verschiedene Länder, die meistenteils unter dem Dach transnationaler Einzelkapitale (Konzerne) erfolgt, auf der anderen Seite; schließlich geht es um die Verteilung ihrer Wohlstandseffekte für die Weltbevölkerung in den verschiedenen Ländern. Betrachten wir zunächst Ersteres.

Aufgrund seiner Form als Geldkapital – dies schließt vorliegend die verschiedenen Anlageformen des Leihkapitals ein – war das auf den nationalen Finanzmärkten zirkulierende Kapital schon immer international fungibel. Die Finanzmärkte besaßen daher von vornherein ein hohes Maß an internationaler Durchlässigkeit und Interdependenz. Unter Bedingungen des internationalen Goldstandards mit festen Austauschrelationen zwischen verschiedenen Währungen war der Zinssatz, diffe-

---

gelingen. Vielmehr sei die Akkumulation des Kapitals in den Metropolen auf die Existenz nichtkapitalistischer Gesellschaften und deren Landnahme angewiesen, der klassische Imperialismus also eine notwendige Existenzbedingung der kapitalistischen Akkumulation (vgl. Luxemburg 1921/1975). Erstaunlicherweise hat diese falsche Rezeption des Marxschen »Kapital« auch heutzutage noch (oder wieder) Aktualität.

[8] Dies bedingt in letzter Instanz ein qualitativ neues Weltmarktregime mit einer zukünftigen internationalen Wirtschaftsregierung, die mit neuen, weiterentwickelten Institutionen und Instrumenten die weltwirtschaftliche Entwicklung – Handel, Kapitalverkehr und Entwicklungsmaßnahmen und -projekte – steuert. Vgl. dazu den Fünften Abschnitt.

renziert nach Anlagen verschiedener Risikoklassen und Fristigkeiten, die einzige Verwertungsgröße für die Anlage von Geldkapital auf verschiedenen nationalen Finanzmärkten; jedenfalls galt dies für Währungen, die mit ihrer festen Goldparität in einem strammen internationalen Zusammenhang zueinander standen. Mit dem Übergang zu inkonvertiblem Repräsentativgeld schoben sich die Devisenmärkte zwischen die nationalen Kredit- und Anlagemärkte und die Veränderung der (bilateralen) Wechselkurse zwischen den Währungen trat als weiterer Einflussfaktor zu den jeweiligen Zinssätzen und Renditen des Geldkapitals und seiner Anlageformen hinzu.

Solange das Regime fester Wechselkurse im Rahmen des Bretton-Woods-Systems Bestand hatte, war der Einfluss des Wechselkurses auf außerordentliche Realignments zwischen den beteiligten Währungen beschränkt, die sich in der Regel schon vorher ökonomisch angekündigt hatten, zunächst durch Devisenmarktinterventionen der Zentralbanken konterkariert werden sollten und erst danach durch Beschluss der betroffenen Regierungen neu festgesetzt wurden. Diese Neufestsetzung der Wechselkurse geschah meistens (zu) spät und erfolgte oftmals auch in zu geringem Umfang, sodass die Zinsentwicklung bzw. die nationalen Zinsdifferenzen die monetär induzierten Inflationsdifferentiale, in denen sich die Zahlungsbilanzsalden ausdrückten, mit abbilden mussten.

Mit der Zunahme der Spekulation gegen »weiche« Währungen, die ab Ende der 1960er Jahre auch die Goldparität des US-Dollars ins Visier nahm, gewann die grenzüberschreitende Geldkapitalakkumulation auf den sog. Euro-Dollarmärkten ein steigendes Gewicht. Der Natur der Sache nach waren diese spekulativ getriebenen Geldkapitalbewegungen in erster Linie auf das kurze Ende der Finanzmärkte konzentriert. Die kurzfristigen Zinssätze wiesen hohe volatile Oszillationen infolge des international vagabundierenden Geldkapitals gegenüber den durch den jeweiligen nationalen Konjunkturzyklus bestimmten fundamentalen Bewegungen auf. Die (bankvermittelten) Arbitrageoperationen zwischen den nationalen Geldmärkten bewirkten einen internationalen Ausgleich der kurzfristigen Zinssätze bei gleichzeitiger Rebellion bzw. Spekulation der Akteure der Geldkapitalakkumulation gegen fixierte Währungsparitäten.

Der Zusammenbruch des Bretton-Woods-Währungssystems durch Aufhebung der Goldkonvertibilität des US-Dollars und Freigabe der Wechselkurse der wichtigsten nationalen Währungen – mit Ausnahme der am Europäischen Währungssystem (in wechselndem Umfang) teilnehmenden Währungen mit Blockfloating gegenüber dem Dollar – erfolgte in Reaktion auf die gegeneinander verschobenen fundamentalen Bestimmungsgründe der (reproduktiven) Kapitalakkumulation, der Stellung der Nationalkapitale im Welthandel und der Rolle der Währungen auf den Devisen- und internationalen Finanzmärkten. Fortan sind es die Erwartungen der Akteure bezüglich Zins- und Wechselkursentwicklungen, welche die Anlageentscheidungen bestimmen. Sowohl Zins- als auch Wechselkursbewegungen können allerdings durch Sicherungsgeschäfte bis zu einer gewissen Schwankungsbreite abgesichert werden; diese Zins- und Währungsderivate erhielten in der Folgezeit eine zunehmende Wichtigkeit und wurden durch Verbriefung und Handelbarkeit ihrerseits zu spekulativen Anlageformen oder einer besonderen Sorte des fiktiven Kapitals.

Da es nicht nur um die Verwertung einer Hauptsumme in Form der Zinsen geht, sondern auch um den Rückerhalt der Hauptsumme nach ausbedungener Frist, geht noch eine »Währungsprämie«, die die Sicherheit des Geldcharakters nationaler Währungen subjektiv zum Ausdruck bringt, als Bestimmungsgröße in die Risikozuschläge auf Zinssatz- und Wechselkurserwartungen ein. Dies gilt vor allem für den US-Dollar und nachgeordnet den Euro als Nachfolger der D-Mark als internationale Anlage- und Transaktionswährungen, die als sog. sicherer Hafen (»safe harbor«) gelten. Allerdings hat die Euro-Krise in den Jahren nach der Finanzmarkt- und Weltwirtschaftskrise 2007-09 diese Eigenschaft des Euro beschädigt und der offensive Einsatz der US-Devise als politisches Sanktionsmittel durch die US-Regierung unter der Trump-Präsidentschaft könnte über kurz oder lang auch Gegenreaktionen anderer Staaten provozieren, die sich explizit gegen die Dominanz des US-Dollars im internationalen Verkehr richten.

Gegenüber dem internationalen Ausgleich der kurzfristigen Zinssätze weisen die langfristigen oder Kapitalzinssätze nicht jene nur nach Fristigkeit oder Risikoklassen der Anlagenformen differenzierte Uniformität auf. Hinzu kommen auch beim Kapitalzinssatz genuin national bestimmte Risikozuschläge, die die Gesamtheit der Bedingungen des jeweiligen nationalen Reproduktionsprozesses sowie der betriebenen Wirtschaftspolitik abbilden. Im Zuge der Eurokrise wurde dieser Umstand auch dem Alltagsbewusstsein zugänglich, insofern sich die Eurokrisenländer nur mit zum Teil exorbitanten Zuschlägen auf den Basiszinssatz langfristiges Geldkapital zur Refundierung ausgelaufener Titel und zur Finanzierung ihrer Nettoneuverschuldung leihen konnten. Damit waren diese Länder faktisch vom Kapitalmarkt abgeschnitten und mussten durch die rasch von der Politik etablierten Sicherungsfonds (EFSF, ESM) finanziert werden.[9] Dieser Umstand macht deutlich, dass trotz eines supranationalen Währungsraumes der Markt für langfristiges Kapital seitens der Nachfrager immer noch stark national bestimmt ist und ein regelrechter internationaler Ausgleich nur für die Zinssätze am kurzen Ende der Finanzmärkte zustande kommt. Entsprechendes gilt selbstredend und noch in viel höherem Maße für die anderen national-währungsspezifisch bestimmten Finanzmärkte, die auch auf der Angebotsseite durch nationale Konjunkturen – Kapitalfreisetzungen, Ersparnisbildung etc. – genuine Bestimmungsgründe aufweisen.

Globalisierung als zeitgenössisches Phänomen der Internationalisierung bedeutet daher in erster Linie für die am weitesten integrierten Märkte, also die Fi-

[9] Die European Financial Stability Facility (EFSF) war ein 2010 etablierter temporärer Schutzschirm mit einem Ausleihvolumen von 440 Mrd. € und einem maximalen Garantierahmen von 780 Mrd. €; Letzterer sollte eine möglichst günstige Refinanzierung auf den Kapitalmärkten sicherstellen, für die die Euro-Mitgliedstaaten einstanden. Der European Stability Mechanism (ESM) ist die dauerhafte Nachfolgeeinrichtung des EFSF seit Oktober 2012. Er verfügt über ein Stammkapital von rd. 700 Mrd. € und kann Darlehen mit jeweils strengen Auflagen an Euro-Staaten vergeben. Vgl. dazu ausführlich Krüger 2012a: 52ff.

nanzmärkte an ihrem kurzen Ende, eine typische Entwicklung. Für den für die Kapitalakkumulation und die Finanzierung der öffentlichen und privaten Haushalte wichtigeren Kapitalmarkt kann allenfalls von einer stärker wirkenden währungsüberschreitenden Ausgleichungstendenz gesprochen werden, also einer nur quantitativ und nicht qualitativ veränderten Internationalisierung.

Reproduktiver Sektor: Internationalisierung von konzerninternen Wertschöpfungsketten und Ausgleich der Profitraten in nationalen Reproduktionsprozessen

Noch stärker als für die Internationalisierung der Finanzmärkte wird Globalisierung als neuartiges Phänomen für Internationalisierungsprozesse in den reproduktiven Bereichen herausgestellt. Die ältere Imperialismustheorie behauptete für die ersten Jahrzehnte des 20. Jahrhunderts noch eine weitgehende Ablösung von Warenexporten durch Kapitalexporte: »*Für den alten Kapitalismus, mit der vollen Herrschaft der freien Konkurrenz, war der Export von* Waren *kennzeichnend. Für den neuesten Kapitalismus, mit der Herrschaft der Monopole, ist der Export von* Kapital *kennzeichnend geworden.*« (LW 22: 244; Hervorh. i. O.)

Lenin begründet diese Schwerpunktverschiebung aus der Überreichlichkeit des Kapitals in den entwickelten Ländern und den besseren Verwertungsverhältnissen in rückständigeren Ländern: »*In diesen rückständigen Ländern ist der Profit gewöhnlich hoch, denn es gibt dort wenig Kapital, die Bodenpreise sind verhältnismäßig nicht hoch, die Löhne niedrig und die Rohstoffe billig. Die Möglichkeit der Kapitalausfuhr wird dadurch geschaffen, daß eine Reihe rückständiger Länder bereits in den Kreislauf des Weltkapitalismus hineingezogen ist, die Hauptlinien der Eisenbahnen bereits gelegt oder in Angriff genommen, die elementaren Bedingungen der industriellen Entwicklung gesichert sind usw. Die Notwendigkeit der Kapitalausfuhr wird dadurch geschaffen, daß in einigen Ländern der Kapitalismus ›überreif‹ geworden ist und dem Kapital (unter der Voraussetzung der Unentwickeltheit der Landwirtschaft und der Armut der Massen) ein Spielraum für ›rentable‹ Entwicklung bleibt.*« (Ib.: 245)

Wir wissen mittlerweile, dass Waren- und Kapitalexporte eher in einer Komplementärbeziehung zueinander stehen als in einem Substitutionsverhältnis, weil der Export von Kapital, namentlich in Form von Direktinvestitionen, zur Absicherung der Warenexporte in Auslandsmärkten durch Erfüllung von local-content-Auflagen oder auch zur Gewährleistung von Serviceaufgaben bei den Anwendern der exportierten Waren dient und für die werbemäßige Bearbeitung des auswärtigen Marktes sorgt. Die Errichtung von Produktionsstätten oder der Ankauf bereits bestehender Unternehmen in fremden Ländern verdankt sich aber auch zu einem Gutteil den von Lenin beschriebenen Motiven, die in der Erschließung von Kostenvorteilen durch Wegfall von Transportkosten, niedrigeren Arbeitslöhnen und billigem Grund und Boden sowie etwaigen Steuervorteilen begründet sind. Damit werden nationale Differenzen zwischen entwickelten Ländern mit miedrigeren und unentwickelteren Ländern mit höheren Profitraten für Produktionsverlagerungen und Direktinvestitionen wirksam. Diese können im Extremfall die Auslagerung ganzer Produktionssphären umfassen und bilden damit ein Moment des sektoralen Strukturwandels.

Die Existenz transnationaler Konzerne, die zunächst erst einmal nichts anderes als große Einzelkapitale sind, bringt es des Weiteren mit sich, dass einzelne Stufen einer Wertschöpfungskette je nach den nationalen Kostenvorteilen auf verschiedene Länder verteilt werden können, ein Umstand, der dem naiven Betrachter besonders frappant in die Augen fällt und einen Großteil der Phänomene umgreift, die heutzutage mit der Bezeichnung »Globalisierung« beschrieben wird. Voraussetzungen hierfür sind Transport- und Kommunikationsmittel, die die Verteilung von ineinandergreifenden Wertschöpfungsstufen innerhalb eines Konzerns sowohl effizient als auch kostengünstig ermöglichen. Es kommt hinzu, dass nationale Regierungen und die national organisierte Arbeiterbewegung einer derartigen Verteilung von Wertschöpfungsstufen auf verschiedene Länder weitgehend ohnmächtig gegenüberstehen, sodass das betriebswirtschaftliche Kalkül sich rein und ohne größere soziale und politische Rücksichtnahmen umsetzen lässt. Die Drohung der Kapitalisten, bei Nichtgewährung von Steuervorteilen etc. oder bei zu hohen Lohnforderungen bzw. der Nichteinwilligung in Lohnsenkungen Produktionsbereiche ins Ausland zu verlagern, unterstreicht diesen Umstand. Dass bei durchgeführter Verlagerung – Entsprechendes gilt für Verminderungen der internen Leistungstiefe durch Outsourcing – oftmals über das Ziel hinausgeschossen wird, wenn entweder die benötigte Qualität im neuen Bestimmungsland nicht gewährleistet werden kann, einzelne Kostenbestandteile bei Verlagerungen unterschätzt oder auf den ersten Blick nicht direkt in die Augen springende Synergiepotenziale durch Auseinanderreißung und Missachtung von Fühlungsvorteilen zerstört werden, führt dann zu Verlusten und Profitabzügen beim Unternehmen, nachdem vorher bereits die Beschäftigten durch Verlust ihres Arbeitsplatzes »bezahlt« hatten.

Auf der anderen Seite steht, nachdem die Verteilung der Wertschöpfungsstufen auf verschiedene Länder erfolgt ist, die wechselseitige Abhängigkeit voneinander, die in dem Augenblick als Problem manifest wird, wenn auch nur in einem Land Krisenprozesse Platz greifen, die zu einem längeren Ausfall einzelner Produktionen führen und die Fragilität des Ganzen offenbaren. Globale Produktions- und Wertschöpfungsketten gehen einher mit der transnationalen Segmentierung der verschiedenen Produktionsstufen, angefangen bei Forschung und Entwicklung über Design, Rohstoffgewinnung, Herstellung von Vorprodukten bis zur Montage. Sie finden jeweils dort statt, wo sich in der internationalen Konkurrenz Standortvorteile ergeben. Besonders augenfällige Beispiele lassen sich leicht finden: »Apple« bezieht seine Produkte mittlerweile von 200 großen Zulieferern in 24 Ländern, vor allem aus der VR China, Taiwan, Japan und anderen südostasiatischen Staaten. Ihrerseits beziehen diese Zulieferer ihre Rohstoffe und Vorprodukte wiederum über den Weltmarkt. Das gleiche Muster gilt im Grundsatz für die meisten Firmen der Elektronik, der Automobil- und der Bekleidungsbranche. Selbst strategisch wichtige Bereiche wie die Luftfahrtindustrie, deren Produktionsstätten früher längst nicht so verstreut lagen, sind inzwischen geografisch segmentiert (vgl. Golub 2020). Im Zuge der Corona-Pandemie traten die dadurch geschaffenen Abhängigkeiten in das Alltagsbewusstsein. Medikamente und medizintechnisches Gerät waren im Zuge des weltumspannenden Lockdowns im Frühjahr 2020 auf einmal knapp, weil die Produktion in wichtigen Herstellerländern heruntergefahren wurde und im Zuge der »Just-in-time-Lieferungen«, die nicht nur den Fertigungsprozess, sondern auch die Marktbelieferung umfassen, rasch Engpässe im Angebot wichtiger Produkte auftraten. Diese Fragilität des Gesamtsystems bot und bietet Anlass, über De-Globalisierungsprozesse nachzudenken – eine Forderung, die teilweise mit einem Rückfall in nationale Abschottung verbunden wird, positiv gewendet aber Ausgangspunkt für die bewusste Neugestaltung des Weltmarktregime sein kann.[10]

Aber worin liegt das Neue dieser Globalisierung der Produktionsprozesse, handelt es sich tatsächlich um eine neue Qualität der Internationalsierung, die zuweilen als Hyperglobalisierung bezeichnet wird[11] oder eher um eine quantitative Zunahme an und für sich bekannter Prozesse, die allerdings charakteristische finanzmarktkapitalistische Übersteigerungen und Exzesse aufweisen? Für Letzteres spricht, dass mit der Vervollkommnung der weltumspannenden technischen Möglichkeiten, die mit neuen Informations- und Kommunikationsmitteln (Internet) bereits vorher vorhandene Entwicklungen nur fortschreiben, tatsächlich eine Ausweitung und Vertiefung der internationalen Arbeitsteilung einhergegangen ist, die sich heutzutage nicht nur auf die Beschaffung von Rohstoffen beschränkt, sondern insbesondere die Schwellenländer in eine weiterentwickelte internationale Aufspaltung von Produktionsprozessen einbezieht. Gegen Ersteres spricht, dass mit der These einer neuen Stufe der Globalisierung an und für sich überwunden geglaubte Theoreme eines monopolistischen und staatsmonopolistischen Kapitalismus Wiederauferstehung feiern, die die Ersetzung des Grundgesetzes der kapitalistischen Konkurrenz durch eine durch Macht erzeugte Hierarchie von Profitraten behaupten.[12]

---

[10] Wir kommen darauf bei der Darstellung einer alternativen Verfassung der Weltwirtschaft im V. Abschnitt ausführlicher zu sprechen.

[11] Vgl. Garnreiter 2018.

[12] Vgl. Ibid.: 7: »Nicht nur, dass die Profitraten der Top 100 [Unternehmen/S.K.] ... deutlich über dem Median liegen: der massive Anstieg der Überschussprofite fällt noch mehr auf. Statt einer Durchschnittsprofitrate, die letztlich für alle gelten soll, ist eine Hierarchie von Profitraten je nach Marktmacht vorzufinden.« Berufen wird sich auf eine jüngst von der UNCTAD durchgeführte Untersuchung über die Profitraten von TOP-100 Firmen (aus der Thomson Reuters Worldscope Database, identifiziert über die Höhe ihres Börsenwerts) aus entwickelten kapitalistischen Ländern sowie Schwellenländern. Sie kommt für die Perioden (Zyklen) 1995-2000, 2001-2008 und 2009-2015 zu dem Ergebnis, dass diese TOP-100 Firmen erheblich steigende Surplusprofite gegenüber dem jeweiligen Durchschnitt bzw. der Median-Profitrate ihrer Branche als Benchmark aufweisen würden (vgl. UNCTAD 2017: 124f.). Als zeitlich begrenzter Umstand für einzelne Unternehmen soll dies vorliegend nicht bestritten werden, wenngleich die empirische Validität der UNCTAD-Daten nicht über allen Zweifel erhaben ist. Wenn daraus geschlussfolgert wird, dass mit diesem Phänomen eine qualitativ neue Etappe der Globalisierung herangebrochen sei, so werden temporäre Tatbe-

Die Zunahme der in diese Globalisierung von Produktionsprozessen einbezogenen Länder sowie das Ausmaß der Verlagerung und Verteilung von Wertschöpfungsstufen auf namentlich die Schwellenländer setzen voraus, dass nicht im Ursprungsland, wohl aber in dem Bestimmungsland originäre Entwicklungsprozesse initiiert worden sind bzw. initiiert werden, die ansonsten nicht oder nur in sehr viel längeren Zeiträumen Platz gegriffen hätten. Wird also ein Perspektivwechsel vorgenommen und werden die Spin-off-Effekte von Direktinvestitionen im Bestimmungsland in den Fokus genommen, so konnten und können sie als potenzielle Entwicklungsbeihilfe für solche Länder fungieren, die in früheren Zeiten nicht oder kaum für Direktinvestitionen infrage kamen. Dies unterstellt jedoch, dass das von außen kommende Know-how (Entwicklungs-, Fertigungs- und Management-Know-how) in die Leistungs- und Kreislaufverflechtungen im Bestimmungsland einbezogen wird. Ein internes Entwicklungsniveau an Infrastruktureinrichtungen, Qualifikation der benötigten Arbeitskräfte sowie der Regelmäßigkeit des gesamtwirtschaftlichen Wert- und Stoffersatzes ist zum einen die unabdingbare Voraussetzung; zum anderen kann und muss die Wirtschaftspolitik die interne Verarbeitung der exogenen Potenziale durch geeignete Maßnahmen befördern. Der Kapitalexport ist dann nicht (nur), wie seinerzeit Lenin meinte, ein Moment der Fäulnis des überreifen Kapitalismus im Exportland, sondern erhöht durch die Internationalisierung der Wertschöpfungsketten die Profitabilität der Kapitalexport betreibenden Konzerne und bietet darüber hinaus zugleich eine potenzielle Chance für das Importland zur Aneignung und Nutzung zusätzlicher Produktivkraftpotenziale und zur Beförderung seiner internen Entwicklungsprozesse.[13]

Das tendenziell Neue der zeitgenössischen Globalisierung im reproduktiven Sektor liegt also in der Einbeziehung von Ländern in die internen Umsatz- und Umschlagsprozesse von Unternehmen der industriellen Metropolen, die mittlerweile

---

stände – wenn sie denn überhaupt empirisch zutreffend sind – fälschlich verallgemeinert – eine durchaus nicht neue falsche Gedankenform.

[13] Die bedeutende Rolle des Kapitalexports für nachholende interne Entwicklungsprozesse in den Zielländern war bereits von Marx herausgestellt worden. Zu seiner Zeit ging es aber hierbei nur wesentlich um Kredite, d.h. Geldkapitalexport innerhalb der Gruppe der entwickelten kapitalistischen Metropolen, z.B. jener von Großbritannien gegenüber dem europäischen Kontinent: *»Ein für England wirklich beunruhigender Faktor … ist jener, daß England anscheinend nicht in der Lage ist, im Inland ein ausreichendes Betätigungsfeld für sein riesiges Kapital zu finden; daher muß es in zunehmenden Maße Geld verleihen und, in dieser Beziehung ähnlich Holland, Venedig und Genua zur Zeit ihres Niedergangs, selbst die Waffen für seine Konkurrenten schmieden. Es ist gezwungen, durch die Gewährung großer Kredite die Spekulation in anderen Ländern zu fördern, um für sein überschüssiges Kapital ein Betätigungsfeld zu finden und muß so seinen erworbenen Wohlstand aufs Spiel setzen, um das Kapital zu vermehren und zu erhalten. Indem es gezwungen ist, anderen Industrieländern große Kredite zu geben, wie etwa dem europäischen Festland, streckt es selbst seinen industriellen Rivalen die Mittel dazu vor, mit ihm um Rohstoffe zu konkurrieren und ist somit selbst dabei behilflich, die Rohstoffe für seine eigenen Fabrikate zu verteuern.«* (MEW 25: 364)

interne Entwicklungsprozesse durchlaufen haben, die die Voraussetzungen für die Verlagerung von Produktionen und Wertschöpfungsstufen – zumeist handelt es sich dabei um einfachere Tätigkeiten, die Tendenz besteht jedoch darüber hinaus bei den großen Schwellenländern (VR China, Indien) auch zur Übernahme entwickelterer Funktionen – bieten. Eine solche Entwicklung führt jedoch zunächst nicht zu einer Veränderung ökonomischer Gesetze in den auslagernden Metropolen. In diesen bleibt der transnationale Konzern in den nationalen Ausgleichungsprozess zur Durchschnittsprofitrate einbezogen; dies gilt nachgerade, wenn etwaige Profitbestandteile aus auswärtigen Direktinvestitionen, weil in das Sitzland der Konzernzentrale repatriiert, dortselbst ein entgegenwirkendes Moment zum Fall der Profitrate darstellen bzw. die im Verlauf der Kapitalakkumulation bereits langfristig gesunkene nationale Profitrate pro tanto stabilisieren.

Steuervermeidungsstrategien transnationaler Konzerne und Auswirkungen auf die nationalen Zahlungsbilanzen

Die Verteilung einzelner Wertschöpfungsstufen in den Produktionsprozessen transnationaler Konzerne der kapitalistischen Metropolen zur Ausnutzung von Kostenvorteilen in niedriger entwickelten Ländern mit nachträglicher Repatriierung der Profite in das Sitzland der Konzernzentrale entspricht der zentralen Steuerung dieser Unternehmungen durch deren Zentralfunktionen und war lange Zeit der allgemeine Fall. Mit der Verschärfung der internationalen Konkurrenzbedingungen, der finanzkapitalistischen Optimierung der Verwertung und der globalen Standortkonkurrenz der Staaten bei der Ansiedlung von Unternehmen hat sich in der jüngeren Zeit jedoch noch ein anderes Modell in den Vordergrund geschoben.

Grundlage dafür ist ein Steuerdumping-Wettlauf zwischen Staaten im Bereich der Unternehmenssteuern zur internationalen Anziehung von Direktinvestitionen oder reproduktivem Kapital. Das nationale Steueraufkommen des Staates soll bei niedrigen Steuersätzen aufkommensmäßig durch Attraktion möglichst vieler Zweigniederlassungen von Unternehmen maximiert werden. Für die Unternehmen ergeben sich damit Möglichkeiten zur Steigerung ihrer Profite nach Steuern, wenn sie Profite ihrer Auslandstöchter zunächst nicht in das Sitzland ihrer Zentrale repatriieren, sondern umgekehrt zu einem möglichst großen Teil im Niedrigsteuerland der Auslandstochter ausweisen und versteuern. Die Verlagerung von Geschäftsprozessen auf ausländische Tochtergesellschaften reicht dabei von bloßen Verwaltungseinheiten z.B. für Patente und Lizenzen bis hin zu tatsächlichen Produktionsstandorten. Im ersten Fall reicht eine bloße Briefkastenfirma, d.h. die registergerichtliche Anmeldung eines Unternehmens im Niedrigsteuerland, im anderen Fall gehorcht die Produktionsverlagerung wirklichen ökonomischen Kriterien. Entscheidend ist nun die Profitzuordnung innerhalb des Konzerns auf seine Auslandstöchter durch Festsetzung der konzerninternen Verrechnungspreise für die Nutzung der Patente und Lizenzen bzw. den konzerninternen Vorleistungsbezug aus der ausländischen Produktionsstätte. Bei unverändertem und gegebenem Gesamtprofit des Konzerns pro Periode (Jahr) und vor Ertragssteuern entscheidet seine Verteilung auf die ausländischen Tochtergesellschaften über die Gesamtsteuerbelastung und damit über das Nachsteuer-Ergebnis. Je mehr der Tochtergesellschaft im Niedrigsteuerland zugerechnet werden kann, umso höher ist der an die Aktionäre ausschüttungsfähige bzw. zur Selbstfinanzierung für Investitionen verfügbare Gesamtprofit nach Steuern.

Das quantitative Ausmaß der Steuervermeidung hängt neben der Differenz der Steuersätze in den verschiedenen Ländern vom Ausmaß der Abweichung verursachungsgerechter Kosten- resp. Profitzurechnung in den konzerninternen Verrechnungspreisen für die Leistungen der Tochtergesellschaften in Niedrigsteuerstaaten ab. Tatsächlich bieten die »International Financial Reporting Standards« (IFRS), die bei den (konsolidierten) Jahresabschlüssen der Konzerne zur Anwendung kommen, durch die Aktivierungsmöglichkeiten einer Vielzahl immaterieller Vermögensgegenstände mit »Fair-Value-Ansätzen« größere Spielräume.[14] Unter dem Aspekt einer korrekten wirklichkeitsgerechten Abbildung ökonomischer Sachverhalte in den Zahlenwerken der Jahresabschlüsse sind zum einen die erweiterten Aktivierungsmöglichkeiten, insbesondere bei Geschäfts-/Firmenwerten, Patenten/Lizenzen, Verträgen/Kundenstämmen etc., kritisch im Hinblick auf die tatsächliche Werthaltigkeit der Assets des immateriellen Anlagevermögens zu bewerten, zum anderen beinhalten auch die Wertansätze selbst sowie, in Abhängigkeit davon, die laufenden Verrechnungspreise für daraus gezogene Leistungen die Möglichkeit verfälschender Ausweise. Allerdings muss der Wirtschaftsprüfer auf der Grundlage der IFRS-Vorschriften »mitspielen«; darüber hinaus begrenzen die Transparenzpflichten börsennotierter Unternehmen – und um diese handelt es sich regelmäßig bei transnationalen Konzernen – das Ausmaß dieser Verfälschung der Gewinnausweise, d.h. ihrer Zurechnung auf Tochtergesellschaften. Die im Einzelfall groteske Reduzierung der Steuerbelastung transnationaler Konzerne (Apple, Google etc.) durch Nutzung dieser Möglichkeiten der Verlagerung des Gewinnausweises in Niedrigsteuerländer wird nur noch gesteigert durch den »freiwilligen« Verzicht der Finanzbehörden bspw. der Republik Irland auf die Vollstreckung von Steuerbescheiden, die durch internationale Aufsichtsbehörden (der Europäischen Union) korrigierend festgesetzt worden sind. Damit ist auch bereits festgestellt, wodurch diese illegitime Steuerverkürzung abgestellt werden könnte, nämlich durch die Schließung von Steueroasen und die internationale Vereinheitlichung von Unternehmenssteuersätzen.[15] In einem weiteren Schritt wären dann die IFRS-Bilanzierungsrichtlinien im Hinblick auf ungerechtfertigte Aktivierungsmöglichkeiten

---

[14] Diese Bilanzierungsstandards tragen einerseits dem wirtschaftlichen Strukturwandel von materieller Produktion zu Dienstleistungen Rechnung und bilden damit Veränderungen gegenüber den Bilanzierungsvorgaben des alten Handelsgesetzbuches (HGB) ab. In einigen Punkten sind sie andererseits allerdings über das Ziel hinausgeschossen und haben damit viel »Luft« in die Unternehmensbilanzen durch vielfältige Aktivierungsmöglichkeiten immaterieller Vermögensgegenstände hineingepumpt.

[15] Zumindest innerhalb der EU sollte dies möglich sein, wenngleich mit Irland, Holland und den baltischen Staaten sowie bislang Großbritannien sich in dieser Beziehung eine ganze Reihe von Staaten als Verhinderer einer Steuervereinheitlichung hervorgetan hat.

sowie die Gewährleistung einer strengen und realitätsgerechten Bemessung von konzerninternen Verrechnungspreisen zu überarbeiten.

Der infrage stehende Sachverhalt hat aber noch eine gesamtwirtschaftliche Dimension. Eine Forschergruppe um Fatih Guvenen und Kollegen von den Universitäten Minnesota und Pennsylvania hat die einzelwirtschaftliche Wertschöpfungs- und Profitverschiebung zwischen den Tochterunternehmen transnationaler Konzerne in verschiedenen Ländern hochgerechnet und kommt im Ergebnis zu erheblichen Korrekturen der nationalen Handels- und Zahlungsbilanzen (vgl. Guvenen et al. 2017). Bei der »iPhone«-Produktion von Apple, die als reine Herstellung in der VR China (inkl. Vorleistungen) nur ein Drittel des Endverkaufspreises des Produkts ausmache, würden die restlichen zwei Drittel den Deckungsbeitrag für Forschung/Produktentwicklung, Design, Software, Markennamen und Kundenservice sowie den Profit darstellen. Dieser Preisbestandteil wäre sodann als Export der USA z.B. nach Europa zu verbuchen. Wenn nun aber Apple die iPhone-Lizenzen und -Markenrechte etc. in eine Tochtergesellschaft in einem Niedrigsteuerland transferiert, welche hohe konzerninterne Nutzungsgebühren mit entsprechend hohen Profitanteilen gegenüber der Verkaufsstelle erhebt, würde der eigentlich Apple in den USA zustehende Export nunmehr als Ausfuhr des Niedrigsteuerlandes erfasst. Durch die steuerlich motivierte Verlagerung des Gewinnausweises auf die Bahamas oder in andere Steueroasen würden diese plötzlich statistisch zu Produzenten und Exportländern und spiegelbildlich die Exporterlöse der USA in ihrer Handels- und Zahlungsbilanz zu niedrig ausgewiesen.

So weit, so gut. Problematisch werden die Verallgemeinerung des Sachverhalts und seine Hochrechnung für die Gesamtwirtschaft. Guvenen et al. rechnen vor, dass das Außenhandelsdefizit der USA in Höhe von 537 Mrd. US-Dollar im Jahr 2012 um sage und schreibe 280 Mrd. US-$, d.h. um mehr als 50% zu hoch ausgewiesen sei (vgl. ibid.). Würden diese 280 Mrd. US-$ dem US-Bruttoinlandsprodukt zugerechnet, ergäbe sich dessen entsprechende Erhöhung. Darüber hinaus würden sich bei einer Zunahme dieser steuerlich motivierten Gewinnverlagerung auch ein höheres Wirtschaftswachstum und eine höhere Produktivitätsentwicklung in den USA ergeben. Das quantitative Ausmaß dieser Hochrechnung des einzelnen nicht zu bezweifelnden Sachverhalts ist allerdings in der angeführten Studie bei Weitem überhöht. Einmal, weil im Einzelfall das Ausmaß der Gewinnverschiebung durch nicht verursachungsgerechten Ausweis überschätzt wird, zum anderen, weil auch die gesamtwirtschaftliche Hochrechnung überzieht. Letzteres gilt zudem für die Verallgemeinerung und Zunahme dieses Umstandes im Zeitverlauf. Bei allem Spannungsverhältnis zwischen der realen Wertbewegung und ihrer buchhaltungsmäßigen Abbildung im Rechnungswesen ist der These der Autoren um Fatih Guvenen hinsichtlich der kompletten Verfälschung gesamtwirtschaftlicher Statistiken durch die inkriminierten Sachverhalte nicht zu folgen.[16]

---

[16] Dabei ist zusätzlich zu berücksichtigen, dass die Ausweise der Zahlungsbilanzstatistik sowieso größere Ungenauigkeiten beinhalten als die rein nationalen Rechnungswerke.

Wohlstandseffekte der Globalisierung für die Weltbevölkerung

Im linken Diskurs dominiert die Hervorhebung der negativen Seiten der Globalisierung mit Unterwerfung nicht nur der Ökonomie, sondern auch der Politik der Staaten unter die Verwertungskalküle des zinstragenden Kapitals und der Finanzmärkte. So unbestreitbar dies im Hinblick auf die Beförderung von Spekulation und Geldkrisen ist, die 2007/08 beinahe das internationale Finanzsystem zum Einsturz gebracht hatten, so unvollständig ist dieser Befund, wenn nicht auch unleugbare positive Ergebnisse der Globalisierung mit genannt werden. Diese hängen direkt mit der Veränderung der internationalen Arbeitsteilung und dem Aufkommen der Schwellenländer in Asien und, mit Abstand, Mittel- und Südamerika zusammen – eine Entwicklung, die sich in größerer Breite erst nach dem Jahrtausendwechsel durchgesetzt hat.

Dadurch ist die jahrhundertealte Spaltung der Welt in reiche Metropolen und armen Rest – abgesehen von der zwischenzeitlichen Existenz der realsozialistischen Staaten – modifiziert worden. Bei einem durch verbesserte Hygiene- und Gesundheitsbedingungen in den Ländern der Dritten Welt beschleunigten Wachstum der Weltbevölkerung nach dem Zweiten Weltkrieg hat im letzten Jahrzehnt des 20. Jahrhunderts die steigende Masse der in Armut lebenden Menschen absolut abgenommen (siehe auch Abb. 3.3).

Zwar verhindert dies nicht eine weitere relative Spreizung der Einkommensverhältnisse, aber die absolute Verelendung – absolute Armut wird von der UNO definiert als Verfügbarkeit von weniger als 1,99 US-$ pro Kopf und Tag – hat sich namentlich in Asien signifikant verringert, was zu rd. 50% auf die positive Entwicklung in der VR China zurückzuführen ist. Nur der afrikanische Kontinent ist von diesen späten zivilisatorischen Errungenschaften der kapitalistischen Weltwirtschaft nach wie vor am deutlichsten ausgeschlossen.

Die anhand grober Indikatoren dokumentierten Wohlstandseffekte der Globalisierung sind nun kein Grund, Jubelarien anzustimmen. Denn dass im 21. Jahrhundert immer noch knapp dreiviertel Milliarden Menschen in Armut lebten und dies namentlich vor der Haustür Europas auf dem afrikanischen Kontinent, ist ein Befund der Schande angesichts der produktiven Möglichkeiten der Menschheit. Zudem ist die dokumentierte positive Entwicklungstendenz durchaus reversibel. Tiefgreifende internationale Krisen, zunehmender Protektionismus und zumindest partielle Zerstörung der aufgebauten internationalen Zusammenhänge und Arbeitsteilungen können im Verein mit einer Zunahme zerfallender Staaten sehr rasch die erzielten Erfolge der letzten eineinhalb Jahrzehnte wieder zunichtemachen – die Zunahme

---

Dies gilt beispielsweise für den »Restposten«, der sich aus der rein statistischen Erfassung aller Positionen auf der Soll- und Habenseite der Zahlungsbilanz ergibt, d.h. aus dem Fehlen der Exaktheit der doppelten Buchführung. Die Interpretation seiner Veränderung als Zahlungsbedingungen (terms of payment) gehorcht ebenfalls der Logik einer Residualkategorie, an der sich alle Ungenauigkeiten der Erfassung der vorherigen Transaktionen bündeln (vgl. Köhler 1979: 16f.).

Abbildung 3.3: Weltbevölkerung und Armutsentwicklung 1870-2015

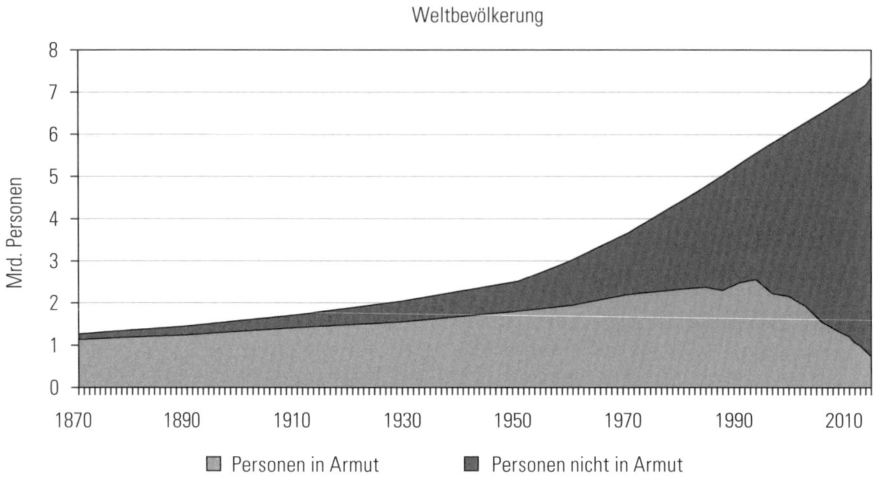

Momentaufnahme für das Jahr 2013 (Angaben in Mrd. Personen)

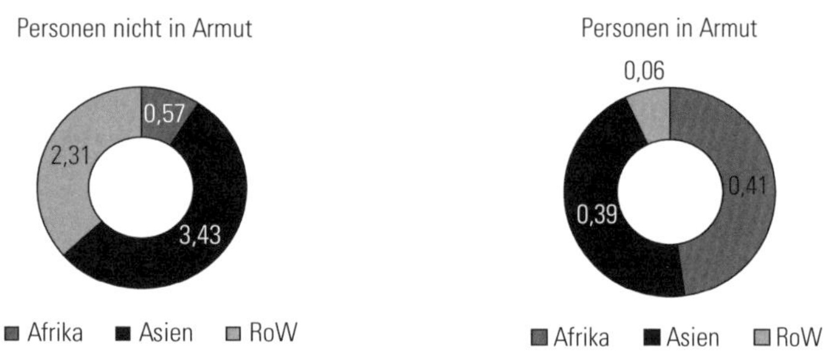

Quelle: Sachverständigenrat 2017/18

der Migrationsbewegungen ist ein Vorbote solcher Entwicklungen, zeigt sie doch, dass das Vertrauen in die Fähigkeiten der Länder, Unterentwicklung durch endogene Prozesse zu überwinden, schwindet.

Zweiter Abschnitt: Die Gesetzmäßigkeiten des internationalen Handels- und Kapitalverkehrs

Kapitel 4: Der Einfluss des Außenhandels auf Reproduktion und nationale Wertschöpfung

a) Modifikation des nationalen Wert- und Stoffersatzes durch den Außenhandel

Der Einfluss des auswärtigen Handels auf den nationalen Wert- und Stoffersatz des binnenwirtschaftlichen Zirkulations- und Reproduktionsprozesses des gesellschaftlichen Gesamtkapitals ist an anderer Stelle bereits behandelt worden.[1] Ausgehend von dem gesamtwirtschaftlichen Zusammenhang zwischen nationaler Gesamtproduktion und nationaler Gesamtkonsumtion bzw. Inlandsverfügbarkeit[2] hatte sich gezeigt, dass die genauere Zuordnung der Exporte und Importe zu den Abteilungen der gesellschaftlichen Produktion zwar durch ihre Beschaffenheit als Produktions- oder Konsumtionsmittel bestimmt ist, damit aber noch nichts über ihre genauere Einordnung in die Prozesse des Wert- und Stoffersatzes ausgesagt wird. Diese Einordnung ist erst möglich, wenn zu den einseitigen Käufen $G - W_{Im}$ (Importe) bzw. einseitigen Verkäufen $W_{Ex} - G$ (Exporte) die jeweiligen ergänzenden Teilmetamorphosen identifiziert worden sind, also die Herkunft des Geldes für die Importe von ausländischen Waren bzw. die Verwendung des Geldes aus den Verkäufen einheimischer Waren an ausländische Käufer offengelegt ist. Beispielsweise kann ein Export von sachlichen Bestandteilen des fixen Kapitals (Investitionsgüter) innerhalb der Abteilung Ia[3] sowohl zum konstanten oder variablen Kapital (c_1 oder v_1) als auch zum Mehrwert (m_1) gehören und entsprechende Veränderungen an den binnenwirtschaftlichen Umsatzprozessen sowohl innerhalb der Abteilung als auch zwischen den Abteilungen und Unterabteilungen hervorrufen. Entsprechendes gilt für die Eingruppierung der Importe; handelt es sich um Konsumtionsmittel, stammt das Geld für ihren Kauf entweder aus der Realisierung der Revenue beider Abteilungen, also der Geldform des variablen Kapitals (v_1 oder v_2) oder des individuell konsumierten Bestandteils des Mehrwerts (m_1 oder m_2). Auch hier

---

[1] Vgl. Krüger 2010: 730ff.

[2] Es gilt: Nationale Gesamtproduktion (Produktionswert bzw. Bruttoprodukt) ./. Exporte = aus inländischer Produktion befriedigte Nachfrage + Importe = Inlandsverfügbarkeit (nationale produktive und individuelle Gesamtkonsumtion). Zu den entsprechenden Daten für die BRD-Entwicklung vgl. Krüger 2015: 30ff.

[3] Wir gehen aus von zwei Abteilungen des gesellschaftlichen Gesamtkapitals und seines Zirkulations- und Reproduktionsprozesses: Produktion von Produktionsmitteln (Abteilung I) und Produktion von Konsumtionsmitteln (Abteilung II), beide nochmals unterteilt in sachliche Bestandteile des fixen Kapitals (Ia: Investitionsgüter) und des zirkulierenden konstanten Kapitals (Ib: Vorleistungsgüter) sowie notwendige Lebensmittel (IIa) und Luxusgüter (IIb). Konstantes (c), variables Kapital (v) und Mehrwert (m) werden mit entsprechenden Indizes diesen Abteilungen (und Unterabteilungen) zugeordnet.

wird deutlich, dass die Käufe von Waren aus ausländischen Produktionsprozessen in tendenziell alle binnenwirtschaftlichen Umsatzprozesse des gesamtwirtschaftlichen Warenprodukts eingreifen und dieselben modifizieren.

Der Einfluss von Exporten und Importen auf den binnenwirtschaftlichen Kreislauf ist also wesentlich differenzierter und zugleich quantitativ bedeutender als die gängige Kreislauftheorie mit der Konstruktion des sog. Außenbeitrags als Saldo von Exporten und Importen (inkl. Dienstleistungen) unterstellt. Ein Einfluss dieses Außenbeitrages auf das nationale Bruttoinlandsprodukt (BIP) ergibt sich in der Verwendungsrechnung, wenn zu den nationalen Konsum- und Investitionsausgaben der Saldo aus Exporten und Importen hinzuaddiert oder abgezogen wird. Ein positiver Außenbeitrag (Exportüberschuss) erhöht sodann das nationale BIP über den binnenwirtschaftlichen Verbrauch und die binnenwirtschaftlichen Investitionen und macht so deutlich, dass die Vermögensposition des Inlands gegenüber dem Ausland gesteigert wurde; umgekehrt, umgekehrt. Eine genauere Einordnung der Außenwirtschaftstransaktionen ist dann nur über eine Input-Output-Analyse zu gewinnen.

Allerdings reicht die Analyse des Außenbeitrages hin, um bei strukturellen Importüberschüssen eines Landes, d.h. einer chronisch defizitären Handels- bzw. Leistungsbilanz die Grenzen seiner Verschuldung gegenüber dem Ausland aufzuweisen. Bei ebensolchen strukturellen Leistungsbilanzüberschüssen eines oder mehrerer Länder wird deren Rolle als potenzielle »Störenfriede« des Welthandels deutlich, denn diesen Überschüssen müssen in der Weltwirtschaft entsprechende Defizite anderer Länder entsprechen. Die aus der Saldenmechanik von binnenwirtschaftlichem BIP und außenwirtschaftlichen Disproportionen gewonnenen Empfehlungen für wirtschaftspolitische Maßnahmen zum Abbau der Ungleichgewichte sind dann aber allenfalls allererste Annäherungen, die durch differenziertere Analysen fundiert werden müssen.

Ein Export- oder Importüberschuss ist das Ergebnis unterschiedlicher Salden bei verschiedenen Produktgruppen. Ein rohstoffarmes Land wird einen strukturellen Importüberschuss bei Grundstoffen für seine materiellen Produktionsprozesse aufweisen und eventuell gleichzeitig einen strukturellen Exportüberschuss bei Fertigwaren, ggf. differenziert nach Investitions- und Konsumgütern. Hinzu kommen Käufe und Verkäufe von immateriellen Waren zwischen Inland und Ausland, die zum Teil durch die materiellen Produkte bedingt sind wie technische Service- und kommerzielle Zirkulationsdienstleistungen, zum Teil eigenständigen Bestimmungsfaktoren unterliegen wie dem Kauf und Verkauf von Know-how (Patente, Lizenzen etc.) oder auch Tourismuseinnahmen und -ausgaben umfassen. Der aus einer Vielzahl von einseitigen Käufen und Verkäufen gebildete Außenhandelssaldo eines Nationalkapitals bzw. eines Landes besitzt aufgrund seiner unterschiedlichen und gegeneinander unabhängigen Bestimmungsfaktoren keinen immanenten Zusammenhang oder Ausgleichszwang; dieser ergibt sich erst durch die Preise der Außenhandelswaren und den durch diese wesentlich mitbestimmten Saldo der nationalen Handels- und Leistungsbilanz bzw. des durch diese Teilbilanzen bestimmten Saldos der nationalen Zahlungsbilanz gegenüber dem Ausland.

b) Modifikation des Wertgesetzes in seiner internationalen Anwendung

Internationale Gewichtung der wertschöpfenden Potenz der produktiven Nationalarbeit

Mit der Ausbildung und beständigen Reproduktion eines national bestimmten Systems der Arbeitsarten und Bedürfnisse, dem Charakter des gesellschaftlichen Gesamtkapitals als Nationalkapital und seines Zirkulations- und Reproduktionsprozesses als binnenwirtschaftlicher Kreislauf, in dessen Konkurrenzbeziehungen innerhalb und zwischen den verschiedenen Produktionssphären eine allgemeine Rate des Mehrwerts sowie durch die Ausgleichung individueller und Branchenprofitraten der Kapitale eine nationale Durchschnittsprofitrate gebildet wird, ist der Wirkungskreis des Wertgesetzes im nationalen Akkumulationsprozess des Gesamtkapitals bestimmt.[4] Vielfältige Ausgleichungsprozesse innerhalb und zwischen den kapitalistisch betriebenen Produktionssphären des gesellschaftlichen Kapitals erbringen Durchschnittsverhältnisse von Intensität, Qualität und Produktivität der produktiven Nationalarbeit als reelle Größen, die sich als jeweilige Durchschnittsgrößen durch die Bewegung von Marktpreisen und Verwertungsraten auf den Arbeits-, Waren- und Finanzmärkten herausbilden.

Überschreiten die ökonomischen Transaktionen die Binnenwirtschaft, ergeben sich bestimmte Modifikationen. Marx spricht von einer »Modifikation des Wertgesetzes in seiner internationalen Anwendung«. Auf dem Weltmarkt, dessen integrierende Teile die nationalen (Waren-)Märkte sind,[5] bildet sich eine *»Stufenleiter«* der produktiven Nationalarbeiten heraus, *»deren Maßeinheit die Durchschnittseinheit der universellen Arbeit ist«*. (MEW 23: 584) Mehrere Einschränkungen und Präzisierungen sind nötig, um dies korrekt zu erfassen. Zum Ersten stellen die nationalen Gesamtarbeiten mit ihren charakteristischen Merkmalen die Ausgangsgrößen für diese Stufenleiter dar; sie haben also bereits ihre nationale Ausgleichung durchlaufen und die universelle Arbeit und ihr Durchschnitt ergeben sich erst auf

---

[4] Das Gesamtkapital als Nationalkapital und sein Reproduktionsprozess als nationaler Reproduktions- und Akkumulationsprozess sind also – wir wiederholen dies – genuin ökonomische Kategorien, die weder durch bloße Rückwirkungen staatlicher Regulierungen wie z.B. nationales Geld, Wechselkurse oder nationale Regulierungen von Waren-, Arbeits- und Finanzmärkten, die nationale Steuergesetzgebung etc. ursächlich erst gebildet noch durch die Immobilität der Produktionsfaktoren stofflich-natürlich bestimmt werden. Selbstverständlich findet aber eine befestigende Rückwirkung der nationalen Ökonomie als Volkswirtschaft durch all diese Elemente statt.

[5] Der Welt(waren)markt ist, einem Wort von Marx zufolge, *»nicht nur der innre Markt im Verhältnis zu allen außer ihm existierenden foreign markets, sondern zugleich der innre [Markt/S.K.] aller foreign markets als wieder Bestandteile de[r] [verschiedenen/S.K.] home market[s].«* (MEW 42: 206) Für tatsächliche Weltmarktwaren wie für potenziell international handelbare Waren findet also eine – mehr oder weniger strikte – konkurrenzvermittelte Interaktion zwischen den »home markets« zumindest der entwickelten kapitalistischen Länder statt. Nur für Binnen- und Lokalmarktwaren gilt dieser wechselseitige Bezug aufeinander nicht.

dieser Grundlage und mit derselben. Zweitens geht es bei den Nationalarbeiten zunächst nur um die produktiv-wertschöpfenden Arbeiten, nicht um die verschiedenen Formen unproduktiver Arbeit, die bspw. als Zirkulationstätigkeiten nur in den Kostenvergleichen wirksam werden. Drittens sind nur solche Nationen mit ihren Arbeiten an der internationalen Stufenleiter beteiligt, die aufgrund der Wirksamkeit von binnenwirtschaftlichen Ausgleichungsprozessen auch realiter nationale Durchschnitte an Intensität, Qualität und Produktivität aufweisen, d.h. es geht nur um produktive Gesamtarbeiten der bis zu einem gewissen Grad entwickelten kapitalistischen Volkswirtschaften. Länder, in denen vorbürgerliche Produktionsformen und Subsistenzwirtschaft dominieren und die keinen durch das kapitalistische Wertgesetz regulierten gesamtwirtschaftlichen Kreislauf aufweisen, sind hier zunächst ausgeschlossen; der Einbezug ihrer Waren in den internationalen Handel gehorcht anderen Bestimmungsgründen.[6]

Mit der Bildung einer internationalen Stufenleiter produktiver Nationalarbeiten aus kapitalistischen Reproduktionsprozessen findet eine Gewichtung ihrer wertschöpfenden Potenz statt, sodass nominell gleiche nationale Arbeitsvolumina unterschiedliche Wertgrößen bilden. Dies liegt erstens an national unterschiedlichen (Durchschnitts-)Intensitäten der Arbeiten: *»Verglichen mit der weniger intensiven, produziert … die intensivere nationale Arbeit mehr Wert, der sich in mehr Geld ausdrückt.«* (Ibid.) Zweitens wirken auch unterschiedliche Produktivitätsgrade der nationalen Gesamtarbeiten[7] in unterschiedlichem Grade wertschöpfend: *»Noch mehr aber wird das Wertgesetz in seiner internationalen Anwendung dadurch modifiziert, daß auf dem Weltmarkt die produktivere nationale Arbeit ebenfalls als intensivere zählt, sooft die produktivere Nation nicht durch die Konkurrenz gezwungen wird, den Verkaufspreis ihrer Ware auf ihren [national bestimmten/S.K.] Wert zu senken.«* (Ibid.) Schließlich wirkt drittens auch die jeweilige Zusammensetzung der produktiven Nationalarbeiten nach einfacher Arbeit und komplizierten Arbeiten, d.h. ihre durchschnittliche Qualität, als unterschiedliche Wertgrößen in gegebener Zeit schaffend. Je größer der Anteil der sich über die einfache (nationale) Durchschnittsarbeit erhebenden komplizierten Arbeiten an der Gesamtarbeit und je größer die Differenz in den Reduktionskoeffizienten der komplizierten gegenüber der einfachen Arbeit sind, desto höher ist die Qualität der jeweiligen Nationalarbeit. Gesamthaft gilt: *»Im Maße, wie in einem Land die kapitalistische Produktion entwickelt ist, im selben Maß erheben sich dort auch die nationale Intensität und Produktivität [sowie, darin eingeschlossen, die Qualität/S.K.] der Arbeit über das internationale Niveau [im Sinne des Durchschnittsniveaus der universellen Ar-*

---

[6] Wir kommen hierauf weiter unten zurück; vgl. auch Kapitel 10 sowie den IV. Abschnitt.

[7] Die Produktivität der Arbeit als Output zu produktiver Arbeitsstunde ist zunächst wegen der stofflichen Verschiedenheit der Outputgrößen eine branchenspezifische Größe. Erst die Durchschnittsbildung über die einzelnen Branchen ergibt die gesamtwirtschaftliche Durchschnittsproduktivität der produktiven Nationalarbeit. Sie ist eine nicht nur theoretische, sondern reelle Größe, weil es die *»Tendenz des Kapitals [ist], wie sich in der Konkurrenz zeigen wird, die Produktivkraft gleichmäßig zu verteilen«*. (MEW 42: 666)

beit/S.K.].« (Ibid.) Daraus folgt zunächst: *»Das begünstigte Land [also das kapitalistisch entwickeltere Land/S.K.] erhält mehr Arbeit zurück im Austausch für weniger Arbeit, obgleich diese Differenz, dies Mehr, wie beim Austausch von Kapital und Arbeit überhaupt, von einer bestimmten Klasse eingesackt wird.«* (MEW 25: 248) Diese Aussage von Marx ist oftmals als »ungleicher Tausch auf dem Weltmarkt« verstanden worden und mit einem regelrechten Transfer von nationalen Arbeitsquanta zwischen verschiedenen Ländern illustriert worden. Tatsächlich handelt es sich aber um eine Gewichtung der wertschöpfenden Potenz der produktiven Nationalarbeiten und der Tausch verschieden intensiver, produktiver und qualitativer Arbeitsquanta gewährleistet durch diese Gewichtung ihre Äquivalenz im internationalen Austausch. Dieser Umstand markiert an sich kein neues Phänomen im internationalen Verkehr gegenüber den Märkten in der Binnenwirtschaft; auch dort führen Produktivitäts-, Intensitäts- und Qualitätsunterschiede zu unterschiedlichen individuellen Werten verschiedener Anbieter, die sodann über den Marktwert eine Gewichtung ihrer Wertschöpfung erhalten. Unter Berücksichtigung entwickelter kapitalistischer Verhältnisse innerhalb eines Landes und demzufolge nicht nur innerzweiglicher, sondern auch zwischenzweiglicher Ausgleichungsprozesse treten individuelle Kostpreise und Angebotspreise (Produktionspreise) an die Stelle der individuellen Werte und über die Oszillationen der Marktpreise in zyklischer Frist gebildete Marktproduktionspreise an die Stelle von Marktwerten.

Der Unterschied zwischen der wertschöpfenden Gewichtung der individuellen produktiven Arbeiten in der Binnenwirtschaft und der produktiven Nationalarbeiten im internationalen Austausch ergibt sich erst im Rahmen der Verarbeitung dieser Unterschiede, d.h. im modus operandi ihrer Ausgleichung. Während in der binnenwirtschaftlichen Konkurrenz der zyklische Ausgleich der individuellen und Sphärenprofitraten zur Durchschnittsprofitrate durch Initiierung von produktivitätssteigernden Investitionen sowie Verlagerungsprozessen von Kapital und Arbeit zwischen den verschiedenen Produktionssphären zur tendenziellen Nivellierung der Intensitäts-, Produktivitäts- und Qualitätsunterschiede der Arbeiten führt, d.h. die resp. Durchschnitte für die produktive Nationalarbeit reell herausgebildet und in der langen zyklenübergreifenden Perspektive sukzessive gesteigert werden, findet eine derartige Tendenz zur Ausgleichung zwischen den Nationalarbeiten auf dem Weltmarkt nicht statt. Die »Verarbeitung« der sich aus dem internationalen Handel ergebenden Effekte ist sehr viel weitläufiger vermittelt und schließt den Ausgleich der nationalen Zahlungsbilanzen ein.

Dieser Unterschied zwischen binnenwirtschaftlicher Ausgleichung und internationaler Nichtausgleichung bzw. fehlender Ausgleichung von Werten und Preisen ist landläufig durch eine nationale Immobilität der Produktionsfaktoren erklärt worden. Eine derartige stofflich-gebrauchswertmäßige Immobilität der Produktionsfaktoren gilt jedoch heutzutage immer weniger. Kapital in Geldform ist eo ipso international mobil, aber auch für fixes produktives Kapital und selbst für einen Großteil der Arbeitskräfte gilt dies mittlerweile in abgeschwächter Weise; nur der Grund und Boden ist im strikten Sinne immobil. Übersetzt man in grob stofflicher

Manier die nationale Bestimmtheit der Ausgleichungsprozesse als Immobilität von Produktionsfaktoren, verflüchtigt sich zunehmend der funktionelle Unterschied zwischen Nationalökonomie und internationalen Transaktionen. Der Begründung und Reduzierung der Außenwirtschaftstheorie auf die Immobilität von Produktionsfaktoren in der bürgerlichen Ökonomie entspricht spiegelbildlich-gegensätzlich auf marxistischer Seite die früher kritisierte Auffassung von einem Weltkapital und seiner Welt-Profitrate.

Gehen wir einen Schritt weiter und wechseln vom Vergleich der Arbeitsquanta und ihren Wertschöpfungsbeiträgen zu ihren Ausdrucksformen in Geld. Zunächst ist festzuhalten, dass die Gewichtung der Wertschöpfung verausgabter Arbeiten nicht nur aufseiten der Waren, sondern ebenso aufseiten des Geldes, wenn es hier zunächst als goldenes Weltgeld, d.h. als Geldware mit Selbstwert unterstellt wird, stattfindet. Dies führt dazu, dass bei unterschiedlicher Produktausbeute gleicher nomineller Arbeitsquanta aus verschieden intensiven, produktiven etc. Arbeitstagen der Gesamtwert des Ergebnisses eines Arbeitstages von gleicher Länge verschieden ist.[8] Jedoch ist der Wert (Preis) einer Einzelware aus den beiden Arbeitstagen gleich.[9] Ein z.B. 8-stündiger Arbeitstag erbringt in dem entwickelteren Land sagen wir 15 Produkteinheiten, im weniger entwickelten Land 10 Einheiten. Unter verschiedenen nationalen Bedingungen, d.h. mit ungleichen nominellen Arbeitsstunden produzierte einzelne (qualitativ identische bzw. über Substitutionsprozesse konkurrierende) Gebrauchswerte haben dann gleiche Weltmarktpreise in Gold, ausgedrückt in Gewichtseinheiten des goldenen allgemeinen Äquivalents, weil sich auch im Gold die Gewichtung der Wertschöpfung unterschiedlicher nationaler Arbeiten geltend macht. Die Verschiedenheit der Nationalarbeiten bedingt allerdings nicht nur unterschiedlich große Wertprodukte pro Arbeitstag, sondern darüber hinaus unterschiedliche Strukturen von (konstantem und variablem) Kapital und Mehrwert (Profit) an den Werten resp. Preisen der Weltmarktwaren.[10]

---

[8] Solange das Verhältnis zwischen Arbeitsquanta und Produktmengen, hier: Goldquanta betrachtet wird, ist die Sachlage eindeutig: *»Der intensivere Nationale Arbeitstag gilt = dem weniger intensiven + x. Nimmt man den Arbeitstag der Gold und Silber producirenden Länder als das Maaß des internationalen Arbeitstages an, so wird sich der intensivere englische Arbeitstag von 12 Stunden z.B. in mehr Gold ausdrücken als der weniger intensive spanische; d.h. er wird höher im Verhältniß zu dem mittleren im Gold und Silber realisirten Arbeitstag stehn.«* (MEGA II, 4.1: 17) Demzufolge gilt auch: *»Der intensivere und produktivere nationale Arbeitstag stellt sich also im Ganzen auf dem Weltmarkt in höherem Geldausdruck dar als der minder intensive oder produktive nationale Arbeitstag.«* (MEGA II, 5: 454f.)

[9] Diese Einflüsse haben wir in einer exemplarischen Illustration an anderer Stelle durchgespielt; vgl. Krüger 2010: 733ff.

[10] Dieser Umstand führt dann zu dem Marx vornehmlich interessierenden Tatbestand hinsichtlich der nationalen Verschiedenheit der Arbeitslöhne: *»Was von dem Arbeitstag, gilt von jedem seiner aliquoten Theile. Der* absolute Geldpreis der Arbeit *kann also bei einer Nation höher stehn als bei der andern, obgleich der* relative Arbeitslohn, *d.h. der Arbeitslohn verglichen mit dem vom Arbeiter producirten Mehrwerth, oder seinem ganzen Werthprodukt, oder dem Preiß der Nahrungsmittel, niedriger steht.«* (MEGA II. 5: 455; Hervorh. i. O.)

Der Unterschied für die am Welthandel teilnehmenden Länder in den Geldgrößen wird darüber hinaus sichtbar bei Veränderungen der Produktivität, Intensität und Qualität der produktiven Nationalarbeiten in den jeweiligen Akkumulationsprozessen der Nationalkapitale. Ungleiche Entwicklungen, d.h. verschieden rasche Steigerungen von Intensität und Produktivität der nationalen Arbeiten, führen zu unterschiedlichen Einflüssen für die Preise der Weltmarktwaren und über die Veränderung ihrer Preise im Zeitablauf zu Veränderungen von Profiten sowie anderen monetären Größen der Nationalkapitale. Kapitale mit international überdurchschnittlichen Steigerungen der Produktivität, Intensität und Qualität ihrer produktiven Nationalarbeit erwerben sich absolute Kostenvorteile, erreichen Marktanteilssteigerungen und erzielen Surplusprofite aus ihren Exporten sowie Kostenvorteile und Ökonomisierungen aus ihren Importen.[11] Nationalkapitale mit einer international unterdurchschnittlichen Entwicklung ihrer produktiven Nationalarbeit erleiden Profitabzüge wegen Kostennachteilen und ggf. Marktanteilsverluste. Denn bei gleichen Weltmarktpreisen verkauft das die Produktivkraft seiner produktiven Arbeit überdurchschnittlich steigernde Nationalkapital seine Waren zwar zu niedrigeren Einzelpreisen als zuvor, aber zu höheren Preisen als es der Produktivitäts-, Intensitäts- und Qualitätssteigerung seiner produktiven Nationalarbeit entspricht; bei dem in der Produktivitätsentwicklung relativ zurückbleibenden Nationalkapital deckt der Weltmarktpreis nicht mehr die insgesamt verausgabte Arbeitszeit, was auf Kosten des Mehrwerts bzw. Profits geht. So gruppiert sich die internationale Stufenleiter der Nationalarbeiten ebenso um wie die Marktanteile der verschiedenen Nationalkapitale. Sowohl im Vergleich zu einem identischen Zeitpunkt als auch im Zeitverlauf mit ungleichen nationalen Entwicklungen machen sich also internationale Ausbeutungs- und Umverteilungsverhältnisse zwischen kapitalistischen Nationalkapitalen bei gleichen Weltmarktpreisen durch eine spezifische Gewichtung der wertbildenden Potenz der jeweiligen Nationalarbeiten geltend. Dieses Gleichgelten von Ungleichem hat zunächst nichts mit der in der Öffentlichkeit diskutierten Problematik von »Fair vs. Unfair Trade« zu tun, sondern ist dieser gewissermaßen

[11] Vgl. MEW 25: 247: »*Kapitale, im auswärtigen Handel angelegt, können eine höhere Profitrate abwerfen, weil hier erstens mit Waren konkurriert wird, die von andern Ländern mit mindren Produktionsleichtigkeiten produziert werden, so dass das fortgeschrittenere Land seine Waren über ihrem Wert verkauft, obgleich wohlfeiler als die Konkurrenzländer. Sofern die Arbeit des fortgeschrittenern Landes hier als Arbeit von höherm spezifischen Gewicht verwertet wird, steigt die Profitrate, indem die Arbeit, die nicht als qualitativ höhere bezahlt, als solche verkauft wird. Dasselbe Verhältnis kann stattfinden gegen das Land, wohin Waren gesandt und woraus Waren bezogen werden; dass dies nämlich mehr vergegenständlichte Arbeit in natura gibt, als es erhält, und dass es doch hierbei die Ware wohlfeiler erhält, als es sie selbst produzieren könnte. Ganz wie der Fabrikant, der eine neue Erfindung vor ihrer Verallgemeinerung benutzt, wohlfeiler verkauft als seine Konkurrenten und dennoch über dem individuellen Wert seiner Ware verkauft, d.h., die spezifisch höhere Produktivkraft der von ihm angewandten Arbeit als Mehrarbeit verwertet. Er realisiert so einen Surplusprofit.*«

vorgelagert und entspricht dem Prinzip der Äquivalenz des Wertgesetzes in seiner internationalen Anwendung.

Von dieser Neugruppierung der Arbeiten und Marktanteile im internationalen Austausch gehen spezifische Effekte für die binnenwirtschaftlichen Reproduktions- und Akkumulationsprozesse aus, die innerhalb derselben in der Folgezeit »verarbeitet« werden. Sie betreffen in Abhängigkeit von der Beschaffenheit des internationalen Währungszusammenhangs die wertbestimmten nationalen Warenpreise und Einkommenseffekte sowie monetäre Preiseinflüsse und Wechselkursveränderungen. Ihre Wirkungen sind potenziell widersprüchlich und zudem nach ihrer Quantität sowie danach zu unterscheiden, ob sie einmalig oder permanent auftreten.

Wirkung des Außenhandels auf die nationale Wertschöpfung und die nationalen Preise

Die Aufschließung von (absoluten) Kostenvorteilen durch international überdurchschnittliche Entwicklungen der Produktivkräfte – dies schließt im Übrigen nicht nur Preis-, sondern auch Qualitätsvorteile etc. der Exportwaren in der Weltmarktkonkurrenz ein – begünstigt unmittelbar die nationalen Exportkapitale und steigert ihre Profitraten durch exportbedingte Surplusprofite. In der Folgezeit findet jedoch eine gesamtwirtschaftliche Verallgemeinerung im Zuge der Bildung der nationalen Durchschnittsprofitrate statt.[12] Entsprechendes gilt für den Einbezug billigerer Importwaren in die Kapitalvorschüsse, die pro tanto die Profitrate der importierenden Unternehmen steigert und in der Folgezeit den Ausgleichungsprozess zur Durchschnittsprofitrate modifiziert. In diesem Sinne bestimmt der auswärtige Handel den Profit und die Profitraten mit.

Mit der Generierung von Surplusprofiten aus den nationalen Exporten – spiegelbildlich der Verminderung der Profite bei den in der internationalen Konkurrenz zurückfallenden Nationalkapitalen – wird gleichzeitig das nationale Wertprodukt beeinflusst; der internationale Handel ist also auch wert(mit)bestimmend. Diese wertbestimmende Wirkung des Außenhandels gilt nicht nur für die gesamtwirtschaftliche Größe des nationalen Wertprodukts, sondern führt im Zuge der Einbeziehung der Surplus- oder Minus-Profite in den nationalen Profitratenausgleich auch zu einer (relativen) Erhöhung (oder Verminderung) des nationalen Durchschnittspreises – jedenfalls gilt dies als sog. Erstrundeneffekt, der im weiteren Verlauf des Akkumulationsprozesses wiederum konterkariert werden kann. Der internationale Handel ist daher auch Einzelpreis bestimmend und diese Preisveränderung beruht

---

[12] Vgl. MEW 25: 248: *»Warum nun die höhern Profitraten, die in gewissen Zweigen angelegte Kapitale so abwerfen und nach der Heimat abführen, hier, wenn nicht sonst Monopole im Wege stehn, nicht in die Ausgleichung der allgemeinen Profitrate eingehn und daher diese pro tanto erhöhn sollen, ist nicht abzusehn. Es ist dies namentlich nicht abzusehn, wenn jene Zweige der Kapitalanwendung unter den Gesetzen der freien Konkurrenz stehn.«*

auf der Wertschöpfung selbst. Es gilt dies allgemein, auch und gerade bei einer hypothetisch unterstellten Goldwährung in der binnenwirtschaftlichen Zirkulation.[13]

Die Erhöhung der nationalen Preise durch die Surplusprofite aus den Exporten – wir behalten zunächst die Position des im Außenhandel gewinnenden Landes bei – wirkt, ceteris paribus, beschränkend auf die internationale Konkurrenzposition des Nationalkapitals ein. Allerdings kann diese negative Beeinträchtigung der (preislichen) Wettbewerbsfähigkeit wiederum konterkariert werden, wenn eine aus den exportinduzierten Surplusprofiten finanzierte Beschleunigung der binnenwirtschaftlichen Kapitalakkumulation mit Produktivitätssteigerungen einhergeht (Produktivitäts- und Einkommenseffekt als Zweitrundeneffekt) und somit wieder Einzelpreis senkend wirkt; dies gilt bei konstanten Verhältnissen auf der Geldseite. Denn eine Steigerung des Wertprodukts wirkt prinzipiell akkumulationsfördernd, entweder direkt durch Erhöhung des Akkumulationsfonds oder indirekt durch Steigerung der konsumtiven Nachfrage.

Werden die zunächst in Geldform vorliegenden Exporterlöse nicht direkt nachfragewirksam an den Warenmärkten, sondern vermehren sie zunächst nur das Angebot an leihbarem Geldkapital, so wirken sie, ceteris paribus, zinssenkend und je nach der Art und Weise ihrer kreditvermittelten Rückschleusung in den reproduktiven Zirkel wiederum expansiv bei investiven oder konsumtiven Nachfragen. Nur in dem Fall, dass der additionelle Geldzufluss aus dem Ausland in die gesamtwirtschaftliche Spekulationskasse fließt und nur die Kauf- und Verkaufstransaktionen in fiktivem Kapital befördert, bliebe seine Wirkung zunächst rein auf die Kurse des fiktiven Kapitals ohne eine unmittelbare nachfolgende reproduktive Nachfragewirkung als Erstrundeneffekt beschränkt. Es versteht sich, dass ein Abfluss von Geld ins Ausland bei einem in der internationalen Konkurrenz verlierenden Nationalkapital die entgegengesetzten Wirkungen auslöst; eine Kompensation des Goldabflusses durch zentralbankvermittelte Geldschöpfung ist voraussetzungsgemäß bei einer unterstellten Goldwährung zunächst ausgeschlossen. Auch bei Importen vollzieht sich die Gewichtung der wertschöpfenden Potenz der Nationalarbeiten, sodass das produktivere etc. Nationalkapital Waren, die in geringer entwickelten Produktionsländern mit einem höheren Arbeitsvolumen produziert worden sind, gegen einen Geldbetrag (Gold) erhält, der für es einen nominell geringeren Arbeitsaufwand repräsentiert. Im Unterschied zu den Exporten, die zunächst nur zu einem Geldzufluss führen, gehen die importierten Waren direkt in die produktive oder individuelle Konsumtion ein. Liegt die Steigerung der Intensität, Produktivität und Qualität der Nationalarbeit des importierenden Landes über dem internationalen Durchschnitt, bewirken Importe, die Bestandteile des Kapitalvorschusses

[13] Wir werden später sehen, dass diese preisbestimmende Wirkung des auswärtigen Handels im Ergebnis auf ein vergleichbares Ergebnis herauskommt wie Ricardos Deduktionen, der es jedoch im direkten Widerspruch zu seiner Werttheorie aus quantitätstheoretischen Begründungselementen auch unter Bedingungen einer Goldwährung herleitet; vgl. das nachstehende Kapitel 5.

sind, dortselbst eine Freisetzung von Kapital und eine direkte Steigerung der Profitrate. Bei Importen für die individuelle Konsumtion bleibt es bei der Aufwertung der nationalen Kaufkraft; auch hier steigt in der ersten Runde, ceteris paribus, die (private) Ersparnis. Wird danach die gesteigerte Kaufkraft nachfragewirksam, steigen ceteris paribus die Marktpreise. Kapitalfreisetzung und Ersparniszunahme wirken darüber hinaus senkend für die Zinssätze und befördern vom Geldkapitalmarkt her mittelbar die Kapitalakkumulation.

Sowohl hinsichtlich der Effekte von Exporten als auch von Importen stellt sich die Sachlage für ein in der internationalen Konkurrenz verlierendes Nationalkapital, welches innerhalb der internationalen Stufenleiter der Nationalarbeiten auf dem Weltmarkt absteigt, in jeweils umgekehrter Weise dar. Marktanteilsverluste und/oder Hinnahme von Einzelpreissenkungen bei Exporten führen zu Profitabzügen und wirken, ceteris paribus, zinssteigernd und restriktiv für die akkumulative und/oder konsumtive Nachfrage. Dies ist der Tribut dafür, dass das betreffende Nationalkapital auf dem Weltmarkt präsent bleiben kann. Gleichfalls werden die Importe verteuert. Dies führt zu zusätzlicher Kapitalbindung, zu Senkungen der Profitrate und zur Reduzierung der Kaufkraft gegebener Einkommensbestandteile. Die Weitergabe der Verluste vom Kapital auf die abhängig Beschäftigten durch Druck auf die Arbeitslöhne ist die nächste Wirkung. Damit wird der nationale Akkumulationsprozess durch eine sog. innere Abwertung potenziell konkurrenzfähiger gemacht. Was beim international gewinnenden Nationalkapital durch eine außenwirtschaftliche Beschleunigung der Kapitalakkumulation realisiert wird, soll beim international verlierenden Kapital durch eine gewaltsame Reduzierung der beeinflussbaren Kosten, d.h. insbesondere der Arbeitskosten bewerkstelligt werden. Der Erfolg ist dabei allerdings mehr als zweifelhaft, weil innere Abwertung zu Nachfragerestriktionen führt, die, wenn sie größeren Umfang besitzen, auch einen sich beschleunigenden Abschwung, im Extremfall eine depressiv-deflationäre Spirale einleiten können.

Spezialfall der internationalen Preisbildung bei Waren der Agrikultur und extraktiven Industrie

Bisher haben wir bei der Betrachtung der Einzelpreise der international gehandelten Waren stets jeweilige nationale Durchschnittsexemplare ihrer Art unterstellt. Tatsächlich gilt ja auch für die Produktionsbedingungen industriell gefertigter Waren verschiedener Spezies, dass für die für ihre Produktion aufgewandten produktiven Arbeiten zwar nicht in jedem Augenblick, aber doch in mittlerer Frist eine Tendenz besteht, sich zu den nationalen Durchschnittsbedingungen der Intensität, Produktivität und Qualität auszugleichen. Gegenüber diesem »Normalfall« internationaler Preisbildung, der in der Realität stets einen mehr oder weniger großen Fächer unterschiedlicher Konkurrenzbedingungen der verschiedenen nationalen Produktionssphären einschließt, bringen die Waren von Agrikultur und extraktiver Industrie durch den großen Einfluss, den natürliche Fruchtbarkeiten von Ackerflächen und Ergiebigkeiten von Bergwerken, Minen sowie Öl- und Gasquellen aufweisen, spezifische Besonderheiten hervor.

Zunächst gilt für diese unmittelbar der Erde abgerungenen Produkte, die nur weitere Veredlungsprozesse, aber noch keine weiteren Verarbeitungsprozesse durchlaufen haben, am ehesten ein international ausgeglichener Preis, der zumeist in der dominierenden internationalen Transaktionswährung, d.h. entweder (früher) direkt in Gold oder, heutzutage, in US-Dollar oder Euro ausgedrückt wird. Der Einfluss der Naturkomponente der Produktivkraft der Arbeit neben ihren gesellschaftlichen Bestimmungsfaktoren bewirkt nun des Weiteren zweierlei: einmal die Regulierung des sphärenspezifischen Preises durch die schlechteste, gerade noch für die Deckung der Nachfrage notwendigen Angebotsklasse; dies führt zu einem *»falschen sozialen Wert«* (MEW 25: 673), indem der Gesamtpreis des Sphärenprodukts größer ist als der Preis der mittleren Klasse (multipliziert mit der Anzahl der Waren). Im Ergebnis bedeutet dies, dass ein überproportionaler Anteil des Mehrwerts in diesen Produktionssphären hängen bleibt und umgekehrt ein unterproportionaler Anteil in allen anderen Bereichen. Es kommt also, ceteris paribus, zu einer Verschiebung der relativen Preise zwischen Rohwaren und dem Rest der Warenwelt. Zum anderen werden dadurch die dauerhaften Surplusprofite der oberhalb der schlechtesten Angebotsklasse figurierenden Kapitale zwar von den Betreibern der Produktionsprozesse in erster Hand angeeignet, jedoch müssen sie an die Eigentümer des Grund und Bodens weitergegeben werden, denn diese sind als Privateigentümer in der Lage, andere von der Nutzung des Bodens auszuschließen, also auch von der Nutzung der Naturkräfte, die Basis für diese Surplusprofite sind.[14] Dadurch wird der Surplusprofit des Pächters landwirtschaftlichen Bodens oder des kapitalistischen Betreibers von Bergwerken, Minen oder Erdöl- und Erdgasquellen in Grundrente, Differentialrente, verwandelt und bildet so leistungsloses, nur durch den Eigentumstitel auf Grund und Boden begründetes Einkommen.[15]

Solange Agrikulturprodukte und Waren der extraktiven Industrie Bestandteile des Gesamtprodukts und weiter der Exportwaren entwickelter kapitalistischer Nationalkapitale sind, ändert ihre gegenüber »normalem« Industrieprodukt veränderte Preisbestimmung nichts Wesentliches an den Bedingungen des internationalen Austauschs, sondern begründet nur eine Modifikation des binnenwirtschaftlichen Profitratenausgleichs durch die Dazwischenkunft eines besonderen Preisbestandteils in Gestalt des dauerhaften Surplusprofits bzw. Kostenbestandteils, nämlich der agrikolen Grund- bzw. Bergwerksrente. Über diese ist durch den Kontrakt des Pächters/Betreibers mit dem Eigentümer am Grund und Boden vorab disponiert ganz ebenso wie über den Zins des Fremdkapitals in einem kapitalistischen Unternehmen, nur dass der Zins im Unterschied zur Grundrente einen nachgeordneten Einfluss auf die Preisbildung des Warenprodukts ausübt, der z.B. als Konkurrenz-

---

[14] Vgl. MEW 25: 659f.: *»Die Naturkraft ist nicht die Quelle des Surplusprofits, sondern nur eine Naturbasis desselben, weil die Naturbasis der ausnahmsweis erhöhten Produktivkraft der Arbeit.«*

[15] Vgl. zu Einfluss der Grundrente auf Preise und Profitraten der Sphären von Agrikultur und extraktiver Industrie Krüger 2020: 39ff.

vorteil emissionsfähiger Großunternehmen unter Liquiditätsaspekten zum Tragen kommt. Dieser Unterschied zwischen Kapitalzins und Grundrente (Differentialrente) lauert als qualitative Differenz hinter der oberflächlichen Erscheinungsform der Grundrente als Zins eines Bodenpreises (für Agrikultur oder Lagerstätten für Rohmaterialien) und begründet die Besonderheit und Eigenständigkeit der Grundrente als Einkommensform auch bei bzw. nach ihrem scheinbaren Verschwinden an der Oberfläche als Vermögenseinkommen.

Ein Unterschied innerhalb des internationalen Austauschs wird durch die Produkte der Agrikultur und extraktiven Industrie hervorgebracht, wenn dieselben nicht aus kapitalistisch organisierten Gesamtreproduktionsprozessen, sondern aus unentwickelten Ländern herstammen, die keine interne Konstitution eines Nationalkapitals mit Bildung einer Durchschnittsprofitrate aufweisen. In diesen Fällen treten die Waren der Produktionszweige der Agrikultur und extraktiven Industrie als Resultate singulärer Produktionsprozesse in die internationale Konkurrenz ein und die Preisbildung ist nur durch die sphärenspezifischen Kostpreise und direkt durch die internationalen Konstellationen von Angebot und Nachfrage auf den Weltmärkten bestimmt. Dementsprechend wird auch bei diesen Waren aus unentwickelten Ländern bei der Preisbildung durch die schlechteste, für die Befriedigung der internationalen Nachfrage noch notwendige Angebotsklasse von Weizen, Erdöl, Metallen etc. im Rahmen der Hierarchie nicht der nationalen, sondern der produktspezifischen Arbeiten entschieden. Die Surplusprofite aus produktiveren oder ergiebigeren Produktionsprozessen sind in diesen Fällen also direkt weltmarktbestimmt, ebenso ihre Verwandlung in Grundrente in Abhängigkeit von der Ausgestaltung der Kontrakte zur Bodennutzung und Bodenexploitation.

Auch diese Grundrente kann nun noch zusätzlich durch eine von der Differentialrente unterschiedene Grundrentenform – absolute Rente[16] – mit einem Tribut des Eigentümers des betreffenden Grund und Bodens belegt werden, sodass auch die schlechteste zur Befriedigung der Gesamtnachfrage noch notwendige Angebotsklasse Grundrente trägt und das Gesamtprodukt verteuert. Wie bei der Verwand-

---

[16] Wir haben an anderer Stelle (vgl. Krüger 2017a: 182ff. sowie Krüger 2020: 42ff.) begründet, weshalb die Trennung von absoluter Rente (im strikten Sinn) und einer Monopolrente auf Grund und Boden, die die Grenzen des sphärenspezifischen Werts bzw. Wertpreises überschreitet, fließend ist. Zumindest gilt dies für entwickelte Gesamtreproduktionsprozesse mit gesamtwirtschaftlichen Ausgleichungsprozessen und einer hohen Interdependenz der Preisbildung unterhalb der definitorischen Identitäten von Gesamtsumme der Werte = Gesamtsumme der Warenpreise sowie Gesamtsumme des Mehrwerts = Gesamtsumme des Bruttoprofits (vor Zirkulationskosten etc.). Bei dem hier interessierenden Fall, in dem es nicht zu einer Bildung von nationalen (Markt-)Produktionspreisen wegen fehlender Ausgleichung zum Durchschnittsprofit kommt, sondern es bei einer innerzweiglichen Konkurrenz und der Bildung bloßer Marktwerte bleibt, markiert die Kategorie der absoluten und/oder Monopolrente einen besonderen Rohstoffpreisbestandteil als sog. Royalties, die periodisch an den (vormaligen) Eigentümer des Bodens als Quasi-Steuer zu entrichten sind; Entsprechendes gilt für städtische Liegenschaften (Bauland(monopol)rente).

lung des Surplusprofits in Differentialrente hängt auch die Bemessung der absoluten Rente von der Ausgestaltung des Pachtvertrages zwischen Grundeigentümer und Nutzer ab. Ein theoretisch berechneter sphärenspezifischer Wertpreis des Produkts gilt dabei als bloße Durchgangsgröße zur absoluten Rente als Monopolrente.

Der Pächter des Bodens oder der Betreiber des Bergwerks, der Mine oder der Erdöl- oder Erdgaslagerstätte ist in unentwickelteren Ländern in vielen Fällen ein internationales Kapital, oftmals ein transnationaler Konzern. Die Eigentümer des Grund und Bodens sind Großgrundbesitzer bzw. nach der Entkolonialisierung auch vielfach der Staat. Namentlich für international operierende Bergwerksgesellschaften ist die typische Form, dass dieselben den Grund und Boden mit der auszubeutenden Lagerstätte käuflich erwerben; die Differentialrente wird dann repräsentiert durch die jährlichen Abschreibungen auf diesen Kaufpreis. Die absolute Rente nimmt zusätzlich die Form jährlich an den Verkäufer des Grund und Bodens, der auch der Staat sein kann, zu entrichtender sog. Royalties an. Je nach Eigentümerschaft des Grund und Bodens sowie der Art des Pächters oder Nutzers fließt die Grundrente entweder in vornehmlich konsumtive Verwendungen für genießenden Reichtum oder kann als finanzieller Fonds gesammelt werden und für einheimische Entwicklungen des Landes dienen.[17]

Die Preisentwicklung der agrarischen und mineralischen etc. Rohstoffe ist stark abhängig von der Kapitalakkumulation in den kapitalistischen Metropolen sowie der Schwellenländer, die die hauptsächlichsten Nachfrager und Abnehmer dieser Waren sind. Hinzu kommen kurzfristige Preisbewegungen, die durch die Spekulation an den internationalen Warenbörsen für Rohstoffe ausgelöst werden und gerade unter finanzmarktkapitalistischen Bedingungen äußerst volatil sind. Die Produzentenländer sind damit in besonderer Weise dem Weltmarktzyklus ausgesetzt, der über die Nutzung von Rohstoff-Lagerstätten sowie die Entwicklung ihrer nationalen Handelsbilanz entscheidet; dies ist in besonderer Weise der Fall, wenn es sich um Monokulturen handelt, zumindest was die exportfähigen Waren anbetrifft, weil dann die Deviseneinnahmen der betreffenden Länder potenziell zerstörerischen Wechselbädern ausgesetzt sein können. Die entwicklungspolitische Losung kann hier nur lauten: Diversifizierung der nationalen Produktionsstruktur und maximale interne akkumulative »Verarbeitung« der aus den Exporten gezogenen Wertschöpfungsbeiträgen.[18]

---

[17] Zum Beispiel setzt Norwegen die Erträgnisse aus seinem Nordseeöl seit Langem in finanzielle Fonds um, mit denen neben Infrastrukturprojekten auch Anteile an ausländischen Unternehmen erworben werden, um für die Zeit nach dem Öl gewappnet zu sein. Selbst das Königreich Saudi-Arabien betreibt mittlerweile diese Vorsorgepolitik für die Zukunft.

[18] Wir kommen hierauf in Kapitel 10, 12 und 13 zurück.

c) Handelsbilanz und Wechselkurs

Kehren wir zum allgemeinen Fall des internationalen Handels als Handel zwischen entwickelten kapitalistischen Ländern, die als Metropolen und Schwellenländer den Löwenanteil des Weltmarkts bestreiten, zurück. Die unmittelbar den Außenhandelstransaktionen zuzurechnenden binnenwirtschaftlichen Effekte sind allgemeine Preissteigerungen bei einer Zunahme der Handelsbilanzüberschüsse für überdurchschnittlich sich entwickelnde Nationalkapitale und Preissenkungen für steigende Handelsbilanzdefizite für hinter der allgemeinen internationalen Entwicklung zurückbleibende Nationalarbeiten. Beide die internationale Gewichtung der produktiven Arbeit ausdrückende Entwicklungen des nationalen Durchschnittspreises oder des allgemeinen Preisniveaus[19] wirken der Tendenz nach begrenzend gegenüber einem infiniten Fortgang der Handelsbilanzdisproportionen. Das heißt, es gibt immanente Ausgleichsprozesse für Handelsbilanzungleichgewichte.[20] Dies ist der erste Grund dafür, dass Länder bzw. Nationalkapitale mit unterschiedlicher Produktivität, Intensität und Qualität ihrer produktiven Arbeiten am Weltmarkt präsent bleiben können.[21]

Wir haben diese Entwicklungen der nationalen Preise bisher unter den hypothetischen Bedingungen einer nationalen Goldzirkulation entwickelt, bei der die Austauschrelationen der nationalen Währungen solange konstant bleiben, solange die nationalen Maßstäbe der Preise nicht verändert werden, also die nationalen Geldnamen unverändert jeweilige Gewichtseinheiten des goldenen allgemeinen Äquivalents bezeichnen. Der Ausgleich von Handelsbilanzüberschüssen oder -defiziten erfolgt demgemäß nach Saldierung der bilateralen Wechselforderungen und -verbindlichkeiten durch Versendung von Gold aus Defizit- in Überschussländer und

---

[19] Beide Kategorien, obgleich sie verschieden sind, bezeichnen gleiche Sachverhalte und können daher von uns synonym verwendet. Die statistische Ermittlung eines gesamtwirtschaftlichen Durchschnittspreises hebt auf die umgekehrt proportionale Beziehung zwischen Produktivitätsveränderungen und Größe der neu hinzugesetzten lebendigen Arbeit innerhalb einer Periode ab, ein allgemeines Preisniveau bzw. dessen Veränderung als die verbreitete Meßweise von inflationären (oder deflationären) Preiswechseln wird durch die Differenzierung der absoluten Preisveränderungen der Produkte eines repräsentativen Warenkorbes nach stofflichen bzw. Qualitätsänderungen und rein preislichen Veränderungen zwischen zwei Zeitpunkten gebildet. Vgl. dazu ausführlich Krüger 2012a: 349ff.

[20] Wie stark diese Ausgleichungen wirken, ist damit allerdings nicht ausgesagt. Neben den nationalen Unterschieden in der gesellschaftlich bestimmten Produktivkraft verschiedener Nationalkapitale gibt es aufgrund natürlicher Umstände und des Vorkommens von Rohprodukten eine jeweilige Naturbasis des gesellschaftlichen Reproduktionsprozesses, der eine ebensolche Grundstruktur der Handelsbilanz auf der Import- und/oder Exportseite entspricht. Sie bildet nachgerade die Grundlage, auf der sich die gesellschaftliche Produktivität, Intensität und Qualität der Nationalarbeit entwickeln.

[21] Weitere Gründe ergeben sich im Rahmen der akkumulativen Verarbeitung dieser Außenhandelseffekte durch und im Rahmen des nationalen Akkumulationsprozesses (Zweitrundeneffekte).

zwar immer dann, wenn die Marktschwankungen der Austauschrelationen zwischen den verschiedenen Währungen die Kosten des Transports und der Versicherung der Goldverschiffungen zu übersteigen beginnen.

Dieselbe Konstanz des Wechselkurses zwischen nationalen Währungen ist charakteristisch auch für goldkonvertibles Repräsentativgeld, solange mit den Deckungsvorschriften des inländischen Notenumlaufs auch das Repräsentationsverhältnis zwischen einer Gewichtseinheit Gold und der Maßeinheit des Preismaßstabs des konvertiblen Repräsentativgeldes konstant bleibt. Dieses Geldsystem, das im 19. Jahrhundert in den meisten damaligen industriellen Metropolen vorherrschte und z.B. in Großbritannien durch die Peelschen Bankacts gesetzlich geregelt war, geriet jeweils in Zeiten zyklischer Krisen und Liquiditätsanspannungen unter Druck, da die Zentralbank keine akkomodierende Geldschöpfung durch zusätzlichen Wechselrediskont oder Wertpapierlombard mehr durchführen konnte, weil sie die vorgeschriebenen Deckungsvorschriften des inländischen Notenumlaufs verletzt hätten. Neben der binnenwirtschaftlichen zyklischen Anspannung am Geldmarkt bewirkten Goldabflüsse ins Ausland zur Saldierung der Zahlungen einen Mangel an baren Zahlungsmitteln, welcher durch die Antizipation der Marktakteure und ihrer vorsorglichen Eindeckung mit wachsenden Reservemitteln (Noten) nochmals verschärft wurde. Das Ergebnis war jeweils ein durch das spezifische Geldsystem verschärfter Anstieg der Zinsen, der die Verluste der zyklischen Krisen und Abschwünge immens erhöhte. Eine regelrechte Geldkrise im Sinne eines Umschlags des Kreditsystems in das (Bar-)Geldsystem oder, alternativ, die zeitweilige Suspendierung der Deckungsvorschriften war vielfach die Folge.[22]

Mit dem allgemeinen Übergang zu inkonvertiblem Repräsentativgeld – zunächst in der Binnenzirkulation, sodann auch in der internationalen Zirkulation[23] – entfallen sukzessive die künstlichen regulatorischen Zwänge für die Geldpolitik der

---

[22] Vgl. MEW 25: 570f.: *»In Wirklichkeit ... entzog die Trennung der Bank in zwei unabhängige Departments der Direktion die Möglichkeit, in entscheidenden Momenten über ihre gesamten disponiblen Mittel frei zu verfügen, so daß Fälle eintreten konnten, wo das Bankdepartment vor dem Bankrott stand, während das Ausgabe-Department mehrere Millionen in Gold und außerdem noch seine 14 Millionen Sicherheiten intakt besaß. Und zwar konnte dies um so leichter eintreten, als in fast jeder Krise ein Abschnitt vorkommt, wo ein starker Goldabfluß ins Ausland stattfindet, der in der Hauptsache durch den Metallschatz der Bank zu decken ist. ... Der Bankakt von 1844 provoziert also die gesamte Handelswelt direkt dazu, bei hereinbrechender Krise sich einen Reserveschatz von Banknoten beizeiten anzulegen, also die Krise zu beschleunigen und zu verschärfen; er treibt durch diese, im entscheidenden Augenblick wirksam werdende, künstliche Steigerung der Nachfrage nach Geldakkomodation, d.h. nach Zahlungsmittel, bei gleichzeitiger Beschränkung der Zufuhr davon, den Zinsfuß in Krisen zu bisher unerhörter Höhe; statt also die Krisen zu beseitigen, steigert er sie vielmehr bis auf den Punkt, wo entweder die ganze industrielle Welt in die Brüche gehen muß oder der Bankakt.«*

[23] Der Übergang von (gold-)konvertiblem zu de jure inkonvertiblem Geld, d.h. zum sog. Devisenstandard, vollzog sich bekanntlich in der internationalen Zirkulation in der Nachkriegszeit über die Zwischenetappe der Beschränkung der Goldeinlösungspflicht nur

Zentralbanken. Die Verallgemeinerung inkonvertiblen Geldes führt sodann zur Veränderbarkeit der Wechselkurse verschiedener Währungen gegeneinander entsprechend den Angebot-Nachfrage-Konstellationen an den Devisenmärkten in Reaktion auf sich verändernde Salden der nationalen Zahlungsbilanzen.

Soweit der Saldo der Zahlungsbilanz durch den Saldo der nationalen Handels- und Leistungsbilanz bestimmt wird,[24] führt ein Aufstieg eines Landes auf der internationalen Stufenleiter der produktiven Nationalarbeiten sowie eine dadurch induzierte Verbesserung seiner Außenhandelsbilanz, z.B. durch Zunahme der Exporte im Verhältnis zu seinen Importen, zu einer gesteigerten Nachfrage nach der Währung des exportierenden Landes und daher zu einer Aufwertung seiner Währung gegenüber den Währungen der Handelspartner. Die direkten Effekte dieser Währungsaufwertung sind eine Verteuerung der Exporte und eine Verbilligung der Importe aus Ländern mit (absolut oder relativ) gesunkenen bilateralen Wechselkursen in der Folgezeit. Die Exportverteuerung wirkt nun ebenso dämpfend wie die seinerzeitige Preissteigerung unter den Bedingungen der Goldwährung. Was sich früher im Rahmen der Erstrunden- bzw. Werteffekte des Außenhandels im nationalen Akkumulationsprozess als Steigerung des allgemeinen Preisniveaus in dem Land mit der überdurchschnittlich produktiver und intensiver gewordenen Nationalarbeit dargestellt hatte, verteilt sich jetzt auf eine Aufwertung der Repräsentativgeldwährung sowie eine residuale binnenwirtschaftliche Preissteigerung, jeweils gegenüber den anderen, zurückbleibenden Nationalkapitalen. Entsprechendes gilt mit Bezug auf die Importe. Vormalige Preissenkungen durch (relativen) Nachfragerückgang verbinden sich nunmehr mit der Abwertung der fremden Währungen für die Importeure.[25] Sowohl die Preiseffekte als auch die Wechselkursveränderungen sind zunächst kurzfristige, unmittelbar durch die Veränderung der nationalen Handelsbilanz hervorgerufene Resultate der Außenwirtschaftstransaktionen. Ob oder ob sie nicht von Dauer sind, entscheidet sich erst im weiteren Verlauf des nationalen Akkumulationsprozesses.

---

auf bzw. für den US-Dollar und nur zugunsten ausländischer Zentralbanken im Bretton-Woods-Währungssystem, welches Anfang der 1970er Jahre aufgegeben werden musste.

[24] Der Einfluss anderer grenzüberschreitender Transaktionen, sowohl aus der Leistungsbilanz als auch namentlich die in der Kapitalbilanz erfasste internationale Kapitalbewegung, wird später behandelt; vgl. Kapitel 6.

[25] Auf- und Abwertungen einer Währung sind zunächst jeweils bilaterale Beziehungen. Je nachdem, gegen welche Länder bzw. Währungen sich das Angebot-Nachfrage-Verhältnis am Devisenmarkt verschoben hat, können sich unterschiedliche, im Extremfall gegensätzliche bilaterale Wechselkursveränderungen ergeben. Ist eine nationale Währung die allgemeine Transaktionswährung auf dem Weltmarkt, drücken sich die differenzierten bilateralen Salden der Handelsbilanz gesamthaft als Auf- oder Abwertung gegenüber der Transaktionswährung aus. In gleicher Weise wirkt die Verschiebung eines rechnerischen multilateralen Wechselkurses, der die Zusammenfassung der mit den jeweiligen Handelsströmen gewichteten Veränderungen der bilateralen Wechselkurse darstellt.

Diese wechselkursinduzierten Einflüsse auf die Handelsbilanz und deren anteilige Übernahme der wertbestimmten Veränderung der nationalen Preise kommen nur bei (weitgehend) flexiblen, marktbestimmten Währungskursen zum Tragen. Soll demgegenüber der Wechselkurs per politischer Übereinkunft mehrerer Länder oder per Beitritt zu einem internationalen Währungszusammenhang konstant gehalten werden, wird eine Intervention der Zentralbank am Devisenmarkt notwendig, die gegensinnig zu den marktbestimmten Angebot-Nachfrage-Konstellationen erfolgen muss. Bei Abwertungstendenzen der eigenen Währung muss dieselbe durch Veräußerung von Währungsreserven aufgekauft werden; bei Aufwertungstendenzen der eigenen Währung wird diese gegen fremde Währungen verkauft und somit werden die nationalen Währungsreserven durch Zunahme der Devisenbestände erhöht.

Auch wenn ein strukturell-langfristiger Aufbau von Währungsreserven Ausdruck internationaler Zahlungsbilanzdisproportionen ist und die Zentralbank vor Anlageentscheidungen stellt, um die Währungsreserven sicher zu verzinsen, erhellt doch, dass die Devisenmarktinterventionen der Zentralbanken sehr unterschiedliche Spielräume aufweisen, je nachdem, ob die eigene Währung verkauft wird oder gegen Abbau der eigenen Währungsreserven gekauft werden muss. Erreicht der notwendige Ankauf eigener Währung zur Stabilisierung ihres Wechselkurses durch Abgabe von Währungsreserven kritische Größenordnungen, wird eine Neufestsetzung ihres Wechselkurses, d.h. ihre formelle Abwertung unabdingbar. Diese Abwertung verbilligt die nationalen Exporte, verteuert jedoch die Importwaren. Ob daraus eine Umkehrung der Konkurrenzfähigkeit eines Nationalkapitals auf den Weltmärkten wird, oder ob die importinduzierte Inflationierung des nationalen Repräsentativgeldes die positiven Preiseffekte für die Exporte schnell wieder konterkariert, hängt von der Struktur der nationalen Importe (Naturbasis der Handelsbilanz), der Wettbewerbsfähigkeit der nationalen Exportwaren, die auch bei abwertungsbedingten Preissteigerungen Nachfrage finden, sowie, insgesamt, vom Stand der binnenwirtschaftlichen Kapitalakkumulation und ihrer Wirkung auf die gesellschaftliche Produktivität, Intensität und Qualität der produktiven Nationalarbeit ab. Ist die Abwertung der Währung nicht auf ein Land beschränkt, sondern verfahren eine ganze Reihe von Ländern nach dieser Methode, kann sich, einmal begonnen, ein allgemeiner Abwertungswettlauf verstetigen und beschleunigen. Sein Endpunkt sind protektionistische Abschottungen der nationalen Reproduktionsprozesse mit der Beeinträchtigung des internationalen Handels, die zur Zerstörung der Weltmarktbeziehungen und/oder Zerrüttung der Geldsysteme durch galoppierende, ursprünglich importinduzierte Inflationsprozesse führen können.

Aber auch die Zentralbankinterventionen zur Konterkarierung einer Aufwertung der eigenen Währung sind alles andere als neutral. Sie erfolgen durch Zentralbankgeldschöpfung für den Verkauf der eigenen Währung am Devisenmarkt, erhöhen die inländische Geldmenge, die als Wertzeichenzirkulation die Gegenbuchung zu den wachsenden nationalen Währungsreserven darstellt, und können somit, ceteris paribus, eine binnenwirtschaftlich verursachte monetär induzierte Erhöhung des allgemeinen Preisniveaus erzeugen. Die Alternative dazu wäre eine nachfolgende Sterilisierung der gesteigerten Zentralbankgeldmenge durch Verteuerung der kreditvermittelten Refinanzierungsoperationen zwischen Zentralbank und Geschäftsbanken über eine Erhöhung der Zinssätze am Geldmarkt.[26] Welche quantitativen Transmissionsimpulse von einer derartigen Wechselkurs- und Geldpolitik für die reproduktive Kapitalakkumulation ausgehen, kann letztlich nur anhand einer konkreten Situation bestimmt werden.

Allgemein kann jedoch an dieser Stelle festgehalten werden: Unter Bedingungen eines Geldsystems von inkonvertiblem Repräsentativgeld spielen außenhandelsinduzierte Wechselkursveränderungen auf der Grundlage von zunächst wertbestimmten Preisvariationen, die dadurch überdeckt werden. Beide, die Veränderung des Binnen- sowie des Außenpreisniveaus (Wechselkurse) zusammen bilden die internationale Gewichtung der produktiven Nationalarbeiten und ihre Verschiebungen im Zeitablauf ab; der Einfluss beider Komponenten kann nur analytisch-rechnerisch getrennt und ermittelt werden. Werden Wechselkursveränderungen im Gefolge von Veränderungen der nationalen Handelsbilanz im Rahmen eines Regimes fixer Kurse durch geldpolitische Zentralbankinterventionen konterkariert, kommt als dritte Komponente für die nationalen Preise (nationales Preisniveau) der monetäre Beitrag durch Zentralbankinterventionen (Geldmengenänderungen) hinzu. Alles zusammen markiert die wert- und preisbestimmten Einflüsse des Außenhandels für die nationale Kapitalakkumulation.

d) Außenhandel und nationale Kapitalakkumulation

Die stofflichen und wertlichen sowie preislichen Außenwirtschaftseffekte – hier geht es zunächst weiterhin nur um die Wirkungen des Außenhandels (materielle Güter und Dienstleistungen) in entwickelten kapitalistischen Reproduktionsprozessen – auf den Verlauf der nationalen Kapitalakkumulation sind vielfältig und darüber hinaus widersprüchlich. In nachfolgenden Prozessen wird die Kapitalakkumulation an vielen Stellen befördert oder gehemmt, direkt durch Erhöhungen oder Reduzierungen der allgemeinen Profitrate sowie der Nachfrage nach Produktionsmitteln (und Arbeitskräften), indirekter durch Veränderungen des Zinsfußes sowie der Nachfrage nach Konsumtionsmitteln. Mit der Modifikation der Dynamik der Kapitalakkumulation wird wiederum die gesamtwirtschaftliche Produktivitätsentwicklung berührt und daher in weiterer Instanz auch wiederum das allgemeine Preisniveau an den Warenmärkten (sowie am Arbeitsmarkt).

Auch wenn es wegen dieser Verwickeltheit der teilweise widerstreitenden Einflüsse des Außenhandels nicht möglich ist, eine genauere quantitative Bemessung

---

[26] Zur Differenzierung der Zentralbankgeldmenge nach Wertzeichen- und Kreditgeldzirkulation sowie zur Rolle der Geldpolitik der Zentralbank zur Beeinflussung derselben vgl. Krüger 2012a, Bischoff/Fiehler/Krüger/Lieber 2017 sowie Krüger/Müller 2020.

dieser Effekte anders als durch eine empirisch-statistische Analyse für ein bestimmtes Land in einem bestimmten Zeitabschnitt zu identifizieren, lassen sich doch gewisse allgemeine Entwicklungstendenzen aus der Zusammenfassung nationaler Akkumulationsprozesse auf dem kapitalistischen Weltmarkt angeben. Wie stets ist die Wirkungsweise derartiger Entwicklungstendenzen an ein institutionell, sozioökonomisch und politisch näher bestimmtes internationales Akkumulationsregime gebunden; es kommt vorliegend hinzu, dass wegen der Ungleichmäßigkeit der nationalen Akkumulationsentwicklungen auch zwischen den kapitalistischen Metropolen das internationale Zusammenspiel der Volkswirtschaften noch weniger als der Verlauf eines nationalen Akkumulationsprozesses allgemein beschreibbar ist; tatsächlich bewegen wir uns hier an der Grenze allgemeiner Gesetzmäßigkeiten mit dem Übergang in die »wirkliche Bewegung in der Konkurrenz«.

Bei der Behandlung des Gesetzes vom tendenziellen Fall der Profitrate ist der Einfluss des auswärtigen Handels als entgegenwirkendes Moment bereits benannt worden. Dies lässt sich nun differenzierter ausführen. Wenn davon ausgegangen wird, dass – innerhalb eines Kontinuums von industriellen Zyklen im Rahmen eines internationalen Akkumulationsregimes, d.h. langfristig – die Steigerung der Produktivkräfte der gesellschaftlichen Arbeit sich in einer steigenden technischen und daher auch Wertzusammensetzung des Kapitals in der Abfolge industrieller Zyklen ausdrückt, so stehen Höhe der allgemeinen Profitrate und Entwicklungsgrad der kapitalistischen Produktionsweise in einem umgekehrten Verhältnis. Was die allgemeine Profitrate in der zeitlichen Abfolge in der Form eines tendenziellen Rückgangs vollzieht, existiert in jedem Moment als Verschiedenheit nationaler Profitraten in Abhängigkeit vom Entwicklungsgrad der Produktivkräfte in den Metropolen des Weltmarkt.

In diesem Sinne konnte Marx auch davon sprechen, dass entsprechend der geringeren Arbeitszeit, die auf eine Weltmarktware aus der Produktion des entwickelteren Landes entfällt, ihr internationaler Wert und Preis wegen der internationalen höheren Gewichtung höher liegt als im rein nationalen Umkreis. Ein höherer Einzelpreis einer Ware bedeutet einen niedrigeren relativen Geldwert: *»Der relative Wert des Geldes wird also kleiner sein bei der Nation mit entwickelterer kapitalistischer Produktionsweise als bei der mit wenig entwickelter.«* (MEW 23: 584) Dies geht mit einem höheren nominellen Arbeitslohn im entwickelteren Land einher, der zugleich als relative Größe (Lohnquote) niedriger ist als im weniger entwickelten Land. Was für den Arbeitslohn gilt, gilt in umgekehrter Weise für den Mehrwert resp. Profit. Die relative Größe des letzteren als Profitrate ist wiederum niedriger beim entwickelteren Nationalkapital mit einem höheren Durchschnittsgrad seiner Intensität, Produktivität und Qualität seiner produktiven Arbeit als beim geringer produktiven Nationalkapital. Ungeachtet der Gesamtgröße des Mehrwerts gilt allerdings für die verschiedenen Formen, in denen er sich darstellt, Unterschiedliches: beim Zins ist der höhere Grad der internationalen Ausgleichung der Zinssätze in Rechnung zu stellen, bei der Grundrente die in den verschiedenen Ländern sehr unterschiedliche Ausprägung der Monopolrente.

Wenn nun, wie gezeigt, das entwickeltere Nationalkapital im internationalen Handel nicht nur seinen stofflichen Reichtum (Gebrauchswerte) vermehrt, sondern auch Wert und Profit gewinnt, wirkt dies als gegenwirkender Faktor gegenüber dem Fall seiner Profitrate. Und zwar gilt dies mehrfach: Surplusprofite aus den Exporten steigern die nationale Profitmasse, billigere Produktionsmittel-Importe reduzieren die Kapitalvorschüsse. Somit steigt die Profitrate aus doppeltem Grund. Bei dem weniger entwickelten Nationalkapital findet das Umgekehrte statt. Sein höheres Ausgangsniveau der allgemeinen Profitrate wird durch Profitverluste ebenso reduziert wie durch zusätzliche Kapitalbindung infolge vergrößerter Kapitalvorschüsse.

Insofern gibt es aus den Erst- und Zweitrundeneffekten des Außenhandels eine Tendenz zur internationalen *An*gleichung der nationalen Profitraten unterschiedlich weit entwickelter kapitalistischer Länder. Diese Angleichungstendenz nationaler Profitraten ist noch wesentlich mehr als die nationale Ausgleichung der individuellen und Branchenprofitraten nur als ganz grobe Tendenz vorhanden. Sie wirkt nur innerhalb des Kreises oberhalb eines gewissen Niveaus entwickelter kapitalistischer Nationalkapitale und ist in ihrer Ausprägung abhängig von der Art und Weise, wie die Gebrauchswert- und Werteffekte aus dem Außenhandel in den jeweiligen nationalen Reproduktions- und Akkumulationsprozessen verarbeitet werden, d.h. in Produktivitäts-, Beschäftigungs- und Wachstumsentwicklungen umgesetzt werden. Diese Angleichungstendenz nationaler Durchschnittsprofitraten ist von ihrem modus operandi her also etwas vollständig Anderes als die zuweilen vorgestellte oder sogar empirisch-statistisch ermittelte Weltprofitrate bzw. internationale Profitrate kapitalistischer Länder.[27] Jede außenwirtschaftlich vermittelte Angleichungstendenz nationaler Profitraten setzt die Ausgleichung der individuellen und Branchenprofitraten im nationalen Zirkulations- und Reproduktionsprozess voraus; die Auswirkungen der internationalen Konkurrenz sind von denen der nationalen Konkurrenz begrifflich-systematisch zu unterscheiden.

Die nationale Verarbeitung der Außenwirtschaftseffekte ist, neben anderen Einflussfaktoren, zudem für die ungleichen Entwicklungen in den verschiedenen kapitalistischen Ländern mitverantwortlich. Auf Basis der Naturbasis ihrer Handelsbilanzen, d.h. der Ausstattung der verschiedenen Länder mit natürlichen Ressourcen für Agrikultur und extraktive Industrie, erfolgt die Verarbeitung der gesellschaftlich-ökonomischen Effekte des Außenhandels im Rahmen der jeweiligen Ausformung ihrer Arbeits- und Betriebsweise des gesellschaftlichen Produktionsprozesses. Letztere enthält, wie gezeigt, das ganze Ensemble nicht nur ökonomischer, sondern sozialstruktureller, kultureller und politischer Verhältnisse, die historisch gewachsene nationale habituelle und bewusstseinsmäßige Identitäten einschließt;

[27] Vgl. den bereits angeführten Maito (2009), der nicht nur eine »Weltprofitrate« für die Nachkriegszeit errechnet, sondern darüber hinaus ein historisches Kontinuum derselben über verschiedene Arbeits- und Betriebsweisen sowie unterschiedliche Akkumulationsregimes hinweg unterstellt.

Letztere machen sich darüber hinaus geltend in der Bilanz der Tourismusausgaben und -einnahmen sowie in der Bilanz der privaten und öffentlichen Übertragungen.[28]

[28] Die vorliegend zunächst nur für den Außenhandel für materielle Güter und Dienstleistungen beschriebenen Effekte der Außenwirtschaftstransaktionen eines Nationalkapitals und der gesamten Nation sind in einem nächsten Schritt um die Transaktionen des internationalen Kapitalverkehrs etc. zu vervollkommnen, vgl. Kapitel 6.

Kapitel 5: Kritik der bürgerlichen Außenhandelstheorien

a) Ricardos Theorie der komparativen Vorteile

Der »Urvater« der Theorie des auswärtigen Handels mit der Etablierung einer internationalen Arbeitsteilung nach komparativen Vorteilen der verschiedenen Länder und dem Ergebnis einer Maximierung des Wohlstands aus Internationalisierung und freiem Handel ist David Ricardo.

Ricardo geht von einer Wertneutralität des auswärtigen Handels aus, der vielmehr nur die stoffliche Masse von Gebrauchswerten beeinflusse.[1] Demzufolge ist der auswärtige Handel bei ihm auch preis- und profitneutral, jedenfalls in der längeren Frist, weil eventuell freigesetzte Kaufkraft infolge billigerer ausländischer Waren sich in andere Sphären werfen und dortselbst über kurz oder lang zu einer Ausdehnung des Angebots führen wird. Im Ergebnis wird die Profitrate in den begünstigten Produktionssphären wieder auf ihr vorheriges Niveau gesenkt. Nur wenn durch Importe der Wert der Konsumtionsmittel sinkt, die in die Reproduktion der Arbeiterklasse eingehen, ist eine Erhöhung der Profitrate nach Ricardo möglich; dies ist aber kein besonderer Fall gegenüber einer produktivitätsinduzierten Senkung des Werts von Lohngütern in der Binnenproduktion. *»Obwohl also der auswärtige Handel vorteilhaft für ein Land ist, da er die Menge und die Vielfalt der Dinge vermehrt, für welche die Revenue verwendet werden kann, durch den Überfluß und die Wohlfeilheit der Waren Anreiz zum Sparen und zur Akkumulation von Kapital liefert, besitzt er keine Tendenz zur Erhöhung der Kapitalprofite, es sei denn, die eingeführten Waren sind solche, für die der Arbeitslohn ausgegeben wird.«* (Ricardo 1821/1959: 119)

Allerdings wird bei Ricardo die Wertbestimmung durch gesellschaftlich notwendige Arbeit dadurch modifiziert, dass sie jeweils nur innerhalb eines Landes, aber nicht für den Austausch von Waren zwischen zwei verschiedenen Ländern gilt.[2] Anhand seines berühmten Beispiels von englischem Tuch und portugiesischem Wein leitet Ricardo ab, dass sich eine internationale Arbeitsteilung zwischen Ländern herausbildet, in der sie sich auf jeweils diejenigen Warengruppen konzentrieren, in denen sie relativ die größten Produktions- bzw. Produktivitätsvorteile besitzen. Dies gilt nach ihm auch dann, wenn die absoluten Produktionsvorteile anders ver-

[1] Vgl. Ricardo 1821/1959: *»Keine Ausdehnung des auswärtigen Handels wird unmittelbar die Summe der Werte eines Landes vermehren, obwohl er sehr erheblich zu einer Erhöhung der Masse der Waren und folglich auch der Masse der Annehmlichkeiten beitragen wird.«*

[2] Vgl. ibid.: 120: *»Dieselbe Regel, die den relativen Wert der Waren innerhalb eines Landes bestimmt, bestimmt nicht den relativen Wert der zwischen zwei oder mehreren Ländern ausgetauschten Waren.«*

teilt sind. *»Um den Wein in Portugal herzustellen, ist vielleicht nur die Arbeit von 80 Leuten während eines Jahres erforderlich, und um das Tuch in diesem Lande zu produzieren, braucht es vielleicht die Arbeit von 90 Leuten während der gleichen Zeit. Es ist daher für Portugal von Vorteil, Wein im Austausch für Tuch zu exportieren. Dieser Austausch kann sogar stattfinden, obwohl die von Portugal importierte Ware dortselbst mit weniger Arbeit als in England produziert werden kann. Wenngleich es das Tuch vermittels der Arbeit von 90 Leuten erzeugen kann, wird Portugal dieses doch aus einem Lande einführen, wo man zu seiner Herstellung die Arbeit von 100 Leuten benötigt, da es für Portugal von größerem Vorteil ist, sein Kapital in der Produktion von Wein anzulegen, wofür es von England mehr Tuch bekommt, als es durch Übertragung eines Teils seines Kapitals vom Weinbau in die Tuchproduktion produzieren könnte.«* (Ibid.: 122) Mit dieser Spezialisierung der nationalen Produktion auf die jeweiligen komparativen Vorteile, legt Ricardo die Basis für die Auffassung der wohlstandsmaximierenden Effekte des freien Welthandels und der Globalisierung.

Geld im Sinne der edlen Metalle gilt Ricardo als neutral gegenüber den durch die resp. Arbeitszeiten bestimmten Austauschverhältnissen.[3] Produktivitätsbedingte Veränderungen bei den in den auswärtigen Handel eingehenden Waren, die die Preise verändern, führen im Ergebnis veränderter Austauschproportionen zu einer Neuverteilung der edlen Metalle zwischen den Ländern. An den Preisverhältnissen der Waren ändert sich nichts, wenn anstatt durch Versendung von Gold die Bezahlung mittels Wechseln erfolgt. Der Wechselkurs zwischen in verschiedenen Währungen denominierten Wechseln wird ein Agio oder Disagio aufweisen, die sich nach Angebot und Nachfrage am Devisenmarkt, an dem Wechsel verschiedener Denomination gehandelt werden, einstellt; größenmäßig sind diese Schwankungen im Wechselkurs durch die anfallenden Kosten der Versendung von Gold (Transport-, Versicherungskosten) zwischen den Ländern begrenzt. Die Austauschverhältnisse zwischen den Waren im auswärtigen Handel bleiben durch die nationalen Produktivitätsgrade und die komparativen Vorteile bestimmt.

»Aber die [durch den Saldo der Handelsbilanz bestimmte/S.K.] Verminderung des Goldes in dem einen und seine Vermehrung in dem anderen Lande wirken sich nicht nur auf den Preis einer, sondern auf die Preise aller Waren aus…« (Ibid.: 127) Hier fällt Ricardo in die (naive) Quantitätstheorie des Geldes zurück,[4] nach der – bei konstanter Kassenhaltung der Wirtschaftssubjekte – die absoluten Preise (das

---

[3] Vgl. ibid: 124: *»Gold und Silber, die als allgemeines Mittel der Zirkulation gewählt wurden, werden durch die Konkurrenz des Handels in solchen Anteilen unter die verschiedenen Länder der Welt verteilt, daß sie sich dem natürlichen Verkehr anpassen, der stattfinden würde, wenn solche Metalle nicht existierten und der Handel unter den Ländern lediglich ein Tauschhandel wäre.«*

[4] In seiner den »Principles« vorhergehenden Schrift »The high Price of Bullion: A Proof of the Depreciation of Bank Notes« (vgl. Ricardo 1810/1979) hatte Ricardo seine quantitätstheoretische Geldtheorie begründet, die Grundlage für die englische Bankgesetzgebung (Peelsche Bank Acts) wurde.

gesamtwirtschaftliche Preisniveau) abhängig sind von der Masse der im Inland zirkulierenden Geldmenge. Und zwar gilt dies bei Ricardo auch und gerade bei metallischer Zirkulation, womit ein unmittelbarer Widerspruch zu seiner Wertbestimmung durch gesellschaftlich notwendige Arbeitszeit konstituiert wird. Zu Recht hatte Marx kritisiert: »*Nach Ricardo wird der Wert des – metallischen – Geldes bestimmt durch die in ihm vergegenständlichte Arbeitszeit, aber nur solange die Quantität des Geldes im richtigen Verhältnis steht zu Menge und Preis der umzusetzenden Waren. Steigt die Quantität des Geldes über dies Verhältnis, so sinkt sein Wert, die Warenpreise steigen; fällt sie unter das richtige Verhältnis, so steigt sein Wert, und die Warenpreise fallen – bei sonst gleichbleibenden Umständen. Im ersten Fall wird das Land, wo dieser Überschuß von Gold besteht, das unter seinen Wert gesunkene Geld ausführen und Waren einführen; im zweiten wird Gold hinströmen zu den Ländern, wo es über seinen Wert geschätzt wird, während die unterschätzten Waren von dort zu andern Märkten fließen, wo sie normale Preise erzielen können. Da unter diesen Voraussetzungen das Gold selbst, sei es als Münze, sei es als Barre[n], Wertzeichen von größerem oder geringerem Metallwert als seinem eignen werden kann, so versteht es sich, daß etwa zirkulierende konvertible Banknoten dasselbe Schicksal teilen. … Diese Depreziation, nicht des Papiers gegen Gold, sondern des Goldes und Papiers zusammengenommen oder die gesamte Masse des Zirkulationsmittel eines Landes, ist einer der Haupterfindungen Ricardos…*« (MEW 25: 562f.) Ricardo ordnet diese quantitätstheoretische Bestimmung der Warenpreise sodann verschiedenen Produktivitätsniveaus und im Weiteren verschiedenen Ländern zu: »*Es zeigt sich also, daß die Vervollkommnung eines Produktionszweiges in irgendeinem Lande dahin tendiert, die Verteilung der Edelmetalle unter den Nationen der Welt zu verändern. Sie hat die Tendenz, die Menge der Waren zu vergrößern und zur gleichen Zeit die allgemeinen Preise in dem Land zu erhöhen, in dem die Verbesserung eingetreten ist.*« (Ricardo 1821/1959: 128) Und: »*Das erklärt in einem gewissen Maße den verschiedenen Wert des Geldes in verschiedenen Ländern. Es erklärt uns, warum, abgesehen von anderen Ursachen, die Preise einheimischer Waren und jener, die ein großes Volumen aber verhältnismäßig geringen Wert besitzen, in den Ländern höher sind, in denen die Industrie blüht.*« (Ibid.: 129) Worin besteht der Fehler in Ricardos Deduktion? Unzweifelhaft zunächst in der von Marx herausgestellten falschen quantitätstheoretischen Bestimmung des relativen Geldwerts bei metallischer Zirkulation. Aber wenn der verschiedene Wert des Geldes bzw. das allgemeine Preisniveau der Waren bei Metallzirkulation nicht durch die Menge des zirkulierenden Geldes bestimmt wird, so doch durch die Wertbestimmung auf der Warenseite. Im Unterschied zu Ricardos Ausgangspunkt einer Wertneutralität des internationalen Handels ergibt sich, wie wir gezeigt haben, auf Basis der Marxschen Werttheorie sehr wohl eine mitbestimmende Wirkung des Austausches zwischen verschiedenen nationalen Reproduktionsprozessen auf die binnenwirtschaftliche Wertschöpfung, die im Ergebnis zu ähnlichen wie den von Ricardo beobachteten Effekten führt. Sie ist das Resultat der Modifikation des Wertgesetzes in seiner internationalen Anwendung.

Die aufgewiesenen wert- und preislichen sowie monetären Einflüsse des internationalen Handels sind in der traditionellen Außenwirtschaftstheorie mit der Frage verknüpft, woraus überhaupt die Anreize für grenzüberschreitende Handelstransaktionen entspringen und worin ihre nationalen Wohlfahrtseffekte liegen. Mit seinem Theorem der komparativen Vorteile hatte Ricardo beide Fragestellungen im Sinne eines übergeordneten Vernunftprinzips, das zum Ideal internationaler Handelspolitik im Sinne von Freihandel geworden ist, beantwortet. Aber die kapitalistische Produktionsweise kennt weder in ihren ökonomischen Gesetzmäßigkeiten noch in ihren inneren Verhältnissen und schon gar nicht in ihren internationalen Beziehungen ein derartiges übergeordnetes Vernunftprinzip. Ihre Tendenz, Märkte über nationale Grenzen hinaus zu erobern, ergibt sich unmittelbar aus ihrem Akkumulationstrieb, der wiederum auf die Produktion von Mehrwert als Zweck und Motiv jeglicher Produktion gegründet ist. Mit dem Maschinenbetrieb und der großindustriellen Produktionsweise ist die Schaffung des Weltmarkts als systematisches Produkt wie als notwendige Voraussetzung zu einer eigentümlich kapitalistischen Qualität geworden.

Insofern erübrigt sich jegliches Räsonnement über eine vernunftgemäße, weil wohlstandsoptimale Ausrichtung des auswärtigen Handels im Rahmen einer partnerschaftlichen internationalen Arbeitsteilung. Grenzüberschreitender Handel findet statt zum einen, um die für die Produktion notwendigen Grundstoffe aus ihren Lagerstätten herbeizuschaffen, zum anderen, um den Absatz des massenhaft produzierten Produkts immer dann zu gewährleisten, wenn der Verkaufspreis einen möglichst hohen Profit über den (im internationalen Handel mit erweiterten Bestandteilen angereicherten) Kostpreis ermöglicht. Nicht komparative Vorteile, sondern absolute Kostenunterschiede bei international bestimmten Verkaufspreisen von weltmarktfähigen Waren sind die entscheidenden Parameter.[5] Dass dennoch der auswärtige Handel eigene ökonomische Gesetze aufweist, d.h. zu einer Modifikation des Wertgesetzes in seiner internationalen Anwendung führt, liegt an der Bestimmtheit des gesellschaftlichen Gesamtkapitals als Nationalkapital und seines Reproduktions- und Zirkulationsprozesses als nationalem Gesamtreproduktionsprozess.

---

[5] Vgl. MEW 25: 881f.: »*...bei der Konkurrenz auf dem Weltmarkt handelt es sich ausschließlich darum, ob mit dem gegebnen Arbeitslohn, Zins und Rente die Ware zu oder unter den gegebnen allgemeinen Marktpreisen mit Vorteil, d.h. mit Realisierung eines entsprechenden Unternehmergewinns verkauft werden kann. Ist in einem Lande der Arbeitslohn und der Preis des Bodens niedrig, dagegen der Zins des Kapitals hoch, weil die kapitalistische Produktionsweise hier überhaupt nicht entwickelt ist, während in einem andern Lande der Arbeitslohn und der Bodenpreis nominell hoch, dagegen der Zins des Kapitals niedrig steht, so wendet der Kapitalist in dem einen Land mehr Arbeit und Boden, in dem andern verhältnismäßig mehr Kapital an. In der Berechnung, wieweit hier die Konkurrenz zwischen beiden möglich, gehen diese Faktoren als bestimmende Elemente ein. Die Erfahrung zeigt hier also theoretisch, und die interessierte Berechnung zeigt praktisch, daß die Preise der Waren durch Arbeitslohn, Zins und Rente, den Preis der Arbeit, des Kapitals und des Bodens bestimmt und daß diese Preiselemente in der Tat die regulierenden Preisbildner sind.*«

b) Ausdifferenzierung der klassischen Außenhandelstheorie

Heckscher-Ohlin-Theorem

Ricardos Überlegungen zum Außenhandel bleiben auf einer hohen Abstraktionsebene; insbesondere kommt er nicht zu einer genaueren Bestimmung der Austauschverhältnisse einzelner Waren resp. zu ihrer Preisbestimmung. Dies hängt mit seiner Werttheorie zusammen, die im internationalen Handel als einfaches Austauschverhältnis Ware gegen Ware (W – W) gefasst wird und die für »moderne« Ökonomen *»unhaltbar«* (Glastetter 1975: 14) ist – allerdings nicht wegen ihrer immanenten Mängel, die Marx herausgestellt und überwunden hat,[6] sondern weil sie als solche abgelehnt wird. Auch seine Zeitgenossen hatten bekanntlich schon die Bestimmung des Werts durch gesellschaftlich notwendige Arbeitszeit zugunsten eines Produktionskostenkonzepts »überwunden« und damit die vulgärökonomische, gleichwohl dem Praktiker naheliegende Produktionsfaktorentheorie an deren Stelle gesetzt. Für den internationalen Handel gilt John St. Mills »Theorie der internationalen Werte«, die die Bestimmung der Austauschrelationen durch das Verhältnis zwischen Weltangebot und Weltnachfrage vornimmt, als Lückenfüller und Weiterentwicklung. J. Viner mit seiner Realkostentheorie und G. Haberler mit seiner Substitutionskostentheorie[7] haben sodann versucht, den Produktionskostenbegriff von Mill zu unterfüttern und zu präzisieren.

Mit dem Heckscher-Ohlin-Theorem wird neben den bereits von Ricardo hervorgehobenen nationalen Produktivitätsdifferenzen zusätzlich eine national unterschiedliche Ausstattung der Nationalkapitale mit (lebendiger) Arbeit und Kapital (Sachkapazitäten) berücksichtigt.[8] Daraus wird eine internationale Spezialisierung entlang arbeitsintensiver bzw. kapitalintensiver Produktionen (und Produkte) abgeleitet. Jedoch kommt diese internationale Arbeitsteilung unter den Bedingungen industrieller Produktionsweisen und einem in der Maschinerie inkorporierten technischen Fortschritt letztlich auf Ricardos Grundtheorem unterschiedlicher Produktivitätsniveaus und Kostenstrukturen zurück. Vorgenommene empirische Tests haben allerdings keine durchgängig signifikanten Ergebnisse, welche die Hypothese der Ausrichtung der internationalen Arbeitsteilung nach der Reichlichkeit der ver-

---

[6] Die Kritik an der ökonomischen Klassik (und Neoklassik), dass sie Geld als bloßen Schleier über naturale Verhältnisse und daher als nicht wesentlich begreift, trifft vorliegend tatsächlich den Kern. Dass vielfach die Marxsche Theorie unter die Klassik rubriziert wird, zeugt dann sowohl von fehlendem Sachverstand, die im Hinblick auf die Marxsche Theorie auch in schlichter Unkenntnis sanktionslos behauptet werden darf. Vgl. zum Verhältnis klassischer (Ricardo/Marshall), Keynesscher und Marxscher Wert- (und Preis-)Theorie: Krüger 2010: 250ff.

[7] Vgl. Viner 1955und Haberler 1933.

[8] Vgl. Ohlin 1971: 33: *»Wenn der Hauptgrund für die Ungleichheit der relativen Preise der Produktionsfaktoren zweifellos die verschiedene Ausstattung der einzelnen [Länder/S.K.] mit ihnen ist, darf man wohl seine Aufmerksamkeit berechtigterweise dieser verschiedenen Ausstattung als dem wichtigsten Grund für internationalen Handel zuwenden.«*

schiedenen Produktionsfaktoren in verschiedenen Ländern bestätigen, erbracht; vielmehr mussten Abweichungen von der unterstellten Regel erklärt werden[9] – was nur unterstreicht, dass komparative Vorteile oder die differente Ausstattung mit verschiedenen Produktionsfaktoren eben kein regulierendes Prinzip für die Struktur der Weltwirtschaft darstellen.

Das Ergebnis der internationalen Arbeitsteilung soll nach dem Heckscher-Ohlin-Theorem des Weiteren eine internationale Angleichung der Preise der Produktionsfaktoren und damit eine Herabstufung der Theorie des internationalen Handels zu einem Spezialfall der allgemeinen Austauschgesetze sein: *»Die vorausgehende Überlegung hat … zu dem Schluss geführt, daß der internationale Handel eine Tendenz zur Angleichung der Preise der Produktionsfaktoren bedeutet. … Dasselbe Ergebnis hätte durch eine Übertragung der Faktoren erreicht werden können. Internationaler Handel dient als ein Ersatz für die internationale Bewegung der Faktoren.«* (Ohlin 1971: 37) Von einer Angleichung der Preise der Produktionsfaktoren, insbesondere der Löhne des Faktors Arbeit, kann nun in der Realität weder der kapitalistischen Länder noch gar zwischen kapitalistischen Metropolen und unterentwickelten Ländern die Rede sein. Auch eine Verlagerung von arbeitsintensiver Produktion in Länder mit geringen Lohnkosten führt dortselbst nicht automatisch zu einer Angleichung an die Löhne der entwickelteren Länder. Dies gilt weder für die Nominallöhne noch für die Reallöhne und schon gar nicht für die relativen Arbeitslöhne, d.h. die Löhne als Anteil am Wertprodukt. Insofern kann von einem »Ersatz« der Immobilität der Produktionsfaktoren – dies gilt nicht nur für Grund und Boden und Arbeitskraft, sondern in abgestufter Weise auch für produktives Kapital – durch die Ausrichtung der internationalen Arbeitsteilung im internationalen Handel keine Rede sein.

Balassa-Samuelson-Theorem

Nicht die Begründung von internationalem Handel oder eine durch denselben strukturierte internationale Arbeitsteilung, sondern sein Einfluss auf den Verlauf der Kapitalakkumulation verschieden entwickelter Länder bildet die Fragestellung für P. Samuelson und B. Balassa in den 1960er Jahren. Hintergrund ist der Aufholprozess europäischer Länder sowie Japans gegenüber den USA in der Nachkriegszeit. Die USA waren unmittelbar nach dem Zweiten Weltkrieg aufgrund der bereits in der Zwischenkriegszeit begonnenen Etablierung der neuen fordistischen Arbeits- und Betriebsweise sowie der nachfolgenden Kriegsproduktion technologisch international führend geworden und besaßen in etlichen seinerzeitigen Hochtechnologie-Produkten eine Monopolposition auf dem Weltmarkt. Auf der Basis der industriellen Potenziale und mit der Überwindung der Kriegsschäden sowie der Reintegration

[9] Siehe z.B. das »Leontief-Paradox«. Gerade für die USA ist, entgegen der Erwartung nach dem Heckscher-Ohlin-Theorem, charakteristisch, dass trotz der reichlichen Ausstattung mit Kapital arbeitsintensive Produkte exportiert und kapitalintensive Produkte importiert werden.

der europäischen Nationalkapitale in den Weltmarkt hatten deren Unternehmen allerdings zunehmend Zugang zu den besten Produktionstechniken und Managementmethoden bekommen; die Vorrangstellung der USA und ihre Monopolstellung gingen nach und nach verloren.

Bereits in den 1960er Jahren baute sich ein chronisches Defizit in der US-Zahlungsbilanz auf. Samuelson führte es zurück auf höhere Preissteigerungen bei weltmarktfähigen Waren der US-Industrie, auf Wirtschaftshilfe und Militärausgaben, Goldabflüsse durch Einforderung der Dollarkonvertibilität durch ausländische Zentralbanken aufgrund schwindenden Vertrauens in den US-Dollar sowie Zölle etc. gegen US-Waren.[10] Dies bedeutete zusammenfassend, dass die komparativen Vorteile der US-Exporteure gegenüber dem vorangegangenen Jahrzehnt geschmälert worden waren; der US-Dollar geriet in eine überbewertete Position insbesondere gegenüber der Währung des aufkommenden BRD-Nationalkapitals. Die Terms of Trade, also das Verhältnis zwischen Export- und Importpreisen, verschlechterten sich. Die gleiche Beobachtung machte B. Balassa. Sein Fokus lag auf den Währungsparitäten, d.h. dem zunehmend überbewerteten US-Dollar bzw. vice versa einer unterbewerteten D-Mark (zum seinerzeitigen Kurs von 1 US-$ = 4 DM) im Festkurssystem von Bretton-Woods gegenüber den jeweiligen Kaufkraftparitäten bzw. einem durch die Kaufkraftparität bestimmten realen Wechselkurs.

Was geschieht nun nach Samuelson und Balassa, wenn sich unterschiedlich entwickelte Länder wirtschaftlich anpassen? Im Zuge eines wirtschaftlichen Aufholprozesses zwischen ärmeren und reicheren Volkswirtschaften weisen die wirtschaftlich weniger entwickelten Länder trotz steigender Produktivität bei weltmarktfähigen Waren eine höhere Inflationsrate auf,[11] welche Spielräume für Lohnsteigerung – bei (annähernder) Vollbeschäftigung – eröffnet. Obwohl die Lohnstückkosten wegen der Produktivitätssteigerung in den weltmarktbezogenen Branchen konstant bleiben, steigen sie bei den nicht handelbaren Produkten und Dienstleistungen, weil die Lohnerhöhung allgemein ist und dort die Produktivitätssteigerung übersteigt. Demzufolge steigt die allgemeine Inflationsrate und die Währungen von Ländern, die reicher werden und deren Produktivität steigt, werten real auf.

In Kategorien der Oberfläche wird also mit dem Balassa-Samuelson-Effekt eine von uns früher werttheoretisch begründete, weil die gestiegene Wertschöpfung zum Ausdruck bringende Preissteigerung und Wechselkursaufwertung bei Ländern mit einer überdurchschnittlichen Steigerung der Intensität, Produktivität und Qualität ihrer produktiven Nationalarbeit erfasst – allerdings in überzogener Weise und mit einer fälschlichen Verallgemeinerung. Anstelle der Werttheorie des Außenhandels tritt als vermittelndes Glied die Produktivitätstheorie des Arbeitslohns,[12] welche konstante Lohnstückkosten sichern soll und deren Gültigkeit gleichzeitig auf die

[10] Vgl. Samuelson 1964 II: 404ff.

[11] Dies stimmt allerdings nicht für die D-Mark.

[12] Die Steigerung der Arbeitslöhne entsprechend der Produktivitätsrate gewährleistet Verteilungsneutralität zwischen den Primärrevenuen (Brutto-)Profit und Lohn, d.h. eine konstante

Produktionssphären beschränkt wird, die weltmarktfähige Waren herstellen. Es ergibt sich dann nicht nur ein Aufwertungsdruck für die Währung des auf der Stufenleiter der Nationalarbeiten aufsteigenden Landes, sondern, voraussetzungsgemäß, eine an den Kaufkraftparitäten gemessene Überbewertung der betreffenden Währung wegen der Verletzung der gesamtwirtschaftlichen Konstanz der Lohnstückkosten bzw. ihres Anstiegs.

c) Keynesianische Außenhandelstheorie

Primat der Binnenwirtschaft bei Keynes

Ideologisch-paradigmatisch hatte die klassische (und neoklassische) Außenhandelstheorie mit ihrem Ideal der wohlstandsstiftenden Funktion des internationalen Freihandels den vorherigen theoretischen und praktischen Merkantilismus abgelöst. Keynes' Ablehnung der Laissez-faire-Prinzipien auch für den Welthandel zwingen ihn vor diesem Hintergrund gleichzeitig dazu, eine Kritik am Merkantilismus zu formulieren, um die differentia specifica seiner Auffassung zu verdeutlichen.[13] Seine Kritik am Merkantilismus schließt eine Kritik an den positiven Wirkungen einer strukturell aktiven Handelsbilanz ebenso ein wie eine Problematisierung einer außenwirtschaftlich induzierten Reduzierung des Zinsfußes zur Steigerung der Veranlassung zur Investition im Inland. Den Gipfel einer durch eine fehlerhafte Theorie geleiteten praktischen Politik stellen für ihn die Peelschen Bankacts im 19. Jahrhundert dar.[14] Im Kern geht es um die Kontrolle des nationalen Zinsfußes, der weder durch das Wirken der Marktkräfte eine Gleichgewichtslage zur Optimierung von Investitionen und Beschäftigung findet wie die Freihandelsverfechter von Klassik und Neoklassik meinen, noch durch die merkantilistische Orientierung auf die Maximierung des Goldzuflusses aus dem Ausland als Indikator für die Vermehrung des nationalen Reichtums. Daraus folgt, dass die Wirtschaftspolitik für die Veranlassung zur Investition durch geeignete Maßnahmen der binnenwirtschaftlichen Nachfragestabilisierung und der Beeinflussung der Liquiditätsvorliebe der Finanzmarktakteure unter der Nebenbedingung der nationalen Zahlungsbilanz in der kurzen Frist Sorge zu tragen hat. Damit liegt der Fokus auf der Binnenwirtschaft.

Lohnquote. Zugleich gewährleistet eine an der Produktivitätssteigerung ausgerichtete Steigerung der Geldlöhne einen Reallohnzuwachs (bei konstanten Bedingungen auf der Geldseite).

[13] Vgl. Keynes 1936: 282ff.

[14] Vgl. ibid.: 287: *»Unter dem Einfluß dieser fehlerhaften Theorie hat die City von London allmählich die gefährlichste Technik für die Erhaltung des Gleichgewichts ausgearbeitet, die man sich überhaupt denken kann, nämlich die Technik, die Bankrate mit einer starren Parität der auswärtigen Wechselkurse zu kuppeln. Denn dies bedeutete, daß das Ziel der Erhaltung eines mit Vollbeschäftigung zu vereinbarenden Zinsfußes völlig ausgeschaltet wurde. Da es in Wirklichkeit unmöglich ist, die Zahlungsbilanz zu vernachlässigen, wurde ein Mittel für ihre Kontrolle entwickelt, das, statt den inländischen Zinsfuß zu schützen, ihn der Wirkung blinder Gewalten opferte.«*

Keynes sagt von sich selbst: *»Ich war, wie die meisten Engländer, erzogen, den Freihandel nicht nur als eine ökonomische Doktrin, an der ein vernünftiger und gebildeter Mensch nicht zweifeln könne, sondern fast als einen Teil des Moralgesetzes zu achten.«* (Keynes 1933: 152)[15] Der unbedingte »wirtschaftliche Internationalismus« (vgl. ibid.: 155) mit seiner Orientierung an internationaler Arbeitsteilung und nationaler Spezialisierung zur Erschließung komparativer Vorteile sowie – vornehmlich britischer – Direktinvestitionen in anderen Ländern als Ziel ökonomischen Handelns gehört für ihn einer vergangenen Zeit an: *»Die Erfahrung zeigt mehr und mehr, daß die meisten Prozesse moderner Massenproduktion in fast allen Ländern und Klimaten mit ungefähr gleichem Erfolg durchgeführt werden können. Darüber hinaus aber treten bei zunehmender Wohlstandsbildung Grundstoffe und Fabrikate an Bedeutung in der Volkswirtschaft, gegenüber Wohnungen, persönlichen Dienstleistungen und lokalen Amönitäten, die nicht dem internationalen Austausch unterliegen, zurück …«* (Ibid.: 156)

Wie die Tugend der Sparsamkeit in einer Zeit, in der Kapital knapp und die Akkumulation den Engpass des nationalen Sparaufkommens zu überwinden hatte, sieht Keynes auch für die Außenwirtschaftsverhältnisse durch den Freihandel und den freien Kapitalverkehr die wirtschaftlichen Herausforderungen als gelöst an und geht für die Zukunft einer (post)industriellen Gesellschaft von der Notwendigkeit eines Paradigmenwechsels aus. Im binnenwirtschaftlichen Kreislauf wird anstelle des Angebots eine mit Vollbeschäftigung zu vereinbarende effektive Nachfrage zum Bezugspunkt der Wirtschaftspolitik und in den außenwirtschaftlichen Beziehungen wird perspektivisch eine größere nationale Selbstgenügsamkeit zum erstrebenswerten Ziel, womit nicht zuletzt auch der *»Friedenssache«* (ib., 154) in höherem Maße gedient wird als mit der Entfesselung des internationalen Wettbewerbs auf allen Märkten der Welt. Es soll daher zwischen internationalen und nationalen Gütern und Dienstleistungen neu sortiert werden; dieser Paradigmenwechsel ist zugleich eine Umorientierung, die langfristig und nur nach und nach ins Werk gesetzt werden kann. *»Ich sympathisiere … mehr mit denen, die die finanzielle Verknüpfung zwischen den Nationen sehr stark lockern wollen, als mit denen, die sie zu steigern gedenken. Ideen, Wissen, Kunst, Gastfreundschaft, Reisen – das sind Dinge, die ihrer Natur nach international sein sollten, aber laßt Güter in der Heimat herstellen, wenn immer es sinnvoll und praktisch möglich ist, und vor allem laßt die Finanzen in erster Linie nationale sein. Aber die, die ein Land aus seiner Verflechtung zu befreien versuchen, sollten zugleich sehr vorsichtig zu Werke gehen. Nicht Wurzeln sollen ausgerissen werden, sondern das Wachstum einer Pflanze soll in eine andere Richtung gelenkt werden.«* (Ibid.) Es geht ihm also um ein allmähliches Um-

[15] Dass die britischen Ökonomen vor Keynes Freihandel predigten, in der realen Politik Großbritannien aber seine nationale Ökonomie durch Zollschranken vor ausländischer Konkurrenz abschirmte und nur innerhalb des Commonwealth freien Warenhandel praktizierte, ist einer der schönen Widersprüche zwischen ökonomischen Doktrinen und der Realität, der oftmals die Überzeugungskraft der Ersteren lange nicht erschüttert hat.

steuern auf eine stärkere Binnenorientierung der entwickelten Volkswirtschaften in ihren reproduktiven Basisverhältnissen und eine strikte Absage an finanzielle Globalisierung mit ihren unvermeidlichen Begleiterscheinungen der Spekulation – »... *der Teilhaberschaft eines Chicagoer Spekulanten an der deutschen A.E.G. oder der Beteiligung einer englischen Witwe an den städtischen Werken von Rio de Janeiro«* (ibid., 154) – und negativen Rückwirkung auf Wertschöpfung und Beschäftigung.

Die stärkere Orientierung auf die Binnenwirtschaft schließt für Keynes des Weiteren eine differenzierte Haltung zu Zollschranken ein. Sicherlich spielt hierbei die Situation der britischen Industrie mit ihren chronischen Handelsbilanzdefiziten und einer in den 1930er Jahren in weiten Bereichen endgültig verlustig gegangenen internationalen Konkurrenzfähigkeit eine Rolle. Keynes spielt die Konsequenzen der Einführung eines allgemeinen Zolltarifs auf Exporte und Importe durch und räumt zunächst mit dem Dogma auf, dass »Einfuhr und Ausfuhr einander gegenseitig bezahlen«: *»Meiner Ansicht nach besteht, während in einer Hinsicht die Position jedes Elementes im ökonomischen System von der Position aller anderen abhängig ist, dennoch keine direkte und einfache Beziehung zwischen dem Volumen der Ausfuhr und dem der Einfuhr. Eine Veränderung in der Einfuhr führt, wenn sie auf das Hinzukommen eines neuen Faktors, wie eines Zolltarifs, zurückzuführen ist, zu einer ganzen Reihe von komplexen Rückwirkungen im Wirtschaftskörper, die vermutlich, bevor sie zu voller Auswirkung gekommen sind, in der Tat einigen Einfluß auf alle Faktoren haben.«* (Keynes 1931: 167) Ganz entscheidend ist bei einer Verringerung der Importe durch einen Zolltarif, wie der Zinssatz, d.h. die Geldpolitik der Zentralbank und der Zufluss von Gold sich gestalten. Wird der Zinsfuß gesenkt, kann mehr an das Ausland verliehen und/oder der heimische Kreditüberbau verbreitert werden mit den Resultaten einer inländischen Produktionszunahme; ob dies mit einer allgemeinen Preissteigerung einhergeht, hängt ab von der Verfügung über freie Kapazitäten (vgl. ibid.). Conclusio also: *»Auf die gegenwärtigen Verhältnisse bezogen, glaube ich, daß einem Zolltarif die Möglichkeit innewohnt, eine im Endeffekt günstige Wirkung auf den Arbeitsmarkt auszuüben.«* (Ibid.: 168)[16]

So wenig wie sich die von Keynes favorisierte Umsteuerung von Wirtschaft und Gesellschaft auf eine größere Selbstgenügsamkeit von selbst einstellt, so wenig sollen auf der anderen Seite auch die Gefahren missachtet werden, die in diesem Veränderungsprozess gemacht werden können. Neben dem *»Doktrinarismus«* (Keynes 1933: 160) ist es die Hast bei der Umsetzung der Veränderung: *»Wir haben nicht eine plötzliche Revolution zu diskutieren, sondern die Richtung eines säkularen Trends.«* (Ibid.)[17]

---

[16] Wir kommen auf die Wirkung und Bewertung von Handelsschranken (Zölle, nichttarifäre Handelshemmnisse) später ausführlicher zurück; vgl. Kapitel 7.

[17] Dies liest sich als eine vorweggenommene Warnung am Ausstieg des Vereinigten Königreiches aus der Europäischen Union, zumal davon auszugehen ist, dass Keynes »Selbstgenügsamkeit« in der heutigen Welt nicht eng nationalistisch, sondern im Rahmen supranationaler, regionaler Weltwirtschaftsräume verstanden hätte. Vgl. auch den V. Abschnitt.

Kritik des Monetärkeynesianismus

Die in der Handels- und Leistungsbilanz erfassten Transaktionen der inländischen Ökonomie mit der übrigen Welt sind an den Anfang der Betrachtung gestellt worden, weil sie sich aus den Bedingungen der reproduktiven Kapitalakkumulation ergeben, die die Akkumulation von Geldkapital und dessen Anlageformen fundamental bestimmen – was selbstredend Rückwirkungen mannigfacher Art einschließt. Dieses Abhängigkeits- oder Bedingungsverhältnis zwischen Wertschöpfung und reproduktiver Kapitalakkumulation einerseits und der sich an den Finanzmärkten zeigenden Prozesse und bildenden Verwertungsraten andererseits gilt naturgemäß auch im internationalen Verkehr.

Genau dieses grundlegende Bedingungsverhältnis zwischen der Akkumulation von reproduktivem Kapital und von Geldkapital (in allen Formen) oder von Profitrate und Zinssatz wird von einer modernen Interpretationsrichtung der Keynesschen Theorie, dem sog. Monetärkeynesianismus, bestritten. Bei der Erklärung von Außenwirtschaftsprozessen setzen die Monetärkeynesianer wegen der Zahlungsrestriktion von Warentransaktionen die Determination der Handels- und weiter der Leistungsbilanz durch die Kapitalbilanz voraus: internationale Kapitalströme sollen somit die Leistungsbilanzsalden determinieren: *»Es führt … kein Weg an der Erkenntnis vorbei, daß – sieht man von Devisenmarktinterventionen der Zentralbank ab – Leistungsbilanzdefizite nur bei der Bereitschaft ausländischer Gläubiger zur Finanzierung dieser Defizite entstehen können. Produktivität, Wachstum, Preisniveau etc. zwischen verschiedenen Ländern können sich ändern, wie sie wollen, ohne Kreditvergabe ist ein Leistungsbilanzsaldo schlicht und einfach unmöglich. Sicherlich können realwirtschaftliche Faktoren (neben vielen anderen Einflüssen) auf die Bereitschaft zur Kreditvergabe einwirken, dies ändert jedoch nichts an dem Umstand, daß jeder Leistungsbilanzsaldo, der privat finanziert wird, durch das Nadelöhr der Gläubigerkalküle gelangen muß. Gibt es eine strukturelle Dominanz des Gläubigers über den Schuldner, so existiert auch eine eindeutige Dominanz der Kapitalströme über die Leistungsbilanz. Ein Nettokapitalimport erzeugt ein Leistungsbilanzdefizit, während ein Nettokapitalexport einen Leistungsbilanzüberschuß bewirkt.«* (Herr 1992: 162)

Dieser Auffassung bezüglich des Abhängigkeitsverhältnisses zwischen Leistungs- und Finanztransaktionen unterliegt, ebenso wie bei der Analyse binnenwirtschaftlicher Prozesse, die Zerreißung an und für sich zusammengehörender Elemente, nämlich die Gebrauchswertherstellung einerseits und die Wertschöpfung andererseits. Der Produktionsprozess wird als bloßer Arbeitsprozess aufgefasst, der in Gütermengen (sowie Dienstleistungen als immaterielle Güter) resultiert, die erst durch die Verhältnisse zwischen Vermögensbesitzern als Gläubigern und Unternehmern als Schuldnern Preise erhalten; auch die Profitrate wird durch die Zinssätze nicht nur mitbestimmt, sondern allererst hervorgebracht. Die Markthierarchie geht daher vom Vermögens- oder Finanzmarkt aus, der den Warenmarkt als Gütermarkt bestimmt mit dem Arbeitsmarkt als (untergeordnetem) Anhängsel. Der Monetärkeynesianismus scheitert damit am Doppelcharakter der warenproduzierenden Arbeit, jenem *»Springpunkt..., um den sich das Verständnis der politischen Ökonomie [immer noch/S. K.] dreht«.* (MEW 23: 56)[18]

Natürlich ist es banal, dass wie in der Binnenwirtschaft auch im Außenwirtschaftsverkehr nur etwas verkauft werden kann, wenn der Käufer auch die Bezahlung sicherstellen kann. Der einzige Unterschied zwischen Binnen- und Außenhandel besteht in dieser Hinsicht darin, dass ein Importeuer von ausländischen Waren Zahlungsmittel in fremder Währung benötigt, d.h. in früheren Zeiten kommerziellen Kredit in Form von Wechseln in der betreffenden Währung, heutzutage, wo sich der kommerzielle Kredit direkt mit dem Bankkredit verbindet, ein Akkreditiv seiner Bank im Inland, die bei Vorlage der Konnossemente des Exporteurs den Kaufpreis der Ware an dessen Bank im Ausland überweist. Monetäre Bedingung dieser Transaktion ist die Austauschbarkeit (Konvertibilität) der beiden betroffenen Währungen gegeneinander. Diese Währungskonvertibilität wiederum setzt die Wertschöpfung in beiden Ländern, die Präsenz ihrer Einzelkapitale im internationalen Handel als Käufer und Verkäufer, funktionierende Finanzinstitutionen und öffentliche Haushalte, kurz: den im Großen und Ganzen kontinuierlichen Vollzug der Reproduktion in den nationalen Akkumulationsprozessen voraus. Das in letzter Instanz wertlich-fundamental bestimmte Austauschverhältnis der Währungen (Wechselkurs) wird durch die mit der Geldkapitalakkumulation verbundenen und mit den Erwartungen der Akteure vermittelten kurzfristig-aktuellen Angebot-Nachfrage-Konstellationen am Devisenmarkt vermittelt und zugleich verdeckt – so kann man sich einbilden, dass der oberflächliche Austausch von Währungen und die darin enthaltenen Kreditverhältnisse für sich genommen das Bestimmende gegenüber den nur als stofflich wahrgenommenen Leistungstransaktionen darstellen.

Damit sind bereits die Rückwirkungen des grenzüberschreitenden Kapitalverkehrs auf die Wechselkurse der Währungen erfasst. Mit der Ersetzung eines metallischen oder goldkonvertiblen Geldes in der Binnenzirkulation durch inkonvertibles Repräsentativgeld ist das wertliche Umtauschverhältnis zwischen nationalen Währungen »im normalen Gang der Verhältnisse« nicht mehr durch ihr unmittelbar marktbestimmtes Repräsentationsverhältnis zum Gold als der Geldware bestimmt, sondern entsprechend des »losen Endes« des Denominationsprozesses des inkonvertiblen Repräsentativgeldes durch die Fortschreibung (und sukzessiv-allmähliche Veränderung) der (Binnen-)Kaufkraft einer nationalen Währungseinheit durch die Zentralbank-Geldpolitik vermittelt. Der Außenwert der Währung bleibt dabei für die Geldpolitik der nationalen Zentralbank ein marktbestimmtes Datum, sofern dieser über den Auf- und Abbau der nationalen Währungsreserven den Um-

---

[18] Diesem Unverständnis gegenüber dem Doppelcharakters der Arbeit ist auch die in die marxistische Diskussion hineinreichende Bestimmung des Geldes nicht aus dem Warenaustausch (Zirkulationsmittel), sondern den Zahlungstransaktionen zwischen Gläubigern und Schuldnern (Geld als Zahlungsmittel) geschuldet: Nicht der Tausch, sondern das Eigentum ist demnach der Ursprung allen Wirtschaftens; Zins und Geld sind dessen erstgeborene Abkömmlinge. Wo Eigentum fehlt oder abgeschafft wird, gibt es keine Ökonomie, sondern nur Produktion (vgl. Heinsohn/Steiger 2010).

fang desjenigen Teils der binnenwirtschaftlichen Geldmenge bestimmt, der nach den Gesetzen der Wertzeichenzirkulation funktioniert.[19]

Zusammenfassend ist somit festzuhalten, dass das werttheoretisch begründete Abhängigkeitsverhältnis zwischen der reproduktiven Kapitalakkumulation und allen Formen der Akkumulation des Geldkapitals an den verschiedenen Segmenten des Finanzmarktes wie in der Binnenwirtschaft so auch auf den Weltmärkten gilt. Dass sich aus der internationalen Bewegung des Geldkapitals weitere und eigenständige Entwicklungen und Prozesse ergeben, die den Schein einer Separierung beider Bereiche, ihre Entkoppelung oder sogar die Abhängigkeit von Wertschöpfung und reproduktiver Kapitalakkumulation von der Akkumulation des Geldkapitals hervorbringen, ist nachfolgend zu betrachten.

[19] Zu den geldtheoretischen Bestimmungen und Differenzierungen innerhalb einer auf inkonvertiblem Zentralbankgeld beruhenden inländischen Geldzirkulation vgl. ausführlich Krüger 2012a außerdem Bischoff/Fiehler/Krüger/Lieber 2017: 19ff. sowie Krüger/Müller 2020.

Kapitel 6: Internationaler Kapitalverkehr

a) Finanzierungsformen des grenzüberschreitenden Warenhandels und Bewegung des kurzfristigen Kapitalverkehrs im reproduktiven Zirkel

Mit der Betrachtung des internationalen Kapitalverkehrs und den in der Dienstleistungs- und Kapitalbilanz eines Landes abgebildeten Außenwirtschaftstransaktionen werden die internationale Geldkapitalakkumulation sowie deren Anlageformen zum Thema. Sie begleitet in ihren kurzfristigen Elementen die grenzüberschreitenden Warentransaktionen und schließt dergestalt unmittelbar an diese an. Von Tourismusein- und -ausgaben in der Dienstleistungsbilanz, die vielfach in barer Form geleistet werden, abgesehen, sind diese grenz- und währungsüberschreitenden Warentransaktionen (materielle Gebrauchswerte und Dienstleistungen) regelmäßig mit Formen des Kredits verknüpft und werden heutzutage direkt durch Einschaltung der Banken abgewickelt. Während in eingespielten Geschäftsbeziehungen vielfach die einfache Depositenübertragung durch Überweisung von einem Bankkonto auf ein anderes zum Tragen kommt, sodass sich derartige Transaktionen nur dadurch von binnenwirtschaftlichen Verhältnissen unterscheiden, dass die Banken und die resp. Kontoinhaber in verschiedenen Ländern ansässig sind, dominiert im sonstigen Warenverkehr das Dokumentenakkreditiv.[1] Wie im binnenwirtschaftlichen Verkehr ist damit der Handelswechsel weitgehend ersetzt worden. Anstelle der früheren zeitlichen und örtlichen Spaltung zwischen einem kommerziellen Kredit zwischen Lieferant und Käufer, in der Regel durch Wechsel verbrieft, mit nachträglicher Dazwischenkunft eines Bankkredits durch Diskontierung des Wechsels seitens des Remittenten und Zahlung der Wechselsumme nach Ablauf der Zahlungsfrist durch den Bezogenen an die Bank als Inhaberin, ist beim Akkreditiv der kurzfristige bare Zahlungsmittelkredit direkt mit dem unterliegenden kommerziellen Kredit, der im Auslandszahlungsverkehr durch Verbriefung zusätzlich besichert ist, verknüpft; darüber hinaus erfolgt bei Gutschrift des Rechnungsbetrages auf dem Bankkonto des Verkäufers in der Regel ein Währungstausch durch die Bank zum aktuell gültigen

---

[1] Der Geschäftsablauf ist wie folgt: Der Importeur einer Ware (Akkreditivsteller) beauftragt seine Hausbank damit, unter seiner Rückhaftung ein Akkreditiv zugunsten des Exporteurs (Begünstigter) zu eröffnen. Dies setzt voraus, dass der Importeur bei der Hausbank über eine entsprechende Kreditlinie oder Guthaben verfügt. Die Bank des Importeurs eröffnet das Akkreditiv unwiderruflich zugunsten des Exporteurs. Hierbei bedient sie sich zur Abwicklung einer Bank im Land des Exporteurs (= avisierende Bank), die ihr entweder vom Importeur vorgegeben wurde oder ihre Korrespondenzbank ist. Im Akkreditiv wird die Ware hinsichtlich Art, Menge und Verpackung beschrieben, und es werden Fristen für den Versand der Ware vom Verladeort bis zum Abladeort, zur Vorlage der Dokumente sowie Zahlungsziele genannt. Ferner werden die Dokumente spezifiziert, die die Bezahlung des Akkreditivs auslösen, z.B. Lade- oder Lieferscheine (Konnossemente).

Wechselkurs. Zur Ausschaltung des Währungsrisikos kann zusätzlich eine Kurssicherung durch Devisentermingeschäfte für die Frist zwischen Rechnungsstellung und Bezahlung abgeschlossen werden.[2]

Die Zwischenschaltung von Banken bei der Abwicklung des Außenhandelsgeschäfts durch Akkreditivstellung mag nun den Schein erzeugen, als müsse erst ein Kredit, eventuell noch durch den Verkäufer selbst, gewährt werden, damit die Transaktion überhaupt zustande kommt. Jedoch ist das Verhältnis zwischen (kommerziellem) Kredit und Verkauf letztlich gleichartig zu binnenwirtschaftlichen Warentransaktionen beschaffen, die ebenfalls mit dem Geld als Zahlungsmittel abgewickelt werden, wodurch eo ipso gleichzeitig Kreditverhältnisse begründet werden. Demzufolge sind die Zahlungsvorgänge jeweilige Reflexe der Warentransaktionen und durch dieselben bedingt. Soweit sie in der Kapitalbilanz eines Landes als grenz- und währungsüberschreitende Transaktionen erfasst werden, markieren sie einen in der Regel kurzfristigen Kapitalexport oder -import.

Die Differenzierung zwischen kommerziellem Kredit, wo das zinstragende Kapital in Warenform, d.h. als Warenkapital fungiert, und Zahlungsmittelkredit in Geldform ist noch in weiterer Hinsicht bedeutsam. Jede Zahlungsbilanz beinhaltet einen Restposten, der sich als statistischer Fehler ergibt, weil die verschiedenen Positionen jeweils einzeln erhoben werden und sich danach Soll- und Habenseite der Bilanz in der Regel nicht ausgleichen. Wo dabei der statistische Fehler liegt, ist kaum interessant, wohl aber die Entwicklung dieses Restpostens, weil die statistischen Unzulänglichkeiten ein bestimmtes Verhalten der Akteure widerspiegeln: *»In der Veränderung des Restpostens kommen nämlich vor allem bestimmte Zahlungsbedingungen (terms of payment) im Außenhandel zum Ausdruck. … Sie gehen von der vollständigen Vorauszahlung des Käufers bei Auftragserteilung über kurzfristige Zahlungsziele bis zur Gewährung langfristiger Lieferkredite durch den Verkäufer.«* (Köhler 1979: 16) Dabei drückt ein steigender positiver Restposten eine Verkürzung der Zahlungsziele des kommerziellen Kredits des Exporteurs aus, weil sie ihre Devisenforderungen schneller an die Banken (oder an die Zentralbank) verkaufen. Ein negativer Restposten ergibt sich, wenn dem positiven Exportwert keine erfasste Geldkreditgewährung entspricht, die Exporteure also länger im Besitz von Auslandsforderungen bleiben, bevor diese durch Bezahlung liquidiert werden.

Warenexporte führen also zu einem Forderungsaufbau des exportierenden Landes und zu Devisenzuflüssen, d.h. einem Kapitalimport bei Bezahlung; bei Importen ist es umgekehrt. Demzufolge weisen Nationalkapitale mit einem Exportüberschuss einen kurzfristigen Nettokapitalimport für die unmittelbar mit dem Warenhandel (inkl. Dienstleistungen) zusammenhängenden Transaktionen aus; bei einer defizitären Handelsbilanz ist es umgekehrt. Innerhalb eines zyklischen Aufschwungs, in

---

[2] Bei Lieferungen in Länder mit erhöhten Unsicherheitsrisiken kann die Forderung des heimischen Exporteurs zusätzlich mit staatlichen Bürgschaften abgesichert werden. Derartige staatliche Ausfallbürgschaften wirken damit als öffentliche Exportförderung und Einflussnahme auf private Handelsbeziehungen zwischen verschiedenen Ländern.

dem die Umsätze im In- und Ausland ansteigen, ergibt sich für ein im Außenhandel gewinnendes Land nicht nur eine Steigerung der Wertschöpfung durch Surplusprofite der Exporteure, sondern im Rahmen des Aufbaus eines Handelsbilanzüberschusses zugleich ein über die Veränderung des statistischen Restpostens gespiegelter Nettokapitalimport, der zinssenkend am kurzfristigen Geldkapitalmarkt wirkt. Beides, die Surplusprofite der Exportkapitale sowie der kurzfristige Nettokapitalimport, forcieren die zyklische Kapitalakkumulation. Sie befördern Erweiterungsinvestitionen und binnenwirtschaftlichen Beschäftigungsaufbau. Der binnenwirtschaftlich induzierte zyklische Marktpreisanstieg wird durch den Handelsüberschuss somit auch außenwirtschaftlich bestärkt. Der gleichzeitige Importsog sowie die Wechselkurseffekte der aktivierten Handelsbilanz begrenzen dabei den Aufbau der zyklischen Ungleichgewichte in der Zahlungsbilanz als entgegenwirkende Tendenzen. Für ein Land, welches aufgrund international unterdurchschnittlicher Steigerungen der Produktivkräfte seiner Nationalarbeit im internationalen Handel auf der Stufenleiter absteigt und nationale Arbeitszeit nicht komplett preismäßig vergütet erhält, ergeben sich spiegelbildlich die gegensinnigen Effekte und Entwicklungstendenzen. Wird der obere Wendepunkt des Zyklus erreicht, hängt es von der Gleichzeitigkeit bzw. Ungleichzeitigkeit der nationalen Konjunkturen der wichtigsten Handelspartner ab, ob die nationale Überproduktion verschärft oder durch eine – zunächst – fortschreitende Auslandskonjunktur abgemildert wird. Entsprechendes gilt für den kurzfristigen Geldkapitalmarkt und den in der zyklischen Krise maximalen kurzfristigen Zinssatz. Der nachfolgende zyklische Abschwung sowie die »Phase der Stille« um den unteren zyklischen Wendepunkt werden ebenso von den Timelags des Weltmarkts betroffen. Die Umwälzung von Teilen des fixen Originalkapitals, die den erneuten Investitionsanstoß für den kommenden Aufschwung setzt, muss ebenso entweder rein durch binnenwirtschaftlich induzierte Investitionen erfolgen oder wird durch eine bereits in Gang befindliche Auslandskonjunktur befördert bzw. im Extremfall auch erzeugt.[3]

Von den zyklischen Bewegungen der grenzüberschreitenden kurzfristigen kommerziellen und geldlichen Handelskredite abgesehen, folgt deren Bewegung langfristig den Exporten und Importen der nationalen Handels- (und Dienstleistungs-) Bilanz und der Saldo des kurzfristigen Kapitalverkehrs im reproduktiven Zirkel dem Saldo dieser Bilanz des gesamten grenzüberscheitenden Warenhandels. Dieser Teil des nationalen Kapitalverkehrs ist also direkt und umfassend durch die Akkumulation des reproduktiven Kapitals bestimmt. Die Rückwirkung dieses Kapitalverkehrs auf die reproduktive Kapitalakkumulation wirkt zunächst – Erstrundeneffekt – über die Beeinflussung der kurzfristigen Zinssätze gleichsinnig wie der außenwirtschaftliche Warenverkehr, sodann, ebenfalls wie dessen Zweitrunden- oder Produktivitäts-, Beschäftigungs-, Preis- und Wechselkurseffekte, mit widerstreitenden

[3] Zu den hier angedeuteten zyklischen Agentien und Entwicklungen sowohl im reproduktiven Zirkel als auch auf den Finanzmärkten vgl. ausführlich Krüger 2010: 321ff. sowie 542ff.

Tendenzen, d.h. sowohl potenziell akkumulationsbeschleunigend als auch gleichzeitig retardierend gegenüber kumulativen Disproportionen.

b) Direktinvestitionen

Direktinvestitionen nehmen eine Sonderstellung im Rahmen des internationalen langfristigen Kapitalverkehrs ein, insofern es sich bei ihnen um eine internationale Akkumulation des reproduktiven Kapitals handelt. Die Spannbreite reicht von der Errichtung neuer produktiver oder kommerzieller Standorte (Schaffung neuer Einzelkapitale) im Ausland bis zum Erwerb von Beteiligungen an bestehenden ausländischen Unternehmen, z.B. durch Kauf von Anteilen oder Übernahme von zusätzlich neu emittierten Anteilen. Dieser in der Form einer Finanzinvestition durchgeführte Kapitalexport bzw. -import besitzt dann den Charakter einer Direktinvestition, wenn die Beteiligungsabsicht zum Zweck der Wahrnehmung von Stimmrechten, d.h. der Einflussnahme auf die strategischen und/oder operativen Geschicke des betreffenden Unternehmens das treibende Motiv darstellt. Dies begründet zudem die Langfristigkeit dieses Kapitalexports. Vielfach wirkt der Kapitalexport in Form einer Direktinvestition komplementär zum Warenexport; unmittelbar durch Aufbau von Service- und Vertriebsstützpunkten im Ausland, mittelbar zur intensivierten Marktbearbeitung durch Aufbau von Produktionsstätten, die im Endeffekt auch Teile des vormaligen Exports ersetzen und damit substitutiv gegenüber dem Warenexport eines Landes wirken.

Der Saldo der Direktinvestitionen, d.h. ob der Kapitalimport oder der Kapitalexport überwiegt, gibt zwar einen ersten Aufschluss über die Attraktivität eines nationalen Produktions- oder Finanzstandorts, doch spielen hier vielfältige politische Regulierungen und Vorgaben eine große Rolle, z.B. local content-Klauseln bei Ausschreibungen oder direkte Vorgaben in Gestalt von Importzöllen etc., die eine Belieferung eines nationalen Marktes »von außen« unattraktiv oder gar unmöglich machen. Im Ergebnis spielen hinsichtlich der Bilanz der Direktinvestitionen in den einzelnen Ländern ganz unterschiedliche und disparate Faktoren eine wesentliche Rolle, sodass sich ein einfacher Rückschluss von dem Vorzeichen der Netto-Direktinvestitionen eines Landes auf seine binnenwirtschaftliche ökonomische Performance verbietet. Die Bedeutung von Direktinvestitionen ergibt sich des Weiteren aus ihrer makroökonomischen Wirkung sowohl für das exportierende Land als auch das Empfängerland bzw. das betreffende Nationalkapital im Zielland. Denn noch wesentlich stärker als die gebrauchswert- und wertbestimmten Effekte des auswärtigen Handels wirken Direktinvestitionen auf die Verläufe der reproduktiven Kapitalakkumulation ein. Während für das Exportland Kostenvorteile, insbesondere Lohnkosten- sowie ggf. Steuervorteile gegenüber der Inlandsproduktion im Vordergrund stehen – vorausgesetzt, das Produktivitätsniveau des verlagerten Produktionsprozesses (inkl. Produktqualität) wird im Zielland gewährleistet –, stehen für das Empfängerland die Verfügung über technisches und Management-Know-how im Fokus. Voraussetzung ist dabei allerdings die Einbindung der ausländischen Direktinvestition in nationale Liefer- und Leistungszusammenhänge. Gelingt dies nicht, d.h. bleibt die aus dem Ausland verlagerte bzw. durch Auslandskapital errichtete Produktionsstätte eine bloße verlängerte Werkbank oder, im positiveren Fall, ein »Leuchtturm« ohne Einbindung in nationale Kreisläufe, sind die Entwicklungseffekte gering oder gleich Null. Im umgekehrten Fall jedoch erlaubt der Kapitalimport in Gestalt von Direktinvestitionen dem Empfängerland die Abkürzung von Entwicklungsprozessen und ein rascheres Aufschließen auf höhere Stufen in der Rangfolge produktiver Nationalarbeiten. Es versteht sich, dass sich in den wenigsten Fällen dieser »Trade-off« des Direktinvestitionsimports von selbst vollzieht, vielmehr ist eine aktive strukturpolitische Intervention durch die wirtschaftspolitischen Instanzen im Empfängerland unterstellt. Unter diesen Voraussetzungen ist der einer Direktinvestition zuzurechnende Außenwirtschaftseffekt in der Regel deutlich größer als ein gleichgerichteter Effekt z.B. eines Exportüberschusses. Allgemein formuliert gilt also auch hier, dass es auf die binnenwirtschaftliche Verarbeitung der durch die Außenwirtschaft angestoßenen Prozesse und Effekte ankommt.

Damit erweisen sich Direktinvestitionen als potenziell stärkster Hebel für eine internationale Angleichung der Durchschnittsprofitraten von Nationalkapitalen; vorausgesetzt ist dabei natürlich, wir wiederholen dies, dass ihre Reproduktionsprozesse als Ganze oberhalb eines bestimmten Entwicklungsstandes der Produktivkräfte gesellschaftlicher Arbeit stehen. Zum einen ist der Kapitalexport ein Abzugskanal relativ überschüssigen Kapitals, zum anderen findet dieses überschüssige Kapital eine Anlage in einem Land, in dem die nationale Durchschnittsprofitrate (noch) auf einem höheren Niveau steht. Es ergibt sich damit für das exportierende Land eine entgegenwirkende Tendenz zum tendenziellen Fall seiner Profitrate; das Empfängerland gelangt bestenfalls in die Verfügung entwickelterer Produktivkräfte, die seine Akkumulation stimulieren und damit, ceteris paribus, den Fall seiner Profitrate als Ausdrucksform der Höherentwicklung seines Reproduktionsprozesses in der Folgezeit stärker erniedrigen.

c) Portfolioinvestitionen und internationale Kreditvergabe

Während Direktinvestitionen als Bestandteil der reproduktiven Kapitalakkumulation zu zählen sind, die neben politischen Regulationen durch die Einflussgrößen der Profitrate gesteuert werden, sind Portfolioinvestitionen, d.h. die Anlage von Geldkapital in ausländischen Wertpapieren sowie die langfristige Kreditvergabe privater Akteure (nicht finanzielle Unternehmen sowie Banken und sonstige kapitalistische Finanzinstitutionen), der Kernbereich der internationalen Kapitalakkumulation in Geldform.[4]

[4] Die langfristige Kreditvergabe staatlicher Stellen an das Ausland gehorcht politischen Zielen und ist vorliegend nicht im Rahmen allgemeiner Erörterungen zu behandeln.

Diese langfristige internationale Geldkapitalakkumulation ist zins- und kursgetrieben sowie wechselkurs- und währungsabhängig. Wir haben darauf hingewiesen, dass für die Zinssätze hauptsächlich im Kurzfristbereich eine internationale Ausgleichungstendenz besteht, während der langfristige oder Kapitalzinssatz national spezifische Zuschläge, die die ökonomischen und politischen Bedingungen der Anlagestaaten reflektieren, aufweist. Zu diesen nationalen Zinsdifferenzen kommt der Wechselkurseinfluss als wesentlicher Faktor hinzu, der namentlich im Langfristbereich eine ausschlaggebende Größe darstellt.

Bei professionell betriebener internationaler zinstragender Anlage von Geldkapital wird sowohl dem Zins- als auch dem Wechselkurseinfluss durch Sicherungsgeschäfte begegnet. Im Unterschied zu der in der Regel kurzfristigen Sicherung des Wechselkurseinflusses beim währungsüberschreitenden Warenhandel besitzt die Zins- und Währungssicherung durch Derivate (Hedging) bei langfristigen Anlageformen von Geldkapital ihre wesentliche Funktion und Bedeutung. Diese Derivate werden ihrerseits als Wertpapier verbrieft, ihr Preis ist in Abhängigkeit von der Zins- und Wechselkursentwicklung variabel und sie werden als fiktives Kapital dritter Ordnung[5] Spekulationsobjekt und als solches gehandelt. Damit wird sowohl für den Emittenten der zugrunde liegenden Wertpapiere bzw. dem Kreditnehmer als auch ihren Käufer bzw. Gläubiger das Zins- und Wechselkursänderungsrisiko vermindert. Ein Restrisiko bleibt in aller Regel bestehen, weil die Versicherung auf bestimmte Spannbreiten von Variationen beschränkt wird; ansonsten würden die Kosten der Absicherung die Erträgnisse des angelegten Geldkapitals aufheben.

Neben dem Wechselkurseinfluss gibt es einen darüber hinausgehenden Währungseinfluss für den Anleger, der in Gestalt einer subjektiven Währungsprämie zum Ausdruck kommt und neben der jeweiligen bilateralen Verschiebung der Wechselkurse zwischen zwei Währungen im zeitlichen Verlauf eine Hierarchie der Währungen als Anlagewährungen zum Ausdruck bringt. Schließlich sollen ja nicht nur periodisch Erträgnisse in Form der Zinsen realisiert werden, sondern auch die Rückerstattung der Hauptsumme inkl. Kurssteigerungen am Laufzeitende des Wertpapiers. Das internationale »standing« nationaler Währungen ist auf diese Wertsicherungseigenschaft bezogen; das oder die nationalen Substitute des Weltgeldes gelten als sog. sichere Häfen (»safe harbors«) gegenüber nachgeordneten (devisen)konvertiblen Währungen und enthalten somit ein Premiummerkmal, welches als Abschlag vom Risikofaktor des nationalen Kapitalzinsfußes Berücksichtigung findet.

Bereits im Vorfeld des Übergangs der beschleunigten Kapitalakkumulation in eine Überakkumulationssituation hatten Ende der 1960er Jahre Umfang und Ge-

[5] Wir hatten bei den fiktiven Kapitalien unterschieden zwischen den klassischen Wertpapieren als Aktien und Schuldtiteln (öffentliche sowie Unternehmens- und Bankobligationen) (fiktives Kapital 1. Ordnung), Investmentfondsanteilen, die Titel über Wertpapierportfolios verschiedener Zusammensetzung sind und damit eine Verdoppelung des fiktiven Kapitals darstellen (fiktives Kapital 2. Ordnung), sowie Derivaten (verschiedenster Art), die ihrerseits verbrieft und damit handelbar sind (fiktives Kapital 3. Ordnung).

schwindigkeit der grenzüberschreitenden Geldkapitalakkumulation zugenommen und zum Niedergang des Bretton-Woods-Währungssystems der Nachkriegszeit beigetragen. Mit der erlahmenden Dynamik der reproduktiven Akkumulation und der Freigabe der Wechselkurse der wichtigsten Währungen erhielt die internationale Geldkapitalakkumulation wesentlichen Auftrieb. Überschüssiges Geldkapital in den kapitalistischen Metropolen wurde zwischen den nationalen Finanzmärkten umverteilt und floss darüber hinaus vermehrt in nachgeordnete Länder und finanzierte dortselbst zumeist staatlich angestoßene interne Entwicklungsprojekte. Wo diese nicht von Erfolg gekrönt waren und insbesondere keine nennenswerten gesamtwirtschaftlichen Wachstumsimpulse initiieren konnten, kam es oftmals zu nationaler Überschuldung. Die zusätzlichen Erdölpreisschocks 1973 und 1979 verstärkten diese Problematik und wirkten sich namentlich für die europäischen sozialistischen Staaten sowie einige mittel- und südamerikanische Schwellenländer als schwere Belastungen aus.

Mit der quantitativen Zunahme der grenz- und währungsüberschreitenden Geldkapitalakkumulation sortierte sich nicht nur die Finanzierung der internationalen Gläubiger-Schuldner-Positionen neu, sondern die internationale Kapitalbewegung erhielt darüber hinaus einen wachsenden Einfluss auf die Zins- und Wechselkursentwicklung. Damit ergaben sich zunehmend volatile Rückwirkungen für die reproduktiven Transaktionen. Diese Konstellation war in den 1970er Jahren besonders ausgeprägt, da neben den Wechselkursbewegungen auch die inflationsgetriebene Zinsentwicklung in den kapitalistischen Metropolen auf den zuvor erreichten Höchstständen verharrte. Erst mit Krise und Abschwung des VII. Nachkriegszyklus Anfang der 1980er Jahre und dem international konzertierten Umschalten der Geldpolitik der wichtigsten Zentralbanken auf einen inflationsbekämpfenden Restriktionskurs begannen sich die Verhältnisse an der Zinsfront nach und nach zu entspannen. Was blieb, waren die internationalen Disproportionen in den Leistungsbilanzen der kapitalistischen Metropolen – anhaltende und wachsende Defizite der USA und, teilweise spiegelbildlich, ebenso anhaltende und wachsende Überschüsse (zunächst) namentlich der BRD und Japans, später der VR China – sowie damit durch politische Konstellationen befeuerte volatile Wechselkursvariationen namentlich zwischen US-Dollar und D-Mark sowie Yen.[6]

d) Kurzfristiger internationaler Kapitalverkehr der Banken

Der kurzfristige währungsüberschreitende Kapitalverkehr der Banken im In- und Ausland ist ein gesonderter Bestandteil der internationalen Geldkapitalbewegung und bedingt die Verfügbarkeit an flüssigen Devisen und beeinflusst damit die Zahlungsmöglichkeiten der Kreditinstitute eines Landes gegenüber dem Ausland. Der

---

[6] Wir kommen auf diese Verhältnisse im Zusammenhang mit der genaueren Betrachtung der weltwirtschaftlichen Entwicklungen in Kapitel 14, 15 und 16 ausführlicher zurück.

Saldo dieses kurzfristigen Kapitalverkehrs zwischen den Banken ist neben dem Auf- und Abbau der nationalen, von der Zentralbank gehaltenen offiziellen Währungsreserven der andere Bestandteil der nationalen Liquiditätsbilanz und gibt Auskunft über die gesamte externe Zahlungsfähigkeit eines Landes. Diese Liquiditätsbilanz ist der Widerschein der Veränderung der Gläubiger- oder Schuldnerposition gegenüber dem Ausland, die im Saldo der Leistungsbilanz erfasst ist, sowie der Ausdruck der durch den Außenhandel hervorgebrachten Zahlungsposition der reproduktiven Akteure und des langfristigen Kapitalverkehrs als Fundamentalkomponenten der privaten Finanzierung.[7]

Neben seiner Gegenbuchung zum Saldo der nationalen Liquiditätsbilanz wirkt der kurzfristige Kapitalverkehr der Banken ausgleichend für Abweichungen zwischen Wechselkursen und kurzfristigen Zinssätzen zum jeweiligen Zeitpunkt an verschiedenen Orten durch Arbitrageoperationen. So wird an den nationalen Devisen- und Geldmärkten der nivellierende internationale Ausgleich hergestellt, heutzutage, unter Bedingungen des Computerhandels, ohne Zeitverzüge, d.h. »in no time«.

Es liegt in der Natur der Sache, dass das Volumen des kurzfristigen internationalen Kapitalverkehrs zwischen Banken die Bewegungen der offiziellen Devisenbilanzen der Zentralbanken im Regelfall bei Weitem übersteigt. Die Fluktuationen, d.h. das Hin- und Herfließen von Devisenforderungen und -verbindlichkeiten zwischen Banken, sind zu jedem Zeitpunkt für die gewaltigen, die Währungsgrenzen überschreitenden Beträge kurzfristig mobiler Gelder verantwortlich, die den Umfang der Leistungstransaktionen und auch den Umfang des langfristigen internationalen Kapitalverkehrs um ein Vielfaches potenzieren.[8] Dadurch, dass sie aber sehr kurzfristig fluktuieren und sich beständig in ihren Richtungen durchkreuzen, ist ihr Einfluss auf konsolidierte Bewegungen von Zinssätzen und Wechselkursen allerdings vergleichsweise gering.

e) Nationale Kapitalbilanz: Grundbilanz, Devisenbilanz und Zahlungsbilanz

Dem internationalen Kapitalverkehr korrespondieren laufende Vermögenserträgnisse verschiedener Art (Zinsen, Dividenden etc.), die den Eigentümern des Kapitals in ihren jeweiligen Sitzländern zufließen. Diese Vermögenseinkommen werden zusammen mit den Löhnen bspw. von Grenzgängern als Primäreinkommen und den mit dem Warenhandel zusammenhängenden Transport- und Versicherungserträgen sowie den Tourismuseinnahmen und -ausgaben in der Dienstleistungsbilanz (alter

---

[7] Es gilt also: Liquiditätsbilanz = GB + kurzfristiger Kapitalverkehr der Reproduktiven (inkl. statistischer Restposten) mit GB = LB + Bilanz des langfristigen Kapitalverkehrs, wobei LB den Leistungsbilanzsaldo und GB den Grundbilanzsaldo bezeichnen.

[8] So beträgt der Anteil der auf Handelsaktivitäten zurückgehenden Devisenmarkttransaktionen nach Berechnungen der Bank für Internationalen Zahlungsausgleich unter 5% (vgl. BIZ 2007). Der Rest entfällt auf Kapitaltransaktionen und hier wiederum zum überwiegenden Teil auf den kurzfristigen Kapitalverkehr zwischen Banken.

Fassung)[9] verbucht. Sie gehen damit in den Leistungsbilanzsaldo ein. Das Volumen der bezogenen oder geleisteten Vermögenseinkommen des Inlands gegenüber der übrigen Welt erzeugt also eine direkte Rückwirkung der Kapitalbilanz auf die Leistungsbilanz eines Landes.

Jenseits dieser Rückwirkung der laufenden Erträgnisse von Kapitalanlagen in das oder aus dem Ausland zeigt die Kapitalbilanz in ihrer Gesamtheit zusammen mit der Devisenbilanz die Finanzierung der Leistungstransaktionen eines Landes.[10] Damit wird die Veränderung der Auslandsposition des betreffenden Landes, d.h. die Entwicklung seiner Gläubiger- bzw. Schuldnerposition im Betrachtungszeitraum deutlich. Zugleich wird das grundlegende Abhängigkeitsverhältnis zwischen reproduktiven und finanzwirtschaftlichen Auslandstransaktionen ausgedrückt, d.h. das Verhältnis zwischen reproduktiver und Geldkapitalakkumulation (inkl. der Anlageformen des Leihkapitals). Im Maße wie der Saldo der Erträgnisse eines Landes aus ausländischen Kapitalanlagen zunimmt oder negativ wird, wird allerdings zugleich eine zunehmende Beeinflussung der Leistungsbilanz durch den Kapitalverkehr erzeugt; dies mag den Anschein einer unter heutigen Verhältnissen herausgebildeten Priorität des Kapitalverkehrs gegenüber dem Warenverkehr erzeugen – allein, es bleibt beim Anschein.

Nun besitzt die Akkumulation des Geldkapitals auch und gerade in ihrer internationalen Dimension eigenständige und nicht unmittelbar durch reproduktive Sachverhalte bestimmte Bewegungsprozesse. Bereits während einer Periode der langfristig beschleunigten reproduktiven Kapitalakkumulation entwickelt sich ein latentes Verselbständigungspotenzial der Geldkapitalakkumulation gegenüber ihrer reproduktiven Grundlage, die sich mit dem Eintritt der ersteren in eine Überakkumulationssituation verschärft. Dennoch kann bei Wertschöpfung und reproduktiver Ka-

---

[9] Zu den in der Leistungsbilanz oder Bilanz der laufenden Posten erfassten Transaktionen der Handelsbilanz gehören neben dem Handel in materiellen Waren die Transaktionen der Dienstleistungsbilanz als Einnahmen bzw. Ausgaben des Reiseverkehrs (Tourismus) und für Transportleistungen und Versicherungsleistungen sowie die eben erwähnten Primäreinkommen als Erwerbs- und Vermögenseinkommen vom bzw. an das Ausland. Außerdem kommen als Sekundäreinkommen die privaten und öffentlichen Übertragungen an das bzw. vom Ausland hinzu. Hierbei handelt es sich bspw. um die Überweisungen von Arbeitsmigranten in ihre Heimatländer sowie Leistungen der Entwicklungshilfe sowie für internationale Organisationen. Früher wurden diese Transaktionen der Dienstleistungsbilanz (in alter Abgrenzung) als »unsichtbare Transaktionen« (invisibles) den sichtbaren Transaktionen der Handelsbilanz gegenübergestellt; mittlerweile erfolgt die Definition der Dienstleistungsbilanz exklusive der Primär- und Sekundäreinkommen.

[10] Es gilt also: $LB = W + D + Ü = -(K + D)$, wenn LB den Saldo der Leistungsbilanz, W, D und Ü die resp. Salden der Handels-, Dienstleistungs- und Übertragungsbilanz, schließlich K und D die Salden der Kapitalbilanz sowie der Devisenbilanz bezeichnen. Dabei beinhaltet die Devisenbilanz die Veränderung der zentralen Währungsreserven der Zentralbank, die aus Gold, Devisen sowie der Position des Landes beim Internationalen Währungsfonds bestehen; Letztere sind die verfügbaren Ziehungsrechte sowie die zugeteilten Sonderziehungsrechte. Wir kommen auf das Konzept der Devisenbilanz weiter unten zurück.

pitalakkumulation sowie der langfristig orientierten Geldkapitalakkumulation von den Fundamentalfaktoren der Weltmarktexistenz eines Nationalkapitals gesprochen werden. Sie sind im Konzept der Grundbilanz abgebildet.[11] Den Fundamentalfaktoren wird dabei eine längerfristige Stabilität oder besser: eine vergleichsweise geringere Volatilität beigemessen.[12]

Bezogen auf die Einflussfaktoren für die Bewegung der Wechselkurse ergibt das Konzept der Grundbilanz eine abgestufte Determination. Langfristig, d.h. über die industriellen Zyklen hinweg, wird der Wechselkurs als letztlich wertbestimmte Größe von der Entwicklung der nationalen Leistungsbilanz beherrscht, weil ihr Kernstück, der Saldo der Handelsbilanz (inkl. unsichtbare Transaktionen), die internationale Bewertung der produktiven Nationalarbeit und ihre Stellung innerhalb der internationalen Stufenleiter der universellen Arbeit bestimmt. In nächster Instanz baut sich auf dieser wertbestimmten Bewegung des Wechselkurses der nationalen Währung in abgestuft-nachgeordneter Weise der Einflussfaktor aus der Bewegung des langfristigen Kapitalverkehrs auf. Während des Verlaufs einer beschleunigten Kapitalakkumulation und solange die Überakkumulation noch nicht zu einer tendenziellen Auflösung des Abhängigkeits- und Bedingungsverhältnisses von reproduktiver und Geldkapitalakkumulation geführt hat, gehört der von dem langfristigen Kapitalverkehr ausgehende Einflussfaktor des Wechselkurses zu seinen fundamentalen Einflüssen.[13]

---

[11] Bei Kl und Kk als Salden des lang- und kurzfristigen grenz- und währungsüberschreitenden Kapitalverkehrs, sodass gilt K = Kl + Kk, schreibt sich das Konzept der Grundbilanz GB als LB + Kl = – (Kk + D).

[12] Vgl. Köhler 1979: 24f.: *»In diesem Konzept werden der Warenverkehr und der Dienstleistungsverkehr als grundsätzlich stabil angesehen, weil sie von der Struktur der Wirtschaft bestimmt werden, die sich nicht rasch ändern kann. Übertragungen zählen ebenfalls zu den fundamentalen Faktoren der Zahlungsbilanz. Öffentliche Übertragungen, wie zum Beispiel Entwicklungshilfezahlungen, werden über mehrere Perioden von Staaten geplant; sie sind in den Haushaltsplänen enthalten und ändern sich nur wenig. Auch private Übertragungen entwickeln sich kontinuierlich. ... Die Kapitaltransaktionen werden im Konzept der Grundbilanz nicht einheitlich behandelt und teilweise den fundamentalen Transaktionen sowie den kurzfristig sich ändernden Transaktionen zugerechnet. Man ist sich bewußt, daß hektische grenzüberschreitende Zahlungsbewegungen immer wieder im Kapitalverkehr auftreten. Das ist der Fall, wenn gegen eine Währung spekuliert wird, wenn Unternehmen Devisenkursänderungen erwarten und ihre Devisenkassen umschichten, um sich vor Kursverlusten zu schützen oder wenn die Zinsdifferenzen zwischen Ländern größer oder kleiner werden. Die daraus resultierenden Devisenzuflüsse oder -abflüsse sind hauptsächlich im kurzfristigen Kapitalverkehr zu beobachten.«*

[13] Zählt man zu der Grundbilanz GB die Salden der durch den Warenverkehr dominierten Bilanz des kurzfristigen Kapitalverkehrs zwischen Reproduktiven (bzw. zwischen Nichtbanken) sowie die Veränderung des Restpostens als Indikator für die Veränderung der Zahlungsbedingungen hinzu, ergibt sich das Konzept der Liquiditätsbilanz, welches in der Regel durch die Positionen der Grundbilanz beherrscht wird. Wir behandeln im Folgenden daher Liquiditäts- und Grundbilanz als weitgehend identische Konzepte oder Differenzierungen der Zahlungsbilanztransaktionen.

Wird zum Saldo der Grund- bzw. Liquiditätsbilanz nun der Saldo des kurzfristigen Kapitalverkehrs zwischen Banken hinzugezählt, ergibt sich das Konzept der Zahlungs- bzw. Devisenbilanz. Es zeigt den Auf- oder Abbau der zentralen Währungsreserven und damit den finalen Einflussfaktor für den (multilateralen) Wechselkurs der nationalen Währung, welcher die Gesamtheit der Außenwirtschaftstransaktionen eines Landes umschließt.

Bewegungen des Devisenbilanzsaldos erzeugen zugleich Veränderungen der binnenwirtschaftlichen Zentralbank-Geldmenge und zwar ihres nach den Gesetzen der Wertzeichenzirkulation fungierenden Bestandteils. Es ist dieser Geldmengenbestandteil, für den die Gesetze der Quantitätstheorie des Geldes Gültigkeit haben, da sein Auf- oder Abbau sowohl exogen als auch marktbestimmt für die Binnenzirkulation ist. Damit wird, ceteris paribus, ein genuin monetärer Einflussfaktor für die inländischen Preise der Waren hervorgerufen, der als rückwirkender Einfluss – von »rechts nach links« – innerhalb der Verkehrsgleichung der binnenwirtschaftlichen Geldmenge $\sum Wp = M \text{ x } v$[14] wirkt. Zugleich vollzieht sich durch diese Wertzeichenzirkulation des Zentralbankgeldes die originäre Geltendmachung der Wertmaßfunktion des Geldes durch die Denomination des nationalen Repräsentativgeldes bzw. des Binnenwerts des Geldes durch seinen Außenwert.[15]

Die Grenzen der Gültigkeit und Wirksamkeit der Quantitätstheorie des Geldes werden durch den anderen Bestandteil der Zentralbankgeldmenge, der nach den Gesetzen der Kreditgeldzirkulation funktioniert, bestimmt: durch Veränderungen der Refinanzierungsbedingungen des inländischen Banksystems bei der Zentralbank kann dieser Geldmengenbestandteil geldpolitisch gesteuert werden und damit unerwünschte marktmäßige Bewegungen der Wertzeichenzirkulation konterkarieren, d.h. in der Regel sterilisieren. Allerdings hat die Zentralbank bei der Festlegung der Refinanzierungsbedingungen des Geschäftsbankensystems ihrerseits die marktbestimmten Verhältnisse bspw. der kurzfristigen Geldmarktzinsen als Ausgangsgrößen zu beachten. In der Regel bewegen sich die beiden Bestandteile der Zentralbankgeldmenge invers zueinander, d.h. die geldpolitisch beeinflusste Kreditgeldzirkulation hat in erster Instanz zielinkonforme Bewegungen der Wertzeichenzirkulation zu neutralisieren, entweder durch Sterilisierungsoperationen vermittels Zinserhöhungen und/oder Begrenzungen der periodischen Mengentender oder durch Zinssenkungen und Ausweitung der Refinanzierungsoperationen gegenüber den Geschäftsbanken. Erst darauf aufbauend können genuine geldpoltische Ziele umgesetzt werden. Hinzu kommt in jüngerer Zeit ein dritter Bestandteil der Zentralbankgeldmenge, den wir als Quasi-Kreditgeldzirkulation bezeichnet ha-

---

[14] Die – werttheoretisch umgeformte, in ihrer ursprünglichen Form auf I. Fisher zurückgehende – Verkehrsgleichung des Geldes drückt als Kausalverhältnis die Bestimmung der Geldmenge M durch die Summe der zu zirkulierenden Warenpreise Wp, unter Einschluss der Umlaufsgeschwindigkeit des Geldes v – von »links nach rechts« – aus (vgl. Krüger 2012a: 108ff.).

[15] Vgl. ausführlich Krüger 2012a: 126ff., 419ff. sowie Bischoff/Fiehler/Krüger/Lieber 2017: 19ff. und Krüger/Müller 2020.

ben.[16] Er ist direktes Resultat der ultralockeren Geldpolitik der Zentralbanken und charakterisiert einen Geldmengenbestandteil, der zwar formal über Kreditverhältnisse mit den Geschäftsbanken oder Offenmarktkäufe von Wertpapieren der Zentralbanken im Rahmen von sog. »Public Service Purchase Programmen« (PSPP) erzeugt wird, jedoch wegen der Langfristigkeit der Kreditverhältnisse oder der langen Haltedauer der ins Portefeuille genommenen Papiere faktisch als Bestandteil der Wertzeichenzirkulation funktioniert. Er kann inflationär für die Warenpreise wirken oder die Spekulationskassen auffüllen und damit die Vermögenspreise befeuern oder auch durch nachträgliche, gegenwirkende Zentralbankmaßnahmen wiederum sterilisiert werden.[17] Mit diesen monetären Einflüssen für die Waren- und Vermögenspreise sind zugleich direkt binnenwirtschaftliche und vermittelt über Zinssätze und Wechselkurse indirekt außenwirtschaftliche Einflussgrößen für die Geldzirkulation benannt.

---

16 Vgl. Krüger/Müller 2020: 140ff.

17 Vgl. Krüger 2012a: 422ff., 455ff. und 491ff. sowie Krüger/Müller 2020.

Kapitel 7: Wirkung von Handels- und Kapitalverkehrsbeschränkungen

a) Institutionelle Rahmenbedingungen und historische Entwicklungen

Trotz offiziell herrschender Ideologien – ursprünglich die theoretische (und praktische) Vorherrschaft des Merkantilismus, sodann mit der Klassischen politischen Ökonomie die Idealisierung des internationalen Freihandels mit den wohlstandsmaximierenden Effekten der internationalen Teilung der Arbeit – ist die Existenz von Handelsbeschränkungen in der Praxis bis auf den heutigen Tag in vielfältiger Weise nach wie vor gegeben. Allerdings werden diese Handelsbeschränkungen im Zeitalter der Deregulierungen von Märkten als Ausnahme- oder Nottatbestände gewertet, die durch nationale Wirtschaftspolitiken und internationale Abkommen zwischen den Staaten sukzessive reduziert werden sollen. Tatsächlich fand in der Weltwirtschaft bis in die jüngere Vergangenheit auch langfristig eine allgemeine Reduzierung von Handelsbeschränkungen als übergeordnete Entwicklung nach dem Zweiten Weltkrieg statt. Mittlerweile werden jedoch Freihandel und Multilateralismus in den internationalen Beziehungen wieder stärker infrage gestellt und teilweise aufgekündigt; unter der Trump-Präsidentschaft hatten sich die USA als größter und stärkster Störenfried der internationalen Beziehungen ausgezeichnet.

Die Reformkonzepte für die Ausgestaltung der Weltwirtschaft, die am prononciertesten von J.M. Keynes bereits 1943 im Hinblick auf den Wiederaufbau, die ökonomische Entwicklung und die Sicherung des Friedens nach Kriegsende propagiert worden waren, sind nach 1945 unter dem Dach der Vereinten Nationen nur partiell und vielfach verwässert in die Praxis umsetzbar gewesen. Die Keynesschen Vorstellungen sahen neben seiner International Clearing Union und einer Steuerung der nationalen Zahlungsbilanzen[1] eine Internationale Handelsagentur vor, die den Welthandel als Kern der Außenwirtschaftstransaktionen der Länder übergreifend regeln sollte; hinzu kam mit einer Weltbank ein Institut für die Überwindung der Unterentwicklung in der Mehrzahl der Staaten. Letztlich liefen diese Vorschläge auf die Errichtung einer Weltwirtschaftsregierung hinaus, die allerdings von Keynes nicht näher in all ihren Facetten erläutert wurde. Nur das neue Weltwährungssystem mit einer Welt-Zentralbank (International Clearing Union) an der Spitze wurde eingehender vorgestellt. Im späteren Bretton-Woods-Währungssystem sind nur einige, bei Weitem nicht alle Keynesschen Vorschläge berücksichtigt worden.[2]

---

[1] Vgl. Keynes 1943 sowie zur Darstellung und Interpretation Krüger 2010: 518ff. sowie Krüger 2016: 505ff.

[2] Es waren namentlich die USA, die mit dem »White-Plan« die arriviertesten Elemente von Keynes' Vorschlag mit traditionellen Alternativkonzepten konterten. Zwar sah auch H. White die Einführung einer internationalen Währung vor (»Unitas«), doch

Abbildung 7.1: Historische Entwicklung der Zollsätze (in %)

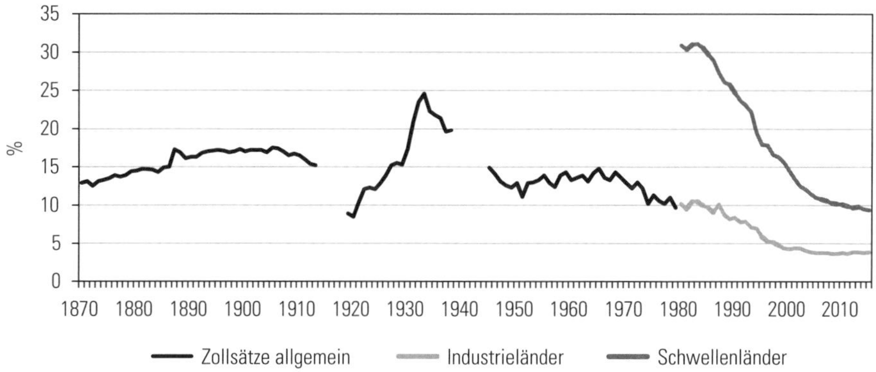

Quelle: Sachverständigenratsgutachten 2017/18

An die Stelle der von Keynes favorisierten Internationalen Handelsagentur wurde das »General Agreement on Tariffs and Trade« (GATT) am 30.10.1947 von 23 Ländern unterzeichnet; es trat zum 1.1.1948 in Kraft. Bis 1994 erfolgten sukzessive Beitritte weiterer Länder; bei Etablierung der Nachfolgeeinrichtung, der World Trade Organization (WTO), hatten 74 Länder die GATT-Vereinbarungen unterzeichnet. Zweck des GATT war die Förderung des internationalen Handels durch Reduzierung und Eliminierung von Handelshemmnissen wie Zöllen oder Kontingenten und Präferenzen. Dabei gilt das Prinzip der Wechselseitigkeit (Reziprozität). In verschiedenen Runden gelang es in der Folgezeit, die Handelshemmnisse (Zölle) sukzessive auf 15% durch die sog. Kennedy-Runde in den 1960er Jahren und schließlich auf rd. 10% im Rahmen der letzten GATT-Runde 1986 (Uruguay-Runde) zu reduzieren. In der Folgezeit ging diese Entwicklung weiter. Die Zölle der Industrieländer liegen im zweiten Jahrzehnt nach dem Jahrtausendwechsel durchschnittlich unter 4%, diejenigen der Schwellenländer, die zu Beginn der 1980er Jahre noch über 30% betragen hatten, sind mittlerweile ebenfalls erheblich gesenkt worden und betragen aktuell rd. 10% (siehe Abb. 7.1).

---

trat an die Stelle einer internationalen Zentralbank als Verrechnungsstelle ein durch die Einzahlungen der Mitgliedsländer zu füllender Währungsfonds, der Zahlungsbilanzkredite bei Defiziten ausreichen konnte. Eine symmetrische Kontrolle und Sanktionierung von Zahlungsbilanzüberschüssen und -defiziten war nicht vorgesehen; die Bereitstellung von Zahlungsmitteln jenseits der Fondsbeiträge war strikt limitiert. Die spätere Zuteilung von Sonderziehungsrechten (SZR) als internationale Liquidität durch den Internationalen Währungsfonds erfolgte zu einer Zeit, wo nicht (mehr) ein Mangel, sondern bereits ein Überfluss an international zirkulierenden US-Dollars vorlag; die SZR haben bis heute nicht den Status eines internationalen Zahlungsmittels erreichen können; vgl. Kapitel 13.

Damit kontrastiert die Entwicklung in der Nachkriegszeit stark mit der der Zwischenkriegszeit, in der bereits die 1920er Jahre durch zunehmende Zollbarrieren gekennzeichnet waren. Mit dem Ausbruch der Weltwirtschaftskrise erreichten die Importbeschränkungen einen Höhepunkt, der in den 1930er Jahren anhielt. Bereits mit der Umstellung von Kriegs- auf Friedenswirtschaft in der zweiten Hälfte der 1940er Jahre wurden die Zollgrenzen allerdings wieder abgebaut.

Aus der Uruguay-Runde entsteht am 15.4.1994 als Weiterentwicklung der GATT-Vereinbarungen die WTO; sie tritt nach mehrjährigen Verhandlungen am 1.1.1995 mit nunmehr 123 Mitgliedern in Kraft. Die WTO fungiert als Dachorganisation der Verträge von GATT, GATS (General Agreement on Trade in Services) und TRIPS (Agreement on Trade-Related Aspects of Intellectual Property Rights). Ihre Zielsetzungen sind dieselben wie die des GATT, nunmehr erweitert auf Dienstleistungen und geistiges Eigentum sowie mit der Orientierung auf internationalen Freihandel als Langfristziel. Wirtschaftspolitisch wird das Prinzip einer Marktwirtschaft sowie eine liberale Außenhandelspolitik, die mit Deregulierung und Privatisierungen einhergeht, proklamiert. Diese Orientierung geht in Richtung auf eine Koordination der nationalen Wirtschaftspolitiken der Mitgliedsstaaten sowie der Streitschlichtung bei angezeigten Verstößen; damit ist auch eine Anpassung des nationalen Rechts an WTO-Vorgaben eingeschlossen. Aktuell hat die WTO 164 Mitglieder, seit 1995 sind die USA, Japan, Brasilien, Indien und die Mitgliedsstaaten der Europäischen Union, seit 2001 China und seit 2012 Russland Mitgliedsländer. Etwa zwei Drittel der WTO-Mitglieder sind Entwicklungsländer, für sie gelten teilweise gesonderte Vorschriften. Innerhalb eines Wirtschaftsraumes wie der EU, USMCA (i.e. ex-NAFTA), ASEAN oder Mercosur gelten zudem Sonderregeln für das Meistbegünstigungsprinzip.[3]

b) Zölle und nichttarifäre Handelshemmnisse

Die durch internationale Übereinkünfte im Rahmen der WTO abzubauenden Handelshemmnisse und -beschränkungen sind vielfältig und wirken in unterschiedlicher Weise auf die Außenhandelsverhältnisse der Länder. Behalten wir zunächst die Blickrichtung der kapitalistischen Metropolen und entwickelten Schwellenländer bei, so stehen bei Handelsbeschränkungen vor allem Importzölle, desweiteren Exporterleichterungen, jeweils als monetäre Größen bzw. Transfers sowie nichttarifäre Handelshemmnisse im Mittelpunkt.

Importzölle als generelle oder produktspezifische Preiszuschläge auf den Preis einer Importware wirken vergleichbar zu Verbrauchssteuern. Sie verteuern den Abgabepreis für den Käufer des Importlandes, werden also vom ausländischen Ex-

[3] Zur Einschätzung des Stellenwerts verschiedener regionaler Handelsvereinigungen und Währungsbünde vgl. Krüger 2016: 498ff.

porteur auf den inländischen Käufer weitergewälzt.[4] Es hängt von der Höhe des Zolls, der Elastizität der Nachfrage im Inland sowie der Elastizität des Angebots im exportierenden Ausland ab, welche Umsatzwirkungen die Einführung bzw. Erhöhung des Importzolls auslöst. Erreicht der zollbedingte Preiszuschlag ein prohibitives Niveau, fällt der Umsatz zusammen und die betroffenen ausländischen Waren haben einen Importmarkt verloren. In allen anderen Fällen ergeben sich die Umsatzwirkungen aus dem Zusammenspiel der genannten drei Einflussfaktoren. Bei inländischen Substitutionsmöglichkeiten gegenüber den importierten Waren sowie einer ausbleibenden, den Zoll bzw. die Zollerhöhungen kompensierenden Preissenkung des ausländischen Exporteurs wird die heimische Importnachfrage zurückgehen, und zwar umso mehr, je höher die Zollerhöhung ist und je stärker eine inländische Substitutionsmöglichkeit gegenüber den eingeführten Waren besteht bzw. sich ergibt.

Die gesamtwirtschaftlichen Auswirkungen der Importzölle sind damit aber noch nicht erfasst. Die Verlagerung der zollbedingten Lasten auf den ausländischen Exporteur, der Umsatzeinbußen hinzunehmen hat, kann bei größeren Umsatzeinbrüchen im exportierenden Land dortselbst Vergeltungsmaßnahmen auslösen. Diese können in nachfolgenden Exporterleichterungen durch öffentliche Transfers seitens des Staates im Exportland und/oder durch Preisdumping-Strategien seiner Anbieter sowie durch Retorsionszölle auf die Importe der die Handelsbeschränkungen ursprünglich festsetzenden Volkswirtschaft bestehen. Dies bedeutet, dass nur in Ausnahmefällen die Erhebung oder Ausweitung der Zölle auf Importe die Exporte des zollerhebenden Landes unbeeinflusst lässt. Einer anfänglichen Verbesserung der Handelsbilanz durch verringerte Importe kann in der nächsten Runde eine Reduzierung der Exporte mit dem Effekt einer Kompensation oder sogar Überkompensation der anfänglichen Verbesserung der nationalen Handelsbilanz folgen.

Andererseits gilt für Importzölle das Gleiche, was für indirekte Steuern zutrifft. Bleibt die Zollerhöhung innerhalb gewisser Grenzen, wird sie als veränderter Kostenbestandteil des Warenpreises gewissermaßen gesamtwirtschaftlich im Ausgleichungsprozess zur Durchschnittsprofitrate internalisiert; m.a.W.: Es finden Anpassungsreaktionen der einheimischen Nachfrager und Anbieter von Substitutionsprodukten sowie der ausländischen Produzenten statt. Die heimische Nachfrage nach den mit Einfuhrzöllen belegten Waren wird sich neu auf inländische und importierte Waren verteilen. Eine Vergeltungsmaßnahme des Auslands mit negativen Rückwirkungen auf die nationalen Exporte ist zudem keineswegs zwingend. Im unterstellten Fall einer Internalisierung der veränderten Preise und ausbleibenden Gegenreaktionen des Auslands würde der Importzoll tatsächlich entsprechend der Intentionen der heimischen Regierung eine Steigerung der binnenwirtschaftlichen Wertschöpfung und Beschäftigung begünstigen.

Anstelle einer Zollerhebung auf Importwaren lassen sich auch durch sog. nichttarifäre Handelshemmnisse Diskriminierungen von Importen erzeugen. Dies be-

[4] Zur Wirkung der indirekten Steuern auf die Warenpreise vgl. Krüger 2017a: 350ff.

ginnt bei bürokratischen Auflagen für die ausländischen Exporteure, geht über spezifische technische Vorschriften, industrielles Sicherheitsrecht und reicht bis hin zu rechtlichen Vorschriften für Lebensmittel, Arzneimittel oder Zulassungsbedingungen für KFZ und sonstige Normen und Standards. Sie spielen in der Praxis eine große Rolle. Ihr Ursprung liegt zunächst in national spezifischen und historisch gewachsenen Vorschriften und Regelungen und ist damit eine ganz naturwüchsige Beschränkung für ausländische Produktionen; die Begründung von Retorsionsmaßnahmen ist dann zumindest schwer kommunizierbar. Erst ein bewusster Verzicht dieser nationalen Sondertatbestände bzw. die Anpassung an international gültige Standards würde sodann eine wirtschaftspolitische Intervention im Sinne einer Liberalisierung des Warenverkehrs darstellen. Umgekehrt kann aber auch der Erlass spezifischer Vorschriften und nationaler Regelungen eine politisch inszenierte Handelsbeschränkung und Bevorteilung einheimischer Anbieter sein. In diese Rubrik fallen auch Aufrufe der Regierungen oder bestimmter Gruppen der Zivilgesellschaft zum Kauf vorzugsweis nationaler Waren oder von Waren, die unter »fairen Produktionsbedingungen« im Ausland hergestellt worden sind. Ihre Auswirkungen sind schwerlich allgemein zu beurteilen; zumeist wirken sie nur verstärkend, wenn die ökonomischen Produkteigenschaften wie Qualität und Preis mindestens konkurrenzfähig sind.

Den Gegensatz zu Importbeschränkungen durch Zölle und nichttarifäre Handelshemmnisse stellen Exportbegünstigungen dar. Auch hier ist die Spannbreite der Maßnahmen weit gefächert. So können Exporteure zur Eroberung von Auslandsmärkten zunächst versuchen, durch Preisdumping Fuß zu fassen; der Verzicht auf Exportprofite oder die Inkaufnahme von Verlusten sind dann vorübergehend und gelten als Anfangsinvestition. Anders zu bewerten sind Dumpingpreise zur Auslastung von Überkapazitäten im Produktionsland. Kommt ein staatlicher Transfer zum Verlustausgleich hinzu, handelt es sich endgültig um eine »unfaire« Handelspraxis, die die Anbieter von Konkurrenzprodukten im Importland unter Druck setzt und im Extremfall vom Markt verdrängt. Zumeist erfolgt aber bereits vorher eine Gegenreaktion durch eine mengenmäßige Importkontingentierung oder die Erhebung von Zöllen zum Schutz der heimischen Anbieter als Retorsionsmaßnahme.

Die Exportbegünstigung kann auch auf wirtschaftspolitischen Maßnahmen des Staates beruhen. Dies beginnt bei der Bereitstellung von öffentlichen Dienstleistungen (Realtransfers) zur besseren Bearbeitung der Auslandsmärkte, geht über staatlich gestützte Kreditbürgschaften zumeist für Exporte in Länder mit unsicheren wirtschaftlichen und politischen Verhältnissen und endet bei direkter finanzieller Unterstützung der Exportkapitale durch öffentliche Monetärtransfers (Subventionen). Namentlich letztere Maßnahmen werden über kurz oder lang Gegenmaßnahmen der Importländer hervorrufen. Im Ergebnis ist dann die Wirkung dieser Maßnahmen auf die nationale Handelsbilanz durchaus ungewiss.

Bei allen diesen Maßnahmen der Handelsbeschränkung besteht somit immer die Gefahr der Vergeltung durch die jeweiligen Handelspartner und damit im Endeffekt eine Spirale des Handelsprotektionismus. Man muss nicht das ideologische

Lied von der optimalen Allokation durch das freie Wirken der Marktkräfte anstimmen und die regelmäßig überschätzten Wohlstandseffekte der internationalen Arbeitsteilung teilen, um trotzdem im Bereich des internationalen Handels zunächst und namentlich zwischen entwickelten Ländern die Orientierung am Freihandel, unter der Voraussetzung sachgemäßer Einhegung und Regulierung der Marktallokation, politisch zu unterstützen.

Etwas anderes gilt für die Handelsbeziehungen zwischen entwickelten Nationalkapitalen und unterentwickelten Ländern. Sind die Unterschiede in der Produktivkraft der jeweiligen Arbeiten so groß, dass die heimische Produktion in den Entwicklungsländern keine Chancen gegenüber ausländischen Konkurrenzwaren wegen Produkteigenschaften, Preisen und sonstigen Merkmalen hat, ist die Erhebung von Importzöllen bis hin zu Einfuhrverboten für bestimmte Zeitperioden das sine qua non für den Aufbau einer eigenen Produktionsstruktur in den unterentwickelten Ländern. Damit diese Abschottung weder Retorsionsmaßnahmen anderer Länder noch notwendige Prozesse der Entwicklung von Strukturen und Produktivkräften im Inland verhindert, ist sowohl eine politische Flankierung durch internationale Organisationen (Weltbank, perspektivisch einer internationalen Wirtschaftsregierung) als auch ein direkt lenkender wirtschaftspolitischer Eingriff in den Entwicklungsländern unabdingbar. Wenn eine direkt-administrative Planung und Lenkung der Produktion gegenüber einer zumeist mit Kredit- und monetären Hebeln operierenden Steuerung von Marktprozessen ihre Berechtigung besitzt, dann in diesen unentwickelten Ländern. Eine Wirtschaftspolitik der Deregulierung und Privatisierung, wie aktuell zumeist von Entwicklungsinstitutionen propagiert, ist dabei direkt kontraproduktiv und vertieft im Ergebnis die Diskrepanzen in der Weltwirtschaft.[5]

Eine direkt politisch flankierte Zementierung der Entwicklungsunterschiede innerhalb der Weltwirtschaft ergibt sich, wenn die kapitalistischen Metropolen nicht nur die Märkte der Entwicklungsländer mit ihren überproduzierten Waren, zumeist Agrarprodukte, überschwemmen, sondern ihrerseits noch ihre eigenen Märkte mit Importzöllen auch gegenüber den unterentwickelten Ländern abschirmen – ein extremer ökonomischer Widersinn und Egoismus, der lange Zeit vergleichsweise lautlos praktiziert werden konnte und erst durch die Migrationsbewegungen und den

---

[5] Besser als ihr – nachträglich attestierter – Ruf waren z.B. die Handelsbeschränkungen, die viele afrikanische Staaten nach dem Ende der Kolonialzeit, d.h. ab den 1960er Jahren praktiziert haben. Wenn diese Politiken dennoch später negativ bewertet wurden, so lag dies neben dem neoliberal-marktradikalen Umschwung in der herrschenden Ideologie auch daran, dass die Unterentwicklung viele Ursachen hat und nicht nur auf die zerstörerischen Einflüsse des kapitalistischen Weltmarkts und überlegenen Position der kapitalistischen Metropolen reduziert werden kann. Interne Entwicklungsblockaden durch parasitäre Klassen- und ethnische Strukturen und sowie die Unfähigkeit der einheimischen politischen »Eliten«, eine Wirtschaftsentwicklung anzuleiten, spielen ebenfalls eine bedeutende Rolle. Kriegerische Auseinandersetzungen im Innern und mit den Nachbarstaaten kommen oftmals hinzu und tun ein Übriges. Hierauf ist später zurückzukommen; vgl. Kapitel 10 sowie 14 und 15.

Zustrom von Flüchtlingen und Schutzsuchenden aus den Entwicklungsländern in die Metropolen ins allgemeine Bewusstsein gerückt worden ist.

c) Kapitalverkehrskontrollen und Devisenbewirtschaftung

Der Weltmarkt als Einheit von internationalem Waren- und Kapitalverkehr war zu Beginn der Nachkriegsentwicklung und mit der Umstellung der Ökonomien von Kriegs- auf Friedenswirtschaft durch eine zwieschlächtige Struktur geprägt: Den im Vergleich zur Zeit vor dem Zweiten Weltkrieg historisch niedrigen Zöllen im internationalen Warenverkehr zwischen den kapitalistischen Metropolen mit ihrem den Löwenanteil ausmachenden Ex- und Importen standen Kapitalmärkte gegenüber, die durch ein hohes Maß von Regulierungen und Beschränkungen des freien Flusses von Geldkapital gekennzeichnet waren. In diesem Bereich hatte sich gegenüber der Vorkriegszeit nichts Grundsätzliches verändert, wenngleich die Art und Weise der Regulierungen nunmehr den neuen Bedingungen des Bretton-Woods-Währungssystems gegenüber denen des Gold-Devisen-Standards der Zwischenkriegszeit angepasst worden waren. Den Zeitgenossen, z.B. auch J.M. Keynes, galten ein weitgehend freier und nur durch geringe und partielle Zölle gekennzeichneter internationaler Warenverkehr, (devisen-)konvertibles nationales Geld mit fixen Wechselkursen sowie ein mit Ausnahme der Direktinvestitionen beschränkter Geldkapitalverkehr auf der Basis auch mannigfacher binnenwirtschaftlicher Regulierungen der Finanzmärkte wie z.B. administrativer Obergrenzen für die Zinssätze als die »normalen« institutionellen und ökonomischen Rahmenbedingungen des neuen internationalen Akkumulationsregimes.

Ökonomische Grundlage dieser zwieschlächtigen Regulierungsstruktur war eine reproduktiv-industrielle Kapitalakkumulation, die überzyklisch in beschleunigter Weise verlief und die Akkumulation des Geldkapitals sowohl national als auch international eindeutig dominierte; Letztere war in ihrer Bewegung großenteils durch die Umschlagsprozesse des reproduktiven Kapitals bestimmt und somit vielfach bloß ein beiherspielendes Moment von reproduktiver Wertschöpfung und Wertzirkulation. Der administrativ-regulierende Eingriff in den grenz- und währungsüberschreitenden Geldkapitalverkehr durch Kapitalverkehrskontrollen und Genehmigungsverfahren, die implizit eine partielle Devisenbewirtschaftung einschlossen, bewirkte vor diesem Hintergrund in den prosperierenden kapitalistischen Metropolen nicht die Gefahr einer sukzessiven Ausweitung administrativer Eingriffe des Staates in den Warenverkehr. Insbesondere hielten sich Kapitalflucht auf der einen und Währungsspekulation gegen die fixen Wechselkurse auf der anderen Seite zunächst in engen Grenzen; damit wurden die klassischen Treiber für einen aufbrechenden Gegensatz zwischen staatlichen Eingriffen und Bewirtschaftungsmaßnahmen am Devisenmarkt im Rahmen der internationalen Geldkapitalbewegung und der freien Konvertierung der Währungen im Rahmen des Außenhandels zunächst nicht virulent. Dies änderte sich ab der zweiten Hälfte der 1960er Jahre, als die ungleichmäßige Akkumulationsentwicklung in den kapitalistischen Metropolen mit den fixen Währungsparitäten (inkl. der Goldparität des US-Dollars zu 35 $ pro Unze) immer stärker kollidierte und daher die spekulativ induzierten kurzfristigen Geldkapitalbewegungen an den neu geschaffenen Euro-Dollarmärkten zunahmen. Diese aufsichts- und daher regulierungsfreien Märkte neben den von den Zentralbanken kontrollierten Kapitalmärkten waren nunmehr das Ventil einer Rebellion ökonomischer, d.h. marktbestimmter Kräfte gegenüber den politisch-administrativ festgeschriebenen Paritäten.

Das Ergebnis ist bekannt. Weder die feste Goldparität des US-Dollars war zu halten,[6] noch das System fester Wechselkurse; auch die binnenwirtschaftlichen Regulierungen an den nationalen Finanzmärkten wurden nach und nach in den 1970er Jahren immer weiter gelockert. Der Hintergrund für diese Entwicklung war nicht nur eine zögerliche und im Ausmaß unzureichende Anpassung der Wechselkurse an veränderte ökonomische Fundamentalverhältnisse in der vorangegangenen Periode gewesen, sondern als eigentliche Ursache die Erlahmung der Dynamik der reproduktiven Kapitalakkumulation, die ihrerseits eine Zunahme der Ungleichmäßigkeit nationaler Entwicklungen mit sich brachte. In diesem Sinne waren der Zusammenbruch des Systems fester Wechselkurse und die Infragestellung der bisherigen Regulierungen der Finanzmärkte die Vorboten des Übergangs der beschleunigten Akkumulation in eine strukturelle Überakkumulation von Kapital.

Abgesehen von totaler Devisenbewirtschaftung durch ein umfassendes Außenwirtschaftsmonopol des Staates, welches charakteristisch für Kriegszeiten sowie die seinerzeitigen realsozialistischen, auf administrativ-zentraler Planung beruhenden Volkswirtschaften[7] war, ist eine selektiv beschränkte Konvertibilität der Währung im Rahmen einer durch den Markt dominierten Ressourcenallokationen durchaus möglich. Zu unterscheiden sind Beschränkungen der Inländer- und Ausländerkonvertibilität,[8] die den jeweiligen Gegenpart vom freien Währungsumtausch ausschließen, sowie eine auf die außenwirtschaftlichen Leistungstransaktionen sowie den Schuldendienst beschränkte Konvertibilität, welche Kapitaltransaktionen reglementiert und schließlich eine nach verschiedenen Fremdwährungen differenzierte Konvertibilität.

---

[6] Die Sprengung der Goldparität des US-Dollars wurde aufseiten des Goldes verstärkt durch sich verändernde Produktivitäts- und daher Preisentwicklungen im seinerzeit dominierenden Goldbergbau Südafrikas, wodurch gerade in einer Phase verstärkter Mobilität des Währungsgoldes sein Wert deutlich zu steigen begann. Zur Entwicklung des Goldwerts nach dem Zweiten Weltkrieg vgl. Krüger 2012a: 137ff.

[7] Die Währungen der realsozialistischen Staaten waren Binnenwährungen und im Rahmen des »Rats für Gegenseitige Wirtschaftshilfe« (RGW) zu festen Austauschrelationen gegeneinander umtauschbar.

[8] So war bspw. die De-jure-Goldkonvertibilität des US-Dollars im Bretton-Woods-Währungssystem auf ausländische Zentralbanken beschränkt und bestand weder für Inländer (Amerikaner) noch für ausländische Privatpersonen.

Die Beschränkung auf die Leistungsbilanzkonvertibilität einer Währung ist durch das IWF-Abkommen (Artikel VIII, Abschnitt 4) gedeckt, das lediglich eine Konvertibilität für laufende Geschäfte (»current transactions«) verlangt. Außerdem ist nur Ausländerkonvertibilität vorgeschrieben.[9] Die Einschränkung oder Ausschließung der Kapitalverkehrskonvertibilität soll destabilisierende Einflüsse der internationalen Bewegung des Geldkapitals, d.h. vornehmlich den kurzfristigen spekulativ induzierten Kapitalverkehr zwischen Banken, Kapitalflucht sowie die auf Kursgewinne orientierten Portfolioinvestitionen nebst den daran hängenden Geschäften mit Derivaten weitgehend begrenzen. Dies bedeutet, dass derartige Geschäfte einer Genehmigungspflicht unterliegen, die entweder die Zentralbank oder eine besondere staatliche Stelle erteilen kann. Das wirtschaftspolitische Ziel ist dabei, dass diese Genehmigungsverfahren vielfach prohibitiv wirken sollen und damit solche Transaktionen schon wegen des Zeitbedarfs sowie wegen des bürokratischen Aufwands verhindern. Derartige Kapitalverkehrskontrollen bedingen daher auch eine partielle Devisenbewirtschaftung für diese genehmigungspflichtigen Geschäfte.

Gegen diese Einschränkungen der freien Konvertibilität der Währungen wird nun eingewandt, dass die administrativen Interventionen am Devisenmarkt die Tendenz haben, sich krebsartig auszuweiten und der ursprünglich verfolgte Zweck einer selektiven Kontrolle von Außenwirtschaftstransaktionen nur realisiert werden kann, wenn die Umgehungsgeschäfte ebenfalls unterbunden werden, was im Endeffekt zu einer totalen Devisenbewirtschaftung für alle Transaktionen führen müsse. Hier ist allerdings zu unterscheiden. Geschieht der administrative Eingriff in einer wirtschaftlichen Notsituation, beispielsweise um eine drastische Abwertung der Währung mit prekären Auswirkungen für die Bedienung der Auslandsschulden zu verhindern, so hängt der Erfolg dieser Maßnahmen von einer gleichzeitigen Stabilisierung der Gesamtökonomie ab, um die Ursachen der Währungsabwertung zu beseitigen. Gelingt dies nicht, besteht tatsächlich die Gefahr einer kumulativen Beschränkung der Marktallokation.

In gewisser Weise gilt dies auch für eine durch bewusste wirtschaftspolitische Maßnahmen beschränkte Konvertibilität insbesondere des Kapitalverkehrs. Ihre Wirksamkeit und ihr Erfolg hängen am Erfolg von Wertschöpfung und reproduktiver Akkumulation. Entweder ist diese naturwüchsig gewährleistet, weil die Einschränkung im Rahmen einer weltwirtschaftlichen Prosperitätsperiode wie nach dem Zweiten Weltkrieg erfolgt. Oder, und dies gilt beispielsweise für die sozialistische Marktwirtschaft chinesischer Prägung, die betriebene Wirtschaftspolitik der Regierung gewährleistet eine erfolgreiche Entwicklung von Wertschöpfung und Akkumulation auch innerhalb eines potenziell krisenhaften, weil finanzmarktkapitalis-

[9] Der chinesische Renminbi besitzt seit April 1994 eine beschränkte Leistungsbilanzkonvertibilität, während die Kapitalverkehrskonvertibilität durch sehr restriktive Genehmigungsverfahren beschränkt ist. Entgegen der Bezeichnung Peso convertible (CUC) war auch die – neben dem US-Dollar existierende – im Dezember 1994 eingeführte und bis zum Jahresende 2020 existierende Zweitwährung in Kuba nicht frei konvertierbar.

tisch geprägten Weltmarktumfeldes. Es versteht sich, dass dies nur für eine große Volkswirtschaft mit einer entsprechenden Binnenwirtschaft gilt.[10]

d) Bilaterale und multilaterale Handelsabkommen

Entsprechend zu den politischen Leitlinien des GATT und später der WTO wird die Nachkriegszeit bis in die jüngste Vergangenheit durch staatliche Abkommen zum Abbau von Zollschranken und Handelshemmnissen geprägt; Ausnahmen wie der Protektionismus der USA unter dem Präsidenten Reagan in den 1980er Jahren als Reaktion auf die mehrere Jahre anhaltende Aufwertung des US-Dollars blieben seinerzeit kurzzeitige Intermezzi. Die von der Trump-Administration eingeführten Protektionsmaßnahmen der USA namentlich gegenüber der VR China haben allerdings mittlerweile einen Handelskrieg ausgelöst, der nur mühsam durch bilaterale Verhandlungen zwischen den Regierungen beider Staaten begrenzt wird. Die Chinesen hatten auf die US-Importzölle mit Retorsionsmaßnahmen gegenüber amerikanischen Importwaren reagiert und waren ihrerseits verstärkt auf Drittmärkte ausgewichen, um verloren gehende Exportmärkte in den USA zu kompensieren. Insoweit bieten auch Übereinkünfte zwischen den USA und anderen Handelspartnern wie z.B. der Europäischen Union keine Gewähr für eine Begrenzung des Protektionismus.[11]

Europa zählte mit der Gründung der Europäischen Wirtschaftsgemeinschaft (EWG) im Jahr 1957 und der EFTA (European Free Trade Association) 1960 zu den Pionieren der Institutionalisierung von freiem Handel und gemeinsamen Märkten. Die anderen großen Freihandelszonen sind USMCA (USA-Mexico-Canada-Agreement) als neuverhandeltes NAFTA-Abkommen (North America Free Trade Association), ASEAN (Association of Southeast Asian Nations) mit Brunei, Kambodscha, Indonesien, Laos, Malaysia, Myanmar, Philippinen, Singapur, Thailand, und Vietnam sowie Mercosur mit Argentinien, Brasilien, Paraguay, Uruguay und Venezuela und die AKP-Staaten als Zusammenschluss von 79 Staaten Afrikas, der Karibik und des Pazifischen Raumes.

[10] Diese Verhältnisse würden auch für eine erfolgreiche sozialistische Europäische Union bzw. Euro-Zone gelten, die destabilisierende Kapitalzu- und -abflüsse durch eine Einschränkung der Kapitalverkehrskonvertibilität ausschalten müsste; vgl. Krüger 2016: 159ff. sowie 498ff. Wir kommen darauf im V. Abschnitt zurück.

[11] Die Vergeltungsmaßnahmen Chinas gegenüber den von den USA ausgelösten Handelsbeschränkungen müssen sich dabei keineswegs auf Handelsbeschränkungen begrenzen. Eine Steigerung neben immer weiteren und höheren Zollgrenzen bietet ein sog. Finanzkrieg, in dem die VR China bspw. einen Großteil der von ihr gehaltenen US-Staatsschuldpapiere verkaufen und damit unabsehbare Bewegungen an den Finanz- und Devisenmärkten, neben eigenen Kursverlusten, auslösen könnte. Damit würde ein sich international aufschaukelnder ökonomischer Konflikt auch die Gefahr einer politisch-militärischen Auseinandersetzung in sich bergen. Wir kommen hierauf im abschließenden V. Abschnitt, Kapitel 17 zurück.

Die Europäische Union (EU) schließt mittlerweile nur noch für alle Mitgliedsländer geltende verbindliche Handelsabkommen ab; die Vereinbarungen mit der Türkei 1996, Mexiko und Südafrika im Jahr 2000 sowie den Staaten des ehemaligen Jugoslawien sind Beispiele. Bis 2005 räumte die EU unter dem damaligen Handelskommissar Pascal Lamy den WTO-Verhandlungen eine deutliche Priorität vor bilateralen Verträgen ein. Seit etwa 2006 ist die EU-Handelspolitik auf die WTO und parallel auf bilaterale Freihandelsabkommen ausgerichtet. Die EU bezieht über den klassischen Warenhandel hinaus auch den Dienstleistungssektor, das öffentliche Auftragswesen oder Kooperationen beim Arbeits- und Umweltschutz in ihre Handelsvereinbarungen ein. Damit wird versucht, die Drittstaaten auch politisch zu binden.

Die internationalen Handelsabkommen sind in jüngerer Zeit Gegenstand der alltäglichen Berichterstattung und des allgemeinen Interesses geworden, weil die Verhandlungen der EU mit den USA über ein »Transatlantic Trade und Investor Partnership« (TTIP) sowie mit Kanada über ein »Comprehensive Economic and Trade Agreement« (CETA) praktisch als Geheimverhandlungen geführt worden waren[12] und massive Befürchtungen hinsichtlich der Aufgabe EU-spezifischer Produkt- und Umweltstandards, Bankenregulierungen und Mitbestimmungsrechten der Beschäftigten sowie staatlicher Hoheitsrechte zugunsten privater Schiedsgerichte ruchbar geworden sind. Durch die von den USA durch die Trump-Administration vollzogene Kündigung des Partnerabkommens »Trans-Pacific Partnership« (TPP)[13] ist auch TTIP gegenwärtig faktisch tot, wenn nicht die Administration des seit Januar 2021 amtierenden US-Präsidenten Joseph Biden neue Zeichen setzt. Demgegenüber ist das CETA-Abkommen mit Kanada durch die EU-Kommission nach einigen durch die Öffentlichkeit eingeforderten Nachbesserungen beschlossen worden. Das 2019 in Kraft getretene Freihandelsabkommen der EU mit Japan (»JEFTA«) stand trotz Kritik zivilgesellschaftlicher Organisationen (u.a. Attac) nicht so im Fokus der Öffentlichkeit wie TTIP und CETA. Die nach siebenjährigen Verhandlungen Ende 2020 erzielte Grundsatzeinigung für ein Handelsabkommen der EU mit der VR China wird demgegenüber von den inländischen Verfechtern der sog. »westlichen Werte« in Rahmen ihres obligatorischen China-Bashing in Zweifel gezogen. Der Abschluss der »Regionalen umfassenden Wirtschaftspartnerschaft« (Regional Comprehensive Economic Partnership, RCEP) der Asien-Pazifik-Staaten (inkl. VR China) im November 2020 für die Verringerung von Zöllen und Schaffung gemeinsamer Wirtschaftsregeln war ein weiterer Paukenschlag im Sinne der Profilierung der VR China als Vorkämpfer gegen Protektionismus und für einen freien internationalen Handel zwischen entwickelteren Ländern. Das RCEP für

[12] Nach den heftigen Protesten von politischen Parteien und anderen zivilgesellschaftlichen Organisationen wurden die Verhandlungsergebnisse im Internet veröffentlicht, um die politische Durchsetzungsfähigkeit des Abkommens nicht von vornherein zu verunmöglichen.

[13] Nach dem Ausstieg der USA bleiben die übrigen Staaten zurück; dies sind: Australien, Brunei, Kanada, Chile, Japan, Malaysia, Mexiko, Neu-Seeland, Peru, Singapur und Vietnam.

Handel, Dienstleistungen, Investitionen, E-Commerce, Telekommunikation und Urheberrechte umfasst 2,2 Milliarden Menschen und knapp ein Drittel der weltweiten Wirtschaftsleistung.

Vehemente Befürworter der Freihandels-Abkommen sind die Wirtschaftsvertreter der exportorientierten Branchen, die mit ihren Interessenverbänden als Lobbyisten die Verhandlungen zu TTIP und CETA eng begleitet und trotz der ausgeschlossenen Öffentlichkeit versucht haben, Einfluss in ihrem Sinne auf die Details zu nehmen. Tatsächlich ist davon auszugehen, dass die betroffenen Nationalkapitale bzw. ihre exportorientierten Unternehmen durch Wegfall von Zöllen und Vereinheitlichung von Produkt-, Arbeitsrechts- und Umweltstandards Profitsteigerungen zu erwarten hätten, zumal unterstellt werden kann, dass die vergleichsweise hohen EU-Standards in vielen Bereichen niedrigeren Standards angepasst würden. Ein Sonderproblem, welches verfassungsrechtliche Fragen aufwirft, ist die Etablierung von privaten Schiedsgerichten bei Streitigkeiten zwischen privaten Investoren (i.e. Konzernen) und betroffenen Staaten, die im Falle der USA und ihres Rechtssystems tatsächlich die schlimmsten Befürchtungen bezüglich Schadenersatzforderungen etc. begründen. Von daher war die Ablehnung von TTIP nicht nur innerhalb der politischen Linken, sondern darüber hinaus in der Bundesrepublik mehrheitsfähig geworden. Die vonseiten der Mainstream-Ökonomie vorgerechneten Wachstums- und Beschäftigungseffekte infolge der Abkommen – die Europäische Kommission ging für TTIP von Wachstumseffekten i.H.v. 120 Mrd. € p.a. für die EU-Volkswirtschaften, von 90 Mrd. € für die US-Ökonomie und von 100 Mrd. € für den Rest der Welt aus – sind, wie üblich bei derartigen Projektionen, in ihrem Realitätsgehalt jenseits von Gut und Böse.[14]

Insgesamt gesehen fällt somit die Bewertung von Beschränkungen im internationalen Warenverkehr differenziert aus. Freier internationaler Handel für materielle Waren und Dienstleistungen mit Sicherung geistiger Eigentumsrechte sowie ein entwickelter Arbeits-, Umwelt- und Verbraucherschutz-Standard muss zwischen entwickelteren Volkswirtschaften (Metropolen und Schwellenländern) unter den gegenwärtigen Verhältnissen die Norm gegenüber protektionistischen Abschottungen sein, die inhärente Weiterungen bis hin zu Handels- und Finanzkriegen provozieren, die ihrerseits in heiße Kriege umschlagen können. Für die unentwickelteren Länder gelten diese Prinzipien naturgemäß nicht; hier sind selektive schützende Barrieren, verbunden mit internen wirtschaftspolitischen Maßnahmen zur Steigerung von binnenwirtschaftlichen Produktivkräften, die Mittel der Wahl. Der Kapitalverkehr (mit Ausnahme der Direktinvestitionen) sollte perspektivisch wieder wie zu Zeiten von Bretton-Woods sukzessive strikter reglementiert werden, allerdings mit einem stärkeren Einfluss aufseiten weiterentwickelter internationaler Institutionen.[15]

---

[14] Vgl. dazu auch das nachstehende Kapitel 8.

[15] Vgl. dazu den abschließenden Fünften Abschnitt (Kapitel 17 bis 21).

Kapitel 8: Internationaler Freihandel als größtes Glück der größten Zahl?

»Der freie Austausch von Waren, Dienstleistungen, Geld und Kapital fördert die Arbeitsteilung in der Wirtschaft, und sie wiederum ist die Basis für einen Wohlstandsgewinn der Menschen. Dieses ist keine neue Erkenntnis. Neu ist, daß der freie Wirtschaftsaustausch sich mehr und mehr über die nationalen Grenzen hinweg zwischen den nationalen Volkswirtschaften vollzieht.« (Köhler 1990: 13) Wohlstandsmehrung durch Arbeitsteilung ist seit Adam Smith Allgemeingut der politischen Ökonomie; der freie, unbeschränkte Austausch von Waren und Kapital stellt die entwickeltste Form dieser Arbeitsteilung dar, die als grenzüberschreitender Prozess internationalen Freihandel (mit entsprechenden freien Finanztransaktionen) bedeutet.

Wir haben bereits anlässlich unserer Kritik an der klassischen Theorie des auswärtigen Handels darauf verwiesen, dass es unter den Bedingungen der kapitalistischen Weltwirtschaft nicht eines übergeordneten Vernunftprinzips in Gestalt komparativer Vorteile bedarf, um die Sinnhaftigkeit des Überschreitens nationaler Grenzen zu begründen. Wenn es also einfach im Begriff des Kapitals und seines Verwertungsdranges begründet ist, dass die entwickelte industrielle Produktionsweise sowohl beschaffungs- wie absatzseitig des Weltmarktes bedarf, so ist damit jedoch noch nicht begründet, dass Freihandel und internationale Arbeitsteilung nicht nur die entwickelten Nationalkapitale begünstigt, sondern es auch für die anderen, im Außenhandel nationale Arbeitszeit verlierenden Länder vorteilhaft ist, am internationalen Austausch von Gütern, Dienstleistungen und von Kapital teilzunehmen. Wäre dies nicht so, könnte die politische Maxime für diese Länder letztendlich nur lauten, auf nationale Autarkie zu setzen, um den zerstörerischen Einflüssen des Weltmarkts zu trotzen.[1]

---

[1] Tatsächlich hat es innerhalb des linken Diskurses namentlich für (real)sozialistische Staaten auch diese Empfehlung gegeben, um schädliche Einflüsse aus dem kapitalistischen Weltmarkt, die zersetzend für die sozialistische Binnenentwicklung angesehen wurden, auszuschalten. Die Entwicklung einiger dieser Staaten namentlich in den 1980er Jahren, die sich im kapitalistischen Ausland verschuldet hatten, um sowohl die interne Produktivkraftentwicklung zu befördern als auch überzogene, d.h. nicht durch interne Spielräume determinierte konsumtive Verwendungen des Nationalprodukts zu finanzieren, scheinen dieser Orientierung recht zu geben. Jedoch sind es nicht nur zerstörerische Außeneinflüsse als vielmehr interne ökonomische Schwächen und Fehlentscheidungen, welche die Verschuldungsfallen hervorgerufen und in der Tat den Niedergangsprozess von Jugoslawien, der Volksrepublik Polen oder auch der DDR befördert und beschleunigt hatten. Allerdings ist diese Problematik nicht auf die ehemals realsozialistischen Länder beschränkt; die Griechenlandkrise, die gegen Ende des ersten Jahrzehnts nach der Jahrtausendwende offen ausbrach, ist ein anderes aktuelles Beispiel (neben vielen anderen).

Lassen wir die ideologischen Überhöhungen bezüglich Freihandel und internationaler Arbeitsteilung beiseite und führen die Betrachtung auf die tatsächlichen Verhältnisse von Weltmarkt und Weltwirtschaft zurück, so lauten die Fragestellungen: Wodurch profitieren auch die im internationalen Handel verlierenden Länder von der internationalen Arbeitsteilung und inwiefern dokumentiert ein hohes Wachstum des Welthandels eine – wenn auch quantitativ höchst unterschiedlich ausgeprägte – Win-win-Situation vieler in die Weltwirtschaft einbezogener Länder?

Zunächst ist klar, dass unterschiedliche natürliche Voraussetzungen die Notwendigkeit des internationalen Austausches für verschiedene nationale Volkswirtschaften erzwingen. Klimatische Bedingungen für die Agrikultur als Grundlage für Lebensmittel und nachwachsende Rohstoffe sowie namentlich die über den Erdrund verteilten Lagerstätten mineralischer Rohstoffe sowie von Öl und Gas begründen für die Länder mit verarbeitender Industrie einerseits ebenso wie für die Rohstoffe exportierenden Länder andererseits eine Naturbasis ihrer Handelsbilanzen, weil stofflich begründete Abhängigkeiten bestehen. Die Reihe der Länder und der Umfang ihres durch Agrikultur und extraktive Industrie begründeten Außenhandels wird bei Substitutionsprozessen der Rohstoffe wechseln, die materielle Produktion wird jedoch wegen der stofflich begründeten Abhängigkeiten natürlicher Anbaubedingungen und Lagerstätten eine international vernetzte Angelegenheit bleiben. Neben der Substitution von Rohmaterialien durch Produktinnovationen hängt die Naturbasis der Handelsbilanzen sowohl der exportierenden Produktionsländer als auch der importierenden Konsumtionsländer von der Entdeckung neuer Fundstätten (z.B. in den Weltmeeren) sowie der Entwicklung der (gesellschaftlichen) Produktivität der Förder- und Abbaumethoden ab, mit denen jeweilige Nachteile natürlicher Ergiebigkeiten teilweise oder sogar gänzlich kompensiert werden können; hinzu kommt die Entwicklung von Recyclingprozessen von Rohstoffen aus Altprodukten, mit denen das verfügbare Angebot von Rohmaterialien neben der Neuproduktion bzw. -extraktion z.T. erheblich vermehrt wird.[2]

Aber diese Naturbasis nationaler Handelsbilanzen markiert nicht die eigentliche Fragestellung, die um Wertgrößen, Preise, Kosten und Profite kreist. Wir hatten be-

---

[2] Eine stoffliche Grenze für die Verfügbarkeit von Produkten der Urproduktion wird daher zunächst einmal durch die Entwicklung der gesellschaftlichen Produktivkräfte der Arbeit zu einer bloßen Schranke herabgesetzt. Dies gilt an und für sich auch für schädliche Emissionen von Kohlenstoffen, die zur Erwärmung des Weltklimas führen und damit schwer beherrschbare Naturprozesse auslösen und begünstigen (Erhöhung des Wasserspiegels der Ozeane durch Abschmelzen der Poleiskuppen und Zunahme von zerstörerischen Stürmen etc.). Inwiefern eine hochproduktive, auf weitestmögliche Schließung der Stoffkreisläufe aufgebaute Ökonomie, die ihre materiellen Grundstoffe durch Explorationen und verbesserte Abbaumethoden vermehrt und ihre Emissionen kontrolliert und reduziert, tatsächlich an stoffliche Grenzen stoßen wird, z.B. durch Bevölkerungsvermehrung, ist keine vorab bereits ausgemachte Frage, wie pessimistische Ökologen meinen. Wenn es zu überwindende Grenzen gibt, dann zuvorderst fehlende politische Einsichten und Maßnahmen. Vgl. dazu ausführlicher Krüger 2020.

reits gesehen, dass die im Außenhandel nationale Arbeitszeit verlierenden Nationalkapitale Reduktionen ihres gesamtwirtschaftlichen Preisniveaus und/oder eine Abwertung ihrer Währung hinzunehmen haben, die einerseits der verminderten internationalen Gewichtung ihrer produktiven Arbeiten geschuldet sind, andererseits aber zugleich ihre fortbestehende internationale Konkurrenzfähigkeit zwar nicht sichern, aber doch prinzipiell ermöglichen. Damit aus dieser Möglichkeit Wirklichkeit wird, müssen binnenwirtschaftliche Anpassungsprozesse durchlaufen werden, wenn eine einmalige Währungsabwertung nicht ausreichend ist. Diese binnenwirtschaftlichen Anpassungsprozesse mit Entwertungen von Kapital bis zum Ausscheiden von Grenzanbietern, Rationalisierungsinvestitionen und Ersatz von lebendiger Arbeit durch Maschinerie sind auf der anderen Seite unabdingbar, um eine nationale Produktionsbasis und die Präsenz auf dem Weltmarkt sowohl in Bezug auf Exporte als auch zur Finanzierung der Importe zu erhalten. Insofern gibt es kurz- und mittelfristig ein Diktat der Leistungs- bzw. Zahlungsbilanz.

Sicherlich ist dieses Diktat der Leistungs- bzw. Zahlungsbilanz für die auf der internationalen Stufenleiter der universellen Arbeit absteigenden Nationalkapitale weniger gemütlich als im umgekehrten Fall für die aufsteigenden Länder, zumal auch die nicht direkt im Außenhandel involvierten Produktionssphären und Kapitalgruppen an den außenwirtschaftlich bedingten Verlusten über den Profitratenausgleich und die Verschiebungen der Nachfragestrukturen beteiligt werden. Aber letztlich ist die durch dieses Diktat der Leistungsbilanz erzwungene Anpassung an internationale Produktivitätsstandards bzw. Produktivitätsentwicklungen das sine qua non für die Behauptung eines selbständigen Nationalkapitals und damit die ökonomische Basis eines selbständigen Staates. Dieser unumgängliche Anpassungsprozess international absteigender Nationalkapitale kann nun durch verschiedene wirtschaftspolitische Interventionen erleichtert werden, was zugleich die sozialen Härten, die er mit sich bringt, abzufedern erlaubt. Neben der Neubestimmung des Wechselkurses der Währung, entweder durch Marktprozesse, ggf. mit flankierenden Devisenmarktinterventionen der Zentralbank oder durch eine politische Neufestsetzung der Währungsparitäten bei festen Kursen, können Hilfskredite des Internationalen Währungsfonds (sowie weiterer supranationaler Institutionen) auf Antrag ausgereicht werden. Ihr Sinn besteht darin, der betroffenen Volkswirtschaft Zeit für die Anpassungsmaßnahmen zu verschaffen und die Anpassungsverluste quantitativ zu begrenzen. In diesem Zusammenhang wäre es natürlich nicht nur außerordentlich hilfreich, sondern eigentlich unabdingbar, wenn die Anpassungslasten nicht nur von den Defizitländern zu tragen wären, sondern auch die Überschussländer durch geeignete Maßnahmen zur Zügelung ihrer Exporte zum Abbau internationaler Disproportionen im Handelsverkehr veranlasst würden. Damit eine derartige Zügelung der internationalen Konkurrenz zwischen kapitalistischen Volkswirtschaften anstelle der zumeist praktizierten »beggar-my-neighbour-Politik« stattfindet, ist allerdings eine tiefer reichende Einsicht bezüglich einer internationalen »Kooperationsdividende« für alle notwendig. Sie wird sich schwerlich im Selbstlauf einstellen, sondern bedarf eines international regulierenden Eingriffs.

Eine derartige internationale Intervention ist darüber hinaus um so notwendiger, wenn es nicht nur um Gewinner und Verlierer einer ungleichen nationalen Entwicklung von Nationalkapitalen geht, d.h. mehr oder minder entwickelte kapitalistische Staaten mit funktionierenden binnenwirtschaftlichen Reproduktionszusammenhängen (Metropolen und industrielle Schwellenländer), sondern darüber hinaus um den Einbezug auch der unterentwickelten Länder in weltmarktliche Zusammenhänge.

Von unterentwickelten Ländern in der Nachkolonialzeit als selbständigen Staaten sprechen wir, wenn einerseits traditionelle, vorbürgerliche Produktionsverhältnisse namentlich in der Agrikultur noch einen größeren Raum einnehmen und andererseits kapitalistische Strukturen auf abgeleitete Kapitalformen (Handelskapital) sowie im produktiven Bereich hauptsächlich auf eine primär formelle Subsumtion von Produktionsprozessen unter das Kapital, d.h. die Anwendung mehr oder weniger isolierter Arbeit gegründet sind. Daneben mag es abgeschlossene Standorte internationaler Konzerne hauptsächlich im Bereich der extraktiven Industrie geben, die jedoch nicht oder kaum mit binnenwirtschaftlichen Stoffkreisläufen vernetzt und im Wesentlichen nur durch Grundrentenzahlungen an die nationale Bourgeoisie mit den einheimischen Einkommenskreisläufen verbunden sind. Ein Nationalkapital mit gesamtwirtschaftlichen Ausgleichungsprozessen zu einer allgemeinen Mehrwert- und Profitrate und einem nationalen Akkumulationsprozess gibt es dortselbst nicht oder nur in Ansätzen. Auch der heimische Finanzsektor wird unter diesen Bedingungen von ausländischen Bankinstituten dominiert, die jedoch keinesfalls die Gesamtheit der einheimischen Bevölkerung erreichen. Natürlich gibt es bei diesen Merkmalen vielfältige Abstufungen, je nachdem, ob traditionelle Produktionsweisen überwiegen oder kapitalistische Produktionsprozesse einen größeren Umfang erobert haben sowie ansatzweise industrielle Strukturen ausgebildet sind und daher auch einfache Produktionsprozesse, die aus den entwickelteren Ländern ausgelagert worden sind, aufgenommen haben. Bei Letzteren handelt es sich aber dann überwiegend um bloße verlängerte Werkbänke ausländischer Konzerne, die wegen der Niedrigkeit der Arbeitslöhne in diese Länder verlagert wurden. Derartige Länder sind mit Waren aus eigenen Produktionsprozessen – d.h. nicht den durch internationale Konzerne geförderten Rohmaterialien oder einfachen, in den verlängerten Werkbänken produzierten Produkten – in aller Regel nicht international konkurrenzfähig. Dies begründet im ersten Schritt die Errichtung der Notwendigkeit von Zollschranken (Einfuhrkontingente und monetäre Importzölle) gegenüber ausländischen, in den Metropolen und Schwellenländern hergestellten Waren, um überhaupt die Chance für den Aufbau einer inländischen Produktionsbasis zu eröffnen und nicht widerstandslos der ausländischen Konkurrenz zu unterliegen. Im nächsten Schritt muss dann für die gegenüber dem binnenwirtschaftlichen Verbrauch überschüssigen Waren die Möglichkeit des Absatzes im Ausland, d.h. auch in den entwickelten kapitalistischen Ländern eröffnet werden. Dies müsste die Tolerierung bilateraler bzw. produktgruppenspezifischer Handelsbilanzdefizite der Metropolen und Schwellenländer gegenüber den unentwickelten Ländern einschließen. Die Ermöglichung einer Weltmarktpräsenz für einen Teil der heimischen Produktion erbringt Devisen für Importe und entwickelt Know-how für ein sukzessives An- und Aufschließen gegenüber internationalen Standards. Es versteht sich, dass ein derartiger Entwicklungspfad zum einen eine erfolgreiche interne Wirtschaftspolitik, zum anderen eine internationale Steuerung des Außenhandels im Hinblick auf die Eröffnung von Ressourcentransfers zugunsten der unentwickelten Länder voraussetzt.

Sowohl die Eröffnung einer Win-win-Situation innerhalb der ungleichen Entwicklung der industriellen Metropolen und Schwellenländer als auch, und noch mehr, die Eröffnung von Höherentwicklungen der Reproduktionsprozesse der unentwickelten Länder stellen beide das Gegenteil gegenüber der herrschenden Form der internationalen Arbeitsteilung mit einer möglichsten Entfesselung der kapitalistischen Marktkräfte und der Forderung bei Handelsabkommen nach Reziprozität der Regularien in den entwickelten und unentwickelten Ländern dar. Keineswegs im Selbstlauf, sondern nur durch ein planvolles Eingreifen und die Geltendmachung einer weltwirtschaftlichen Vernunft ist ein Szenario, welches auf internationalen Ausgleich orientiert, möglich. Damit ist aber zugleich eine Gegenthese zur klassisch-neoklassischen Maxime einer durch das freie Wirken der Marktkräfte (Freihandel) hergestellten internationalen Arbeitsteilung entlang der komparativen Vorteile der einzelnen Länder formuliert.

Damit kommen wir zur zweiten Frage nach einem wachsenden Welthandelsvolumen, welches strukturell, d.h. langfristig deutlich über den gesamtwirtschaftlichen Wachstumsraten der »alten« kapitalistischen Metropolen liegt und als Garant für die wohlstandsstiftende Funktion des Weltmarkts angesehen wird. Dies wird der Ausbreitung des Freihandels und den Globalisierungstendenzen der letzten Jahrzehnte zugeschrieben. Bedeutet also die Beseitigung von nationalen Handelshemmnissen tatsächlich nicht nur die Vermannigfachung der Gebrauchswerte, sondern darüber hinaus die eigenständige Kreation von Wertschöpfungspotenzialen für alle Beteiligten, d.h. die allenthalben proklamierte Win-win-Situation für alle?

Die regelmäßig angestellten Zukunftsprojektionen für Wertschöpfungsgewinne innerhalb bestehender Wirtschaftsräume durch Übergang zu freiem Handel sowie freien Finanztransaktionen scheinen eine derartige Win-win-Situation überzeugend nahezulegen. Auf die prognostizierten immensen Wertschöpfungszuwächse durch die Umsetzung des Freihandelsabkommens zwischen der Europäischen Union und den USA (TTIP) in Höhe von insgesamt über 300 Mrd. € p.a. wurde bereits hingewiesen. Auch der seinerzeitige Cecchini-Bericht bezüglich der Vollendung des EU-Binnenmarktes ab 1992 (Vertrag von Maastricht) ging von einem Mittelwert von über 200 Mrd. ECU (= €) p.a. für 12 Mitgliedsstaaten (in damaligen konstanten Preisen von 1988) aus; dies bedeutete einen Zuwachs des seinerzeitigen Bruttoinlandsprodukts von über 5% (vgl. Cecchini 1988: 122).[3]

---

[3] Regelmäßig wird bei diesen Berechnungen unterschieden zwischen direkten Vorteilen durch den Abbau von Handels- und Produktionsschranken, Nutzung von Größeneffekten

Nun werden sich die TTIP-Projektionen aller Voraussicht nach zumindest zunächst nicht überprüfen lassen, weil die Inkraftsetzung von TTIP gegenwärtig unwahrscheinlich ist und, wenn überhaupt, neue Verhandlungen unterstellt. Die seinerzeitigen Cecchini-Projektionen haben sich jedoch im Rückblick als erheblich überzogen erwiesen;[4] zudem bestand für die Schaffung des EU-Binnenmarktes eine unter kapitalistischen Bedingungen zwar prinzipiell beschränkte, im internationalen Vergleich zur Gegenwart jedoch weitgehende politische Flankierung durch ausgleichende Transfers aus dem EU-Haushalt, die in den nachgeordneten Ländern Anpassungs-, d.h. Entwertungsprozesse zum Teil kompensierte. Insofern sind also die regelmäßig angestellten Berechnungen über Wachstums- und Wohlstandsgewinne beim Übergang zum Freihandel bei Weitem übertrieben.

Dies heißt jedoch nicht, dass der Wegfall oder weitgehende Abbau von Handelshemmnissen überhaupt keine Wertschöpfungseffekte freisetzen würde. Der Wegfall von Zöllen und nichttarifären Handelshemmnissen bspw. durch Vereinheitlichung von Produkt-, Umwelt- und Produktionsstandards bedeutet für die beteiligten Kapitale eine Reduzierung der Kosten bei gleichzeitiger Vergrößerung ihres Absatzmarktes. Beides forciert die Akkumulation und schließt in der Folgezeit Produktivitätseffekte (u.a. Skaleneffekte) auf, die den Wert resp. Preis der einzelnen Waren verbilligen und damit die Kaufkraft der (produktiven und konsumtiven) Nachfrage erhöhen. Dieser durch den Wegfall von Schutzzöllen und Handelshemmnissen verschärften Konkurrenz stehen zugleich erhöhte Anpassungserfordernisse der nachgeordneten Nationalkapitale gegenüber, d.h. Entwertungs- und Wertschöpfungsverluste, die den positiven Effekten gegenzurechnen sind. Dies wird regelmäßig bei den Projektionen unterschlagen und schon aus diesem Grunde sind ihre quantitativen Ergebnisse überzogen; hinzu kommt ein überschätztes Wachstumsdelta durch Kostenentlastungen, die im Regelfall fälschlicherweise 1:1 in zusätzliche Wertschöpfung (plus Multiplikatoren) umgesetzt werden, als gäbe es keine »Sickereffekte« einer anfänglichen reinen kosteninduzierten Profiterhöhung. Hier kommen nun die Anpassungshilfen für nachgeordnete, in der ersten Runde gegenüber den produktiveren Nationalkapitalen verlierenden Ländern ins Spiel. Fehlen sie wie auf dem Weltmarkt weitgehend – im Unterschied zur (damaligen) Vollendung des EU-Binnenmarktes –, sind die Verluste für die nachgeordneten Länder höher und wirken per Saldo wachstums- und wohlstandsmindernd.[5]

(economies of scale) sowie Auswirkungen des verstärkten Wettbewerbs durch innerbetriebliche Rationalisierungsmaßnahmen und Beseitigung von Monopolstellungen.

[4] Die wirtschaftlichen Wachstumsraten der damaligen EU-Staaten (Belgien, BRD, Dänemark, Frankreich, Griechenland, Großbritannien, Irland, Italien, Luxemburg, Niederlande, Portugal, Spanien) haben in den allermeisten Fällen in der Gesamtheit nicht die projektierten 5% p.a. erreicht; diese sollten nach Cecchini ja nur das Wachstumsdelta durch den gemeinsamen Markt ausmachen.

[5] Zusätzlich spielen natürlich die konjunkturelle Situation und noch mehr die langfristige Entwicklungstendenz der Kapitalakkumulation wesentliche Rollen bei dem jeweiligen Größenumfang der durch den Übergang zum Freihandel induzierten Effekte.

Neben den durch den Abbau von Handelshemmnissen erzeugten, quantitativ entsprechend rektifizierten, d.h. reduzierten Wachstums- und Wertschöpfungseffekten sind die Verlagerungsprozesse von Produktionen bzw. ganzen Produktionssphären aus den »alten« kapitalistischen Metropolen in die Schwellenländer für den Zuwachs des Welthandelsvolumens verantwortlich. Denn die Verlagerung von Produktionsprozessen in andere Länder erhöht den grenzüberschreitenden Handel sowohl beim Bezug von Produktionsmitteln (Investitionsgüter etc.) als auch beim Absatz. Verflechtungszusammenhänge werden über Ländergrenzen hinweg organisiert und der »Re-Import« des Resultats der ausgelagerten Produktion in seine angestammten Zielländer, kurz: die Internationalisierung der Wertschöpfungsstufen und Lieferketten von Metropolen und Schwellenländern im Zuge der Globalisierung ist zu einem wesentlichen Teil verantwortlich für die Entwicklung des Welthandelsvolumens.

Die Käufer der Waren der ausgelagerten Produktionsprozesse profitieren von den kostenbedingt niedrigeren Preisen, die Produktionsländer profitieren von dieser Internationalisierung der Produktionsprozesse in dem Maße, wie es ihnen gelingt, übernommene Produktionen in inländischen Liefer- und Kreislaufzusammenhängen zu verarbeiten, d.h. im Sinne von Trade-off- und Spill-over-Effekten gesamtwirtschaftlich zu nutzen. Schließlich beruht ja ihr Status als Schwellenland zu einem großen Teil auf dieser wirtschaftspolitisch geleiteten volkswirtschaftlichen Nutzung der übernommenen Produktionsprozesse.

Im Ergebnis hat sich somit ein differenzierter Befund ergeben. Erstens hat die Internationalisierung der Produktion den alteingesessenen kapitalistischen Metropolen in einer sich ausbildenden Situation der strukturellen Überakkumulation eine Stabilisierung und Ausweitung ihrer Profite erbracht. Zweitens konnte eine Reihe von Ländern, deren interne Entwicklung eine zumeist politisch und vielfach durch natürliche Lagerstätten von international benötigten Rohstoffen unterstützte Industrialisierung aufwies, den Status von Schwellenländern (Newly industrialized Countries) erwerben und partiell oder auch umfänglich Anschluss an die Weltmarktentwicklung gewinnen. Ab eines gewissen Entwicklungsniveaus konnten sodann die Handelsbeschränkungen gelockert und die Effekte von Kosteneinsparungen etc. für die interne Entwicklung genutzt werden.

Drittens wirken sich allerdings die »Segnungen« des internationalen Freihandels zumeist kontraproduktiv und zerstörend für die Masse der unentwickelten Länder ohne gefestigte einheimische ökonomische Basis in Gestalt kontinuierlicher Liefer- und Einkommenskreisläufe aus. Auch die im Vertrauen auf Selbstheilungskräfte des Marktes und deren Entwicklungsförderung betriebene Entwicklungshilfe der Metropolen und internationalen Institutionen versickert unter derartigen Bedingungen vielfach bei inländischen korrupten Eliten, finanziert rein genießenden Reichtum und fließt allzu oft als Fluchtgeld wieder zu ihrem Ursprungsort zurück. Die Lockerung der Handelshemmnisse begünstigt die entwickelteren Länder, während deren Importbeschränkungen die Entwicklungsländer vom Weltmarkt fernhalten oder wieder verdrängen.

Das Regime des internationalen Freihandels gewährleistet also keineswegs das ideologisch verkündete »größte Glück der größten Zahl«, sondern erweist sich vielmehr als Methode, die Vorherrschaft der entwickelten Metropolen zu konservieren; es ist damit die Verlängerung der kolonialen Abhängigkeiten in anderer Form. Nur eine vergleichsweise kleine Zahl sich industrialisierender Länder erhielt die Möglichkeit des Anschlusses an die führenden Staaten, die damit die »Entwicklung in der Unterentwicklung« zugunsten einer Verringerung des Abstands zu den kapitalistischen Metropolen überwinden konnten. Dies erfolgte zudem in einer Zeit, als die Kapitalakkumulation in den führenden Weltmarktmetropolen manifeste retardierende Entwicklungen aufzuweisen begann. Der Rest der Länder, d.h. die sonstige sog. Dritte Welt, und diese beinhaltet gleichzeitig etwa die Hälfte der Erdbevölkerung, wird von diesen Industrialisierungs- und Entwicklungsprozessen gerade durch den Abbau von Handelshemmnissen ferngehalten. Dies wurde lange Zeit von der Bevölkerung in der Dritten Welt massenhaft nicht als schreiender Widerspruch registriert, erst die Ausbreitung der modernen Informationstechnologien bringt die Gegensätze in der Weltwirtschaft auch einer großen Zahl von Mitgliedern der unterentwickelten Gesellschaften und Staaten zu Bewusstsein. Die Reaktionen liegen teilweise bei einem hilflosen reaktionär-religiös verbrämten Aufbegehren, welches bis hin zu menschenfeindlichen terroristischen Anschlägen reicht, oder bei Fluchtbewegungen, die als Massenmigration in die bevorzugten Zielländer einströmt und diesen ihre Versäumnisse der letzten Jahrzehnte deutlich macht. Erfolgreiche Entwicklungsprozesse unter nichtkapitalistischen Bedingungen blieben mit mehr oder weniger großen Abstrichen im Wesentlichen auf die übrig gebliebenen sozialistischen Staaten – VR China, Vietnam sowie nachgeordnet Kuba – beschränkt.

Dritter Abschnitt
Internationale Akkumulationsregimes, Dominanzpositionen von Nationalkapitalen und Nationen auf dem Weltmarkt und Stellenwert der nachgeordneten und unentwickelten Länder

Kapitel 9: Weltmarktdemiurgen, beschleunigte Kapitalakkumulation und Veränderung der internationalen Dominanzpositionen

a) Weltmarktregime und Weltmarktzyklus als Ergebnisse der Kapitalakkumulation des Weltmarktdemiurgen

Die bisherige Geschichte der kapitalistischen Weltwirtschaft war stets durch eine Über- und Unterordnung der Länder in ihren internationalen Beziehungen geprägt. Dabei fußen die politischen Beziehungen und Abhängigkeitsverhältnisse in letzter Instanz auf ökonomischen Über- bzw. Unterlegenheiten, wenngleich im Unterschied zu den Binnenstrukturen der entwickelten kapitalistischen Metropolen genuin politische Herrschaftsverhältnisse einen sehr viel größeren Raum einnehmen und auch sehr viel offener zutage treten. Bei den nachgeordneten Staaten versteht sich dies von selbst.[1] Aber auch zwischen den entwickelten Ländern herrscht eine ökonomische und politische Hierarchie zwischen einer jeweiligen regionalen Vormacht und ihren Satelliten. Schließlich besteht auch innerhalb der kleinen Anzahl von kapitalistischen Metropolen, heutzutage mit dem »G7-Format« der Weltwirtschaft und Weltpolitik mit den USA, Kanada, Japan, Bundesrepublik Deutschland, Großbritannien, Frankreich und Italien umschrieben,[2] ein Hegemonialverhältnis zwischen einer internationalen Führungsnation und dem Rest.

---

[1] Kolonien haben nie den Status selbständiger Staaten besessen, sondern waren bloße Dependenzen der »Mutterländer«, die zur Unterjochung der Bevölkerung und Ausplünderung ihrer Ressourcen freigegeben waren. Heutige Auslandsterritorien, beispielsweise die Übersee-Departments der französischen Republik (die Karibikinseln Martinique und Guadeloupe sowie Französisch-Guayana, La Réunion und Mayotte) gelten bis auf die im Indischen Ozean gelegenen Inseln als funkelnde Sterne in der Krone der »Grand Nation«. Ihre Bevölkerung genießt durch die Verbindung zum französischen Mutterland einen erheblich höheren Lebensstandard als vergleichbare Länder in der Nachbarschaft, was allerdings auch mit internen ökonomischen Stärken, d.h. mit einer florierenden Tourismuswirtschaft zusammenhängt.

[2] In dieser Zusammensetzung ist das »G7-Format« mittlerweile ein Anachronismus, weil mit der Russischen Föderation und der VR China zwei gewichtige Akteure der Weltpolitik und Weltwirtschaft fehlen; die zeitweilige Erweiterung auf G8 inkl. Russland war eine Konzession aus der westlichen Vorherrschaft heraus, die nach den »Unbotmäßigkeiten« des Krim-Anschlusses und der russischen Einflussnahme in die Konflikte des ukrainischen Donbass wieder aufgekündigt wurde. Auch die Exklusion der zweitgrößten Volkswirtschaft der Welt, VR China, führt das »G7-Format« an und für sich ad absurdum und dokumentiert nur die Selbstgewissheit der kapitalistischen Metropolen und ihrer »westlichen Werte«, die in der Auseinandersetzung zwischen »Demokratien« und »Autokratien« nach dem Präsidentenwechsel in den USA zukünftig eine zunehmende Rolle spielen soll – wobei die Zu-

Die jüngere Geschichte der industriell entwickelten kapitalistischen Gesellschaftsformation kannte mit Großbritannien im 19. und den USA im 20. Jahrhundert zwei Führungsnationen oder Hegemone der Weltwirtschaft und Weltpolitik. Ihre ökonomische Basis besaßen sie in distinkten Arbeits- und Betriebsweisen, die sich wiederum auf zwei spezifische Rationalisierungsparadigmen in den jeweiligen Leitbranchen ihrer gesellschaftlichen Produktionsprozesse stützten. Auch die Verfassung des Weltmarkts nach seinen politisch-institutionellen Rahmenbedingungen ist durch die jeweilige Führungsnation geprägt. Zwei Perioden einer beschleunigten Kapitalakkumulation wurden durch diese führenden Nationalkapitale angestoßen und über den Weltmarkt »propagiert« und durchgesetzt. Sie waren jeweils von beschränkter Dauer und mündeten in Perioden von struktureller Überakkumulation von Kapital.

Die Prägekraft der Hegemonialstaaten in der kapitalistischen Weltwirtschaft beruht auf mehreren Pfeilern. Zunächst folgt aus ihrer Pionierfunktion eines neuen Rationalisierungsparadigmas mit einer neuen, höheren gesellschaftlichen Arbeits- und Betriebsweise ein Vorsprung in gesellschaftlicher Produktivität, Qualität sowie Intensität ihrer produktiven Nationalarbeit. Er sichert dem betreffenden Nationalkapital eine überlegene Stellung im internationalen Handel an verarbeiteten Waren, namentlich in Investitions- und Konsumgütern (Endprodukte) sowie international vermarktbaren unternehmensbezogenen Dienstleistungen. Im Falle Großbritanniens beinhalteten Letztere insbesondere Transport- und Versicherungsleistungen, die auf der überkommenen Rolle als Seemacht mit der weltgrößten Handelsflotte aufbauten. Im Falle der USA sind es namentlich alle Arten von Finanzdienstleistungen und Vermögenseinkommen aus ausländischen Kapitalanlagen, die die US-Dienstleistungsbilanz prägen. Allerdings waren und sind die USA, ganz im Unterschied zu ihrem Vorgänger Großbritannien, auch ein großer Exporteur von agrarischen Rohprodukten neben traditionellen Industriewaren, sodass ihre Handelsbilanz nach wie vor den Saldo der Leistungsbilanz vorgibt.

Aber nicht nur die Anteile der führenden Nationalkapitale am Welthandel von materiellen Waren und Dienstleistungen sowie dessen stoffliche Struktur, sondern auch die institutionelle Verfassung der Weltwirtschaft sind durch diese Führungsnationen geprägt; sie werden dadurch zu Demiurgen der politischen Rahmenbedingungen der Weltwirtschaft. In die Ära Großbritanniens im 19. Jahrhundert fällt der Abschluss der Aufteilung der Welt in Kolonialstaaten und Kolonien sowie die Rivalität der Kolonialmächte, die im Zeitalter des klassischen Imperialismus in der zweiten Hälfte dieses Jahrhunderts ihren Höhepunkt fand und schließlich einen wesentlichen Grund für den Ersten Weltkrieg darstellte. Großbritannien war aufgrund seiner ökonomisch überlegenen Position nach der Abschaffung der Getreidezölle 1846 ein Propagandist und geborener Vertreter des Freihandels in der internationalen Konkurrenz, den die nachgeordneten Länder mit Schutzzöllen beantworteten.

---

ordnung der verschiedenen Länder zu den beiden Gruppen unverhohlen geopolitischen Interessen des »Westens« folgt.

Diese Zollgrenzen waren sowohl für die USA als auch das Deutsche Reich als Abschirmungen ihrer Binnenwirtschaft essentiell für ihre nachholende Kapitalakkumulation und Produktivkraftentwicklung. Nach dem Zweiten Weltkrieg propagierten die USA, wiederum gegründet auf ihrer Überlegenheit in der internationalen Konkurrenz, den Abbau von Zollschranken im Welthandel, der in ein übergeordnetes Regime eines internationalen Multilateralismus eingeordnet wurde und schließlich völkerrechtlich verbindliche Regelungen für die nationalen Gesetzgebungen erbrachte. Die Dekolonisierung der Dritten Welt etablierte formale Gleichheit und Freiheit zwischen allen Ländern, hinter denen sich allerdings ökonomische und des Weiteren auch politische Über- und Unterordnungsverhältnisse verbargen. Die Wertorientierungen einer kapitalistischen Marktwirtschaft und einer liberalen Demokratie wurden als »westliche Werte« gegen die sozialistischen Staaten gewendet und nach 1990/91 als universale Prinzipien propagiert.

Die ökonomische Überlegenheit der führenden Nation auf dem Weltmarkt verschafft ihr zunächst über ihre Exporte einen bestimmenden Einfluss auf den Welthandel. Darüber hinaus ist die Bewegung ihrer Importe namentlich an Roh- und Vorleistungsgütern von ihrer nationalen Konjunktur geprägt. Beide, Exporte und Importe des führenden Nationalkapitals, bestimmen über ihr jeweiliges Gewicht am internationalen Handel das Auf und Ab des Welthandelszyklus in erster Instanz. Zwar sind die Agentien des industriellen Zyklus als gesetzmäßiger Bewegungsform der kapitalistischen Akkumulation mit der auf dem Umschlag des fixen Kapitals spielenden zyklischen Lohn-Profit-Bewegung originär in binnenwirtschaftlichen Verhältnissen begründet, doch erfolgt eine Zusammenfassung der nationalen Konjunkturen über den Weltmarkt und hier in erster Instanz über den Welthandel. Der industrielle Zyklus des Weltmarkthegemons prägt dem Zyklus des Welthandels seinen Stempel auf. Der Zyklus des Welthandels wirkt seinerseits auf die nationalen Konjunkturen der anderen kapitalistischen Metropolen zurück und modifiziert deren Verlauf. Im Resultat vollzieht sich somit über die Weltmarktexistenz eines jeden Nationalkapitals die Herstellung eines internationalen Konjunkturzusammenhangs, der durch den nationalen Zyklus der führenden Weltmarktnation geprägt und mehr oder weniger dominiert wird. Damit wird der Weltmarkthegemon auch zum Demiurg des Weltmarktzyklus.

Die Übertragung des zyklischen Rhythmus der Akkumulation des Weltmarktdemiurgen auf die Akkumulationsprozesse der anderen kapitalistischen Nationen vollzieht sich in erster Instanz über die durch Import- und Exportstrukturen verflochtenen nationalen Reproduktionsprozesse. Die Importe der weltmarktdominierenden Nation expandieren und kontrahieren exakt mit dem zyklischen Verlauf seiner Kapitalakkumulation. Das heißt, nur die Außenhandelsbeziehungen betrachtet, dass die latenten Überproduktionen der anderen Länder, soweit sie Importe für den Weltmarktdemiurgen darstellen, in dem Moment als Überproduktionen absolut oder manifest werden, in dem die Warenmärkte des Demiurgen durch dessen zyklische Überproduktion im Innern übervoll worden sind. Zum zweiten bedingt aber auch die Entwicklung der Exporte des dominierenden Landes eine Übertragung seiner Konjunktur auf die anderen Nationen: Kontrahiert der Inlandsmarkt des Weltmarktdemiurgen aufgrund zyklischer Krisen und Abschwünge, werden seine betroffenen Kapitale versuchen, ihr Absatzpotenzial auf auswärtigen Märkten zu erhöhen. Entweder drängen sie vermehrt auf die Märkte der kapitalistischen Konkurrenten und weiten dadurch ihre Exporte aus, beschneiden also relativ den Absatz der dortigen heimischen Kapitale, oder sie vermehren ihre Exporte in sonstige Drittländer. Beide Formen der verstärkten Exportoffensive als Reaktion auf binnenwirtschaftliche Überproduktionen im Reproduktionsprozess des Demiurgen ziehen tendenziell Absatzeinbußen der anderen kapitalistischen Produzenten in den weniger entwickelten Ländern nach sich. Die Exportoffensive der Kapitale des Weltmarktdemiurgen ist im Übrigen auch dann durchaus wirkungsvoll und realisiert die internationalen Übertragungseffekte der Konjunktur, wenn die absoluten Kostenvorteile der Produzenten beim Demiurgen nur gering ausgeprägt sind oder im Extremfall gar nicht bestehen. Denn einzelwirtschaftlich ist selbst ein Verkauf der Waren unter Kostpreisen, jedoch zu oder leicht über variablen Kosten, kurzfristig oftmals der Reduktion der Reproduktionsstufenleiter vorzuziehen. Zudem werden durch solche Strategien neue Märkte erschlossen, die in dem folgenden konjunkturellen Aufschwung profitabel bedient werden können. Kurzum: trotz einzelwirtschaftlichem Profitverzicht oder gar Verlust durch nicht gedeckte Fixkosten können in dieser Situation die allgemeinen Vorteile des Weltmarktdemiurgen gegenüber seinen kapitalistischen Konkurrenten zum Tragen kommen und die skizzierten internationalen konjunkturellen Effekte bewerkstelligen.

Marx charakterisierte die Außenhandelsverflechtungen zwischen Großbritannien als Demiurg des Weltmarkts und den anderen kapitalistischen Nationen im Jahre 1850 folgendermaßen: *»Wie die Periode der Krise später eintritt auf dem Kontinent als in England, so die Periode der Prosperität. In England findet stets der ursprüngliche Prozess statt; es ist der Demiurg des bürgerlichen Kosmos. Auf dem Kontinent treten die verschiedenen Phasen des Zyklus, den die bürgerliche Gesellschaft immer von neuem durchläuft, in sekundärer und tertiärer Form ein. Erstens führte der Kontinent nach England unverhältnismäßig viel mehr aus als nach irgendeinem anderen Land. Diese Ausfuhr nach England hängt aber wieder ab von dem Stand Englands, besonders zum überseeischen Markt. Dann führt England nach den überseeischen Ländern unverhältnismäßig mehr aus als der gesamte Kontinent, so dass die Quantität des kontinentalen Exports nach diesen Ländern immer abhängig ist von der jedesmaligen überseeischen Ausfuhr Englands.«* (MEW 7: 440)

Es gilt also: Die nationale Konjunktur des Weltmarktdemiurgen übt bestimmenden Einfluss auf den Welthandelszyklus aus und dessen Rückwirkung auf die nationalen Konjunkturen der anderen kapitalistischen Nationen erzeugt einen Weltmarktzyklus, d.h. eine zeitlich strukturierte Beziehung zwischen dem Konjunkturzyklus des Weltmarktdemiurgen und den nationalen kapitalistischen Zyklen der nachgeordneten Länder. Diese zeitlich strukturierte Beziehung schließt die von Marx im obigen Zitat angesprochenen Time lags ein. Der Weltmarktzyklus beinhaltet somit sowohl das Moment der internationalen Synchronisation der nationalen Konjunkturen im Sinne der Übertragung der Konjunktur des Demiurgen als auch die fortwährende Reproduktion von Zeitdifferenzen zwischen den unteren und oberen Wendepunkten der nationalen Zyklen.

Aber nicht nur die Kapitalakkumulation der Metropolen und ihrer Satelliten sowie der nachgeordneten Schwellenländer erhält durch den Demiurgen des Weltmarkts ihre internationale Prägung, sondern auch und gerade die Weltrohwarenmärkte reagieren außerordentlich sensibel auf konjunkturelle Prozesse in den Ländern, die deren Verarbeitung zu Endprodukten bewerkstelligen, also den industriell entwickelten Nationen. Das Auf und Ab des durch die Summe der Ex- und Importe bestimmten Welthandelszyklus bedingt Preis- und Mengenbewegungen der auf den internationalen Märkten gehandelten industriellen Rohprodukte; diese schließen agrarische Rohstoffe für die produktive Konsumtion auch jenseits der Nahrungsmittelproduktion ein.

Die Preisschwankungen der Rohprodukte oder gar die zeitweilige Schließung von Minen oder Brachlegung von Ackerflächen trifft über den Rückgang der Exporte die Handelsbilanzen der Rohstoffe exportierenden Länder; dies gilt umso mehr, umso stärker diese Länder Monokulturen pflegen oder Devisenerlöse hauptsächlich über Rohstoffexporte erzielen. Im Krisenfall wird nicht nur die Grundrente nicht mehr über die Absatzpreise realisiert, sondern vielfach auch überhaupt kein Profit mehr verdient; dass diese Kompression der Rohstoffpreise an die abhängig Beschäftigten durch Lohnsenkungen und Entlassungen weitergegeben wird, versteht sich von selbst. Die wirtschaftlichen Verwüstungen einer durch die Kapitalakkumulation der Metropolen samt nachgeordneten Industrieländern ausgelösten Weltmarktkrise sind somit in den unentwickelten, den Weltmarkt hauptsächlich mit agrarischen und mineralischen Rohstoffen sowie Erdöl und Erdgas beliefernden Ländern oftmals um ein Vielfaches größer als in den Zentren des Weltmarkts; teilweise überschreiten die Preisbewegungen der Rohprodukte auch den Horizont eines Welthandelszyklus. Der Versuch der Rohstoffexporteure, über die Bildung internationaler Kartelle koordinierte Mengenvariationen und Preisregulierungen durchzusetzen, scheitert oftmals an den Konkurrenzbeziehungen und Interessengegensätzen zwischen den verschiedenen Kartellmitgliedern.

Ebenso befördert der internationale Kapitalverkehr Agentien für die Konstitution und beständige Reproduktion des Weltmarktzyklus. Während der zyklischen Aufschwungsphasen wirkt der Export von Waren auf kommerziellen Kredit für das Empfängerland ebenso wie die Expansion dieses Kredits in seinem nationalen Reproduktionszirkel: Der Kapitalumschlag wird beschleunigt, Geldreservekapital freigesetzt und für zusätzliche investive Anwendungen verfügbar. Hierdurch wird die reproduktive Kapitalakkumulation forciert. Bei einem Exportüberschuss des Weltmarktdemiurgen gegenüber den kapitalistischen Konkurrenznationen ist die dominierende Nation ihren Konkurrenten bis zu einem gewissen Grad behilflich, deren Kapitalakkumulationen nicht nur stofflich-technologisch zu befördern, sondern auch durch Kredite finanziell zu alimentieren. Das Umgekehrte findet statt in der zyklischen Krise: Jetzt befördert der internationale Kredit die Kontraktion in allen Ländern, die der Reihe nach unter Zahlungsschwierigkeiten für die in der Prosperität eingegangenen Verbindlichkeiten zu leiden haben.

Auch die nicht durch den internationalen kommerziellen Kredit determinierte Geldkapitalbewegung (Direktinvestitionen, Portfolioinvestitionen) unterliegt zyklisch schwankenden Bestimmungsgründen durch Zinssätze und Wechselkurse. Wir haben früher gesehen, dass es gute Gründe gibt, dass eine im Welthandel starke oder gar dominierende Nation ebenfalls ein Nettokapitalexporteur für Direktinvestitionen in andere Länder mit höheren Profitraten ist. Wird darüber hinaus Geldkapital längerfristig international ausgeliehen, werden die Zinssätze im Export- und Importland affiziert. Die Geldkapitalbewegung wirkt hier tendenziell wie die Vergabe von kommerziellen Krediten seitens des Demiurgen an andere (kapitalistische) Nationen: Im zyklischen Aufschwung wird deren Kapitalakkumulation forciert, in der Krise wird die Liquiditätsklemme verschlimmert, weil zu den im Inland zu tätigenden Zahlungsverpflichtungen Zins- und Tilgungsverpflichtungen gegenüber dem Ausland hinzutreten, die die nationale Zahlungsbilanz im Sinne der jeweils fälligen Zahlungen des Inlands gegenüber dem Ausland plötzlich umkehren.[3]

Wie die internationale Verkettung der nationalen Konjunkturzyklen auf Basis der außenwirtschaftlichen Beziehungen zwischen verschiedenen Nationen und Gruppen von Nationen infolge der Existenz der Time lags zwischen den Zyklen verschiedener Länder den Übergang zum erneuten zyklischen Aufschwung durch das

---

[3] Vgl. MEW 25: 508f.: *»Mit Bezug auf Einfuhr und Ausfuhr ist zu bemerken, dass der Reihe nach alle Länder in die Krisis verwickelt werden und dass es sich dann zeigt, dass sie alle, mit wenigen Ausnahmen, zuviel exportiert und importiert haben, also die Zahlungsbilanz gegen alle ist, die Sache also in der Tat nicht an der Zahlungsbilanz liegt. Z.B. England laboriert an Goldabfluss. Es hat überimportiert. Aber zugleich sind alle andren Länder mit englischen Waren überladen. Sie haben also auch überimportiert oder sind überimportiert worden. ... Die Krise mag zuerst in England ausbrechen, in dem Land, das den meisten Kredit gibt und den wenigsten nimmt, weil die Zahlungsbilanz, die Bilanz der fälligen Zahlungen, die sofort liquidiert werden muss, gegen es, obgleich die allgemeine Handelsbilanz für es ist. Dies letztere erklärt sich teils aus dem von ihm gegebenen Kredit, teils aus der Masse ans Ausland verliehner Kapitale, so dass eine Masse Rückflüsse in Waren, außer den eigentlichen Handelsretouren, ihm zuströmen. (Die Krise brach aber zuweilen auch zuerst in Amerika aus, dem Lande, das den meisten Handels- und Kapitalkredit von England nimmt.) Der Krach in England, eingeleitet und begleitet von Goldabfluss saldiert Englands Zahlungsbilanz, teils durch den Bankrott seiner Importeurs ..., teils durch Wegtreiben eines Teils seines Warenkapitals zu wohlfeilen Preisen ins Ausland, teils durch Verkauf fremder Wertpapiere, Ankauf von englischen etc. Nun kommt die Reihe an ein andres Land. Die Zahlungsbilanz war momentan für es; aber jetzt ist der in normalen Zeiten geltende Termin zwischen Zahlungsbilanz und Handelsbilanz weggefallen oder doch verkürzt durch die Krise; alle Zahlungen sollen auf einmal erledigt werden. Dieselbe Sache wiederholt sich nun hier. England hat jetzt Goldrückfluss, das andere Land Goldabfluss. Was in dem einen Land als Übereinfuhr, erscheint in dem andren als Überausfuhr und umgekehrt. Es hat aber Übereinfuhr und Überausfuhr in allen Ländern stattgefunden (wir sprechen hier nicht von Missernten etc., sondern von allgemeiner Krise); d.h. Überproduktion, befördert durch den Kredit und die ihn begleitende Aufblähung der Preise.«*

Anspringen einer Exportkonjunktur befördern kann, so wird umgekehrt auch der Ausbruch der Krise verallgemeinert: »*Die Zahlungsbilanz ist in Zeiten der allgemeinen Krise gegen jede Nation, wenigstens gegen jede kommerziell entwickelte Nation, aber stets bei einer nach der andern, wie in einem Rottenfeuer, sobald die Reihe der Zahlung an sie kommt; und die einmal, z.B. in England, ausgebrochne Krise drängt die Reihe dieser Termine in eine ganz kurze Periode zusammen. Es zeigt sich dann, dass alle diese Nationen gleichzeitig überexportiert (also überproduziert) und importiert (also überhandelt) haben, dass in allen die Preise aufgetrieben waren und der Kredit überspannt. Und bei allen folgt derselbe Zusammenbruch. Die Erscheinung des Goldabflusses kommt dann an alle der Reihe nach und zeigt eben durch ihre Allgemeinheit 1., dass der Goldabfluss bloßes Phänomen der Krise, nicht ihr Grund ist; 2., dass die Reihenfolge, worin er bei den verschiednen Nationen eintritt, nur anzeigt, wann die Reihe an sie gekommen, ihre Rechnung mit dem Himmel zu schließen, wann der Termin der Krise bei ihnen eingetreten und die latenten Elemente derselben bei ihnen zum Ausbruch kommen.*« (Ibid.: 509)

Diese internationale Verallgemeinerung der zyklischen Krise ist ein notwendiges Moment der weltmarktvermittelten kapitalistischen Akkumulation, die Umkehrung der nationalen Zahlungsbilanz ein wesentliches Agentium zur internationalen Synchronisation der Konjunkturen. Was Marx im gegebenen Zitat an der Erscheinung des Goldabflusses im Resultat der ausgebrochenen zyklischen Krise festmacht, gilt mutatis mutandis auch für moderne Verhältnisse: Was in der Krise benötigt wird, sind international fungible Zahlungsmittel. Da durch eine »normale« zyklische Krise die nationalen und internationalen Kreditverhältnisse nicht grundsätzlich infrage gestellt werden, ergibt sich zur Zeit des krisenhaften oberen Wendepunktes des Weltmarktzyklus eine plötzlich ansteigende Nachfrage nach der Währung des Demiurgen als der internationalen Leitwährung. Wenn in früheren Zeiten die nationale Zahlungsbilanz über Goldabflüsse ausgeglichen werden musste, so geschieht dies unter modernen Verhältnissen über Zahlungen in internationaler Leitwährung. Die zyklische Krise zeigt somit regelmäßig eine Aufwertung der Leitwährung gegenüber den anderen Repräsentativgeldwährungen bzw. deren Abwertung gegen jene. Es ist dies zugleich die Situation, in der der Demiurg des Weltmarkts sowohl internationale Verantwortung durch Erleichterung seiner Geldpolitik dokumentieren kann; zugleich profitiert er eben dadurch auch in eigener Sache und kann Zahlungsverpflichtungen gegenüber dem Ausland aufgrund eines in der zyklischen Krise entstandenen kurzfristigen Zahlungsbilanzdefizits in eigener Repräsentativgeldwährung günstiger begleichen.

b) Ungleiche nationale Akkumulationsentwicklung in den industriellen Metropolen und mögliche Angleichung nationaler Durchschnittsprofitraten

Während es in den Binnenverhältnissen entwickelter kapitalistischer Reproduktionsprozesse mehr oder weniger stark ausgeprägte, nur durch natürliche Verhältnisse gehemmte Tendenzen gibt, die Entwicklung der Produktivkräfte gesellschaftlicher Arbeit sowie ihren Intensitätsgrad ausgleichend auf die verschiedenen materiellen Produktionssphären zu verteilen, gehört es zur Modifikation des Wertgesetzes in seiner internationalen Anwendung, dass diese Ausgleichung zwischen den industriellen Metropolen des Weltmarkts eben nicht stattfindet. Die nationalen Akkumulationsprozesse weisen auch unter Bedingungen einer Periode beschleunigter Kapitalakkumulation auf dem Weltmarkt ungleichmäßige Entwicklungen im Sinne sowohl der eben beschriebenen Timelags als auch, und dies interessiert uns nunmehr, im Sinne von Akkumulations- und Wachstumsdifferenzen auf. Verstetigen sich diese Differenzen, kommt es zu überzyklischen Aufstiegen oder Niedergängen der betreffenden Nationalkapitale.

Wenn auch diese Ungleichheit nationaler Entwicklungen oftmals durch Ursachen bedingt sind, die nur durch eine Analyse der wirklichen Bewegung in der Konkurrenz identifizierbar sind, gibt es darüber hinaus jedoch auch Faktoren, die der allgemeinen Darstellung zugänglich sind. Sie gründen sich auf die Gesetze des internationalen Handels und weiter des internationalen Kapitalverkehrs. Denn im Außenhandel gewinnen diejenigen Nationalkapitale, die die Produktivkraft ihrer Nationalarbeit rascher als der Durchschnitt der entwickelten Länder steigern auf Kosten derjenigen Kapitale, die sich unterdurchschnittlich entwickeln und somit auf der Stufenleiter der universellen Arbeit absteigen. Zwar gibt es durch Preis- und Wechselkursbewegungen entgegenwirkende Einflussgrößen, doch wirken sowohl die Reduzierung des nationalen Preisniveaus als auch die Abwertung des Wechselkurses auf dieser Basis der internationalen Bewertung der produktiven Nationalarbeiten. Sie kompensieren deren Resultate in der Regel daher nur teilweise. Die sog. Erstrundeneffekte der internationalen Gewichtung der produktiven Nationalarbeiten auf dem Weltmarkt wirken zunächst auf die Unterschiede vergrößernd und somit die Ungleichheiten erhöhend. Eine Gegenbewegung zu diesem Prozess wird durch den Aufbau internationaler Wertschöpfungsketten von transnationalen Konzernen hervorgerufen. Das Profitratendifferential aus verschieden entwickelter Produktivität, Intensität und Qualität der produktiven Arbeiten in den verschiedenen Ländern wird jetzt durch die selektive Verlagerung von Wertschöpfungsstufen nutzbar gemacht. Bei Repatriierung der Gewinne in das Sitzland der Konzernzentrale werden sie dem Ausgleichungsprozess der Profitrate überantwortet und können dementsprechend das Niveau der Profitrate dort steigern.

Allerdings kommt es, wie früher gesehen, in der Folgezeit zur nationalen »Verarbeitung« der wertlichen und stofflichen Außenwirtschaftseffekte innerhalb der nationalen Akkumulationsprozesse. Damit diese Zweitrundeneffekte nicht ihrerseits die Ursprungsbewegungen verstärken, ist in der Regel zusätzlich erfolgreiches wirtschaftspolitisches Gegensteuern vonnöten. Dies gilt naturgemäß hauptsächlich für die in der internationalen Konkurrenz verlierenden Nationalkapitale. Damit innere und äußere Abwertungen, d.h. außenwirtschaftlich erzwungene Kostensenkungen sowie Abwertungen der nationalen Währung nicht in deflationär-depressive Entwicklungen umschlagen und dadurch längerfristig die Abstände zu den erfolgreicheren Ländern steigern, sind gezielte expansive Maßnahmen zur Stabilisierung der öffentlichen und privaten Konsumnachfrage als auch strukturpolitisch ausgewiesene Erhöhungen der Investitionen notwendig.

Diese durch die nationale Wirtschaftspolitik aufgenommenen und umgemünzten Verluste aus dem Außenhandel können nun weiter durch marktbestimmte internationale Kapitalbewegungen verstärkt werden. An erster Stelle stehen dabei Kapitalimporte in Form von Direktinvestitionen. Neben verbesserter Marktbearbeitung im Zielland durch das Exportland sind hierfür Profitratendifferenzen entscheidend. Denn bei jeweiligen nationalen Unterschieden in den Durchschnittsprofitraten entwickelter kapitalistischer Länder ergeben sich Motive für Kapitalabflüsse aus dem entwickelteren Land mit der niedrigeren Profitrate in dasjenige mit der höheren Profitrate. Über diese die Wertschöpfung in den Empfängerländern verstärkenden Effekte von Direktinvestitionen, vorausgesetzt, sie werden in die nationalen Liefer- und Leistungszusammenhänge in den Zielländern integriert, wurde bereits gesprochen. Entsprechendes gilt in abgeschwächter Weise für Geldkapitalexporte in nachgeordnete Länder; sie befördern dort die Geldkapitalakkumulation, wirken senkend auf die Zinssätze und stimulieren indirekt auch die reproduktive Kapitalakkumulation, wenn ihre Verwendung im Zielland nicht auf reine Transaktionen in fiktivem Kapital beschränkt bleibt.

Sowohl Außenhandel als auch Kapitalverkehr wirken immanent widersprüchlich für die beteiligten Kapitale und Länder. Sie beinhalten ebenso viele Gründe für eine Steigerung der Ungleichmäßigkeit der nationalen Kapitalakkumulation als auch für eine internationale Angleichung zwischen den mehr oder weniger entwickelten kapitalistischen Ländern. Welche Entwicklung sich jeweils für welches Land oder Nationalkapital durchsetzt, ist namentlich erstens von der jeweiligen nationalen Verarbeitung der Außenwirtschaftseffekte und zweitens vom Ausmaß und dem Erfolg einer wirtschaftspolitischen Flankierung abhängig und daher letztlich nur durch eine empirische Analyse zu entscheiden.

Für den Weltmarktdemiurgen lässt sich hingegen allgemein die Tendenz einer Einebnung seiner ursprünglichen Dominanzposition, welche die Periode einer beschleunigten Kapitalakkumulation charakterisiert hatte, ableiten. Nachdem der Demiurg des Weltmarkts zunächst seine überlegene Stellung ausbauen oder mindestens gegenüber seinen härtesten Konkurrenten halten konnte, bedingt die fortschreitende tendenzielle Reduzierung seines Profitratenniveaus nach gewisser Zeit verstärkten Kapitalexport, insbesondere durch Direktinvestitionen in nachgeordnete Länder, deren Reproduktionsprozesse höhere Renditen als daheim erwarten lassen. Auch das in Geldform überakkumulierte Kapital des Demiurgen findet durch Kreditvergabe an die anderen Metropolen und Industrieländer eine lukrative Verwertung, weil die nationalen Zinssätze dort ebenso wie die Profitraten der Tendenz nach höher stehen; Ursachen sind neben dem höheren Profitratenniveau höhere Risikozuschläge zu einem internationalen Basiszinsfuß sowie eine geringere Währungsprämie gegenüber der Währung des Demiurgen. Diese die Profitratenunterschiede angleichenden Entwicklungen begründen für die internationale Kapitalakkumulation eine tendenzielle Verlängerung der Anzahl industrieller Zyklen, die im Rahmen einer beschleunigten Akkumulation durchlaufen werden können; in diesem Sinne profitieren neben dem Demiurgen des Weltmarkts auch die nachgeordneten entwickelten Länder. Dabei ist, systematisch gesehen, diese sich in einer Angleichung der nationalen Durchschnittsprofitraten ausdrückende tendenzielle Vereinheitlichung der Entwicklungsniveaus der an der Spitze der internationalen Stufenleiter stehenden Nationalkapitale aber eine bloße Modifikation der allgemeinen Gesetzmäßigkeiten der kapitalistischen Akkumulation, die eine derartige beschleunigte Kapitalakkumulation als endliche Phase bestimmen.

Mit einer tendenziellen Abnahme der Akkumulationsdynamik, die durch die Effekte des Außenhandels und des Kapitalverkehrs, d.h. im betrachteten Fall der Netto-Kapitalexporte der führenden Nation nur verzögert wird, geht die führende Nation nach und nach ihrer Funktion als Weltmarktdemiurg verlustig. Abschwächung der Akkumulationsdynamik und Erosion der Demiurgenfunktion des führenden Nationalkapitals und Landes sind dabei keine zufälligen Koinzidenzen, sondern dokumentieren letztlich die Erschöpfung der Verwertungsspielräume eines auf einem grundlegenden Rationalisierungsparadigma und auf einer distinkten Arbeits- und Betriebsweise des gesellschaftlichen Produktionsprozesses gegründeten Akkumulationsregimes auf dem Weltmarkt.

In der Regel wirken allerdings sowohl die finanzwirtschaftlich superiore Stellung des führenden Nationalkapitals als auch die politisch geprägten institutionellen Rahmenbedingungen und internationalen politischen Kräfteverhältnisse der vergangenen Periode fort, sodass eine Hegemonialposition des ehemaligen Demiurgen beim Übergang in eine nachfolgende Phase struktureller Überakkumulation von Kapital zunächst bestehen bleibt. Auch als Hegemon des Weltmarkts mit einem überakkumulationstypisch erodierenden reproduktiven ökonomischen Unterbau bleibt das Land noch für eine geraume Zeit der wesentliche Bezugspunkt der internationalen Ökonomie und Politik. Dies galt in der Zwischenkriegszeit und selbst partiell auch noch nach dem Zweiten Weltkrieg für Großbritannien und gilt in der Gegenwart auch nach mehreren Jahrzehnten einer im Modus struktureller Überakkumulation sich bewegender Entwicklung in den angestammten Zentren des Weltmarkts immer noch für die USA.[4]

[4] Wir kommen auf die jedesmalige Ausprägung der Verwandlung eines Weltmarktdemiurgen in einen Hegemon bzw. den schließlichen Verlust dieser Hegemonialposition im empirisch-statistischen Aufweis im nachfolgenden IV. Abschnitt ausführlicher zurück.

c) Übergang von einem zum anderen internationalen Akkumulationsregime: Industrielle vs. finanzielle Vorherrschaft

Der Saldo der Leistungsbilanz eines Landes zeigt die Veränderung seines Netto-Geldvermögens gegenüber dem Ausland an; dies ist gleichbedeutend mit seiner internationalen Gläubiger- oder Schuldnerposition.[5] In vielen Fällen ist der Saldo der nationalen Leistungsbilanz über den Saldo der Handelsbilanz bereits vorherbestimmt. Allerdings enthält die Handelsbilanz nur den eigentlichen Güterhandel (materielle Waren), nicht die Geldströme aus dem grenzüberschreitenden Dienstleistungsverkehr; dieser muss gerade unter heutigen Bedingungen, unter denen die selbständige Darstellung von Dienstleistungen als Waren strukturwandelbedingt zugenommen hat und diese auch in größerem Umfang als in früheren Zeiten international angeboten und ge- bzw. verkauft werden, in einem weiteren Schritt hinzugenommen werden. Tatsächlich schloss bereits die britische Leistungsbilanz im 19. Jahrhundert nur deshalb mit einem positiven Saldo ab, weil die Defizite im Handel mit materiellen Waren durch Überschüsse bei Transport- und Versicherungsdienstleistungen überkompensiert wurden.[6] Demgegenüber spielten die sog. unsichtbaren Transaktionen der Dienstleistungsbilanz für die USA nach dem Zweiten Weltkrieg nur eine Nebenrolle; der US-Handelsbilanzsaldo gab die Entwicklung der Leistungsbilanz nahezu vollständig vor. Neben der Dienstleistungsbilanz spielen die Faktor- oder Primäreinkommen gegenüber dem Ausland für einige Länder, beispielsweise die BRD seit dem Jahrtausendwechsel,[7] eine wichtige Rolle für die Entwicklung der Leistungsbilanz. Insbesondere ein Netto-Kapitalexport, bspw. durch vermehrte Direktinvestitionen im Ausland, erbringt steigende Profit- bzw. Vermögenseinkommen und erhöht die nationale Geldvermögensposition. Demgegenüber spielt die Übertragungsbilanz (private und öffentliche Übertragungen, Sekundäreinkommen) in bevölkerungsreichen Flächenstaaten in aller Regel keine quantitativ bestimmende Rolle für den Leistungsbilanzsaldo.

Mit den Salden im Warenhandel (materielle Güter), bei den Dienstleistungen sowie den Faktoreinkommen (Profit- resp. Vermögenseinkommen) sind die wichtigsten Positionen für die Leistungsbilanzen und damit für die internationale Gläubiger- oder Schuldnerposition der entwickelten kapitalistischen Metropolen sowie der wichtigsten Schwellenländer (BRICS-Staaten)[8] bezeichnet. Weder Großbritan-

---

[5] Es ist daran zu erinnern, dass z.B. eine Kreditgewährung an das Ausland, wenn sie langfristiger Art ist, zwar, ceteris paribus, den Saldo der Grundbilanz positiv verändert; wegen der Abnahme der nationalen Zahlungsmittelbestände bzw. Zunahme der Verbindlichkeiten des Auslands ergibt sich aber keine Netto-Geldvermögensänderung, weil uno actu die sonstigen Forderungen gegenüber dem Ausland angewachsen sind.

[6] Zur Entwicklung der britischen Leistungsbilanz vor dem Ersten Weltkrieg vgl. Krüger 2010: 810. Wir kommen hierauf nochmals ausführlicher in Kapitel 12 zurück.

[7] Vgl. Krüger 2017a: 175 sowie Kapitel 14.

[8] Auf die Rolle und den Stellenwert der Schwellenländer und hier namentlich der BRICS Staaten Brasilien, Russland, Indien, VR China und Südafrika kommen wir sowohl

nien im 19. Jahrhundert noch die USA in den 1950er und 1960er Jahren, also in den Zeitperioden ihrer Rolle als Demiurgen des Weltmarkts, wiesen große Leistungsbilanzüberschüsse, anteilig am Bruttoinlandsprodukt gemessen, auf. Der Ausbau ihrer Stellung als Weltgläubiger verdankte sich in den beiden Perioden vielmehr außerordentlichen Umständen: Großbritannien baute seine internationale Gläubigerposition erst nach der Jahrhundertwende aus, d.h. nachdem die industrielle Suprematie des britischen Kapitals bereits weitgehend eingeebnet war, und die USA wurden zum größten Weltgläubiger namentlich durch ihre Rolle als internationaler Warenlieferant (auch von Kriegsgütern) und Finanzier während der beiden Weltkriege. Während der Perioden der beschleunigten Kapitalakkumulation vor dem Ersten und nach dem Zweiten Weltkrieg ließen also beide Demiurgen des Weltmarkts den nachgeordneten Ländern und Nationalkapitalen international finanziellen Spielraum für deren nachholende Entwicklung.

Diese Konstellationen des langfristigen internationalen Zusammenhangs der Kapitalakkumulation zwischen den entwickelten kapitalistischen Ländern waren nun keineswegs das Ergebnis einer gesteuerten Entwicklung der Weltwirtschaft, weder durch etwaige marktbestimmte komparative Vorteile bei der naturwüchsigen Ausrichtung des internationalen Handels noch durch eine bewusste politische Steuerung, etwa der nach dem Zweiten Weltkrieg etablierten internationalen Institutionen (IWF, GATT etc.). Das Gegenteil ist der Fall: Es wurde gewissermaßen nachträglich von Ökonomen und politischen Beratern daraus die Schlussfolgerung abgeleitet, dass die jeweiligen Führungsnationen auf dem Weltmarkt eine internationale Verantwortung für die Struktur des Welthandels wahrzunehmen hätten, die ausgeglichene Leistungsbilanzen als Ziel anzusteuern hätten. Kindleberger geht bei seiner Erklärung der Weltwirtschaftskrise von 1929-1932 und der anschließenden Depressionsphase noch weiter und erklärt die Tiefe und Länge dieser Krise aus dem internationalen Versagen der führenden Mächte der Weltwirtschaft: *»Das weltwirtschaftliche System war instabil, solange es nicht stabilisiert wurde, wie England dies im 19. Jahrhundert und bis 1913 getan hatte. 1929 waren die Briten dazu nicht in der Lage und die Amerikaner nicht dazu bereit. Als jedes Land sich auf die Wahrnehmung seiner nationalen Privatinteressen beschränkte, ging das Gemeinwohl der Staatengemeinschaft in die Binsen und mit ihm die nationalen Belange aller.«* (Kindleberger 1973: 305)

Tatsächlich markierte die Weltwirtschaftskrise Ende der 1920er/Anfang der 1930er Jahre das definitive Ende der Periode beschleunigter Kapitalakkumulation in den meisten damaligen Metropolen. Sie hatte nach dem Ersten Weltkrieg in den 1920er Jahren noch einmal eine Verlängerung erfahren, nachdem sich bereits vor 1914 vielfältige Erschöpfungs- und Verlangsamungstendenzen gezeigt hatten. Dies galt in besonderer Weise für Großbritannien, welches seine industriell-reproduktive Demiurgenrolle schon lange vorher verloren hatte und seine Hegemonialrolle

in Kapitel 11 theoretisch als auch im Vierten Abschnitt, Kapitel 14 empirisch-statistisch ausführlicher zurück.

in der Zwischenkriegszeit hauptsächlich auf die angestammte Funktion der Londoner City als internationalen Finanzplatz stützen konnte. Die Rolle des britischen Pfundes hatte nach dem erst 1925 vorgenommenen Versuch, seine Vorkriegs-Goldparität wiederherzustellen, bereits seine Schwäche offenbart. Die Suspension der Goldkonvertibilität des Pfundes im Jahr 1931 machte dann deutlich, dass die britische Währung ihre internationale Funktion als Währung des *lender of last resort* – in der damaligen, gegenüber heutigen Verhältnissen eingeschränkten Weise – endgültig verloren hatte. Großbritannien blieb zwar bis zum Eintritt in den Zweiten Weltkrieg noch eine internationale Gläubigernation, hatte seinen Spitzenplatz aber an die USA unwiederbringlich abtreten müssen.

Die Erschöpfung der Verwertungsspielräume der historisch ersten Arbeits- und Betriebsweise der großen Industrie für die angestammte Führungsnation, deren internationale Stellung auch an den Finanzmärkten erodiert war, und die Be- bzw. Verhinderung einer friktionsfreien Durchsetzung des in den USA sich bereits etablierenden Taylorismus/Fordismus in wichtigen Produktionssphären stieß vor allem in den europäischen Mächten (Deutsches Reich, Frankreich) auf sozialstrukturelle und politische Blockaden. Sie bilden einen Hintergrund für das Eklatieren der Weltwirtschaftskrise 1929. Für Großbritannien erfolgte der Übergang in die Überakkumulationssituation gewissermaßen mit Vorankündigung, für andere europäische Metropolen wie das Deutsche Reich war es ein Abbruch der im vorangegangenen Aufschwung 1924-1929 gerade erst überwundenen Nachkriegswirren mit Hyperinflation und Währungsreform. Die USA wurden neben dem binnenwirtschaftlich bestimmten oberen Konjunkturwendepunkt namentlich über die Finanzmärkte (Börsencrash und Forderungsausfälle) in den Krisenstrudel hineingezogen. Über allem standen die wirtschaftspolitischen Fehlleistungen einer fiskalischen Austerität in den meisten Ländern sowie die sich mit der Krise verstärkenden protektionistischen Abschottungen der nationalen Märkte gegenüber der ausländischen Konkurrenz, die zu einer weitgehenden Zerstörung der internationalen Liefer- und Marktzusammenhänge führten und auch die vornehmlich Rohstoffe exportierenden Länder in den Krisenzusammenhang einbezogen.

Dies wirft die Frage auf, ob ein weitgehend friktionsloser Übergang in eine neue beschleunigte Kapitalakkumulation ohne die Abgründe von Krise, Depression und schließlich Weltkrieg möglich gewesen wäre? Auf der Habenseite zur positiven Beantwortung dieser Frage steht das neue, bereits in der Umsetzung befindliche Rationalisierungsparadigma einer tayloristischen Zergliederung der Arbeitsfunktionen sowie die in der Periode des »New Deal« in den USA der 1930er und 1940er Jahre sich entwickelnde neue Arbeits- und Betriebsweise mit einer Zähmung des Kapitalismus, die über die Distributionsverhältnisse durch (Real-)Lohnsteigerungen sowie Konzernentflechtungen und Profitreglementierungen auch das Wirtschaftswachstum beflügelt und die Arbeitslosigkeit reduziert hat (Fordismus). Auf der Sollseite stehen jedoch die sozialen und politischen Strukturen und Verhältnisse in Europa (und Japan): Dies beginnt bei den Reparationslasten des Versailler Vertrags für das Deutsche Reich, die seine finanziellen Ressourcen überstiegen und stets ein wesentliches politisches Agitationsargument der Nationalsozialisten waren, und setzen sich fort mit einer verfehlten Geld- und Währungspolitik in den europäischen Staaten, die nicht nur den Goldstandard restituieren sollte, sondern ihn auch zu Vorkriegsparitäten und damit zu falschen, d.h. nicht durch die wirtschaftlichen Fundamentalverhältnisse gerechtfertigten Wechselkurse wiederherstellen wollte. Auch der internationale Kapitalverkehr war von diesen Währungsturbulenzen betroffen: Aus Furcht vor plötzlichen Abwertungen wurde vornehmlich kurzfristig verborgt, während die Schuldner mit diesen Auslandsgeldern vielfach langfristige Projekte finanzierten und bei der Tilgung der Geldkredite oder einem Umschwung der Zinsen in Zahlungsschwierigkeiten kamen. Schließlich ging von den Wechselkursen überbewerteter Währungen die Notwendigkeit einer inneren Abwertung als »Diktat der Zahlungsbilanz« hervor, die den betroffenen Ländern (insbes. Großbritannien) Deflation und Arbeitslosigkeit bescherte. Ein traditionelles Agieren auch der Fiskalpolitik der meisten Staaten, die öffentliche Haushaltsdefizite gewaltsam zu begrenzen suchten und damit die Kapitalakkumulation gewaltsam abwürgten (»Kaputtsparen«), kam verschärfend hinzu. Massenarbeitslosigkeit und vielfach offene Not durch Hunger bei fehlender oder unzureichender sozialer Absicherung prägten die Wirklichkeit vieler Familien der Arbeiterklasse.

Die politischen und wirtschaftspolitischen Fehlleistungen in den europäischen Ländern beruhten ihrerseits noch auf Tieferem. Was A. Gramsci mit seinem Hinweis auf »leimig-parasitäre Sedimente« in der Klassen- und Sozialstruktur sowie im politischen System der »alten« europäischen Metropolen umschrieben hatte, beinhaltete vielfältige Modernisierungsblockaden durch überkommene Privilegien aus mitgeschleppten vorkapitalistischen Verhältnissen, die sowohl ökonomisch als auch politisch noch eine große Rolle spielten und durch die Umwälzungen nach dem Ende des Ersten Weltkriegs sowohl im Deutschen Reich als auch bspw. in Großbritannien nicht aufgelöst worden waren. Insgesamt war das traditionelle Element in der Sozialstruktur namentlich auf dem Land in Kontinentaleuropa mit seinen charakteristisch modernisierungskritischen bis -feindlichen Einstellungen noch sehr stark.[9] Dies bildete einen augenfälligen Kontrast zu den Verhältnissen eines Einwanderungslandes wie den USA; ökonomisch waren dort die Sinekuren der Grundrente beziehenden Eigentümer wegen des faktischen Fehlens von Grundrente auf dem von den Siedlern in Besitz genommenen Grund und Boden nicht existent – sie kam nur bei gepachtetem fremden Land vor – und die Wirkung eines »Schmelztiegels« der Nationalitäten und Kulturen beförderte Innovationen auf vielen Gebieten.

---

[9] Entsprechend des laufenden Übergangs von einem unentwickelten zu einem entwickelten Kapitalverhältnis in den 1920er Jahren war das Gewicht der traditionellen Mittelklasse (nichtkapitalistische Warenproduzenten als Bauern, Handwerker, Kleingewerbler und Händler) im Deutschen Reich mit rd. 30% der Erwerbspersonen noch sehr hoch. Bei ihnen waren knapp 10% der Erwerbstätigen lohnabhängig beschäftigt, sodass der traditionelle Sektor der Ökonomie noch 40% der Erwerbstätigen umfasste. Demgegenüber betrug die moderne, lohnabhängige Mittelklasse beim Staat erst 10% (vgl. SOST 1980a: 54).

Die Modernisierungsblockaden bildeten in Europa den Hintergrund für die fehlende Meinungsführerschaft der bürgerlichen Kräfte. Die Spaltung der Arbeiterbewegung zwischen Sozialdemokratie/Sozialisten und der an der russischen Oktoberrevolution und der Politik der Bolschewiki orientierten Kommunistischen Parteien verhinderten meistenteils einen erfolgreichen Stellungskrieg der Linken, nachdem der Bewegungskrieg auf die russische Oktoberrevolution beschränkt geblieben war und sich nicht auf Europa 1917-1921 ausgebreitet hatte.[10] Wo es zu einer Volksfront aus Sozialisten und Kommunisten kam wie in Frankreich im Jahr 1936 unter Léon Blum wurden zwar soziale Leistungen an die Arbeiter ausgeweitet, eine ökonomische Stabilisierung, geschweige denn ein Modernisierungsaufbruch gelangen jedoch nicht. In Spanien verlor die Volksfront den Kampf um die Republik gegenüber der von den deutschen Faschisten unterstützten franquistischen Konterrevolution. Die New Deal-Bewegung blieb somit auf die USA beschränkt. Ab 1939 setzte der von den deutschen Faschisten mit dem Überfall auf Polen begonnene Zweite Weltkrieg neue Fakten auf die internationale Agenda. Die Propagierung und Verallgemeinerung der neuen Betriebsweise des Fordismus musste daher auf die Nachkriegszeit verschoben werden. Die Zwischenkriegszeit ist mit all ihren Irrungen und Wirrungen daher in der Rückschau als katastrophische Inkubationszeit zu einer neuen, höheren Betriebsweise des Kapitals und zu einem neuen internationalen Akkumulationsregime einzuordnen.

Was sich beim Übergang von Großbritannien zu den USA als jeweiligen Weltmarktführern auf mehr als zweieinhalb Jahrzehnte von der beginnenden Implementierung neuer Produktivkräfte gesellschaftlicher Arbeit in zunächst einigen US-Produktionssphären über die binnenwirtschaftliche Ausformung des fordistisch gezähmten Kapitalismus im New Deal bis zur Durchsetzung eines neuen internationalen Akkumulationsregimes unter einem neuen Weltmarkt-Demiurgen zusammendrängte, währt in der Nachkriegszeit nun schon mehr als 40 Jahre – ohne dass ein erfolgreicher Übergang in neue Konstellationen in Sicht wäre. Natürlich hat das Katastrophenereignis des Zweiten Weltkriegs sowohl mit seinen ökonomischen Expansionseffekten in der Rüstungsproduktion namentlich in den USA als auch der gewaltsamen politischen Umgruppierung des internationalen Kräfteverhältnisses als Katalysator gewirkt. Ein vergleichbarer Effekt war von vielen Beobachtern durch den Zusammenbruch des um die Sowjetunion gruppierten realsozialistischen Weltsystems und dem ausgerufenen Ende des Kalten Krieges, der einigen bereits als »Ende der Geschichte« (Francis Fukuyama) erschien, erwartet worden;

[10] Die Spaltung der Arbeiterbewegung zwischen der II. sozialdemokratischen Internationale und der III. Kommunistischen Internationale lähmte die politische Linke nicht nur im Deutschen Reich; die spätere »ultralinke« Politik der Kommunisten, die die Sozialdemokratie zum Hauptgegner erklärte (»Sozialfaschismus-Theorie«) und zur Spaltung auch der Gewerkschaften führte, potenzierte diese Lähmung und trieb die Sozialdemokraten vielfach auf die Seite der bürgerlichen Kräfte. Nach 1933 war es für eine Volksfrontpolitik im Deutschen Reich zu spät.

diese Hoffnung hat getrogen. Heute ist eher vom Ende des Kapitalismus als vom Ende der Geschichte die Rede, vielfach allerdings ohne konkrete Alternative.[11]

Mehr noch als in den 1930er und 1940er Jahren ist in der Gegenwart ein Übergang in eine neue, höhere Arbeits- und Betriebsweise des gesellschaftlichen Produktionsprozesses durch den Überbau des akkumulierten fiktiven Kapitals und der dadurch dokumentierten Verschuldung der verschiedenen Akteure und Institutionen blockiert. Waren es in der ersten Runde hauptsächlich die öffentlichen Haushalte, die mit zurückgehenden Einnahmen und steigenden Ausgabenanforderungen zu kämpfen hatten, so sind in der Folgezeit das Bankensystem und die wichtigsten Zentralbanken zu Haupttreibern einer regelrechten Verschuldungskaskade geworden, in die in einigen Ländern auch die Privathaushalte durch Immobilien- und sonstige Konsumkredite einbezogen worden sind. Diese Verschuldungskaskade beruht auf dem gegenüber den 1920er und 1930er Jahren weiterentwickelten und seit Beginn der 1970er Jahre von administrativen Regulierungen befreiten Geld- und Währungssystem, was die immanente Tendenz der Verselbständigung der Akkumulation von Geldkapital (samt Anlageformen) gegenüber der reproduktiven Akkumulation und Wertschöpfung massiv verstärkt hat.[12] Die Janusköpfigkeit dieser Konstellation von Schuldenakkumulation und rückwirkender Stabilisierung der Reproduktionsprozesse verschiebt die Lösung der Widersprüche im Sinne der Geltendmachung der inneren Einheit äußerlich verselbständigter Elemente auf der Zeitachse nach hinten – allerdings um den Preis, die vielfältigen Widersprüche immer weiter zuzuspitzen und die Anforderungen an einen nichtdisruptiv-katastrophischen Exit aus dieser Konstellation von Krise zu Krise zu erhöhen.

Wenn die Dominanz der führenden Nation in der reproduktiven Akkumulation zu schwinden beginnt, bleibt ihre Führungsrolle in den Finanzbeziehungen gleichwohl erhalten. Zum einen ist diese Umgewichtung in den Funktionen der Führungsnation zugunsten der finanziellen Beziehungen nur das Echo der vorherigen Phase mit der Etablierung seiner Währung als Transaktions- und Anlagewährung sowie der Ausbildung seines international dominierenden Finanzplatzes. Zum anderen verdankt sich diese Entwicklung auch der partiellen Verlagerung der Aktivitäten der einheimischen Akteure in der Führungsnation. Sie orientieren sich von der reproduktiven auf die Geldkapitalakkumulation, denn je mehr sich die Dynamik von Wertschöpfung und reproduktiver Kapitalakkumulation abschwächt, desto mehr steigern sich umgekehrt Volumen und Dynamik der Geldkapitalakkumulation durch profitrateninduzierte Direktinvestitionen, zins- und wechselkursinduzierte Kredite und Wertpapieranlagen. Damit erfolgt zwar eine Herabstufung des Weltmarktdemiurgen zum bloßen Hegemon und weiter zum primus inter pares im reproduktiven Verkehr; sie wird jedoch durch seine Führungsrolle in der internationalen Geldkapitalakkumulation zunächst abgesichert. Insofern behält auch die Wirtschaftspolitik der international führenden Nation weiterhin einen bestimmen-

---

[11] Vgl. z.B. Streeck 2013 und 2015; zur Einordnung Brie 2017 und Bischoff 2017.

[12] Vgl. dazu ausführlich Krüger 2010: 564ff.

den Einfluss für die anderen Länder; dies betrifft insbesondere die Geldpolitik der Zentralbank sowie die Wechselkurspolitik der Regierung (in Verbindung mit der Zentralbank-Geldpolitik).

Eine fortwährende bestimmende Rolle können die Finanzmärkte ehemaliger Weltmarktdemiurgen auch dann noch spielen, wenn die bestimmende Rolle des betreffenden Nationalkapitals schon lange der Vergangenheit angehört. Das beste Beispiel hierfür ist Großbritannien mit der Londoner City als einem nach wie vor international bedeutenden Finanzplatz, wenngleich die Bedeutung des britischen Pfund Sterling als internationale Transaktions- und Anlagewährung schon seit Langem geschwunden ist.[13] Anders sieht die Sachlage für die US-Finanzplätze New York und Chicago aus. Zum einen ist die Stellung des US-Nationalkapitals bei allen Verlusten internationaler Konkurrenzfähigkeit nach wie vor bedeutend, zum anderen besitzt der US-Dollar nach wie vor die überragende Bedeutung als internationale Transaktions- und Anlagewährung, die weder vom Euro noch dem japanischen Yen und chinesischen Renminbi Yuan bislang nennenswert infrage gestellt worden ist. Hierin machen sich zwei Sachverhalte geltend: Einerseits ist die Führungsrolle der USA in der Weltpolitik, die letztendlich auf die weltgrößte Militärmacht gegründet ist und die US-Währung nach wie vor politisch als »safe harbor« qualifiziert, unbestritten. Andererseits ist das Volumen zirkulierender Dollarbestände und in Dollar denominierter Wertpapiere, die im Ausland gehalten werden, so gewaltig, dass auch die Masse der akkumulierten Schulden der USA ein gewichtiger ökonomischer Grund für die Stärke des US-Dollars, d.h. seines Wechselkurses gegenüber anderen Währungen sowie seine Geldeigenschaften überhaupt darstellen: Die USA und ihre Währung sind »too big to fail«.[14] Die Nachwirkung von Dominanzstrukturen in Währungen, Geldkapitalakkumulation und ihren verschiedenen Anlageformen nach Wegfall oder Erosion der superioren Stellung der betreffenden Nationalkapitale in den unterliegenden Wertschöpfungsstrukturen und reproduktiven Akkumulationsbedingungen begründet eine fortwährende erhöhte internationale Unsicherheit.

Das Aufeinanderfolgen von Hegemonen auf dem Weltmarkt und die Prozesse des Übergangs von einem internationalen Akkumulationsregime zu einem anderen ist das Thema des französischen Historikers Fernand Braudel und seiner Sozialgeschichte des 15. bis 18. Jahrhunderts, auf den sich angesichts des sich aktuell abzeichnenden Epochenwechsels verschiedentlich berufen wird. Braudel nimmt ent-

---

[13] Die Londoner City konnte ihre seinerzeitige bedeutende internationale Rolle in die Europäische Union hinüberretten und profitierte somit von kontinentaleuropäischen Finanzmärkten (neben Frankfurt/Main als konkurrierendem Finanzplatz). Durch den Austritt Großbritanniens aus der EU wird diese Funktion der Londoner City weitgehend entfallen; die Auswirkungen für die in London residierenden Banken und anderen Finanzinstitute sowie die Partizipation Großbritanniens an den Zins- und Provisionseinnahmen des Finanzsektors sowie die Beschäftigung in diesem Bereich werden gravierend sein.

[14] Auf die genauere Betrachtung von Stellung und Rolle der USA in der Weltwirtschaftskrise kommen wir im Vierten Abschnitt, Kapitel 14, 15 und 16 zurück.

sprechend seines untersuchten Zeithorizonts auch vorindustrielle Entwicklungen in den Fokus. Für die Periode des »Handelskapitalismus« macht er neben Erosionsprozessen die Zählebigkeit der Position Hollands geltend und konstatiert, dass die Stellung Amsterdams trotz der Krisen des 17. Jahrhunderts zunächst noch weiter gefestigt worden sei; Entsprechendes gelte auch für die Gegenwart. Braudel ging es um eine Analyse der langsamen Bewegungen der Dezentralisierung und Neuausrichtung (»longue durée«) im europäischen Wirtschaftsraum seit dem 14. Jahrhundert und der kapitalistischen Weltwirtschaft im 19. und 20 Jahrhundert. In beiden Epochen wurden diese Bewegungen ihm zufolge durch »langanhaltende Krisen der allgemeinen Ökonomie« verursacht.[15]

In einer neueren Publikation folgt Stefan Schmalz Braudels Modell mit einem internationalen *»Machtverschiebungstheorem«* (Schmalz 2018: 37ff.) und definiert fünf Machtressourcen, die eine wesentliche Rolle bei der räumlichen Ausbreitung und Verlagerung der Kapitalakkumulation spielen: Produktion, Finanzen, Militär, Entwicklungsgrad von Wissenschaft und Forschung sowie Verfügungsgewalt über Primärgüter, jeweils unterschieden nach Strom- (laufende Investitionen) und Bestandsgrößen (vgl. ibid.: 44). Sie verschaffen sich in *»institutionellen Arrangements«* (ibid.: 51) Ausdruck und bestimmen zusammengenommen Hegemonialstrukturen und ihre Veränderungen. Dabei wirken die Kapitalakkumulation, d.h. in erster Linie Produktionspotenziale sowie Finanzen als übergreifende Elemente, was allerdings mannigfache Rück- und Wechselwirkungen nicht ausschließt.[16] Der historische Wandel, d.h. die Machtverschiebungen zwischen Staaten und Territorien (Wirtschaftsräumen) vollzieht sich nach Schmalz idealtypisch als Abfolge von *»(a) Hegemonie und Dezentrierung, (b) fragile Stabilisierung und (c) Rezentrierung und Konflikt«* (ibid.: 59), wobei die Phasen keine Zyklen und auch nicht strikt voneinander getrennt sind, sondern sich partiell überlappen. In der Regel *»schwingt sich ein Staats-Zivilgesellschaftskomplex zur neuen Hegemonialmacht nach tiefen historischen Einschnitten«* (ibid.) wie tiefen Wirtschaftskrisen oder Kriegen auf. Die globale Hegemonie hat dabei einen *»systemischen Charakter«* (ibid.), schließt oft-

[15] Vgl. Braudel 1995: 95: *»Seit einigen Jahren erleben wir eine weltweite Krise, die schwer und möglicherweise von Dauer ist. Sollte New York diese Probe nicht bestehen was ich persönlich bezweifle –, so müßte sich die Welt ein neues Zentrum suchen oder erfinden; falls dagegen die Vereinigten Staaten erfolgreich Widerstand leisten – wofür alles spricht –, können sie aus dieser Probe gestärkt hervorgehen, denn die anderen Volkswirtschaften werden vermutlich sehr viel mehr unter der ungünstigen Konjunktur zu leiden haben.«* Die Zusammenziehung von Perioden des »Handelskapitalismus« und die Rolle Hollands als Weltmarkt-Hegemon mit Hegemonialverhältnissen des industriellen Kapitalismus sollte jedoch wegen des qualitativ anderen Stellenwerts, den Fernhandel und Weltmarkt in der Zeit vor dem Siegeszug der Großen Industrie spielen, gänzlich aus dem Schema internationaler Akkumulationsregimes herausgelassen werden, um hier nicht leere Abstraktionen zu Gesetzmäßigkeiten zu verklären.

[16] Vgl. Ibid.: 56: *»Die Machtstrukturen und die erweiterte Reproduktion des Kapitals stehen in einem wechselseitigen, nicht deterministischen Verhältnis zueinander.«*

mals eine Phase der Prosperität ein, die aber *»meist nicht lange [währt]«*. (Ibid.: 60) Sie geht über in eine *»Aufwertung des Finanzsektors«* (ibid.: 61) (i.e. fragile Stabilisierung), womit zugleich die Gefahr von Finanzkrisen wächst. Eine weitere Erosion der Führungsrolle der Hegemonialmacht tritt ein, wenn die *»expansive Logik der Kapitalakkumulation anfängt, die Funktionsfähigkeit der Machtstrukturen zu untergraben«*, sodass *»alternative Machtzentren«* (ibid.: 62) entstehen. Damit wächst die *»Gefahr von großen wirtschaftlichen Krisen und Kriegen«* (ibid.): Rezentrierung und Konflikt.

Mit den herausgestellten fünf Machtressourcen sind zweifellos wesentliche Parameter und Variablen benannt, die die Veränderung auf dem Weltmarkt, in der Weltwirtschaft und in der Weltpolitik bestimmen. Allerdings ist die Trennung von Produktion und dem Entwicklungsgrad von Wissenschaft insofern künstlich als beide nur verschiedene Dimensionen der Entwicklung der Produktivkräfte gesellschaftlicher Arbeit bezeichnen und daher untrennbar zusammengehören. Ihre Trennung verrät ein grob-stoffliches Verständnis der Ressource »Produktion«. Mit der Abfolge von Prozessen der Umgruppierung internationaler Kräfteverhältnisse gelingt eine idealtypische Beschreibung der Umgruppierung von Kräfteverhältnissen in der Weltwirtschaft und Weltpolitik. Allerdings bleibt Schmalz damit im Rahmen eines beschreibenden Nachvollzugs abgelaufener Entwicklungen stehen. Eine Rückbindung auf allgemeine Gesetzmäßigkeiten der kapitalistischen Akkumulation im Rahmen distinkter Arbeits- und Betriebsweisen unterbleibt. Dementsprechend sind sowohl ein notwendiges Ende des Aufstiegsprozesses der Weltwirtschaft, eine Verschiebung der Kräfteverhältnisse zwischen führenden Nationalkapitalen als auch die Rezentrierung nach einem vorangegangenen Abschwung rein deskriptiv ausgelegt.

d) Rolle des internationalen Währungssystems für den Weltmarkthegemon

Gold ist die Geldware und bleibt als solche Basis eines Geldsystems, welches auf einem nur indirekten gesellschaftlichen Charakter der Arbeit und allseitigem Warenaustausch gegründet ist, die wiederum kapitalistische Produktionsverhältnisse zu ihrer Grundlage haben.[17] Als Maß der Werte bestimmt Gold die Denomination von de jure inkonvertiblem Repräsentativgeld, wenngleich unter entwickelten Verhältnissen die Wertmaßfunktion des Geldes operativ durch die Geldpolitik der Zen-

[17] Kapitalistische Produktionsverhältnisse als Grundlage der Warenzirkulation schließen an und für sich eine so weit gehende Regulation und Steuerung des Gesamtreproduktionsprozesses aus, die im Ergebnis den indirekten gesellschaftlichen Charakter der Arbeit tendenziell aufheben würden. Erst eine voll entwickelte sozialistische Marktwirtschaft, die sich bereits im Übergang zu kommunistischen Produktionsverhältnissen befindet, würde dem Geld seinen naturwüchsigen Charakter nehmen und es zu dem machen, was die bürgerliche Ökonomie ihm allgemein attestiert, nämlich technisches Hilfsmittel des gesellschaftlichen Verkehrs zu sein (vgl. Krüger 2016: 437ff. sowie Bischoff/Fiehler/Krüger/Lieber 2017: 51ff.).

tralbank mit ihrer Orientierung auf die Konstanz bzw. eine Zielinflationsrate für die Kaufkraft einer Geldeinheit durch jährliche Fortschreibung des allgemeinen Preisniveaus übernommen wird. Damit ergibt sich ein »loses Ende« des Denominationsprozesses des Repräsentativgeldes, welches in gravierenden Systemkrisen des Finanzsystems, die nicht mehr durch die Geldpolitik der Zentralbank(en) beherrscht werden können, die Gefahr heraufbeschwört, dass gewaltsam wieder auf das allgemeine Äquivalent Gold zurückgefallen wird.[18]

Als Inkarnation des gesellschaftlichen Reichtums und allgemeiner Repräsentant der Warenwelt spielte Gold die Rolle des Weltgeldes zum Ausgleich der nationalen Zahlungsbilanzen im 19. Jahrhundert noch vielfach in seiner metallischen Leiblichkeit. Auch der Binnenwert des Geldes war direkt durch das Repräsentationsverhältnis einer nationalen Geldeinheit zu einem Gewichtsteil Gold, d.h. seinen Außenwert bestimmt und durch Konvertibilitätsbedingungen und Deckungsvorschriften gesetzlich festgeschrieben. Diesem Geldregime des internationalen Goldstandards mit goldkonvertiblen Banknoten wurde eine automatische Stabilisierung sowohl nach außen im Sinne des Ausgleichs der Zahlungsbilanz als auch nach innen im Sinne der Ausschaltung von inflationären Aufblähungen des Preisausdrucks der Waren durch einen »overissue«, d.h. eine das gegebene Repräsentationsverhältnis des Papiergeldes zum Gold verändernde Emission z.B. durch staatliche Ausgaben, zugeschrieben.[19] Tatsächlich jedoch war es mit diesen Automatismen nicht so weit her; auf die Politik der Bank of England, die die Regelbindungen des Banknotenumlaufs in Zeiten zyklischer Krisen zugunsten einer diskretionären Geldpolitik aussetzen musste, um den Anstieg der Zinssätze zu begrenzen und eine regelrechte Geldpanik zu vermeiden, wurde bereits hingewiesen.

Auch international waren bereits früh Modifikationen des klassischen Goldautomatismus zu verzeichnen. Schon Ricardo wusste um eine partielle Idealisierung des Weltgeldes Gold durch Handelswechsel auch im internationalen Verkehr,[20] sodass die physische Goldversendung zum Ausgleich der Handels- bzw. Zahlungsbilanz nur bei Wechselkursbewegungen, die die Kosten für Versand und Versiche-

---

[18] Vgl. zusammenfassend Krüger 2012a sowie zuletzt Krüger/Müller 2020.

[19] Vgl. Bloomfield 1959: 10: »*... as the pre-1914 era recedes still further into the distance, stereotypes, oversimplified explanations, and excessively idealized pictures as to how the gold standard operated increasingly take hold. Thus, we are commonly told, among many other things, that the various gold standard countries faithfully played the ›rules of the game‹; that the adherence to such rules was a factor of major importance in the successful functioning of the system; that the system worked more or less ›automatically‹, with a minimum of discretionary action by the authorities, except in the case of the Bank of England which is alleged to have skilfully ›managed‹ the gold standard system as a whole; that there was a remarkable ›smoothness‹ in the functioning of the mechanism; and so on.*«

[20] Vgl. Ricardo 1821/1959: 126: *»Wenn der Markt für den Weinexport von Portugal nach England günstig ist, wird der Exporteur des Weins Verkäufer eines Wechsels sein, der entweder vom Tuchimporteur oder von demjenigen erstanden wird, der ihm seinen Wechsel verkauft hat. So werden die Exporteure jedes Landes für ihre Waren bezahlt, ohne daß die Übersendung von Gold aus einem der beiden Länder notwendig ist.«*

rung des goldenen Weltgeldes überstiegen, vorgenommen und mit der Entwicklung des bankvermittelten Clearing auch zwischen Ländern mehr und mehr zur Ausnahme wurden. Der Wechselkurs, im Unterschied zum Sortenkurs, erhielt ja auch ursprünglich seinen Namen durch das Austauschverhältnis zwischen Wechseln auf verschiedene Währungen.[21] Mit der dominanten Rolle der britischen Importe und Exporte sowie des Finanzzentrums London für internationale Kredite wurden das Pfund Sterling bzw. die auf Pfund Sterling lautenden Zahlungsanweisungen (Wechsel) zur internationalen Transaktionswährung auch für Zahlungen mit und in Drittländern. Gold behielt seine überragende Bedeutung als Anlagewährung für die nationalen Währungsreserven, wurde dadurch aber immer immobiler.

Die Bewältigung der Finanzierung der Aufrüstung im Ersten Weltkrieg verallgemeinerte durch die Aufhebung der Goldkonvertibilität des Repräsentativgeldes und Suspension des internationalen Goldstandards geldliche Innovationen, die vorher nur ausnahmsweise z.B. bei der jeweils kurzfristigen Außerkraftsetzung der Peelschen Bankacts in Großbritannien praktiziert worden waren. Da der Übergang zu inkonvertiblem Geld nicht nur auf die herkömmlichen Umlaufsmittel (Zentralbanknoten) beschränkt blieb, sondern durch einfaches Staatspapiergeld – im Deutschen Reich bspw. durch Darlehenskassenscheine – ergänzt wurde, wurde unter nur formeller Wahrung gesetzlicher Vorgaben praktisch direkte Staatsausgabenfinanzierung durch die Zentralbank(en) betrieben; im Deutschen Reich endete diese Entwicklung in der Hyperinflation zu Beginn der 1920er Jahre.

Aber auch in anderen Ländern, deren Kriegsfinanzierung nicht mit der vollständigen Zerrüttung ihres Geldsystems endete, war die Orientierung auf den internationalen Goldstandard als quasi-natürliches und Stabilität verheißendes Geldsystem nach dem Ersten Weltkrieg noch ungebrochen. So wurde die Rückkehr zu einem modifizierten Goldstandard (Gold-Devisen-Standard), in dem im Verhältnis zur Vorkriegszeit die Deckungsvorschriften des inländischen Banknotenumlaufs gelockert und damit der Geldpolitik der Zentralbank ein größeres Maß an Interventions- und Steuerungsmöglichkeiten eingeräumt wurde, als Rückkehr zum Normalfall angesehen. Dass darüber hinaus jedoch die »alten« Vorkriegsparitäten der nationalen Geldeinheiten zum Gold trotz der zwischenzeitlich, unter anderem durch die Kriegsverhältnisse erheblich veränderten Preisstrukturen wiederhergestellt wurden, potenzierte die Mängel dieses Goldstandards um ein Vielfaches. In

---

[21] Vgl. MEW 25: 589f.: *»Der Barometer für die internationale Bewegung der Geldmetalle ist bekanntlich der Wechselkurs. Hat England mehr Zahlungen zu machen an Deutschland als Deutschland an England, so steigt in London der Preis von Mark, in Sterling ausgedrückt, und in Hamburg und Berlin fällt der Preis von Sterling, ausgedrückt in Mark. Gleicht sich dies Übergewicht der Zahlungsverpflichtungen Englands an Deutschland nicht wieder aus, z.B. durch überwiegende Einkäufe Deutschland in England, so muß der Sterlingpreis für Markwechsel auf Deutschland bis zu dem Punkt steigen, wo es sich lohnt, statt Wechseln Metall – Goldgeld oder Barren – aus England n Zahlung nach Deutschland zu schicken. Dies ist der typische Verlauf.«*

der internationalen Zirkulation trat nunmehr mit dem US-Dollar eine konkurrierende Transaktionswährung dem britischen Pfund Sterling gegenüber.

Die gegen Ende des Zweiten Weltkriegs von J.M. Keynes entwickelten Vorschläge für ein neues Geld- und Währungssystem verarbeiteten die Erfahrungen aus der Zeit vor dem Ersten Weltkrieg, insbesondere aber der Zwischenkriegszeit, und markierten darüber hinaus eine theoretische Revolution durch Übertragung einer bewussten Steuerung von Marktprozessen auch auf die internationale Ebene. Seine Vorschläge bezüglich einer internationalen Handelsagentur, einer Welt-Zentralbank zur Kontrolle und zum Ausgleich der nationalen Zahlungsbilanzen über ein internationales Kreditgeld (Bancor) sowie der Etablierung einer Weltbank zur Bekämpfung der Unterentwicklung in den damals noch weitgehend unter Kolonialherrschaft stehenden Kontinenten Afrika, Mittel- und Ostasien waren jedoch der damaligen Zeit noch zu weit voraus und standen zudem den Interessen der neuen Weltmacht USA teilweise entgegen.

Die USA hatten ihre Position als internationaler Gläubiger durch die Kreditierung der Rüstungs- und Versorgungsgüter, die sie ihren Verbündeten im Zweiten Weltkrieg geliefert hatten, nochmals ausgebaut und waren darauf bedacht, ihren Schuldnern zum Zwecke ihrer Forderungssicherung enge Grenzen bei Zahlungsbilanzdefiziten zu setzen. Daher kam für sie nur ein traditionelles Fondsmodell mit strikter Limitierung bei der Gewährung von Krediten zum Zahlungsbilanzausgleich an Defizitländer infrage – so der US-Plan von H. White auf der Konferenz von Bretton Woods 1944 – und nicht die Kreation internationaler Liquidität in Abhängigkeit vom Volumen des internationalen Warenaustauschs.[22]

Das Ergebnis der internationalen Beratungen erbrachte mit dem Verzicht auf eine internationale Währung eine nochmals restriktive Währungsverfassung mit der US-Währung als Weltgeldsubstitut (Gold-Dollar-Standard) sowie einem allein den Defizitländern auferlegten Zwang, internationale Disproportionen in den Leistungsbilanzen auszugleichen. Allerdings wurde den Defizitländern die Möglichkeit eingeräumt, in limitiertem Umfang internationale Beistandskredite des Internationalen Währungsfonds (IWF) für eine begrenzte Zeitfrist aufzunehmen. »*Die anfänglich ziemlich beschränkten IWF-Reserven und das ausgeklügelte Verfahren zur Ausübung des Ziehungsrechts waren von den amerikanischen Unterhändlern*

---

[22] Vgl. Aschinger 1973: 24: »*Die Differenzen [zwischen Keynes und White/S.K.] spiegeln die interessenmäßigen Unterschiede zwischen einem über große Goldreserven verfügenden Gläubigerland einerseits und einem von Reserven entblößten, währungsarmen Land andererseits wider. Sie dürften aber zum Teil auch Ausdruck theoretisch unterschiedlicher Ausgangspunkte sein. Ging White vom Gold als Grundlage und Instrument des internationalen Zahlungsverkehrs aus, und war für ihn das internationale Zahlungsvolumen sowohl durch die verfügbare Goldmenge als auch durch den Wirtschafsverkehr bestimmt, so ist für Keynes der internationale Zahlungsverkehr weniger eine Funktion von Gold und Goldsurrogaten als eine Rechnung des Güter- und Leistungsaustausches. Stellt der Mechanismus des White-Plans eine einfache Verbesserung und Erweiterung des auf dem Gold aufgebauten Zahlungssystems dar, so ist das Bancor-System vor allem ein Verrechnungsmechanismus.*«

und späteren Verwaltern bewußt als Hindernisse errichtet worden, um die Mitgliedsstaaten dazu zu veranlassen, erst alle binnenwirtschaftlichen Möglichkeiten zur Bekämpfung eines auftauchenden Defizits in der Zahlungsbilanz einzusetzen, bevor sie sich an den IWF wandten. In dieser rigiden Haltung schlagen sich sowohl die orthodox-liberalen Auffassungen der amerikanischen Regierung nieder als auch der starke Druck von seiten des internationalen Bankwesens.« (van der Wee 1984: 487f.)

In der Binnenzirkulation wurden de jure inkonvertible Zentralbanknoten zum allgemeinen gesetzlichen Zahlungsmittel. Damit waren die überkommenen Deckungsvorschriften des inländischen Notenumlaufs durch Gold und Devisen, die in den Vorperioden sukzessive gelockert und modifiziert worden waren, Vergangenheit. Dies bedeutete gleichzeitig die weitere Aufwertung und Ausweitung der Geldpolitik der Zentralbanken zur steuernden Beeinflussung der Binnenzirkulation, die allerdings durch die Verteidigung der fixen Wechselkurse wiederum erheblich eingeschränkt wurde.

Trotz der Limitierung der Zahlungsbilanzfinanzierung durch IWF-Kredite (Ziehungsrechte) und dem Zwang, den Wechselkurs der nationalen Währung zu verteidigen, verschaffte das Bretton-Woods-Währungssystem der (reproduktiven) Kapitalakkumulation ein bisher in Friedenszeiten nie vorhandenes Potenzial an Elastizität und Variabilität. Damit waren die überkommenen, widrigen Regulationsbedingungen vonseiten des Geld- und Währungssystems überwunden worden. Mit einer offiziell antizyklisch angelegten Finanzpolitik der öffentlichen Haushalte und einer bis auf die Verteidigung des Wechselkurses diskretionär auszurichtenden Geldpolitik der Zentralbanken erhielt der Kapitalismus sein vormaliges enges Korsett politisch restringierender Eingriffe, die die zyklischen Schwankungen verstärkten und Krisen und Abschwünge vertieften, abgestreift. Auf der Grundlage der neuen, durch die USA »propagierten« Produktivkräfte gesellschaftlicher Arbeit konnte sich eine beschleunigte Kapitalakkumulation ohne die bisherigen Begrenzungen durch die abgeleiteten Wirtschaftssektoren (Kredit- und Geldsystem, Finanzpolitik des Staates) über den kapitalistischen Weltmarkt ergießen.

Die feste Goldparität des US-Dollars bedeutete allerdings für die US-Währung in einem größeren Ausmaß als die fixierten Wechselkurse zwischen den nationalen Währungen, die bei andauernden Ungleichgewichten durch Regierungsbeschluss an die Marktentwicklung angepasst werden konnten, noch eine administrative Regulierung, die sowohl vom Binnenwert des Dollars als auch der Wertentwicklung des Goldes abhängig war. Denn auf Dauer durfte der Marktpreis des Goldes, der traditionell am Londoner Goldmarkt als internationaler Warenpreis (in Dollar) herausgesetzt (gefixt) wird, nicht mit der gesetzlich festgeschriebenen Parität von 35 US-$ pro Feinunze Gold in gravierenden Konflikt geraten.

Die Übereinstimmung von Markt- und Fixpreis des Goldes in Dollar funktionierte lange Zeit, weil sich durch die Exploration und Exploitation ergiebiger Goldminen in Südafrika die (natürliche und gesellschaftliche) Produktivkraft der Arbeit im Goldbergbau etwa im Gleichklang mit der Produktivität in der US-Warenproduktion entwickelte.[23] Erst in den 1960er Jahren ergaben sich aufgrund von US-Zahlungsbilanzdefiziten sowie ansteigenden Inflationsraten (Entwertung des Binnenwerts des US-Dollars) und zurückgehenden Wachstumsraten der Produktivität im Goldbergbau Konflikte zwischen dem Marktpreis des Goldes und der administrativ fixierten Goldparität des US-Dollars. Beginnende Zweifel an der Stabilität der US-Währung führten zur Einforderung der Goldkonvertibilität des Dollars durch ausländische Zentralbanken und zu einem deutlichen Abbau der US-amerikanischen Goldreserve. Hatten die europäischen Zentralbanken in den 1950er Jahren zunächst ihre Goldreserven aufgestockt, um kriegsbedingte Verluste auszugleichen und ihre zentralen Währungsreserven wieder zu »normalisieren«, so war der weitere Aufbau durch Umtausch von Dollarforderungen gegen Gold im Verlauf der 1960er Jahre nicht mehr der bloßen Rekonstruktion geschuldet. Trotz Abkommen der Federal Reserve Bank mit anderen Zentralbanken, die die freiwillige Beschränkung und Aussetzung der Konvertibilität der Dollarforderungen zum Gegenstand hatten, traten Ende der 1960er Jahre, verstärkt durch die Spekulation gegen den Dollar, der Marktpreis des Goldes und seine fixierte Parität immer deutlicher auseinander; auch die zweimalige Herabsetzung der Goldparität des Dollars, d.h. seine Abwertung gegenüber der Geldware, konnte das Gesamtsystem nicht mehr retten. Die US-Währung wurde durch einseitigen Akt der Nixon-Administration de jure als inkonvertibel gegenüber dem Gold erklärt und ihre Wechselkurse gegenüber den anderen Währungen wurden freigegeben.[24]

Damit waren die Goldreserven der nationalen Zentralbanken außer in außerordentlichen Fällen – d.h. für Käufe eines Landes, die nicht mit einheimischer (devisenkonvertibler) Währung zu finanzieren waren oder bei Verpfändung als Sicherheit für außerordentliche nationale Kreditaufnahmen etc. – immobilisiert. Der nunmehr etablierte Devisenstandard überantwortete die Entwicklung der nationalen Wechselkurse dem Markt bei nur ausnahmsweiser Intervention der Zentralbanken. Damit wurde das »lose Ende« des Denominationsprozesses des Repräsentativgeldes auch im internationalen Verkehr etabliert. Dies verschafft dem kapitalistischen Geld- und Währungssystem neue Elastizitäts- und Variabilitätsspielräume, weil nunmehr alle administrativen Regulierungen beiseite geräumt worden sind: Die Marktkräfte haben sich gegenüber den gesetzlich fixierten Größen, weil diese immer nur nachträglich und daher zumeist zu spät und oftmals zu gering den zwischenzeitlich veränderten Wert- und Preisverhältnissen angepasst werden konnten, durchgesetzt.

Allerdings ist diese Abstreifung administrativer Regulierungen unter dem Druck der Spekulation zustande gekommen und diese Blüte der Finanz- und Währungsspekulation ist ihrerseits nur eine schlagende Ausdrucksform krisenhafter Verläufe der Wertschöpfung und reproduktiven Kapitalakkumulation in den Zentren des Weltmarkts. Sie war der Vorbote für das Ende der Periode beschleunigter Kapitalakkumulation und eröffnete den Übergang zu einer strukturellen Überakkumula-

---

[23] Vgl. SOST 1979a sowie Krüger 2012a: 137ff.

[24] Vgl. dazu ausführlich Krüger 2012a: 293ff.

tionssituation. Die Entwicklung führt seitdem auch im internationalen Verkehr zu sich immer weiter aufbauenden Disproportionen und beherbergt somit ein wachsendes Maß an Labilität des Gesamtsystems. Der Triumph des Marktes gegenüber der Politik ist daher nur ein scheinbarer Sieg, der mit Notwendigkeit periodisch in Crashs endet und dann wieder die nationale und internationale Politik um Hilfe rufen muss, um die Scherben der kapitalistischen Marktkräfte zusammenzukehren und wieder neu zusammenzusetzen, um den allfälligen Re-Start zu ermöglichen.[25]

e) Rolle geopolitischer Einflussfaktoren für die Epochenwechsel in der Weltwirtschaft

Im Unterschied zu binnenwirtschaftlichen Verhältnissen, in denen die Kapitalakkumulation mit ihren immanenten Gesetzmäßigkeiten außer in Ausnahmesituationen das Bestimmende für den Verlauf ökonomischer Prozesse gegenüber der Ein- und Rückwirkung politischer Interventionen ist, ist der Einfluss und Stellenwert der Politik in den internationalen Verhältnissen zwischen Ländern und ihren Nationalkapitalen wesentlich größer. Der Staat erhält hier die Funktion, als ideeller Gesamtkapitalist die nationale Ökonomie nach außen zu vertreten und die nationalen Interessen gegenüber anderen Ländern in letzter Instanz auch gewaltvoll durchzusetzen. Soweit dabei ökonomische Konflikte unterliegen, gilt dies nachgerade für die Epochenwechsel von internationalen Akkumulationsregimes. Daraus folgt, wir wiederholen dies, dass die Grenzen der allgemeinen Form der Darstellung respektiert werden müssen und Verallgemeinerungen empirisch-statistisch registrierter tatsächlicher Verläufe der Weltwirtschaft nicht vorschnell als notwendige oder gar gesetzmäßige Entwicklungen bestimmt werden dürfen.

Es wäre vor diesem Hintergrund falsch, Konflikte zwischen Staaten vorschnell auf die Verfolgung und Durchsetzung direkter ökonomischer Interessen zu reduzieren. Zwar spielt bspw. der Zugriff auf Rohstoffe eine wesentliche Rolle in der internationalen Politik, namentlich wenn es um die Sicherung der Primärgüterbasis der nationalen Ökonomie geht; insofern ist die Benennung der Verfügung und Sicherung von Rohstoffen zu Recht in dem oben zitierten Text von Schmalz als eine wesentliche Ressource für die bzw. das international führende Nationalkapital herausgestellt worden (vgl. Schmalz 2018: 44). Darüber hinaus aber geht es oftmals um übergreifende geopolitische Einflusssicherung von Staaten und ihrer Regierungen,

---

[25] Die von Karl Polanyi diagnostizierten Instabilitäten aus der Überantwortung von Boden, Arbeit und Geld an Marktprozesse (»Great Transformation«) sind damit und mit den Deregulierungsprozessen an den Arbeitsmärkten sowie der Freigabe von gesetzlich regulierten Bodenpreisen im Finanzmarktkapitalismus komplett ins Werk gesetzt worden und bereiten Selbstzerstörungsprozesse von Ökonomie und Gesellschaft vor (vgl. Polanyi 1957). Die Re-Regulierung von Geld, Arbeit und Boden bezeichnet die Mindestschwelle, welche die Gesellschaft benötigt, um wieder einen politischen Handlungsspielraum gegenüber den kapitalistischen Marktkräften zu gewinnen. Vgl. auch Bischoff/Lieber 2013.

namentlich eines Weltmarkthegemons und der mit ihm politisch verbündeten Staaten, die ansonsten im operativen ökonomischen Geschäft auch Konkurrenten sind.

Diese geopolitische Einflussnahme wird durch verschiedene Maßnahmen und Instrumente verfolgt und gesichert. Kernpunkt ist dabei auch im 21. Jahrhundert das Militärpotenzial eines Staates geblieben. Die Sicherung von Seewegen und die Verteidigung von Eigentumsrechten an ausländischen Besitzungen durch militärisches Droh- und Abschreckungspotenzial gegenüber etwaigen Zugriffen vonseiten fremder Staaten war seit jeher ein Attribut des Weltmarkt-Hegemons. Großbritanniens Handelsflotte, im 19. Jahrhundert die größte der Welt, sicherte nicht nur die Überschussposition der britischen Leistungsbilanz, sondern war auch auf die auf die Welt verteilten Zugänge zu Häfen samt deren Hinterland angewiesen. Das seinerzeitige Kolonialregime war dafür die territoriale Bedingung. Im Zeitalter der USA nach dem Zweiten Weltkrieg waren der Aufbau von Militärstützpunkten auf dem gesamten Erdrund zusammen mit der US-amerikanischen Flugzeugträgerflotte die Voraussetzungen für ihre Rolle als selbsternannter Weltpolizist zur Verteidigung der amerikanischen Werte von »Freiheit und Demokratie«. Dabei ging es zur Zeit der Existenz eines konkurrierenden sozialistischen Weltsystems um Macht und politischen Einfluss für den internationalen Kapitalismus, der in der Weltpolitik nach dem Zweiten Weltkrieg in den 1950er und 1960er Jahren für zwei Jahrzehnte in einer eher defensiven Verteidigungssituation war.

Aber auch wenn das militärische Potenzial und sein kriegerischer Einsatz als Politik mit anderen Mitteln (Clausewitz) unter modernen Bedingungen zur ultima ratio geworden ist – was, wie die jüngere Entwicklung zeigt, begrenzte regionale bewaffnete Interventionen nicht aus-, sondern einschließt –, sind ökonomische Waffen einer wirtschaftlich überlegenen Macht vielfach die probateren und kostengünstigeren Mittel, um gegen andere Staaten die eigenen Interessen durchzusetzen. Dies beginnt bei der Anzettelung von Handelskriegen durch Erlass von Handelsbeschränkungen, reicht über die Verhängung von Wirtschaftssanktionen bis hin zu regelrechten Finanzkriegen. Wirtschaftssanktionen gegen Staaten oder einzelne politische Repräsentanten von ausländischen Regierungen spielen in der Gegenwart eine immer größere Rolle. Dabei sind die Möglichkeiten asymmetrisch verteilt. Vor dem Hintergrund der nach wie vor überragenden Rolle des US-Dollars als internationaler Transaktions- und Anlagewährung nehmen sich die USA das Recht heraus, nicht nur einzelne Länder ökonomisch zu sanktionieren, sondern zugleich auch andere Staaten und Unternehmen, die mit dem sanktionierten Land ökonomische Beziehungen unterhalten, mit einem Bann zu belegen; bestes Beispiel ist das seit 1959 verhängte Embargo der USA gegen Kuba, das nur zeitweilig unter der Obama-Präsidentschaft gelockert worden war. Neu hinzugekommen sind die Versuche von US-Politikern, die Fertigstellung der Ostsee-Pipeline zwischen Russland und der BRD zur Erdgasbelieferung westeuropäischer Länder (»Nordstream-2«) zu sabotieren. Auf der Grundlage der Rolle des US-Dollars als Weltgeldsubstitut sowie mit dem Zugriff der USA auf die Institutionen und Instrumente der internationalen Zahlungsabwicklungssysteme ist dies ein äußerst wirkungsvolles Mittel und direkte Konsequenz der aus der Blüteperiode der USA als Weltmarkt-Demiurg herstammenden und bis heute verlängerten Funktion der US-Devise.

Die Geltendmachung finanzieller Repression in den internationalen Beziehungen wird seitens der US-Regierung mit ihrem Agieren in den internationalen Organisationen orchestriert. Auch hier beruht ihre bestimmende Position auf den während der Nachkriegsprosperität etablierten Kräfteverhältnissen (Stimmrechteverteilung) sowie ihrer Rolle als hauptsächlicher Finanzier der Budgets dieser internationalen Organisationen. Wegen all dieser institutionell festgeschriebenen und daher nachwirkenden Kräfteverhältnisse in den internationalen Beziehungen und Organisationen werden die USA, obwohl in ihrer ökonomischen Potenz in etlichen Bereichen gestutzt, bis auf Weiteres das dominierende Land in Weltpolitik und Weltwirtschaft bleiben.

Nichts spricht daher dafür, dass die USA, die durch die Trump-Administration die wirtschaftliche und politische Nachkriegsordnung eines vertragsgebundenen Multilateralismus faktisch aufgekündigt haben, sich aus tieferer Einsicht zu einem qualitativ neuen Weltmarktregime bereitfinden; dies ist im Übrigen auch von einer durch einen Präsidenten der Demokraten geführten US-Regierung nicht zu erwarten, wie die jüngsten politischen Statements des Präsidenten Joseph Biden deutlich machen. Noch weniger Realitätsgehalt besitzt ein Szenario eines einfachen Wechsels von Weltmarkt-Hegemonen und Weltmarkt-Demiurgen: die USA werden nicht nur nicht kampflos das Feld räumen, sondern auch die VR China als einzig mögliche Alternative ist gegenwärtig und absehbar zukünftig ökonomisch und politisch ebenso wenig in der Lage und aufgrund des prinzipiell defensiv angelegten außenpolitischen Verständnisses der chinesischen Regierung auch nicht willens, deren Rolle zu übernehmen. Dass sich aus einer internationalen Krisenintervention eine zukunftsfähige neue Ordnung der Weltwirtschaft formen lässt, ist gegenwärtig ebenfalls nicht absehbar. Dieser Umstand ist für die heutige Situation herauszustellen, ganz im Unterschied zur Etablierung der hegemonialen Rolle des US-Kapitals als Weltmarkt-Demiurg nach dem Zweiten Weltkrieg.

Kapitel 10: Die unterentwickelten Länder in den internationalen Akkumulationsregimes im 19. Jahrhundert und nach dem Zweiten Weltkrieg

a) Kolonialismus und Neokolonialismus

In den beiden internationalen Akkumulationsregimes im 19. und 20. Jahrhundert sowie der Gegenwart bestehen verschiedene Ausprägungen der wirtschaftlichen und politischen Beherrschung unentwickelter Länder durch die führenden kapitalistischen Staaten und hier namentlich durch die Demiurgen bzw. Hegemone des Weltmarkts. Das 19. Jahrhundert bis zum Ausbruch des Ersten Weltkriegs 1914 ist die Zeit der imperialistischen Aufteilung der Welt unter den führenden kapitalistischen Staaten.

Nach dem Zweiten Weltkrieg waren bereits mehrere Kolonien staatlich unabhängig geworden, weitere folgten in den 1950er und 1960er Jahren. Dies geschah oftmals in territorialen Grenzen, die das »Mutterland« einseitig und nach Gutdünken festgelegt hatte. Die staatliche Selbständigkeit war jedoch keineswegs mit ökonomischer Unabhängigkeit verbunden. In den meisten Fällen hatten sich nur die Formen der ökonomischen Abhängigkeit der Länder geändert. An die Stelle direkter, politisch vermittelter Herrschaft war eine zwieschlächtige, sowohl durch ökonomische Gesetzmäßigkeiten als auch politische Abhängigkeiten bestimmte Beherrschung getreten; deshalb besitzt die Redeweise vom Neokolonialismus bei allen Unschärfen bezüglich einer formalen Selbständigkeit der ehemaligen Kolonien ihre Berechtigung. Nur den wenigsten ehemals als Kolonien existenten Staaten gelang unter diesen Bedingungen eine bis zu einem gewissen Grad erfolgreiche Entwicklung.

Von der ökonomischen und weiter daraus folgenden politischen Abhängigkeit von Territorien und Ländern ist somit ihre formell-juristische Verfasstheit zu unterscheiden. Kolonien sind völkerrechtlich unselbständige Gebiete, die umfassend durch die jeweilige Kolonialmacht beherrscht und nach außen vertreten werden. Haben sie sich als fremde Territorien außerhalb des staatlichen Kerngebiets der Kolonialmacht bis heute erhalten, sind sie Auslands- oder Überseegebiete mit in der Regel gleichen Rechten im Inneren wie die Regionen im Kerngebiet; nach außen werden sie vollumfänglich durch die Regierung der Kolonial- oder ehemaligen Kolonialmacht vertreten. Demgegenüber waren und sind Protektorate auswärtige Gebiete mit eigener, wenn auch gegenüber dem »protegierenden« Staat eingeschränkter oder untergeordneter Eigenständigkeit; sie werden in der Regel von einem entweder direkt eingesetzten Statthalter regiert oder dieser wird im Benehmen mit der Regierung des Mutterlandes intern bestimmt, z.B. als Emir oder Sultan. Als Dominions schließlich wurden ab Anfang des 20. Jahrhunderts offiziell die sich selbst verwaltenden Kolonien sowie bis zur vollständigen Unabhängigkeit Mitte der 1920er Jahre die heutige Republik Irland innerhalb des Britischen Empires bezeichnet.

Die Eroberung von Kolonien und Protektoraten war im 19. Jahrhundert bis zum Ersten Weltkrieg durch die überkommene Stellung der alten Seefahrernationen und ihre Kriege untereinander geprägt. Demzufolge hatte England Spanien und Portugal einen Großteil ihrer ursprünglichen ausländischen »Besitzungen« abgenommen und, z.B. in Nordamerika, auch gegenüber Frankreich dominiert. Das britische Kolonialreich erstreckte sich in seiner größten Ausdehnung von Kanada und der Karibik über große Teile Afrikas, Indien (inkl. der heute selbständigen Staaten Pakistan, Sri Lanka, Bangladesch und Myanmar) bis nach Australien, Neuseeland und Ozeanien. Demgegenüber waren die Kolonien Frankreichs namentlich in Afrika und Fernost (Laos, Kambodscha) wesentlich weniger zahlreich. Nochmals dahinter standen die niederländischen Kolonien in Fernost und die namentlich bei der Aufteilung Afrikas spät und in der damaligen eigenen Wahrnehmung »zu kurz« gekommenen Deutschen, die daneben noch kleinere Inseln in Ozeanien erobert hatten. Von den anderen europäischen Ländern war Belgien im Wesentlichen nur im Kongo präsent, Italien in Libyen und am Horn vom Afrika. Spanien und Portugal hatten zwar in Mittel- und Südamerika viele Länder geprägt und besaßen (und besitzen) dort teilweise wirtschaftlichen und politischen Einfluss, ohne dass sie sich jedoch als Kolonialmächte im 19. Jahrhundert, d.h. nach der Unabhängigkeit Brasiliens und Argentiniens behaupten konnten. Schließlich ist in diesem Zusammenhang noch die Position Japans als regionale Kolonialmacht in Fernost auf der koreanischen Halbinsel und in Teilen Chinas (Taiwan, Mandschurei) herauszustellen.[1]

Bei allen Unterschieden im Einzelnen behandelten die Kolonialmächte die eroberten Gebiete als ihnen gehörig und traten den dort lebenden Menschen als Herren gegenüber, die sich kulturell und zivilisatorisch den Wilden und Barbaren der einheimischen Bevölkerung als überlegen verstanden. Dementsprechend wurde auch die offizielle Versklavung der Einheimischen namentlich in Afrika quasi als Naturrecht der Kolonialmächte angesehen. Bis in die zweite Hälfte des 19. Jahrhunderts hinein wurde von europäischen Ländern Sklavenhandel betrieben und wurden Sklaven mit ihren Handelsflotten namentlich in die Südstaaten der USA transportiert. Die Missionierung der einheimischen Bevölkerung durch Christianisierung in Afrika und die gleichzeitige Versklavung waren dabei keine sich ausschließenden Gegensätze. Die Exploitation der Bodenschätze in den Kolonien durch Vertreter und Kapitalisten der Kolonialmächte war der historisch ursprüngliche Ansporn der internationalen Arbeitsteilung zur Zeit der Kolonialherrschaft. Sie verschaffte der

[1] Der Vollständigkeit halber ist für das 19. Jahrhundert vorliegend noch das Osmanische Reich mit Ausdehnung über das türkische Kernland hinaus bis nach Arabien (Syrien, Palästina (Jordanien/Israel), Irak, Kuweit, Küstenstreifen von Saudi Arabien am Roten Meer) zu nennen sowie das habsburgische Kaiserreich Österreich-Ungarn, welches auch die spätere Tschechoslowakei und Teile des späteren Jugoslawien einschloss. Einen zusammenfassenden Überblick über das Verhältnis zwischen Metropolen und abhängigen Ländern und Territorien zur Hochzeit des Imperialismus liefert Hobsbawm (vgl. Hobsbawm 1989).

verarbeitenden Industrie in den Metropolen die benötigten Rohmaterialien; in der Folge kamen exotische Gewürze, Kaffee/Tee und Früchte als Konsumtionsmittel für die Bourgeoisie und die höheren Chargen der Mittelklasse in den »Mutterländern« als wichtige Ausfuhrgüter der beherrschten Gebiete in Übersee hinzu. Erst im letzten Viertel des 19. Jahrhunderts, dem eigentlichen Zeitalter des Imperialismus mit der vollständigen Aufteilung der Welt unter die dominierenden, namentlich europäischen Metropolen, wurden die unterentwickelten und beherrschten Länder auch als Absatzmärkte interessant. »*Doch der eigentlich entscheidende Punkt der weltwirtschaftlichen Lage* [ab dem letzten Viertel des 19. Jahrhunderts/S.K.] bestand darin, *daß eine Reihe von entwickelten Wirtschaften gleichzeitig dasselbe Bedürfnis nach neuen Märkten verspürte. Sofern sie stark genug waren, bestand ihr Ideal in der ›offenen Tür‹ zu den Märkten der unentwickelten Welt, während sie im anderen Fall darauf hofften, für sich Gebiete zu gewinnen, die als ihr Eigentum der eigenen Industrie eine Monopolstellung oder zumindest einen wesentlichen Vorsprung verschaffen würden. Eine Aufteilung der noch nicht besetzten Teile der ›Dritten Welt‹ war die logische Folge. In gewisser Hinsicht war dies eine Erweiterung des Protektionismus, der nach 1879 fast überall um sich griff.*« (Hobsbawm 1989: 91) Die Ausweitung des Warenexports als Reaktion auf die vorgängige Deflationsperiode mit Ertragsdruck in den 1870er Jahren war insofern die ökonomische Dimension des seinerzeitigen Imperialismus; hinzu kamen politisch-strategische Motive der herrschenden Länder wie bspw. die Absicherung der weltumspannenden Schiffsrouten für die britische Flotte.[2] Diese imperialistische Konkurrenz war ein wesentlicher Faktor für den Ausbruch des Ersten Weltkriegs, der vom Deutschen Reich unter anderem auch als Krieg zur Neuaufteilung der Welt begründet worden war.

Im Innern der Kolonien und abhängigen Territorien blieben in einigen Fällen die überkommenen Produktionsverhältnisse dominant. Die aus dem archaischen Formen gemeinschaftlichen Grundeigentums hervorgegangene von Marx sogenannte »asiatische Produktionsweise« dominierte auch in anderen Erdteilen.[3] Die ökono-

---

[2] Dieser Imperialismusbegriff steht quer zu einigen von Lenin genannten Merkmalen dieser Epoche. Neben der Kritik an dem Merkmal der »Fäulnis« sowie der Überzeichnung der Formveränderung der kapitalistischen Konkurrenz durch Monopole (Kartelle, Trusts etc.), kann Lenin auch in seiner These der Ablösung des Warenexports durch den Kapitalexport (vgl. LW 22: 244ff.) nicht umstandslos gefolgt werden; siehe oben. Der Kapitalexport z.B. des den Weltmarkt dominierenden britischen Nationalkapitals war schon vor der eigentlichen imperialistischen Periode ein beständiges Moment; darüber hinaus ging der überwiegende Anteil der Kapitalexporte der entwickelten Länder wiederum in die damaligen Metropolen und nicht in die unterentwickelten Territorien (vgl. Hobsbawm 1989: 79ff.). Diese Kritik am Leninschen Imperialismusbegriff bedeutet nicht, dass andere Momente von ihm korrekt benannt und analysiert worden sind, wie z.B. die letzten Endes zum Ersten Weltkrieg führende Zuspitzung der Konkurrenz der kapitalistischen Großmächte bei der Aufteilung der Welt.

[3] Im ökonomischen Manuskript von 1857/58 hatte Marx drei Grundformen naturwüchsiger Gemeinwesen, welche mit der Sesshaftigkeit der wandernden Horden die tradierten Produktionsverhältnisse bezeichnen, systematisch skizziert. Dabei hatte er zwischen der asiatischen, der antiken (römischen) und der germanischen Form unterschieden und heraus-

mische und politische Dazwischenkunft der Kolonialmächte blieb gegenüber diesen naturwüchsigen Gemeinwesen ein fremdes Element, welches sowohl zerstörend gegenüber den traditionellen Produktionsverhältnissen wirkte als auch gänzlich unabhängig neben denselben punktuell existierte. Teilweise wurde die Sozialstruktur der Bevölkerung in den Kolonien durch Kompradoren, d.h. aus der einheimischen Bevölkerung rekrutierte Vertreter der ausländischen Mächte, modifiziert. Die »Segnungen der westlichen Zivilisation« erfuhren die Menschen in den Kolonien meistenteils durch direkte Gewalt und Unterdrückung, ideologisch-religiöse Missionierung und Zerstörung ihrer naturwüchsigen Gemeinwesen durch den Einfluss von Geldverhältnissen (Wucher), die Basis für Korruption und Kriminalität abgaben. Diese »Zivilisierung« der indigenen Bevölkerung wies erheblich mehr Schattenseiten als Licht auf.

Der Erste Weltkrieg wirkte als Katalysator für die beginnende Auflösung der Kolonialreiche, die sich bis in die 1960er Jahre erstreckte; dies schließt ein, dass es auch in der Gegenwart immer noch ehemalige Kolonien gibt, die den jeweiligen Mutterländern als Auslands- oder Überseegebiete einverleibt worden sind. Der Unterschied zu den Zeiten der nationalen Befreiungskriege ist allerdings der, dass in der überwiegenden Zahl der Fälle die Bewohner dieser Territorien ihre Eigenschaft als Staatsbürger europäischer und amerikanischer Staaten nicht als politische Unfreiheit empfinden, weil es ihnen in der Regel besser geht als der Bevölkerung in den »befreiten« unabhängigen Staaten in der Region. Dieser Befund dokumentiert sowohl das Scheitern vieler nationaler Befreiungsbewegungen nach erfolgreicher Erringung der staatlichen Unabhängigkeit als auch die Wirkungsweise der ökonomisch vermittelten Reproduktion von Unterentwicklung über den Weltmarkt.

Die Auflösung des britischen Weltreiches und seine Transformation in das »Commonwealth of Nations« war Anfang des 20. Jahrhunderts eine Reaktion des Vereinigten Königreiches auf die Autonomiebestrebungen seiner Dominions (Kanada, Südafrika, Australien und Neuseeland) und sollte diese dadurch an das Empire binden; teilweise ist das britische Königshaus bis heute formelles Staatsoberhaupt in einigen dieser Länder. Nach dem Zweiten Weltkrieg traten die unabhängig gewordenen Staaten Britisch-Indiens, also Indien, Pakistan und Ceylon (Sri Lanka), dem neuen Commonwealth bei. Mit vielen Commonwealth-Staaten besaß und besitzt das Vereinigte Königreich nach wie vor enge ökonomische Beziehungen, das Pfund Sterling war neben dem US-Dollar noch lange Transaktions- und Anlagewährung und der Intra-Commonwealth-Handel wies zahlreiche Meistbegünstigungsklauseln auf. Ein politischer Einfluss Großbritanniens besteht in seinen ehemaligen Kolonien ebenso fort wie derjenige Frankreichs in seinem ehemaligen Herrschaftsbereich namentlich in Afrika. Demgegenüber hatte das Deutsche Reich seine Kolo-

gestellt, dass die Aneignung bzw. Auseinandersetzung mit der Natur und Mitgliedschaft in einem Gemeinwesen untrennbar zusammengehörten. Wir kommen darauf zurück; vgl. den nachstehenden Unterabschnitt dieses Kapitels.

nien mit dem Versailler Vertrag nach dem Ersten Weltkrieg verloren; entsprechend erging es dem Kaiserreich Japan nach dem Zweiten Weltkrieg.

Neben diesem überkommenen politischen Einfluss der ehemaligen Kolonialmächte gegenüber ihren ehemaligen Kolonien, die nunmehr unabhängige Staaten sind, existieren in diesen militärische Stützpunkte bis in die Gegenwart fort. Neben Großbritannien und Frankreich betrifft dieser Umstand insbesondere die USA, die über die ganze Welt verstreut, teilweise auf Inseln, teilweise auf dem Festland der Kontinente selbst, Stützpunkte unterhalten und damit ihrer Kriegsflotte wichtige Versorgungseinrichtungen für die Geltendmachung ihres Anspruchs auf Weltherrschaft sichern.

Nach der formellen Auflösung der Kolonialreiche, die ihren wesentlichen Abschluss mit der Unabhängigkeit portugiesischer Kolonien in Afrika nach der »Nelkenrevolution« in Portugal Anfang der 1970er Jahre gefunden hatte, beherbergte die Erde mehr als 170 selbständige Staaten.[4] Bis zur Auflösung des um die Sowjetunion gruppierten realsozialistischen Lagers, welches als Zweite Welt viereinhalb Jahrzehnte nach dem Ende des Zweiten Weltkriegs die Systemkonkurrenz prägte, die sich schnell zu einem Kalten Krieg ausgewachsen hatte, waren große Teile der als Dritte Welt zusammengefassten unentwickelten Länder auch Gegenstand und Schauplätze der gegensätzlichen Interessensphären von Kapitalismus und Sozialismus in der Weltpolitik. Die Sowjetunion bzw. andere realsozialistische Staaten standen dabei regelmäßig aufseiten der um nationale Unabhängigkeit kämpfenden Befreiungsbewegungen und unterstützten diese durch Waffenlieferungen und Parteinahme in supranationalen Organisationen, z.B. in der UNO.

Mittlerweile dominieren sieben Staaten (G7-Format) – USA, Japan, BRD, Großbritannien, Frankreich, Kanada und Italien – bzw. die Europäische Union und weitere 12 Staaten – VR China. Russland, Indien, Brasilien, Südafrika, Mexiko, Südkorea, Australien, Indonesien, Türkei, Argentinien und Saudi-Arabien – im G20-Format die Weltwirtschaft mit knapp 2/3 der Bevölkerung und, je nach Bewertung, 80 oder knapp 90% des Bruttoinlandsprodukts (BIP).[5] Während das G7-Format die alten kapitalistischen Metropolen umgreift, die zusammen mit ihren Satelliten-Staaten in der jeweiligen Region die Nachkriegsentwicklung geprägt haben, sind im jüngeren G20-Format darüber hinaus die größten Schwellenländer enthalten, die mit der nachlassenden Dynamik der Kapitalakkumulation in den Metropolen in einigen Bereichen als »Newly industrialized Countries« (NICs) zu jenen aufschließen konnten und heutzutage wichtige »Spieler« der Globalisierung der

---

[4] Durch die Auflösung der Sowjetunion, Jugoslawiens und die Teilung der Tschechoslowakei hat sich die Anzahl auf aktuell 193 Staaten, die in der UNO organisiert sind, vermehrt. Dabei sind umstrittene, d.h. nicht allgemein anerkannte Staaten und Gebiete nicht enthalten. Dies betrifft u.a. die Republik China (Taiwan), das Kosovo, Palästina, Transnistrien und Nordzypern.

[5] Nach Kaufkraftparitäten sind es 80%, nach US-Dollar sind es 88% (nominal) (Daten für 2016/17 nach Weltbank und IWF).

Weltwirtschaft sind.[6] Gegenüber der weitgehenden ökonomischen Homogenität der Verhältnisse in den alten Metropolen, was neben ihrer Gemeinsamkeit als kapitalistische Gesellschaften die gebräuchlichen Kennziffern wie Branchenstruktur, Pro-Kopf-BIP etc. anbetrifft, sind die Schwellenländer wesentlich heterogener. Im Industrialisierungs- und Entwicklungsprozess unterschiedlich weit fortgeschrittene Staaten sind hier ebenso versammelt wie mit Saudi-Arabien ein an der Spitze des Pro-Kopf-Reichtums stehendes Ölförderland – allerdings nur für die einheimische Bevölkerung bei Ausschluss der ausländischen Arbeitskräfte. Auch die politische Verfassung ist sehr unterschiedlich: Einem von der Kommunistischen Partei geführten sozialistischen Land (VR China) stehen mehr oder weniger bürgerlich-demokratische kapitalistische Staaten bis hin zu ausgemachten Autokratien und Diktaturen gegenüber.

Daneben spielt die Masse der restlichen Staaten weder ökonomisch noch weltpolitisch eine relevante Rolle; maximal bringen diese es zu Regionalmächten wie bspw. der Iran, der sowohl aufgrund selbstbestimmter Isolation nach der islamischen »Revolution« 1979 als auch infolge internationaler politischer, von den USA ausgehender Ächtung eine Sonderstellung einnimmt. Ähnliches gilt für die Atommacht Pakistan, die im Dauerkonflikt mit Indien und internen fundamental-islamistischen Tendenzen weltpolitisch im Abseits steht.

All dies zeigt die Vielfältigkeit der Welt, die nur nach wirtschaftlichen Kriterien relativ deutlich nach kapitalistischen Metropolen, Schwellenländern sowie unentwickelten Staaten – mit etlichen Unschärfen bzw. fließenden Übergangen zwischen den beiden Letzteren – gruppiert werden können. Unterschiede zwischen Schwellenländern und unentwickelten Staaten betreffen Länder mit entwickeltem Kapitalverhältnis und weitgehend reeller Subsumtion der Arbeit unter das Kapital einerseits sowie Länder mit unentwickeltem Kapitalverhältnis und überwiegender bloß formeller Subsumtion der Arbeit unter das Kapital sowie fortbestehender vorbürgerlicher Produktionsverhältnisse in sog. informellen Sektoren. Da unser Fokus auf dem Weltmarkt und der Weltwirtschaft liegt und die differenziertere Berücksichtigung der Weltpolitik außerhalb unseres Planes liegt und zudem den vorliegenden Rahmen sprengen würde, unterlegen wir nachfolgend jedoch diese Gliederung in Metropolen, Schwellenländer und Rest als übergeordnete Differenzierung.

---

[6] Weil es sich bei den NICs zum einen um ein jüngeres Phänomen handelt, welche zum anderen allerdings die gegenwärtigen Verhältnisse der Weltwirtschaft nachhaltig prägen, sind ihre Entstehungs- und Entwicklungsbedingungen gesondert zu behandeln. Vgl. dazu Kapitel 11.

b) Ursachen der Unterentwicklung

Methodischer Zugang

In der nie zur Veröffentlichung bestimmten und nur zur Selbstverständigung verfassten Einleitung zum Manuskript von 1857/58, den »Grundrissen der Kritik der politischen Ökonomie«, welche den ersten Gesamtentwurf von Marx' ökonomischen Hauptwerk darstellen, hatte er bemerkt: *»Die bürgerliche Gesellschaft ist die entwickeltste und mannigfaltigste historische Organisation der Produktion. Die Kategorien, die ihre Verhältnisse ausdrücken, das Verständnis ihrer Gliederung, gewähren daher zugleich Einsicht in die Gliederung und die Produktionsverhältnisse aller der untergegangnen Gesellschaftsformen, mit deren Trümmern und Elementen sie sich aufgebaut, von denen teils noch unüberwundne Reste sich in ihr fortschleppen, bloße Andeutungen sich zu ausgebildeten Bedeutungen entwickelt haben etc. In der Anatomie des Menschen ist ein Schlüssel zur Anatomie des Affen. Die Andeutungen auf Höhres in den untergeordneten Tierarten können dagegen nur verstanden werden, wenn das Höhere selbst schon bekannt ist. Die bürgerliche Ökonomie liefert so den Schlüssel zur antiken etc.«* (MEW 42: 39) Damit ist zunächst nur etwas zur allgemeinen historischen Entwicklung der Gesellschaftsformationen und ihrer korrekten Analyse und Einordnung gesagt. Im Weiteren lässt sich festhalten, dass die historisch erstmalige Herausbildung der kapitalistischen Produktionsweise aus der Auflösung des europäischen Feudalismus hervorging,[7] der sich wiederum aus der Auflösung der germanischen Eigentumsform[8] herausgebildet hatte. In klassischer Form hatte sich diese ursprüngliche Akkumulation im 15. und 16. Jahrhundert in England abgespielt (vgl. Ib.: 744).[9] Bereits in der damaligen Entwicklung der nachgeordneten Länder auf dem europäischen Kontinent wurden die Ergebnisse dieser ursprünglichen Akkumulation nur mit spezifischen Modifikationen nachvollzogen. Allerdings galt für diese sich industrialisierenden Länder – Deutsches Reich, Frankreich etc. – noch, dass *»das industriell entwickeltere Land*

---

[7] Vgl. ibid.: 743: *»Die ökonomische Struktur der kapitalistischen Gesellschaft ist hervorgegangen aus der ökonomischen Struktur der feudalen Gesellschaft. Die Auflösung dieser hat die Elemente jener freigesetzt.«*

[8] Von der Grundstruktur vorbürgerlicher Gemeinwesen lassen sich drei verschiedene Eigentumsformen – die asiatisch-orientalische, die antik-römische sowie die germanische – systematisch unterscheiden (vgl. MEW 42: 383ff.), die unterschiedliche Entwicklungsmöglichkeiten beinhalten; wir kommen hierauf im nachstehenden Unterpunkt ausführlich zurück.

[9] Vgl. für die Entwicklung in Großbritannien das 24. Kapitel des I. Bandes des »Kapital« (MEW 23: 741ff.). Es ist zugleich eine »sogenannte« ursprüngliche Akkumulation, weil das Bild, welches die Reproduktion und Akkumulation des Kapitals zeigt, ein anderes als das tatsächliche erste Auftreten von Geld als Kapital nahelegt, nämlich das fleißige private Ansparen von Geld infolge eigener Arbeit und Entsagen von Konsum – eine Vorstellungsweise einer ursprünglichen Appropriation, die der Zirkulationsprozess beständig wieder neu erzeugt und die allen Vorstellungen eines bürgerlichen Gesellschaftsvertrages und dem Privatrecht unterliegt.

... dem minder entwickelten nur das Bild der eignen Zukunft [zeigt]«. (MEW 23: 12) Demgegenüber wies bereits die Entwicklung der Vereinigten Staaten von Amerika als einem durch Migrationsprozesse aus Europa und anderen Ländern geprägtem Einwanderungsland so große Eigenheiten der Besiedelung und Industrialisierung gegenüber dem historisch originären Prozess in Europa auf, dass das Muster der ursprünglichen Akkumulation hier gänzlich anders verlief; insbesondere wirkten die naturwüchsigen Gemeinwesen (Stammesstrukturen) der Ureinwohner des Landes nicht nach, weil sie durch die Usurpation des Landes durch die sich von der Ost- nach der Westküste des Kontinents ausbreitende Besiedlung gänzlich zerstört wurden. Die Inbesitznahme des Landes vollzog sich faktisch als Inbesitznahme herrenlosen Bodens.

Allerdings setzte sich die kapitalistische Entwicklung in den USA in einem historischen Zeitfenster durch, in dem zwar ein Kolonialstatus durch Großbritannien bestand, der aber mit der amerikanischen Revolution im letzten Drittel des 18. Jahrhunderts nicht von einer einheimischen Bevölkerung gegen fremde Eroberer, sondern als Durchsetzung der Unabhängigkeit seitens ehemaliger Kolonisten gegenüber dem »Mutterland« beseitigt wurde (Siedlerkolonie). Eine ähnliche Entwicklung ist später nur noch von Kanada sowie, mit Abstrichen, von den südamerikanischen Kernländern Peru/Argentinien und Brasilien sowie von Australien und Neuseeland mit durchaus unterschiedlichen Ergebnissen vollzogen worden.[10]

Eine derartige, durch interne Faktoren bestimmte ursprüngliche kapitalistische Akkumulation ist unter den Bedingungen eines festgefügten weltumspannenden Kolonialismus durch die führenden kapitalistisch-imperialistischen Metropolen ab dem 19. Jahrhundert nicht mehr möglich gewesen. Hierin liegt die Berechtigung der sog. Dependenz-Theorie, die mit Verweis auf die kolonialen bzw. nach- und neokolonialen Herrschafts- und Abhängigkeitsverhältnisse der unentwickelten Länder die begrenzten Entwicklungspotenziale der Dritte-Welt-Länder – »development of underdevelopment« (Frank)[11] oder »croissance sans développement« (Amin)[12] – betont. Vielfach jedoch wird die Begrenztheit von Entwicklung im Rahmen eines Abhängigkeitsverhältnisses zwischen Zentrum und Peripherie des kapitalistischen Weltmarkts in der Dependenz-Theorie überzogen, indem die Möglichkeit des Ausbrechens aus Unterentwicklung unter Bedingungen der kapitalistischen Weltwirtschaft faktisch negiert wird. Damit ist die Herausbildung von Schwellenländern mit einem Aufschließen zu einem sozioökonomischen Entwicklungsstand, welcher zumindest den Satellitenstaaten der den Metropolen unmittelbar nachgeordneten Ländern z.B. innerhalb der Europäischen Union nahe kommt, nicht mehr zu erklären; die internen Entwicklungspotenziale, die diese Länder an die Schwelle zu einer durchgreifenden Industrialisierung geführt haben, werden zu gering ge-

---

[10] Alle diese Länder gehören heute zu den Schwellenländern mit Ausnahme von Kanada als G7-Mitglied.

[11] Vgl. Frank 1969.

[12] Vgl. Amin 1975.

schätzt. Ein noch festeres Korsett beständiger Unterentwicklung der Dritten Welt ergibt sich nach den Theorien des »Kapitalismus als Weltsystem« à la Immanuel Wallerstein,[13] mit denen letztlich jegliche Höherentwicklung von Ländern im Rahmen des Bestands einer kapitalistischen Weltwirtschaft geleugnet wird – ein antiimperialistischer Ausbruch aus dieser Weltwirtschaft als Revolution ist dann die einzige Möglichkeit, dieser Unterentwicklung zu entkommen, was, wie später genauer zu betrachten ist, in der Realität nur in wenigen Ausnahmefällen mit nachhaltigen Ergebnissen gelungen ist.

So alternativlos es auf der einen Seite ist, die Analyse der Weltwirtschaft ausgehend von den metropolitanen Zentren des Weltmarkts anzugehen, weil diese den Löwenanteil des Waren- und Kapitalverkehrs unter sich ausmachen und die internationalen Institutionen und Regulierungen dominieren,[14] so wichtig ist es gleichzeitig auf der anderen Seite, auch die jeweiligen internen Bedingungen in den unentwickelten Ländern und ihre Auswirkungen auf deren Entwicklung im Blick zu halten und nicht gering zu schätzen. Selbst wenn, was in vielen Fällen korrekt ist, die Einwirkungen von außen, d.h. durch die Weltmarktbeziehungen im Allgemeinen und die transnationalen Konzerne mit Produktionsstandorten in diesen Ländern im Besonderen, als ebenso viele Auflösungsfermente und Zerstörungen der naturwüchsigen Ausgangsbedingungen von ethnischen, Stammes- und Familienstrukturen und ihrer angestammten Eigentumsformen und Produktionsverhältnisse zu identifizieren sind, bleiben jene eine Basis, die über die internen Entwicklungsmöglichkeiten der Länder mitentscheidet. Dies zeigt sich anschaulich bei tiefgreifenden Krisen und im Zerfall der staatlichen Ordnungen, wenn die vorher überdeckten ethnischen und Stammesverhältnisse wieder als bestimmende soziale Strukturen an die Oberfläche treten.

Dementsprechend ist der methodisch-theoretische Ausgangspunkt zur Analyse der unterentwickelten Länder ihr althergebrachtes naturwüchsiges Gemeinwesen, welches auf bestimmte Eigentumsformen des Grundeigentums begründet ist. Diese sind auch die Basis für die Entwicklung interner Handwerks- und Manufakturverhältnisse, welche – im Unterschied zu den fabrikmäßigen Manufakturen bspw. in Großbritannien im 18. Jahrhundert – bereits lange vorher als Anhängsel des Dorfes existierten und eine Umkehrung des Abhängigkeitsverhältnisses von Land und Stadt, wie sie für die spätere kapitalistische Manufakturperiode charakteristisch war, aus internen Entwicklungen gerade nicht vermochten. Die Umkehrung des

---

[13] Vgl. Wallerstein/Hopkins 1979; ähnlich, nur mit einem mehr auf politische Verhältnisse bezogenen Fokus Losurdo 2016.

[14] Eine Modifikation der Verteilung der Welthandelsanteile des Kapitalverkehrs ergibt sich erst mit dem Aufkommen der BRICS-Länder nach der Jahrtausendwende und insbesondere nach der Finanzmarkt- und Weltwirtschaftskrise 2007-09, ist also erst ganz jungen Ursprungs. Es bleibt aber bis auf Weiteres eine Modifikation. Die Umsetzung veränderter wirtschaftlicher Kräfteverhältnisse in Stimmrechte und politische Mehrheiten in internationalen Organisationen folgt mit größeren Timelags nach und befindet sich erst am Anfang. Vgl. Kapitel 12. sowie 14 und 15.

Abhängigkeitsverhältnisses zwischen Stadt und Land zugunsten der Stadt ebenso wie die Ausbildung quasi-moderner staatlicher Strukturen erfolgte in vielen unentwickelten Ländern erst durch Einwirkung von außen, d.h. durch ökonomische und politische Intervention auswärtiger Mächte und später durch kapitalistische Staaten. Beides wirkt in aller Regel zerstörend auf die Reproduktionsfähigkeit der naturwüchsigen Gemeinwesen, ohne allerdings in den meisten Fällen funktionsfähige Alternativstrukturen, d.h. letztlich eine sich entwickelnde kapitalistische Produktionsweise, womöglich noch mit einer nach »westlichen« Maßstäben geformten politischen Demokratie, an ihre Stelle zu setzen. So sind die unentwickelten Länder vielfach und vielfältig durch hybride Strukturen eines von außen unter Druck gesetzten und beschädigten bis aufgelösten naturwüchsigen Gemeinwesens sowie einer namentlich international geprägten städtischen und staatlichen Entwicklung geprägt, die beide nicht miteinander harmonieren, weil sie beide grundlegende interne Defekte aufweisen.

Zwei alternative Entwicklungsszenarien bauen hierauf auf. Erstens ein weitgehendes Verharren in mehr oder weniger großer Unterentwicklung oder prinzipiell limitierter interner Entwicklung – manchmal der Status einer ursprünglichen Akkumulation in Permanenz –, die durch die Mechanismen der internationalen kapitalistischen Arbeitsteilung reproduziert werden und die Gefahr aufweisen, dass im schlimmsten Fall die Gesellschaft und mit ihr ihre staatlichen Strukturen auseinanderfallen. Oder zweitens eine vorwärts gerichtete Transformation sowohl der traditionellen dörflichen als auch der städtischen Verhältnisse, welche beide die Umwandlung traditioneller Formen von Grundeigentum und Agrikultur voraussetzen, sowie einen entwicklungsfördernden Staatseingriff im Hinblick auf die Herausbildung gewerblicher und industrieller Strukturen. Die demografische Entwicklung mit steigenden Bevölkerungszahlen kann in beiden Fällen die ökonomische Entwicklung spezifisch akzentuieren. Ein Zugriff auf das »nationale« Produkt und seine Verwendung zugunsten der Schaffung von Infrastrukturen, eines umfassenden Marktzusammenhangs und reproduktions- und zukunftsfähiger industrieller Potenziale seitens des Staates ist dabei unabdingbar. Hier kann dann zu einem späteren Zeitpunkt auch der Import von ausländischem Kapital, insbesondere als Direktinvestitionen und deren Einbeziehung in interne Liefer- und Leistungszusammenhänge, Entwicklungsschritte abkürzen. Wir haben jedoch zunächst den ersten Fall als Ausgangskonstellation zu behandeln.

Naturwüchsige Gemeinwesen und traditionelle Produktionsweisen als Ausgangspunkt

Die Erde als locus standi und ihre Pflanzen- und Tierwelt als natürliches Reservoir sind die originären Existenzbedingungen für die Menschen von Anbeginn an. Der Übergang wandernder Gemeinschaften als Wildbeuter zu frühen Agrikulturgesellschaften lässt sich nach den mittlerweile vorliegenden Erkenntnissen der archäologischen Forschung auf die Zeitspanne von 10 Tsd. bis 5 Tsd. Jahren v.u.Z. datieren. Die für ihren materiellen Unterhalt sowie ihre Fortpflanzung und damit das nachhaltige Überleben konstitutiven oder produktiven Gruppen von mindestens 150 Personen waren als Jäger und Sammler durch die Gunst der Naturbedingungen in ihrem jeweiligen Wanderungsraum bestimmt.[15] Ihr sozialer Zusammenhalt als naturwüchsige Stammgemeinschaft und ihre Gemeinschaftlichkeit in Blut, Sprache, Sitten etc. waren die Voraussetzungen für die Aneignung der objektiven Bedingungen ihres Lebens und ihrer sich reproduzierenden und vergegenständlichenden Tätigkeiten.[16] Die wandernden Horden bildeten bei teilweiser Vernetzung auf den Kontinenten, jedoch weitgehend unabhängig voneinander in den »Lucky Latitudes« – diese umfassen einen Bereich zwischen 20 bis 35 Grad Nord in der »Alten Welt« und rd. 15 Grad Süd bis 20 Grad Nord in der »Neuen Welt« –, die ersten Formen der Sesshaftigkeit in archaischen Gemeinwesen aus. Dabei war dies keine gradlinige Entwicklung, sondern ein von Rückfällen in Wildbeuterstrukturen geprägter und sich durch Misch- und Übergangskombinationen auszeichnender Prozess, der sich über fünf Jahrtausende erstreckte. Denn die Überlegenheit der frühen Agrikulturgesellschaften hinsichtlich der Sicherung der materiellen Reproduktion der Gemeinschaften gegenüber ihrer Nahrungsgewinnung durch Sammeln von Pflanzen (Wildgetreide) und Jagen von Tieren war keineswegs unmittelbar gegeben, sondern abhängig von der Bevölkerungsdichte pro Fläche. Klimatisch bedingte Gunst der Naturbedingungen und dadurch bedingte Zunahme der Bevölkerung[17] sind die Treiber für die Sesshaftigkeit der Gemeinschaften, ihre Entwicklung zu frühen Agrikulturgesellschaften und damit zu ersten Formen von Grundeigen-

---

[15] In Europa beispielsweise lebten vor 42-33 Tsd. Jahren ca. 1.500 Menschen. *»Nur in fünf Regionen Europas gab es überhaupt eine dauerhaft überlebensfähige Population von 150 Personen und mehr: in Nordspanien, Südwestfrankreich, Belgien, in Teilen Tschechiens und im Tal der Urdonau in der Schwäbischen Alb. Im Südwesten Frankreichs mit seinen Karsthöhlen lebte dabei mit 440 Personen die größte Gruppe.«* Offenbar waren die Zentren untereinander vernetzt. Neben den Kernregionen existierten *»wohl kleine Einzelgruppen von etwa 40 Personen…, [die] für sich genommen nicht überlebensfähig gewesen«* wären und sich zeitweilig während bestimmter Jahreszeiten in Regionen bis zu 200 km von den Zentren entfernt aufhielten. Regionale Populationen starben wiederholt aus, das System vernetzter Populationen mit hoher Mobilität war jedoch überlebensfähig (vgl. Schmidt/Zimmermann 2019).

[16] Die Produktion ihres Lebens ist eine doppelte, *»sowohl des eignen in der Arbeit wie des fremden in der Zeugung, …, einerseits als natürliches, andrerseits als gesellschaftliches Verhältnis«* (MEGA I.5: 28; vgl. auch Leisewitz/Schwarz 2019). Die erste Arbeitsteilung nach dem Alter (Junge und Alte) ist die geschlechtsspezifische zwischen Männern und Frauen. Bei einer Lebenszeit von unter 40 Jahren – die Lebenserwartung der Menschen im Paläolithikum war in starkem Maße durch Säuglings- und Kindersterblichkeit geprägt und wird in der Literatur mit Größenordnungen zwischen 15-20 und über 30 Jahren angegeben (vgl. die Übersicht bei Gurven/Gomes 2017: 181ff.) – ist davon auszugehen, dass Frauen im Reproduktionsalter ihr Erwachsenenleben zu großen Teilen mit Schwangerschaft, Geburten, (mehrjähriger) Stillzeit sowie Aufziehen der Kinder zubrachten.

[17] Die Schätzungen gehen davon aus, dass vor 10 Tsd. Jahren (also 8.000 v.u.Z.) rd. 6 Millionen Menschen auf der Erde lebten. Bis 3.000 v.u.Z. hatte sich die Bevölkerung auf rd. 50 Millionen vermehrt, *»which implies a six- to twelve-fold increase in 5.000 years«*. (Christian 2004: 209)

tum. Soziale und zugleich wirtschaftliche Grundeinheiten (»Gentes«, lineage) werden Verwandtschaftsgruppen mit einer gedachten, d.h. in den gesellschaftlichen Beziehungen unterstellten gemeinsamen Identität aus der Abstammung von einer und derselben Stammmutter.[18]

Zwar hat die historische Wirtschaftsforschung und Archäologie, Ethnologie etc. mittlerweile einen großen Fundus von Erkenntnissen über die frühen Stadien der Menschheitsentwicklung gewonnen, doch liegt das Hauptaugenmerk vielfach auf stofflich-naturalen und geografischen Gegebenheiten.[19] Demgegenüber bleiben die sozialen Tatbestände, weil kaum in archäologischen Funden vergegenständlicht, vielfach unterbeleuchtet und werden vielfach ganz im Sinne gegenwärtiger bürgerlich-kapitalistischer Formen vorgestellt: Historisch-vorbürgerliche Gesellschaftsformen erscheinen als unentwickelte, jeweils nur einzelne Seiten entwickelnde kapitalistische Gesellschaften, was die Vorstellung von der bürgerlichen Welt als natürlicher, weil naturgemäßer befestigt.[20] Die seinerzeit von Marx aus der Analyse der kapitalistischen Gesellschaft gewonnene abstrakt-logische Struk-

---

[18] Matrilinearität (»Mutterrecht«) und Matrilokalität (Residenzregel) sind die Grundlage des Matriarchats und ergeben bei Paarungsehe eindeutige Verwandtschaftsverhältnisse und Vererbungsstrukturen. Patriarchalische Verhältnisse mit monogamer Ehe dominieren erst später mit dem Aufkommen von privatem Eigentum, zu dem auch Sklaven gehören.

[19] So ermittelt bspw. Ian Morris Daten zum »Energy Capture« für Wildbeuter und verschiedene Ausprägungen von Agrikulturgesellschaften, differenziert nach Energieaufnahme für Nahrung und sonstigem Energieverbrauch für Werkzeuge, Feuerholz Kleidung, Behausung etc. sowie zu der Hypothese einer »gläsernen Decke« i.H.v. 25 bis 30 Tsd. kcal pro Kopf und Tag, die erst durch die Nutzung fossiler Energiequellen im Zusammenhang mit der industriellen Revolution durchstoßen werden konnte: *»This seems to have been the ceiling on what was possible in a preindustrial society.«* (Morris 2013: 57)

[20] Soziale Beziehungen und Eigentumsverhältnisse der frühen »Hilly Flankers« – dies sind die Besiedler in Mesopotamien als dem höchst entwickelten Bereich der Lucky Latitudes – werden als Beziehungen zwischen Ehegatten (mit »romantischer« Liebe) sowie Eigentum als Privateigentum gefasst: *»By imposing such mental structures on their own world, Hilly Flankers were, we might say, domesticating themselves. They even remade what love meant. The love between husband and wife or parent and child is natural, bred us over millions of years, but farming injected new forces into these relationships. Foragers had always shared their knowledge with their young, teaching them to find ripe plants, wild game, and save caves, but farmers had something more concrete to pass down. To do well, people now needed property – a house, fields, and flocks, not to mention investments like wells, walls, and tools. The first farmers were apparently quite communal, sharing food and perhaps cooking collectively, but by 8000 BCE they were building bigger, more complicated houses, each with its own storerooms and kitchens, and perhaps dividing the land into private owned fields. Life increasingly focused on small family groups, probably the basic unit for transmitting property between generations.«* (Morris 2010: 101) Auch David Christians »Big History« (vgl. Christian 2004) ist nicht frei von der Erklärung von Evolutionsprozessen in vorbürgerlichen Gesellschaften nach dem Muster kapitalistischer Entwicklungen. Besser A. Giddens, der mit Rückgriff auf Marx die qualitative Differenz dieser verschiedenen Gesellschaftsformationen besser erfasst (vgl. Giddens 1995).

tur der Verhältnisse zwischen dem Einzelnen und dem Gemeinwesen in vorbürgerlichen Gesellschaftsformen[21] ist in der Forschung nur selten als Schlüssel zur Füllung dieser Leerstelle nutzbar gemacht worden.[22]

Marx unterscheidet in dem Manuskript von 1857/58 zwischen drei systematisch zu unterscheidenden Grundeigentumsformen, an denen sich spezifische Formen der Naturaneignung und daher auch der Beziehung der Menschen zueinander sowie ihre daraus entspringenden Anschauungen (Bewusstsein) kristallisieren.[23] Diese Ei-

---

[21] Vgl. die Ausführungen über »Formen, die der kapitalistischen Produktion vorhergehen«, im Manuskript 1857/58 (Grundrisse der Kritik der politischen Ökonomie); in: MEW 42: 383ff. Die Schriften, die Marx zur Zeit der Abfassung der vorstehend kommentierten »Grundrisse«-Passagen zur Verfügung standen, führt Eric Hobsbawm auf: »*At the time the* Formen *were written, Marx's and Engels' knowledge of primitive society was therefore only sketchy. It was not based on any serious knowledge of tribal societies, for modern anthropology was in its infancy, and in spite of Prescott's work (which Marx read in 1851 and evidently utilised in the* Formen*) so was our knowledge of the pre-Columbian cvilisation in the Americas. Until Morgan, most of their views about it were based partly on classical authors, partly on oriental material, but mainly on material from early medieval Europe or the study of communal survivals in Europe. Among these the Slavonic and East European ones played an important part, for the strength of such survivals in those parts had long attracted the attention of scholars.*« (Hobsbawm 1964: 25) Um so bemerkenswerter sind die gewonnenen Marxschen Erkenntnisse, die sich aus seiner Entschlüsselung des wesentlichen Strukturzusammenhangs der bürgerlich-kapitalistischem Gesellschaft für vorbürgerliche Gesellschaftsformen ergeben haben.

[22] Dies gilt im Übrigen auch für die sich marxistischem Gedankengut verpflichtete Forschung. Im Marxistisch-Leninistischen Wörterbuch der Philosophie kommt ein Hinweis auf diese Strukturierung vorbürgerlicher Gesellschaftsformen nur mit Bezug auf die sog. asiatische Produktionsweise vor (vgl. Klaus/Buhr (Hrsg.) 1972 sowie Wittvogel 1938). Auch der sich als Marxist verstehende Gordon Childe geht hierauf nicht ein (vgl. Childe 1936). Eine Ausnahme bildet Giddens, der sich in seiner kritischen Rückschau auf den Historischen Materialismus explizit und weitgehend positiv auf die entsprechenden »Grundrisse«-Passagen bezieht, zum Teil aber einem Missverständnis hinsichtlich des Charakters der herangezogenen Marxschen Texte unterliegt und teilweise korrekte Einschätzungen, bspw. die Unterschiede in der Struktur vorbürgerlicher und bürgerlicher Gesellschaftsformen im Hinblick auf das Verhältnis von Ökonomie und Politik, überzieht. E. Hobsbawm hat sich in seiner Einleitung zur englischen Übersetzung der Marxschen »Formen, die der kapitalistischen Produktion vorhergehen« ebenfalls an einer Interpretation dieser Passagen versucht. J. Habermas (vgl. Habermas 1976) und K. Eder (Eder 1973 und 1980) haben sich in den 1970er und 1980er Jahren ebenso wie namhafte DDR-Historiker – J. Herrmann und I. Sellnow (vgl. Sellnow et al. 1977; Herrmann/Sellnow (Hrsg.) 1982) – noch mit einer Rekonstruktion des historischen Materialismus beschäftigt.

[23] Eigentumsverhältnisse in diesen naturwüchsigen Gemeinwesen sind keine in Überbauverhältnissen als Gesetz ausgedrückte Willensverhältnisse, sondern sie beziehen sich auf die sich in gesellschaftlichen Formen vollziehende Produktion des menschlichen Lebens im Sinne einer ursprünglichen Identität von Arbeit(skraft) und deren Verwirklichungsbedingungen (Produktionsmitteln). Sie sind grundsätzlich durch die verfügbaren Produktivkräfte bedingt und wirken ihrerseits auf die Entwicklung derselben zurück, d.h. sie werden durch Arbeit reproduziert.

gentums- und Gemeinschaftsformen unterliegen als Grundformen vielfältigen Modifikationen in verschiedenen Teilen der Welt, sodass ihre Bezeichnung als asiatische, antike und germanische Eigentumsform nur cum grano salis zu nehmen ist. Damit ist keine ausgeführte Darstellung vorbürgerlicher Gemeinwesen samt ihrer Auflösungsformen gegeben, die in Europa zum okzidentalen Kapitalismus geführt haben. Es finden sich nur ein Leitfaden und eine systematische Gruppierung des seinerzeit von Marx zur Kenntnis genommenen Materials. Die Darstellung wäre missverstanden, wenn man sie als einfache historische Abfolge begreifen würde; sie hat keine auf den verschiedenen Erdkontinenten zusammenhängende und schon gar nicht international vermittelte Entwicklung aufgewiesen.[24] Gleichzeitig sind die gegebene Struktur der Eigentumsverhältnisse und sozialen Beziehungen zwischen den Individuen und dem Gemeinwesen als Grundtypen logisch erschöpfend. Sie stellen einen (alternativen) methodischen Zugang zur Analyse naturwüchsiger Gemeinwesen als Eigentumsformen dar; ihre Umsetzung hatte Marx sich als *»eine Arbeit für sich, an die wir hoffentlich auch noch kommen werden«* (MEW 42: 373), notiert, die er aber – wie viele andere Forschungsgegenstände auch – nicht mehr angegangen hat.[25]

Gemeinsam ist den verschiedenen Formen von Gemeinwesen, dass die Subjekte nicht durch Arbeit ihren gesellschaftlichen Zusammenhang schaffen wie in der bürgerlich-kapitalistischen Gesellschaft, sondern dass dieser in Gestalt eines Gemeinwesens, innerhalb dessen der Einzelne Mitglied ist, der Verausgabung ihrer Arbeit vorausgesetzt ist. Damit ist die qualitative Differenz vorbürgerlicher Gesellschaftsformen gegenüber der kapitalistischen Gesellschaft als Negation der Struktur der Letzteren identifiziert: *»Aneignung nicht durch Arbeit, sondern als der Arbeit vorausgesetzt, der natürlichen Bedingung der Arbeit, der* Erde *als des ursprüngli-*

---

[24] In dem angesprochenen Manuskript von 1857/58 ist Marx' Beschäftigung mit den »Formen, die der kapitalistischen Produktion vorhergehen«, seiner Selbstverständigung im Hinblick auf das Verhältnis von Arbeit und Eigentum innerhalb der kapitalistischen Produktionsweise geschuldet: dem fundamentalen Strukturzusammenhang des (scheinbaren) Umschlags im Aneignungsgesetz sowie der Auflösung des Scheincharakters einer ursprünglichen Identität von (eigener) Arbeit und Eigentum im Reproduktionsprozess des (gewordenen) Kapitals. Vgl. zur Interpretation: PEM 1978: 171ff. Gerade die Entschlüsselung dieses zentralen Strukturzusammenhangs der bürgerlich-kapitalistischen Gesellschaft erlaubt es Marx, seinen alternativ zur bürgerlichen Geschichtswissenschaft stehenden Zugang zur Analyse vorbürgerlicher Gesellschaftsformen zu entwickeln. Ein naheliegender Vorwurf, dass diese Aussagen von Marx wegen der mittlerweile in sehr viel größerem Maße vorliegenden archäologischen, anthropologischen etc. Erkenntnisse als zur damaligen Zeit historisch überholt seien, eventuell noch mit dem Verdikt einer eurozentrischen Sichtweise garniert, geht daher voll am Gegenstand vorbei und verrät nur ein mangelhaftes Verständnis der bürgerlich-kapitalistischen Gesellschaft.

[25] Auch die vorliegende Zusammenstellung der Gemeinsamkeiten und Unterschiede der verschiedenen (Eigentums-)Formen naturwüchsiger Gemeinwesen erhebt selbstverständlich nicht den Anspruch der Einlösung dieses Forschungsprogramms, sondern rekapituliert zunächst nur einen mittlerweile »links liegengelassenen Zugang« zur historischen Analyse.

chen Arbeitsinstruments sowohl, Laboratoriums wie Behälters der Rohstoffe. … die Hauptobjektive Bedingung der Arbeit erscheint nicht selbst als Produkt der Arbeit, sondern findet sich vor von Natur … *Aber dieses* Verhalten *zu dem Grund und Boden, zur Erde, als dem Eigentum des arbeitenden Individuums … ist schon vermittelt durch das naturwüchsige, mehr oder minder historisch entwickelte, und modifizierte Dasein des Individuums als* Mitglied einer Gemeinde – *sein naturwüchsiges Dasein als Glied eines Stammes etc.«* (MEW 42: 393)

Das Sesshaftwerden und die Inbesitznahme des jeweiligen Grund und Bodens können nur in Gemeinschaft geschehen, die Bearbeitung des Bodens setzt die Mitgliedschaft des Subjekts in einer Gemeinde voraus; das Individuum ist nur als Gemeindemitglied Eigentümer – das gerade Gegenteil vom doppelt freien Lohnarbeiter der kapitalistischen Produktionsweise als eigentumslosem Subjekt. Eigentum erscheint auch nicht als Resultat der Arbeit, sondern wird als naturwüchsige Voraussetzung durch die Arbeit der Gemeindemitglieder nur reproduziert. Die jeweilige Form des Gemeinwesens, ausgedrückt als Grundeigentumsformen, markiert die differentia specifica dieser Gesellschaften, die die Formen und Inhalte der Arbeit bestimmen. Die Beschaffenheit der Arbeit ist also nachgeordnet, reproduziert nur ihr vorausgesetzte Verhältnisse, die sie allerdings nach Maßgabe der (allmählichen) Entwicklung ihrer Produktivkräfte aushöhlt und vielfach zerstört. Für alle diese naturwüchsigen Gemeinwesen ist eine primär auf den Gebrauchswert gerichtete und die Subsistenz sichernde Produktionsweise charakteristisch. Dass eine überwiegende Mehrheit der arbeitenden Mitglieder dieser Gemeinwesen in der Agrikultur tätig waren, ist von der Forschung trotz des mittlerweile erbrachten Nachweises, dass Handwerk, Warenaustausch und den angestammten Umkreis überschreitender Fernhandel schon früh anzutreffen sind, unbestritten.

Welche Form des Grundeigentums und damit des Gemeinwesens sich jeweils in den Territorien ausbildet, hängt ab *»teils von den Naturanlagen des Stammes, teils von den ökonomischen Bedingungen, unter denen er nun wirklich sich als Eigentümer zum Grund und Boden verhält, d.h. seine Früchte durch Arbeit aneignet, und dies [hängt ab] von Klima, physischer Beschaffenheit des Grund und Bodens, der physisch bedingten Weise seiner Exploitation, dem Verhalten zu feindlichen Stämmen oder Nachbarstämmen, und den Veränderungen, die Wanderungen, historische Erlebnisse etc. hineinbringen«* (ibid.: 394). Die drei Grundformen der naturwüchsigen Gemeinwesen unterscheiden sich nach der Stellung des Individuums innerhalb der Gemeinschaft, d.h. nach dem Grad seiner Unabhängigkeit und Selbständigkeit sowie den sich daraus ergebenden Entwicklungsmöglichkeiten der Produktivkräfte. Sie bilden daher auch unterschiedliche Hindernisse gegenüber fremden äußeren Einflüssen und sind in verschiedenem Grad assimilationsfähig.

»In der ersten Form dieses Grundeigentums erscheint zunächst ein naturwüchsiges Gemeinwesen als erste Voraussetzung. Familie und die im Stamm erweiterte Familie, oder durch intermarriage zwischen Familien, oder Kombination von Stämmen. … [Die] Stammgemeinschaft, *das natürliche Gemeinwesen [erscheint] nicht als* Resultat, *sondern als* Voraussetzung der gemeinschaftlichen Aneignung *(tem-*

porären) und Benutzung des Bodens.« (Ibid.: 384)[26] Nach der Niederlassung der Stammgemeinschaft ist *»es von verschiednen äußerlichen, klimatischen, geographischen, physischen etc. Bedingungen sowohl, wie von ihrer besondren Naturanlage etc. (abhängig) – ihrem Stammcharakter –, wie mehr oder minder diese ursprüngliche Gemeinschaft modifiziert wird«* (ibid.). Die Erde ist Arbeitsmittel und Arbeitsmaterial sowie der locus standi für das Gemeinwesen. Seine Mitglieder *»verhalten sich naiv zu derselben als dem Eigentum des Gemeinwesens und des in der lebendigen Arbeit sich produzierenden und reproduzierenden Gemeinwesens. Jeder Einzelne verhält sich nur als Glied, als member dieses Gemeinwesens als* Eigentümer *oder* Besitzer. *Die wirkliche* Aneignung *durch den Prozeß der Arbeit geschieht unter diesen* Voraussetzungen, *die selbst nicht Produkt der Arbeit sind, sondern als ihre natürlichen oder göttlichen Voraussetzungen erscheinen.«* (Ibid.: 386, H.i.O.)[27] Das Verhältnis zwischen dem Einzelnen und der Gemeinde kann in dieser ersten Form als Verhältnis von Substanz und Akzidenz (vgl. ibid.: 392) gefasst werden: Das Eigentum ist gemeinschaftliches Eigentum der Gemeinde, der Einzelne nur Besitzer und dies auch nur, soweit er Mitglied der Gemeinde ist. Diese erste Form ist als archaische Grundform auch tatsächlich die historisch erste Form, die sich selbst allerdings *»sehr verschieden realisieren [kann]«*. (Ibid.) Sie existiert sowohl im Grundsatz bei den sich nur temporär niederlassenden Wildbeutern als auch nach der Sesshaftigkeit und dauerhaften Aneignung und Bearbeitung des Grund und Bodens in den Urgemeinschaften auf den verschiedenen Kontinenten nach ihrer Besiedelung.

---

[26] Damit ist angedeutet, dass die erste Form nicht nur für bereits sesshafte Gemeinwesen typisch ist, sondern auch die für die vorangegangenen sozialen Verhältnisse der wandernden Jäger und Sammler mit jeweils nur temporärer Inbesitznahme von Territorien gilt. Auch dieser Umstand wird durch die aktuelle Forschung bestätigt; vgl. Christian 2004: 171ff. Christian legt allerdings sein Hauptaugenmerk auf sich aus den naturwüchsigen Familien- und Stammgemeinschaften ergebenden bewussten Interaktionen – »*Among humans, exchanges of information, goods, and favors of many kinds provide the social gravity that holds close-knit groups such as families together*« (ib.: 188) – und bedient damit ebenso wie Morris, trotz einiger relativierender Aussagen, eine aus bürgerlichen Verhältnissen entlehnte Auffassung auf die Vorzeit.

[27] Zu beachten ist, dass es für alle Formen, die der kapitalistischen Produktion vorhergehen, keine Trennung von ökonomischer Basis und sich darauf erhebenden Überbauverhältnissen gibt, sondern die »politische« Bestimmtheit des Individuums als Mitglied einer naturwüchsigen Gemeinde, seines Einbezugs in ihre spätere hierarchische Strukturierung oder noch später die Beziehung von Vasall und Lehnsherr etc. direkt in der durch Arbeit vermittelten Naturaneignung enthalten ist. Sowohl die reale Trennung von Ökonomie und Überbauten als auch die Erkenntnis, dass es das Zusammenspiel von Produktivkräften und Produktionsverhältnissen ist, welches nicht nur den Entwicklungsgrad der Ökonomie, sondern auch die sozialen und politischen Herrschaftsverhältnisse bestimmt – was dann auch für vorbürgerliche Formen gilt, aber durch das Ineinsfallen von Gesellschaft (Politik) und Ökonomie spezifisch mystifiziert wird –, sind beides historisch bestimmte Erkenntnisse aus der (korrekten) Analyse der bürgerlich-kapitalistischen Gesellschaft.

Als von Marx sogenannte asiatisch-orientalische Form bleibt sie prägend für die eigentliche »asiatische Produktionsweise« im orientalischen Despotismus, der als höher entwickelte Form die archaische Grundform ausgestaltet und durch eine Kombination von Manufaktur (Handwerk) und Agrikultur charakterisiert ist (vgl. ibid.: 385); sie hat zu den ersten Hochkulturen geführt. Ein Surplusprodukt, welches über die Lebensmittel der Gemeindemitglieder hinaus erzeugt wird, gehört dem Gemeinwesen, das als »zusammenfassende Einheit … *über allen diesen kleinen Gemeinwesen steht«* (ibid.); diese Einheit erscheint *»zuletzt als Person … und macht sich geltend sowohl im Tribut etc., wie in gemeinsamen Arbeiten zur Verherrlichung der Einheit, teils des wirklichen Despoten, teils des gedachten Stammwesens, des Gottes«* (ibid.: 385). Das heißt, die erste Form der Gemeinwesen ist sowohl mit reiner Subsistenzproduktion als auch mit einem regelmäßig anfallenden Surplusprodukt kompatibel. Allerdings verbleiben die Entwicklungsmöglichkeiten der Produktivkräfte, insgesamt gesehen, unter diesen Bedingungen innerhalb eines eng limitierten Kreises.

Das Gemeindeeigentum kann auf den verschiedenen Erdkontinenten und in verschiedenen Zeitepochen entweder so erscheinen, »*daß die kleinen Gemeinden unabhängig nebeneinander vegetieren und in sich selbst der Einzelne auf dem ihm zugewiesenen Los unabhängig mit seiner Familie arbeitet. … das herrschaftliche dominium im ursprünglichen Sinn findet sich erst hier, z.B. in den slawischen Gemeinden, in den rumänischen etc. Hierin liegt der Übergang in Frondienst etc.; oder die Einheit kann sich auf die Gemeinschaftlichkeit in der Arbeit selbst erstrecken, die ein förmliches System sein kann, wie in Mexico, Peru besonders, bei den alten Celten, einigen indischen Stämmen. Es kann ferner die Gemeinschaftlichkeit innerhalb des Stammwesens mehr so erscheinen, daß die Einheit in einem Haupt der Stammfamilie repräsentiert ist, oder als die Beziehung der Familienväter aufeinander. Danach dann entweder mehr despotische oder demokratische Form dieses Gemeinwesens.«* (Ibid.: 385f.) Diese naturwüchsigen Gemeinwesen der »asiatischen Produktionsweise« bedurften bereits gemeinschaftlicher Produktionsbedingungen wie Wasserleitungen und einfacher Kommunikationsmittel. Die Bildung von Städten geschah hier *»neben [den] Dörfern bloß da, wo besonders günstiger Punkt für auswärtigen Handel; oder wo das Stammesoberhaupt und seine Satrapen ihre Revenu (Surplusprodukt) austauschen gegen Arbeit, sie als labour-funds verausgaben«*. (Ibid.: 386) Die von Marx beispielhaft angeführten verschiedenartigen Ausprägungen dieser Eigentumsform und des Verhältnisses zwischen den einzelnen Stammesmitgliedern und der Struktur ihres Gemeinwesens sowie ihres geografischen Vorkommens können durch die mittlerweile erreichten vertieften Erkenntnisse der Anthropologie, Archäologie etc. genauer identifiziert und zugeordnet bzw. um weitere Ausgestaltungen ergänzt werden. Bei allen spezifischen Ausprägungen und Entwicklungen dieser Gemeinwesen ist das gemeinschaftliche Grundeigentum der Gemeinde als Substanz bestimmt, welches die Bedingung für seine Nutzbarmachung und Bearbeitung durch deren einzelne Mitglieder als Akzidenzen dieser Substanz darstellt. Sie schließt in weiterer Ausformung sich entwickelnde Tempel-

und Palastwirtschaften als Übergangsformen von »low-end zu high-end states«[28] ein und umgreift z.B. die Imperien *»of early Egypt and Mesopotamia and the pre-Columban empires of South America«* (Giddens 1995: 87) sowie die frühen Imperien in Persien, Indien und China – bei jeweiligen vielfältigen Modifikationen oder *»einer Reihe von Schichten verschiedenen Alters, von denen die eine über der anderen liegt«* (MEW 19b: 398), wie Marx es in einem seiner Briefentwürfe für V. Sassulitsch präzisiert hatte.

Gegenüber dieser ersten Form, die sich zur »asiatischen Produktionsweise« ausgestaltet hat, stellt die zweite Form *»das Produkt mehr bewegten, historischen Lebens, der Schicksale und Modifikationen der ursprünglichen Stämme [dar]; sie unterstellt auch das Gemeinwesen als erste Voraussetzung, aber nicht wie im ersten Fall als Substanz, von der die Individuen bloß Akzidenzen sind, oder von der sie rein naturwüchsig Bestandteile bilden –, sie unterstellt nicht das Land als die Basis, sondern die Stadt als schon geschaffnen Sitz (Zentrum) der Landleute (Grundeigentümer). Der Acker erscheint als Territorium der Stadt; nicht das Dorf als bloßes Zubehör zum Land.«* (MEW 42: 386) Diese zweite Form ist eine andere im historischen Prozess stattgefundene Ausgestaltung der archaischen Grundform und weist einen insgesamt höheren Entwicklungsstand der Produktivkräfte auf und die Erde an sich ist kein Hindernis mehr für die Individuen, sich zu ihr als ihrer unorganischen Natur zu verhalten. *»Die Schwierigkeiten, die das Gemeinwesen trifft, können nur von andren Gemeinwesen herrühren, die entweder den Grund und Boden schon okkupiert haben, oder die Gemeinde in ihrer Okkupation beunruhigen. Der Krieg ist daher die große Gesamtaufgabe, die große gemeinschaftliche Arbeit, die erheischt ist, sei es um die objektiven Bedingungen des lebendigen Daseins zu okkupieren, sei es um die Okkupation derselben zu beschützen und zu verewigen. Die aus Familien bestehende Gemeinde daher zunächst kriegerisch organisiert – als Kriegs- und Heerwesen, und dies eine der Bedingungen ihres Daseins als Eigentümerin. Die Konzentration der Wohnsitze in der Stadt Grundlage dieser kriegerischen Organisation. Das Stammwesen an sich führt zu höhren und niedren Geschlechtern, ein Unterschied, der noch mehr entwickelt durch Mischung mit unterjochten Stämmen etc.«* (Ibid.) Die klassische Gestalt dieser zweiten Form besteht hauptsächlich in den antiken und insbesondere dem römischen Gemeinwesen; allerdings hat auch diese Form *»wesentliche Modifikationen, lokal, historisch etc. hervorgebracht«*. (Ibid.)

Das Gemeindeeigentum existiert in der römischen Form als Staatseigentum getrennt von dem Privateigentum. Das Eigentum des Einzelnen ist hier also nicht, wie

[28] Vgl. Morris 2010: 229: *»The biggest event in the first millennium BCE in both East and West was a shift from low-end toward high-end states. States had been drifting that way since the days of Uruk; mid-third millennium-BCE Egyptian pharaohs already had enough bureaucratic muscle to build pyramids, and a thousand year later their successors organized complex armies of chariots. But the scale and scope of first-millennium-BCE-states – in management and fighting – dwarfed all earlier efforts.«*

im ersten Fall, selbst unmittelbar Gemeindeeigentum und der Einzelne nur sein Besitzer. Umgekehrt gilt: *»Je weniger faktisch das Eigentum des Einzelnen nur verwertet werden kann durch gemeinsame Arbeit – also z.B. wie die Wasserleitungen im Orient –, je mehr der rein naturwüchsige Charakter des Stammes durch historische Bewegung, Wandrung gebrochen; je mehr ferner der Stamm sich entfernt von seinem ursprünglichen Sitz und fremden Boden okkupiert, also in wesentlich neue Arbeitsbedingungen tritt und die Energie des Einzelnen mehr entwickelt ist – sein gemeinsamer Charakter mehr als negative Einheit nach außen erscheint und so erscheinen muß –, um so mehr die Bedingungen gegeben, daß der Einzelne* Privateigentümer *von Grund und Boden – besondrer Parzelle – wird, deren besondre Bearbeitung ihm und seiner Familie anheimfällt.«* (Ibid.: 387; Hervorh.i.O.) Somit existieren in der »antiken Produktionsweise« zwei Formen des Eigentums, Privat- und Staatseigentum, die zueinander in negativer Einheit und damit Spannung stehen: Der Boden ist im Ganzen römischer Boden; ein Teil ist den einzelnen Gemeindemitgliedern als Privateigentümern überlassen, ein anderer Teil dagegen muss als direkt gemeinschaftliches Eigentum erhalten bleiben. Jede römische Parzelle erscheint als Besonderung vom gemeinsamen Boden, sodass für den Einzelnen umso weniger zur Bearbeitung übrig bleibt, je mehr der römische Staat als ager publicus reserviert. Dieser ager publicus erscheint vielmehr *»als das besondere ökonomische Dasein des Staates neben den Privateigentümern, so daß diese eigentlich Privateigentümer als solche sind, soweit sie ausgeschlossen waren, priviert waren, wie die Plebejer, von der Benutzung des ager publicus«.* (Ibid.: 391; Hervorh.i.O.) Im Laufe der Zeit nimmt dieser Gegensatz von Privat- und Staatseigentum kompliziertere Formen an: Reine Privateigentümer auf römischem Boden sind anfangs nur die Plebejer als »Gesamtheit von Landleuten«, zu denen auch freigelassene Sklaven gehören. Demgegenüber repräsentierten die Patrizier mit ihren Familien zunächst einen stärkeren Bezug auf das gemeinsame Ganze und sind mitsamt ihren Klienten die Besitzer des ager publicus, den sie sich nach und aneignen. *»Das Eigentum ist quiritarium, römisches, der Privateigentümer ist solcher nur als Römer, aber als Römer Privateigentümer.«* (Ibid.: 388)

Die Gemeinde als Staat ist einerseits die Beziehung der freien und gleichen Privateigentümer aufeinander und ihre Verbindung nach außen; sie ist andererseits ihre Garantie für die Befriedigung ihrer gemeinschaftlichen Bedürfnisse und/oder ihren gemeinschaftlichen Ruhm. *»Die Gemeinde, obgleich hier schon historisches Produkt, nicht nur dem fact nach, sondern als solches gewußt, daher* entstanden, *hier Voraussetzung des* Eigentums *am Grund und Boden – d.h. der Beziehung des arbeitenden Subjekts zu den natürlichen Voraussetzungen der Arbeit als ihm gehörigen –, diese Gehörigkeit aber vermittelt durch sein Sein als Staatsmitglied, durch das Sein des Staats – daher durch eine* Voraussetzung, *die als göttlich etc. betrachtet wird.«* (Ibid.: 387; Hervorh.i.O.) Mittelpunkt ist die Stadt mit dem Land als sie umgebendes Territorium, auf dem eine kleine Landwirtschaft für den unmittelbaren Konsum arbeitet; zugleich bestehen Manufakturen als häusliches Nebengewerbe der Frauen und Töchter, z.B. Spinnen und Weben. Die Voraussetzung der Fortdauer des Gemeinwesens ist die *»Erhaltung der Gleichheit unter seinen self-sustaining peasants und die eigne Arbeit als die Bedingung der Fortdauer ihres Eigentums«*. (Ibid.: 388)

Die Surplusarbeit dieser Bauern gehört der Gemeinde, die sich als antike Form eines Staates präsentiert und ist Basis ihres Kriegsdienstes, denn die Gemeinde treibt beständig durch Krieg über ihre gegebenen Schranken hinaus. Gegenüber dem Verhältnis von Substanz und Akzidenz als Beziehung zwischen dem Einzelnen und der Gemeinde bzw. seinem Besitz und dem gemeinschaftlichen Eigentum kann die zweite antike Form auf den abstrakt-logischen Ausdruck einer Beziehung von Allgemeinheit, Einzelheit und Besonderheit gebracht werden: Die Gemeinde ist *»das Allgemeine, das als solches, sowohl in seiner Vorstellung wie in der Existenz der Stadt und ihrer städtischen Bedürfnisse im Unterschied zu denen des einzelnen oder in ihrem städtischen Grund und Boden als ihrem besondren Dasein im Unterschied von dem besondren Dasein des Gemeindemitglieds eine* seiende Einheit *ist.«* (Ibid.: 392; Hervorh.i.O.)

Es ist wichtig herauszustreichen, dass das Privateigentum in dieser zweiten Form naturwüchsiger Gemeinwesen sich qualitativ vom Privateigentum als Basis der bürgerlich-kapitalistischen Gesellschaft unterscheidet. Es führt nicht zum Streben nach Reichtum in der abstrakten Form von Geld als universellem Repräsentant jedes stofflichen Reichtums, sondern die eigene Arbeit dient hier nur zur *Re*produktion eines ohne Arbeit erworbenen Eigentums.[29] Die Privateigentümer der antiken Gemeinwesen *»verhalten sich als Eigentümer zu den natürlichen Bedingungen der Arbeit; aber diese Bedingungen müssen noch fortwährend durch persönliche Arbeit wirklich als Bedingungen und objektive Elemente der Persönlichkeit des Individuums, seiner persönlichen Arbeit, gesetzt werden«* (ibid.: 388). Damit ist die Frage aufgeworfen, welchen Stellenwert und welche Wirkung die Entwicklung des Privateigentums und weiter die sich daran anschließende Mobilisierung des Grund und Bodens und die Entwicklung des Austausches innerhalb der Imperien und im Fernhandel gegenüber kriegerischen Auseinandersetzungen, seien sie offensiv-erobernd oder eher defensiv-absichernd, für die Entwicklung der »high-end states« haben. Im Unterschied und Gegensatz zu einer rein produktiv-entwickelnden Funktion von »Networks of Exchanges«[30] ist die Janusköpfigkeit dieser Netzwerke hervorzuheben: Sowohl die Entwicklung des Austausches untergräbt

[29] Reichtum erscheint auch in der römisch-antiken Form *»nicht als Zweck der Produktion, obgleich sehr wohl Cato untersuchen kann, welche Bestellung des Feldes die einträglichste, oder gar Brutus sein Geld zu den besten Zinsen ausborgen kann. Die Untersuchung ist immer, welche Weise des Eigentums die besten Staatsbürger schafft. Als Selbstzweck erscheint der Reichtum nur bei den wenigen Handelsvölkern – Monopolisten des carrying trade –, die in den Poren der alten Welt leben, wie die Juden in der mittelaltrigen Gesellschaft.«* (Ibid.: 395)

[30] Vgl. Christian 2004: 289: *»In the era of agrarian civilisations, exchanges linked different types of communities more effectively and over larger areas than before. These complex networks of exchange count as the second major structural novelty of the era of agrarian civilisations.«*

die auf Selbstbedarf gerichtete Produktion als auch die von regelmäßigen kriegerischen Aktionen ausgehenden Konsequenzen erzeugen negativ-zersetzende Rückwirkungen und ebenso viele Produktiv- wie Destruktivkräfte für das Gemeinwesen bzw. das Imperium.

Die dritte, von Marx als charakteristisch für germanische Verhältnisse angesehene Form des Gemeinwesens wächst ebenfalls auf der archaischen Grundform auf, kennt aber nicht die antike Stadt mit umliegendem Grundeigentum als Mittelpunkt des Lebens, sondern nur die bloße Vereinigung der Gemeindemitglieder, d.h. von einzelnen Familienhäuptern, die sich weitläufig getrennt festsetzen. Sie ist nur in Europa anzutreffen und bringt es aus sich heraus nicht zu einem neuen eigenen Imperium, weil nicht zu einem Staat. Ihre historische Existenz als »germanische Gemeinde« hatte *»zur Zeit Julius Cäsars ... noch nicht und ... [zur Zeit] als die germanischen Stämme Italien, Gallien, Spanien etc. eroberten, nicht mehr existiert«* (MEW 19: 402).

Bei der germanischen Gemeinde ist ihre »an sich seiende Einheit *gesetzt in Abstammung, Sprache, gemeinsamer Vergangenheit und Geschichte etc. Die* Gemeinde *erscheint also als* Vereinigung, *nicht als* Verein, *als Einigung, deren selbständige Subjekte die Landeigentümer bilden, nicht als Einheit. Die Gemeinde existiert daher in fact nicht als* Staat, Staatswesen, *wie bei den Antiken, weil sie nicht als* Stadt *existiert. Damit die Gemeinde in wirkliche Existenz trete, müssen die freien Landeigentümer* Versammlung *halten... Zwar kommt auch bei den Germanen der* ager publicus, *das Gemeindeland vor oder Volksland, im Unterschied von dem Eigentum des einzelnen. Er ist Jagdgrund, Weidegrund, Holzungsgrund etc., der Teil des Landes, der nicht geteilt werden kann, wenn er in dieser bestimmten Form als Produktionsmittel dienen soll.«* (MEW 42: 391; Hervorh.i.O.)

Das Gemeindeland erscheint bei den Germanen aber nur als Ergänzung des individuellen Eigentums und fungiert als Eigentum nur, soweit es gegen feindliche Stämme als Gemeinbesitz zu verteidigen ist. *»Das Eigentum des Einzelnen erscheint nicht vermittelt durch die Gemeinde, sondern das Dasein der Gemeinde und des Gemeindeeigentums als vermittelt, d.h. als Beziehung der selbständigen Subjekte aufeinander. Das ökonomische Ganze ist au fond in jedem Einzelnen Hause enthalten, für das sich ein selbständiges Zentrum der Produktion bildet. (Manufaktur rein als häusliche Nebenarbeit der Weiber etc.). ... In der antiken Welt ist die Stadt mit ihrer Landmark das ökonomische Ganze; in der germanischen der einzelne Wohnsitz, der selbst nur als Punkt in dem zu ihm gehörigen Land erscheint, keine Konzentration vieler Eigentümer ist, sondern Familie als selbständige Einheit.«* (Ibid.: 391f.)

In dieser dritten Form bildet also die isolierte selbständige Familienwohnung für sich ein selbständiges Zentrum der Produktion, in dem die Unabhängigkeit von der Gemeinde im realen Arbeitsprozess gesetzt ist; für die germanische Form ist die dauernde reelle Existenz der Gemeinde nicht nötig. Die Familien sind daher in der Grundform nicht städtisch konzentriert, weshalb auch die Möglichkeit zur Existenz eines übergreifenden Staates fehlt, da dessen Bestand als selbständige Organisation die Stadt unterstellen würde. *»Die Gemeinde existiert daher in fact nicht als* Staat, Staatswesen, *wie bei den Antiken, weil sie nicht als* Stadt *existiert.«* (Ibid.: 391; Hervorh.i.O.) Die Momente, die diese dritte Form als eine Form eines durch Stammeszusammenhang bedingten Eigentums ausweisen, sind daher unauffälliger als in den beiden anderen Formen. Es sind hier im Wesentlichen drei Momente: Erstens: *»Ihre* an sich seiende *Einheit [ist gesetzt] in Abstammung, Sprache, gemeinsamer Vergangenheit und Geschichte etc.«* (Ibid.; Hervorh.i.O.) Obwohl nur an sich seiende Einheit, sind diese Eigenschaften nicht nur solche des Einzelnen, sondern auch real solche des Gemeinwesens selbst. Zweitens: Die Gemeindeversammlung für Krieg, Religion, Rechtsschlichtung etc. lässt den Stamm sichtbar werden: *»Die* Gemeinde *erscheint also als* Vereinigung, *nicht als* Verein, *als Einigung, deren selbständige Subjekte die Landeigentümer bilden, nicht als Einheit. … Damit die Gemeinde in wirkliche Existenz trete, müssen die freien Landeigentümer* Versammlung *halten.«* (Ib.; Hervorh.i.O.) Drittens: Das Gemeindeeigentum ist einerseits gemeinschaftliches Zubehör zu den individuellen Stammsitzen und Bodenaneignungen, andererseits hat die Gemeinde im gemeinsam benutzten Jagd-, Weideland etc. eine besondere ökonomische Existenz, indem es so benutzt wird von *»jedem individuellen Eigentümer als solchen, nicht als Repräsentanten (wie in Rom) des Staates; wirklich gemeinsames Eigentum der individuellen Eigentümer, nicht des Vereins dieser Eigentümer«.* (Ibid.: 393)

Fasst man die drei betrachteten Grundformen des (Grund-)Eigentums in naturwüchsigen, auf Agrikultur (und beigeordnetem Handwerk) beruhenden Gemeinwesen als abstrakt-logische Strukturen zusammen, so ergeben sich drei unterschiedliche Formen von Gemeinwesen und Individuum: 1. nur die Einheit (als Gemeinwesen, Substanz) ist wirklich selbständig gegenüber den Individuen als bloßen Akzidenzen, 2. Einheit (Gemeinwesen, Allgemeinheit) und Individuum (Einzelnheit) bilden Pole eines Gegensatzes nebeneinander, wobei das Allgemeine eine besondere gegenständliche Existenz erhält sowie 3. nur die Einzelnen sind real und die Einheit ist bloß an ihnen und durch sie vorhanden. Akzeptiert man diese innere Struktur naturwüchsiger Gemeinwesen als Entschlüsselung ihrer grundlegenden Konstruktionsprinzipien, folgt als logischer Schluss, dass es keine anderen Grundformen geben und die weitere qualitative Entwicklung nur so vorgehen kann, dass die vorausgesetzte Einheit als gesellschaftlicher Zusammenhang in die persönliche Unabhängigkeit der Individuen auf Basis ihrer sachlichen Abhängigkeit voneinander aufgelöst wird.

Vorher sind aber noch kurz Sekundärformen, Sklaverei und Leibeigenschaft,[31] die innerhalb dieser Grundformen in verschiedener Weise vorkommen und zugleich wesentliche Auflösungsfermente derselben darstellen, aufzunehmen. *»Sklaverei und*

---

[31] Die landläufige, im »Marxismus-Leninismus« kanonisierte Form einer gesetzmäßigen historischen Abfolge verschiedener Produktionsweisen – Urgesellschaft, Sklavenhaltergesellschaft, Feudalismus, Kapitalismus, Sozialismus/Kommunismus – hat wenig mit der vorliegenden Marxschen Skizze zu tun und beleuchtet, wenn überhaupt, nur Teilaspekte

Leibeigenschaft sind ... nur weitre Entwicklungen des auf dem Stammwesen beruhnden Eigentums. Sie modifizieren notwendig alle Formen desselben.« (Ibid.: 401)

In der ersten Form spricht Marx davon, dass der Einzelne, weil er nie zum Eigentümer, sondern nur zum Besitzer des Grund und Bodens wird, im Grunde *»au fond selbst das Eigentum, der Sklave dessen* [ist], *in dem die Einheit der Gemeinde existiert«* (ibid.), sodass ein qualitativer Unterschied zwischen »Freien« und »Unfreien« faktisch verschwimmt bzw. nicht existiert. Demzufolge hebt *»Sklaverei ... hier weder die Bedingungen der Arbeit auf, noch modifiziert sie das wesentliche Verhältnis«.* (Ibid.) Für die zweite (»antike«) Form ist Sklaverei von vornherein charakteristisch; sie entsteht neben den durch die Geldverhältnisse sich entwickelnden Wucher und die Verschuldung freier Bauern namentlich durch Unterwerfung fremder Gemeinwesen. Schon die Vermehrung der Bevölkerung begründet bei Privateigentum von Land ökonomisch Eroberungskriege und Kolonisation. Die dritte (»germanische«) Form führt in Europa nach dem Zerfall des römischen Imperiums zur »feudalen Produktionsweise«, die durch verschiedene Formen von Leibeigenschaft geprägt ist.[32] Der Übergang in diese mehr oder weniger modifizierten Formen ist zumeist durch Krieg vermittelt, der nicht wie heutzutage eine Ausnah-

---

übergreifender gesellschaftlicher Grundstrukturen; sie ist in ihrer seinerzeit proklamierten Absolutheit nicht zu halten.

[32] Auch die »asiatische Produktionsweise« hat zu Formen der Hörigkeit z.B. in China geführt. Bereits in den zwei Jahrhunderten vor dem Entstehen des fast zweitausendjährigen zentralistischen Kaiserreiches wird vielfach von feudalen Strukturen in China gesprochen und diese Einschätzung vornehmlich auf die Vergabe von Ländereien an unterstellte Territorialgewalten als Lehnsherren durch die regionalen Herrscher gestützt (vgl. Brentjes 1970 sowie Goepper (Hrsg.) 1988). Diese West-Zhou- und Zhanguo-Dynastien als Vorformen des späteren kaiserlichen Gemeinwesens bauen auf Verhältnissen der Form I auf, in denen die Produzenten (Bauern) den Grund und Boden als Mitglieder einer Gemeinde bearbeiten und denselben durch Überlassung und Vererbung zugewiesen erhalten bzw. angeeignet haben. Das Spezifikum der chinesischen Kaiser-Dynastien war die Existenz einer starken Beamtenschaft (Bürokratie), die vereinheitlichend in Bezug auf die Verwendung einheitlicher Maße, Gewichte und Normen, einer einheitlichen Schrift und Währung wirkte und darüber hinaus auch die Infrastruktur (Straßennetz, Poststationen, Bewässerungskanäle sowie eine Mauer zum Schutz gegen die »barbarischen« Völker als Eindringlinge) ausbauen ließ. Diese Bürokratie beschränkte die Macht großer Landbesitzer. Die spätere Entwicklung zeigt in China und Korea die Verselbständigung der Bürokratie vom Steuereintreiber zu einem faktischen Landeigentümer namentlich gegenüber den kleinen Bauern. Auch für Indien ist diese Ineinssetzung der steuereintreibenden Samidare und Talukdare als Privateigentümer des Grund und Bodens in der Wahrnehmung der Europäer anzutreffen. Demgegenüber stellt Marx heraus: *»Ein gründlicheres Studium der Einrichtungen Hindustans im Zusammenhang mit den sozialen und politischen Ungehörigkeiten, die von der Veranlagung in Bengalen herrühren, hat der Ansicht Geltung verschafft, daß nach den ursprünglichen Bräuchen der Hindus das Eigentumsrecht an Grund und Boden bei den Dorfgemeinden läge, die die Befugnis hatten, ihn zur Bearbeitung an Einzelpersonen zu verteilen, während die Samindare und Talukdare ursprünglich nichts weiter als Regierungsbeamte waren, eingesetzt, um die fälligen Abgaben des Dorfes zu überwachen, einzusammeln und an den Fürsten zu zahlen.«* (MEW 12: 484)

mesituation, sondern die Regel darstellt: *»Der Krieg ist … eine der ursprünglichsten Arbeiten jedes dieser naturwüchsigen Gemeinwesen, sowohl zur Behauptung des Eigentums, als zum Neuerwerb desselben.«* (Ibid.: 399; Hervorh.i.O.) Krieg ist darüber hinaus das Ferment zur Modifikation der Grundtypen der Eigentumsformen (ausgenommen vielleicht die asiatische). *»Wird der Mensch selbst als organisches Zubehör des Grund und Bodens mit ihm erobert, so wird er miterobert als eine der Produktionsbedingungen, und so entsteht Sklaverei und Leibeigenschaft, die die ursprünglichen Formen aller Gemeinwesen bald verfälscht und modifiziert, und selbst wieder zu ihrer Basis wird. Die einfache Konstruktion wird dadurch negativ bestimmt.«* (Ibid.)

Die Negativität besteht darin, dass die Subjekte nicht mehr mit ihren eigenen, sondern mit fremden Produktionsmitteln arbeiten. Dies ist die Grundbestimmung der sekundären Formen: *»Sklaverei, Leibeigenschaft etc., wo der Arbeiter selbst unter die Naturbedingungen der Produktion für ein drittes Individuum oder Gemeinwesen erscheint (dies ist z.B. bei der allgemeinen Sklaverei des Orients* nicht *der Fall …) – also Eigentum nicht mehr das Verhalten des selbstarbeitenden Individuums zu den objektiven Bedingungen der Arbeit – ist immer sekundär, nie ursprünglich, obgleich notwendiges und konsequentes Resultat des auf dem Gemeinwesen und Arbeit im Gemeinwesen gegründeten Eigentums.«* (Ibid.: 403) Die Aneignung fremden Willens ist aber Voraussetzung eines Herrschaftsverhältnisses; ein willenloses Tier z.B. kann zwar dienen, aber es macht den Eigner nicht zum Herren. Dabei unterscheiden sich jedoch Sklaverei und Leibeigenschaft. Während der Sklave unmittelbar auf der gleichen Stufe steht wie die sachlichen Produktionsmittel, arbeitet der Leibeigene mit eigenen Produktionsmitteln und teilweise auf eigenem Grund und Boden und ist nur hinsichtlich der Verwendung seiner Arbeitsergebnisse dem fremden Willen seines (Grund-)Herren unterworfen.

Wenn sich aber auf Basis der verschiedenen Eigentumsformen derartige Herrschaftsverhältnisse entwickeln (müssen), dann ist klar, dass Marx' berühmte Kurzformel, dass die ökonomische Form, in der unbezahlte Mehrarbeit aus den unmittelbaren Produzenten herausgepumpt wird, die jeweilige Spezifik der Herrschafts- und Knechtschaftsverhältnisse bestimmt, auch für die hier behandelten Typen vorbürgerlichen Eigentums Gültigkeit beansprucht. Dies gilt auch, wenn die jeweilige sekundäre Form in verschiedenen Epochen sehr verschieden aussieht.

Alle Formen der naturwüchsigen Gemeinwesen inkl. der sekundären Formen sind, wie bereits erwähnt, durch die Gebrauchswertproduktion bestimmt. Ihr ökonomischer Zweck besteht in der Reproduktion des Individuums und der Gemeinde unter den vorausgesetzten objektiven Bedingungen; dies ist ein wesentlicher Unterschied zur kapitalistischen Form der Vergesellschaftung. *»In allen diesen Formen ist* die Reproduktion *vorausgesetzter – mehr oder minder naturwüchsiger, oder auch* historisch *gewordner, aber traditionell gewordner – Verhältnisse des Einzelnen zu seiner Gemeinde, und ein* bestimmtes, *ihm* vorherbestimmtes objektives *Dasein, sowohl im Verhalten zu den Bedingungen der Arbeit, wie zu seinen Mitarbeitern, Stammesgenossen etc. – Grundlage der Entwicklung, die von vorn-*

herein daher eine beschränkte *ist, aber mit Aufhebung der Schranke Verfall und Untergang darstellt. ... Es können hier große Entwicklungen stattfinden innerhalb eines bestimmten Kreises. Die Individuen können groß erscheinen. Aber an freie und volle Entwicklung, weder des Individuums, noch der Gesellschaft nicht hier zu denken, da solche Entwicklung mit dem ursprünglichen Verhältnis im Widerspruch steht.«* (Ibid.: 395; Hervorh. i.O.)

Alle diese Formen vorbürgerlichen Eigentums und der auf ihnen gegründeten Gemeinwesen entsprechen vor dem Hintergrund der revolutionären Technikentwicklung der kapitalistischen Produktionsweise *»notwendig nur limitierter, und prinzipiell limitierter Entwicklung der Produktivkräfte«.* (Ibid.: 404) Die innerhalb dieser Rahmenbedingungen stattfindende Produktivkraftentwicklung *»löst sie auf, und ihre Auflösung selbst ist eine Entwicklung der menschlichen Produktivkräfte. Es wird erst gearbeitet von gewisser Grundlage aus – erst naturwüchsig – dann historische Voraussetzung. Dann aber wird diese Grundlage oder Voraussetzung selbst aufgehoben oder gesetzt als eine verschwindende Voraussetzung, die zu eng geworden für die Entfaltung des progressiven Menschenpacks.«* (Ibid.) Die Verallgemeinerung der Trennung des unmittelbaren Produzenten von seinen Produktionsmitteln bei gleichzeitiger Befreiung aus persönlichen Abhängigkeitsverhältnissen – daher doppelt freier Arbeiter – markiert die (nächste) Lösungsform dieses Widerspruchs zwischen Produktivkräften und Produktionsverhältnissen.

Die germanische Eigentumsform mit ihrer am weitesten gehenden Verselbständigung des Eigentums als individuelles Eigentum sowohl gegenüber dem Gemeinschaftseigentum als auch dem nur ideell existierendem Gemeinschaftlichen ist ihrer Struktur nach die entwicklungsfähigste Form. Ihre Auflösung erfolgt in Europa zugunsten des feudalen Grundeigentums. Die sich über Jahrhunderte hinziehenden Transformationen des Grundeigentums durch Veränderung der auf Blutsverband beruhenden Gauen und Dorfgenossenschaften, die Entstehung einer Klasse von Großgrundbesitzern im Rahmen von Bürgerkriegen, Einziehungen durch Könige, Schenkungen an Günstlinge und Übertragungen an die Kirche sowie die Formen der Leibeigenschaft hat F. Engels in seinen Schriften »Zur Urgeschichte der Deutschen« sowie »Fränkische Zeit«[33] detailliert analysiert.[34] In England entwi-

---

[33] Vgl. MEW 19a: 425ff.

[34] Als Antwort auf einen Brief von V.I. Sassulitsch vom 16. Februar 1881 hat Marx sich auch intensiver mit den zeitgenössischen Formen des Grundeigentums in Russland befasst und in mehreren Entwürfen einer Antwort auf den Sassulitsch-Brief die Möglichkeiten einer Transformation der russischen Dorfgemeinde in Formen der kollektiven Produktion ohne vorherige kapitalistische Entwicklung mit Zerstörung der naturwüchsigen Gemeinwesen auf dem Land erörtert (vgl. MEW 19b: 384ff.). In der endgültigen Fassung seines Antwortbriefes hebt Marx hervor, dass die im »Kapital« dargestellte ursprüngliche Akkumulation *»ausdrücklich auf die Länder Westeuropas beschränkt [ist]«.* (Ibid.: 242) Für die russischen Verhältnisse gilt: *»Die im ›Kapital‹ gegebene Analyse enthält also keinerlei Beweise – weder für noch gegen die Lebensfähigkeit der Dorfgemeinde, aber das Spezialstudium, das ich darüber getrieben habe und wofür ich mir Material aus Originalquellen beschafft habe, hat mich*

ckelte sich ausgehend von ähnlichen naturwüchsigen Grundeigentumsverhältnissen der germanischen Form ebenfalls eine feudale Produktionsform mit Leibeigenschaftsverhältnissen, die allerdings bereits im 14. Jahrhundert überwunden waren. *»Die ungeheure Mehrzahl der Bevölkerung bestand damals und noch mehr im 15. Jahrhundert aus freien, selbstwirtschaftenden Bauern, durch welch feudales Aushängeschild ihr Eigentum immer versteckt sein mochte. Auf den größeren herrschaftlichen Gütern war der früher leibeigne bailiff (Vogt) durch den freien Pächter verdrängt. Die Lohnarbeiter der Agrikultur bestanden teils aus Bauern, die ihre Mußezeit durch Arbeit bei den großen Grundeigentümern verwerteten, teils aus einer selbständigen, relativ und absolut wenig zahlreichen Klasse eigentlicher Lohnarbeiter. Auch letztre waren faktisch zugleich selbstwirtschaftende Bauern, indem sie außer ihren Lohn Ackerland zum Belauf von 4 und mehr Acres nebst Cottages angewiesen erhielten. Sie genossen zudem mit den eigentlichen Bauern die Nutznießung des Gemeindelandes, worauf ihr Vieh weidete und das ihnen zugleich Mittel der Feuerung, Holz, Torf usw. bot.«* (MEW 23: 744f.)

Die wesentliche Bedingung für die Entwicklung der kapitalistischen Produktionsweise aus diesen feudalen Verhältnissen heraus bestand nun neben der Nutzbarmachung des aus Handel und Handwerk herstammenden Geldkapitals in der Trennung dieser bäuerlichen Produzenten von ihrem Grund und Boden und der Herstellung eines allgemeinen Arbeitszwangs. Beides charakterisiert die neue Klasse der doppelt freien Lohnarbeiter und beides vollzog sich in keineswegs idyllischen Formen, sondern durch mannigfache außerökonomische Gewalt, die nicht nur durch Private, sondern insbesondere durch den Staat ausgeübt wurde. Marx verweist sowohl auf die »Blutgesetzgebung gegen die Expropriierten seit Ende des 15. Jahrhunderts und die Gesetze zur Herabdrückung des Arbeitslohns« (vgl. ibid.: 761ff.) als auch auf die Herstellung eines inneren und weiter auswärtigen Marktes für das sich entwickelnde industrielle Kapital durch ein System des öffentlichen Kredits sowie das Kolonialsystem mit Handelskriegen und Protektionismus (vgl. ibid.: 781ff.). Dies setzte seinerseits die Bildung eines Nationalstaats voraus, der in England und Frankreich durch die absolute Monarchie geschaffen wurde, und dessen Fehlen in den deutschen Ländern, die erst durch die Revolution 1848, zudem unvollständig, entwickeltere politische Verhältnisse etablieren konnten, lange Zeit ein Entwicklungshemmnis der kapitalistischen Produktionsweise war.

Die ursprüngliche Akkumulation im 15. bis 17. Jahrhundert in England und auf dem europäischen Kontinent – sowie unter gänzlich anderen Bedingungen in den USA – ist vorliegend jedoch nicht unser Thema. Es ist jedoch für den für uns vorliegend interessierenden Zusammenhang festzuhalten, dass die Art und Weise der Beschaffenheit des Grundeigentums sowie der sozialen Gliederung in der Agri-

---

davon überzeugt, daß diese Dorfgemeinde der Stützpunkt der sozialen Wiedergeburt Russlands ist; damit sie aber in diesem Sinne wirken kann, müßte man zuerst die zerstörenden Einflüsse, die von allen Seiten auf sie einstürmen, beseitigen und ihr sodann die normalen Bedingungen einer natürlichen Entwicklung sichern.« (Ibid.: 243) kultur und im städtischen Handwerk, welche sich im Ergebnis der Auflösung naturwüchsiger Gemeinwesen ergeben haben, eine Grundlage für das Ausmaß der internen Entwicklungspotenziale in Ländern oder Territorien bleibt, die unter Bedingungen eines vollentwickelten kapitalistischen Weltmarkts nachholende Entwicklungsprozesse durchlaufen, d.h. eine ursprüngliche Akkumulation in zweiter oder dritter etc. Variation vollziehen (sollen).

Die Vorgeschichte der unentwickelten Länder vor der Kolonisierung

Wir wissen heute über die Entwicklung der menschlichen Gesellschaften durch verschiedene Wissenschaften – Archäologie, Anthropologie, Ethnologie, Geschichte etc. – wesentlich mehr als noch vor rd. 150 Jahren, als die Forschungen namentlich von Lewis Henry Morgan einen qualitativen Wissenssprung einleiteten; dieser ist seinerzeit von Marx und Engels ausführlich rezipiert worden.[35] Einen sehr guten Gesamtüberblick über den aktuellen Wissensstand gibt das Werk der amerikanischen Historiker Ross E. Dunn und Laura J. Mitchell.[36] Es hat den großen Vorzug, die geschichtlichen Entwicklungen differenziert für die verschiedenen Völker und in den verschiedenen Erdteilen zu dokumentieren und so Gemeinsamkeiten und Unterschiede der Gemeinwesen und Gesellschaften zu verschiedenen Zeiten und in verschiedenen Epochen aufzuzeigen.

Während die Kolonisierung Afrikas noch bis zum frühen 19. Jahrhundert in weiten Teilen auf die naturwüchsigen internen Strukturen traf, die mit der ersten Form des Grundeigentums und Gemeinwesens nur geringere Modifikationen der Stammesstrukturen und Gemeinwesen erzeugt hatte[37] und der Kontinent international

---

[35] Vgl. die späten Beschäftigungen von Marx in seinen letzten Lebensjahren über Geschichte, z.B. »Die ethnologischen Exzerpte« (Marx 1976) oder Engels »Der Ursprung der Familie, des Privateigentums und des Staates« (MEW 21).

[36] Vgl. Vgl. Dunn/Mitchell 2015.

[37] Eine weitgehend fehlende Verselbständigung des Privatbesitzes gegenüber dem Eigentum der Gemeinde hat sich als modifizierte Grundform in etlichen heutigen Staaten auf dem afrikanischen Kontinent sogar bis in die jüngste Zeit erhalten Vgl. Julius K. Nyerere: *»Wir in Afrika haben das Land immer als Besitz der Gemeinschaft angesehen. Jedes Mitglied der Gesellschaft hatte ein Recht auf Bodennutzung, denn anders konnte er nicht seinen Lebensunterhalt verdienen, und es kann nicht jemand das Recht auf Leben haben, wenn er nicht auch ein Recht hat auf die Mittel, es zu erhalten. Aber das Recht des Afrikaners auf Land war lediglich ein Nutzungsrecht; er hatte keinen weiteren Anspruch darauf und er kam auch nicht auf den Gedanken zu versuchen, ob er nicht auch ein anderes Recht beanspruchen könnte. Das Anwachsen des Parasitentums dürfen wir hier in Tanganjika nicht dulden. Die TANU-Regierung muss auf die traditionelle afrikanische Weise des Grundbesitzes zurückgreifen. Das heißt, ein Mitglied der Gesellschaft erhält einen Anspruch auf ein Stück Land unter der Bedingung, dass er es nutzt. Bedingungsloser oder ›freier‹ Grundbesitz (der zu Spekulation und Parasitentum führt) muss abgeschafft werden. Wir müssen, wie ich bereits gesagt habe, unsere alte Geisteshaltung wiedergewinnen – unseren traditionellen afrikanischen Sozialismus – und ihn auf die neue Gesellschaft anwenden, die wir jetzt schaffen wollen. Die TANU-Partei hat sich verpflichtet, den Sozialismus zur Grundlage ihrer Politik auf jedem Gebiet zu*

vornehmlich als Lieferant von Sklaven für die Südstaaten von Nordamerika sowie Südamerika einerseits und Arabien andererseits ökonomisch in Erscheinung trat,[38] hatten sich in anderen Teilen der Welt, d.h. vornehmlich in weiten Teilen Asiens, bis zur Hochzeit des Kolonialismus und Imperialismus der europäischen kapitalistischen Mächte bereits entwickeltere Verhältnisse herausgebildet.

In China hatten sich bis zur Qing-Dynastie, dem letzten Kaiserreich vor Bildung der Republik 1911, auf Basis der Ausgestaltung der asiatischen Produktionsweise feudal ähnliche Strukturen im Rahmen von Großreichen etabliert, die im Laufe der Jahrhunderte ihre Grenzen immer weiter nach Westen durch Krieg, Zusammenschlüsse durch Heirat sowie durch Bekämpfung einwandernder Nomaden aus dem Norden (Mongolen) hinausgeschoben hatten. Bis zum ersten Opium-Krieg zur Mitte des 19. Jahrhunderts widerstand ein protektionistisches China dem aggressiven britischen Freihandel in Tee, Silber und indischem Opium; danach mussten Großbritannien zunehmende ökonomische und politische Zugeständnisse eingeräumt werden. In dieser Zeit wurde Hongkong britische Kronkolonie und sicherte den britischen Zugang zum chinesischen Markt. Als faktische britische Kolonie versank China in der Folgezeit in interne Wirren und musste in Teilen seines Territoriums auch direkte Fremdherrschaft durch die japanische Okkupation der Mandschurei und die Kolonisierung der Insel Taiwan erdulden. Erst die siegreiche kommunistische Revolution eröffnete ab 1949 mit der Gründung der Volksrepublik neue Entwicklungsperspektiven.

Auf den japanischen Inseln regierten ab 1600 die Shogune, oberste Kriegsherren, das Land, dessen ökonomische Basis traditionelle Bauernwirtschaften mit Leibeigenschaft waren; sie wurden von 266 Großfürsten, den Daimyo, beherrscht. Der Shogun Tokugawa Ieyasu und sein Nachfolger hatten in langen blutigen Schlachten die japanischen Stämme geeint und den Kaiser, Tenno, in die Bedeutungslosigkeit verbannt. Japan entwickelte sich bis zur Mitte des 19. Jahrhunderts weitgehend abgeschieden von dem Rest der Welt als Feudalgesellschaft. Der Umschwung der autarken traditionellen Bauerngesellschaft in die Moderne begann mit der Landung amerikanischer Schiffe 1853 und der erzwungenen Öffnung des Landes für auswärtigen, insbesondere amerikanischen Handel als exogener Impuls. In den 50 Jahren bis zum Beginn des 20. Jahrhunderts entwickelte sich Japan zu einer Ökonomie, deren Produktivkräfte ansatzweise mit jenen in Europa und den USA vergleichbar waren. Nach dem Ersten Weltkrieg trat das Kaiserreich Japan in Südostasien selbst als aggressive imperialistische Macht auf und hatte sich neben der

---

machen. Das Volk von Tanganjika hat, indem es eine TANU-Regierung gewählt hat, die es führen soll, uns das Mandat gegeben, diese Politik zu verwirklichen. Darum kann man der Regierung vertrauen, dass sie nur legislative Maßnahmen ergreifen wird, die mit sozialistischen Prinzipien in Einklang stehen.« (Zitiert nach Wikipedia)

[38] Ausnahmen bilden das am Kap der Guten Hoffnung gelegene Südafrika, das früh durch Holländer und Briten kolonisiert wurde, sowie das lange vom Osmanischen Reich beherrschte Ägypten, welches im 19. Jahrhundert zusammen mit dem größten Teil des Nahen Ostens unter britischen Einfluss geriet.

chinesischen Mandschurei und Taiwan die koreanische Halbinsel, Malaysia und Indonesien einverleibt und dort gewaltsam moderne Formen des Grundeigentums und der Agrikultur etabliert. Erst die Niederlage im Zweiten Weltkrieg gegen die USA reduzierte Japan wieder auf seine angestammten Inselterritorien.

Ganz im Unterschied zur japanischen Entwicklung besaß die aus einer Abart der germanischen Eigentumsform hervorgegangene bäuerliche Feudalgesellschaft im russischen Zarenreich diese die Produktivkräfte befördernden exogenen Potenziale nicht. Vielmehr existierte unter den Feudalstrukturen die traditionelle russische Dorfgemeinde (Obščina) bis in die 1890er Jahre fort. Feudales Grundeigentum, Leibeigenschaft der Bauern und Fortexistenz dieser naturwüchsigen Gemeindestrukturen blockierten den Übergang zum Kapitalismus lange Zeit, der sich in den Städten erst gegen Ende des 19. Jahrhunderts durchsetzen konnte.[39]

Demgegenüber waren die indischen Großreiche bis zur formellen Kolonisierung durch die Britische Ostindien-Kompanie ab Mitte des 18. Jahrhunderts in vielen Aspekten Ausgestaltungen der »asiatischen Produktionsweise« geblieben. Das Kastenwesen in Indien war (und ist) eine Sozialform, die den ursprünglichen Despotismus des asiatischen Gemeinwesens mit spezifischen, auf dem Staats- und Großgrundbesitz fußenden und durch religiöse Unterschiede befestigten Herrschaftsverhältnissen überlagert hatte. Die Verbreitung des Islam auf dem indischen Subkontinent geht auf das Eindringen arabischer Heere ab dem 12. Jahrhundert und die Errichtung des Delhi-Sultanats zurück.

Auf dem amerikanischen Kontinent waren die indianischen Hochkulturen in Mittel- und Südamerika bereits vor der Eroberung durch spanische (und portugiesische) Kolonisatoren untergegangen. In Brasilien errichteten die portugiesischen Kolonialherren eine Sklavenwirtschaft mit importierten Menschen aus Afrika. Im Vizekönigreich Peru, welches Südamerika mit Ausnahme von Venezuela sowie der portugiesischen Einflusssphäre umfasste, etablierte die spanische Kolonialmacht Strukturen, die aus dem iberischen Feudalismus hervorgegangen waren und riesige Ländereien durch die Krone an spanische Adlige mitsamt den darauf lebenden Indios vergab; hierin sind die Ursprünge des südamerikanischen Großgrundbesitzes zu sehen. Im Laufe des 18. Jahrhunderts wurde das spanische Südamerika politisch neu gegliedert und durch Abspaltungen entstand das neue Königreich Argentinien, welches auch das heutige Bolivien, Paraguay sowie Uruguay umfasste. Im zweiten Dezennium des 19. Jahrhunderts erkämpfte die kreolische Bevölkerung Südamerikas ihre Unabhängigkeit von Spanien und Portugal; dies führte zur Bildung der heutigen Staaten. Ein ursprünglich aus Europa importierter Feudalismus auf dem südamerikanischen Kontinent, der im portugiesischen Brasilien mit Sklavenhaltung verbunden war und keine Verbindung mit den Resten der naturwüchsigen indigenen Gemeinwesen einging, streifte also relativ früh das koloniale Joch ab, führte aber in den neuen Staaten Südamerikas nicht zu einer mit Europa vergleichbaren

---

[39] Die Entwicklung des Kapitalismus in Russland ist durch die frühen Analysen Lenins gut dokumentiert; vgl. LW 1.

ursprünglichen Akkumulation. Neben internen Wirren, die sich bis in die jüngere Gegenwart immer wieder in Militärputschen Ausdruck verschafften, war es die ungebrochene Dominanz des Großgrundbesitzes und der Grundeigentümerklasse, welche die industrielle Entwicklung in den Städten blockierte.

Hybridstruktur der unterentwickelten Länder zwischen internen Auflösungsprozessen der naturwüchsigen Verhältnisse im Rahmen von ursprünglicher Akkumulation und Einflüssen des kapitalistischen Weltmarkts

Je mehr sich die kapitalistische Produktionsweise in Europa entwickelte, desto mehr traten ökonomische Interessen in Bezug auf die systematische Rohstoffextraktion und -gewinnung anstelle bloßer Ausplünderung von Gold und Silber bei den Eingeborenen in den Vordergrund. Letzteres hatte noch die spanischen und portugiesischen Konquistadoren bei der Landung in Mittel- und Südamerika sowie die englischen Piraten in der Karibik angetrieben. Nunmehr ging es um mineralische Rohstoffe und Baumwolle für die heimische Industrie sowie konsumtive Agrikulturprodukte wie z.B. Tee für die Bevölkerung im Mutterland.

Um die Ausbeutung der Bodenschätze und Agrikulturprodukte in den Kolonien systematisch betreiben zu können, waren bestimmte minimale infrastrukturelle und administrative Voraussetzungen notwendig, die die Kolonialmacht mitbrachte bzw. vor Ort etablierte. Wenn im Interesse der Rohstoffextraktion und Landwirtschaft einheimische Arbeitskräfte heranzuziehen waren, kam es zur Ausbildung einer Kompradoren-Bourgeoisie, die als örtliche Stellvertreterin der Kolonialmacht die Ausbeutung der Ressourcen und der Arbeitskräfte überwachte. Solange in den Kolonien noch die naturwüchsigen Gemeinwesen bei der einheimischen Bevölkerung dominierten, bildete sich eine unverbundene Hybridstruktur zwischen internen Sozial- und Produktionsverhältnissen einerseits und extern bestimmten kolonialen Strukturen andererseits heraus.

Von den Typen der überkommenen Gemeinwesen wies nur die germanische Eigentumsform, wenn sie in feudale Grundeigentumsverhältnisse aufgelöst wurde, potenzielles Entwicklungspotenzial für eine zur kapitalistischen Produktionsweise führende ursprüngliche Akkumulation auf. Ansonsten mussten wesentliche Entwicklungsimpulse von außen, d.h. durch den Einfluss und die Intervention bereits entwickelter kapitalistischer Länder erzeugt werden. Das Paradebeispiel für diese Konstellation ist Japan sowie mit Abstrichen Korea nach dem Zweiten Weltkrieg. Jenseits dieser exogen angestoßenen ursprünglichen Akkumulation brachten es im 19. und in der ersten Hälfte des 20. Jahrhunderts nur die Siedlerkolonien zu einer kapitalistischen Produktionsweise. Länder und Gebiete, in denen extraktivistische Kolonialverhältnisse auf Ausgestaltungen der »asiatischen Produktionsweise« aufgepfropft wurden wie in vielen Ländern Afrikas und Asiens oder die die kolonialfeudalen Grundeigentumsverhältnisse aus dem 19. Jahrhundert teilweise bis in die Gegenwart konservieren konnten wie es für einige Länder Südamerikas charakteristisch ist, verblieben bis in das letzte Viertel des 20. Jahrhunderts auf dem Status unentwickelter Länder der 3. Welt.

Charakteristisch für diese Länder und Verhältnisse ist eine Hybridstruktur von mehr oder weniger unverbundenen Verhältnissen auf dem Land und einer stark durch die Einwirkung des Weltmarkts geprägten Entwicklung in den Städten, die sich um die industriellen Zentren der ausländischen Kapitale, die vornehmlich Rohstoffextraktion betreiben sowie den Abtransport organisieren, gruppieren. Mit der Landflucht der einheimischen Bevölkerung schwollen die Städte zu teilweise riesigen Agglomerationen mit großen Elendsvierteln an. Nur da, wo die Beschaffenheit des Grundeigentums, der ländlichen Sozialstrukturen und des internen handwerklichen Gewerbes eine engere ökonomische Beziehung mit der von außen initiierten Industrie ermöglichte, waren Voraussetzungen für eine sich wechselseitig befruchtende Entwicklung gegeben.

Es konnte sich dann ein regulärer innerer Markt für Agrikulturprodukte und Waren des städtischen Gewerbes (sog. Leichtindustrie) sowie eine wechselseitige Leistungsverflechtung und eine beide Bereiche verbindende Infrastruktur ausbilden. Wo Letzteres im Wesentlichen aufgrund von internen politischen Verhältnissen und ethnischen, religiösen und sozialen Strukturen nicht möglich war bzw. die Landwirtschaft schwerpunktmäßig Subsistenzwirtschaft blieb und das Auslandskapital keine bzw. zu geringe Impulse für ein auf den internen Markt gerichtetes Gewerbe hervorbrachte, blieb die Entwicklung prinzipiell limitiert.

Die durch die sozioökonomischen Verhältnisse limitierte Entwicklung dieser Gesellschaften wird oftmals durch eine starke Vermehrung der Bevölkerung akzentuiert. So rudimentär vielfach die infrastrukturelle Gesundheitsversorgung der Bevölkerung auch beschaffen sein mag, sie reicht hin, dass diese Gesellschaften den demografischen Übergang bereits begonnen haben, d.h. Kindersterblichkeit gesunken und durchschnittliche Lebenserwartung gegenüber den Vorzeiten gestiegen sind, also die (Lebend-)Geburtenrate die Sterberate übersteigt. Andererseits ist der »klassische« demografische Wandel, der mit fortschreitender sozioökonomischer Entwicklung in ein sozial bestimmtes anderes intergeneratives Verhalten mit zurückgehender Geburtenrate mündet, noch nicht oder noch nicht vollständig vollzogen, sodass namentlich die jüngeren Kohorten der Bevölkerung noch stark zunehmen. Starke religiöse Einflüsse, die Empfängnisverhütung und Abtreibung diskriminieren, spielen dabei in Afrika eine wichtige Rolle. Das Ergebnis ist in vielen Fällen, dass das wirtschaftliche Wachstum nicht mit der steigenden Bevölkerungszahl Schritt hält oder zumindest nicht ausreicht, um ein stetig zunehmendes Gesamtprodukt pro Kopf zu gewährleisten.

Eine solche limitierte interne Entwicklung mit verbreiteter Armut der Mehrheit der Bevölkerung kann andererseits durchaus mit einer florierenden, an entwickelteren kapitalistischen Standards orientierten Lebensweise der einheimischen politischen Eliten sowie der Grundbesitzerklasse einhergehen. Diese partizipiert dann über die Grundrente auf die Lagerstätten der Rohstoffe an der Wertschöpfung der in der Hand des Auslands sich befindenden extraktiven Industrie. Wird diese Grundrente nicht durch den Staat weggesteuert und in inländische produktive und reproduktive (z.B. Aufbau eines Schul- und Bildungssystems) Verwendungen überführt, sondern weitgehend konsumtiv durch die besitzenden Klassen und ihren Anhang verausgabt, hat der einheimische Reproduktionsprozess wenig bis nichts von der Exploitation der nationalen Ressourcen.

Ein Gutteil der Konsumtionsmittel der heimischen »Eliten« muss importiert werden und belastet pro tanto die nationale Handelsbilanz sowie die Währungsreserven. Eine Steigerung dieser negativen Auswirkungen ist nur noch bei einer nachfolgenden Kapitalflucht der Rentengelder gegeben. Eine derartige rentenbasierte Ökonomie mit konsumtiver Verwendung des Surplus – neben ausländischen Luxusgütern gehört hierzu auch eine Aufrüstung seitens der nationalen Regierung – verliert doppelt: einmal bei den Preisen für die nationalen Rohstoffe bzw. dem Teil, der als Arbeitslohn für heimische Lohnarbeiter sowie, mit Abstufungen, für die Rente für die Grundeigentümer im Land bleibt, zum zweiten durch die für die nationale Entwicklung der Ökonomie nicht-produktive Verausgabung der bezogenen Revenuen und Steuern.

Dies geht solange gut, solange die (grund)besitzenden Klassen ihren Staatsapparat alimentieren und gegebenenfalls durch ethnische Stammesstrukturen und religiöse Gefolgschaften einen Teil der Bevölkerung begünstigen und sich damit deren Botmäßigkeit sichern. Es ist allerdings umgekehrt genauso oft vorgekommen, dass eine nationale Befreiungsbewegung, die nicht nur die staatliche Unabhängigkeit erkämpft hatte, sondern darüber hinaus auch einen eigenständigen nationalen Entwicklungsweg jenseits der ausländischen Rohstoffkonzerne verfolgt hat, bei der Fortentwicklung der Ökonomie versagt hat – sei es wegen mangelnder Qualifikation des neuen einheimischen Managements der verstaatlichten Bergwerke, Minen und Ölquellen, sei es wegen unzulänglicher Regierungskunst der erfolgreichen Unabhängigkeitskämpfer. So gibt es gar nicht so wenige Beispiele, wo dem Auslandskapital positiv zugetane Regierungen, die den ihnen zufallenden Teil des nationalen Surplus nicht konsumtiv verprasst, sondern in die heimische Wirtschaft investiert haben, bessere Entwicklungsergebnisse in ihren Ländern vorweisen können als im Friedenskampf gescheiterte Antiimperialisten.

Damit ergibt sich im Resultat eine differenzierte Bewertung des Einflusses der ausländischen Direktinvestitionen in unentwickelten Ländern. Nach Überwindung des kolonialen Jochs liegt ihre Wirkung für die heimische Ökonomie in diesen Ländern zwischen den Extremen einer Verstetigung von deren Unentwickeltheit und Abhängigkeit – diesen Fall stellt die Dependenztheorie in den Mittelpunkt ihrer Betrachtung – und eines entwicklungsfördernden Einflusses, der sich mit den endogenen Potenzialen im Verein mit einer staatlichen Entwicklungsplanung verbindet und auch unter den festgefügten Dominanzverhältnissen des kapitalistischen Weltmarkts eine ursprüngliche Akkumulation ermöglicht. Dies setzt in aller Regel die Vermeidung von Monostrukturen, seien dies nun bestimmte Rohstoffe (ggf. mit ersten Verarbeitungsstufen) oder eine internationale Tourismusindustrie, voraus. Die Vielfältigkeit der Branchenstruktur der einheimischen Ökonomie und ihre Liefer- und Leistungsverflechtung wirkt in diesem Zusammenhang als eigenständige synergetische Produktivkraft.

Während die Schwellenländer mit der VR China an der Spitze für das letztere Extrem stehen, gilt für die übrigen Staaten mit unentwickelter Ökonomie auch heutzutage, dass sie entweder am unteren Ende der Wertschöpfungs- und Entwicklungskette stehen – dies betrifft namentlich die Mehrzahl der afrikanischen Staaten mit Ausnahme der Mittelmeeranrainer und Südafrika – oder mit Abstufungen zwischen den beiden Extremen einzuordnen sind.

Kapitel 11: Schwellenländer (Newly industrialized Countries, NICs)

a) Identifikation der Schwellenländer im Verhältnis zu kapitalistischen Metropolen und unentwickelten Ländern

Während der Kreis der kapitalistischen Metropolen mit den G7-Staaten klar umrissen ist – allenfalls kann hier gefragt werden, ob die übrigen Euro-Volkswirtschaften und/oder die übrigen EU-Staaten als nachgeordnete, aber durch vielfältige ökonomische und politische Beziehungen mit den EU-G7-Mitgliedern BRD, Frankreich und Italien verbundene Staaten hinzuzurechnen sind[1] –, gilt dies für die Schwellenländer nicht in gleicher Weise. Nimmt man hilfsweise die im aktuellen G20-Format zusammengefassten übrigen Länder – VR China, Indien, Brasilien, Südkorea, Russland, Australien, Mexiko, Indonesien, Türkei, Argentinien und Saudi-Arabien – als erste Annäherung an den Umkreis der Schwellenländer, so ergibt sich ihre Zuordnung direkt aus der Rangfolge ihrer ökonomischen, anhand der Größe ihres Bruttoinlandsprodukts (BIP) gemessenen Bedeutung.[2] Nur Südafrika als G20-Mitglied rangiert bei diesem Ranking auf einem weiter hinten liegenden Platz nach Taiwan, Thailand, Nigeria, Iran, den Vereinigten Arabischen Emiraten, Ägypten, Hongkong, Israel, Philippinen, Singapur und Malaysia.[3] Als

---

[1] Für eine solche Zurechnung spricht namentlich für die übrigen Euro-Staaten die gemeinsame Währung. Da andererseits die Euro-Zone (noch) keinen gemeinsamen Euro-Reproduktionsprozess darstellt, besitzt die Unterscheidung zwischen nationalen Volkswirtschaften und der Euro-Zone auch im Hinblick auf die Unterscheidung zwischen Metropolen und nachgeordneten Ländern ihre Berechtigung. Noch mehr gilt dies im Hinblick auf die Nicht-Euro-EU-Staaten. Großbritannien ist im Hinblick auf den Austritt aus der Europäischen Union (Brexit) bereits heute als eigenständige kapitalistische Metropole jenseits der EU zu behandeln. Eine wesentlich breitere Definition von entwickelten Ländern (»advanced countries«) benutzt der Internationale Währungsfonds, der neben den europäischen Industriestaaten auch z.B. Israel, Hongkong, Singapur, Südkorea und Taiwan zu diesem Kreis hinzuzählt; sie sind aber nicht als kapitalistische Metropolen zu behandeln..

[2] Hierbei sind EU-Mitgliedsstaaten, die z.T. ein höheres Bruttoinlandsprodukt als einzelne Schwellenländer aufweisen, durch die gleichzeitige Mitgliedschaft der Europäischen Union im G20-Format mitberücksichtigt.

[3] Das heutige G20-Format ging ursprünglich aus dem G33-Format der früheren Gruppe von Finanzministern und Zentralbankchefs von Industrie- und Schwellenländern hervor. G33-Mitglieder waren Ägypten, Argentinien, Australien, Belgien, Brasilien, Chile, Volksrepublik China, Deutschland, Elfenbeinküste, Frankreich, Großbritannien, Hongkong, Indien, Indonesien, Italien, Japan, Kanada, Malaysia, Marokko, Mexiko, Niederlande, Polen, Russland, Saudi-Arabien, Schweden, Schweiz, Singapur, Spanien, Südafrika, Südkorea, Thailand, Türkei und die USA.

zwar nicht nach der absoluten Größe, aber vom Entwicklungsgrad das am höchsten entwickelte Land des afrikanischen Kontinents ist Südafrika als einziger afrikanischer Vertreter im jetzigen G20-Format übrig geblieben. Die Schweiz als G33-Mitglied gehört nach der Größe ihres BIP, welches knapp hinter der Türkei, aber vor Saudi-Arabien und Argentinien einzuordnen ist, der internationalen Bedeutung ihrer Währung, ihrer Rolle als Finanzplatz sowie ihrer industriellen Potenziale mit in die Rubrik entwickelter kapitalistischer Länder und nimmt als Quasi-Mitglied an den G20-Beratungen teil.[4]

Die vorliegende Aufzählung macht deutlich, dass die Zuordnung zum G20-Format, welches keine offizielle und schon gar keine demokratisch legitimierte Bedeutung besitzt, neben objektiven ökonomischen Kriterien auch politischen Rücksichten geschuldet ist. Der Kreis der Newly Industrialized Countries (NICs) ist im Zweifel also weiter zu ziehen als in dieser politischen Zuordnung. Hierbei ist allerdings zu berücksichtigen, dass Länder wie bspw. Nigeria oder Ägypten zwar aufgrund ihrer Bevölkerungszahl ein absolut höheres BIP ausweisen als Länder wie Singapur als Stadtstaat, deren Entwicklungsgrad der kapitalistischen Produktionsweise und der reellen Subsumtion der Arbeit unter das Kapital aber nur vergleichsweise schwach und allenfalls punktuell ausgeprägt ist und somit deutlich hinter Ländern wie z.B. Israel und selbst Malaysia zurückbleibt. Die Konsequenz lautet, dass für den Zwischenbereich zwischen kapitalistischen Metropolen (nebst ihnen nachgeordneten Ländern) und unentwickelten Ländern sich ein großer Fächer verschiedener Entwicklungsstufen auftut; eigentliche Länder an der Schwelle zu industriellen Ökonomien sind nur die an der Spitze dieser internen Rangfolge stehenden Staaten. Sie können mit VR China, Indien, Brasilien. Südkorea, Russland, Australien, Mexiko, Türkei und Argentinien sowie Taiwan, Singapur und Südafrika umschrieben werden;[5] auf alle diese Staaten gehen wir im Rahmen jeweiliger Argumentationszusammenhänge nachfolgend ein.[6]

Die genannten Länder sind mit Ausnahme der VR China kapitalistische Volkswirtschaften. Sie haben sehr unterschiedliche Vergangenheiten. Als einziges Land der ehemaligen »Zweiten Welt« ist die Russische Föderation als Nachfolgestaat und größte ehemalige Republik der Sowjetunion (UdSSR), zudem als zweitgrößte Atommacht nach den USA und ehemalige Weltmacht, übrig geblieben. Ihre im aktuellen Vergleich nachgeordnete ökonomische Potenz gegenüber den kapitalistischen

---

[4] Eine weitere Ausnahme stellt Norwegen als Nicht-EU-Staat dar. Es ist hinsichtlich seines Entwicklungsgrads zwar ebenfalls ein entwickeltes kapitalistisches Land, besitzt jedoch wegen seiner geringeren Größe nach Bevölkerungszahl und BIP eine nachgeordnete Stellung gegenüber den eigentlichen Metropolen; zudem ist Norwegen als Mitglied des Europäischen Wirtschaftsraumes (EWR) eng an die EU gebunden und wird im G20-Format durch die EU mit repräsentiert.

[5] Das in diesem Zusammenhang teilweise gesondert aufgeführte Hongkong als ehemaliger »asiatischer Tigerstaat« ist mittlerweile zur VR China zu rechnen.

[6] Vgl. für Südkorea und Argentinien das vorliegende Kapitel, für Taiwan, Singapur und Hongkong sowie VR China Kapitel 14 und für die restlichen Staaten Kapitel 15.

Metropolen reflektiert sowohl die seinerzeitige wirtschaftliche Unterlegenheit der Sowjetunion als auch den missglückten Transformationsprozess der administrativzentralistischen Planwirtschaft in eine kapitalistische Marktwirtschaft und die innerhalb dieses Prozesses gebildete oligarchische Eigentumsstruktur mit ihrer unzureichenden Differenzierung der Wirtschaftsbranchen. Die zeitweilige Mitgliedschaft der Russischen Föderation im auf acht Ländern erweiterten Format der führenden Industrieländer war primär politisch und nicht ökonomisch begründet.

Die Existenz als selbständige Staaten datiert für Indien, Südkorea, Taiwan und Singapur erst für die Zeit nach dem Zweiten Weltkrieg. Indien und Singapur waren britische Kolonien, ebenso wie Australien, dessen staatliche Entwicklung als britische Strafkolonie begann. Taiwan seit Ende des 19. und Korea seit Anfang des 20. Jahrhunderts waren japanische Kolonien und die Kolonialmacht hinterließ deutliche Spuren in der Ökonomie und der Gesellschaftsstruktur beider Länder, die die spätere Entwicklung im Ganzen begünstigten. Im Rahmen des Zweiten Weltkriegs war auch die britische Kronkolonie Singapur unter japanische Herrschaft geraten, ohne dass hier allerdings eine vergleichbare sozioökonomische Prägung ausgeübt wurde. Singapur wurde nach dem Zweiten Weltkrieg und dem Rückzug der Japaner aus allen kolonisierten und eroberten Gebieten wieder britische Kronkolonie, sodann Anfang der 1960er Jahre Mitglied der malaiischen Föderation und schließlich staatlich unabhängig. Während Südkorea und Taiwan nach dem Zweiten Weltkrieg auch eine klassische industrielle Basis aufbauten, sind Australien und Singapur vornehmlich moderne Dienstleistungsökonomien; Australien ist darüber hinaus allerdings auch ein bedeutender Produzent mineralischer Rohstoffe und Singapur zudem ein bedeutender internationaler Finanzplatz.

Gegenüber dieser bis in die Nachkriegszeit reichenden kolonialen Vergangenheit der fernöstlichen Länder blicken Brasilien, Argentinien sowie Mexiko auf eine wesentlich längere staatliche Selbständigkeit zurück; die Unabhängigkeit gegenüber Spanien bzw. Portugal wurde bereits im zweiten Dezennium des 19. Jahrhunderts errungen – mit dem kurzzeitigen Zwischenspiel der Besetzung Mexikos durch Frankreich und dem Versuch, den Habsburger Maximilian als Kaiser in den 1860er Jahren zu inthronisieren, was durch die Mexikaner unter Führung von Benito Juárez mithilfe der USA verhindert wurde. Diese seit Anfang des 19. Jahrhunderts währende staatliche Unabhängigkeit der lateinamerikanischen Schwellenländer konnte jedoch nicht zu einer vergleichbaren ökonomischen Entwicklung wie in den asiatischen Ländern umgesetzt werden. Argentinien beispielsweise besaß noch zu Beginn der 1950er Jahre ein höheres ökonomisches Entwicklungsniveau, gemessen als BIP pro Kopf, als alle anderen heutigen asiatischen Schwellenländer, hat dieses Niveau aber nicht halten können und kann sich heutzutage nicht mehr mit Taiwan oder Südkorea messen.[7]

[7] Vgl. die genauere Betrachtung der Nachkriegsentwicklung von Südkorea und Argentinien als Beispiele für gelungene und misslungene nachholende Entwicklungen auf kapitalistischer Grundlage im abschließenden Unterabschnitt des vorliegenden Kapitels.

Nur Südafrika repräsentiert in der vorgenommenen Abgrenzung von Schwellenländern wie auch im G20-Format die afrikanischen Staaten. Südafrika wurde gegen Ende des 18. Jahrhunderts von britischen Truppen besetzt und 1806 britische Kolonie, nachdem die Niederländische Ostindien-Kompanie (Vereenigde Oostindische Compagnie, VOC) einen wirtschaftlichen Niedergang vollzogen hatte und der Einfluss der Holländer geschwunden war. In der Folgezeit waren zunächst ausgedehnte interne Auseinandersetzungen zwischen den als Kolonisatoren eingewanderten Buren und Briten zu verzeichnen, die schließlich von den Briten gewonnen wurden und in der Errichtung eines Apartheid-Systems gegenüber nicht-weißen Bevölkerungsteilen mit Abstufungen zwischen Coloureds, Indischstämmigen und Kapmalaien auf der einen und schwarzer afrikanischer Bevölkerung auf der anderen Seite gipfelten. Die reichen Rohstoffvorkommen an Diamanten, Gold und anderen seltenen Rohstoffen (Chrom, Platin, Mangan, Vanadium, Nickel, Titan, Antimon und Palladium) sowie an Kohle und Eisenerz führten nach dem Zweiten Weltkrieg zu zahlreichen ausländischen Direktinvestitionen internationaler Bergbaukonzerne und erbrachten ab Beginn der 1960er Jahre dem Land, nicht jedoch der schwarzen Mehrheitsbevölkerung, eine Teilnahme an der Nachkriegsprosperität.[8] Erst in den 1990er Jahren wurden die Apartheid-Strukturen, die sich zunehmend als Wirtschaftshemmnis dargestellt hatten, schrittweise gelockert und 1994 nach den ersten allgemeinen Wahlen mit einem überwältigenden Sieg des ANC (African Nationalkongress) endgültig abgeschafft. Seitdem liegen die jährlichen Zuwachsraten des südafrikanischen BIP mit Ausnahme des Krisenjahres 2009 durchgängig im unteren einstelligen Bereich; dabei hat die soziale Ungleichheit nun auch innerhalb der schwarzen Bevölkerung stetig zugenommen.[9]

Schließlich ist bei den Schwellenländern noch die Türkei als ehemaliges Kerngebiet des Osmanischen Reiches, welches in der Zwischenkriegszeit (im Jahr 1923) nach einem langen Niedergangs- und territorialen Schrumpfungsprozess zu einer modernen Republik unter Mustafa Kemal Atatürk wurde, zu berücksichtigen. Erst nach der Jahrtausendwende gewann die Türkei mit anhaltend hohen BIP-Wachstumsraten ihren jetzigen Status als industrialisiertes Schwellenland, nachdem in den ersten Dezennien nach dem Zweiten Weltkrieg noch ihre internationale Rolle als Auswanderungsland von Arbeitskräften namentlich in die BRD dominiert hatte.

---

[8] Dieser Umstand hebt die Republik Südafrika gegenüber allen anderen Ländern des afrikanischen Kontinents heraus und markiert demzufolge auch einen Unterschied zu den afrikanischen Mittelmeer-Anrainern (Maghreb-Staaten sowie Ägypten) oder dem bevölkerungsreichsten afrikanischen Staat Nigeria als OPEC-Land.

[9] Einen Status als hauptsächlicher Rohstofflieferant hat auch Saudi-Arabien inne, dem die Erdölpreisentwicklung seit 1973 zu einem hohen BIP pro Kopf für seine einheimische Bevölkerung verholfen hat. Die Erträge aus dieser Monostruktur waren in der Vergangenheit so groß, dass trotz unproduktiver Verwendungen der Renten aus der Erdölförderung für genießenden Reichtum und militärische Aufrüstung eine moderne Infrastruktur in den Zentren des Landes etabliert werden konnte. Mittlerweile folgt das saudische Königreich dem Beispiel Norwegens und versucht, seine Ökonomie für die Zeit nach dem Erdöl zu diversifizieren.

Durch die jüngeren politischen Entwicklungen unter dem Präsidenten Recip Tayyip Erdoğan, die in die Richtung einer religiös fundierten Diktatur der islamischen Fortschrittspartei AKP (mit dem faschistischen Anhängsel MHP) führen, wird dieser Status allerdings wieder aufs Spiel gesetzt.

Insgesamt ergibt sich also, dass die vorliegend aufgelisteten Schwellenländer nicht nur ökonomisch unterschiedliche Entwicklungsgrade beinhalten, sondern auch, teilweise als Nachwirkung der spezifischen Bedingungen, unter denen sie ihre Selbständigkeit gewonnen haben, sehr unterschiedliche politische Konstellationen beherbergen. Diese Umstände verhindern eine einfache Erklärung für eine im Ganzen erfolgreiche längerfristige ursprüngliche Akkumulation. Dennoch lassen sich einige allgemeine Kriterien angeben, welche wesentliche Unterschiede zu dem Rest der unentwickelten Länder des globalen Südens markieren.

b) Entwicklungsfaktoren für die Schwellenländer: Synergien aus internen Prozessen, Weltmarkteinflüssen und staatlicher Wirtschaftspolitik zur Förderung der ursprünglichen Kapitalakkumulation

Während für die unterentwickelten Staaten eine mehr oder weniger ausgeprägte Hybridstruktur aufgelöster oder sich in Auflösung befindlicher naturwüchsiger, auf Subsistenzproduktion gegründeter Verhältnisse und intern ausgebildeter Warenproduktion mit überwiegend bloß formeller Subsumtion der Arbeit unter kapitalistische Produktionsverhältnisse einerseits und weltmarktbestimmter, zumeist auf Rohstoffgewinnung orientierter Zentren von Agrikulturproduktion und extraktiver Industrie andererseits charakteristisch ist, sind die Schwellenländer einen entscheidenden Schritt auf der Entwicklungsstufenleiter weiter. Gegründet auf einen Wert- und Stoffersatz im Rahmen eines tendenziell gesamtwirtschaftlichen Zirkulationsprozesses, also einer weitgehenden Verwandlung der arbeitenden Erwerbsbevölkerung in doppelt freie Lohnarbeiter sowie einer darauf gegründeten gesamtgesellschaftlichen Ausdehnung des Handels, eines zumindest in seinen Grundstrukturen in den Städten entwickelten Bankwesens sowie einer materiell-technischen Infrastruktur, welche die Gesamtheit des Landes, allerdings in der Regel mit Abstufungen, erschließt, haben sich in diesen Ländern industrielle Produktionsverhältnisse ausgebildet. Sie stehen für eine reelle Subsumtion der Arbeit unter das Kapital, sowohl einheimisches wie ausländisches. Damit die Einflüsse des Weltmarkts entwicklungsfördernde Incentives für die Wirtschafts- und Sozialstruktur des Landes ausüben können, ist die Verbindung von internen Produktionspotenzialen und internem Markt sowie extern begründeten ökonomischen Verhältnissen essentiell, d.h. die Überwindung der die unentwickelten Länder auszeichnenden Disparatheit zwischen beiden Sektoren.

Einige der sich entwickelnden Schwellenländer haben den traditionellen Weg des Aufbaus einer schwerindustriellen Basis beschritten, so insbesondere die VR China und Südkorea, während sich andere Länder neben Agrikultur und extraktiver Industrie auf leichtindustrielle Produktionen konzentriert haben. Australien und Singapur zeichnen sich demgegenüber dadurch aus, dass beide sich bereits im »postindustriellen« Stadium befinden und moderne dienstleistungszentrierte Ökonomien darstellen. China und Indien sowie Brasilien als die Bevölkerungsschwergewichte unter den Schwellenländern haben neben ihrer industriellen Basis einen nach wie vor großen Agrarsektor, der sowohl industriell als auch traditionell betrieben wird.

Die Frage, durch welche Prozesse die Industrialisierung dieser Länder angestoßen und forciert worden ist, ist nicht allgemein, sondern länderspezifisch zu beantworten. Die drei Bestimmungsfaktoren der Industrialisierung – extern-weltmarktinduzierte Prozesse, endogene Ausbildung von Potenzialen sowie durch staatliche Wirtschaftspolitik beförderte ursprüngliche Akkumulation – gehen dabei jeweils spezifische Kombinationen ein. Wesentlich ist ihr Zusammenwirken, denn die Synergie dieser Bestandteile ist mehr als ihre bloße Addition und stellt den wesentlichen Erfolgsfaktor dar. Er schließt eine sozialpolitische Flankierung, d.h. die Ausbildung zumindest rudimentärer sozialstaatlicher Verhältnisse bei Bildung, Gesundheit und sozialer Absicherung der Lohnarbeiterexistenz substanziell ein.

Eine besondere Rolle spielt in diesem Zusammenhang die Verlagerung von Produktionsprozessen oder ganzer Produktionszweige aus den kapitalistischen Metropolen in die sich entwickelnden Länder. Ihr Hintergrund ist aufseiten der Metropolen als abgebendem Land die Verengung der Verwertungs- und Wachstumsspielräume im Zuge des Übergangs der beschleunigten Kapitalakkumulation in eine Überakkumulationssituation; die Erschließung von Kosteneinsparungen durch niedrigere Lohnkosten ist hier ein wesentlicher Treiber. Aufseiten der aufnehmenden Länder müssen die infrastrukturellen, qualifikatorischen und politischen Bedingungen für den erfolgreichen Betrieb dieser ausländischen Direktinvestitionen gewährleistet sein; die Reduzierung der Transport- und Kommunikationskosten für die Vernetzung der Standorte in den Metropolen mit denen in den Schwellenländern kommen hinzu. Der Natur der Sache nach sind es in der ersten Runde einfache Produktionsprozesse mit einem bedeutenden Anteil lebendiger Arbeit, die aus den Metropolen verlagert werden. Die klassische verlängerte Werkbank bildet in aller Regel den Ausgangspunkt. Es hängt dann hauptsächlich von den weiteren Aktionen des aufnehmenden Landes ab, ob es bei diesen verlängerten Werkbänken bzw. singulären Förder- und Anbaubedingungen industrieller und agrikultureller Rohstoffe bleibt, oder ob sich aus diesen klassischen Weltmarktproduktionsstätten Trade-off-Effekte für die heimische Wirtschaftsstruktur und -entwicklung ergeben.

Als besonders wirkungsvolles Entwicklungsmodell haben sich die eröffneten Freien Produktionszonen an den chinesischen Küsten nach dem Start der Wirtschaftsreformen 1978 in der Volksrepublik sowie auch in Südkorea erwiesen. Wirtschaftliche Anreize in Gestalt billiger Arbeitskräfte und steuerlicher Vergünstigungen wurden in China mit Joint-Venture-Strukturen kombiniert. In diesen sinokapitalistischen Joint Ventures beanspruchte die chinesische Seite mit 51% stets die Mehrheit der Gesellschaftsanteile und sicherte sich so den Zugriff nicht nur auf anteilige Gewinne, sondern auch auf Patente und Lizenzen sowie auf modernes Management-Know-how. Nach Ablauf einer vorher ausbedungenen Laufzeit gingen zudem die Anteile des ausländischen Partners zumeist auf die chinesische Seite über. Es handelte sich bei diesen Joint Ventures um eine Win-win-Konstellation für beide Parteien: Der ausländische kapitalistische Partner erhielt günstige Produktionsbedingungen und den Zugang zum chinesischen Markt, die chinesische Seite profitierte von Technologie und Know-how und erhielt zudem den Schlüssel zur Integration dieser Joint Ventures in seine internen Liefer- und Leistungsstrukturen durch Vernetzung mit einheimischen Zulieferern und Abnehmern. Ein wesentlicher Erfolgsfaktor des skizzierten Modells lag im starken regulatorischen Zugriff des chinesischen Staates auf die inländischen wirtschaftlichen Verhältnisse, was unter kapitalistischen Bedingungen in der Regel nicht oder zumindest nicht in diesem Ausmaß gegeben ist.

Der Einfluss der staatlichen Wirtschaftspolitik ist aber ein genereller Erfolgsfaktor. Fehlen die Verhältnisse einer sozialistischen Marktwirtschaft wie in der VR China, müssen andere außerordentliche Maßnahmen hinzutreten, die im reinen kapitalistisch-marktwirtschaftlichen Selbstlauf nicht automatisch vorkommen. Im Falle von Südkorea war die Bereitstellung finanzieller Mittel namentlich durch die USA, die das Land aus geo-strategischen, imperialistischen Motiven gegenüber dem kommunistischen Einfluss aus dem Norden abschirmen sollten, ein wesentlicher Erfolgsfaktor. Diese Mittelzuflüsse aus den USA sowie später auch aus Japan überwanden die Grenzen der internen Geldkapitalbildung in den 1960er und 1970er Jahren und waren dergestalt eine wesentliche Beihilfe für die südkoreanische reproduktive Kapitalakkumulation. Die Bildung großer Industriekonglomerate nach japanischem Vorbild war ein weiterer wichtiger Erfolgsfaktor.

Das nächste Entwicklungsziel für die meisten Schwellenländer ist die sukzessive Ausweitung von den aus den Metropolen übernommenen Produktionsprozessen und -bereichen auf höherwertige Produkte und kompliziertere Produktionsverfahren mit umfangreicheren inländischen Vorproduktionen. Es geht dabei nicht nur um die quantitative Ausweitung der extern induzierten Impulse für die heimische Wirtschaft, sondern um deren qualitative Vertiefung. Damit erwächst der Kapitalakkumulation in den Metropolen endgültig eine ernstzunehmende Konkurrenz aus den Schwellenländern und die Entwicklung der Weltwirtschaft wird auch immer stärker von der Entwicklung dieser Newly Industrialized Countries abhängig. Das Ausmaß, in dem in Schwellenländern mittlerweile komplexe Produkte in komplizierten Produktionsprozessen nebst hochwertigen Dienstleistungen hergestellt bzw. erbracht werden, trennt die Schwellenländer zwischen denen, die ökonomisch auf dem Sprung zu industriellen Metropolen sind, und denen, die im Industrialisierungsprozess noch auf unteren oder mittleren Stufen stehen. Je nach Größe der Länder ist der qualitative Entwicklungsgrad der Industrialisierung allerdings nicht notwendig identisch mit einem umfassender definierten gesellschaftlichen Entwicklungsgrad.

Diese Entwicklungsprozesse haben zu einer neuen internationalen Arbeitsteilung geführt. Die internationale Arbeitsteilung des 19. und 20. Jahrhunderts war bis zum Ende der beschleunigten Kapitalakkumulation der Nachkriegszeit bemerkenswert stabil und konstant geblieben. Einer weitgehend identischen Zahl von kapitalistischen Metropolen, die die primäre ursprüngliche Kapitalakkumulation durchlaufen hatten, standen unentwickelte Länder der Dritten Welt gegenüber; die realsozialistische Staatengemeinschaft bildete nach dem Zweiten Weltkrieg als Zweite Welt eine gesonderte Rubrik. Seit Mitte der 1970er Jahre ist diese Struktur der Weltwirtschaft aber in Bewegung gekommen. Vor dem Hintergrund der Überakkumulation in den kapitalistischen Metropolen erhoben sich zunächst die vier asiatischen »Tigerstaaten« Südkorea, Taiwan sowie Singapur und Hongkong aus der Reihe der unentwickelten Drittweltstaaten und begannen in einigen Bereichen zu den nachgeordneten Ländern der kapitalistischen Metropolen aufzuschließen. Mit fortgesetzter struktureller Überakkumulation von Kapital in den Metropolen schlossen schließlich weitere Länder auf; die VR China nach den Wirtschaftsreformen 1978 und die Russische Föderation nach dem Zusammenbruch der Sowjetunion 1991 markieren dabei Sonderfälle. Zukünftig wird sich die internationale Arbeitsteilung mit einer neuen Rangfolge der wirtschaftlich stärksten Länder ebenfalls neu konturieren. Die gegenwärtig an der Spitze der Schwellenländer stehenden Staaten können zu den angestammten industriellen Metropolen aufschließen; auf der anderen Seite ist nicht ausgeschlossen, dass einige Länder der gegenwärtigen G7 dieses Status auch verlustig gehen könnten. Auch die sonstigen gegenwärtigen Schwellenländer werden sich neu ordnen und ggf. ihre Rangordnung verändern. Überzeugende Kandidaten aus der Gruppe der unentwickelten Länder, die vor dem Aufstieg zu Schwellenländern stehen, sind gegenwärtig allerdings nicht in Sicht.

c) Gelungene und misslungene nachholende nationale Entwicklungsprozesse auf kapitalistischer Grundlage

Beispiel Südkorea

Die koreanische Halbinsel war von 1905 bis zum Ende des Zweiten Weltkriegs und der Kapitulation des japanischen Kaiserreichs 1945 unter der Kolonialherrschaft Japans. Anders als andere Kolonialmächte, z.B. England im Verhältnis zu Indien, bezog Japan seine Kolonien Taiwan und Chosen (Korea) in eine systematische Arbeitsteilung bei der Produktion des Hauptnahrungsmittels Reis ein und schuf damit Bedingungen im Agrikultur-Sektor, die die Bereitstellung von internen Ressourcen für die spätere industrielle Entwicklung nach dem Zweiten Weltkrieg begünstigten.

Am Anfang stand die Bereinigung der Eigentumsstrukturen, die noch im 19. Jahrhundert keine klaren und eindeutigen Zuordnungen auf private Eigentümer (Bauerngemeinden und -familien) aufgewiesen hatten, sondern durch sich überlappende Zugriffe von ursprünglich beamteten bzw. mit Staatsauftrag versehenen Einziehern von agrarischem Surplus gekennzeichnet waren. Durch die Erstellung eines Katasters im zweiten Dezennium nach dem Jahrhundertwechsel schaffte die Kolonialmacht Klarheit über die Besitzverhältnisse sowie über Lage und Qualität der Böden; dieses Kataster erleichterte die nach dem Zweiten Weltkrieg durchgeführte Landreform entscheidend. Mit der Änderung und Klarstellung der Eigentumsverhältnisse am Grund und Boden war zudem die Voraussetzung gegeben, um qualitative Veränderungen in den agrikulturellen Produktionsmethoden zu initiieren. Dies betraf die künstliche Bewässerung, die Saatzucht und den Einsatz von Düngemitteln. In Korea war bereits zu Beginn des 20. Jahrhunderts der Großteil der bebaubaren Böden in Nutzung, sodass eine Ertragssteigerung kaum durch Erweiterung der Anbaufläche, vielmehr wesentlich nur durch Einsatz von Hochertragssorten von Reis sowie durch Düngemittel und Qualitätsverbesserung der Böden durch Kapitalanlagen (Bewässerungssysteme) möglich war. Der Wendepunkt in der Agrarentwicklung von quantitativer Ausdehnung der Bewirtschaftungsfläche mit Übergang zu schlechteren Böden zu einer intensivierten Bearbeitung der vorhandenen Flächen war damit bereits früh gegeben und wurde durch die japanische Kolonialverwaltung unterstützt. Die Erträge von Reis pro Hektar beliefen sich 1910/11 auf 12,3 Quintals und steigerten sich bis 1938/39 auf 19,4 Quintals; eine vergleichbare Steigerung wurde nur in Taiwan (Formosa) erzielt, während in den asiatischen Kolonien der europäischen Mächte eine stagnante oder sogar rückläufige Ertragsentwicklung pro Hektar zu verzeichnen war (vgl. Wickizer/Bennett 1941: 318f.).

Dabei verfolgte die japanische Kolonialmacht diese Anstrengungen nicht aus humanitären Gründen, sondern im Eigeninteresse, um den eigenen Versorgungsschwierigkeiten auf ihren Inseln zu begegnen, durch die sie durch die protektionistischen Nachwirkungen der Weltwirtschaftskrise besonders betroffen war.[10] Die Versorgungslage der Bevölkerung in den Kolonien blieb dagegen prekär.

Ein vergleichbar entwicklungsfördernder Einfluss der Kolonialmacht lässt sich nur noch für das Transportwesen auf der koreanischen Halbinsel ausmachen; der Ausbau des Eisenbahnnetzes, der Straßen und der Häfen war dabei in erster Linie durch die Importbedürfnisse der Kolonialmacht getrieben. Demgegenüber blieben die Impulse Japans für die eigentliche industrielle Entwicklung Koreas gering, lagen geografisch hauptsächlich im Norden der koreanischen Halbinsel und betrafen nur einzelne Rohstoffe (Kokskohle, Eisenerz, Nichteisenmetalle und chemische Dünger), die das extrem rohstoffarme Japan benötigte. Zudem lag der Schwerpunkt der externen industriellen Ressourcen für Japan in der Mandschurei, die es sich 1931 formell einverleibt hatte.

Für die Kolonialzeit lässt sich daher zusammenfassend resümieren: *»Unter dem Gesichtspunkt der Startchancen für die Nachkriegszeit haben die Japaner in Korea und Taiwan wirklich eindrucksvolle Voraussetzungen nur auf den Gebieten der*

[10] Vgl. Wontroba/Menzel 1978: 91: *»Von wesentlicher Bedeutung dabei ist, daß der aus Korea herausgeschleuste Reis hier [in Japan selbst/S.K.] das Hauptnahrungsmittel der einheimischen Bevölkerung darstellte. Mithin betrafen die Etappen japanischer Investitionen und die Ausbeutungsusancen im Agrarbereich nicht nur einzelne Inseln von Exportenklaven etwa für Genußmittel (Tee, Kaffee, Früchte etc.) in einem Meer wenig davon tangierter Subsistenzlandwirtschaft, sondern die Lebensgrundlagen der Masse der Bevölkerung selbst.«*

Landwirtschaft und der Infrastruktur geschaffen. Die Industriegebiete des japanischen Kolonialreichs liegen im heutigen Nordkorea, in China und vor allem in der Mandschurei. In dieser geographischen Verteilung aber hat sich in der kriegswirtschaftlichen Phase des japanischen Kolonialismus eine Intensität der ökonomischen Ergänzung von Metropole und Kolonien entwickelt, wie sie unter den Kolonialreichen exzeptionell ist. Nicht jene Halbherzigkeit der ökonomischen Verflechtung war bestimmend, die Frankreich, England, Deutschland oder Holland immer einen entscheidenden Teil sogar ihrer Primärprodukte in anderen Industrieländern statt in den eigenen Kolonien kaufen ließ, sondern eine systematische Arbeitsteilung im eigenen Block. Die Kolonien Taiwan und Korea waren in diesem System zwar in einer elenden Position, was die Lebenslage ihrer Bevölkerung und die zugunsten Japans saldierte Gesamtbilanz anging; aber ihre ökonomische Position war nicht marginal. *In diese Exklusivität der Beziehungen zu seinen Kolonien wurde Japan nach der einen Seite hin von den anderen Welthandelsmächten hineingezwungen. Der nach der Weltwirtschaftskrise ausbrechende Protektionismus, der sich in vorderer Linie gegen Japan richtete, forcierte trotz der japanischen Gegenmaßnahmen die Re-Orientierung auf die eigene geostrategische Zone. Er traf auf der anderen Seite auf eine Grundströmung zur* Autarkie, *die nicht zuletzt aus militärischen Gründen in Japan vorhanden war, und die sich unter den geographischen Bedingungen der relativen Nähe der Kolonien auch verwirklichen ließ.«* (Asche 1984: 58f./Hervorh.i.O.)

Mit den Atombombenabwürfen der Amerikaner auf Hiroshima und Nagasaki und der darauffolgenden Kapitulation Japans war der Zweiten Weltkrieg auch im pazifischen Raum zu Ende. Japan hatte sich aus allen Kolonien und eroberten Gebieten zurückzuziehen und war fortan auf sein Kerngebiet beschränkt. In Korea übernahmen nach dem Abzug der Japaner zunächst die Siegermächte Sowjetunion und USA die Verwaltung und Aufsicht; die Verhandlungen über ein vereinigtes Korea verliefen jedoch ergebnislos. Im November 1947 wurde eine UN-Resolution unter Boykott des sowjetischen Vertreters wegen der Anerkennung Taiwans als Repräsentant für China im Sicherheitsrat verabschiedet, die freie Wahlen, den Abzug aller ausländischen Truppen und die Schaffung einer UN-Kommission für Korea vorsah. Die USA zogen die Truppen, die im Süden Koreas stationiert waren, zurück, so wie auch die UdSSR ihre Armee bis Ende 1948 vertragsgemäß aus Nordkorea abzog. Am 10. Mai 1948 fanden im Süden Wahlen statt, die nicht das Attribut »frei« beanspruchen konnten und von den linken Parteien boykottiert wurden. Am 13. August 1948 übernahm Rhee Syng-man, ein Vertreter der von den Japanern 1910 abgesetzten Joseon-Dynastie Koreas, offiziell die Regierungsgeschäfte von der US-amerikanischen Militärregierung.

Der sowjetisch kontrollierte Norden beantwortete dies mit der Gründung der Demokratischen Volksrepublik Korea am 9. September 1948, deren erster Präsident Kim Il-sung wurde. Beide Regierungen betrachteten sich als rechtmäßige Regierung über ganz Korea und kündigten darüber hinaus an, diesen Anspruch auch militärisch durchsetzen zu wollen.

Als am 25. Juni 1950 nordkoreanische Truppen Südkorea angriffen, leisteten zunächst amerikanische Streitkräfte unter General MacArthur den südkoreanischen Truppen die angeforderte Hilfe. Nachdem außerdem noch UN-Truppen unter seinen Befehl gestellt wurden, erweiterte sich der nationale Konflikt zum Krieg mit internationaler Beteiligung. Mit dem Eingreifen der USA und später Chinas wurde er ein Stellvertreterkrieg. Die UN-Truppen wurden von den nordkoreanischen Truppen zunächst bis auf einen kleinen Brückenkopf um Busan im Süden der koreanischen Halbinsel zurückgedrängt. Sie stießen dann aber in einer Gegenoffensive mit US-Truppen über die Demarkationslinie hinaus bis zur chinesischen Grenze im Norden vor. Dieser weite Vorstoß war nicht durch die Resolution des UN-Sicherheitsrates gedeckt. Ende Oktober 1950 griffen starke chinesische Verbände aufseiten Nordkoreas in das Kampfgeschehen ein und warfen die US-Truppen zurück, bis sich die Front ungefähr in der Mitte der Halbinsel stabilisierte. Dort am 38. Breitengrad führten die Kriegsparteien einen verlustreichen Stellungskrieg. Nach zweijährigen Verhandlungen wurde am 27. Juli 1953 ein Waffenstillstandsabkommen geschlossen, der den Status quo ante weitgehend wiederherstellte. Bis dahin waren 940.000 Soldaten und etwa drei Millionen Zivilisten getötet worden.

Nordkorea wurde während des Krieges schwer getroffen. Die zahlreichen Bombenangriffe zerstörten nicht nur einen großen Teil des Landes, sondern sorgten auch für enorme Verluste in der Bevölkerung. Nach dem Krieg war das Land völlig verwüstet und hoch verschuldet. In Südkorea bekam die zunehmend undemokratische Führung die Probleme des Landes kaum in den Griff. Kurz nachdem die Südkoreaner Rhee Syng-man aus dem Präsidentensitz vertrieben hatten, putschte sich jedoch unter Park Chung-hee das Militär an die Macht. Obwohl es in dieser Zeit zu schweren Menschenrechtsverletzungen kam, gelang es unter der Militärdiktatur, der Wirtschaft zu einem starken Aufstieg zu verhelfen. 1990 wurde die Verfassung schließlich in Richtung einer bürgerlichen Demokratie geändert.

Noch nach dem Ende des Koreakrieges war Südkorea eines der ärmsten Agrarländer der Welt. Die südkoreanische Wirtschaftspolitik setzte mit einer Landreform von 1945 bis 1949 ein, wodurch die japanischen Großgrundbesitzer enteignet und das Land unter den einheimischen Bauern aufgeteilt wurde; sie konnte auf der unter japanischer Herrschaft durchgeführten Entwicklung in der Landwirtschaft aufsetzen. Zusätzlich stellten die USA und Japan erhebliche Wirtschaftshilfen zur Verfügung, um Südkorea analog zur BRD als Frontstaat gegen kommunistische Einflüsse zu profilieren. Industriell gab es allerdings zunächst kaum nennenswerte Ansatzpunkte, zumal die Lagerstätten der Rohstoffe sich vornehmlich in Nordkorea befanden. Dementsprechend waren die 1950er Jahre durch eine weitgehend fehlende industrielle Entwicklung gekennzeichnet.

Dies änderte sich erst in den 1960er Jahren mit wirtschaftlichen Reformen, die das wirtschaftliche Wachstum fördern sollten. Es gründeten sich zahlreiche südkoreanische Firmen, nachdem die politischen Instabilitäten überwunden worden waren. Zusätzlich begannen die USA und vor allem Japan in Südkorea zu investieren. Die Kapitalakkumulation des Landes war durch hohe Spar- und Investitions-

Abbildung 11.1: Südkorea: BIP-Beiträge der Sektoren in %

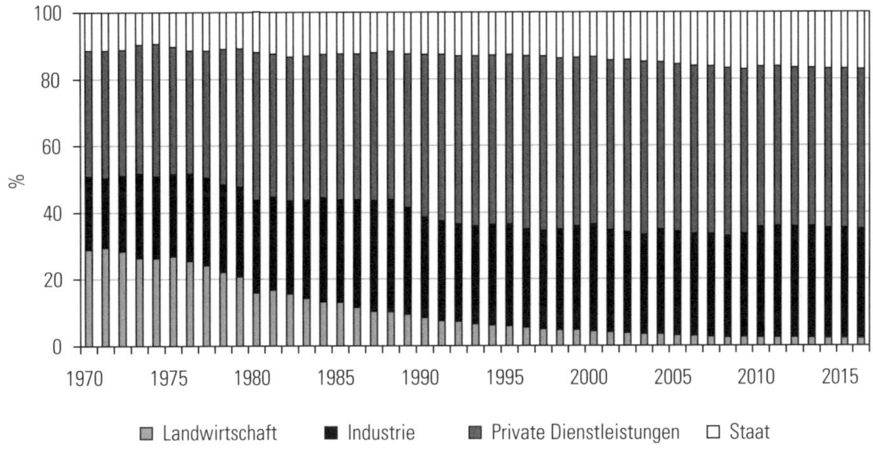

Quelle: OECD

quoten gekennzeichnet. In der Folge entwickelten sich nach japanischem Vorbild große Misch-Konzerne (Jaebeols), die staatliche Privilegien genossen.[11] Hinzu kamen hohe Direktinvestitionen namentlich der großen japanischen Handelshäuser.

In der Industrie arbeiten mittlerweile etwa 20% aller abhängig Beschäftigten. Sie trägt zu rd. 35% zum Bruttoinlandsprodukt bei und hat gegenüber den 1960er und 1970er ihren Anteilswert fast verdoppelt (siehe Abb. 11.1). Südkorea hat sich in letzter Zeit auf die Fertigung von Technologieprodukten spezialisiert und konkurriert auf Augenhöhe mit anderen internationalen Herstellern. In der Produktion von Flachbildschirmen, der Chipproduktion, Computern und Schiffen haben südkoreanische Produkte eine marktbeherrschende Stellung erreicht. Südkorea ist die mit Abstand größte Schiffsbaunation der Welt und rangiert auch bei der Halbleiter- und Display-Produktion auf Platz eins. Bei der Herstellung von Mobiltelefonen liegt das Land auf dem zweiten Platz, mit Bezug auf die Stahl- und Automobilindustrien rangiert Südkorea auf Platz fünf. Als einer der größeren Automobilhersteller produziert das Land jährlich über 3,8 Millionen Fahrzeuge. Seit Südkorea 1976 erstmals mit dem Export von Autos begann, hat sich die Automobilindustrie in einem rasanten Tempo entwickelt. Da die Nachfrage nach koreanischen Autos weltweit zunimmt, begannen führende Hersteller in den letzten Jahren damit, Fertigungsanlagen im Ausland zu errichten.

Rückblickend hat Südkoreas Industriepolitik ihren Kurs in jedem Jahrzehnt erheblich geändert. In den 1960er Jahren hatte die Regierung damit begonnen, den Export zu fördern, indem entsprechende Gesetze und Vorschriften erlassen und exportorientierte Entwicklungspläne aufgestellt wurden. In den 1970er Jahren stand

[11] Die bekanntesten sind Samsung, Hyundai, LG, Daewoo, Kia, SK und Ssangyong.

Abbildung 11.2: Südkorea: Bruttosozialprodukt in konstanten Preisen in Won; Veränderung ggü. Vj. in %

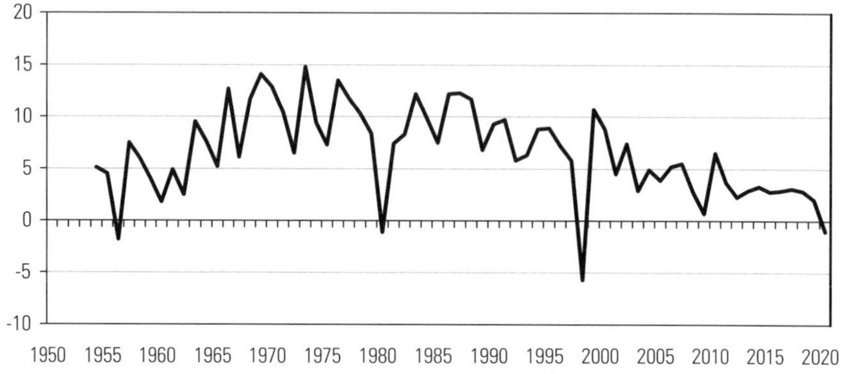

Quelle: The Economist, Wikipedia

die chemische Industrie im Zentrum der südkoreanischen Industriepolitik. In den 1980er Jahren kam es zu einer industriellen Umstrukturierung mit dem Ziel, kleine und mittlere Unternehmen zu fördern. Während bis zu dieser Zeit der Industriesektor meist aus Großkonzernen bestand, konnte sich der Anbietermarkt danach diversifizieren. Dies kam der Entwicklung von privaten Dienstleistungen zugute, die mittlerweile gesamthaft, d.h. inkl. Transport- und Kommunikationsindustrie sowie Finanzsektor, einen Anteil von 48% des BIP aufweisen. Die Ausrichtung internationaler Großereignisse wie der Sommerolympiade 1988 in Seoul, der Fußballweltmeisterschaft (zusammen mit Japan) im Jahr 2002 sowie der Winterolympiade 2018 in Pyeongchang hat dabei als Katalysator gewirkt.

Der Beitrag des Staates zum BIP hat sich seit Beginn der 1970er Jahre bis in die Gegenwart um rd. 50% gesteigert. Dies weist darauf hin, dass mittlerweile in Südkorea auch Grundstrukturen eines modernen Sozialstaats in Gestalt von öffentlichen Diensten für Bildung, Gesundheit und soziale Sicherung etabliert worden sind. Zwar bleibt der Umfang sozialstaatlicher Real- und Monetärtransfers noch deutlich hinter den in den letzten Jahrzehnten reduzierten Leistungen in den entwickelten kapitalistischen Metropolen zurück, jedoch beginnt Südkorea auch in diesem Bereich aufzuschließen; dies dokumentiert den Status des Landes als Mitglied bei den führenden Schwellenländern.

Die Entwicklung des südkoreanischen BIP zeigt bis zur Mitte der 1970er Jahre eine Vielzahl volatiler, unregelmäßiger Bewegungen ohne ein konjunkturzyklisches Muster (siehe Abb. 11.2). Erst der VII. Nachkriegszyklus, der auf dem Weltmarkt von 1976-1982 verläuft, lässt sich auch für Südkorea mit der Modifikation, dass der sog. Douple-dip von 1980 und 1982 nicht mitvollzogen wurde, nachweisen. Die 1980er Jahre werden mit anhaltend positiven, wenn auch schwankenden Zuwachsraten durchlaufen und der Periodenwechsel von dem VIII. auf den IX. Welt

Abbildung 11.3: Südkorea: Fixed Capital Formation in konstanten Preisen in Won; Veränderung ggü. Vj. in %

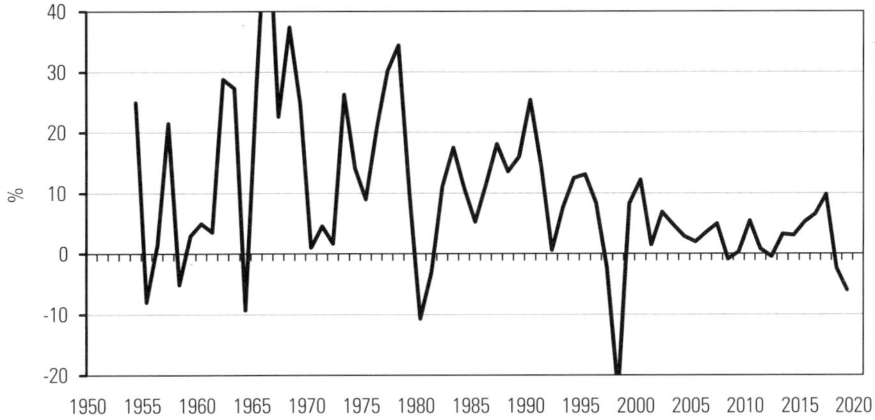

Quelle: Weltbank, OECD, jeweils National Accounts

marktzyklus 1991 ist nur als Rückgang der jährlichen Wachstumsrate sichtbar. Dafür wurde Südkorea aber deutlich mit einer Schrumpfung der Gesamtwirtschaft um mehr als 5% von der Asienkrise 1997 getroffen. Dies betraf sowohl den Unternehmenssektor, der eine hohe Auslandsverschuldung eingegangen war und absatzseitig eine enge Einbeziehung des südkoreanischen Außenhandels in die fernöstliche Wirtschaft aufwies als auch einige Bankinstitute, die mit Solvenzproblemen zu kämpfen hatten. Daraufhin war Südkorea gezwungen, Hilfskredite des Internationalen Währungsfonds aufzunehmen. Der nachfolgende Abschwung des IX. Weltmarktzyklus mit seiner ausgeprägten Stagnation 2001-2003 trifft Südkorea wieder nur als verringerte Wachstumsrate. Die Weltwirtschaftskrise 2009, welche den X. Nachkriegszyklus beschließt, kann die südkoreanische Ökonomie mit einer gesamtwirtschaftlichen Stagnation durchlaufen. Im darauffolgenden XI. Zyklus hat sich die gesamtwirtschaftliche Wachstumsrate zwischen 2 und 3% p.a. eingependelt.

Damit weist Südkorea unter langfristigem Aspekt seit den 1980er Jahren, d.h. nachdem das stürmische Wachstum der beiden vorausgegangenen Jahrzehnte vorbei war, einen Trend zurückgehender zyklendurchschnittlicher Wachstumsraten aus. Diese Entwicklung markiert nicht nur einen statistischen Basiseffekt, sondern zeigt zugleich, dass sich die allgemeinen Gesetzmäßigkeiten einer beschleunigten Kapitalakkumulation im Rahmen des nachholenden Industrialisierungs- und Modernisierungsprozesses der südkoreanischen Volkswirtschaft Geltung verschaffen. Denn dies ist als Spezifikum der Entwicklung Südkoreas als Schwellenland herauszustellen, dass vor dem Hintergrund einer strukturellen Überakkumulation von Kapital in den »alten« Metropolen ein beschleunigter Verlauf der Kapitalakkumulation nicht nur nicht ausgeschlossen, sondern teilweise sogar dadurch mitbedingt

Abbildung 11.4: Profitrate des südkoreanischen Kapitals

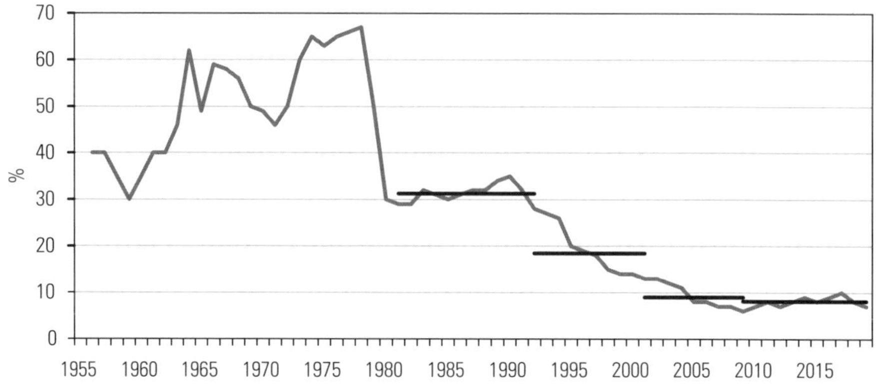

Quelle: Maito, eigene Berechnungen

ist. Im vorliegenden Fall profitiert Südkorea zunächst von der bis zum Anfang der 1990er Jahre reichenden und damit zwei Zyklen länger als in den übrigen Metropolen andauernden beschleunigten Akkumulation des japanischen Nationalkapitals sowie sodann von der Deflationsperiode Japans in den 1990er Jahren, die bis weit über die Jahrtausendwende dortselbst Nachwirkungen zeitigte und Wachstumsverluste für die regionale Hegemonialmacht erbrachte, die Südkorea teilweise ausfüllen konnte. Mit dem X. und noch mehr mit dem XI. Nachkriegszyklus ist aber für den südkoreanischen Reproduktionsprozess eine international überdurchschnittliche Entwicklung vorbei, was sich anhand der im Vergleich zu den vorangegangenen Zyklen niedrigeren Zuwachsraten der Gesamtinvestitionen[12] zeigt (siehe Abb. 11.3).

Die Profitrate des südkoreanischen Nationalkapitals zeigt bis zum Beginn der 1980er Jahre ein hohes und nicht von den typischen zyklischen Schwankungen des Weltmarktzyklus bestimmtes Niveau und dokumentiert den auf- und nachholenden internen Industrialisierungsprozess des Landes (siehe Abb. 11.4). Mit dem VIII. Zyklus ab 1981 fällt sie drastisch ab und offenbart in der Folgezeit mit einem weiter gehenden Fall den »klassischen« Entwicklungsverlauf industrieller Kapitalakkumulation. Die gesamtwirtschaftliche Lohnquote steigt dabei seit Mitte der 1970er Jahre bis in die zweite Hälfte des letzten Jahrzehnts des 20. Jahrhunderts kontinuierlich an, sodass die Verbesserung der Verteilungsposition der Lohnabhängigen einen Gutteil zum Fall der Profitrate beigetragen hat (siehe Abb. 11.5). Andererseits erklärt dieser Anstieg der Lohnquote nicht allein den drastischen Fall der Profitrate, sodass deutlich wird, dass die andere Ursache des Profitratenfalls durch die sich mit der Verallgemeinerung der industriellen Produktion ergebende

[12] »Fixed Capital Formation« schließt in der vorliegenden Abgrenzung nicht nur Investitionen im kapitalistischen Sektor, sondern auch sog. öffentliche Investitionen in Straßen, Schienen, Schulgebäuden, Krankenhäusern sowie Landverbesserungen ein.

Abbildung 11.5: Lohnquote in Südkorea

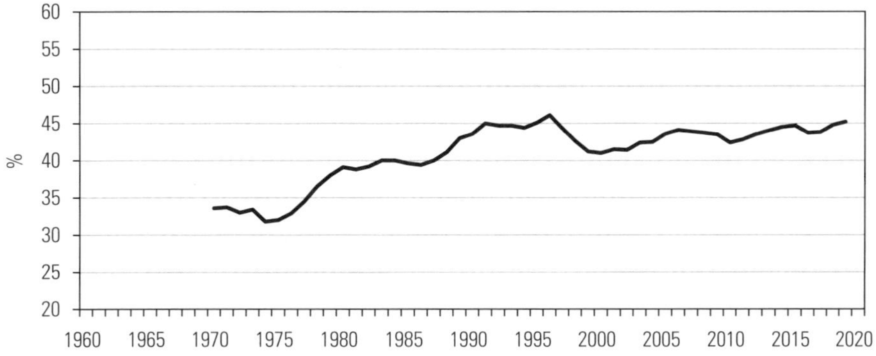

Quelle: OECD

steigende Kapitalintensität des Produktionsprozesses, d.h. die Produktivkraftsteigerung durch Verwandlung von lebendiger in vergegenständlichte Arbeit übernommen wird. Zwar ist der Lohnquotenanstieg seit dem Jahrtausendwechsel nahezu gestoppt, doch geht der Fall der Profitrate weiter: seit dem X. Zyklus ab 2002 hat die südkoreanische Kapitalakkumulation auch mit zyklisch nicht aufgelösten Überakkumulationsproblemen zu kämpfen.

Im Außenhandel hat seit 2016 die VR China sowohl bei den südkoreanischen Exporten als auch Importen Japan als Haupthandelspartner abgelöst. Die Importe aus Japan betragen nur noch die Hälfte der südkoreanischen Importe aus China und bei den Exporten hält die Volksrepublik bereits ein Viertel an den Gesamtexporten vor den USA mit 13,5% sowie Hongkong und Vietnam mit jeweils 6,6%; der Anteil der Exporte für Japan beträgt nur rd. 5%. Inwieweit sich aus dieser Entwicklung eine Abkoppelung der südkoreanischen Kapitalakkumulation von den Überakkumulationstendenzen ergeben kann, hängt an der chinesischen Entwicklung und dem zukünftigen Bedarf der Volksrepublik an Produkten, die sie nicht selbst kostengünstiger herstellen kann.

Vor dem Hintergrund der Teilung des Landes und den großen Zerstörungen durch den Korea-Krieg, an denen Südkorea in den 1950er Jahren zu leiden hatte, ist die Entwicklung seit Beginn der 1960er Jahre insgesamt eine beeindruckende Erfolgsgeschichte. Sie konnte sich sozialstrukturell auf die unter der japanischen Kolonialherrschaft vorgenommenen Weichenstellungen im Hinblick auf entwicklungsfähige Verhältnisse in der Landwirtschaft sowie die massiven finanziellen Hilfen der USA und später Japans in der Nachkriegszeit stützen. Vor allen Dingen aber funktionierte nach dem Ende des Korea-Krieges die Kombination zwischen interner Ressourcenbereitstellung durch ein landwirtschaftliches Surplus mit dem Aufbau einer industriellen Basis. Ein interner Ressourcentransfer von der Landwirtschaft zum industriell-gewerblichen Sektor reicht bis in die 1970er Jahre, in denen der Beitrag der

Landwirtschaft zum BIP noch über 20% betrug. Neben diesen internen Ressourcen kommen externe Mittel durch Wirtschaftshilfe und ausländische Direktinvestitionen hinzu. Die betriebene interne Wirtschaftspolitik hat diese verschiedenen Komponenten gebündelt und gesteuert und dadurch deren synergetische Potenziale erschlossen. Gegenüber den 1960er und 1970er Jahren, in denen die ausländischen Kapitalimporte vorwiegend aus Direktinvestitionen bestanden, führte die internationale Liberalisierung des Geldkapitalverkehrs und die Politik der Öffnung der koreanischen Finanzmärkte allerdings ab den 1980er Jahren auch zu den charakteristischen Fehlentwicklungen – unkontrollierte Unternehmensverschuldung, Bilanzprobleme der Banken, Spekulationsblasen im Bereich des fiktiven Kapitals –, welche in der Asienkrise 1997 eklatierten. Zwar traf Südkorea diese Krise nicht mit der Wucht wie andere ostasiatische Ökonomien wie Thailand und Indonesien, doch zeigte sich hier einmal mehr, dass der Übergang von einer staatlichen Politik der Begünstigung des produktiven Kapitals zu einer Öffnung des Landes für einströmendes Geldkapital vorherige Entwicklungsfortschritte infrage stellen kann.

Trotz der Schwäche der südkoreanischen Arbeiterbewegung und vielfältiger staatlicher Repressionen gegen ihre gewerkschaftlichen Institutionen, die sich in der stagnierenden Lohnquote ausdrücken und mit langen Arbeitszeiten einhergehen – erst 2018 wird die wöchentliche Arbeitszeit auf 52 Std. verkürzt, nachdem sie vorher bis zu 68 Std. betragen hatte –, werden nach der Jahrtausendwende Grundstrukturen eines modernen Sozialstaats etabliert, die wiederum notwendige Bedingungen im Hinblick auf die Qualifikation der Arbeitskräfte für die industrielle Entwicklung bereitstellen. Im offiziellen Ranking rangiert Südkorea aktuell auf Platz 15 der Weltwirtschaft. Insbesondere im Vergleich zur Demokratischen Volksrepublik im Norden mit einer an und für sich sogar besseren Ressourcenausstattung im Hinblick auf industrielle Grundstoffe ist diese Entwicklung Südkoreas letztendlich ein Beispiel für eine kapitalistische Modernisierung einer Wirtschaft und Gesellschaft, in der die positiven Elemente überwiegen.

Beispiel Argentinien

Die Entwicklung Argentiniens bietet unter mehreren Aspekten ein Gegenbild zu dem Aufschwung Südkoreas. Zwar gehört auch Argentinien aktuell zum G20-Format der wichtigsten Industrie- und Schwellenländer; im Ranking der nationalen BIPs (in US-Dollar) liegt Argentinien 2018 mit knapp 520 Mio. US-$ aber nur auf Platz 25, im Ranking des BIP pro Kopf sogar nur auf Platz 64.[13] Argentinien war bis Anfang der 1950er Jahre eines der reichsten Länder der Erde und hatte ein Wohlstandsniveau vergleichbar mit dem anderer Einwanderungsländer wie Kanada und Australien. Wegen diverser Krisen fiel es jedoch in der zweiten Hälfte des 20. Jahrhunderts weit hinter diese Länder zurück. In diesem Sinn ist Argentinien ein Son-

[13] Das BIP pro Kopf in US-Dollar betrug 2018 11.660 $ und war gegenüber dem Vorjahr um rd. 20% zurückgegangen.

derfall, da es nicht von einem niedrigen Entwicklungsstadium aufgestiegen, sondern von einem hohen auf ein mittleres Niveau zurückgefallen ist.

Mit der Unabhängigkeit von der Kolonialmacht Spanien im Jahr 1810 und dem Wegfall der kolonialen Handelsrestriktionen waren ökonomisch keineswegs die Weichen für eine rasche Entwicklung gestellt. Die Viehzucht als wichtigster Wirtschaftszweig blieb zunächst noch auf einem informellen Niveau, d.h. neben der Befriedigung des Eigenbedarfs wurde nur ein geringes Mehrprodukt auf lokalen und regionalen Märkten abgesetzt. Erst ab Mitte des 19. Jahrhunderts erlaubten entwickeltere Konservierungsmethoden die Ausfuhr von Fleisch; auch lebende Rinder wurden nun exportiert. Ein wachsendes Surplus aus der nach wie vor dominierenden Landwirtschaft erlaubte ab 1860 eine beginnende Industrialisierung; sie konnte sich zudem auf eine wachsende Einwanderung sowie den Aufbau eines Eisenbahnnetzes durch britisches Kapital stützen. Die nun errichteten Kühlfabriken erlaubten darüber hinaus einen wachsenden Export von Rindfleisch; außerdem entwickelten sich Leichtindustrien im Konsumgüterbereich (Textil, Brauerei). Es setzte ein Exportboom ein, der nur kurzeitig durch die Wirtschaftskrise von 1889 unterbrochen wurde.

Allerdings zeigten sich schon in dieser Phase die für Argentinien charakteristischen, von der Politik ausgehenden Hemmnisse der wirtschaftlichen und gesellschaftlichen Entwicklung. Unkontrollierte Verschuldung des argentinischen Staatshaushalts, gefolgt von hoher Inflation und Währungsabwertung mit rasch wechselnden Regierungen, die keinen langfristig-strategischen Entwicklungsplan für das Land entwerfen und umsetzen konnten, behinderten die begonnenen Modernisierungsprozesse von Wirtschaft und Gesellschaft. Die Große Weltwirtschaftskrise des 20. Jahrhunderts sowie die protektionistische Abschottung der Märkte trafen Argentinien hart, denn seine Entwicklung war in den Jahrzehnten zuvor stark exportgetrieben gewesen; von 1929 bis 1932 war ein Rückgang des argentinischen BIP i.H.v. 14% zu verzeichnen. Eine direkte Auswirkung war die politische Wende durch den Militärputsch 1930 und die Machtübernahme reaktionärer Kräfte.

Sowohl durch den Ersten wie auch durch den Zweiten Weltkrieg wurde Argentinien nicht direkt, sondern nur mittelbar durch die Einschränkungen im Welthandel betroffen. Dafür waren aber die internen politischen Verhältnisse alles andere als stabil. Häufige Regierungswechsel und eine erneute Militärregierung in der Zeit von 1943 bis 1946 beeinträchtigten weiterhin die ökonomische Entwicklung des Landes. Gleichwohl führte eine binnenwirtschaftlich orientierte Politik der Importzölle und Importsubstitution in den 1930er und 1940er Jahren zum Auf- und Ausbau der argentinischen Industrie, deren Schwerpunkt weiterhin bei den Leichtindustrien lag. Nennenswerter Bergbau fand wegen nur geringer Vorkommen von Nichteisenmetallen mit Ausnahme der Ausbeutung von Öl- und Gaslagerstätten nicht statt. Allerdings profitierte Argentinien von den Nachwirkungen des Zweiten Weltkriegs und den Rekonstruktionsprozessen in den von Kriegszerstörungen betroffenen Ländern durch steigende Exporte namentlich von Agrarprodukten (Sojaöl und -mehl, Rindfleisch etc.), die die Devisenreserven des Landes stark ansteigen ließen. Sie stellten

Abbildung 11.6: Argentinien: BIP-Beiträge der Sektoren in %

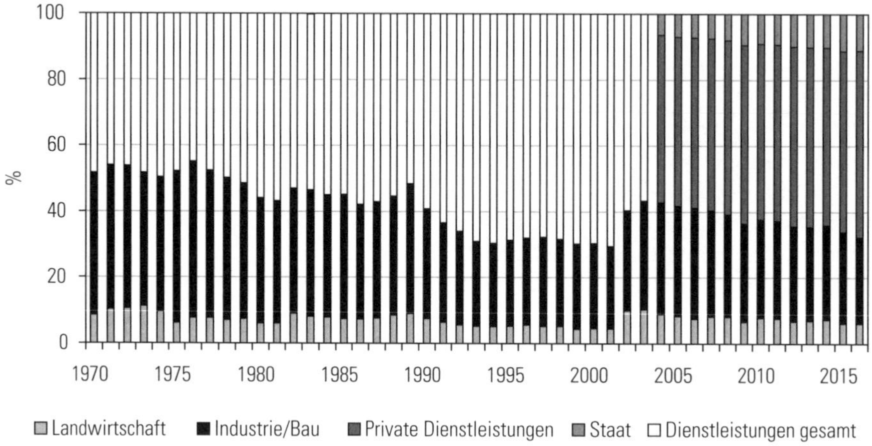

Quelle: INDEC

die finanzielle Basis für die Sozialprogramme der ersten Regierungszeit von Juan Perón in den Jahren 1946 bis 1951 dar. Das BIP-Wachstum nahm in dieser Zeit auf durchschnittlich 3% p.a. zu und bescherte Argentinien zu Beginn der 1950er Jahre den eingangs hervorgehobenen Status eines mit Kanada und Australien auf gleichem Entwicklungs- und Wohlstandsniveau befindlichen Landes.

Die zweieinhalb Jahrzehnte von 1950 bis 1975, die auf dem Weltmarkt und in den kapitalistischen Metropolen die Periode der Nachkriegsprosperität darstellen, gelten für Argentinien als Phase der Instabilität. Häufige Regierungswechsel, unterschiedliche Wirtschaftspolitiken zwischen Fortsetzung von Importbeschränkungen und Übergang zur Freihandelsorientierung und Marktöffnung für Auslandskapital sowie Deregulierungen im Innern führen zu verschärfter Rationalisierung und Kapitalentwertung durch Bankrotte von Unternehmen und einem Anstieg der Arbeitslosigkeit. All diese Faktoren erbringen keine nachhaltige und selbsttragende Entwicklung von Argentiniens Wirtschaft. In der Zeit der Rückkehr des Peronismus (Juan und Isabel Perón) 1973-1976 spitzen sich die wirtschaftlichen Probleme zu: ein Anstieg der Inflation im Innern, die 1976 in einer Preissteigerung i.H.v. über 400% p.a. gipfelt und eine akute Warenverknappung zur Folge hat, sowie eine Zunahme der Auslandsverschuldung als Ausdruck fehlender Wettbewerbsfähigkeit argentinischer Produkte auf dem Weltmarkt münden in den Militärputsch von 1976. Eine drastische Verschärfung der neoliberalen Wirtschaftspolitik, die der Bekämpfung der Inflation als Hauptziel verpflichtet war, mit gleichzeitiger Aufhebung der Importbeschränkungen produzierte erhebliche soziale Kosten und war nur durch die staatsterroristische Unterdrückung der Arbeiterbewegung und ihrer Gewerkschaften durchzusetzen. Zwar sank die Preissteigerungsrate durch Beschränkung der Geldmengenexpansion auf einen Wert zwischen 100 und 200% p.a. in der zwei

Abbildung 11.7: Bruttosozialprodukt Argentinien, konstante Preise in US-Dollar, Veränderung ggü. Vj. in %

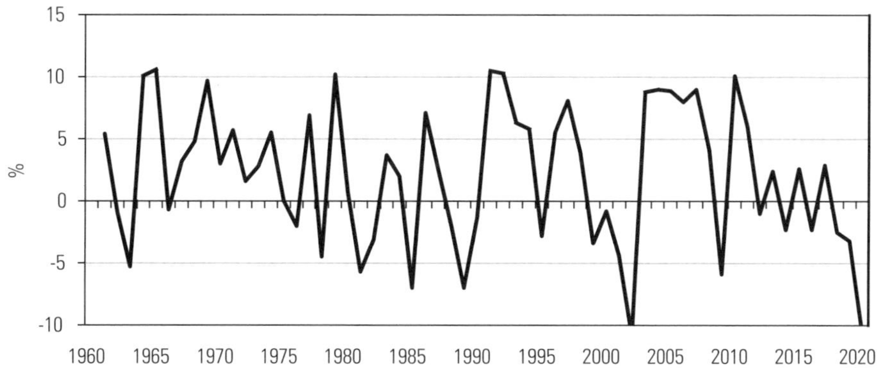

Quelle: Internationaler Währungsfonds, Financial Statistics

Abbildung 11.8: Fixed Capital Formation in konstanten Preisen (US-Dollar); Veränderung ggü. Vj. in %

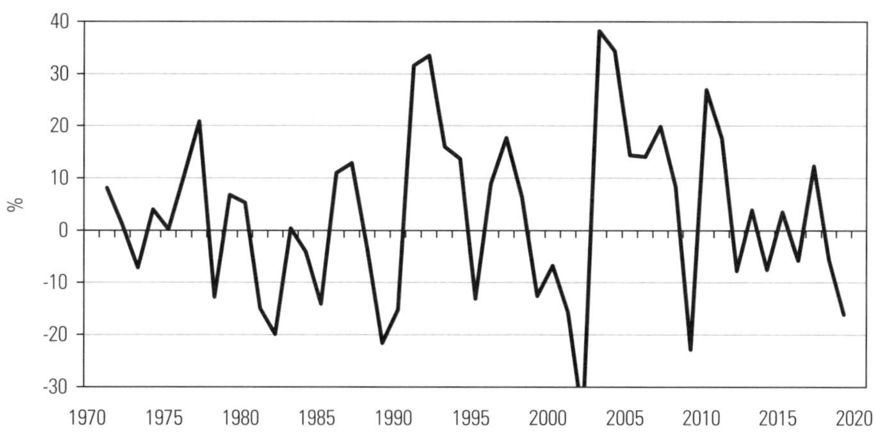

Quelle: Internationaler Währungsfonds, Weltbank

ten Hälfte der 1970er Jahre ab, doch zeigt die Entwicklung des BIP erratische Bewegungen und die Investitionen sind mit Ausnahme weniger Jahre bis zum Beginn der 1990er Jahre rückläufig (siehe auch Abb. 11.6, 11.7 und 11.8).

Die 1980er und 1990er Jahre bis weit nach der Jahrtausendwende sind ein Lehrbeispiel einer gescheiterten monetaristischen Wirtschaftspolitik, welche Wirtschaft und Währung Argentiniens auf breiter Front ruinierte und immense soziale Verwerfungen produzierte. Nach der Niederlage Argentiniens im Krieg um die Falkland-

Abbildung 11.9: Argentinien: Konsumentenpreise; Veränderung ggü. Vj. in %

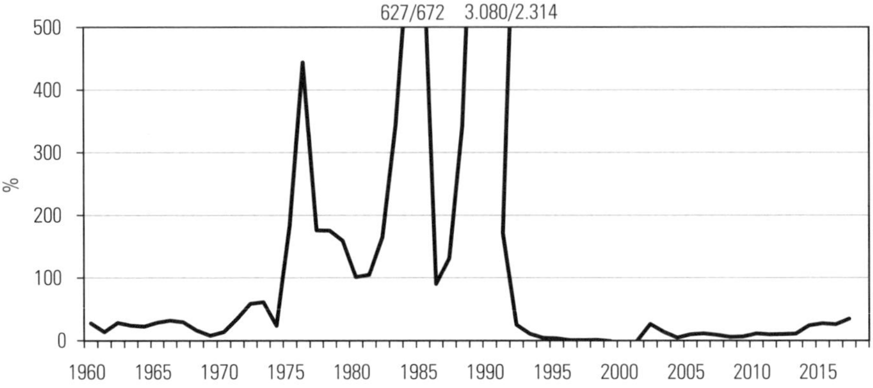

Quelle: Internationaler Währungsfonds

bzw. Malvinas-Inseln gegen Großbritannien im Jahr 1983 und der Re-Etablierung einer demokratisch gewählten Regierung fällt der Beginn der argentinischen Hyperinflation mit ihrer ersten Spitze in die Jahre 1984/85. Das daraufhin aufgelegte »Stabilisierungsprogramm« beinhaltete die Einführung einer neuen Währung (Austral) und einen allgemeinen Lohn- und Preisstopp. Damit konnte zwar die Inflationsrate kurzzeitig unter 100% p.a. gedrückt werden, doch konnten Spekulation und Kapitalflucht sowie die Verschuldung des Staates nicht überwunden bzw. reduziert werden. Ab 1988 folgte eine noch viel drastischere Geldentwertung, in deren Gefolge die argentinische Regierung in Zahlungsnotstand geriet. Eine mehrjährige Schrumpfung des BIP von 1988-1990 trieb die Armutsrate von 10 auf 47%. In den Jahren 1989/90 lag die Konsumentenpreissteigerung bei 3.080 bzw. 2.314%. Die daraufhin von der Regierung Carlos Menem durchgeführte Geldabwertung wandelte alle Privatkonten in Zwangsanleihen um und sorgte für einen Wertverlust der Geldvermögen um 70%. Es folgte die Kopplung des Austral bzw. des neuen argentinischen Peso an den US-Dollar zu einem festen Kurs (10.000 zu 1 bzw. 1:1) und ein Verbot der Indexierung der Geldlohnentwicklung. Zur Reduzierung der Staatsverschuldung wurde ein Privatisierungsprogramm von Staatsbetrieben aufgelegt, welches zu einem regelrechten Ausverkauf der argentinischen Wirtschaft (Denationalisierung) teilweise zu Schleuderpreisen führte. Die feste Bindung des Peso an den US-Dollar bekam zwar die Preisentwicklung in den Griff (siehe Abb. 11.9) – in der Folgezeit (ab 1993) liegt die jährliche Preissteigerung von wenigen Ausnahmen abgesehen unter 10% p.a. –, doch die verbleibende Restinflation verteuerte die argentinischen Exporte und führte zu einer Importschwemme und einem Umschwung der Handelsbilanz ins Defizit.

Die Krisen 1995 (sog. Tequila-Krise in Mexiko) und 1998 (Brasilien-Krise) verstärkten die außenwirtschaftlichen Probleme Argentiniens, weil Brasilien seine

Währung freigab und dadurch zu einem übermächtigen Konkurrenten Argentiniens auf den südamerikanischen Märkten wurde. 1999 bis 2001 schrumpfte das argentinische BIP in drei aufeinanderfolgenden Jahren. Zwar wies die Handelsbilanz ab 2000 wieder einen Überschuss auf, auch war die Wiederherstellung einer funktionierenden Geldzirkulation erfolgt, aber zu dem hohen Preis des weiteren Abstiegs Argentiniens in der Weltwirtschaft und einer gewaltigen Zunahme seiner internen sozialen Probleme. Charakteristisch sind in dieser Zeit die aus der Not der Bevölkerung geborenen informellen Tauschringe und das Suchen im Müll nach recycelbaren Materialien durch die »Cartoneros«, die später durch einzelne kommunale Verwaltungen offiziell anerkannt und in formelle Strukturen überführt wurden. Rückblickend gesehen sind die dreieinhalb Jahrzehnte zwischen 1970 und 2005 aber 35 verlorene Jahre für Argentinien gewesen.

Als die Regierung Cavallo im November 2001 bekannt gab, dass das vom Internationalen Währungsfonds (IWF) vorgegebene Haushaltsziel nicht erreicht werden könnte, weigerte sich der IWF statutengemäß, die vorgesehene 1,25 Mrd. US-$-Tranche seines Kredits an Argentinien auszuzahlen. Die Konsequenzen waren ein drastischer Vertrauensverlust des argentinischen Staates im Aus- und Inland sowie eine erhebliche Kapitalflucht, die das Bankensystem in Schwierigkeiten brachte. Daraufhin wurde die Barabhebungsgrenze von Bankkonten auf 250 Peso pro Woche begrenzt. Die argentinische Mittelklasse reagierte mit gewalttätigen Demonstrationen und einem Boykott; damit war die Regierung Cavallo am Ende. Die nachfolgenden, teilweise nur wenige Tage im Amt bleibenden Regierungen verkündeten die Zahlungsunfähigkeit des argentinischen Staates gegenüber seinen (ausländischen) Gläubigern. Bankschließungen für mehrere Tage und die Freigabe des Wechselkurses des Peso waren die nächsten wirtschaftspolitischen Maßnahmen, um eine vollständige Diskreditierung der Währung auch im Innern zu verhindern.

In der Folgezeit wertete der argentinische Peso gegenüber dem US-Dollar kontinuierlich ab (siehe Abb. 11.10). Nach der Freigabe des Kurses nach 2001 sank der Wechselkurs des Pesos um mehr als 300% als Reaktion auf die in der vorangegangenen Periode vonstattengegangenen Verschiebungen, die durch die feste Koppelung des Peso administrativ zurückgestaut worden waren, sowie die Erklärung der Zahlungsunfähigkeit Argentiniens gegenüber seinen ausländischen privaten Gläubigern. Bis zur Weltwirtschaftskrise 2009 hielt sich die Abwertung des Peso mit insgesamt 13,5% gegenüber 2002 noch in Grenzen und stimulierte die argentinischen Exporte.

Dies geschah vor dem Hintergrund einer beginnenden Erholung der Wirtschaft mit Beginn des X. Nachkriegszyklus auf dem Weltmarkt. Die durch die Abwertung gesteigerte Wettbewerbsfähigkeit führte die Handelsbilanz zu bislang nicht gekannten Überschüssen (siehe Abb. 11.11). Die neuerliche Präsidentenwahl gewann im Mai Néstor Kirchner vom linken Flügel der peronistischen Partei; er behielt die eingeschlagene Wirtschaftspolitik bei und profitierte von der beginnenden konjunkturellen Erholung, die bis 2008 mit positiven, bis 2007 sogar hohen einstelligen Wachstumsraten anhielt.

Abbildung 11.10: Wechselkurs US-Dollar/argentinischer Peso

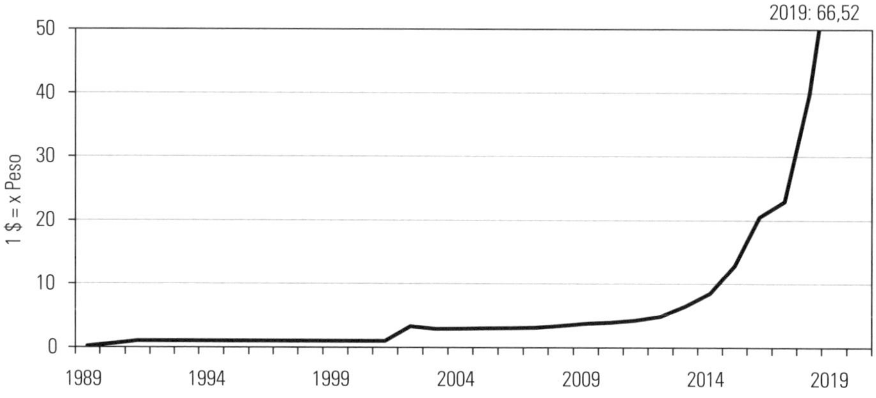

Quelle: Internationaler Währungsfonds

Abbildung 11.11: Argentinien: Handelsbilanzsaldo, in Mio. US-Dollar

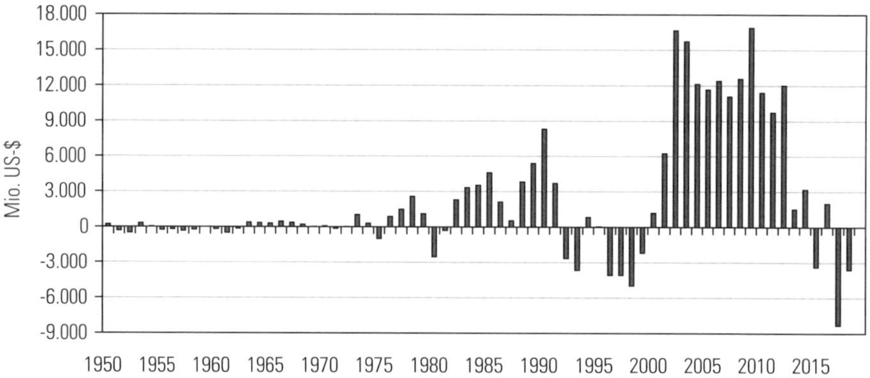

Quelle: World Trade Organization

Diese wirtschaftliche Erholung wurde jedoch durch die Argentinien-Krise vom 2004 getrübt, deren Ursprünge auf von der seinerzeitigen Militärdiktatur im Jahr 1976 begebene staatliche Bonds zurückgeht, die nach dem Recht des Staates New York emittiert worden waren und vorsahen, dass alle Teile der Anleihen gleich bedient werden müssen (Collective Action Clause). Dies führte nunmehr dazu, dass ein geregelter Schuldenschnitt – 75 bzw. später 65% waren vorgesehen – im Jahr 2004 zunächst nicht zustande kam, weil sich ein Teil der privaten Gläubiger verweigerte. Die Verhandlungen zogen sich in die Länge und betrafen auch Argentiniens Verhältnis zum IWF, obwohl das Land seine Schulden gegenüber den internationalen Institutionen immer bedient hatte. Bis 2005 hatten rd. drei Viertel der Gläubiger ein mehrfach verbessertes Angebot der argentinischen Regierung akzeptiert. Nur private Hedge-Fonds, die große Teile der übrigen Anleihen erworben hatten, widersetzen sich.[14]

Im XI. Zyklus verfiel der Außenwert der argentinischen Währung von Jahr zu Jahr jedoch immer mehr. Im ersten Quartal des Jahres 2020 mussten bereits 92,2 Pesos für 1 US-Dollar gezahlt werden. Wieder ansteigende interne Inflationsraten, die schwache wirtschaftliche Entwicklung, das ansteigende Haushaltsdefizit des argentinischen Staates, anhaltende Kapitalflucht und die hohe Auslandsverschuldung des Landes sind die Gründe dafür. Anfangs versuchte die argentinische Notenbank noch, diesem Währungsverfall mit einer Anhebung des Leitzinses auf 40 Prozent und dem Einsatz von zehn Milliarden Dollar ihrer Devisenreserven zu begegnen. Die Regierung wollte gleichzeitig durch Sparmaßnahmen das Haushaltsdefizit senken. Diese Anstrengungen waren allerdings nicht von Erfolg gekrönt. Nachdem der Peso im Mai 2018 innerhalb weniger Wochen einen weiteren massiven Wertverfall erlitt, entschloss sich die Regierung von Präsident Mauricio Macri, den IWF um einen neuen Hilfskredit zu bitten. Die Regierung bat anfangs um 30 Milliarden US-Dollar Unterstützung, der IWF sagte schließlich 56 Milliarden Dollar in einem Zeitraum von drei Jahren zu. Dies ist der höchste Kredit, denn der IWF jemals gewährt hat. Im Gegenzug verpflichtete sich Argentinien dazu, einen ausgeglichenen Primärsaldo im öffentlichen Haushalt vorzuweisen. Im August 2018 brach der Wechselkurs des Peso erneut ein. Präsident Macri musste daraufhin den IWF bitten, die zugesagten Hilfskredite schneller auszuzahlen. Dieser Bitte kam der Fonds schließlich nach, dafür wurden allerdings neue Sparmaßnahmen verlangt. Die Einsparungen der Regierung führen seitdem immer wieder zu Protesten und Streiks in Argentinien. Darüber hinaus schlägt die Währungskrise immer stärker auf die binnenwirtschaftliche Akkumulation durch. Inflationsrate und Arbeitslosigkeit stiegen weiter an.

Die Präsidentschaftswahl 2018 führte zur Abwahl Macris, der alle Versprechen mit seiner neoliberal-monetaristischen Wirtschaftspolitik nicht hatte einlösen können und mit Alberto Fernández den Ex-Kabinettschef der früheren Kirchner-Regierung an die Macht brachte. Er übernimmt ein schwieriges Erbe. Neben den in der Vorzeit kumulierten Problemen hat er es mit einem anhaltenden Rückgang der argentinischen Wirtschaft zu tun, die 2018/19 um mehr als 5% schrumpfte und mit all diesen Hypotheken in die Corona-Weltwirtschaftskrise des Jahres 2020 ging.

In langfristiger Betrachtung prägen all diese Unregelmäßigkeiten die argentinische Wirtschaftsentwicklung für die gesamte Zeit nach dem Zweiten Weltkrieg. Von einem durch binnenwirtschaftliche Agentien verursachten industriellen Zyklus gibt

---

[14] In diesem Zusammenhang erregte die Pfändung des argentinischen Segelschiffs »Libertad« am 2. Oktober 2012 im ghanaischen Hafen Tema, die auf Betreiben des Hedge-Fonds »NML Capital« durchgeführt wurde, internationales öffentliches Aufsehen.

Abbildung 11.12: Profitrate des argentinischen Kapitals

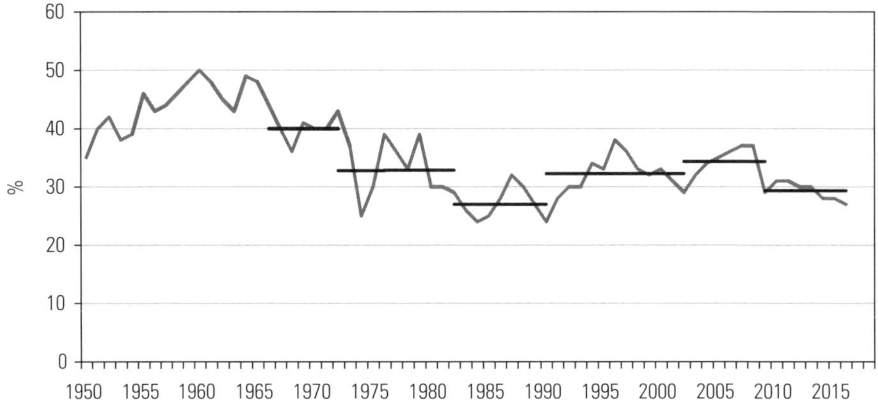

Quelle: Maito, eigene Fortschreibung

es bei Argentinien keine Anzeichen, zu bestimmend sind die von der Politik ausgehenden, zumeist krisenhaften Rückwirkungen auf die argentinische Kapitalakkumulation. Die bezogen auf die Profitrate des argentinischen Kapitals ausgewiesenen Zyklusdurchschnitte verdanken sich daher sowohl den politisch verursachten Schwankungen als auch außenwirtschaftlichen Einflüssen.

Der Verlauf der Profitrate weist seit Beginn der 1960er Jahre zunächst einen deutlich ausgeprägten Rückgang aus, der in den folgenden drei Zyklen bis zu Krise und Abschwung 1989/90, die nicht mit dem Weltmarktzyklus zusammenfallen, anhält. Die nachfolgende Steigerung der Profitrate markiert zuerst die Bevorteilung der Profite gegenüber den Löhnen durch die Inflationsbekämpfung und drückt in der Folgezeit die Stabilisierung der argentinischen Ökonomie aus. Die fortgesetzte Steigerung der Profitrate seit 2002 dokumentiert sodann den Umschwung der dieses Mal synchron mit dem Weltmarktzyklus verlaufenden Binnenkonjunktur. Nach der Finanzmarkt- und Weltwirtschaftskrise 2007-09 bewegt sich die Profitrate des argentinischen Kapitals auf einem wieder tieferen Niveau, welches sich bis zum Periodenwechsel in den XII. Nachkriegszyklus noch weiter erniedrigen wird (siehe Abb. 11.12).

Wir hatten bereits bemerkt, dass Argentinien ein Negativbeispiel für eine Entwicklung auf kapitalistischer Grundlage ist, welches auch bezeichnend für das durchgreifende Scheitern einer monetaristischen Prinzipien folgenden Wirtschaftspolitik ist. Sie ist eine wesentliche Ursache für das Verspielen einer ursprünglich einmal vorhandenen internationalen Position des Landes in der internationalen Rangskala. Aber auch im direkten Vergleich mit anderen Schwellenländern schneidet Argentinien negativ ab.

Während 1970 das durchschnittliche Pro-Kopf-Einkommen Argentiniens noch rd. 3,5-mal so hoch war wie dasjenige Südkoreas, vollzieht sich in den 1980er Jah-

Tabelle 11.1: Pro-Kopf-Einkommen in US-Dollar; Argentinien und Südkorea

Jahr	1970	1980	1990	1995	2000	2005	2010	2015	2019
Argentinien	991	2.687	4.339	7.409	7.707	4.728	10.386	13.789	10.006
Südkorea	279	1.674	6.153	11.490	10.938	16.454	23.087	28.732	31.712

Quelle: United Nations, World Bank

ren der Umschwung. 1990 hat Südkorea Argentinien bereits deutlich überholt und kommt auf ein 1,4-mal so hohes Pro-Kopf-Einkommen seiner Bevölkerung. Die Lücke zwischen beiden Ländern nimmt in der Folgezeit immer weiter zu. Im Jahr 2019 liegt Südkorea bereits beim 3,2-Fachen des argentinischen Werts und einer absoluten Differenz von 21.706 US-Dollar (siehe Tabelle 11.1).

Hinter diesen Durchschnittswerten des Pro-Kopf-Einkommens verbergen sich darüber hinaus hohe Armutsquoten der argentinischen Bevölkerung. Von einem Wert i.H.v. 15% in den 1990er Jahren schnellte sie auf erschreckende 57,5% im Jahr 2002 hoch (vgl. www.agendastrategica.com.ar); gleichzeitig hatten 27,5% der Bevölkerung nicht genügend Einkünfte, um den Inhalt des Lebensmittelkorbes zu bezahlen, was in Argentinien mit dem Begriff »tasa de indigencia« (Elendsrate) bezeichnet wird. Aber auch die Mehrzahl der Lohnabhängigen war von massiven Reallohnverlusten im Zuge der Hyperinflation der 1980er Jahre sowie durch die anschließenden »Stabilisierungsmaßnahmen« betroffen. Die bereits erwähnte Expansion informeller Strukturen war die beständige Folge und Begleiterscheinung; eine sozialstaatliche Absicherung fehlt weitgehend. Seit 2004 kommt es oftmals in den Wintermonaten zu Energieengpässen.

Vierter Abschnitt:
Die historischen Entwicklungsetappen der entwickelten kapitalistischen Produktionsweise vom Anfang des 19. Jahrhunderts bis zur Gegenwart

Kapitel 12: Die Ära Großbritanniens als Weltmarkt-Demiurg

a) Industrielle Zyklen und langfristige Entwicklungstendenzen der Akkumulation des britischen Kapitals vor dem Ersten Weltkrieg und in der Zwischenkriegszeit

Aufstieg Großbritanniens zur Werkstatt der Welt im 18. und 19. Jahrhundert

Unter den Voraussetzungen der Herrschaft über die Meere, eines entwickelten zentralisierten bürgerlichen Staatswesens und den in den städtischen Regionen etablierten handwerksmäßigen Manufakturen kommen im 17. Jahrhundert in Großbritannien, d.h. heißt in erster Linie in England, die Elemente einer ursprünglichen, der eigentlichen kapitalistischen erweiterten Reproduktion historisch vorhergehenden Akkumulation von Kapital zum Tragen. Bei Auflösung der feudalen Gefolgschaften wird die Trennung des Landvolks vom Grund und Boden erzwungen, also der moderne kapitalistische Lohnarbeiter geschaffen und auf der anderen Seite unter tätiger Beihilfe des Staates im Kolonial-, Staatsschulden-, Steuer- und Protektionssystem die Akkumulation von Geldvermögen und die Bildung eines inneren Marktes neben den bereits bestehenden und im Fernhandel erschlossenen auswärtigen Märkten bewirkt (vgl. MEW 23: 744ff.).

Der erste moderne Industriezweig entsteht mit der Textil- und Baumwollindustrie im Bereich der Massenkonsumtionsmittel. Diese Industrie treibt einerseits den äußeren und inneren Handel an und verlangt andererseits die industrielle Fertigung der Produktionsmittel, insbesondere der Maschinerie. Dadurch verschiebt sich sukzessive der Schwerpunkt von der Produktion von Konsumtionsmitteln zu der der Produktionsmittel. Diese Entwicklung vollzieht sich mit der Umwälzung des Transport- und Kommunikationswesens, die wiederum rückschlagend zur Herausbildung einer eigentlichen Schwerindustrie beiträgt.[1] Dass derartige Entwicklungen gerade in Großbritannien in höchster Form ablaufen, also gerade Großbritannien die Geburtsstätte der industriellen Revolution ist, gilt Hobsbawm zufolge spätestens zur Mitte des 18. Jahrhunderts als ausgemacht: *»Die Holländer hatten*

[1] Vgl. Hobsbawm 1969 I: 50: *»Fasst man die drei wichtigsten Bedarfsbereiche in der Entstehungsgeschichte der Industriellen Revolution zusammen, so kommt man zu folgenden Ergebnissen. Die Exportindustrien, unterstützt von der systematischen und aggressiven Politik der Regierung, stellten zusammen mit den Baumwolltextilfirmen den ›führenden Sektor‹ der Industrie; sie sorgten überdies für die Verbesserungen im Transport zur See. Der einheimische Markt schuf die breite Basis für eine allgemeine Industriewirtschaft und (durch den Prozess der Verstädterung) den Anreiz zu einschneidenden Verbesserungen im Inlandstransport, eine solide Grundlage für die Kohlenindustrie und für einzelne technologische Neuerungen. Die Regierung sorgte für systematische Unterstützung der Kaufleute und Fabrikanten sowie für Anreize zu technischen Innovationen und zur Entfaltung der Produktionsgüterindustrien.«*

sich auf die bequeme Ausbeutung ihres kommerziellen und finanziellen Apparats und ihrer Kolonien zurückgezogen. Die Franzosen, obwohl sie ähnlich schnell wie die Briten ihre Wirtschaft ausweiteten (wenn die Briten sie nicht gerade durch Krieg daran hinderten), konnten das Terrain, das sie im 17. Jahrhundert, der großen Zeit wirtschaftlicher Depression, verloren hatten, nicht zurückgewinnen; absolut gesehen mögen sie – bis zur Industriellen Revolution – wie ein ebenbürtiger Rivale gewirkt haben, aber ihr Handel und ihre Manufaktur waren bereits damals von der britischen Konkurrenz überrundet.« (Hobsbawm 1969 I: 50)

Ende des 18. Jahrhunderts gestalten sich die sozioökonomischen Verhältnisse in Großbritannien folgendermaßen: Ein beschleunigtes Bevölkerungswachstum hatte eingesetzt, eine bis dato entwickelte Geld- und Marktwirtschaft hatte einen beachtlichen inneren Markt, ein Volk von Produzenten und Konsumenten hervorgebracht, auf dem Land vollzog sich eine Konzentration, d.h. aus Manufakturen in den Dörfern sind Industrieansiedlungen und Industriestädte erwachsen. In der Regierung setzten sich die Interessen der Fabrikanten immer mehr gegen diejenigen des Adels und Grundbesitzes durch, die aufkommende Industrie hatte zunächst von mannigfachen Schutzzöllen profitiert, um bei fortgeschrittenerem Stand aber nunmehr den Freihandel zu propagieren. Auch die auswärtige Politik wurde mehr und mehr ökonomischen Zwecken untergeordnet. Der Aufstieg Großbritanniens zum Hegemon und Demiurg des Weltmarkts vollzieht sich auf dieser etablierten binnenwirtschaftlichen produktiven Basis; gleichzeitig blieb die Struktur des britischen auswärtigen Handels auf die kolonialen und unterentwickelten Gebiete, das »britische Empire«, bezogen.[2]

Zu Beginn des 19. Jahrhunderts besitzt Großbritannien in den wesentlichen industriellen Produkten dieser Zeit ein faktisches Monopol; seit dieser Zeit datiert die Redeweise von Großbritannien als »Werkstatt der Welt«. Nach wie vor ist die Baumwollbranche prägend; etwa die Hälfte des Werts aller britischen Exporte besteht aus Baumwollerzeugnissen, umgekehrt macht Rohbaumwolle rd. 20% der ge-

---

[2] Vgl. Ibid.: 53f.: *»Hinter der britischen Industriellen Revolution steht die Konzentration auf die kolonialen und ›unterentwickelten‹ Märkte in Übersee, die erfolgreich gekämpfte Schlacht, die allen anderen Ländern den Zugang zu den Quellen versperrte. Großbritannien besiegte sie im Osten: bereits 1766 verkaufte es mehr Waren im Chinahandel als Holland. Es besiegte sie im Westen: in den frühen 1780er Jahren brachten mehr als die Hälfte aller aus Afrika exportierten Sklaven (fast doppelt so viele wie die von den Franzosen abtransportierten) britischen Sklavenhändlern Gewinne ein. All das geschah zum Vorteil der britischen Wirtschaft. Mehr als drei Jahrzehnte nach dem Spanischen Erbfolgekrieg trugen britische Schiffe, die nach Afrika fuhren, immer noch hauptsächlich ausländische (eingeschlossen indische) Waren, seit dem österreichischen Erbfolgekrieg beförderten sie fast ausschließlich britische Waren. Großbritanniens Industriewirtschaft wuchs aus seinem Handel, insbesondere seinem Handel mit der unterentwickelten Welt, hervor. Und das ganze 19. Jahrhundert hindurch sollte dieser Sachverhalt gelten: Handel und Schifffahrt hielten die britische Zahlungsbilanz im Gleichgewicht, der Austausch überseeischer Grundstoffe gegen britische Industrieerzeugnisse bildete das Fundament der internationalen Wirtschaftsbeziehungen Großbritanniens.«* Vgl. dazu auch die nachfolgenden Unterabschnitte des vorliegenden Kapitels.

samten Nettoimporte aus. Damit ist die Baumwollindustrie zugleich das Verbindungsglied für die britischen Exporte sowohl zu den unterentwickelten, Rohstoff produzierenden Regionen als auch den entwickelten Absatzmärkten in Europa und den USA. Die Baumwollindustrie befördert Entwicklungsprozesse in der Weiterverarbeitung (Chemie) und in vorgelagerten Produktionsprozessen, insbesondere der Maschinenproduktion. Charakteristisch für diese britischen Schlüsselindustrien ist einerseits, dass ihr Betrieb mit vergleichsweise geringen Voraussetzungen an technischem Know-how und fachlichem Können, d.h. im Wesentlichen rein erfahrungsmäßigem Wissen durchgeführt werden konnte, bei andererseits einer dezentralisierten und räumlich desintegrierten Wirtschaftsstruktur mit hochspezialisierten mittelgroßen Firmen. Die ursprünglichen Vorteile dieser typischen Konstellation, die eine hohe Flexibilität aufweist und anfänglich eine rasche Expansion erlaubte, sollten sich jedoch in einem späterem Stadium der industriellen Entwicklung als zunehmend starr und brüchig herausstellen.

Neben der Baumwollbranche samt vor- und nachgelagerten Sphären brachte die Verstädterung der Lebensweise im frühen 19. Jahrhundert einen bedeutenden Anreiz für die Kohlegewinnung. Vom Kohlenbergbau wiederum gingen Impulse für den Massentransport aus; mit der Eisenbahn wird ein neues Transportmittel entwickelt, das in der Folgezeit, zusammen mit der hierdurch angestoßenen Stahlindustrie, zu einem der wichtigsten Wachstumsträger der britischen Kapitalakkumulation wurde. Während in der ersten Hälfte des 19. Jahrhunderts die Textil- bzw. Baumwollindustrie der wichtigste Sektor blieb, übernimmt nach der zyklischen Krise 1837 bzw. dem II. Vorkriegszyklus ab 1843 nach und nach die Eisen- und Stahlindustrie die Führungsrolle.

Im internationalen Vergleich behauptet Großbritannien bis in das letzte Viertel des 19. Jahrhunderts seine Rolle als Weltmarkt-Demiurg uneingeschränkt. Seine Vorreiterrolle in der industriellen Entwicklung gegenüber den anderen kapitalistischen Metropolen dieser Zeit (Frankreich, Deutschland und USA) sowie den im zweiten Glied stehenden europäischen Staaten kommt anhand verschiedener Indikatoren deutlich zum Ausdruck. Im europäischen Vergleich hält Großbritannien bis zum Ausbruch des Zweiten Weltkriegs die Spitzenstellung im Bruttoinlandsprodukt pro Kopf der Bevölkerung. Die Wirtschaftsstruktur weist Großbritannien ebenfalls als die Nation aus, bei der der Agrarsektor schon Mitte des 19. Jahrhunderts nur mehr knapp ein Viertel der Erwerbstätigen beschäftigt, kurz vor dem Ersten Weltkrieg gar nur noch 9% (vgl. Pohl 1989: 280). Der industrielle Sektor liegt ab 1850 stets über 50% der Beschäftigten; bei Berücksichtigung der Tatsache, dass die im tertiären Bereich erfasste Transport- und Kommunikationsindustrie ebenfalls zum Bereich der materiellen Produktion hinzuzurechnen ist, ergibt sich ein noch höherer Anteilswert bzw. ist der strukturelle Vorsprung des Landes noch ausgeprägter. Vergleicht man das Verhältnis: preisbereinigtes BIP pro Erwerbstätigem als – allerdings sehr groben – Indikator der Arbeitsproduktivität zwischen den kapitalistischen Metropolen, behauptet Großbritannien seinen Vorsprung im europäischen Vergleich bis zur Jahrhundertwende uneingeschränkt. Im Vergleich zu dem entsprechenden Wert der USA ergibt sich für den Beginn des letzten Jahrzehnts des 19. Jahrhunderts ein Gleichstand, der vor Beginn des Ersten Weltkriegs jedoch bereits zu einem deutlichen Rückstand geworden ist.[3] Ein etwas zeitversetztes Bild zeigt sich bei den Anteilen der verschiedenen Länder an der Weltindustrieproduktion: Großbritannien bleibt bis zur Jahrhundertwende in Europa führend, gerät jedoch kurz vor Ausbruch des Ersten Weltkriegs gegenüber dem Deutschen Reich bereits leicht ins Hintertreffen.[4] Verglichen mit den USA verliert GB bereits zwischen 1880 und 1890 seine internationale Führungsrolle: Sein Anteil an der Weltindustrieproduktion fällt von 22,9% (1880) auf 18,5% (1890), während derjenige der USA im gleichen Zeitraum rapide von 14,7 auf 23,6% ansteigt; im Jahr 1913 halten die USA bereits einen Wert von knapp einem Drittel (vgl. ibid.).

Zyklische und langfristige Entwicklung der britischen Kapitalakkumulation

Der Beginn einer sich in der ihr eigentümlich zyklischen Form bewegenden kapitalistischen Akkumulation datiert in Großbritannien mit der Krise des Jahres 1825. Marx bestimmt sie als die erste wirkliche Weltmarktkrise, die den periodischen Kreislauf des modernen Lebens der großen Industrie eröffnet (vgl. MEW 23: 20). Die krisenhaften Entwicklungen vor diesem Datum sind wesentlich dem Zusammenspiel aus agrarisch-natürlichen, ökonomisch abgeleiteten sowie politischen Faktoren zu erklären, *»die Krisen von 1800-1815 ... aus Getreideteuerung infolge des Misswachses von Ernten, aus Depreziation des Papiergelds, aus Depreziation der Kolonialwaren etc., weil infolge der Kontinentalsperre der Markt gewaltsam, aus politischen, nicht ökonomischen Gründen, kontrahiert war, die Krisen nach 1815 ... teils aus einem Missjahr, von Getreidenot, teils aus dem Fall der Kornpreise«* (MEW 26.2: 498). Erst gegen Ende des ersten Viertels des 19. Jahrhunderts sind nicht nur die binnenwirtschaftlichen materiellen Grundlagen der spezifisch kapitalistischen Produktionsweise geschaffen, sondern hat auch der Weltmarkt einen derartigen Grad an Umfang und Regelmäßigkeit gewonnen, dass zum einen die Anzahl der industriell entwickelten Nationen zahlreich genug geworden ist und zum anderen das jeweilige Verhältnis von Binnen- und Außenhandel in demselben eine Zusammenfassung nationaler Konjunkturen zu einem Weltmarktzyklus erlaubt.

Für die Kapitalakkumulation Großbritanniens seit dieser Zeit ergibt sich die in Tabelle 12.1 dargestellte Datierung industrieller Zyklen für die Periode seiner Rolle als Demiurg bzw. später als Hegemon bzw. eines der führenden Länder des kapitalistischen Weltmarkts in der Zwischenkriegszeit (siehe Abb. 12.1).

---

[3] Die Größe BIP pro Erwerbstätigem weist für Großbritannien und die USA folgende Entwicklung auf: 1870: GB:USA 1,14:1; 1890: 1:1; 1913: 0,8:1 (vgl. Maddison 1989: 98).

[4] Der Anteil von Großbritannien an der Weltindustrieproduktion betrug 13,6%, derjenige des Deutschen Reiches 14,8% (vgl. Bairoch 1976: 296).

Tabelle 12.1: Perioden Großbritanniens als Demiurg bzw. Hegemon

A) Vor dem Ersten Weltkrieg

Vorkriegszyklen		Dauer	Krisen
I.	1827-1842/43	15 Jahre	1837
II.	1843-1848	6 Jahre	1847
III.	1949-1858	10 Jahre	1857
IV.	1959-1867	9 Jahre	1866
V.	1868-1879	12 Jahre	1873/74
VI.	1880-1886	7 Jahre	1882
VII.	1887-1893	7 Jahre	1890
VIII.	1894-1903	10 Jahre	1900
IX.	1904-1908	5 Jahre	1907
X.	1909-1914	6 Jahre	1913
Kriegszyklus	1915-1922	8 Jahre	1921

B) Zwischenkriegszeit

Zyklen		Dauer	Krisen
I.	Zwischenkriegszyklus: 1923-1926	4 Jahre	1925
II.	Zwischenkriegszyklus: 1927-1932	6 Jahre	1929
III.	Zwischenkriegszyklus:1933-1938	6 Jahre	1936

Mehrere Umstände sind anhand dieser Datierung der industriellen Zyklen Großbritanniens herauszustellen:

Erstens: Die Zyklenlänge weist eine Tendenz zur Verkürzung auf: von den anfangs schon von Marx notierten rd. 10-12 Jahren reduziert sich die zyklische Periode auf zuletzt rd. 6-7 Jahre. Dabei ist die zeitliche Regelmäßigkeit des zyklischen Verlaufs noch deutlicher, wenn man die Abfolge der jeweiligen zyklischen Krisen bzw. oberen Wendepunkte betrachtet. Das Auftreten der zyklischen Krisen erfolgt im Abstand von zunächst rd. 10 Jahren, verdichtet sich gegen Ende des Vorkriegszeitraums auf rd. 7-8 Jahre und beträgt in der Zwischenkriegszeit 6 Jahre.

Zweitens: Deutlich ausgeprägt sind die jeweiligen zyklischen Abschwünge mit regelmäßigen absoluten Kontraktionen des Umfangs des wirtschaftlichen Gesamtprodukts. Das Geld- und Währungssystem des Goldstandards mit konvertiblen Banknoten sowie die noch vergleichsweise undifferenzierten Verteilungs- und Umverteilungsverhältnisse drücken sich im Fehlen konjunktureller Stabilisatoren in den Abschwungsphasen aus. Besonders lang und tief ausgeprägte zyklische Depressionsperioden weist der I. und V. Zyklus in der Vorkriegsphase auf. Bezogen auf die Periode 1837 und Folgejahre spricht Engels von *»langen Nachwehen, an die sich 1842 noch eine vollständige Nachkrise anschloss«* (MEW 25: 569) bzw. von einem *»Druck ..., der seit 1837 fast ununterbrochen auf der englischen In-*

Abbildung 12.1: Industrielle Zyklen in Großbritannien bis zum Ausbruch des Zweiten Weltkriegs: Importe und Sozialprodukt (GNP), jeweils laufende Preise; in % ggü. Vj.

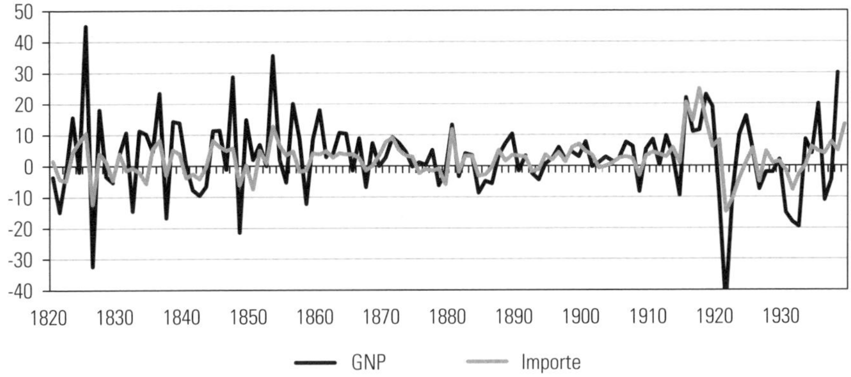

Ab 1920 ohne Republik Irland
Quelle: Mitchell 1978, Bank of England, Maddison

dustrie gelastet hatte« und erst *»Ende 1842 ... zu weichen [begann]«*. (Ibid.: 421) Hobsbawm bewertet den Abschwung des I. Zyklus von den Jahren 1841/42 als die *»schlimmste Wirtschaftskrise des 19. Jahrhunderts«*. (Hobsbawm 1969 I: 78) Der zyklische Abschwung nach der Krise des V. Vorkriegszyklus 1873/74 wird oft als Auftakt einer »Großen Depression«, die sich bis gegen Ende des Jahrhunderts hinzieht, bezeichnet: *»Nach einem glanzvollen Aufstieg kam die Wirtschaft zum Stillstand. Obwohl die britische Hochkonjunktur der frühen 1870er Jahre nicht ganz so dramatisch wie in den USA und in Mitteleuropa einbrach, ging es inmitten des Trümmerschutts der bankrotten Finanziers und der erkaltenden Hochöfen unerbittlich mit ihr bergab. Im Gegensatz zu anderen Industriemächten konnte sich die britische Wirtschaft nicht wirklich wieder erholen. Preise, Profite und Zinssätze fielen oder blieben rätselhaft niedrig. Einige wenige kleine, hektische Booms vermochten diesen langen, frustrierenden Niedergang nicht aufzuhalten. Erst Mitte der 1890er Jahre trat eine Wende ein. Und als die wirtschaftliche Sonne der Inflation abermals durch den Nebel brach, schien sie auf eine sehr veränderte Welt. Zwischen 1890 und 1895 überholten die USA und Deutschland Großbritannien in der Stahlerzeugung. Während der ›Großen Depression‹ hörte Großbritannien auf, die ›Werkstatt der Welt‹ zu sein; sie war nur noch eine ihrer drei großen Industriemächte und in einigen heiklen Punkten die schwächste von ihnen.«* (Ibid.: 130)

Drittens: Während des Ersten Weltkriegs, in den Großbritannien unmittelbar nach der deutschen Kriegserklärung an Russland eintritt und bei dem es der britischen Regierung neben seiner Bündnisverpflichtung gegenüber Belgien auch darum ging, den Vormarsch des Deutschen Reiches zu einer Weltmacht zu stoppen, erleidet das Land einen Rückgang der Industrieproduktion um rd. 20% des Standes

Abbildung 12.2: Index der Industrieproduktion von Großbritannien; in % ggü. Vj.

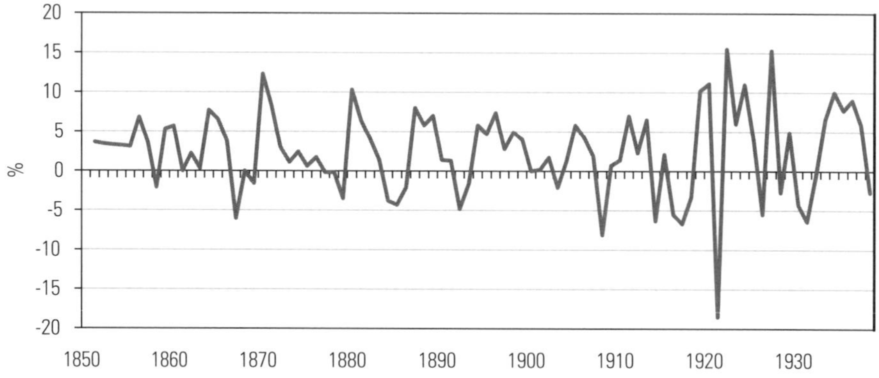

Ab 1920 ohne Republik Irland
Quelle: Mitchell 1978

von 1913. Der Nachkriegserholung 1919/20 und dem irischen Unabhängigkeitskrieg folgte in den darauffolgenden Jahren 1921/22 eine neuerliche tiefe Krise, die für das Rest-Königsreich insgesamt höhere Verluste aufwies als die spätere Weltwirtschaftskrise 1929-1932 (siehe Abb. 12.2).

Viertens: Nach einem ausgeprägten Aufschwung im V. Vorkriegszyklus, der in der ersten Hälfte der 1870er Jahre auch den Wachstumspfad kurzzeitig nach oben verschiebt, wird in der Folgezeit, d.h. in der ersten Hälfte der 1880er Jahre (VI. Zyklus) sowie im ersten Jahrzehnt nach der Jahrhundertwende (IX. Zyklus) die Investitionsschwäche der britischen Volkswirtschaft manifest. In beiden Zeitperioden geht die Investitionstätigkeit gegenüber dem vorangegangenen Zyklus absolut zurück (siehe Abb. 12.3). Diese Entwicklung beleuchtet zugleich schlaglichtartig die ausschlaggebenden Tatbestände für den Verlust der industriellen Suprematie Großbritanniens: Der Hauptgrund hierfür ist in einer fehlenden Anpassung der britischen Kapitalakkumulation an die mittlerweile erreichte technologische und unternehmensstrukturelle Entwicklung zu erblicken. »*Die am weitesten verbreitete und wahrscheinlich beste ökonomische Erklärung für die nachlassende Dynamik in der britischen Industrie jener Zeit [d.h. gegen Ende des 19. Jahrhunderts/S.K.] ist, dass hierbei ›letztlich Großbritanniens früher und langwieriger Start als Industriemacht‹ eine Rolle gespielt habe. Diese Erklärung beleuchtet die Mängel des privatwirtschaftlichen Mechanismus auf mehrere Weise. Die erste Industrialisierung fand natürlich unter besonderen Bedingungen statt, die nicht aufrechterhalten werden konnten, und mit Methoden und Techniken, die, wie fortschrittlich und zweckdienlich sie auch zu ihrer Zeit gewesen sein mochten, auf die Dauer nicht die fortschrittlichsten und zweckdienlichsten bleiben konnten. Zudem schuf sie eine Produktions- und Marktstruktur, von der keineswegs feststand, dass sie wirtschaft-*

Abbildung 12.3: Investitionen in Großbritannien (Gross Capital Formation inkl. Stocks) bis zur Weltwirtschaftskrise, preisbereinigt in % ggü. Vj.

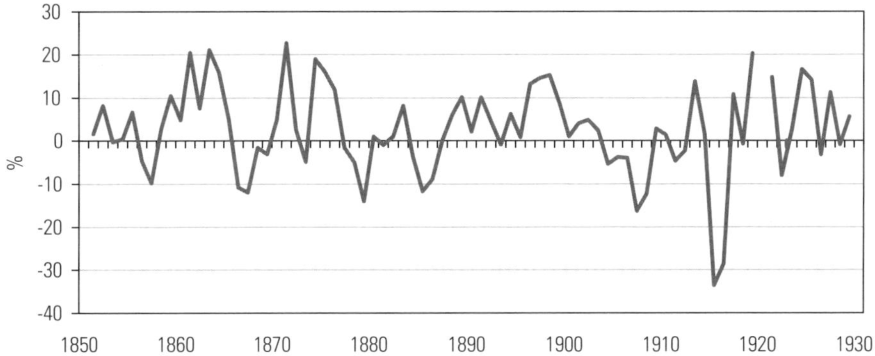

Ab 1920 ohne Republik Irland
Quelle: Mitchell 1978

liches Wachstum und technische Veränderung auf lange Sicht wirklich gewährleisten würde. Dennoch kam es teuer und war es schwierig, eine antiquierte Struktur mit einer neuen zu vertauschen. Es war teuer, weil es sowohl die Verschrottung von alten Anlagen, die noch immer Gewinne einbringen konnten, bedeutete, als auch die Errichtung neuer Anlagen mit hohen Anfangskosten; denn in der Regel ist die neuere Technologie auch die kostspieligere. Es war schwierig, weil es die Zustimmung einer großen Anzahl einzelner Firmen oder Industrien zur Rationalisierung voraussetzte, Firmen, von denen keine wusste, wem die Rationalisierung am meisten nützen würde, und ob sie dabei nicht ihr Geld an Außenseiter oder Konkurrenten weggaben. Solange auf die alte Weise befriedigende Profite erzielt werden konnten, und solange die Entscheidung zur Modernisierung auf der Gesamtsumme der Entscheidungen einzelner Firmen basierte, musste der Anreiz schwach bleiben und das Allgemeininteresse der Wirtschaft zurücktreten.« (Hobsbawm 1969 II: 23f.)

Die Entwicklung der allgemeinen Profitrate des britischen Kapitals in der Zeit vor dem Ersten Weltkrieg fasst die vorstehend notierten Tatbestände zusammen. Die ersten vier Vorkriegszyklen markieren die Periode, in der die große Industrie sich als gesamtwirtschaftliche Totalität ausbreitet, hohe Profitsteigerungen erzielt und vorindustrielle Betriebsweisen niederkonkurriert. Nach Krise und Abschwung 1866/67 und ab dem V. Vorkriegszyklus beginnt die britische Profitrate ihren tendenziellen Fall im Rahmen der in der Gesamtwirtschaft dominierenden industriellen Arbeits- und Betriebsweise mit einer Produktivkraftsteigerung, die lebendige durch vergegenständlichte Arbeit ersetzt und den Gesamtkapitalvorschuss rascher ausweitet als die Profitmasse steigert. Der Fall der Profitrate des britischen Gesamtkapitals wird mit dem VIII. Vorkriegszyklus zunächst gestoppt und die Profitrate verharrt bis zum Ausbruch des Ersten Weltkriegs auf dem erreichten Niveau (siehe

Abbildung 12.4: Profitrate des britischen Kapitals in der Vor- und Zwischenkriegszeit

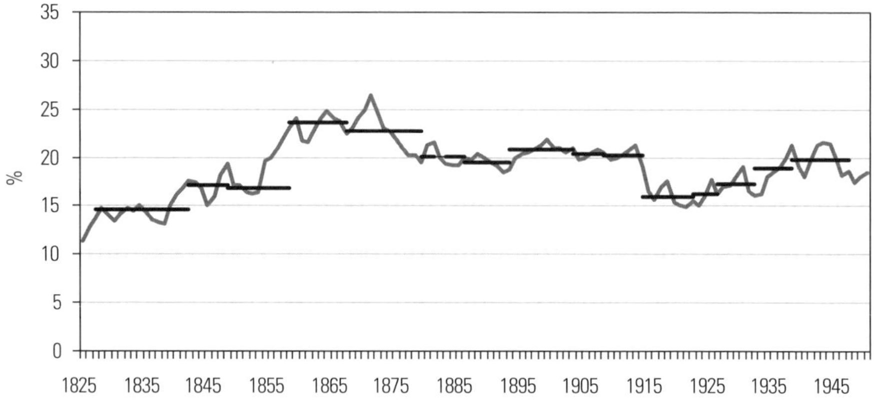

Quelle: Allen 2005, Roberts 2009

Abbildung 12.5: Bruttosozialprodukt von Großbritannien, konstante Preise; log. Maßstab

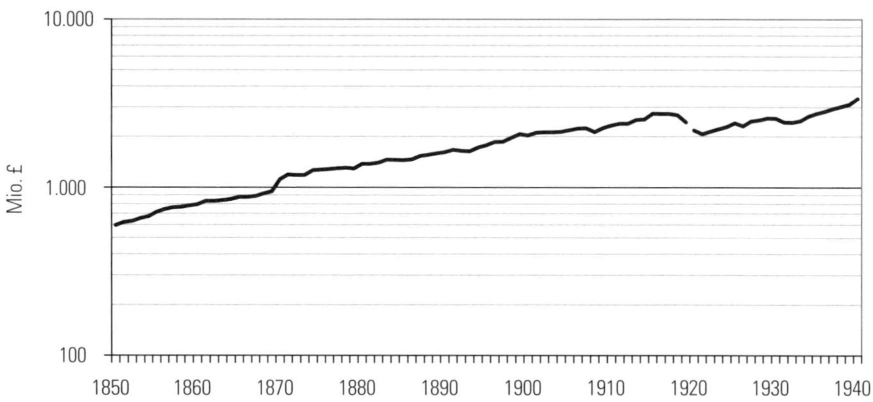

Ab 1920 ohne Republik Irland
Quelle: Mitchell 1978

Abb. 12.4). Obwohl in diese Zeit die Relativierung der internationalen industriellen Vorherrschaft Großbritanniens gegenüber seinen Konkurrenten USA und auf dem europäischen Kontinent fällt, berührt dies zunächst nicht die interne Rentabilität des britischen Kapitals.

In diese Zeit fällt eine Phase deflationärer Preisentwicklung. Dies ist Resultat des Umstands, dass mit dem Rückgang sowohl der natürlichen Fruchtbarkeit der

Abbildung 12.6: Bruttosozialprodukt von Großbritannien in konstanten Preisen und Index der Industrieproduktion; jeweils zyklendurchschnittliche Veränderungsraten

Ab 1920 ohne Republik Irland
Quelle: Mitchell

Goldfelder als auch dem Umfang der Weltgoldproduktion der Wert der Geldware steigt und es somit bei fortschreitender Erhöhung der Produktivität in der Warenproduktion zu sinkenden durchschnittlichen Preisindizes kommt. Wenn auch diese deflationären Preistendenzen auf den Verlauf der Reproduktion negativ zurückwirken, so ist doch eine Phase der Deflation zugleich eine Periode forcierter Entwertungen des Kapitalstocks, welche im Ergebnis positiv auf die Profitrate wirken. Gleichwohl dokumentiert die Investitionsschwäche der britischen Wirtschaft, die die Entwicklung des IX. Vorkriegszyklus (ab 1904) durchgängig prägt und nahezu bruchlos in den Abschwung des folgenden X. Zyklus übergeht, das Erlahmen der vorherigen langfristig beschleunigten Akkumulation des britischen Kapitals.

Dieser Befund wird durch den Vergleich der jeweiligen zyklendurchschnittlichen Wachstumsraten sowohl des Bruttoinlandsprodukts (zu konstanten Preisen) als auch der Industrieproduktion unterstrichen (siehe Abb. 12.5). Zwar fällt der VIII. Zyklus im letzten Jahrzehnt des 19. Jahrhunderts aus dem langfristigen Trend zurückgehender Zuwachsraten der Produktion heraus, doch ist dies als unregelmäßige Oszillation zu werten. Das langfristige Kontinuum der Kapitalakkumulation in Großbritannien umgreift auch die Entwicklung in der Zwischenkriegszeit bis zum Ausbruch der Weltwirtschaftskrise im Jahr 1929. Nach der Schrumpfung der gesamtwirtschaftlichen Aktivität in den Kriegsjahren und danach, liegen die zyklendurchschnittlichen Veränderungsraten des preisbereinigten Bruttosozialprodukts mit 0,6% im I. Zwischenkriegszyklus auf einem sehr niedrigen Niveau und mit -0,8% im II. Zwischenkriegszyklus, der die Weltwirtschaftskrise einschließt, sogar im negativen Bereich. Auf einem höheren Level verläuft die Industrieproduktion in vergleichbarer Weise (siehe Abb. 12.6).

Die Profitrate des britischen Kapitals erreicht während der Kriegszeit und den Jahren danach, bedingt durch den tiefen Einbruch des Sozialprodukts 1921-23, fast wieder ihr niedriges Niveau vom I. Vorkriegszyklus im zweiten Viertel des 19. Jahrhunderts. In den 1920er und 1930er Jahren kann dieses Profitratenniveau wieder deutlich stabilisiert werden – mit währungspolitisch erzwungener binnenwirtschaftlicher Austerität und trotz der Beendigung des II. Zwischenkriegszyklus durch die Weltwirtschaftskrise 1929-32, die Großbritannien allerdings schwächer trifft als die Nachkriegskrise zu Beginn der 1920er Jahre.

b) Die britische Außenwirtschaftsposition und die aufkommenden Konkurrenten Deutsches Reich und USA

Der von Hobsbawm herausgestellte Strukturkonservatismus des britischen Kapitals wird noch deutlicher, wenn die weitere Entwicklung seiner Weltmarkteinbindung, die direkt parasitäre Züge annimmt, beleuchtet wird. Der Außenhandel samt der durch ihn induzierten Produktionen und Funktionen (Dienstleistungen) besaß für Großbritannien traditionell eine überragende Wichtigkeit. Er war ursprünglich, d.h. in der ersten Hälfte des 19. Jahrhunderts, einerseits eine Folge seiner Monopolstellung bei der Industrialisierung, andererseits durch die politisch vermittelten Beziehungen zu den unentwickelten Ländern und Regionen des »Empire« spezifisch geprägt. Voraussetzung von Großbritanniens Handelsherrschaft war seit jeher die Kontrolle der Seewege durch seine Flotte, die die konkurrierenden Nationen unfähig waren zu überwinden: »*Unter diesen Umständen entwickelte die britische Wirtschaft ein eigentümliches Gefüge internationaler Beziehungen. Sie tauschte ihre eigenen Fabrikerzeugnisse, Waren und Dienstleistungen (Kapital, Schifffahrt, Bankwesen, Versicherung etc.) gegen ausländische Grundstoffe (Rohmaterialien und Nahrungsmittel) ein. 1870 betrug der britische Handel pro Kopf (ausgenommen die ›unsichtbaren‹ Posten) 17 Pfund 7 Schilling, gegenüber 6 Pfund 4 Schilling pro Franzose, 5 Pfund 6 Schilling pro Deutschem und 4 Pfund 9 Schilling pro US-Bürger. Nur Belgien, das zweite industrielle Pionierland, hatte damals unter den Industriestaaten vergleichbare Zahlen vorzuweisen. Überseeische Absatzmärkte für Produkte und überseeische Absatzmärkte für Kapital spielten in der Wirtschaft eine immer wichtigere Rolle. Ende des 18. Jahrhunderts beliefen sich die im Inland erzeugten Exporte auf etwa 13 Prozent des Volkseinkommens, zu Beginn der 1870er Jahre auf etwa 22 Prozent und danach auf durchschnittlich 16 Prozent bis 20.*« (Hobsbawm 1969 I: 137f.)

Als im letzten Viertel des 19. Jahrhunderts die britische Wettbewerbsfähigkeit im internationalen Handel gegenüber den mittlerweile fortgeschrittenen Konkurrenten Deutschland und USA schwindet, gewann der Handel mit den unentwickelten Ländern ein immer größeres Gewicht. Einen guten Teil des Verlusts an Märkten in den entwickelten Ländern kompensierte das britische Kapital durch den Rückzug auf die angestammten »Partner« im Empire. Der Schlüssel der britischen Auslandsaktivitäten lag insbesondere in Indien. Hier verquickten sich ökonomische und politische Abhängigkeiten, hier lag der lebenswichtige Absatzmarkt für die britische Ausfuhr von Baumwollprodukten und schließlich kontrollierte Indien den Handel des Fernen Ostens durch seinen Exportüberschuss gegenüber diesem Gebiet. Indien stellte *»einen großen Teil der Investitionseinnahmen von Übersee [zur Verfügung], die im letzten Viertel des 19. Jahrhunderts Großbritanniens Zahlungsbilanzüberschuss verursachten. Indien war wahrhaft das Juwel im imperialen Diadem.«* (Barrat-Brown, zit. nach Hobsbawm 1969 I: 152)

Der Verlust an internationaler Konkurrenzfähigkeit geht zeitlich den bereits oben identifizierten Perioden deutlich verlangsamten gesamtwirtschaftlichen Wachstums im VI. und IX. Vorkriegszyklus voran; dies wird sichtbar anhand eines deutlich verschlechterten Handelsbilanzsaldos, der sich in den jeweiligen nachfolgenden Perioden nur zögernd wieder verbessert. Überhaupt ist es charakteristisch für die gesamte Betrachtungsperiode bis zum Ausbruch des Zweiten Weltkriegs, dass der Saldo der sichtbaren Außenwirtschaftstransaktionen des Weltmarkt-Demiurgen bzw. -Hegemons, also der Handel in materiellen Waren nahezu durchweg defizitär ist. Hieran drückt sich jedoch zunächst nur die Abhängigkeit Großbritanniens von Importen aus, also ein strukturelles Element; denn *»über 90 Prozent seiner Nettoimporte [bestanden] aus Grundstoffen, 75 bis 90 Prozent seiner im Inland erzeugten Exporte aus Fabrikerzeugnissen sowie ein Großteil seiner Wiederausfuhr aus Waren, die von der britischen Industrie bearbeitet (raffiniert, destilliert etc.) worden waren«*. (Hobsbawm 1969 I: 144) Diese strukturelle Abhängigkeit des britischen Kapitals von Grundstoffimporten erklärt die defizitäre Handelsbilanz jedoch nur zum Teil: *»Die Absatzgebiete für die britischen Exporte waren im wesentlichen Länder, die nur sehr begrenzt britische Textilien aufnehmen wollten oder zu arm waren, mehr als einen winzigen Pro-Kopf-Bedarf zu befriedigen. Darin zeigt sich freilich die traditionelle ›unterentwickelte‹ Struktur der britischen Wirtschaft und zu einem gewissen Grad auch der Bedarf an Luxuswaren in den Ober- und Mittelklassen Großbritanniens. ... [so] bestanden zwischen 1814 und 1845 etwa 70 Prozent seiner Nettoimporte (im Wert) aus Rohmaterialien und etwa 25 Prozent aus Nahrungsmitteln, überwiegend tropischen und ähnlichen Erzeugnissen (Tee, Zucker, Kaffee) und Alkohol. Es leidet keinen Zweifel, dass Großbritannien so viel davon verbrauchte, weil es eine traditionell wichtige Wiederausfuhr mit ihnen betrieb. So wie die Baumwollproduktion sozusagen als Nebenerzeugnis eines umfangreichen internationalen Transithandels zunahm, so auch der Verbrauch von Zucker, Tee etc., was, wenigstens zum Teil, das Verrechnungsdefizit erklärt.«* (Ibid.: 147f.)

Dem defizitären Warenhandel steht jedoch ein positiver Saldo der sog. unsichtbaren Transaktionen Großbritanniens mit dem Ausland gegenüber, der im Regelfall die Bilanz der gesamten laufenden Posten (Leistungsbilanz) positiv abschließen lässt. Die Akkumulation eines wachsenden Auslandsvermögens gelingt nur durch diese Überkompensation der defizitären Bilanz des Warenhandels durch einen positiven Saldo der Dienstleistungstransaktionen (siehe Abb. 12.7). Die wichtigsten Einnahmequellen der britischen Dienstleistungsbilanz sind die Schifffahrt, die zwi-

Abbildung 12.7: Salden der Leistungsbilanz Großbritanniens, in Mio. £

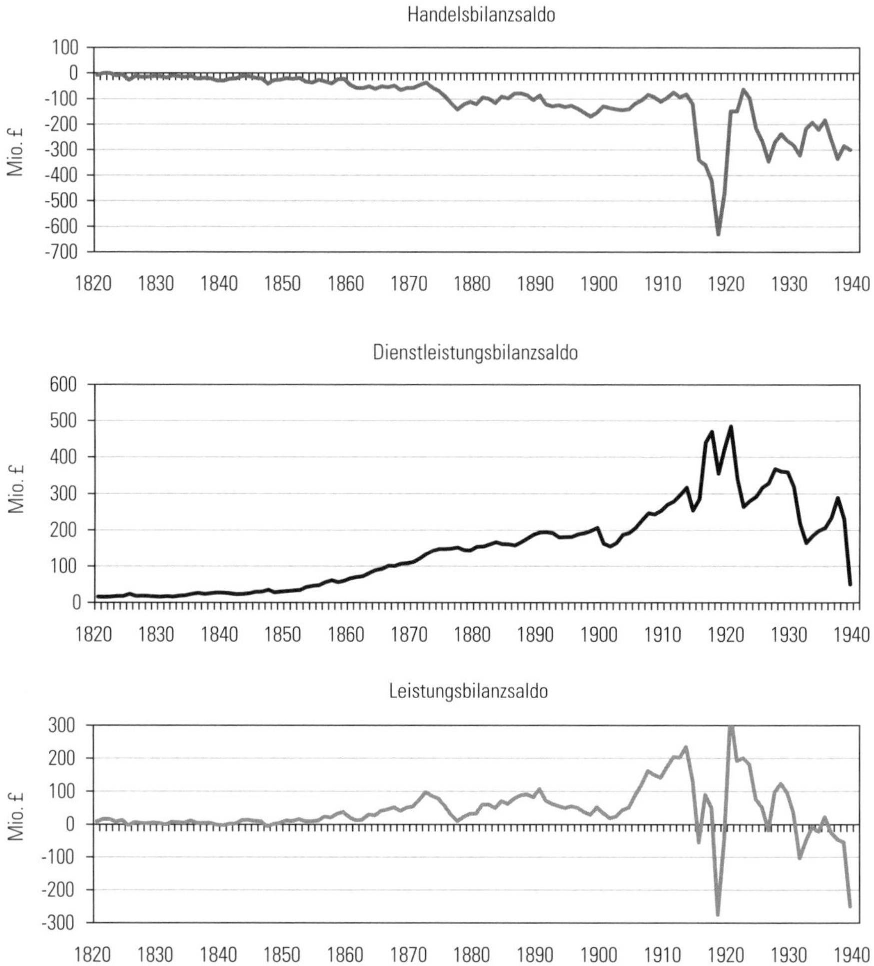

Quelle: Mitchell

schen einem Drittel und der Hälfte der gesamten Welttonnage ausmacht (vgl. ibid.: 148), die Profite aus Handel und Dienstleistungen im Ausland, die Zinsen und Dividenden aus britischen Auslandsinvestitionen sowie schließlich die Einnahmen aus Versicherungen, Maklergeschäften etc., kurz: aus der dominierenden Finanzposition der Londoner City (vgl. ibid.).

Die Entwicklung der Dienstleistungsbilanz markiert ein weiteres Charakteristikum der Stellung Großbritanniens auf dem Weltmarkt gegen Ende des 19. Jahrhunderts. Aus dem Monopolisten der Produktionsweise der großen Industrie im Anfang

Abbildung 12.8: Welthandelsanteile (Exporte) in der Vorkriegs- und Zwischenkriegszeit

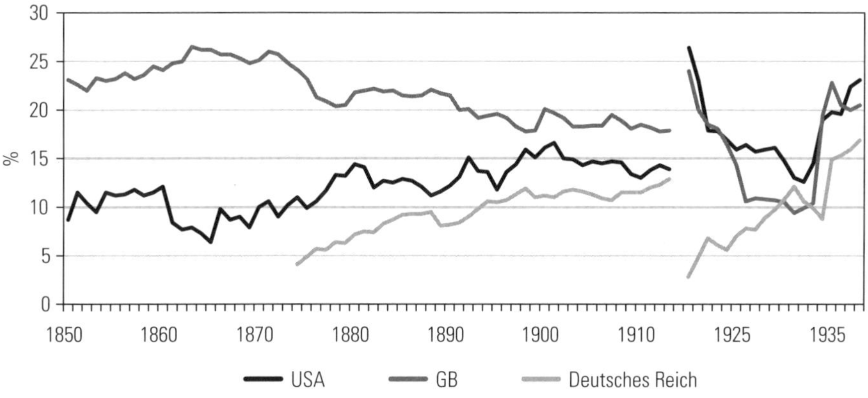

Quellen: G. Federico/A. Tena-Junguito 2016; W.S./E.S. Woytinski 1955

des 19. Jahrhunderts wird nicht nur eine Nation, die sich weitgehend auf den Handel mit den unentwickelten und politisch abhängigen Staaten des Empire zurückzieht, sondern die ihre internationale Vorherrschaft mehr und mehr nicht mehr auf ihre industrielle Überlegenheit, sondern ihre Stellung im kommerziellen Bereich gründet. *»Die britische Wirtschaft insgesamt tendierte fort von der Industrie, hin zu Handel und Finanzwesen, wo Großbritanniens Dienstleistungen zwar seine bereits vorhandenen Konkurrenten stärkten, aber nach wie vor befriedigende Profite einbrachten. Großbritanniens jährliche Auslandsinvestitionen begannen um 1870 die inländische Nettokapitalbildung zu überrunden. Beide wurden zusehends zu Alternativen, bis unter Eduard VII. ein fast ununterbrochener Rückgang der Inlandsinvestitionen bei gleichzeitig steigenden Auslandsinvestitionen einsetzte. Während des großen Booms (1911-1913) unmittelbar vor dem Ersten Weltkrieg wurde im Ausland doppelt soviel wie im Inland investiert. Man hat auch gesagt – und das ist nicht unwahrscheinlich –, dass die inländische Kapitalbildung während der 25 Jahre vor 1914 weder zur Modernisierung der britischen Produktionseinrichtungen ausreichte noch verhindern konnte, dass diese Einrichtungen verkamen. Die Wirtschaft Großbritanniens wurde, so kann man sagen, immer weniger wettbewerbsfähig, seitdem sie von den Überresten ihrer Monopolstellung, von der unterentwickelten Welt, von ihren angehäuften Reichtümern und vom Fortschritt ihrer großen Konkurrenten lebte.«* (Hobsbawm 1969 II: 27f.)

Die beiden größten Konkurrenten des britischen Kapitals auf dem Weltmarkt sind im letzten Viertel des 19. Jahrhunderts die USA und das Deutsche Reich. Während die USA nach dem Ende des Bürgerkriegs (1861-1865) einen rapiden industriellen Entwicklungsprozess durchliefen, aufgrund der Größe des Landes, seiner Bevölkerung, d.h. seines Binnenmarktes jedoch weit weniger ökonomisch und politisch nach außen orientiert sind, hat das Deutsche Reich nach dem Deutsch-Französi-

Abbildung 12.9: Nationale Konjunkturzyklen: Industrieproduktion von USA und DR; in % ggü. Vj.

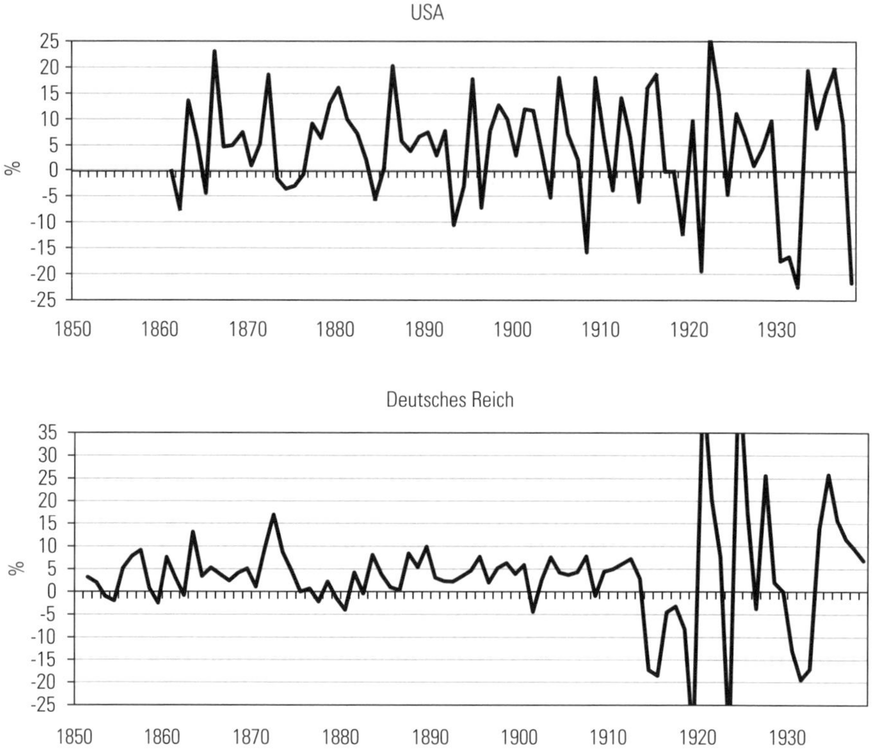

Quellen: United States Department of Commerce, Wagenführ

schen Krieg und der Reichsgründung rasch die ökonomische Vorherrschaft auf dem europäischen Kontinent errungen. Beide Nationen haben das britische Kapital gegen Ende des 19. Jahrhunderts bereits in einigen wichtigen Branchen eingeholt und überrundet.

Die veränderte internationale Kräftekonstellation zeigt sich deutlich anhand der Umschichtung der Welthandelsanteile (Exporte materieller Waren) zwischen den Hauptkonkurrenten Großbritannien, USA und Deutschland (siehe Abb. 12.8). Ab dem V. Vorkriegszyklus verliert Großbritannien fünf Prozentpunkte seiner Anteile am Welthandel sowohl zugunsten der USA, die seit Mitte der 1860er Jahre, d.h. nach dem Ende des Amerikanischen Bürgerkriegs und der Stärkung der staatlichen Zentralmacht einen einheitlichen Reproduktionsprozess mit einer raschen industriellen Entwicklung ausbilden, als auch nach der Reichsgründung in Deutschland 1871 zugunsten des deutschen Kapitals, das ausgehend von niedrigen Anteilswer-

Tabelle 12.2: Zyklusabgrenzungen für die USA, Deutsches Reich und Großbritannien

Zyklen		USA	DR	GB
IV.	Vorkriegszyklus	bis 1865	bis 1870	1859-1867
V.	Vorkriegszyklus	1866-1876	1871-1877	1868-1879
VI.	Vorkriegszyklus	1877-1884	1878-1886	1880-1886
VII.	Vorkriegszyklus	1885-1894	1887-1892	1887-1893
VIII.	Vorkriegszyklus	1895-1904	1893-1901	1894-1903
IX.	Vorkriegszyklus	1905-1908	1902-1908	1904-1908
X.	Vorkriegszyklus	1909-1914	1909-1914	1909-1914
	Kriegszyklus	1915-1921	1915-1923	1915-1922
I.	Zwischenkriegszyklus	1922-1927	1924-1926	1923-1926
II.	Zwischenkriegszyklus	1928-1933	1927-1932	1927-1932
III.	Zwischenkriegszyklus	1934-1938	1933-1938	1933-1938

ten seine Anteile am Weltexport kontinuierlich steigert. Nach der Jahrhundertwende und kurz vor Ausbruch des Ersten Weltkriegs sind die drei Nationalkapitale nahezu gleich stark auf den Weltmärkten vertreten, der nach wie vor bestehende Vorsprung Großbritanniens hat sich erheblich verkleinert. Nach dem Ersten Weltkrieg ist dieser Vorsprung verschwunden, britisches und amerikanisches Kapital liegen nunmehr gleichauf; Deutschland muss sich nach dem verlorenen Krieg und den Nachkriegswirren wieder ganz von unten emporarbeiten.

Die industrielle Karriere der USA und des Deutschen Reiches kommt nicht nur auf den Auslandsmärkten, sondern auch binnenwirtschaftlich anhand der zunehmenden Synchronisierung der zyklischen Entwicklung ihrer Industrieproduktion mit dem von Großbritannien nach wie vor dominierten Weltmarktzyklus zum Ausdruck (siehe Abb. 12.9). Ab den 1880er Jahren, d.h. mit dem VI. Vorkriegszyklus dominiert die Tendenz zur internationalen Vereinheitlichung der Konjunkturzyklen in den kapitalistischen Metropolen gegenüber nationalen Sonderbewegungen eindeutig. Im Einzelnen ergeben sich für die USA und das Deutsche Reich die in Tabelle 12.2 angegebenen Zyklusabgrenzungen:

Fixiert man die oberen Wendepunkte, d.h. die zyklischen Krisen der britischen Industriekonjunktur, so zeigt sich zunächst ein charakteristischer Vorlauf des Zyklus des Weltmarktdemiurgen gegenüber seinen Konkurrenten; dies ist 1873/74 (V. Vorkriegszyklus), 1882 (VI. Vorkriegszyklus) und 1890 (VII. Vorkriegszyklus) der Fall. In den letzten beiden Zyklen ist dieser Vorlauf Großbritanniens verschwunden. Bereits vor dem Ausbruch des Ersten Weltkriegs hat Großbritannien damit seine Funktion als Weltmarktdemiurg, d.h. als Generator der Weltkonjunktur verloren. Seine internationale Hegemonie ruht von nun an nicht mehr überwiegend auf seiner Stellung innerhalb der internationalen Stufenleiter der produktiven Nationalarbeiten, sondern auch auf seiner Dominanz innerhalb der Geldkapitalakkumulation nebst damit zusammenhängenden Funktionen. In der Zeit zwischen den beiden Weltkrie-

Abbildung 12.10: Durchschnittsprofitraten US- und deutsches Kapital

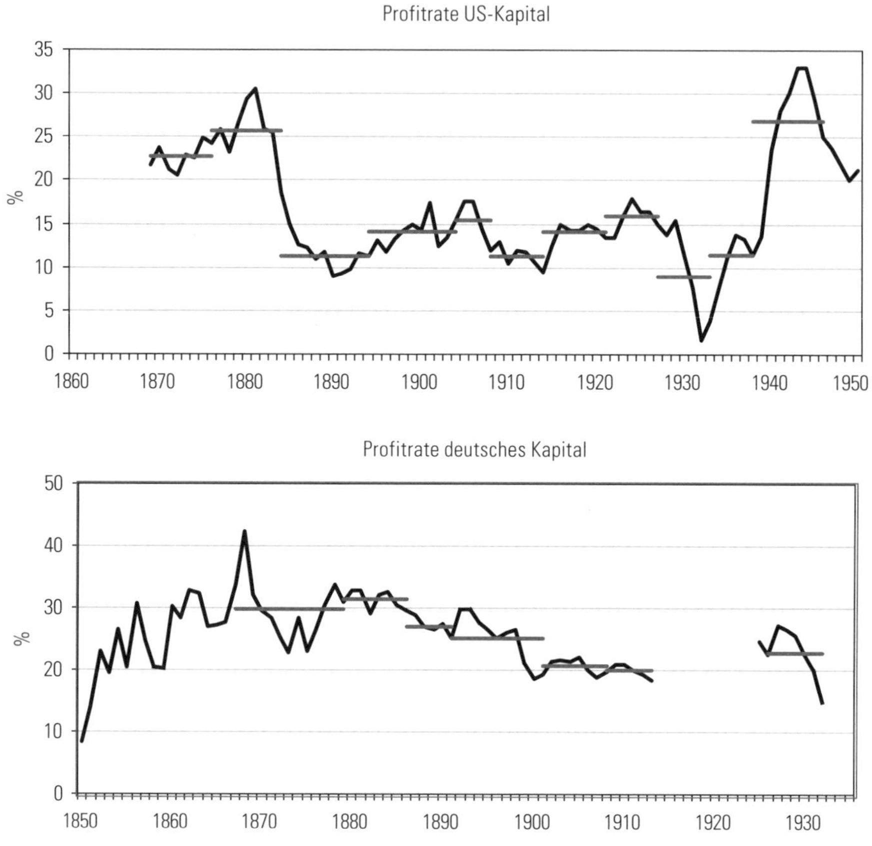

Quellen: Roberts 2009, US Census, Wagenführ, Maddison sowie eigene Berechnungen

gen übernehmen bereits die USA eine Führungsrolle beim Welthandel; dementsprechend ist die US-Konjunktur sowohl in der Zeit während des Ersten Weltkriegs, in den die USA erst 1917 eintreten, sowie in den 1920er Jahren am regelmäßigsten. Weder leidet dieses Land unter Kriegszerstörungen, noch gibt es jenseits der Umstellung der Ökonomie auf Friedenswirtschaft nennenswerte Nachkriegsprobleme wie in Großbritannien und vor allem im Deutschen Reich mit Kriegs- und Nachkriegswirren inkl. Hyperinflation. Die Zwischenkriegszyklen der US-Kapitalakkumulation haben eine Dauer zwischen 6 bzw. 5 Jahren und ordnen sich damit in die tendenzielle Verkürzung des Weltmarktzyklus aus der Vorkriegszeit ein.

Das zusammenfassende Bild der gesamten Periode der Kapitalakkumulation des US- und deutschen Kapitals in der Vorkriegs- und Zwischenkriegszeit drückt sich in deren Profitraten aus (siehe Abb. 12.10). Beide zeigen zunächst die »klassische«

Entwicklung für die in der Zeit vor dem Ersten Weltkrieg sich entwickelnde kapitalistische Industrialisierung: hohe Profitzuwächse auf Basis sinkender Lohnquoten im Maße, wie die große Industrie sich ausbreitet und vermehrte Massen kapitalistischer Lohnarbeiter beschäftigt (innere Landnahme). Die jeweiligen Spitzenwerte der Profitraten werden für beide Nationalkapitale zeitgleich im VI. Vorkriegs-Weltmarktzyklus (1877/78-1884/86) erzielt. Danach dominiert die Produktivkraftentwicklung einer sich auf ihrer eigenen Grundlage bewegenden (und weiter ausbreitenden) Kapitalakkumulation als drastischer Fall im VII. Vorkriegszyklus in den USA mit nachfolgender Stabilisierung auf dem erreichten Niveau und als tendenzieller Fall von Zyklus zu Zyklus bis zum Ausbruch des Ersten Weltkriegs im Deutschen Reich infolge einer dominierenden Steigerung der organischen Zusammensetzung des angewandten Kapitals (Kapitalkoeffizient).

Die Zwischenkriegszeit zeigt für die USA die Fortsetzung der Akkumulationstrends aus der Periode vor dem Ersten Weltkrieg mit einem historischen Tiefpunkt der US-Profitrate im II. Zwischenkriegszyklus, der die Weltwirtschaftskrise umschließt. Die Stabilisierung während der beginnenden New Deal-Ära im Folgezyklus wird durch die hochprofitable US-Kriegsgüterproduktion für die Alliierten während des Zweiten Weltkriegs mit einem neuerlichen Anstieg der Profitrate auf ihr Ursprungsniveau vom VI. Vorkriegszyklus übertroffen. Für das deutsche Kapital ergibt sich für den einzigen statistisch erfassten II. Zwischenkriegszyklus eine Profitrate leicht über dem Niveau der letzten beiden Vorkriegszyklen. Die Profitsteigerung während der Aufschwungsphase der 1920er Jahre nach Überwindung der Hyperinflation wird kompensiert durch den Profitverfall während der Weltwirtschaftskrise.

c) Die Veränderung der internationalen Position der Währungen Pfund Sterling und US-Dollar in der Zwischenkriegszeit

Solange das britische Nationalkapital die uneingeschränkte Funktion des Weltmarkt-Demiurgen innehatte, waren die Geld-, Währungs- und Finanzverhältnisse durch das Regime des internationalen Goldstandards geregelt. Die wichtigsten europäischen Währungen und seit Mitte des 19. Jahrhunderts auch der US-Dollar standen in einer festen, konstanten Parität zum Gold als Geldware, die durch Deckungsvorschriften des inländischen Banknotenumlaufs gesichert werden sollte. An der Spitze der internationalen Stufenleiter dieser goldkonvertiblen Währungen stand das britische Pfund Sterling. Sterling-Banknoten liefen nicht nur in der nationalen Geldzirkulation als papierne Substitute der Goldsovereigns um,[5] son-

[5] In der britischen Binnenzirkulation beherrschte die Zirkulation von Handelswechseln durch Indossament die Sphäre der Beziehungen zwischen Industriellen und Kaufleuten; Barzahlung wurde auf Basis der Diskontierung von Wechseln (sowie Beleihung von Konsols und anderen Schuldtiteln) durch Banknoten geleistet. Das Recht der Notenausgabe besaßen neben der im Jahr 1694 ursprünglich als Privatbank gegründeten Bank of England (BoE) auch

dern in Pfund Sterling denominierte und auf Londoner Banken gezogene Wechsel wurden darüber hinaus das dominierende Transaktionsmedium in der internationalen Zirkulation. Sie ersetzten die Goldversendung zum Ausgleich der nationalen Zahlungsbilanzen solange sich Agio bzw. Disagio der Kurse zwischen Wechseln unterschiedlicher Währungen innerhalb der sog. Goldpunkte, die durch die Kosten der Verschiffung und der Versicherung der Goldsendungen bestimmt waren, bewegten. Damit war bereits zur Zeit des Goldstandards auch in der internationalen Zirkulation eine weitgehende Idealisierung der Geldware Gold als Transaktions- sowie als Reservemittel (für die Valutakasse der Zentralbanken) gegeben. Diese Verhältnisse der internationalen Geldzirkulation wirkten auch nach dem Verlust der Eigenschaft des britischen Kapitals als Weltmarkt-Demiurg bis zum Ausbruch des Ersten Weltkriegs fort.

Um in der Binnenzirkulation die Parität der Banknoten zum Gold fix zu halten, vertrauten die zeitgenössischen Bankiers und Politiker nicht auf das Refluxgesetz der Kreditgeldzirkulation und seine geldpolitische Handhabung zur Steuerung der Gesamtgeldmenge, sondern setzten jene Deckungsvorschriften des inländischen Papiergeld- bzw. Banknotenumlaufs fest – in England Peelsche Bankacts (Currency Principle), theoretisch begründet durch Ricardos falsche Geldtheorie –, die zu den charakteristischen Verschärfungen zyklischer Krisen durch Geldkrisen infolge regelgebundener Erhöhungen der Zentralbank-Zinssätze in Zeiten eines Goldabflusses führten. Damit wurden die zyklischen Krisen verschärft und die nachfolgenden Abschwünge mit Preisdeflationen verlängert und vertieft.[6]

Die Finanzierung der Hochrüstung des Ersten Weltkriegs durch Erhöhung der staatlichen Ausgaben vermittelst öffentlicher Defizite war unter diesem Geld- und Währungsregime nicht möglich. Bereits vor Ausbruch der eigentlichen Kriegshandlungen war das überkommene internationale Währungssystem des Goldstandards durch Goldhortungen von Privaten und verstärkte Repatriierung von Auslandsforderungen unter Druck geraten. Konsequenterweise wurden in allen betroffenen Ländern entweder die Deckungsvorschriften des binnenwirtschaftlichen Banknotenumlaufs suspendiert oder die Definition der Bezugsgrößen für die Deckungsvorschriften geändert und dem Staat praktisch unbegrenzten Zugang zum Notenbank-

---

andere Privatbanken in der Provinz (sog. Zettelbanken); im Jahr 1790 gab es in ganz England rd. 350 Notenbanken. Mit der Entwicklung der BoE als Bank des Staates und als Clearingstelle des nationalen Zahlungsverkehrs erhielten die von ihr ausgegebenen Banknoten staatlichen Zwangskurs als gesetzliches Zahlungsmittel (legal tender 1833) und wurden damit neben der Geldware Gold zum Reservemedium der Privatbanknoten emittierenden Provinzbanken. Erst seit 1923 war die BoE die einzige Notenbank in England und Wales. Zu dieser Zeit existierten in Schottland und Irland noch sechs Emissionsbanken. Nach der Unabhängigkeit Irlands 1921 zirkulierten bis in die jüngere Vergangenheit im Vereinigten Königreich noch Noten schottischer Banken, die im praktischen Verkehr den Noten der BoE gleichgestellt waren. Vgl. Burchardt 1977.

[6] Vgl. ausführlich Krüger 2012a: 203ff., Krüger/Müller 2020 sowie Kapitel 9, Unterabschnitt d) des vorliegenden Buches.

kredit eröffnet.[7] Die Auswirkungen des Ersten Weltkriegs auf die internationalen Gläubiger-Schuldner-Beziehungen und die nationalen Währungen bewegten sich zwischen den Extremen des Aufstiegs der USA als Hauptfinanzier und -gläubiger der Kriegskosten ihrer europäischen Verbündeten einerseits und der Verpflichtung zu umfangreichen Reparationsleistungen in den Versailler Verträgen sowie der vollständigen Zerrüttung des nationalen Geldwesens durch eine Hyperinflation, die nur durch eine Währungsreform beendet werden konnte, beim Kriegsverlierer Deutsches Reich andererseits.

In längerfristiger Betrachtungsperspektive akzentuierten die Resultate des Ersten Weltkriegs für die USA und Großbritannien aber nur die bereits in der vorangegangenen Periode wirksam gewordenen Entwicklungstendenzen der Kapitalakkumulation. Während Großbritannien in den 1920er Jahren mit gestiegenen Handelsbilanzdefiziten zu kämpfen hatte, die immer schwieriger durch Überschüsse seiner Dienstleistungsbilanz auszugleichen waren (vgl. die obige Abb. 12.7), wurden die USA ein strukturelles Leistungsbilanz-Überschussland und behielten nach dem Krieg auch ihre Position als Netto-Kapitalexporteur, wenn auch in vermindertem Umfang, bei (siehe Abb. 12.11). Netto-Kapitalexporteur im Langfristbereich blieb allerdings auch Großbritannien bis zur Weltwirtschaftskrise, allerdings in wesentlich geringerem Umfang als die USA (siehe Abb. 12.12). Das Verhältnis des amerikanischen zum britischen Nettokapitalexport betrug etwa 2:1 (auf Basis des überbewerteten Pfund-Dollar-Wechselkurses der 1920er Jahre). Damit konnte Großbritannien in der Zwischenkriegszeit seine internationale Gläubiger-Position verteidigen sowie, in Nachwirkung der im 19. Jahrhundert etablierten Strukturen, die Rolle von London mit seinen Banken als international bedeutender Finanzplatz behaupten.

Die Wiederherstellung des durch den Ersten Weltkrieg suspendierten Goldstandards als Währungsverfassung sowohl in der binnenwirtschaftlichen als auch in der außenwirtschaftlichen Zirkulation war in der Nachkriegszeit die große Aufgabe für die verschiedenen Regierungen und galt nachgerade als Symbol für die Wiedererreichung ökonomischer Normalität. In den meisten Fällen wurde bei dieser Wie-

---

[7] Z.B. gilt für das Deutsche Reich: »*Durch die berühmten Kriegsgesetze vom 4. August 1914 erhielt das Reich praktisch einen unbegrenzten Zugang zum Notenbankkredit. Zwar konnte bisher schon das Reich Zentralbankkredit in Anspruch nehmen durch Rediskontierung von kurzfristigen Reichsschatzanweisungen, nunmehr konnten aber auch Reichsschatzwechsel und Reichsschatzanweisungen mit höchstens dreimonatiger Laufzeit an die Reichsbank gegeben (und dort zur ›sekundären‹ Notendeckung verwendet) werden, auch wenn sie nur eine Unterschrift trugen, also nur das Reich verpflichteten. Eine formale Grenze für den Notenbankkredit des Reiches bestand zwar noch durch die Aufrechthaltung der Vorschrift, dass die von der Reichsbank ausgegebenen Noten zu einem Drittel durch Gold gedeckt sein mussten, doch wurde diese Vorschrift aufgeweicht, indem auch das von den sog. Darlehenskassen ... geschaffene Geld, die Darlehenskassenscheine, neben dem Gold zur Deckung zugelassen wurden. Außerdem ist zu beachten, dass sich die Deckungsvorschrift nur auf die ausgegebenen Noten bezog, nicht auf das von der Reichsbank geschaffene Giralgeld (Guthaben bei der Reichsbank), mit dem ja auch Zahlungen vorgenommen werden konnten.*« (Hardach 1973: 121)

Abbildung 12.11: Zahlungsbilanz der USA in der Zwischenkriegszeit

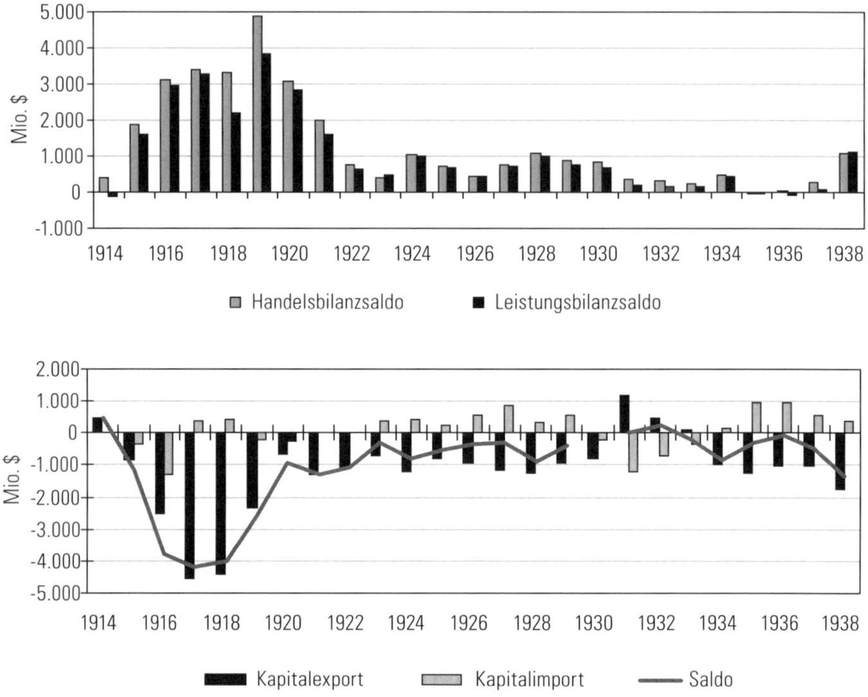

Quelle: Historical Statistics of the United States

derherstellung ökonomischer Normalität allerdings über das Ziel hinausgeschossen, weil die Währungen auf ihre Vorkriegsparität zum Gold bezogen werden sollten, obgleich in den Jahren des Krieges die nationalen Preise mehr oder weniger deutlich über ihr Vorkriegsniveau hinausgetrieben worden und auch durch die naturwüchsige Stabilisierung in und durch die Krise 1921 nicht wieder auf ihr altes Niveau gesunken waren. Eine Ausnahme bildete der US-Dollar, da die amerikanische Wirtschaft die Kriegsverhältnisse nicht nur weitgehend unbeschadet überstanden, sondern darüber hinaus durch die Rüstungskonjunktur sowie die Finanzierung der Alliierten national und international an Stärke gewonnen hatte. Die Rückkehr der amerikanischen Währung zum Goldstandard erfolgte bereits 1919 und die Beibehaltung der Vorkriegsparität war vor dem Hintergrund des Verlaufs der US-Kapitalakkumulation und außenwirtschaftlicher Überschüsse kein Problem. Anders das Pfund Sterling. Während der Dollar und der Finanzplatz New York mit großen Goldbeständen und relativ geringen Verbindlichkeiten etwaige Konvertierungen von Dollarforderungen des Auslands gegen Gold leicht erfüllen konnten, war dies für London und die britische Währung nicht ohne Weiteres möglich: Gegen Großbri-

Abbildung 12.12: Kapitalbilanz Großbritanniens in der Zwischenkriegszeit

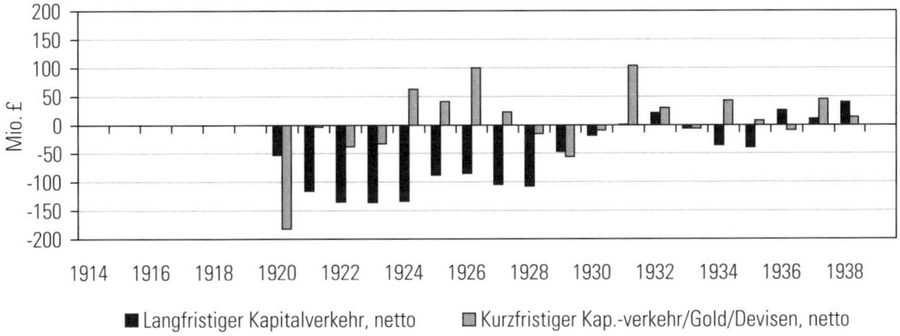

Quelle: Aldcroft 1970

tannien bestanden große Forderungen in Pfund Sterling und gleichzeitig verfügte die Bank von England nur über geringe Goldbestände. Dies war vor dem Ersten Weltkrieg kein Problem gewesen, da die internationale Stellung des Pfundes unangefochten gewesen war; nunmehr aber hatten sich die Verhältnisse gedreht. Die Unfähigkeit Großbritanniens, eine Kontrolle über das internationale Geldsystem auszuüben, sollte später ein wichtiger Faktor beim Zusammenbruch des Goldstandards in den 1930er Jahren sein.

Das Pfund Sterling trat erst 1925 mit seiner Vorkriegsparität von 1 £ = 4,86 $ dem Regime des Goldstandards der Zwischenkriegszeit bei. Dabei ist davon auszugehen, dass bereits 1924 die britischen Löhne und Lebenshaltungskosten zwar im Einklang mit US-amerikanischen Verhältnissen waren, jedoch gegenüber anderen europäischen Ländern zu dem damaligen Wechselkurs des Pfundes zu hoch waren. J.M. Keynes prognostizierte, dass die neuerliche Aufwertung der britischen Währung gegenüber Gold und Dollar um weitere 10% den deflationären Druck auf die Wirtschaft nochmals deutlich steigern würde.[8] Er wendete sich demzufolge scharf gegen die Absicht der britischen Regierung, gewaltsam den Kurs des Pfundes auf seine Vorkriegsparität mithilfe einer Zinspolitik der Bank von England zu treiben,

[8] Vgl. Keynes 1925: 128f.: *»Wir hatten also schon ein schwieriges Problem, und einer der Gründe gegen die Hebung des internationalen Sterlingwertes war die Tatsache, daß sie die schon bestehende Ungleichheit zwischen inneren und äußeren Werten verschärfte, statt sie zu mildern, und daß sie, indem sie uns auf eine Zeit der Deflation festlegte, die tatkräftigen Maßnahmen inländischer Kapitalausdehnung vertagte, die den Übergang von Arbeit in das inländische Gewerbe erleichtert haben würden. Britische Löhne sind jetzt, in Geld gemessen, 15% höher, als sie vor einem Jahr waren. Die Lebenshaltungskosten sind jetzt in England in Gold, verglichen mit denen in Belgien, Frankreich, Italien und Deutschland so hoch, daß die Arbeiter jener Länder einen um 30% niedrigeren Geldlohn, als unsere Arbeiter erhalten, annehmen können, ohne überhaupt am Betrag ihrer Reallöhne Schaden zu erleiden. Kein Wunder, daß unsere Ausfuhrzweige in Nöten sind!«*

die über Kreditrestriktionen Arbeitslosigkeit erzwingen und dadurch Geldlöhne und nachfolgend Lebenshaltungskosten auf ein dem Außenwert des Pfundes entsprechendes Niveau absenken müsste. Er orientierte demgegenüber auf die Festschreibung der aktuellen Pfund-Parität von 4,40 $ statt 4,86 $, was aber eine offizielle Abwertung der britischen Währung gegenüber der Vorkriegsparität bedeutet hätte.

Die vielfach falschen Wechselkurse zwischen den Goldstandard-Währungen vergrößerten die Zahlungsbilanzprobleme und erzwangen Anpassungen in wesentlich größerem Umfang und Ausmaß als in der Vorkriegszeit. Nur wenige Länder waren wie Großbritannien bereit, dem Außenwert ihrer Währung die binnenwirtschaftliche Wertschöpfung zu opfern, während umgekehrt Überschussländer die Goldzuflüsse in Bezug auf die binnenwirtschaftliche Geldmenge zu neutralisieren versuchten. Der »klassische« Anpassungsmechanismus über Preisverschiebungen zum Ausgleich der Zahlungsbilanzen trat daher nur unvollkommen in Wirksamkeit. Die Last des Zahlungsausgleichs wurde einseitig den Defizitländern aufgebürdet, während Überschussländer teilweise die Goldzuflüsse ihrerseits noch zu befördern versuchten.

d) Die imperialistische Aufteilung der Welt und die daraus resultierenden internationalen Konflikte

Kolonialverhältnisse und ungleiche Entwicklung zwischen den Metropolen

Die Kolonialmächte im 18. und 19. Jahrhundert sind die Länder des »alten« Europa, die in dieser Zeit die ökonomisch dominierenden Staaten waren, d.h. neben Spanien, Portugal und Holland in erster Linie Großbritannien und danach Frankreich und das Deutsche Reich. Die USA übten nach ihrer Unabhängigkeit koloniale Herrschaft nur über die Philippinen, Hawaii und einige kleinere Inselgruppen im Pazifik aus. Japan beherrschte vor dem Ersten Weltkrieg an größeren Territorien nur die koreanische Halbinsel und Taiwan. Das Osmanische Reich als vergangene Großmacht voriger Jahrhunderte erstreckte sich nur noch über das türkische Kernland sowie den Nahen Osten (mit den heutigen Staaten Jordanien, Libanon, Israel und Irak sowie küstennahe Streifen am Roten Meer und Persischen Golf der arabischen Halbinsel). Die Doppelmonarchie Österreich-Ungarn beherrschte den Balkan (späteres Jugoslawien mit Ausnahme Serbiens) sowie die spätere Tschechoslowakei und Teile Rumäniens sowie grenznähere südliche Territorien des heutigen Polen und der Ukraine.

Die mit Abstand dominierende Kolonialmacht aber war der seinerzeitige Demiurg des kapitalistischen Weltmarkts und Hegemon der Weltpolitik Großbritannien. Auch nach dem amerikanischen Unabhängigkeitskrieg 1775 und der amerikanischen Unabhängigkeitserklärung am 4. Juli 1776 hatte Großbritannien mit Britisch-Indien (in den seinerzeitigen Grenzen, d.h. mit dem heutigen Pakistan, Bangladesch, Myanmar und Ceylon/Sri Lanka) sowie Afghanistan und Malaysia große Teile des asiatischen Kontinents inkl. den Kronkolonien Singapur und Hongkong

Abbildung 12.13: Imperialistische Aufteilung der Welt vor dem Ersten Weltkrieg (Übersicht)

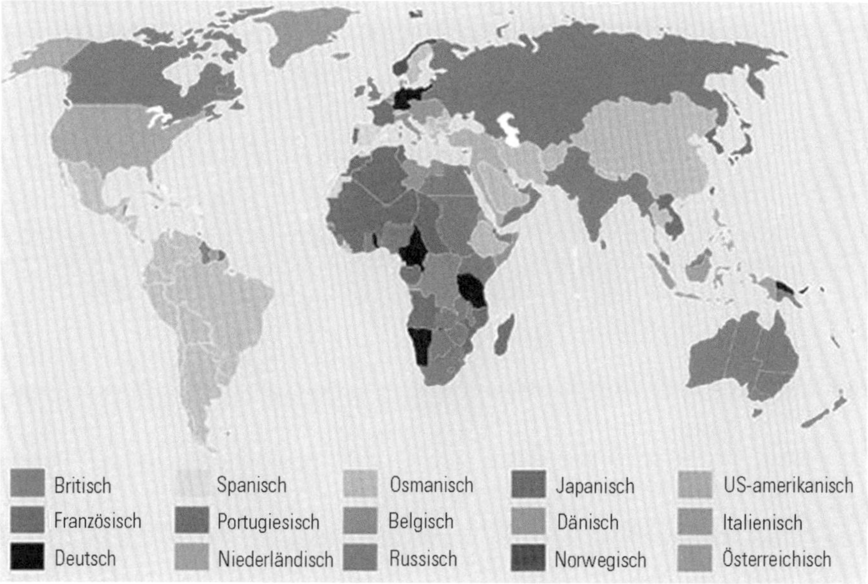

Quelle: Wikipedia

unter direkter Kontrolle; hinzu kam die erzwungene Öffnung Chinas in den beiden Opiumkriegen (1839-1842 und 1856-1860). Daneben gehörten Kanada und Australien sowie Neuseeland zum Britischen Empire. In Afrika beherrschten die Briten im Osten des Kontinents ein fast durchgängiges Territorium von Ägypten im Norden bis zum Kap der Guten Hoffnung (Südafrika) im Süden – nur unterbrochen durch das unter deutscher Kolonialherrschaft stehende Deutsch-Ostafrika (heutiges Tansania, Ruanda und Burundi sowie Teile von Mosambik); hinzu kamen koloniale Eroberungen in Westafrika (Sierra Leone, Goldküste (Gambia), Togoland (Ghana) und Nigeria). Auf der arabischen Halbinsel beherrschten die Briten den östlichen und südlichen Rand (die heutigen Vereinigten Emirate, Bahrain, Qatar, Oman und Jemen). Auch in Ozeanien waren die Briten präsent (u.a. heutiges Papua-Neuguinea). In der »Neuen Welt« beherrschten sie die meisten Kleinen Antillen-Inseln in der Karibik (zum Teil bis auf den heutigen Tag) sowie Britisch-Guayana und Britisch-Honduras (heute: Belize); nicht zu vergessen die »Falklandinseln« (Malvinas) in der südlichen Hemisphäre als Kronkolonie, für die die britische Kriegsflotte noch 1982 einen Krieg mit Argentinien geführt hat. Auch in Europa waren sie außer ihrem Kernland (inkl. Isle of Man und Kanalinseln) mit dem Dominion Irland (heute: Nord-Irland als Bestandteil des Vereinigten Königreiches und Republik Irland) sowie in Malta, Zypern, Gibraltar und Helgoland vertreten (siehe auch Abb.

Abbildung 12.14: Koloniale Aufteilung Afrikas vor dem Ersten Weltkrieg

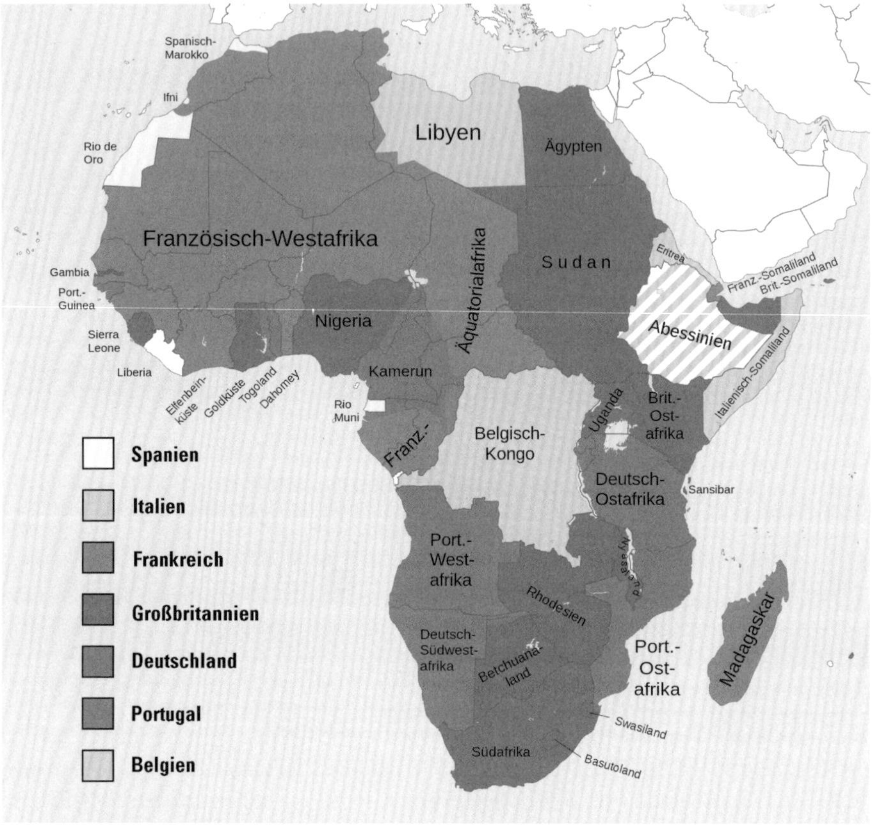

Quelle: Wikipedia

12.13). All diese zum Britischen Empire als Kolonien und Protektorate gehörenden Gebiete zeugen von den Eroberungen der englischen Seefahrer seit dem 17. Jahrhundert. Gegen Ende des 19. Jahrhunderts hatte England das der britischen Krone *»mittelbar oder unmittelbar unterstehende Territorium auf ein Viertel der vom Land bedeckten Erdoberfläche (die in britischen Atlanten in stolzem Rot koloriert waren) (erweitert). Wenn wir das sogenannte ›informelle Empire‹ der unabhängigen Staaten mit einbeziehen, die letzten Endes wirtschaftlich von England abhängig waren, dann war flächenmäßig etwa ein Drittel der Länder der Erde in wirtschaftlicher und sogar kultureller Hinsicht britisch.«* (Hobsbawm 1989: 99f.)

Daneben nehmen sich die kolonialen Herrschaftsgebiete der »Grand Nation« Frankreich fast bescheiden aus. Der Schwerpunkt französischer kolonialer Eroberungen lag neben Französisch-Indochina (Vietnam, Laos und Kambodscha) in Afrika (siehe Abb. 12.14). Französisch-Westafrika und Französisch-Äquatorialafrika

Abbildung 12.15: Kolonialstrukturen in Fernost vor dem Ersten Weltkrieg

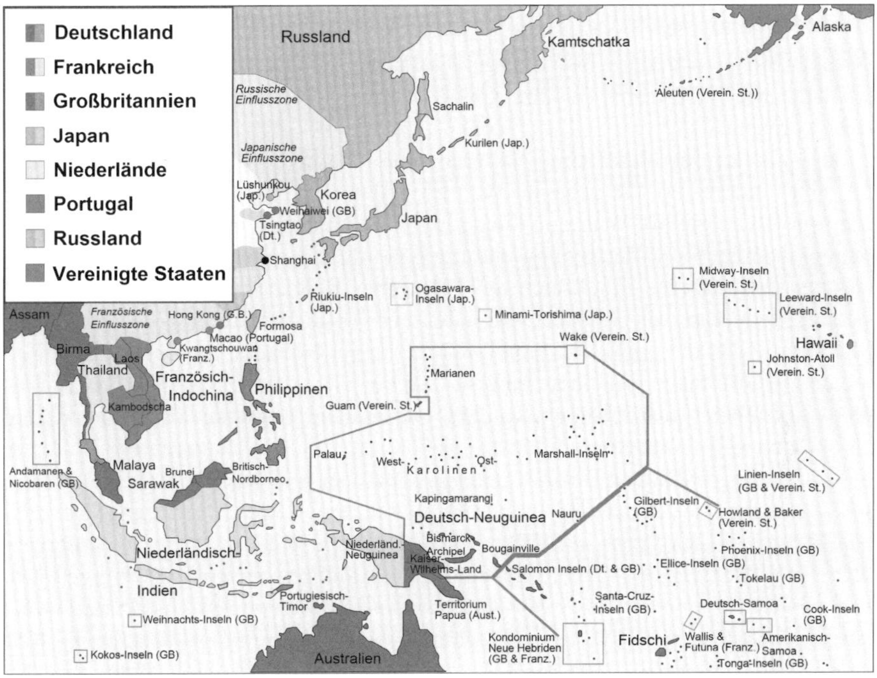

Quelle: Wikipedia

bildeten ein zusammenhängendes Territorium, das sich von den Maghreb-Staaten über die Sahara-Region bis zur westlichen und südlichen Atlantikküste (nur unterbrochen durch englische und deutsche Besitzungen) sowie im Osten bis inkl. des heutigen Tschad und der Zentralafrikanischen Republik erstreckte; hinzu kamen weiter südlich Äquatorial-Guinea und Gabun sowie die Insel Madagaskar im Indischen Ozean. In der Neuen Welt besaß bzw. besitzt Frankreich bis auf den heutigen Tag die Kleinen Antillen-Inseln Martinique und Guadeloupe sowie Französisch-Guayana (Französische Übersee-Departements). Mit einigem Abstand hinter diesen Kolonialmächten rangierten das Deutsche Reich mit Besitzungen in Afrika (Kamerun, Deutsch-Ostafrika und Deutsch-Südwestafrika) sowie einigen Inseln in Südostasien (Deutsch-Neuguinea), Belgien mit Belgisch-Kongo (späteres Zaire bzw. Demokratische Republik Kongo) sowie Portugal mit Portugiesisch-Guinea (heutiges Guinea-Bissau) sowie Portugiesisch-Ost- und -westafrika (Angola bzw. Tansania und Mosambik), schließlich Italien mit Libyen sowie Eritrea, Abessinien (Äthiopien) und Somalia. Der Vollständigkeit halber sind noch die spanischen Besitzungen mit umgebenden Territorien um die bis heute verbliebenen Exklaven Ceuta und Mellila sowie an der Westküste Rio de Ora (heutiges Westsahara) zu erwähnen.

Größere koloniale Besitzungen hatte im 19. Jahrhundert noch das niederländische Königreich in Südostasien (siehe Abb. 12.15). Dort beherrschten die Holländer mit Sumatra, Borneo und Niederländisch-Neuguinea das spätere Indonesien. Darüber hinaus waren sie bis vor wenigen Jahren auf den Niederländischen Antillen in der Karibik (Aruba, Bonaire, Curaçao sowie Sint Maarten, Saba und St. Eustatius) präsent.

Im Zeitalter des klassischen Imperialismus, beginnend im letzten Viertel des 19. Jahrhunderts, ist die gesamte Welt zwischen den damaligen kapitalistischen Metropolen aufgeteilt. Während die geringen Besitzungen im Pazifik für die USA ökonomisch keine Rolle spielten und die kolonialen Eroberungen für die »alten« europäischen Mächte Frankreich und Deutsches Reich nur eine vergleichsweise geringe Bedeutung als Rohstofflieferanten und Absatzmärkte besaßen – für beide Mächte standen die politische Funktion und die symbolische Bedeutung ihrer Kolonien als Großmacht-Attribute an erster Stelle –, war die Ökonomie Großbritanniens seit jeher fest mit seinen Kolonien verbunden. Englands Vormachtstellung als Weltmarkt-Demiurg beruhte immer schon auf seinen besonderen Beziehungen mit seinen überseeischen Bezugsquellen agrarischer und industrieller Grundstoffe sowie den fremden Absatzmärkten. *»Man kann sogar behaupten, daß die Industrieerzeugnisse des Vereinigten Königreichs auf den Märkten der in der Industrialisierung begriffenen Wirtschaften gar nicht besonders konkurrenzfähig gewesen sind – mit Ausnahme vielleicht der goldenen Jahrzehnte von 1850 bis 1870. Die Sicherung und Bewahrung ihres privilegierten Zugangs zur außereuropäischen Welt war somit für die britische Wirtschaft eine reine Überlebensfrage.«* (Ibid.: 99) Das koloniale Imperium Großbritanniens markiert also Stärke und Schwäche zugleich, wobei die Schwäche im Hinblick auf die Konkurrenzfähigkeit des britischen Kapitals auf dem Weltmarkt mit fortschreitender Zeit die gewichtigere Seite dieser Balance werden musste.

Die zunehmende Orientierung der Ökonomie Großbritanniens auf sein Einflussgebiet (Empire) und minder entwickelte Länder (Lateinamerika) kommt auch bei der Verteilung der britischen Auslandsinvestitionen zum Ausdruck (siehe Abb. 12.16). Nach Europa und in die USA, d.h. in die Reproduktionsprozesse der konkurrierenden kapitalistischen Metropolen, ging nach der Jahrhundertwende gerade noch ein Viertel dieser Auslandsinvestitionen. Insofern kann man sagen: Nachdem durch die britischen Auslandsinvestitionen im 19. Jahrhundert mit fortschreitender Zeit überschüssiges Kapital, das weder im Inland noch in den beherrschten Gebieten profitable Anwendung fand, in die nachgeordneten kapitalistischen Metropolen floss und dort die Kapitalakkumulation der wichtigsten Konkurrenten beförderte, war seit dem letzten Viertel des 19. Jahrhunderts die zunehmende Wichtigkeit des Empires und unentwickelterer Länder nicht mehr und nicht weniger als ein Rückzug Großbritanniens auf angestammte Bereiche, der den zunehmenden Verlust der ursprünglichen Überlegenheit dieses Nationalkapitals auf dem Weltmarkt unterstrich. Damit war angelegt, dass mit der späteren Auflösung des Britischen Empires auch die Bedeutung Großbritanniens als Wirtschafts- und sodann

Abbildung 12.16: Regionale Verteilung der britischen Auslandsinvestitionen vor dem Ersten Weltkrieg; in %

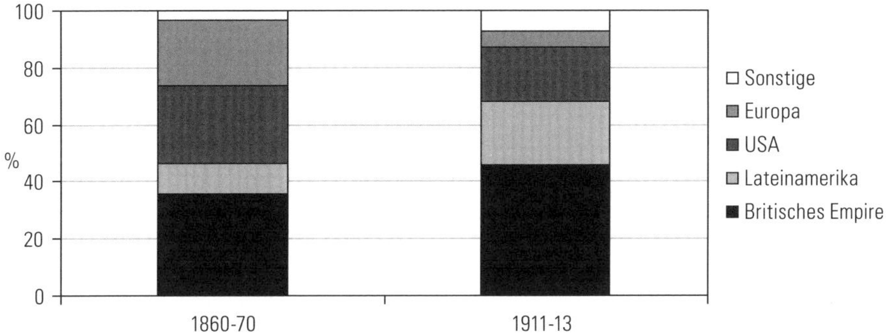

Quelle: Hobsbawm 1989, zit. nach Feinstein

auch als Weltmacht schwinden musste. Vor dem Ersten Weltkrieg war allerdings neben dem ökonomischen Einfluss auch und gerade die englische Kultur und Lebensweise in den Ländern des Empires ungebrochen, wenngleich sie vornehmlich von Vertretern der Kompradoren-Bourgeoisie sowie einheimischen Verwaltungsbeamten adaptiert wurde. Der kulturelle Einfluss Großbritanniens hielt im Unterschied zum wirtschaftlichen noch lange nach dem Zerfall des Britischen Empires an.

Die ökonomischen Gründe für den Ersten Weltkrieg

Die vollständige Aufteilung der Welt zwischen den kapitalistischen Metropolen und ihren unmittelbaren und mittelbaren Einflussgebieten in den weniger entwickelten und unentwickelten Regionen musste mit einer gewissen Folgerichtigkeit zu Konflikten zwischen den wirtschaftlich dominierenden Nationalkapitalen führen, die als Konflikte zwischen Staaten ausgetragen wurden, wenn eine ökonomische Abschottung durch Protektionismus nicht ausreichte, um die Marktzugänge – sowohl im Innern der Metropolen als auch in ihren Kolonien und Einflussgebieten – zu sichern. In diesem Sinne wurde die Rivalität zwischen den Großmächten – neben Großbritannien das Deutsche Reich, Frankreich, Österreich-Ungarn, Japan sowie auch die USA mit ihrer Monroe-Doktrin, die Mittel- und Südamerika als Einflussgebiet (»Hinterhof«) betrachtete – durch ökonomische Tatbestände, d.h. den jeweiligen Akkumulations- und Verwertungstrieb der Nationalkapitale bestimmt. Dennoch ist Hobsbawm zuzustimmen, wenn er bei seiner Analyse der Ursachen für den Ersten Weltkrieg geltend macht, dass es nicht wirtschaftliche Gründe allein und schon gar nicht nur der Einfluss der nationalen Rüstungsproduzenten im Verein mit kriegslüsternen Militärs war, der zum Ausbruch dieser Katastrophe 1914 geführt hat: *»Aber was Europa in den Krieg trieb, war nicht das Wettrüsten an sich, sondern die internationale Lage.«* (Ibid.: 388) Vielmehr sind die politischen Verwicklungen zu berücksichtigen, welche nach dem an und für sich zufälligen Anlass nach dem Attentat eines nationalistischen Studenten auf den österreichischen Thronfolger Erzherzog Franz Ferdinand in Sarajewo zur Kriegserklärung Österreich-Ungarns an Serbien führte (»Serbien eine Lektion erteilen«). Die geschlossenen Bündnisstrukturen – Deutschland mit Österreich auf der einen und die sog. »Tripleentente« zwischen Großbritannien, Frankreich und Russland auf der anderen Seite – führten vor dem Hintergrund der als Bedrohung wahrgenommenen wirtschaftlichen und politischen Expansionsbestrebungen zu einem teilweise für die betroffenen Regierungen selbst überraschsenden Eklat, der nicht wie bspw. die vorangegangene »Agadirkrise« im Jahr 1911[9] friedlich und mit bloßen Drohungen beigelegt wurde. Demgegenüber überlagerten sich in den folgenden Jahren innenpolitische und internationale Krisen: *»Das abermals von einer sozialen Revolution bedrohte Rußland, das von der Auflösung eines politisch nicht mehr regierbaren Vielvölkerstaates bedrohte Österreich und auch das polarisierte und deshalb immobile Deutsche Reich – sie alle neigten ihrem Militär und dessen Lösungsvorschlägen zu. Selbst Frankreich, einig in seiner Abneigung, mehr Steuern zu zahlen und auf diese Weise eine massive Aufrüstung zu finanzieren (es erwies sich als einfacher, die allgemeine Wehrpflicht wie früher auf drei Jahre zu verlängern), wählte 1913 einen Präsidenten, der Revanche gegenüber Deutschland forderte und mit dem Säbel rasselte, womit er den Generälen aus dem Herzen sprach, die nunmehr mit mörderischem Gottvertrauen ihre Defensivstrategie für die Aussicht aufgeben wollten, eine Offensive über den Rhein vorzutragen. Die Briten zogen Schlachtschiffe einer Heeresverstärkung vor: Die Flotte war schon immer populär, und den Liberalen als den Beschützern des Handels kamen nationale Ruhmestaten nicht ungelegen. Im Gegensatz zu Heeresreformen waren waffenstarrende Schiffe politisch attraktiv. … Obgleich jedoch die britische Regierung bis zum letzten Augenblick friedlich blieb – oder sich zumindest weigerte, aus Angst vor einer Spaltung der am Kabinett beteiligten Liberalen Stellung zu beziehen –, so kam für sie doch nicht in Betracht, sich aus dem Krieg herauszuhalten. Zum Glück verschaffte der deutsche Einmarsch in Belgien, seit langem durch den Schlieffenplan vorbereitet, London einen moralischen Deckmantel für die folgenden diplomatischen und militärischen Notwendigkeiten.«* (Ibid.: 405f.)

Die wechselseitigen Kriegserklärungen der europäischen Regierungen und Mobilmachungen trafen auf eine nationalistisch geprägte Kriegsbegeisterung breiter Bevölkerungskreise; die Freiwilligenmeldungen in Deutschland, Großbritannien, Frankreich und Russland übertrafen alle Erwartungen. Die Massen folgten den Fahnen ihrer Staaten und verließen jene Führer, die sich dem Krieg widersetzten. Oder, noch schlimmer, die Führer der zuvor erstarkten sozialdemokratischen Par-

---

[9] Deutschland hatte das Kanonenboot »Panther« zu Einnahme des Hafens von Agadir im Süden von Marokko entsandt, um von den Franzosen eine »Kompensation« für deren bevorstehende Übernahme Marokkos als »Protektorat« zu erlangen. England, das den Anschein erweckte, es sei zum Krieg an der Seite Frankreichs entschlossen, zwang den deutschen Kaiser Wilhelm II. zum Rückzug.

teien schwenkten selbst in das Lager der Kriegsbefürworter und -unterstützer um; die Zustimmung der Mehrheit der sozialdemokratischen Reichtagsfraktion zu den von der deutschen Regierung beantragten und zur Abstimmung gestellten Kriegskrediten verfolgt die deutsche Sozialdemokratie bis auf den heutigen Tag. In der (II.) Internationale waren nur Lenin und seine Mitstreiter unerschütterliche Kriegsgegner. Sie sollten Recht behalten und der Erste Weltkrieg mit seinen menschlichen Verlusten und materiellen Zerstörungen wurde in Russland zu einer der Ursachen für die Revolutionen des Jahres 1917.

e) Die Auswirkungen des Ersten Weltkriegs und die Struktur des Weltmarkts in der Zwischenkriegszeit

Die ursprünglich als nur kurz währender Waffengang gedachte militärische Auseinandersetzung entwickelte sich zu einem langwierigen Abnutzungs- und Stellungskrieg, der Jahr für Jahr mehr Opfer forderte; etwa 17 Millionen Menschen verloren ihr Leben. Er war ein Weltkrieg, denn er wurde in Europa, im Nahen Osten, in Afrika, Ostasien und auf den Ozeanen geführt.

Wichtige Kriegsbeteiligte waren Deutschland, Österreich-Ungarn, das Osmanische Reich und Bulgarien einerseits sowie Frankreich, Großbritannien und das Britische Weltreich, Russland, Serbien, Belgien, Italien, Rumänien, Japan und die USA andererseits. Insgesamt 40 Staaten beteiligten sich am bis dahin umfassendsten Krieg der Geschichte, insgesamt standen annähernd 70 Millionen Menschen unter Waffen. Auch die Kolonialgebiete wurden in den Krieg hineingezogen. So hatte Großbritannien bereits im ersten Kriegsjahr beschlossen, den Krieg auszudehnen und alle deutschen Kolonien anzugreifen oder durch verbündete ausländische Truppen angreifen zu lassen. Dabei kam es besonders in Afrika zu teils schweren Kämpfen. Togo und Kamerun wurden eingenommen. Die Südafrikanische Union griff Deutsch-Südwestafrika an. In Deutsch-Ostafrika konnte sich die deutsche Schutztruppe bis zum Kriegsende halten. Die deutschen Kolonien im Pazifik, in denen keine Schutztruppen stationiert waren, wurden nahezu kampflos an Japan, Australien und Neuseeland übergeben.

Am Ende des Krieges bestimmte der Friedensvertrag von Versailles, dass Deutschland Teile des Reichsgebiets abzugeben und alle ehemaligen Kolonien aufzugeben hatte. Sie kamen zunächst unter die Kontrolle des neu gegründeten Völkerbundes, der die weitere Verwaltung bestimmte. Damit war allerdings nicht automatisch die staatliche Unabhängigkeit dieser ehemals deutschen Kolonien gegeben, sondern sie wechselten nur die Kolonialmacht. Die afrikanischen Besitzungen des deutschen Reiches fielen hauptsächlich den Briten zu. Die Teilung der Welt in Kolonialmächte und abhängige Territorien wurde im Ergebnis des Ersten Weltkriegs nicht aufgehoben.

Neben den politischen Ergebnissen hinterließ der Erste Weltkrieg auch in den internationalen wirtschaftlichen Verhältnissen erhebliche Konsequenzen. Das Welt-

Abbildung 12.17: Welthandel: Exporte und Importe; in Mrd. Golddollar

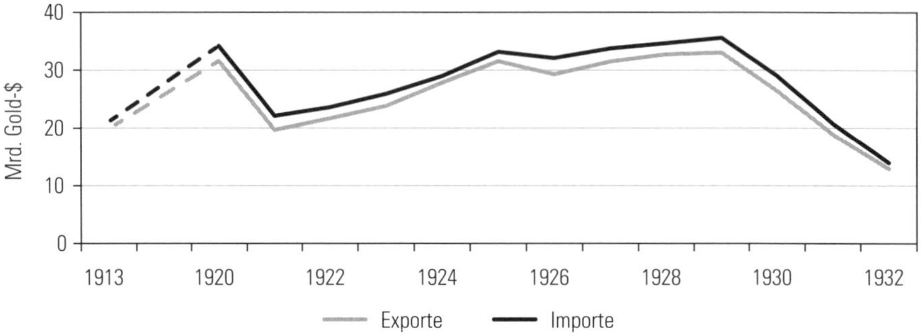

Quelle: W.S. und E.S. Woytinski 1955

handelsvolumen (in Golddollar) lag 1920 zunächst um mehr als 50% über dem Vorkriegsniveau (1913), sackte jedoch in der Krise 1921 wieder auf dieses Vorkriegsniveau ab. Erst 1929, d.h. unmittelbar vor der Weltwirtschaftskrise, konnte der Wert von 1920 wieder leicht übertroffen werden (siehe Abb. 12.17). Damit hatte der Welthandel erheblich an Dynamik gegenüber der Zeit vor dem Ersten Weltkrieg eingebüßt, wo der internationale Handel die Wachstumsraten der Weltproduktion deutlich übertroffen hatte. Dies galt bei Fertigwaren für die gesamte Zwischenkriegszeit und für Agrarprodukte mit Ausnahme der Jahre 1926-1929. *»Aber auch dies war kein Glücksfall, da die Angebotskapazität der Peripherieländer (die ›weißen Dominions‹, Länder in Lateinamerika dank der neuen Strategie der ›Importsubstitution‹) schneller stieg als die Nachfrage der industrialisierten Zentren. Der damit zusammenhängende Verfall der Rohstoffpreise war einer der wichtigsten Gründe für den Zusammenbruch des Weltagrarmarktes [in der Weltwirtschaftskrise/S.K.].«* (Ziebura 1984: 68)

Dass die Entwicklung des Welthandels in den 1920er Jahren als Wachstumsfaktor für die Weltwirtschaft weitgehend ausfiel, hatte auch mit der Zunahme der Regionalisierung des auswärtigen Handels innerhalb der Wirtschaftsblöcke Europa (plus Kolonien), Sterling-Zone, Dollar-Zone (USA, Kanada, Lateinamerika) sowie Sowjetunion zu tun. Die Anteile der Regionen an den Weltex- und -importen blieben in der gesamten Zwischenkriegszeit ziemlich konstant; Nordamerika und Europa als Repräsentanten der entwickelten Länder vereinigten knapp zwei Drittel der Weltexporte auf sich (siehe Abb. 12.18). In dieser globalen Perspektive realisierten sowohl Nord- wie Mittel- und Südamerika Exportüberschüsse, während die europäischen Länder mit ihrem mit Abstand größten Anteil am Welthandel Importüberschüsse verzeichneten. Asien war Nettoexporteur ebenso wie Afrika mit Ausnahme der Jahre der Weltwirtschaftskrise.

Im Verhältnis der kapitalistischen Metropolen untereinander hatte sich im Gefolge des Krieges nicht nur das politische, sondern auch das wirtschaftliche Kräf-

Abbildung 12.18: Anteile der Regionen am Welthandel; in %

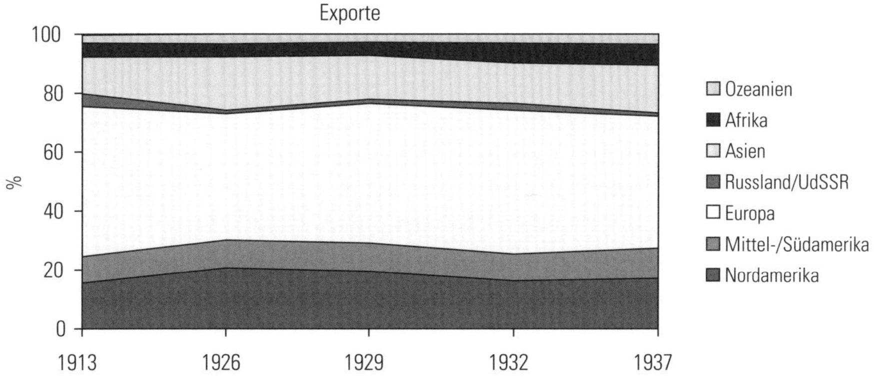

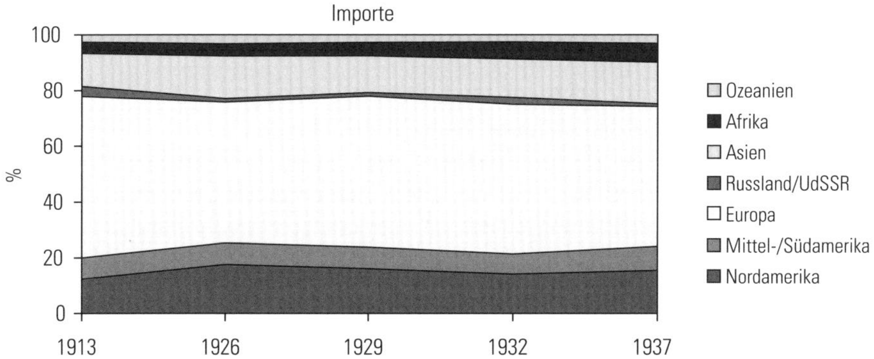

Quelle: W.S. und E.S. Woytinski 1955

teverhältnis verändert. Die europäischen Mächte erlitten während des Ersten Weltkriegs von 1914-18 erhebliche ökonomische Einbußen. Am heftigsten war das Deutsche Reich betroffen; Industrie- und Agrarproduktion schrumpften deutlich, die erstere lag 1919 um rd. 14% unter dem Niveau von 1914, das Sozialprodukt (in konstanten Preisen) fiel um annähernd 6% jährlich ab. Auch die Wirtschaft Großbritanniens verzeichnete bis 1918 Rückgänge in der Industrieproduktion, die Bruttoinvestitionen gingen während der Kriegszeit um mehr als 50% zurück. Im Unterschied dazu hatten sich die USA schnell auf die Kriegsbedingungen, die ihr Territorium nicht betrafen, eingestellt und erlebten durch die Belieferung der verbündeten europäischen Kriegsteilnehmer mit Rohstoffen, Nahrungsmitteln und Kriegsmaterial sowie durch Substitution ehemals aus Europa bezogener Importe einen Aufschwung in Landwirtschaft und Industrie.[10] Lagen die Welthandelsanteile,

---

[10] Vgl. Wagenführ 1933: 23: »*Die Verschiebung des Schwergewichts der Industrieproduktion nach Außereuropa, die sich schon in der Vorkriegszeit der Tendenz nach deut-*

gemessen an den Exporten, vor Beginn des Ersten Weltkriegs 1913 der drei führenden Metropolen Großbritannien, USA und Deutsches Reich noch fast gleichauf zwischen 12 (DR) und 16% (GB), so hatten sich 1920 die internationalen Gewichte erheblich verschoben.

Die USA rangierten nunmehr leicht vor Großbritannien, während das Deutsche Reich weniger als 3% der Weltexporte bestreiten konnte. Es dauerte ein halbes Jahrzehnt, bis Deutschland wieder an seine Vorkriegsposition anknüpfen konnte. Mit der Verschiebung der Welthandelsanteile ging auch eine Verlagerung der internationalen Kapitalströme einher. Die USA waren ausgangs des Krieges Gläubigernation gegenüber Frankreich und Großbritannien geworden und wurden in der Folgezeit mit zinsinduzierten kurzfristigen Kapitalanlagen in Deutschland zu einer fragilen Stütze der internationalen Konjunktur.

f) Die Weltwirtschaftskrise 1929-1932 und die anschließende Depressionsphase

Die Weltwirtschaftskrise als finaler Abschluss der Periode beschleunigter Kapitalakkumulation aus dem 19. Jahrhundert

Wir hatten schon darauf hingewiesen, dass das Ende der Periode einer beschleunigten Akkumulation und ihre Ablösung durch eine kapitalistische Überakkumulation für den Weltmarkt-Demiurgen des 19. Jahrhunderts Großbritannien mit einer langen Vorankündigung erfolgte. Denn mehr und mehr verlor das britische Kapital an Wettbewerbsfähigkeit auf dem Weltmarkt gegenüber den aufkommenden Konkurrenten Deutsches Reich und USA, die mit Aktiengesellschaften und Kartellen überlegene Organisationsformen gegenüber den stärker durch mittlere Unternehmensgrößen dominierten englischen Kapitalen aufwiesen.

Mehr und mehr konzentrierte sich infolge des Verlustes an Konkurrenzfähigkeit die britische Kapitalakkumulation auf die Länder des Britischen Empire, wenn nicht sogar die Anlage disponibler (Geld-)Kapitale Großbritanniens im Ausland die Akkumulationsdynamik seiner unmittelbaren Konkurrenten aktiv beförderte. Die tendenziell sinkenden zyklendurchschnittlichen Wachstumsraten der britischen Wertschöpfung seit den 1880er Jahren (VI. Vorkriegszyklus), verstärkt durch die Wirren des Weltkriegs und den Verlust eines Teils seines direkten Staatsgebietes durch die Unabhängigkeit der Republik Irland, setzten sich in den 1920er Jahren bruchlos fort. Nach dem Kriegs-Zyklus (1915-1922) weisen die ersten beiden Zwischen-

---

lich erkennen ließ, hat … durch den im wesentlichen auf Europa beschränkt gebliebenen Krieg einen entscheidenden Impuls erhalten. 1913 war Europa mit 53 vH an der industriellen Weltproduktion beteiligt; 1919/20 betrug der europäische Anteil nur 41 vH. Schärfer noch war der Anteil Deutschlands – von 15 vH im Jahr 1913 auf rd. 7 vH im Jahr 1919 – gesunken. Gleichzeitig war Deutschland vorübergehend wieder von Großbritannien überholt worden und rangierte nun an dritter Stelle unter den Industrieländern der Welt.«

kriegszyklen 1923-1926 und 1927-1932 alle Merkmale einer Überakkumulationssituation auf: schwache Aufstiegsbewegungen ohne nennenswerte multiplikative Effekte, stattdessen unregelmäßige Oszillationen (Stop-and-Go-Bewegungen) sowie lange und tiefgreifende Abschwünge bereits 1921 und 1926 sowie 1929-32.

Das Deutsche Reich konnte als Kriegsverlierer mit den politischen Erschütterungen durch die Novemberrevolution 1918, den Gebietsabtretungen namentlich an Frankreich (Elsass-Lothringen, Teile des Saarlandes) und Polen, der Besetzung des Rheinlandes, dem Verlust aller Kolonien, den durch die Versailler Verträge aufgebürdeten Reparationsleistungen und der Zerrüttung des Geldwesens durch die Hyperinflation von 1923 als Nachwirkung der staatlichen Kriegsfinanzierung durch die Notenpresse an seine Vorkriegsrolle als aufstrebende Industriemacht erst in der zweiten Hälfte der 1920er Jahre wieder anknüpfen. Die Prosperitätsjahre blieben auf die Aufschwungsphasen der ersten beiden Zwischenkriegszyklen mit einem nur schwach ausgeprägten Abschwung 1926 beschränkt; dies war zu wenig für eine durchgreifende Erholung, geschweige denn eine weichenstellende Modernisierung der Gesamtwirtschaft.

Für die USA blieben die Ergebnisse der Versailler Friedenskonferenz hinter den hochgesteckten Erwartungen zurück. Präsident Woodrow Wilson wurde zu Hause direkt für den Misserfolg verantwortlich gemacht. Weitreichende Konsequenzen für die globale Nachkriegsordnung sollte die Senatsentscheidung vom November 1919 haben, mit der der Beitritt der USA in den Völkerbund abgelehnt wurde. Die Nation wollte sich (wieder) vom Schicksal Europas abwenden und zum Isolationismus zurückkehren, eine Haltung, die der mit großer Mehrheit neu gewählte republikanische Präsident Warren G. Harding (1921-1923) durch seinen berühmten Wahlkampfslogan »Zurück zur Normalität« ausdrückte. Hiermit brachte er die Stimmung einer Gesellschaft zum Ausdruck, die nach der Reform- und Kriegszeit dem Idealismus à la Wilson nun überwiegend kritisch gegenüberstand. Mit Harding wurde die Dominanz der Republikanischen Partei eingeleitet, die in ungebrochener Folge bis 1932 auch die Präsidenten stellte. Wirtschaftlich wurde das Land unter Hardings Regierung zur bedeutendsten Handelsmacht und von einer Schuldnernation zum größten Gläubiger der Welt; neben London etablierte sich New York als Zentrum der Weltfinanz. Trotz isolationistischer Außenpolitik blieben die USA in der Außenhandelspolitik aktiv. Sie erwarteten die Rückzahlung der alliierten Schulden und hatten ebenso ein Interesse, die Reparationszahlungen der Besiegten mitzugestalten.

Im »Dawes-Plan« von 1924 wurde ersichtlich, dass sie für die deutschen Rückzahlungsschwierigkeiten größeres Verständnis aufbrachten als England und Frankreich: Sie setzten eine Angleichung der Zahlungen an die wirtschaftliche Leistungsfähigkeit des Deutschen Reiches durch und stellten ihm eine erhebliche Anleihe zur Verfügung. Als sich die Forderungen erneut als zu hoch erwiesen, wurden die jährlichen deutschen Zahlungsraten 1929 auf amerikanischen Druck hin nochmals reduziert, was dokumentierte, dass den Vereinigten Staaten an einer europäischen Stabilität gelegen war, nicht zuletzt, um eigene Investitionen dort zu sichern. Diese

Rücksichtnahme war aber weit davon entfernt, eine wirtschaftliche Führungsrolle in der Weltwirtschaft zu übernehmen.

Der außerordentliche Charakter der Weltwirtschaftskrise gegenüber einem »normalen« zyklischen Einbruch ist bereits anhand der zyklendurchschnittlichen negativen Veränderungsraten der gesamtwirtschaftlichen Produktion im II. Zwischenkriegszyklus zum Ausdruck gekommen. Für das Jahr 1929 wird mit Ausnahme des Deutschen Reiches zwar für den Jahresdurchschnitt noch eine positive Wachstumsrate ausgewiesen – 6,3% in den USA, 1,4% in Großbritannien –, jedoch haben sich bereits zur Jahresmitte Abschwächungstendenzen der zyklischen Kapitalakkumulation bemerkbar gemacht. Unmittelbarer Auslöser des Abschwungs ist dann der Börsenkrach in New York mit den Kurseinbrüchen an der Aktienbörse vom »Schwarzen Freitag« in der Woche vom 21. bis 25. Oktober 1929 bzw. dem darauffolgenden Montag, den 28. Oktober, in denen der Dow Jones Industrial Average innerhalb von vier Tagen von 326,5 auf 260,6 Punkte, d.h. um mehr als 20% fiel. Dieser Einbruch in New York zog die anderen Börsen mit nach unten, deren Aktienkurse teilweise schon vorher ihr zyklisches Hoch erreicht und bereits wieder verlassen hatten – wie in Deutschland sowie Frankreich – oder nicht den amerikanischen Überschwang ab Mitte 1928 mitvollzogen hatten – wie in Großbritannien (siehe Abb. 12.19). Kurs-Gewinn-Verhältnisse, die von 10 bis 12 auf 20 bis 30 gestiegen waren, sind eindeutig spekulationsgetrieben und waren für die damaligen Verhältnisse enorm.[11] Das Hauptproblem war jedoch die weitgehende Kreditfinanzierung der Hausse, die sich nach dem Zusammenbruch sofort zu einer empfindlichen Kreditrestriktion auswuchs und damit die reproduktive Wertschöpfung und Akkumulation in Mitleidenschaft zog.

Hintergrund des Kurseinbruchs an der New Yorker Börse war ein weltweiter Zinsanstieg, der 1929 sein zyklisches Maximum erreichte und damit den Zeitpunkt des Krisenausbruchs dokumentiert. Dabei lag der Diskontsatz der Bank von England über den kurzfristigen Geldmarktsätzen und signalisierte so eine geldpolitische Verschärfung gegenüber den Markttendenzen; diese Konstellation ist bei den anderen Ländern erst nach 1931 gegeben (siehe Abb. 12.20). Dieser Restriktionskurs der Bank von England wurde für einen Abzug von Geldern aus New York verantwortlich gemacht, der den vollkommen überhitzten Markt umschwenken ließ. Die ausgebrochene Panik verstärkte sich, einmal ausgebrochen, aus sich selbst heraus. Alle Stabilisierungsbemühungen der amerikanischen Notenbank sowie privater US-Banken, ablesbar an der hohen Differenz zwischen dem hochschießenden Geldmarktsatz und der Federal Discountrate, fruchteten nichts. Die nachfolgende Senkung des US-Diskontsatzes im Jahr 1930 verstärkte nur den Kapitalabfluss, da die Zinsdifferenz zu London in der Folgezeit auf über einen vollen Prozentpunkt anstieg. Die durch den Kurseinbruch am Aktienmarkt und den Kapitalabzug aus-

[11] Zum Vergleich: Shiller berechnet ein durchschnittliches preisbereinigtes KGV für den Höhepunkt des New Economy-Hypes in 2000 in den USA von rd. einem Drittel mehr (vgl. Shiller 2005: 5).

Abbildung 12.19: Aktienkurse in USA, GB, DR und Frankreich; Indizes: 1926 = 100

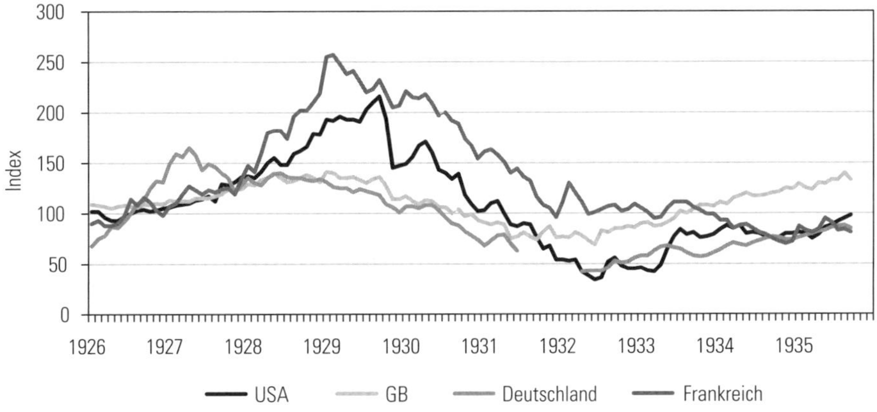

Quelle: League of Nations, Statistical Yearbooks

Abbildung 12.20: Kurzfristige Zinssätze in den USA, GB und DR

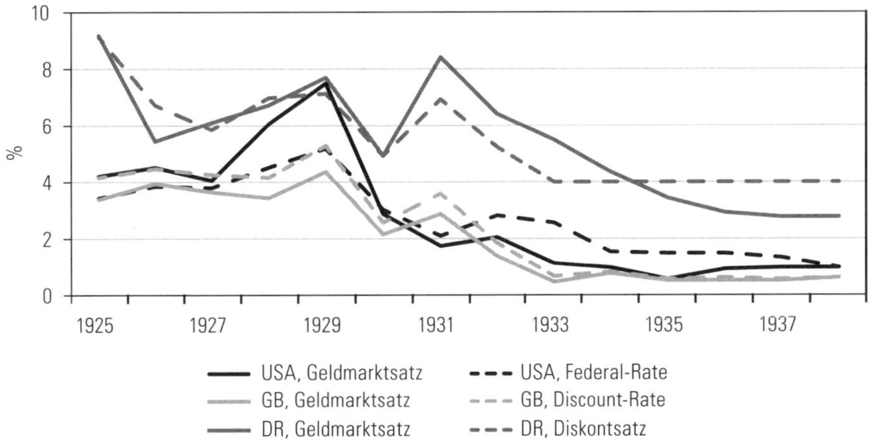

Quellen: Deutsche Bundesbank, National Bureau of Economic Research; www.nber.org/databasis/macrohistory

gelöste Liquiditätsklemme breitete sich auf den reproduktiven Sektor aus und leitete den Abschwung ein.

Es hat immer Versuche gegeben, den außerordentlichen Charakter der Weltwirtschaftskrise durch ihre Einbettung in langfristige Entwicklungstendenzen der Kapitalakkumulation oder allgemeiner: der wirtschaftlichen Entwicklung generell zu begründen. Folgt man der These, dass die langfristige Entwicklung des Kapitalismus durch eine Abfolge von etwa 50-jährigen »Kondratieff-Zyklen« geprägt sei, so würde die Weltwirtschaftskrise sowie die anschließende Depressionsperiode den Abschwung eines 3. Kondratieff-Zyklus, der ca. 1890 nach dem sog. Gründerkrach begonnen, durch Elektrotechnik-, Schwermaschinen- und Chemie-Branchen getragen und bis etwa 1940 angedauert habe, markieren.[12] Eine andere, stark auf stoffliche Merkmale abhebende und die der Weltwirtschaftskrise folgende Depressionsphase in den USA aus Hindernissen für eine Veränderung von Produktstrukturen erklärende Interpretation,[13] unterliegt wie die »Theorie langer Wellen« einer fehlenden wertmäßigen Vermittlung. Demgegenüber halten wir fest: es waren die Verwertungsspielräume der überkommenen Arbeits- und Betriebsweise der kapitalistischen Produktion, die in der vorangegangen Phase ausgereizt worden waren. Die neue, in Anfängen in den USA etablierte Produktionsweise des Fordismus konnte in der Zwischenkriegszeit noch nicht in den europäischen Metropolen Fuß fassen. Dem standen sozialstrukturelle und politische Hemmnisse und Blockaden entgegen. Insofern entfiel rückwirkend für die USA jegliche Verstärkung ihrer reproduktiven Kapitalakkumulation durch den auswärtigen Handel mit den europäischen Metropolen. In der Weltwirtschaftskrise, deren Ausbruch und internationale Verallgemeinerung über die Finanzmärkte lief, fassten sich dann alle ökonomischen sowie weltpolitischen und innenpolitischen Widersprüche der führenden kapitalistischen Länder zusammen; insofern markiert diese Krise den Abschluss des vorangegangenen historischen Kontinuums.

Verschärfung der Krise durch Protektionismus und finanzpolitische Austerität

Die in den fundamentalen Produktionsverhältnissen wurzelnde kapitalistische Überakkumulation wurde durch wirtschaftspolitische Maßnahmen einiger Regierungen verschärft. Protektionistische Abschottungen mit Abwertungswettläufen beeinträchtigten die Weltmarktverhältnisse und eine staatliche Finanzpolitik, die auf sinkende Einnahmen mit Ausgabenkürzungen reagierte, beschränkte die konsumtive Endnachfrage in den betroffenen Ländern.

Ein wesentliches krisenverschärfendes Element der Krise 1929-1932/3 war der Einbruch des Welthandels, der von 1930 bis 1932 vom 1,75-Fachen auf das 0,7-Fache der Zeit vor dem Ersten Weltkrieg (1913) zurückging (vgl. Abbildung 12.17). Auf den Verfall der agrarischen Rohstoffpreise, der bereits vor Ausbruch

---

[12] Neben N. Kondratieff selbst (vgl. Kondratieff 1926 und 1928) stehen Schumpeter (vgl. Schumpeter 1939) und Mensch (vgl. Mensch 1977) im bürgerlichen Spektrum und E. Mandel (vgl. Mandel 1983) für eine marxistische Interpretation dieses Paradigmas. Alle derartigen, zudem sehr disparaten Erklärungsansätze bleiben u.E. weit hinter der Aussagekraft des von uns entwickelten Zusammenhangs von dominanten Rationalisierungsparadigmen, spezifischen Betriebsweisen und internationalen Akkumulationsregimes zurück.

[13] Vgl. Bernstein 1987: 27: *»Recovery was lacking in the thirties because at the same time that long-run potentials for growth were shifting under the influence of a secular transformation to sectors whose presence in the aggregate economy was still relatively insignificant, short-run obstacles to a smooth transition emerged.«*

der Weltwirtschaftskrise zu verzeichnen war, ist bereits hingewiesen worden. Dieser Preisverfall war Ausdruck eines die Nachfrage übersteigenden Angebots bei vielen Rohstoffen; nur bei Baumwolle, dem Rohstoff mit dem mit Abstand größten internationalen Handelsvolumen – rd. 11% an dem gesamten Exportvolumen im Jahr 1929 (vgl. Taylor/Taylor; zit. nach Kindleberger 1973: 88) –, war ein weiterer Preisverfall oder übermäßiger Lageraufbau nach 1929 nicht zu verzeichnen (vgl. ibid: 90f.). Aber bei den anderen Agrarrohstoffen wurden die beginnenden Preissenkungen durch Importzölle von Abnehmerländern und steigenden Verkäufen der Produzentenländer, um die auf den Farmen und Bauernwirtschaften lastenden Kreditverbindlichkeiten zu bedienen, verschärft. Dieser Prozess bedingte eine regelrechte Preisdeflation, die Zahlungsbilanzdisproportionen hervorrief bzw. verschärfte und Goldverkäufe der Goldstandardländer erzwang, nachdem die Devisenreserven aufgebraucht waren. Sie führte schließlich zum Ausstieg aus dem Goldstandard mit anschließenden Währungsabwertungen. *»Es besteht kein Zweifel daran, daß die Rohstoffländer bereits vor dem Oktober 1929 in Schwierigkeiten waren; die Preise fielen, die Vorräte stiegen, der Kapitalimport ging zurück, doch der Schuldendienst mußte aufrechterhalten werden.«* (Ibid. 1973: 106) Kindleberger spricht in diesem Zusammenhang von einer durch das Verhalten der Rohstoffländer erzeugten »strukturellen Deflation«,[14] die der durch die industrielle Überakkumulation von Kapital erzeugten zyklischen deflationären Preisentwicklung zeitlich vorherging und sich nach Ausbruch der Krise mit ihr in der nachfolgenden Depressionsphase vereinigte.

Die marktbestimmten Konsequenzen und geld- und währungspolitischen Reaktionen auf diese Deflation waren destabilisierende Geldkapitalbewegungen, d.h. ein Abzug von Geldern aus Ländern mit hoher Krisenbetroffenheit und abwertender Währung, was deren Zahlungsbilanzprobleme verschärfte und zu einer Kreditdeflation führte. Das Deutsche Reich war von diesen Prozessen in besonderer Weise betroffen. Gleichzeitig gab es im Verlauf des Abschwungs ab 1930 auch immer wieder auf einzelne Länder verteilte kurzzeitige Entspannungen in einzelnen Bereichen.[15] Derartige zwischengeschaltete Erholungsphasen des Krisenver-

---

[14] Vgl. Ibid.: 108f.: *»Von 1925 bis 1929 lief in der Welt-Rohstoffwirtschaft ein Prozeß ab, den man … als strukturelle Deflation bezeichnen kann. Anstelle einer Übernachfrage bestand ein Überangebot. Einige Länder versuchten der Lage Herr zu werden, indem sie das Überangebot auf Lager nahmen. Ohne eine Anpassung der Produktion wurde das Problem damit nur aufgeschoben. Die anderen Länder hielten es eines nach dem anderen für nötig, den Konsequenzen des Überangebots auszuweichen, indem sie es vom Binnenmarkt fernhielten oder die Ernte um jeden Preis verschleuderten; dabei milderten sie vielleicht die Folgen zu Hause durch Abwertung, die die Preise im Ausland herunterzog. So zwingt das Überangebot dem System der Weltwirtschaft eine Art struktureller Deflation auf.«*

[15] Anfang 1930 *»[erholte sich] der internationale Kapitalverkehr … sowohl zugunsten der unterentwickelten Länder als auch Europas, vor allem Deutschlands. … Im März besorgte sich die deutsche Regierung, in Budgetschwierigkeiten wegen der Unterstützung der Landwirtschaft und der Arbeitslosen, von Krueger und Toll, dem schwedischen Streichholz-*

laufs waren immer auch Anlass für Einschätzungen, dass die Krise überwunden sei und die Wirtschaft sich bereits wieder auf dem Pfad der Erholung befinde. Jedoch waren dies nur kurzzeitige Intermezzi, denn die übergreifende Entwicklung wurde durch weitere Kontraktion mit Verlust der Kreditwürdigkeit, Zahlungsverzug, Währungsabwertungen, politischen Wirren und weiter fallenden Preisen dominiert – alles Gründe für die Unattraktivität einer Anlage von Geldkapital seitens potenzieller Investoren.

Vor dem Hintergrund der Zahlungsbilanzverwerfungen waren die internationalen Versuche zur Reduzierung von Einfuhrzöllen und Öffnung der Märkte von wenig Erfolg gekrönt. An der internationalen Konferenz zur Stabilisierung des Welthandels vom Februar 1930, die konkrete Maßnahmen zu den 1929 beschlossenen Stillhalteabkommen bei den Zöllen erarbeiten sollte, nahmen nur 27 Länder teil. Davon unterzeichneten nur elf das Schlussdokument, welches schließlich nur sieben Staaten ratifizierten. Großbritannien mit seiner traditionellen Orientierung am Freihandel war dabei der einzige größere Akteur. Die USA erhöhten mit dem »Smoot-Hawley-Tarif« ihre Zölle und lösten damit eine ganze Reihe von Retorsionsmaßnahmen anderer Länder aus. Im folgenden Jahr 1931 rückte auch Großbritannien von seiner Freihandelsdoktrin ab. Im September desselben Jahres gab das Land vor dem Hintergrund von internen Auseinandersetzungen zwischen Liberalen und der Labour Party um den Staatshaushalt den Goldstandard auf; innerhalb weniger Tage verlor das Pfund Sterling gegenüber dem US-Dollar ein Viertel seines Wechselkurses (von 4,86 auf 3,75 US-$ für 1 £). Im Dezember 1930 hatte sich der Pfund-Kurs auf 3,25 $ erniedrigt. Der größte Teil des Empire, Skandinavien, Osteuropa sowie Argentinien, Ägypten und Portugal folgten dem britischen Beispiel; nur der US-Dollar sowie der Goldblock um Frankreich und die Reichsmark kamen der Abwertung nicht nach. Den Währungsabwertungen folgte eine weitere Runde von Zollerhöhungen.

Die um sich greifende Abwertungsspirale und die protektionistischen Abschottungen durch steigende Importzölle trafen diejenigen Länder am härtesten, die stark vom Export ihrer Grundstoffe abhängig waren. Nachdem die unentwickelten und weniger entwickelten Länder zunächst durch das Versiegen der Kapitalmärkte betroffen worden waren, fielen 1932/33 auch ihre Exporte teilweise regelrecht zusammen. Exportrückgänge zwischen 80 und 30% trafen Chile (>80%), China (75-80%), Bolivien, Kuba, Malaysia, Peru (70-75%), Argentinien, Kanada, Ceylon, Niederländisch-Indien, Indien, Mexiko, Spanien und Lettland (65-70%), Brasilien, Ägypten, Griechenland, Niederlande, Nigeria, Polen (60-65%), Australien, Bulgarien, Kolumbien, Finnland, Paraguay (50-55%) sowie Norwegen, Persien, Portugal und Rumänien (45-50%) (vgl. Triantis; zit. nach Kindleberger 1973: 200).

Damit wurden nahezu alle Länder der Erde, die am Welthandel teilnahmen, in den Krisensog hineingezogen und die Krise, die zunächst eine Krise der kapitalis-

---

Monopol, eine 125 Millionen-Dollar-Anleihe, die diese bei Lee, Higginson & Co. in den Vereinigten Staaten unterbrachten.« (Ibid.: 134) tischen Metropolen und der mit ihnen eng verbundenen Länder war, wurde zu einer wirklichen Weltwirtschaftskrise. Die weitgehende Zerstörung der Welthandelsbeziehungen war nicht die einzige krisenverschärfende Entwicklung. Hinzu kam in wichtigen Ländern eine Austeritätspolitik der öffentlichen Finanzen, welche neben dem Rückgang der Investitionen und der privaten Konsumnachfrage auch die öffentliche Nachfrage massiv kontrahieren ließ. Am härtesten war Deutschland betroffen, da neben den konjunkturbedingten Einnahmeausfällen der öffentlichen Budgets und den steigenden Anforderungen aufgrund von Transfers für die stark zunehmenden Arbeitslosen die Restriktionen durch die Zahlungserfordernisse für Reparationen aus dem Versailler Vertrag noch hinzukamen. Als der Kapitalimport nach Deutschland zurückging und darüber hinaus kurzfristig angelegte Geldkapitalien zurückgezogen wurden, kamen Banken in Schieflage. *»Am 5. Juli [1931/S.K.] berichtete eine Zeitung in Basel, dem Sitz der Bank für Internationalen Zahlungsausgleich, daß eine deutsche Bank in Schwierigkeiten sei. Einen Tag später wurde die Danatbank*[16] *genannt. Die deutsche Bankenkrise entlud sich.*[17] *... Am 13. Juli wurden die Banken kurzfristig geschlossen. Als sie am 16. Juli öffneten, wurden die Auslandskredite blockiert und der Diskontsatz von 7 auf 10 Prozent angehoben. Am 18. Juli schlossen sich 43 größere Banken mit Ausnahme der Danatbank im ›Überweisungsverband e.V.‹, einer Haftungsgemeinschaft unter der Führung der Golddiskontbank zusammen, und am 25. Juli wurde die Akzept- und Garantiebank AG gegründet, welche durch ihr Akzept die dritte Unterschrift auf Wechseln leisten sollte, damit diese reichsbankfähig wurden und von der Reichsbank diskontiert werden konnten. Als die Akzeptbank am 28. Juli ihre Tätigkeit aufnahm, betrug der Diskontsatz der Reichsbank 10 Prozent. Am 1. August 15 Prozent.«*[18] (Ibid.: 163f.) Die Bemühungen, die deutsche Bankenkrise durch eine ausländische Anleihe zu überwinden, scheiterten; nur ein Moratorium in Form der Prolongation des 100-Millionen-Dollar-Kredits der Zentralbanken vom 25. Juni 1931 um drei Monate und eine offizielle Empfehlung für ein Stillhalteabkommen bei den deutschen Auslandskrediten (»Hoover-Moratorium«) kam zustande.

---

[16] Das drittgrößte deutsche Bankhaus.

[17] Eineinhalb Monate vorher war es in Österreich zu einem »Bankrun« auf die Schalter der Kreditanstalt gekommen, die zwei Jahre vorher mit der kriselnden Bodenkreditanstalt fusioniert worden war. Als die Verluste beider Banken ruchbar wurden und eine Stützungsaktion von Regierung, Nationalbank und Haus Rothschild in Höhe von rd. 150 Mio. Schilling bekannt wurde, brach der »Run« los. Österreich benötigte Devisen und ersuchte internationale Institutionen (Völkerbund) und die Bank für Internationalen Zahlungsausgleich (BIZ) um Hilfe, die nur zögerlich und zudem in zu geringem Umfang realisiert werden konnte, sodass beständig Aufstockungen durch neue Kredite und Anleihen nötig wurden. Der von der Bank von England in Höhe von 50 Mio. Schilling (= 7 Mio. US-$) gewährte Kredit wurde allgemein als unzureichend bewertet. Kindleberger geht so weit zu schlussfolgern, dass hiermit *»das Ende Großbritanniens als eines ›lender of last resort‹«* (ibid.: 158) manifest geworden sei.

[18] Im Jahresdurchschnitt betrug er 6,91%; vgl. die obige Abbildung 12.20.

Die Bankenkrise wurde von der Regierung Brüning benutzt und die Austeritätspolitik der öffentlichen Haushalte wurde teilweise bewusst betrieben, um die Last der Reparationen abzuschütteln. *»Der wesentliche Punkt ... ist, daß Brüning in der Deflation ein Mittel sah, die Reparationen loszuwerden.«* (Ibid.: 182) Dies wurde als Vorbedingung dafür gesehen, um einerseits die Arbeitslosigkeit zu bekämpfen und andererseits den politischen Vormarsch der Nationalsozialisten zugunsten der »bürgerlichen Mitte« zu stoppen. *»Deutschland mußte seinen Gläubigern demonstrieren, daß es nicht mehr zahlen konnte.«* (Ibid.: 183) Gegen den Mythos, dass die Regierung Brüning nach Beseitigung der Reparationslasten zu einer groß angelegten Arbeitsbeschaffungspolitik übergegangen wäre, hat Woytinsky, einer der Verfasser des WTP-Plans der Gewerkschaften für Arbeitsbeschaffungsmaßnahmen, zu Recht eingewandt: *»Seine [Brünings/S.K.] selbstmörderische Politik entsprang seinen allgemeinen Anschauungen. Er fürchtete das Phantom einer nicht aufzuhaltenden Inflation; der Gedanke, den Arbeitslosen durch Arbeitsbeschaffung das Leben zu erleichtern, gefiel ihm nicht; und er meinte, daß ein Programm öffentlicher Arbeiten ein Luxus sei, den Deutschland sich nicht leisten könne.«* (Woytinsky 1961: 466)

Ganz in der Linie, die Reparationslast um jeden Preis loszuwerden, verschärfte Brüning seinen wirtschaftspolitischen Kurs durch Notverordnungen weiter: Die Löhne wurden auf das Niveau von Anfang 1927 gesenkt, die Arbeitslosigkeit ging nicht zurück, sondern stieg weiter an und die NSDAP gewann weiter an Boden. Als auf der Lausanner Konferenz von Mitte 1932 die Reparationen de facto gestrichen wurden, war Brüning schon nicht mehr deutscher Kanzler. Der Versuch der Europäer, d.h. Großbritanniens und Frankreichs, ihre Schulden aus dem Ersten Weltkrieg gegenüber den USA zusammen mit den deutschen Reparationen zu streichen, sorgten nachfolgend noch für anhaltende Diskrepanzen zwischen den Regierungen dieser Länder. Die wirtschaftliche Bewertung dieser Umstände ist eindeutig. Beginnend bei den dem Deutschen Reich als Auslöser des Ersten Weltkriegs auferlegten Reparationsleistungen, die schon Anfang der 1920 Jahre von J.M. Keynes als kontraproduktiv für die Entwicklung der Weltwirtschaft erkannt wurden und während der gesamten Periode der Weimarer Republik in Deutschland ein probates Propagandamittel der politischen Rechten gegen die demokratischen »Verzichtspolitiker« waren, sorgte die neoklassisch-traditionellem Denken und politischer Arroganz der bürgerlichen Politiker gegenüber den Nöten der Arbeiterklasse verhaftete Finanzpolitik der Haushaltskonsolidierung durch Ausgabenkürzungen für eine überlagernde Verschärfung der strukturellen Überakkumulationskrise. Ein entschlossenes wirtschaftspolitisches Gegensteuern wäre eine notwendige, wenngleich wohl nicht hinreichende Bedingung für die wirksame Bekämpfung der faschistischen Flut gewesen, die ab 1933 den Umschlag in die personale Form der Klassenherrschaft zielstrebig betrieb; eine weitere Bedingung wäre eine Einheitsfront-Politik von Sozialdemokraten und Kommunisten gewesen, die darüber hinaus die demokratischen bürgerlichen Kräfte in ihre Hegemonie hätten einbinden müssen.[19]

[19] Vgl. dazu Sozialistische Studiengruppen u.a. 1980a.

Amerikanischer »New Deal« und deutscher Faschismus als Reaktionen auf die Depression der 1930er Jahre

Mit dem Durchlaufen des unteren Konjunkturwendepunktes des II. Zwischenkriegszyklus im Jahr 1932 in Großbritannien und Deutschland sowie im darauffolgenden Jahr in den USA war die Überakkumulationssituation keineswegs überwunden. Der Rückgang von Inlandsprodukt und Industrieproduktion in den Jahren des Abschwungs war in Großbritannien am geringsten ausgeprägt; er blieb hinter dem Rückgang von 1921 zurück. Im Unterschied zu den beiden anderen Ländern waren die 1920er Jahre in Großbritannien schon stärker von chronischen Überakkumulationsmerkmalen geprägt gewesen, sodass sich Krise und Abschwung für den ehemaligen Demiurgen des Weltmarkts in seine tendenziell stagnante vorherige Entwicklung einordnen.

Demgegenüber waren sowohl in den USA als auch im Deutschen Reich die Reduktionen des Inlandsprodukts und der Industrieproduktion sehr viel deutlicher ausgeprägt, sodass die Weltwirtschaftskrise hier stärker als Abbruch einer in den Vorjahren prosperierenden Entwicklung erscheint.[20] Demzufolge lagen die Wachstumsraten von Inlandsprodukt und Industrieproduktion in den ersten Jahren nach dem zyklischen Periodenwechsel in diesen Ländern auf einem hohen Niveau, doch handelte es sich hierbei zunächst um einen bloßen statistischen Basiseffekt gegenüber den Schrumpfungen seit 1929/30, der auch die zyklendurchschnittliche Wachstumsrate des III. Zwischenkriegszyklus verfälscht. In Großbritannien wurde 1934 das Vorkrisenniveau, allerdings erst 1935 wieder das Niveau des Gross National Product (GNP) von 1915-17 nach den Nachkriegsverlusten erreicht. Das Deutsche Reich erreichte das Vorkriegsniveau seines Nettosozialprodukts von 1913 bereits in den Jahren vor der Weltwirtschaftskrise 1927/28 und übertraf es danach ab 1935. Demgegenüber wurde das Vorkrisenniveau des Sozialprodukts bereits 1934 leicht übertroffen, dasjenige der Industrieproduktion ein Jahr später. Die Tiefe und Länge des Abschwungs und die nur allmähliche Erholung nach dem Periodenwechsel 1933 erbringen für die USA erst 1937 wieder ein über dem Niveau des Jahres 1929 liegendes GNP. Diese späte Erholung wird durch die US-Industrieproduktion bestätigt, die auch erst in diesem Jahr das Vorkrisenniveau von 1929 wieder erreicht. Im Folgejahr 1938 werden mit dem Abschwung des III. Zwischenkriegszyklus bereits die Erholungserfolge der Vorjahre wieder konterkariert. Bemerkenswert ist in dieser Zusammenstellung der Entwicklung der 1930er Jahre, dass das Deutsche Reich den Erholungsprozess am deutlichsten vollzieht und auch dem zyklischen Einbruch des Jahres 1938 trotzt, diesen vielmehr mit positiven Wachstumsraten von Sozialprodukt und Industrieproduktion übersteht (siehe Abb. 12.21).

Hinter diesen Wirtschaftszahlen verbergen sich allerdings soziale Verwerfungen erheblichen Ausmaßes. Die Zahl der Arbeitslosen stieg in den USA innerhalb eines

[20] Gleichwohl ist zumindest für Deutschland die Redeweise von den »Roaring Twenties« weit übertrieben, wenn man sie auf die wirtschaftliche Entwicklung bezieht und nicht auf die kulturelle Bohème in der Hauptstadt Berlin.

Abbildung 12.21: Erholung nach der Weltwirtschaftskrise in USA, GB und DR: GNP/NSP zu konst. Preisen und Industrieproduktion; Indizes 1929 = 100

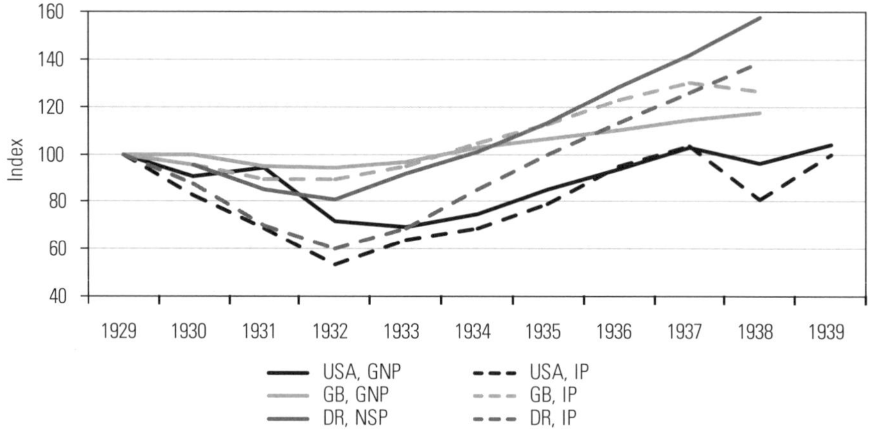

Quellen: Mitchell 1978, United States Department of Commerce, Wagenführ

Jahres nach Krisenbeginn (bis Oktober 1931) von 1,6 auf 4,6 Millionen, erhöhte sich ein Jahr später auf 11,6 Millionen und erreichte Anfang 1933 die 13-Millionen-Grenze (vgl. Faulkner 1957: 667). Hinzu kam eine massenhafte Ausdehnung prekärer Beschäftigungsverhältnisse mit zum Teil drastischen Lohnsenkungen. Auch im Deutschen Reich stiegen Arbeitslosigkeit, Armut und Not. Im September 1929, also noch vor Ausbruch der Krise, hatte die Arbeitslosigkeit in Deutschland bereits 1,4 Millionen Personen erfasst. 1930 stieg die Zahl der offiziell registrierten Arbeitslosen auf 3,1 Millionen, ein Jahr später lag sie bei 4,5 Millionen; im Jahresdurchschnitt 1932 betrug sie 6,2 Millionen. Zusammen mit der Arbeitslosigkeit hatte die Kurzarbeit zugenommen. Am Ende des Abschwungs 1932 waren insgesamt 7 bis 8 Millionen Menschen ohne Beschäftigung und unterbeschäftigt (vgl. Baar 1979: 131). Die Löhne waren vor diesem Hintergrund bereits 1930 um 18,5% gefallen und sanken bis 1932 auf fast die Hälfte des Vorkrisenniveaus (vgl. Rostowski 1997: 226).

Vor diesem in den beiden Ländern vergleichbaren Hintergrund wirtschaftlicher Entwicklung und sozialer Zerrüttung waren die politischen Antworten gleichwohl vollkommen verschieden. In den USA kam der Demokrat Franklin D. Roosevelt, der seit 1928 Gouverneur im Staate New York gewesen war, durch den Gewinn der Präsidentschaftswahl 1932 gegen den bisherigen Präsidenten und Kandidaten der Republikanischen Partei Herbert Hoover an die Macht. Er war während der 1920er Jahre durchaus ein Verfechter des Laissez-faire-Mainstreams gewesen und hatte in seinem Programm außer dem Versprechen, sofort etwas gegen die Krise zu unternehmen – »Wir müssen handeln, und zwar schnell« , kein ausgearbeitetes wirt schaftspolitisches Konzept. Er galt vielmehr als »Experimentalist« und als Pragmatiker, dessen allgemeine Leitlinie ein neues Zusammenwirken von Politik und Wirtschaft mit einem sozialen Ausgleich war, d.h. ein Neuer Kurs (New Deal). Seine ersten Maßnahmen waren die Regulierung des Bankensektors zur Stabilisierung dieses systemischen Bereichs der Ökonomie durch den Glass-Steagall-Act, der die Trennung von Geschäfts- und Investmentbanking vorsah, sowie ein Börsengesetz, welches den Aktienhandel unter bundesstaatliche Aufsicht stellte und den geforderten Eigenkapitalanteil der Banken erhöhte. Beides war eine Reaktion auf die Verselbständigungstendenzen der Finanzsphäre mit ihren spekulativen Exzessen, die zum Ausbruch der Krise geführt hatten. Die reproduktive Tätigkeit der Unternehmen wurde in Abhängigkeit ihres Erfolges bzw. Misserfolges unter intensivere Aufsicht und Kontrolle gestellt und eine teilweise Entflechtung marktbeherrschender Konzerne durchgesetzt. Ein Schwerpunkt des Staatseingriffs war das überregionale Verkehrswesen, dem Buchführungs- und Tarifpflichten auferlegt wurden; ein Jahr nach der Übernahme der Kontrolle über den LKW-Verkehr wurde auch die amerikanische Handelsmarine unter Aufsicht gestellt (vgl. Schlesinger 1957: 695f.).

Zur sozialen Seite des New Deal gehörten drei Maßnahmenbündel: *»Der Arbeiterschaft gegenüber entwickelte die Roosevelt-Regierung eine dreifache Politik: Die erste und dringendste Notwendigkeit war die Linderung der Arbeitslosigkeit; die zweite war die Stärkung der wirtschaftlichen Sicherheit des Lohnempfängers durch Arbeitslosenversicherung, Altersversorgung und andere Methoden; die dritte bestand darin, die Stellung der organisierten Arbeiterschaft im amerikanischen Wirtschaftssystem zu stärken.«* (Ibid.: 697)

Die Ziele dieser Maßnahmen bestanden darin, auf einen Ausgleich zwischen Kapital und Arbeit hinzuwirken und gleichzeitig durch Lohnersatzleistungen die konsumtive Nachfrage und damit den Binnenmarkt zu stabilisieren. Die Stärkung des Gewerkschaftsbundes CIO (Congress of Industrial Organization) war dabei ein Kontrapunkt gegenüber der »American Federation of Labor« (AFL), die ihren Einfluss in den 1920er Jahren zugunsten sog. gelber Gewerkschaften, die von der Kapitalseite gesteuert wurden, verloren hatte.

Zusammengefasst wurden diese Maßnahmen des New Deal im 1933 vom Kongress verabschiedeten »National Industrial Recovery Act« (NIRA) und der »National Recovery Administration« (NRA) als Organisation zu ihrer Umsetzung. Das gesamte Projekt des Rooseveltschen New Deal war eine *»Mixed Economy auf kapitalistischer Grundlage«*. (Roesler 2010: 25) Sie schloss einzelne Nationalisierungen im Bankensektor und bei der Energieversorgung (»Tennessee Valley Authority«) ein, die jedoch nie, weder faktisch noch gar intentional, über die kapitalistische Systemgrenze hinausgingen. Dies war vor dem Hintergrund der objektiven ökonomischen und sozialen Situation der USA in den 1930er Jahren und dem Bewusstsein der Bevölkerung keineswegs ein Mangel dieser Konzeption. Umgekehrt war die Positionierung der Communist Party USA (CPUSA) entsprechend der Beschlüsse des VI. Kominternkongresses sektiererisch und desorientierend, was durch die Wahlergebnisse sowohl der Kommunistischen als auch der Sozialistischen Partei – sie erzielten 1932 für ihre Präsidentschaftskandidaten weniger als 1% bzw. 2,2% und 1936 noch weniger – deutlich manifestiert wird.

Auch die Präsidentschaftswahlen des Jahres 1936 gewann Roosevelt, obgleich die Opposition der Kapitalseite (Big Business) sowie der Judikative in Gestalt des Obersten Gerichts der Vereinigten Staaten gegen die Maßnahmen des New Deal zugenommen hatten, je mehr dessen Erfolge die wirtschaftliche Stabilisierung des US-Reproduktionsprozesses erbracht hatten. Auch die ideologischen Apparate, die zu einem großen Teil fest in der Hand der politischen Reaktion waren, schossen im Wahlkampf gegen den Kandidaten der Demokratischen Partei; W.R. Hearst, der rechte Medienmogul, beschrieb Roosevelt als »Stalin Delano Roosevelt«. Der Antikommunismus gehörte seit jeher zur US-Staatsräson, obgleich in den 1920er und 1930er Jahren die Industrialisierungserfolge der Sowjetunion noch weitgehend positive Aufnahme im Westen fanden. Nach der erfolgreichen Wiederwahl Roosevelts konnten die Maßnahmen des New Deal fortgesetzt werden.

Der Abschwung nach dem Ausbruch der Krise 1929 war in Deutschland 1930-1932 etwa gleich stark wie in den USA gewesen, allerdings setzte die Erholung im Deutschen Reich rd. ein Jahr früher ein. Auch in Deutschland hatte mit dem WTP-Plan ein mit dem New Deal vergleichbarer wirtschaftspolitischer Ansatz vorgelegen, der unter dem mit Notverordnungen regierenden Kanzler Brüning allerdings nicht zum Zuge gekommen war. Seine Sparpolitik, die auf Ausgleich des öffentlichen Haushalts orientierte und von Lohnsenkungen als Bedingung für ein Wiederanspringen der Unternehmensinvestitionen ausging, hatte den Abschwung in den Jahren 1930 bis Mitte 1932 verschärft. Im Sommer 1932 hatte auch in den Augen der offiziellen Öffentlichkeit die Brüningsche Strategie der Krisenbekämpfung endgültig versagt. Seine Nachfolger v. Papen und v. Schleicher gaben die Restriktionspolitik schrittweise auf; letzterer hatte sogar die Unterstützung der Gewerkschaftsführer des ADGB erhalten.[21] Natürlich macht die staatstragende, kollaborative bis klassenverräterische Unterordnung von ADGB-Führern unter die Vorgaben von Kapitalvertretern und Bourgeois-Regierung die Verbitterung der Vertreter der KPD erklärlich – sie war dennoch mit ihrem »Sozialfaschismus-Vorwurf« an die Adresse der führenden Vertreter von SPD und ADGB politisch sektiererisch und spielte im Ergebnis objektiv der politischen Rechten in die Hände. In den Reichtagswahlen im Juli und November 1932 erreichte die NSDAP 37 bzw. 32% der abgegebenen Stimmen und ihr Vorsitzender A. Hitler wurde Ende Januar 1933 vom Reichspräsidenten Hindenburg zum Kanzler einer konservativ-nationalsozialisti-

[21] Theodor Leipart, einer der führenden Vertreter des Allgemeinen Deutschen Gewerkschaftsbundes, hatte im Dezember 1932 erklärt: *»Die Gewerkschaften … sind gegründet, um die Lage der Arbeiter im Rahmen der heutigen Wirtschaftsordnung zu verbessern. Heute versucht Schleicher, einen Teil unserer Forderungen zu erfüllen. Können wir in dieser Situation die Aufforderung der Regierung ablehnen, an der Durchführung der Arbeitsbeschaffung mitzuarbeiten?«* Und er antwortete mit *»Nein«* (vgl. Treue 1967: 333).

schen Reichstagsmehrheit als Nachfolger v. Schleichers ernannt. Damit nahm das Verhängnis seinen Lauf.

Wirtschafts- und sozialpolitisch waren die Nazis mit einem 1932 entwickelten »Wirtschaftlichen Sofortprogramm der NSDAP« angetreten. Es propagierte direkte Arbeitsbeschaffung durch staatliche Ausgaben in Milliardenhöhe und »produktive Kreditschöpfung« durch die Reichsbank. An die Stelle der Einordnung des Landes in den internationalen Handel und Kapitalverkehr trat die Orientierung auf Autarkie im Rahmen einer sog. Großraumwirtschaft, die neben dem Deutschen Reich die baltischen Staaten, Osteuropa und Österreich, das sog. Zwischeneuropa, umfasste. Diese Konzeption ließ sich mit der »Blut-und-Boden«-Ideologie der Nationalsozialisten (»Lebensraum im Osten für die arische Herrenrasse«) verbinden. Zu ihrer Umsetzung war der Aufbau der Wehrmacht unabdingbar. Die Maßnahmen der Arbeitsbeschaffung standen daher von vornherein unter der Maxime einer »Wehrwirtschaft«, d.h. der Gestaltung der Volkswirtschaft im Frieden unter militärischen Gesichtspunkten für den Krieg.

Die Verwirklichung der Lebensraumideologie und des Autarkieprogramms erforderten einen zielgerichteten und effizienten Einsatz der staatlichen Mittel. Damit waren Methoden und Instrumente administrativer Planung und Ressourcenbewirtschaftung verbunden, um die Feststellung des Rohstoffbedarfes für die aus Rüstungsindustrie und Zivilindustrie bestehende Gesamtwirtschaft, die Bereitstellung von Treibstoffen, die Anpassung des Verkehrswesens an zukünftige militärische Erfordernisse sowie die Regelung der Finanzierung der indirekten und direkten Rüstung zu bewerkstelligen. Wesentliche Beiträge dazu waren eine Intensivierung eines bereits 1929 begonnenen Straßen- und Brückenbauprogrammes und die Förderung der Fahrzeugindustrie. Die militärstrategische Bedeutung der Reichsautobahnen muss dabei allerdings relativiert werden. Obwohl eine breite Motorisierung Deutschlands damit einherging, was in der Folge vielen Personen eine Ausbildung als Kraftfahrer in Friedenszeiten ermöglichte, hatten die Reichsautobahnen später wenig Bedeutung für den Transport von schweren Waffen und Truppen in die Kriegsgebiete. Hierfür wurden hauptsächlich Eisenbahn und Pferde eingesetzt. Als Arbeitsbeschaffung für die schwer vermittelbare Gruppe der unausgebildeten Arbeitskräfte war das Straßenbauprogramm jedoch äußerst wirksam. Deutlich mehr Bedarf an Arbeitskräften entstand in den hauptsächlich für die Rüstung produzierenden Bereichen Schiffs- und Flugzeugbau. Die Einführung der allgemeinen Wehrpflicht am 16. März 1935 führte zu einem Anwachsen der Truppenstärke von rund 100.000 auf rund eine Million Soldaten bei Kriegsbeginn und trug ebenfalls zum Abbau der Arbeitslosigkeit bei. Der im Juni 1935 gegründete Reichsarbeitsdienst (RAD) verteilte bis 1941 Arbeitskräfte an überwiegend zivile Projekte und die Landwirtschaft. Diese Methode der Arbeitsbeschaffung wurde von der Bevölkerung und von der ausländischen Presse im Vergleich zur Aufrüstung als harmlos angesehen. Der RAD war für männliche Jugendliche zwischen 19 und 24 Jahren verpflichtend, ab 1. September 1939 auch für weibliche Jugendliche. Bis 1938 waren 350.000 Jugendliche in dieser in 30 Arbeitsgaue aufgegliederten Organisation erfasst. Im Verlauf des Krieges wurden vom RAD mehr und mehr militärische Projekte bedient, wie zum Beispiel der Ausbau von Bunkeranlagen.

Mit den Arbeitsbeschaffungsmaßnahmen und damit der zahlenmäßigen Vergrößerung der Arbeiterschaft ging eine Demontage der Rechte der Lohnabhängigen einher. Am 2. Mai 1933, einen Tag nach dem »Tag der nationalen Arbeit«, wurden die Gebäude der Gewerkschaften besetzt, ihr Vermögen beschlagnahmt und führende Funktionäre verhaftet. Das Gesetz zur Ordnung der nationalen Arbeit vom 20. Januar 1934 führte zu einer Umdeutung der Unternehmer in »Betriebsführer« und der Lohnarbeiter in »Gefolgschaft«. Ab 1936 vollzog sich ein Wandel von der Arbeitsbeschaffung zur Arbeitszuteilung bis hin zur Zwangsarbeit. Durch die Einführung des Arbeitsbuches, das jeder Arbeiter zu führen hatte, wurden die individuellen Karrieremöglichkeiten durch Unternehmenswechsel stark eingeschränkt. Die Organisation der Deutschen Arbeitsfront (DAF) übernahm die formale Vermittlung zwischen Arbeiterschaft und Unternehmen. Die DAF war streng auf die Möglichkeiten der Leistungssteigerung und der ideologischen Gleichschaltung der »Gefolgschaft« ausgerichtet. Ein von der Propaganda häufig genutztes Instrument war das Amt »Kraft durch Freude« (KdF), das für die staatlich gelenkte Erholung zuständig war. Nach zeitgenössischen Berechnungen lag der Lebensstandard in Deutschland bei der Hälfte von dem der Vereinigten Staaten und bei zwei Dritteln desjenigen von Großbritannien.

Wie die reinen quantitativen Daten für die Entwicklung des Sozialprodukts und der Industrieproduktion nach 1933 dokumentieren auch die Arbeitslosigkeitszahlen einen vordergründigen Erfolg der Wirtschaftspolitik der Nationalsozialisten. Nach dem Höhepunkt der Arbeitslosigkeit von 6,2 Millionen im Jahr 1932 ging ihre Zahl über 4,8 Millionen 1933, 2,7 Millionen 1934, 2,15 Millionen 1935, 1,6 Millionen 1936 bis auf unter 1 Million 1937 zurück. Im gleichen Zeitraum nahm die Zahl der Beschäftigten bei der Reichsautobahn von rd. 4 Tsd. 1933 auf über 100 Tsd. Personen 1936 zu, bei der deutschen Fahrzeugproduktion von 100 Tsd. 1932 auf 585 Tsd. Personen 1936, bei der Flugzeugindustrie von 4 Tsd. 1933 auf 167 Tsd. 1937 sowie beim Schiffbau von 50 Tsd. 1932 auf 600 Tsd. 1937 Personen zu.[22]

Bis 1935 waren die direkten Militärausgaben mit 18% des gesamten öffentlichen Haushalts vergleichsweise gering, die zunehmende Motorisierung war ein Gradmesser des Bevölkerungswohlstandes und die Deutschen Reichsautobahnen waren ein Prestigeobjekt zur Demonstration der nationalsozialistischen Leistungsfähigkeit. Bis 1936 schien der versprochene Wiederaufschwung geschafft und die Rückkehr in die Weltwirtschaft noch möglich. Doch mit dem Aufschwung erhielten Hitler und die NSDAP eine Bestätigung, die angeblichen »Machenschaften des Weltjudentums« als Ursache der Weltwirtschaftskrise durch nationale politische Maßnahmen überwunden zu haben. Für die innenpolitisch gestärkte Riege der Autarkie- und Lebensraumideologen war es an der Zeit, den nächsten Schritt zu gehen: die Intensivierung der direkten Rüstung als Vorbereitung für einen Eroberungskrieg.

---

[22] Vgl. https://de.wikipedia.org/wiki/Wirtschaft_im_Nationalsozialismus

Arbeitsbeschaffung und Rüstung bedurften bereits ab 1933 des Einsatzes der Notenpresse zu ihrer Realisierung. Hjalmar Schacht als Reichsbankpräsident ermöglichte den Umlauf von »Sonderwechseln«, die von der Reichsbank gedeckt und vom Staat garantiert wurden. Die Zusammenhänge um diese Wechsel blieben der Öffentlichkeit zunächst verborgen. Einerseits sollte keine Klarheit über das Ausmaß der künftigen Rüstungsinvestitionen und damit über den Bruch des Versailler Vertrages bestehen. Andererseits sollte am Geldmarkt keine Unsicherheit über die Stellung der Reichsmark aufkommen und damit keine unerwünschte Entwertung (Inflation) erfolgen. Für diesen Zweck wurde ein Scheinunternehmen gegründet, die Metallurgische Forschungsgesellschaft m.b.H. (Mefo mbH), hinter der vier namhafte deutsche Unternehmen standen (Siemens, Gutehoffnungshütte, Krupp und Rheinmetall). Außer als Finanzierungsinstrument, um durch eine zweite Unterschrift die Diskontierung ihrer Wechsel durch die Reichsbank rechtlich zu ermöglichen, hatte die Mefo mbH keinen weiteren Geschäftszweck. Es wurden also, mit anderen Worten, unter dem Deckmantel der Kreditgeldzirkulation zusätzliche Wertzeichen über den Umweg der Mefo GmbH geschaffen. Für Rüstungsausgaben wurden 11,9 Milliarden Reichsmark von 1934 bis zum verhängten Ausgabestopp der Mefo-Wechsel 1938 durch diese »gedeckt«. Das entsprach 30% der bis dahin getätigten Ausgaben der Wehrmacht und damit mehr als dem Tausendfachen der Eigenkapitaleinlage der Mefo von nur einer Million Reichsmark. Daneben wurden unverzinsliche Reichsanweisungen (U-Schätze) und ab Mai 1939 sogenannte NF-Steuergutscheine (»Neuer Finanzplan«) ausgestellt. Damit wurden Rechnungen, die an das Deutsche Reich ausgestellt wurden, zu 40% sofort bezahlt und der Rest als Steuernachlass gutgeschrieben; U-Schätze und NF-Steuergutscheine waren als Zahlungsmittel somit einfaches (inkonvertibles) Staatspapiergeld.

Schon einen Tag nach dem Anschluss Österreichs am 12. März 1938 wurden die Goldreserven der Österreichischen Nationalbank der Deutschen Reichsbank übertragen. Das Gold aus Österreich überstieg die deutschen Reserven zu jenem Zeitpunkt um das Dreifache. Von da an wird der Begriff Nazigold/Raubgold verwendet, um den Zugriff auf Goldreserven eroberter Länder und der Bürger durch SS- und Regierungsstellen bis 1945 zu kennzeichnen. Nach Ermittlungen im Jahr 1946 erbeutete das nationalsozialistische Deutschland in den besetzten Gebieten Gold im Wert von 700 Millionen Dollar, den größten Teil davon in Belgien und den Niederlanden. Polen dagegen war es gelungen, den größten Teil des Zentralbankgoldes (Wert ca. 87 Millionen US-Dollar) zu Kriegsbeginn in Sicherheit zu bringen (vgl. Wikipedia). Der finanzielle Bedarf für die Rüstung wurde als mittelfristiges Problem gesehen, eine hohe Verschuldung insbesondere durch kurzfristige Kredite wurde dafür in Kauf genommen. Es sollte eine durch begrenzte militärische Aktionen erzwungene territoriale Expansion folgen.

Die von vielen befürchtete Inflation, die aufgrund des Anwerfens der Notenpresse zu erwarten war, trat zunächst nicht ein. Die staatliche Festlegung der Marktordnung und die Kontrolle über Preisgestaltung und Gewinnmargen durch den Reichskommissar für die Preisbildung setzten die marktwirtschaftliche Preisbildung außer Kraft. Der Verbraucherpreisindex stieg lediglich mit durchschnittlich 1% pro Jahr. Da die so erzwungene Stabilität der Reichsmark rein politisch und nicht wirtschaftlich begründet war, konnte die Währung am internationalen Geldmarkt kein Vertrauen schaffen. Große internationale Investitionen in die deutsche Wirtschaft blieben aus, was eine chronische Devisenknappheit zur Folge hatte. Die aufgestaute Inflation führte nach dem Kriegsende zur Währungsreform.[23]

Vieles, was die Nationalsozialisten seit 1933 an vordergründigen Erfolgen vorweisen konnten, war auf einem ökonomisch instabilen Fundament aufgebaut. Von vornherein war das Kalkül gewesen, über Raub von Reichtümern aus fremden Ländern und der Unterdrückung fremder Völker die auf ungedeckte Kredite gegründeten Maßnahmen der Gegenwart zukünftig, d.h. über Eroberungskriege vermittelt, zu refundieren oder refinanzieren. Dass das »Tausendjährige Reich« dennoch zwölf Jahre Bestand hatte, ist namentlich den Schöpfer- und Produktivkräften der arbeitenden Massen zuzuschreiben, die die Nationalsozialisten in eine Hegemonie einbinden konnten und mit der eine in diktatorischen Formen ablaufende Modernisierung der Gesellschaft erfolgte, die sich bis Kriegsende auch in einem hochentwickelten materiellen Kapitalstock (Ausrüstungsvermögen) einen gegenständlichen Ausdruck verschaffte (vgl. Abelshauser 1975).

Die nachgeordneten und unterentwickelten Länder in den 1930er und 1940er Jahren

Die bereits vor Ausbruch der Weltwirtschaftskrise bestehende deflationäre Preisentwicklung bei agrarischen und mineralischen Grundstoffen, die durch den Abschwung und um sich greifenden Protektionismus 1930-32 verschärft wurde und viele Länder an der Peripherie des kapitalistischen Weltmarkts als Rohstoffexporteure massiv betroffen hatte, bildete sich erst langsam mit der beginnenden Erholung der Weltwirtschaft ab 1933 zurück. Im britischen Commonwealth verzeichneten die Länder, die gegen das Pfund Sterling abgewertet hatten – hierbei handelt es sich um Australien, Neuseeland sowie mit der Zunahme des Goldpreises die Südafrikanische Union –, nach und nach Preissteigerungen und damit die Überwindung der Deflation. Allerdings war die Erholung der Preise im Britischen Empire insgesamt unterschiedlich; so war die preisliche Erholung in Britisch-Indien deutlich schwächer ausgeprägt. In Niederländisch-Indien, das durch den Gulden an den Goldblock gebunden war, fielen die Preise sogar bis zum Jahr 1936. In Lateinamerika verschaffte die Abwertung der Währungen Argentinien, Chile und Mexiko wieder einen wachsenden Absatzmarkt für Grundstoffe; damit konnten auch die unfreiwilligen Lagerbestände bei Zinn, Baumwolle, Weizen, Seide und Zucker nach und nach ohne Einschränkung der laufenden Produktion abgebaut werden (vgl. Kindleberger 1973: 255).

»Im ganzen gesehen jedoch waren die dreißiger Jahre für die Entwicklungsländer, mit ganz wenigen Ausnahmen (wie der Südafrikanischen Union) eine schwie-

---

[23] Vgl. dazu Krüger 2012a: 440ff. sowie Hansmeyer/Caesar 1976 und Möller 1976.

rige Zeit. Ohne Möglichkeit, Kredite zur Finanzierung ihrer Investitionsprogramme zu erhalten, schwer belastet durch den Schuldendienst wegen der niedrigen Preise in Goldwährungen und in Pfund Sterling, blieben ihre Zahlungsbilanzen unter Druck. Man hielt an Devisenkontrollen und Abwertung fest, und die Zölle blieben hoch, trotz des amerikanischen Versuchs, diese unter dem Reciprocal Trade Agreement Act herunterzuhandeln. In vielen Teilen Afrikas und Asiens führten die Abwertung des Yen und das Vordringen japanischer Exporte, insbesondere von Textilien, zu besonderen Importkontrollen zum Schutz der eigenen Kleinindustrie und der traditionellen Märkte der britischen und französischen Mutterländer. Die Erholung war schleppend, begrenzt, unbefriedigend.« (Ibid.: 255f.)

Kapitel 13: USA als Weltmarkt-Demiurg in der Nachkriegsprosperität

a) USA als Propagandist der fordistischen Betriebsweise

Das Kräfteverhältnis der kapitalistischen Metropolen auf dem Weltmarkt nach dem Zweiten Weltkrieg

In der Perspektive langfristiger Entwicklungstrends der Kapitalakkumulation und der auf ihr aufgebauten bürgerlichen Gesellschaften in den Ländern der westlichen Alliierten wirkt der Zweite Weltkrieg als Katalysator von lange vorher begonnenen, mindestens in die Zwischenkriegszeit zurückreichenden Tendenzen. Schon vor der Jahrhundertwende waren die USA, von der Ausstattung mit natürlichen Ressourcen sowieso eines der reichsten Länder der Erde, zum größten industriellen Produzenten der Welt geworden. Sie waren in den 1920er Jahren der Pionier des am weitesten entwickelten industriellen Rationalisierungsparadigmas, welches auf der Grundlage der Produktionsweise der Großen Industrie durch die arbeitswissenschaftlich gestützte Zergliederung und genau quantitativ bemessenen Detailfunktionen der lebendigen Arbeit neue Produktivkräfte und Kostensenkungspotenziale erschloss. Das mit dem Namen von F.W. Taylor verbundene »Scientific Management« etablierte mit der Fließbandfertigung die technologische Basis der Massenproduktion standardisierter Produkte; sie wurde in Mischkonzernen mit einer hohen internen Leistungstiefe und tief gegliederten Hierarchieebenen umgesetzt. In der Zwischenkriegszeit waren die Anfänge dieser neuen Betriebsweise des industriellen Produktionsprozesses in einigen Produktionszweigen etabliert worden; die Reorganisation der industriellen Beziehungen des »New Deal« in den 1930er Jahren hatte für ihre weitere Verallgemeinerung gesorgt. Die USA, deren Territorium weitgehend von Kriegseinwirkungen verschont geblieben war, waren nicht nur der mächtigste Finanzier für die Kriegslasten ihrer Verbündeten – d.h. neben der Sowjetunion, auch von Großbritannien und Frankreich –, sondern hatten zudem direkt von der Umstellung ihrer Wirtschaft auf Kriegsverhältnisse profitiert.[1] Nach Kriegs-

[1] Vgl. van der Wee 1984: 20: »*...die Vereinigten Staaten gingen gestärkt aus dem Krieg hervor. Ihre Verluste an Menschen waren zwar nicht unbedeutend, die Sachschäden aber gering. Während des Krieges hatte man die Rüstungsproduktion ganz gewaltig gesteigert, und zwar durch die großangelegte Umstellung der Friedenswirtschaft auf eine Kriegswirtschaft, durch die Ausweitung der Investitionsgüter, durch eine erhebliche Vermehrung der eingesetzten Arbeitskräfte und durch steigende Produktivität. Obwohl 12 Millionen Amerikaner einberufen waren, erhöhte sich während des Krieges die Zahl der Beschäftigten in der heimischen Produktion um 20 Prozent, nämlich von 54 Millionen (1940) auf 64 Millionen (1945). Dieses ›Wunder‹ wurde möglich durch die Eingliederung von 9 bis 10 Millionen Arbeitslosen, die erheblich vergrößerte Gruppe im erwerbsfähigen Alter und die verstärkte Frauenarbeit. Über eine verlängerte Arbeitszeit (im verarbeitenden Gewerbe stieg diese durchschnittlich von 37,7*

ende besaß die produktive Nationalarbeit des US-Kapitals mit diesem modernen Rationalisierungsparadigma den unangefochtenen Spitzenplatz in der Produktivitätsrangskala auf dem Weltmarkt.

Neben diesen ökonomischen Vorteilen in der technischen und organisatorischen Ausgestaltung des gesellschaftlichen Produktionsprozesses verfügten die USA über jene gesamtgesellschaftliche Konstellation in Bezug auf die Sozialstruktur und die Ausgestaltung des kulturellen und politischen Überbaus, welche der neuen Arbeits- und Betriebsweise die Erringung der Hegemonie erlaubte und damit eine Phase beschleunigter Akkumulation des Kapitals in gesamtwirtschaftlicher Dimension erst ermöglichte. Schon zu Beginn der 1930er Jahre hatte Gramsci diese gesellschaftlichen Bedingungen der USA, die er mit dem Begriff des »Fordismus« zusammenfassend bezeichnet, herausgehoben und als differentia specifica dafür erkannt, dass nur in den USA das neue weltwirtschaftliche Zentrum einer Epoche beschleunigter Kapitalakkumulation heranreifen konnte: *»In Amerika hat die Rationalisierung die Herausbildung eines neuen, dem neuen Typ der Arbeit und des Produktionsprozesses konformen Menschentypus notwendig gemacht. Diese Heranbildung befindet sich noch in einer Anfangsphase und hat deswegen einen (anscheinend) idyllischen Charakter. Sie ist noch in der Phase psychophysischer Anpassung an die neue Industriestruktur, die durch hohe Löhne angestrebt wird. Vor der Krise von 1929 zeigte sich kein Aufblühen des ›Überbaus‹, oder bestenfalls nur sporadisch; das heißt, die Grundfrage der Hegemonie (war) noch nicht gestellt worden.«* (Gramsci 1967: 383)

Neben den erhöhten Reallöhnen ergaben sich namentlich aus dem Fehlen parasitärer *»Sedimentierungen nichtstuerischer und unnützer Massen«* (ibid.: 379), wie sie für europäische Metropolen in den 1920er Jahren als Nachwirkungen traditioneller Verhältnisse, die durch den Ersten Weltkrieg und die politischen Umwälzungen der Nachkriegszeit nicht beseitigt worden waren, kennzeichnend waren, einerseits, sowie andererseits durch den Schmelztiegeleffekt der interkulturellen Zusammensetzung der amerikanischen Volksmassen günstige Bedingungen für die Heranbildung einer der neuen Industriestruktur entsprechenden Lebensverhältnisse in den USA. Ökonomisch und gesellschaftlich war das Land bereits vor dem Zweiten Weltkrieg die international führende Macht. Die Position auf der Gewinnerseite nach dem Zweiten Weltkrieg verstärkte sodann auch die Position der USA auf der weltpolitischen Bühne und verschaffte dieser Nation in der Folgezeit die Rolle des Demiurgen des kapitalistischen Weltmarkts. Im Gegensatz zur Entwicklung der 1920er und 1930er Jahre hatte der Krieg nunmehr auch die politische und ökonomische internationale Öffnung der USA, d.h. den Übergang von der »isolationistischen« zur »internationalistischen« Politik erbracht. Bereits in der Zwischenkriegszeit war der US-Dollar zur stärksten Währung geworden und hatte neben dem Pfund Sterling in weiten Bereichen die Weltgeldfunktionen der inter-

---

auf 45,2 Wochenstunden) erreichte man eine kräftige Produktionszunahme pro Arbeiter, und die Gewerkschaften unterstützten diese Entwicklung aus patriotischen Motiven.«

nationalen Leit- und Reservewährung eingenommen. Dies hatte die Goldbestände der USA gewaltig anschwellen lassen; die Kriegsfinanzierung hatte den amerikanischen Goldschatz nochmals gesteigert. Auf der anderen Seite stand, wiederum kriegsbedingt, die hohe Verschuldung Großbritanniens. Beides drückte sich im internationalen Gewicht der beiden führenden nationalen Währungen in der internationalen Zirkulation aus. Die Stellung des Dollars war nach dem Krieg noch weiter gefestigt, während das britische Pfund einen weiteren Bedeutungsverlust erlitten hatte, der sich in der Folgezeit noch fortsetzen sollte.

In der Tat ist die langfristige Entwicklung der Stellung Großbritanniens auf dem Weltmarkt in gewisser Weise das negative Spiegelbild zur amerikanischen. Großbritannien war kriegsbedingt nicht nur bei den USA, sondern auch bei einigen Commonwealth-Staaten hoch verschuldet. Obgleich die Gläubigerländer Großbritanniens in der unmittelbaren Nachkriegszeit zunächst bereit waren, ihre Sterlingforderungen aufzustocken und die Kolonien und Dominions ihre Dollardevisen gegen Pfund Sterling abtraten, reichte diese Atempause nicht aus, um die ehemals starke internationale Position des Pfundes wieder zu installieren. Der Versuch der Wiederherstellung der Sterlingkonvertibilität am 15. Juli 1947 – auf Druck der USA und als Bedingung für amerikanische Anleihegewährung an Großbritannien erzwungen – endete mit einem Fiasko. Durch Umtausch von Pfund Sterling gegen Dollars wurden die britischen Währungsreserven nach wenigen Wochen so weit ausgezehrt, dass die Konvertibilität bereits nach einem Monat wieder suspendiert werden musste.[2]

Die Schwäche der britischen Währung drückte nur den weit fortgeschrittenen Verlust internationaler ökonomischer und politischer Potenz Großbritanniens aus. Bereits in der Zwischenkriegszeit hatte die Zuwachsrate des Bruttosozialprodukts Großbritanniens im internationalen Vergleich auf einem der hinteren Plätze gele-

---

[2] Vgl. Aschinger 1973: 191f.: *»Der Zweite Weltkrieg hat das Verhältnis der externen Guthaben und Verbindlichkeiten Englands grundlegend verändert... Unmittelbar vor Kriegsausbruch standen 470 Mio. £ kurzfristiger Verbindlichkeiten noch 806 Mio. £ offizielle Gold- und Dollarreserven zuzüglich kurzfristige Nettoauslandskredite der britischen Banken gegenüber. Dazu kamen 4-5 Mrd. Pfund an langfristigen Auslandsinvestitionen. Die Kriegführung vom September 1939 bis zum Juni 1945 hatte für Großbritannien Verluste in seiner Investitionsbilanz von 4.149 Mio. £ oder rund 20 Mrd. $ zur Folge: Von den langfristigen Aktiven im Ausland mußten 1.118 Mio. £ oder rund ein Viertel realisiert werden, die Währungsreserven nahmen per Saldo um 152 Mio. £ ab und die Auslandsverbindlichkeiten stiegen um 2.879 Mio. £. Das zeigt, dass der größte Teil der britischen Kriegführung in Übersee durch Verschuldung in Sterling finanziert wurde. ... Hatten in der Vorkriegszeit die Währungsreserven die Sterlingverbindlichkeiten überstiegen oder mindestens voll gedeckt, so war jetzt das Deckungsverhältnis grundlegend gestört. Im Gegensatz zu den in der Vorkriegszeit entstandenen äußeren Sterlingschulden standen den in der Kriegszeit aufgelaufenen Schulden keine neuen langfristigen Auslandsinvestitionen gegenüber. Das entstandene Mißverhältnis zwischen äußeren Verbindlichkeiten und Währungsreserven war ein wichtiger Grund dafür, warum das Sterlingsystem in der Nachkriegszeit in eine krisenhafte Entwicklung geriet.«*

gen; die vormalige Hegemonialposition dieses Landes auf dem Weltmarkt hatte zur Herausbildung eben jener parasitären Sedimentierungen beigetragen, die Gramsci zufolge nicht nur das Entstehen eines neuen nationalen Akkumulationszentrums verhindern, sondern auch die Anpassung an international vorgegebene Standards erschweren. Großbritannien erlitt auch in der Nachkriegszeit die Fortsetzung seines internationalen Bedeutungsverlustes.

Frankreich hatte, obwohl es zu den europäischen Siegermächten des Zweiten Weltkriegs gehörte, seine in der Zwischenkriegszeit errungene Stellung eingebüßt. Das Land war direkter Schauplatz des Krieges gewesen und von den deutschen Faschisten zu einem großen Teil okkupiert worden; dementsprechend waren die materiellen Schäden bedeutend. Paris hatte seine Stellung als internationaler europäischer Finanzplatz, der zeitweise von der Schwäche Großbritanniens bzw. Londons profitiert hatte, verloren. Der französische Franc spielte außerhalb der Franc-Zone, d.h. außerhalb des Wirtschaftsverkehrs zwischen französischem Mutterland und Kolonien, keine internationale Rolle. Mit seiner Abwertung im Jahr 1948 war er offiziell auf 20% seines Gold- und Dollarwertes von 1944 reduziert (1 US-$ = 265 FF).

Die anderen größeren Länder, die den Status kapitalistischer Metropolen in der Zeit vor dem Zweiten Weltkrieg innegehabt hatten – Deutschland, Italien, Japan –, waren als Verlierer des von ihnen begonnenen Krieges besetzt und der politischen Souveränität verlustig gegangen. Ökonomisch sind die Verluste an Menschenleben und materiellen Werten immens.

Ausgangs des Krieges war somit eine eindeutige internationale Rangordnung der kapitalistischen Nationen hergestellt. Die USA nahmen den unbestrittenen ersten Platz ein, gegründet auf den Entwicklungsstand ihrer produktiven Nationalarbeit, ihre internationale Gläubigerposition, die »produktivistische Orientierung« der gesellschaftlichen Hauptklassen sowie politisch flankiert durch ihre Führerschaft bei den westlichen Siegermächten. Damit hatten die USA die Macht, bei der Diskussion um die Neuordnung des internationalen Wirtschafts- und Währungssystems ihre spezifischen Interessen durchzusetzen.

Das Bretton-Woods-Währungssystem als durch die USA dominierter Kompromiss

Bereits im Sommer 1941 hatte J.M. Keynes Vorschläge für eine internationale Verrechnungsunion (»Proposals for an International Clearing Union«; vgl. Keynes 1943) verfasst, die wesentliche Elemente einer neuen, qualitativ höher entwickelten Organisation der Weltwirtschaft einbegreift und ursprünglich als Teillösung eines Gesamtplanes gedacht war, der neben dem Währungssystem auch die internationale Handelspolitik, eine »vernünftige Lenkung« von Produktion, Verteilung und Rohstoffpreisen sowie die Bereitstellung von Mitteln langfristiger Entwicklungshilfe umfassen sollte. Hervorstechende Merkmale dieses später als »Keynes-Plan« bezeichneten Dokuments sind:

- Errichtung einer internationalen Clearing-Union zur multilateralen Verrechnung der internationalen Zahlungen;

- Schaffung einer internationalen Währung (Bancor) – an Gold gebunden (denominiert), wenngleich nicht gegen Gold einlösbar – als künstliche Währungsreserve zum nationalen Saldenausgleich bei der Clearing-Union verwendet;
- Feste Wechselkurse der nationalen Währungen zum Bancor und damit auch untereinander, die durch ein ordnungsgemäßes, allgemein anerkanntes Verfahren festgesetzt werden, um einseitige Aktionen und kumulative Abwertungen zu verhindern;
- Gemeinsame Verantwortung von Defizit- und Überschussländern zur Herstellung eines weltwirtschaftlichen Gleichgewichts durch Vergabe von kurz- bis mittelfristigen Zahlungsbilanzkrediten in Bancor mit gestaffelten Auflagen der Clearing-Union an beide Ländergruppen.

Im Kern ging es bei dem »Keynes-Plan« somit um die Entwicklung eines internationalen Zentralbanksystems, mit dem die positiven Effekte nationaler Kredit- und Bankensysteme für die nationale Kapitalakkumulation auf eine internationale Ebene gehoben, d.h. für den Welthandel nutzbar gemacht und für die Steuerung wirtschaftlicher Prozesse im internationalen Verkehr ausgeweitet bzw. etabliert werden sollten. Bei der Clearing-Union würden sich für Länder mit aktiver Zahlungsbilanz Kreditsalden, für Länder mit passiver Zahlungsbilanz Debetsalden in Bancor ergeben, die sich für die Weltwirtschaft als Ganzes bzw. für die Clearing-Union notwendig ausgleichen müssten. Um jedoch ein übermäßiges Ansteigen der Aktiv- und Passivsalden zu vermeiden, waren für die einzelnen Länder spezifisch durch Länderquoten festgesetzte Verschuldungsgrenzen vorgesehen – ebenso jedoch auch Sanktionen für die Überschussländer. Um diese von der Akkumulation hoher Bancor-Guthaben abzuhalten, sollten auf die Kreditsalden Abgaben geleistet und Währungsaufwertungen vorgenommen werden. Während der Zahlungsverkehr für laufende Transaktionen frei sein sollte, ging Keynes von der fortbestehenden Notwendigkeit von Verkehrskontrollen für den Kapitalverkehr aus.

Diesen britischen Vorschlägen gegenüber entwickelten die USA Gegenvorstellungen, die die »internationale Sozialisierung der Funktionen des Weltmarkt-Hegemons« entscheidend zurücknahmen. Der amerikanische »White-Plan« sah ursprünglich ebenfalls die Schaffung einer internationalen Währungseinheit (»Unitas«) vor. Sie sollte, ebenso wie die fest miteinander verbundenen nationalen Währungen, gegenüber dem Gold konvertibel sein. Im Unterschied zum Keynes-Plan, der auf dem Prinzip eines geschlossenen Banksystems basiert und dessen Verschuldungspotenzial einfach eine Funktion der Salden im internationalen Zahlungsverkehr bildet, baute der White-Plan auf dem Prinzip eines internationalen Fonds auf, in den alle Mitgliedsstaaten Beiträge einzuzahlen haben und dessen Kreditvolumen durch diese Beiträge sowie durch eventuelle Anleihen beschränkt ist. Hatte der Keynes-Plan schon von Anfang an ein Verschuldungspotenzial von 25 Mrd. $ vorgesehen, so beschränkte sich der von H. White vorgeschlagene Fonds auf einen Anfangswert von 5 Mrd. $, wovon zudem nur die Hälfte einzuzahlen wäre. Zum Zahlungsbilanzausgleich sollte an die Stelle eines mit gestaffelten Auflagen versehenen Systems automatischer kurzfristiger Kredite die Vergabe von normalen Beistandskrediten seitens des internationalen Fonds treten. Fundamentale außenwirtschaftliche Disproportionen sollten durch Veränderungen der festen Wechselkurse behoben werden; somit wurde die Anpassungslast hauptsächlich auf die Defizitländer verlagert, denen damit eine traditionelle Deflationspolitik abverlangt wird. An die Stelle einer weitgehenden internationalen Sozialisierung der Hegemon-Funktion trat also bei White eine institutionelle Re-Etablierung dieser Funktion als Attribut einer Nation, d.h. der USA. Insgesamt präferierten die Amerikaner ein internationales Währungssystem, das in seinen grundlegenden Konstruktionsmerkmalen dem überkommenen Gold(devisen)standard nachempfunden war.[3]

Auf der Konferenz von Bretton Woods vom Juli 1944 – »Internationale Währungs- und Finanzkonferenz der Vereinten und Assoziierten Nationen« –, die mit Vertretern von 44 Ländern stattfand, wurde der gemeinsame amerikanisch-britische Vorschlag in seinen wesentlichen Punkten angenommen. Dabei handelte es allerdings um eine leicht abgewandelte Form des ursprünglichen amerikanischen »White-Plans«. Die Engländer hatten auf die »expansionistische Ausrichtung«, so der amerikanische Vorwurf, verzichtet, die direkte Begrenzung der Verpflichtungen der Gläubigerländer konzediert und von der Forderung nach Errichtung einer Clearing-Union abgesehen. Umgekehrt schwächten die Amerikaner ihre Vorstellungen über den Grad der internationalen Einmischung in die Wirtschaftspolitik eines Schuldnerlandes ab und konzedierten eine Übergangsregelung für die unmittelbare Nachkriegszeit, nach der die Währungskonvertibilität sowie der Abbau von Devisenrestriktionen dispensiert werden konnten. Das Bretton-Woods-Abkommen sah die Gründung eines internationalen Stabilisierungsfonds (Internationaler Währungsfonds, IWF) und eines internationalen Investitionsinstituts (Weltbank, WB, International Bank for Reconstruction and Development) vor. Es trat am 27. Dezember 1945 in Kraft. Ihm treten 35 Staaten bei, darunter die wichtigsten westlichen Währungsländer; die Sowjetunion, die bei den Vorberatungen und der Konferenz selbst zugegen war, enthielt sich der Unterzeichnung und trat der Konvention nicht bei.

Das neue Währungssystem fixierte feste Paritäten der verschiedenen nationalen Währungen zum Gold und bestimmte ihre Gold-Konvertibilität im Außenwirtschaftsverkehr. Die Bindung einer Währung an eine solche offiziell in Gold konvertible Währung im Sinne einer indirekten Konvertibilität war allerdings ebenfalls

---

[3] Vgl. Aschinger 1973: 24: *»Die Differenzen [zwischen Keynes und White/S.K.] spiegeln die interessenmäßigen Unterschiede zwischen einem über große Goldreserven verfügenden Gläubigerland einerseits und einem von Reserven entblößten, währungsarmen Land andererseits wider. Sie dürften aber zum Teil auch Ausdruck theoretisch unterschiedlicher Ausgangspunkte sein. Ging White vom Gold als Grundlage und Instrument des internationalen Zahlungsverkehrs aus, und war für ihn das internationale Zahlungsvolumen sowohl durch die verfügbare Goldmenge als auch durch den Wirtschafsverkehr bestimmt, so ist für Keynes der internationale Zahlungsverkehr weniger eine Funktion von Gold und Goldsurrogaten als eine Rechnung des Güter- und Leistungsaustausches. Stellt der Mechanismus des White-Plans eine einfache Verbesserung und Erweiterung des auf dem Gold aufgebauten Zahlungssystems dar, so ist das Bancor-System vor allem ein Verrechnungsmechanismus.»*

möglich. Damit wurde die Sterling- und Dollar-Zone in z.T. erweiterter Form sanktioniert. Das Bretton-Woods-System verwarf allerdings die Vorschläge von Keynes und White, eine künstliche internationale Währungseinheit zu schaffen und war somit weitgehend ein Gold-Devisen-Standard, in dem der US-Dollar zur Leit- und Reservewährung werden sollte: Gold-Dollar-Standard. Zwischen den so über das Gold bzw. das Gold und eine internationale Leitwährung fixierten Wechselkursen wurde eine Schwankungsbreite von zwei Prozent zugelassen, d.h. je ein Prozent über oder unter der festgesetzten Parität. Oberhalb bzw. unterhalb dieser Interventionspunkte hatten die Zentralbanken oder Währungsbehörden der Länder an ihren Devisenmärkten zu intervenieren. Wechselkursänderungen wurden in einem nach Ausmaß abgestuften Verfahren geregelt, die bei fundamentalen Änderungen seitens des IWF zustimmungspflichtig waren.[4]

Es wurde zudem beschlossen, das Währungssystem dieser festen Wechselkurse in einen Rahmen des multilateralen Freihandels einzufügen. Alle administrativen Zahlungsrestriktionen für laufende Transaktionen sollten aufgehoben werden; Kapitalverkehrstransaktionen waren seit jeher vielfältigen politischen Regelungen unterworfen und hiervon nicht betroffen. Jedoch war es nicht möglich, sofort alle bestehenden und die Leistungsbilanztransaktionen berührenden Devisenverkehrsbeschränkungen aufzuheben; eine Übergangsfrist von fünf Jahren wurde vereinbart, innerhalb der noch einschränkende Regelungen bei der Finanzierung des internationalen Handels toleriert wurden.

Zum Ausgleich bei Zahlungsbilanzdefiziten sah das Bretton-Woods-Abkommen eine Palette kurz- und mittelfristiger Überbrückungskredite vor. Sie wurden vom Internationalen Währungsfonds ausgereicht und waren durch die Pflichteinzahlungen der Mitgliedsländer fundiert. Jedes Land hatte eine Quote, bemessen nach dem Umfang seines Bruttosozialprodukts und seines Anteils am Welthandel, und zwar zu 25% in Gold bzw. konvertiblen Währungen und zu 75% in seiner Landeswährung zu entrichten. Aufgrund der unterschiedlichen Bemessung der Länderquoten, die gleichzeitig Grundlage für das Stimmrecht eines jeden Landes sind, ergab sich eine zugunsten der USA und Großbritanniens verschobene Machtstruktur im IWF; beide Länder besaßen ein faktisches Vetorecht.

Anhand der merklichen Restriktionen für die Kreditvergabe des IWF an Defizitländer wird die ursprüngliche amerikanische Konzeption des »White-Plans« deutlich, der im Gegensatz zu Keynes' Vorschlag den Stellenwert des Zahlungsbilanzausgleichs für die nationale Wirtschaftspolitik eines Landes an die erste Stelle setzt: »*Die anfänglich ziemlich beschränkten IWF-Reserven und das ausgeklügelte*

---

[4] Vgl. van der Wee 1984: 485: »*Schwierigkeiten ergaben sich, weil der Ausdruck fundamental äußerst vage und auslegungsbedürftig war. Überdies gab es keinen einzigen konkreten Mechanismus, mit dem der IWF die nationalen Regierungen rechtzeitig dazu zwingen konnte, ein gegenwärtiges oder potentielles Ungleichgewicht in der Zahlungsbilanz mit einer angemessenen Konjunktur- oder Strukturpolitik zu beheben. Erst wenn sich die Situation zur Krise zugespitzt hatte, konnte er nachträglich eine Abwertung oder eine Aufwertung als Korrektur billigen.*«

Verfahren zur Ausübung des Ziehungsrechts waren von den amerikanischen Unterhändlern und späteren Verwaltern bewußt als Hindernisse errichtet worden, um die Mitgliedsstaaten dazu zu veranlassen, erst alle binnenwirtschaftlichen Möglichkeiten zur Bekämpfung eines auftauchenden Defizits in der Zahlungsbilanz einzusetzen, bevor sie sich an den IWF wandten. In dieser rigiden Haltung schlagen sich sowohl die orthodox-liberalen Auffassungen der amerikanischen Regierung nieder als auch der starke Druck von seiten des internationalen Bankwesens. Damit brach ein von vornherein in das System von Bretton Woods eingebauter Gegensatz auf: Die erheblich eingeschränkte Wechselkursflexibilität erforderte als Gegengewicht mehr ausländische Mittel zur Überbrückung der Zahlungsbilanzdefizite, und gerade diese Ausweitung wurde eng begrenzt. Zwischen dem normativen Idealsystem, das in Bretton Woods ausgehandelt worden war, und dem allgemeinen Währungswirrwarr um 1945 tat sich eine breite Kluft auf. In der Weltwirtschaftskrise und im Zweiten Weltkrieg hatten sich Handels- und Zahlungsrestriktionen verbreitet, und danach fand sich bis auf die Vereinigten Staaten keine einzige Regierung bereit, sie kurzfristig zu lockern. Dies war ja der Grund, warum die Welthandels-Charta von Havanna niemals ratifiziert und die internationale Handelsorganisation niemals gegründet wurde. Da der IWF in einer noch nicht freien Weltwirtschaft seine Hauptfunktion als internationale Kreditanstalt kaum ausüben konnte, versuchte er zunächst, die Aufgaben der gescheiterten internationalen Handelsorganisation zu übernehmen. So bemühte sich der IWF in den ersten zehn Jahren seines Bestehens um eine verbreitete Anwendung der Prinzipien des Allgemeinen Zoll- und Handelsabkommens (GATT). Erst als sich der Welthandel genügend liberalisiert hatte, konnte sich der IWF seinem ursprünglichen währungs- und finanzpolitischen Auftrag voll widmen.« (van der Wee 1984: 487ff.)

b) Die Periode der beschleunigten Akkumulation im sozialstaatlich modifizierten Kapitalismus in den Metropolen des Weltmarkts

Die Fortentwicklung des Systemgegensatzes zum Kalten Krieg und die Integration der BRD als Frontstaat in die »westliche Staatengemeinschaft« durch »Marshall-Plan«, Wiederbewaffnung und NATO-Beitritt

Die Nachkriegsprosperität mit ihren bis dato für unmöglich gehaltenen ökonomischen Wachstumsraten und sozialem Wohlstand besaß ihr Zentrum in den Vereinigten Staaten von Amerika. Ausgehend von dort entfaltete sich eine neue Epoche beschleunigter Kapitalakkumulation über den kapitalistischen Teil der Welt. Diese Funktion der USA als Demiurg des Weltmarkts ist zu Recht als »Pax Americana« bezeichnet worden. Unter institutionellen Aspekten schloss diese Pax Americana neben der Etablierung des Bretton-Woods-Währungssystems die schrittweise Liberalisierung des Welthandels durch Abbau von Zollschranken ein – ein Prozess, der allerdings nur langsam vorankam und nicht die Ziele erfüllte, die ursprünglich in ihn gesetzt worden waren. Die Schaffung einer Internationalen Handelsorganisation (International Trade Organization, ITO) als Ausdruck eines multilateralen Freihandels scheiterte am Widerstand der europäischen Länder, insbesondere Großbritanniens, dessen Ökonomie nicht stark genug erschien, um auf die Präferenzsysteme innerhalb des Commonwealth und die Zollschranken verzichten zu können. Die auf der Konferenz in Havanna im März 1948 vereinbarte Welthandels-Charta trug bereits als mühsam erreichter Kompromiss dieser unterschiedlichen Verfassung der verschiedenen Ökonomien Rechnung; sie wurde vom amerikanischen Kongress nicht sanktioniert. Stattdessen wurden im Rahmen des Wirtschafts- und Sozialrats der Vereinten Nationen nur bilaterale Handelsabkommen vereinbart, die, da sie auf der Grundlage der Meistbegünstigung geschlossen wurden, die kommerziellen Zugeständnisse für den Welthandel insgesamt verallgemeinerten.[5]

In den ersten Jahren nach der Beendigung des Krieges war die ökonomische Rekonstruktion und Belebung auf die US-Wirtschaft beschränkt, während der Fortschritt in Westeuropa zunächst weitgehend ausblieb. Die bedingungslose Kapitulation der faschistischen Achsenmächte Deutschland und Italien, ebenso Japans sowie die weitgehenden Zerstörungen des Krieges und der Atombombenabwürfe verunmöglichten einen raschen Neuanfang. Es kam hinzu, dass die europäische Ernte des Jahres 1947 katastrophal ausfiel, was die schwierige Versorgungssituation der Bevölkerung potenzierte. Durch den Korea-Krieg wurden die Rohstoffpreise auf dem Weltmarkt hinaufgetrieben. Beide Faktoren erhöhten die Belastung der Zahlungsbilanzen der europäischen Staaten. Auf der politischen Ebene fürchteten die USA um ihren gerade gewonnenen Einfluss in Westeuropa und im Fernen Osten, als unter der Schirmherrschaft der Sowjetunion in Osteuropa und Asien sozialistische Regime etabliert wurden. Die beginnende Systemkonkurrenz, die später zum Kalten Krieg ausartet, beförderte ökonomische Hilfsmaßnahmen der USA gegenüber Westeuropa. Im Mittelpunkt der Marshallplanhilfe (European Recovery Programm, ERP) stand Deutschland bzw. Westdeutschland, nachdem frühere Konzeptionen der Siegermächte noch eine weitgehende De-Industrialisierung dieses Kriegsgegners vorgesehen hatten (Morgenthau-Plan).[6]

---

5 Vgl. van der Wee 1984: 393: *»Der Wirtschafts- und Sozialrat der Vereinten Nationen, der die Besprechungen von Genf organisierte, ließ die erreichten Resultate in einem einzigen Dokument zusammenfassen. Zudem sollten Artikel 17 aus der auszuhandelnden Charta sowie weitere Punkte, die sich auf Zolltarifsenkungen bezogen, sofort in dem Allgemeinen Zoll- und Handelsabkommen (GATT) festgelegt werden. In einem 1947 unterzeichneten Protocol of Provisional Application sicherten 23 Länder zu, dieses vorläufige Abkommen bis zur Vollendung und Ratifizierung der Welthandels-Charta anzuwenden; das GATT sollte dann später innerhalb der Internationalen Handelsorganisation eine eigenständige Kommission bilden. Die ITO kam jedoch nie zustande. So übernahm das GATT selbständig einige Funktionen der gescheiterten Internationalen Handelsorganisation.«*

6 Der Morgenthau-Plan sah eine Teilung Deutschlands und den Abbau von Industrieanlagen vor, um für Deutschland einen erneuten Krieg unmöglich zu machen und mit den demontierten Anlagen die angegriffenen Staaten wiederaufzubauen. Einen ähnlichen Weg verfolgte auch der erste Plan des Franzosen Jean Monnet, nach dem Frankreich die Kontrolle über die deutschen Steinkohlenvorkommen im Ruhrgebiet und Saarland bekommen sollte. Die

Das Programm für den europäischen Wiederaufbau (ERP) beinhaltete neben finanziellen Mitteln auch strukturgestaltende Wirtschaftsmaßnahmen und -ziele, die durch den New Deal inspiriert waren. »*Das Notprogramm [des Marshallplans/S.K.] umfaßte folgende strategische Ziele: Erneuerung der Infrastruktur; drastische Produktionssteigerung, insbesondere in den Schlüsselsektoren Energie und Stahl; gleichgewichtigere Streuung der europäischen Schwerindustrie statt der zu starken Ballung im Ruhrgebiet; Rationalisierung in der Landwirtschaft und im verarbeitenden Gewerbe; Aufbau von Strukturen, die eine monetäre und finanzielle Stabilität herstellen. Nach vier Jahren sollte die europäische Wirtschaft sich selbst tragen, so daß man zu den Prinzipien der liberalen Weltwirtschaft zurückkehren könnte. Die Vereinigten Staaten wollten aktiv am europäischen Wiederaufbau mitarbeiten. Sie stellten ihr ökonomisches Know-how vollständig zur Verfügung und sagten die Unterstützung von Sachverständigen zu.*« (Ibid.: 397f.) Wichtiger noch waren die finanziellen Maßnahmen. Die USA gewährten im Rahmen des Marshallplans Gelder in Höhe von insgesamt fast 14 Mrd. US-Dollar, Westdeutschland erhielt davon ca. 1,4 Mrd. als Darlehen.[7] Die meisten Mittel flossen in Form direkter Zuschüsse mit der Auflage, davon Waren aus den USA zu kaufen, und nur ein Teil als Kredit. Dies sollte Transferprobleme vermeiden und die eigene US-Wirtschaft ankurbeln. »*Die Verwirklichung eines Notprogramms mußte ernste Defizite in der europäischen Zahlungsbilanz verursachen. Diese sollten teilweise durch langfristige Kredite von der Weltbank, deren Kapital größtenteils von den Vereinigten Staaten eingebracht worden war, aufgefangen werden. Die Kredite würden sich auf 3 Milliarden Dollar belaufen, während der vielfach größere Rest mit amerikanischen Schenkungen finanziert werden sollte.*« (Ibid.: 398)

16 europäische Länder nahmen den Marshallplan an. Diese Länder bildeten 1948 die Organisation für europäische wirtschaftliche Zusammenarbeit (Organisation for European Economic Cooperation, OEEC), deren hauptsächliche Aufgaben zunächst die Ausarbeitung des Endprogramms zum europäischen Wiederaufbau sowie die Empfehlung der konkreten Maßnahmen der Marshallplanhilfe waren. Die Abwicklung des europäischen Zahlungsverkehrs wurde im Rahmen der OEEC 1950 durch Gründung der Europäischen Zahlungsunion multilateral ausgestaltet und dadurch in erheblichem Maße ökonomisiert. Damit waren wesentliche institutionelle Bedingungen im internationalen Verkehr geschaffen, um die Kapitalakkumulation in Westeuropa in Gang kommen zu lassen. Der Marshallplan gilt darüber hinaus auch als Anstoß und erster Schritt der späteren europäischen Integration.

Die ökonomische Bedeutung des Marshallplans wird oftmals allerdings erheblich überschätzt. Die Hilfsgelder machten weniger als drei Prozent des Nationaleinkommens der 16 unterstützten Länder aus. Barry Eichengreen[8] berechnete eine

---

Besatzungsmächte einigten sich 1946 auf einen strengen Zeitplan für Demontagen in Deutschland; der Abbau von Industrieanlagen endete erst 1950.

[7] Nach heutiger Kaufkraft ist das etwa jeweils das 10-fache in US-Dollar.

[8] Vgl. Eichengreen 2008.

Steigerung des Bruttoinlandsproduktes durch die ERP-Mittel um durchschnittlich 0,5% p. a. in den Jahren von 1948 bis 1951.[9] Die Marshallplan-Gelder waren für die neu gegründete Bundesrepublik und ihre Währung allerdings bedeutsam für die Teilnahme am internationalen Handel, da die Bank deutscher Länder als Zentralbank des westdeutschen Staates anfangs über keinerlei Währungsreserven verfügte und die D-Mark dementsprechend zunächst nicht konvertibel war.

Eine wesentliche Motivation der US-Regierung für die Unterstützung des europäischen Wiederaufbaus war eine politische. Zwar waren die Hilfen ursprünglich auch den osteuropäischen Ländern angeboten worden, doch lehnten die Sowjetunion und die mit ihr nach Kriegsende verbündeten Regierungen diese Maßnahmen ab, legten ein Alternativprogramm (Molotow-Plan) auf und gründeten das Kominform (Kommunistisches Informationsbüro) zum Zusammenschluss der sozialistischen Länder und ihrer führenden Parteien als Nachfolgeeinrichtung der Kommunistischen Internationale. Der Ost-West-Gegensatz kristallisierte sich auch an der Unterstützung der linken Volksfront bzw. deren Demokratischer Armee im griechischen Bürgerkrieg durch die Sowjetunion, was der »Westen« und in Sonderheit die Briten, unter deren Schutz die griechische Regierung aus Konservativen und Monarchisten stand, als unzulässigen Eingriff in ihre Interessensphäre (Truman-Doktrin) betrachteten. Der sich zum Kalten Krieg auswachsende Ost-West-Gegensatz und die »Eindämmung« des Kommunismus wurden sodann eine wesentliche Triebkraft sowohl für wirtschaftliche Unterstützung als auch politisch-militärische Zusammenarbeit, die schließlich 1949 in der Gründung der NATO (North Atlantic Treaty Organization) gipfelte.[10]

Die politische Bedeutung der Marshallplan-Hilfe der USA kam in Sonderheit für die Positionierung der 1948 neu gegründeten Bundesrepublik zur Geltung. An der Grenze zu dem unter sowjetischem Einfluss stehenden anderen deutschen (Teil-) Staat DDR sollte mit einer ökonomisch wiedererstarkten und im »Westen« verankerten BRD der Systemgegensatz zwischen Kapitalismus und Sozialismus im Fokus

---

[9] Für die Westzonen der späteren Bundesrepublik relativiert auch Abelshauser die Bedeutung der Marshallplan-Gelder, vgl. Abelshauer 1975 und 1979.

[10] Bereits mit dem Brüsseler Vertrag vom März 1948 schlossen sich die westeuropäischen Länder Frankreich, das Vereinigte Königreich, die Niederlande, Belgien und Luxemburg zu einem Bündnis für wirtschaftliche, soziale und kulturelle Zusammenarbeit sowie zur kollektiven Selbstverteidigung zusammen. Dieses Bündnis war nominell noch als Beistandspakt gegen eine erneute deutsche Aggression vorgesehen. Im März 1947 hatten die USA die britische Schutzmachtrolle über Griechenland und die Türkei übernommen, um einer sowjetischen Machtausweitung entgegenzuwirken. Mit der Berlin-Blockade 1948 rückte in Westeuropa eine mögliche militärische Bedrohung durch die von der Sowjetunion angeführten sozialistischen Staaten ins Blickfeld. Daraufhin kam es zu einem wechselseitigen Abkommen, das am 4. April 1949 von den Brüsseler Paktstaaten zusammen mit den USA und Kanada unterzeichnet wurde. Als weitere Gründungsmitglieder kamen Italien, Norwegen, Dänemark (mit Grönland), Island und Portugal hinzu. Das NATO-Abkommen trat am 24. August desselben Jahres in Kraft.

stehen und symbolisch ausgetragen werden. Dazu gehörte, dass die Bundesrepublik bereits 1955 wieder eigenes Militär aufstellen und der NATO beitreten konnte.[11]

Nachkriegsrekonstruktion der Reproduktionsprozesse und Sanierung von Geld und Währung in den kapitalistischen Metropolen

Die zentrale ökonomische Aufgabe im Innern der nationalen Reproduktionsprozesse nach der Beendigung des Krieges bestand in der Umstellung von Kriegs- auf Friedenswirtschaft. Dies schloss neben der stofflichen Umorientierung der Produktion, die je nach besonderem Produkt und spezifischen Produktionsbedingungen einfacher oder schwieriger zu bewerkstelligen war, die Reintegration des militärischen Personals in die zivile Erwerbsbevölkerung, die Behebung der kriegsbedingten materiellen Schäden an Bauten, Ausrüstungen und Infrastruktur und schließlich die Reorganisation des nationalen Geldwesens ein. In nahezu allen entwickelten kapitalistischen Ländern äußerte sich die durch die Kriegsfinanzierung sowie die Umstellung der gesamtwirtschaftlichen Nachfrage auf Kriegsbedingungen bedingte Zerrüttung des nationalen Geld- und Kreditsystems in den ersten Nachkriegsjahren als heftige Preisinflation. Dem noch darnieder liegenden Angebot an zivilen Waren stand eine durch übermäßige Papiergeldemission aufgeblähte Geldmenge gegenüber; zusätzlich drängte ein Teil der Kriegsersparnisse (»forced savings«) als zahlungsfähige Nachfrage in die Zirkulation. Im Resultat dieses Aufeinandertreffens eines mengenmäßig restringierten Warenangebots und einer nominell aufgeblähten Geldmenge musste es zu heftigen inflationären Entwicklungen kommen.

Die USA, die am wenigsten aller entwickelten Nationen durch direkte Kriegseinwirkungen betroffen waren, erlebten die Inflationsphase als vergleichsweise kurzdauernden Prozess, der durch Interventionen der Regierung rasch unter Kontrolle gebracht werden konnte. Die inflationsbedingte Umverteilung der Einkommen »von unten nach oben« wurde in der politischen Auseinandersetzung denjenigen angelastet, die als Verantwortliche der Preisinflation angesehen wurden. In den Wahlen zum Kongress gewannen die Republikaner die Mehrheit und nutzten die Gunst der Stunde zur gesetzlichen Absicherung des verschobenen sozialen Kräfteverhältnisses. Mit dem »Labor-Management-Relations-Act« (»Taft-Hartley-Act«) wurden etliche Errungenschaften, die die Arbeiterbewegung und ihre Gewerkschaften in den 1930er Jahre im Rahmen des »New Deal« durchgesetzt hatten, wieder zurückgenommen. Ökonomisch bedeutete die politische Absicherung der Reallohn-

---

[11] Bevor die Bundesrepublik in die NATO aufgenommen wurde, musste sie der Westeuropäischen Union (WEU) beitreten. Diese sollte die deutsche Wiederbewaffnung kontrollieren. Zudem musste die Bundesrepublik erklären, auf jegliche gewaltsame Wiederherstellung der deutschen Einheit und auf den Bau atomarer, biologischer und chemischer Waffen zu verzichten. Die neu zu gründende Bundeswehr sollte maximal 500.000 Soldaten umfassen, all ihre Verbände wurden dem NATO-Kommando unterstellt. Obwohl Sozialdemokraten und außerparlamentarische Gruppen gegen die Wiederbewaffnung protestierten, trat die Bundesrepublik am 6. Mai 1955 offiziell der NATO bei. Das Bundesministerium für Verteidigung wurde geschaffen und die Bundeswehr gegründet.

verluste der amerikanischen Arbeiterklasse eine Verbesserung der Verwertungsbedingungen des Kapitals durch Senkung seiner Produktionskosten und eine Stabilisierung des allgemeinen Preisniveaus. Damit konnte die industrielle Expansion, nunmehr unter Bedingungen der Friedensökonomie, fortgehen.

Großbritannien bekämpfte die Inflation unter einer Labour-Regierung durch eine Austeritätspolitik, die Löhne und Gewinne einfror und den Konsum durch Rationierungen beschränkte. Die zur Finanzierung des Krieges stark angehobenen direkten Steuern blieben hoch. Die strengen Rationierungsmaßnahmen waren bis zum Jahr 1954 in Kraft; sie reduzierten die Inflation drastisch, begrenzten jedoch das allgemeine Konsumniveau der Bevölkerung. Der Übergang von Kriegs- zu Friedensverhältnissen markierte zugleich die letzte Phase des Untergangs des britischen Kolonialreichs. Zunächst versuchte das britische Kapital jedoch im Rahmen des Sterling-Blocks in unentwickelten und weniger entwickelten kapitalistischen Staaten, d.h. den noch bestehenden oder ehemaligen Kolonien, seine Konkurrenzvorteile auf dem Weltmarkt zu stabilisieren.[12]

Mit der politischen Auflösung des Empire in selbständige Staaten ging zunächst eine Intensivierung der ökonomischen Beziehungen einher. Während bis Ende der 1920er Jahre offiziell keinerlei Handelspräferenzen und -beschränkungen innerhalb des Empire bestanden, wurde in der Folge der Weltwirtschaftskrise 1932 ein Präferenzsystem errichtet, das Vorzugsbedingungen für den Warenhandel innerhalb des Commonwealth bzw. des Sterling-Gebietes sowie Importrestriktionen für Waren von außerhalb umfasste. Zwar wurde dieses Präferenzsystem teilweise bereits vor dem Zweiten Weltkrieg gelockert, umgekehrt wurde es während und nach dem Krieg noch verstärkt: Die Restriktionen gegenüber Importen von außerhalb, im Wesentlichen heißt dies gegenüber amerikanischen und kontinentaleuropäischen Produkten, wurden im gesamten Sterling-Gebiet verschärft. Davon profitierte insbesondere Großbritannien, da sein Handel mit den anderen Commonwealth-Ländern traditionell den größten Anteil am Gesamthandel dieses Verbunds ausmachte. Dennoch blieb die Handelsbilanz Großbritanniens defizitär. Dieses Handelsdefizit wurde jedoch typischerweise durch eine positive Dienstleistungsbilanz ausgeglichen. Nach 1945 ergab sich allerdings erst 1948 wieder ein positiver Leistungsbilanzsaldo, der während der 1950er Jahre mit Ausnahme von 1951 und 1955 anhielt.

---

[12] Vgl. Maaß 1968: 57f.: »*Trotz der Bezeichnung als Sterling-Block fehlte diesem Währungsgebiet jede Form einer zentralen Leitung ebenso wie ein Katalog vertraglich festgelegter Rechte und Pflichten seiner Mitglieder. Die fehlenden Verträge wurden durch ein gleichförmiges Verhalten seiner Mitglieder ersetzt, das sich in folgenden Kriterien zusammenfassen läßt:*

1. Die Mitgliedsländer werteten 1931 ihre Währungen zusammen mit dem Pfund Sterling ab und fixierten in der Folgezeit einen festen Wechselkurs gegenüber dem Pfund;

2. die Währungsbehörden der Mitgliedsländer hielten ihren gesamten oder überwiegenden Teil ihrer Währungsreserven in London;

3. die Mitgliedsländer wickelten den Großteil ihrer internationalen Handelsgeschäfte über die Londoner City ab, d.h. mit Hilfe des britischen Bankensystems.«

Als ab Ende 1952 die Importrestriktionen gelockert werden, wurden die USA und Japan zunehmend wichtige und schließlich dominierende Exporteure in die Commonwealth-Länder, die ihrerseits für ihre Waren zunehmend Märkte außerhalb des Commonwealth suchten.

Die Finanzierung des wirtschaftlichen Wiederaufbaus Großbritanniens wurde zunächst auf die gleiche Weise wie die Finanzierung eines großen Teils der Kriegslasten bewerkstelligt, nämlich durch Verschuldung gegenüber dem Ausland. In den USA und Kanada wurden langfristige Anleihen aufgenommen, die Dollarforderungen der Commonwealth-Staaten wurden gegen Pfund Sterling umgewechselt. Sowohl die binnenwirtschaftlichen wie die außenwirtschaftlichen Maßnahmen waren aber keineswegs ausreichend, um das britische Pfund dem freien Markt zu überantworten; das Scheitern der Wiederherstellung der Sterling-Konvertibilität 1947 ist bereits erwähnt worden. Mit der zunehmenden Auflösung noch bestehender kolonialer Abhängigkeiten und der Lockerung der engen Handelsbeziehungen zwischen Commonwealth-Ländern und dem Vereinigten Königreich änderte sich auch das gleichförmige währungspolitische Verhalten der Sterling-Länder. Die unabhängig gewordenen Staaten etablierten eigene nationale Geldwesen, wickelten Im- und Exporte zunehmend über Nicht-Sterling-Währungen ab und traten als selbständige Mitglieder dem IWF bei. Obwohl in diese Entwicklung eingeschlossen war, dass diese Staaten ihre Gold- und Dollarreserven weitaus stärker erhöhten als ihre Sterlingreserven, blieben die britischen Sterling-Verbindlichkeiten gegenüber diesen Ländern hoch und stiegen gar noch. Großbritannien blieb auch nach dem Krieg ein Land mit hoher Auslandsverschuldung.

Deutschland, d.h. die vier Besatzungszonen eines Teils des ehemaligen Deutschen Reiches, war als Kriegsverlierer und besetztes Land nicht nur besonders von Menschenverlusten und materiellen Schäden betroffen, sondern besaß als Erblast des Krieges ein vollständig zerrüttetes Geldwesen. Die Kosten des Krieges waren außer durch Steuern durch staatliche Verschuldung finanziert worden, bei gleichzeitigem Preis- und Lohnstopp sowie administrativer Begrenzung des Angebots aus Produktionen und Importen für den Konsum der Bevölkerung und rüstungswirtschaftlich unwichtige Investitionen der Unternehmen. Als Folge dieser Art der Kriegsfinanzierung fielen sehr hohe, nicht verausgabbare Beträge aus laufendem Einkommen und Gewinnen an, die zur Erhöhung der Kassenbestände und der sonstigen Bankeinlagen, zum Schuldenabbau der Unternehmen untereinander und gegenüber den Banken sowie zum Kauf von Staatspapieren durch die immer liquider werdenden Banken und z.T. auch durch das Publikum geführt hatten. Damit existierte ein immenser »Geldüberhang« als äußeres Zeichen einer durch Preis- und Lohnstopp zurückgestauten Inflation.[13] Nach der Befreiung Deutschlands und

[13] Vgl. Möller 1976: 436: »*[Dieser Geldüberhang bestand] in einer riesigen Verschuldung des Reiches, die 1945 auf weit über 400 Mrd. RM geschätzt wurde; in entsprechenden Geldvermögen in den Händen der privaten Nichtbanken (Haushaltungen und Unternehmen) und in der Haltung dieser Geldvermögen überwiegend beim Bankensystem als Einlagen*

nach dem allgemeinen Zusammenbruch der ehemaligen Verwaltung versagte natürlich auch das bisherige staatliche Bewirtschaftungs- und Kontrollsystem auf den meisten Gebieten; die Reichsbankleitstelle Hamburg konstatierte 1945 ein ständiges Fortschreiten der *»allgemeinen Auflösung des gegenwärtigen Systems der Scheinbewirtschaftung«*. (Reichsbankleitstelle 1945, Bericht Nr. 19: 2) Die Durchführung einer umfassenden Währungsreform war unter diesen Verhältnissen eine wesentliche Voraussetzung für ein Ingangkommen des wirtschaftlichen Erholungsprozesses.

Die gesetzliche Geldschöpfung mit der Währungsreform 1948 erfolgte durch Auszahlung eines Kopfbetrages an jeden Bewohner der drei Westzonen in Höhe von 40 DM im Umtausch von 40 RM. Wiederkehrende Leistungen wie Löhne, Mieten, Pachten, Renten etc. wurden im Verhältnis 1:1 von RM auf DM umgestellt. Die öffentlichen Kassen einschließlich Militärregierungen, Bahn und Post sowie alle Arbeitgeber erhielten ebenfalls eine Erstausstattung als DM-Guthaben bei ihren Hausbanken in gesetzlich vorgeschriebener und einfach zu ermittelnder Höhe, z.B. 60 DM für Arbeitgeber pro Beschäftigten. Im Laufe der ersten Woche wurden so 4-5 Mrd. DM in Zirkulation gebracht. Namentlich durch die Umstellung der wiederkehrenden Leistungen, d.h. eines Großteils des Volkseinkommens im Verhältnis 1:1 war gewährleistet, dass sich für die Warenpreise eine Ausgangsbasis in DM ergab, die den alten RM-Preisen entsprach (vgl. Möller 1976: 459f.). Eine zweite Rate des Kopfbetrages in Höhe von 20 DM wurde im September 1948 ausgezahlt. Für die Umstellung der Schuldverhältnisse (außer aus wiederkehrenden Leistungen) wurde ein Umstellungssatz von 10 RM = 1 DM festgesetzt.[14]

Die Umstellung von RM-Schuldverhältnissen auf DM im Verhältnis 10:1 war neben der Ungültigerklärung der Staatsschuld das wesentliche Mittel zur gewaltsamen Rückführung der Geldmenge und damit zur Beseitigung der kriegsbedingten rückgestauten Inflation durch den existierenden Geldüberhang. Diese beiden Maßnahmen trafen neben den privaten Geldvermögensbesitzern insbesondere die Geschäftsbanken schwer: nachdem ihre Bilanztitel materiell bereits weitgehend wertlos geworden waren, waren sie nunmehr auch formal vernichtet.

Bei der allgemeinen, wenngleich in ungleichem Maße gegebenen Zerrüttung der nationalen Geldwesen, der großenteils administrativ festgesetzten bzw. ein-

---

auf der Passivseite, denen als Bankaktiva fast nur noch Reichstitel gegenüberstanden. Der Überhang an RM-Geld wurde ... nach der Kapitulation durch die von den Alliierten in Umlauf gesetzten Militär-Marknoten noch verstärkt.«

[14] Vgl. Möller 1976: 462: *»Die gesetzliche Geldschöpfung erfolgte im Wege der ... Erstausstattungen und der Umstellung von RM-Guthaben in DM. Die Erstausstattungen erhöhten sich von ... 4-5 Mrd. DM im Laufe weniger Monate auf rd. 6,7 Mrd. DM. Die frei verfügbaren Bankguthaben aus der Umstellung beliefen sich Ende Juli bereits auf 3 Mrd. DM und wuchsen bis zum Jahresende auf 5,4 Mrd. DM, so dass Ende 1948 gut 12 Mrd. DM hoheitlich geschöpftes Geld zur Verfügung stand. Damit war die gesetzliche Geldschöpfung weitgehend abgeschlossen; während des ganzen Jahres 1949 erhöhte sie sich nur noch auf 12,9 Mrd. DM.«*

gefrorenen Warenpreise und der vielfältigen Restriktionen im Außenhandel durch strikte Devisenverkehrskontrollen war die Festlegung von Wechselkursen zwischen den Währungen vielfach ein politischer Akt, basierend mehr auf statistischen Berechnungen von Kaufkraftparitäten und bestimmt durch nationale wirtschaftliche Zielsetzungen denn durch die naturwüchsigen Gesetze des Außenwirtschaftsverkehrs zwischen entwickelten kapitalistischen Nationen: »*Wegen ihres großen Wiederaufbaubedarfs hatten die meisten Regierungen dem IWF 1946 überbewertete Kurse vorgeschlagen, die er übernahm. Auf kurze Sicht war diese Strategie durchaus vernünftig, denn sofort nach dem Krieg entstand ein riesiger Bedarf an ausländischen Erzeugnissen für den Wiederaufbau industrieller Kapazitäten, die man selbstverständlich billig importieren wollte. Eine unerwünschte Einfuhr war ja mühelos durch diskriminierende Kontrollen abzuwehren, die der IWF bis 1952 offiziell akzeptierte. Das Niveau der Exportpreise spielte keine Rolle, da es in den ersten Jahren nach dem Krieg kaum Konkurrenz gab. Letztlich war jede Regierung davon überzeugt, daß die eigene Volkswirtschaft sich nach einigen Jahren wieder ausreichend erholt haben würde, um das Warenangebot genügend zu erhöhen. Durch die fallenden Preise würde die Überbewertung ihrer Währung gegenüber den anderen von selbst verschwinden.*« (van der Wee 1984: 497)

Diese Hoffnungen auf quasi-automatische Rektifikation der Wechselkurse erfüllten sich jedoch nicht. Unterschiedliche Teuerungsraten in den verschiedenen Ländern bei gleichzeitigem Festhalten an festen Paritäten führten zu Verzerrungen wie verschiedenen cross-rates zwischen zwei Währungen oder multiplen Wechselkursen. Eine Wiederherstellung des Multilateralismus und eine Expansion des internationalen Handels erforderten zudem die Beseitigung der Unterbewertung des US-Dollars und Schweizer Frankens durch differenzierte Neufestlegung ihrer Kurse zu den übrigen Währungen. Den Ausgangspunkt dieses umfassenden Realignments bildete die Pfund-Abwertung um 30% gegenüber dem US-Dollar (sowie dem Schweizer Franken) anlässlich der amerikanischen zyklischen Krise 1948/49 mit ihren restriktiven Auswirkungen für die Exporte der Sterling-Zone und dem Rohstoffpreisverfall, wodurch die unbeständigen Reserven der Sterling-Zone außerordentlich beansprucht wurden. Die meisten Länder zogen nach: Frankreich wertete um 22%, die BRD die neugeschaffene DM um 20% gegenüber dem Dollar ab.

Diese Neuanpassung der Wechselkurse wurde gemeinhin als Herstellung tendenziell »richtiger« Paritäten interpretiert, jedenfalls als Beendigung der vorherigen Dollarunterbewertung (vgl. ib.: 501); gleichzeitig markierte dieses Realignment die Wende für den Dollar als knappe Währung innerhalb der internationalen Zirkulation.[15] Damit war von der monetären Seite ein wesentliches Hindernis für die Wiederbelebung des Welthandels beseitigt worden. Ein weiterer wichtiger Schritt bestand in der Etablierung der Europäischen Zahlungsunion (EZU), die den Multilateralismus im europäischen Zahlungsverkehr erheblich beförderte. Clearing-

---

[15] Vgl. Aschinger 1973: 159.

Abbildung 13.1: Weltmarktanteile (Export) kapitalistischer Metropolen 1950-1975

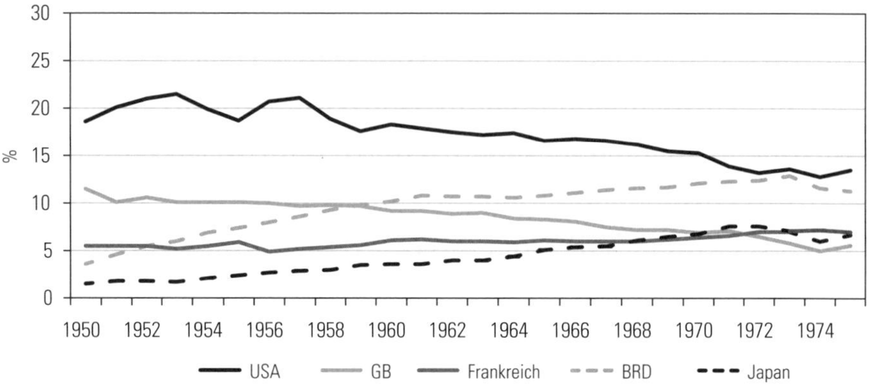

Quelle: Internationaler Währungsfonds

Stelle der EZU wurde die Bank für Internationalen Zahlungsausgleich (BIZ), bei der die Nettopositionen der Mitgliedsländer monatlich beglichen werden mussten; teilweise fungierte die EZU auch als Kreditgeber, so 1950/51 gegenüber der BRD.[16] Mit dem vollzogenen Übergang zur Währungskonvertibilität 1958 wurde die EZU aufgelöst.

Die Kapitalakkumulation in den USA, der BRD, Großbritannien, Frankreich und Japan bis zur Weltwirtschaftskrise 1974/75

Innerhalb des Welthandels dominierten die USA nach dem Zweiten Weltkrieg absolut. Gemessen an den Weltexporten bestritten sie in den 1950er Jahren eine Quote von rund 20%; dies war doppelt so viel wie die der nächstfolgenden Nation Großbritannien, die trotz der fortbestehenden Begünstigung durch Handelsschranken nur auf 10% kam. Wiederum die Hälfte des britischen Anteils konnte Frankreich in diesem Zeitraum auf sich vereinigen (5%), sodass die westlichen Siegermetropolen des Zweiten Weltkriegs in dem dem Krieg folgenden Jahrzehnt mehr als ein Drittel der Weltexporte bestritten. Die BRD holte allerdings in den 1950er Jahren, ausgehend von einem niedrigen Niveau von 3,6% (1950) rasch auf, ein Prozess, der sich im folgenden Jahrzehnt für Japan wiederholte (siehe Abb. 13.1).

Diese ausgeprägte Ungleichverteilung der Welthandelsanteile zwischen den führenden kapitalistischen Weltmarktmetropolen, wie sie sich als Ergebnis langfristiger ökonomischer Entwicklungstendenzen sowie politischer Konstellationen im Anschluss an den Zweiten Weltkrieg ergab, verschaffte dem zyklischen Verlauf der Kapitalakkumulation in den USA den prägenden Einfluss für die Konjunkturen des Weltmarkts. Obgleich das US-Nationalkapital aufgrund seines großen Bin-

[16] Vgl. Emminger 1976: 489.

Tabelle 13.1: Zyklusdatierung des US-Nationalkapitals und des Welthandels (bis 1975)

		USA-Zyklus	Welthandels-Zyklus
I.	Nachkriegszyklus	1950-1954	bis 1952
II.	Nachkriegszyklus	1955-1958	1953-1958
III.	Nachkriegszyklus	1959-1961	1959-1961
IV.	Nachkriegszyklus	1962-1967	1962-1967
V.	Nachkriegszyklus	1968-1970	1968-1971
VI.	Nachkriegszyklus	1971-1975	1972-1975

Tabelle 13.2: Zyklendurchschnittliche Zuwachsraten des USA-Wachstums in den ersten sechs Nachkriegszyklen

		USA	Welthandel
I.	Zyklus	4,7%	7,0%
II.	Zyklus	2,6%	6,5%
III.	Zyklus	3,3%	9,7%
IV.	Zyklus	5,0%	8,5%
V.	Zyklus	2,4%	9,5%
VI.	Zyklus	2,6%	4,5%

nenmarkts nur eine vergleichsweise niedrige Außenhandelsverflechtung aufweist, war die prägende Kraft des USA-Zyklus für die Konjunkturen des Welthandels und in weiterer Instanz für die nationalen industriellen Zyklen der nachgeordneten kapitalistischen Metropolen evident. In der ersten Zeit nach dem Krieg kam die relative Schwäche der westeuropäischen Konkurrenten als weiteres Element hinzu.

Es ergibt sich die in Tabelle 13.1 und Abbildung 13.2 dargestellte Abgrenzung der industriellen Nachkriegszyklen für die Zeit der Rolle des US-Nationalkapitals als Demiurg und Hegemon bis zur Mitte der 1970er Jahre.

Abgesehen vom Ende des I. Zyklus, welcher für die USA erst mit dem Jahr 1954 erreicht ist, ergibt sich eine exakte Synchronität für die zyklischen Periodenwechsel 1958, 1961 und 1967; erst das Ende des V. Nachkriegszyklus durchliefen die USA ein Jahr vor dem Periodenwechsel des Welthandels, aber zu dieser Zeit hatte die prägende Kraft der US-Kapitalakkumulation für den internationalen kapitalistischen Zusammenhang bereits an Intensität verloren.

Die zyklendurchschnittlichen Zuwachsraten des USA-Wachstums und des Welthandels zeigen, nunmehr jeweils preisbereinigt, das in Tabelle 13.2 dargestellte Bild.

Die Differenzen in diesen Zuwachsraten sind augenfällig und dokumentieren die aus dem internationalen Handel sich ergebenden Wachstumsimpulse für die dominierenden Handelsnationen. Obwohl sich anhand des zyklendurchschnittlichen Wachstums für das US-Kapital keine eindeutige Tendenz ergibt, nimmt die Anzahl seiner beschäftigten produktiven Lohnarbeiter als ungefährer Index für die in Bewe-

Abbildung 13.2: Weltmarktzyklus 1945-1975, lfd. Preise; in % ggü. Vj.

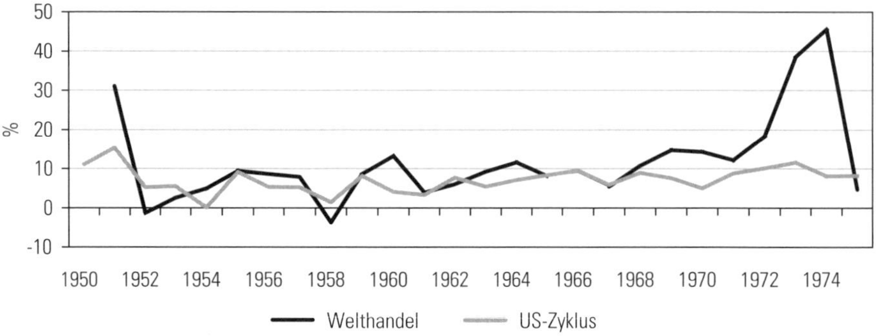

Quelle: United Nations, US Department of Commerce

gung gesetzte produktiv-wertschöpfende Arbeit bis zum Anfang der 1970er Jahre noch zu.[17] Aber der Welthandel entwickelte sich dynamischer als die US-Binnenkonjunktur und amerikanische Produkte beanspruchten seit Ende der 1950er Jahre nur mehr einen progressiv abnehmenden Anteil an den Weltexporten. Die zunächst uneingeschränkte Demiurgen-Rolle des US-Nationalkapitals wird in den 1960er Jahren zunächst kaum merklich, seit Ende der 1960er/Anfang der 1970er Jahre offensichtlicher relativiert.

Die allgemeine Profitrate der US-Kapitalgesellschaften lag im I. und II. Nachkriegszyklus noch auf einem hohem Niveau, auf das sie während der Umstellung des amerikanischen Reproduktionsprozesses auf Kriegswirtschaft und Rüstungsproduktion im Kriegszyklus angestiegen war (vgl. Abbildung 12.10). Aber bereits mit dem III. Nachkriegszyklus (1959-1961) fiel sie deutlich ab und verharrte in der Folgezeit auf niedrigeren Werten (siehe Abb. 13.3). Zum einen dokumentiert dies den »klassischen« Entwicklungsverlauf einer beschleunigten Kapitalakkumulation, zum anderen reflektiert dies den Anstieg der gesamtwirtschaftlichen Lohnquote vom I. bis IV. Zyklus als Indikator einer fallenden allgemeinen Mehrwertrate, die den Profitratenfall verstärkt (siehe Abb. 13.4). Gleichzeitig signalisiert das gesunkene Niveau der amerikanischen Profitrate eine graduelle Abschwächung der US-Kapitalakkumulation ab den 1960er Jahren, die sich auch in der internationalen Konkurrenz geltend macht.

Verglichen mit der amerikanischen verlief die bundesdeutsche und japanische Kapitalakkumulation erheblich dynamischer. Frankreich konnte in Bezug auf die durchschnittlichen Zuwachsraten gut mithalten und nur Großbritannien verlor progressiv sowohl auf internationalen Märkten als auch hinsichtlich seiner binnenwirtschaftlichen Akkumulation. Die zyklendurchschnittlich erreichten Wachstumsraten

[17] Vgl. Projekt Klassenanalyse (PKA) 1976b: 11ff.

Abbildung 13.3: Profitrate der US-Kapitalgesellschaften

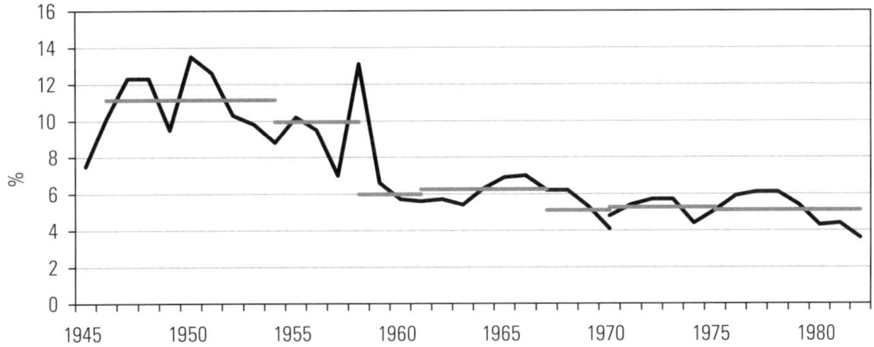

Quelle: eigene Berechnungen auf Basis von Daten des US Census und des Economic Report of the President

Abbildung 13.4: US-Lohnquote

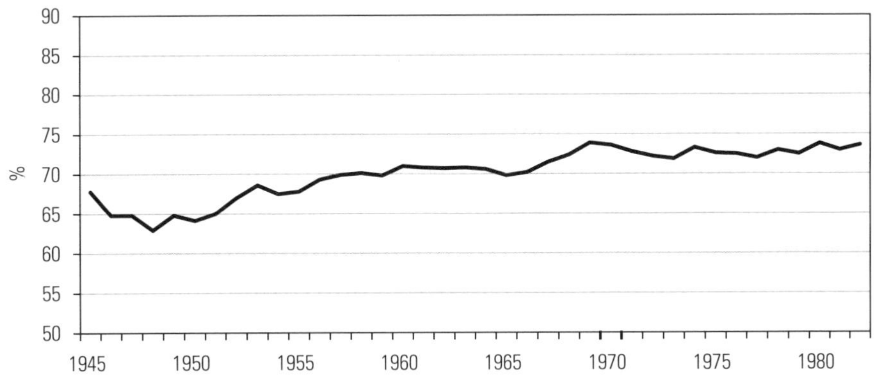

Quellen: US Census, Economic Report of the President

des preisbereinigten Sozialprodukts bei den wichtigsten industriellen Konkurrenten des US-Kapitals sind in Tabelle 13.4 zusammengetragen.

In den 1960er Jahren hatte sich die BRD als westeuropäische Führungsmacht in ökonomischer Hinsicht durchgesetzt, die auch auf dem Weltmarkt progressiv an Boden gewann. Neben dem Umstand des Nachholbedarfs, der für die BRD aufgrund der kriegsbedingten Zerstörungen am größten war, war der Tatbestand der tiefgreifenden gesellschaftlichen Zäsur, d.h. die uneingeschränkte Hegemonie der »produktivistischen Orientierung« des industriellen Kapitals auch bei den subalternen Klassen, ein ausschlaggebender Faktor.

Der Gewinn von Welthandelsanteilen durch das BRD-Kapital ergab sich ab der zweiten Hälfte der 1950er Jahre auch auf Kosten der USA. Abbildung 13.6 dokumentiert die unterschiedliche Entwicklung der Arbeitsproduktivität in den USA

Abbildung 13.5: Konjunkturzyklen in USA, GB, BRD und Japan 1950-1975, jeweils in % ggü. Vj.

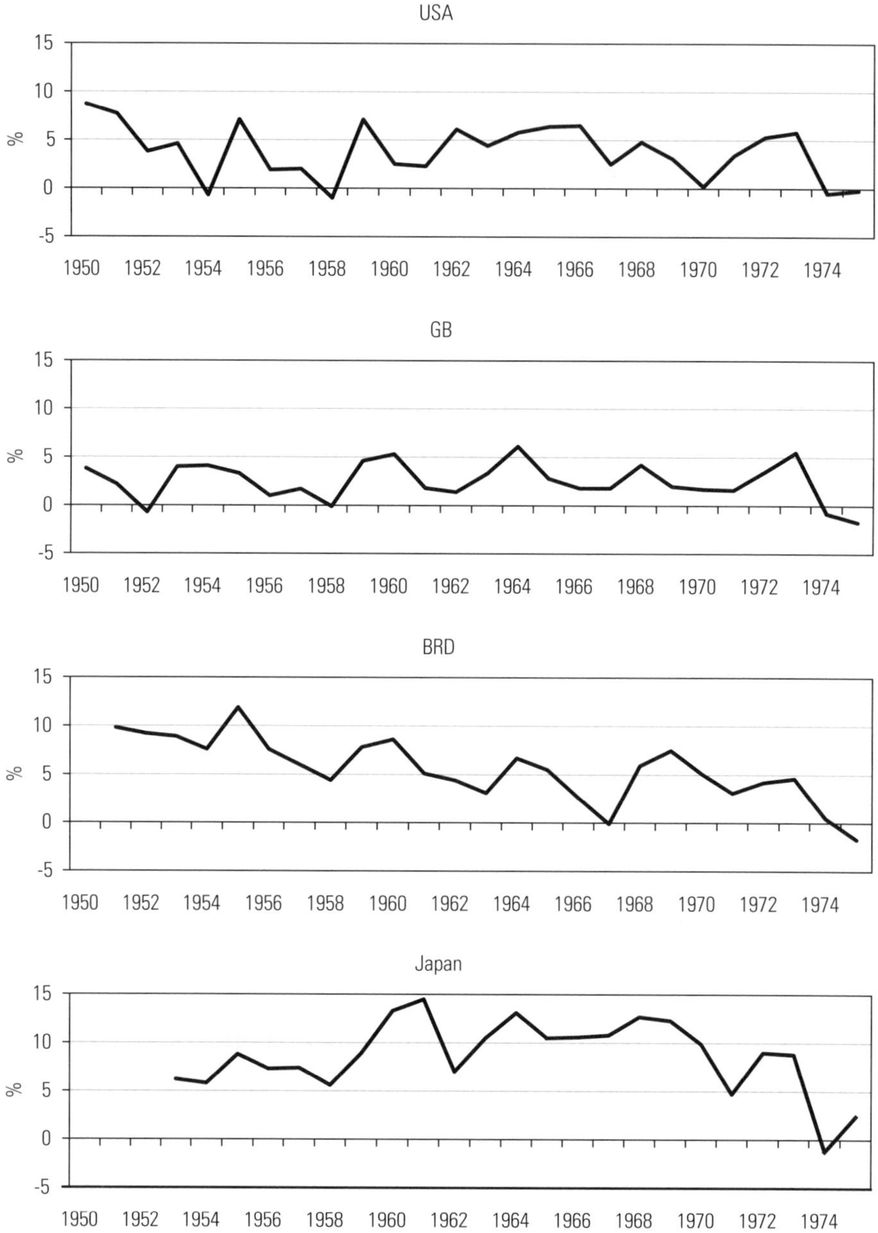

Quellen: US Department of Commerce, IWF, OECD

Tabelle 13.3: Industrielle Zyklen von Großbritannien, der BRD, Frankreichs und Japans (bis 1975)

		GB	BRD	F	Japan
I.	Zyklus	bis 1954	bis 1953	bis 1952	bis 1954
II.	Zyklus	1955-1958	1954-1958	1953-1958	1955-1958
III.	Zyklus	1959-1961	1959-1963	1959-1961	1959-1962
IV.	Zyklus	1962-1967	1964-1967	1962-1967	1963-1966
V.	Zyklus	1968-1970	1968-1971	1968-1971	1967-1971
VI.	Zyklus	1971-1975	1972-1975	1972-1975	1972-1974

Tabelle 13.4: Zyklendurchschnittliche Wachstumsraten des preisbereinigten BIP wichtiger Konkurrenten zu den USA

		GB	BRD	F	Japan
I.	Zyklus	2,3%	8,5%	4,3%	6,0%
II.	Zyklus	2,6%	7,3%	4,5%	7,3%
III.	Zyklus	3,3%	5,6%	6,5%	10,9%
IV.	Zyklus	3,2%	3,7%	5,2%	11,4%
V.	Zyklus	2,6%	5,3%	6,0%	10,2%
VI.	Zyklus	2,0%	1,9%	3,7%	5,5%

Abbildung 13.6: Produktivitätsentwicklung in der US- und BRD-Industrie, 1950 = 100

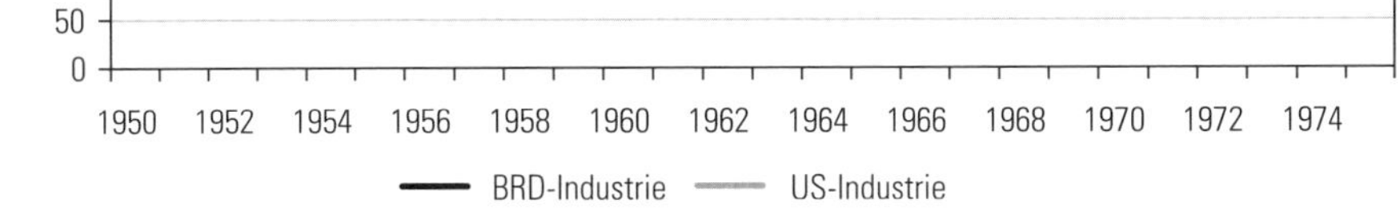

Quellen: Statistisches Bundesamt, Bureau of Statistics

und der BRD. Ohne dass über das Ausgangsniveau in miteinander konkurrierenden Produktionszweigen direkte Aussagen gemacht werden können, spricht doch das unterschiedliche Entwicklungstempo im Betrachtungszeitraum für sich selbst. Daraus ist die Schlussfolgerung zu ziehen, dass die USA sukzessive, und zwar im Zeitablauf zunehmend, die ehemaligen Produktivitäts- und damit Konkurrenzvorteile einbüßen. Der Verlust an Welthandelsanteilen besitzt also fundamentale reproduktive Gründe. Er zeigt sich darüber hinaus in einer stofflichen Umgruppierung der US-Exporte, bei denen die Agrar- und Halbfertigwaren zunehmend gegenüber den industriellen Fertigprodukten an Gewicht gewinnen.

Die Durchschnittsprofitrate des BRD-Kapitals startet im I. Nachkriegszyklus von einem sehr hohen Niveau aus (siehe Abb. 13.7). Es war das Resultat sowohl des durch kriegsbedingte Zerstörungen und Entwertungen vergleichsweise geringen Kapitalbestandes sowie niedriger Löhne und demzufolge einer sehr hohen Mehrwertrate. In der Folgezeit bedingt die dynamische BRD-Kapitalakkumulation zum einen ein rasches Wachstum des Kapitalvorschusses, zum anderen nach Maßgabe der zunehmenden Einrollierung der anfangs arbeitslosen sowie zugewanderten Erwerbspersonen in den Produktionsprozess eine sukzessive Steigerung ihrer Verteilungsposition, d.h. eine Reduzierung der Mehrwertrate von Zyklus zu Zyklus, die nicht nur durch steigende Reallöhne, sondern gleichfalls durch eine kontinuierliche Verkürzung der Arbeitszeiten bedingt ist. Die Entwicklung der allgemeinen Mehrwertrate des BRD-Kapitals (nach sozialstaatlicher Umverteilung)[18] zeigt im III. bis VI. Nachkriegszyklus, d.h. beginnend mit dem Ende der 1950er Jahre bis zur ersten Weltwirtschaftskrise der Nachkriegszeit 1974/75 einen fortgesetzten Rückgang, welcher den Fall der Profitrate verstärkt hat (siehe Abb. 13.8).

Diese Spezifika der BRD-Profitrate – hohes Ausgangsniveau und durch eine sinkende Mehrwertrate verstärkter Profitratenfall – zeigten sich zeitversetzt auch in der japanischen Nachkriegsentwicklung. In Japan vollzog sich die ökonomische Rekonstruktion nach dem Krieg erst beginnend mit Ende der 1950er Jahre. Die Profitrate des japanischen Kapitals blieb bis Anfang der 1970er Jahre, d.h. bis einschließlich des V. Nachkriegszyklus, auf dem hohen Ausgangsniveau und beginnt ihren Fall erst danach (siehe Abb. 13.9). Während für die meisten anderen kapitalistischen Metropolen die Weltwirtschaftskrise 1974/75 bereits das Ende der beschleunigten Akkumulation der Nachkriegszeit markiert, beginnt sich in Japan der Umschwung erst zu Beginn der 1980er Jahre zu vollziehen und ist erst nach mit dem VIII. Nachkriegszyklus, d.h. zu Beginn der 1990er Jahre, vollzogen. Damit trotzte Japan der kapitalistischen Überakkumulation zunächst wegen des späteren Beginns seiner Nachkriegsprosperität, hatte aber danach sofort mit einer länger währenden Deflationsphase, die sich lange nicht überwinden ließ, zu kämpfen.

Die Durchschnittsprofitraten des britischen, französischen und italienischen Kapitals bewegen sich auf leicht unterschiedlichen Niveaus mehr oder weniger ausgeprägt fallend in den drei Nachkriegsjahrzehnten bis zur Mitte der 1970er Jahre (VI. Nachkriegszyklus) (siehe Abb. 13.10).

Dabei weist die Profitrate in Großbritannien den regelmäßigsten Verlauf auf, d.h. kein hohes Ausgangsniveau zu Beginn des Betrachtungszeitraums sowie ein tendenzieller Fall ab dem III. Zyklus. Die Profitrate des französischen Kapitals er-

---

[18] Zur genaueren Analyse der Bestimmungsgründe der BRD-Mehrwertrate auch unter Einbezug der sozialstaatlich vermittelten Umverteilungsprozesse für die produktiven Arbeiter vgl. Krüger 2017a: 391ff.

Abbildung 13.7: Profitrate des BRD-Kapitals

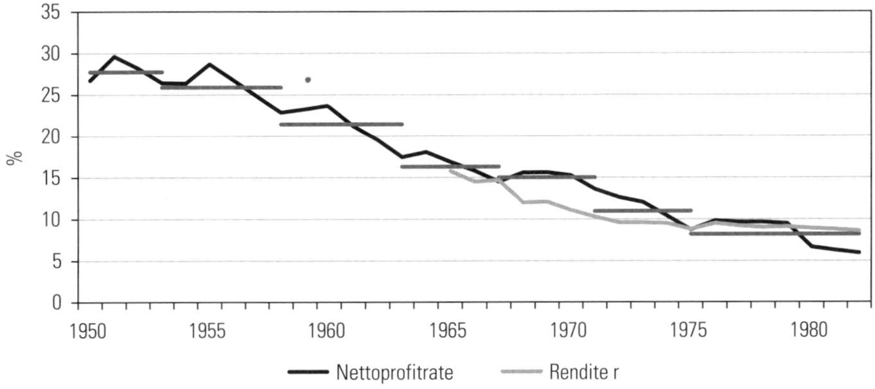

Quellen: Volkswirtschaftliche Gesamtrechnung, BBK-Jahresabschlüsse und eigene Berechnungen

Abbildung 13.8: Entwicklungsverhältnis von allgemeiner Mehrwert- und Profitrate des BRD-Kapitals; 1950 = 100

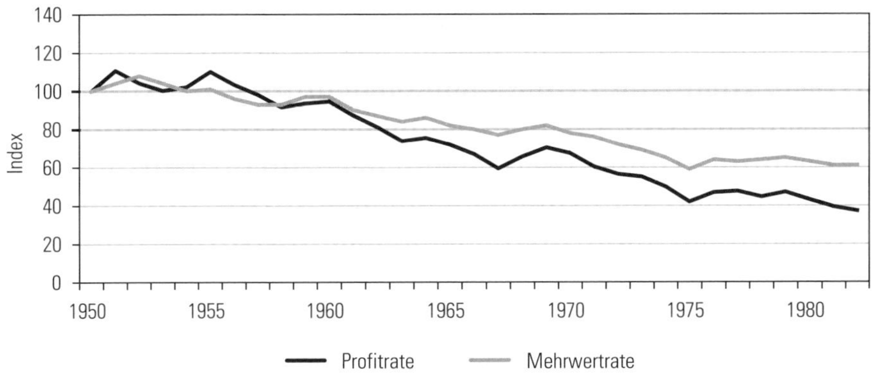

Quelle: eigene Berechnungen

reichte ihr niedriges Prosperitätsniveau bereits mit dem II. Nachkriegszyklus und verharrte in der Folgezeit auf demselben. Das italienische Nachkriegs-Wirtschaftswunder (»miracolo italiano«) begann zeitversetzt erst mit den 1960er Jahren, vergleichbar mit der japanischen Entwicklung.[19]

[19] Die vorliegend nicht ausgewiesene Profitrate des kanadischen Kapitals verharrte seit Anfang der 1960er Jahre unter nur geringen zyklischen Schwankungen auf einem zu den europäischen Metropolen vergleichbaren Niveau und erfuhr erst mit dem VIII. Nachkriegszyklus eine leichte Reduktion.

Abbildung 13.9: Profitrate des japanischen Kapitals

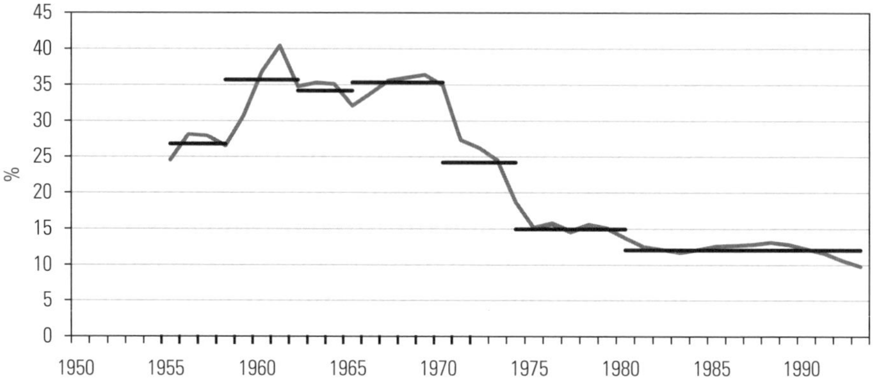

Quelle: National Accounts, eigene Berechnungen

Zusammenfassend lässt sich für die Kapitalakkumulation der Nachkriegszeit in den kapitalistischen Metropolen in Nordamerika und Europa festhalten:

Erstens: Die von der US-Akkumulation angestoßene und angeleitete Epoche einer beschleunigten Kapitalakkumulation auf dem Weltmarkt bezieht alle schon vor dem Zweiten Weltkrieg existenten nationalen Zentren ein. Allerdings ergeben sich erhebliche Wachstumsdifferenzen zwischen den nationalen Reproduktionsprozessen.

Zweitens: Die Bundesrepublik und zeitversetzt Japan vollziehen die dynamischste Entwicklung, jeweils ausgehend von einem durch die Kriegszerstörungen bedingten anfänglich umfassenden wirtschaftlichen Rekonstruktionsprozess mit ebenso neu geschaffenen gesellschaftlichen Strukturen. Dabei besitzt die japanische Kapitalakkumulation mit ihrem beschleunigten Verlauf einen Timelag von rd. zehn Jahren, der sich auch bis zu ihrem Ende durchhält.

Drittens: Die Demiurgenfunktion der US-Kapitalakkumulation für den Weltmarkt beginnt sich bereits in den 1960er Jahren zu relativieren. Die auf deutlich niedrigerem Niveau liegenden Wachstumsraten der US-Binnenwirtschaft führen zu einer allmählichen Einebnung der ursprünglichen Vorsprünge. Die US-Profitrate sinkt im III. Zyklus stark ab und auf dem Weltmarkt verlieren die USA progressiv Marktanteile zugunsten der BRD und Japans. Mitte der 1970er Jahre sind die USA bloß noch ökonomische Hegemonialmacht.

Viertens: Der allmähliche Verlust der Demiurgenfunktion des US-Nationalkapitals wird darüber hinaus sichtbar anhand der im Zeitablauf abnehmenden Fähigkeit, die Ebbe- und Flutperioden des Welthandels zu bestimmen. Während die Periodenwechsel im III. und IV. Zyklus auf dem Weltmarkt eindeutig von der US-Binnenakkumulation reguliert werden, wird der Übergang in den V. Weltmarktzyklus 1971 bereits von den nationalen Periodenwechseln in der BRD und Japans bestimmt, denn beide Nationen zusammengenommen vereinigen mittlerweile ei-

Abbildung 13.10: Profitraten in Großbritannien, Frankreich und Italien

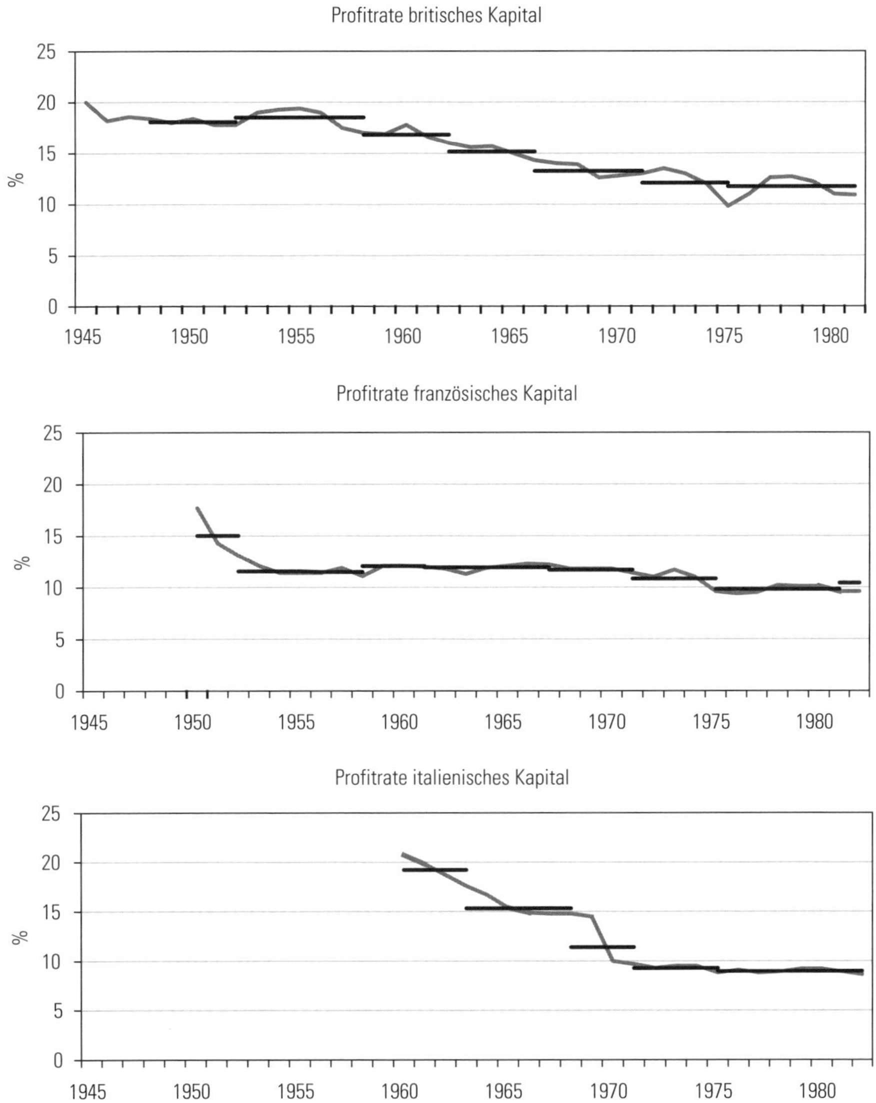

Quellen: Jeweilige National Accounts und eigene Berechnungen nen erheblich größeren Anteil des Welthandels auf sich als die Vereinigten Staaten. Der in den reproduktiven Verhältnissen begründete Verlust der Demiurgenrolle des US-Kapitals vollzieht sich also im Verlauf des V. Nachkriegszyklus auf dem Weltmarkt – eine Zeitperiode, die nicht zufällig auch den Zusammenbruch des Bretton-Woods-Währungssystems bringt. Spätestens seit Mitte der 1970er Jahre existiert in den reproduktiven internationalen ökonomischen Beziehungen kein eindeutiges Weltmarktzentrum mehr, sondern ein Polyzentrismus zwischen den USA, Westeuropa mit der BRD an der Spitze sowie Japan (samt dessen traditionellem Einflussbereich mit den fernöstlichen Schwellenländern Süd-Korea, Taiwan, Hongkong und Singapur).

Fünftens: Die Krise 1974/75, die nahezu synchron in allen kapitalistischen Metropolen hereinbricht, ist zugleich das Ende der langfristigen Epoche beschleunigter Kapitalakkumulation der Nachkriegszeit (mit Ausnahme Japans). Der Abschluss des deutschen Wirtschaftswunders, der französischen »Trente glorieuse« und des »miracolo italiano« läutet zugleich das Ende der Nachkriegsprosperität ein.

Der Auf- und Ausbau bürgerlicher Sozial- und Wohlfahrtsstaaten

Die fordistische Arbeits- und Betriebsweise nach dem Zweiten Weltkrieg in den kapitalistischen Metropolen ist nicht nur durch die immanente Fortentwicklung der genuin kapitalistischen Formen von Produktion und Zirkulation gekennzeichnet, sondern auch und wesentlich durch den Ausbau und die Weiterentwicklung nichtkapitalistischer Vergesellschaftungsformen in Gestalt bürgerlicher Interventions-, Sozial- und Wohlfahrtsstaaten. Sowohl für die substanzielle Fortentwicklung der Einwirkung staatlicher Wirtschaftspolitik auf die naturwüchsigen Gesetzmäßigkeiten der Kapitalakkumulation als auch für die Ausgestaltung der Absicherung sozialer Notlagen der Lohnarbeiterexistenz sowie das Angebot öffentlicher Dienstleistungen sozial-kultureller Art für die Gesamtheit der Staatsbürger steht der mit J.M. Keynes identifizierte Begriff der »Mixed Economy« als staatlich domestizierter Kapitalismus.

Bei aller qualitativen Vielfältigkeit national-spezifischer Ausgestaltungsformen des Interventions- und Sozialstaates sind seine ökonomischen Wirkungen im Wesentlichen nur quantitativ verschieden, insofern in keinem »westlichen« industriell entwickelten Land in der Nachkriegszeit die Dominanz des kapitalistischen Produktionsverhältnisses aufgehoben wurde.

Die weitestgehenden Einhegungen dieses kapitalistischen Produktionsverhältnisses im privatwirtschaftlichen Sektor wurden in Ländern wie Großbritannien und Frankreich bewirkt, die einen Teil ihres gesellschaftlichen Gesamtkapitals in staatliches Eigentum, zumeist als Folgewirkung der Kriegsverhältnisse, überführt hatten. Sofern es sich nicht nur um die bloße Veränderung des Eigentumstitels an den Produktionsmitteln handelte, also die Verwandlung von Privat- in Staatskapital, sondern um interne Veränderungen der Beziehungen zwischen Management und Belegschaft im Hinblick auf die Mitbestimmungsrechte der Letzteren sowie um die Nutzung des staatlichen Wirtschaftssektors für die Planung und bewusste

Steuerung der gesamten Volkswirtschaft, wurde tatsächlich eine Modifikation der naturwüchsigen Marktgesetze der Kapitalakkumulation bewirkt. Allerdings reichte es weder in Frankreich und Großbritannien noch in der BRD mit ihrer nicht am Eigentumstitel ansetzenden, sondern die Mitbestimmungsrechte der Lohnabhängigen über gesetzliche Regulierungen der Betriebs- und Unternehmensverfassung verankernden partiellen De-Kommodifizierung der Wareneigenschaft der Arbeitskraft zur Überschreitung der Systemgrenze. Dazu waren sowohl die Mitwirkungsrechte der Beschäftigten und ihrer gewerkschaftlichen Repräsentanten innerhalb der Betriebe und Unternehmen als auch die planenden Eingriffe öffentlicher Instanzen in die Ausrichtung der gesamtwirtschaftlichen Kapitalakkumulation qualitativ im Hinblick auf proaktive Steuerungsziele und Steuerungsinstrumente beschränkt und quantitativ sowohl im Hinblick auf ihre Reichweite und das Volumen des Mitteleinsatzes nicht ausreichend; vielfach blieb es bei bloßen Reaktionen auf naturwüchsige Resultate der Kapitalakkumulation und ihre nachträgliche sozialverträgliche Ausgestaltung und Absicherung.

Den limitierten Eingriffen in die Produktion und die gesellschaftlichen Produktionsverhältnisse im Rahmen der Mixed Economy entsprachen jedoch weitergehende Modifikationen der Einkommensverteilung und daher der Bedingungen der individuellen Konsumtion. Dies beginnt bei einer progressiven Einkommensbesteuerung und reicht über staatliche monetäre Transfers als Lohnersatzleistungen und die Begünstigung sozialer, insbesondere familiärer Tatbestände der Privathaushalte bis hin zu Realtransfers, also öffentlichen Dienstleistungen, die der Gesamtheit der Nutzer ohne Äquivalent oder gegen nur geringe Gebühren zur Verfügung gestellt werden. In diesem letzteren Fall realisiert der bürgerliche Sozialstaat also bereits punktuell kommunistische Distributionsformen (»jedem nach seinen Bedürfnissen«).

Je höher der Anteil derartiger Sozialtransfers an den gesamten öffentlichen haushaltsreproduktiven Leistungen ist, umso mehr weitet sich der Sozialstaat zum Wohlfahrtsstaat; Letzteres wird zu einem Spezifikum in den skandinavischen Ländern. Bleibt daher die Steuerungskompetenz der staatlichen Wirtschaftspolitik – Finanzpolitik und sektoral/regionale Strukturpolitik neben der Geldpolitik der Zentralbank – beschränkt, so bewirkt die staatliche Umverteilung der Einkommen eine Stabilisierung der konsumtiven Endnachfrage namentlich der Privathaushalte. Sie wirkt über automatische Stabilisatoren abmildernd in zyklischen Abschwüngen und vermittelst diskretionär angelegter Transfers (staatliche Programme) nachfragestützend für regionale oder sektorale Entwicklungen.

Neben der durch die Zentralbank-Geldpolitik hervorgebrachten Stabilisierung der Geldzirkulation ist diese öffentliche Nachfragestützung dafür verantwortlich, dass sich die industriellen Zyklen nach dem Zweiten Weltkrieg in Wachstums- oder Prosperitätszyklen verwandelt haben. Die Verminderung der Verluste zyklischer Abschwünge und Entwertungen von Kapital durch die Stabilisierung der konsumtiven Endnachfrage steigert die zyklendurchschnittlich realisierten Wachstumsraten der gesamtwirtschaftlichen Produktion und bildet den Hintergrund für die seinerzeit bisweilen namentlich von Vertretern der Sozialdemokratie proklamierte Überwindung des Konjunkturzyklus.

Die Sozialstaatskomponente ist im internationalen Vergleich in den USA traditionell am geringsten ausgeprägt. Die im Rahmen des New Deal in den 1930er Jahren durchgesetzten sozialpolitischen Regelungen – »Social Securities Act« mit bundeseinheitlicher Rentenversicherung sowie Arbeitslosenabsicherung und Sozialhilfe auf Ebene der Bundesstaaten – wurden nach dem Zweiten Weltkrieg zunächst nicht weiterentwickelt. Die soziale Absicherung blieb auch mit dem »War on Poverty« unter demokratischer Präsidentschaft (John F. Kennedy und Lyndon B. Johnson) hinter den europäischen Regelungen zurück. Die öffentliche Krankenfürsorge und Krankenversicherung wurden nur für Senioren eingeführt, für die aktiven Lohnabhängigen blieb als kollektive Absicherung im Wesentlichen nur der betriebliche Krankenversicherungsschutz. Insgesamt bilden die US-amerikanischen Sozialstaatsregelungen nur ein unteres Netz, das in etlichen Bereichen über eine Armenfürsorge kaum hinauskommt. Wem dies nicht ausreicht, ist auf private Versicherungssysteme verwiesen; ihre Geldkapitalfonds waren schon immer eine wesentliche Größe für die amerikanischen Finanzmärkte. In diesem Sinne bilden die US-Verhältnisse auch im internationalen Vergleich zwischen den entwickelten kapitalistischen Metropolen in der Phase der Nachkriegsprosperität ein unteres Sozialstaatsniveau.

Im mittleren Bereich stehen, international gesehen, die Sozialstaaten in Großbritannien und in Frankreich sowie der BRD. Alle verfügen über eine soziale Renten-, Arbeitslosen- und Krankenversicherung. In Großbritannien wurde der steuerfinanzierte National Health Service (NHS) 1946 unter der Labour-Regierung von Clemens Attlee eingeführt und galt in den Jahrzehnten nach dem Zweiten Weltkrieg als Paradestück des britischen Sozialstaats. In Frankreich wurde die gesetzliche Sozialversicherung (Sécurité sociale) schrittweise auf- und ausgebaut. Sie deckt die Risiken Krankheit, Alter, Berufsunfälle und -krankheiten, Arbeitslosigkeit sowie auch Familienförderung (aus bevölkerungspolitischen Motiven zur Förderung der demografischen Entwicklung) ab und ist als Umlagesystem, welches durch Anteile der Erwerbseinkommen finanziert wird, im Großen und Ganzen mit dem (west-) deutschen System vergleichbar. Sein Ausbau erfolgte kontinuierlich und besaß seinen Höhepunkt Anfang der 1980er Jahre unter der Präsidentschaft François Mitterrands und der sozialistisch-kommunistischen Regierung.

Der schwedische Wohlfahrtsstaat (auch als »Folkhemmet« bezeichnet) wurde als politisches Projekt ab den 1930er Jahren aufgebaut. In dieser Zeit ist der Begriff eng mit dem sozialdemokratischen Ministerpräsidenten Per Albin Hansson verbunden. Seinen Höhepunkt erreichte er in den 1970er Jahren, als er alle Bürger vom Kleinkind (über die kommunale Kinderfürsorge) bis zum Rentner (über die kommunale Altenfürsorge) erfasste. Er war steuerfinanziert und beruhte auf hohen Steuersätzen, die als Grenzsteuersätze mit bis zu 100% (im Einzelfall sogar darüber) zu einem starken Umverteilungseffekt der Einkommen führten. Neben monetären Transfers waren verschiedene sozial-kulturelle Dienstleistungsangebote des

Staates (Realtransfers) ein Kernstück des skandinavischen Wohlfahrstaates. Die dahinter stehenden gesellschaftspolitischen Grundannahmen wurden als »schwedisches Modell eines Dritten Weges jenseits von Kapitalismus und (realexistierendem) Staats-Sozialismus« bezeichnet und kamen dem »demokratischen Sozialismus« sozialdemokratischer Prägung, welcher die Dominanz kapitalistischer Produktionsverhältnisse unangetastet lässt, am nächsten.

Einen Sonderfall gegenüber den durch öffentlich-staatliche Systeme organisierten Sozialleistungen stellen die Regelungen des japanischen Sozialstaats dar; sie bildeten lange Zeit ein eigenständiges »Modell«. Eine wesentliche Grundlage für die soziale Absicherung der berufstätigen Bevölkerung war ihre Anstellung bei einem japanischen Unternehmen; insbesondere mit Großunternehmen war der japanische Lohnabhängige in den ersten Jahrzehnten nach dem Zweiten Weltkrieg lebenslang fest verbunden. Das Unternehmen sorgte für eine angemessene Rente im Alter und übernahm mitunter sogar die gesamten Kosten für die Krankenversicherung. Dabei fiel dem Staat seit den 1960er Jahren komplementär die Organisation einer Grundsicherung aller Bürger für Rente und Krankheit, allerdings auf einem niedrigen Niveau, zu. Die patriarchalische, unternehmensgebundene Sozialpolitik und staatliche Grundsicherung wurden durch Fürsorgeleistungen des Familienverbundes sowie privat-individuelle Vorsorge ergänzt. Mit dem Eintritt der japanischen Kapitalakkumulation in eine strukturelle Überakkumulation in den 1990er Jahren nahm die lebenslange Fürsorge der Unternehmen für ihre Mitarbeiter mit bis dato nicht gekannten Entlassungen auch bei Großunternehmen Schaden und schuf neue Anforderungen an die staatlichen Sicherungssysteme.

c) Der lange Prozess der Dekolonisierung und die Fortsetzung der Spaltung in Erste und Dritte Welt während der Nachkriegsprosperität

Die Ausgangssituation 1945 und die Dekolonisierung als direktes Resultat des Zweiten Weltkriegs

Die Höherentwicklung der kapitalistischen Produktionsweise durch Überwindung an und für sich dysfunktionaler Regulierungen der Geldzirkulation im Innern der Länder und zwischen den kapitalistischen Metropolen sowie die Ausgestaltung der Distributionsverhältnisse durch den Auf- und Ausbau bürgerlicher Sozial- und Wohlfahrtsstaaten mit stabilisierenden Rückwirkungen auf den Verlauf der Kapitalakkumulation wurde in der Nachkriegsära ergänzt durch die sukzessive Dekolonisierung der unentwickelten Teile der Welt, die diesen Ländern staatliche Unabhängigkeit und formelle Selbstbestimmung brachte. Somit entledigte sich der Kapitalismus auch in der internationalen Sphäre den Formen direkter Unterdrückung und überwand auf den ersten Blick auch die hässlichen Merkmale der imperialistischen Aufteilung der Welt zwischen einer kleinen Gruppe von entwickelten Ländern, die zwei verheerende Kriege untereinander geführt und »ihre« Kolonien in ihre Auseinandersetzungen einbezogen hatten.

Abbildung 13.11: Kolonialmächte und Kolonialgebiete 1945

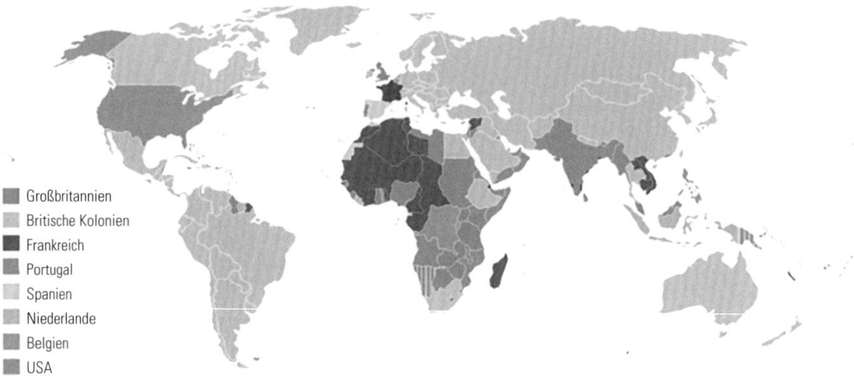

Quelle: Wikipedia

Das Ende des Zweiten Weltkriegs war Aufbruch und Fortsetzung eines teilweise bereits in der Zwischenkriegszeit begonnenen Prozesses der Dekolonisierung, der sich sodann bis in die 1980er Jahre erstreckte. Nachdem das Deutsche Reich als Kriegsverlierer seine kolonialen Besitzungen bereits nach dem Ersten Weltkrieg verloren hatte, ereilten Japan nach seiner bedingungslosen Kapitulation im Gefolge der Atombombenabwürfe der USA sowie Italien als Kriegsverlierer das gleiche Schicksal. Italien verlor seine Kolonien Libyen und Abessinien (Äthiopien) in Afrika; Libyen kam bis 1949 unter britische und französische Verwaltung. Die japanische Kolonie Formosa (Taiwan) konnte als Teil Chinas bzw. 1949 als spätere Republik China, die zum Rückzugsort der Kuomintang als unterlegene Bürgerkriegspartei gegenüber der siegreichen Volksbefreiungsarmee der chinesischen Kommunisten unter Mao Zedong geworden war, die japanische Fremdherrschaft überwinden.

Die Kolonie Chosen (Korea) wurde nach Kriegsende zunächst unter sowjetische Verwaltung im Norden und amerikanische Verwaltung im Süden gestellt. Der 1950 ausbrechende Koreakrieg zwischen der mittlerweile gegründeten Demokratischen Volksrepublik Korea (DVRK) und der Republik Korea (Südkorea) gründete auf dem Alleinvertretungsanspruch der beiden Korea-Staaten sowie dem Systemgegensatz zwischen den USA sowie der Sowjetunion und der VR China, die jeweils eine der Kriegsparteien unterstützten. Der Krieg endete nach wechselvollem Verlauf territorial in etwa da, wo er begonnen hatte, nämlich am 38. Breitengrad mit einem Waffenstillstand, dem bis heute kein Friedensvertrag nachgefolgt ist.

Nach Kriegsende bestanden die Kolonialreiche von Großbritannien, Frankreich, den Niederlanden sowie Portugal und Spanien zunächst fort (siehe Abb. 13.11). Demgegenüber hatten die USA die Philippinen, die als »Commonwealth der Philippinen« einen halbautonomen Status nach ihrem kolonialen Dasein im Ergebnis des spanisch-amerikanischen und des philippinisch-amerikanischen Krieges gegen Ende des 19. Jahrhunderts besaßen, im Zuge des Zweiten Weltkriegs aus japanischer Besatzung befreit. 1946 wurden die Philippinen formal in die Unabhängigkeit entlassen, wobei sich die USA für die Dauer von 99 Jahren die Hoheitsrechte über Militärstützpunkte auf den Inseln sicherten.

Dekolonisierung in Asien (Indien und Fernost)

In dem dem Kriegsende folgenden Jahrzehnt konzentrierte sich die Auflösung der Kolonialreiche zunächst schwerpunktmäßig auf Asien (siehe Abb. 13.12). Dabei ist zwischen der Dekolonisierung der von Großbritannien beherrschten Gebiete auf dem indischen Subkontinent sowie von Burma einerseits und den Unabhängigkeitskriegen in Südostasien andererseits zu unterscheiden. Die Entlassung von Britisch-Indien in die staatliche Unabhängigkeit vollzog sich im Ergebnis der vom Indischen Nationalkongress (INC) unter Mahatma Gandhi sowie seinem Nachfolger Jawaharlal Nehru angeführten Befreiungsbewegung sowie der deutlich gewordenen Überforderung der britischen Kolonialmacht in wirtschaftlicher und politischer Hinsicht im Jahr 1947. Sie ging einher mit der staatlichen Aufspaltung in Indien und Pakistan, die weitgehend entlang der ethnisch-religiösen Trennung zwischen Hindus und Muslimen verlief und die Fürstentümer regionaler Maharadschas einbezog. 1948 folgte die Unabhängigkeit Burmas (heute: Myanmar) sowie Ceylons (heute: Sri Lanka).

Gegenüber der Dekolonisierung Indiens, die neben durchaus vorkommenden gewaltvollen Akten stark durch den sprichwörtlichen gewaltlosen Widerstands Gandhis geprägt war, verlief die Entwicklung in Indonesien und Indochina sehr viel kriegerischer. Ausschlaggebend dafür war der Umstand, dass die nationalen Befreiungsbewegungen in diesen Gebieten vielfach durch kommunistische Parteien und deren bewaffnete Abteilungen geführt wurden und damit durch den sich entwickelnden Kalten Krieg und den durch USA sowie Sowjetunion (und VR China nach 1949) geprägten Systemgegensatz zwischen Kapitalismus und Sozialismus bestimmt wurden. Dies war zum einen im späteren Indonesien (Sumatra, Java, Borneo etc.), das unter holländischer Herrschaft stand, der Fall; in Indonesien kam es vier Jahre lang zu einer militärischen und diplomatischen Auseinandersetzung mit den Niederlanden, bevor diese im Dezember 1949 Niederländisch-Indien in die Unabhängigkeit entließen. Zum anderen war dies auch in Vietnam, Laos und Kambodscha der Fall, die alle unter französischer Kolonialherrschaft standen. Schließlich war auch die Unabhängigkeitsbewegung auf den Philippinen, die sich gegen die USA richtete, ebenfalls durch die kommunistischen Hukbalahap (HUK) geprägt. Die USA verstanden sich als selbsternannter Retter und Verteidiger der »westlichen Werte« und intervenierten verdeckt oder offen in die Auseinandersetzungen zwischen den Kolonialmächten und den Befreiungsbewegungen. Dies ging bis zur Übernahme der Rolle der alten Kolonialmacht Frankreich als direkte Kriegspartei im Krieg gegen den Viet Minh unter Hồ Chi Minh in Vietnam und darüber hinaus in Laos und Kambodscha.

Abbildung 13.12: Dekolonisierung Asiens 1945-1975

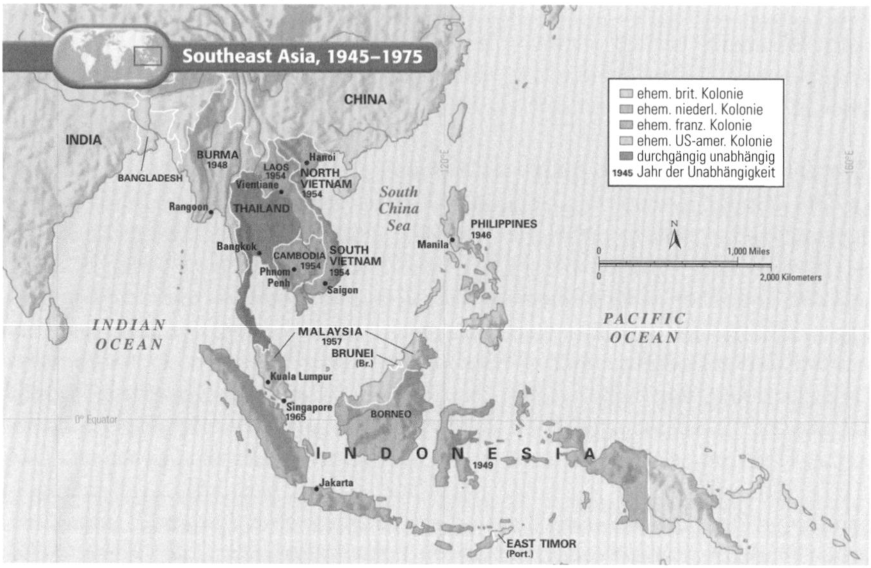

Quelle: https://sites.google.com/site/mbhsh1/_/rsrc/1425648464641/map-of-asia-decolonization/Screen%20 Shot%202015-03-06%20at%208.26.19%20AM.png

Hồ Chi Minh hatte als Führer der Viet Minh nach der erfolgreichen Augustrevolution am 2. September 1945 unmittelbar nach Unterzeichnung der Kapitulation des japanischen Kaiserreichs die Demokratische Republik Vietnam (DRV) als unabhängigen Staat in ganz Vietnam ausgerufen und sich dabei auf die Unabhängigkeitserklärung der USA von 1776 gestützt. Vietnam war damit nach Indonesien die zweite unabhängige Republik Südostasiens. Trotz eines Friedensvertrages mit den Viet Minh erzwangen die Franzosen am 23. September 1945 jedoch die Wiedererrichtung ihres kolonialen Regimes in Südvietnam. Der Versuch Frankreichs, sich auch das inzwischen unabhängige Nordvietnam wieder botmäßig zu machen, führte 1946 zum Ausbruch des Indochinakrieges. Er wurde zunächst zwischen der französischen Kolonialmacht und den Viet Minh, die ihre Basis in Nord-Vietnam hatten, geführt. In Südvietnam wurde eine antikommunistische Marionettenregierung der Kolonialmacht unter Ngô Đình Diệm eingesetzt, die 1956 mit amerikanischer Rückendeckung die im Genfer Abkommen vorgeschriebenen gesamtvietnamesischen Wahlen, auf die eine Wiedervereinigung mit Nordvietnam folgen sollte, verweigerte. Stattdessen ließ Diệm Wahlen für eine Verfassunggebende Nationalversammlung durchführen, die er gegen mehrere Oppositionsparteien mit großer Mehrheit gewann. Mit dieser Wahl wurde die im Jahr zuvor proklamierte Eigenstaatlichkeit Südvietnams bestätigt. Diệm und die USA lehnten alle Forderungen Nordvietnams nach Wiedervereinigung strikt ab.

Die von den Viet Minh durchgeführten Landreformen wurden in Südvietnam zurückgenommen. Die südvietnamesische Regierung versuchte mit Fünfjahresplänen einen wirtschaftlichen Wiederaufbau in Gang zu bringen. Erschwerendes Hindernis war dabei der hohe Anteil an ausländischem Privatbesitz, wie beispielsweise im Anbau von Kautschuk. Dessen Erträge blieben nicht im Land, sondern gingen vorwiegend nach Frankreich. Die USA unterstützten Diệms Ziel, einen unabhängigen und souveränen Staat aufzubauen. Die amerikanische Wirtschafts- und Militärhilfe erreichte bis 1960 einen Wert von rund drei Milliarden Dollar. Jedoch war die Regierung Diệms unpopulär, Studenten und Buddhisten protestierten gegen die Regierungspolitik. Bis 1960 versank Südvietnam immer mehr in Korruption und Chaos. Am 2. November 1963 wurde Diệm ermordet. Darauf folgten mehrere kurzlebige Regierungen, bis eine von den USA protegierte Militärjunta die Regierungsgewalt übernahm.

Am 30. Juli 1964 fingierten die USA einen Zwischenfall im Golf von Tonkin. Nachdem bisher unter Präsident Kennedy nur sogenannte Militärberater der USA in Vietnam stationiert waren, nahmen die USA diesen Zwischenfall nunmehr zum Anlass für eine massive militärische Aufrüstung. Zu dieser Zeit gingen sie davon aus, dass durch Infiltration nordvietnamesischer, also kommunistischer Kräfte das westlich orientierte Südvietnam umkippen und ebenfalls kommunistisch werden könnte. Der weitere Verlauf ist allgemein bekannt: Nach exzessiven kriegerischen Auseinandersetzungen, in denen die USA Napalm und andere Massenvernichtungswaffen einsetzten, mussten sie am 28. Januar 1973 einen Waffenstillstand vereinbaren, der zwischen Henry Kissinger und Lê Đức Thọ, dem Nachfolger von Hồ Chí Minh, abgeschlossen wurde. Damit endete die direkte Kriegsbeteiligung der USA, die Waffenlieferungen an Südvietnam gingen jedoch weiter. Die Nordvietnamesen setzten den Kampf gegen Südvietnam fort und ihre Volksbefreiungsarmee erzielte fortlaufend Geländegewinne in Südvietnam. Am 21. April 1975 stand Saigon vor dem Fall und die letzten verbliebenen Vertreter der USA wurden evakuiert. Am 30. April wurde Saigon (heute: Hồ Chi Minh-Stadt) eingenommen, Südvietnam kapitulierte bedingungslos. Der Vietnamkrieg war damit zu Ende und Vietnam wurde unter Führung des siegreichen Nordvietnams wiedervereinigt.

Die zwischenzeitliche Ausweitung des Vietnamkrieges auf die Nachbarstaaten Laos und Kambodscha, die sich mit internen Auseinandersetzungen zwischen rechtsgerichteten Regimen und ursprünglich Viet Minh-orientierten Befreiungskräften verband, führte 1975 in Kambodscha zur Machtübernahme der Roten Khmer und zum Versuch des Aufbaus eines »urkommunistischen« Bauernstaates, der zu einem Zivilisationsbruch mit gewaltigen Opfern an Menschen führte. 1979 wurde mit Unterstützung Vietnams dieser Irrweg für das kambodschanische Volk beendet. In Laos, wie Kambodscha und Vietnam ebenfalls ursprünglich französische Kolonie, deren Status nach der japanischen Besatzung im Zweiten Weltkrieg nach dessen Ende wiederhergestellt worden war und das ebenso wie Kambodscha in den Vietnamkrieg hineingezogen wurde, übernahmen nach dem Ende des Vietnamkrieges die kommunistisch geprägten Kräfte des Pathet Lao durch eine im Vergleich zum Geschehen im Nachbarland Kambodscha unblutige Revolution im Jahre 1975 die Macht und proklamierten am 2. Dezember 1975 die Demokratische Volksrepublik Laos. Die Laotische Revolutionäre Volkspartei wurde zur regierenden Partei des Landes bestimmt. Vergleichbar zur wirtschaftlichen Umgestaltung in der DRV wird auch in Kambodscha und Laos eine Transformation zu einer sozialistischen Marktwirtschaft nach dem Vorbild der VR China betrieben.

Naher Osten (Arabien)

Die Entwicklung im Nahen Osten war durch den Zerfall des Osmanischen Reiches geprägt. Sie geht zurück auf den Ersten Weltkrieg und die seinerzeit rivalisierenden Großmächte Großbritannien, Frankreich, Russland und Deutschland. Dabei fielen Russland durch die antikoloniale Position der Sowjetunion nach 1917 und das Deutsche Reich als Verlierer des Ersten Weltkriegs nach 1918 aus; es verbleiben Großbritannien und Frankreich. Auf der anderen Seite stellten nur der Nachfahre des Osmanischen Reiches, die Türkei Atatürks, sowie die Königreiche Persien, Ägypten sowie Saudi-Arabien die Akteure dar, die auf der einen Seite jeweils ein namhaftes Territorium sowie eine – mit Ausnahme Arabiens – größere Bevölkerung repräsentierten, wenngleich sie als Protektorate unter fremdem Einfluss standen oder wie die Türkei mit den langen Nachwirkungen des Niedergangs des Osmanischen Reiches – Staatsbankrott von 1876 und der nachfolgenden verfestigten wirtschaftlichen Subalternität gegenüber den europäischen Mächten – zu kämpfen hatten. Das Territorium zwischen diesen vier Gebilden, d.h. die Levante und das Zweistromland, wurde durch Briten und Franzosen im Sykes-Picot-Abkommen eigenmächtig und ohne Konsultation der betroffenen Bevölkerung sowie ohne jegliche Berücksichtigung ethnisch-religiöser Unterschiede so aufgeteilt, dass die Gebiete im Norden an Frankreich und die im Süden an die Briten fielen.[20] Frankreich teilte das ihm zufallende Mandatsgebiet in die Staaten Libanon und Syrien auf; Großbritannien übernahm das Mandat über Mesopotamien, dem es später den Namen Irak gab und verleibte sich zuvor noch die ölreiche Provinz Mossul ein. Zwischen Syrien, dem Irak und ihrem Mandatsgebiet Palästina richteten die beiden Mächte einen Pufferstaat namens »Transjordanien« ein.

Zu den Mandatsbedingungen gehörte, dass die Briten die Verwirklichung der »Balfour-Deklaration« ermöglichen sollten, in der sie am 2. November 1917 die »Gründung einer nationalen Heimstätte für das jüdische Volk in Palästina« versprochen hatten, die aber die Rechte bestehender nichtjüdischer Gemeinschaften in Palästina nicht beeinträchtigen sollte. Die Mandatsmacht war aufgefordert, die jüdische Einwanderung zu ermöglichen, diese jüdischen Einwanderer geschlossen anzusiedeln und hierfür auch das ehemalige osmanische Staatsland zu verwenden. Im Juli 1922 teilten die Briten Palästina in zwei Verwaltungsbezirke, Palästina und

[20] Bezeichnend und selbstentlarvend ist der Ausspruch von Sir Mark Sykes: »Ich würde eine Linie ziehen, die vom ›e‹ in Acre (Akko) bis zum letzten ›k‹ in Kirkuk reicht«, als er den Pakt Ende 1916 am Kartentisch in Downing Street Nr. 10 erläuterte.

Transjordanien, das etwa dreiviertel des Mandatsgebietes umfasste. Im Jahr 1946 wurde Transjordanien unabhängig. Am 29. November 1947 stimmte die Generalversammlung der Vereinten Nationen mit Zweidrittelmehrheit und unter Einbezug aller Großmächte für den UN-Teilungsplan für Palästina, der das Gebiet in einen jüdischen und einen arabischen Staat einteilte, wobei der Großraum Jerusalem als »Corpus separatum« unter internationale Kontrolle gestellt werden sollte. Die Araber allerdings lehnten den Plan ab. Die Gründung des Staates Israel erfolgte am 14. Mai 1948 und wurde sofort von den USA und zwei Tage später von der Sowjetunion anerkannt.

Noch in der Gründungsnacht erklärten Ägypten, Saudi-Arabien, Transjordanien, der Libanon, der Irak und Syrien dem neuen Staat den Krieg. Es folgte der Israelische Unabhängigkeitskrieg (Erster Arabisch-Israelischer-Krieg), der von Mai 1948 bis Januar 1949 dauerte und der Israel gegenüber dem Teilungsplan erhebliche Gebietsgewinne – vor allem im westlichen Galiläa um Akko und im nördlichen Negev – brachte. 1949 wurde mit den arabischen Angreifern jeweils ein Waffenstillstandsabkommen unterzeichnet. In der Folgezeit kam es mehrmals zu Kriegen zwischen Israel und arabischen Staaten, so zum »Sechstagekrieg« 1967 und zum »Jom-Kippur-Krieg« 1973. Die Nichtanerkennung des Staates Israel durch die Palästinenser und eine sich bis in die Gegenwart steigernde starre Haltung der israelischen Regierungen gegenüber einer Zwei-Staaten-Lösung sowie eine aggressive Siedlungspolitik in besetzten Gebieten, die das Territorium für einen souveränen Palästinenser-Staat sein sollen, führten mehrfach zur palästinensischen »Intifada« und bilden auch aktuell einen politischen Brennpunkt, der das Potenzial besitzt, nicht nur die Regionalmächte Iran, Türkei und Saudi-Arabien in einen Krieg mit Israel, sondern auch die Großmächte USA und Russland in unkontrollierbare kriegerische Explosionen hineinzuziehen.

Dekolonisierung Afrikas

Gegenüber der Dekolonisierung Asiens und der Bildung selbständiger Staaten im Nahen Osten erfolgte die Überwindung der Kolonialherrschaft für die meisten Territorien in Afrika erst ab Ende der 1950er Jahre (siehe Abb. 13.13). Vorher erreichten nur die Südafrikanische Union 1910 die Unabhängigkeit von Großbritannien sowie Ägypten seit der Republikgründung 1952 und die ehemaligen italienischen Kolonien Äthiopien 1941 und Libyen 1951 ihre formelle Unabhängigkeit. 1956 folgten der Sudan sowie Marokko und Tunesien und 1957 Ghana. Danach überschlugen sich die Ereignisse und 1958 bzw. 1960 entstanden 18 neue Staaten: Guinea, Kamerun, Kongo-Brazzaville, Elfenbeinküste, Dahomey (heute: Benin), Gabun, Obervolta (heute: Burkina Faso), Madagaskar, Mali, Mauretanien, Niger, Nigeria, Zentralafrikanische Republik, Senegal, Somalia, Tschad und Togo. Am 30. Juni 1960 erklärte Belgisch-Kongo ebenfalls seine Unabhängigkeit; die ehemalige belgische Kolonie wurde damit zu Zaire (heute: Demokratische Republik Kongo). Im Verlauf der 1960er Jahre folgten Sierra Leone, Tanganjika (heute: Tansania), Algerien, Uganda, Ruanda, Burundi, Kenia, Sansibar (1964 mit Tanganjika

Abbildung 13.13: Dekolonisierung Afrikas

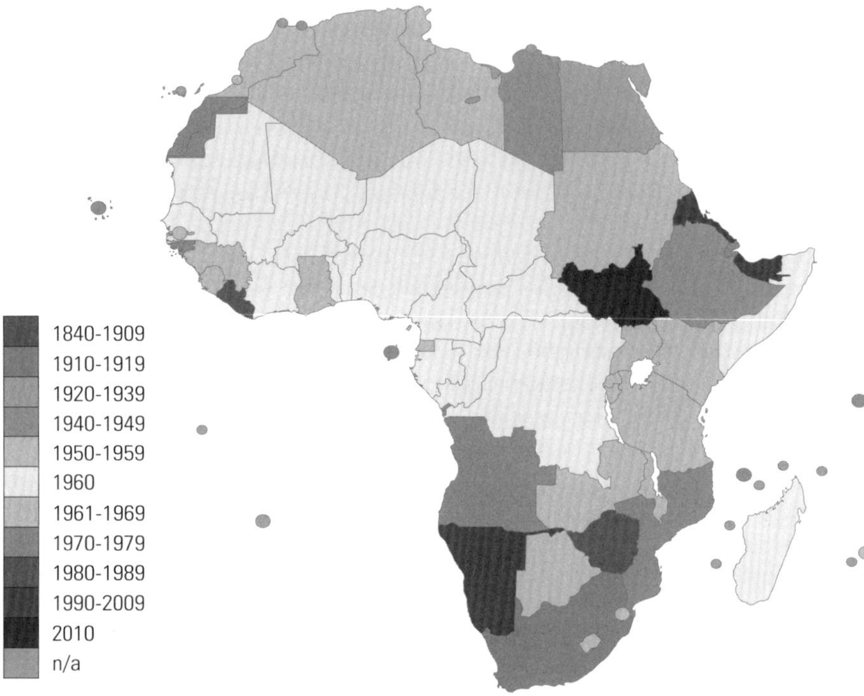

Quelle: Wikipedia

als Tansania vereinigt), Sambia, Malawi, Gambia, Botswana, Lesotho, Swasiland, Äquatorialguinea und Mauritius. Damit waren die Kolonialreiche Großbritanniens (mit Ausnahme von Rhodesien bzw. Simbabwe) und Frankreichs sowie Belgiens aufgelöst. In den meisten Fällen vollzog sich die Dekolonisierung vergleichsweise friedlich, weil die Kolonien in vielen Fällen ein ökonomisches Zuschussgeschäft geworden waren und die »Mutterländer« sich diese Kostgänger nicht länger halten wollten. Eine der Ausnahmen bildet die Sezession Algeriens, das ursprünglich eng an Frankreich angebunden bleiben sollte und erst nach einem mehrjährigen Unterabhängigkeitskampf der Algerischen Befreiungsfront FNL, der sich zu einem regelrechten Algerienkrieg auswuchs und nachfolgend das französische Kernland in Mitleidenschaft zog, seine staatliche Souveränität erlangte.

In den 1970er Jahren blieben danach nur noch die portugiesischen Besitzungen und das spanische Westsahara – neben den bis auf den heutigen Tag bestehenden Exklaven Ceuta und Melilla – übrig. Während Westsahara kurz vor dem Tod des spanischen Diktators Franco abgestoßen und später von Marokko annektiert wurde, verteidigte das portugiesische Salazar-Regime seine Afrika-Kolonien in heftigen Kämpfen mit den nationalen Befreiungsbewegungen, obwohl diese Kämpfe einen Großteil des portugiesischen Staatshaushalts auffraßen. Guinea-Bissau, Angola, Mosambik sowie die Kap Verden und Komoran, São Tomé und Príncipe wurden erst im Gefolge der sog. Nelken-Revolution in Portugal nach 1974, die zum Sturz der Diktatur führte, unabhängig. In den 1970er Jahren hatten dann nur noch die Seychellen, Dschibuti sowie 1980 Simbabwe ihren Kolonialstatus zu überwinden; die Sezessionen von Eritrea 1993 von Äthiopien und Südsudan 2011 von Sudan fallen dann schon nicht mehr unter die Auflösung ehemaliger Kolonialreiche.

Dekolonisierung zwischen politischer Emanzipation und Reproduktion von Unterentwicklung

Die Dekolonisierung nach dem Zweiten Weltkrieg, obwohl sie nach einer Seite hin die Fortsetzung eines bereits in der Zwischenkriegszeit begonnenen Prozesses darstellte, war auf der anderen Seite eine Neuordnung der Welt, die die Mehrheit der damaligen Erdbevölkerung umfasste. Vor dem Hintergrund einer zunehmenden Unrentabilität der Unterhaltung der administrativ-staatlichen Strukturen in den Kolonien sowie der direkten und indirekten Kosten des Kampfes gegen nationale Unabhängigkeitsbewegungen setzte auch in den alten Kolonialmächten zunehmend ein Umdenken ein. Einzelne Ereignisse wie die Suezkrise des Jahres 1956 machten die Ohnmacht geschwächter europäischer Mächte vor dem Hintergrund des nunmehr bestehenden Kalten Krieges zwischen den Supermächten USA und Sowjetunion offenbar.[21]

Der dem Kalten Krieg unterliegende Systemgegensatz zwischen Kapitalismus und Sozialismus sowie die geschwundene ökonomische Potenz der Kolonialmächte Großbritannien und Frankreich sowie, in weiterer Instanz Niederlande, Belgien, Portugal und Spanien, die allesamt den Status nachgeordneter Mächte in der Weltpolitik eingenommen hatten, unterliegen dem berühmten Ausspruch des britischen Premierministers Harold Macmillan 1960 in seiner viel beachteten Rede in Kapstadt: *»The wind of change is blowing through this continent, and whether we like it or not, this growth of national consciousness is a political fact.«* Macmillans Statement wurde von den Wortführern antikolonialer Bewegungen weitgehend als Zusage gelesen, nationalen Autonomieforderungen künftig nicht mehr entgegentreten zu wollen. Zu Beginn der 1960er Jahre hatte sich das internationale Kräfteverhältnis neu justiert. Dies lässt sich nicht zuletzt an einer Positionierung der UNO – der nun bereits eine ganze Reihe in die Unabhängigkeit entlassener ehemaliger Kolonien angehörten – zur Frage kolonialer Herrschaft ablesen. In der vielzitierten Resolution 1514 aus dem Jahr 1960 bekannte die Generalversammlung der Vereinten Nationen, sie sei überzeugt, dass *»das Fortbestehen des Kolonialismus die Entwicklung der internationalen wirtschaftlichen Zusammenarbeit behindert, die so-*

---

[21] Großbritannien und Frankreich, die Luftlandetruppen nach Ägypten entsandt hatten, um den vom ägyptischen Präsidenten Nasser verstaatlichten Suezkanal zurückzuerobern, wurden durch massive Drohungen der beiden Supermächte USA und Sowjetunion dazu gezwungen, ihre militärische Operation abzubrechen.

ziale, kulturelle und wirtschaftliche Entwicklung der abhängigen Völker hemmt und dem Ideal … von einem weltweiten Frieden entgegenwirkt«. Diejenigen Länder, die sich weiterhin an alle oder zumindest einige koloniale Besitzungen klammerten oder sie kurzerhand zu integralen Bestandteilen des »Mutterlandes« erklärten wie namentlich Frankreich (im Falle Algeriens) und Portugal, führten einen letztlich aussichtslosen Kampf gegen eine weltwirtschaftliche und weltpolitische übergreifende Entwicklung, den sie nicht gewinnen konnten.

Das Heranreifen revolutionärer Situationen, wenn die »oben« nicht mehr können und die »unten« nicht mehr wollen, charakterisierte die nationalen Unabhängigkeitsbewegungen und -kämpfe, die zuvorderst die Überwindung der Fremdherrschaft und Errichtung eines souveränen Staatswesens zum Ziel hatten. Vielfach war der Kampf um nationale Unabhängigkeit auch mit sozialistischen Orientierungen verbunden und damit in den weltweiten Systemgegensatz einbezogen. Die Ausgangsbedingungen in den ehemaligen Kolonien erlaubten aber nur in seltenen Fällen, teilweise unter Rückgriff auf theoretisch-konzeptionelle Entwürfe von Marx in seinen Entwürfen zu dem Sassulitisch-Brief,[22] Lenins Überlegungen zu schwächsten Kettengliedern in der Weltpolitik[23] sowie den Mao Zedong-Ideen für eine Bauernrevolution mit sozialistischer Perspektive,[24] die Entwicklung einer kohärenten und erfolgreichen Strategie mit dem Ziel einer Errichtung des Sozialismus aus unentwickelten, vorkapitalistischen Verhältnissen. Was sich teilweise nach außen hin als sozialistische Parteien und Bewegungen präsentierte, die nach erfolgreichem Unabhängigkeitskampf die Regierung stellten und sich am sozialistischen Weltsystem, d.h. vornehmlich an der Sowjetunion orientierten, war z.B. als »arabischer Sozialismus« bei Licht gesehen alles andere als die schrittweise Errichtung der sozialen Emanzipation der Bevölkerung in den ehemaligen Kolonien. Wiewohl die Erreichung der staatlichen Unabhängigkeit eine wesentliche Bedingung für diese soziale Emanzipation darstellt, war in den meisten Fällen eine sozialistische Befreiungsbewegung nur dadurch erfolgreich, dass sie nationale Ziele proklamierte und verfolgte – es blieb dann zumeist auch bei einer formalen politischen Emanzipation, der keine soziale oder gar sozialistische Emanzipation nachfolgte. Die Ausnahmen von dieser Regel sind mit der VR China, DR Vietnam und Kuba an einer Hand abzuzählen, zudem nur nach mehr oder weniger schmerzhafter Überwindung der Irrwege eines administrativ-bürokratischen Realsozialismus.

Das ungelöste analytische Problem und die darauf fußende unzureichende Konzeption eines Sozialismus unter weitgehend vorkapitalistischen Verhältnissen mit fehlender bürgerlicher Gesellschaft bestand in der falschen Bewertung des Hybridcharakters von Wirtschaft und Gesellschaft der nun zu staatlicher Selbständigkeit gelangten ehemaligen Kolonien. Der große und zum Teil dominierende Anteil traditioneller, auf ethnische und Stammesverhältnisse zurückgehende und oftmals in

[22] Vgl. MEW 19: 242ff., 384ff. sowie unsere Ausführungen im 10. Kapitel.
[23] Vgl. LW 9 und 22.
[24] Vgl. Mao Zedong 1968 und 1976.

religiösen Formen ausgedrückte oder durch diese überlagerte Gegensätze wurde in der Regel nicht als entwicklungsfähiger Nukleus für die Zukunft identifiziert oder anerkannt. Zwar wurde oftmals eine Landreform durchgeführt und das Grundeigentum an Kleinbauern aufgeteilt, doch fehlten schlüssige Konzepte für den Aufbau einer sozialistischen Landwirtschaft in der Theorie und noch mehr in der Praxis. Überstürzte und teilweise gewaltvolle Formen zur Etablierung sozialistischer Verhältnisse auf dem Dorf oder Verzicht auf die Transformation geschaffener kleinbäuerlicher Strukturen aus Furcht vor einer unzureichenden Nahrungsmittelproduktion zur Versorgung der Bevölkerung waren beides wenig tragfähige Varianten. Der durch Ware-Geld-Beziehungen und teilweise an den kapitalistischen Weltmarkt angebundene Wirtschaftssektor in den (Küsten-)Städten konnte des Weiteren nicht in eine interne organische Arbeitsteilung mit den agrarischen Strukturen einbezogen werden. Die eine solche Arbeitsteilung vermittelnde und gestaltende Wirtschaftspolitik existierte in den wenigsten Fällen, wenn sich die dominierenden Kräfte in der Regierung an traditionell-realsozialistischen Entwicklungskonzeptionen orientierten. Natürlich kam neben den für alle unentwickelten Ökonomien charakteristischen wirtschaftlichen Nachteilen des internationalen Handels mit kapitalistischen Ländern für alle sich sozialistisch gerierenden Entwicklungsländer ein beständiger politischer Druck durch die kapitalistische Führungsmacht USA mit ihren geo-strategischen Interessen und Ansprüchen als Weltordnungsmacht hinzu, dem die Sowjetunion mangels ökonomischer Potenz (zu) wenig entgegenzusetzen hatte. Auch die eigenständige internationale Organisierung der ehemaligen Kolonien in der Bewegung der »Blockfreien Staaten« (ab 1961) konnte vor dem Hintergrund der Heterogenität ihrer Mitglieder an diesem Dilemma wenig ändern.

Interne wirtschaftliche und soziale Disproportionen sowie beständiger äußerer Druck aus ökonomisch-preislicher Minderbewertung der nationalen Wertschöpfung und politischer Inferiorität auf der internationalen Bühne markieren dann die Gemengelage für das oftmalige Scheitern eines nichtkapitalistischen Entwicklungsweges mit dem Resultat eines erzwungenen Umschaltens auf mehr oder weniger bedingungslose Anpassung an die Weltmarktverhältnisse als »second-best-Variante«, die für ein Entwicklungsland naturgemäß alles andere als optimal ist. Der Übergang zu dieser Entwicklungsvariante verlief vielfach über vorgängige offene politische Repression der »sozialistischen« Regierung gegenüber Teilen der eigenen Bevölkerung, was ihrer Delegitimierung Vorschub leistete und bürgerlich-kapitalistische Kräfte als legitime Erben gescheiterter sozialistischer Experimente erscheinen ließ. Eine nüchterne Bilanz der Antikolonial- und politischen Unabhängigkeitsbewegungen in den Ländern der Dritten Welt kommt also um den Befund eines oftmaligen Scheiterns, gemessen an den ursprünglichen Zielsetzungen, nicht herum – zu gering ist die Anzahl erfolgreicher Entwicklungen.

d) Der beginnende Übergang der USA vom Demiurgen zum bloßen Hegemon des Weltmarkts

Zahlungsbilanzen der wichtigsten kapitalistischen Metropolen

In den ersten zweieinhalb Jahrzehnten nach Kriegsende bis zum Beginn der 1970er Jahre weist der Handelsbilanzsaldo der USA deutliche Überschüsse aus. Erst mit dem V. Zyklus deutet sich ein Umschwung an und im VI. Zyklus (1971-1975) hat sich der Handelsüberschuss in ein Defizit verwandelt. In der unmittelbaren Nachkriegszeit herrschte insbesondere vonseiten der europäischen Nationen ein nahezu absoluter Bedarf an amerikanischen Waren, allerdings – trotz Marshallplan-Hilfe der USA – akuter Zahlungsmangel; infolgedessen bestanden vielfältige Importrestriktionen. Dies erklärt, warum nach 1945 bis zum Anfang der 1950er Jahre das US-Handelsbilanzaktivum nicht erheblich größer ist.[25] Die amerikanische Handelsbilanz mit den Ländern Westeuropas rutschte bereits ab 1953 ab, nur kurzzeitig unterbrochen durch die konjunkturelle Abschwungsphase des II. Zyklus (1956/57) aufgrund des nachlassenden Importsogs in diesen Ländern. Nur weil die Bilanz der USA mit der restlichen Welt in den 1950er Jahren zunehmend positiv gestaltet werden konnte, wurde dieser strukturelle Faktor zunächst noch überdeckt.[26] Erst in den 1960er Jahren, insbesondere innerhalb des IV. Zyklus (1962-1967), fällt dieser Konkurrenznachteil aufgrund anhaltender inflatorischer Entwicklungen in den meisten europäischen Ländern fort; zudem binden die USA ihre Entwicklungshilfezahlungen in verstärktem Maße an die Bereitschaft der Empfängerländer, US-Waren zu importieren. Nunmehr beginnt sich jedoch bereits das relativ langsamere Entwicklungstempo der Produktivität der US-Industrie im Verhältnis zu den wichtigsten kapitalistischen Konkurrenten geltend zu machen.[27]

Der Leistungsbilanzsaldo ist mit Ausnahme des ersten Zyklus positiv; in diesem ersten Zyklus reicht der Handelsbilanzüberschuss nicht aus, die negative Übertragungsbilanz zu egalisieren, da auch der Saldo der Dienstleistungen defizitär ist. Eine defizitäre oder nur schwach positive Dienstleistungsbilanz, im Verein mit der strukturell negativen Übertragungsbilanz, ist seit Anfang 1961 immer wieder Anlass für administrative restriktive Maßnahmen der US-Regierung, sei es in Bezug auf die Einschränkung der Devisenkosten der Wirtschafts- und Militärhilfe oder sei es in Bezug auf die Tourismusausgaben amerikanischer Bürger im Ausland. Seit 1962 schlägt der Dienstleistungsbilanzsaldo um; verantwortlich hierfür sind nun die rasch steigenden Erträgnisse aus den wachsenden US-Auslandsinvestitionen, die 1965

---

[25] Einer Untersuchung der Bank für Internationalen Zahlungsausgleich (BIZ) zufolge hat sich in der Folgezeit, d.h. bis einschließlich des II. Zyklus, die amerikanische Handelsbilanz aufgrund spezifischer Preisnachteile der USA ungenügend entwickelt. Ausschlaggebend dafür ist das wesentlich geringere ausländische Kostenniveau in den 1950er Jahren. Vgl. BIZ 1967/8: 32; vgl. ebenfalls Emminger 1976: 545f.

[26] Vgl. Triffin 1961: 4f.

[27] Diese Konstellation bildet den Hintergrund für das sog. Bolassa-Samuelson-Theorem, welches wir im 5. Kapitel, Unterabschnitt b) behandelt haben.

mit netto 5,1 Mrd. US-$ bereits höher sind als der Aktivsaldo der Handelsbilanz mit 4,9 Mrd. US-$. Ab 1960 weist der US-Leistungsbilanzsaldo durchgängig positive Werte auf; er erreicht sein Maximum innerhalb des IV. Zyklus (siehe Abb. 13.14).

Dieser insgesamt positiven Bilanz der laufenden Posten steht auf der Finanzierungsseite ein struktureller Netto-Kapitalexport gegenüber. Der Saldo des langfristigen Kapitalverkehrs zeigt sowohl bei öffentlichen Ausleihungen als auch bei privaten Direktinvestitionen und Krediten durchgängig ein Überwiegen der Kapitalexporte; dasselbe gilt im kurzfristigen Bereich. Dementsprechend weist die Devisenbilanz mit uneinheitlichen Bewegungen in den ersten beiden Zyklen von 1958 bis 1967 ein Defizit auf. Dieses Devisenbilanzdefizit finanzieren die USA einerseits mit Gold, das gegen Präsentation eines Teils der Auslandsdollars abgegeben werden muss; dieser Goldabfluss ist in den 1960er Jahren am ausgeprägtesten. Zum anderen baut sich im kurzfristigen Bereich eine Verschuldungsposition der USA gegenüber dem Ausland nach und nach auf: in den 1950er Jahren wird die zunehmende Akkumulation von Dollarguthaben bei anderen Zentralbanken, die kriegsbedingt über nur sehr geringe Auslandsaktiva verfügten, noch begrüßt. Mit Beginn der 1960er Jahre ändert sich jedoch diese Einschätzung: die Etablierung des Goldpools 1961, der progressive Aufbau eines großen reziproken Swap-Netzes des Federal Reserve Systems mit anderen Zentralbanken und die Emission nichtmarktfähiger, auf die Währung des Gläubigerlandes lautender sog. Roosa-Bonds, mit denen sich die USA vor noch größeren Umtauschaktionen von Dollars gegen Gold schützen, tragen mehr und mehr Züge einer erzwungenen Finanzierung des Zahlungsbilanzdefizits auf Kosten der anderen Länder.

Obwohl alles dies in den 1960er Jahren bis inklusive des IV. Nachkriegszyklus noch keine dramatischen Züge trägt, führt der zunehmende Aufbau von US-Dollarforderungen in den Händen des Auslands zur langsamen, aber steten Untergrabung des internationalen Vertrauens in die Leit- und Reservewährung. Aus der Dollarlücke unmittelbar nach dem Zweiten Weltkrieg war mittlerweile ein Dollarüberfluss geworden, der von Jahr zu Jahr nach Maßgabe des kumulierten US-Zahlungsbilanzdefizits zunahm. Im III. und IV. Zyklus manifestiert sich somit ein systemimmanentes Dilemma des Gold-Dollarstandards, bevor die Stellung des US-Nationalkapitals innerhalb der internationalen Konkurrenz aufgrund reproduktiv-fundamentaler Schwächen direkt angegriffen wird. Gegen Ende des IV. Zyklus 1966/67 war eine Situation erreicht, in der die Zweifel an der Bonität des US-Dollars als Weltgeldersatz sich soweit verdichtet hatten, dass der allfällige Rückschlag in der US-Binnenkapitalakkumulation und eine Umkehr ihrer Handels- und Leistungsbilanz zu qualitativ neuen und eruptiven Prozessen auf den Weltmärkten führte.

Wie schon zu seinen Glanzzeiten als dominierende Nation auf dem Weltmarkt bleibt die Handelsbilanz des Vereinigten Königreiches auch nach dem Zweiten Weltkrieg defizitär. Neben dem fortbestehenden strukturellen Moment, d.h. der Importabhängigkeit von industriell zu verarbeitenden Rohstoffen (außer Kohle), kommt aber nunmehr eine geschwundene internationale Konkurrenzfähigkeit britischer Waren auf den Weltmärkten hinzu. Die Zuwachsraten der britischen Ex-

Abbildung 13.14: Zahlungsbilanz der USA 1946-1975; in Mrd. $

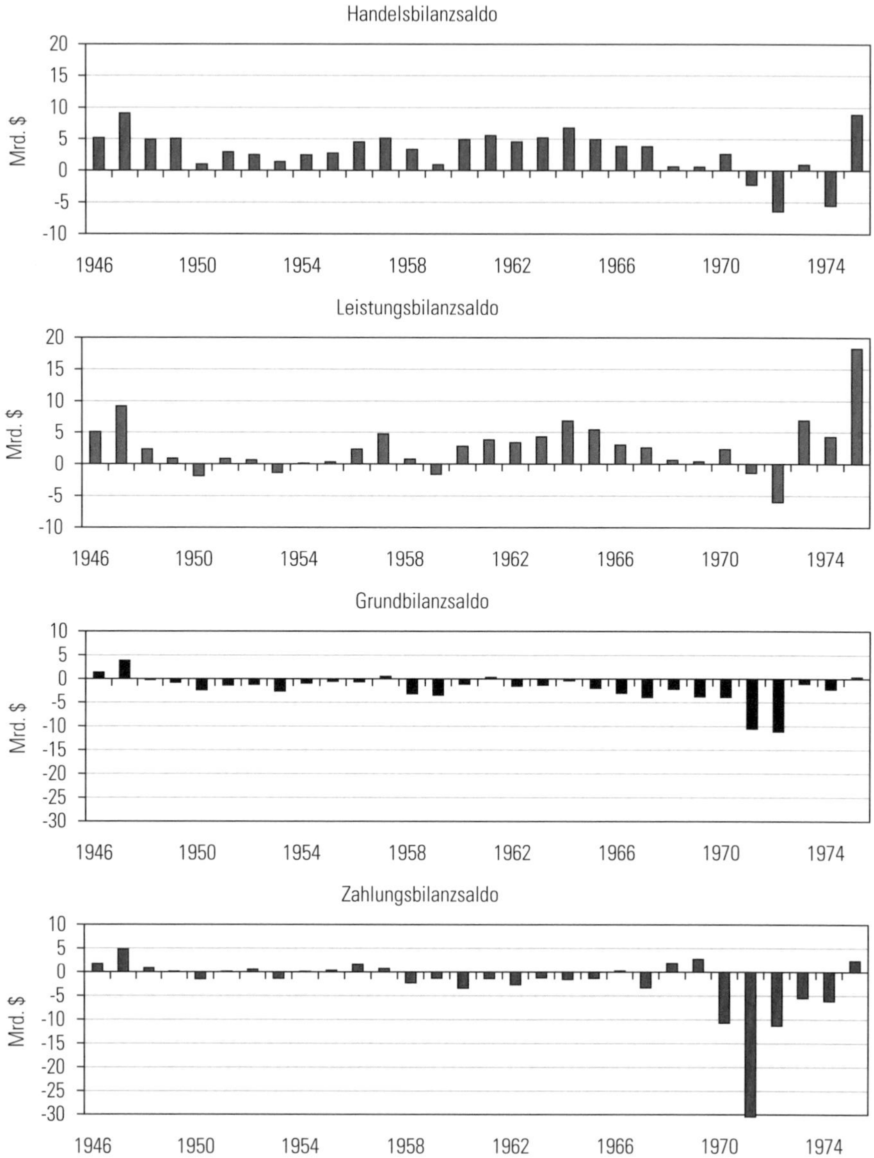

Quellen: IWF, OECD

porte bleiben stark hinter denen der Weltexporte zurück, obwohl der britische Reproduktionsprozess, im Unterschied zum US-amerikanischen, traditionell relativ eng mit dem Weltmarkt verbunden ist. Nur die überkommene starke Stellung der Londoner City im internationalen Bank- und Versicherungsgeschäft verschafft der Nation einen Ausgleich durch einen positiven Dienstleistungsbilanzsaldo. Jedoch reicht nunmehr der positive Saldo der »unsichtbaren« Transaktionen nicht mehr aus, um das Handelsbilanzdefizit zu kompensieren und die britische Leistungsbilanz gerät damit, im Unterschied zu den Verhältnissen vor dem Ersten Weltkrieg und in der Zwischenkriegszeit, zyklendurchschnittlich betrachtet, in den negativen Bereich. Verantwortlich für diese Defizite der laufenden Posten ist der von Zyklus zu Zyklus zunehmende Importüberschuss der britischen Handelsbilanz. Vom II. auf den IV. Zyklus hat er sich von ursprünglich 126 Mio. £ auf 257 Mio. £ verdoppelt; in den beiden folgenden Zyklen steigt er weiter und erreicht im VI. Zyklus Rekordhöhen. Die beständige Pfund-Schwäche in den 1960er Jahren besitzt hierin ihre letztendliche Ursache.

Die Differenzierung der Leistungsbilanz nach Ländern ergibt, dass die »alte« Konstellation nach wie vor besteht: Die Leistungsbilanz ist mit den Nicht-Sterling-Ländern immer negativ, mit den Ländern des Sterlinggebietes dagegen immer positiv. Dies drückt den komplementären Charakter zwischen dem britischen Reproduktionsprozess und demjenigen des äußeren Sterlinggebietes aus. Nach der Aufhebung der Restriktionen innerhalb des Commonwealth gegenüber Warenimporten geht der Anteil des Inter-Commonwealth-Handels Großbritanniens an seinem Gesamthandel im II. und III. Zyklus sukzessive zurück; dies schlägt voll auf die Handelsbilanz durch. Zusätzlich hat die Wettbewerbsfähigkeit der britischen Industrie auf den Weltmärkten deutlich abgenommen. Letztlich verweist dies auf eine ungenügende Produktivitätsentwicklung, im Verein mit inflationären Entwicklungstendenzen bei den Exportpreisen.[28]

Nach den USA ist Großbritannien der zweitgrößte Kapitalexporteur auf dem Weltmarkt. Findet das britische Kapital zunächst in den Kolonien weiterhin günstige Gelegenheiten zur Anlage, so gehen mit der Umwandlung der Kolonien in unabhängige Staaten die Kapitalexporte in diese Länder zurück. Gleichzeitig steigen die Kapitalanlagen in Ländern außerhalb des Sterling-Blocks an – trotz wiederholter Verschärfungen der staatlichen Restriktionen gegenüber dem Kapitalexport in Nicht-Sterling-Länder während des IV. Zyklus.

Der Saldo des britischen langfristigen Kapitalverkehrs zeigt wegen wachsender Beteiligung des britischen Geldkapitals an Direktinvestitionen im Ausland mit Aus-

---

[28] Vgl. Maaß 1968: 118: *»Mit einer Steigerung von 37,1 v.H. erreichte das Vereinigte Königreich mit Ausnahme Kanadas das geringste Produktivitätswachstum der Hauptindustrieländer in den Jahren 1953-1964. Beschränkt man die Betrachtung auf die Jahre 1959-1965, ergibt sich keine wesentliche Änderung der Ergebnisse: Die Produktivität erhöhte sich in den Vereinigten Staaten um 24 v.H., in der Bundesrepublik Deutschland um 36 v.H., in Italien um 70 v.H. und in Japan um 78 v.H. gegenüber 21 v.H. im Vereinigten Königreich.«*

nahme der Jahre 1961 und 1962 einen Netto-Kapitalexport. Im kurzfristigen Bereich bildet der Kapitalverkehr der britischen Geschäftsbanken ein allerdings relativ schwaches Gegengewicht – Ausdruck der überkommenen und nach wie anhaltenden Rolle Londons als wichtigstem Finanzplatz Europas und der nachgeordneten Stellung des Pfundes als Reservewährung im Commonwealth-Bereich. Als jedoch die latente Pfund-Schwäche der 1960er Jahre 1967/68 manifest wird, überzeichnet die gegen die britische Währung gerichtete Spekulation die reproduktiv bedingte Entwicklung: Der kurzfristige Kapitalverkehr weist 1966-68 per Saldo starke Abflüsse auf und zieht die Zahlungsbilanz Großbritanniens in ein wachsendes Defizit. Zur Finanzierung dieses Defizits der Zahlungsbilanz greift Großbritannien 1967 auf Kredite des Internationalen Währungsfonds zurück. Die gleichzeitige Verminderung der Währungsreserven 1966 und 1967 geht schwerpunktmäßig à conto der Goldreserve, die in beiden Jahren um 360 Mio. £ schmilzt, während gleichzeitig die britischen Devisenreserven um 280 Mio. £ ansteigen und erst im Folgejahr wieder um knapp 200 Mio. £ abgebaut werden (siehe Abb. 13.15).

In allem als Gegenpart zu Großbritanniens Außenwirtschaftsposition entwickelt sich die Zahlungsbilanz der Bundesrepublik. Die deutsche Handelsbilanz auf fob/fob-Basis (ohne Dienstleistungsverkehr) weist, abgesehen von den ersten beiden Jahren 1949/50, einen strukturell positiven Saldo aus, der sich in den ersten vier Konjunkturzyklen zunächst allmählich, ab 1967/68 zunehmend deutlicher und im VI. Zyklus (1972-1975) massiv aufbaut. Dieser Entwicklung unterliegt eine nach dem anfänglichen Ausschluss vom Weltmarkt und wegen der zu Beginn der 1950er Jahre vorherrschenden Devisenknappheit, die nur durch die Marshallplan-Gelder gemindert wurde, eine zunehmende Integration der bundesdeutschen Ökonomie in die internationale Arbeitsteilung. Bereits im Jahr 1950 liegt der Anteil der bundesdeutschen Exporte bei knapp 8% der Gesamtproduktion; die Importquote als Anteil der Importe an der Binnennachfrage (Inlandsverfügbarkeit) liegt mit 7,1% etwas niedriger; beide Quoten nehmen jedoch bis zur Mitte der 1970er Jahre kontinuierlich zu und erreichen 1975 15 bzw. 13,6%. Die ausfuhrinduzierte Bruttoproduktion liegt dabei in der Quote um ein Drittel bis um die Hälfte höher als die direkte Exportquote.[29] Neben einer überlegenen Konkurrenzfähigkeit deutscher Exportwaren namentlich bei Maschinen und Anlagen sowie Fahrzeugen aufgrund von Qualitätsmerkmalen gestaltet sich auch die Entwicklung der Terms of Trade bis zum Jahr 1972 immer positiver; erst der erste Ölpreisschock führt ab 1973 zu einem kurzfristigen Rückgang.

Die deutsche Leistungsbilanz wird durch die Handelsbilanz dominiert (siehe Abb. 13.16). Gleichwohl reichen deren Überschüsse nicht immer aus, um strukturell negative Salden bei den unsichtbaren Transaktionen der Dienstleistungs- sowie der Übertragungsbilanz zu kompensieren. Die deutsche Dienstleistungsbilanz wird neben den unmittelbar mit dem Spezialhandel zusammenhängenden Komponenten (Fracht, Versicherungskosten etc.) durch strukturelle Defizite aus dem Rei-

---

[29] Vgl. DIW-Wochenberichte sowie Stäglin u.a. 1992.

Abbildung 13.15: Zahlungsbilanz Großbritanniens 1946-1975; in Mrd. £

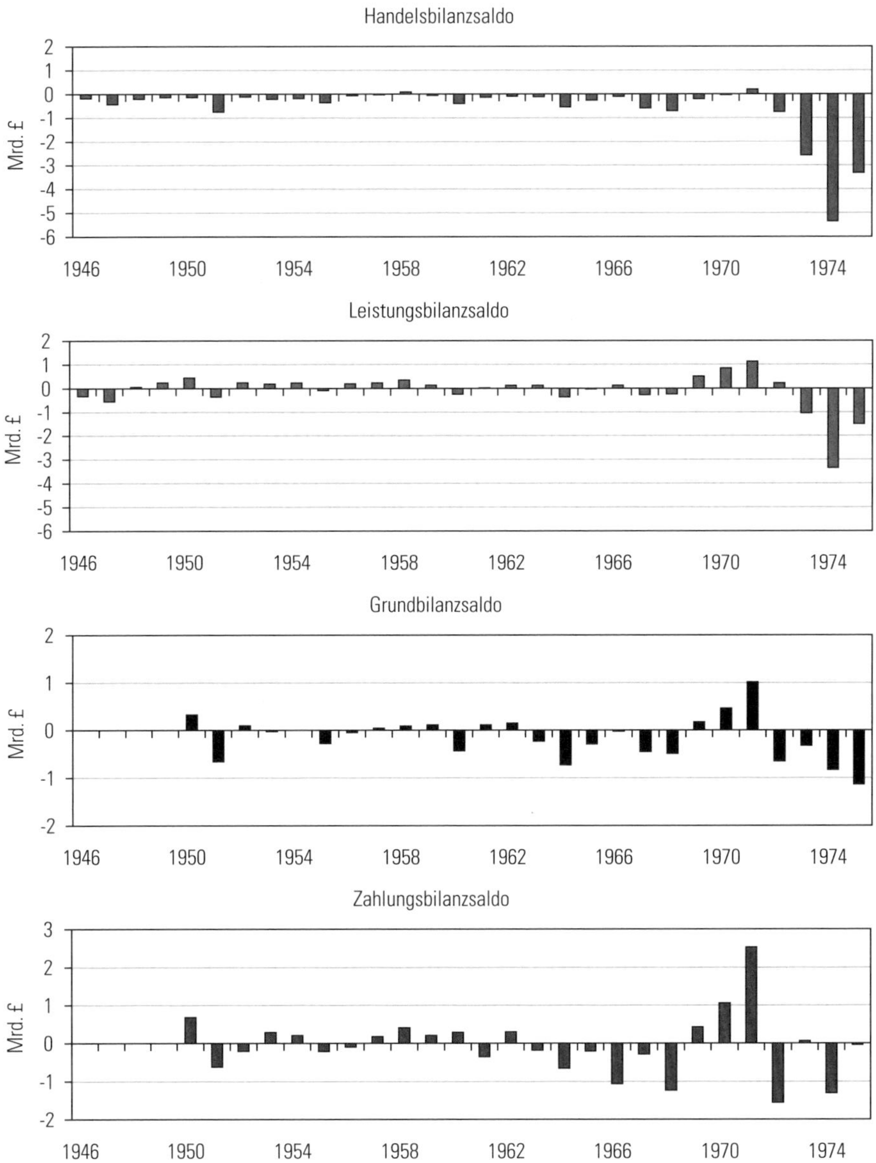

Quellen: IWF, OECD

severkehr deutscher Geschäftsreisender und Privatpersonen (Auslandstourismus) geprägt. Die Übertragungsbilanz wird durch gleichermaßen negative Salden bei privaten Übertragungen – seit den 1960er Jahren Überweisungen der in der BRD arbeitenden ausländischen Arbeitskräfte (sog. Gastarbeiter) in ihre Heimatländer – als auch bei öffentlichen Übertragungen – u.a. Entwicklungshilfe sowie seit den 1970er Jahren zunehmende Übertragungen an die EG/EU (BRD als »Nettozahler«) – bestimmt. Beides zusammengenommen, struktureller Importüberhang bei den »invisibles« und Übertragungsüberschuss an das Ausland, vermindern für die Leistungsbilanz den vom Spezialhandel vorgegebenen Positivsaldo.

Im Kapitalverkehr verzeichnet die BRD im Betrachtungszeitraum im langfristigen Bereich seit 1951 einen Nettokapitalexport, der in den 1960er Jahren insgesamt deutlich ansteigt. Bei einem Importsaldo bei Direktinvestitionen und Portfolioanlagen ist diese passive Bilanz des langfristigen Kapitalverkehrs durch eine ansteigende Kreditgewährung bedingt. Dennoch ist dieser Passivsaldo des langfristigen Kapitalexports nicht so groß, um den Aktivsaldo der Leistungsbilanz aufzuzehren. Die bundesdeutsche Grundbilanz ist – abgesehen von 1961/62 und dem Jahr 1965, in denen auch die Leistungsbilanz ein Defizit aufweist – in den ersten vier Nachkriegszyklen positiv.

Diese prägende Kraft der fundamentalen Verhältnisse im reproduktiven Bereich und in der langfristigen Kapitalbewegung schlägt durch bis auf den Devisenbilanzsaldo. In den ersten beiden Zyklen gelingt hierdurch der Aufbau von neuen Währungsreserven sowohl in Gold als auch in Devisen. 1958 wird die D-Mark frei konvertibel. Der Umschlag in der Zahlungsbilanz 1959 wird schon 1960 durch einen Überschuss von über 8 Mrd. DM überwunden; die leichten Passivsalden 1961 und 1962 korrespondieren mit der Entwicklung von Leistungs- bzw. Grundbilanz und sind z.T. Konsequenzen der 1961 vollzogenen DM-Aufwertung um 5%. Bis zu den Turbulenzen im internationalen Währungsgefüge 1967/68 herrscht während des IV. Zyklus Ruhe.

Dennoch ist die Auffassung weit verbreitet, dass die DM mehr oder weniger durchgängig unterbewertet gewesen sei,[30] sodass die zum Teil außerordentlichen Aktivsalden der BRD-Zahlungsbilanz auch wechselkursbedingt zu sehen seien. Gesichertes Wissen dürfte demgegenüber zunächst nur sein, dass auf Basis der Festsetzung des Ausgangswechselkurses der neugeschaffenen DM im Verein mit der 1949 vollzogenen 20%igen Abwertung gegenüber dem US-Dollar der Wechselkurs der DM ab etwa Mitte der 1950er Jahre zu niedrig geworden war: »*Gewiß hat sich nach 1949, etwa ab Mitte der fünfziger Jahre, herausgestellt, daß die D-Mark*

[30] Diese Bewertung des D-Mark-Wechselkurses sowie die ergänzende Einschätzung, dass die Unterbewertung der deutschen Währung durch die Geldpolitik der Deutschen Bundesbank bewusst betrieben worden sei, um die bundesdeutschen Exporte zu begünstigen – stabilitätsorientierte Unterbewertungsstrategie – wird gemäß dieser Auffassung als Hauptfokus einer merkantilistischen Wirtschaftspolitik der BRD erheblich überhöht (vgl. Voy u.a. 1991: 227ff.).

Abbildung 13.16: Zahlungsbilanz der BRD 1950-1975; in Mrd. DM

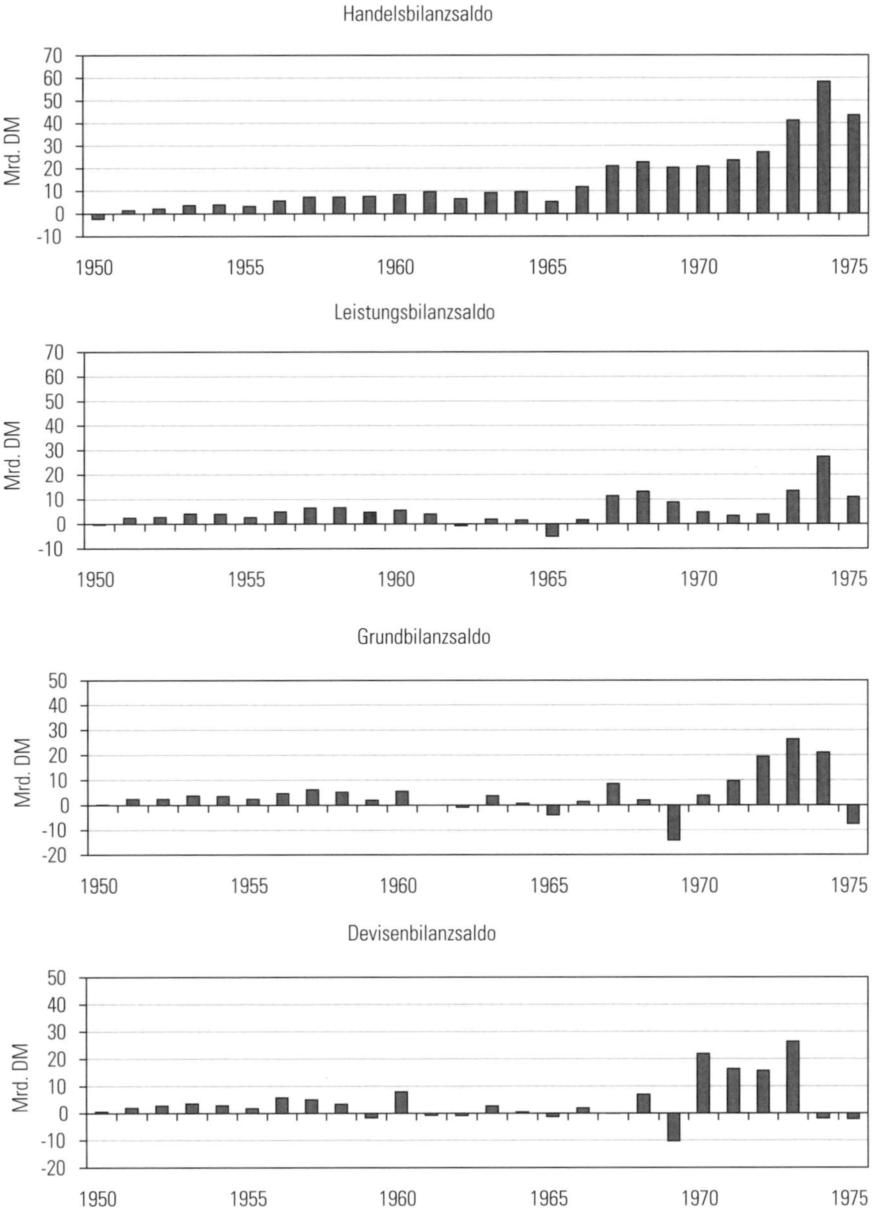

Quelle: Deutsche Bundesbank

bei dieser Parität unterbewertet war. Aber bei der Erstfestsetzung 1949 war die außerordentlich günstige Entwicklung des deutschen Außenhandels in den Jahren nach 1951 keinesfalls vorhersehbar. Die ... Währungsentwicklung der Jahre 1949 bis 1951 läßt den Schluß zu, daß bei der Kursfestlegung von 1949 die D-Mark eher etwas überbewertet wurde und erst durch die spätere Entwicklung zunehmend in die Stellung einer unterbewerteten Währung hineinwuchs.« (Emminger 1976: 543)

Folgt man dieser Einschätzung, so wäre nur der Zeitpunkt der DM-Aufwertung zu spät gewählt worden. Obwohl seinerzeit die Mehrzahl der Währungsexperten davon ausging, dass nicht nur zu spät, sondern auch zu gering aufgewertet worden sei (vgl. ibid.: 508) – auch die Bewertung der Maßnahme am Devisenmarkt deutet zunächst in diese Richtung –, zeigt die BRD-Leistungsbilanz, wie bereits bemerkt, einen deutlichen Abbau ihres Aktivsaldos: »*Vor allem aber normalisierte sich schon ab Mitte 1961 die Leistungsbilanz. ... Im weiteren Verlauf stellte sich heraus, daß die Auswirkungen der DM-Aufwertung trotz ihres geringen Ausmaßes doch recht beachtlich waren. Nach Untersuchungen durch Experten des IWF führte sie immerhin zu einer Verringerung der deutschen Exporte um etwa 10% gegenüber dem trendmäßig und nach der Entwicklung der Absatzmärkte zu erwartenden Umfang, und zwar im wesentlichen innerhalb von 12 bis 18 Monaten. Bei der Einfuhr dagegen zeigte sich zwar der erwartete Effekt einer Verbilligung, in D-Mark gerechnet, aber nur eine sehr geringe Wirkung auf die Einfuhrmengen.«* (Ibid.: 508)

Die Handelsbilanz Frankreichs ist in den ersten beiden Konjunkturzyklen aufgrund des Verlustes der vorherigen Hauptexportmärkte in Tunesien, Marokko und Indochina im Gefolge der Dekolonisation sowie aufgrund gestiegener Importe von Kriegsgütern durchweg defizitär (siehe Abb. 13.17). Der Zerfall der Franc-Zone kann erst ab dem III. Zyklus durch eine verstärkte Orientierung auf die Märkte der Europäischen Wirtschaftsgemeinschaft, insbesondere Italiens, schrittweise kompensiert werden. Die Beendigung der kriegerischen Engagements 1954 in Indochina, des Suezkonflikts 1956 und schließlich des Algerienkriegs 1962 sind ebenfalls wichtige Faktoren für die Besserung der französischen Handelsbilanz. Symbol des »miracle français« ist aber nicht der Übergang von der Vierten zur Fünften Republik – Übertragung der politischen Macht an de Gaulle am 1. Juni 1958 und Annahme einer neuen Verfassung im September dieses Jahres –, sondern die Währungsumstellung auf den Nouveau Franc zum 1. Januar 1960, nachdem die französische Währung bereits 1957 und 1958 um insgesamt über 30% abgewertet worden war. Im Außenhandel erzielt Frankreich im Durchschnitt des III. und IV. Zyklus z.T. beachtliche Überschüsse.

Dass trotz dieser Umkehrung des Handelsbilanzsaldos die Gesamtheit der laufenden Posten, von wenigen Jahren abgesehen, durchgängig defizitär ist, liegt an dem strukturell hohen Defizit der Übertragungsbilanz sowohl aufgrund privater wie öffentlicher Übertragungen. Dahinter stehen auch in den 1960er Jahren die politischen und ökonomischen Verflechtungen des französischen Mutterlandes mit seinen ehemaligen und noch bestehenden Kolonien bzw. Auslandsdepartments.

Abbildung 13.17: Zahlungsbilanz Frankreichs 1950-1975; in Mrd. FF

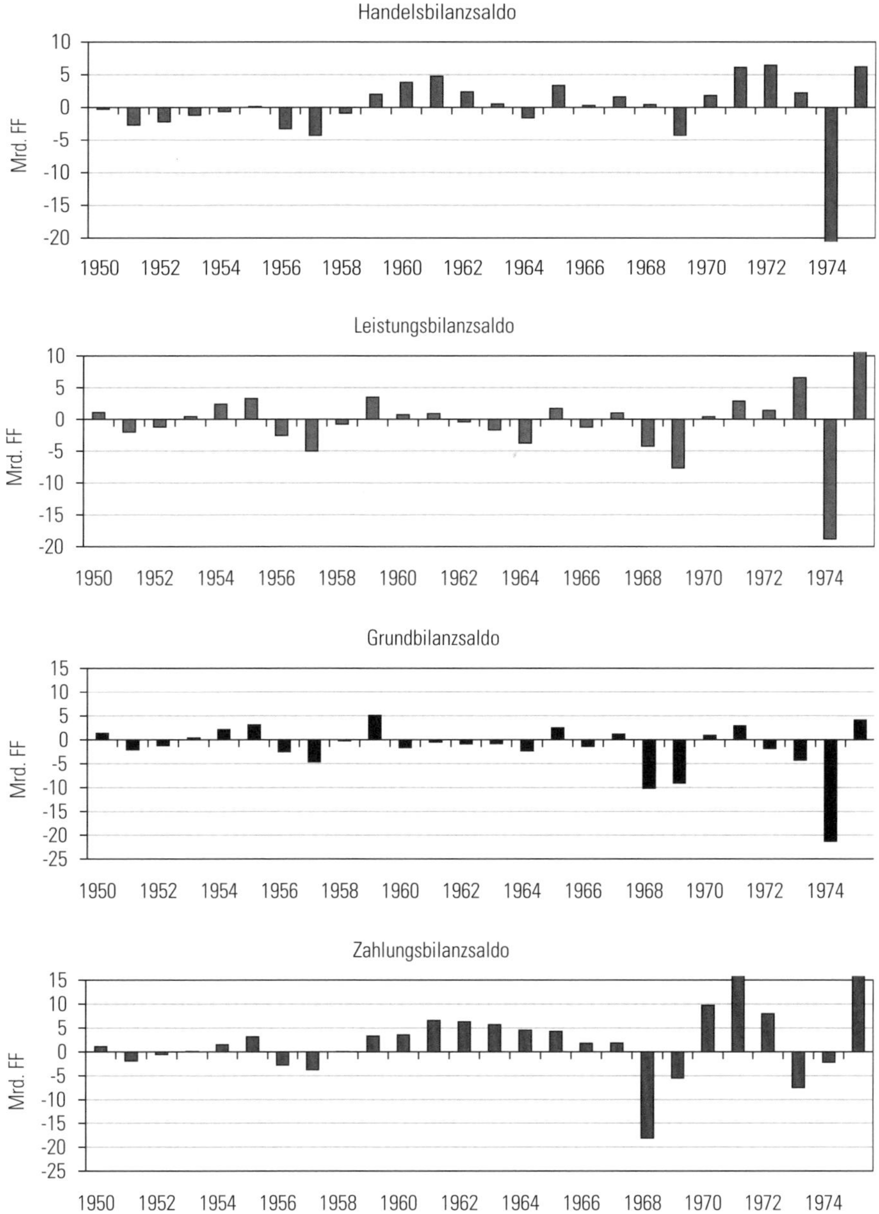

Quellen: IWF, OECD

Im Kapitalverkehr ist Frankreich im langfristigen Bereich Nettokapitalexporteur; bevorzugtes Anlagegebiet ist bis weit in die 1960er Jahre hinein die Franc-Zone. Dass trotz einer defizitären Grundbilanz die Devisenbilanz Frankreichs im III. und IV. Zyklus relativ hohe Überschüsse ausweist, liegt namentlich an einem sehr hohen statistischen Restposten, hinter dem sich zum überwiegenden Teil den privaten Haushalten zufließende Geldströme aus Nordafrika verbergen. Der positive Devisenbilanzsaldo Frankreichs in den 1960er Jahren setzt die Regierung dann in den Stand, akkumulierte Dollarforderungen vom amerikanischen Schatzamt gegen Gold umtauschen zu lassen, was Frankreich im Unterschied zur BRD offensiv praktiziert.

Die Zahlungsbilanz Japans folgt zeitversetzt der BRD-Entwicklung; sein Handelsbilanzüberschuss beginnt ab Mitte der 1960er Jahre rasch zu steigen, was hier mit der Ausnahme weniger Jahre zu einer positiven Leistungsbilanz führt. Die Blütezeit des japanischen Kapitals auf dem Weltmarkt, auch im Hinblick auf wachsende langfristige Kapitalexporte, entfaltet sich jedoch erst in der folgenden Periode, in der die meisten anderen Länder bereits stärker unter ihrer Überakkumulationssituation leiden.[31]

Zusammenbruch des Bretton-Woods-Währungssystems und Übergang zum internationalen Devisenstandard

Ein System fester Wechselkurse zwischen kapitalistischen Volkswirtschaften widerspricht ebenso wie eine fixe Parität des US-Dollars gegenüber der Geldware Gold der Dynamik und Variabilität der Kapitalakkumulation, die sich im internationalen Zusammentreffen als ungleichmäßige Entwicklung der Nationalkapitale ausdrückt. Dass es für zwei Jahrzehnte und vier industrielle Zyklen nur wenige Wechselkursanpassungen zwischen den wichtigsten kapitalistischen Währungen gegeben hat und die Gold-Dollar-Parität nach anfänglichen Oszillationen des marktbestimmten Goldpreises sich auf die administrativ fixierte Größe von 35 US-$ pro Feinunze Gold einpendeln konnte, dokumentiert zum einen den Charakter der Kapitalakkumulation als beschleunigte Akkumulation in den beteiligten Ländern und die auf dieser Basis aufsetzende Geldpolitik der Zentralbanken und gründet zum anderen auf einer bis dato nicht gekannten und der Erhöhung der US-Produktivität in der Warenproduktion entsprechenden Steigerung der natürlichen und gesellschaftlichen Arbeitsproduktivität in den Goldminen Südafrikas, die im Betrachtungszeitraum zwischen 50 und 75% der jährlichen Neugoldproduktion bereitstellen und damit den Goldwert bestimmten.

Systembedingt ist innerhalb des vorliegenden Betrachtungszeitraums – wir sehen von den Abwertungen der Währungen gegenüber dem Dollar bis 1949 ab – keine Wechselkursveränderung des US-Dollars zu verzeichnen, sondern nur Wechselkursveränderungen anderer Währungen gegenüber der US-Devise (siehe Abb.

---

[31] Wir kommen auf Japan und seine Außenwirtschaftsposition daher erst in den nachstehenden Kapiteln ausführlicher zu sprechen.

Abbildung 13.18: Wechselkurse des US-Dollars; Index 1950 = 100

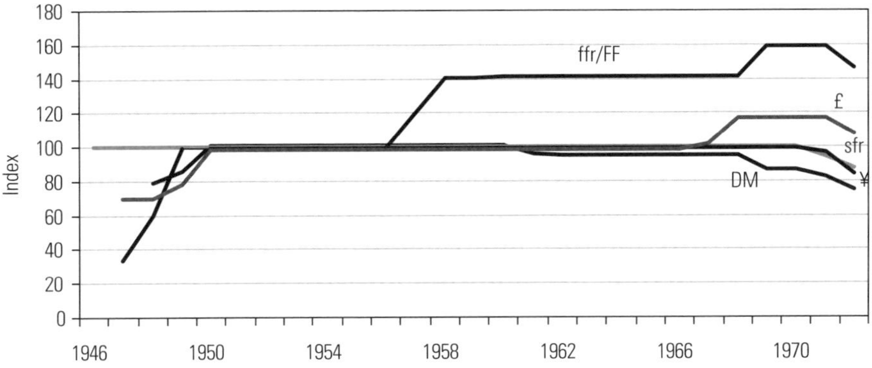

Quelle: Deutsche Bundesbank

13.18). Dies verschaffte den USA einen spezifischen Wechselkursvorteil bei ihren Außenwirtschaftstransaktionen, denn die Veränderung der Währungsparitäten berührte in erster Instanz stets nur den bilateralen Kurs zu einer einzigen Währung und ließ das sonstige Paritätsgefüge bestehen. Die Erosion des internationalen Vertrauens gegenüber der US-Währung, welches sich anhand der anhaltenden Goldabflüsse ab 1958 dokumentierte, schlug somit bis zum Jahr 1971 nur selektiv auf die Wechselkurse des US-Dollars durch. Bis zum Ende des IV. Zyklus wurde der Abwertungsverdacht nur einmal, am 6. März 1961 durch eine 5%ige Aufwertung der DM, manifest; sie bringt das dynamischere Wachstum der Exporte der BRD im Verhältnis zu denen der USA zum Ausdruck. Allerdings ist zwischen dem Außenwert des Dollars und seiner binnenwirtschaftlichen Kaufkraft bzw. dem Vergleich der Entwicklung der Binnenwerte der Währungen zu unterscheiden. Bis einschließlich des IV. Zyklus lag die Entwertungsrate der Dollarkaufkraft signifikant niedriger als diejenige anderer Währungen (DM eingeschlossen). Stabilitätsvorteile der USA innerhalb des internationalen Preiszusammenhangs wirken als abschwächendes Moment gegenüber der durch die Entwicklung der Zahlungsbilanz bedingten Aushöhlung des Außenwerts des US-Dollars.

Die zweimalige Abwertung des Franc zum 12. August 1958 um 16,7% und zum 29. Dezember 1958 um 14,9% muss zum überwiegenden Teil der französischen Währung zu Buche geschrieben werden und hängt neben der deutlich höheren Verminderung des Binnenwerts des Franc gegenüber den anderen betrachteten Währungen mit den Wirren der kriegerischen Engagements Frankreichs in seinen ehemaligen Kolonien bzw. deren Auswirkungen zusammen. Insofern drückt die Neufestsetzung der Paritäten des Franc gegen Ende der 1950er Jahre strukturelle marktbestimmte Entwicklungen an den Devisenmärkten aus bzw. vollzieht diese nach.

Die Abwertung des britischen Pfund Sterling am 18. November 1967 um 14,3% gegenüber dem US-$ wird primär nicht durch die binnenwirtschaftliche Entwertung der Kaufkraft des Pfundes als vielmehr durch die außenwirtschaftliche Schwäche des britischen Nationalkapitals verursacht und ist anhand der Entwicklung der Handels- und Leistungsbilanz in den 1960er Jahren abzulesen. Nicht die Tatsache der Abwertung des Pfundes selbst und ihr Ausmaß als vielmehr der späte Zeitpunkt widersprechen den marktbestimmten Entwicklungen an den Devisenmärkten, nach denen bereits zu Beginn des IV. Zyklus eine £-Abwertung angestanden hätte.

Die Konstanz des Austauschverhältnisses des japanischen Yen gegenüber dem Dollar widerspricht zunächst der deutlichen Verminderung der Binnenkaufkraft der japanischen Währung. Zum einen wird aber hierdurch sowohl der binnenwirtschaftliche Akkumulationsprozess des japanischen Nationalkapitals als auch die in den 1960er Jahren beginnende Eroberung von Weltmarktanteilen nicht gestört. Zu einer internationalen Transaktions- oder gar Anlagewährung ist der Yen innerhalb des Betrachtungszeitraums andererseits nicht geworden, sodass von der Dollar-Yen-Parität im Wesentlichen nur die japanisch-amerikanischen Außenwirtschaftstransaktionen selbst betroffen sind.

Somit ergibt sich als Ergebnis, dass die Paritäten des US-Dollars zu den in jener Zeit wichtigsten Währungen £, D-Mark und ff/FF, d.h. das Wechselkursgefüge im Großen und Ganzen – von den in einem Festkurssystem stets erheblichen Disproportionen durch Timelags bei der Wechselkursanpassung einmal abgesehen – im jeweiligen Zyklusdurchschnitt gesehen marktgerecht sind.

Mit der Konstanz der Wechselkurse und des marktbestimmten Goldpreises in Höhe der administrativ festgeschriebenen Parität ist jedoch mit Beginn des V. Nachkriegszyklus 1967/68 Schluss. Nunmehr greifen krisenhafte Veränderungen im internationalen Währungssystem Platz.

Erstens. Die Goldspekulation zwischen Oktober/November 1967 und März 1968 gegen den US-Dollar übersteigt die Interventionsmöglichkeiten des Gold-Pools der Zentralbanken, führt zu dessen Auflösung und zur Einführung eines gespaltenen Goldmarkts, d.h. zur Aufhebung der festen Gold-Dollar-Parität von 35 $ pro Feinunze für die Privaten. Am freien Goldmarkt steigt der Goldpreis bis Anfang 1969 auf 43 $ je Unze, bröckelt danach jedoch wieder – vorerst – auf seinen alten Wert ab.

Zweitens. Das Zentrum der Krise verschiebt sich vorübergehend nach Europa: »*Die Beruhigung um den Goldpreis ging mit einer starken Verbesserung der amerikanischen Zahlungsbilanz einher, die 1968 und 1969 einen Überschuss zeigte. Auch die sozialen und politischen Unruhen in Westeuropa, besonders die französische Mai-Revolte von 1968, entlasten den bedrängten Dollar. In Frankreich hatten der politische Aufruhr und das große Handelsbilanzdefizit die Währungsreserven der Banque de France zwischen Mai und Ende November 1968 von 6,9 Milliarden Dollar auf unter 4 Milliarden schrumpfen lassen.*« (van der Wee 1984: 537) Die BRD weigerte sich, die D-Mark aufzuwerten; die Spekulation gegen den französischen Franc erzwang am 8. August 1969 seine Abwertung um 11,1% gegenüber dem Dollar. Die Regierung der Bundesrepublik Deutschland gab am Tag nach den

Bundestagswahlen vom 28. September 1969 den Kurs der Mark frei. Am 24. Oktober 1969 wurde er wieder an den Dollar gekoppelt, allerdings zu einer um 9,3% höheren Parität als vor den Wahlen.

Drittens. Kurz darauf gerät die amerikanische Zahlungsbilanz dramatisch unter Druck, nachdem sie sich in den Jahren 1968/69 verbessert hatte – allerdings ausschließlich aufgrund massiver Kapitalimporte bei einem bis dato historischen Tiefstand des Handelsbilanzaktivums von jeweils nur gut 600 Mio. US-$: »*Das [die Verschlechterung der Handelsbilanz/S.K.] lag an der expansiven Haushaltspolitik, die Kennedy einleitete und Johnson fortsetzte, um den Vietnam-Krieg und die neuen inländischen Wohlfahrtsprogramme zu finanzieren. Der Verzicht auf Steuererhöhungen löste unvermeidlich eine Inflation aus. Diese führte bei dem festen Goldpreis für den Dollar zu einer immer stärkeren Überbewertung der amerikanischen Währung und brachte die Zahlungsbilanz in ein zunehmendes Ungleichgewicht.*« (Ibid.: 538)

Bei Licht betrachtet steht jedoch hinter diesen Faktoren ein weiter fortgesetzter Verlust der Konkurrenzfähigkeit amerikanischer Waren auf den Weltmärkten infolge einer deutlich geringeren Produktivitätssteigerung der US-Industrie gegenüber ihren deutschen und japanischen Konkurrenten: »*Die optische Verbesserung der Gesamtbilanz von 1968 konnte jedoch nicht darüber hinwegtäuschen, dass es sich dabei um eine einmalige Konstellation handelte und dass die Fundamente der Zahlungsbilanz in diesem Jahr im Gegenteil eine grundlegende Schwächung erlitten hatten.*« (Aschinger 1973: 169) Seit 1971 sollte dann auch die amerikanische Handelsbilanz, von nur zwei Jahren (1972 und 1975) abgesehen, in ein strukturelles und sich immer mehr vergrößerndes Defizit geraten.

Im Verlauf dieses V. Zyklus, der in den USA bereits 1970, auf dem Weltmarkt erst Ende 1971 abgeschlossen wurde, verschiebt sich auch die Verteilung der Weltexportanteile zwischen den kapitalistischen Metropolen nochmals deutlich: der US-Anteil bleibt zwar noch der größte, fällt aber, zyklendurchschnittlich gerechnet, auf 15,7%, während die Anteile der BRD (knapp 12%) und Japans (6,7%) weiter steigen; auch der Periodenwechsel dieses Zyklus auf dem Weltmarkt wird erstmals nicht mehr von der US-Konjunktur bestimmt. Die Kehrseite dieser deutlich nachlassenden Kraft der reproduktiven US-Kapitalakkumulation sind überbordende internationale Geldkapitalbewegungen spekulativen Charakters, die sich gegen den US-Dollar richten.

Abbildung 13.19 dokumentiert den langfristigen Verlauf der Kapitalmarktzinsen in den USA gegenüber den wichtigsten europäischen Ländern. Neben dem langfristig durchgesetzten Anstieg des Zinsniveaus wird deutlich, dass die ehemals bestehenden, zum Teil erheblichen Zinsdifferenzen in der vorliegend interessierenden Zeitperiode tendenziell abgebaut werden (mit Ausnahme Großbritanniens). Die Zinsdifferenzen der europäischen Länder gegenüber den US-Zinsen sind in Tabelle 13.4 dokumentiert.

Dieser Abbau der Zinsdifferenzen ist aber seinerseits bereits die Folge spekulativer Kapitalzuflüsse nach Westeuropa aus dem Dollarraum. Die Spekulation ist

Tabelle 13.4: Zinsdifferenzen europäischer Länder gegenüber US-Zinsen

	BRD	GB	F	CH
1968	+1,04%	+2,09%	+0,40%	-1,09%
1969	+0,47%	+2,71%	+1,31%	-1,43%
1970	+1,44%	+2,36%	+1,20%	-1,04%
1971	+1,78%	+2,78%	+1,62%	-0,85%

Abbildung 13.19: Langfristige Zinssätze (Rendite öffentlicher Anleihen) in wichtigen Ländern

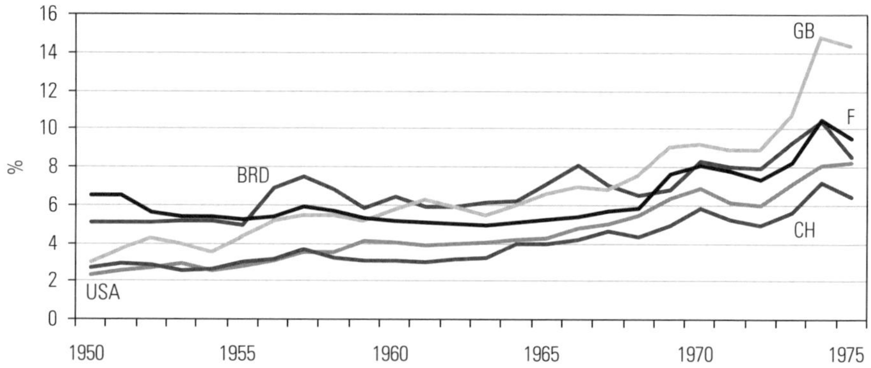

Quellen: IWF, OECD, Statistisches Bundesamt

wechselkursorientiert, d.h. an die Erwartung einer Abwertung des Dollars und einer Aufwertung des Schweizer Frankens und der D-Mark gebunden, die beide zu Gegenpolen der US-Währung geworden sind, deren Außenwert durch die vorangegangenen Entwicklungen der US-Reserve- und Liquiditätsposition zunehmend – im Verhältnis zur Parität gegenüber dem Gold und den konkurrierenden Reservewährungen – ausgehöhlt worden ist. Die Chronik der Ereignisse vom Standpunkt der BRD ab Ende 1968 zeigt immer neue spekulative Wellen, die gegen den gegebenen Dollar-DM-Wechselkurs anbranden und zur mehrmaligen Schließung der Devisenbörsen führen. Die Spekulation gegen den US-Dollar erreicht einen ersten Höhepunkt am 5. Mai 1971, als die Bundesbank sich weigert, weiterhin offiziell zur Erhaltung des geltenden Wechselkurses einzugreifen und den Dollarkurs freigibt. Andere europäische Länder schließen sich an. Die Verschlechterung der US-Handelsbilanz, die für das gesamte Jahr 1971 ein Defizit von knapp 2,3 Mrd. $ aufweist, befördert die Spekulation zusätzlich. Es setzt eine regelrechte Kapitalflucht aus dem Dollar ein. Auf dem Höhepunkt der Währungskrise Anfang August 1971 steigt der Kurs der D-Mark wieder kräftig, der freie Goldpreis erreicht 44 Dollar pro Unze und die Fluchtwellen aus dem Dollar ufern aus. Am 15. August 1971 kün-

Abbildung 13.20: Reserve- und Liquiditätsposition der US-Währung

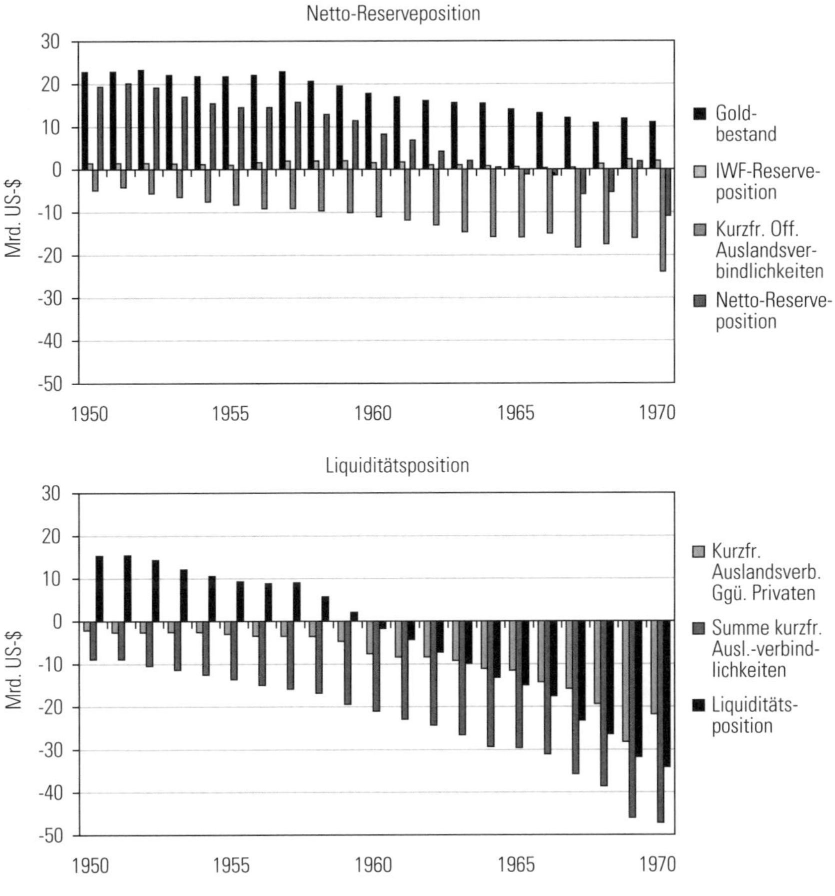

Quelle: Aschinger 1973 nach IWF und Federal Reserve System

digt der amerikanische Präsident Nixon einseitig das Goldeinlöseversprechen des Dollars auf. Damit fällt der wesentliche Pfeiler des Bretton-Woods-Währungssystems der Nachkriegszeit zusammen. Nach einem kurzen Intermezzo des Versuchs der Re-Etablierung eines Regimes fester Wechselkurse mit erweiterten Bandbreiten von Ende 1971, geht zunächst das britische Pfund Sterling im Juni 1972 zu flexiblen Wechselkursen gegenüber dem Dollar über, bis schließlich auch die anderen wichtigen Währungen im Frühjahr 1973 folgen. Damit ist der letzte Rest des Bretton-Woods-Systems beseitigt.

Hiermit findet eine Entwicklung ihren Abschluss, deren wesentliche währungsmäßige Dimension in Abbildung 13.20 nochmals zusammenfassend ausgewiesen wird. Die Netto-Reserveposition des Dollars ist erstmals 1965 negativ geworden und vergrößert sich von 1969 auf 1970 drastisch um mehr als das 5-Fache auf knapp 11 Mrd. $. Rechnet man zusätzlich die kurzfristigen Verbindlichkeiten der USA gegenüber Privaten im Ausland hinzu, die allein in den beiden Jahren 1969/70 infolge eines starken Engagements der US-Banken am Eurodollarmarkt spektakulär auf- und abschwellen, sieht das Bild noch deutlicher aus.

Es wird nur aufgehellt, wenn ihm die positive langfristige US-Auslandsinvestitionsbilanz gegenübergestellt wird. *»Während die amerikanische Zahlungsbilanz seit den Fünfzigerjahren mit chronischen Defiziten abschloss und sich dadurch die Liquiditätsposition des Dollars erheblich verschlechterte, vermochten ... die Vereinigten Staaten gleichzeitig dank größerer Kapitalexporte ihre langfristige Investitionsposition stark zu verbessern. Der zunehmenden kurzfristigen Nettoverschuldung steht eine noch stärker gewachsene langfristige Netto-Gläubigerstellung gegenüber. Indessen hängt das Vertrauen in den Dollar als internationale Währung und die Bereitschaft des Auslandes, Dollars als Währungsreserven zu halten und weiter zu äufnen [vermehren/S.K.], nicht von der amerikanischen Investitionsbilanz, sondern von der Liquiditätsposition des Dollars, das heißt vom Verhältnis der liquiden Aktiven zu den liquiden Verbindlichkeiten gegenüber den ausländischen Notenbanken ab. Es sind die anhaltende defizitäre Zahlungsbilanzlage der USA und die fortgesetzte Verschlechterung der Nettoreserveposition des Dollars, die, zusammen mit der Saturierung vieler Länder mit Dollarreserven, zur Befürchtung Anlass gaben, dass die Vereinigten Staaten hinsichtlich ihrer externen Liquidität in eine Krise geraten könnten.«* (Ibid.: 176)

Weltwirtschaftskrise 1974/75 und Übergang der beschleunigten Kapitalakkumulation in strukturelle Überakkumulation von Kapital

Der VI. Nachkriegszyklus (1972-1975) ist der Zyklus, in dem sich der Übergang der vorherigen langfristig beschleunigten Kapitalakkumulation in eine strukturelle Überakkumulation von Kapital in den meisten industriellen Metropolen – Ausnahme ist im Wesentlichen nur der japanische Reproduktionsprozess, der erst im VIII. Zyklus dieser Entwicklung folgt – vollzieht. Damit beginnt die von den USA angestoßene und dominierte Epoche kapitalistischer Prosperität zu erodieren. Der Übergang in die Überakkumulationssituation vollzieht sich in zwei Phasen: Der Verlust der währungsmäßigen Suprematie des Weltmarkt-Demiurgen innerhalb des vorhergehenden V. Zyklus erweist sich rückblickend als bloßer Vorbote des im Ergebnis des folgenden VI. Zyklus vollzogenen Übergangs auch in den reproduktiven Basisverhältnissen. Mit der eben erwähnten Ausnahme Japans ist diese Entwicklung, weil über den strammen internationalen Zusammenhang der nationalen Akkumulationsprozesse vermittelt, allgemein. Verglichen mit der beschleunigten Kapitalakkumulation im 19. Jahrhundert unter der Ägide Großbritanniens ist die Periode der USA als uneingeschränkter Weltmarkt-Demiurg wesentlich kürzer; dies ist dem höheren Entwicklungsgrad der Produktivkräfte gesellschaftlicher Arbeit und ihren wertmäßigen Ausdrucksformen geschuldet – trotz der erweiterten wirtschaftspolitischen Spielräume durch die Geldpolitik der Zentralbanken und die Fiskalpolitik der Staatshaushalte.

Das Ende der beschleunigten Kapitalakkumulation in der Nachkriegsära fällt zusammen mit der tendenziellen Erschöpfung der Produktivitätspotenziale der ursprünglich in den USA bereits während der 1920er Jahre in Ansätzen etablierten fordistischen Betriebsweise forcierter Automatisierung der Großserienproduktion. In der ab Mitte der 1970er Jahre einsetzenden Umbruchphase sieht es einige Zeit so aus, als würde der US-Fordismus durch einen japanischen »Toyotismus« – in Anlehnung an die Produktions- und Rationalisierungskonzepte des japanischen Autobauers »Toyota« – abgelöst werden können. Die Verschlankung der Aufbauorganisation der Unternehmen durch Reduzierung der Hierarchiestufen und partielle Verlagerung dispositiver Tätigkeiten auf die Ebene des »shopfloors« (»lean production«) sowie das Prinzip kontinuierlicher Verbesserungen der Geschäftsprozesse (»Kaizen«) mit Orientierung auf Null-Fehler-Produktion anstelle aufwendiger Nacharbeiten am fertigen Produkt zur Qualitätssicherung sind jedoch im Wesentlichen nur Optimierungen und Weiterentwicklungen der tayloristischen Form industrieller Produktion. Sie sind im Verein mit den infolge ihres späteren Beginns noch unausgeschöpften Wachstumspotenzialen der japanischen Kapitalakkumulation dafür verantwortlich, dass sich der Übergang der beschleunigten in eine strukturelle Überakkumulation in Japan erst mit dem Übergang vom VIII. in den IX. Nachkriegszyklus vollzieht.

Der VI. Nachkriegszyklus beinhaltet 1973 mit der Verfünffachung des Preises des mittlerweile wichtigsten Energieträgers den ersten Erdöl-Preisschock, der der konstanten bzw. leicht zurückgehenden Entwicklung der Ölpreisentwicklung ein Ende setzt. Die Verbilligung der energetischen Basis der entwickelten kapitalistischen Reproduktionsprozesse aufgrund der nach dem Zweiten Weltkrieg vermehrt erschlossenen ergiebigen Öl-Lagerstätten im Nahen und Mittleren Osten hatte zusammen mit der Revolution in den Transportbedingungen durch Riesentanker zu einer durchgreifenden Ökonomisierung des zirkulierenden konstanten Kapitals sowie der Energierechnung der Privathaushalte geführt und dadurch die Kapitalakkumulation befördert.

Als die seit Ende der 1950er Jahre bestehende Spaltung des Welt-Erdölmarktes aufgrund einer steigenden Importnachfrage der USA zu Ende geht und die USA zum weltgrößten Erdöl-Importeur aufsteigen, ist es dem internationalen Kartell der Erdöl produzierenden und exportierenden Länder (OPEC) möglich, den Preis drastisch heraufzusetzen (siehe Abb. 13.21). Neben der Aufhebung des künstlich segmentierten Erdölmarktes und der Neueinjustierung der Preisregulation durch die schlechteste zur Befriedigung der Nachfrage notwendigen Angebotsklasse resultiert der Anstieg des Ölpreises daher auch aus der Reintegration des Energiemarktes als Ganzem, denn *»der Preis von 10,46 Dollar je Barrel Arabian Light, der sich nach den Preiswirren des Jahres 1974 herausbildet ... entsprach annähernd dem (unsubventionierten) Äquivalenzpreis der Steinkohle in Westeuropa...«* (Keiser 1979: 60) Dass in der Folgezeit die durch diese Entwicklungen sich ergeben-

Abbildung 13.21: Jahresdurchschnittspreise für Erdöl in $ 1950-1982 (Arabian Light, Ras Tanura)

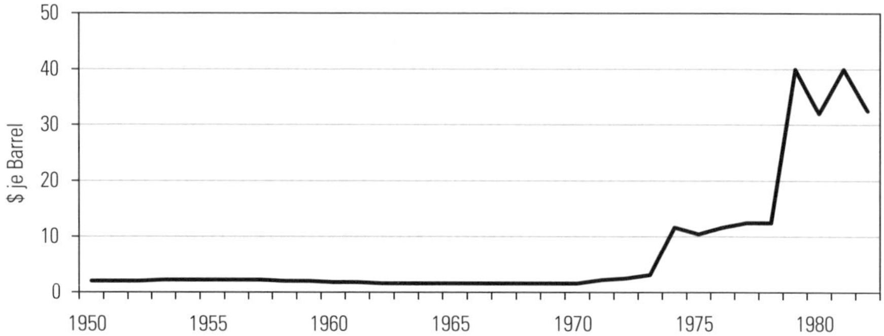

Quelle: IWF

den Surplusprofite für die ergiebigsten Lagerstätten des Mittleren Ostens bei der Neufestsetzung der Grundrente zu relativ dauerhaften Kostpreisbestandteilen für die Ölfördergesellschaften werden, liegt in der Natur der Sache.[32]

Die Preissteigerung des Erdöls 1973/74 zieht andere Rohstoffpreise mit, sodass die kapitalistischen Metropolen mit steigenden Aufwendungen für Bestandteile des zirkulierenden konstanten Kapitals Profiteinbußen zu verzeichnen haben. Daher erhielt die Erklärung, dass die erste allgemeine Weltmarktkrise 1974/75 in der Nachkriegsära nicht aufgrund immanenter Gesetzmäßigkeiten der kapitalistischen Akkumulation, sondern aufgrund exogener Preissteigerungen verursacht worden sei, einen Schein an Plausibilität. Dieselbe Erklärung wurde dann für Krise und Abschwung des nachfolgenden VII. Zyklus 1980-82, erweitert um die Wirkungen einer restriktiven Geldpolitik der wichtigsten Zentralbanken zur Brechung der Zinshausse, nochmals vorgebracht. Beide Male wird durch derartige populäre Krisenerklärungen der Blick auf die inneren Widersprüche der Kapitalakkumulation dem Auge entrückt.

Der mit Krise und Abschwung des VI. Zyklus in den meisten kapitalistischen Metropolen vollzogene Übergang der Kapitalakkumulation in eine Überakkumulationssituation prägt Weltmarkt und Weltwirtschaft auch in den nachfolgenden Jahrzehnten bis zum heutigen Tag. Die Durchsetzung einer neuen, höheren Arbeits- und Betriebsweise zusammen mit der Ablösung eines Weltmarkt-Demiurgen durch ei-

[32] In der Folgezeit überspringt der Erdölpreis anlässlich eines nochmaligen Nachfrageschubs im Zuge einer weltweit sich belebenden Konjunktur 1978/79 im Laufe des Jahres 1980 die Marke von 30 $ je Barrel. Im Gegensatz zum ersten Ölpreissprung wirken sich nunmehr jedoch stärker angebotsseitige Restriktionen aus. Zum einen führt der beginnende Golfkrieg zwischen Irak und Iran zu Ausfällen der Gesamtfördermenge, zum anderen gelingt es den in der OPEC zusammengeschlossen Ländern, einen Ausgleich (und mehr) für die geschwundene und weiter schwindende Kaufkraft des US-Dollars durchzusetzen.

nen anderen – dies kann auch ein kooperatives internationales Szenario sein[33] – wird sich daher wie zur Zeit zwischen den beiden Weltkriegen wieder nicht reibungslos herstellen und hat sowieso bereits einen wesentlich längeren Zeitraum beansprucht.

[33] Vgl. den abschließenden Fünften Abschnitt.

Kapitel 14: Strukturelle Überakkumulation von Kapital in den Metropolen und Auf- und Abstiege von Ländern der Dritten und Zweiten Welt

a) Welthandel und Weltmarktzyklus unter Überakkumulationsbedingungen

Das Ende der Nachkriegsperiode ökonomischer Stabilität und Kontinuität in den internationalen Beziehungen zwischen den kapitalistischen Metropolen wird mit der Weltwirtschaftskrise 1974/75 eingeleitet. Während im V. Nachkriegszyklus (1968-1971) die Instabilitäten und krisenhaften Entwicklungen noch aparte Phänomene der finanziellen und monetären Verhältnisse auf dem Weltmarkt zu sein schienen, offenbart sich mit dem Abschluss des folgenden VI. Zyklus (1972-1975) der qualitativ veränderte Charakter der kapitalistischen Akkumulation für alle kapitalistischen Metropolen außer Japan. Für den Welthandel ergeben sich die in Tabelle 14.1 dokumentierten Zykluseinteilungen und Wachstumsraten (in laufenden und konstanten Preisen).

Die Krise 1974/75 wird von allen nationalen Reproduktionsprozessen der kapitalistischen Metropolen mit Ausnahme Japans synchron durchlaufen (siehe Abb. 14.1). Alle Metropolen weisen innerhalb des Abschwungs des VI. Zyklus negative Veränderungsraten ihres preisbereinigten Sozialprodukts (BIP) auf, mit Ausnahme Japans und der BRD sogar in zwei aufeinanderfolgenden Jahren. Auch der Welthandel geht 1975 preisbereinigt absolut zurück. Ebenso scharf ist die Abschwungsbewegung im folgenden VII. Zyklus (1980-82) ausgeprägt. Wiederum gehen Welthandel und die Kapitalakkumulation in den USA und der BRD absolut zurück, teilweise über zwei Jahre. Der obere Wendepunkt dieses Konjunkturzyklus wird von den USA 1979/80 eingeleitet; danach folgt eine Doppelrezession 1980 und 1982. Die BRD, mittlerweile fast ebenso stark im Welthandel engagiert wie die USA und in der Folgezeit für einige Jahre sogar der größte Weltexporteur von materiellen Waren, folgt sowohl im Abschwung als auch mit dem zyklischen Periodenwechsel 1982/83 nach. Nur Japan kann sich dieser erneuten weltweiten Wirtschaftskrise mit einem bloßen Rückgang der Zuwachsraten seines Sozialprodukts bis zu einem gewissen Grad entziehen. Der Beginn des VIII. Zyklus auf dem Weltmarkt geht sowohl zeitlich als auch intensitätsmäßig im Hinblick auf die Jahre 1983/84 eindeutig von den USA aus; dies zeigt sich anhand des Gleichklangs von US-Sozialproduktsentwicklung und Welthandel. Dieser Zyklus dauert bis 1991 in den USA, bis 1993 in der BRD und in Japan; der Welthandel weist demzufolge zwei kurz aufeinander folgende Tiefpunkte in 1991 und 1993 auf.

Für den gesamten VII. Zyklus ist die durchschnittliche Wachstumsrate des Welthandels mit 3,5% auf einem niedrigen Niveau, der höhere Wert in laufenden Preisen ist der anhaltenden Inflation und 1979 dem zweiten Ölpreisschock geschuldet.

Tabelle 14.1: Wachstumsraten des Welthandels

	Zyklusdatierung	zyklendurchschnittliche Wachstumsraten	
		laufende Preise	konstante Preise
VII.	Zyklus: 1976-1982	11,7%	3,5%
VIII.	Zyklus: 1983-1993	6,6%	5,1%
IX.	Zyklus: 1994-2001	6,5%	8,2%
X.	Zyklus: 2002-2009	10,1%	3,6%
XI.	Zyklus: 2010-2019*	4,7%	4,3%

*kein vollständiger Zyklus

Im folgenden VIII. Zyklus steigt die preisbereinigte Wachstumsrate des Welthandels auf 5,1% und die der Teuerung der Preise geschuldete Differenz zur Zuwachsrate in laufenden Preisen hat deutlich abgenommen. Die Zwischentiefpunkte in diesem VIII. Zyklus – beim Welthandel 1985, in Japan 1986 – gehen auf die (erste) Asienkrise zurück und betreffen in erster Linie nur den fernöstlichen Wirtschaftsraum mit Ausnahme der VR China; sie markieren demzufolge keinen zyklischen Periodenwechsel der Weltkonjunktur. Der folgende IX. Nachkriegszyklus nimmt 1992 in den USA seinen Ausgang, ab 1994 kommt es weltwirtschaftlich zu einer konjunkturellen Belebung, die aber in den einzelnen kapitalistischen Metropolen nicht an die Periode der beschleunigten Kapitalakkumulation vor 1975 anknüpfen kann. Letzteres gilt auch für die USA, die zwar die 1990er Jahre auf einem höheren Wachstumspfad als die anderen entwickelten kapitalistischen Länder durchlaufen, aber keineswegs ein Wirtschaftswunder erfahren, wie seinerzeit bisweilen orakelt wurde. Auch die Sonderrolle Japans ist in diesem IX. Zyklus passé. Konnte sich das japanische Kapital in den ersten beiden Überakkumulationszyklen der Wachstumsverlangsamung infolge schwächerer zyklischer Aufwärtsbewegungen und tieferer zyklischer Abschwünge noch weitgehend entziehen, bricht es nunmehr umso heftiger über den japanischen Reproduktionsprozess herein. Eine ausgeprägte Immobilienkrise, die das japanische Bankensystem in Mitleidenschaft zieht, wächst sich zu einer mehrjährigen Deflation an den Warenmärkten aus und lähmt den reproduktiven Geschäftsgang nachhaltig. Die Überwindung dieser Deflationsperiode ist erst mit dem Beginn des X. Zyklus 2004 gegeben – um dann im Rahmen der Finanzmarkt- und Weltwirtschaftskrise ab 2007 erneut auf die Tagesordnung gesetzt zu werden. Zu Recht ist daher für Japan von einem »verlorenen Jahrzehnt« der 1990er Jahre gesprochen worden.

Im Unterschied zu den Wachstumsraten in den nationalen Akkumulationsprozessen der entwickelten kapitalistischen Metropolen liegt die langfristige Wachstumsrate des Welthandels im VIII. und noch mehr im IX. Zyklus auf einem deutlich höheren Niveau. Dies ist sowohl Ausdruck einer zunehmenden Verflechtung der nationalen Reproduktionsprozesse über den internationalen Handel als auch Ergeb-

Abbildung 14.1: Weltmarktzyklus ab 1970

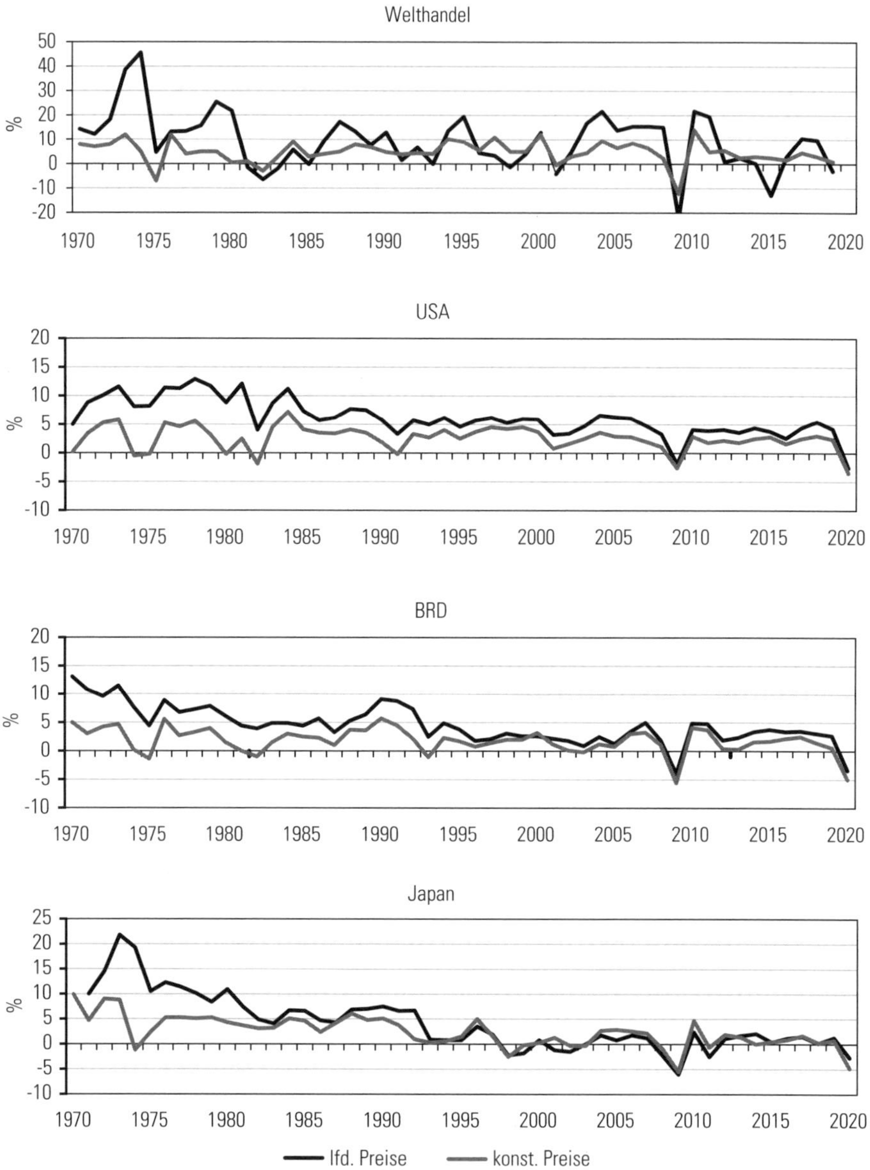

Quelle: IWF, WTO, OECD, Statistisches Bundesamt

Abbildung 14.2: Welthandelsanteile (Exporte) ab 1970

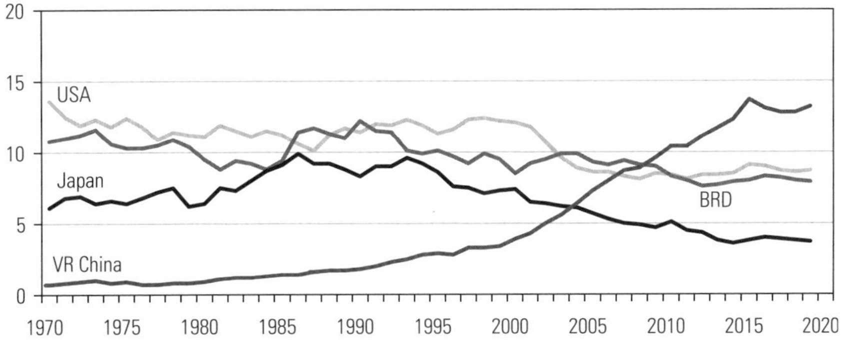

Quelle: IMF, WTO

nis des stärkeren Auftretens neuer Akteure, d.h. weiterer Nationen bzw. Nationalkapitale als wichtigen »Spielern« auf den Weltmärkten, was in der Folge nicht nur zu verstärkten Verlagerungstendenzen ganzer Produktionssphären aus den kapitalistischen Metropolen in die neu aufstrebenden Schwellenländer geführt hat, sondern auch mit dem Aufbau internationaler Wertschöpfungsketten kapitalistischer Konzerne und ihrer Aufteilung auf verschiedene sich industrialisierende Staaten zusammenhängt – Entwicklungen, die landläufig mit dem Begriff der Globalisierung der Weltwirtschaft bezeichnet werden (vgl. auch Abb. 14.2).

Die internationalen Handelsstrukturen sind in den 1970er Jahren zunächst und vorübergehend vom gemeinsamen Auftreten der im OPEC-Kartell zusammengeschlossenen Erdöl produzierenden und exportierenden Länder geprägt, die mit den zweimaligen Preisrevolutionen dieses zum wichtigsten Energieträger avancierten Rohstoffs sprunghaft an Bedeutung auf dem Weltmarkt gewinnen. Die Plötzlichkeit des ersten Ölpreisanstiegs 1973 lenkt Einkommensströme erheblichen Ausmaßes insbesondere von kapitalistischen Industrieländern zugunsten der OPEC-Länder um und das Leistungsbilanzgefüge der Weltwirtschaft wird 1973/74 erheblich durcheinandergewirbelt. Der aggregierte Leistungsbilanzüberschuss der kapitalistischen Industrieländer (Metropolen und nachgeordnete entwickelte Volkswirtschaften) kehrt sich aus einem Überschuss von 20,3 Mrd. $ 1973 in ein Defizit von 10,8 Mrd. $ 1974 um und beruht zum überwiegenden Teil auf der sprunghaft erhöhten Ölrechnung. Desgleichen vergrößert sich das Leistungsbilanzdefizit der Nichtöl-Entwicklungsländer von 11,3 Mrd. $ auf 37 Mrd. $, wobei besonders die Gruppe der seinerzeitigen »major export manufacturers« (Argentinien, Brasilien, Griechenland, Hongkong, Israel, Süd-Korea, Portugal, Singapur und Südafrika) durch die Ölpreisverteuerung belastet wird. Spiegelbildlich dazu schnellt der Leistungsbilanzüberschuss der OPEC-Länder um 61 Mrd. $ auf mehr als 68 Mrd. $ in die Höhe. In den Folgejahren verquicken sich konjunkturelle bzw. Überakkumulationstendenzen mit den fortbestehenden Auswirkungen der Ölpreiserhöhung. Im Jahr 1980 wiederholt sich eine vergleichbare Entwicklung.

In beiden Fällen 1973/74 und 1979/80 resultiert aus den Ölpreisrevolutionen ein weltwirtschaftliches Transferproblem, welches eine reproduktive und eine finanzielle Dimension besitzt. Da die Ölexport-Länder (Algerien, Indonesien, Iran, Irak, Katar, Kuwait, Libyen, Nigeria, Oman, Saudi-Arabien, Vereinigte Arabische Emirate, Venezuela) zum überwiegenden Teil niedrig entwickelte Länder sind, die zudem zu einem großen Teil kleine Binnenmärkte aufweisen, ist ihre Fähigkeit zur Umsetzung des durch die Ölpreishausse bezogenen Geldes für Käufe von Waren vergleichsweise gering. Eine unmittelbare Rückschleusung der Petro-Dollars der OPEC-Staaten in die Industrieländer aufgrund von Importen kann somit nicht stattfinden. Dennoch ist die Importfähigkeit selbst der bevölkerungsarmen Staaten am Persischen Golf so beachtlich, dass im Laufe von fünf Jahren nach dem ersten Ölpreisschub der Leistungsbilanzüberschuss der OPEC-Länder nahezu abgebaut ist. Von diesem durch Warenströme vermittelten Recycling profitiert in erster Linie die Gruppe der Industrieländer, die bereits mit Beginn des VII. Zyklus 1976 wieder eine ausgeglichene aggregierte Leistungsbilanz aufweist. Die nochmals in die Höhe schnellenden Leistungsbilanzüberschüsse der OPEC-Länder im Gefolge des zweiten Ölpreisschubs werden noch schneller wieder abgebaut; das bereits 1983 wieder zu verzeichnende Sinken der Ölpreise unter einen Jahresdurchschnittswert von 30 $ je Barrel im Gefolge einer Stabilisierung des Dollar-Wechselkurses sowie verstärkter Erfolge bei der Einsparung von Öl – im Zusammenspiel mit einer nach wie vor mäßigen konjunkturellen Entwicklung ab 1983 – verstärkt diese Tendenz zum Ausgleich.

In der Folgezeit, d.h. beginnend mit den 1980er Jahren, sind es zunächst die südostasiatischen Schwellenländer Südkorea, Taiwan sowie die Stadtstaaten Singapur und Hongkong, denen es gelingt, industrielle Entwicklungsprozesse nachzuholen und sich zunächst mit einfachen Massenprodukten, im Weiteren jedoch auch mit zunehmenden Anteilen bei höheren industriellen Waren, auf den Weltmärkten zu etablieren. In den 1990er Jahren erleben wir vor dem Hintergrund der marktwirtschaftlichen Transformation des chinesischen Reproduktionsprozesses den Beginn des rasanten Aufstiegs der VR China als industrieller Produktions- und Handelsmacht, die bei fast durchgängig zweistelligen binnenwirtschaftlichen Wachstumsraten des Nationalprodukts sich anschickt, auch im Welthandel eine internationale Führungsposition einzunehmen, die sie ab dem Jahr 2009 als weltgrößter Warenexporteur auch erreicht hat. Demgegenüber erleidet Japan nach der Jahrtausendwende einen Bedeutungsverlust als Exporteur, nachdem der auch nach der Weltwirtschaftskrise 1974/75 zunächst unvermindert weiter gehende Expansionsprozess des japanischen Kapitals Ende der 1980er Jahre seinen Zenit erreicht hatte.

Die Intensivierung des Welthandels und die Umgruppierung der Konstellationen zwischen den führenden Handelsnationen vollzieht sich innerhalb der vorliegend betrachteten Zeitperiode trotz des zuvor krisenhaft zusammengebrochenen Bretton-Woods-Währungssystems fixer Wechselkurse zwischen den nunmehr floatenden bedeutendsten Transaktionswährungen auf dem Weltmarkt. Dieses Regulationssystem hatte während der vorangegangenen Periode in den kapitalistischen Metropolen Wesentliches zur Verallgemeinerung, Stabilisierung und wechselseitigen Forcierung der beschleunigten Akkumulation ihres reproduktiven Kapitals beigetragen. Die Krise des Bretton-Woods-Fixkurssystems war um die Schwächung des US-Dollars als Weltgeldersatz zentriert gewesen. Grundlage dafür war wiederum die tendenzielle Einebnung der ursprünglichen Produktivitätsvorteile der USA sowie die Belastung der US-Ökonomie durch kriegerische Abenteuer in Vietnam und Kambodscha gewesen. Der Zusammenbruch dieses Gold-Dollar-Standards vollzog sich in zwei Etappen: Die im August 1971 von der US-Regierung ausgesetzte offizielle Goldkonvertibilität des Dollars leitete eine Zwischenphase der Währungsentwicklung ein, in der die kapitalistischen Metropolen als Ganze vorerst noch versuchten, an festen Währungsparitäten festzuhalten. Mit der einseitigen Aufkündigung der Konvertibilitätsverpflichtung des Dollars gegen Gold zur festen Parität durch den amerikanischen Präsidenten R. Nixon am 11. März 1973 wurde das Währungsregime der Nachkriegsprosperität sodann aber beendet. An seine Stelle tritt ein *»monetärer modus vivendi«* (Aschinger 1978: 23), der mit Bezug auf die verschiedenen Wechselkurspraktiken ein bunt gemischtes Bild unabhängig flottierender Währungen, an andere Währungen mehr oder weniger fest gekoppelter Währungen, an Währungskörbe gebundener Währungen sowie ein gemeinsames Blockfloaten mit gegenseitiger Intervention (Europäischer Wechselkursverbund) aufweist. Bestimmend für internationale Transaktionen sind jedoch frei schwankende Wechselkurse zwischen Währungen, mit denen über 50% des Welthandels abgewickelt werden – dies betrifft die amerikanische, japanische und britische Währung sowie die Außenbeziehungen der am Europäischen Festkurssystem teilnehmenden Währungen.[1]

Die verstärkte internationale Verflechtung der nationalen Reproduktionsprozesse und das Aufkommen neuer Länder und Ländergruppen an den Warenmärkten – sowie mit der beschleunigten Geldkapitalakkumulation auch an den Finanzmärkten – drückt dabei keineswegs einen Wert an sich aus, von dem auf einen internationalen Wohlstandsgewinn geschlussfolgert werden könnte. Zum einen bleibt das Auftreten neuer »Spieler« auf den Märkten auf sehr wenige Länder beschränkt, die ihre Weltmarktanteile zum Teil durch rücksichtslose Ausbeutung von Menschen und äußerer Natur erringen. Darüber hinaus scheitern auch viele Länder mit dem Versuch, nachholende Entwicklungsprozesse mit Rückgriff auf Kreditaufnahmen an internationalen Märkten durchzuführen – was zurückbleibt, sind überschuldete Nationen, die sich den Diktaten ihrer Gläubiger sowie internationaler Institutionen zu unterwerfen haben. Zum anderen ist ein Teil der Weltmarktanteile dieser auf-

[1] Zur genaueren Betrachtung der monetären und währungsmäßigen Aspekte der historischen Entwicklung auf dem kapitalistischen Weltmarkt vgl. den II. Band der »Kritik der politischen Ökonomie und Kapitalismusanalyse«; für den vorliegend im Mittelpunkt stehenden Zeitraum Kapitel 12 (Krüger 2012a: 308ff.).

kommenden Länder auch zugleich den Krisenentwicklungen in den angestammten Metropolen des Kapitals geschuldet, drückt also auch nach dieser Seite alles andere als allgemeine Wohlstandsmehrung durch Freihandel und unregulierte Märkte aus. Für die Mehrheit der unterentwickelten Länder bleibt sowieso keine Hoffnung; hier markiert die Periode nach 1975 einmal mehr die Aneinanderreihung verlorener Jahre. Zur beschleunigten Geldkapitalakkumulation und Finanzspekulation in und zwischen den kapitalistischen Metropolen selbst tritt somit eine Geldkapitalakkumulation zwischen Industrie- sowie OPEC-Ländern auf der einen, nachgeordneten Ländern sowie Nichtöl-Entwicklungsländern auf der anderen Seite. Damit erreicht die Verselbständigung der Geldkapitalakkumulation eine neue Stufe, die sich im – ersten – Eklat der internationalen Schuldenkrise 1980-82 manifestieren wird.

b) Ausdrucksformen und wirtschaftspolitische Interventionen gegen die kapitalistische Überakkumulation: Stagflation, Angebotspolitik und zunehmende Finanzialisierung

Die erste Ausdrucksform der strukturellen Überakkumulation von Kapital ist in den 1970er und 1980er Jahren eine »stagflationäre« Entwicklung, d.h. ein Zusammenspiel von stagnativer Kapitalakkumulation bei gleichzeitig gestiegener Inflationierung der Warenpreise. An und für sich signalisiert eine zunehmende Preisinflation an den Warenmärkten einen Nachfragesog (demand pull), der sich in der ersten Runde in steigende Kapitalprofite umsetzt und die Kapitalakkumulation und damit das Wirtschaftswachstum anreizt. Erst danach steigen auch die Kosten an und zwar sowohl die Preise der Produktionsmittel als auch der Preis der Arbeitskraft, d.h. die Geldlöhne. Dieser wachsende Kostendruck wird, wenn der Nachfragesog anhält, auf die Absatzpreise überwälzt (cost-push) und das Zusammenspiel von steigenden Preisen, wachsenden Profiten und weiterhin steigenden Kosten setzt sich fort. Unter Bedingungen einer langfristig beschleunigten Kapitalakkumulation ist dies die klassische Konstellation eines zyklischen Aufschwungsprozesses, der erst dann an sein Ende kommt, wenn die Weitergabe steigender Produktionskosten an die Absatzpreise sich an Nachfragerestriktionen bricht.[2]

Die gewinnsteigernde Wirkung einer verstärkten Preisinflation und die Umsetzung steigender Gewinne in zunehmende Investitionen und gesteigertes Wirtschaftswachstum unterstellen aber ein allgemeines Profitratenniveau, welches als Durchschnitt von differierenden Branchenprofitraten und Einzelrenditen einen genügenden Abstand gegenüber dem langfristigen Zinsfuß als alternativer und konkurrierender Ertragsrate bei der Investitionsentscheidung aufweist und dadurch den Zyklus als Prosperitätszyklus oder als Moment einer langfristig beschleunigten Kapitalakkumulation charakterisiert. Genau diese Konstellation liegt aber in ei-

[2] Zur genaueren Darstellung der zyklischen Prozesse und der Auseinanderlegung ihrer typischen Kreislaufbeziehungen vgl. Krüger 2010: 321ff., insbes. 384ff.

ner strukturellen Überakkumulationssituation gerade nicht vor. Die Profitrate war langfristig in den vorangegangen Zyklen während der Prosperitätsperiode nach dem Zweiten Weltkrieg gesunken und der Kapitalzinsfuß hatte sich infolge der Stabilisierung der Umschlagsprozesse der Kapitale durch Betriebsmittelkredite sowie einer mit dem Ausbau des Sozialstaats langfristig gewachsenen öffentlichen Verschuldung nicht der gesunkenen Profitrate angepasst. Im Gegenteil, die von Zyklus zu Zyklus zunehmende Inflationierung der Warenpreise, verstärkt durch den exogenen Faktor der deutlichen Preiserhöhung beim mittlerweile wichtigsten Energieträger Erdöl, hatte die Nominalzinssätze sukzessive erhöht. Niedrige Profitraten und dementsprechend niedrige Grenzleistungsfähigkeiten des Kapitals bei gleichzeitiger Erhöhung der langfristigen Zinsen markieren die schlechteste aller Welten für die reproduktive Kapitalakkumulation in den oberflächlichen Formen des Reproduktionsprozesses, der sich nicht mehr im Modus einer beschleunigten Kapitalakkumulation bewegt. Teilweise lagen die Profitraten nicht nur in einzelnen Jahren zyklischer Krisen, sondern auch als zyklendurchschnittliche Größen auf dem Niveau des Kapitalzinsfußes oder sogar darunter.

Zu diesem in den 1970er Jahren bzw. im VII. Nachkriegszyklus in allen kapitalistischen Metropolen außer Japan vorliegenden Missverhältnis von Profitrate und langfristigem Zinsfuß gehörte auf der anderen Seite trotz latenter und manifester Überproduktion in den verschiedenen Zyklusphasen ein fortwährend steigendes Warenpreisniveau. Seine Ursachen lagen neben exogenen Faktoren in hohen und wegen der noch guten Beschäftigungssituation an den nationalen Arbeitsmärkten nach unten starren Geldlöhnen, die gut aufgestellte Arbeiter- und Gewerkschaftsbewegungen vorerst noch vollständig den steigenden Warenpreisen für die gewohnheitsmäßig in die Konsumtion der Lohnabhängigen eingehenden Waren anpassen konnten. Vielfach kam es sogar zu anhaltend steigenden Reallöhnen. Im Ergebnis ergab sich so eine Preis-Lohn-Preis-Spirale mit dem scheinbar paradoxen Zusammenspiel zwischen verlangsamter reproduktiver Kapitalakkumulation (Stagnation) und anhaltender Inflation.

Diese stagflationäre Entwicklung als erster Ausdruck der strukturellen Überakkumulation von Kapital nach der Weltwirtschaftskrise 1974/75 ist für den gesamten VII. Zyklus charakteristisch. Dessen oberer Wendepunkt, d.h. seine zyklische Krise liegt für Japan und Großbritannien im Jahr 1980 bzw. 1981 für die BRD. Die USA hatten bereits 1980 einen ersten Einbruch in der laufenden Reproduktion erfahren, welcher nach dem zyklischen Zinsmaximum in 1981 in ein zweites zyklisches Tief mündete (sog. Doppelrezession, double dip). Der zyklische Abschwung dieses VII. Nachkriegszyklus ist mit Ausnahme Japans in den meisten kapitalistischen Metropolen vergleichbar tief wie der vorangegangene Abschwung des VI. Zyklus 1974/75. Wie dieser wird er durch den zweiten Ölpreisschock 1979 durch exogene Umstände verschärft.

Die hohen und in den 1970er Jahren ansteigenden Zinssätze wirken darüber hinaus nicht nur restringierend für die reproduktive Kapitalakkumulation der Metropolen, sondern verschärfen darüber hinaus die Schuldenkrise der nachgeordneten

Länder; hinzu kommt die Aufwertung des US-Dollars, also der Währung, in der die meisten Kredite denominiert sind. Insbesondere bei der Ausgestaltung der Euromarkt-Kredite als Roll-over-Kredite mit jeweils kürzerfristiger Neufestsetzung der Zinsen erhöhten sich die Schuldendienstaufwendungen sprunghaft. Wird erst einmal das Kreditrisiko seitens der Gläubigerbanken infolge auftretender Zahlungsschwierigkeiten höher bewertet, kommen neben der Erhöhung des Standardzinsfußes (seinerzeit LIBOR-Rate) gestiegene Aufschlagssätze hinzu. Die Zinsen stiegen so doppelt, bei gleichzeitig kurzfristiger Anpassung.

Bis zum Ende der 1970er Jahre verharrt der langfristige Zinsfuß in den USA mit nur geringen Schwankungen bei knapp 8% und beginnt erst ab dem Jahr 1979 diese Marge deutlich mit einem Jahresdurchschnittswert von nahezu 14% in 1981 zu übersteigen. Ausgeprägte konjunkturelle Bewegungen weist nur der kurzfristige Zinsfuß in den USA mit jeweiligen zyklischen Maxima in 1973/74 und 1979-81 auf. Die Erhöhung des (zyklendurchschnittlichen) Zinsniveaus in den anderen Ländern ist kein singuläres, auf das Ende des VII. Zyklus beschränktes Phänomen, sondern besitzt strukturell-langfristigen Charakter. Mit Beginn des ersten Zyklus unter Überakkumulationsbedingungen vollzieht sich eine signifikante Steigerung des Zinsniveaus sowohl im kurz- wie im langfristigen Bereich (mit einer teilweise inversen Zinsstruktur). Demgegenüber läuft der Zinsanstieg in den USA zeitlich nach (siehe Abb. 14.3). Eine Steigerung des Zinsniveaus im Zusammenhang mit einer Überakkumulation von Kapital ist aber auch für die USA nachweisbar. Zu berücksichtigen ist dabei, dass das US-Zinsniveau ursprünglich von extrem niedrigen Werten ausging, d.h. immer schon im internationalen Vergleich der Zinssätze mit an der letzten Stelle rangierte. Diese internationale Konstellation hielt – bei jeweils national langfristig steigenden Kapitalmarktzinsen – bis zum Ende der 1970er Jahre an; erst von diesem Zeitpunkt haben die USA international aufgeschlossen.

Neben den national spezifisch konturierten Angebot-Nachfrage-Bewegungen an den Geldkapitalmärkten, für die es insbesondere im langfristigen Bereich trotz zunehmender internationaler Integration keinen weltweiten Ausgleich der (»Real«-) Zinsen gab, entsprach die Diskrepanz in den nationalen (Nominal-)Zinsniveaus des Weiteren der unterschiedlichen Höhe der nationalen Preissteigerungsraten. Die erwartete Preissteigerungsrate in einem Land kann wiederum als fundamentaler – d.h. in mittlerer Frist sich durchsetzender – Einflussfaktor des Swapsatzes dieser Währung gegenüber einer anderen begriffen werden. Der US-Dollar war, neben der D-Mark in den 1950er und 1960er Jahren, eine der kaufkraftbeständigsten Währungen im internationalen Vergleich gewesen und konnte, relativ gesehen, diesen Charakterzug bis zum Ende der 1970er Jahre halten. Erst 1980 hat der nationale Kaufkraftverlust des Dollars zu den am stärksten inflationierenden Währungen aufgeschlossen; gleichzeitig ging in Japan die Preissteigerungsrate drastisch zurück. Neben den konjunkturellen Einflussfaktoren hatte dies mit der betriebenen Geldpolitik der Zentralbanken zu tun, insofern diese die induzierten Preisauftriebstendenzen monetär alimentiert hatten. Bis zum Jahr 1980 betrieb die US-Zentralbank eine permissive Geldpolitik; zusammen mit den konjunkturellen Erholungs-

Abbildung 14.3: Zinssätze in den wichtigsten kapitalistischen Metropolen

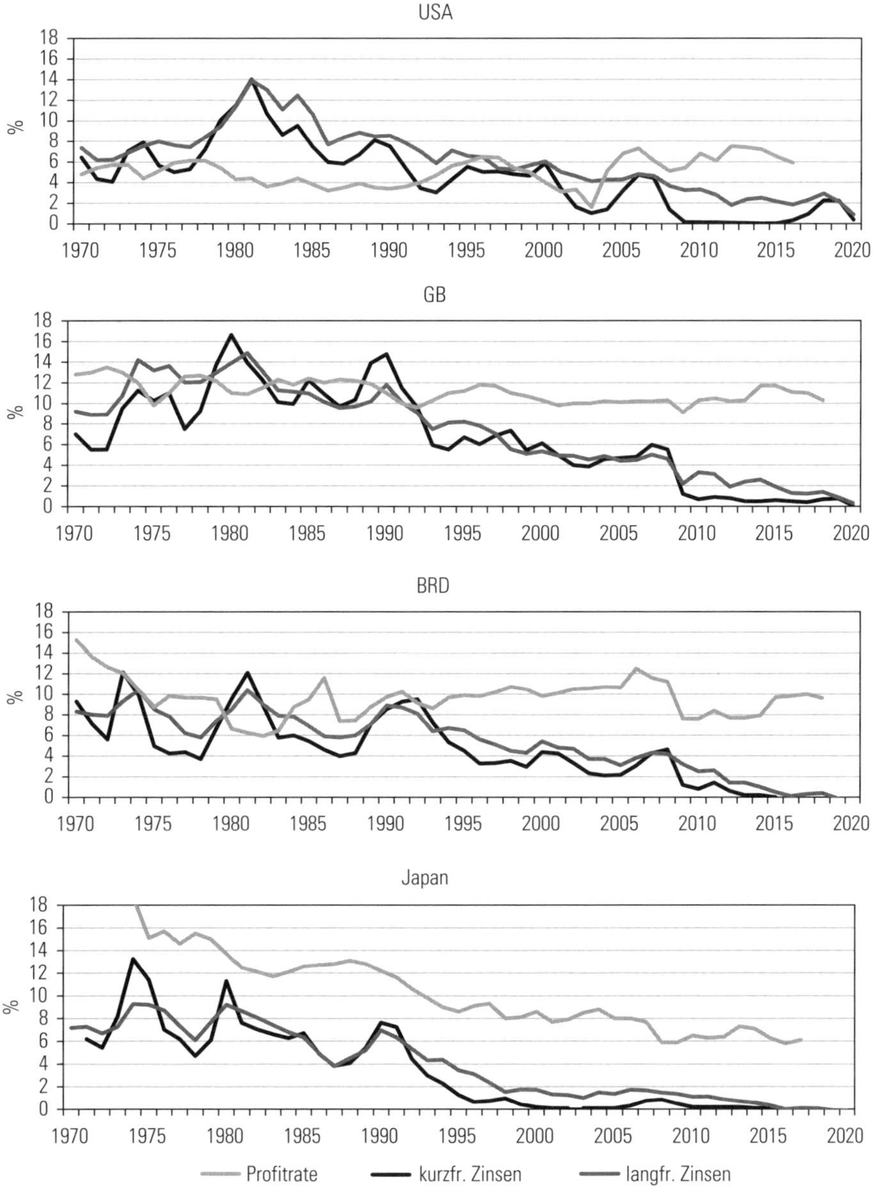

Quellen: OECD, Deutsche Bundesbank, Bank of Japan, FRED

Abbildung 14.4: Entwicklung der Warenpreise in den wichtigsten kapitalistischen Metropolen; Veränderung ggü. Vj. in %

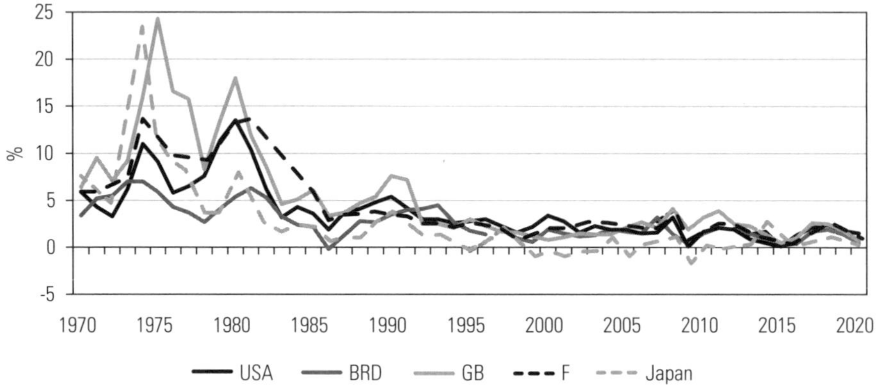

Quelle: IWF, OECD

tendenzen und der zweiten Ölpreisanhebung erreichte die Preissteigerung in den USA noch im Jahr 1980 einen Nachkriegsspitzenwert von 13,5%. Danach schaltete die Federal Reserve Bank auf eine restriktive Geldpolitik um, verschärfte damit den konjunkturzyklischen Abschwung und erreichte fortan wieder deutlich niedrigere Kaufkraftentwertungen der US-Devise. Der Umschwung in der betriebenen Geldpolitik ist nicht auf die USA beschränkt; tendenziell alle kapitalistischen Metropolen betrieben nunmehr eine mehr oder weniger restriktive Geldpolitik. Auch nach dem konjunkturellen Periodenwechsel in den VIII. Nachkriegszyklus blieben die Preissteigerungen niedrig. Die Überakkumulation als Stagflation wird fortan durch eine Überakkumulation mit stabilen Warenpreisen, die immer auch schon die Gefahr des Abrutschens in eine Deflation aufweisen, abgelöst (siehe Abb 14.4).

Dieses vor dem Hintergrund der Abschwungsbewegung des VII. Nachkriegszyklus erfolgende konzertierte Umschalten der Geldpolitik der wichtigsten Zentralbanken auf einen Restriktionskurs muss als geldpolitische Reaktion auf die gewachsene Überakkumulationssituation als Stagflation gewertet werden, die zusammen mit der ordnungs- und fiskalpolitischen Angebotspolitik der Regierungen einen Ausbruchsversuch aus der strukturellen Krisenkonstellation darstellte. Darüber hinaus wurde die Bekämpfung der hohen Inflationsrate der Warenpreise, also der Reduzierung der Kaufkraft einer Geldeinheit, zu einer den Substanzwert der akkumulierten Geldvermögensbestände sichernden Maßnahme. Wegen der mittlerweile in allen Ländern erfolgten – begrenzten – Partizipation weiter Teile der lohnabhängigen Bevölkerung an der Geldvermögensbildung (Spareinlagen) erhielt diese geldpolitische Restriktion sowie der Umschwung der Wirtschaftspolitik zu Deregulierungsmaßnahmen gegenüber Schutzbestimmungen am Arbeitsmarkt, der Auflösung der Mixed Economy der Nachkriegsjahrzehnte durch Privatisierung öffentlicher Unternehmen und Betriebe sowie einer den arbeitsmarktbestimmten Druck auf die Löhne politisch verstärkenden staatlichen Verteilungspolitik Zustimmung auch über den kleinen Kreis der Geldkapitalisten hinaus. Mit den 1980er Jahren ist die keynesianisch inspirierte Politik der Einhegung des Kapitalismus durch nichtkapitalistische Vergesellschaftungsformen (öffentliche Unternehmen, Auf- und Ausbau des Sozialstaats) Vergangenheit. Es erfolgt die Hinwendung zum monetaristischen Paradigma einer regelgebundenen Geldpolitik zur Brechung der Inflation und einer auf die Selbststeuerungsfähigkeit der Märkte orientierten Wirtschafts- und Fiskalpolitik (Neoliberalismus), mit denen die aufgetretenen Probleme des Kapitalismus durch ein Mehr an Kapitalismus, also eine Abkehr von dem in den 1970er Jahren erfolglos gebliebenen Keynesianismus, gelöst werden sollen; diese Herangehensweise wird später noch mehrmals radikalisiert werden. Den Verlierern dieses Umschwungs der Wirtschaftspolitik wird versprochen, dass eine politisch gestützte Steigerung der Profite auch und gerade auf Kosten der Arbeitslöhne eine Rückkehr zu Wirtschaftswachstum einleiten und daher in der nächsten Runde auch die Lohnbezieher durch Abbau der Massenarbeitslosigkeit und wieder ansteigende Löhne besserstellen würde (Trickle-down-Effekt).

Tatsächlich geht in der Folgezeit das Zinsniveau in allen kapitalistischen Metropolen – unter zyklischen Schwankungen – langfristig-strukturell gegenüber den Höchstständen der 1970er und zu Beginn der 1980er Jahre zurück. Entsprechendes gilt für die nationalen allgemeinen Preisniveaus. Beide Entwicklungen sind nun aber keineswegs (nur) das Ergebnis einer erfolgreichen, weil zielkonformen Geldpolitik, sondern in erster Linie naturwüchsig marktbestimmt und dementsprechend Ausdruck der fortwährenden strukturellen Überakkumulation vom Kapital. Dies gilt zum einen für die Entwicklung der Warenpreise, die eine beständige latente Überproduktion aufgrund von unterdurchschnittlich ausgelasteten Produktionskapazitäten, d.h. überakkumulierten Fixkapital dokumentieren. Dieses überakkumulierte Kapital wird nicht durchgreifend entwertet; es wirkt darüber hinaus als Hemmnis für die reproduktive Neuanlage von Kapital, welche vielfach nur im Verdrängungswettbewerb erfolgreich ist. Nur in der der Finanzmarktkrise von 2007/08 folgenden tiefen Krise 2009 findet eine umfassendere Vernichtung und Entwertung von überakkumuliertem Kapital statt, was einigen Ländern, u.a. dem BRD-Nationalkapital, zu einer nachfolgenden Exportkonjunktur verhalf und den USA durch eine expansive Fiskalpolitik eine positive Wirtschaftsentwicklung im XI. Zyklus (ab 2010) ermöglichte. Die Kehrseite ist eine nur zögerliche konjunkturelle Erholung in anderen Ländern, die bis hin zu einer stagnativ-depressiven Entwicklung geht und regelrecht deflationäre Tendenzen an ihren Warenmärkten erzeugte.[3]

Zum anderen ist auch die strukturell-langfristige Reduzierung der Zinsen in erster Instanz marktbestimmt und direkter Ausdruck von überakkumuliertem Kapital in Form von Geld- oder Leihkapital, welches keine profitable reproduktive An-

[3] Wir kommen auf die Konstellationen des XI. Nachkriegszyklus noch einmal ausführlich im 16. Kapitel zurück.

lage findet. Insofern findet ein Zusammenspiel zwischen gesunkener Profitrate und sinkenden Zinssätzen statt mit einer von der Profitrate ausgehenden Wirkungsrichtung. Diese Konstellation einer durch den Profitratenfall bedingten Reduzierung der Zinssätze ist als der allgemeine Fall anzunehmen; demgegenüber war das vorherige Zusammentreffen zwischen niedriger Profitrate und hohen Geldzinsfüßen das bloße Intermezzo eines Übergangs.[4]

Leihkapital in Geldform wandert ab in die verschiedenen Formen fiktiven Kapitals und wird in liquiditätsnahen Formen als Spekulationskasse gehalten. Je stärker die Zinsen sinken und die Kurse des fiktiven Kapitals steigen, umso stärker haussieren die Börsen und Immobilienmärkte, auf deren Sekundär- oder Bestandsmärkten die Umsatztätigkeit, durch spekulative Erwartungen genährt, zunimmt und Vermögenspreisblasen treibt. Durch die Instrumentalisierung der Geldpolitik zur reproduktiven Konsumnachfragesteigerung (asset-based wealth driven accumulation) bzw. zur Rettung der zusammenbrechenden Finanzmärkte und Geschäftsbanken in der Krise von 2007/08 ist später diese Zinssenkungstendenz nochmals durch die Zentralbanken politisch verstärkt worden. Damit wird die Steuerungsfunktion des Zinssatzes für die Kapitalakkumulation bis zu einem gewissen Grad suspendiert. So vorteilhaft auf der einen Seite niedrige Zinsen für die reproduktive Kapitalakkumulation als geringer Kapitalkostenfaktor sind, so krisenerzeugend sind auf der anderen Seite die durch die Niedrigstzinsen getriebenen Vermögenspreise – fiktives Kapital: Wertpapiere aller Art sowie Immobilien (Grund und Boden) –, durch die Fehlallokationen von Kapital durch Bevorteilung des Kaufs von Eigentumstiteln gegenüber wertschöpfenden Investitionen erzeugt werden. Beim allfälligen Platzen dieser Vermögenspreisblasen wird nicht nur Wertschöpfung und reproduktive Kapitalakkumulation rückwirkend krisenhaft betroffen, sondern auch das internationale Finanzsystem kann dadurch in eine existenzbedrohende Krise hineingerissen werden.

Vor der Großen Krise 2007-09, d.h. im VIII. und IX. Zyklus sowie im Aufschwung des X. Zyklus 2003-2006/07, hat der fortschreitende Rückgang des Zinsniveaus allerdings zeitweise zur Stabilisierung von Wertschöpfung und Kapitalakkumulation beigetragen. Bei den niedrigen Niveaus der nationalen Durchschnittsprofitraten in diesem Zeitraum erbrachte die fortwährende Reduzierung des Kapitalzinssatzes neben den nun mehr und mehr nach unten flexiblen Geldlöhnen eine Kostenentlastung der Unternehmen, die auch das Investitionskalkül verbesserte. Der Fortfall der »Lohnpeitsche« reduzierte allerdings den Zwang zu Rationalisierungsinvestitionen, zumal die neoliberale Deregulierungspolitik in allen entwickelten Ländern

[4] Vgl. MEW 25: 371f.: »*Da man gesehn, daß die Höhe der Profitrate im umgekehrten Verhältnis steht zur Entwicklung der kapitalistischen Produktion, so folgt daher, daß der höhre oder niedre Zinsfuß in einem Lande in demselben umgekehrten Verhältnis zur Höhe der industriellen Entwicklung steht, soweit nämlich die Verschiedenheit des Zinsfußes wirklich Verschiedenheit der Profitraten ausdrückt. … In diesem Sinn kann man sagen, daß der Zins reguliert wird durch den Profit, näher durch die allgemeine Profitrate.* Und diese Art seiner Regulierung gilt selbst für seinen Durchschnitt.« (Hervorh. S.K.)

den Auf- und Ausbau eines Niedriglohnsektors auf vielfältige Art betrieb. Zusammen mit dem niedrigeren gesamtwirtschaftlichen Wachstum führte diese Umverteilung »von unten nach oben« zu signifikant niedrigeren Produktivitätszuwächsen – eine Entwicklung, die im langfristigen Trend bereits Mitte der 1970er Jahre begann. Sofern sie auf verminderten Rationalisierungsinvestitionen beruhte, drückte sie das Ausweichen des Kapitals auf vermehrte Methoden der absoluten Mehrwertproduktion durch Lohndrückerei, Verlängerung der Arbeitszeiten und vermehrte Heranziehung atypischer Beschäftigung aus. Die Kehrseite dieser für das Kapital verbesserten Angebotsbedingungen durch eine sinkende Lohnquote ist allerdings die Zuspitzung der Realisierungsbedingungen des gesamtwirtschaftlichen Warenprodukts durch eine relativ schwache Entwicklung der konsumtiven Endnachfrage.

Die überakkumulationstypische Ausformung der spezifisch kapitalistischen Produktionsweise wurde auch aufseiten der Eigentumsverhältnisse der Unternehmen und den sich daraus ergebenden Ausprägungen des Verwertungsprozesses fortgesetzt. Überakkumuliertes Geldkapital, das durch Kapitalfonds gebündelt und angelegt wird, fand nun auch zunehmend im Kauf von reproduktiven Unternehmen eine Anlage. Diese Form der Finanzinvestition war in den angelsächsischen Ländern seit jeher verbreitet; sie gewann nun auch international ein weiteres Betätigungsfeld. Die Anpassung juristischer Rahmenbedingungen und die steuerliche Bevorteilung der Unternehmensbeteiligung durch Kapitalanlagegesellschaften verschaffte der Veränderung der Eigentumsverhältnisse im Unternehmenssektor auch in Ländern mit einem großen Anteil traditionell eigentümergeführter Unternehmen wie z.B. in der BRD den Durchbruch.

Die Übernahme unternehmerischer Leitung durch Kapitalfonds wirkte des Weiteren auf die Geschäftsführungen in den Unternehmen zurück. An die Stelle der ehemaligen fordistischen Corporate Governance einer – wenn auch asymmetrischen – Kooperation zwischen Management und Vertretern der Belegschaft und der Orientierung an Umsatzwachstum und Marktanteilssteigerung trat die Maximierung des Unternehmenswerts (Shareholder Value), ausgedrückt im Aktienkurs oder im Ertragswert nicht börsennotierter Unternehmen. Aus der eher passiven Rolle eines Anteilseigners, der seine periodischen Ausschüttungen kassiert und sich ansonsten wenig um die operative Geschäftstätigkeit bekümmert, traten die Kapitalanlagegesellschaften als Eigentümer heraus und brachten das Management mit am Aktienkurs oder Unternehmenswert orientierten Vergütungsformen, teilweise auch durch den Zwang, Aktien des eigenen Unternehmens durch bereitgestellte Kredite zu erwerben, auf ihre Seite. Die Leidtragenden waren und sind die abhängig Beschäftigten am Ende der Kette, deren Entlohnung nun auch einzelwirtschaftlich zu einer Residualgröße der Unternehmensrechnung wurde, die sich der Rendite- und Shareholder-Value-Vorgabe der Eigentümer unterzuordnen hatte.

Das Geschäftsmodell der Finanzinvestoren orientiert auf kurzfristige Profite sowohl durch Druck auf die Arbeitslöhne als auch durch Neustrukturierung der Leistungsportfolios durch Konzentration auf Kernkompetenzen und Abstoßung von Wertschöpfungsstufen durch Outsourcing und Verkauf von Randbereichen (nichtbetriebsnotwendige Assets). Damit wird ein Beitrag zur Restrukturierung der gesellschaftlichen Arbeitsteilung mit Neuaufstellung der Einzelkapitale und Generierung von Synergien durch Skalierungseffekte bei neu zusammengesetzten Unternehmen geleistet. Auch die Marktverhältnisse werden erweitert, wenn neu auf Kernkompetenzen zugeschnittene Unternehmen an die Stelle der früheren tief vertikal integrierten Unternehmen mit einer hohen Eigenleistungstiefe treten. Fixe Kosten werden teilweise zu variablen Kosten und ermöglichen dadurch Entlastungen durch Vermeidung von Leerkapazitäten. Allerdings vollziehen sich all diese Veränderungen in der Unternehmensaufstellung und -führung unter dem Imperativ kurzfristiger Profitmaximierung.

Es liegt daher in der Natur der Sache, dass vielfach über das Ziel hinausgeschossen wird, indem Unternehmensbereiche verkauft werden, die strategische Komplementäreffekte zum Kerngeschäft aufweisen. Die Abgabe von Wertschöpfungsstufen an Fremdanbieter führt darüber hinaus oftmals zu Qualitätsmängeln, die kurzfristig nicht geheilt werden können. Ganz übel wird es für Firmen, die mehrmals von Finanzinvestoren ge- und verkauft werden. Der teilweise kreditfinanzierte Kaufpreis wird dem gekauften Unternehmen aufgebürdet, seine Zins- und Tilgungsverpflichtungen belasten den zukünftigen Cashflow und beschränken damit die Finanzierungsmöglichkeiten für Investitionen. Wird der Kauf bzw. Verkauf mehrmals wiederholt, sind die Überschuldung des Unternehmens und sein Bankrott vorprogrammiert. Im Ergebnis haben sich trotz teilweise neu eröffneter positiver Produktivitätseffekte die finanzkapitalistischen Unternehmensübernahmen und -führungen in allen Ländern als unfähig erwiesen, der strukturellen Überakkumulationssituation zu entkommen.

c) Nachholende Entwicklungsprozesse in den asiatischen »Tigerstaaten« Hongkong, Singapur, Südkorea und Taiwan

Die internationale Arbeitsteilung zwischen kapitalistischen Metropolen und unentwickelten Ländern, die seit Anbeginn der Betriebsweise der Großen Industrie *»einen Teil des Erdballs in vorzugsweis agrikoles Produktionsfeld für den andern als vorzugsweis industrielles Produktionsfeld«* (MEW 23: 475) umgewandelt hatte, war auch nach dem Zweiten Weltkrieg trotz des Fortgangs und schließlichen Abschlusses der Dekolonisierung lange Zeit stabil geblieben. Zwar hatte sich jenseits der Satelliten europäischer Metropolen (Schweiz, Spanien/Portugal, skandinavische Länder etc.) die große Anzahl von zur Dritten Welt zu zählenden Ländern hinsichtlich des Bruttoinlandsprodukts pro Kopf der Bevölkerung ausdifferenziert und stellten neben den OPEC-Staaten Länder wie Israel, Südafrika, Neuseeland und Australien auch Sonderfälle dar, die denen der Siedlerkolonien des 19. Jahrhunderts hinsichtlich der exogenen Implantierung von sozioökonomischen Entwicklungsprozessen vergleichbar waren, doch hatte bis in die 1970er Jahre kein anderes Land an der Peripherie des kapitalistischen Weltmarkts die Schwelle einer die Breite der Ge-

Abbildung 14.5: Weltsozialprodukt nach Ländergruppen (in lfd. US-$)

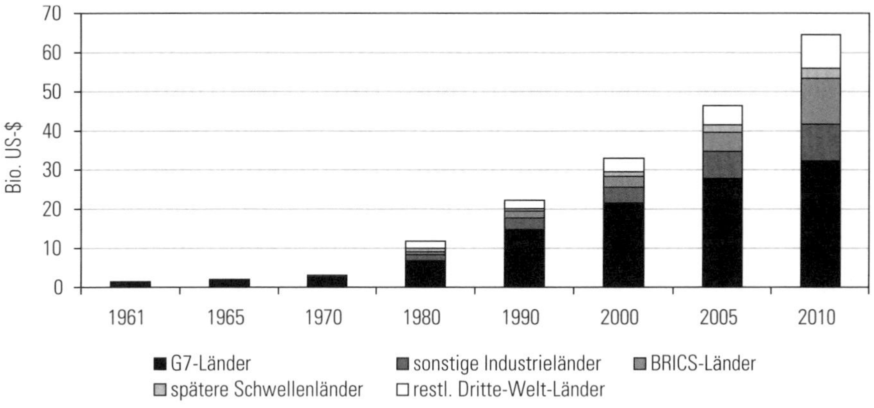

Quelle: eigene Berechnungen auf Basis von Daten der Weltbank

sellschaft wenn nicht umfassenden, so doch erfassenden Industrieentwicklung erreicht. Dementsprechend waren auch die resp. Beiträge dieser Länder der Dritten Welt zur Weltproduktion stets im Bereich von rd. 10% geblieben (siehe Abb. 14.5).

Diese Verhältnisse begannen sich erst zu ändern, als die Kapitalakkumulation in den kapitalistischen Metropolen (inkl. der ihnen zuzuordnenden Industrieländer) in den Modus der Überakkumulation überging. Zwar hatte es auch vorher in den unentwickelten Ländern Entwicklungsprozesse gegeben, sodass von umfassender absoluter Verelendung der Bevölkerung in vielen Fällen nicht gesprochen werden konnte, doch hatte sich der Abstand der Gesamtheit dieser Länder gegenüber den Metropolen eher vergrößert als verkleinert. Erst als die Wachstumsdynamik in den angestammten Industrieländern erlahmte und die Profitraten ihrer Nationalkapitale im Zuge der Nachkriegsprosperität auf niedrige Niveaus gesunken waren, begann eine Verlagerung von Produktionen und schließlich von ganzen Produktionszweigen aus den Metropolen in Dritte-Welt-Länder. Eine Rolle als Pionier in diesem Prozess spielte die Textil- und Bekleidungsindustrie, deren Produktionsprozesse einen vergleichsweise hohen Anteil von lebendiger Arbeit aufweisen, sodass Lohnkostendifferenzen eine bestimmende Rolle im Kostenvergleich zwischen Metropolen und Peripherie ausmachten.

Der durch die Überakkumulation von Kapital in den Metropolen sich öffnende Spielraum für andere Länder auf dem Weltmarkt sowie die Verlagerung von Produktionen sind die eine, die interne Verfasstheit in den sich entwickelnden Ländern die andere Bedingung für deren Aufstieg. Die ersten Länder, die diesen Tradeoff auf den Weltmarkt in den 1970er Jahren vollzogen, waren die vier sogenannten asiatischen Tigerstaaten Südkorea, Taiwan, Singapur und Hongkong. Dabei stellt Hongkong als britische Kronkolonie auf dem Territorium der VR China unter entwicklungstheoretischen Aspekten einen Sonderfall, vergleichbar den anderen oben erwähnten Siedlerkolonien, dar; im Unterschied zu den anderen asiatischen Siedlerkolonien erfolgte die Überwindung des Kolonialstatus durch die Übergabe Hongkongs an die Volksrepublik erst 1997. Seitdem ist Hongkong eine wirtschaftliche Sonderverwaltungszone mit kapitalistischer Marktwirtschaft und einer höheren internen Autonomie, aber Bestandteil des Staatsgebiets und Hoheitsbereichs der VR China. Als ehemaliger Stadtstaat mit 6,4 Mio. Einwohnern vor dem Übergang in die VR China 1996 (2018: 7,45 Mio.) ist Hongkong vergleichbar mit Singapur, welches ebenfalls eine britische Kolonialvergangenheit besitzt und mit 2,4 Mio. Einwohnern 1980 – jedoch 5,6 Mio. 2018 – kleiner ist als Hongkong. Gegenüber diesen beiden Stadtstaaten sind Südkorea und Taiwan beides ehemalige japanische Kolonien, die nach dem Zweiten Weltkrieg staatlich unabhängig wurden und sowohl als Flächenstaaten als auch von ihrer Bevölkerungszahl wesentlich größer sind: Südkorea hatte 1980 38 Mio. Einwohner (2018: 51,6 Mio.), Taiwan, das sich selbst Republik China[5] nennt und 1971 im Zuge der internationalen »Ein-China-Politik« seine UN-Mitgliedschaft und die Vertretung Chinas als ständiges Mitglied im UN-Sicherheitsrat an die Volksrepublik abzugeben hatte, besaß 1980 17,7 Mio. Einwohner (2018: 28,8 Mio.).

Die ökonomische Entwicklung von Hongkong und Singapur nach dem Zweiten Weltkrieg weist einige Ähnlichkeiten auf. Beide Stadtstaaten stützen sich auf ihre angestammten Potenziale als Seehäfen, die an bedeutenden Schifffahrtsrouten liegen und als Tore zur Belieferung des Hinterlandes, Malaysia bzw. China, fungieren. Beide erlebten in einer ersten Phase den Aufbau arbeitsintensiver Zweige der Leichtindustrie – neben Textil- und Bekleidung, Haushaltsgeräte, Spielwaren und Elektronikartikel – und spielten ihre anfänglichen Lohnkostenvorteile aus. Allerdings blieb es nicht bei diesen vergleichsweise einfachen arbeitsintensiven Produktionen. Singapur betrieb den Aufbau von Kapazitäten in den Bereichen Schiffbau und -reparatur, Erdölraffinerien und Chemischer Industrie, während Hongkong sich zu einem dienstleistungsorientierten Zentrum von Hightech-Unternehmen und Finanzen entwickelte; diesen Prozess vollzog Singapur zeitlich später nach. Beide Staaten setzten bei ihrem Industrialisierungs- und Entwicklungsprozess auf direkte staatliche Lenkung im Sinne einer offensiven Strukturpolitik, während ansonsten hinsichtlich der Regulationen der Arbeitsbeziehungen maximale Liberalität zugunsten des Kapitals gilt, die auch politisch flankiert und abgesichert wird. Sowohl der britische Gouverneur in Hongkong als auch die Regierung in Singapur standen bzw. stehen für Beschränkungen des Streikrechts und soziale Absicherungen der lohnabhängigen Bevölkerung auf niedrigen Niveaus.[6] Dementsprechend

---

[5] Die Volksrepublik China betrachtet Taiwan offiziell als abtrünnige Provinz und betreibt die perspektivische Rückkehr der Insel in sein Hoheitsgebiet. Dies hindert die Volksrepublik allerdings nicht an gegenwärtigen intensiven wirtschaftlichen Beziehungen zu Taiwan.

[6] Eine gewisse Ausnahme bildet das Public Housing-Programm in der Kronkolonie Hongkong, mit dem anfänglich auf äußerst niedrigem Niveau feste Behausungen für die in Holz-

Abbildung 14.6: Bruttosozialprodukt in konstanten Preisen in Landeswährung für Hongkong (bis 1996) und Singapur, Veränderung ggü. Vj. in %

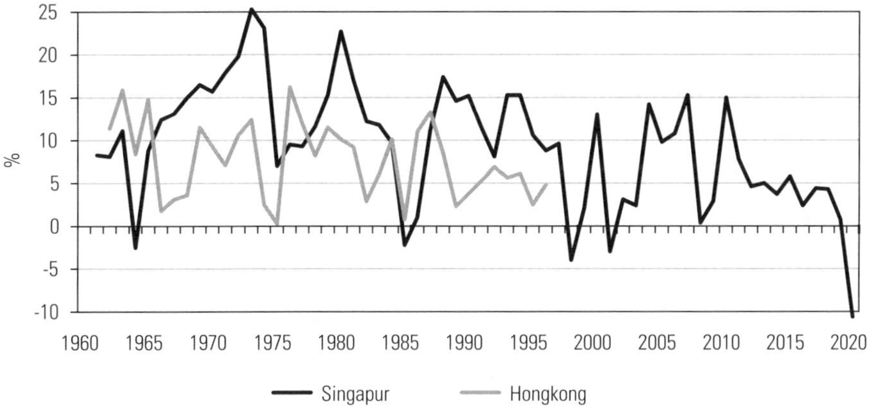

Quelle: Weltbank, Trading Economics

ist die Einkommensspreizung in beiden Stadtstaaten extrem; dies ist in Rechnung zu stellen, wenn anhand von Durchschnittseinkommen heutzutage ein dem industrialisierten Europa vergleichbares Niveau ausgewiesen wird.

Im Zeitverlauf erlebten Singapur und Hongkong in den 1960er und 1970er Jahren ein hohes wirtschaftliches Wachstum, allerdings ausgehend von anfänglich niedrigen Ausgangsniveaus (siehe Abb. 14.6). Es war mit Ausnahme der Weltwirtschaftskrise 1974/75 relativ unabhängig vom Weltmarktzyklus; nur Singapur wies 1964 einen einmaligen Rückgang des Gross National Product (GNP) auf, der jedoch nicht mit einem zyklischen Abschwung auf dem Weltmarkt zusammenfällt. Auch in den 1980er Jahren hielt in beiden Stadtstaaten das hohe Wachstum an und wurde erst durch die auf Asien konzentrierte Rezession 1985 kurzzeitig unterbrochen. Dieser Einbruch, der in Singapur zu einem absoluten Rückgang des Bruttoinlandsprodukts führte, war eine Reaktion auf die vorgängig deutlich gestiegenen Löhne, auf einen Rückschlag in der Weltnachfrage sowie der vorgängigen Aufwertung des an den US-Dollar gebundenen Singapur-Dollar, die bis dato angehalten und die Exporte des Landes immer weiter verteuert hatte. Ab 1986 setzte sich je-

hütten etc. lebenden Zuwanderer und Flüchtlinge aus der Volksrepublik geschaffen werden. Die zunächst verfügbare Wohnraumfläche von 20 qm mit externen Sanitär- und Kochgelegenheiten war für die Bewohner nur graduell besser als die der sog. Cage-People, die in kleinsten, teilweise übereinanderstehenden Drahtkäfigen »wohnen« müssen. Mit der Zeit und sukzessive neuen Ausbaustufen (Mark II-IV) des Public Housing-Programms hatten sich die Wohnbedingungen gebessert. Gleichwohl bietet Hongkong immer noch das beste Anschauungsmaterial für das, was unter dem Signum »Arbeiterschließfächer« firmiert.

doch sowohl in Hongkong als auch in Singapur der gesamtwirtschaftliche Wachstumsprozess fort. Er wurde namentlich in Singapur durch eine Fortführung der staatlichen Strukturpolitik begleitet, nunmehr im Sinne einer geförderten Diversifizierung und Stärkung einheimischer Unternehmen, um die Abhängigkeit von ausländischen multinationalen Konzernen im Hinblick auf Kapitalallokation und Technologieentwicklung zu reduzieren. Das Leitbild ist dabei der Aufbau einer weltweit vernetzten Global City, die neben ihrem fortbestehenden Standbein des Verarbeitenden Gewerbes als Schwerpunkt die Produktion und Bereitstellung hochwertiger produktiver und finanzieller Dienstleistungen offeriert. Im vergangenen Jahrzehnt (XI. Zyklus) haben sich allerdings die Zuwachsraten des BIP in Singapur auf deutlich niedrigeren Niveaus als in der Zeit davor eingependelt.

Mittlerweile ist Singapur rein statistisch in der obersten Einkommensklasse der Weltbank-Mitgliedsländer angekommen und steht in Asien im durchschnittlichen Pro-Kopf-Einkommen direkt hinter Japan. Hongkong hat nach der Integration in die Volksrepublik all seine arbeitsintensiven produzierenden Gewerbe auf das Festland verlagert, besitzt aber als Sonderverwaltungszone hinsichtlich seines wirtschaftlichen Entwicklungsgrads, sozialstrukturell sowie politisch weiterhin seinen Sonderstatus gegenüber den Verhältnissen der Volksrepublik. Im Zuge der sich seit einigen Jahren verschärfenden wirtschaftlichen Konkurrenz zwischen den USA und China, die auch zu einer verstärkten politischen Konfrontation zwischen beiden Ländern führt, versucht die US-Regierung durch Anheizung der gegen die Volksrepublik gerichteten Proteste von Teilen der Bevölkerung in Hongkong diesen Sonderstatus der Stadt in ihrem Sinne auszubeuten und zu verschärfen.

In Formosa (Taiwan) hatte die japanische Kolonialmacht, ähnlich wie in Korea,[7] in der Landwirtschaft einige Verbesserungen eingeführt, ohne die Sozialstruktur, d.h. das Verhältnis zwischen Landlords und gewöhnlichen Bauern sowie die dörflichen Gemeinschaften umzukrempeln. Dies erfolgte erst nach dem Zweiten Weltkrieg und nach der Niederlage der Kuomintang (KMT) unter Chiang Kai-shek im Bürgerkrieg gegen die Kommunisten Mao Zedongs 1949 und der Flucht der KMT vom Festland auf die Insel Taiwan. Der stagnanten Periode während der Kolonialzeit folgte in den 1950er Jahren eine Umwälzung durch eine Landreform, die zwar die Großgrundbesitzer als Klasse nicht beseitigte, jedoch einen Teil ihres Landes an selbstwirtschaftende Bauernfamilien verteilte und die ehemaligen Eigentümer durch Naturalbonds und Aktien von staatlichen Unternehmen entschädigte. Mehr noch als die Landreform in Südkorea gilt diejenige in Taiwan, gemessen an der nachfolgenden Produktivitätsentwicklung des Agrarsektors sowie des Ressour-

[7] Vgl. zur koreanischen Entwicklung die Darstellung im 11. Kapitel, Unterabschnitt c). Wir gehen hierauf nachfolgend nicht mehr weiter ein; Daten bezüglich Südkorea sind nur zum Vergleich mit Taiwan nochmals ausgewiesen.

centransfers zugunsten der Industrie, als eine der wenigen erfolgreichen Landreformen im Rahmen marktwirtschaftlich-kapitalistischer Produktionsverhältnisse.[8]

Durch die Flucht der KMT mit ihrer Armee vom Festland, die Mitnahme des offiziellen Goldschatzes und der Fremdwährungsreserven Chinas sowie eine nach 1949 zunächst anschwellende Fluchtbewegung von Intellektuellen, Künstlern und Mitgliedern der Mittelklasse vollzog sich auf Taiwan eine abrupte Zunahme der Bevölkerung, bei der die Hinzugekommenen sogleich die politischen Schlüsselfunktionen besetzten und eine Ein-Parteien-Diktatur der KMT mit Chiang Kai-shek an der Spitze errichteten. Wegen der traumatischen Niederlage gegen Maos Volksbefreiungsarmee herrschte bei der nationalchinesischen Regierung Taiwans eine paranoide Furcht vor kommunistischen Umsturzversuchen; jegliche Opposition wurde unterdrückt, Parlamentswahlen ausgesetzt und der landesweite Ausnahmezustand verhängt, der bis zum Ende der 1980er Jahre bestand. Erst danach begann eine Demokratisierung des politischen Systems mit turnusmäßig durchgeführten Wahlen des Präsidenten und zum Parlament, die nach dem Jahrtausendwechsel auch zeitweise die Übergabe der Macht von der KMT (und mit ihr verbundenen Parteien) zu einer Koalition unter Führung der Demokratischen Fortschrittspartei (DPP), einer ebenfalls dem gegenwärtigen Status Taiwans verpflichtete, kapitalismusfreundliche Gruppierung, erbrachte. International ist Taiwan gemäß der Ein-China-Politik der Volksrepublik nur von wenigen (Klein-)Staaten offiziell anerkannt und nicht mehr Mitglied in den UN-Organisationen, denen die Republik China (Taiwan) bis 1971 mit dem Alleinvertretungsanspruch für ganz China noch angehört hatte. Der gegenwärtige Status Taiwans wird durch die sog. 5 Neins[9] beschrieben, womit eine Balance zwischen dem Garantieversprechen der USA und einer Zurückhaltung der VR China im Hinblick auf die Veränderung des Status quo umschrieben wird. Gleichwohl betrachtet die Volksrepublik Taiwan als »abtrünnige Provinz«, was den Anspruch auf Integration der Insel unterstreicht. Die USA er-

---

[8] Vgl. Asche 1984: 83: *»Es ist keine Übertreibung zu sagen, daß diese Umwälzung [in Taiwan/S.K.]* die einzig fundamental erfolgreiche Landreform in der Dritten Welt *gewesen ist. Alle anderen vergleichbaren Anläufe haben entweder das Ziel verfehlt, mit der Veränderung der sozialen Verhältnisse zugleich die Produktion von Agrarprodukten als Grundvoraussetzung der Industrialisierung nachhaltig zu steigern (klassisch: Tansania), oder sie haben trotz gelungener Produktivitätssteigerung die Sozialstruktur unverändert gelassen bzw. den Klassengegensatz auf dem Lande noch verschärft. Dies prototypisch für die Länder der sogenannten Grünen Revolution, am deutlichsten für Indien.«* (Hervorh. i. O.)

[9] Die 5 Neins sind »for nos and one without« und besagen, dass solange Taiwan nicht akut militärisch von der Volksrepublik bedroht wird, die Republik China (Taiwan): 1. Nicht die Unabhängigkeit erklären wird, 2. Nicht den Namen des Staates ändern wird, 3. Keinen Artikel in die Verfassung aufnehmen wird, der die Beziehungen zur Volksrepublik als »zwischenstaatliche Beziehungen« bezeichnet, 4. Kein Referendum über die Änderung des Status quo in der Frage der Unabhängigkeit oder Wiedervereinigung abhalten wird und 5. Die bestehenden taiwanischen Richtlinien für die »Nationale Wiedervereinigung« nicht ändern wird, d.h. eine Wiedervereinigung nur durch Verhandlungen mit der VR China und unter demokratischen Voraussetzungen auf dem chinesischen Festland anstrengen wird.

ließen 1979 ein Gesetz (Taiwan Relations Act), durch das sie einerseits die diplomatischen Kontakte zu Taiwan abbrachen, sich aber zugleich verpflichten, Taiwan Hilfe gegen jede militärische Bedrohung zu leisten. Das schließt nicht notwendigerweise eine militärische Intervention der USA ein – gemeint ist vor allem der Verkauf von Waffen mit Defensivcharakter an Taiwan. Im März 2018 unterzeichnete US-Präsident Donald Trump eine vom Kongress verabschiedete Vorlage, die Reisen hochrangiger US-Vertreter nach Taiwan und Besuche aus Taiwan auf allen Ebenen ausdrücklich unterstützt.

Jenseits der Landwirtschaft war der Handel der einzige Wirtschaftssektor, in dem sich während der Kolonialzeit eine taiwanische Kompradorenbourgeoisie etablieren konnte. Das durch die Landreform der 1950er Jahre aufgelegte »Land-To-The-Tiller-Programm«, mit dem Großgrundbesitzer zum Engagement und Investment ihrer Entschädigungen in der Industrie stimuliert werden sollten, war weitgehend ein Fehlschlag; die für die Abgabe von Land erhaltenen Naturalbonds und Aktien wurden von den meisten Landlords, zumeist unter großen Verlusten, rasch wieder verkauft. Die Schwäche der eigenständigen taiwanischen Bourgeoisie wurde teilweise wettgemacht durch die nach 1949 komplett importierte bewaffnete Herrschaftsschicht, die auch (Textil-)Fabriken physisch vom Festland aus Kanton, Shanghai und anderen Standorten auf die Insel verlagerte. In den 1950er Jahren bestand das gesellschaftliche Gesamtkapital Taiwans aus dem Auslandskapital der USA sowie später Japans, dem Staatskapital, welches sich aus der Auflösung des Kolonialbesitzes der Japaner ergeben hatte, den importierten bzw. implantierten Fabriken der ehemaligen Festlandskapitalisten sowie einer zunächst schmalen Basis von im Eigentum der originären taiwanischen Bevölkerung befindlichen Kapitals der angestammten Kompradorenbourgeosie sowie wenigen im Zuge der Landreform aus Grundeigentümern zu Kapitalisten gewordenen einheimischen Aufsteigern. In der Folgezeit blieb neben dem Auslandskapital (sowie der ausländischen Wirtschafts- und Finanzhilfe insbesondere der USA) der Staatssektor bedeutsam. Auf ihn entfiel bis in die 1980er Jahre konstant etwa ein Drittel der Investitionen, während der Produktionsanteil privater Unternehmen von rd. 43 (1952) auf 82% zunahm, mit entsprechend gegensinniger Abnahme des Anteils von Firmen in staatlichem Besitz: *»Diese Aufstellung relativiert das regierungsamtlich gepflegte Bild einer nurmehr unterstützenden Rolle der Staatsunternehmen erheblich. Über dreißig Jahre hinweg hat die Akkumulation von Ausrüstungen und Bauten zwischen Staats- und privaten Unternehmen praktisch keine Verschiebung erfahren. Den gesunkenen Produktionsanteil der Staatsbetriebe in Rechnung gestellt, drückt sich in dieser gleichgebliebenen Aufteilung die überdurchschnittliche Kapitalintensität im öffentlichen Sektor der Produktion aus. Die auch im öffentlichen Bewusstsein dominierende Rolle der großen Entwicklungsprojekte der Staatsunternehmen gibt also ihre wirkliche Bedeutung korrekter wieder als die offizielle Lesart vom graduellen Rückzug des Staates aus der industriellen Produktion.«* (Asche 1984: 111) Damit zeigt sich auch am Entwicklungs- und Industrialisierungsprozess Taiwans, ähnlich wie für Südkorea und Singapur, die bedeutende Rolle einer direkten Intervention

Abbildung 14.7: Bruttosozialprodukt in konstanten Preisen in Landeswährung für Südkorea und Taiwan, Veränd. ggü. Vj. in %

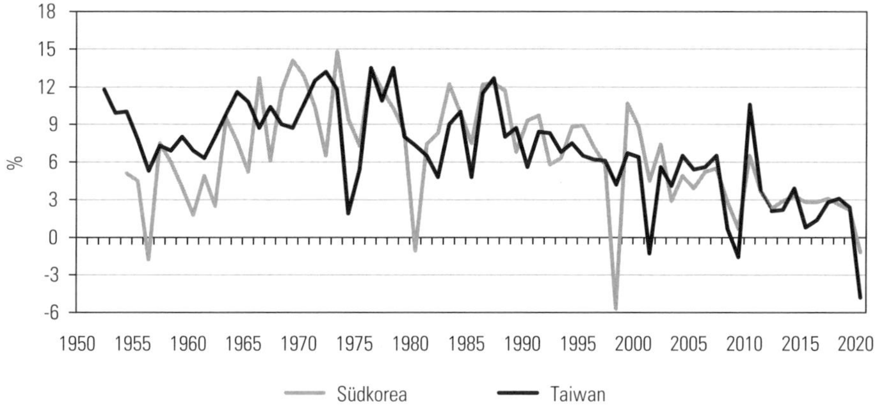

Quelle: The Economist, Wikipedia, FRED

des Staates in die Ökonomie, die bei einer langfristigen Struktur- und Industriepolitik beginnt und bis zur direkten Übernahme wichtiger Produktionen in öffentliche Regie bzw. deren Beibehaltung reicht.

Es stellt somit keine Überraschung dar, wenn die Entwicklung des taiwanischen Bruttoinlandsprodukts in langfristiger Betrachtung von den 1950er Jahren an ähnlich hohe Wachstumsraten aufweist wie bei den anderen »asiatischen Tigern« (siehe Abb. 14.7). Auch wenn ein niedriges Ausgangsniveau in Rechnung zu stellen ist, ist jedoch ein durchweg positives, wenn auch unter jährlichen Schwankungen erfolgendes gesamtwirtschaftliches Wachstum, welches erst im Abschwung des IX. Weltmarktzyklus 2001 – sowie im darauffolgenden Abschwung des X. Zyklus 2009 – erstmalig in der Nachkriegsentwicklung einen leichten Rückgang von -1,3% bzw. -1,6% in 2009 aufweist, absolut bemerkenswert für den kapitalistischen, weltmarktorientierten Entwicklungsprozess eines zu Beginn unterentwickelten Landes. Im XI. Zyklus bewegt sich Taiwans BIP ebenso wie dasjenige Südkoreas auf einem deutlich niedrigeren Niveau als in den vorangegangenen Zyklen.

Diese Entwicklungen haben Taiwan in der Gegenwart über die Schwelle eines industrialisierten Landes geführt. Taiwan ist aktuell der zweitgrößte Produzent von Halbleiter-Anwendungen wie PC-Hauptplatinen, Notebooks und WLAN-Komponenten, die unter verschiedenen (miteinander konkurrierenden) Marken weltweit abgesetzt werden. Eigene Marken sind mit Acer, Asus, BenQ, Foxconn etc. ebenfalls am Weltmarkt präsent. Auch bei LCD-Flachbildschirmen sowie bei Fahrrädern hält Taiwan eine internationale Spitzenposition. Entsprechend dieses Ausbaus großindustrieller Produktionsweisen ist auch die einheimische Transport und Kommunikations-Infrastruktur der Insel mit Autobahnen, Eisenbahnnetz (inkl. Hochgeschwindigkeitsstrecke von Taipeh im Norden zur Hafenstadt Kaohsiung im Südwesten), S- und U-Bahnen sowie mehreren Flughäfen gut entwickelt. Schließlich ist die marktbestimmte Einkommensverteilung Taiwans im Vergleich etwa zur extremen Spreizung in Singapur deutlich weniger disproportional und markiert auch unter dem Aspekt von »Verteilungsgerechtigkeit« einen international beachtlichen Rang.

Es ist in erster Linie der Status Taiwans als international nicht anerkannter Staat und der aus der Vergangenheit herrührende und trotz intensiver Wirtschaftsbeziehungen politisch kultivierte Gegensatz zur Volksrepublik, welche eine weitere Fortentwicklung hemmen. Eine mit Hongkong vergleichbare Integration der Insel in die Volksrepublik China scheiterte bislang an Taiwans Gründungsmythos als »Republik China« und der Staatsräson der politisch herrschenden Kräfte auf der Insel.

d) Schuldenkrisen der 1970er, 1980er und 1990er Jahre in Lateinamerika und Asien

Strukturelle Überakkumulation von Kapital bedeutet wenig dynamische reproduktive Akkumulation und gleichzeitig beschleunigte Akkumulation von Geldkapital. Bereits in der ersten Hälfte der 1970er Jahre hatte diese von ihrer reproduktiven Grundlage sich mehr und mehr verselbständigende Akkumulation von Geldkapital in den Euro- oder Xenofinanzmärkten ein neues Terrain gefunden. Diese Märkte waren ein internationales Netz von Banken, die Einlagen von Nichtbanken und Zentralbanken aus den nationalen Märkten entgegennehmen und diese schließlich wieder als Kredite an private Nichtbanken und staatliche Institutionen mit dem US-Dollar als der dominierenden Währung, jedoch außerhalb des nationalen Währungsraumes, weitergaben. Der Anteil des Interbankgeschäfts auf diesen Xenomärkten betrug nach Schätzungen der Bank für Internationalen Zahlungsausgleich (BIZ) zwei Drittel ihres Gesamtvolumens. Ein wesentliches Kennzeichen dieser Märkte war ihre weitgehende Freiheit von geld- und kreditpolitischen Regulierungen der nationalen Kreditsysteme.[10] Das Fehlen einer Kontrolle dieser Bankzonen durch nationale Zentralbanken, die Nichtexistenz von Mindestreservevorschriften und sonstigen kreditpolitischen Instrumentarien bieten den auf den Xenofinanzmärkten operierenden Banken Vorteile bezüglich Konditionen (Zinssätze, Gebühren) und Ausnutzung des Kreditvergabepotenzials; dies wird verstärkt durch den Umstand, dass nur Transaktionen großen Umfangs abgewickelt werden und die Kreditnehmer entweder internationale Unternehmen oder Regierungen und öffentliche Institutionen sind, deren Bonität außer Frage steht bzw. lange zu stehen schien. Das Geldkapitalaufkommen für diese Xenofinanzmärkte erfolgt in letzter Instanz aus den nationalen Ersparnissen; neben den Überschüssen der OPEC-Staaten dominie-

[10] In den 1970er Jahren etablierten sich neben den ursprünglichen Plätzen in Europa (London, Luxemburg, Lichtenstein) internationale freie Bankzonen auf immer aufsichtsliberaleren und exotischeren Plätzen (Cayman-Islands, Bahamas, Panama, Hongkong, Singapur etc.).

ren von der Aufkommensseite ländermäßig die kapitalistischen Metropolen. Das überschüssige Geldkapital, welches aus den reproduktiven Akkumulationsprozessen ausgeschwitzt wird bzw. innerhalb der reproduktiven Kapitalakkumulation in den Metropolen keine Verwendung findet, schlägt sich so als Einlage in diesen freien Bankzonen nieder. Ihr Wachstum war also in der Anfangszeit der 1970er Jahre nichts als ein Ausdruck des wachsenden Plethora-Geldkapitals der kapitalistischen Metropolen sowie der OPEC-Staaten, welches nach zinstragender Verwertung drängte.

Anfang der 1980er Jahre, d.h. am Ende des VII. Zyklus, hatten die US-Banken die bis dato beherrschende Stellung der OPEC-Staaten als Nettogläubiger übernommen. Bis zu diesem Zeitpunkt hatten sich die Finanzierungsüberschüsse der OPEC-Staaten ziemlich synchron mit ihren Leistungsbilanzüberschüssen entwickelt. Die neue Stellung der US-Banken als größter Nettogläubiger an den Xenokreditmärkten hatte sich bereits zu Beginn dieses Zyklus angedeutet; spiegelbildlich entsprach ihr eine Abnahme der Bedeutung der europäischen, insbesondere britischen Geschäftsbanken. Auf der Schuldnerseite schlugen die zweite Ölpreiserhöhung 1979/80 sowie die zyklische Depression 1980-82 voll auf die Position der Nichtöl-Entwicklungsländer durch. Nach 1982 verlagerte sich die Kreditgewährung an den Xenomärkten weg von den Ländern mit aufgetretenen offenkundigen Schuldendienstproblemen hin zu entwickelten kapitalistischen Industrieländern mit gutem Kreditstanding. Die kapitalistischen Metropolen (Japan und Kanada sowie Westeuropa) stellten 1982 kurz nach den Entwicklungsländern die zweitgrößte Nettoschuldnergruppe am eng definierten Euromarkt dar.

In der Tat markierte das Ende des VII. Zyklus 1982 einen Wendepunkt der bis dato auf den internationalen Kreditmärkten spielenden Entwicklungstendenzen. Die Verdichtung der Zahlungsprobleme einiger Länderkunden des kapitalistischen Bankensystems in der Abschwungsphase dieses VII. Zyklus beendete die Praxis, die freigesetzten und relativ überschüssigen Geldmittel für die Kapitalakkumulation der kapitalistischen Metropolen sowie die Liquiditätsüberschüsse der OPEC-Staaten unter Vermittlung des privaten Bankensystems für nachholende Industrialisierungsprozesse in halbentwickelte Schwellenländer Südostasiens und Lateinamerikas sowie an sozialistische Länder Osteuropas auszuleihen. Die Verschuldungskrise dieser Länder wurde durch die Zahlungsunfähigkeit Polens 1981 angekündigt. Hierbei wurde zum ersten Mal deutlich, dass die privaten Banken – in diesem Fall insbesondere BRD-Banken – bei Einstellung des Schuldendienstes einen so hohen Wertberichtigungsbedarf ausweisen müssen, dass die Haftungsfunktion ihres Eigenkapitals erheblich beeinträchtigt wurde – mit allen unabsehbaren weiteren Konsequenzen für die Solvenz dieser Banken gegenüber ihren inländischen Einlegern und damit für die Stabilität des Kredit- und Bankensystems schlechthin. Polen wurde zunächst zum Einzelfall erklärt; als Argentinien 1982 folgte, wurden erneut die Besonderheiten – Krieg mit Großbritannien um die Falkland-/Malvinas-Inseln – betont. Im August 1982 erklärte jedoch auch die Regierung Mexikos, dass sie ebenfalls nicht fähig sei, ihren Schuldendienst zu leisten – es trat mehr und mehr ins allgemeine Bewusstsein, dass es sich bei dieser Verschuldungskrise um ein globales Problem

Abbildung 14.8: Rohstoffpreise (all primary commodities) auf US-$-Basis; Veränderung ggü. Vorjahr in %

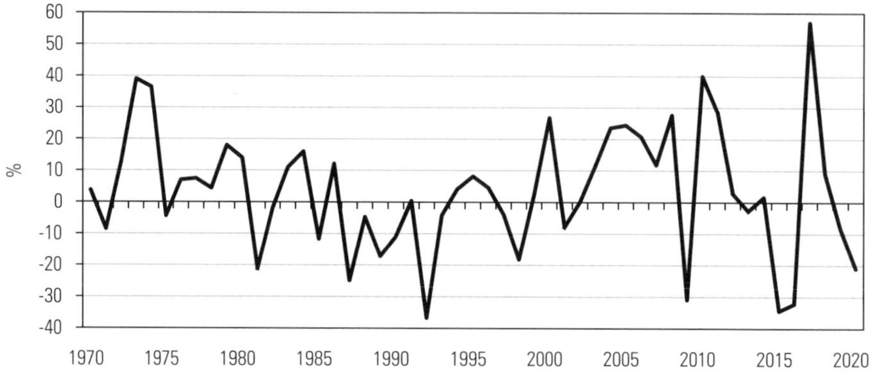

Quelle: IWF, HWWI

handelte: auf der einen Seite standen mehrere große Länderkunden, die faktisch oder nahezu zahlungsunfähig waren, auf der anderen Seite das Bankensystem der kapitalistischen Länder. Damit zeigte sich, dass die Verschuldungskrise nicht nur ein singuläres, einzelne Länder betreffendes Problem darstellte, sondern strukturellen Charakter besaß.

Ihre Ursachen lagen zum einen darin, dass der in nahezu allen kapitalistischen Metropolen vollzogene Übergang in eine strukturelle Überakkumulationssituation die Absorptionsfähigkeit der Märkte restringierte und damit die Schuldnerländer um die erwarteten Möglichkeiten brachte, aus den Exporterlösen diejenigen Deviseneinnahmen zu verdienen, die sie zum Schuldendienst benötigten. Hinzu kam die durch die zweimalige Ölpreisrevolution verteuerte Energierechnung, die die ärmeren Entwicklungsländer im Unterschied zu den kapitalistischen Metropolen, die sich den veränderten Preisrelationen vergleichsweise rasch anpassen konnten, mit voller Wucht traf.

Auf der anderen Seite hielt die Preisentwicklung für die übrigen Rohstoffe, d.h. die Hauptexportartikel der unentwickelteren Länder, nicht nur nicht Schritt mit der gestiegenen Rechnung für Importöl, sondern zeigte eine disproportionale Scherenbewegung mit selbstverstärkenden Tendenzen. Wie Abbildung 14.8 zeigt, weist die Indexkurve der Rohstoffpreise (in US-Dollar) in den zyklischen Abschwüngen des VI. und VII. Zyklus deutliche Preisrückgänge auf, während gerade in diesen Zeiten der Ölpreis weiterhin anstieg. Neben der mit der verlangsamten Kapitalakkumulation nachlassenden Rohstoffnachfrage vonseiten der industriellen Metropolen ist für den regelrechten Preisverfall für Rohstoffe insbesondere 1981/82 ein Überangebot an vielen Rohstoffmärkten verantwortlich: Die Erzeugerländer steigerten trotz nachlassender Nachfrage ihre Produktion, weil der Schuldendienst zur Erzielung von Exportdevisen zwang. Dieselbe Entwicklung wiederholte sich in noch ausgeprägterer Weise im folgenden VIII. Zyklus von 1987 bis 1993.[11]

Neben dieser Preisschere ist aber auch die teilweise konsumtive Verwendung der aufgenommenen Kredite für die Verdichtung der Krisenprozesse verantwortlich. Soweit die geliehenen Geldkapitalien in den Empfängerländern zur Finanzierung von nicht konkurrenzfähigen Industrieprojekten verwandt wurden, rein konsumtiv zur Deckung von öffentlichen Defiziten (inkl. Militärhaushalt) verausgabt und zum Ankauf von Luxusimportwaren seitens der herrschenden Klassen benutzt wurden oder endlich einfach wieder als Fluchtkapital auf den Finanzmärkten der Metropolen auftauchten, handelt es sich um nichts anderes als Ausdrucksformen eines fehlgeschlagenen weltmarktorientierten Entwicklungsweges in diesen Ländern. Ein weiterer wichtiger Einzelfaktor für das Ausbrechen der Schuldenkrise ist schließlich im deutlichen Anstieg der Zinssätze bis zum Beginn der 1980er Jahre zusammen mit der Aufwertung des US-Dollars zu sehen. Aufgrund der Größenverhältnisse zwischen dem Ausleihvolumen an den Xenomärkten und den nationalen Finanzmärkten der kapitalistischen Metropolen galt für diese Zeit, dass die Zinsbildung am Eurogeldmarkt von den jeweiligen inländischen Geldmarktsätzen sowie hinzukommenden weiteren Faktoren wie inländischen Mindestreserven und anderen Liquiditätsvorschriften bestimmt wurde.[12] Die Zinsen am Eurobond- und -kapitalmarkt bestimmten sich vom Kapitalzinsfuß derjenigen Märkte her, auf deren Währungen die Bonds lauten, vom erwarteten Wechselkurs sowie institutionellen Faktoren wie der Steuerbelastung der Zinserträge.[13]

Mit dem Übergang in den VIII. Zyklus 1983 war die Schuldenkrise von Dritte Welt- und Schwellenländern nicht beendet. Sie nahm bis zum Ende dieses VIII. Zyklus weiter zu, wenn auch in verlangsamtem Tempo. Der aufzubringende Schuldendienst wuchs absolut, wenngleich die Zinslast in der zweiten Hälfte der 1980er Jahre etwas abnahm (siehe Abb. 14.9). Gemessen an den Exporterlösen der Schuldnerländer aus Handel und Dienstleistungen waren jedoch noch durchweg mehr als

---

[11] Auf die Rohstoffpreisentwicklung in den nachfolgenden Konjunkturzyklen (IX. bis XI. Nachkriegszyklus) kommen wir im 15. und 16. Kapitel zurück.

[12] Vgl. Reffert-Schönemann 1984: 122f.: *»Nationale und internationale Finanzmärkte sind … einem System kommunizierender Röhren vergleichbar. Werden auf nationalen Märkten gewisse Rahmendaten geändert, z.B. die Mindestreserven erhöht, dann werden Transaktionen auf die internationalen Märkte ausweichen, umgekehrt werden bei Aufhebungen gewisser Einschränkungen die nationalen Märkte profitieren. Noch ein zweites Bild ist treffend: Das gesamte Weltfinanzgebäude ist einer Pyramide vergleichbar, das Fundament bilden die nationalen Märkte, die Spitze die internationalen Märkte.«*

[13] Vgl. Roth 1983: 33: *»Die Xenofinanzmärkte sind trotz ihres erheblich gestiegenen Ausleihvolumens nicht so bedeutend, daß sie allein wegen ihrer Größe den entscheidenden Einfluss auf die Zinsbildung ausüben könnten. Die Xenodollarausleihungen betrugen ca. 1/5 bis ¼ der Ausleihungen des US-Kreditmarktes, die internationalen DM-Kredite 1/7 der nationalen Kreditvergabe der BRD.«*

Abbildung 14.9: Auslandsverschuldung der Entwicklungsländer

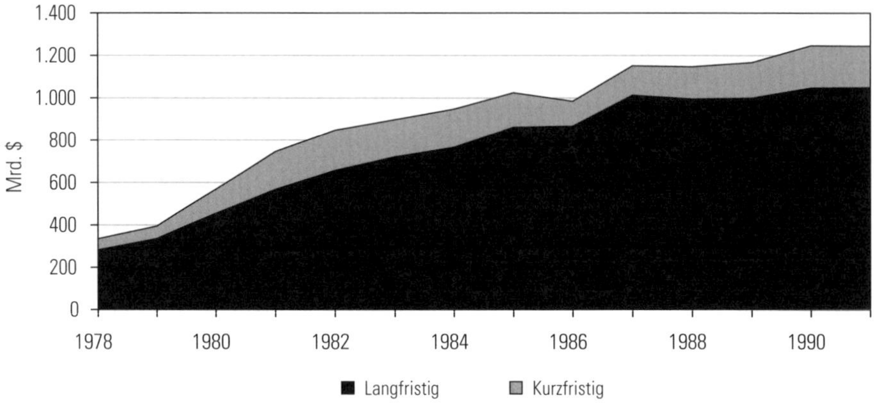

Quelle: IWF

20% für Zinsen und Tilgung der Kredite wegzuzahlen, nachdem es 1986 mehr als 30% gewesen waren.

Der offene Ausbruch der Schuldenkrise im Jahr 1982 bildete zugleich den Auftakt der Bemühungen zur Entschärfung der Situation, die bereits zu dieser Zeit als eine Gefahr für die internationalen Finanzmärkte angesehen wurde. Zunächst ging es nur um Zeitgewinn zur Wiederherstellung der Liquidität durch bilaterale Umschuldungsaktionen zwischen den Schuldnerländern und den Gläubigerbanken. In diese bilateralen Arrangements war dem Internationalen Währungsfonds als Vermittler eine Schlüsselrolle zugewachsen. Dabei ging es nur in zweiter Linie um direkte Zahlungsbilanzhilfen des IWF für die betroffenen Länder, denn eine Mittelbereitstellung des Fonds anstelle der Banken hätte seine vorhandenen finanziellen Möglichkeiten bei Weiten überschritten. Vielmehr stand in erster Linie seine Vermittlung beim Zustandekommen von Paketlösungen zwischen den beteiligten Akteuren im Vordergrund. Das Muster war dabei stets das Gleiche: Den Schuldnerländern wurden Auflagen zur Gesundung ihrer öffentlichen Finanzen, Eindämmung ihrer nationalen Geldentwertung durch strikte Ausgabenkürzungen sowie zur Wiederherstellung eines Ausgleichs ihrer Zahlungsbilanzen bzw. Herstellung tragbarer Leistungsbilanzdefizite auferlegt (»Washington-Konsens«). Ziel war stets, aus der Liquiditätskrise keine Solvenzkrise mit Einstellung der Zahlungsfähigkeit der Schuldnerländer werden zu lassen, was auf der anderen Seite mit erheblichen Abschreibungsbedarfen bei den Gläubigerbanken verbunden gewesen wäre. Die Hoffnung war dabei, dass mit einer sich erholenden Weltkonjunktur die Exporterlöse der Schuldnerländer ansteigen würden bei gleichzeitiger strikter Restriktion ihrer Importe. Tatsächlich war dieses »klassische« Konzept bei einigen Ländern, vom rein ökonomischen Standpunkt her gesehen, erfolgreich, insbesondere dann, wenn diese Länder wie Mexiko über genügend inländische Ressourcen – Ölvorkommen – verfügten, um tatsächlich steigende Exporterlöse erzielen zu können. Dass der auferlegte binnenwirtschaftliche Austeritätskurs die vorhandenen sozialen Probleme immens steigerte und die Lasten der »Anpassung« regelmäßig der großen und in der Regel armen Masse der Bevölkerung auferlegte, wurde dabei als sekundär angesehen.

In den Fällen, in denen auch auf mehrere Jahre angelegte bilaterale Umschuldungsaktionen keine Entspannung bei der Zahlungsfähigkeit versprachen, wurde auf Initiative der amerikanischen Regierung auf der Jahrestagung von IWF und Weltbank im September 1985 ein Drei-Punkte-Plan vorgeschlagen, um im Rahmen eines multilateralen Agreements die Länder mit den größten Schuldendienstproblemen – im Wesentlichen handelte es sich dabei um lateinamerikanische Schwellen- und Entwicklungsländer (Argentinien, Bolivien, Brasilien, Chile, Ecuador, Kolumbien, Uruguay, Venezuela und Mexiko) sowie einige afrikanische Staaten (Elfenbeinküste, Nigeria, Marokko) und Jugoslawien – in den Stand zu setzen, durch ein vom Export getragenes Wirtschaftswachstum aus ihren Schwierigkeiten »herauswachsen« zu können. Diese nach dem seinerzeitigen amerikanischen Außenminister benannte »Baker-Initiative« sah vor, die außen- und binnenwirtschaftlichen »Anpassungsbemühungen« der Schuldnerländer mit erhöhtem privatwirtschaftlichem Engagement verstärkt fortzusetzen und die Auszahlungen der Weltbank und der regionalen Entwicklungsbanken zu steigern, sodass den betroffenen Ländern in dem 3-Jahres-Zeitraum 1986-88 neue Mittel (nach Abzug der Tilgungen) i.H.v. 20 Mrd. US-Dollar zufließen würden. Außerdem sollten die Geschäftsbanken ihr Engagement ebenfalls um diesen Betrag aufstocken. Allein, die Ergebnisse dieser Initiative zeitigten nicht den von ihren Initiatoren erhofften Erfolg. Bei einigen der hochverschuldeten Länder hatten sich die Verhältnisse nach Ablauf der drei Jahre sogar verschlechtert. Damit war die Schuldenkrise aus einer anfänglichen Liquiditätskrise doch zu einem Solvenzproblem geworden, welchem nicht mit einem Schuldenmanagement und begrenzter Einräumung neuer Kredite beizukommen war. Aus diesem Grund war auch die Mittelbereitstellung durch private Banken erheblich hinter den Vorgaben der »Baker-Initiative« zurückgeblieben.

Vor diesem Hintergrund wurde es unausweichlich, den Fokus der Schuldenstrategie auf auszuhandelnde Schuldenverzichte und Schuldendienstherabsetzungen zu richten. Diese neue Schuldeninitiative knüpfte damit an die schon zuvor in Gang gekommenen marktmäßigen Transaktionen mit schuldenreduzierender Wirkung an, insbesondere den Tausch von Schulden in Anteilspapiere (»debt-to-equity-swaps«) oder den Tausch in Anleihen (»debt-to-bond-swaps«). Gemäß dieser neuen nach dem nunmehrigen amerikanischen Finanzminister Brady benannten Initiative sollten IWF und Weltbank über einen 3-Jahres-Zeitraum 20 bis 25 Mrd. US-Dollar für Schulden- bzw. Schuldendienstreduzierungen zur Verfügung stellen; Japan erklärte sich bereit, bis zu 10 Mrd. Dollar als Co-Finanzierung beizusteuern. In den ersten beiden Anwendungsfällen kauften die Philippinen im Rahmen der »Brady-Initiative« Bankschulden i.H.v. 1,5 Mrd. US-$ mit einem Abschlag von 50% zurück und

Abbildung 14.10: Ziehungen und Tilgungen im Rahmen der IWF-Fazilitäten

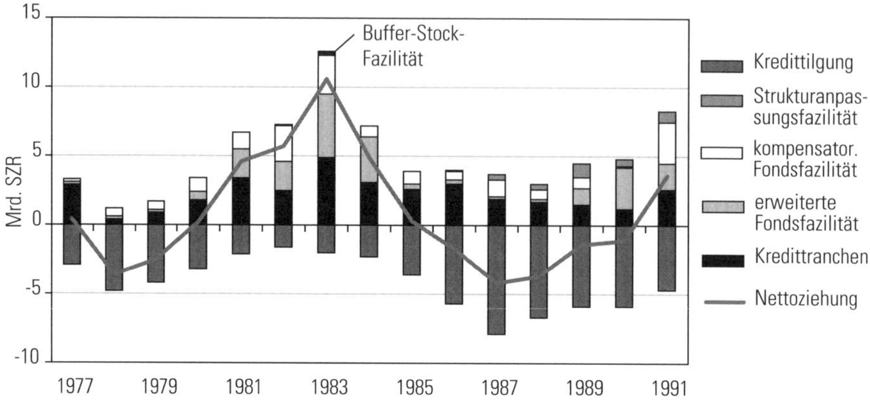

Quelle: IWF

Mexiko erwarb Zero-Bonds des amerikanischen Schatzamtes zur Einlösung der im Tausch gegen Buchforderungen der Banken ausgegebenen Schuldverschreibungen bei Fälligkeit; hier betrug der Abschlag 35% oder ein unter dem Marktzinssatz liegender Festzinssatz. Auch im Fall der »Brady-Initiative« blieben die Ergebnisse jedoch deutlich hinter den angestrebten Zielen zurück. Wie schon bei der »Baker-Initiative« waren die Privatbanken nicht bereit, den betroffenen Ländern frisches Kapital zur Verfügung zu stellen. Da sie in den Jahren durch Forderungsabschreibungen bilanziell Vorsorge getroffen hatten, waren sie vielfach bereit, letztlich auch Zahlungsrückstände ihrer Schuldner in Kauf zu nehmen, anstatt Zinszahlungen durch neue Kredite zu finanzieren.

Im Ergebnis der »Brady-Initiative« und dem Einsatz marktbezogener Instrumente konnten die Bankschulden von fünf Ländern – Mexiko, Costa Rica, Philippinen, Venezuela und Uruguay – um insgesamt 12 Mrd. US-$ gesenkt und der Cashflow des Schuldendienstes entlastet werden. Dadurch wurde der Schuldenüberhang dieser Länder abgebaut und ihre Kreditwürdigkeit wieder verbessert. Bei anderen Ländern gestalteten sich die Forderungsteilverzichte schwieriger; dies galt insbesondere für so wichtige Länder wie Brasilien und Argentinien. Zugleich hatte sich die Gläubigerstruktur durch die »Brady-Initiative« weiter zugunsten öffentlicher Gläubiger verschoben. Die Banken hatten ihre Engagements von drei Vierteln der Außenstände 1988 auf zwei Drittel 1990 verringert. Einige Schuldnerländer hatten mittlerweile höhere Verbindlichkeiten gegenüber öffentlichen als gegenüber privaten Gläubigern.

Die Einbeziehung des IWF in die direkte Mittelbereitstellung für die verschuldeten Entwicklungs- und Schwellenländer blieb gegenüber den mit marktwirtschaftlichen Instrumenten und politischen Initiativen mobilisierten Mitteln marginal. Im

Wesentlichen kamen in diesem Zusammenhang nur die Sonderfazilitäten – erweiterte und kompensatorische Fondsfazilität sowie Strukturanpassungsfazilität – in Betracht, die gegenüber den ansonsten allen IWF-Mitgliedsländern offenstehenden Kredittranchen in den meisten Jahren nur eine untergeordnete Rolle spielten. Die Nettoziehungen bewegten sich eindeutig antizyklisch, d.h. besaßen im Tiefpunkt von Krise und Abschwung ihren Höhepunkt, um danach infolge ihrer kurzen Laufzeit wieder durch wachsende Tilgungen zurückgeführt zu werden (siehe Abb. 14.10). Es zeigte sich hieran, dass die eigentliche Bedeutung des IWF weniger in der unmittelbaren Mittelbereitstellung für Länder mit Zahlungsbilanzschwierigkeiten, sondern wegen der Begrenztheit seiner Fondsmittel nur in einer komplementären Finanzierungsfunktion für externe öffentliche und private Mittel sowie der Durchsetzung und Überwachung der Auflagen für die Kreditnehmerländer besteht.

e) Der Untergang des Realsozialismus und der vorläufige Sieg des »Westens«

Der Untergang der »Zweiten Welt« in den Wirren der Systemtransformation

Beginnend mit der Sozialistischen Oktoberrevolution 1917 hatte sich im Gefolge und nach dem Zweiten Weltkrieg ein Verbund sozialistischer Staaten herausgebildet, der neben den kapitalistischen Metropolen als der selbsternannten Ersten sowie der großen Zahl unentwickelterer Länder als der Dritten Welt als die Zweite Welt bezeichnet wurde. Diese Zweite Welt umfasste bis zum Jahr 1990 mehr als ein Drittel des Territoriums aller Länder der Welt und besaß mit der Sowjetunion und der VR China sowie den entsprechenden kommunistischen Parteien KPdSU und KPCh zwei Zentren der kommunistischen Bewegung, die beginnend mit den späten 1950er Jahren zu Rivalen wurden. Diese Rivalität hatte sich im Verlauf von rd. zehn Jahren zunehmender Entfremdung bis 1969 zu einem kurzen Waffengang am Grenzfluss Ussuri gesteigert. Im Zentrum der ideologischen Auseinandersetzung zwischen den beiden kommunistischen Parteien stand vor dem Hintergrund der maoistischen »ultralinken« Fehlentwicklungen des »Großen Sprungs nach vorn« sowie der »Proletarischen Kulturrevolution« der Führungsanspruch der KPCh im Weltkommunismus, dokumentiert im »Vorschlag zur Generallinie der internationalen kommunistischen Bewegung«, den die sowjetische Seite mit einem »Offenen Brief des ZK der KPdSU an alle Parteiorganisationen, an alle Kommunisten der Sowjetunion« beantwortete. Nach Maos Tod und der Entmachtung der »Viererbande« um seine letzte Ehefrau Jiang Qing konnte die KPCh unter Deng Xiaopeng die Fehlorientierungen, die zeitweise zu einem Schulterschluss der Chinesen mit dem US-Imperialismus gegen die zum Hauptfeind erklärte Sowjetunion geführt hatten, korrigieren.[14] Die Wiederannäherung der beiden kommunistischen Parteien ging zusammen mit dem Beginn der Reformen in der Volksrepublik.

---

[14] Vgl. dazu ausführlich das nachstehende 15. Kapitel.

Der in den 1980er Jahren startende neue höhere Wachstumspfad der chinesischen Ökonomie auf dem Niveau von durchschnittlich 10% p.a. offenbarte trotz des niedrigeren Ausgangsniveaus der chinesischen gegenüber der sowjetischen Volkswirtschaft eine zunehmende Entwicklungsdiskrepanz. Mit der chinesischen Wachstumsdynamik konnte die sowjetischen Ökonomie, die seit den letzten Jahren der Breschnew-Zeit in einer stagnativen Entwicklung nicht nur ökonomisch, sondern auch in Gesellschaft und Politik verharrt hatte, auch unter dem reformorientierten Nachfolger J. Andropow[15] an der Spitze der KPdSU nicht mithalten. Andropow verstarb nach nur 15 Monaten in der Funktion des Generalsekretärs der KPdSU und mit seinem Nachfolger K. Tschernenko gewannen zunächst wieder die konservativen Kräfte im Politbüro der Partei die Oberhand. Erst die Wahl M. Gorbatschows zum KPdSU-Generalsekretär im März 1985 stellte die Weichen zu einer Fortsetzung des Reformkurses, die mit den Schlagworten »Glasnost« (Offenheit) und »Perestroika« (Umgestaltung) zusammenfassend beschrieben werden.

Die Gorbatschowschen Reformen litten von Anbeginn unter dem Mangel einer unzureichenden Analyse und Bewertung der Ausgangssituation in der Sowjetunion der 1980er Jahre, insofern das Ausmaß der Zerrüttung ökonomischer Strukturen gravierend unterschätzt wurde. Nach wie vor wurde von der Existenz einer zentralen Kommandowirtschaft ausgegangen, die durch Stärkung der Selbständigkeit der Betriebe (»wirtschaftliche Rechnungsführung«) und Aufwertung der Marktverhältnisse sukzessive transformiert werden sollte. Tatsächlich war jedoch die sowjetische Ökonomie ab den 1960er Jahren sukzessive zu einer Hybridökonomie geworden, in der informelle Marktverhältnisse auf grauen und schwarzen Märkten nicht nur ein beiherspielendes Moment geworden waren, sondern sich als notwendige Ergänzung der zentralen Planung, zum Teil als beherrschend gegenüber der durch den Plan bestimmten zentralen Ressourcenzuweisung, mit allen Konsequenzen von Korruption und persönlicher Bereicherung, entwickelt hatten.[16] Die Stärkung der Marktmechanismen führte vor diesem Hintergrund nicht zu einer schrittweisen Transformation der staatssozialistischen Ökonomie in eine sozialis-

---

[15] Als erster Reformschritt unter Andropow wurde zur Stärkung ethisch-moralischer Prinzipien eine Kampagne gegen den übermäßigen Alkoholkonsum in der sowjetischen Gesellschaft gestartet. Es folgten Schritte auf dem Weg zur Demokratisierung des wirtschaftlichen Lebens in den Betrieben und zur gesellschaftlichen Selbstverwaltung bis hin zu Pilotprojekten zur Dezentralisierung des Wirtschaftsmechanismus. Allerdings verblieben sie grundsätzlich in der Logik der seinerzeitigen Libermanschen Reformkonzeptionen der 1960er Jahre (vgl. Krüger 2016: 312ff.).

[16] Vgl. Saslawskaja 1989: 97: *»Das beschriebene System* [der Sowjetökonomie, S.K.] *stellt eine Art Hybridprodukt aus dem zentralisierten planwirtschaftlichen und marktwirtschaftlichen System dar, wobei es sich um einen spezifischen, veränderten Markt handelt, in dem nicht mit klassischen Begriffen wie Ware, Qualität und Preis operiert wird, sondern mit den zur Verfügung stehenden Möglichkeiten, auf die Funktionsbedingungen des Partners einzuwirken. Die tatsächlichen wirtschaftlichen und sozialen Eigenschaften dieser merkwürdigen Mischung sind zur Zeit noch kaum untersucht und beschrieben.«*

tische Marktwirtschaft – diese war das erklärte Ziel der Gorbatschowschen »Perestroika« –, sondern zu einem weiteren Aufblühen der Schattenwirtschaft. Was versäumt wurde, und hier lagen neben unterschiedlichen Ausgangsbedingungen die wesentlichen Unterschiede zur Reformkonzeption in der VR China, war ein verbindlicher Rahmen mit funktionierenden makroökonomischen Regulierungen für die Freisetzung der Marktmechanismen. Was in China über einen längeren Zeitraum durch eine schrittweise Umsetzung der Preisreform hin zu gesellschaftliche Knappheitsverhältnisse widerspiegelnden Preisen sowie einer funktionierenden Investitionslenkung und makroökonomischen Strukturpolitik realisiert wurde, sollte in der Sowjetunion quasi naturwüchsig hergestellt werden. Daraus ergab sich bereits unter Gorbatschow eine Schocktherapie zur marktwirtschaftlichen Umgestaltung, die keine nennenswerten Erfolge zeitigte und vor allem auch bei der Bevölkerung nicht als sukzessive Verbesserung der Lebenslage ankam.[17] Dementsprechend führten auch die mit »Glasnost« umschriebenen Demokratisierungsprozesse nicht zum Aufbau einer funktionierenden Zivilgesellschaft mit einer Stärkung der Selbstaktivität und -organisation der Bevölkerung, sondern eher zur weiteren Diskreditierung vorhandener gesellschaftlicher und politischer Strukturen. Regional-egoistische Verselbständigungstendenzen zwischen den Sowjetrepubliken und innerhalb der größten, selbst aus verschiedenen Republiken und autonomen Regionen zusammengesetzten Russischen Föderativen Sozialistischen Sowjetrepublik (RFSSR), die sich bis zu gewaltvollen Auseinandersetzungen zwischen Armenien und Aserbaidschan um das Gebiet Berg-Karabach steigerten, dokumentierten eindrucksvoll den Fehlschlag der Umgestaltung und die Rat- und Machtlosigkeit selbst der kommunistischen Partei.[18]

Der weitere Verlauf ist bekannt. Nach der Abspaltung der drei baltischen Sowjetrepubliken sowie von Armenien und Georgien und ihren Unabhängigkeitserklärungen sowie dem halbherzigen Versuch zur Verteidigung erodierender Zentralstruktu-

---

[17] Höhepunkt und zugleich Ausdruck des ökonomischen Analphabetismus war später das sog. 500-Tage-Programm zur Einführung der Marktwirtschaft von Jawlinski und Schatalin, das im Auftrag von Gorbatschow und Jelzin im August 1990 ausgearbeitet wurde. Auch westliche Unternehmensberatungen fühlten sich seinerzeit bemüßigt, ihren betriebswirtschaftlichen Senf zur makroökonomischen Transformation einer Planwirtschaft zu propagieren und hinzuzugeben.

[18] Was die KPCh mit der gewaltvollen Intervention gegen aufbegehrende Studenten und oppositionelle Bevölkerungskreise im Juni 1989 auf dem Tien'anmen-Platz vor dem Hintergrund eines zwar widerspruchsvollen, im ganzen jedoch funktionierenden Reform- und Umgestaltungsprozesses noch mit der Selbstgewissheit eines strategischen Konzepts und der Überzeugung zur alternativlosen Rettung der Volksrepublik vor dem wirtschaftlichen und gesellschaftlichen Chaos durchsetzen konnte, war in der Sowjetunion und ihrem Einflussbereich der Warschauer Vertragsstaaten in Mittel- und Osteuropa nicht mehr möglich. Insofern dokumentiert die Absage an die seinerzeitige Breschnew-Doktrin durch die KPdSU und Gorbatschow, für die Letzterer im Westen als Vorkämpfer für Demokratie und Selbstbestimmung gefeiert wurde, die Hilflosigkeit und Kapitulation einer nicht mehr zu reformierenden Sozialismus-Konzeption.

ren im August 1991 durch das sog. Staatskomitee für den Ausnahmezustand, kam es im Dezember dieses Jahres zur Auflösung der Sowjetunion durch den Pakt der drei Präsidenten von Russland B. Jelzin, Weißrussland S. Schuschkewitsch und der Ukraine L. Krawtschuk; dabei hatten sich im März 1991 noch rd. 76% der Bevölkerung der UdSSR für die Beibehaltung der Union ausgesprochen. An die Stelle der Sowjetunion trat die »Gemeinschaft Unabhängiger Staaten« (GUS), die außer den drei baltischen Staaten alle ehemaligen Sowjetrepubliken, wenn auch mit unterschiedlicher Stellung, umfasste. Die GUS war allerdings auch als Wirtschaftsraum nicht mit einer arbeitsteiligen Konföderation zu vergleichen, ihre Bedeutung nahm in der Folgezeit zunehmend ab; außerdem flammen bis auf den heutigen Tag verschiedene kriegerische Konflikte zwischen und innerhalb der ehemaligen Sowjetrepubliken auf.[19]

Nach der Auflösung der Sowjetunion konstituierte sich die Russische Föderation als deren offizieller Nachfolgestaat und übernahm auch deren komplettes Atomwaffenpotenzial. Russland ist nach 1991 keine Supermacht mehr, doch hat es sich unter der Präsidentschaft W. Putins in den letzten Jahren wieder stärker als internationaler politischer Akteur profiliert. Ökonomisch jedoch kann Russland nicht einmal ansatzweise mit den führenden Nationen auf dem Weltmarkt mithalten.

Die Wirren des Systemwechsels brachten für die nunmehr selbständigen ehemaligen Sowjetrepubliken sowie fünf weitere mittel-/osteuropäische Länder – Polen, Ungarn, Bulgarien, CSFR und Rumänien – auch eine rasch zunehmende Verschuldung bei westlichen Banken. Deren Auslandsverschuldung stieg von 134 Mrd. US-$ 1989 über 152 (1990) auf 162 Mrd. US-$ in 1991; dies ist ein Anstieg von 21% in zwei Jahren. Dem offiziellen Jubel des politischen Westens über den Zusammenbruch der »realsozialistischen« Wirtschaftssysteme und den Wegfall eines Alternativmodells zum Kapitalismus kontrastierte die nüchterne Bewertung der privaten Kreditgeber dieser sog. Reformländer, die in realistischer Einschätzung der Irrungen und Wirren dieses Transformationsprozesses die Bereitstellung von weiterem privatem Kapital verweigerten. Damit rutschten diese Ex-RGW-Staaten hinsichtlich ihres Kreditstandings auf einen Fuß mit überschuldeten Schwellenländern.

---

[19] Nach der formalen Auflösung der Sowjetunion Ende 1991 kam es in der Folgezeit in zahlreichen ehemals sowjetischen Regionen zu bewaffneten Konflikten. Beispiele dafür sind der Bergkarabach-Konflikt 1988-1994, der Transnistrien-Konflikt mit dem Höhepunkt 1992, der Georgisch-Abchasische Krieg 1992-1993, der Tadschikische Bürgerkrieg 1992-1997, die russische Verfassungskrise 1993 in Moskau, der Erste (1994-1996) und der Zweite Tschetschenienkrieg (1999-2009), der Dagestankrieg 1999, der Kaukasuskrieg 2008, die Unruhen in Südkirgisistan 2010, die Krimkrise und der Krieg in der Ukraine seit 2014 sowie 2020 wiederum der Konflikt zwischen Armenien und Aserbaidschan um Bergkarabach.

Erweiterung von NATO und Europäischer Union durch mittel- und osteuropäische Staaten sowie Kriege der »westlichen Wertegemeinschaft« in Europa, Nahost und Afghanistan

Der Zusammenbruch der realsozialistischen Staaten und ihre Umwandlung in formell bürgerlich-repräsentative Demokratien, die Auflösung der DDR und der Anschluss Ostdeutschlands an die Bundesrepublik sowie die Implosion der Sowjetunion waren der Sieg der westlichen kapitalistischen Staaten im Kalten Krieg der Nachkriegszeit; insofern stellten sie einen Epochenumbruch dar. Die Systemauseinandersetzung zwischen Realsozialismus und Kapitalismus wurde letztlich entschieden durch die Unterlegenheit des fälschlich mit einer sozialistischen Wirtschaftsweise identifizierten administrativ-planwirtschaftlichen Systems, welches in der Produktivitätsentwicklung hinter dem kapitalistischen Klassenfeind zurückblieb, die Versorgung der Bevölkerung nur mehr schlecht als recht bewerkstelligen konnte und daher auch die Freizügigkeit der Menschen schon aus ökonomischen Gründen einschränken musste. Die Verbindung des Staates mit der herrschenden kommunistischen Partei und die Usurpation zivilgesellschaftlichen Engagements durch allgegenwärtige staatliche Organisationen wuchsen auf dieser Grundlage auf und diskreditierten die realsozialistischen Verhältnisse in weiten Kreisen der Bevölkerung. Auch die Parität im Wettrüsten mit den USA und der NATO hatte die Sowjetunion als Führungsmacht des realsozialistischen Lagers aufgrund ihrer internen wirtschaftlichen und Versorgungsprobleme mit fortschreitender Zeit nur unter großen Anstrengungen noch gewährleisten können. Der forcierten Aufrüstung in den USA in den 1980er Jahren unter der Präsidentschaft von R. Reagan hatte die UdSSR schließlich nichts Gleichwertiges mehr entgegenzusetzen und geriet immer weiter in die Defensive. Bereits 1980 hatte in der damaligen Volksrepublik Polen die Streikbewegung auf der Danziger Lenin-Werft mit der Gründung der Gewerkschaft Solidarność, die durch regimekritische Intellektuelle und vor allem die in Polen traditionell starke katholische Kirche und dem seinerzeitigen polnischen Pabst unterstützt wurde, die Polnische Vereinigte Arbeiterpartei PVAP unter Druck gesetzt und gezwungen, den Ausnahmezustand zu verhängen. Diese Auseinandersetzungen in Polen bildeten den Auftakt für eine erstarkende Protestbewegung, die in der zweiten Hälfte der 1980er Jahre in mehreren realsozialistischen europäischen Ländern mehr und mehr an Zulauf gewann. Die Öffnung der Grenze zu Österreich durch Ungarn im August 1989 stellte dann den Auftakt für den letzten Akt des Dramas dar und leitete die Massenflucht insbesondere von DDR-Bürgern in die Bundesrepublik ein; der Fall der Berliner Mauer im November 1989 vollendete diesen Prozess. All diese Entwicklungen musste Gorbatschow in den letzten Jahren als Präsident der Sowjetunion mehr oder weniger tatenlos geschehen lassen. Die teilweise Begeisterung für seine »Glasnost«- und »Perestroika«-Initiativen waren mangels fehlender positiver Ergebnisse nicht dazu angetan, eine erneute Hegemonie bei der Bevölkerung der realsozialistischen Staaten zu gewinnen. Der als »Wiedervereinigung Deutschlands nach der friedlichen Revolution« im kapitalistischen Westen emphatisch gefeierte Anschluss der DDR an die Bundesrepublik im Jahr

1990 erfolgte nach den Vorstellungen der westdeutschen Seite mit Unterstützung der seinerzeitigen Siegermächte des Zweiten Weltkriegs (inkl. Sowjetunion) und erbrachte mit der Vergrößerung der BRD eine erste Ostausdehnung der NATO.[20]

Keine zehn Jahre nach der Implosion der realsozialistischen Staatengemeinschaft wurden auf dem NATO-Gipfel in Madrid 1997 den ehemaligen Warschauer Vertragsstaaten Polen, Tschechien und Ungarn erstmals Beitrittsverhandlungen angeboten, später auch weiteren osteuropäischen Staaten. 1999 traten Polen, Tschechien und Ungarn der NATO bei. Beim Gipfeltreffen in Prag im November 2002 lud die NATO die Länder Bulgarien, Estland, Lettland, Litauen, Rumänien, Slowakei und Slowenien zu Beitrittsgesprächen ein; im März 2004 traten diese sieben Länder der NATO ebenfalls bei. Nach der Jahrtausendwende gab es verstärkte Bemühungen für eine NATO-Mitgliedschaft seitens der Ukraine und von Georgien; mittlerweile war aber die Position der Russischen Föderation als offizieller Nachfolgestaat der UdSSR wieder so weit konsolidiert, dass der »Westen« diesem Ansinnen der ukrainischen Regierung nicht entsprechen konnte; außer den ehemaligen baltischen Sowjetrepubliken gibt es bis auf Weiteres für weitere Territorien der ehemaligen UdSSR keine NATO-Beitrittsperspektive.

2004 und in einer zweiten Runde 2007 wurde auch die Europäische Union durch Beitritt der ehemaligen RGW-Staaten Mittel- und Osteuropas nach Osten erweitert. Neben einer mittlerweile politisch-ideologischen Nähe zum westlichen Kapitalismus waren dafür die in Aussicht gestellten Wirtschaftshilfen ein wichtiges handlungsleitendes Element. Denn ähnlich wie in den Nachfolgestaaten auf dem Gebiet der ehemaligen Sowjetunion war auch in diesen Ländern der Transformationsprozess zu einer kapitalistischen Marktwirtschaft mit erheblichen Produktions- und Wohlstandseinbußen verbunden. Auch für die aufnehmenden Staaten der EU bedeutete die Osterweiterung erhebliche Belastungen für den EU-Haushalt. Für die westeuropäischen Arbeitsmärkte ergaben sich aus der Dienstleistungsfreiheit als einer der vier konstitutiven Freiheiten des EU-Binnenmarktes Unterminierungen sozialer Standards, die zum Teil mit mehrjährigen Übergangsvorschriften abgemildert werden mussten. Insgesamt gesehen war die Osterweiterung der EU das end-

[20] Dabei war Gorbatschow sowohl von deutscher Seite als auch vom seinerzeitigen amerikanischen Außenminister J. Baker – allerdings lediglich mündlich – zugesichert worden, dass nach der deutschen »Wiedervereinigung« keine weitere Ostdehnung der NATO erfolgen solle. Die Amerikaner rückten jedoch von dieser Zusage wieder ab und die deutsche Bundesregierung Kohl/Genscher schloss sich – natürlich – der amerikanischen Vorgabe an. Schließlich einigte man sich mit Gorbatschow darauf, dass die sowjetischen Truppen weitere vier Jahre im Gebiet der DDR verbleiben durften, wenn in dieser Zeit u.a. ein von Deutschland finanziertes Wohnungsbauprogramm für rückkehrende Soldaten umgesetzt werden würde. Die finanziellen deutschen Zusagen beliefen sich auf 12 Mrd. DM zuzüglich drei Mrd. DM zinsloser Kredite. Die Sowjetunion verzichtete dafür auf die ursprünglich diskutierte Zusage der Nichtausdehnung der NATO. Dieser Verzicht auf politischen und militärischen Einfluss gegen ein »Linsengericht« dokumentiert die Inferiorität der einstmaligen Weltmacht Sowjetunion in ihren letzten Tagen.

gültige Symbol für den Sieg des kapitalistischen Wirtschaftssystems und ein Zugeständnis des »Westens«, welches gewissermaßen als Kollaterallast der vorherigen jahrzehntelangen ideologischen Propaganda für Freiheit und Demokratie zu tragen war. Wie das vereinigte Gesamtdeutschland nach dem DDR-Anschluss war auch die Europäische Union nach der Osterweiterung im Durchschnitt ärmer als zuvor.

Die Schwächung der Sowjetunion durch immer offener zutage tretende wirtschaftliche Defizite in den 1980er Jahren führte auch politisch-militärisch schließlich zum Verlust ihres Status als Super- bzw. Weltmacht. Dies kam nicht nur in Europa durch den Zusammenbruch von RGW und Warschauer Vertrag zum Ausdruck, sondern auch im ersten Golfkrieg, als der UdSSR nur noch eine Beobachterposition ohne politischen Einfluss verblieb. Der Irak unter Saddam Hussein hatte im August 1990 das Emirat Kuwait am Persischen Golf besetzt und beanspruchte es als Provinz seines Hoheitsgebiets, die seinen Küstenzugang zum Persischen Golf erheblich vergrößern würde.[21] Die gewaltsame Annexion Kuwaits durch den Irak rief die USA auf den Plan, die eine Veränderung der geopolitischen Situation im Nahen Osten mit einer Bedrohung ihres angestammten Verbündeten, des Königreichs Saudi-Arabien, sowie des Zugriffs auf die Ölreserven fürchteten. Unter ihrer Führung konstituierten sie eine Koalition mit Beteiligung der ehemaligen Kolonialmacht Großbritannien und einigen arabischen Staaten (u.a. Saudi-Arabien, Ägypten, Syrien), die auf der Grundlage mehrfacher Resolutionen des UN-Sicherheitsrats im Januar zuerst einen Luftkrieg gegen den Irak begann und im darauffolgenden Monat in das Land einmarschierte. Die technische und personelle Übermacht der Koalition war so gravierend, dass der Krieg in kurzer Zeit beendet war und die übrig gebliebenen Truppen des Iraks sich aus dem besetzten Kuwait zurückziehen mussten. Dortselbst wurde die alte feudale Herrscherfamilie wieder inthronisiert.

Traditionell war der Irak ein Verbündeter der Sowjetunion. Weder war es der sowjetischen Regierung gelungen, Saddam Hussein im Vorfeld von dem Einmarsch in Kuwait abzuhalten, noch konnte sie in der Folgezeit eine einflussnehmende Rolle bei den diplomatischen Verhandlungen und UN-Resolutionen sowie den nachfolgenden militärischen Aktivitäten spielen. Im weiteren Verlauf der 1990er Jahre und den zunehmenden Konflikten – insbesondere die verschiedenen Jugoslawien-Kriege, seit 1995 mit Beteiligung der NATO in Bosnien und 1998/99 in Serbien (Kosovo-Krieg) mit der Bombardierung Belgrads durch NATO-Kampfbomber[22]

[21] Außerdem wurde den Kuwaitis vorgeworfen, die in der OPEC vereinbarten Ölförderquoten nicht eingehalten zu haben und durch Überproduktion für ein Sinken des Ölpreises verantwortlich zu sein. Der gesunkene Ölpreis traf den Irak in besonderer Weise, weil das Land sich im vorangegangenen Krieg mit dem Iran massiv verschuldet hatte und auf eine Bezahlung seiner Schulden mit zukünftigen Öleinnahmen rechnete.

[22] Die NATO griff die Bundesrepublik Jugoslawien an, ohne dafür ein UN-Mandat zu haben und ohne dass ein Mitgliedsland angegriffen und so der Bündnisfall der NATO ausgelöst worden wäre. Von den Befürwortern wurde der Kosovokrieg als einer der ersten »humanitären Kriegseinsätze« bezeichnet und als Maßnahme zum Schutz vor weiteren Menschenrechtsverletzungen der jugoslawischen Sicherheitskräfte gerechtfertigt. Unver-

– spielte Russland ebenfalls keine Rolle, obgleich auch Serbien innerhalb der damaligen (Rest-)Bundesrepublik Jugoslawien ein traditioneller Bündnispartner der Russischen Föderation war.

Im völkerrechtswidrigen, durch eine bewusste Täuschung der Vollversammlung und des Sicherheitsrates der Vereinten Nationen durch die US-Regierung begründeten zweiten Angriffskrieg gegen den Irak 2003 manifestierte sich die Unipolarität der Welt mit den USA als einziger Weltmacht in endgültiger und abschließender Weise. Nach dem Angriff auf die Türme des World Trade Centers in New York mit gekaperten Linienflugzeugen durch islamistische Terroristen sahen sich die USA berechtigt und bemüßigt, Vergeltung zu üben und die von Präsident Bush (jr.) identifizierte »Achse des Bösen« im Namen von Freiheit, Demokratie und Humanität zu vernichten. Nach dem Einmarsch in Afghanistan und dem Krieg gegen die dort herrschenden und als Unterstützer der al-Qaida-Terroristen ausgemachten Taliban – eine Gruppering, die die USA während der Besetzung Afghanistans durch die Sowjetunion selbst mit Waffen etc. ausgerüstet hatten –, sollte im weiteren Schritt ein Systemwechsel im Irak vollzogen werden, da das Regime von Saddam Hussein und der Baath-Partei als Störenfried gegenüber den geopolitischen und ökonomischen Interessen der USA ausgemacht worden war. Obwohl Präsident Bush nach eineinhalb Monaten den Krieg für siegreich beendet erklärte – »mission accomplished« –, dauerte die nachfolgende offizielle Besetzung des Landes noch weitere acht Jahre (bis 2011), in denen Terroranschläge an der Tagesordnung waren. Der Irakkrieg 2003 ist darüber hinaus Ausgangspunkt und Geburtsstunde der Terror-Miliz »Islamischer Staat« gewesen, die in der Folgezeit nicht nur die Region, sondern auch die westlichen Staaten sowie die Russische Föderation in Atem gehalten hat.

Festzuhalten ist, dass die USA nach dem Untergang der Sowjetunion als verbliebene Weltmacht für die Zunahme kriegerischer und terroristischer Auseinandersetzungen eine wesentliche Verantwortung trägt und diese teilweise durch eigenes Handeln allererst erzeugt hat. Die Beendigung des Kalten Krieges durch den Abtritt der einen Partei hat die Welt nicht nur nicht sicherer, sondern extrem unsicherer gemacht; dies hatte als Hintergrund eine mehr und mehr schwindende ökonomische Potenz der UdSSR bzw. ihres Nachfolgestaats, der Russischen Föderation.

---

gessen sind die Äußerungen des damaligen deutschen Verteidigungsministers R. Scharping (SPD), der die serbischen Übergriffe auf die albanisch-muslimischen Bewohner des Kosovo mit den Verbrechen der deutschen Nationalsozialisten (»Einrichtung von Konzentrationslagern«) verglich; Außenminister J. Fischer (Grüne/Bündnis 90) assistierte ihm dabei. Die serbische Regierung beklagte sezessionistische Tendenzen bei großen Teilen der albanischen Bevölkerung des Kosovo und berief sich auf das Recht, auf dem Staatsgebiet Serbiens die seit 1997 mit Guerilla-Methoden agierende UÇK zu bekämpfen.

f) Die USA zwischen Doppeldefizit in Haushalt und Zahlungsbilanz: Umkehr der Position der USA vom Weltgläubiger zum Weltschuldner im VIII. Zyklus

Der mit der Jahreswende 1982/83 begonnene, erst 1993 beendete VIII. Nachkriegszyklus auf dem kapitalistischen Weltmarkt bot ein eigentümliches Bild vermeintlicher und tatsächlicher Gegensätze. Als zweiter Zyklus, der unter Bedingungen einer strukturellen Überakkumulation von Kapital verlief, überraschte die dem oberflächlichen Blick sich darbietende Intensität und vor allem die lang ausgeprägte Dauer der zyklischen Aufschwungs- bzw. Erholungsphase. Das Ende dieser Aufschwungsphase war erst 1989 erreicht. Teilweise wurde seinerzeit bereits der Umschwung in eine erneute langfristige Prosperitätskonstellation in den kapitalistischen Metropolen proklamiert: Statt Wachstumsstagnation und Inflation der 1970er und 1980er Jahre seien die Expansionskräfte durch eine Deregulierungs- und Arbeitsmarktflexibilisierungspolitik erneut freigesetzt worden, vor allem aber vollziehe sich die konjunkturelle Erholung bei annähernder Preisstabilität und in vielen Ländern ohne die früher charakteristischen konjunkturellen Übersteigerungen. Gravierende Probleme der 1970er Jahre schienen überwunden, die Ölpreisrevolutionen waren verdaut, die 1980-82 manifest gewordene internationale Verschuldungskrise hatte sich im Zuge eines zyklisch belebten Welthandels und erfolgreicher Umschuldungsprozesse entspannt.

Der konjunkturelle Periodenwechsel in den VIII. Nachkriegszyklus nahm seinen Ausgang in den USA. In den nachfolgenden Jahren 1983 und 1984 war das Wirtschaftswachstum in den USA deutlich stärker ausgeprägt als in allen anderen kapitalistischen Metropolen. Die US-Ökonomie spielte in dieser Zeit die Rolle einer internationalen Konjunktur-Lokomotive. Es sind aber folgende Tatbestände, die diesen Aufschwung des VIII. Zyklus in charakteristischer Weise von früheren zyklischen Aufschwüngen unterscheiden, herauszustellen. Binnenwirtschaftlich gesehen, sind die hohen und aus dem langfristigen Trend fallenden Zuwachsraten des US-Sozialprodukts in den ersten beiden Jahren der zyklischen Erholung um den statistischen Basiseffekt aus der Doppelrezession 1980/82 zu bereinigen. Das Bild wird auch dadurch korrigiert, dass ab 1985 ein merklicher Verfall des gesamtwirtschaftlichen Wachstums eingetreten war; mit weniger als 3% p.a. lagen die Zuwachsraten seitdem im Rahmen einer sich unter Überakkumulationsbedingungen vollziehenden konjunkturellen Erholung.

Das im Zusammenhang mit dem US-Aufschwung im VIII. Zyklus gefeierte »Beschäftigungswunder« erwies sich bei näherem Hinsehen als reine Scheinblüte. Die starke Zunahme der Erwerbstätigen um mehr als fünf Mio. Personen vom Tiefpunkt des VII. Zyklus 1982 auf 1984 sowie die nochmalige deutliche Zunahme um drei Mio. Personen danach entfiel in erster Linie nicht auf die materielle Produktion, sondern auf den Dienstleistungssektor, der in den USA, verglichen mit den anderen kapitalistischen Metropolen, einen überproportional hohen Anteil an der Gesamtbeschäftigung aufweist. Diese Entwicklung war nun keineswegs ein um-

Abbildung 14.11: US-Budgetdefizit im VII. und VIII. Zyklus

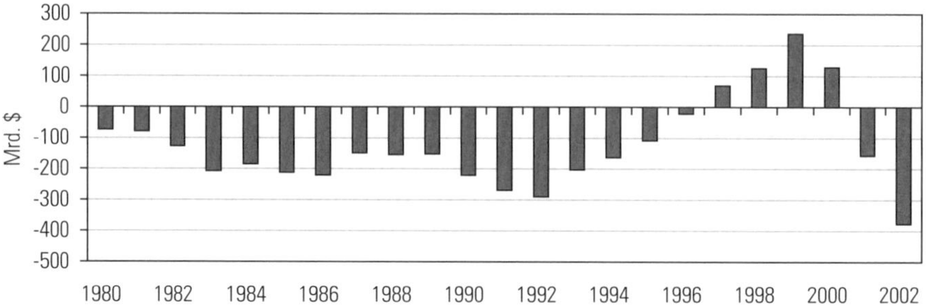

Quelle: Economic Report of the President

standsloser Ausdruck des hohen Entwicklungsgrades der Produktivität der Arbeit innerhalb der materiellen Produktion, sondern in weit überwiegendem Maße dem Tatbestand geschuldet, dass durch die fortgeschrittene Schwäche der amerikanischen Arbeiterbewegung und ihrer gewerkschaftlichen Organisation eine konservativen Maximen folgende durchgreifende Flexibilisierung des US-Arbeitsmarktes durchgesetzt werden konnte. Der überwiegende Teil der neu entstandenen Jobs in den Dienstleistungsbereichen beruhte auf »cheap labor« – Teilzeitarbeit zu so niedrigen Lohnsätzen, dass ein produktivitätsfördernder Ersatz von lebendiger Arbeit durch Maschinerie weitgehend verhindert wird. Bei den ersten Anzeichen einer beginnenden konjunkturellen Umkehr wurden die in solchen Bereichen beschäftigten Lohnabhängigen – zu einem großen Teil Frauen, die aufgrund der Reallohnverluste der anderen Einkommensbezieher des Haushalts rein ökonomisch zur Annahme dieser »bad jobs« gezwungen waren – wieder entlassen. Der auf die US-Industrie entfallende Anteil der Beschäftigungszunahme sowie des BIP-Wachstums war demgegenüber sehr gering. Zwar wies die Erwerbstätigenstatistik eine Zunahme von rund einer Mio. Personen von 1983 auf 1984/85 auf, doch war das Arbeitsvolumen, in Stunden gemessen, weit weniger stark gestiegen: von 23,5 Mrd. Std. 1982 auf 23,7 Mrd. Std. 1985.[23] Die sich im industriellen Sektor der US-Ökonomie abspielende Entwicklung war dabei, in konjunkturell-kurzfristiger Betrachtung, zum einen das Ergebnis einer spezifischen Wirtschafts- und speziell Fiskalpolitik der Reagan-Administration sowie zum anderen einer wechselkursunterstützten übermächtigen ausländischen Importkonkurrenz.

Mit der Vision einer Revitalisierung des Kapitalismus – »You ain't seen nothing yet« (Reagan) – wurde mit dem Amtsantritt der Regierung Reagan 1980 das neue Paradigma der Wirtschaftspolitik, die Angebotsökonomie (supply-side-policy), in die Wirklichkeit umgesetzt. Neben einer weitgehenden Deregulierung und Ent-

[23] Vgl. Statistical Abstract of the United States 1988.

staatlichung der Marktbeziehungen auf allen Teilmärkten der Volkswirtschaft sollte durch erhebliche Steuerkürzungen (und -vereinfachungen) die Leistungsmotivation wieder geweckt werden. Gleichzeitig wurde eine auf militärische Stärke und politische Konfrontation setzende Außenpolitik durch ein gigantisches Aufrüstungsprogramm ökonomisch untermauert. Da die durch die Steuerkürzungen entstehenden Einnahmeausfälle durch Kürzungen bei den haushaltsreproduktiven Staatsausgaben nicht kompensiert werden konnten, die Vermehrung des Steueraufkommens durch wachstumsinduzierte Steigerung der Bemessungsgrundlagen ebenfalls nicht ausreichte und das Aufrüstungsprogramm zudem erhebliche Zuwächse des Militärhaushalts mit sich brachte, vergrößerte sich das Defizit des Bundeshaushalts gewaltig (siehe Abb. 14.11). Bis 1982 war der Anstieg des Defizits zum einen konjunkturell bedingt. Ab 1982 griff aber bereits die veränderte Steuergesetzgebung durch, nach der die Rentabilität neuer Investitionen nach Steuern durch Veränderungen in der Unternehmensbesteuerung deutlich erhöht wurde. Auf der Ausgabenseite wirkte der expansive Nachfrageimpuls durch vermehrte militärische Beschaffungen. Trotz der deutlichen Zuwächse des US-Sozialprodukts 1983/84 verdoppelte sich das Budgetdefizit von 1982 auf 1983 beinahe und verharrte in der Folgezeit (bis 1986) auf etwa diesem Niveau. Die Wirkungen dieses rasant gestiegenen Budgetdefizits waren für den reproduktiven Kreislauf expansiv, unmittelbar durch die öffentlichen Nachfragesteigerungen, mittelbar, weil sich der crowding-out-Effekt der staatlichen Kreditexpansion in Grenzen hielt. So gesehen zeigte sich an dieser US-Wirtschaftspolitik zum ersten Mal, dass kurzfristig auch unter Bedingungen einer anhaltenden Überakkumulation von Kapital keynesianische Nachfragepolitik in Mengenzuwächse umsetzbar ist; dass die allokative Richtung (Rüstungskäufe) diese Mengeneffekte restringierte, ist zusätzlich in Rechnung zu stellen.

Trotzdem war der Erfolg dieser Finanzpolitik – auch kurzfristig – daran gebunden, dass die Finanzierungsseite durch massive Kapitalimporte aus dem Ausland ausgeglichen wurde. Das Aufkommen an finanziellen Mitteln für die öffentlichen Haushalte aus der traditionell niedrigen Sparquote der US-Privathaushalte wurde nämlich durch die Steuererleichterungen nicht erhöht; eher nahmen die Käufe des privaten Konsums und die Verschuldung der Konsumenten zu.[24]

---

[24] Vgl. Marris 1986: 123: »*Der Anstieg der Inlandsnachfrage wurde nicht von einem entsprechenden Wachstum der Inlandsersparnis begleitet. Die Sparquote der privaten Haushalte fiel sogar im ersten Jahr des Aufschwungs, als die Konsumenten ihre Gebrauchsgüterkäufe erhöhten; Ende 1984 hatte sie wieder knapp den Durchschnittswert der Jahre 1960-82 erreicht, in der Folgezeit sank sie jedoch erneut. Der Anteil der Unternehmensersparnis am BSP nahm im ersten Aufschwungsjahr kräftig zu, danach stagnierte er jedoch. Bundesstaaten und Kommunen wiesen bis Mitte 1984 Rekordüberschüsse auf, danach begannen sie jedoch die Ausgaben zu erhöhen und die Steuern zu senken. Das Defizit im Bundeshaushalt fiel, aber es sank weitaus langsamer als in einem normalen Aufschwung, da die strukturelle Komponente des Budgetdefizits wuchs. Es begann erneut zu steigen, als sich das Wirtschaftswachstum Mitte 1984 abflachte. Insgesamt gesehen war das Wachstum der Inlandsersparnis völlig unzureichend, so dass nahezu drei Fünftel des Anstiegs der Bruttoinvestitionen durch rapide*

Abbildung 14.12: Zahlungsbilanz der USA 1970-2002

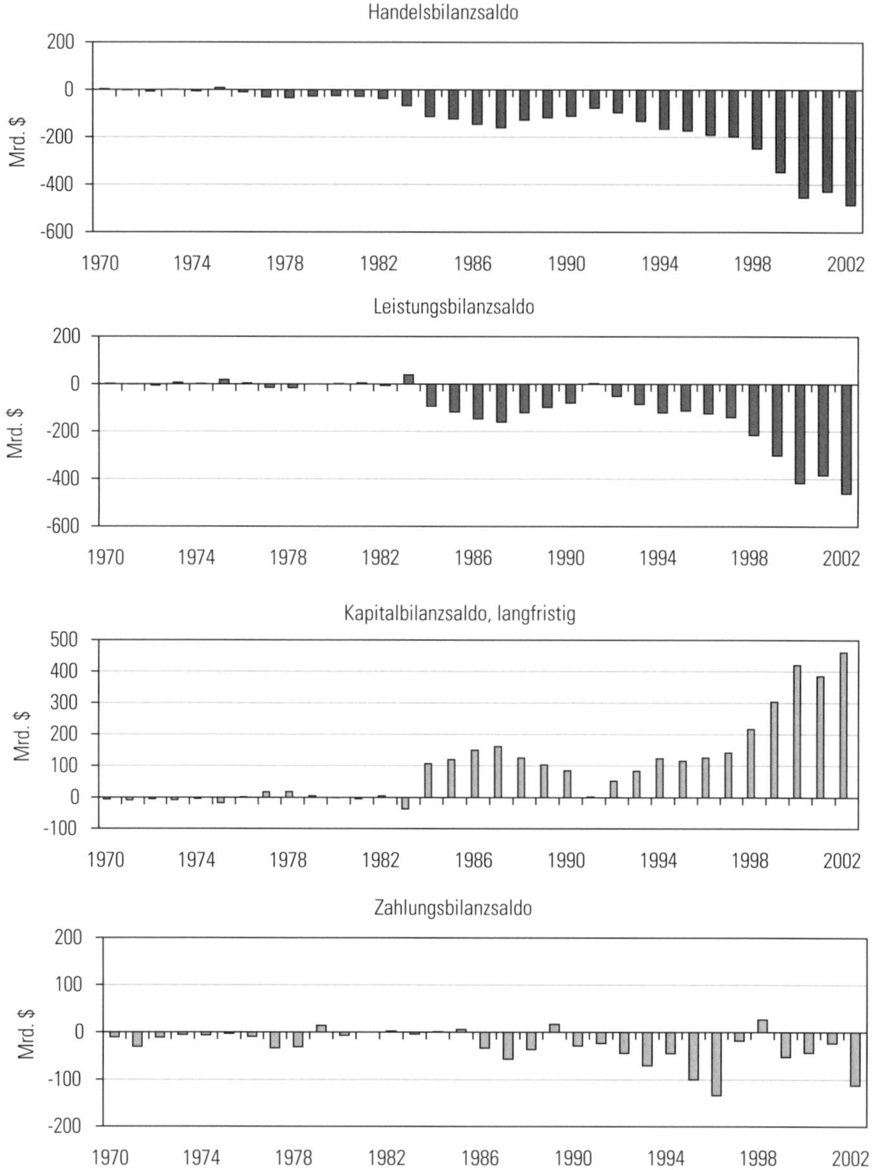

Quelle: OECD, US-Department of Commerce

Der langfristige Kapitalverkehr der USA mit dem Ausland erfuhr Anfang der 1980er Jahre einen jähen Umschwung. Hatte sich die bis dato durchhaltende strukturelle Nettokapitalexportposition der USA im langfristigen Bereich gehalten, so kehrten sich die Kapitalströme ab 1981 um und es baute sich rasch ein hoher Kapitalimportsaldo auf. Er wurde ab 1983 im kurzfristigen Bereich beim Bankenkapitalverkehr erhöht, da die US-Banken ihr Auslandskreditgeschäft stark reduzierten. Auch der statistische Restposten der Zahlungsbilanz, der zu einem großen Teil Kapitalfluchtbewegungen aus Dritte-Welt- und Schwellenländern beinhaltete, war bereits seit Ende der 1970er Jahre auf einem hohen Niveau positiv.

Was hatte nun diesen Umschwung in der US-Kapitalbilanz ausgelöst? Der bloße Hinweis auf die Umkehrung der Zinsdifferenz seit 1979/80 gegenüber Europa und Japan reicht hierfür nicht aus. Der Hinweis auf den »sicheren Hafen Amerika« (Reagan) stellt sich richtig, wenn auf die Art der Investitionen des einfließenden Geldkapitals abgehoben wird: Weit entfernt davon, dass es sich hierbei um reproduktiv angelegte Kapitalien handelte, waren es vielmehr die Aussichten auf bloße Differenzgewinne, die zu einer neuen Blüte der Finanzspekulation, d.h. einer weiteren Verselbständigung der Geldkapitalakkumulation führten. Das Haussieren der amerikanischen Wertpapierbörsen bis zum Crash im Oktober 1987 mitsamt den spekulativen Exzessen illustriert diesen Tatbestand eindrucksvoll. Statt eines Aufbruchs der Vereinigten Staaten in eine neue Prosperitätskonstellation signalisierte der massive Kapitalimport in erster Instanz nichts anderes als den differentiellen Vorteil der Finanzspekulation auf amerikanischen im Verhältnis zu anderen Märkten, also schlichtweg die Bestätigung für die anhaltende strukturelle Überakkumulation von Kapital (vgl. Abb. 14.12).

Die Entwicklung der US-Kapitalbilanz in dieser Periode war entscheidend für den Umschwung im Dollarwechselkurs. Im Jahresverlauf 1980/81 war die vorangegangene, seit dem Übergang zum Floating datierende Abwertung der US-Devise gegenüber den meisten anderen Währungen vorerst beendet gewesen und machte einer ausgeprägten Aufwärtsentwicklung Platz, die bis zum Frühjahr 1985 anhielt: *»Die Kapitalbilanz dominiert im vorliegenden Falle die Leistungsbilanz und nicht umgekehrt.«* (Scheid 1987: 179) Diese Dominanz der Geldkapitalakkumulation gegenüber ihrer reproduktiven Grundlage wirkte jedoch auf dieselbe zurück. Zum einen positiv, denn bei der gegebenen binnenwirtschaftlichen Konstellation von Ersparnis und Investition hätten ohne den massiven Zufluss von Auslandskapital die Zinsen am US-Kapitalmarkt um rund 5% höher sein müssen, um das Wachstum der zinsempfindlichen Nachfrage zu dämpfen. Die bedeutendere Rückwirkung dieser geldkapitalinduzierten Dollar-Hausse bestand jedoch im Hinblick auf die preislichen Wirkungen für die internationale Konkurrenzfähigkeit des US-Nationalkapitals. Mit dem Jahr 1983 rutschte die US-Leistungsbilanz ins Defizit – ein Defizit, das sich rasch vergrößerte und 1987 einen ersten Höhepunkt mit einem Betrag von

---

wachsende Auslandskapitalzuflüsse finanziert werden mussten, die Anfang 1985 45% der US-Nettoinvestitionen finanzierten.«

Abbildung 14.13: Nominaler gewichteter multilateraler US-Dollar-Wechselkurs; Index 03/1997 = 100

Quelle: Federal Reserve Bank of St. Louis (FRED)

mehr 160 Mrd. US-$ erreichte. Bei genauerer Betrachtung zeigt sich jedoch, dass keineswegs der Umschwung im Dollarwechselkurs der induzierende bzw. allein induzierende Faktor diese Entwicklung in den reproduktiven Basisstrukturen der US-Außenwirtschaftsposition bedingt hatte. Bereits lange vor dem Umschwung im Leistungsbilanzsaldo hatte sich ein entsprechender Umschwung im US-Handelsbilanzsaldo geltend gemacht (siehe Abb. 14.12): Mit dem Beginn des vorhergehenden VII. Zyklus 1976 war die amerikanische Handelsbilanz defizitär geworden, d.h. bereits zu einer Zeit, als die US-Währung noch unter Abwertungsdruck stand (siehe Abb. 14.13). In dieser Zeit also bestimmte die Entwicklungstendenz der reproduktiven Außenwirtschaftsposition der USA die Entwicklungsrichtung des Dollarwechselkurses und die beständige Abwertung der US-Devise reichte keineswegs hin, entgegenwirkende Kräfte von einem Umfang ins Werk zu setzen, die die Wiedergewinnung des ursprünglichen Aktivsaldos des US-Handels ermöglicht hätten. Damit stellt sich das Bild richtig: Nicht zufällig-exogene Faktoren wie Ölpreisschocks etc. hatten die Bilanz des »reichsten Landes der Welt« vorübergehend erst im Bereich des Handels, sodann im Bereich der gesamten laufenden Posten defizitär gestaltet, sondern eine bereits lange vorher beginnende Tendenz eines zunehmenden Verlustes von internationaler Konkurrenzfähigkeit des US-Kapitals auf den Weltmärkten ist in letzter Instanz verantwortlich für diese Entwicklungen. Der mit Beginn des VII. Zyklus defizitär gewordenen US-Handelsbilanz folgte ab 1982 die US-Leistungsbilanz nach, einmal, weil das Handelsdefizit, nachdem es sogar während des zyklischen Abschwungs 1980-82 von 25,5 Mrd. über 28 Mrd. auf rund 36,5 Mrd. US-$ gestiegen war, in einem atemberaubenden Tempo weiter wuchs und 1987 fast 160 Mrd. US-$ betrug, zum anderen, weil der Überschuss der US-Dienstleistungsbilanz aufgrund steigender Zinszahlungen infolge der drastisch gestiegenen Kapitalimporte progressiv abgenommen hatte. Die Wechselkursentwicklung besaß also nur den Status eines verstärkenden Faktors für das US-Außenwirtschaftsdefizit. Die hiermit formulierte These eines bereits faktisch stattgefundenen Verlustes der ursprünglichen US-Dominanzposition im ökonomischen Bereich wird auch durch Daten der Produktivitätsentwicklung des produktiven industriellen Sektors des amerikanischen Reproduktionsprozesses unterstrichen.[25]

Mit dem Jahr 1986 vollzog sich die Wandlung der USA zur Netto-Schuldnernation. Die in rund 75 Jahren als Netto-Kapitalexporteur aufgebaute Vermögensposition war in wenigen Jahren anziehender laufender Leistungsbilanzdefizite verspielt; kumulativ bedeuteten die Leistungsbilanzdefizite innerhalb des VIII. Zyklus bereits eine Verminderung der Auslandsposition der USA um rd. eine Bio. US-Dollar. Die Nettoschuld der USA gegenüber dem Ausland betrug zum Ende des VIII. US-Zyklus 1991 rd. 650 Mrd. US-$. Allerdings ist hierbei stets zu berücksichtigen, dass die Verbindlichkeiten der USA zum größten Teil auf Dollar lauten, somit für die Gläubiger weniger das Illiquiditäts- als das Wechselkursrisiko relevant ist, solange die US-Devise nicht international diskreditiert ist.

Trotz dieser fundamentalen Disproportionen der größten nationalen Ökonomie des kapitalistischen Weltmarkts, war es seinerzeit nicht zu dem von vielen Seiten erwarteten krisenhaften Eklat gekommen.[26] Nicht, dass durch eine erfolgreiche neokonservative Politik der Umschwung zu einer neuen Prosperitätskonstellation gelingen könnte, ist also das Charakteristische dieser Entwicklung, sondern dass das Potenzial für kurz- bis mittelfristige ruhige Ausgleichung der Disproportionen unter Bedingungen einer anhaltenden strukturellen Überakkumulation von Kapital auf dem kapitalistischen Weltmarkt gehalten hat, ist bemerkenswert.

Weltwirtschaftlich gesehen, sind die Effekte der US-Binnenkonjunktur im VIII. Zyklus von den anderen kapitalistischen Metropolen aufgenommen und in nationale Erholungsprozesse der Akkumulation umgesetzt worden. Solange der Dollar aufwertete, ergaben sich neben strukturellen auch preislich-konjunkturelle Konkurrenzvorteile für europäische und japanische Kapitale, die zu verstärkten Exporten in die USA genutzt wurden. Die Exportkonjunktur zog die nationale Kapitalakkumulation zyklisch hoch; in der BRD ergab sich erst 1987 die »Umstellung«

---

[25] Vgl. SOST 1988: 11: »*Während sich der größte Teil der amerikanischen Wirtschaft von den Anstrengungen um internationale Wettbewerbsfähigkeit und höhere Arbeitsproduktivität abgekoppelt hat, veraltet der Wirtschaftsbereich zusehends, der noch im Wettbewerb gegen die internationale Konkurrenz zu bestehen hat. Zwar erreichen die Verarbeitenden Gewerbe der USA noch ansehnliche Steigerungsraten in der Arbeitsproduktivität, aber diese sind keine Anzeichen für die Rückkehr zu einem kräftigen Wachstum. Ein Teil dieses Zuwachses der Arbeitsproduktivität ist selbst noch auf Schrumpfungsprozesse zurückzuführen, und auch der Teil des Zuwachses der Arbeitsproduktivität, der auf die erfolgten großen Investitionen zurückzuführen ist, sichert dem gesamten Sektor keine Wachstumsperspektive. Um zu einer tatsächlichen Erneuerung und Revitalisierung der amerikanischen Industrie zu gelangen, hätte es sehr viel größerer Anstrengungen bedurft.*«

[26] Vgl. etwa Schubert 1985.

der Auftriebskräfte auf die Binnennachfrage. Zu Recht ist daher darauf hingewiesen worden, dass die kapitalistischen Konkurrenten der USA durch eine restriktive Geld- und Finanzpolitik binnenwirtschaftliche Konsolidierungsprozesse vollzogen haben, deren Nachfrageausfälle gewissermaßen von den USA alimentiert worden sind. Demzufolge ist es gerechtfertigt, davon auszugehen, dass sowohl Japan als auch die BRD als westeuropäische Führungsmacht die Zeitperiode des VIII. Zyklus auf Kosten der USA genutzt haben, um die internationale Wettbewerbsfähigkeit zu verbessern. Damit wurden aber die zentrifugalen Tendenzen zwischen den drei weltwirtschaftlichen Zentren letztlich nur verstärkt. Die aufgebauten Disproportionen auf allen Ebenen der kapitalistischen Weltwirtschaft wurden durch den Zusammenbruch der um die Sowjetunion gruppierten sozialistischen Staaten für einige Jahre überdeckt und in den Hintergrund gedrängt: die Schwäche des weltpolitischen Gegenpols zum kapitalistischen Weltsystem wurde seinerzeit in eine Stärke des Letzteren umgedeutet – eine fatale Fehleinschätzung, die sich erst nach und nach wieder allmählich aufzulösen begann.

Kapitel 15: Aufstieg Chinas, Aufkommen von weiteren Schwellenländern und Ausdifferenzierung des »Südens«

a) Aufstieg der VR China seit 1978

Wenn auch der Aufstieg der »vier asiatischen Tigerstaaten«, gemessen am erreichten Stand des BIP-Wachstums, der Zunahme des durchschnittlichen BIP pro Kopf sowie der Etablierung grundlegender sozialer Absicherungsstandards für die Bevölkerung ein Erfolgsmodell für Dritte-Welt-Länder auf Basis kapitalistisch-weltmarktorientierter Entwicklungsstrategien darstellt, so wird dieses »Modell« von den Entwicklungen nach 1978 in der VR China bei Weitem in den Schatten gestellt – allein schon wegen der Größe des Landes, gemessen an seiner Bevölkerung. Dabei sind die Ausgangsbedingungen insofern vergleichbar, als die Entwicklung in der Volksrepublik nach dem »Langen Marsch« sowie dem Erfolg der Volksbefreiungsarmee im chinesischen Bürgerkrieg im Anschluss an den 1. Fünfjahrplan (1953-1957) über rd. 20 Jahre die *»most tumultous and desastrous period since the founding of the People's Republic of China«* (Li/Fumin/Lei 2010: 32) durchlaufen hatte. Während die Ergebnisse des 1. Fünfjahrplan in Landwirtschaft und Industrie noch als sehr erfolgreich angesehen wurden, schlossen die Perioden des »Großen Sprungs nach vorn« (1958-1960) sowie der »Proletarischen Kulturrevolution« (1966-1976) die große Hungersnot von 1960-62 sowie massive soziale Verwerfungen ein. In der zweiten Hälfte der 1970er Jahre steht die VR China noch oder wieder ganz am Anfang ihres Entwicklungsprozesses.

Vor diesem Hintergrund leitet die KPCh nach dem Tod von Zhou Enlai und Mao Zedong auf ihrem XI. Parteitag im Dezember 1978 eine »historische Wende« ein, die eng mit dem Namen Deng Xiaoping verbunden ist. Deng selbst hatte eine wechselvolle politische Biografie und wurde mehrfach als Vertreter einer Minderheitsfraktion innerhalb der KPCh von führenden Positionen entfernt. Die 1978 initiierten Wirtschaftsreformen werden mit seinen geflügelten Worten: »Es ist gleichgültig, ob es eine weiße oder schwarze Katze ist; Hauptsache, sie fängt Mäuse« umschrieben; sie heben darauf ab, dass es vor allem auf die Ergebnisse und nicht in erster Linie auf die ideologisch-politische Verortung der jeweiligen Maßnahmen im Kanon des bis dato vorherrschenden Verständnisses von kommunistischer Politik in der Volksrepublik ankommt. Rückblickend werden im offiziellen Selbstverständnis zwei Reformstufen unterschieden: Reform und Öffnungspolitik (1978-2002) sowie die koordinierte Entwicklung nach Maßgabe der »wissenschaftlichen Vorschau« (seit 2003); die Phasen lassen sich auch mit den Begrifflichkeiten der Etablierung einer »sozialistischen Warenproduktion« und eines »Marktsozialismus chinesischer Prägung« umschreiben.

Am Beginn des Reformprozesses stand die Landwirtschaft im Mittelpunkt und das »System der vertragsgebundenen Verantwortlichkeit auf Basis der Haushalte unter Zugrundlegung des Leistungsprinzips« ersetzte die Volkskommunen. In diesem System verpflichteten sich die bäuerlichen Haushalte durch Verträge mit der Dorfverwaltung bestimmte Mengen von Grundnahrungsmitteln, die auf den an die Bauern verpachteten Ländereien erzeugt werden, abzuliefern. Was der Bauer über seine Kontraktlieferungen hinaus produzierte, blieb zu seiner Verfügung für den Eigenbedarf und den freien Verkauf auf Bauernmärkten. Dabei wird das System des Kollektiveigentums erhalten, die Pachtverträge werden allgemein auf 15 Jahre abgeschlossen. In den folgenden Jahren wurde diese Linie weiter ausgebaut. Es konnten zusätzliche Arbeitskräfte beschäftigt werden und das gesamte ländliche Nebengewerbe (Haus- und Familienindustrie) wurde in einen neuen Ordnungsrahmen einbezogen. *»Die erste Phase der ökonomischen Reform von 1978 ... bedeutete einen Wendepunkt in der Prioritätensetzung der zentralen Planung zugunsten des Agrarsektors. In der Anfangsphase (bis 1984) vermied es die Regierung jedoch, die realen Kosten der verbesserten Lebensmittelversorgung an die städtische Bevölkerung weiterzugeben. Stattdessen bezahlte man hohe Subventionen.«* (Bergmann 1996: 47) Das neue System verbesserte die Performance der chinesischen Agrikultur deutlich.

Ab 1979 wurde die Privatwirtschaft als nützliches Instrument für die Bekämpfung der hohen Arbeitslosigkeit auch in den Städten genutzt. Ein großer Teil der Arbeitslosen schuf sich selbst Beschäftigung im neu entstehenden individuellen Sektor. Typische traditionelle Dienstleistungsberufe wie Händler, Friseure, Schneider etc. trafen auf einen großen gesellschaftlichen Bedarf. Bis 1988 durften die sogenannten Einzelgewerbebetriebe maximal sieben Personen beschäftigen, danach werden auch größere Privatbetriebe zugelassen. 1989 gab es bereits 225.000 Privatbetriebe mit 3,4 Mio. Beschäftigten.[1] Fortan wird der gesamtwirtschaftliche Erfolg nicht mehr am Produktionsausstoß, d.h. an der Steigerung der Produktion, sondern an der Entwicklung der Produktivität gemessen. Gegenüber dem vor 1978 herrschenden Egalitarismus in der Einkommensverteilung gab Deng Xiaoping nunmehr mit der Einführung materieller Hebel und Stimuli die Parole aus, dass das Wohlhabendwerden einiger – sowie das spätere Nachziehen der anderen – durchaus erwünscht sei; dies galt sowohl für Einzelpersonen und Unternehmen als auch für Wirtschaftsregionen.

Das Prinzip der »sozialistisch geplanten Warenwirtschaft« lautet: »der Staat reguliert den Markt, der Markt bestimmt die einzelwirtschaftliche Aktivität, d.h. die Unternehmen«. Drei Reformen markierten seit 1984 den Übergang zu dieser sozialistischen Warenproduktion: Erstens wurde die Anzahl der Planziffern deutlich reduziert und die Planung selbst erhielt zunehmend einen indikativen Charakter, sodass auch die Finanzierung der Unternehmen aus dem Staatshaushalt ausgelagert und dem Kreditsystem überantwortet werden konnte. Mit der bereits 1979 begon-

[1] Vgl. Dietrich 1993.

nenen Bankreform wurde ein zweistufiges Banksystem aufgebaut, d.h. Einlagen- und Kreditgeschäft wurden aus der People's Bank of China (PBC) in Geschäftsbanken ausgegliedert und die PBC erhielt die Funktion einer Zentralbank, die das Monopol der Geldemission und die Steuerung der Finanzmärkte und damit die Stabilität der Währung verantwortet. Zweitens wurden neben den Staatsbetrieben nun auch Unternehmen in Privateigentum zugelassen, die im Rahmen der Arbeits- und Sozialordnung Lohnarbeitsverhältnisse abschließen können. Der staatliche Zugriff auf den Brutto-Umsatzüberschuss (Gewinn und Abschreibungsgegenwert) wurde auf ein Steuersystem umgestellt und die Unternehmen entschieden fortan selbständig über die Gewinnverwendung. Drittens wurde mit der Preisreform begonnen, die in mehreren Schritten die bisher administrativ festgelegten Preise in Marktpreise zu verwandeln hatte.

Chinas bisher auf die Binnenwirtschaft orientierte Ökonomie wurde nach außen geöffnet. Importe und Exporte wuchsen, ausgehend von niedrigen Niveaus, rasant an; ebenso nahm der Kapitalimport zu. Am deutlichsten kam der Wandel in der Gründung von Sonderwirtschaftszonen (SWZ) zum Ausdruck. 1980 wurden in den vier Küstenstädten Shenzhen, Zhuhai, Shantou und Xiamen die ersten SWZ gebildet. In diesen Zonen wurden chinesische Staats- und Genossenschaftsunternehmen sowie sino-ausländische Joint Ventures und Auslandsunternehmen angesiedelt, die eine größere Autonomie in ihrer Geschäftstätigkeit als in der sonstigen Binnenwirtschaft besaßen und Vorzugskonditionen bei Steuern und Abgaben erhielten. Die chinesische Seite ließ dabei ausschließlich produktive Investitionen zu und die sino-ausländischen Joint Ventures liefen unter chinesischer Mehrheitsbeteiligung (51%), die als Sacheinlage in Form von Grundstücken und Gebäuden dargestellt wurde. Die ausländischen Partner lieferten die technische Ausrüstung und brachten moderne Management-Methoden ein. Außerdem war vorgesehen, dass das investierte Betriebskapital nach Ablauf einer gewissen Frist an den chinesischen Mehrheitseigentümer übertragen werden soll. Local-content-Vorschriften und Zölle auf importierte Investitionsgüter sorgten dafür, dass chinesische Arbeitskräfte nicht nur zur Lohnveredelung genutzt, sondern auch chinesische Betriebe als Zulieferer einbezogen wurden. Neben der Attraktion von Auslandskapital, Weltmarkttechnologie und modernem Management dienten die SWZ auch als Versuchslabor für weitere marktwirtschaftliche Reformen. Ab 1984 wurden weitere Sonderwirtschaftszonen in 14 Hafenstädten eröffnet, 1985 wurden die Deltas des Yangtze, des Perl- und des Minflusses als offene Küstengebiete ausgewiesen, 1988 folgten die Jiaodong- und die Liaodong-Halbinsel.

Die beabsichtigten Spill-over-Effekte der ausländischen entwickelten objektiven und subjektiven Produktivkräfte für die heimische Wirtschaft realisierten sich vielfach und die interne chinesische Akkumulation stellte nicht nur ein rasch wachsendes Warenangebot für die Binnenmärkte bereit, sondern ermöglichte gleichzeitig einen stark wachsenden Warenexport, eine aktive Handelsbilanz und den Aufbau einer internationalen Gläubigerposition. Damit ergaben sich direkt gegenteilige Effekte gegenüber denen, die die seinerzeitigen ausländischen Direktinvestitionen z.B. in der Volksrepublik Polen gezeitigt hatten, mit denen nicht nur keine Steigerungen der binnenwirtschaftlichen Produktivität erreicht werden konnten, sondern statt nachfolgender exportinduzierter Deviseneinnahmen eine Verschuldungsspirale in Gang gesetzt wurde, die in einzelnen Fällen bis zur Zahlungsunfähigkeit führte.

Die offizielle chinesische Bewertung ging von der Erreichung von Käufermärkten in gesamtwirtschaftlicher Dimension ab 1997 aus.[2] Diese Bewertung war Grundlage für eine neue wirtschaftliche Zwillingspolitik, die sich einerseits die Steigerung der binnenwirtschaftlichen Nachfrage, andererseits die Vermeidung finanzieller Risiken zum Ziel setzte; diese Politik schloss eine aktive Finanz- und Firmenpolitik sowie Reformen des Gesundheits- und Erziehungs-/Schulwesens ein. Die Wirksamkeit dieser neuen politischen Leitlinie zeigte sich nicht zuletzt angesichts der weitgehenden Resistenz der chinesischen Volkswirtschaft gegenüber der Asienkrise im selben Jahr.

Seit 1992 zielte die chinesische Makropolitik auf die schrittweise Transformation der sozialistischen Warenproduktion in eine sozialistische Marktwirtschaft. An die Stelle der Marktallokation als Hilfsmittel der Planung sollte erstens die Formation von Waren- und Faktormärkten treten, auf denen verschiedene Wirtschaftssubjekte mit einem modernen börsenorientierten Unternehmenssystem als Herzstück kooperieren können. Eine derartige Marktwirtschaft beinhaltete zweitens die Entwicklung einzelwirtschaftlicher, auf effektiven Marktpreisen basierter Entscheidungskalküle für die Ressourcenallokation sowie drittens die Etablierung eines Systems makroökonomischer Regulierungen, in dem Banken- und Finanzpolitik die Schlüsselspieler sind. Damit unterschied sich diese sozialistische Marktwirtschaft chinesischer Prägung gegenüber der sozialistischen Warenproduktion in der aktiven allokationsstiftenden Funktion der Waren- und Faktormärkte auf der Grundlage effektiver Marktpreise. *»Compared with the planned economic system, the above three changes constitute a fundamental systemic reform.«* (Li/Fumin/Lei 2010: 68) Der Reform der Preise kam in diesem Transformationsprozess überragende Bedeutung zu.

Die Periode der »Reform und Öffnungspolitik« wurde ab 2003 von der koordinierten Entwicklung auf Basis der »wissenschaftlichen Vorausschau« abgelöst. Sie ist gegründet auf der etablierten sozialistischen Marktwirtschaft und beinhaltet neben Steuerreformen insbesondere die Verbesserung der makroökonomischen Regulierung und die Fortentwicklung der Beziehung zwischen Stadt und Land durch vielfältige Einzelmaßnahmen. In der Selbsteinschätzung ist China mittlerweile eine Marktwirtschaft mit Faktor- und Warenmärkten, auf denen die Preise der meisten Waren durch Angebot und Nachfrage bestimmt werden. Unter Regierungskontrolle sind nur die wenigen Preise, die die nationale Sicherheit betreffen oder die direkten Lebensumstände des Volkes. Das Verhältnis zwischen politischer Zentralgewalt und regionalen Körperschaften bleibt als beständig auszubalancierendes Verhältnis auf der Agenda. Die Delegation von Entscheidungen auf die lokalen und regionalen Ebenen wird als mobilisierendes Element für Initiativen besonders in den

[2] Vgl. Li/Fumin/Lei 2010: 45.

Mittelpunkt gestellt; sie findet ihre Grenze an den Erfordernissen der makroökonomischen Regulierung, die den Durchgriff der Zentralgewalt zur Bedingung haben.

Der Vorrang der öffentlichen Eigentumsformen an Unternehmen im Rahmen gemischter Eigentumsverhältnisse bleibt Strukturprinzip dieser sozialistischen Marktwirtschaft chinesischer Prägung.[3] Der *»Anteil des staatlichen Kapitals in China [lag] 1978, am Beginn der Wirtschaftsreformen, bei knapp 70% des nationalen Kapitals ..., in den 1980er und 1990er Jahren bis Anfang der 2000er [ging er] stark zurück und [stabilisierte] sich dann Mitte der 2000er Jahre bei rund 30% ... Anders ausgedrückt: Der Prozess der schrittweisen Privatisierung des Eigentums in China ist seit 2005-2006 unterbrochen, das Verhältnis zwischen Staatseigentum und Privateigentum hat sich seither nicht verändert.«* (Piketty 2020: 761)[4] Diese Zahlen beziehen sich nur auf die Eigentumsverhältnisse an den Unternehmen in China (vgl. ibid.: 763), nicht auch auf den Grund und Boden, der ebenfalls öffentliches Eigentum ist und an Private nur verpachtet wird. Aber auch die globale Aufteilung der Eigentumstitel bei den Unternehmen sagt noch keineswegs alles aus; von Anbeginn der Wirtschaftsreformen hat die chinesische Regierung auf gemischte Eigentumsformen an den einzelnen Unternehmen gesetzt, nicht nur bei den sino-ausländischen Unternehmen in den Sonderwirtschaftszonen, sondern auch auf sog. »Public-Private-Partnerships«[5] im Inland, um gerade über den Eigentumstitel Einfluss auf strategische Entscheidungen im Sinne der Ziele der staatlichen Strukturpolitik zu nehmen. In diesem Zusammenhang bot die Fruchtbarmachung der Tren-

---

[3] Vgl. Li/Fumin/Lei 2010: 84f.: *»The leading role of the state-owned economy is mainly reflected in its controlling force. So long as the state controls the economic lifeline and the controlling force and competitiveness of the state-owned economy are enhanced, some reductions in the proportion accounted for by the state-owned economy will not affect the socialist nature of China. The meaning of state-owned economy also has changed over time. In the past, the enterprises were state-owned and state-run and both had the rights of ownership and management. Now the state has become the main stakeholder of these state-owned enterprises, which have diverse sources of investment and substantial social investment. In particular, listed state-owned companies have a large amount of outside capital.«*

[4] Für theoretisch schlichte Geister wie Piketty folgt dann daraus: *»Das Land ist nicht mehr kommunistisch, weil 70% des gesamten Eigentums mittlerweile in Privathand sind; aber es ist auch nicht vollkommen kapitalistisch, weil immer noch 30% Staatseigentum sind, zwar der kleinere Teil, aber ein substanzieller Anteil.«* (Ibid.: 762) Als ob aus den Eigentumsverhältnissen umstandslos auf den Charakter eines Landes geschlossen werden könnte; zwar sind die Eigentumsverhältnisse an den Produktionsmitteln nach wie vor ein wichtiges Kriterium, aber eben nicht das Einzige. Hinzu kommen die Corporate Governance in den Unternehmen sowie der Charakter der öffentlichen makroökonomischen Strukturpolitik (vgl. Krüger 2016).

[5] Diese Public-Private-Partnerships sind in kapitalistischen Ländern wie in der BRD im linken systemkritischen Diskurs verpönt, weil sie im Rahmen der neoliberalen Wirtschaftspolitik als Privatisierungsvehikel ehemals öffentlich-staatlichen Eigentums genutzt wurden oder mit einer subalternen Rolle des Staates als bloßem Finanzier ohne nennenswerten Einfluss auf die Geschäftspolitik einhergehen, also das genaue Gegenteil von der Ausgestaltung dieser Unternehmen mit gemischten Eigentumsformen in China darstellen.

nung von Eigentum und Funktion im Unternehmenssektor immer schon die Basis für die Implementierung moderner Steuerungsinstitutionen zur marktorientierten makroökonomischen Regulierung seit 1978.

Der Stopp der Zunahme des Anteils des privaten Kapitals im Verhältnis zu öffentlichen Eigentumsformen an den chinesischen Unternehmen seit Mitte des ersten Dezenniums nach dem Jahrtausendwechsel sagt zugleich noch etwas hinsichtlich der inhaltlichen Ausrichtung der chinesischen Wirtschaftspolitik bzw. Politik der Kommunistischen Partei insgesamt aus, nämlich ein wieder stärkeres Gegensteuern des Staates gegenüber privatwirtschaftlichem Selbstlauf der Marktverhältnisse. Dieses Ausbalancieren zwischen privatwirtschaftlicher Marktlogik und staatlicher Strukturpolitik funktioniert sicherlich zu einem großen Teil als »Trial-and error-Prozess«, weil jeweils situativ auf neue sich einstellende Konstellationen sowohl im gesamtstaatlichen Rahmen wie auf Ebene der Provinzen und Regionen zu reagieren ist. Mit der Wahl Xi Jinpings zum Generalsekretär der KPCh 2012 setzte ein Prozess der Erneuerung der Partei ein. Die Aufnahmekriterien in die KP werden seitdem wesentlich restriktiver gehandhabt; nur jeder zehnte Antragsteller bekommt die Mitgliedschaft (vgl. Müller 2021: 67). Auch wurde eine Anti-Korruptionskampagne zur Säuberung der Partei gestartet, denn vorher hatte es reichlich Skandale gegeben. Im Gegensatz zu den früheren Kampagnen mit ähnlicher Zielsetzung hält die aktuelle bislang unvermindert an und markiert eine ideologische Festigung und Re-Stabilisierung des Marxismus-Leninismus als Leitlinie der Politik der KP.

Mit den Wirtschaftsreformen begannen sich mit einem Timelag auch die Einkommensverhältnisse in der Volksrepublik zu verändern. Sie werden mittlerweile nicht mehr nur durch (Arbeits-)Leistung, sondern in begrenztem Umfang auch durch eigenständige Produktionsfaktorenkomponenten – Arbeit, Kapital, Technologie und Management – bestimmt. An die Stelle des ursprünglichen achtgliedrigen Lohnsystems und des Egalitarismus als Verteilungsmaßstab ist daher eine Einkommensspreizung mit teilweise erheblichen Unterschieden zwischen niedrigen und hohen Einkommen getreten. Dabei sollen allerdings die Einkommensunterschiede nach wie vor sozial kontrolliert werden. Mit dem 11. Fünfjahrplan (2008-2012) hieß die Losung nicht mehr Tolerierung von leistungsbedingten Einkommensunterschieden wie 1978 zu Beginn des Reformprozesses, sondern: »Gemeinsam reich werden«.

Die gesamtwirtschaftliche Lohnquote lag seit den 1990er Jahren bis zum Übergang des 9. in den 10. Fünfjahrplan 2003 zwischen 50 und 55% und dokumentiert mit diesem Niveau den erreichten Status der chinesischen Gesamtwirtschaft als Marktwirtschaft mit einem bedeutenden auf die Erwirtschaftung von Gewinnen orientierten Unternehmenssektor (siehe Abb. 15.1). Ab 2003 sank die Lohnquote ab und verblieb während der Periode des 10. Fünfjahrplans unterhalb der 50%-Marke. Dies beleuchtet den Hintergrund der für die Zeit ab des folgenden 11. Fünfjahrplans ausgegebenen Parole – »Gemeinsam reich werden« –, die auch ab 2011 in eine wieder steigende gesamtwirtschaftliche Lohnquote umgesetzt werden kann. Seit 2013 liegt die Lohnquote wieder oberhalb von 50%, 2018 bei 51,7%. Inwie-

Abbildung 15.1: Proportioneller Arbeitslohn (Lohnquote)

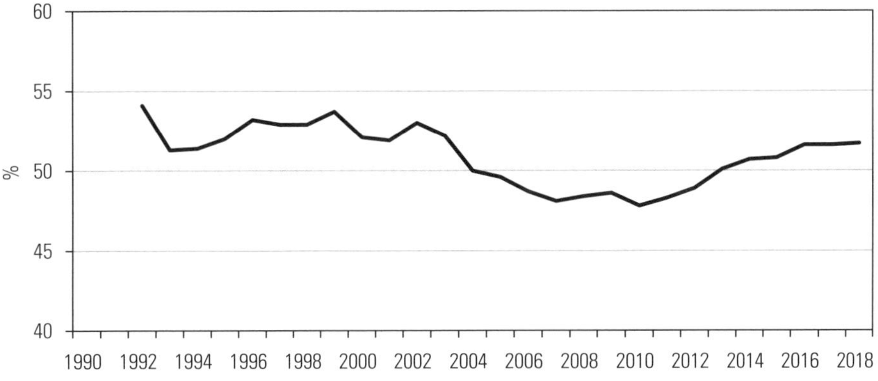

Quelle: OECD

Abbildung 15.2: BIP-Beiträge der Sektoren in %

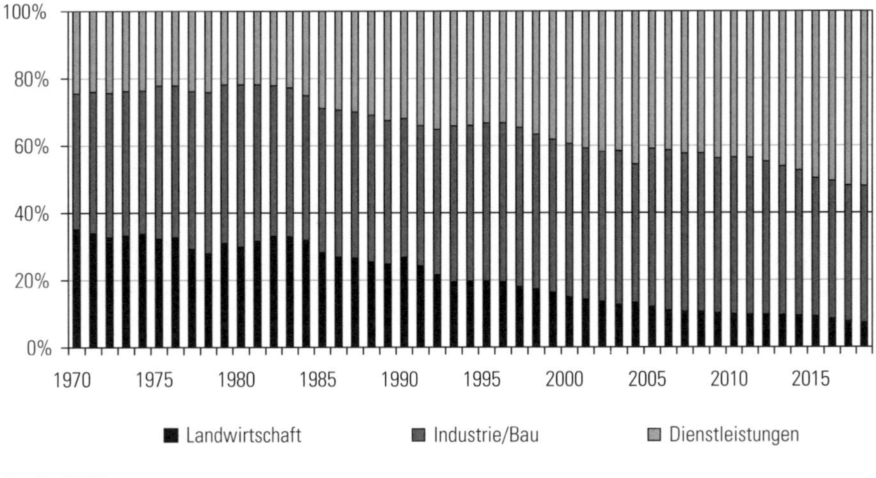

Quelle: OECD

weit das proklamierte Ziel der KPCh, die großen Unterschiede in den Einkommen pro Kopf sukzessive durch Anhebung der unteren Einkommen wieder zu verringern, erreicht werden kann, bleibt abzuwarten.

Durch die Finanz- und Weltwirtschaftskrise 2007-09 kommt die chinesische Volkswirtschaft besser als die meisten anderen Ökonomien. Dies ist auch das Ergebnis des »4 Trillionen Yuan-Investitionsprogramm«, mit dem nicht nur Nachfrageausfälle kompensiert werden, sondern zugleich auch die Umstellung der chinesischen

Abbildung 15.3: Wachstum des BIP (comparable prices) der VR China, in % gg. Vorjahr

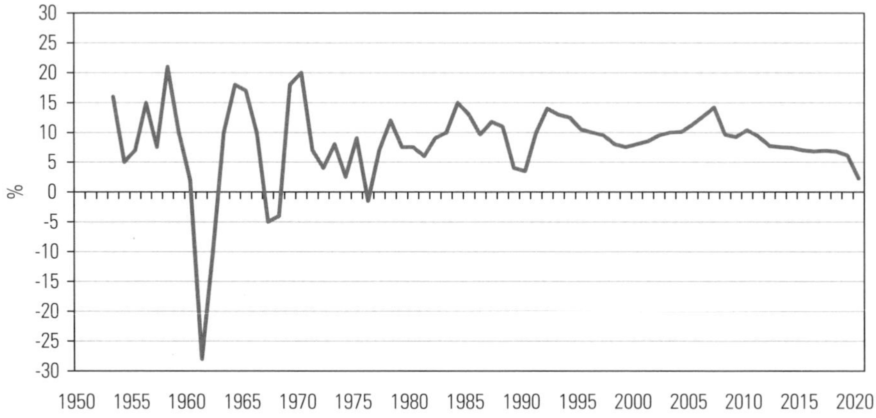

Quelle: Li/Fumin/Lei 2010, Fischer/Lackner (Hrsg.) 2007, Länderbericht China

Wirtschaft auf eine stärkere Binnenorientierung sowie eine durch Einkommenssteigerungen unterstützte Stärkung der Konsum- gegenüber der Investitionsnachfrage begonnen und die Reparatur der durch den vorangegangenen Wachstumsprozess z.T. erheblichen Umweltschäden angegangen worden ist.

In der zweiten Hälfte des ersten Jahrzehnts nach dem Jahrtausendwechsel hat die chinesische Ökonomie bereits den ersten Schritt zu einer reifen Volkswirtschaft vollzogen. Die ehemalige Bauernwirtschaft und -gesellschaft, die noch 1970 einen Agrikultursektor besaß, der knapp 40% zum gesamtwirtschaftlichen BIP beigetragen hatte, ist zu einer zunehmend durch Industrie und Gewerbe geprägten Wirtschaft geworden (siehe Abb. 15.2). Wegen der starken Exportorientierung der chinesischen Unternehmen liegt der Beitrag dieses Bereichs zur Bruttowertschöpfung allerdings bis zum Beginn des laufenden Jahrzehnts noch bei rd. 46%, bis 2018 war er auf 40,7% gesunken. Demzufolge hat sich in diesem Zeitraum auch der Dienstleistungssektor (gesamter Tertiärsektor) als der mittlerweile größte Wirtschaftsbereich etabliert; sein Beitrag zum BIP beläuft sich 2018 auf über 52%. Damit ist die Volksrepublik der Transformation zu einer reifen Ökonomie einen großen Schritt nähergekommen.

Der Transformationsprozess einer stärker auf die Binnennachfrage orientierten Ökonomie mit wachsenden Dienstleistungen führt notwendig zu einem veränderten Gewicht zwischen Investitions- und (öffentlicher und privater) Konsumnachfrage sowie zur Reduzierung der für die forcierte Industrialisierung und Exportorientierung typischen hohen jährlichen Zuwachsraten des Bruttoinlandsprodukts. Diese Entwicklung zeichnet sich im zweiten Jahrzehnt nach dem Jahrtausendwechsel mit einer Reduzierung der jährlichen Wachstumsraten des BIP unter den vormaligen

Abbildung 15.4: Profitrate in der VR China

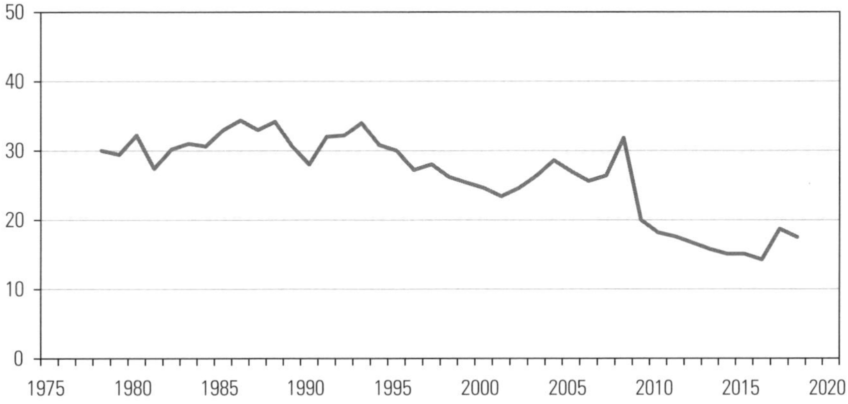

Quelle: OECD, FRED, Maito 2009

langfristigen Durchschnittswert von etwa 10% p.a. ab. Seit 2012 liegen die BIP-Zuwachsraten – geplant und realisiert – zwischen 7 und 6%, 2019 bei 6,1% (siehe Abb. 15.3). Damit stellt die chinesische Ökonomie immer noch die wirtschaftliche Entwicklung anderer großer Schwellenländer wie Brasilien oder Indien in den Schatten. Auch die Position der Volksrepublik als führende Exportnation – seit 2007 ist China sog. »Exportweltmeister« – ist unangefochten. China hat Japan als zweitgrößte Volkswirtschaft nach den USA überrundet, bei allerdings einem sehr viel geringeren Bruttoinlandsprodukt pro Kopf. Es ist davon auszugehen, dass sich die VR China gegen Ende der 2020er-Jahre an die Spitze nationaler Volkswirtschaften (in absoluten Größen) gesetzt haben wird.

Für den Unternehmenssektor in einer sozialistischen Marktwirtschaft ist die Durchschnittsprofitrate eine Steuerungsgröße für die Ressourcenallokation neben den übergeordneten Vorgaben der makroökonomischen Struktur-, Finanz- und Geldpolitik; in der veränderten Hierarchie zwischen makroökonomischen Politiken und marktbestimmten Profitraten manifestiert sich die qualitative Differenz der sozialistischen gegenüber einer kapitalistischen Marktwirtschaft mit wirtschaftspolitischer Einflussnahme des Staates (und der Zentralbank). Die vorstehend ausgewiesene Profitratenberechnung zeigt zu Beginn bis zu Mitte der 1990er Jahre ein noch relativ hohes Niveau, zum anderen eine seit 1995, d.h. mit dem 8. Fünfjahrplan beginnende fallende Tendenz, die sich bis in den 12. Fünfjahrjahrplan (2013-2017) fortsetzt. Das relativ hohe Profitratenniveau zu Beginn drückt dabei den Entwicklungsgrad der chinesischen Volkswirtschaft mit einem von der Industrie dominierten wachsenden Reproduktionsprozess aus, deren Übergang zu einem stärkeren Gewicht von Dienstleistungsbereichen noch am Anfang steht. Die fallende Entwicklungsrichtung der Profitrate dokumentiert den dominierenden arbeitssparenden Fortschritt mit Kapitalmehraufwand, d.h. die steigende organische und Wertzusammensetzung des Kapitalvorschusses; erst ab 2011 wirkt die beginnende Erhöhung der Lohnquote zusätzlich senkend auf die chinesische Durchschnittsprofitrate (siehe Abb. 15.4).

Mehrere Faktoren lassen sich für den Erfolg der chinesischen Ökonomie herausstellen:

Erstens wurde in China an der Agrikultur als Ausgangspunkt der gesellschaftlichen Entwicklung und Basis für die Modernisierung festgehalten. Das Zusammenspiel zwischen Agrikultur und der agrarischen Nebenindustrie sowie der Leichtindustrie förderte ein funktionierendes Wechselverhältnis von Produktivitätsentwicklung, Ersparnisbildung und Investitionen, welches die Grundlage für den Ausbau der Infrastrukturen sowie weitergehender Industrialisierungsmaßnahmen bildete. Entscheidend für die erreichte Dynamik von Überschüssen, Ersparnis und Akkumulation war, dass die Entwicklung der Märkte an den Austausch von neuproduzierten Waren und nicht an die halblegale oder illegale Aneignung von Gesellschaftseigentum wie in den Transformationsprozessen der osteuropäischen Staaten und insbesondere der Ex-Sowjetunion geknüpft war.

Zweitens war die überkommene Regionalisierung der Ökonomie ein wichtiger Vorteil des Transformationsprozesses. Ausgehend von der vorhandenen Dezentralisierung der Wirtschaft konnten in den 1980er Jahren die wirtschaftliche Eigenständigkeit der Unternehmen und die regionsinterne Verwendung der Ressourcen (Finanzautonomie) verwirklicht werden, was die in der Sowjetunion um sich greifenden zentrifugalen Kräfte, die schließlich zum Auseinanderbrechen der Union geführt hatten, vermieden. Neben einem partiellen Finanzausgleich zwischen den Regionen und einem abnehmenden Anteil der Staatseinnahmen der Zentrale erwies sich die Maxime einer politisch gewollten ungleichen Entwicklung und erst später in Aussicht gestellten Verallgemeinerung der Standards zwischen den Regionen als erfolgreich für den engen Zusammenhang zwischen Marktprozessen und einer Verhandlungsökonomie zwischen den verschiedenen Gebietskörperschaften, der schrittweise in Richtung regulierter Marktprozesse aufgelöst werden konnte. *»Mit der Dezentralisierung wichtiger Entscheidungsbefugnisse, der bevorzugten Förderung bestimmter Regionen und dem Rückgang zentraler Kontrolle zugunsten lokaler Einheiten hat sich dieser ›bargaining‹-Aspekt im geplanten Bereich des chinesischen Systems noch erheblich verstärkt.«* (Zander/Richter 1992: 161)

Drittens gelang in China die Verknüpfung von Binnenmarkt und Außenwirtschaft zugunsten eines Spin-off von internen Entwicklungen in Technologie und Managementmethoden. *»Fest steht, daß die chinesische Industrie- und Strukturpolitik eindeutig eine Spezialisierung des Außenhandels gemäß den komparativen Vorteilen zugelassen hat, d.h. China exportiert in rasch zunehmenden Maße solche industriellen Güter, deren Produktion einen hohen Einsatz des Faktors Arbeit erfordert, also vornehmlich arbeitsintensive industrielle Fertigprodukte. Eine der wichtigsten Determinanten für diese Entwicklung war offenbar, daß Schritt für Schritt ein*

Zusammenhang zwischen Binnen- und Weltmarktpreisen hergestellt wurde, und gleichzeitig die Wettbewerbsintensität in der Außenwirtschaft durch die schnell wachsende Zahl der Auslandsgesellschaften [in den Sonderwirtschaftszonen/S.K.] stark zunahm.« (Hermann-Pillath 1993: 10)

Viertens war die schrittweise und kontrollierte Veränderung des Preissystems in Richtung wirklicher Kosten- bzw. Marktpreise ganz entscheidend; sie erfolgte im Spannungsfeld zwischen marktbestimmter Allokation und Gewährleistung sozialer Verteilungsstrukturen bei den grundlegenden Konsumtionsmitteln, d.h. einer Kontrolle der Inflation. Überstürzte Freigaben von Preisen mit der Konsequenz von Zusammenbrüchen von Betrieben sowie regionalen und sozialen Spannungen konnten vermieden werden. Alles in allem verlief die sukzessive Freigabe der Preise und ihre zunehmend indirekte Steuerung über Fiskal- und Geldpolitiken als Makropolitiken erfolgreich. In diesem Punkt zeigt sich, dass die vielfach von westlicher Seite monierte Beibehaltung der führenden Rolle der Kommunistischen Partei nicht nur im Hinblick auf den juristischen und politischen Überbau, sondern auch und wesentlich im Hinblick auf die Kontrolle und Steuerung des ökonomischen Systems unabdingbar war und ist. Ein gleichzeitiger Rückzug der KPCh hätte den Balanceakt der schrittweisen Preisfreigabe von vornherein verunmöglicht.

Fünftens musste die Zunahme marktwirtschaftlicher Ressourcenallokation mit der Umwandlung der Betriebe in selbständige Unternehmen einhergehen, die ihre Geschäftsaktivitäten dezentral, nach Abführung von Steuern an die Staatshaushalte, eigenständig verantworten. Diese Bestimmtheit der Unternehmen gilt über den Mix unterschiedlicher Eigentumsformen hinweg, d.h. sowohl für die seit ehedem existierenden Staats- und Kollektivunternehmen als auch für die neu gegründeten sino-ausländischen Gemeinschaftsunternehmen sowie die Privatunternehmen. Die Umstellung der Finanzierung der staatlichen Unternehmen von Zuweisungen aus den öffentlichen Haushalten zugunsten von Kreditaufnahmen bei den neu etablierten Geschäftsbanken und Kapitalmärkten konnte dabei keineswegs gleichmäßig und rasch erfolgen; der Umbau der Staatsunternehmen ist bis heute eine Herausforderung sowohl im Hinblick auf Produktivität und Wettbewerbsfähigkeit als auch auf die Vermeidung steigender Arbeitslosenzahlen. Die auch im staatlichen Sektor etablierte Trennung von Eigentums- und Managementfunktion markiert dabei den Ansatzpunkt für den Transformationsprozess.[6]

Während die erzielten Ergebnisse der wirtschaftlichen Entwicklung der Volksrepublik allgemein anerkannt sind und auch ihre ausschlaggebenden Erfolgsfaktoren

---

[6] Vgl. Bischoff 1993: 68: *»Entscheidend für den Erfolg dürften ... zwei Bedingungen sein: Erstens ist es wichtig, daß die Trennung zwischen Politik bzw. staatlicher Exekutive und Unternehmensführung wirklich praktiziert wird und daß die Unternehmensführung zudem in eine demokratische Unternehmensverfassung eingebunden ist, in der neben der Belegschaft auch die kommunalen und regionalen Interessen berücksichtigt sind. Zweitens müssen sich neben diesen dominanten Eigentumsverhältnissen innerhalb eines deutlich abgesteckten gesellschaftlichen Rahmens auch die anderen Eigentumsformen (Genossenschaften, Privateigentum) entfalten können.«*

kaum bezweifelt werden, ist die generelle Beurteilung der sozialistischen Marktwirtschaft chinesischer Prägung sowohl von bürgerlicher wie von linker, sozialistischer Seite höchst umstritten. Von bürgerlicher Seite wird auf vorhandene Defizite im Sinne von Rechtsstaatlichkeit und demokratischer Willensbildung verwiesen und eine beschleunigte Transformation auch des politischen Systems der Volksrepublik eingefordert. Damit wird die chinesische Wirtschaft als autoritärer Staatskapitalismus verstanden, der weitere Deregulierungen im Sinne des Rückzugs des Staates zu durchlaufen und dem die Transformation der »Ein-Parteien-Herrschaft«, zumal durch eine kommunistische Partei, zugunsten einer repräsentativen bürgerlichen Demokratie noch bevorzustehen habe. Umgekehrt wird teilweise von den sich als »links« verstehenden Kritikern der chinesischen Entwicklung bereits mit der Einleitung des Reformprozesses unter Deng Xiaoping die Restauration des Kapitalismus und die Orientierung der chinesischen KP an einem ungehemmten Nationalismus konstatiert.[7] Eine traditionellen Vorstellungen nachhängende Auffassung von einer Identität von Planung und Sozialismus unterliegt auch bei wohlmeinenderen Kritikern, die sich der Charakterisierung der bisherigen chinesischen Entwicklung als »sozialistisch« verweigern und anstatt dessen von einer Übergangsgesellschaft als Vorstufe zum Sozialismus sprechen, die sodann als wirtschaftlicher Staatskapitalismus mit einem von der Kommunistischen Partei beherrschten gesellschaftlichen Überbau charakterisiert wird.[8] Die Reformen von Deng sind damit auch hier der Sündenfall, den seine Nachfolger Jiang Zemin, Hu Jintao und Xi Jinping noch weiter in Richtung kapitalistischer Wirtschaftsstrukturen sowie einer zunehmenden Ersetzung des Marxismus durch die Gedanken des alten chinesischen Weisen Kongzi (Konfuzius) und einer Politik des Nationalismus nach außen transformiert hätten.

Wenn diesen Bewertungen, die letztlich auf einem grundlegenden Missverständnis des Verhältnisses von marktwirtschaftlicher Ressourcenallokation und Charakter der Produktionsverhältnisse gegründet sind,[9] vorliegend nicht gefolgt wird, so

---

[7] Vgl. etwa Dillmann 2009.

[8] Vgl. Peters 2015: 391: *»Unter dem maßgeblichen Einfluss Deng Xiaopings entwickelte die KP Chinas eine neue pragmatisch gehandhabte Strategie und Politik für die Modernisierung des Landes. Sie orientierte sich auf die Aneignung des Fortschritts der Menschheit im Kapitalismus. Für Deng Xiaoping bestand das Wesen des Sozialismus in der Entwicklung der Produktivkräfte, um die materiellen und geistigen Bedürfnisse des Volkes* ständig *besser zu befriedigen und die materiellen Voraussetzungen für den Kommunismus zu schaffen. Sein ›Funktionssozialismus‹ führt jedoch dazu, dass die ausschließliche Konzentration auf die Entwicklung der Produktivkräfte die Gestaltung sozialistisch orientierter Produktionsverhältnisse vernachlässigte.«*

[9] Diese Beziehung zwischen dezentral-marktbestimmter Allokation und Wirtschaftssystem haben die Chinesen im Gegensatz zu vielen Anderen, verstanden: *»Wenn man von Marktwirtschaft spricht, dann sind viele neoliberale Gelehrte der Meinung, dass die Marktwirtschaft nur auf Privateigentum beruhen kann. Das wirksame Funktionieren der Marktwirtschaft setzt voraus, dass Unternehmen unabhängig, selbst finanziert und mit klaren Eigentumsrechten ausgestattet sind. Obwohl private Unternehmen naturgemäß die Anforderungen der Marktwirtschaft erfüllen, kann trotzdem nicht behauptet werden, dass*

bedeutet dies umgekehrt nicht, dass bei positiver Bewertung der wesentlichen Maßnahmen zur Transformation der VR China in eine sozialistische Marktwirtschaft nicht auch Defizite hervorzuheben sind. Diese betreffen zuvorderst eine noch unentwickelte Corporate Governance in den meisten chinesischen Unternehmen, die sozialistischen Ansprüchen keineswegs genügt und teilweise von den Mitwirkungsmöglichkeiten der Beschäftigten in den entwickelten kapitalistischen Ländern – immer noch – übertroffen wird. Arbeitszeiten nach dem 996-Modell – Beginn des Arbeitstages morgens um 9, Ende 21 Uhr und das 6 Tage die Woche – haben zwar den wirtschaftlichen Aufstieg mitbegründet, bewirken aber eine übermäßige Vernutzung der Arbeitskraft und sind weit von den Standards entwickelter kapitalistischer Länder entfernt. Auch die Entwicklung des finanziellen Sektors mit der Möglichkeit und teilweisen Begünstigung der Spekulation und, im Gefolge davon, negativen Auswirkungen sowohl auf die Stabilität der Gesamtökonomie als auch auf die Einkommensverteilung, ist kritisch zu beleuchten. Der wesentliche Schwerpunkt liegt aber zunächst im praktischen Erfolg der chinesischen Wirtschaft auch in der Zukunft, d.h. an der Entwicklung der Wertschöpfung und der Verteilungsverhältnisse für die sozialen Klassen, Regionen und Ethnien. Nur wenn sich das Motto der Wirtschaftspolitik der KPCh: »Gemeinsam reich werden« in der Zukunft tatsächlich realisiert und damit die gegenwärtig bestehenden Disparitäten in den Verteilungsstrukturen abgemildert und tendenziell aufgehoben werden können, ist die Gefahr des Entstehens von Massenprotesten, die schnell durch ethnische und religiöse Irrationalismen aufgeladen werden und eine zerstörerische Eigendynamik entfalten können, beherrschbar. Dagegen haben die von bürgerlichen »Systemkritikern« eingeforderten und in der westlichen China-Kritik im Mittelpunkt stehenden formalen Freiheitsrechte einen nachgeordneten Stellenwert; dies heißt natürlich nicht, dass sie gleichgültig sind und auch nicht, dass diese Freiheitsrechte nicht in Zukunft in Kraft gesetzt werden müssen.[10]

---

sich nur private Unternehmen an die Anforderungen anpassen können, und dass öffentliche Unternehmen nicht in der Lage seien, sich an die Anforderungen der Marktwirtschaft anzupassen. Öffentliche Unternehmen, einschließlich staatlicher Unternehmen, können sich durch systematische Umgestaltung, die Einführung moderner Unternehmenssysteme, den Aufbau standardisierter und wirksamer Governance-Strukturen und demokratischer Unternehmensführung selbständig machen, sich selbst finanzieren und klare Eigentumsrechte erwerben, um sich an die Anforderungen der Marktwirtschaft anzupassen. Das öffentliche Eigentum kann mit der Marktwirtschaft kombiniert werden. Darüber hinaus muss Chinas Entwicklung vor allem sozialistisches öffentliches Eigentum mit Marktwirtschaft verbinden.« (Din Xiaoqin 2019: 4)

[10] Einen wohltuenden Kontrapunkt zum verbreiteten »China-Bashing« setzt das von R. Fitzthum verfasste Buch »China verstehen« (2018), welches sich zudem durch eine detailreiche Kenntnis der Verhältnisse vor Ort auszeichnet. Auch die aggressive Frontstellung der USA gegenüber dem zukünftig wirtschaftlich und politisch weiter erstarkenden Rivalen wird korrekt bewertet. In gleicher Richtung positiv zu bewerten ist auch der Text von W. Müller (2021), dem es allerdings an einigen Stellen an theoretischem Tiefgang fehlt.

b) Die anderen Newly Industrialized Countries: Indien, Russische Föderation, Brasilien, Südafrika, Australien, Mexiko und Türkei

Indien

Indien gilt wegen der Größe seiner Bevölkerung – 1,37 Mrd. Menschen (2019) – sowie seines hohen Wirtschaftswachstums seit Beginn der 1980er Jahre, welches von einem sehr niedrigen Ausgangsniveau startete, als »zweites China«. Obgleich die bisherigen Erfolge der Entwicklung der Republik Indien nicht an diejenigen Chinas heranreichen, wird seine Entwicklung in der medialen Öffentlichkeit mit größerer Sympathie betrachtet, weil Indien als bevölkerungsmäßig »größte Demokratie der Welt« angesehen wird, welche zudem ein kapitalistisches Marktsystem aufweist und damit nicht als wirtschaftlich »feindliche« Macht betrachtet wird. Feudal-religiöse Hierarchien des traditionellen Kastenwesens, in religiösen Gegensätzen mit terroristischen Anschlägen ausgetragene Konflikte zwischen verschiedenen Ethnien, eine seit 2014 amtierende Regierung der führenden Janata-Partei (BJP) mit einem Premierminister N. Modi, der offen hindu-nationalistische rassistische Positionen vertritt, sowie der seit Langem schwelende Konflikt mit Pakistan um die nordindische Region Kaschmir tun dieser Sympathie keinen Abbruch.

Der Entwicklungsgrad der indischen Volkswirtschaft (siehe Abb. 15.5) wird aktuell noch durch einen Agrikultursektor illustriert, der mit rd. 18% zum gesamtwirtschaftlichen BIP beiträgt und mehr als die Hälfte der Erwerbspersonen des Landes beschäftigt. Diese Beziehung dokumentiert eine sehr geringe Produktivität, die wiederum auf geringen Betriebsgrößen mit durchschnittlich 1,15 ha und selbständigen Bauern, die sozial auf gleichem Fuß wie lohnabhängige Landarbeiter stehen, beruht. Entsprechendes gilt für den Handel, in dem nur 4% der Geschäfte größer sind als 46m² und ohne Lager sowie größere Transport- und Lieferkapazität auskommen müssen; wie 4/5 der Bauern und Handwerker sind auch die Händler zum überwiegenden Teil Scheinselbständige. (Vgl. Neelsen 2019: 30). Die indische Industrie ist einerseits traditionell durch die schon unter der britischen Kolonialherrschaft etablierte Textilindustrie, andererseits durch die in den Fünfjahrplänen der 1960er Jahre aufgebaute Stahl-, Maschinenbau- und chemische Industrie geprägt; in jüngerer Zeit kommen neben der Automobilproduktion mit der Pharmaindustrie sowie den Informationstechnologien moderne Industriezweige hinzu. Bei Dienstleistungen hat Indien im Bereich von Software und IT-Services mittlerweile eine weltweit führende Position erreicht. Diese Dienstleistungen werden vor allem im Auftrag ausländischer Kunden erbracht; Callcenter-Leistungen sowie Dienstleistungen im Gesundheitswesen sind klassische Beispiele für ein Outsourcing von Funktionen aus den Unternehmen der kapitalistischen Metropolen (sog. Offshoring). Neben dem Warenexport von Textilien und IT-Leistungen entsendet Indien auch Arbeitskräfte in großer Zahl u.a. in die Golf-Staaten; ihre Überweisungen betrugen zuletzt 72 Mrd. US-$ und überstiegen damit den Betrag der ausländischen Direktinvestitionen (60 Mrd. US-$ p.a.). Generell jedoch ist die indische Ökono-

Abbildung 15.5: Bruttosozialprodukt Indien in laufenden und konstanten Preisen (ind. Rupien; Veränderung ggü. Vj. in %)

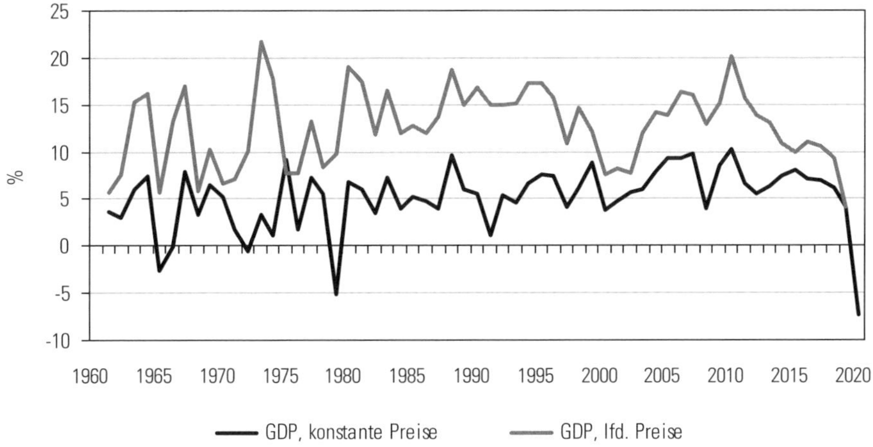

Quelle: OECD, Weltbank

mie nach wie vor stark binnenwirtschaftlich orientiert, denn der heimische Bedarf an Konsumtionsmitteln ist immens, die Zahlungsfähigkeit wegen verbreiteter Armut der Bevölkerung aber noch erheblich restringiert. Nur die sog. Davos-Klasse als international orientierte Bourgeoisie, eine Mittelschicht von Beschäftigten bei weltweit führenden Dienstleistungsunternehmen, sowie Angehörige freier Berufe in den urbanen metropolitanen Zentren kommen mit mindestens 1.000 Dollar Monatseinkommen auf ein gehobenes Nachfragepotenzial; es macht ein Drittel der privaten Konsumausgaben für am Markt als Waren verkaufte Produkte aus. Zusammen mit den 32 Mio. Mitgliedern der unteren Mittelschicht aus unteren Angestellten und Beamten mit Gehältern über 450 Dollar pro Monat stellen sie die Käufer für Waren der Nahrungsmittelproduktion, der Telekommunikation sowie von langlebigen Gebrauchsgütern; Motorroller und Autos sind vor dem Hintergrund des völlig unzureichenden öffentlichen Transportsystems sowie als Statussymbol besonders begehrt (vgl. ibid.: 28).

Mit den aufgewiesenen Wirtschaftsstrukturen, die von einem nach wie vor großen Agrarsektor mit überwiegend informellen Verhältnissen über in der Vergangenheit durch staatliche Interventionen aufgebaute Industrien bis hin zu an den Börsen erworbenen Welt-Champions wie der Tata-Gruppe (Metallindustrie, Automobile, Telekommunikation, Software) oder Arcelor Mittal reichen sowie einer Klassen- und Sozialstruktur, die durch ein Nebeneinander von rural-feudalen, nichtkapitalistischen und nur formell Selbständigen sowie kapitalistischen Produktionsverhältnissen von Lohnarbeit und Kapital gekennzeichnet ist, bestimmt sich die indische Ökonomie und Gesellschaft als peripherer Kapitalismus, dessen weitere Entwicklungsperspektiven als offen zu bewerten sind. Sowohl ein Verharren im Prozess einer immerwährenden ursprünglichen Akkumulation im Sinne eines »Wachstums ohne Entwicklung« als auch eine Überwindung der strukturellen Heterogenität des Nebeneinanders von vor-, halb- und rein kapitalistischen Produktionsverhältnissen und Produktionsweisen ist beides möglich und hängt namentlich von der Wirtschafts- und Sozialpolitik der indischen Regierung ab. Dem Umgang mit dem bzw. der Überwindung des traditionellen Kastensystems, welches bei Heirat, Kandidatenaufstellung in politischen (auch linken) Parteien sowie dem Zugang zu öffentlichen Ämtern und staatlichem Personal nach wie vor eine bedeutende Rolle spielt und durch »positive Diskriminierung« (affirmative action) eher perpetuiert denn überwunden wurde, kommt dabei eine besondere Rolle zu.

Russland

Russland ist, obwohl der offizielle Nachfolgestaat der Sowjetunion, nach 1991 keine Supermacht mehr. Dazu war der ökonomische Niedergangs- und politische Zerfallsprozess bereits zur Amtszeit von M. Gorbatschow als sowjetischer Präsident zu ausgeprägt und augenscheinlich. Erst unter der Präsidentschaft W. Putins hat sich die Russische Föderation wenn nicht ökonomisch, so doch politisch in den letzten Jahren wieder stärker als internationaler politischer Akteur profiliert. Ökonomisch jedoch kann Russland nicht einmal ansatzweise mit den führenden Nationen auf dem Weltmarkt mithalten.

Die wirtschaftliche Entwicklung in der ehemaligen Russischen Föderativen Sozialistischen Sowjetrepublik nach 1991 war durch die Fortführung und teilweise Radikalisierung der sog. Schocktherapie gekennzeichnet. Die Russische Föderation erlebte unter dem damaligen Präsidenten B. Jelzin, der politisch zu einer Marionette der USA wurde und persönlich dem Alkoholismus verfiel, in der Folgezeit ein verlorenes Jahrzehnt mit horrender Inflation und einer Schrumpfung des (preisbereinigten) Bruttoinlandsprodukts in den 10 Jahren 1990-1999 um 38,6% (siehe Abb. 15.6). Auch nach dem Jahrtausendwechsel gelang es nicht, die Wirtschaft gesamthaft neu auszurichten; sie mutierte zu einem »Crony-Kapitalismus« mit einem Übergewicht persönlicher-korporativer Abhängigkeitsverhältnisse der führenden Kapitalisten (Oligarchen) von politischen Instanzen und blieb stark abhängig von der Preisentwicklung ihrer Rohstoffressourcen (vor allem Erdöl und Erdgas). Nach der Weltwirtschaftskrise 2009 erreichte die russische Ökonomie bis 2019 nur ein durchschnittliches (preisbereinigtes) Wachstum ihres BIP von knapp 2%, das zudem 2015 durch eine kurzzeitige Schrumpfung (-2%) unterbrochen wurde.

Der Verfall der russischen Ökonomie in den 1990er Jahren kommt auch anhand des Sinkens der Wertschöpfungsrate (BIP zu Kapitalstock in konstanten Preisen) zum Ausdruck, die 1995-98 mit 6% ihren niedrigsten Stand erreichte, nachdem sie 1990 noch rd. das Doppelte betragen hatte (siehe Abb. 15.7). Zwar war damit der Bodensatz erreicht und in der Folgezeit stieg diese Wertschöpfungsrate wieder an, erreichte aber im Jahr 2008 noch nicht wieder das Niveau von 1990/91. Nach dem

Abbildung 15.6: Bruttosozialprodukt Russlands in konstanten Preisen (Rubel); Veränderung ggü. Vj. in %

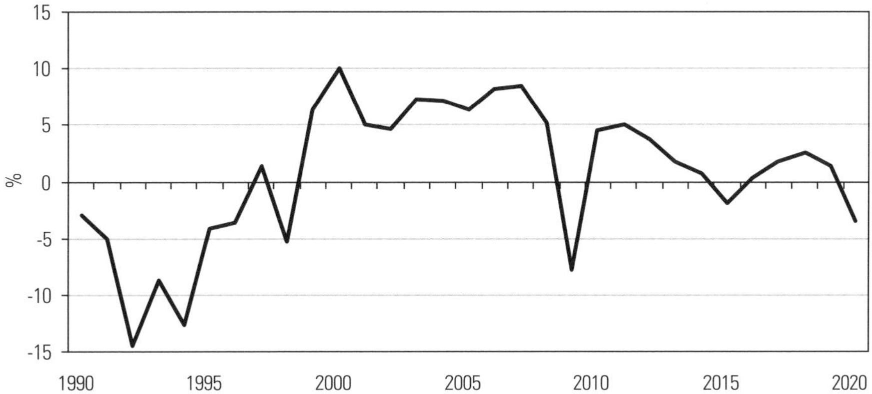

Quelle: OECD, Weltbank

Abbildung 15.7: Wertschöpfungsrate und Profitrate in Russland

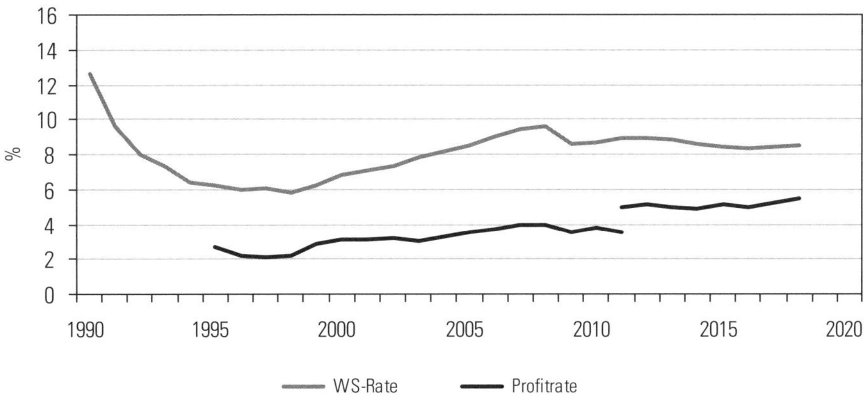

Quellen: Rosstat, Weltbank, FRED

Einbruch in der Weltwirtschaftskrise von 2009 erfolgte im nachfolgenden Zyklus eine Stabilisierung auf dem Niveau des Krisenjahrs. Natürlich ist für die akute Periode der Transformation zur Marktwirtschaft in den 1990er Jahren nicht von einer profitratengesteuerten Ressourcenallokation und Kapitalakkumulation auszugehen. Die rechnerische durchschnittliche Profitrate liegt beginnend in 1995 bei rd. 2% und dokumentiert damit die in großem Umfang anzutreffende Fortführung defizitärer Betriebe. Eine Stabilisierung dieser durchschnittlichen Profitrate erfolgt mit dem Jahrtausendwechsel und den beiden folgenden Jahrzehnten. Mit etwa 5%[11] liegt sie im laufenden Jahrzehnt aber immer noch auf einem extrem niedrigen Niveau. Zum russischen Crony-Kapitalismus gehört allerdings, dass einzelwirtschaftliche Renditen von ehemaligen sowjetischen Industriekomplexen, die in der »Jelzin-Ära« mit politischer Unterstützung des Kreml von Privatpersonen angeeignet wurden, von diesem gesamtwirtschaftlichen Durchschnittsverhältnissen gravierend nach oben abweichen werden.

Brasilien

Während die indische Volkswirtschaft im XI. Nachkriegszyklus das nach China zweithöchste Wachstum aufweist, verzeichnet Brasilien als weiterer BRICS-Staat nur eine moderate Aufwärtsbewegung gegenüber dem Vorkrisenniveau von 2007. Interne politische Auseinandersetzungen wirken negativ auf die wirtschaftliche Entwicklung ein. Die lähmenden Auseinandersetzungen um die vom 2011 bis 2016 amtierende Präsidentin D. Rousseff, die wie ihr populärer Amtsvorgänger Lula da Silva aus der Arbeiterpartei (PT) stammt, war durch ein mit zweifelhaften Argumenten begründetes Amtsenthebungsverfahren (Impeachment) gestürzt, Lula wegen vermeintlicher Korruption sogar verurteilt und inhaftiert worden. Der seinerzeitige Vizepräsident M. Temer von der rechtsbürgerlichen Partido do Movimento Democrático Brasileiro (PMDB), der wie etliche seiner Minister unter Korruptionsverdacht stand und zeitweilig inhaftiert worden war, hatte das Präsidentenamt kommissarisch übernommen.

Aus der Neuwahl zum brasilianischen Präsidenten war 2018 mit J. Bolsonaro ein offener Faschist und Verehrer der seinerzeitigen Militärdiktatur als Sieger hervorgegangen, der politisch für eine (weitere) Verselbständigung der Exekutive und Zerstörung demokratischer Strukturen steht und wirtschaftlich durch ein strikt neoliberales Programm den verhängnisvollen (und erfolglosen) seinerzeitigen Weg Chiles unter der Pinochet-Diktatur wiederholen will.

Brasilien besitzt eine bedeutende Agrikultur und extraktive Industrie. Demzufolge sind sowohl seine Binnenökonomie als auch seine Exportwirtschaft stark von der Preisentwicklung der Primärprodukte abhängig. Deren Stagnation und Rückgang von 2012-2016 haben die wirtschaftliche Entwicklung stark getroffen. Das Land durchlief 2015/16 die tiefste Rezession seit der Krise Anfang der 1980er Jahre; 2017 erfolgte eine Stabilisierung auf dem erreichten Niveau, welches rd. 7% unter dem Stand von 2014 lag. Diese Stabilisierung wurde durch eine Rekordernte eingeleitet, die die Preise der Lebensmittel reduzierte und die Kaufkraft der Konsumenten erhöhte; hinzu kamen die konjunkturbedingte Senkung der vorher hohen Inflationsrate sowie der Zinsen, die beide durch die Austeritätspolitik der Regierung Temer mit Reduzierungen der Staatsausgaben u.a. durch Entlassungen von Staatsbeschäftigten verstärkt worden waren. Die Rekordernte 2016/17 begünstigte

[11] Der Bruch in der Zeitreihe liegt an einer Neuberechnung des Nettoinlandsprodukts und seiner Aufteilung auf Löhne und Profite für die Jahre ab 2011; vgl. die Daten in: www.gks.ru.

Abbildung 15.8: Bruttosozialprodukt Brasilien in konstanten Preisen (Bras. Real); Veränderung ggü. Vj. in %

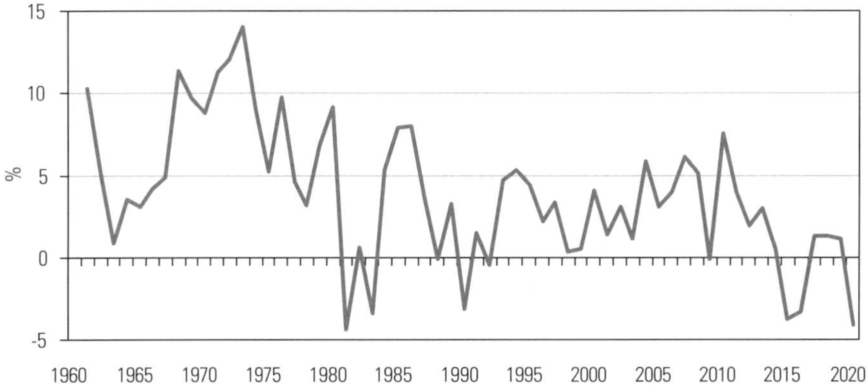

Quelle: OECD, Weltbank

neben wieder steigenden Rohstoffpreisen die brasilianischen Exporte, sodass die Handelsbilanz mit einem Rekordüberschuss von 67 Mrd. US-$ im Jahr 2017 abschloss. 2018/19 verharrte die Wachstumsrate des BIP auf niedrigem (positiven) Niveau (siehe Abb. 15.8).

Frühestens ab den 1970er Jahren, d.h. mit dem VI. Nachkriegszyklus auf dem Weltmarkt, kann in Brasilien von einer beginnenden Kapitalallokation durch den Ausgleich individueller und Branchenprofitraten gesprochen werden. Das anfängliche Niveau ist sehr hoch und drückt die hohen Profite der inneren Landnahme der kapitalistischen Produktion gegenüber traditionellen und nicht-kapitalistischen Wirtschaftssektoren aus. Nach der Weltwirtschaftskrise 1974/75, die Brasilien allerdings ohne Rückgang der gesamtwirtschaftlichen Wertschöpfung durchläuft, erfolgte mit dem VII. Nachkriegszyklus ein drastischer Rückgang der Durchschnittsprofitrate, der sich im Folgezyklus fortsetzte. Im VIII. Zyklus liegt das Niveau der brasilianischen Profitrate auf einer Höhe mit der Profitrate des japanischen Gesamtkapitals, welches in dieser Zeit noch beschleunigt akkumuliert.

In den Zyklen danach stieg die Profitrate in Brasilien wieder an und drückt eine zweite Landnahme des brasilianischen Kapitals im Zuge der beginnenden Entwicklung des Landes zu einem »Newly industrialized Country« auf dem Weltmarkt aus. Im laufenden XI. Zyklus nach der Weltwirtschaftskrise, in der Brasilien bis 2019 einen zweijährigen Rückgang des BIP aufwies, befindet sich die Profitrate wieder in einer Abwärtsbewegung, die vorliegend bis 2013 dokumentiert ist. 2015/16 war eine Kontraktion des Reproduktionsprozesses um jeweils knapp 4% zu verzeichnen und in den Jahren 2017-19 fiel die Erholung mit weniger rd. +1% außerordentlich dürftig aus, sodass davon auszugehen ist, dass sich diese Abwärtsbewegung der Profitrate des brasilianischen Kapitals weiter fortgesetzt hat (siehe Abb. 15.9).

Abbildung 15.9: Profitrate Brasilien

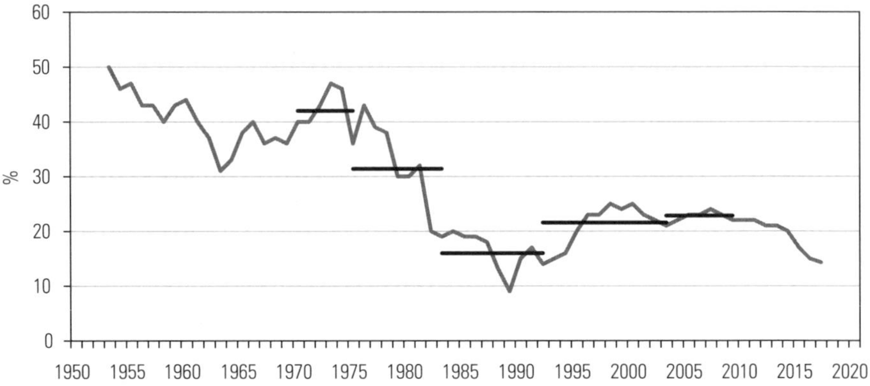

Quelle: Maito sowie FRED und macrotrends.net

Südafrika

Auch in Südafrika, dem letzten BRICS-Staat, bestimmten politische Turbulenzen die Agenda im vergangenen Jahrzehnt. Hier waren es die Auseinandersetzungen innerhalb des regierenden afrikanischen Nationalkongresses ANC, die 2018 in der Ablösung des seit 2008 amtierenden Präsidenten J. Zuma durch C. Ramaphosa gipfelten.

Südafrikas Wirtschaft entwickelte sich im XI. Nachkriegszyklus seit 2009 auf einem niedrigen Erholungspfad, der im Jahr 2016 in eine Stagnation mündete, im Folgejahr mit einem Zuwachs von gerade einmal 1,4% des Gross Domestic Product keinen nachhaltigen Umschwung verzeichnete und 2019 erneut in eine Stagnation abrutschte (siehe Abb. 15.10). Verantwortlich für diese schwache Entwicklung waren Rückgänge im Verarbeitenden Gewerbe sowie im Dienstleistungssektor. Die hohen Zuwächse im Primärsektor, der allerdings nur Dürreperioden in der Landwirtschaft und Einbrüche im Bergbausektor in den Jahren zuvor kompensiert hatte, wirkten teilweise ausgleichend. Der Export Südafrikas leidet unter sinkenden Rohstoffpreisen für seine Bergbauprodukte auf dem Weltmarkt und einer nur verhaltenen Nachfrage aus China und den kapitalistischen Metropolen; die Leistungsbilanz ist anhaltend defizitär.

In der Zeit davor hatte Südafrika eine durchgreifende Aufwärtsentwicklung durchlaufen, die vor allem in den 1960er und 1970er Jahren zeitweilig hohe Wachstumsraten aufgewiesen hatte. Die zyklischen Bewegungen gingen weitgehend synchron mit dem Weltmarktzyklus, was in erster Linie durch die Preisentwicklung der aus Südafrika exportierten mineralischen Rohstoffe bedingt war. Als einziges Land auf dem afrikanischen Kontinent, das in der Nachkriegszeit schon früh eine industrielle Entwicklung, beginnend im Bergbausektor, zunehmend allerdings auch im Verarbeitenden Gewerbe verzeichnen konnte, gibt es Parallelen zu anderen Siedlerkolonien, z.B. zu Australien.

Abbildung 15.10: Bruttosozialprodukt Südafrika, in konstanten Preisen (Südafr. Rand); Veränderung ggü. Vj. in %

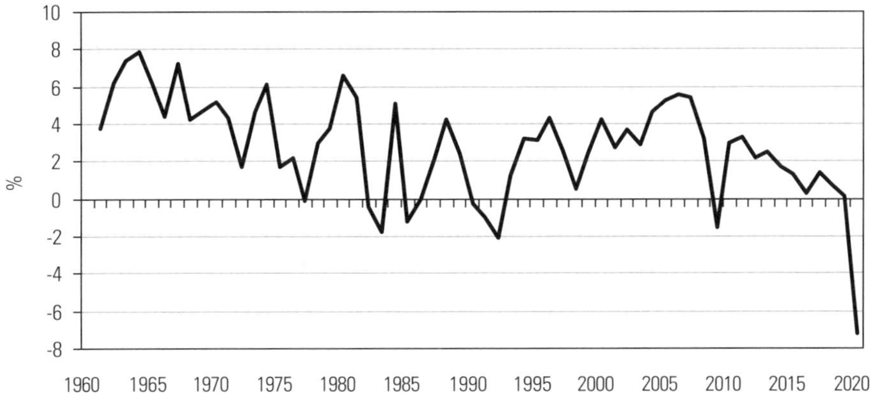

Quelle: OECD, Weltbank

Entsprechend des industriellen Status Südafrikas – es wurde als eines der wenigen Länder außerhalb des Kreises der kapitalistischen Metropolen zur sog. Ersten Welt gezählt – kann bereits in den 1960er Jahren von einer regulierenden Funktion einer Durchschnittsprofitrate ausgegangen werden. Die Profitrate des südafrikanischen Kapitals entwickelte sich seit Anfang der 1960er Jahre, d.h. seit dem IV. Nachkriegszyklus »klassisch« mit fallender Tendenz von Zyklus zu Zyklus bis inkl. des VIII. Nachkriegszyklus. Dies geschah bei weitgehend stagnanter Lohnquote bzw. Mehrwertrate, sodass die Bewegung der Profitrate in erster Linie auf die Steigerung der Produktivkraft der Arbeit durch Ersatz von lebendiger Arbeit durch Maschinerie zurückzuführen ist (siehe Abb. 15.11). Mit Beginn der 1990er Jahre beginnt die Lohnquote bis zur Krise 2009, die den X. Zyklus beschließt, zu fallen. Eine fallende Lohnquote ist die erste Ursache für den Anstieg der Profitrate im IX. und X. Zyklus; die zweite ist in der Rohstoffpreisentwicklung zu sehen, die Südafrika in dieser Periode begünstigt. Entsprechendes gilt auch für den nachfolgenden XI. Zyklus.

Der Fall der Lohnquote ging zeitlich zusammen mit dem späten Ende des Apartheids-Regime, das schrittweise in der ersten Hälfte der 1990er Jahre überwunden wurde. Die politische Befreiung der farbigen Bevölkerungsmehrheit aus jahrzehntelanger Unterdrückung erbrachte also zunächst der Kapitalseite Renditevorteile, während die lohnabhängige schwarze Bevölkerung erst im nachfolgenden XI. Zyklus wieder verteilungsseitig aufholen konnte. Ähnlich wie in Brasilien sind auch in Südafrika gewachsene Defizite im politischen System mitverantwortlich für die anhaltende soziale Ungleichheit und Armut großer Teile der schwarzen Bevölkerungsmehrheit in den Townships sowie die Herausbildung eines »Crony-Kapitalismus« mit Günstlingswirtschaft und »state capture« führender politischer Repräsentan-

Abbildung 15.11: Profitrate Südafrika

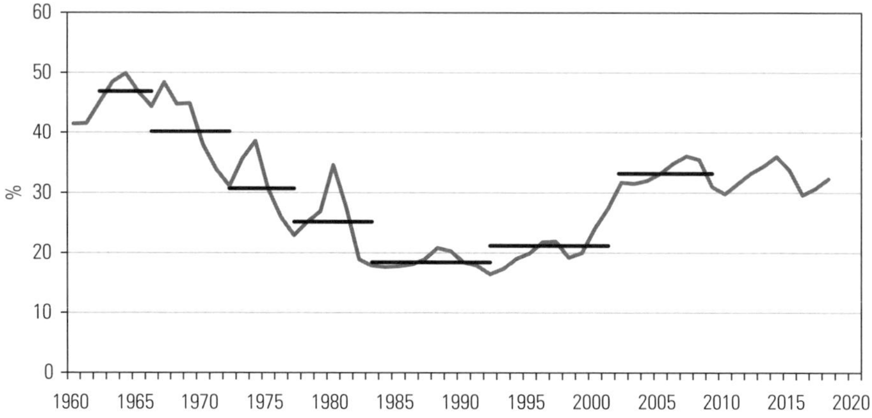

Quellen: OECD, FRED, Swanepoel/van Dyk (1978), South Africa Reserve Bank

ten; für Letzteres stand beispielhaft der ehemalige Präsident und ANC-Vorsitzende J. Zuma.[12] Mit dem durch seine eigene Partei erzwungenen vorzeitigen Wechsel an der Spitze des Staates zu C. Ramaphosa verbindet sich die Hoffnung auf die Beendigung dieser auch die wirtschaftlichen Investitionen beeinträchtigenden politischen Verwerfungen. Ob der neue Mann an der Spitze den versprochenen Aufbruch in die Wege leiten wird, ist gegenwärtig offen, denn er ist zwar ein Ex-Gewerkschafter, gehört jedoch mittlerweile zur einheimischen Bourgeoisie.

Australien

Die heute zu den G20-Staaten gehörende ehemalige britische Sträflingskolonie war seit Mitte des 19. Jahrhunderts ein klassisches Einwanderungsland zunächst von Europäern (Briten), sodann auch von asiatischer Bevölkerung (Chinesen). Nach dem Zweiten Weltkrieg wurden die zeitweilig erlassenen restriktiven Einwanderungsgesetze des australischen Commonwealth liberalisiert; eine prosperierende Wirtschaft entfaltete einen großen Bedarf an Arbeitskräften

Nach 1950 waren Rohstoffe auf dem Weltmarkt stark nachgefragt und die australische Regierung förderte den Abbau von Rohstoffen intensiv. Der Anteil des Bergbaus am BIP beträgt seitdem etwa 10%. Das wirtschaftliche Wachstum Australiens wurde vor allem durch die Fahrzeug-, Chemieproduktion, Herstellung elektrischer

[12] Vgl. Bullan 2017: 30: *»Das System Zuma geht hinunter bis auf die Gemeindeebene. Vetternwirtschaft ist verbreitet. Bauaufträge, die Versorgung einer Schule mit Schulbüchern, Lizenzen zum Betreiben von Geschäften, Jobs in der öffentlichen Verwaltung – alles ist verhandelbar und Gegenstand von Geben und Nehmen. Transparente Entscheidungsstrukturen, Bürgerbeteiligung und qualifizierte öffentliche Dienste sind die Ausnahme.«*

und elektronischer Ausrüstung sowie von der Eisen- und Stahlproduktion bestimmt. Dieses Wachstum wurde auch durch die beiden Weltkriege nicht wesentlich negativ beeinflusst. In der Zeit nach dem Zweiten Weltkrieg entstand eine langfristige positive Wachstumsrate mit hoher Beschäftigung. Ihren Höhepunkt erreichte die industrielle Produktion in der Mitte der 1960er Jahre.

Seit den 1960er Jahren, d.h. mit dem III. Nachkriegszyklus, verläuft die gesamtwirtschaftliche Entwicklung Australiens im Rhythmus des Weltmarktzyklus mit Periodenwechseln, die synchron mit denen der US-Konjunktur sind. Allerdings blieb Australien bis zu Krise und Abschwung des VII. Zyklus (1982) von absoluten Einbrüchen der Produktion verschont. In den Jahren 1982 bis 1983 verharrte die australische Wirtschaft in einer Rezession. Die amtierende Labor-Regierung entschied daraufhin, ausländische Investitionen zuzulassen und sie begann, bestehende Wettbewerbsbeschränkungen zu lockern. Die Rezession wurde in der Folge durch einen starken Beschäftigungsanstieg aufgehoben und die Arbeitslosenquote erreichte mit 2% wieder den Stand von 1972. Mitte der 1990er Jahre setzte die konservativ-liberale Regierung auf weitergehende Deregulierung, unter anderem des Währungs- und Finanzsystems, das sich noch stärker dem internationalen Kapital öffnen sollte.

Schutzmaßnahmen für die Industrie und Landwirtschaft und Wettbewerbsbeschränkungen wurden zurückgefahren bzw. aufgehoben. Einige staatliche Aufgaben wurden privatisiert und das Transport- und Telekommunikationswesen dereguliert. Insbesondere jedoch profitierte Australien von dem in dieser Zeit einsetzenden Wachstumsprozess in Ostasien, vor allem in China. Seit den 1990er Jahren hat Australien eine der höchsten Wirtschaftswachstumsraten unter den OECD-Staaten. Seit 1995 hat es keine wirtschaftliche Rezession erlebt, selbst nicht in der Großen Finanzmarkt- und Weltwirtschaftskrise 2007-09. Im nachfolgenden Zyklus verläuft das gesamtwirtschaftliche Wachstum mit durchschnittlich 2,6% (bis einschl. 2019) gedämpft und liegt leicht unterhalb der Rate des Vorzyklus (siehe Abb. 15.12).

Australiens Exporte mit einem großen Anteil von Rohstoffen – Australien ist seit 1980 der weltgrößte Kohleexporteur, und bei Flüssiggas wird erwartet, dass das Land in den nächsten Jahren Weltmarktführer wird – sind stark von der Entwicklung der Weltwirtschaft und den Rohstoffpreisen abhängig. Demgemäß ging der Export im Zusammenhang mit der volatilen Preisentwicklung der Rohstoffe im XI. Zyklus 2012 sowie 2014 und 2015 absolut zurück und der Defizitsaldo der Handelsbilanz (inkl. Services) erhöhte sich stark. Ab 2016 profitierte Australien vom allgemeinen Preisanstieg der Rohstoffe und der Handelsbilanzsaldo schwang ins Positive um.

Die Profitrate von Australiens Gesamtkapital verharrt seit den 1970er Jahren, durchaus atypisch gegenüber den Profitraten in den kapitalistischen Metropolen sowie auch entwickelter Schwellenländer, auf einem hohen Niveau (rd. 20%) und zeigte nur von im V. und VI. Nachkriegszyklus einen leichten Rückgang (siehe Abb. 15.13). Diese stabile Profitratenentwicklung ist mit dem Ausbleiben eines Anstiegs der Lohnquote bzw. ihrem zeitweise leichten Rückgang, der weitgehenden Verschonung von tiefen zyklischen Krisen sowie, namentlich nach dem Jahrtausendwechsel, mit dem starken Anstieg der Rohstoffpreise im X. Zyklus zu erklären.

Abbildung 15.12: Gross Domestic Product Australien in laufenden und konstanten Preisen (Austr. $); Veränderung ggü. Vj. in %

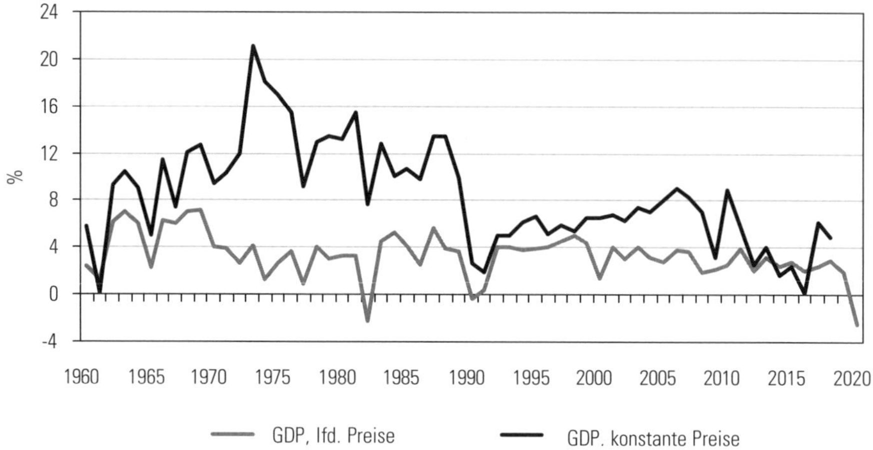

Quelle: OECD, Weltbank

Abbildung 15.13: Profitrate Australien

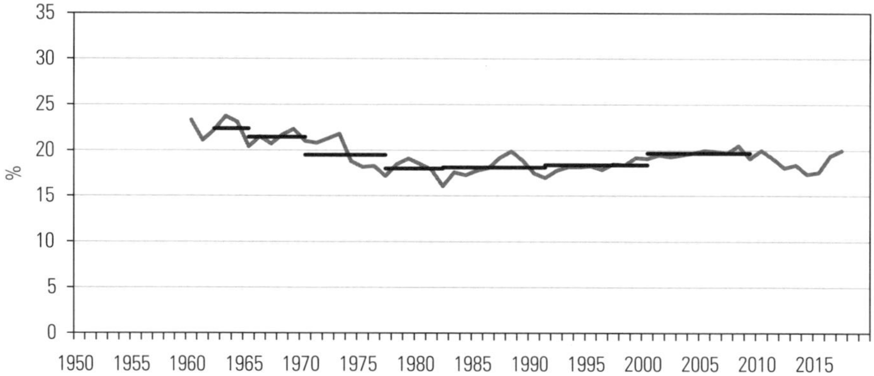

Quellen: OECD, FRED

Australien gilt als das Land mit dem neuntgrößten nationalen Gesamtvermögen weltweit. Der Gesamtbesitz der Australier an Immobilien, Aktien und Bargeld belief sich 2017 auf insgesamt 7.407 Milliarden US-Dollar (2017). Das Vermögen pro erwachsener Person betrug 402.603 Dollar im Durchschnitt und 195.417 Dollar im Median.

Das Vermögen pro Kopf war damit sowohl im Durchschnitt als auch im Median das dritthöchste der Welt (hinter Island und der Schweiz). Der Gini Koeffizient bei der Vermögensverteilung lag 2016 bei 68,2 was auf eine relativ moderate Vermögensungleichheit hindeutet.

Mexiko

Mexiko ist mit rd. 127,6 Mio Einwohnern (2019) nach Brasilien das zweitgrößte Land Lateinamerikas und besitzt mit einem BIP i.H.v. 1,3 Bio. US-Dollar (1,15 tn US-$) auch dessen zweitgrößte Ökonomie. Seit Jahren leidet das Land an politischen Turbulenzen und sie haben das Land in bestimmten Regionen bereits zu einem »failed state« transformiert, in denen Drogenkartelle und ihre paramilitärischen Einheiten für den Drogenschmuggel von Südamerika in die USA die Macht ausüben und die regulären Organe des Staates unterwandert haben.

Die mexikanische Wirtschaft ist strukturell mit anderen sich industrialisierenden Schwellenländern vergleichbar: Der Agrikultursektor trägt 2016 nur noch 3,7% zum BIP bei und der industrielle Sektor ist mit einem BIP-Anteil von einem Drittel (noch) groß; auf die verschiedenen Dienstleistungen entfällt mit 62,5% der Rest. Mit seiner großen industriellen Basis produziert Mexiko Nahrungsmittel, Tabak, Chemikalien, Eisen und Stahl, Erdöl, Baustoffe, mineralische Rohstoffe, Textilien/Kleidung sowie Kraftfahrzeuge; die Exportquote beträgt 35,5% am BIP. Hauptabnehmer der mexikanischen Exporte sind die USA, in die 80% der Ausfuhren gehen. Dementsprechend ist die mexikanische Wirtschaft stark von der US-Konjunktur abhängig. Bedeutsam war daher 2018 die Verständigung auf das United States-Mexico-Canada Agreement (USMCA) als Nachfolger des Nordamerikanischen Freihandelsabkommens (NAFTA), welches zum 1. Juli 2020 in Kraft trat. Wichtig für die mexikanische Leistungsbilanz sind darüber hinaus die Überweisungen von Mexikanern aus den USA in ihr Heimatland; sie machten 2016 26 Mrd. US-Dollar aus und betrugen damit 2,7% des mexikanischen BIP.

Mexiko hat sich aufgrund seiner Arbeitskräfte und geographischen Lage zum Fertigungswerk Nordamerikas entwickelt. Zahlreiche multinationale Unternehmen nutzen die niedrigen Löhne und den guten Ausbildungsstand sowie die gute Infrastruktur im Norden und Zentrum des Landes für ihre Produktions- und Fertigungsstätten. Abgesehen von der Krise in 2008/2009 konnte Mexiko von den 1990er Jahren mit Ausnahme des Jahres 1995 bis 2018 ein kontinuierliches wirtschaftliches Wachstum verzeichnen und ist mit einem BIP von 1.223,8 Mrd. US-Dollar inzwischen ein OECD- und G20-Mitgliedsland (siehe Abb. 15.14). Die Abschwächung des weltweiten Wirtschaftswachstums hat Mexiko, das auf Exporte und eine gute Weltmarktkonjunktur angewiesen ist, besonders hart getroffen. Lag die Wachstumsrate der vergangenen Jahre bei ca. 2,2%, so ist sie 2019 auf 0,3% zurückgefallen.

Als Land mit einem großen industriellen Sektor und seiner Abhängigkeit von der US-Konjunktur sowie vom Weltmarktzyklus ist die Allokation von Kapital und Lohnarbeit spätestens seit der ersten weltwirtschaftlichen Nachkriegskrise 1974/75 durch die Bildung und Ausgleichung der nationalen Durchschnittsprofitrate gesteuert. Der nationale Konjunkturzyklus verzeichnet dementsprechend 1982, 2001/02 und 2009 Abschwungsphasen, die synchron mit dem Weltmarktzyklus sind. Darü-

Abbildung 15.14: Bruttosozialprodukt Mexiko in konstanten Preisen (Mex. Pesos); Veränderung ggü. Vj. in %

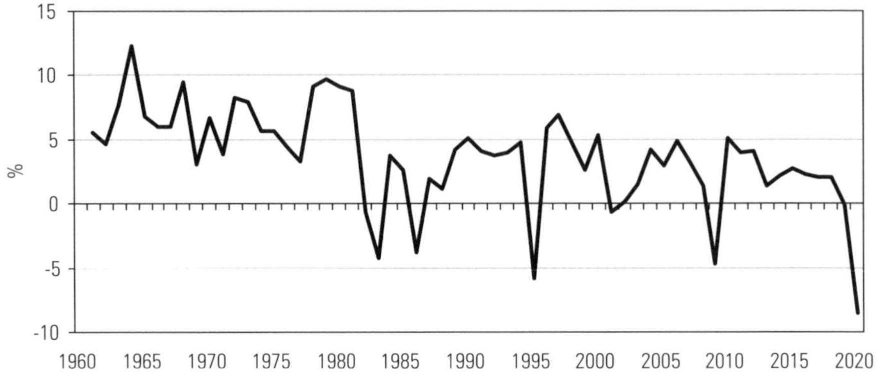

Quelle: OECD, Weltbank

Abbildung 15.15: Profitrate Mexiko

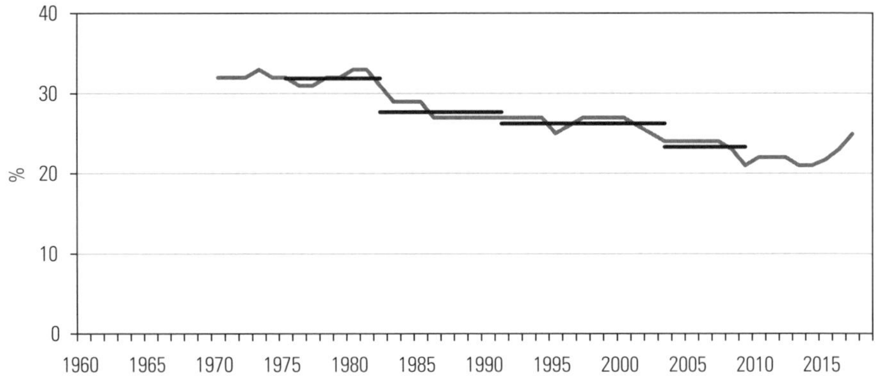

Quelle: OECD, FRED

ber hinaus durchlief Mexiko 1994/95 eine Währungskrise (sog. Tequila-Krise), als die Regierung nicht mehr in der Lage war, den fixierten Pesokurs gegenüber dem US-Dollar aufrechtzuerhalten, was zu einer generellen Vertrauenskrise führte. Dies hatte einen massiven Abzug von Auslandskapital zur Folge, was die mexikanischen Unternehmen in Schwierigkeiten brachte. Die Währungskrise endete in einer Wirtschaftskrise mit einem Einbruch des BIP um nahezu 6% in 1995.

Die Profitrate des mexikanischen Kapitals reduzierte sich, ausgehend von einem hohen Niveau zuvor, ab dem VII. Nachkriegszyklus graduell von Zyklus zu Zyklus (siehe Abb. 15.15). Dass dieser Reduktionsprozess so gering ausgeprägt war,

Abbildung 15.16: Lohnquote Mexiko

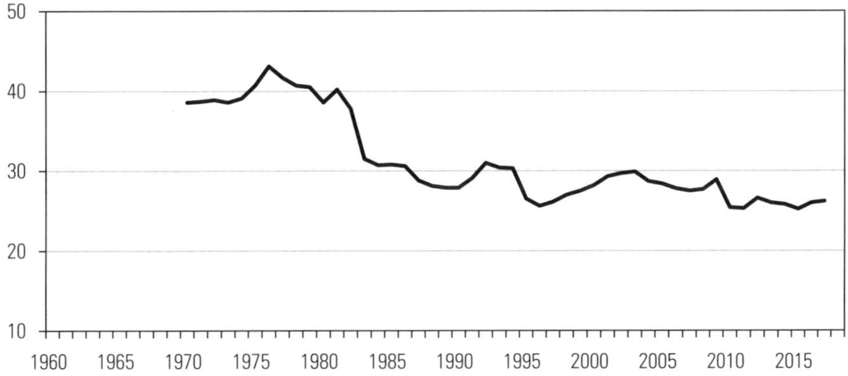

Quelle: OECD

lag an der gleichzeitig deutlich sinkenden Lohnquote, die als entgegenwirkendes Moment vor allem im VII. sowie im VIII. Zyklus den Fall der Profitrate abmilderte (siehe Abb. 15.16).

Im (noch nicht beendeten) XI. Zyklus verläuft die gesamtwirtschaftliche Entwicklung Mexikos zur Mitte des laufenden Jahrzehnts wegen der Krisen von Brasilien und Argentinien besser als bei diesen lateinamerikanischen Wettbewerbern. Mit dem Neuabschluss des Handelsabkommens mit den USA (und Kanada) besteht wieder größere Planungssicherheit für Mexikos Hauptexportmarkt; dagegen stand die aberwitzige Forderung der US-Amerikaner, Mexiko die Kosten des beabsichtigten Mauerbaus an der US-Südgrenze (3.144 km für 12 Mrd. US-$) zu belasten, als Damoklesschwert. Der Gewinn der letzten Präsidentschaftswahlen 2018 durch Andrés Manuel López Obrador (»AMLO«) stellt die wirtschaftspolitischen Weichen in Mexiko neu zugunsten einer expansiveren Finanzpolitik und der Rücknahme bzw. des Stopps von wirtschaftlichen Deregulierungen der konservativen Vorgängerregierung. Ob AMLO wie angekündigt den Krieg gegen die Drogenmafia erfolgreicher führen und damit das Stigma eines partiell zerfallenden Staates überwinden kann, wird wesentlich durch die Verbesserung der sozialen Situation armer Bevölkerungsgruppen entschieden werden.

Türkei

Die im internationalen Vergleich nach China und Indien höchsten Wachstumsraten verzeichnet die Türkei im XI. Konjunkturzyklus. Dieses Land am Schnittpunkt zwischen Europa und Asien, das nach dem Niedergang des Osmanischen Reiches nach dem Zweiten Weltkrieg lange Zeit vornehmlich in der Bundesrepublik nur als Herkunftsland von Migranten (sog. »Gastarbeiter«) wahrgenommen wurde, hat nach dem Jahrtausendwechsel eine bemerkenswerte Entwicklung durchlaufen. Seit

1980 hat sich die türkische Bevölkerung fast verdoppelt (1980: 44,8 Mio. Einwohner, 2019: 84 Mio.).

Nicht nur in der stark europäisch geprägten Metropole Istanbul und anderen Großstädten, sondern auch im anatolischen Hinterland wurden ab 2003 die Industrie – zunächst mit dem Schwerpunkt Textilindustrie, sodann auch in den Bereichen Elektronik und Automobilproduktion – sowie der Tourismus zu Trägern des Wirtschaftswachstums und führten zur Herausbildung einer städtischen Mittelklasse, die steigende Einkommen erwirtschaften konnte. Diese Entwicklung wird in der Türkei mit dem Namen des heutigen Präsidenten Recep Tayyip Erdoğan und seiner islamischen »Partei für Gerechtigkeit und Aufschwung« (AKP) verbunden, die seit dieser Zeit die Regierung stellen und politisch zunächst eine Orientierung an der Europäischen Union mit Beitrittsperspektive und intensivierten wirtschaftlichen Beziehungen insbesondere zur Bundesrepublik anstrebten. Im Inland wurden mehrere große Infrastrukturprojekte im Verkehrsbereich realisiert, die der türkischen Bauwirtschaft Umsatzwachstum brachten und als Entwicklungsmultiplikatoren wirkten.

Die türkische Handelsbilanz war bis 2018 negativ mit einem Rekorddefizit in 2017. 2019 erfolgte durch eine starke Steigerung der Exporte ein Umschwung in einen Überschuss. Zur Fortführung ihres Entwicklungsprozesses ist aber die Türkei auf stete Kapitalimporte angewiesen; jede Verringerung dieser Kapitalzuflüsse muss über steigende Zinsen und Abwertung der türkischen Währung zu steigender Inflation im Inland und Problemen der Bedienung von Krediten in ausländischer Währung führen.

Genau dies ist nach dem tatsächlichen oder vermeintlichen Putsch im Juli 2016 geschehen. Politisch wurde dieser Putsch vonseiten der regierenden AKP dazu benutzt, die türkische Verfassung zu einer sog. Präsidialdemokratie umzubauen mit einem auf die Person Erdoğan zugeschnittenen Machtzuwachs, der vergleichbar mit dem des amerikanischen Präsidenten ist. Zugleich war der Putschversuch Auftakt für eine umfassende »Säuberung« des Staatsapparats durch Entlassungen von Richtern, Polizisten, Universitätsprofessoren etc. sowie verfügten Schließungen von Zeitungen, Radio- und Fernsehsendern, sodass das durch ein Referendum mit knapper Mehrheit bestätigte Präsidialsystem alle Züge einer auf die Person Erdoğan zugeschnittenen Autokratie aufweist. An die Stelle der Gewaltenteilung und einer unabhängigen Justiz ist eine Verselbständigung der Exekutive mit dem Präsidenten an der Spitze getreten. Aller Voraussicht nach wird er sich dieser neu gewonnenen Position jedoch kaum erfreuen können, denn neben internen politischen Problemen – die ungelöste Kurdenfrage und der Kampf der kurdischen Arbeiterpartei PKK –, außenpolitischen Machtansprüchen und Abenteuern – Intervention im syrischen Bürgerkrieg mit Einmarsch in die kurdisch kontrollierte syrische Provinz Rojava, Intervention in den Libyen-Konflikt sowie Auseinandersetzungen mit Griechenland und Zypern um Gasfelder im Mittelmeer –, bricht die türkische Ökonomie zunehmend ein. Damit kommen die zuvor verdeckten Probleme der türkischen Wirtschaft an die Oberfläche (siehe Abb. 15.17).

Abbildung 15.17: Bruttosozialprodukt Türkei in konstanten Preisen (in Türk. Lira); Veränderung ggü. Vj. in %

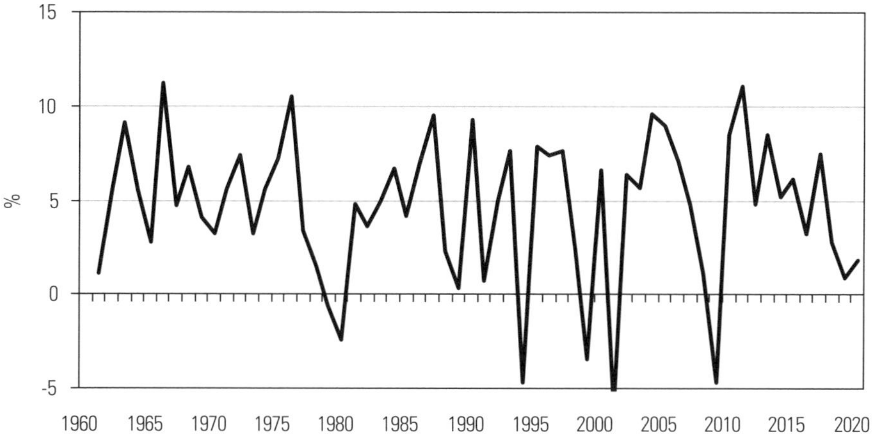

Quelle: OECD, Weltbank

Die Sektorstruktur der türkischen Ökonomie zeigt in den letzten eineinhalb Jahrzehnten den weiteren Rückgang des Beitrages der Landwirtschaft zum türkischen BIP, der zuletzt noch 5,8% betrug (siehe Abb. 15.18). Der Anteil des industriellen Sektors (inkl. Bauwirtschaft) hatte sich im selben Zeitraum um drei Prozentpunkte erhöht; die privaten Dienstleistungen blieben in etwa konstant, der Anteil des Staates ging zurück. Treiber dieser Veränderungen waren zum einen die Automobil- und Elektronikbranche sowie die Bauwirtschaft, zum anderen der Tourismus. Letzterer hat allerdings mit Schwierigkeiten aufgrund der unsicherer gewordenen internen Lage zu kämpfen; aktuell kommen die Einbrüche wegen der Covid-19-Pandemie hinzu.

In den vorliegend ausgewiesenen Daten zur Profitrate des türkischen Nationalkapitals sind diese Probleme noch nicht sichtbar (siehe Abb. 15.19). Sie lag in der Zeit nach dem Jahrtausendwechsel, d.h. der Periode, in der sie eine regulierende Funktion für den türkischen Reproduktionsprozess wahrnimmt, zwischen 20 und 25% und damit auf dem Niveau anderer industrieller Schwellenländer. Trotz einer deutlichen Steigerung der gesamtwirtschaftlichen Lohnquote – von 1998 bis 2018 um 3,8 Prozentpunkte – ist die Profitrate stabil geblieben, was auf die starke Steigerung der Profitmasse in der Zeit des türkischen »Wirtschaftswunders« im ersten Jahrzehnt nach dem Jahrtausendwechsel zurückzuführen ist. Für die Jahre 2018/19 ist wegen des Durchschlagens der Krisentendenzen bei Finanzen und Währung von einem Rückgang der türkischen Profitrate auszugehen; das Corona-Krisenjahr 2020 wird ein Übriges tun.

Aktuell bündeln sich die Schwierigkeiten der türkischen Ökonomie im Verfall der Währung und dem Anstieg der Inflation. Der Kurs der türkischen Lira hat seit

Abbildung 15.18: BIP-Beiträge der Sektoren in der Türkei in %

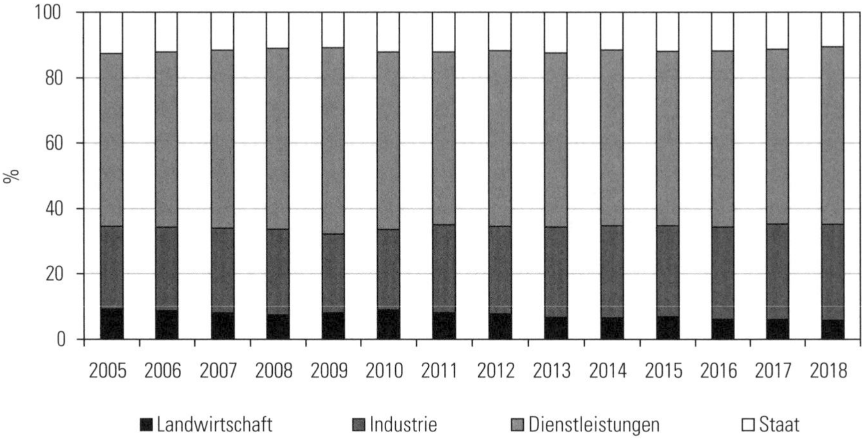

Quelle: OECD

Abbildung 15.19: Profitrate Türkei

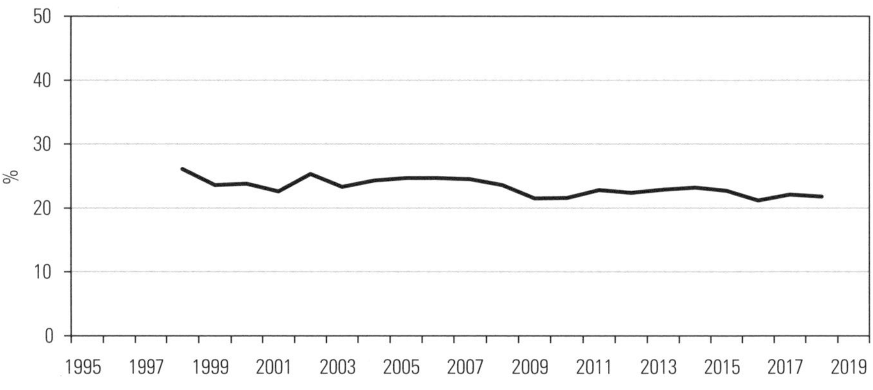

Quelle: OECD, World Bank, FRED

Beginn 2015 bis Mitte 2020 um 200% gegenüber US-Dollar und 190% gegenüber dem Euro abgewertet. Das wirtschaftliche Wachstum ist zuletzt zunehmend durch eine kreditgestützte staatliche Nachfrage hochgehalten worden; die Zinsen wurden durch politische Einwirkung auf die Geldpolitik der Zentralbank nur in geringem Maße angepasst. Noch stehen auf der Habenseite ein vergleichsweise niedriger Ölpreis, der die Handelsbilanz der Türkei auf der Importseite relativ entlastet sowie eine politisch abwartende Haltung der Europäischen Union, die wegen des mit der Türkei abgeschlossenen »Flüchtlingsabkommens« zur Rücknahme illegal von ihrem Territorium geflüchteter Personen die einseitige Kündigung durch Erdoğan fürchtet. Es ist aber davon auszugehen, dass das brüchige Fundament des seinerzeitigen türkischen »Wirtschaftswunders« über kurz oder lang weitere Risse bekommen und das Land in größere ökonomische und politische Turbulenzen führen wird.

c) Afrika, der abgehängte Kontinent – zukünftig ein gewichtiger internationaler Akteur?

Afrika umfasst mit einer Fläche von 30,2 Millionen km² etwa 22% der gesamten Landfläche der Erde und hat eine Bevölkerung von rd. 1,34 Milliarden Menschen (2019). Damit ist Afrika sowohl nach Ausdehnung wie nach Bevölkerung der zweitgrößte Erdteil nach Asien. Nach der »Out-of-Africa-Theorie« gilt der Kontinent als die »Wiege der Menschheit«, wo im Zuge der Hominisation die Entwicklung zum anatomisch modernen Menschen Homo sapiens stattfand. In seiner Vergangenheit bildete sich eine der frühesten Hochkulturen der Menschheit im Alten Ägypten heraus; über die Jahrtausende entstanden auf dem Kontinent verschiedene »Großreiche« (z.B. das Kaiserreich Abessinien oder das Königreich Dahomey im heutigen Benin). In der Gegenwart ist Afrika der Kontinent, auf dem der größte Teil der in absoluter Armut verharrenden Menschen lebt und der am wenigsten von der Höherentwicklung der nachgeordneten Länder (Schwellen- und Entwicklungsländer) seit den 1990er Jahren partizipiert hat. In diesem Sinne ist Afrika nach wie vor das Armenhaus der Welt.

Natürlich gelten diese allgemeinen Aussagen für die Länder des Kontinents in jeweils unterschiedlicher Weise. In diesem Sinne ist in einem ersten Zugriff eine Dreiteilung gerechtfertigt:

1. Die nordafrikanischen Maghreb-Staaten (Marokko, Tunesien und Algerien) und Libyen, nach der Intervention des »Westens« und dem Sturz Muammar al-Gaddafis allerdings ein failed state, sowie Ägypten, mit rd. 95 Mio. Einwohnern (2017) neben Äthiopien der nächstgrößere Staat Afrikas nach Nigeria. Diese arabisch geprägten Mittelmeer-Anrainer besitzen mit Ausnahme des im Bürgerkrieg versunkenen Libyen ein höheres Entwicklungsniveau als der Rest Afrikas und stehen nachfolgend nicht im Mittelpunkt des Interesses.
2. Die Republik Südafrika (RSA), das einzige kapitalistische (Schwellen-)Land des Kontinents, das als faktische Siedler-Kolonie mit der zugewanderten weißen Bevölkerung schon früh engeren Anschluss an die kapitalistischen Metropolen gewonnen hatte.
3. Die letzte Länder-Gruppe wird gebildet aus den übrigen 49 subsaharischen Staaten (inkl. das von Marokko besetzte Westsahara) in der Mitte zwischen den Mittelmeer-Anrainern und der RSA. Bei aller Verschiedenheit weisen diese Länder der dritten Gruppe mit einer mehrheitlich dünnen Besiedelung und relativ unfruchtbaren Böden mit dünner Ackerkrume, daher extensiver Landwirtschaft – diese Merkmale gelten nicht für das ostafrikanische Hochland –, weitgehen-

der Abwesenheit von privaten Eigentums an Grund und Boden, einer fehlenden endogenen Schriftkultur, einer schwachen Ausprägung von Klassenverhältnissen sowie in der Regel nur wenig mit der Produktion verbundenen und oftmals schwachen Herrschaftsstrukturen gemeinsame Merkmale auf. Darüber hinaus haben die europäische Kolonialherrschaft, der transatlantische Sklavenhandel sowie post- und neokoloniale Entwicklungen in der jüngeren Vergangenheit und Gegenwart wiederum vielfach vereinheitlichend gewirkt.

Vorkoloniales Afrika und Dekolonialisierung

Für den überwiegenden Teil des afrikanischen Territoriums existieren vor der kolonialen Eroberung durch europäische Mächte naturwüchsige Gemeinwesen vornehmlich der Form I,[13] die für den afrikanischen Kontinent allerdings ein gewisses Maß an Variabilität und Unterschiedlichkeit aufweist, wie neuere historische Forschungen über das vorkoloniale Afrika aufgedeckt haben.[14] Die Stammgemeinschaft fungierte als Voraussetzung der gemeinschaftlichen temporären Aneignung und Benutzung des Bodens, die subsistenzwirtschaftliche Landwirtschaft war die überragende Produktionsform. Ein Surplusprodukt, welches über die Lebensmittel der Gemeindemitglieder hinaus erzeugt wurde und in erster Linie von der wechselhaften Gunst der Naturumstände abhängig war, gehörte dem Gemeinwesen.

Die Herstellung gemeinschaftlicher Produktionsbedingungen wie Wasserleitungen und einfache Kommunikationsmittel sowie die Bildung von Städten hatten auf dem afrikanischen Kontinent in der vorkolonialen Zeit sowohl in den nördlichen Territorien (Karthago, Fes, Kairo), die durch das Römische Reich und den Fernhandel der Phönizier Anschluss an antike Zivilisationen gefunden hatten, als auch im Sudan (Nubien), Äthiopien/Eritrea sowie Westafrika stattgefunden. Für die inneren Territorien Afrikas war dagegen der selbstwirtschaftende und nur gelegentlich durch Austausch mit anderen Gemeinwesen in Kontakt kommende Stamm die dominierende Form bis zur kolonialen Unterwerfung durch die Europäer gewesen. Diese ethnisch-tribalistischen Zusammenhänge und das dem Stamme gehörende Gemeineigentum am Grund und Boden wirken bis heute für die bäuerlichen Kleinproduzenten und den ländlichen informellen Sektor fort.[15]

---

[13] Vgl. das obige Kapitel 10.

[14] Vgl. zu verschiedenen Verhältnissen von Sklaverei in West- sowie in Ostafrika Eckert 2010 und Campbell 2010; zur Urbanisierung und zum Verhältnis von Stadt und Land Baller 2010.

[15] Vgl. Goldberg 2015: 211 Fn: *»Nach wie vor sind die bodenrechtlichen Verhältnisse außerhalb der Städte und einiger Farmregionen durch Abwesenheit individuellen Privateigentums gekennzeichnet; selbst die Weltbank, die noch bis in die 1980er Jahre hinein versucht hatte, die Privatisierung von Grund und Boden (wegen angeblicher Investitionssicherheit) durchzusetzen, hat dies inzwischen aufgegeben. In Afrika ›befindet sich die Mehrheit der Flächen ... in Gemeinschaftsbesitz‹, schreibt Fred Pearce (S. 35). Unter dieser Bezeichnung werden allerdings ganz unterschiedliche Rechtsregime zusammengefasst.«*

Bereits vor der Entdeckung Amerikas war Sklavenwirtschaft bzw. unfreie Arbeit in vielfältiger Weise in Afrika verbreitet. Sie resultierte aus Kriegen, Schuldknechtschaft sowie der Herausbildung interner Hierarchien innerhalb der Gemeinwesen. Als Quelle für Sklaven für die Südstaaten Nordamerikas, Südamerika und die Karibik wurde hauptsächlich die westafrikanische (männliche) Bevölkerung benutzt (transatlantischer Sklavenhandel). Zum Zweck des Sklavenhandels wurden Forts an den Küsten errichtet, den Transport aus dem Binnenland übernahmen meist einheimische Königreiche. Nach der industriellen Revolution und dem Verbot des Sklavenhandels 1807 wurde das afrikanische Territorium für die kapitalistischen Metropolen als Lagerstätte für Rohstoffe bedeutender und es wuchs das geopolitische Interesse der europäischen Großmächte (Imperialismus); der Wettlauf um Afrika führte innerhalb von weniger als 20 Jahren zur Besetzung fast des gesamten Kontinents. Auf der Kongokonferenz in Berlin wurde 1884/85 der größte Teil Innerafrikas zwischen den europäischen Mächten aufgeteilt, bis 1912 verloren damit die meisten afrikanischen Völker ihre Freiheit. Unabhängig blieben nur Liberia, eine Siedlungskolonie freigelassener nordamerikanischer Sklaven, sowie das alte Kaiserreich Abessinien (heute Äthiopien), welches allerdings 1935 vom faschistischen Italien angegriffen und von 1936 bis 1941 von diesem annektiert wurde. Im Ersten Weltkrieg waren die deutschen Kolonien Kriegsschauplatz, viele Afrikaner kämpften auch in Europa. Im Zweiten Weltkrieg fanden Kämpfe vor allem in Nordafrika und am Horn von Afrika statt.

Die Kolonialmächte sahen sich nicht oder nicht nur als Ausbeuter der natürlichen Ressourcen der afrikanischen Territorien, sondern auch als Zivilisationsbringer, die die überlegenen Werte der europäischen Zivilisation den »schwarzen Heiden« zukommen ließen. Neben dem hauptsächlich rudimentären Aufbau einer Verkehrs- und Verwaltungsinfrastruktur, die wesentlich durch die Bewältigung der Ressourcengewinnung (Rohstoffextraktion) bedingt war, hinterließ auch die missionarische Bekehrung, vielfach versüßt mit gesundheitlicher Versorgung der indigenen Bevölkerung, wesentliche und bis auf den heutigen Tag reproduzierte Spuren im Sozialgefüge der afrikanischen Länder. Die staatliche Gliederung des heutigen Afrikas geht wesentlich auf die Kolonialreiche und die Prozesse ihrer Auflösung zurück; die Ausbildung einer nationalen Identität der Bevölkerung jenseits überkommener ethnisch-tribalistischer Strukturen und religiös-kultureller Unterschiede ist eher die Ausnahme denn die Regel.

Die Entkolonisierung begann nach dem ersten Dezennium des 20. Jahrhunderts als 1910 die Südafrikanische Union die Unabhängigkeit von Großbritannien erreichte, setzte sich nach dem Ersten Weltkrieg fort, als das Deutsche Reich als Kriegsverlierer all seine kolonialen Besitzungen aufzugeben hatte und erstreckte sich nach dem Zweiten Weltkrieg zunächst auf die ehemaligen italienischen Kolonien Äthiopien und Libyen 1951. Danach wurden ab der zweiten Hälfte der 1950er Jahre der Sudan sowie Marokko, Tunesien und Ghana unabhängig. Die Hochzeit der Entkolonisierung datiert auf die 1960er Jahre mit der weitgehenden Auflösung der Kolonialreiche Großbritanniens, Frankreichs sowie Belgiens. In den 1970er

Jahren fand dieser Prozess mit der Unabhängigkeit der ehemaligen portugiesischen Kolonien seinen Abschluss.

Demografische Entwicklung

Den naturwüchsigen Gemeinwesen und hier ihrem Typ I mit seinem agrikulturell-ländlichen Schwerpunkt sowie einer im subsaharischen Afrika (Ausnahme: RSA) nur punktuellen Urbanisierung mit Produktentausch und Ausbildung von individueller Selbständigkeit der Bewohner entsprach eine stagnante Entwicklung der Bevölkerung, die mit der geringen Entwicklung der Produktivkräfte korrespondiert. Zwar war die Geburtenrate hoch, sie wurde jedoch durch eine ebenfalls hohe Sterberate (insbesondere Kindersterblichkeit) sowie eine geringe durchschnittliche Lebenserwartung konterkariert. Eine allmähliche Veränderung dieser Konstellation setzte erst mit einer Verbesserung der gesundheitlichen Versorgung ein, die zunächst durch koloniale und religiös-christliche Einflüsse angestoßen wurde.

In der Gegenwart befinden sich die meisten afrikanischen Staaten noch mitten im demografischen Übergang mit einerseits verminderten Sterberaten und steigender Lebenserwartung, die andererseits (noch) nicht mit einer Reduzierung der Geburtenrate der weiblichen Bevölkerung einhergehen, da Kinderreichtum Arbeitskräfte namentlich im informellen Agrarsektor bringt und bei weitgehendem Fehlen kollektiver Alterssicherungssysteme Versorgungssicherheit im familiären Rahmen bedeutet bzw. bedeuten soll (siehe Abb. 15.20). Demzufolge nimmt die Bevölkerung stark zu – eine Entwicklung, die auch für die nächsten Jahrzehnte noch anhalten wird (bei Ausbleiben von Pandemien etc. und großen Kriegen). Die Vereinten Nationen prognostizieren eine Verdoppelung der afrikanischen Bevölkerung zwischen 2018 und 2050. Dann sollen etwa 2,5 Mrd. Einwohner auf dem afrikanischen Kontinent leben; im Jahr 2100 sollen es sogar 4,4 Mrd. Menschen sein (vgl. World Population Prospects 2017).

Auf die drei Gruppen von Ländern – Mittelmeer-Anrainer, Subsahara-Staaten und Republik Südafrika (RSA) – verteilt sich die 1,31 Mrd. afrikanische Gesamtbevölkerung 2017 zu 14,7% auf die fünf Mittelmeer-Anrainer (Maghreb-Staaten, Libyen und Ägypten), zu 2,8% auf die RSA und zu 82,5% auf die subsaharischen Länder. Im Jahr 1960 waren die Anteile der Mittelmeer-Anrainer mit 18,6% und Südafrikas mit 5,8% noch 1,4-mal so hoch gewesen. Dies bedeutet, dass in den knapp 60 Jahren des Betrachtungszeitraums die höchste Rate des Bevölkerungswachstums bei den ärmsten Ländern zu verzeichnen war; sie liegt für die subsaharischen Staaten mit +364% um 121 bzw. 139 Prozentpunkte höher als bei den nordafrikanischen Staaten bzw. bei Südafrika (vgl. Weltbank-Daten).

Sozioökonomische und politische Verhältnisse nach der Dekolonialisierung

Gegenüber den späteren Schwellenländern waren die sozioökonomischen Ausgangsbedingungen in den (subsaharischen) afrikanischen Staaten in der postkolonialen Ära andere. Weder existierte, bedingt durch die Beschaffenheit der naturwüchsigen Gemeinwesen, individuelles Privateigentum am Grund und Boden,

Abbildung 15.20: Altersaufbau der afrikanischen Bevölkerung

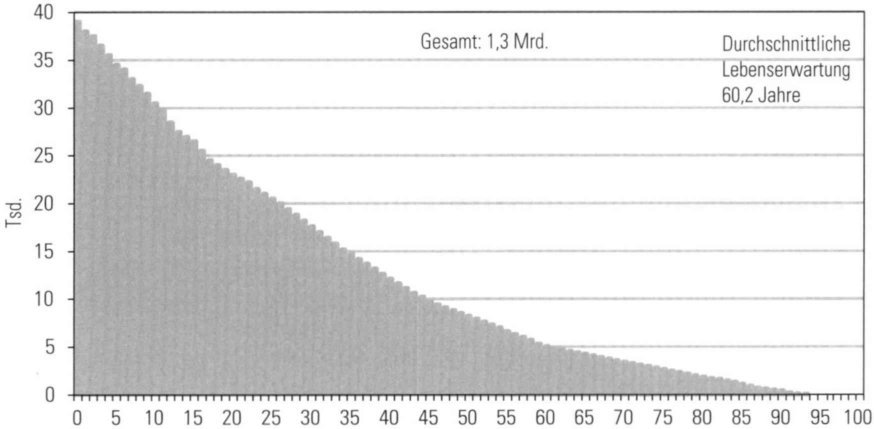

Quelle: United Nations DESA Population Division, World Population Prospects

welches bereits im Vorhinein die Produktivkräfte sowie die Entwicklung der Einzelnen über das charakteristische stagnante Niveau emporgehoben hätte, noch hatte sich unter der Kolonialherrschaft eine nennenswerte Kompradoren-Bourgeoisie herausgebildet, die zum endogenen sozialen Träger einer internen Entwicklung hätte werden können. Die Ausgangssituation in den meisten subsaharischen Staaten war vielmehr eine Hybridstruktur von traditioneller auf Subsistenz gerichteter Agrikultur einerseits und einer ausländisch-kolonialen vornehmlich extraktiven Industrie, die unverbunden nebeneinanderstanden. Die materielle Infrastruktur war ebenso erst aufzubauen wie die Etablierung eines inländischen Geld- und Bankwesens. Die afrikanischen Währungen waren, wenn sie nicht an die Währungen der Kolonialmächte angebunden wurden (wie z.B. der CFA in der Franc-Zone), reine Binnenwährungen, die anfangs auf nur rudimentäre Austausch- und Marktbeziehungen gegründet waren. Erst allmählich bildete sich in den überkommenen und in der Kolonialzeit errichteten städtischen Agglomerationen ein heimisches marktorientiertes Gewerbe heraus. Die Grundlagen und Ansätze einer ursprünglichen Kapitalakkumulation waren in den 1960er Jahren beschränkt.

Die Wirtschaftsstruktur der subsaharischen Länder ist bis heute durch die Landwirtschaft (inkl. Forstwirtschaft und Fischerei) geprägt; zum formellen, in den statistischen Daten der Weltbank erfassten Agrarsektor kommt noch ein informeller Sektor hinzu, der als Subsistenzwirtschaft kaum quantifiziert werden kann. Für alle subsaharischen Länder (ohne RSA) gilt, dass 1960 rd. 67% der Bevölkerung auf dem Land lebten (rural population); dieser Anteil hat sich sukzessive über 54% im Jahr 2000 auf 45,2% in 2017 vermindert. Der Beitrag des offiziellen Agrarsektors dieser Länder zum Bruttoinlandsprodukt (Gross National Product) ist immer noch dominant; Sierra Leone liegt gegenwärtig mit einem Anteil von 61,6% an der Spitze, Kenia mit 30,3% am Ende. Der landwirtschaftliche Sektor wird durch Kleinbauern mit einem hohen Durchschnittsalter geprägt. Es wird vielfach noch mit traditionellen Anbaumethoden, d.h. ohne nennenswerten Maschineneinsatz gearbeitet. Entsprechend niedrig sind die Erträge und die Produktivität in der Landwirtschaft. Für die Anschaffung von Landmaschinen sowie die systematische Düngung der Felder fehlt diesen Kleinbauern zumeist das Geld. Kredite sind ohne Sicherheiten nicht zu erlangen: *»Ihnen [den Bauern/S.K.] gehört das Land nicht, das sie bestellen. Bis jetzt gibt es aber keine Alternativen zu Land als Sicherheit.«* (de Jager 2017; zit. nach Schauzu 2018: 3)

Die gesamtwirtschaftlich hohen Wachstumsraten des afrikanisch-subsaharischen BIP bis zur ersten Hälfte der 1970er Jahre waren somit zum einen Basiseffekten eines niedrigen Ausgangsniveaus geschuldet; sie wurden zum anderen sektoral vornehmlich durch die Rohstoffextraktion sowie, in einigen Ländern, durch die von ehemaligen Kolonialherren betriebene Agrikultur getragen. Der wirtschaftspolitische Angang der Regierungen in den selbständig gewordenen Staaten zur internen Entwicklung war mehrheitlich durch eine Politik der Importsubstitution, teilweise gegründet auf die Verstaatlichung vorhandener (ausländischer) Industrieunternehmen, gekennzeichnet.

Die spätere Bewertung dieser Wirtschaftspolitik als fehlgeleitet bis katastrophal durch eine neoklassisch orientierte Entwicklungspolitik erweist sich vor dem Hintergrund des stets im positiven Bereich – Ausnahme 1967 – verbleibenden BIP-Wachstums als bei Weitem überzogen (siehe Abb. 15.21); die Ergebnisse dieser Politik waren oftmals besser als ihr heutiger Ruf, denn Afrika ist aktuell weniger denn je in der Lage, einen hohen Grad an Selbstversorgung sicherzustellen. Rd. 80% der benötigten Lebensmittel der Subsahara-Staaten müssen mittlerweile importiert werden.

Die nicht Öl produzierenden afrikanischen Länder wurden durch die zweimalige Ölpreisrevolution 1973/74 und 1979/80 negativ getroffen und zurückgeworfen; der gleichzeitig beginnende Anstieg auch der Preise mineralischer Rohstoffe bildete in den 1970er Jahren keine nennenswerte Kompensation, wie der Rückgang der BIP-Zuwachsraten zeigt. Erst ab Mitte der 1990er Jahre begannen die Wachstumsraten des BIP wieder durchgängig zu steigen. Die zyklischen Krisen und Abschwünge der Weltkonjunktur um die Jahrtausendwende und auch die Finanzmarkt- und Weltwirtschaftskrise 2007-09 trafen das subsaharische Afrika nur in geringerem Ausmaß. Insbesondere die in diesen Ländern im X. Nachkriegszyklus auf dem kapitalistischen Weltmarkt (2003-2009) anhaltenden und namentlich durch die Rohstoffpreise getriebenen hohen Wachstumsraten gaben seinerzeit zu mehr oder weniger offen geäußerten Hoffnungen eines nun anstehenden Aufbruchs des afrikanischen Kontinents Anlass. In den Jahren nach der Großen Krise sanken die Zuwachsraten des BIP für die subsaharischen Länder allerdings wieder ab und relativieren das Bild von einem im wirtschaftlichen Aufbruch befindlichen Kontinents deutlich.

Abbildung 15.21: Wirtschaftswachstum im subsaharischen Afrika (inkl. RSA),* BIP (in konstanten US-$-Preisen) ggü. Vorjahr

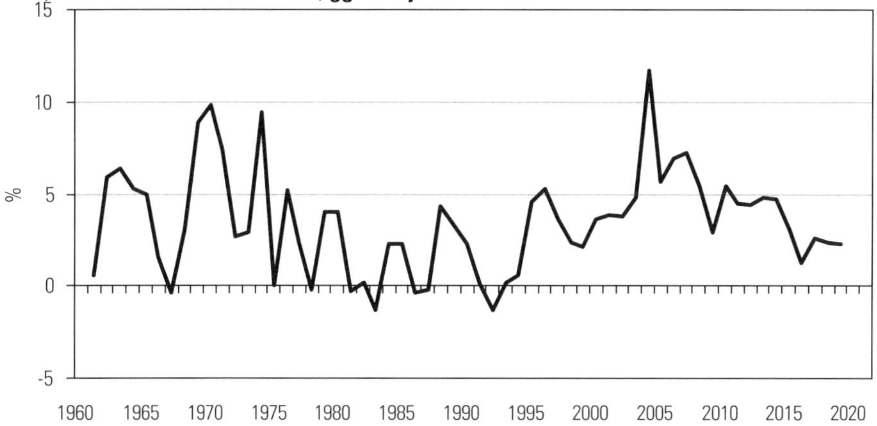

* Die einheitliche BIP-Wachstumsrate für die subsaharischen Länder darf nicht darüber hinwegtäuschen, dass zwischen einzelnen Staaten eine erhebliche Streuung der Daten existiert; besonders markant sind in diesem Zusammenhang die Einflüsse von Bürgerkriegen z.B. im Ost-Kongo oder den portugiesischen Kolonien.

Quelle: OECD, Weltbank

Der Einfluss der Rohstoffpreisentwicklung, namentlich des Ölpreises, zeigt sich anhand der Stellung des subsaharischen Afrikas auf dem Weltmarkt. Der Rückgang der Exportanteile wegen eines rascher zunehmenden Welthandels bis zur Mitte der 1990er Jahre wird nur zweimal kurz durch die Erdölpreissteigerungen 1973/74 sowie 1979/80 unterbrochen, die den erdölproduzierenden Staaten einen kurzzeitigen Anstieg ihrer Exporterlöse bescheren. Die in diesen Daten enthaltene Republik Südafrika durchläuft nur die Rohstoffpreis-Hausse Ende der 1970er/Anfang der 1980er Jahre; die Gesamtentwicklung ihrer Warenexporte folgt jedoch eher der Weltmarktkonjunktur der entwickelten kapitalistischen Länder, da die RSA als einziges Land Afrikas über eine nennenswerte Industriestruktur im Verarbeitenden Gewerbe verfügt (siehe Abb. 15.22). Für die sonstigen subsaharischen Staaten bestätigt sich die bereits bei der BIP-Entwicklung herausgestellte Differenzierung der Entwicklungsphasen. Sie korreliert positiv mit der Entwicklung der Terms of Trade. Namentlich der Bedeutungszuwachs dieser Länder auf dem Weltmarkt nach der Jahrtausendwende bis zum Beginn des gegenwärtigen Dezenniums wird durch die Rohstoffpreissteigerung getrieben, die durch die industriellen Entwicklungsprozesse der asiatischen und lateinamerikanischen Schwellenländer nachfrageseitig befördert wird.

Jedoch überdecken diese Preisentwicklungen das strukturelle Problem der Exporte der subsaharischen afrikanischen Staaten, welches in der fehlenden Differenzierung ihrer Ausfuhrgüter liegt, d.h. in der Abhängigkeit ihrer Exporte von wenigen und teilweise nur einem einzigen Produkt. Diese fehlende und in der gesamten

Abbildung 15.22: Anteil der subsaharischen Länder an den Weltexporten (materielle Waren); in laufenden US-Dollars

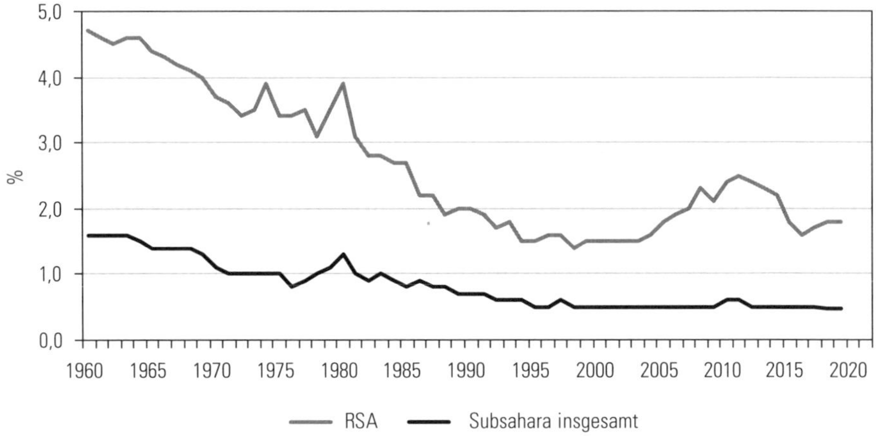

Quelle: OECD, Weltbank

zurückliegenden Entwicklungsperiode nicht nennenswert gesteigerte Diversifikation ihrer Exportstruktur setzt die Ökonomie dieser Länder regelmäßig den volatilen Bewegungen der internationalen Rohstoffpreisentwicklung aus. Dieser Umstand bedingt zudem, dass der innerafrikanische Handel nach wie vor wenig ausgeprägt ist. Der Einfluss des kapitalistischen Weltmarkts und seiner Konjunkturen ist denn auch stark für den neuerlichen Rückgang des Exportanteils der subsaharischen Länder in der laufenden Dekade verantwortlich.

Die wirtschaftlichen Entwicklungen zwischen der ersten Ölpreissteigerung 1973 und der nachfolgenden ersten Weltwirtschaftskrise 1974/75 nach dem Zweiten Weltkrieg bildeten die Ausgangsbedingungen eines für viele afrikanische Staaten in dieser Zeit alternativlos erscheinenden Versuchs, durch externe Verschuldung ihre durch verschlechterte Terms of Trade reduzierten Finanzmittel für den Fortgang interner Entwicklungsprozesse auf neuen Wegen zu erlangen. Er führte auch auf dem afrikanischen Kontinent vielfach zur Überschuldung mit anschließender Zerrüttung finanzieller Verhältnisse und bildet den Hintergrund für die sog. Strukturanpassungsmaßnahmen der 1980er Jahre, die unter der Ägide von Weltbank und Internationalem Währungsfonds ins Werk gesetzt wurden. Diese Strukturanpassungsmaßnahmen waren fokussiert auf die Stabilisierung von Staatshaushalt und Zahlungsbilanz durch Ausgabenkürzungen und Herstellung marktgerechter Wechselkurse, Liberalisierung von Außenhandel und Kapitalverkehr durch Aufhebung von Importzöllen und Beseitigung von Kapitalverkehrskontrollen, Deregulierung von Preisen, Zinsen und heimischen Wirtschaftsstrukturen durch Abbau staatlicher Interventionen sowie auf die Privatisierung von Staatsbetrieben und Auflösung staatlicher Steuerungsinstitutionen. Dieser marktradikale Angang der Entwicklungs-

Abbildung 15.23: Verschuldung des subsaharischen Afrika (ohne RSA); absolut und in % des BIP, jeweils in laufenden US-Dollars

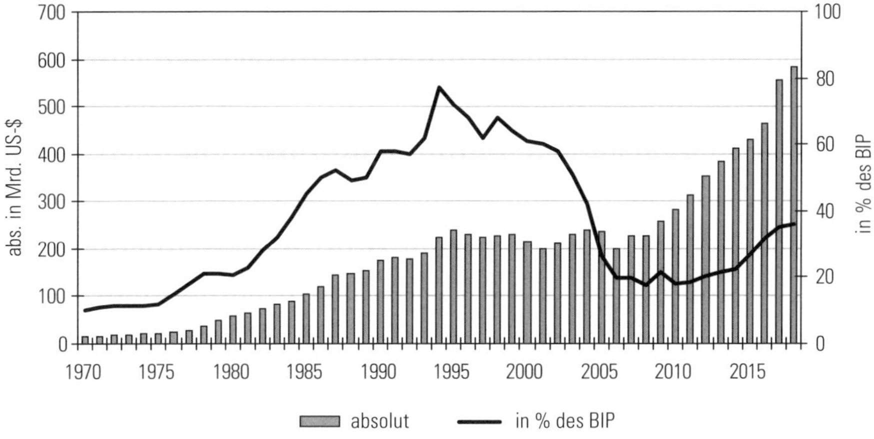

Quelle: OECD, Weltbank

politik, wie er einerseits durch Fehlentwicklungen der internen staatlichen (Wirtschafts-)Politik mit verursacht war, bedeutete andererseits für die meisten Länder, die diesen Strukturanpassungsmaßnahmen ausgesetzt wurden, ein verlorenes Jahrzehnt der 1980er Jahre.

Anstelle der Herstellung funktionierender Marktbeziehungen und sich darin vollziehender interner Entwicklungsprozesse resultierten die Ergebnisse dieser »Entwicklungspolitik« vielfach in der Zerstörung vorhandener endogener ökonomischer Potenziale; am schlagendsten wurde dies durch solche Kapitalexporte der von außen ins Land geflossenen Gelder deutlich, die als Fluchtgelder der einheimischen »Eliten« auf den Finanzmärkten der Metropolen wieder auftauchten.

Die Unmöglichkeit, die aufgenommenen Kredite ausländischer (privater und öffentlicher) Banken zu bedienen, wurde nur sehr zögerlich vonseiten der Kreditgeber anerkannt. Die Bereitschaft, von unrealistischen Umschuldungsaktionen (z.B. Brady-Plan) Abstand zu nehmen, führte erst in der zweiten Hälfte der 1990er Jahre zur Bereitschaft, die am höchsten verschuldeten Länder (partiell) durch Forderungsverzichte zu entschulden. Ab 1995 nahm die Schuldenlast absolut zunächst nicht mehr zu, stagnierte und ging in einigen Jahren leicht zurück (siehe Abb. 15.23). Der Höhepunkt der Verschuldungsquote am BIP der Länder war mit etwa 80% bereits 1994 erreicht; danach sank sie ab, d.h. das (nominelle) Wachstum (in US-Dollar) stieg rascher an als die ausstehende Verschuldung. Damit setzte die oben herausgestellte Verbesserung der Ökonomie der subsaharischen Länder ein, die bis zur Finanzmarkt- und Weltwirtschaftskrise 2007-09 reichte und mit langsam steigenden Pro-Kopf-Einkommen einherging. Letztere hatten sich seit Mitte der 1970er Jahre u.a. wegen der oktroyierten Strukturanpassungsmaßnahmen reduziert.

Die Entwicklung nach der Weltwirtschaftskrise zeigte aber wieder eine Umkehr der Bewegungen. Die externen Schulden der subsaharischen Länder nahmen absolut wieder zu. Da das Wachstum des BIP zunächst noch anhielt, blieb die Verschuldungsquote bis 2011 noch niedrig, stieg in den Folgejahren langsam an und lag 2017/18 wieder bei 35 bzw. 36%. In diesem Punkt deutet sich somit wieder eine Entwicklung an, die 35 Jahre zuvor zu katastrophalen Ergebnissen geführt hatte und für alle Beteiligten – private Banken und öffentliche Institutionen als Gläubiger, viele subsaharische Länder als Schuldner – in erster Linie Verluste erbracht hatte.

Zugleich wird das Desaster der kapitalistisch-marktradikalen Entwicklungspolitik deutlich. Bei allen zu konstatierenden Defiziten und Fehlentwicklungen der Ökonomie der afrikanischen Staaten in den 1960er Jahren und der ersten Hälfte der 1970er Jahre, die durch die Politik der Strukturanpassungsmaßnahmen von Weltbank und Währungsfonds angegangen wurden, überzog diese Politik jedoch bei Weitem, indem sie den afrikanischen Ländern eine Deregulierungs- und Privatisierungspolitik verordnete, die selbst bei höher entwickelten kapitalistischen Ländern zu binnenwirtschaftlicher Auszehrung der effektiven Nachfrage – Restriktion der konsumtiven Endnachfrage sowie, dadurch bedingt, auch der Investitionsnachfrage – geführt hat. Die herausgestellte Beschleunigung des Wachstums ab Mitte der 1990er Jahre bis zur Weltwirtschaftskrise 2009 in den Subsahara-Staaten verdankte sich zu einem weit größeren Teil exogenen Ursachen, d.h. der Preissteigerung bei agrarischen und mineralischen Rohstoffen; dass durch von außen verordnete interne Reformen unproduktive und parasitäre Strukturen der afrikanischen Binnenwirtschaften bereinigt werden konnten und zur Neuausrichtung der Staatshaushalte zugunsten von Gesundheit und Bildung sowie zur Verbesserung der materiellen Infrastrukturen führten, machte nur einen Bruchteil der Effekte dieser Strukturanpassungsmaßnahmen aus.

Auch die wieder verstärkte Kreditaufnahme bei privaten Banken, d.h. im Umkehrschluss: Eine forcierte Geldkapitalakkumulation mit gleichzeitig wachsender Auslandsverschuldung der Empfängerländer, wird sich zukünftig wieder als kontraproduktiv erweisen und die alten Probleme von erzwungener interner Austerität zur Bedienung der aufgenommenen Kredite sowie Überschuldung wegen unzureichender Exporterlöse hervorbringen und die an und für sich bekannten negativen Konsequenzen für die (stark wachsende) Bevölkerung auf die Tagesordnung setzen. Dadurch werden die verdeckt in den Gesellschaften fortwirkenden naturwüchsigen Stammesunterschiede sowie religiösen Gegensätze – wieder – an die Oberfläche gespült werden und für die besser ausgebildete Bevölkerung ebenso viele Gründe für ihre Migration ins (europäische) Ausland bieten. Im schlimmsten Fall sind sie der Nährboden für Bürgerkriege und zerfallende Staaten. Afrika befindet sich also keineswegs im Aufbruch und folgt keineswegs den Positivbeispielen der asiatischen Entwicklung in den Schwellenländern dieses Kontinents.

Wie sind nun die subsaharischen Länder Afrikas mit Ausnahme der Republik Südafrika einzuordnen? Jörg Goldberg ist zuzustimmen, wenn er den *»kapitalis-*

tischen Sektor in den Ländern Afrikas südlich der Sahara – mit Ausnahme Südafrikas – [als einen] quantitativ begrenzte[n], von ausländischem Kapital, ausländischem Know how und nicht-afrikanischen Absatzmärkten abhängige[n] und mit der Gesamtgesellschaft und Gesamtökonomie kaum verbundene[n] Bereich« (Goldberg 2015: 208) charakterisiert.

Diesem kapitalistischen Sektor steht die weitgehend immer noch traditionelle und teilweise auf Subsistenz gerichtete Landwirtschaft unverbunden gegenüber. Eine wechselseitige Interaktion mit aktuellen oder zumindest potenziellen Entwicklungsprozessen findet im Wesentlichen nur zwischen städtischem Gewerbe, d.h. kleineren Unternehmen in Privatbesitz einheimischer Bevölkerungskreise und Dienstleistungen in Handel, Tourismus sowie bei Finanzen statt, natürlich nicht einheitlich, sondern verschieden ausgeprägt in den einzelnen Ländern und stark abhängig von der Qualität der staatlichen Verwaltung sowie wirtschaftspolitischen Eingriffen. Je nachdem, welchen Umfang die beiden hybriden Bereiche des kapitalistischen Sektors und der traditionellen Landwirtschaft im Verhältnis zu städtischem Gewerbe und Dienstleistungen besitzen, haben wir es also, grob gesprochen, mit Ländern dominierender vorkapitalistischer Verhältnisse oder mit Ländern eines unentwickelten Kapitalverhältnisses zu tun. Letztere machen nach wie vor eine ursprüngliche Kapitalakkumulation durch, die vom weltmarktbezogenen und in Auslandsbesitz organisierten kapitalistischen Sektor in aller Regel nur sehr begrenzte Entwicklungsimpulse empfängt.

d) Entwicklungsfördernde und destruktive Wirkungen der internationalen Geldkapitalakkumulation und Globalisierung der Produktionsprozesse

Das Aufkommen der Schwellenländer seit den 1980er Jahren sowie der Abbau absoluter Armut im Weltmaßstab[16] werden gemeinhin der Globalisierung der Weltwirtschaft, die von den kapitalistischen Metropolen ausgeht, zugeschrieben. Theoretisch fundiert wird diese Bewertung durch die bis auf D. Ricardo zurückgehende Ausrichtung der internationalen Arbeitsteilung nach den komparativen Vorteilen, die zu nationaler Spezialisierung der Produktstruktur sowie zur Ausrichtung der nationalen Produktionsprozesse nach jeweiligen absoluten Kostenvorteilen – insbesondere Lohn- und Zinskosten sowie Steuern bei modifizierenden Einflüssen der Transport- und Kommunikationskosten sowie jeweiliger politischer Rahmenbedingungen – führe. Auch wenn mit den genannten Faktoren wichtige Einflussgrößen für die Ausbildung der internationalen Arbeitsteilung benannt sind, sind die Schlussfolgerungen hinsichtlich der Maximierung des Wohlstandes durch nationale Spezialisierungen nach den komparativen (Kosten-)Vorteilen nicht zu teilen. Zu deutlich kontrastiert die Realität der bestehenden Ungleichheiten der Volkswirtschaften und ihr sich wieder tendenziell vergrößernder Abstand durch Spreizung ihrer Einkom-

[16] Vgl. die Daten in Kapitel 3, Unterabschnitt c).

mensunterschiede mit den theoretisch-ideologischen Verheißungen der klassisch-neoklassischen Außenhandels- und Außenwirtschaftstheorie.

Dass die Abschwächung des gesamtwirtschaftlichen Wachstums in den kapitalistischen Metropolen durch den Übergang ihres Akkumulationsprozesses in den Modus einer strukturellen Überakkumulation von Kapital ihren Gegenpart in einem verstärkten Kapitalfluss in nachgeordnete Länder fand und dort zu einem Aufbau von Produktionsstandorten führte, harmoniert noch mit den genannten ökonomischen Einflussfaktoren. Profitratenunterschiede zwischen kapitalistischen Metropolen und unentwickelteren Ländern bilden einen Ansporn für Direktinvestitionen aus den Ersteren in die Letzteren. Voraussetzung ist allerdings, dass der interne Entwicklungsstand der wirtschaftlichen (inkl. infrastrukturellen), sozialen und politischen Verhältnisse in den Peripherieländern bereits so weit ist, dass sowohl objektive wie subjektive Bedingungen, d.h. insbesondere eine bis zu einem gewissen Grad qualifizierte und disziplinierte Arbeiterschaft, diese Verlagerungsprozesse aufnehmen können und nicht konterkarieren. Sofern der Aufbau von Produktionsstätten in den unentwickelteren Ländern sich in bloß verlängerten Werkbänken oder autarken Wirtschaftszonen, die kaum oder überhaupt keinen Vorleistungsbezug zur Binnenwirtschaft ausweisen, erschöpft – und dies war zunächst in den 1980er Jahren die dominierende Form –, waren die Ansatzpunkte der internen Entwicklung weitgehend auf die Konsumtionsnachfragen aus dem Lohn der Beschäftigten beschränkt. Nennenswerte Spill-over-Effekte wurden durch diese Direktinvestitionen zunächst nicht erzeugt.

In den Fällen, in denen die heimische Regierung bzw. inländische Unternehmen mit in den Metropolen aufgenommenen Krediten selbst den Aufbau von Produktionen übernahmen und metropolitanes Know-how dazukauften, war es eine Frage der Qualität der Wirtschaftspolitik sowohl im Hinblick auf das kreditfinanzierte Projekt selbst als auch im Hinblick auf seine Einbindung in interne Wirtschaftskreisläufe, ob und wenn ja, in welchem Umfang die beabsichtigten Entwicklungsprozesse stattfanden und der betreffenden Volkswirtschaft die Abkürzung von Entwicklungsstadien ermöglichten. In der Realität fand sich beides wieder: erfolgreiche durch Auslandskredite finanzierte Projekte sowie ihr Misserfolg, entweder bereits beim Ursprungsprojekt selbst, welches nie mit voller Auslastung ins Laufen kam, oder im Hinblick auf seine gesamtwirtschaftlichen Auswirkungen. Sollten mit der neu aufgebauten Produktion Exportwaren hergestellt werden, deren Verkauf auf dem Weltmarkt die Devisenerlöse erbringen sollten, mit denen der Kapitaldienst (Tilgung und Zins) des aufgenommenen Auslandskredits finanziert werden musste, war ein Fehlschlag für das betreffende Land besonders bitter; seine Handels- und Kapitalbilanz wurde belastet und in einigen Fällen führten derartige weltmarktgestützte Entwicklungsprozesse zu einer nicht mehr tragbaren nationalen Verschuldung, die durch Beistandskredite des Internationalen Währungsfonds geheilt werden mussten, wenn nicht bereits im Vorfeld durch Verfall des Wechselkurses seiner Währung »default« durch das betreffende Land erklärt werden musste. Die Finanzkrisen der 1970er, 1980er und 1990er Jahre in sozialistischen Ländern (Polen, Jugoslawien) sowie in Asien und Lateinamerika bezeugen die widersprüchlichen und bisweilen zerstörerischen Ergebnisse einer durch die internationale Geldkapitalakkumulation vermittelten Globalisierung.

Tatsächlich standen aber auch die internationalen Rahmenbedingungen vielfach gegen erfolgreiche Entwicklungsprojekte. In den 1970er Jahren waren es die zweimaligen Ölpreisschocks sowie die bis zum oberen Wendepunkt des VII. Zyklus 1980 anhaltende akkomodierende Geldpolitik, die die Inflation an den Warenmärkten und die immer höher getriebenen Nominalzinsen befeuerten, die unkalkulierte und erratische Prozesse erzeugten. Noch wichtiger aber waren zumeist interne wirtschaftliche und politische Probleme in den weniger entwickelten Ländern, die die Realisierung der ursprünglichen Planungen verhinderten.

In den 1990er Jahre spitzten sich die Verhältnisse in Fernost mit der Asienkrise 1997/98 zu. Vor dem Hintergrund der anhaltenden Deflationssituation in Japan rückten weitere asiatische »Tigerstaaten« – neben Südkorea und Singapur Thailand, Indonesien, Malaysia und die Philippinen – in den Fokus des Krisengeschehens und vollzogen einen überakkumulationstypischen Kreditboom, der zu Kurs- und Preisblasen auf den Aktienmärkten sowie bei Immobilien führte und sich durch laxe Kreditgewährung von heimischen und internationalen Banken eine Zeitlang selbst genährt hatte. Kurzfristige Finanzierungen für langfristige Verwendungen des Geldkapitals, fehlende Absicherung der in Fremdwährung aufgenommenen Gelder und ein überhöhter Ausweis der Währungsreserven dieser asiatischen Länder bildeten alle Tatbestände und Erscheinungsformen zukünftiger Finanzmarktkrisen ab. Neu war, dass nunmehr die Schwellenländer des ostasiatischen Wirtschaftsraums – ausgenommen war neben der VR China nur Taiwan – synchron in die Krise stürzten und damit die fortschwelende Krise der regionalen ökonomischen Hegemonialmacht Japan verschärften. Insofern stellte die als Asienkrise bezeichnete Finanzmarktkrise im IX. Nachkriegszyklus eine dieses Mal auch eine führende Industriemacht einbeziehende Zuspitzung der internationalen Überakkumulations- und Verschuldungskrise dar.

1998 folgte die Russlandkrise, 1998/99 die Brasilienkrise, 2000/01 die Türkeikrise, 2001/02 erneut die Argentinienkrise und 2002 wiederum eine Brasilienkrise. Natürlich waren immer auch jeweilige binnenwirtschaftliche Ursachen wirksam – allein das verbindende Band aller dieser Länderkrisen ist eine weltumspannende verselbständigte Geldkapitalakkumulation und Spekulation auf den internationalen Finanzmärkten, die nicht nur den »Stoff« für die internen Fehlentwicklungen und Kreditblasen liefern, sondern auch die externen Antriebe.

Insgesamt zeigt es sich, dass diese zunächst an der Peripherie entstehenden Krisen sich stetig bis in die Zentren des kapitalistischen Weltmarkts voranfressen und sich schließlich mit der Zweiten Großen Krise der kapitalistischen Produktionsweise vereinigen und in ihr gewissermaßen »aufgehoben« werden. Sie bilden ein Kontinuum zunehmender Verschuldung, welches schließlich nur noch durch eine beständige Geldschöpfung der wichtigsten Zentralbanken – allen voran der amerikanischen Federal Reserve Bank – finanziell bewegt werden kann und die ihre

Funktion als Lenders of last Resort voll beansprucht. Die unterliegende Konstellation dieses Kontinuums ist eine beschleunigte Akkumulation von Geldkapital, welche die Kehrseite einer in eine strukturelle Überakkumulation gefallenen reproduktiven Kapitalakkumulation und Wertschöpfung darstellt, deren Zusammenbruch durch fortwährende Verschuldung – bisher – verhindert wurde.

Kapitel 16: Der kapitalistische Weltmarkt im Finanzmarktkapitalismus

a) Von der Dotcom-Blase der Jahrtausendwende zur Finanzmarkt- und Weltwirtschaftskrise

Die Dotcom-Blase zur Jahrtausendwende und vermögenspreisgetriebene Kapitalakkumulation (»asset-based wealth-driven accumulation«)

Der IX. Zyklus von 1994 bis 2001 schien in den 1990er Jahren zunächst auch wirtschaftlich den Aufbruch der Welt nach Überwindung des Kalten Krieges zu bestätigen. In den USA lagen die Zuwachsraten der gesamtwirtschaftlichen Produktion durchgängig etwas höher als im vorangegangenen Jahrzehnt; ein erneutes Beschäftigungswunder wurde ausgerufen, erwies sich jedoch wiederum wie im vorangegangenen Zyklus bei genauerer Betrachtung vor allem als Zunahme der Jobs im Niedriglohnsektor, der mit der Verschärfung der Verteilungsverhältnisse allenthalben zu einer neuen Blüte emporwuchs. Der sog. New-Economy-Boom ausgangs der 1990er Jahre tat ein Übriges; auch er erwies sich jedoch im Nachhinein in vielen Elementen als bloße »Dotcom-Blase«, der hektische Gründungsaktivitäten von Unternehmen mit internetbasierten Geschäftsmodellen vorausgegangen waren. Sie hatten den Aktienkursen und Unternehmenswerten trotz oftmaliger aktueller Verluste zu extremen Werten verholfen. Wer von den Gründern seine New Company im ersten Überschwang verkaufen konnte, war seine gegenwärtigen Verluste los und konnte mit den Verkaufserlösen sein »Retirement« genussvoll zelebrieren. Vielfach erwiesen sich die Geschäftsmodelle der zu hohen Preisen erworbenen Unternehmen für ihre Käufer in der Folgezeit allerdings als nicht nachhaltig; etliche Unternehmen der New Economy verschwanden in der Folgezeit wieder vom Markt.

Somit sind die Verhältnisse des IX. Zyklus weit entfernt von einer Überwindung der chronischen Überakkumulationssituation in den kapitalistischen Metropolen. Im Gegenteil, auch Japan, das zunächst dem Übergang in die strukturelle Überakkumulation aufgrund seiner erst in den 1960er Jahren Platz greifenden erhöhten Akkumulationsdynamik getrotzt hatte, reihte sich nunmehr im Gefolge einer Aktien- und Immobilienblase, die 1990 ihren Höhepunkt erreichte, in den Geleitzug der an Überakkumulation von Kapital laborierenden Nationalkapitale ein. Mit dem Zusammenbruch dieser Spekulationsblase wurde das japanische Bankensystem in Mitleidenschaft gezogen. Der Staat und die japanische Zentralbank mussten intervenieren, um die Schieflagen japanischer Banken aufzufangen und kein Rottenfeuer an den Finanzmärkten entstehen zu lassen. Die in Reaktion auf diese Krise im IX. Zyklus einsetzende stagnative japanische Wirtschaftsentwicklung führte zu einer verfestigten Deflation an den Warenmärkten, die auch durch Niedrigstzinssätze der Bank of Japan und Konsumgutscheine des Staates nicht aufgelöst werden konnte.

Der in den USA am stärksten ausgeprägte New-Economy-Boom vor der und um die Jahrtausendwende war keineswegs nur auf den sog. Neuen Markt beschränkt, sondern bildete darüber hinaus die Kulisse für eine durch die Fiskal- und Geldpolitik treibhausmäßig geförderte Konstellation, die als »asset-based, wealth-driven accumulation« einen genuin finanzkapitalistischen Versuch einer Instrumentalisierung der selbstgeschaffenen ökonomischen Agentien darstellt. Es war von Anbeginn absehbar, dass er scheitern musste, weil er nicht nachhaltig ausgestaltbar ist und keinen Initialimpuls für eine in einer fortwährenden Überakkumulationssituation verharrenden reproduktiven Kapitalakkumulation abgeben konnte. Die durch die Steuerpolitik der Bush jn.-Administration noch stärker verschärfte Einkommensungleichheit mit ihrem Resultat der Beschädigung der konsumtiven Massennachfrage sollte durch eine Ausweitung der Kreditaufnahme der Privathaushalte, flankiert durch eine durch die Niedrigzinspolitik der US-Zentralbank forcierte Aktienhausse, konterkariert werden. Der zweite Versuch einer derartigen Nachfragestimulierung durch Vermögenseffekte griff im nachfolgenden X. Nachkriegszyklus auf den Immobilienmarkt über und führte zu einer gigantischen kreditinduzierten Immobilienblase, die bis zum allfälligen Krach tatsächlich eine kurzfristige Stimulierung der reproduktiven Wirtschaftstätigkeit vor allem in der Bauwirtschaft hervorbrachte. Diese Scheinblüte war beendet mit dem Ausbruch der US-amerikanischen Krise am Subprime-Markt 2007, welche zum Auslöser für die bis in die Gegenwart fortschwelende Finanzmarktkrise wurde, die als zweite Große Krise der kapitalistischen Produktionsweise bis dato den Höhepunkt der kapitalistischen strukturellen Überakkumulation darstellte.[1]

Da diese vermögensmarktinduzierte Akkumulationsstimulierung keineswegs auf die USA beschränkt war, sondern in mehreren entwickelten kapitalistischen Industriestaaten ähnliche kreditfinanzierte Blasen erzeugt hatte, war nunmehr die akute krisenhafte Zuspitzung der strukturellen Überakkumulation von Kapital in den kapitalistischen Zentren des Weltmarktes selbst angekommen. Was als Finanzmarktkrise begann, schlug ab 2008 auf die reproduktive Kapitalakkumulation durch und setzte einen Prozess in Gang, der nachfolgend in den verschiedenen Regionen der kapitalistischen Weltwirtschaft mit unterschiedlicher Intensität und mit verschiedenen Schwerpunkten fortwucherte. In diesem Sinne ist diese Große Krise der Kapitalakkumulation tatsächlich eine notwendige Konsequenz der kapitalistischen Überakkumulation, die die historische Überlebtheit dieser Form der gesellschaftlichen Produktion augenscheinlich dokumentiert.

---

[1] Die 2020 ausgebrochene sog. Covid-19- oder Corona-Krise, die den XI. Nachkriegszyklus beschließt, übertrifft in vielen Ländern das Ausmaß der Verluste an Wertschöpfung und Beschäftigung der Finanzmarkt- und Weltwirtschaftskrise. Obwohl diese Krise zusammenfällt mit einem konjunkturellen Rückgang der Kapitalakkumulation, der bereits 2019 eingesetzt hatte, ist sie ihrem Charakter und ihrer Tiefe nach als nicht direkt ökonomisches, wenngleich durch typisch kapitalistische Faktoren ausgelöstes Phänomen zu bewerten. Wir kommen hierauf am Ende des vorliegenden Kapitels ausführlicher zurück.

Im Unterschied zu der Krise in der Zwischenkriegszeit ab Ende der 20er Jahre des 20. Jahrhunderts, deren Ausbruch auch durch die Nachwehen des Ersten Weltkriegs und die Kapitalakkumulation der 1920er Jahre vorbereitet und spezifisch ausgestaltet worden war, hatte die jetzige Krise einen Vorlauf von über 30 Jahren gehabt. Sie bezog wie damals sowohl die Metropolen als auch die Peripherie des Weltmarktes ein und war also ebenfalls im umfassenden Sinn eine internationale Krise der Kapitalakkumulation. Die deutlich längere Vorlaufzeit dieser zweiten Großen Krise der kapitalistischen Weltwirtschaft geht namentlich auf das Konto der seither stattgefundenen Fortentwicklung der Verhältnisse in den Sphären des Finanzsektors, der Geld- und Währungsverhältnisse sowie der Ausbildung der Staaten zu Sozialstaaten. Dadurch hatten sich die gesellschaftlichen Distributionsverhältnisse erheblich ausdifferenziert und die Möglichkeiten der Wirtschaftspolitik waren deutlich gesteigert worden. Wie die Große Krise des 20. Jahrhunderts aber durch den zyklischen Periodenwechsel 1932/33 in den III. Zwischenkriegszyklus keineswegs beendet war, galt dies ebenfalls für den neuen Krisenprozess. Dem tiefen Einbruch der reproduktiven Kapitalakkumulation und den Verwerfungen auf den Finanzmärkten folgte in vielen Fällen eine wirtschaftliche Entwicklung mit stagnativem Grundton. Im Unterschied zu den 1930er Jahren ist aber heute kein neues ökonomisches und politisches Zentrum der Weltwirtschaft in Sicht, welches eine Neuordnung politisch ins Werk setzen könnte. Ebenfalls sind heute die Elemente einer neuen Betriebsweise des gesellschaftlichen Produktionsprozesses viel weniger weit entwickelt als seinerzeit die von den USA ausgehende fordistische Betriebsweise, die der Kapitalakkumulation nach dem Zweiten Weltkrieg eine erneute längerfristige Prosperitätsperiode ermöglichte. Demzufolge sind die Anforderungen für eine soziale, politische und wirtschaftliche Neuaufstellung der Nationen heutzutage viel schwieriger; zudem entfallen die die Verallgemeinerung des fordistischen Akkumulationsregimes seinerzeit begünstigenden Sonderbedingungen eines Neustarts nach dem Ende des Zweiten Weltkriegs. Die während der andauernden Überakkumulationsperiode vollzogenen Veränderungen in der weltwirtschaftlichen Arbeitsteilung durch die Auslagerung von ganzen Industriebranchen sowie das Outsourcing von Wertschöpfungsstufen durch multinationale Konzerne aus den Reproduktionsprozessen der kapitalistischen Metropolen bezieht zudem eine sehr viel größere Anzahl von Ländern in an und für sich notwendige Umstrukturierungsprozesse der Weltwirtschaft ein, die nur in einem kooperativen Szenario unter der gemeinschaftlichen Führung supranationaler Wirtschaftsblöcke bewältigt werden könnten.[2]

Finanzmarktkrise 2007/08 und nachfolgende Weltwirtschaftskrise 2008/09

Nach der Dotcom-Blase von 1999/2000 wurde nach der Krise und dem anschließenden Abschwung Ende 2001 der untere Wendepunkt zum X. Nachkriegszyklus durchlaufen und in den USA ein durch die binnenwirtschaftliche Konsumnachfrage

---

[2] Vgl. hierzu den abschließenden Fünften Abschnitt (Kapitel 17-21).

getragener Konjunkturaufschwung eingeleitet. Eine tragende Säule dieses Aufschwungs war die durch die Nachfrage nach Immobilien stimulierte Bauwirtschaft. Diese Nachfrage nach Immobilien war, je länger die Aufwärtsbewegung andauerte, zu immer größeren Teilen kreditfinanziert und die amerikanische Zentralbank hatte durch ihre Niedrigzinspolitik wie im vorangegangenen Zyklus diese Entwicklung begünstigt. Die steigende Nachfrage führte zu steigenden Häuserpreisen und diese gaben ebenso wie die steigenden Aktienkurse im vorangegangenen Aufschwung im Wert steigende Kreditsicherheiten ab, die wiederum zu vermehrter Kreditaufnahme benutzt wurden und damit die Nachfrageentwicklung weiter anheizten. Die Breite dieser Nachfragebewegung nach Immobilien kam aber insbesondere dadurch zustande, dass steigende Häuserpreise einerseits und großzügige Kreditgewährung der Banken andererseits Bevölkerungskreise und Einkommensgruppen als »Investoren« auf den Plan riefen, die sich an und für sich den Erwerb von Eigenheimen bzw. Zweit- und Dritthäusern und -wohnungen nicht leisten können und bei einem Ende der Preis- und Mietsteigerungen und/oder Einkommensrückgängen die Bedienung der aufgenommenen Hypotheken nicht mehr sicherstellen konnten. Insofern war es kein Zufall, dass bei dem allfälligen Ende dieser Aufwärtsbewegungen die Krise am Subprime-Hypothekenmarkt ausbrach.

Dieser Immobilienboom war nicht auf die USA beschränkt, sondern fand in ähnlicher Form auch in Großbritannien, Irland und Spanien statt. Das Spezifikum und zugleich die Gefährlichkeit einer solchen Immobilienblase liegt darin, dass zum einen die Erstellung der Häuser, d.h. ihre Produktionsperiode, noch mehr aber die Amortisation der dafür aufgenommenen Kredite, d.h. die verschiedenen Umschläge der in einer Immobilie investierten Kapitale langfristige Geschäfte darstellen, die weit über die Reproduktionsperioden der aus Arbeitsmitteln bestehenden und durch Investitionskredite finanzierten Bestandteile des fixen Kapitals hinausreichen. Zudem wird mit einem Hypothekarkredit an Privatpersonen jeweils über hohe Einkommensanteile des Schuldners langfristig disponiert, während der Wert resp. Preis der Immobilie ein von Mietzins (Grundrente) und Zinssatz abhängiger, daher der Möglichkeit nach volatiler fiktiver Kapitalwert ist.[3] Dadurch werden die

---

[3] Zur korrekten ökonomischen Einordnung ist Folgendes zu bemerken: Eine selbstgenutzte Immobilie (Haus oder Eigentumswohnung) ist ein langlebiges Konsumgut oder Konsumtionsmittel. Die Vermietung einer Immobilie dagegen stellt den Verleih eines zinstragenden Kapitals in Warenform dar. Die Miete ist ein zusammengesetztes ökonomisches Verhältnis und enthält zum einen die Grundrente auf den Grund und Boden als Baulandrente, die in städtischen Ballungsräumen eine Monopolrente ist, deren Höhe durch die Lage mitbestimmt wird. Neben dem Grundrentenbestandteil enthält die Miete einen Zins für die leihweise Übertragung und Nutzung des Gebäudes. Da der Gebrauchswert eines Gebäudes endlich ist, hat F. Engels in diesem Zusammenhang etwas unpräzise von einem *»stückweise[n], jeweils auf bestimmte Zeit, zu verkaufen[den] Gebrauchswert [eines Hauses/ S.K.], d.h. [seiner Vermietung]«* (MEW 18: 270) gesprochen. Da die Mietung einer Wohnung aber keinen Eigentumsübergang auf den Mieter bedingt, bleibt die Wohnung zinstragendes Kapital ihres Eigentümers und die Miete enthält keinen Kaufpreisbestandteil, sondern nur

Errichtung, die Vermietung und/oder der Verkauf von Immobilien zu einem prädestinierten Objekt der Spekulation.[4] Je nach den zwischen Kreditgebern und Kreditnehmern vereinbarten Laufzeiten und Zinsfestschreibungsfristen wird entweder die Hypothekenbank gezwungen, zu Zinssätzen mit erhöhten Risikozuschlägen zu refinanzieren oder der Kreditnehmer einem zusätzlichen Kostenrisiko bei seiner Kreditbedienung ausgesetzt. Dreht sich der Markt und mit ihm die Risikobewertung der Kreditbestände und Sicherheiten, ergibt sich bei den Hypothekenbanken nicht nur ein Liquiditätsrisiko, sondern auch ein Solvenzrisiko aufgrund von Eigenkapitalverzehr durch die Notwendigkeit erhöhter bilanzieller Rückstellungen für Wertberichtigungen. Neben diesen Spezifika, die der Hypothekarkredit im Grundsatz mit allen langfristigen Kreditformen teilt, sind bei einer Immobilienblase jedoch darüber hinaus noch die im reproduktiven Zirkel des Gesamtreproduktionsprozesses auftretenden Fehlallokationen zu berücksichtigen. Je gewichtiger der Anteil der bauwirtschaftlichen Branchen am nationalen Gesamtkapital ist, umso mehr fällt eine durch einen Immobilienboom induzierte Expansion der in der Regel binnenwirtschaftlich ausgerichteten Bauwirtschaft ins Gewicht und bringt mit einer hereinbrechenden Krise den gesamtwirtschaftlichen Wert- und Stoffersatz in Schieflage. Diese den reproduktiven Sektor der Ökonomie betreffenden Fehlallokationen hatten insbesondere in einem Land wie Spanien gravierende Auswirkungen auf den Arbeitsmarkt und das gesellschaftliche Einkommen. Das Platzen einer Immobilienblase berührt also die Volkswirtschaft an vielen Stellen, angefangen bei der binnenwirtschaftlichen Produktion und Wertschöpfung, dem Arbeitsmarkt und dem Finanzsektor, des Weiteren in Bezug auf die materielle Infrastruktur und die räumliche Strukturierung von Stadt und Land bis hinein in die Verhältnisse der individuellen Konsumtion und die Elementarbedürfnisse der Bevölkerung in Bezug auf ihre Wohnverhältnisse.

Der Ausbruch der Krise am Subprime-Segment des US-Hypothekenmarkts brachte in der ersten Runde die beiden großen US-Immobilienfinanzierer »Fannie Mae« und »Freddie Mac« in Schieflage, die unter Regierungskontrolle gestellt werden mussten. Da die Hypothekenschulden etwa 40% der gesamten privaten

---

einen Zins für den Verleih von zinstragendem Kapital in Warenform. Der Verkaufspreis eines Hauses oder einer Wohnung wird neben seinem/ihrem Substanzwert durch den Ertragswert als kapitalisierte Nettokaltmiete bestimmt. Der Kapitalisierungszinssatz oder, vereinfacht, das jeweilige Multipel der Jahreskaltmiete sind die die Spekulation ausdrückenden Größen und daher verantwortlich für die Bewegung und potenzielle Volatilität der Immobilienpreise. Vgl. dazu Krüger 2017a: 182ff. sowie ausführlich 2020: 215ff.

[4] Vgl. Harvey 2012: 15f.: *»Solche Aktivitäten [Bauinvestitionen, S.K] sind auf lange Sicht eindeutig spekulativ und immer mit dem Risiko verbunden, zu einem viel späteren Zeitpunkt und in kolossalerem Umfang eben die Überakkumulation erneut hervorzurufen, zu deren Beseitigung sie anfänglich beigetragen hatten. Daher der krisenanfällige Charakter von Investitionen in die Stadtentwicklung und andere materielle Infrastrukturprojekte.«* Und: *»[Die] vom Staat unterstützte Finanzwelt [kann] Städte und Vororte bauen, aber sie kann nicht garantieren, dass sie sich auch bezahlt machen.«* (Ibid.: 17)

Verschuldung in den USA ausmachten, forderte die Ausbreitung der Hypothekenkrise weitere Opfer im amerikanischen Banksystem. Die zuvor als Innovation gefeierte Verbriefungspraxis von (Hypotheken-)Krediten, die den Weiterverkauf der zum Teil zu Paketen gebündelten Einzelforderungen ermöglichen, erwies sich nun als Brandbeschleuniger, einerseits weil die Erwerber dieser Fonds an den internationalen Finanzmärkten in den Krisenstrudel hineingezogen wurden, andererseits weil der Anteil notleidender und uneinbringlicher Forderungen in den gehandelten Fondspapieren nicht mehr identifizierbar war. Das ursprüngliche Kalkül, mit der Zusammenfassung von verbrieften, daher handelbaren Einzelforderungen unterschiedlicher Risikoklassen die Fondskurse durch pauschale Abschläge von den Nennwerten objektiv rechenbar und kalkulierbar zu machen, kehrte sich mit dem Umschwung des Marktes in sein Gegenteil um und machte ganze Wertpapierpakete zu toxischen Portfolios.

Eine weitere »Innovation« der Finanzindustrie offenbarte in der ausbrechenden Krise ihre Tücken. Großbanken in den westlichen Metropolen waren seit den 1980er Jahren zunehmend dazu übergegangen, sich weniger auf traditionelle Art über Depositeneinlagen ihrer Kunden, sondern über kurzfristige Geldmarktpapiere zu (re)finanzieren, die sie in großen Volumina untereinander und an Geldmarktfonds im Rahmen von Repo-Geschäften verkauften.[5] Durch diese Großkundengeschäfte waren sie in der Lage, ihr Kreditvergabepotenzial »aufzuhebeln«, weil die Banken diese Asset-backed-Securities an Zweckgesellschaften (sog. Structered Investment Vehicles, SIV) und damit aus ihren Bilanzen ausgelagert hatten und diese SIVs ihre Muttergesellschaft mit den erhaltenen Geldern aus den Repo-Geschäften bezahlte. Die Hebelung (Leverage-Faktor) für die Kreditvergabe der Banken ergab sich daraus, dass die Eigenkapitalhinterlegung für diese ausgelagerten Repo-Geschäfte nur einen Bruchteil des Betrages betrug, der erforderlich gewesen wäre, wenn sie in der Bankbilanz auftauchen würden. Mit diesen Operationen wurde die Bilanzsumme der Banken aufgepumpt, ihr Kreditvergabepotenzial und damit auch ihr Profit. Neben diesen Verbriefungen, Auslagerungen und Hebelungen der Kreditvergaben im Verhältnis zum Eigenkapital der Banken wurde mit Fristenkongruenzen »gespielt«, indem mit der Spanne zwischen langfristigen Erträgen und kurzfristigen Finanzierungskosten Handel getrieben wurde.[6]

---

[5] Repo-Geschäfte sind Wertpapierpensionsgeschäfte mit einer Laufzeit von einem Tag oder Übernacht bis zu einem Jahr. Ihr »Stoff« bestand in den USA aus »Asset-backed-Securities (ABS)«, insbesondere vermögensbesicherte Commercial Papers (ABCP). Der Pensionsgeber (Verkäufer) veräußert das Papier mit einer Rückkaufvereinbarung nach bestimmter Zeit (Laufzeit des Pensionsgeschäfts). Ihm werden Depositen durch den Pensionsnehmer (Käufer) abzüglich eines Sicherheitsabschlages in Abhängigkeit von der Qualität der Papiere bzw. der unterliegenden Sicherheiten ausgezahlt. Nach Ablauf der Laufzeit zahlt er gegen die Wertpapiere den Kredit (Kaufpreis des Pensionsnehmers) zurück.

[6] Vgl. Tooze 2018a: 77f.: *»In der Regel hielt eine ABCP-Zweckgesellschaft ein Portfolio an Wertpapieren mit Laufzeiten von drei bis fünf Jahren und finanzierte diese Papiere, indem sie Commercial Papers verkaufte, die nach einer Frist von drei Monaten bis wenigen Tagen*

Dieses »Financial Engineering« war keineswegs auf den US-Finanzmarkt beschränkt, sondern hatte ebenso die Märkte in Europa, Japan sowie der Schwellenländer erfasst. Hauptwährung war jedoch der US-Dollar, den andere Länder durch Devisenswap-Geschäfte im Austausch gegen ihre Landeswährung bezogen hatten mit der Verpflichtung, die Devisen nach Ablauf der Ausleihfrist wieder in Dollar zurückzutauschen. In den Moment nun, als nach Ausbruch der Finanzmarktkrise das Vertrauen der Banken untereinander die Geldmärkte abrupt auszutrocknen begann, benötigten die Banken außerhalb der USA nicht nur zusätzliche Liquidität in ihrer jedesmaligen Landeswährung, sondern auch und vor allem in der US-Währung. Zum Liquiditätsrisiko kam so noch das Wechselkursrisiko hinzu, das sich nach der internationalen Verallgemeinerung der Finanzmarktkrise zu einer absoluten Dollarknappheit steigerte und die Funktion der nationalen Zentralbanken als Lender of last Resort für ihr jeweiliges Währungsgebiet überstieg bzw. außer Kurs setzte.

Vom Umfang der während der Hochzeit der Krise benötigten Liquidität waren die Ziehungstranchen des Internationalen Währungsfonds bei Weitem überfordert. Helfen konnte in dieser Situation nur die amerikanische Federal Reserve Bank (Fed), weil sie einzig in der Lage war, die benötigte Währung bereitzustellen. Die Fed hatte zunächst für die amerikanischen Finanzmärkte spezielle Liquiditätsfazilitäten geschaffen, um in Schieflage geratenen US-Banken und anderen Finanzinstitutionen Zugang zu billigem Geld in der Hoffnung zu verschaffen, die Bilanzen zu stabilisieren und den ruinösen Verkauf der mit Hypotheken besicherten Wertpapiere zu vermeiden. Aber sofort bedienten sich auch europäische Banken an dieser »Term Action Facility«, die 3,3 Bio. US-Dollar umfasste. Es zeigte sich rasch, dass die von der Fed für die amerikanischen Finanzmärkte bereitgestellten Linien nicht ausreichend waren. Die US-Administration zusammen mit der Fed verfiel auf die Revitalisierung eines alten Bretton-Woods-Instruments, der »Currency Swap Lines« aus den 1960er Jahren, das seinerzeit zur Stabilisierung und Verteidigung der bilateralen Wechselkurse gegenüber dem US-Dollar angewandt worden war. Es wurde nun als »Liquidity Swap Lines« den bedrängten ausländischen, insbesondere europäischen Zentralbanken, zur Verfügung gestellt. Diese Liquiditätsswap-Kreditlinien beinhalten Verträge zwischen zwei Zentralbanken, d.h. der Fed und einer anderen Zentralbank, um für eine bestimmte Zeit Devisen auszutauschen, d.h. Dollars gegen eine andere Währung bereitzustellen. Die wesentlichen Profiteure dieser Swaplines waren die Zentralbanken Japans, Europas (EZB, Bank of England sowie Schweizer Nationalbank) sowie der großen westlichen Schwellenländer. Diese Fazilität war zunächst begrenzt, seit Oktober 2008 wurde sie unbegrenzt eingesetzt. *»Wenn man sie auf eine Laufzeit von 28 Tagen standardisierte, dann beliefen sich*

---

fällig waren. Für den Verwalter von Cash-Pools waren diese Papiere attraktiver als die zugrunde liegenden Wertpapiere, weil sie sehr kurzfristige Erträge abwarfen und von einer erstklassigen Geschäftsbank gestützt wurden. Für die Mutterbanken ergab sich eine stattliche Spanne zwischen der Rendite aus dem risikoreichen Gemisch aus Vermögenswerten in der SIV und dem geringen Satz, den sie für die hoch eingestuften ABCPs zahlte.«

die Kredite, mit denen die Fed zwischen Dezember 2007 und August 2010 ihre asiatischen, europäischen und lateinamerikanischen Gegenstellen mit Dollar-Liquidität versorgte, auf etwa 4,5 Billionen Dollar. Allein die EZB nahm 2,5 Billionen Dollar in Anspruch. Dass also die Finanzierungslücken der europäischen Banken sich nicht zu einer vollen transatlantischen Krise auswuchsen, ist größtenteils diesen Swaplines zu verdanken.« (Tooze 2018b: 6f.) Tooze bewertet diese Liquiditätsversorgung durch die Fed als *»fundamentale Transformation des globalen Finanzsystems«* (ibid.), indem die wichtigsten Zentralbanken der Welt faktisch zu Auslandsfilialen der amerikanischen Zentralbank wurden, die die Begrenzungen ihrer Funktion als nationale Lender of last Resort durch einen globalen Lender of last Resort in Gestalt der Fed überwanden und so die in der Hochzeit der Finanzmarktkrise mögliche Kernschmelze des internationalen Finanzsystems verhinderten.

Die Verhinderung einer Kernschmelze des internationalen Finanzsystems oder, nur anderer Ausdruck für denselben Sachverhalt, der Umschlag des internationalen Kredit- in das Monetarsystem, zeigt die Janusköpfigkeit des kapitalistischen Kredit- und Finanzüberbaus. Zum einen wurde durch die amerikanische Zentralbank mit ihrer Funktion des globalen Lender of last Resort ein hierarchisches System von Währungen und Zentralbanken bestätigt und gefestigt, dessen Unterbau in Bezug auf Wertschöpfung und reproduktive Kapitalakkumulation in den vorangegangenen Jahrzehnten zunehmend fragiler geworden war. Die Führungsrolle des US-Dollars als internationale Anlage- und Transaktionswährung der Weltwirtschaft war vor dem Hintergrund, dass alle Akteure in den Abgrund einer Diskreditierung von Repräsentativgeldwährungen mit unabsehbaren Konsequenzen nicht nur für den internationalen Handel, sondern auch die Binnenstrukturen aller entwickelten Volkswirtschaften geschaut hatten, bestätigt worden; dies zeigte sich auch in der Folgezeit, weil der Anteil der in Dollar fakturierten grenzüberschreitenden Geschäfte sowie der Anlage von Währungsreserven nochmals deutlich gestiegen ist. Zum anderen gründet sich diese Stärkung der Rolle des US-Devise aber immer weiter zunehmend nicht auf die Stärke, sondern umgekehrt auf die Schwäche der US-Wirtschaft, die einfach (noch) »too big to fail« ist. Hätte die Fed nicht die anderen Zentralbanken in der Hochzeit der Finanzmarktkrise gestützt, wären Letztere gezwungen gewesen, alle ihre in Dollar denominierten Assets auf den Markt zu werfen, womit eine große Anzahl von Banken doch nicht die Liquiditätskrise überstanden hätte und viele nationale Bank- und Kreditsysteme in den Abgrund gerissen worden wären. Aber die Schwäche des US-Dollars und des internationalen Finanzsystems als Stärke in einer höchst gefährlichen Situation ist alles andere, nur nicht beliebig wiederholbar in zukünftigen Krisen, deren Auftreten sicher ist, weil sie der kapitalistischen Produktionsweise und Weltwirtschaft inhärent sind.[7]

---

[7] Dies ist eben das auf die Spitze getriebene »lose Ende des Denominationsprozesses eines inkonvertiblen Repräsentativgeldes«, das in umfassenden Krisen in der Gefahr steht, auf das Gold als Geldware gewaltsam zurückgeworfen zu werden oder – andere Seite der Alternative – im Rahmen einer neuen, qualitativ höheren Verfassung der Weltwirtschaft

Mit dem offenen Ausbruch der Finanzmarktkrise schlug natürlich die ursprüngliche Befeuerung der reproduktiven Kapitalakkumulation durch beständige Steigerungen der Preise (Kurse) des fiktiven Kapitals in ihr Gegenteil um. Dies umso mehr, als die vorangegangene zyklische Aufwärtsbewegung des X. Zyklus zu partiellen kumulativen Effekten geführt hatte, die an die Zeiten des an und für sich unter Überakkumulationsbedingungen nicht mehr existenten Prosperitätszyklus erinnerten. Der als Finanzmarktkrise begonnene Einbruch der reproduktiven Wirtschaftstätigkeit war sowohl durch die Transmission der Turbulenzen der Finanzmärkte als auch durch reproduktiv-endogene Faktoren einer konjunkturellen Überproduktion und zyklisch verstärkten Überakkumulation von (fixem) Kapital verursacht. Er nahm in den USA seinen Ausgang und verallgemeinerte sich über den internationalen Handel sowie die Geldkapitalbewegungen für die Kapitalakkumulation in den anderen Metropolen. Die Weltwirtschaftskrise begann im II. Halbjahr 2008 und führte zum bis dato tiefsten Abschwung der Ökonomie in der Nachkriegszeit im darauffolgenden Jahr 2009. Krise und Abschwung des X. Nachkriegszyklus waren also durch ein Zusammenspiel von Geld- und Konjunkturkrise, die sich beide wechselseitig verstärkten, geprägt.

Neben der in unterschiedlichem Ausmaß praktizierten Lockerung der Zentralbankpolitik gegenüber der Austrocknung der Geldmärkte und zur Linderung der sprunghaft gestiegenen Liquiditätsvorliebe reagierten die Regierungen der industriellen Metropolen und Schwellenländer, die sich nach Ausbruch der Krise in mehreren G20-Treffen international austauschten und ansatzweise abstimmten, mit staatlichen Nachfrageprogrammen. Konsens der Regierungen der G20-Länder war zu dieser Zeit, die Fehler einer krisenverschärfenden restriktiven Fiskalpolitik wie in der ersten Großen Krise in der Zwischenkriegszeit des 20. Jahrhunderts nicht zu wiederholen. Allerdings war das Volumen dieser staatlichen und staatlich induzierten Nachfragepolitik in den einzelnen Ländern unterschiedlich dimensioniert. Insgesamt wurden rd. drei Bio. US-Dollar oder 4,7% des Welteinkommens für öffentliche Konjunkturprogramme ausgegeben; hiervon entfielen auf die USA 35%, auf die VR China 20%, auf Japan und Europa je 15% und die restlichen Länder zusammen ebenfalls 15%. Dies bedeutet, bezogen auf die jeweilige Wirtschaftsleistung, für die USA etwa 7% des Bruttoinlandsprodukts, für die VR China etwa 14% und die EU insgesamt nur etwa 1,6%. Es ist der gemeinsamen Krisenintervention von Zentralbanken und Regierungen zu verdanken, dass für viele Länder bereits 2010 wieder ein Erholungsprozess der Kapitalakkumulation einsetzte und eine langandauernde Depressionsperiode wie in den 1930er Jahren nicht international Platz griff.

---

nach Überwindung der kapitalistischen Produktionsweise als dominierender Form auf dem Unterbau krisenfester sozialistischer Wirtschaften und Gesellschaften im Rahmen belastbarer internationaler Vereinbarungen dauerhaft in internationalen Vereinbarungen und mit internationalen Institutionen und wirksamen Instrumenten bewusst gesteuert zu werden. Vgl. hierzu Krüger 2012a sowie den abschließenden Abschnitt.

Allerdings zeigte der weitere Verlauf der betriebenen Wirtschaftspolitik, dass die Chance zu einem international koordinierten Umsteuern verpasst wurde. Die seinerzeit geforderte Re-Regulierung der Finanzmärkte kam über allererste Ansätze nicht hinaus. Im Gegenteil verteidigten die USA und Großbritannien die neoliberale Deregulierung der Finanzmärkte aus national egoistischen Interessen; beide Länder profitieren mit ihren Finanzplätzen New York und Chicago sowie London von einer überdimensionierten Finanzindustrie. Ihre Weigerung war nicht zuletzt deshalb erfolgreich, weil sie den anderen Ländern den Vorwand zum Nichtstun in diesem Bereich boten. Auch die keynesianisch orientierte Politik der Nachfragestabilisierung wurde nur als kurzfristiger Ausnahmetatbestand toleriert; mit dem Hinweis auf die gestiegene Verschuldung der öffentlichen Haushalte setzte sich alsbald wieder das neoliberale Dogma der Haushaltssanierung über Ausgabenkürzungen durch. Allein die chinesische Kommunistische Partei nutzte ihr großangelegtes Antikrisenprogramm zu einem beginnenden Politikwechsel in Richtung einer Stärkung der Binnenökonomie und Sanierung/Entwicklung der Infrastruktur nicht zuletzt auch im Hinblick auf die Reduzierung ökologischer Lasten, die durch den vorgängigen langjährigen Industrialisierungs- und Wachstumsprozess aufgebaut worden waren. Die chinesischen Vorschläge zur Reorganisation des Weltwährungszusammenhangs mit dem Ziel der Reduzierung der Bedeutung des US-Dollars als Weltgeld(substitut) durch Aufwertung der Sonderziehungsrechte als internationaler Verrechnungs- und Reservewährung blieben zaghaft und hatten nie eine Realisierungschance.

Dabei war mit dem Übergang vieler nationaler Ökonomien in den XI. Nachkriegszyklus 2010 der Krisenprozess keineswegs überwunden. Wie 1932/33, als nach dem akuten Höhepunkt der Weltwirtschaftskrise des 20. Jahrhunderts der Periodenwechsel in den III. Zwischenkriegszyklus vollzogen wurde, blieb auch nach 2010 die Kapitalakkumulation im Modus der strukturellen Überakkumulation. In einigen Ländern kann sogar gar nicht von einem konjunkturellen Periodenwechsel gesprochen werden, weil deren Ökonomien in einer andauernden Abschwungsbewegung und Stagnation verharrten. Krise und Abschwung des X. Nachkriegszyklus hatten durch die staatlichen Rettungsmaßnahmen für angeschlagene Finanzinstitute und die öffentlichen Ausgabenprogramme die Verschuldung namentlich der öffentlichen Haushalte nochmals massiv gesteigert. Aber auch die vermögensgetriebene Kapitalakkumulation der beiden vorigen zyklischen Erholungsperioden war eine kredit- und daher verschuldungsgetriebene Veranstaltung gewesen. In den Ländern mit Immobilienblasen war die Verschuldung der Privathaushalte auf bis dato ungekannte Höhen getrieben worden; auch in den meisten anderen Staaten hatten sinkende Masseneinkommen den privaten Konsumkredit stimuliert. Bei den Unternehmen hatte bereits in den Jahrzehnten zuvor die überakkumulationstypische Ausdifferenzierung der Eigen- bzw. Fremdkapitalposition verschiedener Kapitalgruppen zu teilweise prekären Finanzierungsverhältnissen geführt. Es standen sich Unternehmen mit reichlicher Liquidität, die nicht in reproduktive Investitionen, sondern gewaltige Aktienrückkaufprogramme umgesetzt wurden, und sog.

Zombie-Unternehmen, die überschuldet waren und durch Betriebsmittelkredite von Banken, die sich die Abschreibung ausstehender Forderungen bilanziell nicht leisten konnten, gegenüber. Beides förderte die Durchführung von Zentralisationsprozessen durch Konkurrenten oder Finanzinvestoren (Private Equity- und Hedge-Fonds), die durch Merger & Akquisition-Prozesse die Struktur des gesellschaftlichen Gesamtkapitals teilweise erheblich umbauten. Die niedrigen Basiszinsen der Zentralbanken und das Wirken der finanzierenden Investmentbanken hatten diesen Umbau der Unternehmenslandschaft in geradezu klassisch-finanzkapitalistischer Manier ermöglicht und mit erheblichen eigenen Profiten vermittelt und flankiert. Das Resultat der Krise 2007-09 war somit die Potenzierung der vorher bereits bestehenden hohen Verschuldung der volkswirtschaftlichen Sektoren zu bis dato neuen Höchstständen. Das Wachstum des fiktiven Kapitalüberbaus, der Menge und der Kurswerte der zinstragenden Papiere nach, ist im Zeitalter der Verbriefung der unterliegenden Kredite – sowie der Verbriefung der Verbriefung (Fondsbildung) und der Verbriefung der Absicherungsgeschäfte gegenüber den Kursschwankungen dieser handelbaren Papiere (Derivate wie z.B. Credit Default Swaps), die den Finanzmarkt in Teilen zum Spielkasino degenerieren ließen – die besonders augenfällige Ausdrucksform dieses finanzmarktgetriebenen »Schuldenkapitalismus«.[8]

Das Hochtreiben der Verschuldungsquoten der bereits vorher bestehenden überakkumulations- und finanzkapitalistisch induzierten Anhäufung der Verbindlichkeiten durch die Interventionspolitik der Staaten in der Finanzmarkt- und nachfolgenden Weltwirtschaftskrise setzte die Reproduktionsprozesse der meisten Länder einem massiven Druck zu einem Schuldenabbau aus. Dieses »De-Leveraging« war zum einen eine naturwüchsige Reaktion auf die vorangegangene Schuldenakkumulation, zum anderen wurde es durch das Umschalten der Wirtschaftspolitik von keynesianisch orientierter defizitfinanzierter Stabilisierungspolitik in der akuten Hochphase der Krise auf Konsolidierung der öffentlichen Haushalte durch Ausgabenkürzungen noch forciert. Die an und für sich banale ökonomische Weisheit, dass in einer Abschwungsbewegung der Wirtschaft eine Reduzierung der öffentlichen Haushaltsdefizite oder gar die Erreichung eines ausgeglichenen Staatshaushalts durch Kürzung der Ausgaben nicht möglich ist, wurde jetzt wieder missachtet, nachdem man sie zuvor zunächst noch beherzigt hatte. Das Problem, dass eine Kürzung der öffentlichen Ausgaben einen negativen Multiplikatorprozess der gesamtwirtschaftlichen Nachfrageentwicklung in Gang setzt oder zumindest erheblich verstärkt, wurde durch das Zusammentreffen von Entschuldungsmaßnahmen auch der anderen Wirtschaftssektoren potenziert: Ein Teil der reproduktiven Unternehmen baute seine Fremdkapitalpositionen ab, um wieder kreditfähig zu werden, der Bankensektor reagierte auf seinen bilanziellen Eigenkapitalverzehr durch Wertbe-

---

[8] Hinzu kommt eine sehr disproportionale Entwicklung der Gläubiger-Schuldner-Positionen zwischen Nationalkapitalen und Staaten, die sich in divergierenden Leistungsbilanzpositionen ausdrücken. Wir kommen hierauf in den nachfolgenden Unterabschnitten dieses Kapitels zurück.

richtigungsrückstellungen mit einer restringierten Neukreditvergabe und auch die Privathaushalte mussten ihre Konsumkredite durch Ausgabenverzichte konsolidieren, d.h. per Saldo zurückführen. Alles dies zusammengenommen führte zu Nachfrageausfällen der öffentlichen und privaten Konsumnachfrage sowie zu Restriktionen der Kapitalakkumulation und Wertschöpfung infolge reduzierter Investitionen wegen der Nachfragelücken und ausbleibender Investitionskredite des Finanzsektors. Damit wurde eine latente bis manifeste Deflationssituation erzeugt. Die Analogie zu der ökonomischen Entwicklung der 1930er Jahre nach dem seinerzeitigen konjunkturellen Periodenwechsel 1932/33 liegt damit auf der Hand; sie besteht in der naturwüchsig durch die Marktverhältnisse und politisch durch eine bornierte Wirtschaftspolitik erzeugten Verhinderung einer Revitalisierung des Wachstums, von der Überwindung der Überakkumulationssituation durch eine beschleunigte Kapitalakkumulation ganz zu schweigen. Mit dem De-Leveraging trat auch die aktuelle Zweite Große Krise der kapitalistischen Produktionsweise in eine weitere Phase ein.

b) Die Euro-Krise als Weiterung der zweiten Großen Krise des Kapitalismus nach dem Periodenwechsel in den XI. Nachkriegszyklus

Entgegen den offiziellen Verlautbarungen der Regierungen, der medialen Berichterstattung und der im Alltagsbewusstsein präsenten Auffassungen war die seit Ausbruch der Weltwirtschaftskrise 2008/09 fortschwelende Krise in der Euro-Zone eine Krise der europäischen Wirtschafts- und Währungsunion selbst, d.h. eine Krise des Euro als Gemeinschaftswährung. Da sie in manifester Form in einer ganzen Reihe von Euro-Staaten offen ausgebrochen war – neben Irland, Griechenland und Portugal waren mit Spanien, Zypern und Slowenien weitere Länder unmittelbar erfasst worden –, konnten ihre Ursachen bereits auf den ersten Blick nicht nur subjektivem Versagen der wirtschaftlichen Akteure, insbesondere den betroffenen Regierungen, zugeschrieben werden, sondern mussten in tieferen und unterliegenden Strukturen des Euro-Wirtschaftsraumes lokalisiert werden. Sie sind zum einen in den Geburts- und Konstruktionsfehlern der Euro-Zone selbst begründet, also in der Zusammensperrung unterschiedlich produktiver nationaler Reproduktionsprozesse unter einheitlichen Verhältnissen des Finanzmarkts ohne eine aktiv-offensive Strukturpolitik zur Schaffung eines europäischen Gesamtreproduktionsprozesses. Der Fortbestand der nationalen Akkumulationsprozesse hatte darüber hinaus zu einer tendenziellen Vertiefung und Verschärfung der Ungleichheiten durch das naturwüchsige Wirken der kapitalistischen Marktprozesse, d.h. in Sonderheit durch die Gesetzmäßigkeiten der Außenwirtschaftstransaktionen der Euro-Staaten geführt. Die interne »Verarbeitung« der Außenwirtschaftseffekte in den Binnenwirtschaften der Euro-Zonen-Länder war vor Ausbruch der Eurokrise in 2010 für einige Verliererländer durch Aufbau von Verschuldungspositionen von Unternehmen, Staat und Privathaushalten überdeckt worden. Hintergrund hierfür war die an den Euro-Durchschnittsverhältnissen ausgerichtete Geldpolitik der EZB einerseits sowie eine expansive Fiskalpolitik der Regierungen und/oder Lohnpolitik der Gewerkschaften andererseits gewesen. Damit war weder die naturwüchsige kapitalistische Lösung einer sog. internen Abwertung durch Bankrotte, öffentliche Ausgabenkürzungen und Lohnreduzierungen wirksam geworden, noch die mangelnde Wettbewerbsfähigkeit infolge unterdurchschnittlicher Produktivität, Intensität und Qualität der betreffenden Nationalarbeiten durch strukturpolitische Interventionen beseitigt worden. Im Gegenteil, anhaltende Leistungsbilanzdefizite waren durch den Aufschwung des X. Zyklus ab 2004 zunächst überdeckt worden. Hinzu kamen wachsende interne Disproportionen des Wert- und Stoffersatzes in einigen dieser Länder durch Immobilienblasen, die von der Politik nicht nur nicht bekämpft, sondern teilweise aktiv angeheizt worden waren wie in Irland und Spanien. Schließlich waren weitere binnenwirtschaftliche Problemlagen wie große Verluste erzeugende nationale Großprojekte – die Ausrichtung der Olympischen Spiele in Athen 2004 und überdimensionierte Infrastrukturinvestitionen in einigen Ländern – sowie eine strukturell defizitäre politische Regulierung und Verwaltung – hier ist ebenfalls Griechenland das schlagendste Beispiel – erzeugt bzw. nicht abgestellt worden. Beides, das Zusammenwirken von außenwirtschaftlich und intern produzierten wirtschaftlichen Disproportionen, führte bereits vor dem Ausbruch der Finanzmarkt- und Weltwirtschaftskrise zu wachsender Verschuldung der Unternehmen sowie der staatlichen und privaten Haushalte der betreffenden Länder gegenüber ihrem inländischen sowie dem ausländischen (Euro-)Banksystem.

Die dadurch gelegten Sprengminen gingen hoch, als das internationale System der Schuldenakkumulation durch den Umschwung der (Immobilien-)Märkte seinen Gegenschlag erhielt. Auf die in der Finanzmarktkrise eintretenden Schieflagen der heimischen Banken musste mit staatlichen Krediten und Garantien reagiert werden, auf die zurückgehende reproduktive Wirtschaftstätigkeit und zunehmende Arbeitslosigkeit war mit vermehrten öffentlichen Transfers sowie staatlichen Ausgabenprogrammen seitens der Regierungen zu antworten. Die dadurch neu kontrahierten Schulden der öffentlichen Haushalte kamen zu den vorher bestehenden hinzu und erschwerten bzw. verunmöglichten die Refinanzierung fällig gewordener Staatsanleihen am Kapitalmarkt für die Staaten, die bereits zuvor an labilen reproduktiven Verhältnissen bzw. einer bloßen kurzzeitigen, vermögenspreisinduzierten Scheinblüte ihrer Konjunktur laboriert hatten. Griechenland erwischte es Anfang 2010 zuerst, es folgten mit Irland, Portugal und wieder Griechenland 2010/11 weitere »vom Kapitalmarkt genommene Staaten«, die nunmehr nicht mehr durch Finanzzusagen einzelner Euro-Staaten, sondern im Rahmen der zwischenzeitlich aufgelegten European Financial Stability Facility (EFSF) bzw. seiner Nachfolgeeinrichtung ESM mit Krediten finanziert werden mussten.

Die Euro-Krise fußte also auf drei Elementen: erstens den Geburts- und Konstruktionsfehlern der Währungsunion, zweitens dem fehlenden bzw. politisch nicht gestalteten reproduktiven Unterbau einer europäischen Wirtschaftsunion bzw. eines europäischen Gesamtkapitals und drittens den jeweiligen internen Problemlagen in den betroffenen Ländern. Allen Krisenursachen wiederum unterliegt die langfristig gewachsene strukturelle Überakkumulation von Kapital in den Zentren des kapitalistischen Weltmarkts, die den Rahmen und die Grundlage sowohl für die fehlende Dynamik der reproduktiven Kapitalakkumulation als auch die negativ-blockierende Rückwirkung einer verselbständigten Geldkapitalakkumulation abgibt, die ab eines gewissen Punktes durch die betriebene Deregulierungs- und Instrumentalisierungspolitik noch verstärkt wurde.

Wenn sich somit die Euro-Krise in der Krise der staatlichen Finanzen nur ausdrückt – abgesehen von jeweiligen intern-immanenten Fehlsteuerungen der nationalen Fiskalpolitik –, also keine bloße Staatsschuldenkrise ist und letztendlich in den Konstruktions- und Funktionsprinzipien des Euro-Währungsraumes selbst wurzelt, ist die vom keynesianisch inspirierten Mainstream der wirtschaftlichen Analytiker und wirtschaftspolitischen Berater gezogene Konsequenz, dass es an und für sich ausreichend sei, wenn die die außenwirtschaftlichen Defizite der (süd)europäischen Problemländer (sog. PIIGS-Staaten: Portugal, Italien, Irland, Griechenland und Spanien) hauptsächlich erzeugende bundesdeutsche Volkswirtschaft auf einen anderen Kurs der Fiskalpolitik und der Lohnentwicklung gebracht würde, als Krisentherapie unzureichend. Dass eine stärkere Binnenorientierung der bundesdeutschen Wirtschaft mit einer Stabilisierung und Ausweitung der öffentlichen und privaten konsumtiven Endnachfrage sowohl zur Erhöhung der durch interne Kräfte induzierten Beschäftigung als auch zur Abmilderung der außenwirtschaftlichen Disproportionen innerhalb der Euro-Zone beitragen würde – schließlich gehen rd. 40% bzw. rd. 60% der bundesdeutschen Exporte in die Länder der Euro-Zone bzw. EU insgesamt –, ist unbestreitbar (siehe Abb. 16.1). Zu bezweifeln ist jedoch, dass höhere (Geld-) Löhne und eine expansive Fiskalpolitik in der Bundesrepublik Deutschland (und den anderen überdurchschnittlich produktiven Euro-Nationalkapitalen) für sich allein bereits ausreichen würden, um die auf den unterschiedlichen Entwicklungsstufen der Produktivität der Arbeit und Wettbewerbsfähigkeit der Unternehmen beruhenden außenwirtschaftlichen Disproportionen in hinreichendem Umfang zu beseitigen. Zum einen funktioniert die Euro-Zone nicht als Binnenwirtschaft, in der der konkurrenzvermittelte Ausgleichungsprozess zur nationalen Durchschnittsprofitrate die Produktivitätsentwicklung auf die verschiedenen Produktionssphären verteilt. Innerhalb eines währungsmäßig verbundenen Wirtschaftsraumes nationaler Reproduktionsprozesse werden die jeweiligen außenwirtschaftlich induzierten Effekte wert- und gebrauchswertmäßiger Art nur in die nationale Kapitalakkumulation einbezogen und je spezifisch verarbeitet. Es ist daher durchaus möglich, dass eine stärkere Binnenorientierung im BRD-Reproduktionsprozess die interne Produktivitätsentwicklung nicht verlangsamt, sondern umgekehrt befördert und damit die Kapitalakkumulation stimuliert hätte, sodass eine aus- und angleichende Wirkung zu den minder entwickelten Euro-Nationalkapitalen nicht zustande kommen würde. Wird darüber hinaus zum anderen auf eine Steigerung der Wettbewerbsfähigkeit der minder entwickelten Euro-Länder mit traditionellen Maßnahmen und Mitteln orientiert – »innere Abwertung« durch geringere Geldlohnsteigerungen mit negativen Reallohneffekten und gewaltsame Anpassung der Produktionskapazitä-

Abbildung 16.1: Leistungsbilanzsalden von Euro-Ländern (Deutschland und PIIGS-Staaten); jeweils in % des BIP

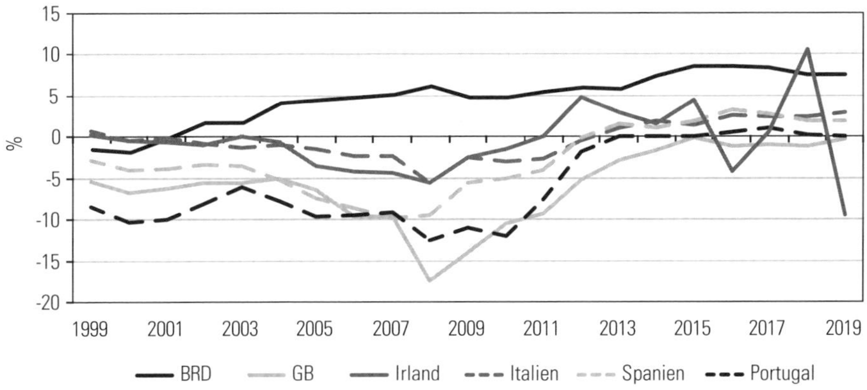

Quellen: Internationaler Währungsfonds, Eurostat

ten an die reduzierte binnenwirtschaftliche Nachfrageentwicklung –, ist ebenfalls gänzlich ungewiss, ob hierdurch nicht ein deflationär-depressiver Multiplikator ins Werk gesetzt wird, der alles andere als die Wettbewerbsfähigkeit der Unternehmen und die Stimulierung ihrer Exporte befördert. Letzteres ist sogar umso wahrscheinlicher, wenn die binnenwirtschaftlichen Reproduktionszusammenhänge von einzelnen Ländern infolge jahrzehntelanger kapitalistischer Überakkumulation bereits angegriffen oder sogar teilweise zerstört sind, es also kaum noch Anknüpfungspunkte für eine produktive Verarbeitung von Außenwirtschaftseffekten zugunsten binnenwirtschaftlicher Wertschöpfung gibt. Die Entwicklung in Griechenland mit einem Verlust seines Wirtschaftspotenzials von 20% seit 2007 ist das schlagendste Beispiel für diese Entwicklung. Der Abbau des im Zuge der Finanzmarkt- und Weltwirtschaftskrise sowie der anschließenden Euro-Krise hochgeschossenen Defizits der griechischen Leistungsbilanz dauerte bis zum Jahr 2015 und war am wenigsten durch eine wettbewerbsstimulierte Steigerung der Exporte, vielmehr durch den intern erzeugten krisenhaften Rückgang der Importe verursacht. Nur für Irland kann ab 2011 das Gegenteil behauptet werden.

Wie die Banken in anderen Ländern auch, war das Banksystem in der Euro-Zone mit der Umkehr der vermögensgetriebenen Kapitalakkumulation aufgrund des Platzens der Immobilienblasen in Mitleidenschaft gezogen worden, denn auch die EU-Banken hatten eifrig bei der Jagd nach hohen Renditen durch zunehmend risikoreichere und intransparentere Engagements mitgespielt. Auch in solchen Euro-Ländern, die keinen plötzlichen Umschwung einer vorgängigen Hausse der Immobilienpreise zu verzeichnen hatten, waren Bankinstitute durch den Erwerb der sich nunmehr als toxisch erweisenden fiktiven Kapitale in Schieflage geraten und mussten durch öffentliche Gelder, staatliche Garantien und Kredite bis hin zur Teil-

Abbildung 16.2: Finanzierungssaldo der öffentlichen Haushalte; in % des BIP

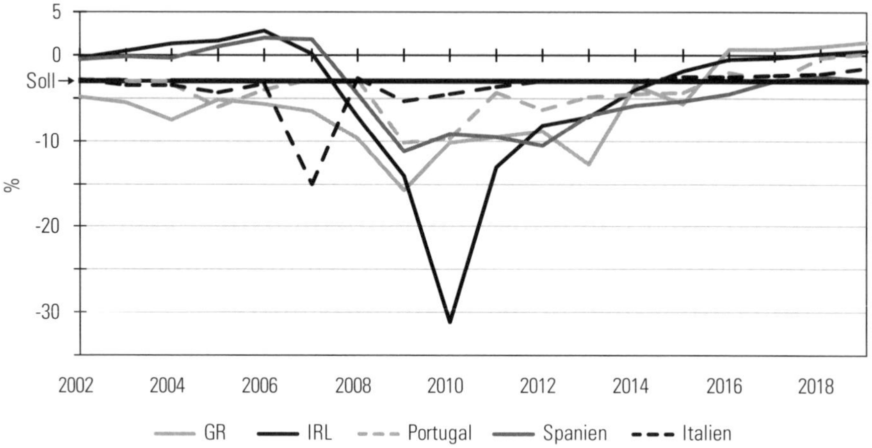

Quelle: Eurostat

oder Vollverstaatlichung, vor der Insolvenz gerettet werden. In den seither durchgeführten Stresstests wurden immer noch Banken identifiziert, die selbst unter den in der Regel moderaten Arrangements dieser Tests als akut gefährdet einzustufen sind; dies gilt insbesondere für das italienische Bankensystem.

Durch die finanziellen Lasten, die die staatlichen Rettungsaktionen von Banken, die weiteren ad hoc durchgeführten staatlichen Ausgaben zur Stabilisierung der konsumtiven Endnachfrage vor dem Hintergrund des Durchschlagens der Finanzmarktkrise auf die reproduktiven Verhältnisse sowie die gleichzeitig krisenbedingt wegbrechenden staatlichen Einnahmen durch geringere Steueraufkommen erzeugten, wurden die öffentlichen Haushalte zu einem weiteren Krisenbrennpunkt. Er wirkte auf die Finanzmärkte zurück, denn die staatlichen Defizitsalden überschritten in allen Euro-Staaten die 3%-Marke des »Stabilitäts- und Wachstumspaktes«, zum Teil in erheblichem Umfang.

Irland und Griechenland wiesen in und nach der Finanzmarktkrise die größten Verfehlungen des 3%-Defizit-Kriteriums auf, gefolgt von Spanien sowie Portugal und Italien (siehe Abb. 16.2). Erst ab 2014 wurden die gravierenden Verfehlungen langsam überwunden und 2017 sind alle Problemländer wieder innerhalb des -3%-Korridors. Bei dem zweiten Kriterium, dem Verhältnis der öffentlichen Gesamtverschuldung zum BIP, liegen fast alle Euro-Länder auch bis zum oberen Wendepunkt des XI. Zyklus noch oberhalb der 60%-Grenze; nur die Bundesrepublik und Irland haben sich ihr wieder deutlich annähern bzw. sie in 2019 erreichen können. Dieser Befund macht deutlich, dass die verbindlichen Stabilitätskriterien der Euro-Zone, die ausschließlich auf die Fiskalpolitik der Staaten abstellen, allen-

Abbildung 16.3: Entwicklung der Target2-Salden (in Mrd. €)

Quelle: Institute of Empirical Economic Research nach EZB-Daten

falls die halbe Wahrheit über die wirtschaftliche Situation des betreffenden Landes verraten. Auch die Akteure an den Finanzmärkten und ihre Analysten sind mittlerweile sehr wohl in der Lage, differenziertere Bewertungen der wirtschaftlichen Performance der Euro-Staaten abzugeben – wenngleich erst nach den erheblichen Verlusten, die in der Krise erlitten wurden.

Die binnenwirtschaftlich erzeugten Finanzprobleme trafen zusammen mit den innerhalb des X. Zyklus erhöhten Leistungsbilanzdefiziten der südeuropäischen Peripherieländer sowie Irlands; ihnen stand eine im selben Zeitraum angestiegene Gläubigerstellung der Bundesrepublik Deutschland gegenüber (vgl. Abb. 16.1). Einen Ausdruck finden diese Entwicklungen zwischen Schuldner- und Gläubigerländern in den Target2-Salden des Clearingssystems in der Euro-Zone (siehe Abb. 16.3).[9] Der Target2-Saldo der Deutschen Bundesbank war nach dem Ausbruch der

---

[9] Target2 (Trans-European Automated Real-time Gross Settlement Express Transfer System) ist die aktuelle Generation des Zahlungsverkehrssystems Target. Positive oder negative Target2-Salden entstehen aus der länderübergreifenden Überweisung von Zentralbankgeld und schlagen sich als Forderungen und Verbindlichkeiten der betreffenden nationalen Zentralbanken gegenüber der EZB, die als Clearingstelle fungiert, nieder. Die Target2-Salden bilden einen Teil der nationalen Nettokapitalbewegungen zwischen den Euro-Ländern ab. Im Gegensatz zu den Salden der nicht am Eurosystem teilnehmenden Länder, die täglich ausgeglichen werden müssen, können sich die positiven und negativen Target2-Salden der Euro-Zentralbanken längerfristig aufbauen. Sie stellen als Forderungen und Verbindlich-

Finanzmarkt- und Eurokrise kontinuierlich gewachsen und betrug zur Jahresmitte 2012 rd. 750 Mrd. €.[10] Diesem positiven Target2-Saldo der Bundesbank standen negative Werte der Defizitländer Griechenland, Irland, und Portugal sowie insbesondere Italiens und Spaniens gegenüber; die beiden letzteren wiesen zur Jahresmitte 2011 -400 Mrd. € (Spanien) bzw. -275 Mrd. € (Italien) aus und hatten seit Ende 2011, d.h. dem erneuten Eintauchen der Euro-Konjunktur in eine Rezession rasche Defizitzuwächse erfahren.[11]

Die positive oder negative Zunahme der Target2-Salden widerspricht an und für sich dem Prinzip des Zahlungsclearings im Außenwirtschaftsverkehr zwischen Zentralbanken, weil es sich um kumulierte Positionen von privaten und/oder öffentlichen Nichtbanken handelt, die sich unter anderen Bedingungen, d.h. ohne die Sondertatbestände des Clearings im Euro-Währungsraum als entsprechende Forderungen und Verbindlichkeiten des Geschäftsbankensystems ausdrücken müssten. Die Einbeziehung der Zentralbanken und die Möglichkeit der Kumulation über längere Zeiträume hinweg impliziert zwar keine unmittelbare zusätzliche Geldschöpfung innerhalb des Euro-Systems, eröffnet aber den Defizitländern zusätzliche Finanzierungsmöglichkeiten ihrer Auslandsverbindlichkeiten bei der EZB bzw. führt bei den Überschussländern zu EZB-Forderungen, die im Falle der Uneinbringlichkeit nur durch zusätzliche Geldschöpfung ausgeglichen werden könnten.

Die Target2-Salden sind nicht die einzigen Finanzierungsfazilitäten, in die die EZB einbezogen ist. Zwar wurde die von einigen Euro-Regierungen zeitweise erhobene Forderung nach einer Banklizenz des dauerhaften Europäischen Stabilisierungs-Mechanismus (ESM)[12] nicht realisiert – dies hätte dem ESM Zugang zur Refinanzierung bei der EZB verschafft und ihn damit in den Mechanismus der Kreditgeldschöpfung einbezogen –, doch hat die Europäische Zentralbank durch Veränderungen der Usancen in ihren Geschäftsbeziehungen zum Euro-Bankensektor die

keiten gegenüber der EZB eine zentralbankvermittelte Finanzierung von Leistungsbilanzüberschüssen oder -defiziten dar.

[10] Dieser Saldo ist verbucht in den »sonstigen Aktiva« der Deutschen Bundesbank innerhalb des konsolidierten Ausweises des Eurosystems. Per Oktober 2014 war er wieder auf rd. 470 Mrd. € zurückgegangen. Seit März 2017 liegt er wieder dauerhaft über 800 Mrd. € und beträgt im März 2020 935,1 Mrd. €.

[11] Per Oktober 2014 lagen die Target2-Salden mit -181 Mrd. € (Italien) und -201 Mrd. € (Spanien) wieder deutlich niedriger. Danach allerdings haben sie wieder deutlich zugenommen.

[12] Der ESM ist mit der Verabschiedung seiner gesetzlichen Grundlagen durch die nationalen Parlamente der Euro-Staaten im Herbst 2012 in Kraft getreten und löste den bis 2013 befristeten Vorläufer EFSF ab. Der ESM hat ein Stammkapital von 700 Mrd. €, das von den Euro-Staaten entsprechend ihrer Anteile am Kapital der EZB aufzubringen ist; auf die BRD entfallen 190 Mrd. €. Der ESM soll wie sein Vorläufer Euro-Staaten, denen die (Re-)Finanzierung ihrer öffentlichen Kredite am Kapitalmarkt temporär verwehrt ist, Geld und Bürgschaften unter spezifizierten Konditionen (»makroökonomisches Anpassungsprogramm«) zu tragfähigen Zinsen als Kredit zur Verfügung stellen. Das 2015 verabschiedete dritte Kreditpaket für Griechenland war durch den ESM finanziert.

Abbildung 16.4: Refinanzierungsfazilitäten der EZB, Veränderung ggü. Vorjahr

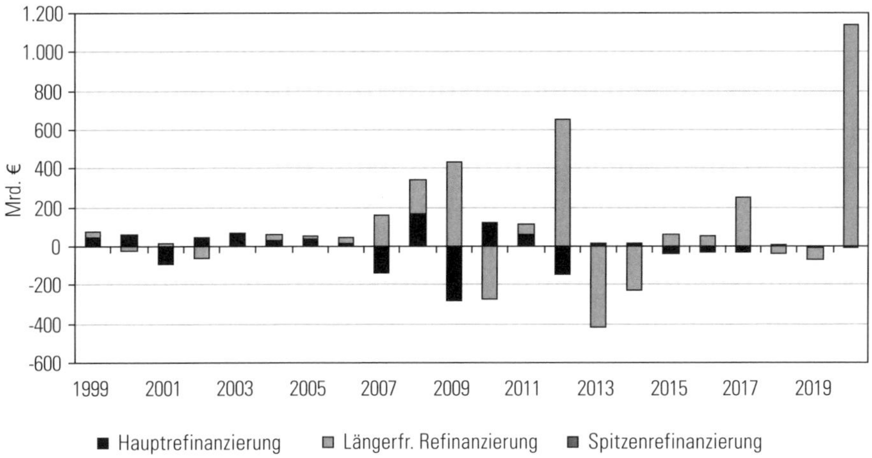

Quelle: Europäische Zentralbank

ursprünglich sehr strikten Refinanzierungsbedingungen der Banken deutlich gelockert. Dies betrifft den Übergang vom Zins- zum Mengentender bei der Schöpfung von Kreditgeld für das Bankensystem seit September 2008, Anfang 2012 ohne quantitative Begrenzung für den Zeitraum von drei Jahren zu niedrigen Zinsen (1%) und mit abgesenkten Qualitätsstandards für die als Sicherheit zu hinterlegenden Titel. Diese als »Dicke Berta« bezeichnete Refinanzierung des Euro-Bankensystems lockerte die Bedingungen des Rückflussgesetzes für die Kreditgeldzirkulation – ursprünglich galt eine Dauer von einem Monat für die Hauptrefinanzierungsfazilität und von drei Monaten bei der Spitzenrefinanzierungsfazilität – und schaffte eine Zentralbankgeldmengenkomponente, die faktisch zur Wertzeichenzirkulation gehört (Quasi-Kreditgeld).[13]

Die längerfristigen Refinanzierungsgeschäfte spielten bis Anfang 2015 die quantitativ bedeutsamste Rolle der EZB-Politik gegenüber dem Bankensektor der Euro-Zone (siehe Abb. 16.4). Die Expansion 2007/08 war noch der internationalen Finanzmarktkrise zuzuordnen, ab 2009 zeigen sich die Auswirkungen der Euro-Krise. Für die Banken wirkten diese großzügigeren Zentralbankgeldzuteilungen als Puffer für ihren erhöhten Liquiditätsbedarf im Rahmen von Wertberichtigungen ihrer toxischen Portfolios, zu denen im Zusammenhang mit der Euro-Krise auch die ehemals als sicher geltenden Staatspapiere von Euro-Krisenstaaten hinzugekommen

[13] Zur Differenzierung der Zentralbankgeldmenge hinsichtlich ihrer Entstehungsgründe nach Wertzeichen und Kreditgeld sowie in Hinsicht auf die unterschiedliche potenzielle Wirkung dieser beiden Geldmengenkomponenten vgl. Krüger 2012a: 82ff., 100ff., 419ff. und 491ff. sowie Krüger/Müller 2020: 166ff.

Abbildung 16.5: Euro-Geldmarktzinsen

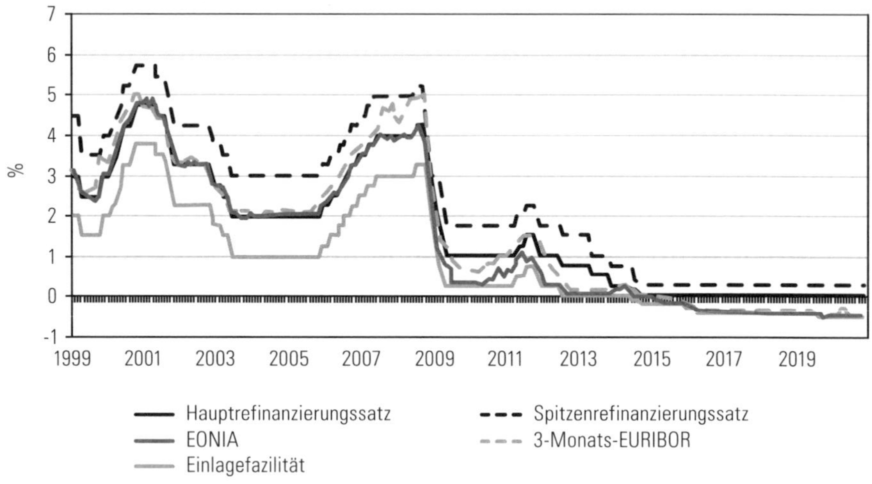

Quelle: Europäische Zentralbank

waren. In einigen Jahren – 2010 und 2013/4 – wirkten die längerfristigen Refinanzierungsgeschäfte kontraktiv, zum Teil waren hierin vorzeitige Rückzahlungen der Banken aus der »Dicken Berta« enthalten; der Rest entfiel auf EZB-Sterilisierungsbemühungen, um Zentralbankgeldbestände, die als monetäre Überhänge in die gesamtwirtschaftliche Spekulationskasse fließen und erneute Vermögenspreisblasen an den Finanz- und Immobilienmärkten erzeugen könnten, wieder einzuziehen.

Die »Dicke-Berta-Finanzierung« wurde seit September 2012 durch sog. Outright-Geschäfte der EZB ergänzt, d.h. einen der Möglichkeit nach unbegrenzten Ankauf von Staatsanleihen von Euro-Staaten am Sekundärmarkt, um die Renditen bei Neu- und Refinanzierungen der Staatshaushalte finanziell bedrängter Staaten herabzudrücken (»Bazooka«). Die seinerzeitige Ankündigung der EZB, alles zu tun, um den Euro zu retten (»whatever it takes«), d.h. notfalls unbegrenzt Staatsanleihen auch minderer Qualität anzukaufen, sorgte für eine zwischenzeitliche Entspannung der Euro-Krise. Auch wenn es mit der »EZB-Bazooka« weder unmittelbar um notenbankfinanzierte öffentliche Haushaltsdefizite geht – schließlich wird nur am Sekundärmarkt gekauft, d.h. nachdem formell die am Primärmarkt emittierte Anleihe bereits die Defizitfinanzierung durchgeführt hat – und die für den Anleihekauf neu geschöpfte Zentralbankgeldmenge durch äquivalente Sterilisierungsmaßnahmen der EZB wieder vernichtet bzw. stillgelegt wird, agiert die EZB in allen diesen Maßnahmen offensiv als Lender of last Resort. Das Resultat sind extrem niedrige Zentralbankzinsen für die Refinanzierungsgeschäfte der Banken, die seit April 2016 bei Null (Hauptrefinanzierungsfazilität) liegen. Der Zinssatz für die Einlagefazilität der Banken bei der EZB lag bereits seit Juli 2012 bei Null und wechselte seit Juni 2014 in den negativen Bereich, um das Angebot von Krediten für reproduktive Unternehmen zur Stimulierung der Akkumulation zu erhöhen. Auch die Marktzinssätze am Geldmarkt sind seit Ende 2014 (EONIA) bzw. Mai 2015 (3-Monats-EURIBOR) negativ (siehe Abb. 16.5).

c) Die erste Monetarisierung der Schulden durch ultralockere Geldpolitik (Quantitative Easing) der wichtigsten Zentralbanken

Bei dem Übergang zu einer lockeren und ultralockeren Geldpolitik der Zentralbanken als Reaktion auf die ausgebrochene Finanzmarktkrise in 2007 spielte die US-Zentralbank Fed den Vorreiter und verkündete am 25. November 2008, dass sie bis zu 600 Mrd. Dollar hypothekenbesicherte Wertpapiere kaufen werde; am 16. Dezember wurde das Programm offiziell gestartet.[14] Im Ergebnis kam es in kurzer Zeit zu mehr als einer Verdoppelung von Wertpapieren in ihrem Portfolio. Im März 2009 kündigte der Fed-Offenmarktausschuss an, dass das Programm durch zusätzliche 750 Milliarden Dollar zum Erwerb von durch Hypotheken besicherter Wertpapiere und 300 Milliarden zum Kauf von US-Staatsanleihen erweitert werde (sog. Quantitative Easing I). Ein weiteres Programm zum Ankauf von Staatsanleihen (Quantitative Easing II) wurde vom Offenmarktausschuss am 3. November 2010 eingeleitet und dauerte bis Ende Juni 2011 an. Dabei wurden für 600 Milliarden Dollar langfristige US-Staatsanleihen (US Treasuries) in Höhe von 75 Milliarden Dollar pro Monat gekauft. Am 13. September 2012 schließlich kündigte die US-Zentralbank eine dritte Runde der quantitativen Lockerung an. Bei dieser neuen Runde wurden 40 Mrd. Dollar hypothekenbesicherte Wertpapiere (MBS) und 45 Mrd. Dollar längerfristige US-Staatsanleihen pro Monat gekauft, bis sich der Arbeitsmarkt – dieser stellt neben den monetären Variablen eine Zielgröße der amerikanischen Geldpolitik dar – »erheblich« verbessert habe (Quantitative Easing III oder QE3). Im Dezember 2013 schließlich verkündete der Offenmarktausschuss eine sukzessive Reduzierung von QE3 auf 10 Mrd. Dollar pro Monat. Die US-Zentralbank beendete dieses Programm im Oktober 2014, zehn Monate nachdem es mit der Reduzierung des monatlichen Ankaufsvolumens begonnen hatte. Von 2008 bis 2014 hatte sich durch die verschiedenen QE-Programme der Fed deren Bilanzsumme von knapp 1 Bio. vor der Finanzmarktkrise auf etwa 4,5 Bio. US-Dollar erhöht (siehe Abb. 16.6). Das Ergebnis war eine Schaffung von zusätzlichem Zentralbankgeld in der Form von Quasi-Kreditgeld. Darüber hinaus wurde durch diese Käufe am Offenen Markt die Senkung der US-Leitzinsen (Funds-Rate) auf 0,0 bis 0,25% von Ende 2008 bis Ende 2015 flankiert; erst ab Dezember 2015 begann

[14] Die japanische Zentralbank hatte bereits im X. Nachkriegszyklus in Reaktion auf die hartnäckige Deflation in den 1990er Jahren eine stark expansive Geldpolitik mit den Methoden des Quantitative Easing – Kauf von großen Mengen (kurzfristiger) Wertpapiere – praktiziert und gilt daher als Pionier dieser Politikvariante.

Abbildung 16.6: Bilanzsummen von Fed und EZB (in jeweiligen Währungen)

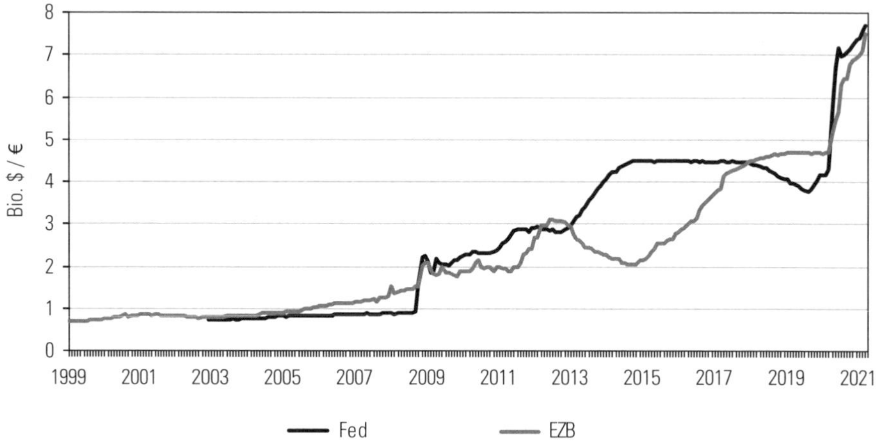

Quelle: https://tagesgeld.info/statistiken/bilanzsummen-der-zentralbanken/

die Fed vorsichtig und in kleinen Schritten die Zinsen bis Ende 2018 auf 2,50% wieder zu erhöhen. Diese Niedrigstzinsen der Fed begünstigten die Senkung der Marktzinsen, insbesondere des investitionsentscheidenden Kapitalzinsfußes und stimulierten zusammen mit einer expansiven Fiskalpolitik der US-Regierung die amerikanische Konjunktur im XI. Nachkriegszyklus sowohl im Hinblick auf Wertschöpfung und Beschäftigung als auch im Hinblick auf haussierende Kurse des fiktiven Kapitals an den Börsen.

Der Übergang zur lockeren Geldpolitik seitens der EZB erfolgte etwas später als in den USA im Mai 2009, als der damalige EZB-Präsident Jean-Claude Trichet sein »Credit-Easing-Programm« ankündigte. Der seit dem 10. Mai 2010 von der EZB vorgenommene Ankauf staatlicher und privater Anleihen fällt, strikt genommen, nicht unter die quantitative Lockerung als Quantitative Easing, weil das durch die Käufe zusätzliche geschaffene Zentralbankgeld wieder sterilisiert wurde, um inflationäre Auswirkungen auf das Geldmengenwachstum zu vermeiden. Erst mit dem im März 2015 gestarteten Ankaufsprogramm von Staatsanleihen und anderen Wertpapieren in Höhe von 60 Mrd. € monatlich, das ursprünglich bis mindestens September 2016 laufen und in der Summe über 1,1 Bio. € umfassen sollte, ging auch die EZB zum regelrechten Quantitative Easing über. Das ursprüngliche Programm wurde ab April 2016 zunächst um sechs Monate verlängert und in seinem Volumen auf 80 Mrd. € monatlich erhöht. Im Dezember 2016 erfolgte erneut eine Verlängerung des Anleihekaufprogramms um weitere neun Monate bei gleichzeitiger Reduzierung des monatlichen Volumens auf wieder 60 Mrd. €. Um den Pool kaufbarer Staatspapiere zu erhöhen, wurden auch längerfristige Anleihen mit Laufzeiten ab einem Jahr und einer Rendite von weniger als -0,4% gekauft. Bis Ende Dezember 2018 hatte das Volumen der von der EZB aufgekauften Wertpapiere (Staatsanleihen, Hypothekenpapiere, Pfandbriefe, Regional- und Firmenbonds) einen Umfang von insgesamt 2,6 Bio. € erreicht.

Im Unterschied zu den USA steht diese geldpolitische Lockerung der EZB aber in einem deutlichen Kontrast zu einer restriktiven Finanzpolitik der Euro-Staaten, d.h. den namentlich durch die deutsche Regierung diktierten Selbstbeschränkungen der sog. Fiskalunion (»Schuldenbremse für öffentliche Haushalte«) sowie den Austeritätsauflagen für die Problemländer, die Hilfen der Rettungsschirme EFSF bzw. ESM in Anspruch genommen hatten. In dieser Mischung von stark expansiver Geld- und gleichzeitig restriktiver Finanzpolitik liegt naturgemäß die Gefahr, dass die reproduktive Kapitalakkumulation und Wertschöpfung durch die Austeritätskonditionen für die Finanzierung der Staatshaushalte abgewürgt wird und gleichzeitig auf der anderen Seite eine großzügige Geldversorgung der Euro-Geldzirkulation nur die monetären Rahmenbedingungen für neue Exzesse an den Finanzmärkten bereitstellt. Beides war für jeweils unterschiedliche Länder im XI. Zyklus auch zu verzeichnen und vertiefte die internen Disproportionen in der Euro-Zone erheblich.

Der Vergleich der ökonomischen Entwicklung im Euro-Raum und den USA im XI. Zyklus zeigt sowohl spezifische Unterschiede wie Gemeinsamkeiten. Bis 2019, d.h. bis zum oberen Konjunkturwendepunkt dieses Zyklus, hatte die reproduktive Wertschöpfung in den USA das Vorkrisenniveau des vorangegangenen Zyklus um rd. 22% überschritten, während die Euro-Länder bestenfalls 15% im Falle der BRD gutgemacht hatten. Frankreich als zweitgrößte Euro-Volkswirtschaft blieb mit +10% noch deutlicher zurück und repräsentierte damit zugleich den Durchschnitt der Euro-Länder. Dieser unterschiedliche Verlauf der reproduktiven Kapitalakkumulation in den USA und in der Euro-Zone ist sodann ein Erklärungsfaktor für die unterschiedliche Entwicklung der Kurse des fiktiven Kapitals in den beiden Regionen: Einer regelrechten Explosion der Börsenkurse in den USA nach der Finanzmarkt- und Weltwirtschaftskrise mit stets neuen Allzeit-Hochs des Standard & Poor's 500-Indexes stand eine Entwicklung des DJ Euro STOXX gegenüber, die sich in etwa nur auf dem Niveau des Vorzyklus von 2003-2009 bewegte. Die USA hatten also im XI. Zyklus beides, eine gefestigte reproduktive Kapitalakkumulation mit spekulativen Übertreibungen, während die Euro-Länder als Gesamtheit eine insgesamt nur verhaltene reproduktive Wertschöpfungsentwicklung mit moderaten Verselbständigungen der Kurse des fiktiven Kapitals aufwiesen. Offenbar ist im Finanzmarktkapitalismus nur beides, reproduktive Kapitalakkumulation und Finanzspekulation, gemeinsam in jeweiligen Dosen kurzfristig-zyklisch zu haben.

Während die Entwicklung der Geldpolitik der Bank von England für Großbritannien dem Muster von Fed und EZB ähnelt, ist Japan insofern ein Sonderfall, als die Bank of Japan zum einen das Konzept eines Quantitative Easing in bescheidenerem Umfang bereits 2001 durchgeführt hatte, sodass seine Anwendung in der Finanzmarktkrise nur die Fortführung bereits bekannter Maßnahmen darstellte. Der

Abbildung 16.7: Bilanzsummen der Bank of Japan und Bank of England (in jeweiligen Währungen)

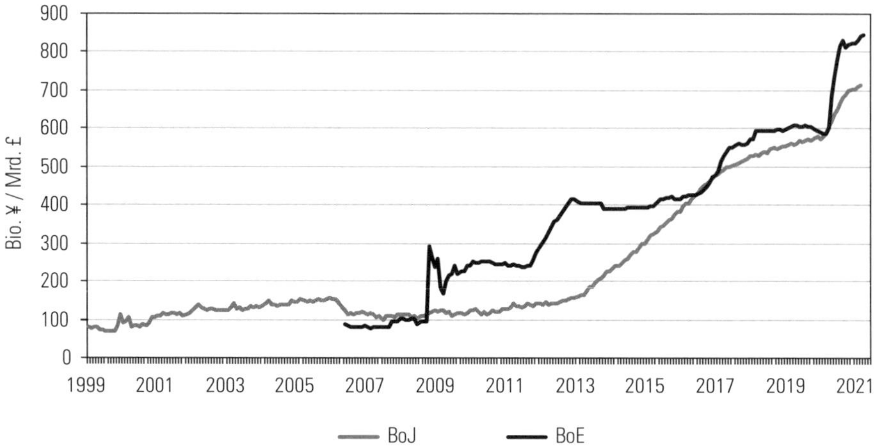

Quelle: https://tagesgeld.info/statistiken/bilanzsummen-der-zentralbanken/

Kauf von Wertpapieren durch die japanische Zentralbank führte ab 2011 zu einem kontinuierlichen Aufwuchs ihrer Bilanzsumme, die am aktuellen Rand auf etwa das 6-Fache ihres Ausgangswerts während der Finanzmarktkrise aufgepumpt worden ist (siehe Abb. 16.7).

Gleichwohl verhinderte diese Geldpolitik der Bank of Japan (BoJ) nicht das Wiedererscheinen einer deflationären Situation, an der Japan bereits in den 1990er Jahren laboriert hatte. Wenn die Geldpolitik der BoJ bisweilen als Vorbild einer schuldengetriebenen und für die Währung schadlosen Akkumulation gepriesen wird und gar als Modell der sog. Modern Monetary Theory gilt,[15] so darf die relative Wirkungslosigkeit dieser Geldpolitik für die reproduktive Wertschöpfung auf der anderen Seite nicht unterschlagen werden.

[15] Vgl. z.B. Krumbein 2018 sowie Paetz/Ehnts 2019, die beide einer nahezu grenzenlosen Staatsverschuldung durch direkte Zentralbankkredite das Wort reden und dies als Königsweg zur Lösung des Überakkumulationsdilemmas empfehlen. Zur Kritik vgl. Krüger/Müller 2020.

d) Kapitalistische Metropolen, BRICS-Staaten/Schwellenländer und der große Rest im XI. Nachkriegszyklus nach der Finanzmarkt- und Weltwirtschaftskrise 2007-09

Abschwächung der Entwicklungsdynamik des Welthandels und ökonomische Potenz und Performance der Ländergruppen

Im Unterschied zu dem Zeitraum von den 1970er Jahren bis in das erste Jahrzehnt nach dem Jahrtausendwechsel (VI. bis X. Nachkriegszyklus), in dem der Welthandel aufgrund von Veränderungen in der internationalen Arbeitsteilung deutlich rascher wächst als das Welt-Bruttoinlandsprodukt, zeigt der XI. Zyklus nach der Finanzmarkt- und Weltwirtschaftskrise 2007-09 einen Gleichklang beider Größen.[16] Damit entfiel im letzten Zyklus eine durch den Welthandel bedingte eigenständige Wachstumskomponente für die Weltwirtschaft wie in den Zyklen zuvor.

Das Verhältnis zwischen der durch das Welthandelswachstum indizierten Zunahme der Internationalisierung des Warenaustauschs und der Globalisierung der Produktionsprozesse sowie dem Welt-BIP muss die unterschiedliche Wachstumsdynamik der verschiedenen Ländergruppen in Rechnung stellen. Die langfristigen Trends seit den 1970er bzw. 1980er Jahren haben sich auch im zweiten Dezennium nach dem Jahrtausendwechsel fortgesetzt. Die Abschwächung der Akkumulationsdynamik in den überkommenen Metropolen des Weltmarkts (samt ihren nachgeordneten Satelliten in Europa (EU-Staaten) ging einher und führte zur Auslagerung von Branchen und dem Aufbau internationaler Lieferketten auch in den sich entwickelnden Schwellenländern, sodass ein Teil des Verlustes von BIP-Anteilen in den Metropolen bei anderen Staaten nur wieder erscheint. Es kommt aber hinzu, dass zusammen mit und teilweise ausgelöst durch diese Internationalisierung von Handel und Produktion auch endogene Entwicklungspotenziale in den aufnehmenden Ländern erschlossen wurden, die einen eigenständigen Wachstumsfaktor für das Welt-BIP darstellen.

Der Anteil der G7-Länder, der vor dem Jahrtausendwechsel noch rd. zwei Drittel des Welt-Sozialprodukts (in lfd. US-Dollars) auf sich vereinigt hatte, stellt 2019 mit 45% deutlich weniger als die Hälfte. Spiegelbildlich hat sich der Anteil der Schwellenländer von 12 auf 28,3% mehr als verdoppelt, d.h. fast verzweieinhalbfacht. Die Steigerung des Anteils der BRICS-Staaten fiel dabei von 8 (2000) auf gut 24% (2019) nochmals deutlich stärker aus (siehe Abb. 16.8).

In der längeren Entwicklungsperspektive (seit 1960) und für einzelne Länder fällt die absolute Zunahme des Bruttoinlandsprodukts der USA schon aufgrund seiner Größe ins Gewicht. In der Entwicklungsgeschwindigkeit wird es jedoch durch das BIP der VR China seit dem Jahr 2000 bei Weitem übertroffen (siehe Abb. 16.9). Extrapoliert man die Entwicklungsrichtung beider Kurven, wird die VR China die USA im kommenden Jahrzehnt als Volkswirtschaft mit dem absolut größten BIP überholen. Allerdings können dabei gravierende Rückschläge wie z.B. die Welt-

[16] Vgl. die Abbildung 3.2 sowie 14.1 im 3. und 14. Kapitel.

Abbildung 16.8: Weltsozialprodukt nach Ländergruppen (in lfd. US-$)

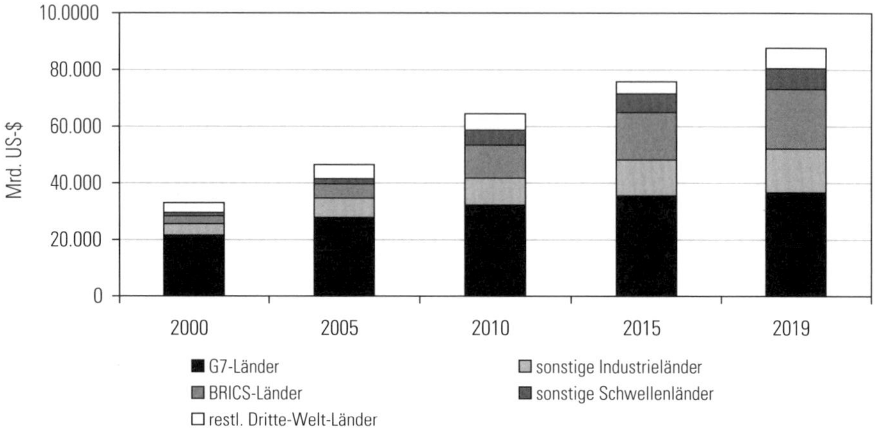

Quelle: eigene Berechnungen auf Basis von Daten der Weltbank

wirtschaftskrise 2009 sowie die im Zuge der weltweiten Corona-Pandemie 2020 ausgebrochene erneute und noch gravierender ausgeprägte Krise, die in allen Ländern außer China zu einer Schrumpfung des Bruttoinlandsprodukts geführt haben, nicht ausgeschlossen werden; andere Verwerfungen wie die Deflationsperiode in Japan haben zusammen mit Wechselkursverschiebungen außerdem ihren Einfluss auf die dokumentierten Kurvenverläufe.

Da die Verschiebungen in den wirtschaftlichen Gewichten zwischen den entwickelten und sich rasch entwickelnden Ländern langfristig gewachsen und insoweit fundamental sind und sich auch in ihren resp. Positionen auf dem Weltmarkt, d.h. im Welthandel niederschlagen, steht die Weltwirtschaft objektiv vor einem Epochenwechsel. Auch wenn sich ökonomische Veränderungen keineswegs unmittelbar im politischen Raum niederschlagen – schon gar nicht in der Weltwirtschaft und Weltpolitik –, und die politischen Kräfteverhältnisse zwischen den Staaten (und Staatenverbindungen) einen erheblichen Einfluss auf Zeitpunkt, Verlauf und Resultate eines derartigen Epochenwechsels ausüben, sollen nachfolgend seine Rahmenbedingungen und Einflussgrößen näher beschrieben und verschiedene Entwicklungsszenarien eingegrenzt werden.

Dabei hat die Große Krise, die als Finanzmarktkrise 2007 begann und 2009 in einen weltweiten Einbruch mündete sowie die nachfolgende Entwicklung im XI. Nachkriegszyklus, bereits etliches hinsichtlich konkreterer Ausgangsbedingungen dieses Epochenwechsels für verschiedene Länder und Regionen offenbart. Die G7-Länder erlebten einen synchronen Abschwung, der für die USA, Japan, Großbritannien und Italien bereits 2008 begann; 2009 war dann für alle Länder der Tiefpunkt erreicht, der für Japan und Italien am deutlichsten ausgeprägt war. Danach ging es wieder aufwärts, doch brauchte es sehr unterschiedliche Zeiträume, bis das

Abbildung 16.9: Bruttoinlandsprodukt industrieller Metropolen sowie der VR China (in Bio. US-Dollar)

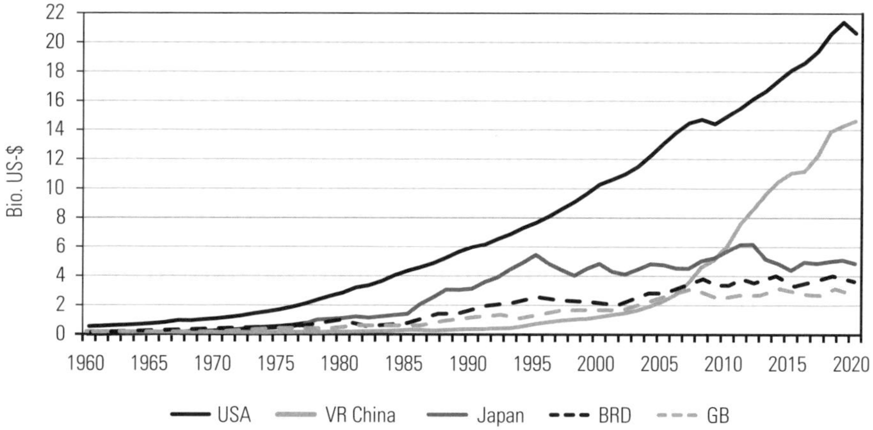

Quelle: Weltbank

gesamtwirtschaftliche Vorkrisen-Produktionsniveau in den verschiedenen Ländern wieder erreicht werden konnte: Am schnellsten kamen Kanada und die Bundesrepublik aus der Krise heraus, die beide bereits 2010 wieder das Vorkrisenniveau ihres BIP ausweisen konnten. Im Falle der Bundesrepublik war die Weltmarktkonjunktur ausschlaggebend, denn wie der internationale Einbruch das exportorientierte BRD-Kapital 2009 besonders getroffen hatte, konnte es wegen der Erholung auf dem Weltmarkt bereits 2010 wieder den 2007er Wert erreichen. Im Folgejahr war dies auch für die USA und Frankreich möglich, während die anderen Länder noch bis 2013 (Japan) bzw. 2014 (Großbritannien) brauchten. Die italienische Volkswirtschaft ist auch 2019 noch weit vom 2007er Vorkrisen-BIP entfernt und geht in den Abschwung 2020 mit der schlechtesten Ausgangsposition aller G7-Staaten (siehe Abb. 16.10). Das Wachstum des Welthandels blieb nach dem Einbruch 2009 auch im Folgezyklus deutlich stärker ausgeprägt als dasjenige der kapitalistischen Metropolen.

Die Aufwärtsentwicklung im XI. Nachkriegszyklus galt vielen Beobachtern als einer der längsten Aufschwünge der Nachkriegszeit. Jedoch kann dies bei näherem Hinsehen tatsächlich nur für wenige Länder – Kanada und USA an erster Stelle – und auch für diese nur auf einem in langfristiger Perspektive vergleichsweise geringen Niveau bestätigt werden. Andere Länder wie bspw. die Bundesrepublik und Frankreich verzeichneten zwar seit 2010/11 einen raschen Aufstieg, der jedoch für zwei Jahre (2012/13) bzw. im Falle Japans sowie Großbritanniens für ein Jahr (2011 bzw. 2012) durch eine stagnative Zwischenphase wieder gehemmt wurde.

Im Vergleich zu dieser Konjunkturerholung in den kapitalistischen Metropolen nimmt sich allerdings der Fortgang des wirtschaftlichen Wachstums in der VR

Abbildung 16.10: BIP-Entwicklung nach der Großen Krise im XI. Nachkriegszyklus 2010-2020 in den G7-Metropolen; Index 2007 = 100

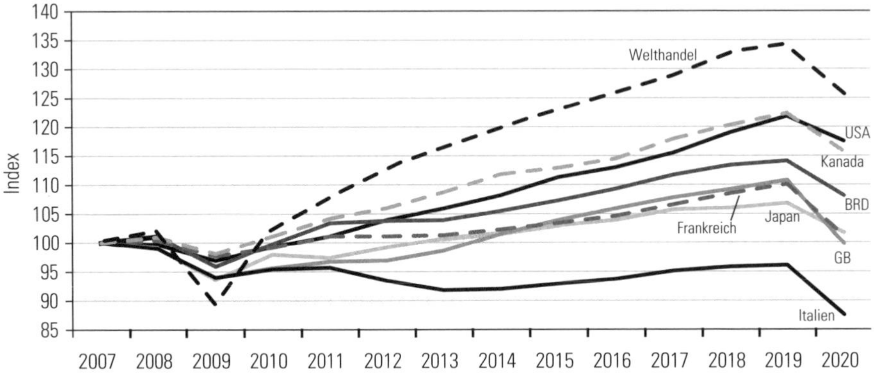

Quelle: Deutsche Bundesbank, Weltbank

China sowie in Indien geradezu astronomisch aus. Beide Volkswirtschaften durchliefen die Weltwirtschaftskrise 2009 mit positiven Zuwachsraten ihres BIP von über rd. 9%; dies kontrastiert mit dem Einbruch, den die anderen BRICS-Länder Brasilien, Russland und Südafrika sowie die ostasiatischen Schwellenländer Südkorea, Taiwan und Singapur 2009 zu verzeichnen hatten.[17] In der VR China ist diese Entwicklung 2009 neben der wirtschaftlichen Grunddynamik dem massiven Gegensteuern des Staates zuzuschreiben. In den Folgejahren wuchsen die chinesische und die indische Volkswirtschaft weiterhin mit hohen jährlichen Raten und haben 2016 (China) bzw. 2017 (Indien) mit ihren preisbereinigten BIPs den Wert von 2007 verdoppelt. China hat 2019 ein 2,5-mal so großes BIP wie 2007. Die anderen BRICS-Staaten blieben im Zuwachs bis 2019 bei 20 (Südafrika), 19 (Brasilien) und 16 Prozentpunkten (Russische Föderation) und damit in etwa auf dem Niveau der am stärksten wachsenden, aber höher entwickelten G7-Länder USA und Kanada oder, im Falle Russlands, deutlich darunter (siehe 16.11).

Bei den sonstigen Schwellenländern fällt die Türkei positiv mit einem starken Wachstum i.H.v. von durchschnittlich etwa 5% p.a. im XI. Zyklus auf. Südkorea und Taiwan bleiben mit etwa 3% dahinter, während die lateinamerikanischen Länder Mexiko und Argentinien noch deutlich schlechter abschneiden, Mexiko mit einer Rate von knapp 2% p.a., Argentinien mit weniger als 1% p.a. sogar extrem schlecht.

Zusammenfassend betrachtet zeigt die Weltwirtschaft im XI. Zyklus damit kein der vielfach geäußerten öffentlichen Wahrnehmung entsprechendes Bild. Dieses ergibt sich meistens aus der Blickrichtung einzelner Länder sowie der Erwartung,

[17] Vgl. Abbildungen 14.6 und 14.7 für Singapur, Südkorea und Taiwan im vorstehenden 14. Kapitel.

Abbildung 16.11: BIP-Entwicklung nach der Großen Krise im XI. Nachkriegszyklus 2010-2020 in den BRICS-Ländern; Index 2007 = 100

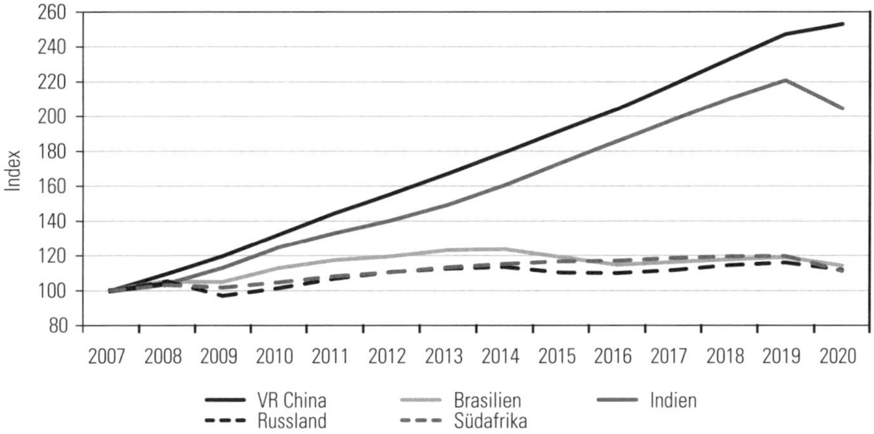

Quelle: OECD. Statista, Weltbank

dass mit einem langen Aufschwung der Übergang in das Zeitalter der Digitalisierung wirtschaftliche Prosperität und Wohlstand verheißen soll. Demgegenüber zeigt sich bei nüchterner Betrachtung der verschiedenen Ländergruppen ein gemischtes Bild. Einige entwickelte Volkswirtschaften wie die USA, Kanada oder Deutschland haben die Weltwirtschaftskrise mit ihrem Tiefpunkt 2009 schnell hinter sich lassen können und in der Folgezeit nicht nur eine konjunkturelle Erholung, sondern einen regelrechten zyklischen Aufschwung durchlaufen. VR China, Indien und mit Abstrichen die Türkei sind die Wachstumsstars des XI. Zyklus (bis 2019), deren Wirkung auf Weltkonjunktur und Welthandel aber schon wegen ihrer unterschiedlichen Größe nur abgestuft positiv ist. Die lateinamerikanischen Länder Brasilien, Argentinien und Mexiko sowie Russland und Südafrika weisen nach der Krise 2009 nur eine unterdurchschnittliche Performance wegen politischer Verwerfungen (Brasilien, Südafrika), einer wenig diversifizierten Wirtschaftsstruktur (Russland) oder einer immer wieder von Rückschlägen unterbrochenen Entwicklung (Argentinien) auf (siehe Abb. 16.12).

Das Ende des laufenden XI. Zyklus wird mit der Abkühlung der Industriekonjunktur in einigen Ländern bereits im Jahr 2019 eingeläutet. Im Jahr 2020 kommt der Ausbruch der Corona-Pandemie im ersten Vierteljahr hinzu, der mit einem mehr oder weniger ausgeprägten »Lockdown« die Wirtschaftstätigkeit in vielen Ländern zeitweise lahmgelegt hat, nach der Erholung im Sommer eine zweite Welle von Infektionsanstiegen verzeichnet und für das Gesamtjahr 2020 den stärksten Rückgang der gesamtwirtschaftlichen Produktion seit dem Zweiten Weltkrieg aufweist. Darüber hinaus wirken die bereits vorher bestehenden strukturellen Probleme durch

Abbildung 16.12: BIP-Entwicklung nach der Großen Krise im XI. Nachkriegs-Zyklus 2010-2020 in weiteren Schwellenländern; Index 2007 = 100

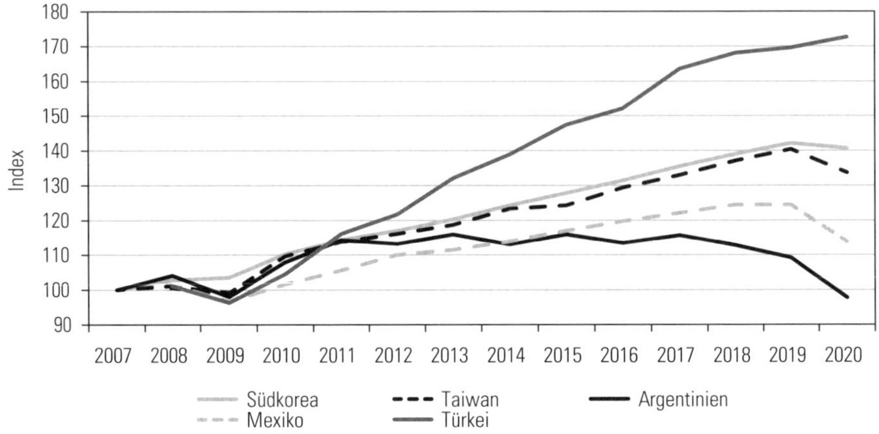

Quelle: OECD, Statista

internationale Leistungsbilanzungleichgewichte fort. Die in der und durch die Corona-Krise nochmals gesteigerte ultralockere Geldpolitik der Zentralbanken beförderte zunächst die Blasenbildung an den Finanz- und Immobilienmärkten. Hinzu kommt eine nur mühsam überdeckte Überschuldung vieler Unternehmen, Banken und Staaten. Neue Risiken sind zudem durch den um sich greifenden Handelsprotektionismus und einen wachsenden Nationalismus hinzugekommen, die sich beide zu einem neuen Kalten Krieg auszuweiten beginnen. Auch die Gefahr der Eskalation »heißer« regionaler Kriege zu unkontrollierten größeren Auseinandersetzungen hat zugenommen. Entwarnung durch eine Überwindung der zweiten Großen Krise der kapitalistischen Gesellschaftsformation von 2007-09 oder gar der strukturellen Überakkumulation von Kapital kann nicht ausgerufen werden und ein schneller Re-Start der gesamten Weltwirtschaft nach der Corona-Krise ist nicht in Sicht.

Internationale Ungleichgewichte und die Unterminierung des Multilateralismus durch protektionistische Abschottungen

Die historisch neuen und mit partiellen Wohlstandseffekten positiven Entwicklungen der Globalisierung in den letzten Jahrzehnten gehen einher mit strukturell-langfristig aufgebauten Disproportionen zwischen den Handels- und Leistungsbilanzen der den Welthandel dominierenden Staaten und Staatengruppen. Auf der einen Seite steht mit den USA ein Land mit notorischen Defiziten beim Handel mit materiellen Waren, welche durch positive Salden der sog. unsichtbaren Transaktionen (kommerzielle Dienstleistungen, Erwerbs- und Vermögenseinkommen sowie private und öffentliche Übertragungen) nicht nennenswert kompensiert werden;

auch die US-Leistungsbilanz ist strukturell defizitär. Diesen US-Defiziten stehen ebensolche strukturellen Überschüsse in der Handelsbilanz der VR China gegenüber; die chinesische Leistungsbilanz schließt in den letzten Jahren allerdings mit deutlich geringeren Überschüssen ab. Auch im bilateralen Verhältnis zwischen den USA und China waren die chinesischen Überschüsse seit der zweiten Hälfte des ersten Jahrzehnts nach dem Jahrtausendwechsel gewachsen; sie haben mittlerweile ebenfalls abgenommen.[18]

In den Jahren zuvor und bis zum Ende des ersten Dezenniums wurden diese Überschüsse des ostasiatischen Wirtschaftsraumes durch positive Salden Japans verstärkt; allerdings nahmen auch die Überschüsse der japanischen Handelsbilanz mehr und mehr ab und sind im zweiten Jahrzehnt ganz verschwunden. Es bleiben jedoch positive Salden der japanischen Dienstleistungsbilanz sowie bei Erträgnissen aus Auslandsinvestitionen (Direktinvestitionen und Kreditvergaben), die zusammengenommen die japanische Leistungsbilanz bis zuletzt mit einem positiven Saldo abschließen lassen.

Demgegenüber ist die Position der Europäischen Union (29 Länder) auf den Weltmärkten uneinheitlicher. Bis ins vergangene Jahrzehnt hinein verzeichnet die EU-Handelsbilanz nur geringe Überschüsse, die die EU-Leistungsbilanz bis 2011 als defizitär prägen. Seit 2012 sind beide Salden positiv (siehe Abb. 16.13). Dies bedeutet, dass die EU als Gesamtheit[19] trotz steigender positiver Salden im laufenden Jahrzehnt nicht als Verursacher internationaler Disproportionen im Leistungsverkehr an den Pranger gestellt werden kann. Auch im bilateralen Verhältnis zu den USA haben Letztere nur im Bereich des Handels mit materiellen Waren ein Defizit; der gesamte bilaterale Leistungsverkehr USA-EU ist seit der Weltwirtschaftskrise 2009 nahezu ausgeglichen.[20] Eine strukturelle Überschussposition besitzen schließlich die wichtigsten Erdöl und Erdgas exportierenden Länder. Da es sich

[18] Chinas Importe aus den USA haben sich im Jahr 2019 um 20,9% reduziert, Chinas Exporte in die USA sind in der gleichen Zeit um 12,5% zurückgegangen. Das bilaterale Handelsdefizit der USA ist in diesem Jahr ebenfalls gesunken, beträgt aber immer noch fast 296 Mrd. Dollar. Der Handel zwischen China und den USA brach 2019 alles in allem um 14,6% ein.

[19] Anders sieht es für einzelne EU-Länder aus. Für die Bundesrepublik als sog. »Exportnation« – wobei diese Wortschöpfung ebenso wie die Redeweise vom (früheren) »Exportweltmeister« für sich spricht – sind wachsende Handels- und Leistungsbilanzüberschüsse nach dem Jahrtausendwechsel kennzeichnend. Neben einer überlegenen Konkurrenzposition des BRD-Kapitals auf den Märkten für Maschinen, Industrieanlagen und Kraftfahrzeugen mit vielen Weltmarktführern (Unternehmens-Champions) ist dafür auch zunehmend ein positiver Saldo aus Erträgnissen ausländischer Kapitalanlagen verantwortlich (vgl. Krüger 2017a: 166ff.). Die Rolle des internationalen »Störenfrieds« mit strukturellen Bilanzüberschüssen spielt der Bundesrepublik dabei sowohl innerhalb der EU und Euro-Zone als auch beim Handel mit materiellen Waren gegenüber den USA in die Karten; demgegenüber ist der deutsche Handelsbilanzsaldo gegenüber Japan und China negativ (vgl. Krüger 2015: 92).

[20] Im X. Zyklus bestand in der bilateralen Leistungsbilanz zwischen USA und EU noch ein deutlicher Überschuss der EU i.H.v. durchschnittlich 100 Mio US-$. Er bildete sich aber mit Ausbruch der Finanzmarktkrise rasch zurück und verkehrte sich seit 2009 in ein geringes

Abbildung 16.13: Handels- und Leistumgsbilanzüberschüsse und -defizite der USA, VR China, Japan, Europäischer Union (29 Länder) und wichtiger Öl-Exportländer*

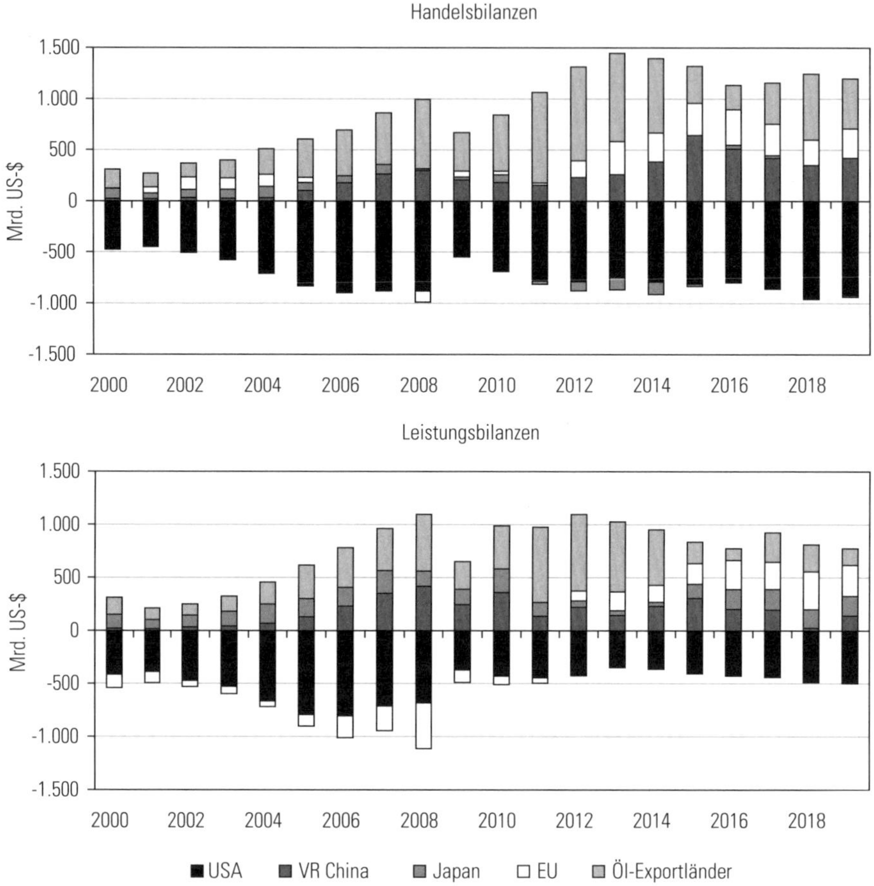

*Golf-Staaten (Gulf Co-Operation Council), Iran, Irak, Nigeria, Russische Föderation und Venezuela
Quelle: WTO, Weltbank, OECD

bei ihnen zumeist um unentwickeltere Länder mit einem vergleichsweise kleinen Binnenmarkt oder um Länder mit einer stark von Produkten der extraktiven Industrie abhängigen Außenhandelsstruktur handelt, die abhängig von und anfällig für Preiswechsel(n) bei ihren Rohstoffen ist, sind diese Überschüsse einerseits stark volatil im Zeitablauf, andererseits im Zuge der Bemühungen der meisten Import-

Defizit. Dies dürfte mit Umschichtungen bei Kapitalanlagen zusammenhängen, die den Saldo der Vermögenseinkommen zwischen beiden Ländern bzw. Ländergruppen umgekehrt haben.

länder zur Umstellung ihrer Energiebasis auf erneuerbare Energieträger mittelfristig abnehmend und langfristig sowieso endlich.[21]

Diese Verteilung von Handelsbilanz- und Leistungsbilanzüberschüssen und -defiziten auf die großen »Spieler« am Weltmarkt erzeugt in den jeweiligen Binnenwirtschaften unterschiedliche Beschäftigungseffekte sowie Gläubiger- bzw. Verschuldungspositionen. Da es im internationalen Verkehr trotz automatischer entgegenwirkender Effekte keine Ausgleichungsbewegungen bei den Salden der einzelnen Teilbilanzen der nationalen Zahlungsbilanz gibt, sind sich verstetigende Disproportionen immer auch Anlass für wirtschaftspolitische Interventionen.

Die von den USA unter der Trump-Präsidentschaft verhängten Straf- und Sonderzölle in der ersten Runde auf Stahl und Aluminium, in der zweiten Runde gegenüber China auf andere Waren sowie die angedrohten Zölle auf weitere Produkte[22] dokumentieren nicht nur eine Umkehr gegenüber der Nachkriegsentwicklung sukzessiver Zollsenkungen sowohl der kapitalistischen Metropolen als auch der Schwellenländer, sondern markieren die Aufkündigung des Regimes eines internationalen Multilateralismus und eines vertragsgebundenen Außenhandels im Rahmen der World Trade Organization (WTO) vonseiten der weltgrößten Volkswirtschaft und haben bereits Züge eines Wirtschaftskrieges angenommen.

So differenziert die akkumulativen und wohlstandsstiftenden Effekte eines freien Welthandels zu beurteilen sind, so sicher ist auf der anderen Seite, dass die Abkehr vom multilateralen Freihandel mit der Verhängung von Handelsbarrieren und Retorsionsmaßnahmen, d.h. die Flucht in einen sich aufschaukelnden nationalistischen Protektionismus, den Welthandel untergräbt und einen Prozess in Gang setzt, bei dem alle beteiligten Akteure nur verlieren können. Dies gilt auch und gerade unter der Maßgabe, dass zu Beginn einer derartigen Entwicklung die sie initiierenden Nationen kurzfristige Anfangs- oder Erstrundeneffekte sowohl bei nationaler Wertschöpfung als auch bei einem Beschäftigungsaufbau verzeichnen können, wie sich am Beispiel der USA zeigt. Nachhaltig mittel- und längerfristig ist ein um sich greifender Protektionismus »self-defeating« und stellt einen Rückfall in wirt-

---

[21] Diese Aussage gilt eingedenk der neueren Entwicklungen im internationalen Energiemarkt mit dem Auftreten der USA als Nettoexporteur für Erdöl und Erdgas durch Erschließung von Vorkommen auf Basis der Fracking-Technologie, die durch das Sinken des Ölpreises im Zusammenhang mit der Corona-Pandemie in eine tiefgreifende Krise gefallen ist. Überhaupt weist die Rolle und Stellung der USA sowohl im internationalen Handel als auch innerhalb des internationalen Kapitalverkehrs spezifische Besonderheiten und Einzigartigkeiten auf; wir kommen darauf im nachstehenden Unterabschnitt zurück.

[22] Zum Teil beruht die Zollpolitik der US-Administration auf schlichter Ignoranz statistischer Daten und wirft ein bezeichnendes Licht auf die dortigen »Geistesgrößen«; denn die Androhung von Zöllen auf europäische Automobilimporte würde nicht nur die US-amerikanische Automobilproduktion wegen Vorleistungslieferungen aus Europa negativ treffen, sondern missachtet darüber hinaus den schlichten Umstand, dass die USA zwar in der Handelsbilanz zur EU ein Defizit haben, seit 2009 aber, wie bereits erwähnt, nicht mehr in der Leistungsbilanz.

schaftspolitische Fehler der Zwischenkriegszeit im 20. Jahrhundert dar, die man eigentlich für längst überwunden angesehen hatte; er ist zudem politisch hoch gefährlich, hat sich bereits zu einer Neuauflage eines »Kalten Krieges« verdichtet, der auch in heiße militärische Auseinandersetzungen umschlagen kann. Anstelle nationalistisch-protektionistischer Abschottung wäre eine internationale Kooperation das Gebot der Stunde, um gegen die sich aus den Leistungsbilanzdisproportionen ergebende Vertiefung der Gegensätze zwischen Gläubiger- und Schuldnernationen abzubauen und aufzulösen.

e) Schleichender Verlust der US-Hegemonie und Ausbildung des internationalen Polyzentrismus

USA: »too big to fail«

Auf den G20- und G7-Gipfeln der Staatschefs der wichtigsten Industrie- und Schwellenländer wird in den Abschlussdokumenten das Bekenntnis zu freiem Welthandel, wenn auch in mühsam ausgehandelten Formelkompromissen, immer wieder beschworen und bekräftigt. Dabei zeigt die Realität namentlich durch das Agieren der USA durch die Verhängung von Importzöllen und Androhung ihrer Erhöhung nicht nur gegenüber China, sondern auch gegenüber der EU längst ein anderes Bild. Eine Grundlage des Streits um US-Importzölle ist, dass die USA seit Mitte der 1970er Jahre ein strukturelles Handelsbilanzdefizit aufweisen, welches sich in den 1980er Jahren verfestigt und seit dem Jahrtausendwechsel zu einem qualitativ neuen, höherem Niveau fortentwickelt hat. Dieses Defizit der US-Handelsbilanz wird auch durch die sog. unsichtbaren Außenwirtschaftstransaktionen (Dienstleistungen, Erwerbs- und Vermögenseinkommen sowie Übertragungen) nicht kompensiert und führt dergestalt zu einem Leistungsbilanzdefizit in etwa der gleichen Höhe. Damit hat sich die US-Wirtschaft Jahr für Jahr höher im Ausland verschuldet; sie ist seit 1985 der weltgrößte Schuldner. Was für jede andere Volkswirtschaft den Marsch in eine Schuldenfalle mit fortschreitender Währungsabwertung und Verlust der internationalen Kreditwürdigkeit bedeutet hätte, gilt für die USA bislang nicht: Sie konnten die Leistungsbilanzdefizite durch fortgesetzte langfristige Kapitalimporte finanzieren, ohne dass die Rolle des US-Dollars als Weltgeldsubstitut nennenswert in Mitleidenschaft gezogen worden wäre.

Jedoch offenbart das strukturelle Handelsbilanzdefizit einen Verlust internationaler Wettbewerbsfähigkeit großer Bereiche der US-Industrie, der durch die führende Stellung von US-Unternehmen im Internetbereich und bei konsumnahen Produktinnovationen nur auf den ersten Blick überdeckt wird. Allerdings besitzt der Export aufgrund der Größe des US-Binnenmarkts nicht den gesamtwirtschaftlichen Stellenwert wie beispielsweise in der Bundesrepublik; auch die Produktstruktur des US-Exports, die mit dem hohen Gewicht agrarischer und energetischer Rohstoffe sowie industrieller Vorprodukte nicht die klassische Gestalt für eine industrielle Metropole aufweist, ist eine schon immer typische Besonderheit gewesen

Abbildung 16.14: US-Exportstruktur, materielle Waren

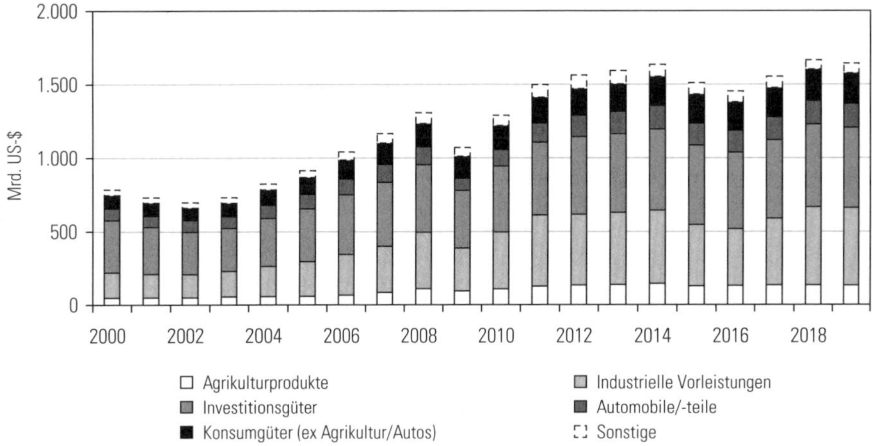

Quelle: US-Department of Commerce

Abbildung 16.15: US-Exportstruktur, immaterielle Waren (Services)

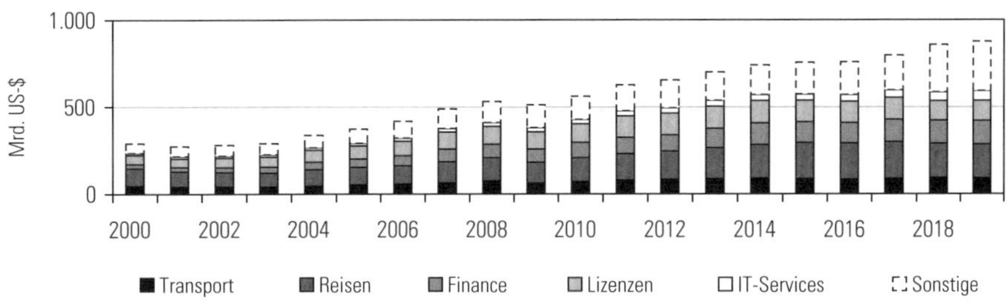

Quelle: US-Department of Commerce

(siehe Abb. 16.14). Das Übergewicht von Roh- und Vorprodukten wird auch durch den Export von Dienstleistungen nicht kompensiert (siehe Abb. 16.15).

Insoweit sind die USA ein gutes Beispiel dafür, dass weltwirtschaftliche Ungleichgewichte auf binnenwirtschaftlichen Defiziten und Verwerfungen gründen und sich keineswegs von selbst auflösen. Nun könnte eingewandt werden, dass die US-Wirtschaft aufgrund der besonderen Rolle des US-Dollars als Weltgeldsubstitut sowie ihrer internationalen politisch-militärischen Machtposition einen Ausnahmefall darstellt. Als Führungsmacht der »Freien westlichen Welt« dokumentiere ihre Defizitposition sogar ihre besondere Verantwortung für eine funktionierende Weltwirtschaft, insofern ihr Defizit die Handelsüberschüsse anderer Länder ermögliche und dadurch deren Entwicklung stimuliere.

Abbildung 16.16: US-Verschuldung: Alle Sektoren und öffentliches Defizit

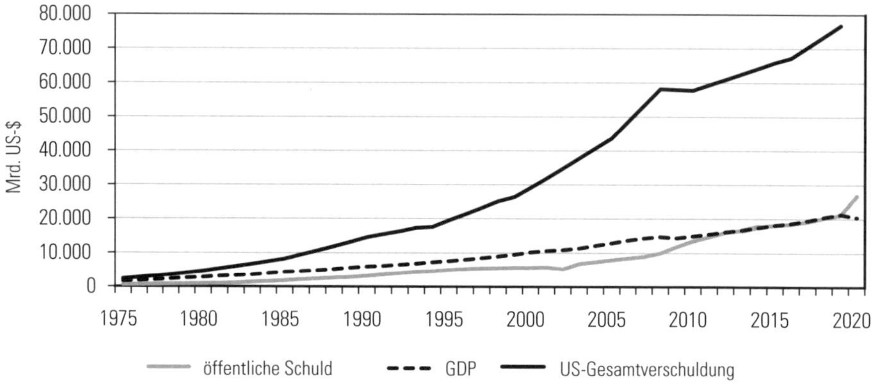

Quelle: Economic Report of the President, FRED-Grafik

Eine derartige Sichtweise unterlegt jedoch die Auffassung, dass die Weltwirtschaft und der Austausch auf dem Weltmarkt eine geordnet-harmonische Veranstaltung seien und genauso wie auf der politischen Ebene eine internationale Zusammenarbeit z.B. im Klimaschutz erfordern, um die Lebensgrundlagen aller Länder und Nationen zu gewährleisten. In beiden Fällen hat Donald Trump durch sein egoistisch-nationalistisches Agieren (»America first«) die Vertreter der anderen Staaten sowie die mediale Öffentlichkeit auf den Boden der Tatsachen zurückgeholt. Denn immer schon waren die Weltpolitik und die Weltwirtschaft durch politische und ökonomische Über- und Unterordnung gekennzeichnet, die als solche, im Unterschied zum normalen Gang der Verhältnisse im Innern der Länder des entwickelten Kapitalismus, auch offen zutage treten; nur die Überlagerung dieser Über- und Unterordnungen durch den seinerzeitigen Systemgegensatz zwischen Kapitalismus und Realsozialismus, der sich als Ost-West-Gegensatz auch nach 1990 erhalten hat, konnte diese Tatsachen mystifizieren.

Die Rolle und der Stellenwert der USA als Hegemon des Weltmarkts ist mit dem Ende der Nachkriegsperiode der beschleunigten Kapitalakkumulation seit Mitte der 1970er Jahre fortschreitend mehr auf bloße finanzwirtschaftliche sowie politisch-militärische Überlegenheit und weniger auf ökonomische Wettbewerbsfähigkeit begründet. Zugespitzt formuliert ist die wirtschaftliche Position der USA mittlerweile mehr durch ihre Schwäche als durch ihre Stärke gekennzeichnet: Die USA sind, wie bereits an anderer Stelle angemerkt, »too big to fail«. Während die öffentliche Verschuldung (Federal Debt) 2019, also vor dem Ausbruch der Corona-Krise bereits 99% des US-Bruttoinlandsprodukts (Gross Domestic Product, GDP) erreicht hat und 2020 voraussichtlich auf rd. 130% ansteigen wird, beträgt die gesamte ausstehende Verschuldung der USA im In- und Ausland (Total Credit Mar-

Abbildung 16.17: Zahlungsbilanz der USA seit 2000

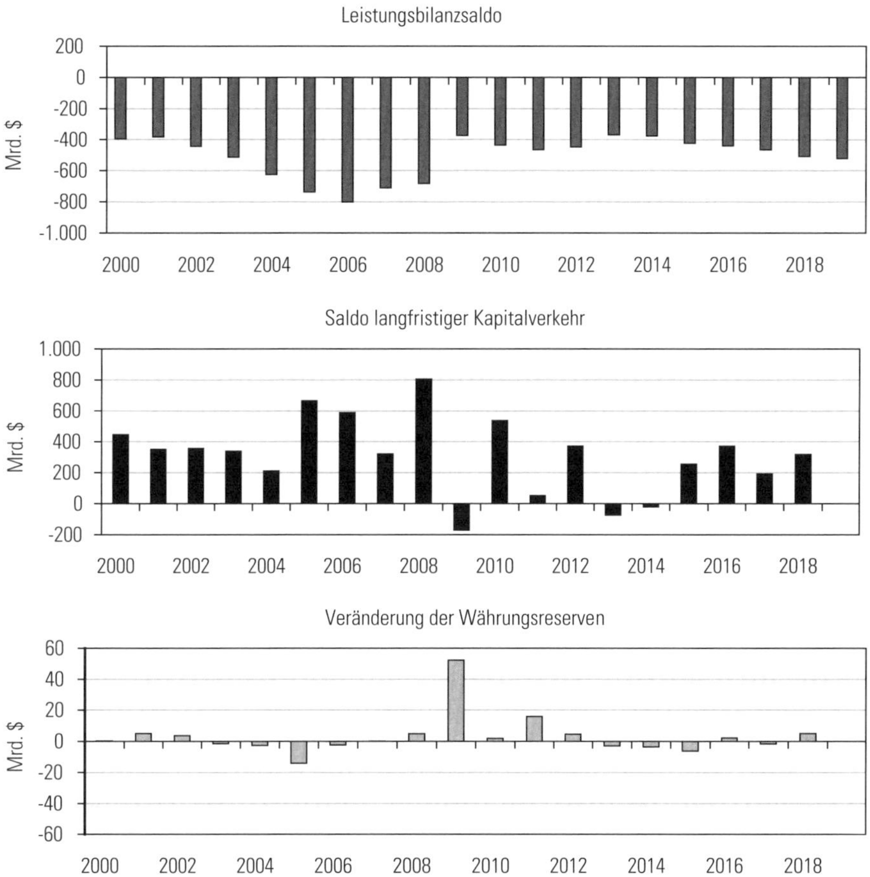

Quelle: US-Department of Commerce

ket Debt Outstanding) mit mehr 75 Billionen US-Dollar (US-$ tn) fast 360% des GDP (2019, d.h. vor der Corona-Krise) (siehe Abb. 16.16).[23]

Die Finanzierung der US-Auslandsschulden durch private Kapitalimporte wird also vor allem durch das bereits akkumulierte Volumen der US-Schulden gesichert. Wegen der absehbar katastrophischen Konsequenzen einer größeren Abwertung dieser Schulden für die Gläubiger gelingt die Finanzierung der US-Leistungsbilanzdefizite durch langfristige private Kapitalimporte bislang reibungslos. Der

[23] Bei Staatsanleihen und anderen Schuldtiteln sind Japan und die VR China, beide mit über einer Bio. US-$, die größten Gläubiger.

Abbildung 16.18: US-Kapitalimporte (brutto) seit 2000

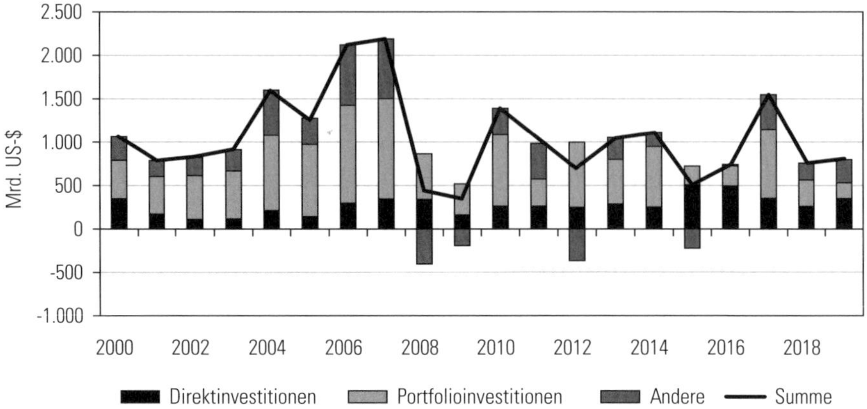

Quelle: US-Department of Commerce

überwiegende Teil der US-Kapitalimporte waren in den vergangenen Jahren Portfolioinvestitionen, also klassische langfristige Anleihen privater (Unternehmen und Banken) und öffentlicher Emittenten (Staat). Direktinvestitionen von Ausländern in den USA, also die Beteiligungen an fungierendem Kapital, machten demgegenüber nur einen vergleichsweise geringen Anteil aus. Auch wenn die ausländischen Direktinvestitionen in den USA zuletzt wieder etwas zugenommen haben, ist die Gesamtkonstellation ein Hinweis auf eine im internationalen Vergleich geringere Attraktivität von amerikanischen Unternehmen, trotz der verstärkten Bemühungen der Trump-Administration zur Rückholung ausgelagerter Produktionen. Die privaten Kapitalimporte reichen grundsätzlich hin, das amerikanische Leistungsbilanzdefizit zu finanzieren, die US-Währungsreserven werden nicht beeinträchtigt (vgl. Abb. 16.17 und 16.18). Der Dollar ist mehr denn je die dominierende internationale Transaktions- und Anlagewährung. Die Rolle der US-Wirtschaft als Consumer of last Resort ist gestützt auf die Rolle des US-Dollars als Medium des Lender of last Resort.

Dieser Befund scheint auf den ersten Blick die theoretische Auffassung bezüglich eines mittlerweile qualitativ, weil institutionell-strukturell veränderten Geld- und Währungssystems zu bestätigen. Weil das zeitgenössische Geld von jeglichen materiellen Bindungen, z.B. an Gold, befreit und als »Fiatmoney« nur noch auf das Vertrauen in die jederzeitige Zahlungsfähigkeit des Staates und seiner Zentralbank gegründet sei, würde nationale und, zumindest für die USA, internationale unbegrenzte Schuldenakkumulation ermöglicht. Dadurch sei der naturwüchsige Charakter des kapitalistischen Marktzusammenhangs faktisch aufgehoben. Jener schließt zwar, dieser Auffassung zufolge, im Ergebnis namentlich wegen politischen Fehlverhaltens auch weiterhin die Möglichkeit von Krisen ein, doch seien diese eben

Abbildung 16.19: Nominaler gewichteter multilateraler US-Dollar-Wechselkurs; Index 03/1997 = 100

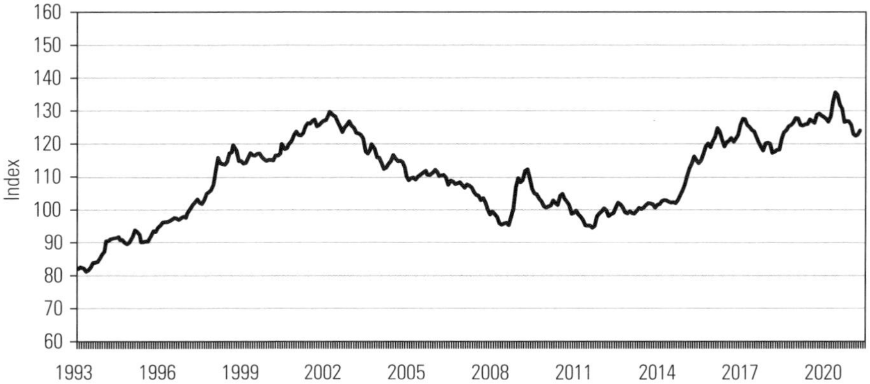

Quelle: Federal Reserve Bank of St. Louis (FRED)

durch entsprechende wirtschaftspolitische Maßnahmen beherrschbar. Die ultralockere Geldpolitik (Quantitative Easing), die die wichtigsten Zentralbanken konzertiert als Reaktion auf die Finanzmarkt- und Bankenkrise 2007/08 und danach ins Werk gesetzt haben, bestätige diese neue Qualität der Geld- und Währungsverfassung eindrucksvoll.

Auch die Entwicklung des multilateralen Wechselkurses des US-Dollars scheint die Stabilität der monetären Verhältnisse zu bestätigen (siehe Abb. 16.19). Die US-Devise dominiert auf dem Weltmarkt als Transaktions- und Anlagewährung fast absolut: Gut 60% des Welthandels werden in US-Dollar abgewickelt; an rund 88% aller globalen Devisentransaktionen ist der US-Dollar beteiligt. Was fehlt, ist eine monetäre Alternative. Der Euro hatte zwar vor der Euro-Krise 2010ff. an Gewicht als internationale Anlagewährung gewonnen, hatte aber die Rolle des US-Dollars nie ernsthaft infrage stellen können; noch mehr gilt dies für die früheren Währungen von internationaler Bedeutung wie Pfund Sterling und Schweizer Franken, aber auch für die Währung der neuen Wirtschaftsmacht Nr. 2, den Renmimbi Yuan der VR China. Zwar ist er in den Korb zur Berechnung der Sonderziehungsrechte als internationaler Reservewährung einbezogen worden, doch wird er bis auf Weiteres eine Währung im regionalen asiatischen Bereich bleiben. Die seinerzeitigen Versuche, die Sonderziehungsrechte als internationale Transaktions- und Reservewährung aufzuwerten, waren angesichts der faktischen Verhältnisse sowie der internationalen Kräfteverhältnisse und nationalen Interessen chancenlos.

Trotzdem sind an der Stabilität der vorstehend beschriebenen Verhältnisse von US-Wirtschaft und -Währung Zweifel anzumelden bzw. Abstriche vorzunehmen. Denn diese Stabilität hängt an zwei miteinander zusammenhängenden Umständen: Erstens muss gewährleistet sein, dass keine Zweifel gegenüber den in US-Dollar

Abbildung 16.20: Gross Domestic Product und Investitionen in Ausrüstungen und Produkte geistigen Eigentums im X. und XI. Zyklus; jeweils preisbereinigt; Veränderung ggü. Vj. in %

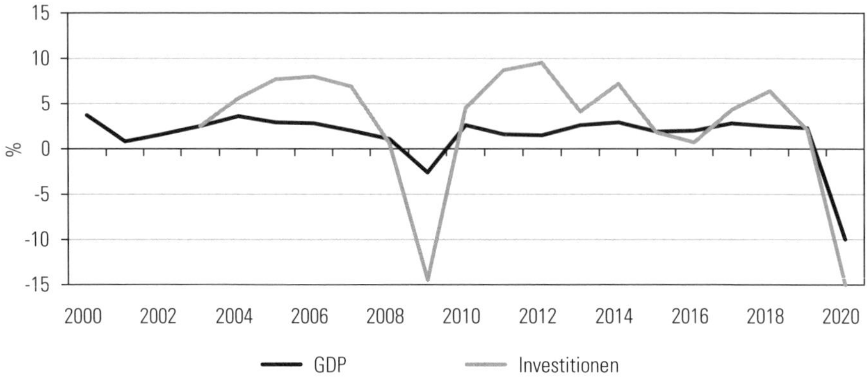

Quelle: Economic Report of the President

denominierten und von amerikanischen Schuldnern, Unternehmen und öffentlichen Haushalten begebenen Wertpapieren und sonstigen aufgenommenen Krediten, die namentlich im Ausland gehalten werden, aufkommen. Dabei wächst das Volumen dieser im Ausland gehaltenen Titel Jahr für Jahr an, da das US-Leistungsbilanzdefizit als Stromgröße durch einen entsprechenden Bestandsaufbau von verbrieften Schulden in der Hand von Ausländern gegenfinanziert wird. Zweitens unterstellt die Validität der wachsenden US-Auslandsschulden die Sicherung der US-Währung als Anlage- und Transaktionsmittel, d.h. als Wertaufbewahrungsmedium (Schatz) und internationales Zahlungsmittel, also als Weltgeldsubstitut. Gleichwohl setzt diese überragende Rolle der US-Devise eine kontinuierlich verlaufende Reproduktion und Akkumulation innerhalb der USA voraus, also eine wachsende Wertschöpfung in den produktiven Sektoren, ein solides Bankensystem und öffentliche Haushalte, deren jährliche Neuverschuldung zusammen mit der Refinanzierung von Altverbindlichkeiten am Kapitalmarkt jederzeit gewährleistet ist (US-Staat als Triple A-Schuldner).

An allen diesen Voraussetzungen sind jedoch Zweifel anzumelden:

Erstens: Die US-Kapitalakkumulation ist in etlichen Bereichen nicht mehr international wettbewerbsfähig und war in Vergangenheit und Gegenwart durch Preisblasen im Rahmen der vermögenspreisgetriebenen (reproduktiven) Kapitalakkumulation von gesamtwirtschaftlichen Fehlallokationen heimgesucht. Zwar lagen die gesamtwirtschaftlichen Wachstumsraten im XI. Zyklus mit einem Durchschnittswert 2010-2019, also vor dem Abschwung 2020, mit 2,3% p.a. auf einem im Vergleich zu den anderen kapitalistischen Metropolen befriedigenden Niveau, das namentlich auch durch eine expansive Fiskalpolitik stimuliert wurde, doch blieb die Entwicklung der Ausrüstungsinvestitionen sowie der Ausgaben für Forschung und Entwicklung (inkl. Software), abgesehen von den Basiseffekten zu Beginn des Zyk-

Abbildung 16.21: Profitrate der US-Kapitalgesellschaften seit 1975

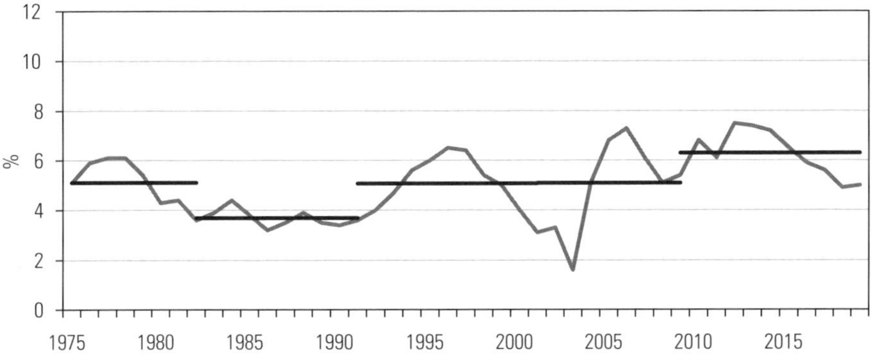

Quelle: eigene Berechnungen auf Basis von Daten des US Census, Economic Report of the President, FRED

lus, vergleichsweise schwach (siehe Abb. 16.20). Demzufolge konnte die US-Ökonomie mit einer jährlichen Produktivitätssteigerungsrate von 1,0% auch nicht aus der für alle entwickelten kapitalistischen Metropolen charakteristischen geringen Steigerung der Produktivkraft der Arbeit ausbrechen. Der Befund einer »secular stagnation«, die auf einer strukturellen Überakkumulation von Kapital beruht, ist daher auch durch ein zwischenzeitlich etwas höheres Wachstum der US-Ökonomie nicht zu revidieren. In dieselbe Richtung weist die Entwicklung der Durchschnittsprofitrate der US-Kapitalgesellschaften (siehe Abb. 16.21). Nach ihrem Nachkriegs-Tiefpunkt in den 1980er Jahren (VIII. Zyklus) signalisiert sie zwar eine Erholung der US-Wirtschaft, aber eine Erholung auf einem niedrigen Niveau. Hinzu kommt das Haussieren der Kurse des fiktiven Kapitals mit deren spekulativ-zerstörerischen Begleitumständen. Das Kurs-Gewinn-Verhältnis amerikanischer Aktien erreicht im laufenden Zyklus (seit 2010) immer neue Höchststände, d.h. der Anstieg der US-Aktienkurse ist immer weniger durch die Fundamentaldaten der tatsächlichen Gewinnentwicklung getrieben (siehe Abb. 16.22). Die US-Ökonomie bleibt damit eine stark von der Verschuldung gerade konsumtiver Sektoren, d.h. der privaten und öffentlichen Haushalte, abhängige Wirtschaft.

Zweitens: Das US-Bankensystem hat zwar die akute Krise 2007/08 mit der Schieflage von Immobilienfinanzierern, Banken und Versicherungen sowie dem Zusammenbruch der Investmentbank Lehman Brothers überwunden, hält aber, wie die Bankensysteme in anderen Ländern auch, nach wie vor toxische Wertpapiere im Portfolio. Diese direkte Folgeerscheinung der »Produktinnovationen« der Finanzindustrie bleibt eine typische Ausprägung im Finanzmarktkapitalismus auch zehn Jahre nach dem Höhepunkt der Finanzmarktkrise. Ebenso typisch ist der Umstand, dass wegen der bereits aufgebauten Verschuldungspositionen neu aufgenommene Kredite und neu emittierte Anleihen zu einem immer größeren An-

Abbildung 16.22: Aktienkurse, Kurs-Gewinn-Verhältnis und tatsächliche Gewinne in den USA; Indizes 2012/1 = 100

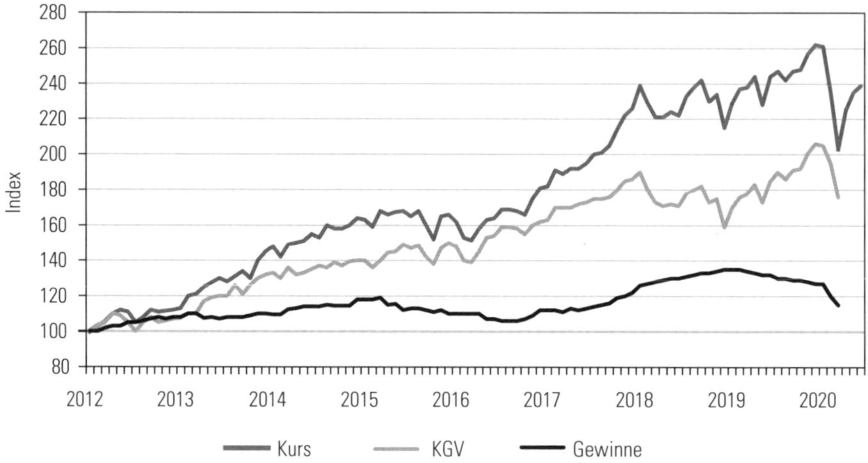

Quelle: UBS nach NZZ-Infografik

teil zur Refinanzierung von Alt-Schulden dienen; diese Kreditaufnahme ist damit das Gegenteil von einer kreditvermittelten Beschleunigung von Kapitalakkumulation und Wertschöpfung.

Drittens: Die öffentlichen Haushalte, insbesondere der US-Bundeshaushalt, weisen seit der zweiten Hälfte der 1970er Jahre ein ansteigendes Defizit aus, welches sich ab den 1980er Jahren verfestigt und sukzessive höhere Niveaus erreicht hat. Nur im Rahmen des Aufschwungs des IX. Nachkriegszyklus vor der Jahrtausendwende wurden kurzzeitig Überschüsse ausgewiesen; mit der Finanzmarkt- und Weltwirtschaftskrise ab 2007 ergaben sich jedoch neue Rekorddefizitstände, mit denen der öffentliche Bundeshaushalt mehrmals an seine politisch-administrativ festgelegten Verschuldungsobergrenzen geriet, was zum »shut-down«, d.h. zu temporären Auszahlungsstopps führte. Zwar konnten diese Engpässe durch Heraufsetzen der Verschuldungsgrenzen durch den US-Kongress überwunden werden, doch bleibt das jährliche Budgetdefizit auch nach der akuten Krisenphase bis in die Gegenwart auf einem qualitativ neuen, höheren Niveau (siehe Abb. 16.23). Die US-Staatsschuld liegt 2019 bei rd. 100% des (nominellen) Bruttoinlandsprodukts (GDP).

Wie sah nun die Reaktion der seinerzeitigen Trump-Regierung auf diese Grundkonstellation aus? Im Hinblick auf Wertschöpfung und reproduktive Kapitalakkumulation wurde neben einer Senkung der Einkommens- und Körperschaftssteuern, die als Stimulus für Investitionen wirken soll, auf eine verstärkte Abschottung des Inlandsmarktes gesetzt. Letzteres als Reaktion auf mangelnde Wettbewerbsfähigkeit traditioneller Industriebranchen, die dem Druck eines Outsourcings von Wertschöpfungsstufen ins Ausland sowie gänzlicher Verlagerung ausgesetzt waren. Tat-

Abbildung 16.23: US-Budgetdefizit seit 2000

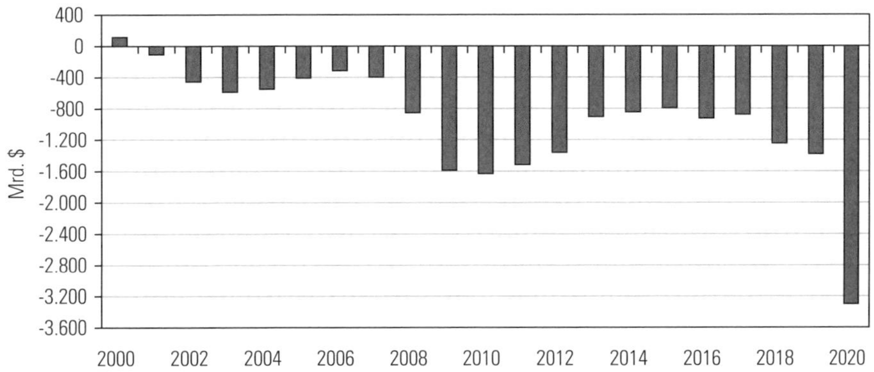

Quelle: Economic Report of the President

sächlich wurden hierdurch zunächst kurzzeitige positive Effekte erzielt; allerdings blieb das von der Trump-Administration angekündigte öffentliche Investitionsprogramm für die teilweise marode Infrastruktur weit hinter den geweckten Erwartungen zurück. Für die Zukunft bleibt abzuwarten, welche Wertschöpfungseffekte die expansive Finanzpolitik unter der Biden-Administration tatsächlich bewerken wird. Für den Finanzsektor stand unter Trump die Aufhebung der in Reaktion auf die Finanzmarkt- und Wirtschaftskrise 2007-09 durchgesetzten Regulierungen auf der Agenda, um erneut eine vermögenspreisgetriebene Kapitalakkumulation zu befeuern – mit erneuten Fehlallokationen und umfassend negativen Rückwirkungen beim allfälligen Platzen der Preisblasen. Schließlich wurden in den letzten Jahren selektive Ausgabenkürzungen des öffentlichen Budgets vornehmlich bei den Sozialausgaben neben den Steuersenkungen durchgeführt, die die private konsumtive Endnachfrage per Saldo verteilungsabhängig negativ beeinflussten. Im Ergebnis dieser Politik hatte sich die Stellung des US-Kapitals auf dem Weltmarkt weiter verschlechtert. Zusätzlich zu diesen ökonomischen Belastungen sind die USA mit der Covid-19-Pandemie konfrontiert, die durch ein dilettantisches und das Leben vieler Amerikaner aufs Spiel setzendes Krisenmanagement der abgewählten Trump-Administration in ihren ökonomischen Auswirkungen massiv verschärft wurde. Auch in den USA toppte der Abschwung 2020 in Bezug auf Verluste an Wertschöpfung und Beschäftigung viele bisherige Negativ-Rekorde.[24]

[24] Wir kommen auf die Auswirkungen der Corona-Pandemie in den verschiedenen Ländern und den weltwirtschaftlichen Abschwung zunächst des Jahres 2020 im letzten Unterabschnitt dieses Kapitels noch einmal zurück.

VR China: kommende weltgrößte Ökonomie mit internen Transformationsaufgaben und außenpolitischen Entwicklungsambitionen

Die VR China ist die am raschesten wachsende Volkswirtschaft der Welt, die seit dem Höhepunkt des X. Nachkriegszyklus 2007/08 bis 2019 deutlich mehr als eine Verdoppelung ihres BIP erzielt hat. Jedoch kann und soll das bisherige Entwicklungsmodell nicht fortgeführt, sondern in einigen zentralen Punkten verändert werden.

Erstens soll die Erreichung einer internationalen Spitzenposition in immer weitere Bereiche verbreitert werden. Bis zum 100. Jahrestag der Gründung der Volksrepublik im Jahr 2049 soll dieser Spitzenplatz über die ganze Breite der Produktion verallgemeinert worden sein. Für das kommende Jahrzehnt wird im Rahmen der nach wie vor gültigen Selbstverortung als industrielles Schwellenland die Orientierung auf eine »Gesellschaft mit bescheidenem Wohlstand für Alle« für die zukünftig absolut größte Volkswirtschaft der Welt ausgegeben. Für den 100. Jahrestag der Gründung der Volksrepublik lautet das Ziel: Erreichung eines internationalen Spitzenwertes auch bei der Versorgung der Bevölkerung.

Zweitens. Die zunehmende Orientierung auf Hightech-Produkte und -Produktionen bedeutet eine Abkehr von arbeitsintensiven Exportprodukten, obgleich die chinesischen Exporteure sich schon früh auf höherwertige Waren, vor allem Elektronikgüter, orientiert hatten. Allerdings nahmen die chinesischen Unternehmen hier meist nur den letzten Produktionsschritt, das Zusammensetzen von importierten Teilen und Komponenten zum Endprodukt, vor. Von der »Werkstatt der Welt« orientiert sich China mittlerweile auf eine stärkere Ausrichtung auf die Befriedigung der binnenwirtschaftlichen Nachfrage. Mit dieser veränderten Ausrichtung der Ökonomie auf binnenwirtschaftliche Schwerpunkte geht eine Steigerung der Produktion von immateriellen Waren (Dienstleistungen) einher. Dies dämpft die Importe und verringert die gesamtwirtschaftliche Wachstumsrate. Die Wachstumsrate des chinesischen BIP lag 2018 bei 6,75 und 2019 bei 6,11%. Diese veränderte Orientierung schließt die Reparatur von Umweltschäden aus der Vergangenheit sowie die vorsorgliche Vermeidung und Reduzierung neuer schädlicher Emissionen in Gegenwart und Zukunft ein. Für das Jahr 2020 wurde ein positives BIP-Wachstum i.H.v. 2,3% realisiert – ein Ausnahmetatbestand gegenüber allen anderen entwickelteren Ländern, der deutlich macht, dass die regierende KP die Auswirkungen der Corona-Pandemie rasch und umfassend in den Griff bekommen hat.

Im Vorfeld zu den Beratungen über den 14. Fünfjahresplan hatte Staats- und Parteichef Xi Jinping sich für eine »Strategie der zwei Kreisläufe« ausgesprochen. Dahinter verbirgt sich die Überlegung, zum einen die chinesische Wirtschaft verstärkt auf die Binnenwirtschaft auszurichten und zum anderen die Export-Abhängigkeit Chinas zu reduzieren. Statt auf eine Weltwirtschaft zu setzen, die sich vor allem um die Wirtschaftsmacht USA dreht, will Peking in Zukunft mehr Gewicht auf die Dynamik des Konsums im Innern und stärkeren Warenaustausch mit regionalen Handelsbündnissen, vor allem in Asien und Europa, legen. Chinas Exportwirtschaft leidet nicht nur unter den Wirtschaftskonflikten mit den USA, auch die wegen der Corona-Pandemie zerrüttete Weltwirtschaft bremst die ökonomischen Aufbaupläne. Die »Strategie der zwei Kreisläufe« ist die Reaktion auf die von den USA vorangetriebene Politik der möglichst weitgehenden Abkopplung der amerikanischen und der westlichen Wirtschaften von der chinesischen Wirtschaft.

Drittens. Die rasante Entwicklung in der Vergangenheit schließt auch finanzielle Stabilitätsrisiken ein. Auf der »Zentralen Konferenz für Wirtschaftsplanung«, die zu Beginn des Jahres 2018 stattgefunden hat, war unter anderem von einer »kritischen Schlacht« gegen finanzielle Risiken die Rede.[25] Tatsächlich hat sich mit der Ausweitung der Kreditvergabe an die (nichtfinanziellen) Unternehmen deren Verschuldung erheblich erhöht. Anders als in anderen kapitalistischen Schwellenländern führt diese starke Kreditexpansion aber nicht zu einer gewaltsamen Korrektur in einer Finanzkrise, weil die Verbindlichkeiten der staatlichen oder halbstaatlichen Unternehmen durch Staatsgarantien gesichert sind. Die verschlechterte Schuldentragfähigkeit drückt sich in einem sinkenden Zinsdeckungsgrad – EBITDA[26] zu Zinsen – aus; im Jahr 2016 entfielen rd. 13% der Unternehmensverschuldung auf Firmen, deren Gewinn nicht zur Deckung der Zinsaufwendungen ausreichte.[27] Die verbesserte Einkommenssituation der sich entwickelnden Mittelklasse hatte überdies zu einem Immobilienboom geführt, der die Gefahr von Fehlallokationen von Kapital und Preisblasen hervorgerufen hatte. Bislang konnten partielle Störungen im Finanzsystem jedoch durch staatliche Interventionen stets kompensiert werden.

Viertens schließlich sind die chinesische Gesellschaft und die regierende kommunistische Partei daran zu messen, dass die Prinzipien und Ziele einer »sozialistischen Marktwirtschaft chinesischer Prägung« im Sinne der sozialen Emanzipation der arbeitenden Klassen auf der Grundlage einer stets verbesserten Versorgung der Bevölkerung mit Konsumtionsmitteln verstärkt angegangen werden. Im Vordergrund steht dabei eine Aufwertung der Gewerkschaften als selbständige Interessenvertreter der Arbeiter, eine politische Kontrolle und Korrektur der ungleichen Einkommensverteilung sowie eine verstärkte Mitwirkung der Belegschaften und ihrer Repräsentanten bei Unternehmensentscheidungen und eine weitergehende Mitbe-

---

[25] Die Finanzmarktaufsicht war von der politischen Führung kritisiert worden, weil die Schulden der Provinzen und Städte erheblich zugenommen hatten, ohne dass die zentralen Behörden dies rechtzeitig registriert hätten. Man habe daher eine dreijährige Kampagne gegen finanzielle Risiken, Umweltverschmutzung und Armut beschlossen. In einer Analyse der nur auf Chinesisch vorliegenden Stellungnahme des Treffens gehen die Autoren von »Bloomberg« davon aus, dass die chinesische Führung das Gewicht stärker auf die Verschuldungsrisiken verlagert habe und sich bemühe, die Balance zwischen der Bekämpfung von Umweltverschmutzung und Kreditschwemme einerseits und dem Bemühen, die Wirtschaft nicht allzu sehr auszubremsen, andererseits zu halten (vgl. W. Pomrehn 2018 nach http://www.heise.de/tp/news).

[26] Das EBITDA als Earnings before Interest, Taxes, Depreciation and Amortisation bezeichnet den Bruttoumsatzüberschuss als Innenfinanzierungsgröße für Investitionen und/oder sonstige Verpflichtungen aus dem Gewinn.

[27] Vgl. BBK 07/2018: Die Neuausrichtung der chinesischen Wirtschaft und ihre internationalen Folgen, S. 46.

stimmung der Bevölkerung und zivilgesellschaftlicher Organisationen in den lokalen und regionalen Gebietskörperschaften.

Unter Bedingungen stabiler Reproduktion und Akkumulation im Innern konnte die Volksrepublik auch ihre außenwirtschaftliche und außenpolitische Position seit der Jahrtausendwende weiter ausbauen. Der strukturelle Handelsbilanzüberschuss führte zu einem ebenso strukturellen Überschuss in der chinesischen Leistungsbilanz; beide haben seit der zweiten Hälfte des ersten Jahrzehnts nach dem Jahrtausendwechsel noch einmal deutlich zugelegt (siehe Abb. 16.24).[28] Es war in den vergangenen Jahren ein wechselseitiges Aufschaukeln des Handelsprotektionismus zwischen den USA und der Volksrepublik zu registrieren, das als Handelskrieg bezeichnet werden kann und durchaus unabhängig von der früheren Trump-Administration ist, weil auch eine durch die US-Demokraten geführte Regierung ihre Absicht bekundet hat, den weiteren Aufstieg der Volksrepublik mit allen verfügbaren Maßnahmen zu stoppen. Die chinesische Regierung geht davon aus, dass diese Maßnahmen ihre Exporte in Zukunft beschränken werden und hatte schon vor der Corona-Krise ein staatliches Nachfrageprogramm zur Kompensation der zukünftigen Exportausfälle aufgelegt, welches die interne Verschuldung erhöht. Dabei wird die angestammte politische Position, keine nennenswerten Auslandskredite aufzunehmen, allerdings beibehalten, und die internationale Gläubigerrolle Chinas wird sukzessive weiter ausgebaut.

Die Gegenbuchungen zum chinesischen Leistungsbilanzüberschuss sind Netto-Kapitalimporte sowie ein starker Aufbau der Währungsreserven, die seit 2000 bis auf die Jahre 2015/16, in denen sie rückläufig waren, von Jahr zu Jahr angestiegen sind. Seit 2011 belaufen sie sich stets auf über drei Bio. US-Dollar (3 tn US-$). Dabei ist der außenwirtschaftliche Kapitalverkehr nach wie vor durch Kapitalverkehrskontrollen reglementiert, wodurch ein unkontrollierter Kapitalabfluss ins Ausland vermieden werden soll. Tatsächlich überwiegt bis 2013 der Kapitalimport nach China, der zum überwiegenden Teil langfristig und reproduktiv im Sinne des Aufbaus von Unternehmen – früher überwiegend Gemeinschaftsunternehmen mit einem maximalen Kapitalanteil des ausländischen Investors von 49% mit späterer Übernahme dieses Anteils durch den chinesischen Partner, mittlerweile zunehmend Liberalisierung des Joint-Venture-Zwangs[29] – veranlasst war. Seit 2015 hat sich die chinesische Kapitalbilanz gedreht. Der bei Anlegern bekannte Emerging Markets-Boom hat nachgelassen. Investoren zogen nach und nach Kapital aus China ab. Gleichzeitig fließt vermehrt chinesisches Geldkapital ins Ausland. Da-

[28] Die Differenz zwischen dem Handels- und Leistungsbilanzsaldo liegt zum einen an einem Importüberschuss bei Dienstleistungen (commercial services), zum anderen an der in den letzten Jahren massiv gewachsenen Reiselust der Chinesen.

[29] Seit einiger Zeit hat sich das Interesse des chinesischen Staates gewandelt. Um seinerseits durch ausländische Tochterunternehmen Auslandsmärkte zu bedienen, gestattet man auch die Bildung von Unternehmen in 100%igem ausländischen Besitz auf heimischem Territorium. Diese Deregulierung ist somit Ausdruck der mittlerweile erreichten Stärke der chinesischen Volkswirtschaft in bestimmten Produktionszweigen.

Abbildung 16.24: Zahlungsbilanz der VR China, in Mrd. US-$

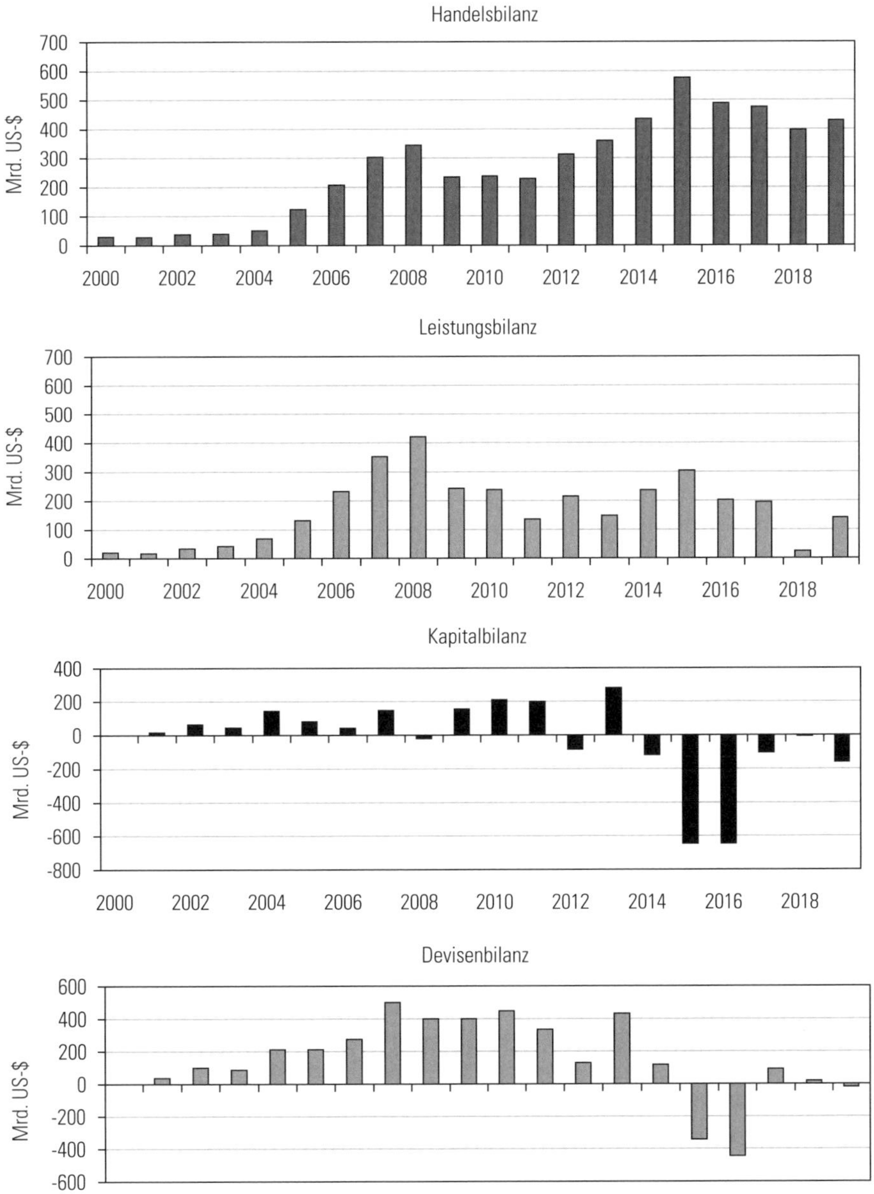

Quellen: WTO, OECD, IWF, Statista, Thomsen Financial Datastream bei handelt es sich nicht nur um Kapitalexporte der chinesischen Staatsfonds, sondern auch um Fluchtgelder reicher Chinesen.[30]

Obwohl die chinesische Zentralbank seit einiger Zeit durch Aufstockung ihrer Goldreserven und der Anlage der Devisenreserven in Euro und anderen Währungen eine Diversifikationspolitik betreibt, ist der überwiegende Teil der chinesischen Währungsreserven, die Ende 2019 3,1 Bio. US-Dollar, Ende 2020 3,2 Bio. US-Dollar betragen haben, nach wie vor in US-Dollar angelegt. Die genaue Zusammensetzung ist nicht bekannt, allerdings hielt die Volksrepublik im Oktober 2017 US-Staatsanleihen (Treasuries) im Wert von 1,19 Bill. US-Dollar. Nachdem gegen Ende des Jahre 2015 der Renmimbi Yuan in den Währungskorb zur Berechnung der Sonderziehungsrechte des Internationalen Währungsfonds aufgenommen worden war und damit die chinesische Währung offiziell eine der Weltreservewährungen geworden ist, ist die Integration Chinas in das Weltwährungsgefüge enger geworden. Dementsprechend ist das Interesse an stabilen Wechselkursen des Yuan insbesondere gegenüber dem US-Dollar nochmals gewachsen.

Auch die Rolle Chinas bei der Verteidigung des Freihandels und Multilateralismus ist vor dem Hintergrund der protektionistischen Abschottungspolitik der USA bedeutend gewachsen. Dabei folgt die Außenhandels- und Außenpolitik der Volksrepublik einem strategischen Plan, der unter der Bezeichnung »Neue Seidenstraße« bzw. »Belt and Road (B&R)« firmiert. Bei B&R handelt es sich um Infrastrukturprojekte, um China mit den Märkten Südost-Asiens (Thailand, Singapur) sowie Indiens, Europas (Zugverbindung Beijing bzw. Zhenzhou/Yiwu nach Duisburg über Nowosibirsk bzw. Kasachstan, Kazan, Moskau, Warschau) und Afrikas (Djibouti/Äthiopien, Kenia, Angola und Nigeria) zu verbinden; zugleich wird dadurch Entwicklungspolitik insbesondere in Afrika betrieben, die selbstverständlich auch den Einfluss Chinas in der Welt steigert, von westlich-kapitalistischer Seite argwöhnisch beäugt und in altbekannter antikommunistischer Manier als neuer Kolonialismus denunziert wird.[31]

China rüstet sich damit für Auseinandersetzungen mit den USA und anderen westlich-kapitalistischen Staaten, wenn diese ihre bisherige Vorherrschaft zu verteidigen suchen, obwohl ihre ökonomischen Fundamente mehr und mehr erodiert sind und mit der Zunahme nationalistischer Tendenzen weiter erodieren werden. Abgesehen von der Geltendmachung geostrategischer Interessen sowie der Bean-

---

[30] Naturgemäß ist der Umfang der Kapitalflucht schwer zu quantifizieren. Einen Hinweis gibt der steigende statistische Restposten der chinesischen Zahlungsbilanz, der u.a. Fluchtgeldern in die Sonderverwaltungszone Hongkong geschuldet ist.

[31] Vgl. Hoering 2018: 20: *»Die offizielle Version der chinesischen Regierung, die an eine Idealvorstellung der historischen Seidenstraßen anknüpft und auch von zahlreichen beteiligten Regierungen und Beobachtern aufgenommen wird, setzt dem westlichen Entwicklungsdiskurs ein eigenes Paradigma entgegen. Erklärte Ziele sind Wohlstand, Wirtschaftswachstum und Stabilität durch Konnektivität und proaktive staatliche Unterstützung. Konnektivität meint dabei nicht nur materielle Infrastruktur und Handel, sondern auch politische Zusammenarbeit, Finanzsysteme und ›Kontakte zwischen Menschen‹.«*

spruchung gewohnheitsmäßiger Ressourcen (Fischfang) unmittelbar vor der Haustür der Volksrepublik, d.h. im Südchinesischen Meer, die sich vornehmlich gegen die US-Satellitenstaaten Taiwan, Südkorea sowie Indonesien und die Philippinen als Behauptung von Hoheitsrechten richten, sind die Ambitionen Chinas aber defensiv, d.h. es wird keine Ablösung der USA als selbsternannter Weltpolizist und »Propagandist« der Werte einer liberalen, auf eine kapitalistische Marktwirtschaft gegründeten Demokratie angestrebt – jedenfalls nicht auf mittlere Frist. Sollte es zu konfliktvollen Auseinandersetzungen kommen, weil die USA ihre bisherige geostrategische und militärische Vorherrschaft nicht kampflos und freiwillig zurückzunehmen bereit sind – und es spricht nichts dafür, dass ein kapitalistischer Welthegemon so friedlich abzutreten bereit ist wie seinerzeit die Sowjetunion in ihrem Einflussbereich –, so wird es nach gegenwärtiger Lage der Dinge nicht die Volksrepublik China sein, die die Rolle des Aggressors spielen wird.

EU/Euro-Zone: interne politische und ökonomische Blockaden

Die Euro-Zone, in ihrer (gegenwärtigen) Abgrenzung mit 19 Ländern, umfasst mit über 330 Mio. Einwohnern mehr als zwei Drittel der Europäischen Union mit insgesamt rd. 450 Mio. Einwohnern (ohne Großbritannien). Nach dem Austritt Großbritanniens ist die EU von ihrer Einwohnerzahl etwa so groß wie die USA und Japan zusammen; mit ihrem Wirtschaftspotenzial, gemessen als BIP in US-Dollar, stellt die EU etwa 20% der weltweiten Wirtschaftsleistung und die zweitgrößte Wirtschaftsmacht nach den USA und vor der Volksrepublik China. Allerdings fällt es der EU wegen der Verstärkung nationalistischer Tendenzen und des politischen Rechtsrucks in tendenziell allen Mitgliedsstaaten zunehmend schwerer, die Interessen ihrer Mitgliedsländer auszugleichen und zu vereinheitlichen – von einer Vertiefung und Fortführung des ökonomischen Integrationsprozesses in Richtung einer europäischen Volkswirtschaft durch die Länder der Euro-Zone durch Überwindung deren Hybridcharakters[32] sowie der Realisierung der ursprünglichen Idee eines politischen Bundesstaates (Vereinigte Staaten von Europa) ganz zu schweigen.

Die wirtschaftliche Entwicklung in der Euro-Zone als Ganzes bzw. in weiterer Instanz auch der Europäischen Union im XI. Zyklus nach der Weltwirtschaftskrise 2009 korrigiert für diesen Teil der Weltwirtschaft endgültig das Bild von einem der längsten Konjunkturaufschwünge der Nachkriegszeit. Gegenüber der Vorkrisenzeit (2007) hat das BIP der Euro-Zone bis einschließlich 2019 gerade mal um knapp 9% – dies sind gerade einmal 0,7% p.a. (CAGR) – zugelegt, nachdem 2011 bis 2014 eine dreijährige Stagnationsphase zu verzeichnen war (siehe Abb. 16.25). Diese

[32] Zum Hybridcharakter der Euro-Zone mit einer gemeinsamen Zentralbank und gemeinsamem Geld, einem supranational integrierten Finanzmarkt für kurzfristiges Geldkapital, national mitbestimmten Kapitalmärkten und in abgestufter Weise national dominierten Märkten im reproduktiven Sektor sowie einer primär national bestimmten Durchschnittsprofitrate der (großen) Euroländer vgl. Krüger 2012a: 478ff. sowie Kapitel 4 und 6 des vorliegenden Buches.

Abbildung 16.25: BIP-Entwicklung nach der Großen Krise im XI. Nachkriegszyklus in der Euro-Zone sowie in Großbritannien; Index 2007 = 100

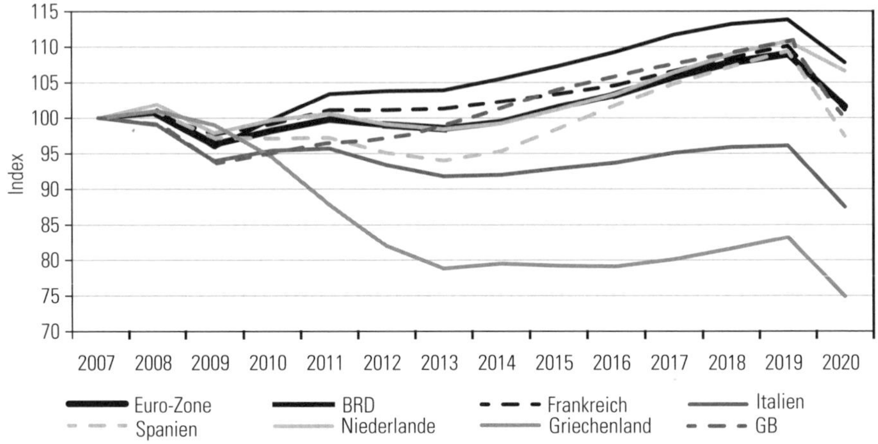

Quelle: Deutsche Bundesbank, EU-Kommission

schwache Erholungsphase in Europa beruhte auf den Nachwirkungen der Großen Krise und namentlich auf dem Umstand, dass der Weltwirtschaftskrise 2009 eine Krise der Euro-Zone nachfolgte, die für Irland sowie die südeuropäischen Länder Griechenland, Italien, Spanien und Portugal mit länger anhaltenden Schrumpfungsprozessen ihrer Volkswirtschaften verbunden war. Am härtesten war Griechenland betroffen, welches drei Rettungsprogramme benötigte und 20% seines Vorkrisen-BIP bis 2017 verlor, danach Italien als immerhin drittgrößte Volkswirtschaft von Euro-Zone und EU, das 2019 vor dem Abschwung des XI. Zyklus erst 96% des Vorkrisenniveaus von 2007 wieder aufgeholt hatte.

Die Durchschnittsprofitraten der großen EU-Länder (inkl. GB) bewegen sich in allen Überakkumulationszyklen (VII. Zyklus bis XI. Zyklus) mit geringen Unterschieden auf etwa dem gleichen Niveau (siehe Abb. 16.26). Dabei bleiben die Profitraten des britischen sowie des BRD-Kapitals während der fünf Zyklen auf einem konstanten Niveau, während die Profitraten in Frankreich, Italien und Spanien im Betrachtungszeitraum nochmals zwischen 4 und 5 Prozentpunkte verlieren. Im XI. Nachkriegszyklus hat sich damit ein leichtes Profitratendifferential in Europa herausgebildet. Mit dem Austritt Großbritanniens aus der EU 2020 dürfte sich die bisherige Position der Profitrate des britischen Kapitals am oberen Ende des Profitraten-Fächers infolge hinzunehmender Verluste auflösen. Für alle europäischen Reproduktionsprozesse gilt jedoch, dass sie eine durchschnittliche Gesamtkapitalrentabilität aufweisen, die keinen Ausbruch aus der Überakkumulationssituation signalisiert und gegenwärtig mit der Profitrate des US-Kapitals nach dessen Stabilisierung in den letzten Konjunkturzyklen auf gleicher Höhe liegt.

Abbildung 16.26: Allgemeine Profitraten der großen EU-Länder (inkl. GB) seit 1975

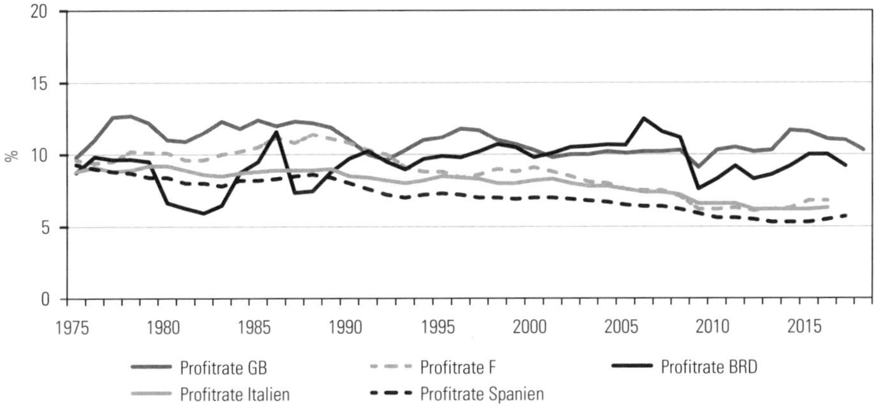

Quelle: eigene Berechnungen auf Basis von Daten der jeweiligen National Accounts. OECD, BRD-VGR

Obwohl sich bis zum Jahr 2018 der konjunkturelle Erholungsprozess fortgesetzt und erst 2019 der durch die Industrieproduktion geprägte Zyklus seinen oberen Wendepunkt erreicht hatte, sind die Nachwirkungen der Krisenprozesse von 2008/09 noch deutlich spürbar. Am augenscheinlichsten kommen sie in den hochgetriebenen und für einige Länder nach wie vor hohen Verschuldungsquoten der nationalen öffentlichen Haushalte (in »Maastricht-Abgrenzung«, d.h. inkl. Saldo der Sozialversicherungen) am jeweiligen (nominalen) BIP zum Ausdruck. Von den Euro-Krisenländern hat nur die Republik Irland ihre bis 2013 auf über 120% angestiegene Verschuldungsquote wieder in die Nähe des Richtwerts von 60% absenken können (Ist 2019: 59%), wohingegen Griechenland mit seinem Spitzenwert von 177%, aber auch Italien und Portugal mit 135 zw. 120% sowie Spanien mit 96% noch deutlich jenseits dieses Werts liegen (siehe Abb. 16.27). Nur die Bundesrepublik, die von den Euro-Flächenstaaten die beste Performance nach dem Krisentiefpunkt 2009 zu verzeichnen hatte, konnte neben Finnland und den Niederlanden per 2019 den Sollwert erreichen bzw. unterschreiten und damit Rückkehr zur Normalität vermelden.[33] Dies gilt ganz abgesehen davon, dass die Einhaltung der »Maastricht-Vorgaben« in Bezug auf die öffentlichen Finanzen keineswegs ausreichende und schon gar nicht umfassende Kriterien für die Verfasstheit einer Volkswirtschaft darstellen.

Fast alle Länder der Euro-Zone, und in weiterer Hinsicht gilt dies noch mehr für die sonstigen EU-Staaten, haben mit wirtschaftlichen Problemen zu kämpfen, die

[33] Die später, zum Teil nach Währungsschnitten beigetretenen baltischen Staaten, die Slowakei sowie die Kleinstaaten Luxemburg und Malta haben darüber hinaus Verschuldungsquoten unterhalb des 60%-Sollwerts.

Abbildung 16.27: Verschuldungssaldo der öffentlichen Haushalte; in % des BIP

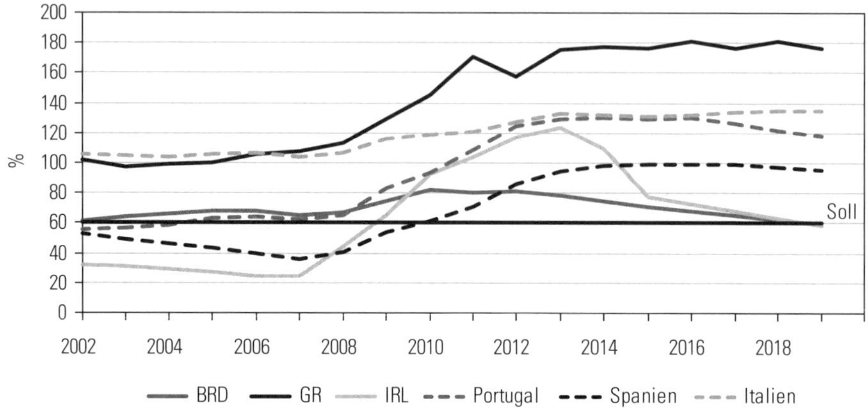

Quelle: Eurostat, Deutsche Bundesbank

sich in mannigfache soziale Probleme umsetzen. Die Auswirkungen der betriebenen neoliberal-austeritären Wirtschaftspolitik haben erhebliche Spreizungen in der Einkommensverteilung und große Bereiche ungeschützter Beschäftigungsverhältnisse, die am unteren Ende manifeste Armutsstrukturen hervorgebracht haben, geschaffen. Sie bilden den Nährboden für rassistisch-völkische Ressentiments und Vorurteile, die durch die Zuwanderung von Flüchtlingen und Schutzsuchenden aus anderen »fremden« Kulturkreisen aufgeladen werden. Der Rückzug auf den vermeintlich besser zu kontrollierenden Nationalstaat und eine der europäischen Integration entgegenstehende Abschottung gegen andere Länder und gegen eine angeblich die nationale Identität missachtende EU-Bürokratie führte zu einem politischen Rechtsruck und der Absage an rationale Politikkonzepte. Die »America-first-Politik« der vergangenen Trump-Administration spielte einer europäischen Außenpolitik in die Hände, die nach dem Motto: »Die Beherrschten sollen gefälligst mehr für ihre Beherrschung zahlen« auf verstärkte Militarisierung setzt. Eine an und für sich fällige grundsätzliche Neuausrichtung der EU-Außenpolitik, die selbstbewusst ihre Werte und Interessen definiert und sich nicht hinter immer schon zweideutig-unehrlichen »westlichen Werten« versteckt, ist nicht in Sicht.

Dabei hätte die Euro-Zone als Kern der Europäischen Union von ihrer ökonomischen Potenz her alle Möglichkeiten, auf der internationalen politischen Bühne in den verschiedenen Formaten eine hervorragende Rolle zu spielen. Als konsolidierte Wirtschaftsregion, d.h. ohne Berücksichtigung ihres internen grenzüberschreitenden Handels, war ihre Weltmarktpräsenz bis zur Weltwirtschaftskrise 2009 leicht größer als die der VR China, bevor letztere als sog. Exportweltmeister ihren Anteil überflügelte (siehe Abb. 16.28). In einzelstaatlicher Betrachtung ist der Exportanteil der Volksrepublik um etwa fünf Prozentpunkte gewichtiger als der der USA. Berück-

Abbildung 16.28: Anteile an Welt-Exporten (materielle Waren)

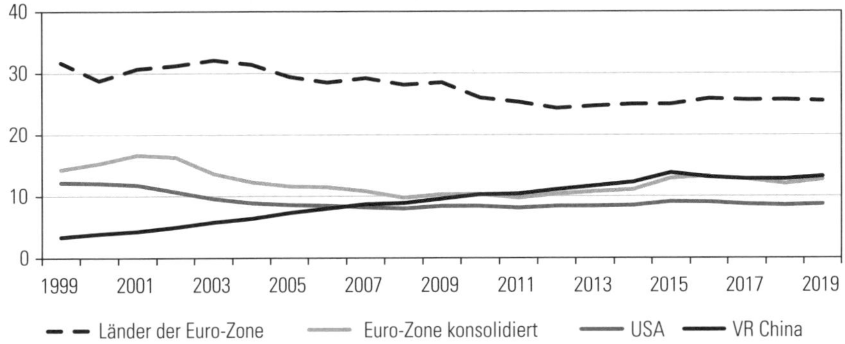

Quellen: World Trade Organization, Europäische Zentralbank

sichtigt man zusätzlich die Struktur der Weltmarktwaren dieser drei Wirtschaftsblöcke, werden diese Unterschiede nochmals qualitativ akzentuiert. Die Handels- und Leistungsbilanz der Euro-Zone (konsolidiert) weist im laufenden Jahrzehnt wachsende Überschusse aus, die zwar dem politischen Ideal einer stärkeren intraregionalen Vernetzung aller Wirtschaftsregionen gegenüber umstandsloser Globalisierung nicht entsprechen, jedoch in einer Übergangsperiode als Gegengewicht gegen protektionistische Abschottungen und für einen Multilateralismus in der Weltwirtschaft genutzt werden könnten (siehe Abb. 16.29). In dieselbe Richtung wirkt die Stärkung des Euro als internationale Transaktions- und Reservewährung, nachdem seine interne Rolle nach seiner Krise letztendlich gestärkt worden ist.

Die Redeweise von der EU als ökonomischem Riesen und politischem Zwerg ist aber nur die halbe Wahrheit. Auch ökonomisch bleibt die Europäische Union hinter ihren Möglichkeiten zurück, denn sie hat es versäumt, im Bereich der Internet- und Digitalwirtschaft beizeiten europäische »Player« – analog wie seinerzeit im Bereich der Luftfahrtindustrie mit dem Airbus-Konzern – als europäische Wettbewerber gegenüber US-amerikanischen und chinesischen Unternehmen aufzubauen. Diese haben sowohl mit Alphabet und Apple sowie Alibaba und Baidu (samt ihrer jeweiligen Tochterunternehmen) internationale Meta-Plattformen mit eigenen Betriebssystemen gebildet als auch für das Internet-of-Things z.B. mit Huawei einen Netzwerkausrüster für Hard- und Software etabliert, dessen technologischer und kostenmäßig-betriebswirtschaftlicher Vorsprung nicht mehr ohne Weiteres einzuholen ist. Die europäischen Anstrengungen in diesen Sektoren, z.B. Gaia-X-Cloud, hinken den US-amerikanischen und chinesischen Entwicklung hinterher. Selbst wenn die zum Teil überdurchschnittlichen Profite der international führenden Internet- und Telekommunikationskonzerne mittelfristig geschliffen werden, bleibt eine gewachsene technologische Abhängigkeit europäischer Firmen, die sich mit ihren Anwenderprodukten auf deren Infrastrukturen beziehen müssen, beste-

Abbildung 16.29: Zahlungsbilanz der Euro-Zone

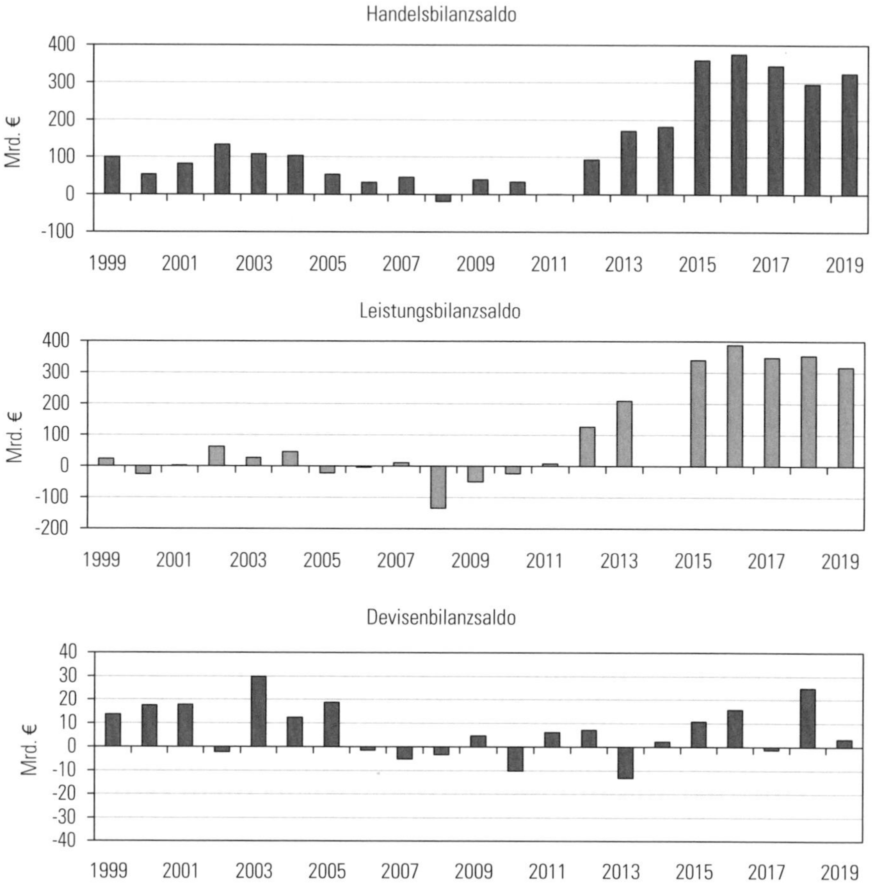

Quelle: Europäische Zentralbank

hen. Dieses Defizit ist direktes Resultat eines Verzichts auf europäische Struktur- und Industriepolitik und Ausfluss einer neoklassisch fundierten Markt- und Wettbewerbslehre mit sog. technologieoffener, nur durch Marktprozesse gesteuerten neoliberal ausgerichteten EU-Wirtschaftspolitik.

Die Entwicklung sowohl wichtiger bilateraler Wechselkurse des Euro als auch seines gewichteten multilateralen Wechselkurses unterstreicht die Stellung von EU bzw. Euro-Zone in der Weltwirtschaft (siehe Abb. 16.30). Nach seiner anfänglichen Abwertung 1999-2003 stabilisierte sich die Euro-Währung während der Finanzmarktkrise 2007/08 und wertete in dieser Phase gegenüber dem US-Dollar sogar besonders stark auf. Der Rückschlag für den Euro-Wechselkurs erfolgte nach der

Abbildung 16.30: Wechselkurse des Euro; Index I. Quartal 1999 = 100

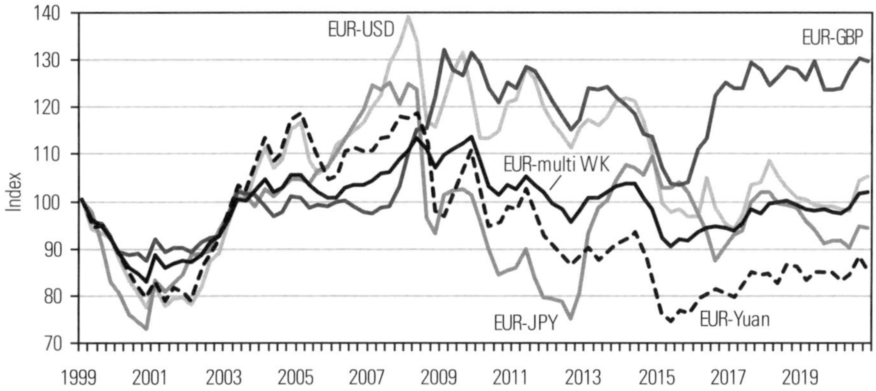

Quelle: Deutsche Bundesbank, Europäische Zentralbank

Weltwirtschaftskrise 2009 in und durch die anschließende Krise in einigen Euro-Staaten, die seit 2014 offensichtlich am Devisenmarkt fürs Erste als überwunden eingeschätzt wurde. Die neuerliche Abwertung des Euro seit Ende 2014 bis 2015 ist relativ gegenüber dem Dollar und drückt die steiler ansteigende US-Konjunktur sowie den stärkeren Anstieg der Kurse des fiktiven Kapitals an den US-Börsen gegenüber Europa aus.

Tatsächlich verläuft die Entwicklung an den Börsen zwischen USA und Euro-Zone im XI. Nachkriegszyklus deutlich unterschiedlich (siehe Abb. 16.31). Während der amerikanische Standard & Poor's 500-Index ausgehend vom Tiefpunkt im I. Quartal 2009 mit dem charakteristischen Vorlauf der Aktienkurse vor der reproduktiven Kapitalakkumulation mit nur wenigen Pausen bis in das I. Quartal 2020, d.h. vor Ausbruch der Corona-Pandemie auf rd. das 4-Fache ansteigt, vollzieht der Euro STOXX-Index in derselben Zeit nur einen moderaten Anstieg auf das 1,9-fache, d.h. um weniger als die Hälfte. Dieser Unterschied in der Kursentwicklung drückt zum einen den besseren Konjunktur- und Gewinnverlauf der amerikanischen Aktiengesellschaften gegenüber denen der Euro-Zone aus, ist jedoch zu einem Gutteil auch nicht fundamental gerechtfertigt. Auch nach einem kurzen Rückschlag der Kurse sowohl in den USA als auch in Europa durch die Lockdowns der Wirtschaft in der 1. Welle der Corona-Pandemie setzten die Aktienkurs-Indizes ihren Anstieg fort. Noch weniger als vor dem oberen Wendepunkt des XI. Zyklus in 2019 ist diese aktuelle Entwicklung durch die Profite der Aktiengesellschaften und ihre absehbare Entwicklung gerechtfertigt. Nur die niedrigen Zinssätze durch das Quantitative Easing der Zentralbanken sowie die Nachfragestützung durch die öffentlichen Haushalte gegenüber Lockdowns und Nachfragekontraktionen stehen im Jahr 2020 auf der Habenseite und haben den Abschwung abgefedert. Weder ist damit allerdings gesagt, dass das Folgejahr 2021 bereits einen durchgreifenden er-

Abbildung 16.31: Aktienindizes in den USA und Europa (1994/I = 100)

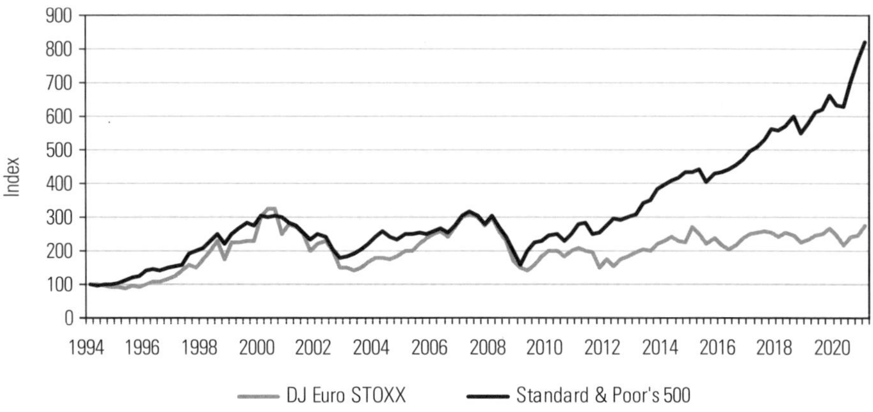

Quelle: Europäische Zentralbank, https://www.onvista.de/index/S-P-500-Index

neuten zyklischen Aufschwung zeigen wird, noch kann gar für die längerfristige Entwicklung der nächsten Jahre Entwarnung gegeben werden.

Japan: schwierige Überwindung der Deflationsfalle

Japan war in den 1980er Jahren mit den Verbesserungen in industriellen Abläufen (KVP, Kaizen) und schlanker Aufbauorganisation in den Unternehmen kurzzeitig als möglicher neuer Weltmarktchampion im Fokus gewesen; tatsächlich handelte es sich hierbei, wie bereits an anderer Stelle erwähnt, aber nur um eine Fortentwicklung der traditionellen fordistischen Betriebsweise, die auf dem längeren Fortgang der japanischen beschleunigten Kapitalakkumulation gegenüber den anderen kapitalistischen Metropolen beruhte, die bereits Mitte der 1970er Jahre den Übergang in eine strukturelle Überakkumulationssituation vollzogen hatten. Es war dies darüber hinaus die Zeit, in der Japan seine Handels- und Leistungsbilanzüberschüsse signifikant steigern konnte, nachdem das japanische Kapital zuvor stark auf den durch Zollbarrieren geschützten Binnenmarkt konzentriert gewesen war.

Im VIII. Nachkriegszyklus (1981-1991) war das Plaza-Abkommen von 1985 zwischen den USA, Japan, BRD, Frankreich und Großbritannien zur Kooperation und Einflussnahme auf die Wechselkurse der führenden Währungen, d.h. zunächst und vor allem zur Abwertung des US-Dollars, Ausgangspunkt für nachfolgende spekulative Exzesse. Die Erwartung einer Aufwertung der japanischen Währung ließ Kapital in das Land strömen, welches die Aktienkurse und die Immobilienpreise auf Höchststände trieb und eine kreditbasierte Spirale in Gang setzte; die vermögenspreisgetriebene (Geld-)Kapitalakkumulation wurde in Japan zum ersten Mal ausprobiert (siehe Abb. 16.32). Das überschüssige Geldkapital (Plethora-Kapital) wurde vonseiten der japanischen Konzerne nicht nur am heimischen Kapitalmarkt,

Abbildung 16.32: Japanische Aktienkurse (Nikkei-Index)

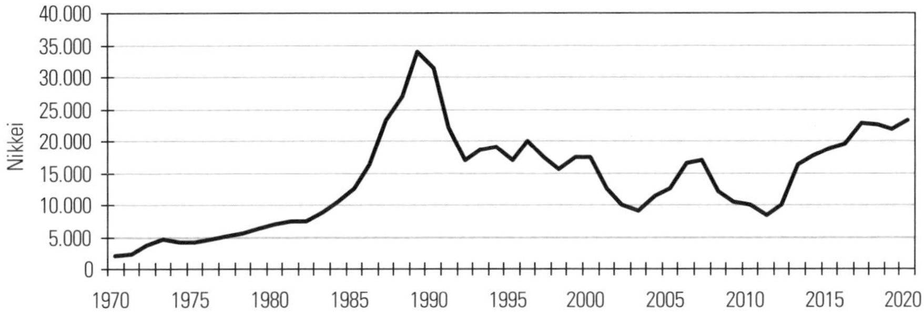

Quellen: Nihon Keizai Shimbun, Monatsberichte der Tokioter Börse, https://www.onvista.de/index/Nikkei-Index

sondern auch vermehrt für Akquisitionen im Ausland, insbesondere in den USA verwendet; dortselbst entstand die Furcht vor einem Ausverkauf der Wirtschaft an einen früheren Kriegsfeind (»Pearl Harbor-Phobie«).

Mit dem zyklischen Abschwung Anfang der 1990er Jahre platzte dann die Blase. Die Immobilienpreise fielen um drei Viertel, die Aktienmärkte stürzten ab und Banken saßen auf ihren »bad loans«, deren Höhe den Wert der zur Sicherung verpfändeten Grundstücke und Gebäude überstieg. Faktisch waren viele Banken und Unternehmen wegen Überschuldung insolvent. Durch eine lockere Geldpolitik, eine Vorform des später von den wichtigsten Zentralbanken praktizierten Quantitative Easing, sowie staatliche Interventionen wurde ein größerer Zusammenbruch jedoch verhindert und Zeit gekauft. Dies und die Entschuldungsbemühungen von Unternehmen und Privatkonsumenten führten jedoch im folgenden IX. Zyklus (1994-2003) die japanische Volkswirtschaft in eine Deflationssituation. Weder die Fortführung der Null-Zins-Politik der Bank of Japan noch die Verteilung von Konsumgutscheinen vom Staat an die Bevölkerung erzeugten eine nachhaltigere Belebung der Binnenkonjunktur. Die ganzen 1990er Jahre laborierte Japan an dieser Deflationskonstellation; die Redeweise vom »verlorenen Jahrzehnt« besitzt somit ihre Berechtigung.

Die japanische Regierung unter J. Koizumi versuchte mit neuen Gesetzen zur Privatisierung und Deregulierung namentlich im Finanzsektor neben der Fortführung kreditfinanzierter Investitionsprogramme die Deflation aufzulösen. Mit dem Periodenwechsel in den X. Zyklus 2003/04 hatte sich die Lage soweit gebessert, dass die Abschreibung der faulen Kredite »verdaut« und der Bankensektor durch seine Neuaufstellung (Fusionen) stabilisiert worden war. Der einsetzende China-Boom sowie die forcierte Forschung namentlich in der Robotik stimulierten auch die reproduktive Nachfrage wieder. Allerdings war diese Überwindung der japanischen Krise auf niedrigem Niveau nur von kurzer Dauer. Mit dem Ausbruch der internationalen Finanzmarktkrise und nachfolgenden Weltwirtschaftskrise waren die erreichten Fortschritte binnen Kurzem bereits wieder Makulatur.

Abbildung 16.33: Profitrate des japanischen Kapitals seit 1975

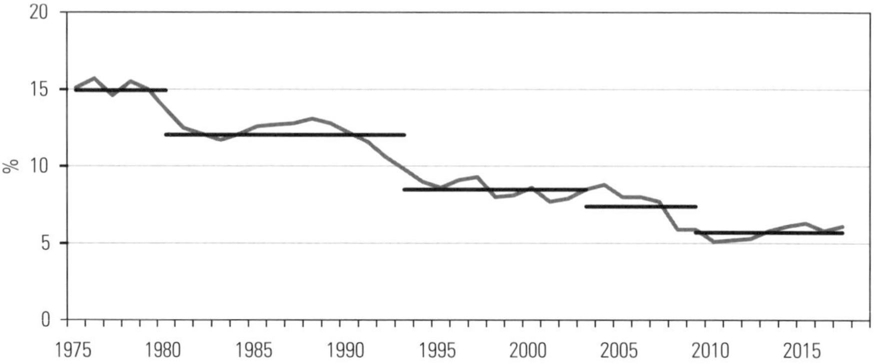

2010-2017 kein vollständiger Zyklus
Quelle: National Accounts, eigene Berechnungen

Die Profitrate des japanischen Kapitals war im VII. und VIII. Nachkriegszyklus (1975-1980 und 1981-1993) wegen des Timelags der in diesem Land andauernden beschleunigten Kapitalakkumulation zunächst noch auf einem im internationalen Vergleich höheren Niveau. Mit dem Übergang in die Deflationskonstellation im Folgezyklus änderte sich dies. Die Durchschnittsprofitrate in Japan sank weiter und stabilisierte sich erst ab dem X. Zyklus (2004-2009) auf einem sehr niedrigen Niveau, welches unter dasjenige der Profitraten der anderen Metropolen (inkl. USA) sank (siehe Abb. 16.33). Dies waren die Nachwehen der Deflationsperiode des japanischen Akkumulationsprozesses. Die gesamtwirtschaftliche Wachstumsrate der Wertschöpfung liegt in laufenden Preisen erst seit 2014 über derjenigen in konstanten Preisen und signalisiert so die (zeitweilige) Überwindung der Deflationssituation.

Die japanische Außenwirtschaftsposition, die sich seit Beginn der 1980er Jahre durch stabile Handelsbilanzüberschüsse ausgezeichnet hatte, geriet durch die Finanzmarkt- und Weltwirtschaftskrise auf neue Tiefstände und wurde für einige Jahre sogar negativ (2011-2015 sowie 2018/19) (siehe Abb. 16.34). Die japanische Leistungsbilanz schließt demgegenüber durchweg mit einem positiven Saldo ab, sodass die internationale Gläubigerposition des Landes weiter ausgebaut worden ist. Während der Leistungsbilanzüberschuss Japans bis zur Jahrtausendwende in etwa auf der Höhe des Handelsbilanzüberschusses lag, stieg er seit dem X. Zyklus deutlich über denselben an. Neben Überschüssen bei den Services (Dienstleistungen) geht dies à conto steigender Erträge aus ausländischen Kapitalanlagen und reflektiert die steigenden Kapitalexporte seit den 1990er Jahren. Als strukturelles Überschussland im Leistungsbereich ist Japan daher neben der BRD mitverantwortlich für internationale Disproportionen der kapitalistischen Metropolen.

Abbildung 16.34: Handels- und Leistungsbilanz Japans seit 1970

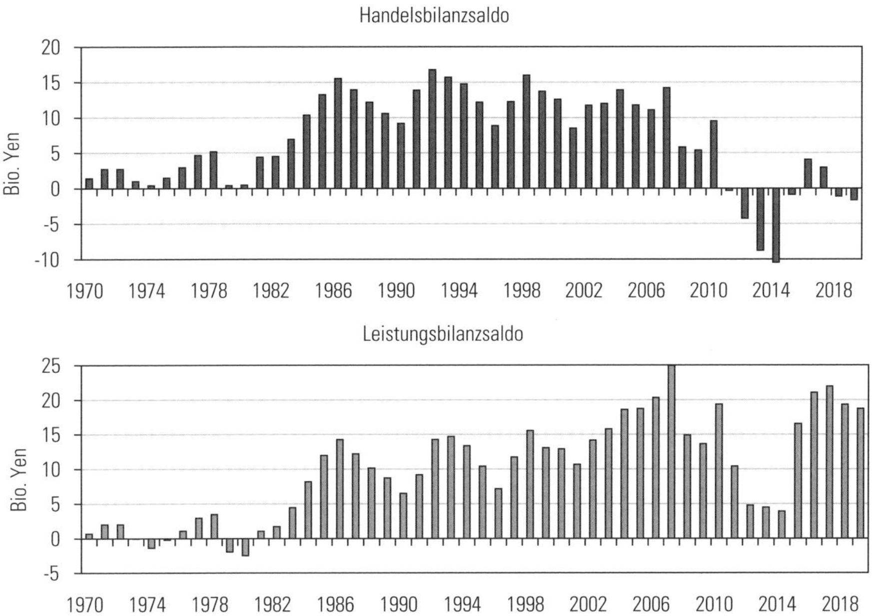

Quelle: OECD, Bank of Japan

Japan bleibt zwar nach den USA, der VR China sowie der EU als Gesamtheit die viertgrößte Volkswirtschaft, laboriert aber im laufenden Jahrzehnt an mehreren strukturellen Problemen. Zum einen ist Japan das Beispiel für eine extrem hohe Verschuldung des Staatshaushalts mit 238% seines BIP in 2019. Dies hinderte die Regierung unter Premierminister S. Abe nicht, weiterhin eine expansive Finanzpolitik umzusetzen und mehr oder weniger direkt durch die japanische Zentralbank finanzieren zu lassen; auch sein Nachfolger Y. Suga (seit September 2020) will diese Wirtschaftspolitik fortsetzen.[34] Die öffentliche Verschuldung des japanischen Staatshaushalts geschieht zum überwiegenden Teil im Inland und hat die Geldeigenschaften der japanischen Währung in der Binnenzirkulation bisher nicht beeinträchtigt; auf dem Weltmarkt spielt der japanische Yen nur eine untergeordnete Rolle und wird im ostasiatischen Wirtschaftsraum zunehmend durch die chinesische Währung verdrängt. Die wirtschaftlichen Perspektiven Japans werden nach

[34] In diesem Aspekt gilt Japan als Vorbild für »bastardkeynesianische« Linke in der BRD, denen die von der EZB betriebene Politik des »Quantitative Easing« noch zu restriktiv ist und die sich für eine unmittelbare Zentralbankfinanzierung der öffentlichen Haushalte – Übernahme staatlicher Schuldtitel am Emissionsmarkt – aussprechen; vgl. Krumbein 2018.

den wechselvollen Entwicklungen in den letzten drei Jahrzehnten nur noch verhalten eingeschätzt, denn zuletzt ist die Deflation an den Warenmärkten zurückgekehrt.

Die Regierung reagiert darauf mit der bekannten Medizin, d.h. einer noch lockereren Geldpolitik durch Aufkäufe von Wertpapieren durch die Bank of Japan, der Auflage von Konjunkturprogrammen sowie Strukturreformen, die allerdings nur zögerlich und halbherzig angegangen werden. Die hohe Staatsverschuldung Japans schränkt die Möglichkeiten zum Gegensteuern in der Corona-Krise merklich ein, weshalb für 2020 ein BIP-Rückgang von knapp 5% zu verzeichnen ist, obwohl das Land, nach Infektionszahlen gerechnet, die Pandemie bisher (Frühjahr 2021) überdurchschnittlich gut gemeistert hat. Unter langfristigem Aspekt steckt Japan am ausgeprägtesten von allen kapitalistischen Metropolen in der Sackgasse einer »secular stagnation«.

Ein weiteres strukturelles Problem Japans ist schließlich das im internationalen Vergleich extrem hohe Durchschnittsalter seiner Bevölkerung, welches bereits seit einigen Jahren zu einem Rückgang der Bewohner der japanischen Inseln führt. Da Zuwanderung weitgehend abgelehnt wird, kann sie, obwohl sie leicht zunimmt, bislang nicht als nennenswerter entgegenwirkender Faktor zu der internen demografischen Entwicklung wirken. Mit dieser Bevölkerungsentwicklung werden automatisch steigende Ausgaben der sozialen Sicherungssysteme einhergehen, die bereits heute 15% des öffentlichen Haushalts betragen und bis 2025 um weitere 8% steigen werden. Als Kompensation hat die Regierung unter anderem eine schrittweise Anhebung des Rentenalters beschlossen. Damit stehen für Japan bisher ungelöste Entwicklungsprobleme auf der Agenda.

f) Die übrigen BRICS-Staaten und industriellen Schwellenländer: ein mittlerweile mehrfach unterbrochener Aufstiegsprozess

Die aktuelle Entwicklung sowie die Perspektiven Chinas und der Russischen Föderation sind vorstehend bereits kommentiert worden; es bleibt, noch auf die anderen BRICS-Staaten Indien, Brasilien und Südafrika einzugehen. Von den übrigen Schwellenländern sollen darüber hinaus Mexiko und die Türkei in ihren aktuellen Entwicklungen kurz beleuchtet werden.

Von den übrigen BRICS-Staaten kann nur Indien mit einer durchschnittlichen Wachstumsrate in der Aufschwungsphase des XI. Zyklus (2010-2019) i.H.v. 6,9% an die Aufwärtsentwicklung der vorangegangen Zyklen anschließen, während Brasilien und Südafrika mit 1,2 bzw. 1,9% ihren vorangegangenen Aufstiegsprozess nicht fortsetzen können (siehe Abb. 16.35). Brasilien durchläuft 2015/16 sogar eine ausgesprochen tiefe Rezession und zeigt in den drei folgenden Jahren nur eine schwache Aufstiegsbewegung in Nähe einer Stagnation. Hinzu kommt im Jahr 2020 die Betroffenheit der Länder durch die wirtschaftlichen Auswirkungen der Corona-Pandemie, die sowohl Indien als auch Brasilien besonders schwer in Mitleidenschaft gezogen haben. Es ist daher folgerichtig, dass zuletzt kaum noch von den BRICS-

Abbildung 16.35: Bruttosozialprodukt von Indien, Brasilien und Südafrika, in konstanten Preisen; Veränderung ggü. Vj. in %

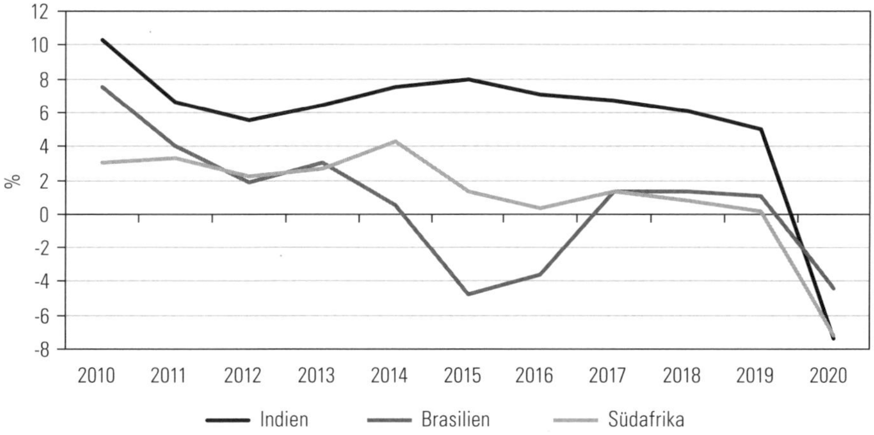

Quelle: OECD, Weltbank

Abbildung 16.36: Bruttosozialprodukt der Türkei, von Mexiko, Australien und Taiwan, in konstanten Preisen; Veränderung ggü. Vj. in %

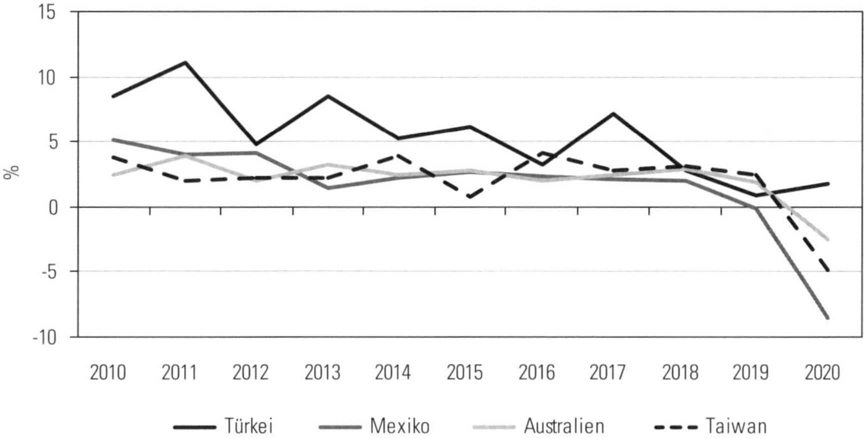

Quelle: OECD, Weltbank

Staaten als Wachstumsstars und Lokomotiven der Weltkonjunktur die Rede war; allein die VR China ist mit dieser Zuschreibung übrig geblieben.

Von den übrigen wirtschaftlich mittelgroßen Schwellenländern kann nur die Türkei eine durchschnittliche Wachstumsrate von 2010-2019 deutlich oberhalb von 5% p.a. (5,8%) aufweisen, die allerdings in den letzten beiden Jahren dieses Zeitraums mit dem anhaltenden Währungsverfall der türkischen Lira erheblich zurückgegangen ist. Alle anderen hier zu nennenden Länder erreichen im betrachteten Zeitraum nur ein durchschnittliches Wachstum ihres BIP (GNP) von 2,6 (Mexiko, Australien) bzw. 2,7% (Taiwan). Sie sind damit ebenfalls im Vergleich zum vorangegangenen Weltmarktzyklus als Motoren von Welthandel und Weltwirtschaft ausgefallen (siehe Abb. 16.36).

Als Fazit ergibt sich: Die Zeit, in der das wirtschaftliche Aufkommen großer und mittelgroßer Schwellenländer die Lokomotivfunktion für die Weltwirtschaft übernommen hatte und das Schwächeln der angestammten G7-Staaten kompensieren konnte, ist spätestens in der zweiten Hälfte des vergangenen Jahrzehnts, d.h. in der zweiten Aufschwungsphase des XI. Zyklus vorbei. Im Wesentlichen sind nur die VR China sowie Indien übrig geblieben, während die anderen Schwellenländer, nur die Türkei bis zum Jahr 2017 ausgenommen, entweder mit größeren Krisenprozessen zu kämpfen hatten oder auf einen niedrigeren Wachstumspfad eingeschwenkt sind. Dies ist die Konstellation, in der sich die Weltwirtschaft vor dem Ausbruch der Corona-Pandemie im I. Quartal des Jahres 2020 befand; die Corona-Krise wird einen zusätzlichen gravierenden Einfluss mit wirtschaftlichen (und sozialen) Konsequenzen haben, die auf den unterliegenden langfristigen, durch die ökonomischen Gesetze der kapitalistischen Akkumulation erzeugten Entwicklungstendenzen aufbauen und deren Restriktionen tendenziell verschärfen.

g) Die Dritte Welt

Das abstrakt proklamierte entwicklungspolitische Ideal für die Beziehungen zwischen der sog. ersten und der sog. dritten Welt sind Handels- und Leistungsbilanzdefizite der Metropolen (und Schwellenländer) gegenüber den zurückgebliebenen Ländern, die durch eine exportgetriebene Modernisierung ihre Binnenökonomien entwickeln und zugleich ihre Auslandsverschuldung abbauen (sollen). Allein, dieses Ideal trifft weder auf die Gruppe der Entwicklungsländer insgesamt noch auf die meisten bilateralen Leistungsbilanzsalden der einzelnen Länder mit entwickelten kapitalistischen Metropolen zu. Die einzige Ausnahme sind die erdölexportierenden Staaten der Dritten Welt, die jedoch in den meisten Fällen nur bloße Rentenökonomien sind und deren Erträgnisse aus der Ausbeutung von Erdöl- und Erdgasvorkommen einer Klasse von Grundeigentümern und ihrem Anhang zufallen, die sie sodann zu einem großen Teil konsumtiv in Form von Waren aus den entwickelten Ländern (Luxusprodukte sowie Rüstungsgüter) verausgaben. Trotz teilweise großen Reichtümern der herrschenden Clans und Familien, die in den Feudalstaaten (Scheichtümern) im Nahen Osten auch die materiell-technischen Infrastrukturen ausbauen, lebt die große Masse der (ausländischen) Arbeiter unter erbärmlichen Bedingungen und wird schamlos ausgebeutet. Ein differenzierter nationaler Wert- und Stoffersatz, der die Gesamtheit der Bevölkerung als Konsumenten einbezieht, existiert damit nicht oder nur sehr unvollkommen. Die Überschussposition in der Leistungsbilanz dieser Länder ist zudem an die Preisentwicklung ihrer Rohstoffe gebunden, die durch die Nachfrage der industriellen Importeure bestimmt wird und einen hohen Grad an Volatilität aufweist, d.h. vielfach nicht nachhaltig ist.[35]

Im internationalen Handel unterliegen die unentwickelten Länder, sofern es um durch gesellschaftliche Arbeit und deren Produktivkraftentwicklung und nicht um auf natürliche Lagegunst von Rohstoffvorkommen begründete internationale Konkurrenzfähigkeit geht, widerstandslos. Es kommt hinzu, dass teilweise die industriellen Metropolen ihre Agrikulturproduktion gegenüber Importen aus der Dritten Welt durch Zölle abschotten, um heimische Branchen zu schützen, z.B. im Europäischen Agrarmarkt.[36] Wo doch industrielle Produktionsprozesse in unterentwickelten Ländern angesiedelt sind, in denen Waren für den Export hergestellt werden, handelt es sich meistenteils um bloße verlängerte Werkbänke internationaler Konzerne, die durch die Unternehmenszentralen gesteuert werden und keine oder nur geringe Trade-off-Effekte für die heimische Wirtschaft erbringen. Letzteres steht im Fokus aktueller Kampagnen für einen fairen Handel (Fair Trade), in denen die zumeist miserablen Arbeitsbedingungen in diesen Dritte Welt-Sweatshops angeprangert werden. Aber selbst bei verallgemeinertem Fair Trade im Austausch zwischen Entwicklungsländern und Metropolen (und Schwellenländern) würde die Wirkung des Wertgesetzes auf dem Weltmarkt zu einer beständigen Herabstufung der in den Entwicklungsländern verausgabten Arbeit gegenüber den produktiveren Nationalarbeiten führen und den Abstand zwischen beiden tendenziell vergrößern. Diese Ländergruppe ist daher auf die heimische Produktion schützende Importrestriktionen bei gleichzeitig freiem Zugang ihrer Exportprodukte in die Abnehmermärkte in den industriellen Metropolen und Schwellenländern angewiesen, d.h. auf eine bewusst-politische Alternative und Negation zu dem gegenwärtig bei Abschlüssen von Handelsabkommen dominierenden Prinzip der Reziprozität. Darü-

---

[35] Gerade die ölproduzierenden und -exportierenden Länder sind mit der Endlichkeit ihrer Lagerstätten sowie einer verstärkten Substitutionsstrategie der wichtigsten Abnehmerländer zugunsten erneuerbarer Energieträger konfrontiert, sodass sie gehalten sind, gegenwärtig für die Zeit nach dem Ölboom vorzusorgen. Norwegen macht dies bereits seit längerer Zeit durch die Auflage von Staatsfonds vor, die Beteiligungen an ausländischen Industrieunternehmen erwerben, um darüber auch die heimische Wirtschaftsstruktur zu diversifizieren und zu entwickeln; mittlerweile folgt auch das Königreich Saudi-Arabien dieser Strategie.

[36] Besonderen Schutz genießen seit Gründung der EU – unter dem Druck der Großlandwirtelobby – viele Agrarprodukte. Ein besonderer »Zollklassiker« ist Zucker. Europas Zollschranken sperren damit gerade Entwicklungs- und Schwellenländer häufig aus. Beim Zucker trifft es Brasilien, Kolumbien und Kuba, wo Zucker aus Zuckerrohr an sich günstiger produziert werden kann als hierzulande aus Rüben. Doch die Einfuhr von Zucker in die EU ist weiterhin mit hohen Zöllen von bis zu 100 Prozent belegt.

ber hinaus ist es essentiell, dass positive Außenwirtschaftseffekte aus dem Handel sowie ausländischen Direktinvestitionen planvoll-bewusst in interne Liefer- und Leistungsverflechtungen eingebunden werden, um dadurch binnenwirtschaftliche Entwicklungsprozesse anzustoßen und zu stimulieren.

Ohne eine nationale Wirtschaftssteuerung, die das Verhältnis und die Beziehungen zwischen traditionellen, teilweise auf Subsistenz orientierten Produktionsverhältnissen, den Binnenmarkt beliefernde Unternehmen und exportorientierte Produktionen nach nationalen Entwicklungsplänen ausgestalten, werden sich kaum Erfolge einstellen. Eine derartige Verbindung von Plan- und Marktwirtschaft[37] ist allerdings das gerade Gegenteil der gegenwärtigen Leitlinien nationaler und internationaler Entwicklungspolitik.

Am unteren Ende dieser unterentwickelten Länder steht die Gruppe der »Least Developed Countries (LDC)«. Soweit sie der Internationalen Handelsorganisation (WTO) angehören, handelt es hierbei hauptsächlich um die Masse der afrikanischen Staaten der Sahara- und Subsahara-Zone; hinkommen einige asiatische Länder und Karibik-Staaten. Ihre ökonomische Präsenz liegt sowohl im Warenhandel als auch bei kommerziellen Dienstleistungen[38] durchweg deutlich unter 2% der jeweiligen Welt-Gesamtaggregate von Exporten und Importen.

Abgesehen von drei Jahren vor der Finanzmarkt- und Weltwirtschaftskrise waren die Handelsbilanz und die Bilanz der privaten Dienstleistungen für diese Ländergruppe durchweg defizitär (siehe Abb. 15.37). Der (private) Leistungsbilanzsaldo war dies ausnahmslos und zwar im laufenden Zyklus ab 2010 mit wachsenden Negativsalden, die mittlerweile gut 100 Mrd. US-$ p.a. erreicht haben. D.h. die Verschuldung der LDCs wächst seit dieser Zeit, vor allem getrieben durch Defizite beim Warenhandel, sprunghaft an.

Seit der zweiten Hälfte der 1990er Jahre hatte die in Armut lebende Bevölkerung begonnen, abzunehmen;[39] diese Entwicklung hielt bis in das zweite Jahrzehnt nach dem Jahrtausendwechsel an. Die Stagnation der Exporte der Least Developed Countries und ihr wachsender Import, der ab 2015 zu wachsenden Handelsbilanzdefiziten geführt hat, nährt Zweifel an dem Fortgang dieser Entwicklung aus den vergangenen Jahren. Der gesamte XI. Zyklus der Weltwirtschaft mit seinem gedrückten Welthandelsvolumen und der Aufspreizung der Wachstumsraten zwi-

---

[37] Für diese wenig ausdifferenzierten nationalen Reproduktionsprozesse, die zudem unterschiedliche Produktionsverhältnisse beherbergen und Märkte aufweisen, die reine Verkäufermärkte sind, gelten daher grundsätzlich andere Bedingungen für nationale Wirtschaftssteuerung als wir sie für hochentwickelte kapitalistische Marktwirtschaften im Übergang zum Marktsozialismus skizziert hatten (vgl. Krüger 2016).

[38] Kommerzielle Dienstleistungen (Commercial Services) umfassen mit Ausnahme staatlicher Leistungen und Übertragungen die jeweilige nationale Dienstleistungsbilanz; sie beinhalten neben den Tourismusein- und -ausgaben die Frachtkosten sowie finanzielle Dienstleistungen. Warenhandel (Merchandise Trade) und Commercial Services sind daher die privaten, marktinduzierten Leistungsbilanztransaktionen.

[39] Vgl. Abbildung 3.3 im 3. Kapitel.

Abbildung 16.37: Handels- und Leistungsbilanz der am niedrigsten entwickelten WTO-Länder (LDCs) seit 1980

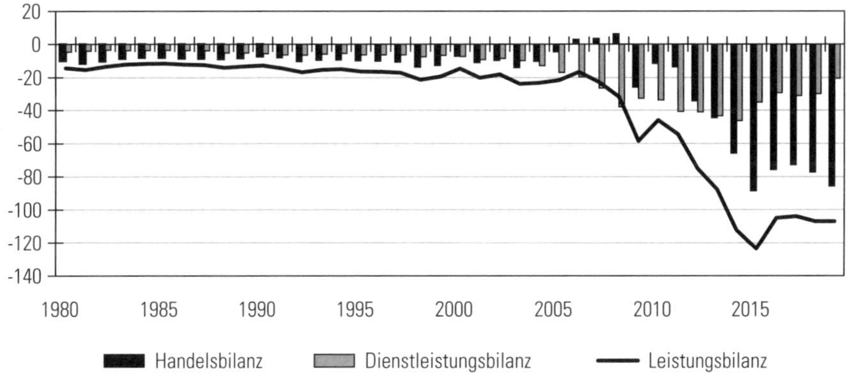

Quelle: WTO

schen einigen Metropolen und den übrig gebliebenen Schwellenländern, die wie China und Indien mithalten konnten, einerseits und dem großen Rest der sonstigen Länder andererseits, unterstreicht diesen Befund.

h) Die Corona-Pandemie, das Ende des XI. Nachkriegszyklus und die zweite Monetarisierung der (Staats-)Schulden

Die Ende 2019 in der chinesischen Stadt Wuhan ausgebrochene Covid-19-Infektion, die sich im Laufe der ersten Monate 2020 über die gesamte Welt verbreitet und damit pandemischen Charakter gewonnen hatte, wird vielfach als exogener Gesundheitsschock mit gravierenden wirtschaftlichen Auswirkungen bewertet. Dies stimmt jedoch nach mehreren Seiten nicht. Zum einen belegt dieses zoonotische, vom Tier auf den Menschen übergesprungene Virus anschaulich die zunehmende Rückwirkung menschlicher Lebensformen auf die äußere wie innere Natur und damit auf zeitgenössische Tatbestände einer finanzkapitalistischen Globalisierung der Weltwirtschaft mit Waldrodung und Landverbrauch durch Urbanisierung, industriell betriebener Agrarwirtschaft und Massentierhaltung sowie ihren globalen Migrations- und Handelsrouten. Konsequenzen sind eine Reduktion der Biodiversität und die Vermehrung von vielfach medikamentenresistenten, aber auch gänzlich neuen Viren und Bakterien auf Lebendtiermärkten und für die Ei-, Milch- und Fleischproduktion.

Der Ausbruch der Covid-19-Pandemie verweist auf den Widerspruch zwischen kapitalistischer Produktion, namentlich in ihrer zeitgenössischen Ausprägung, und ihrem Raubbau an der äußeren Natur und der Störung des Stoffwechsels zwischen

Mensch und Erde, insbesondere in Bezug auf die Agrikultur.[40] Zum anderen sind die wirtschaftlichen Konsequenzen der Corona-Pandemie kein exogener Faktor für die tiefste Weltwirtschaftskrise seit dem Zweiten Weltkrieg im Jahr 2020, sondern nur ein Verstärker eines bereits im Vorjahr begonnenen Abschwungs einer sich weiterhin im Modus einer strukturellen Überakkumulation von Kapital bewegenden Konjunktur im XI. Zyklus. Im Unterschied zu der Krise im vorangegangenen Zyklus wird sie dieses Mal nicht durch das internationale Finanzsystem ausgelöst. sondern der Abschwung der reproduktiven Kapitalakkumulation ist durch die Lockdowns der wirtschaftlichen Aktivität infolge des Corona-Ausbruchs in vielen Ländern potenziert worden.

Die Mitte 2021 vorliegenden Ist-Werte der OECD und Europäischer Kommission für die Entwicklung der Bruttoinlandsprodukts (preisbereinigt) gehen von einer Schrumpfung der Weltwirtschaft um rund 4% gegenüber dem Vorjahr aus; beim Welthandel liegt die Prognose zwischen -15 und -20%. Im Einzelnen ergeben sich für die Länder die in Tabelle 16.1 ausgewiesenen Werte.

In der Betroffenheit der verschiedenen Länder durch Covid-19-Infektionen, der Reaktion der Regierungen sowohl im Hinblick auf das Herunterfahren des wirtschaftlichen und gesellschaftlichen Lebens, der zeitlichen und umfänglichen Öffnung nach den Lockdowns und ihrer Auswirkungen auf den Gesundheitszustand der Bevölkerung sowie im Hinblick auf die ergriffenen Stützungsmaßnahmen für die Wirtschaft durch Transfers zugunsten betroffener Branchen und Unternehmen sowie ihrer Beschäftigten und die Privathaushalte zeigen sich große Unterschiede

---

[40] Diesen Widerspruch zwischen kapitalistischer Produktionsweise und einer rationellen Agrikultur und Bodennutzung hatte Marx schon im 19. Jahrhundert hervorgehoben: *»Mit dem stets wachsenden Übergewicht der städtischen Bevölkerung, die sie in großen Zentren zusammenhäuft, häuft die kapitalistische Produktion einerseits die geschichtliche Bewegungskraft der Gesellschaft, stört sie andrerseits den Stoffwechsel zwischen Mensch und Erde, d.h. die Rückkehr der vom Menschen in der Form von Nahrungs- und Kleidungsmitteln vernutzten Bodenbestandteile zum Boden, also die ewige Naturbedingung dauernder Bodenfruchtbarkeit.«* (MEW 25: 528) Marx zufolge schreitet der Raubbau an der Natur fort und *werde »einen unheilbaren Riß hervorbringen in den Zusammenhang des gesellschaftlichen und natürlichen, durch die Naturgesetze des Bodens vorgeschriebnen Stoffwechsels, infolge wovon die Bodenkraft verwüstet und durch den Handel diese Verwüstung weit über die Grenzen des eignen Landes hinaus getragen wird«* (MEGA II, 4.2: 573). Im Kontext seiner Beschäftigung mit Klima und Pflanzenwelt, Agrikulturchemie und Bodenerschöpfungstheorien schrieb Marx an Engels: *»Die erste Wirkung der Kultur nützlich, schließlich verödend durch Entholzung. Das Facit ist, daß die Kultur – wenn naturwüchsig voranschreitend u. nicht* bewußt *beherrscht – Wüsten hinter sich zurück läßt.«* (MEGA IV, 18: 866; Hervorh. i.O.) Aber die kapitalistische Produktion *»zwingt zugleich durch die Zerstörung der bloß naturwüchsig entstandenen Umstände jenes Stoffwechsels, ihn systematisch als regelndes Gesetz der gesellschaftlichen Produktion und einer der vollen menschlichen Entwicklung adäquaten Form herzustellen«* (MEW 23: 528). Zur Analyse der verschiedenen Formen der Bodennutzung und ihrer Konsequenzen vgl. Krüger 2020.

Tabelle 16.1: BIP-Entwicklung für das Jahr 2020

Land/Ländergruppe	Veränderung 2020 ggü. Vj. in %
USA	-3,5
VR China	+2,3
Japan	-4,8
Großbritannien	-9,9
Kanada	-5,4
Euro-Zone	-6,6
davon:	
BRD	-4,8
Frankreich	-8,1
Italien	-8,9
Spanien	-10,8
Europäische Union 27	-6,1
Russland	-3,1
Indien	-8,0
Brasilien	-4,1
Südafrika	-7,0
Süd-Korea	-1,0
Mexiko	-8,2

Quellen: OECD, IWF, Weltbank, EU-Kommission

zwischen den Ländern, die zugleich viel über die Regierungskunst der verantwortlichen öffentlichen und staatlichen Institutionen verraten.

China, das trotz Betroffenheit durch die Covid-19-Infektionen – schließlich ist die Pandemie in diesem Land auch zuerst zutage getreten – mit rigorosen und wirkungsvollen Interventionen die Wirtschaft bereits etwa zur Jahresmitte wieder hochgefahren hat, ist aller Voraussicht nach das einzige große Land, welches für das Gesamtjahr 2020 ein positives Wachstum seines BIP von deutlich über 2% erreicht. Diese Konterkarierung der Krisenauswirkungen durch die Corona-Pandemie bedeutet für ein Schwellenland eine exzellente Performance; ein Vergleich der Zahlen Chinas mit Indien in Bezug auf Covid-19-Infizierte und den ökonomischen Konsequenzen unterstreicht diesen Befund eindrucksvoll;[41] auch Südkorea, Singapur und Taiwan sind relativ glimpflich durch das Krisengeschehen im Hinblick sowohl auf Todesopfer als auch auf wirtschaftliche Verluste gekommen.

Das Ausmaß der Stabilisierungsmaßnahmen der Staaten zugunsten der Aufrechterhaltung der Zahlungsfähigkeit von Unternehmen und Selbständigen sowie

---

[41] Sinnbildlich für effektive chinesische Maßnahmen stehen die Bilder der Neuerrichtung eines großen Krankenhauses in Wuhan in wenigen Tagen nach Ausbruch der Krankheit.

der Konsumnachfrage der Privathaushalte ist naturgemäß unterschiedlich und abhängig von den jeweiligen Ausgangsbedingungen vor Ausbruch der Corona-Krise und der Lockdowns.

Dies erklärt zum Teil die durchaus unterschiedlichen Produktionsrückgänge. Als vom Covid-19-Infektionsgeschehen am stärksten betroffenes Land, das durch ein planloses Agieren seiner Regierung zusätzlich belastet wurde, hatten die USA laut IWF-Prognose einen BIP-Rückgang von knapp 4 gegenüber dem Vorjahr zu gegenwärtigen. Dies liegt unter dem Niveau, das sich für Japan und die BRD ergeben hat; allerdings sind in den USA sehr viel größere negative soziale Konsequenzen im Hinblick auf Beschäftigungsabbau und Einkommenssicherung zu gegenwärtigen, weil die USA nicht auf ein arbeitsmarktpolitisches Instrumentarium wie bspw. die Bundesrepublik (Kurzarbeitergeld etc.) zurückgreifen können. Weltweit an der Spitze liegen die USA mit Bezug auf die Anzahl der im Zusammenhang mit Covid-19 zu beklagenden Todesopfer; sie hatte per Februar 2021 bereits die Zahl von 500.000 Menschen überschritten. Dies ist mehr als die USA durch den Ersten und Zweiten Weltkrieg an Todesopfern zu verzeichnen hatten. In Europa liegt Großbritannien an der Spitze der Todeszahlen. Ökonomisch hatten Länder wie Großbritannien, Italien, Frankreich in Europa sowie Indien, Südafrika und Mexiko als Schwellenländer Produktionseinbrüche um die 10% in 2020 erfahren. Darüber hinaus ist klar, dass für alle Länder außer China, Südkorea und Taiwan gilt, dass auch im Folgejahr 2021 selbst bei Fortgang des gesamtwirtschaftlichen Stabilisierungs- und Erholungsprozesses das Vorkrisenniveau von 2019 noch keineswegs wieder erreicht sein wird. Der Rekonstruktionsprozess der Volkswirtschaften wird für fast alle Länder daher eine längere Zeit beanspruchen.

Die Bruttoverschuldung der öffentlichen Haushalte (inkl. staatliche Sozialversicherungen) nimmt sowohl absolut als auch in Relation zum jeweiligen BIP in 2020 zu, teilweise massiv. Alle G7-Staaten und die großen Schwellenländer verzeichnen Spitzenwerte ihrer Staatsverschuldung. Mit einer Quote von über 250% hat Japan seine Spitzenposition »ausgebaut« (siehe Abb. 15.38). Mit einer 200%-Quote folgt Griechenland, dessen Reproduktionsprozess vor Ausbruch der Finanzmarktkrise 2007/08 durch öffentliche Kredite gewaltsam ausgedehnt worden und damit seinerzeitiger Vorreiter der nachfolgenden Euro-Krise war. Griechenland kostete die Krise rd. ein Fünftel seiner Wertschöpfung und demzufolge war die Verschuldung seiner öffentlichen Haushalte massiv in die Höhe getrieben worden. Italien, das sich im XI. Zyklus gar nicht von dem Einbruch der Weltwirtschaftskrise 2009 erholen konnte, folgt mit einer Quote, die 2020 die Marke von 150% deutlich überschritten hat, auf dem nächsten Platz. Nach diesen drei Spitzenreitern mit der höchsten öffentlichen Verschuldung entwickelter Länder sortiert sich der überwiegende Rest der kapitalistischen Metropolen und Schwellenländer mit Verschuldungsquoten von +/- 100% ein; sie liegen damit zugleich im Weltdurchschnitt. Positive Ausreißer nach unten verzeichnen nur die VR China sowie die BRD mit Quoten von 65 bzw. 69% für 2020. Obwohl es keine allgemein gültige Größe einer Quote für die Schuldentragfähigkeit für öffentliche Haushalte gibt – zu unterschiedlich sind

Abbildung 16.38: Staatsverschuldung in % des BIP 2018, 2019 und 2020 (Prognose)

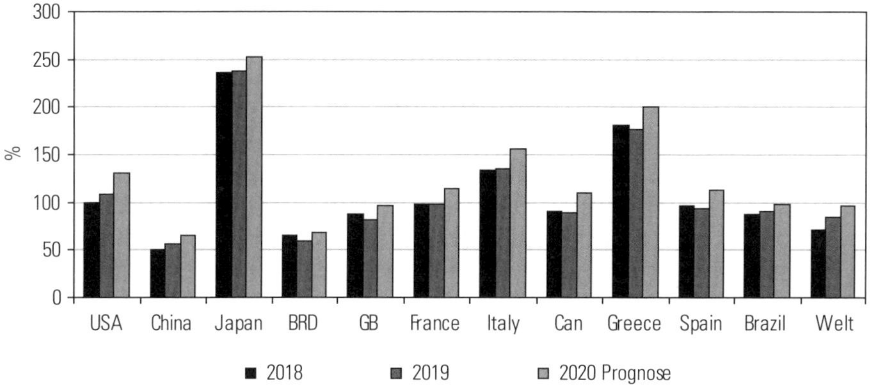

Quelle: OECD, IWF

die jeweiligen Bedingungen auf der Einnahmen- sowie der Ausgabenseite der öffentlichen Budgets sowie die Finanzierungsverhältnisse öffentlicher Defizite in den einzelnen Ländern –, so ist dennoch die Schlussfolgerung zwingend, dass eine fortgesetzte Steigerung der Verschuldung der Staaten nicht neutral für die außenwirtschaftliche Stellung der Währung, also ihres Wechselkurses sowie der von dessen Veränderung ausgehenden Wirkungen für die jeweilige Binnenwirtschaft, sein kann. Das bedeutet, dass der Spielraum wirksamer Krisenbekämpfung durch kreditfinanzierte Nachfrage der öffentlichen Haushalte enger wird, wenn es nicht gelingt, die Verschuldungsquote der Staaten durch Wachstum der Wertschöpfung und/oder Inflationierung der Warenpreise wieder signifikant zu senken.

Für die Entwicklung des allgemeinen Preisniveaus an den Warenmärkten ist die Geldpolitik der Zentralbank der andere wichtige Einflussfaktor. Wir hatten im Zuge des Übergangs der wichtigsten Zentralbanken zu einer Politik des Quantitative Easing in und nach der Finanzmarkt- und Weltwirtschaftskrise 2007-09 (X. Nachkriegszyklus) von einer ersten Monetarisierung der Staatsschulden durch Zentralbankgeldschöpfung namentlich in Form von Quasi-Kreditgeld gesprochen – sichtbar anhand der Zunahme der Bilanzsumme der Zentralbanken durch Ankauf von Wertpapieren am offenen Markt (Sekundärmarkt).[42] Die geldpolitische Flankierung der Krisenbekämpfungsmaßnahmen der Staaten, die auf der Fortführung der ultralockeren Geldpolitik zur Stabilisierung der nationalen Bankensysteme aufsetzt, treibt die Bilanzsummen von Fed, EZB, BoJ, BoE und Co. im Jahr 2020 auf neue Höchststände, die teilweise Wachstumsraten von mehr als 50% gegenüber dem Vorjahr, d.h. dem Vorkrisenkrisenniveau aufweisen. Es findet eine doppelte Inan-

[42] Vgl. Unterabschnitt c) des vorliegenden Kapitels und hier die Abbildungen 16.6 und 16.7.

spruchnahme der Zentralbanken als Lender of last Resort statt, einmal durch die Geschäftsbanken und anderen Finanzmarktakteure, zum anderen durch die Defizitfinanzierung der Staatshaushalte. Diese ultralockere Geldpolitik hält fürs Erste die Zentralbank-Zinssätze niedrig, zum Teil im negativen Bereich, lässt aber der Zinspolitik der Zentralbanken keine weiteren Spielräume mehr, sodass ihnen als einzig verbleibende Möglichkeit nur die weitere Expansion der Geldmenge bleibt. Geht diese erhöhte Geldmenge nicht mehr hauptsächlich in die Spekulationskasse und treibt die Kurse und Preise des fiktiven Kapitals – mit der jederzeitigen Möglichkeit eines gewaltsamen Kurszusammenbruchs –, muss diese Entwicklung trotz der der Überakkumulation von Kapital inhärenten deflationären Tendenzen für die Warenpreise ab eines gewissen Punktes zu deren Inflationierung führen. Dies birgt aber zugleich die Gefahr in sich, dass dieser Prozess der Kontrolle der Zentralbanken entgleitet und nicht zu einer (gewünschten) sukzessiven und graduellen Entschuldung von Staaten, Banken und Unternehmen durch Inflation führt, sondern zu einer Diskreditierung von Geldsystemen (Umschlag des Kredit- in das Monetarsystem). Damit allerdings wäre unter den gegebenen Verhältnissen die Systemgrenze der kapitalistischen Weltwirtschaft erreicht.

Fünfter Abschnitt:
Perspektiven für ein alternatives zukünftiges Weltmarktregime

Kapitel 17: Übergreifende internationale Herausforderungen

a) Verhinderung von (Atom-)Kriegen

Ein gutes Vierteljahrhundert nach dem Abtritt der um die Sowjetunion gruppierten Zweiten Welt und des im »Westen« ausgerufenen Endes des Kalten Krieges der Nachkriegszeit ist die internationale Ordnung mehr denn je aus den Fugen geraten. Die Hoffnung, dem Ende des Kalten Krieges würde ein Zeitalter der Entspannung, Abrüstung und Friedenssicherung folgen, war von Anbeginn an illusionär, weil es die imperialen Ambitionen der USA unterschätzt und die bereitwillige Subordination von Russland und nach der Jahrtausendwende der VR China gravierend überschätzt hatte. Heute toben rund um den Globus mehr als 30 »regionale« Kriege, einige davon mit geopolitischen Dimensionen; auch die nukleare Bedrohung hat zugenommen.

Die Entwicklung der Weltpolitik seit 1990 fußt auf dem mit einem längeren Vorlauf herangereiften Epochenumbruch der Weltwirtschaft sowie auf einer ungebrochen imperialistischen Politik der verbliebenen Supermacht USA, die im Zeitablauf verschiedene Akzentsetzungen erfahren hat. Solange die wirtschaftliche Konkurrenz auf dem Weltmarkt sich vor allem zwischen den regionalen kapitalistischen Zentren um die USA (und den NAFTA- bzw. USMCA-Ländern Kanada und Mexiko), Japan (mit seinen ostasiatischen Satelliten Südkorea, Taiwan sowie Thailand und Indonesien) und der Europäischen Union abspielte, dominierten nur ökonomische Interessenunterschiede, weil sich diese Länder des kapitalistischen Westens, wenn auch nicht in jedem einzelnen Fall, so doch im Großen und Ganzen der »Schutz- und Führungsmacht USA« politisch unterordneten. Ideologisch wurde sich im Rahmen des NATO-Bündnisses sowie mit Japan der gemeinsamen »Werte« von kapitalistischer Marktwirtschaft und liberaler Demokratie versichert, die auch in den internationalen Institutionen wie der Welthandelsorganisation (WTO) sowie den jeweiligen regionalen Wirtschaftsbünden herrschende Doktrin waren. Für die USA und die Hauptmächte der Europäischen Union Großbritannien (bis 2020), Frankreich und Bundesrepublik – mit der Bundesrepublik als zunächst geheimem, im Laufe der Zeit mehr und mehr offensichtlichen ökonomischem Hegemon mit schließlich auch politischen Ambitionen – blieb die Russische Föderation, die als Nachfolgestaat der Sowjetunion auch deren militärisches Nuklear-Potenzial übernommen hatte und damit die zweitgrößte Atommacht blieb, der Hauptgegner. In den 1990er Jahren unter der Jelzin-Präsidentschaft, in der Russland einen massiven wirtschaftlichen Niedergang im Rahmen der Transformation der sowjetischen Ökonomie in eine kapitalistische Marktwirtschaft erlebte und sich politisch bedingungslos den USA unterordnete, war diese Konstellation verdeckt; mit der beginnenden Regeneration der russischen Wirtschaft – trotz ihrer »crony-kapitalistischen« Deformationen – ab der Jahrtausendwende und dem Übergang zu den ersten beiden Präsidentschaftsperioden von W. Putin ab Mai 2000 trat diese Gegnerschaft wieder deutlich hervor.

Die Osterweiterungen von NATO und EU waren die von der US-amerikanischen Außenpolitik beförderte Ausweitung ihrer geostrategischen Interessen, in denen die 1990 unabhängig gewordene Ukraine von Anbeginn an eine zentrale Rolle spielte und spielt. Diese strategische Rolle war von Zbigniew Brzezinski, der als außenpolitischer Berater einer ganzen Reihe von US-Präsidenten (von Lyndon B. Johnson über J. Carter, Reagan, Bush sen., B. Clinton und Bush jun. bis hin zu Barack Obama) Einfluss besaß, von jeher betont worden. Die Ukraine sei *»geopolitischer Dreh- und Angelpunkt«* dafür, dass Russland in einer geschwächten Position verbleibt, *»weil ihre bloße Existenz als unabhängiger Staat zur Umwandlung Russlands beiträgt. Ohne die Ukraine ist Russland kein eurasisches Reich mehr. Wenn Moskau allerdings die Herrschaft über die Ukraine … wiedergewinnen sollte, erlangte Russland automatisch die Mittel, ein mächtiges Europa und Asien umspannendes Reich zu werden. Verlöre die Ukraine ihre Unabhängigkeit, so hätte das unmittelbare Folgen für Mitteleuropa und würde Polen zu einem geopolitischen Angelpunkt an der Ostgrenze eines vereinten Europas werden lassen.«* (Brzezinski 1997: 74)[1] Diese Positionierung der Ukraine gegen die Russische Föderation drückte sich sodann in der Unterstützung von USA/EU gegenüber der Regierung Juschtschenko/Timoschenko sowie im Putsch auf dem Kiewer Maidan 2013/14 aus und blieb eine Konstante der amerikanischen Politik, assistiert von Frankreich und der BRD. Zwar konnte ein Beitritt der Ukraine sowie Georgiens in NATO und EU nicht durchgesetzt werden – damit hätte sich die NATO bis direkt zur Westgrenze der Russischen Föderation ausgeweitet und vorgeschoben –, doch steht die engere wirtschaftliche Anbindung der Ukraine an die EU weiterhin auf ihrer Agenda; seitens der USA wurde dies noch einmal durch die Besuche von Präsident Obama und seinem Vizepräsidenten Biden zum Ende ihrer Amtszeit bestätigt. Dass diese aggressiv-expansionistische Politik von USA und EU die Gegensätze innerhalb der Ukraine zuspitzt, die der (völkerrechtswidrigen) Annexion der Halbinsel Krim durch Russland und der Errichtung russlandorientierter »Volksrepubliken mit Sezessionsbestrebungen« im ukrainischen Donbas unterliegen, wird vom »Westen« billigend in Kauf genommen.

Die geostrategische Politik der USA war neben der Schwächung Russlands auf die Dominanz in der »Neuen Weltordnung« nach 1990/91 ausgerichtet. Der Degradation der Sowjetunion als Zuschauer durch die unter US-Führung gebildete »Ko-

---

[1] Diese Bewertung war nicht nur durch geopolitische Gründe wie der Größe dieser ehemaligen Sowjetrepublik und Lage zwischen der nach Osten erweiterten NATO/EU und Russland bestimmt, sondern auch wegen der Historie dieses Landes vor Beitritt zu Sowjet-Russland nach dem Ersten Weltkrieg und dem Bürgerkrieg sowie der Rolle von Kollaborateuren mit der deutschen Wehrmacht nach ihrem Überfall und Einmarsch in die Sowjetunion im Zweiten Weltkrieg.

alition der Willigen« im I. Irakkrieg 1990/91, der noch mit einem Mandat des UN-Sicherheitsrats geführt wurde, folgte die Selbstermächtigung der NATO für einen Angriffskrieg gegen Jugoslawien 1995, völkerrechtswidrig ohne UN-Mandat, jedoch mit Beteiligung aller NATO-Mitglieder. Der Afghanistan-Krieg in Reaktion auf die Terrorattacke gegen das World Trade Center am 11.9.2001 und der II. Irakkrieg 2003 folgten der Maxime, ein allein durch die USA bestimmtes imperiales Gefüge zu schaffen und durch »regime-changes« die tatsächlichen oder potenziellen Störenfriede zu entmachten; zusätzlich ging es in den Irakkriegen um die Sicherung des Zugangs zu den Ölreserven im Nahen Osten und namentlich um die Stützung der arabischen Feudalstaaten am Persischen Golf.

In beiden Fällen wurde allerdings das politische Ziel nicht oder nur sehr unvollkommen erreicht. In Afghanistan steht nach einem nunmehr fast 20-jährigen Krieg der USA (mit Unterstützung der NATO) die westlich orientierte Regierung dem Wiedererstarken der Taliban hilflos gegenüber, ist zu weitgehenden Kompromissen im Hinblick auf kulturell-politische Verhältnisse mit den islamistischen Fundamentalisten gezwungen und dürfte nach dem kompletten Abzug der ausländischen Truppen vor ihrer Kapitulation stehen. Im Irak folgte auf die Besetzung des Landes durch US-Truppen die Bildung der Terrormiliz des »Islamischen Staates«, die zeitweise große Teile des Landes sowie in Syrien unter ihre Kontrolle gebracht und dort ein mittelalterliches »Kalifat« errichtet hatte. Erst durch massive Unterstützung durch US- und NATO-Ausbilder und -Waffenlieferungen gelang schließlich der irakischen Armee zusammen mit kurdischen Verbänden 2017 die Wiedereroberung des durch den IS besetzten Nordteils des Landes.

Die Bildung des IS neben und zusätzlich zur Terrormiliz al-Qaida, die für den Anschlag auf das New Yorker World Trade Center verantwortlich gezeichnet hatte, waren nicht die einzigen Destabilisierungen des Nahen und Mittleren Ostens durch die US-Interventionspolitik. Auch die Seeblockade und Luftangriffe von den USA sowie Großbritanniens und Frankreichs gegen die Regierungstruppen des libyschen Machthabers Gaddafi 2011, die mit dem Sturz der libyschen Regierung und dem Zerfall des Staates endeten, sind ein weiteres Beispiel für einen erfolglosen Regimewechsel. Mittlerweile stehen sich in Libyen zwei von jeweiligen ausländischen Mächten unterstützten und bewaffneten Bürgerkriegsparteien in einer Pattsituation gegenüber; ein »eingefrorener Konflikt« zwischen ihnen anstelle »heißer« militärischer Auseinandersetzungen scheint gegenwärtig das Maximum diplomatischer Vermittlungsbemühungen zu sein.

Namentlich dieser Misserfolg in Libyen ließ die USA im nachfolgenden syrischen Bürgerkrieg vorsichtiger agieren. Es wurden zwar vom »Westen« die syrischen Oppositionskräfte durch Waffenlieferungen und Militärberater unterstützt, eine direkte luftgestützte Intervention wurde jedoch, von vereinzelten Schlägen abgesehen, auf die Bekämpfung des IS in Syrien konzentriert. Infolge der Fehlschläge in Afghanistan, Irak und Libyen und dem defensiveren Agieren der USA in Syrien war mittlerweile auch ein wieder erstarktes Russland seinem traditionellen Verbündeten Bashar al-Assad und der offiziellen Regierung des Landes zu

Hilfe gekommen. Auch für Russland geht es um geostrategische Interessen im Nahen Osten und die Sicherung seines einzigen Militärstützpunktes am Mittelmeer in Tartus/Latakia.

Der syrische Bürgerkrieg geht nach der weitgehenden Rückeroberung des Landes – nur die Enklave Idlib wird noch durch die mittlerweile durch islamistische Kräfte majorisierten oppositionellen Kräfte gehalten – durch die von Russland und Iran unterstützte syrische Armee dem Ende zu. In mittlerer Frist zeichnet sich somit eine Wiederherstellung und Stärkung der staatlichen Kontrolle der syrischen Regierung mit weitergehender Autonomie des kurdischen Rojava im Norden des Landes ab, wenn die türkischen Besatzungstruppen aus dieser Region abgezogen worden sind.

Neben der Schaffung von zerfallenden oder bereits zerfallenen Staaten macht der Fortbestand der syrischen Regierung das Scheitern der US-Politik im Nahen Osten und nördlichen Afrika überdeutlich. Daran ändern auch Abkommen und Verständigungen Israels mit arabischen Nachbarstaaten – außer Ägypten und Jordanien, mit denen seit Langem bereits Friedensverträge und wechselseitige diplomatische Anerkennungen bestehen, in jüngster Zeit mit den Vereinigten Arabischen Emiraten – nichts. Im Gegenteil hat die umstandslose Unterstützung der rechtspopulistischen Regierung Netanjahu durch die USA der Trump-Administration die Lösung des »Palästinenser-Problems« im Sinne einer Zwei-Staaten-Lösung weiter erschwert, wenn nicht verunmöglicht; daran haben allerdings die ihrerseits religiös aufgeladenen Gegensätze zwischen den Palästinenser-Regierungen im Gaza-Streifen (Hamas) und in der Westbank (Fatah) ihren Anteil. Die ganze Region des Nahen und Mittleren Ostens mit den aus der von den seinerzeitigen Kolonialmächten verfügten Staatenbildungen nach dem Zweiten Weltkrieg herrührenden ungelösten Problemen, aktuellen Bürgerkriegen sowie den politisch-religiös-kulturellen Gegensätzen zwischen den Regionalmächten Israel, Iran, Saudi-Arabien sowie Türkei bleibt ein Pulverfass. Eine friedliche Lösung besitzt eine deutlich geringere Wahrscheinlichkeit als ein regionaler Flächenbrand, der auch externe Mächte militärisch in die verschiedenen Konflikte einbeziehen könnte.

Der Rückzug amerikanischer Bodentruppen nach faktisch verlorenen Kriegen gegen an und für sich militärisch weit unterlegene Gegner, der nur mühsam den »Gesichtsverlust« der USA als Supermacht kaschieren kann, bildete den Hintergrund für einen US-Strategiewechsel unter der Trump-Präsidentschaft. Während Obama die Außenpolitik seiner Vorgänger mit nur geringen Abstrichen fortgeführt hatte, orientierte Donald Trump auf drei andere Ziele: *»Erstens gilt es, in Sachen Rüstungswettlauf ›an der Spitze des Rudels‹ zu bleiben – hier sind Russland und China die Gegner in der jetzigen Dreier-Runde des nuklearen Patts; zweitens, die USA auf dem Regime-Change-Geschäft herauszuziehen, weil es einen Haufen Geld gekostet, aber nichts gebracht hat; drittens, die USA im Bereich der Realwirtschaft wieder nach vorn zu bringen und insbesondere jene Länder zu bekämpfen, die große Überschüsse im Handel mit den USA erwirtschaften. Das sind Deutschland und China. Insofern war Trumps Mitteilung im Sommer 2018, die USA hät-*

ten drei Feinde, logisch und im Sinne von ›America First‹ zutreffend: China, Russland und Deutschland.« (Crome 2018: 6f.)

Damit rückte das wirtschaftliche Kräfteverhältnis neben den politisch-militärischen Bedingungen wieder in den Fokus. Ökonomische Kontrahenten der USA sind die VR China sowie die EU mit der BRD als faktischer Hegemonialmacht; militärisch ist vor allem die Russische Föderation der Hauptkontrahent, während China langfristig orientiert sowohl sein Militärpotenzial ausbaut und geostrategisch »vor seiner Haustür« im Südchinesischen Meer sein Hoheitsgebiet arrondiert sowie, gegründet auf seine Seidenstraße-Initiative (R&B), Stützpunkte für seine Land- und Seewege auf- und ausbaut. Auch sein massives Engagement auf dem afrikanischen Kontinent dient sowohl zur Schaffung geopolitischer Einflusszonen als auch zur Sicherung seines Zugangs zu Rohstoffvorkommen und nicht zuletzt auch einer infrastrukturellen Ertüchtigung vieler afrikanischer Staaten als Voraussetzung, diesen Kontinent zukünftig auch als Absatzmarkt zu erobern.[2] Dabei hat China einen »langen Atem« und die Kommunistische Partei weiß sehr wohl um die längerfristigen Zeithorizonte, die nötig sind, um sich als Hightech-Land mit einem nicht nur bescheidenen, sondern hohen Wohlstandsniveau des Volkes zu konsolidieren.

Gegenüber dieser langfristigen und im Grundsatz auf internationale Kooperation angelegten Politik von China bedeuten Trumps »America First« und die mit anderer Sprachregelung fortgeführte Politik seines Nachfolgers Biden ein egoistisches Agieren mit einem ökonomischen Sanktionskatalog im internationalen Handel, der rücksichtslos die Stärke der amerikanischen Währung als Weltgeldsubstitut einsetzt. Der Zugang zu Dollars und dem zwar seitens der EU verwalteten, aber amerikanisch dominierten internationalen Zahlungssystem SWIFT sowie eine hemmungslose langfristig bis 2080 angelegte Aufrüstungspolitik mit der Entwicklung von Weltraumwaffen und der Modernisierung und Diversifizierung des Nuklearpotenzials sind die beiden Standbeine des aktuellen US-Imperialismus zur Sicherung der internationalen Suprematie dieses Landes. Sie richtet sich bereits gegenwärtig mit einer halbmondförmigen geostrategischen Einkreisung gegen die VR China durch Japan, Philippinen, Guam, Australien, Südkorea, Taiwan und dem ver-

---

[2] Im Westen, insbesondere in der Bundesrepublik, ist es Mode geworden, die chinesische Entwicklungspolitik als neuen Kolonialismus zu denunzieren. Hierbei spielt zum einen schlichter Neid eine Rolle, weil man in der Vergangenheit mit seinen entwicklungspolitischen Maßnahmen nur sehr beschränkte Erfolge erzielt hat, die China nun weit in den Schatten stellt; zum anderen folgt das »China-Bashing« dem überkommenen antikommunistischen Reflex, der mit Hinweis auf illiberale Verhältnisse und eine »Ein-Partei-Diktatur« – da es sich hierbei um eine Kommunistische Partei handelt, gilt diese »Diktatur« als besonders verwerflich – übertüncht wird. Aber wie, bitte schön, soll China denn seine Maßnahmen zur Entwicklung der Infrastruktur unterentwickelter Länder finanzieren, wenn nicht durch zinsgünstige Kredite (sowie auch durch verlorene Zuschüsse)? Wahrscheinlich wäre man im Westen erst zufrieden, wenn die Volksrepublik alle Maßnahmen von R&B den betroffenen Ländern schenken würde.

Abbildung 17.1: Rüstungsausgaben 2019 (sowie Veränd. ggü. Vj.) in Mrd. US-$

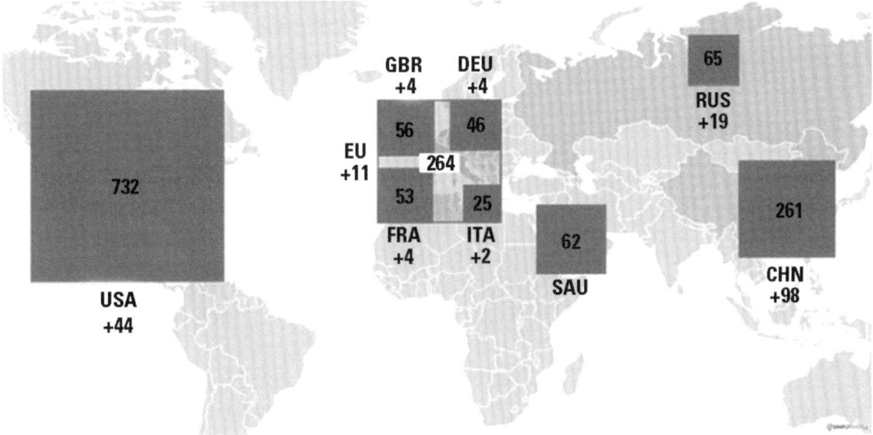

Quelle: IISS (http://iiss.org)

stärkten Bemühen um Indien als Verbündeten und hat sich immer stärker auf China als Hautantipode orientiert.[3]

Im Atomwaffenstatusbericht »Nuclear Posture Review« vom Februar 2018 kündigte die Trump-Administration an, *»alle strategischen Systeme zu ersetzen, atomare Gefechtsköpfe mit niedriger Sprengkraft zu beschaffen, die Reichweite luftgestützter Marschflugkörper zu erhöhen und seegestützte substrategische Systeme nuklear zu bewaffnen«*. (Richter 2018) Dies bedeutet nicht mehr und nicht weniger, als mit »low yield nuclear weapons« (»Mini-Nukes«), deren Sprengkraft etwa auf dem Niveau der seinerzeitigen Hiroshima-Bombe (Äquivalent von 20.000 Tonnen TNT) liegt, regionale Kriege auch mit dem Einsatz von Atomwaffen führen zu können, ohne gleich die ganze Welt zu vernichten. Dies heißt dann, einen Krieg zu »erträglichen Konditionen« zu führen. Dafür hat der US-Kongress jüngst den mit

[3] Vgl. Fitzthum 2018: 106: *»Die USA errichten einen ›Crescent of Containment‹, einen halbmondförmigen Einkreisungsbogen aus Stützpunkten, Bündnissen, militärischen Übungen, Patrouillen und Spionageflügen. Der Bogen reicht von Afghanistan im Westen über Arunachal Pradesch/Südosttibet an der chinesisch-indischen Grenze im Himalaya bis zum Pazifik im Osten, wo die USA und ihre Verbündeten mit Stützpunkten und Truppen präsent sind. Die National Security Strategy vom Dezember 2017 setzt als Ziel: ›Wir werden militärische Präsenz vor Ort aufrecht erhalten, die jeden Gegner abschrecken und nötigenfalls besiegen kann. … Wir werden unsere Verteidigungs- und Sicherheitskooperation mit Indien ausbauen, einem bedeutenden Verteidigungspartner der Vereinigten Staaten, und Indiens wachsende Beziehungen in der Region unterstützen. Wir werden unsere Allianzen mit den Philippinen und Thailand stärken und unsere Partnerschaften mit Singapur, Vietnam, Indonesien, Malaysia und anderen stärken, um ihnen zu helfen, Partner in der Zusammenarbeit zur See zu werden.‹«*

Abstand weltgrößten und mehr als die Rüstungsausgaben von China, Russland, EU sowie Saudi-Arabien zusammen umfassenden Rüstungshaushalt verabschiedet (siehe Abb. 17.1). Außerdem wurde seitens der USA der in den 1980er Jahren mit der damaligen Sowjetunion abgeschlossene Vertrag über die Begrenzung von Mittelstreckenwaffen (INF-Vertrag) gekündigt.

Die allgemeine Aufrüstung – auch die Russische Föderation hat ihr Waffenarsenal in den letzten Jahren modernisiert, China hat seine Militärausgaben gesteigert und in Europa wird mit der Erreichung des 2%-Zieles der Rüstungsaufwendungen am BIP die Stärkung des inneren Zusammenhalts der EU-Staaten am untauglichsten Politikfeld festgemacht – hat die Welt noch nie sicherer gemacht und die Kriegsgefahr noch nie vermindert. Die Rüstungsspirale und die Steigerung der Produktion von Kriegsgerät auch zum Zwecke des Verkaufs der Waffen an staatliche Konfliktparteien, die an verschiedenen Orten Stellvertreterkriege führen (u.a. in Syrien und im Jemen) stellen gefährliche Brandbeschleuniger in der gegenwärtigen internationalen Konstellation dar. Die Ächtung von Rüstungsexporten durch die jeweiligen nationalen fortschrittlichen politischen Kräfte bleibt an vorderer Stelle auf der Agenda einer konsequenten Friedenspolitik.

Das Gegenteil davon findet in den USA statt. Die USA stemmen sich sowohl mit dem Einsatz ihrer Währung zur Disziplinierung von unbotmäßigen und ihre nationalen Interessen beeinträchtigenden Staaten – Verhängung von Wirtschaftssanktionen gegen Nordkorea und Iran sowie gegen Russland – als auch mit forcierter Aufrüstung und der realen Drohung des Einsatzes von Atomwaffen gegen den Verlust ihrer Hegemonialposition. Da sie dabei gleichzeitig ihre Mitgliedschaft und politische Einbindung in internationalen Organisationen infrage stellen oder aufkündigen und aus bilateralen Abrüstungsverträgen mit der Russischen Föderation als Nachfolgestaat der Sowjetunion aussteigen, ist es schwierig, sie in einem internationalen kooperativen Szenario einzuhegen. Damit wird der zukünftig anstehende Epochenwechsel in der Weltwirtschaft durch die internationale Politik immens verschärft, denn es ist nicht davon auszugehen, dass sich die anderen großen »Spieler« diesem Vorherrschaftsanspruch der USA unterordnen werden.

Nur ein grundlegender Politikwechsel in den USA könnte die in dieser Konstellation latent enthaltene Kriegsgefahr bannen. Dieser ist jedoch kaum in Sicht, denn auch eine durch die Demokratische Partei getragene Präsidentschaft von Joe Biden mit Kamala Harris als Vize hat an dieser grundsätzlichen Orientierung des Strebens der USA nach ökonomischer und geo-politischer Vorherrschaft nichts Wesentliches geändert.[4] Insofern sind die Aussichten für einen derartigen Politikwechsel gegenwärtig nicht günstig bzw. kurzfristig weitgehend illusionär.

[4] Die Ablösung der Präsidentschaft Trump/Pence durch Biden/Harris hat es nur den politischen Kräften in Europa, die in Vasallentreue und Subalternität fest zu den USA stehen, leichter gemacht, ihre Position in der Öffentlichkeit zu vertreten. Von einer selbstbewussten eigenständigen Rolle in der Weltpolitik ist die Europäische Union weiter denn je entfernt.

b) Kontrolle der Weltklima-Entwicklung

Auch wenn sich nicht exakt ermitteln lässt, inwieweit veränderte Wetterbedingungen in den verschiedensten Regionen der Erde auf langfristigen Klimaveränderungen beruhen, sind die Auswirkungen des industriellen Zeitalters im Hinblick auf die Menge von Emissionen eindeutig. Kein ernst zu nehmender Mensch wird daher heutzutage noch den Umstand in Abrede stellen, dass der im langfristigen Trend gestiegene Ausstoß von Kohlenwasserstoffen (CO_2-Gase) durch menschliche Einwirkung auf die äußere Natur mitverursacht worden ist und dass sich hierdurch eine hinreichend exakt ermittelbare globale Erwärmung langfristig ergeben hat.

Dementsprechend wurde allenthalben als Durchbruch gefeiert, dass sich im Übereinkommen von Paris im Dezember 2015 196 Mitgliedsstaaten mit der Klimakonvention der Vereinten Nationen (UNFCCC) verpflichtet hatten, die menschengemachte globale Erwärmung auf deutlich unter 2°C gegenüber vorindustriellen Werten zu begrenzen. Alle Staaten der Erde erkannten diese Verpflichtung an, nachdem Syrien und Nicaragua ihr später beigetreten waren; die USA unter der Trump-Präsidentschaft kündigten jedoch Mitte 2017 ihren Austritt für 2020 an, die Administration des neugewählten Präsidenten Joseph Biden machte diesen Schritt Anfang 2021 wieder rückgängig.

Die Ziele des Übereinkommens sind:

a) Begrenzung des Anstiegs der globalen Durchschnittstemperatur auf deutlich unter 2°C über dem vorindustriellen Niveau, wenn möglich auf 1,5°C. Dadurch sollen die Risiken und Auswirkungen des Klimawandels deutlich reduziert werden.
b) Die Stärkung der Fähigkeit, sich durch eine Förderung der Klimaresistenz und geringeren Treibhausgasemissionen an die nachteiligen Auswirkungen des Klimawandels anzupassen. Dieses soll in einer Weise geschehen, die nicht die weltweite Nahrungsmittelproduktion bedroht.
c) Herstellung der Vereinbarkeit der Finanzströme mit einem Weg hin zu niedrigen Treibhausgasemissionen und klimaresistenter Entwicklung.

Mit der Umsetzung des Abkommens sollen die schon heute registrierbaren enormen Schäden aufgrund von lang anhaltenden Dürreperioden, massiven Stürmen und Überschwemmungen, die niedrig gelegene Staaten wie Bangladesch oder viele Inselstaaten durch den Meeresspiegelanstieg existenziell bedrohen, in Zukunft verhindert werden. Entsprechend haben die Staaten beschlossen zu versuchen, die Erwärmung auf 1,5°C statt wie bisher nur auf 2°C zu begrenzen. Zur Förderung der Klimaresistenz sind Maßnahmen zu ergreifen, um zum Beispiel Deiche an den steigenden Meeresspiegel anzupassen; auch die Landwirtschaft muss sich auf die Verschiebung von Klimazonen einstellen. Städte müssen sich anpassen und innerstädtische Wärmeinseln durch Kaltluftschneisen vermeiden, Wasserrückhaltesysteme, Bäche und Flüsse müssen mit Starkregen zurechtkommen und Transformatoren dürfen bei hohen Temperaturen nicht ausfallen. Die Energieversorgung darf während sommerlicher Hitzeperioden und bei niedrigem Wasserstand von Kühlwasser führenden Flüssen nicht gefährdet sein. Straßen und Autobahnen müssen hitzefest

Abbildung 17.2: Pfade der Emissionsreduktion zur Erreichung des 2°-Zieles

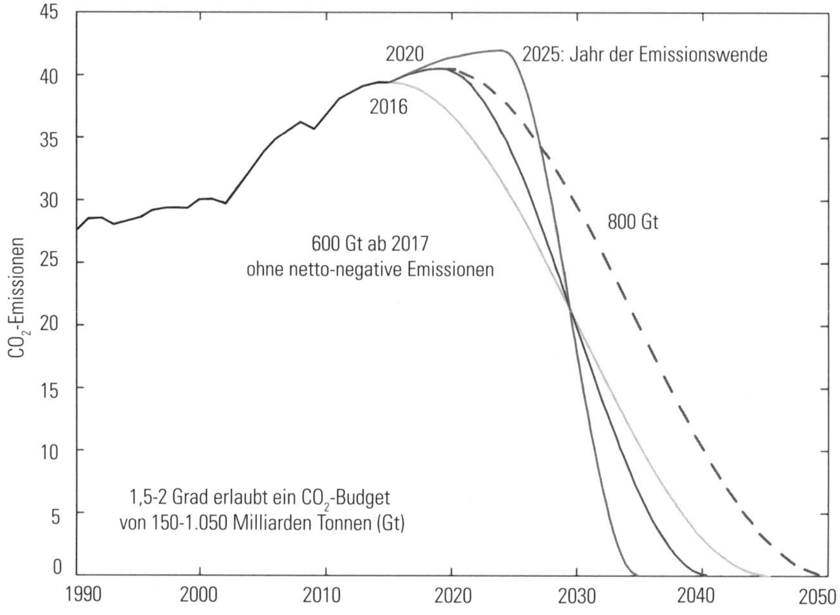

Quelle: Wikipedia

gebaut werden. Um die Finanzmittelflüsse klimagerecht zu gestalten, sind kohlenstoffintensive Investitionen zu reduzieren bzw. zu vermeiden. Im Zusammenhang mit der sogenannten Klimafinanzierung, also der Finanzierung von Klimaschutz und -anpassung in Entwicklungsländern, wurde darüber hinaus vereinbart, dass die Industrieländer von 2020 bis 2025 jährlich 100 Milliarden Dollar für den Umbau der Energieversorgung, aber auch zur Beseitigung von durch den Klimawandel verursachten Schäden zur Verfügung stellen; bis zum Jahr 2025 können weiterentwickelte Schwellenländer wie z.B. China auf »freiwilliger Basis« ebenfalls Unterstützungen leisten. Ab dem Jahr 2026 soll ein neuer, die 100 Milliarden US-Dollar übersteigender Klimafonds aufgelegt werden, an dem sich auch die Schwellenländer verbindlich beteiligen sollen.

Aus dem 2°-Ziel ergibt sich ein festes CO_2-Budget, das heißt eine Obergrenze für Emissionen, die maximal noch freigesetzt werden dürfen. Inklusive eines kleinen Risikopuffers für klimawandelverstärkende Rückkopplungen oder Verzögerungen beim Einsatz negativer Emissionen dürfen daher von 2017 an bis 2100 weltweit noch maximal 700 Mrd. Tonnen Kohlendioxid ausgestoßen werden.

Auf Basis dieser Ausgangsdaten wurde 2017 eine Roadmap mit konkreten Klimaschutzschritten publiziert, mit denen die Paris-Ziele erfüllt werden können (siehe

Abb. 17.2). Demnach müssen die weltweiten Treibhausgasemissionen spätestens 2020 ihren Höhepunkt erreichen und anschließend pro Jahrzehnt halbiert werden. Dies bedeutet, dass die Emissionen von 40 Mrd. Tonnen im Jahr 2020 auf 20 Mrd. Tonnen 2030 fallen müssen, auf 10 Mrd. Tonnen 2040 und auf 5 Mrd. Tonnen 2050. Parallel dazu muss der Anteil von kohlendioxidfreien Energiequellen alle fünf bis sieben Jahre verdoppelt werden, was der historischen Entwicklung der Erneuerbaren Energien im vergangenen Jahrzehnt (Verdopplung alle 5,4 Jahre) entspricht. Zudem werden für dieses Szenario bereits vor Mitte des 21. Jahrhunderts negative Emissionen notwendig, d.h. die aktive Entfernung von Kohlendioxid aus der Atmosphäre. Ohne Nutzung negativer Emissionen muss die Energiewende spätestens bis 2040 abgeschlossen sein.

Ein wichtiger Faktor zum Erreichen der vereinbarten Klimaschutzziele ist laut dem »Emissions Gap Report 2017« der Vereinten Nationen, dass schnell starke Klimaschutzmaßnahmen umgesetzt werden. Zudem muss die bestehende große Lücke zwischen den vereinbarten Klimaschutzzielen und den zugesagten Maßnahmen geschlossen werden. Mit Stand vom Oktober 2017 beinhalten die Klimaschutzmaßnahmen der Staaten nur ein Drittel der Emissions-Reduktionen, die notwendig wären, um das vereinbarte 2°-Ziel zu erreichen. Sollte diese Lücke nicht bis spätestens 2030 geschlossen sein, ist es unrealistisch, das 2°-Ziel noch zu erreichen. Als wichtigste Maßnahmen gelten der Ausbau von Wind- und Solarenergie, die Steigerung der Energieeffizienz in Anwendungen und bei Autos, die Aufforstung von Wäldern sowie das Stoppen von Abholzungen.

Das gefeierte internationale Commitment der Staaten ist jedoch das eine, seine Umsetzung in den verschiedenen Ländern das andere, das wesentlich schwieriger zu erreichen sein wird; auch die Bundesrepublik, die sich lange Zeit als Vorreiter einer ökologisch verantwortungsvollen Politik feiern ließ, hat durch die gegenwärtige Regierung bereits das Dekarbonisierungsziel für das Jahr 2020 aufgegeben und auf die Zielerreichung in 2030 verschoben. Als neue Orientierung gilt in vielen Ländern mittlerweile, ihre Wirtschaft spätestens bis zum Jahr 2050 klimaneutral zu machen.

Es ist gerade die Aufgabe der entwickelten industriellen Metropolen, nicht nur ihre internen Hausaufgaben zu erledigen, sondern durch verstärkte Forschungs- und Entwicklungsarbeit zur Realisierung eines materiellen Produktionsprozesses zu kommen, der mit ressourcensparenden Inputs und der möglichsten Vermeidung klimaschädlicher Emissionen operiert sowie als übergreifendes Ziel eine möglichste Schließung von Stoffkreisläufen realisiert. Die allgemeinen Zielorientierungen sind also bekannt – was zu erreichen ist, ist ihre Konkretisierung und beständige Optimierung für die verschiedenen Produktionszweige. Der Export derartiger hochentwickelter Technologie in die sich entwickelnden Länder, die aufgrund ihrer eigenen technologischen Möglichkeiten, d.h. aufgrund ihres minderen Entwicklungsstandes der Produktivkräfte gesellschaftlicher Arbeit noch vielfach mit ökologisch schädlichen Produktionsverfahren operieren, muss ein wesentliches Ziel einer bewusst gesteuerten Globalisierung und internationalen Zusammenarbeit sein. Eine forcierte Produktivkraftentwicklung, unter Einschluss der Technikfolgenabschätzung sowohl gegenüber der äußeren Natur als auch gegenüber dem lebendigen Arbeitsvermögen im Produktionsprozess, besitzt eindeutig den Vorrang vor voluntaristischen Appellen an verändertes Verhalten, eventuell sogar einem staatlich verordneten Verzicht auf Genüsse und Annehmlichkeiten des Lebens, die nicht nur in den entwickelten Ländern, sondern auch und gerade für die Bewohner in den unentwickelten und sich gerade entwickelnden Ländern auf keine Mehrheit in der Bevölkerung rechnen kann.[5]

c) Verhinderung vom neuem Protektionismus und Handelskriegen

Die USA unter der Trump-Administration haben die multilaterale internationale Nachkriegsordnung, die seinerzeit wesentlich auf Betreiben der USA eingerichtet und auf ihre Interessen zugeschnitten war, ernsthaft ins Wanken gebracht. Der Kündigung des Klimaabkommens von Paris folgte die Aufkündigung des auf internationale und mehrseitige Verträge gestützten Welthandels-Regimes durch Infragestellung mehrseitiger Handelsabkommen. Dabei hatte, wie früher gezeigt, diese multilaterale Weltmarktverfassung nach dem Zweiten Weltkrieg einen sukzessiven Abbau von Zöllen und Handelshemmnissen im GATT sowie der Internationalen Handelsorganisation (ITO) gebracht. Zwar bedeutet internationaler Freihandel, den es in dieser absoluten Form sowieso nicht gegeben hat, keineswegs das größte Glück der größten Zahl, weil er die jeweils entwickeltsten Länder aufgrund der internationalen Bewertung der wertschöpfenden Potenz produktiver Nationalarbeiten systematisch begünstigt, doch hat die schrittweise Senkung der Zollsätze, der sich im letzten Viertel des 20. Jahrhunderts auch die Schwellenländer angeschlossen hatten, die Steigerung des Welthandelsvolumens – neben anderen Faktoren – begünstigt; hiervon haben zu einem gewissen Teil auch nachgeordnete Länder ab eines gewissen Entwicklungsgrads profitiert.

Die aggressive Erhebung von Strafzöllen auf Importe als Reaktion auf das chronische Handelsbilanzdefizit der USA hat selbst kurzfristig dieses Defizit kaum vermindert, bereits mittelfristig wird es sich für die USA negativ auswirken. Nicht nur behindern Retorsionsmaßnahmen anderer Länder durch Erhebung von Gegenzöllen auf amerikanische Waren fortan auch die amerikanischen Exporte, sondern um sich greifende Erhöhungen von Zollschranken reduzieren in der Folge auch das Welthandelsvolumen insgesamt. Relative oder sogar absolute Kontraktionen der Weltwarenmärkte und Lockerung des Zusammenhangs zwischen den nationalen Kapitalen durch den auswärtigen Handel lassen den durch den internationalen Wettbewerb verursachten Zwang zur beständigen Erhöhung der Produktivkraft der produktiven Nationalarbeiten abstumpfen. Dieser Zusammenhang unterliegt der populären

[5] Vgl. dazu im Einzelnen sowie im Hinblick auf landesspezifische empirische Ergebnisse Krüger 2020: 273ff. sowie 289ff.

Redeweise von der kontraproduktiven Beschränkung komparativer Vorteile für die einzelnen Länder innerhalb der internationalen Arbeitsteilung. Trifft die protektionistische Abschottung nationaler Märkte mit einer konjunkturellen Krise zusammen, verstärken sich beide wechselseitig; wozu dies führen kann, hat sich in den 1920er und 1930er Jahren anschaulich gezeigt.

Bevor eine längerfristig ins Werk zu setzende Evolution der institutionellen Verfassung von Weltmarkt und Weltwirtschaft angegangen werden kann, sind Sofortmaßnahmen, die im Hier und Jetzt ansetzen, zu konzipieren. Erstens: Diese Sofortmaßnahmen beginnen bei der Vermeidung protektionistischer Abschottungen von nationalen Märkten, die den gegenwärtigen Bedingungen der WTO widersprechen. Da Klagen gegen einzelne Länder vor der WTO eine lange Zeit bis zur Erlangung eines Urteils beanspruchen, sind in multi- und bilateralen Verhandlungen und Absprachen die internationalen Störenfriede so weit wie möglich wieder »einzufangen«. Dies betrifft nicht nur die USA, die die gegenwärtige Welle des Protektionismus durch ihre Handelspolitik ausgelöst haben, sondern auch die notorischen Überschussländer, in erster Linie China und die Bundesrepublik mit ihren hohen Handels- und Leistungsbilanzüberschüssen. Die Rückkehr zum Status quo ante mit reduzierten internationalen Disproportionen anstelle eines sich aufschaukelnden Handelskrieges stellt den ersten Meilenstein zur Rettung des internationalen vertragsgebundenen Multilateralismus dar. Zweitens: Einfuhrzölle in den kapitalistischen Metropolen namentlich bei Agrikulturprodukten zum Schutz der heimischen Landwirtschaft sind abzubauen und gänzlich zu reduzieren. Anstatt dessen sind Konversionsmaßnahmen zugunsten einer ökologischen Landwirtschaft zu verstärken, um neben den Gesichtspunkten von Steigerung der Produktqualität und Umweltverträglichkeit die jeweilige nationale Überproduktion abzubauen, die als billiger Export die heimische Agrikultur in den Entwicklungsländern ruiniert. Diese national oder im supranationalen Verbund, z.B. der EU, durchgesetzten Ziele sind bereits ein erster Schritt zu einer entwicklungsfördernden internationalen Wirtschaftspolitik, die von den entwickelten Ländern ausgeht. Drittens: Länder mit strukturellen Exportüberschüssen sind gehalten, ihre binnenwirtschaftliche Nachfrage durch öffentliche Ausgaben (Transfers sowie Investitionen) auf Kosten nationaler Überproduktionen, die in den Export gehen, zu steigern. Eine derartige stärker binnenwirtschaftlich orientierte Wirtschaftspolitik folgt der Leitlinie einer gesteuerten Globalisierung mit supranationalen Welthandelsregionen und der Beschränkung von internationalen Exporten auf Hightech-Produkte materieller und immaterieller Art. In diese gleiche Richtung zielt eine unter dem Stichwort »erhöhte Resilienz« betriebene partielle Entflechtung der internationalen Verteilung der Wertschöpfungsstufen im Rahmen einer neu aufgesetzten nationalen bzw. supranationalen Industrie- und Strukturpolitik. Viertens: Neben diesen Maßnahmen zur Steuerung des internationalen Handels sind sukzessive Beschränkungen und Reglementierungen der internationalen Geldkapitalbewegung – Ausnahme bzw. Sonderstatus: Direktinvestitionen – durchzusetzen, um die nach wie vorhandenen Instabilitäten des Finanzsystems anzugehen. In jedem Fall ist der Potenzierung eines

Handelskrieges zu einem Finanzkrieg entgegenzuwirken, denn Letzterer würde bereits die unmittelbare Vorstufe zu einer militärischen Auseinandersetzung darstellen.

d) Beherrschung der Migrations- und Fluchtprozesse

Mehr als 80 Mio. Menschen weltweit befanden sich 2020 auf der Flucht vor Kriegen, Bürgerkriegen und vor Hunger und Perspektivlosigkeit. Etwa zwei Drittel davon sind sogenannte Binnenvertriebene (Internally Displaced Persons – IDP). Sie fliehen innerhalb ihres eigenen Landes, ohne internationale Landesgrenzen zu überschreiten. Binnenvertriebene sind – anders als Flüchtlinge – nicht durch internationale Abkommen geschützt und stehen offiziell nicht unter dem Mandat des Flüchtlingshilfswerks der Vereinten Nationen (UNHCR). Dennoch kümmert sich das UNHCR seit vielen Jahren um die Bedürfnisse von Binnenvertriebenen. Die zweite Gruppe sind Flüchtlinge sowie Asylsuchende, die noch auf den Ausgang ihres Asylverfahrens warten. Neun von zehn Flüchtlingen (86%) leben in Entwicklungsländern, da die meisten Flüchtlinge lediglich in ein angrenzendes Nachbarland fliehen.

Die größten Ströme an Schutzsuchenden und Flüchtlingen kommen aus den Kriegsgebieten des Nahen (Syrien/Irak) und Mittleren Ostens (Afghanistan) sowie aus Afrika. Als grenz- und die Nachbarstaaten – insbes. Jordanien, Libanon und Türkei für Flüchtlinge aus dem Bürgerkrieg in Syrien, die Nachbarstaaten von Sudan/Süd-Sudan sowie Libyen als Durchgangsland für Flüchtlinge insbesondere aus westafrikanischen Staaten – überschreitende Bewegung streben sie nach Westeuropa, vornehmlich nach Großbritannien, in die Bundesrepublik und nach Schweden. Sodann ist die (nichtlegale) Einwanderung aus Mittelamerika über Mexiko in die USA als grenzüberschreitende Migrationsbewegung bedeutsam, die die USA durch eine Mauer über die gesamte Grenze von über 3.100 km abriegeln woll(t)en. In jüngerer Zeit hat auch die von der UN als Völkermord identifizierte Vertreibung der Volksgruppe der Rohingya aus Myanmar, die ins Nachbarland Bangladesch zu Hunderttausenden geflohen sind, internationale Aufmerksamkeit gewonnen. Vom letzteren Fall abgesehen, sind Westeuropa und die USA die Hauptzielländer von Flucht und grenzüberschreitender Migration. In beiden Regionen hat die Aufnahme und Integration von Flüchtlingen und Schutzsuchenden mittlerweile zu Grenzabschottungen und zum Aufkommen nationalistischer Ressentiments gegenüber den »Fremden« geführt, die bestehende Rassendiskriminierungen verschärfen oder manifeste völkische Bewusstseins- und Verhaltensweisen aufweisen. Aber auch andere Länder, die nicht im Fokus großer Flüchtlingsströme stehen, weisen zum Teil harte Einwanderungsbedingungen wie z.B. Australien oder vehemente Ablehnungen von Migranten (Japan) auf.

Neben Krieg und Vertreibung, oftmals durch religiös-ethnische Konflikte erzeugt oder überlagert, ist Perspektivlosigkeit für die Menschen in ihren Heimatländern das wesentlichste Fluchtmotiv. Alle objektiven Tatbestände haben als gemeinsame Ursache die ökonomische Unterentwicklung der Länder, die sich in zerfallenden

Sozialstrukturen, hoher sozialer Ungleichheit und politischer Machtlosigkeit und/ oder Unfähigkeit der herrschenden Eliten Ausdruck verschafft; ihrerseits ist diese ökonomische Unterentwicklung neben internen, eine ursprüngliche Akkumulation behindernden Ursachen wiederum in den durch Ungleichheit gekennzeichneten Beziehungen zwischen Metropolen und Ländern des globalen Südens innerhalb der kapitalistischen Weltwirtschaft begründet. Sofern nun Massen von Menschen, angelockt durch die Bilder der modernen Kommunikationsmittel, sich auf den Weg als Flüchtlinge und Migranten in diese kapitalistischen Metropolen machen, schließt sich der Kreis und die Bevölkerungen und Regierungen dieser Metropolen bekommen die Auswirkungen ihrer jahrzehntelangen und die Dekolonisierung überdauernden ökonomischen Dominanz hautnah zu spüren.

Ein derartiges jahrzehnte- bzw. sogar jahrhundertelanges Verhältnis von Dominanz und Abhängigkeit ist, den politischen Willen und die Bereitstellung finanzieller und ökonomischer Ressourcen als günstigsten Fall einmal unterstellt, natürlich nicht kurzfristig zu reparieren und zu beseitigen. So gesehen werden sich die jüngeren und mobilen Menschen aus den Entwicklungsländern am ehesten und weiterhin in die tatsächlich oder vermeintlich »goldenen« Metropolen aufmachen, um dort ihr Glück im Rahmen ihrer individuellen Lebensperspektive zu suchen. Alle möglichen Anstrengungen zur Beendigung kriegerischer Handlungen in den Ursprungsländern der Migrationsströme unterstellt und internationale Anstrengungen zur Finanzierung und Durchführung des Wiederaufbaus zerstörter Städte und Infrastruktur vorausgesetzt, wird es eine geraume Zeit dauern, bis eine Rückkehrbewegung von Geflüchteten in ihre Heimatländer an Breite gewinnt und den ursprünglichen »braindrain« stoppt und umkehrt. In der Zwischenzeit müssen die Zielländer der Migration Bedingungen zur Aufnahme, Ausbildung und Integration der Geflüchteten bereitstellen und schaffen. Bei der Aufnahme der Geflüchteten ist allerdings ihre Verteilung auf verschiedene Zielländer nach deren Leistungs- und Belastungsfähigkeit herzustellen. Ein internationales Management der Migrationsbewegungen trotz bzw. neben allen Anstrengungen zur Beseitigung der Fluchtursachen, wird für eine geraume Zeit auf der Agenda der internationalen Politik stehen. Dieses Management unter den humansten Bedingungen sowohl für die Geflüchteten als auch die Bevölkerung in den aufnehmenden Ländern zu gestalten, stellt eine gewaltige Herausforderung dar und ist aller Mühen wert – auch und gerade, um an der Flüchtlingsfrage die demokratischen Prinzipien des Rechtsstaates in den Zieländern nicht durch irrationale fremdenfeindlich-rassistische Ressentiments zu Bruch gehen zu lassen.

e) Bekämpfung von Hungersnöten und Unterentwicklung

Ein besonders krasser Ausdruck von Unterentwicklung sind Hungersnöte, die auch nach mehr als zwei Jahrzehnten im 21. Jahrhundert ebenso wie Krankheitsepidemien noch nicht der Vergangenheit angehören, trotz der unzweifelhaft erreichten Reduzierungen von absoluter Armut im Weltmaßstab.[6] Soweit sie auf Kriegsverwüstungen der Landwirtschaft und materiellen Infrastruktur zurückgehen, sind sie zusammen mit der Bekämpfung von kriegsbedingten Fluchtursachen anzugehen. Mit der Veränderung des Klimas ist aber neben der konkurrenzvermittelten Zerstörung der heimischen Landwirtschaft durch billige Exporte von internationalen Agrarkonzernen eine weitere Ursache hinzugetreten. Gerade die am niedrigsten entwickelten Länder sind auch diejenigen, denen durch Überschwemmungen und langandauernde Dürreperioden die heimischen Ernten zerstört werden, sodass neben aktueller Nahrungsmittelproduktion auch Saatgut und Viehfutter fehlen. Neben Sofortmaßnahmen durch Organisationen wie die Vereinten Nationen müssen in diesem Zusammenhang die Maßnahmen zur Restrukturierung der internationalen Warenströme zugunsten des Aufwuchses interner ökonomischer Potenziale der Entwicklungsländer sowie die finanziellen Ressourcen, die für Küsten- und Hochwasserschutz von der internationalen Gemeinschaft gesammelt werden, zur Anwendung kommen.

In diesem Zusammenhang kommt der Weltbank als wichtiger finanzierender Institution auch die Rolle der Steuerung von Entwicklungsprojekten zu, die nicht wie bisher in erster Linie durch Freisetzung von internen Marktkräften dem Selbstlauf überlassen werden darf, sondern einen gezielten und schrittweisen Marktentwicklungsprozess unterstellt. Das Prinzip »Hilfe zur Selbsthilfe« bedeutet nicht nur Deregulierung von markthemmenden internen ökonomischen und Sozialstrukturen in den Entwicklungsländern, sondern der Abbau überkommener hemmender Regulierungen muss durch den Aufbau alternativer, den Verhältnissen im jedem Land angepassten neuen Regulierungen ersetzt werden. Die Verantwortung der Weltbank-Politik für eigene Projekte sowie die Koordinierung der Entwicklungspolitik der privaten und nationalen Akteure ist neu nach den oben genannten allgemeinen Prinzipien und Zielen zu ordnen; dieser Politikwechsel schließt zuvorderst die Absage an neoklassisch-neoliberale Dogmen ein.

[6] Die Bekämpfung von extremer Armut und Hunger war eines der Millenniumsziele der Vereinten Nationen, die im Jahr 2000 für 2015 aufgestellt worden waren. Ihre Messung ergab für 2015 eine Reduzierung auf 14% der Weltbevölkerung gegenüber 47% im Jahr 1990. Vgl. als zusammenfassendes Bild Abbildung 3.3 in Kapital 3. Im Zuge der Covid-19-Pandemie drohen zum Teil erhebliche Rückschläge gegenüber den erreichten Erfolgen in vielen, insbesondere den ärmsten Ländern.

Kapitel 18: Stärkere Regionalisierung des Welthandels vs. ungehemmte kapitalistische Globalisierung

a) Bildung von supranationalen Wirtschaftsblöcken mit Intensivierung des Intra-Blockhandels bei selektiver Ausrichtung des blockübergreifenden Handels

Die kapitalistische Globalisierung sowohl im Bereich des auswärtigen Handels als auch für die internationale Kapitalbewegung ist zwar nicht ursächlich für die aufgetretenen Krisen in einzelnen Ländern sowie die Große Finanzmarkt- und Weltwirtschaftskrise von 2007-09 (samt Nachwirkungen) verantwortlich, jedoch hat sie zur Ausbreitung und Verschärfung dieser Krisen wesentlich beigetragen. Auch die gegenwärtigen Verwerfungen innerhalb der Weltwirtschaft mit der Infragestellung des Nachkriegsregimes eines vertragsgebundenen Multilateralismus durch die USA sind eine spezifische Reaktion auf verschiedene Aspekte der kapitalistischen Globalisierung; nicht zuletzt ist auch die Ausbreitung von Covid-19-Infektionen zu einer weltweiten Pandemie mit gravierenden wirtschaftlichen und sozialen Konsequenzen für nahezu alle Länder neben der Intensivierung von Mobilität und Interaktion der Weltbevölkerung das Ergebnis einer ungehemmten kapitalistischen Globalisierung von Handel und Produktion. Eine administrative Beschränkung der Mobilität der Weltbevölkerung und eine Rückkehr des kapitalistischen Weltmarktregimes zum Status quo ante vor den protektionistischen Maßnahmen der USA und den Aufkündigungen bestehender oder in Verhandlung befindlicher multilateraler Freihandelsabkommen kann keine zukünftig nachhaltige Konstellation sein, wiewohl sie mittlerweile vielen als gute und erstrebenswerte Vergangenheit erscheint. Auf der Agenda internationaler Politik für die Weltwirtschaft steht daher neben der Bewältigung der im vorstehenden Kapitel skizzierten übergreifenden internationalen Herausforderungen die Konzeption von Eckpunkten eines neuen Weltmarktregimes.

Die Alternative zur ungehemmten kapitalistischen Globalisierung von Waren und Kapital ist nicht eine enge, falsch verstandene nationale Selbstgenügsamkeit oder gar wirtschaftliche Autarkie, womöglich noch gepaart mit und ideologisch begründet durch einen politischen Nationalismus. Selbstgenügsamkeit unter den mittlerweile entwickelten Bedingungen internationaler wirtschaftlicher Verflechtungen zwischen den verschiedenen Ländern und Volkswirtschaften kann nur ein bewusst gesteuertes Verhältnis zwischen intensiver supranationaler Integration von Handelsbeziehungen innerhalb von Weltregionen und einer selektiven Ausrichtung eines übergreifenden internationalen Handels weltweit sein. Dies kann als die zeitgenössische Übersetzung des seinerzeitigen Leitbildes von J.M. Keynes gelten, welches er in den 1930er Jahren (noch) unter dem Topos »nationaler« Selbstgenügsamkeit verhandelte.[1] Schon zu dieser Zeit waren die realen ökonomischen Bedingungen für die Propagierung eines unbeschränkten internationalen Freihandels passé: *»Die Erfahrung zeigt mehr und mehr, daß die meisten Prozesse moderner Massenproduktion in fast allen Ländern und Klimaten mit ungefähr gleichem Erfolg durchgeführt werden können. Darüber hinaus aber treten bei zunehmender Wohlstandsbildung Grundstoffe und Fabrikate an Bedeutung in der Volkswirtschaft, gegenüber Wohnungen, persönlichen Dienstleistungen und lokalen Amönitäten, die nicht dem internationalen Austausch unterliegen, zurück…«* (Keynes 1933: 156)

Wie die Tugend der Sparsamkeit in einer Zeit, in der Kapital knapp und die Akkumulation den Engpass des nationalen Sparaufkommens zu überwinden hatte, sah Keynes auch für die Außenwirtschaftsverhältnisse durch den Freihandel und den freien Kapitalverkehr die wirtschaftlichen Herausforderungen als gelöst an und ging für die Zukunft einer postindustriellen Gesellschaft von der Notwendigkeit eines Paradigmenwechsels aus. Im binnenwirtschaftlichen Kreislauf wird anstelle der Steigerung des Angebots eine mit Vollbeschäftigung zu vereinbarende effektive Nachfrage zum Bezugspunkt der Wirtschaftspolitik und in den außenwirtschaftlichen Beziehungen wird perspektivisch eine größere nationale Selbstgenügsamkeit zum erstrebenswerten Ziel, womit nicht zuletzt auch der *»Friedenssache«* (ibid.: 154) in höherem Maße gedient wird als mit der Entfesselung des internationalen Wettbewerbs auf allen Märkten der Welt. Es soll daher zwischen internationalen und nationalen Gütern und Dienstleistungen neu sortiert werden; dieser Paradigmenwechsel ist für Keynes zugleich eine Umorientierung, die langfristig und nur nach und nach ins Werk gesetzt werden soll. *»Ich sympathisiere … mehr mit denen, die die finanzielle Verknüpfung zwischen den Nationen sehr stark lockern wollen, als mit denen, die sie zu steigern gedenken. Ideen, Wissen, Kunst, Gastfreundschaft, Reisen – das sind Dinge, die ihrer Natur nach international sein sollten, aber laßt Güter in der Heimat herstellen, wenn immer es sinnvoll und praktisch möglich ist, und vor allem laßt die Finanzen in erster Linie nationale sein. Aber die, die ein Land aus seiner Verflechtung zu befreien versuchen, sollten zugleich sehr vorsichtig zu Werke gehen. Nicht Wurzeln sollen ausgerissen werden, sondern das Wachstum einer Pflanze soll in eine andere Richtung gelenkt werden.«* (Ibid.) Es ging ihm also um ein allmähliches Umsteuern auf eine stärkere Binnenorientierung der entwickelten Volkswirtschaften in ihren reproduktiven Basisverhältnissen mit einer gleichzeitigen strikten Absage an finanzielle Globalisierung mit ihren unvermeidlichen Begleiterscheinungen der Spekulation und negativen Rückwirkung auf

---

[1] Wir beziehen uns schwerpunktmäßig auf seinen gleichnamigen Aufsatz, den er 1933 verfasst hatte und in dem er sich gegen die klassisch-neoklassische Freihandelsdoktrin wandte: *»Ich war, wie die meisten Engländer, erzogen, den Freihandel nicht nur als eine ökonomische Doktrin, an der ein vernünftiger und gebildeter Mensch nicht zweifeln könne, sondern fast als einen Teil des Moralgesetzes zu achten.«* (Keynes 1933: 152); vgl. auch Krüger 2012b: 298ff.

Wertschöpfung und Beschäftigung.[2] Sowenig wie sich die von Keynes favorisierte Umsteuerung von Wirtschaft und Gesellschaft auf eine größere Selbstgenügsamkeit von selbst einstellen würde, sowenig sollten auf der anderen Seite auch die Gefahren missachtet werden, die in diesem Veränderungsprozess auftreten können. Neben dem *»Doktrinarismus«* (ibid.: 160) ist es die Hast bei der Umsetzung der Veränderung. *»Wir haben nicht eine plötzliche Revolution zu diskutieren, sondern die Richtung eines säkularen Trend.«* (Ibid.) Die Zeitdimension für die Transformation des kapitalistischen Weltmarktregimes würden wir allerdings heutzutage schon wegen des Zeitfensters, das der Klimawandel und die globale Erwärmung begrenzen, kritischer sehen als zu Keynes' Zeiten.

Bei allen Mängeln bereits bei der Konstitution und noch mehr bei der nachfolgenden Entwicklung stellt die Europäische Union heutzutage ein Vorbild für eine regionale Blockbildung dar;[3] sie ist der am weitesten integrierte supranationale Verbund verschiedener Volkswirtschaften und Länder, der gegenwärtig existiert. Von Anbeginn an war das Projekt der europäischen wirtschaftlichen Integration im Gemeinsamen Markt (Europäische Wirtschaftsgemeinschaft) auch ein Friedensprojekt zwischen Nationen, die jahrhundertelang in wechselnden Konstellationen im Krieg gelegen und mit dem Zweiten Weltkrieg den traurigen Höhepunkt nationalistischer Exzesse durchlebt hatten. Durch die Herstellung gemeinsamer Marktregulationen und mit der Schaffung einer gemeinsamen Währung hatte sich der ökonomische Integrationsprozess der nationalen europäischen Volkswirtschaften durch ihren EU-internen Außenhandel sukzessive erhöht – nach der der Finanzmarkt- und Weltwirtschaftskrise folgenden Krise einiger Euro-Länder ab 2010 allerdings wieder leicht vermindert.[4] Die gegenwärtig verstärkten zentrifugalen Tendenzen innerhalb der EU, in oberflächlicher Sichtweise festgemacht an der unterschiedlichen Stellung einzelner Regierungen zur »Flüchtlingskrise«, steht nicht nur weiteren Fortschritten einer wirtschaftlichen Integration entgegen, sondern macht das grundsätzliche Problem deutlich, dass supranationale Zusammenschlüsse zwischen einzelnen Ländern auf Basis kapitalistischer Produktionsverhältnisse ein gewisses Maß an Instabilität aufweisen, dem nur durch gegensteuernde politische Interventionen begegnet werden kann.[5]

---

[2] Letzteres anschaulich formuliert mit dem Hinweis, dass *»[die] Teilhaberschaft eines Chicagoer Spekulanten an der deutschen A.E.G. oder [die] Beteiligung einer englischen Witwe an den städtischen Werken von Rio de Janeiro«* (ibid.: 154) keine Blaupause für die Zukunft darstellen kann. Wir kommen darauf im nachstehenden 19. Kapitel ausführlich zurück.

[3] Zur Kritik an den Konstitutionsbedingungen und der Fortentwicklung der Regulierungen und Institutionen der Europäischen Union vgl. Krüger 2012a: 478ff. sowie 2016: 52ff.

[4] Vgl. Krüger 2015: 97.

[5] Bezüglich der wünschbaren Fortentwicklung von Euro-Zone und EU zu einer europäischen Volkswirtschaft und schließlich einem europäischen Bundesstaat vgl. Krüger 2016: 453ff.

Eine stärkere Regionalisierung der Weltwirtschaft durch supranationale Blockbildungen mit einer Intensivierung des grenzüberschreitenden Handels vornehmlich innerhalb dieser Wirtschaftsblöcke ist zugleich ein wirksamer Beitrag zum ökologischen Umbau von Weltmarkt und Weltwirtschaft. Wo immer möglich, sollten materielle Waren innerhalb der einzelnen Länder sowie innerhalb derartiger supranationaler Wirtschaftsblöcke gefertigt werden, um die Aufwendungen des Transports inkl. der durch denselben verursachten Umweltbelastungen zu vermindern und somit Ressourcen, Transportkapazitäten sowie lebendige Arbeit einzusparen. Wiederum am Beispiel der Europäischen Union bedeutet dies den Intra-EU-Handel mit internen zunehmend grenzüberschreitenden Wirtschaftsregionen und -clustern als Binnenwirtschaftsverkehr zu forcieren. Für den Extra-EU-Handel bliebe neben den notwendigen Rohstoffimporten der Export hochtechnologischer Investitionsgüter und Industrieanlagen neben dem freien Verkehr von Dienstleistungen aller Art – an vorderster Stelle Wissenschaft und Kunst, aber auch hochwertige kommerzielle Dienstleistungen – sowie Menschen (Tourismus).

Was für die Europäische Union bzw. im ersten Schritt für die Euro-Zone zwar keine für die unmittelbare Zukunft realisierbare Option darstellt, ist für andere regionale Wirtschaftsblöcke nach heutigen Maßstäben noch weiter entfernt. Weder die nordamerikanische Freihandelszone zwischen Kanada, den USA und Mexiko, deren vertragliche Grundlage vor Kurzem nach der Kündigung durch die USA neu verhandelt wurde, noch ihr lateinamerikanisches Gegenstück, der »Mercosur-Verbund«, und auch nicht der ASEAN-Verbund, für den sogar explizit die Europäische Union als Vorbild dient, können sich an dem gemeinsamen europäischen Markt sowie der Währungsunion hinsichtlich ihres Integrationsgrades messen. Jedoch kann eine erfolgreiche weitere Binnenintegration der EU sowie ihre außenwirtschaftliche Umsteuerung, und dies meint an vorderer Stelle die Begrenzung der aggressiven Exportorientierung des BRD-Kapitals, sich als positives Beispiel für internationale Nachahmung qualifizieren. In der Realität wird es daher vom Einzelfall abhängen, welche entgegengesetzten Tendenzen sich als die jeweilig dominierenden Entwicklungen durchsetzen werden.

b) Internationale Handelsagentur: Freihandelsabkommen und selektive Handelsbeschränkungen als Mittel zur Steuerung des Welthandels

Die seinerzeitigen Vorstellungen von J.M. Keynes aus den 1940er Jahren, die in der bekannten Schrift »Proposals for an International Clearing Union« (vgl. Keynes 1943) dargelegt sind, sollten an und für sich nicht nur eine Welt-Zentralbank, sondern ein gesamtes Weltmarktregime mit einer Welt-Wirtschaftsregierung umfassen. Dabei spielte eine Internationale Handelsagentur eine wichtige Rolle.

Während die heutige Welthandelsorganisation (WTO) nur als Dachorganisation für internationale Verträge bezüglich des Handels in materiellen Gütern, Dienstleistungen und der Sicherung von geistigem Eigentum fungiert und politisch ihre

Mitgliedsstaaten auf Marktwirtschaften sowie eine liberale Außenhandelspolitik mit Langfristorientierung auf internationalen Freihandel verpflichtet, würde und müsste eine Internationale Handelsagentur eine direkt steuernde Funktion für den Welthandel übernehmen. An die Stelle des Vertrauens auf das blind-naturwüchsige Wirken einer internationalen Arbeitsteilung gemäß den jeweiligen komparativen Vorteilen der einzelnen Länder müsste die sichtbar steuernde Hand internationaler Handelspolitik treten, die aufkommenden Disproportionen im internationalen Handelsverkehr entgegenwirkt und mit den Zielen aus dem Leitbild des internationalen Handels – einem intensiv(iert)en Intra- und selektiven Inter-Blockhandel der verschiedenen Weltwirtschaftsregionen sowie den entwicklungspolitischen Rücksichten – vermittelt. Dies stellt ein mehrdimensionales Zielsystem für die Politik der Internationalen Handelsagentur dar, deren Einzelziele durchaus miteinander konfligieren können. Ihre Umsetzung erfordert darüber hinaus die enge Abstimmung mit der Internationalen Zentralbank (International Clearing Union), die die gesamte Breite der Zahlungsbilanztransaktionen, die Wechselkurse der nationalen Währungen und die Ausgleichsmodalitäten der Zahlungsbilanzen im Fokus hat. Desgleichen wäre eine Abstimmung mit der Steuerungsinstanz des langfristigen Kapitalverkehrs notwendig.[6] Eine solche Internationale Welthandelsagentur würde den ersten Bestandteil des »International Board«, d.h. einer demokratisch durch die Vereinten Nationen zu legitimierenden Weltwirtschaftsregierung darstellen.

Es ist klar, dass es sich bei Konstitution eines derartigen Weltmarkt- und Weltwirtschaftsregimes um eine sehr langfristige Zielorientierung handelt, die nicht nur den aktuellen Entwicklungstendenzen eines verstärkten nationalen Egoismus entgegensteht, sondern darüber hinaus auch die stattgefundenen und zukünftig weiter stattfindenden Verschiebungen in den ökonomischen Kräfteverhältnissen der dominierenden Staaten (und Staatenverbindungen) aufzunehmen und in einem kooperativen Szenario auszutarieren hätte. Aber wenn es richtig ist, dass das gegenwärtige asymmetrische Kräfteverhältnis durch eine mehr und mehr vornehmlich politisch-militärisch und nicht (mehr bzw. immer weniger) ökonomisch dominierende ehemalige Supermacht USA, eine zukünftig ökonomisch dominierende VR China, die ihre internationalen Handelsbeziehungen auch politisch fundiert und absichert sowie eine Europäischen Union/Euro-Zone, die (trotz gegenwärtiger interner wirtschaftlicher Krisenprozesse) nach wie vor eine ökonomische Weltmacht, allerdings ohne adäquaten politischen Überbau darstellt, gekennzeichnet ist, so treibt diese Konstellation mit einer gewissen Notwendigkeit zu ihrer Auflösung.

Die Weiterentwicklung der gegenwärtigen WTO in Richtung auf eine multilaterale Steuerung des Welthandels, die sich zunächst die Aufgabe stellt, die bestehenden Disproportionen im Handel mit materiellen und immateriellen Waren abzubauen, stellt hierbei einen nicht zu unterschätzenden ersten Schritt dar. Sollen die seit den 1990er Jahre herausgebildeten Entwicklungstendenzen der Weltwirt-

---

[6] Zu Letzterem vgl. das folgende 19. Kapitel; hier geht es zunächst nur um den Handel in materiellen und immateriellen Waren.

schaft mit einem Abbau der globalen absoluten Armut systematisch (wieder) aufgenommen und verstärkt werden, ist eine differenzierte Politik von Zollschranken und Herstellung von produktspezifischen multilateralen Handelssalden zwischen verschiedenen Ländergruppen geboten. Unterentwickelten Ländern muss über die Tolerierung von Einfuhrzöllen die Möglichkeit eines internen Aufbaus von agrikulturellen und industriellen Potenzialen eingeräumt werden. Eine derartige importsubstituierende Handels- und Strukturpolitik sollte in supranationalen Wirtschaftsbünden abgestimmt und an Entwicklungsauflagen für die betreffenden Länder gebunden werden. Letztere müssen sich am Aufbau inländischer Wertschöpfungspotenziale sowie einer schrittweisen Annäherung an internationale Wettbewerbsbedingungen orientieren.

In diesem Zusammenhang kommt auch dem Import von Kapital in Form von Direktinvestitionen eine bedeutende Rolle zu. Wenn der Aufbau von Produktionsstätten sowie Infrastrukturen durch ausländische Unternehmen und Staaten Entwicklungsimpulse in den Empfängerländern auslösen und befördern sollen, ist für ihre Einbindung in binnenwirtschaftliche Kreislaufverflechtungen durch eine funktionierende Entwicklungsplanung Sorge zu tragen. Der im »Westen« vielgescholtenen Politik der VR China namentlich auf dem afrikanischen Kontinent kommt in diesem Zusammenhang eine in vielen Punkten beispielgebende Funktion zu.

Die Verminderung internationaler Ungleichheiten bedingt einen weiteren, die unterentwickelten Länder begünstigenden steuernden Eingriff in die internationalen Handelsströme, nämlich die Einräumung von Importkontingenten seitens der kapitalistischen Metropolen und Schwellenländer. Eine nationale Überproduktion der unterentwickelten Länder in bestimmten Bereichen muss als Export gerade in die entwickelten Länder ausgeführt werden können, was die Tolerierung und Herstellung von produktspezifischen Handelsbilanzdefiziten der entwickelten Länder gegenüber den unentwickelteren Staaten erfordert. Eine derartige internationale Steuerung von Handelsströmen setzt die Begrenzung des Profitstachels der Einzelkapitale in den entwickelteren Ländern voraus, denn dieses Profitmotiv bringt gerade über eine exportgestützte Umsatzmaximierung direkt kontraproduktive Ergebnisse gegenüber diesen Zielen hervor.

Eine derartige bewusste internationale Steuerung von Handelsströmen nach Produkten, Ländern, Einfuhrzöllen und Bilanzsalden sowie die Festsetzung und Kontrolle der jeweiligen Auflagen, die der Genehmigung von Handelsbeschränkungen unterliegen, ist von der Internationalen Handelsorganisation und der Weltbank in ihrer gegenwärtigen Verfassung nicht und schon gar mit ihren derzeitigen wirtschaftspolitischen Zielorientierungen zu realisieren, sondern unterstellt eine substanzielle Weiterentwicklung der vorhandenen Institutionen des Weltmarktes (Internationaler Währungsfonds, WTO und Weltbank). Es wäre allerdings dabei vorausgesetzt, dass es hierbei nicht nur um Appelle geht, wie sie bereits gegenwärtig durch den Internationalen Währungsfonds formuliert werden, sondern um wirksame Eingriffe. Die Neugründung der WTO als Internationale Handelsagentur wäre in dieser Beziehung bereits ein Meilenstein, ihre Kooperation mit dem Internationalen Währungsfonds (IWF) im Hinblick auf die Bereitstellung von Geldmitteln (internationale Liquidität) zur Beeinflussung der nationalen Handels- und Leistungsbilanzen entlang der oben formulierten Ziele wäre ein erster materieller Hebel; er würde allerdings eine Änderung der gegenwärtigen Statuten des IWF unterstellen. So ist es möglich, in einem schrittweisen Prozess zu demokratisch legitimierten und umfassend mit den einzelnen Ländern abgestimmten Veränderungen des Weltmarktregimes zu kommen.

19. Kapitel: Internationale Kontrolle und Steuerung des Kapitalverkehrs

a) Reduzierung des grenzüberschreitenden Kapitalverkehrs durch administrative und marktwirtschaftliche Eingriffe

Verbot von Geschäften und Schließung von Schattenbanken

Eine rascher vonstattengehende Akkumulation von Geldkapital und seiner verschiedenen Anlageformen (fiktives Kapital) gegenüber reproduktiver Wertschöpfung ist ein allgemeines Gesetz kapitalistischer Akkumulation. Die drastische Zunahme der Verschuldung von Unternehmen, Staaten und Privathaushalten sowohl national wie international ist ein charakteristisches Phänomen des Finanzmarktkapitalismus und hat im letzten Konjunkturzyklus seit der Krise 2007-09 nochmals zugelegt. 2019 betrug der Gesamtschuldenstand rd. 255 Bio. US-Dollar und damit fast das 3-Fache des Welt-BIP (in lfd. US-$) (siehe Abb. 19.1). Mit der erneuten Rekordverschuldung namentlich der öffentlichen Haushalte im Zuge der Corona-Krise 2020, bei gleichzeitigem absoluten Rückgang des Welt-BIP, haben Gesamtschuldenstand und sein BIP-Anteil neue Rekordstände erreicht.

Trotz des seit Beginn der 1980er Jahre international durchgesetzten Trends überzyklisch sinkender Zinssätze, der durch die ultralockere Geldpolitik der wichtigsten Zentralbanken (Quantitative Easing) nach der internationalen Finanzmarktkrise nochmals verstärkt worden ist, offenbart die explodierende Verschuldung nicht nur Fehlallokationen von Kapital, sondern belastet die Neuwertschöpfung mit gestiegenen Ansprüchen des Kapitaleigentums (accumulated claims on production). Fehlallokationen von Kapital, ein ungehemmt zunehmender Überbau der verschiedenen Formen des fiktiven Kapitals und deren gleichzeitige disproportionale Verteilung zwischen den verschiedenen Ländern und Ländergruppen stellen ebenso viele Hemmnisse und Verhinderungen für prosperierende Wertschöpfung, steigende Beschäftigung von Arbeitskräften und Zunahme der Wohlfahrt der Weltbevölkerung dar. Was national gilt, die Begrenzung und das sukzessive Abschmelzen des fiktiven Kapitalüberbaus, gilt auch international.

Die Reproportionierung von produktiver sowie unproduktiver Arbeit innerhalb des reproduktiven Zirkels auf der einen Seite und des fiktiven Kapitalüberbaus als Ergebnis der über Jahrzehnte fortgeschriebenen und erweiterten Verschuldung aller Bereiche des Gesamtreproduktionsprozesses auf der anderen bleibt daher eine Kernaufgabe. Sie unterstellt die Entwertung fiktiver Kapitale als wirtschaftspolitisch initiierten und kontrollierten Prozess, welcher Rücksicht nimmt auf die verschiedenen unterliegenden Ansprüche von Gläubigergruppen, denn die Entwertung von z.B. kapitalgedeckten Pensionsansprüchen abhängig Beschäftigter hat ein anderes Schutz- und Absicherungsbedürfnis als allgemeine Staatsschulden oder Ansprüche von Privatpersonen oberhalb bestimmter Einkommensstände bzw. Vermö

Abbildung 19.1: Globale Schulden nach Schuldnern

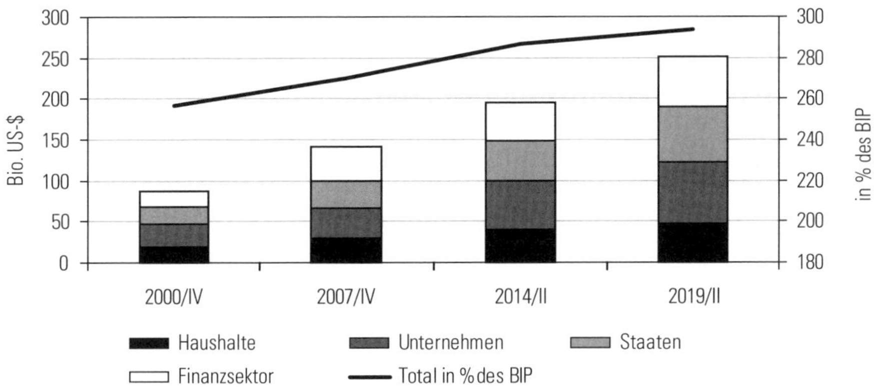

Quellen: McKinsey Global Institute, Institute of International Finance (IIF), Statista

genshöhen. Die Ausgliederung von faktisch uneinbringlichen und zur Abwertung ausgesonderter fiktiver Kapitale in staatlich kontrollierte Einrichtungen zur sukzessiven Entwertung ist eine notwendige Bedingung zur Wiederherstellung der Funktionsfähigkeit des Kredit- und Bankwesens und zu seiner Unterordnung unter die Rahmenbedingungen reproduktiver Wertschöpfung und Akkumulation. Diese Aufgabe ist zuvorderst in den einzelnen Staaten bzw. Staatenbünden wie z.B. innerhalb der Euro-Zone durchzuführen[1] und muss auf der internationalen Ebene entweder ergänzend begleitet oder, soweit es sich um die kontrollierte Abwertung von Auslandsschulden handelt, durch internationale Institutionen – Internationaler Währungsfonds bzw. Schuldenmanagement-Abteilung seiner zur Welt-Zentralbank fortentwickelten Nachfolgeorganisation – bewerkstelligt werden.

Neben der Beseitigung von akkumulierten Altlasten sind zukunftsorientierte Maßnahmen umzusetzen, um erneute Fehlentwicklungen auszuschließen. Dies betrifft zum ersten die in den vergangenen Jahrzehnten des Finanzmarktkapitalismus treibhausmäßig ins Kraut geschossenen und als Innnovationen gepriesenen Finanzanlagen und -instrumente. Das Mittel der Wahl ist hier vielfach das Verbot. Dies bezieht sich in erster Linie auf die Beseitigung problematischer, weil krisenverschärfender Geschäftsmodelle der Finanzinstitutionen (Banken). Neben der Beseitigung privater Schattenbanken, in die in der Vergangenheit Portfolio-Bestände ausgelagert wurden, sind auch die Verbriefung von Bankkrediten und ihr Weiterverkauf, womöglich noch zu Paketen (Fonds) gebündelt, zu untersagen. Beide Maß-

[1] Vgl. unsere seinerzeitigen Vorschläge zur Entwicklung eines Insolvenzrechts für Staaten vor dem Hintergrund der Euro-Krise und der Unmöglichkeit einiger Euro-Staaten, den Finanzierungsbedarf ihrer öffentlichen Haushalte am privaten Kapitalmarkt zu decken, in Krüger 2016: 150ff.

nahmen beseitigen Intranzparenzen im Finanzsektor und unterbinden eine bloß dem Spekulationsgewinn geschuldete Vervielfachung von bloßen Händewechseln oder Zirkulationsoperationen.

An den Sekundärmärkten der Wertpapierbörsen sind Geschäfte zu untersagen, die wie gedeckte und ungedeckte Leerverkäufe von Aktien Kursrückgänge mit negativen Rückwirkungen für die reproduktive Geschäftstätigkeit der betreffenden Unternehmen begünstigen oder gar erzeugen und damit wertschöpfungsfeindlich sind. Auch der Hochfrequenzhandel an den Wertpapier- und Devisenbörsen, der automatische, computergesteuerte Verkäufe und Käufe erzeugt und damit höchst erratische Kursbewegungen mit negativen Wirkungen auf die wirkliche reproduktive Kapitalakkumulation auslösen kann, ist durch Zwischenschaltung von Zeitintervallen zwischen den Kauf- und Verkaufssignalen und ihrem Vollzug zu entschleunigen. Kurzfristig besteht das Ziel dieser Maßnahme darin, überschießende Herdenbewegungen an den Börsen zu begrenzen; in weiterer Instanz und längerfristig sind die Börsentransaktionen noch weiter zu begrenzen, um die Spekulation an den Sekundärmärkten in engen Grenzen zu kanalisieren und perspektivisch trockenzulegen.

Schließlich geht es um die Reduzierung bzw. das Verbot hochspekulativer Finanzprodukte. Dies beginnt bei den Geldanlagen für Privatanleger, die erst nach Zertifizierung durch einen sog. Finanz-TÜV, angesiedelt auf nationaler Ebene mit internationaler Abstimmung, freigegeben werden dürfen. Aber auch die in den letzten Jahrzehnten hervorgebrachten sog. Finanzinnovationen im kommerziellen Bereich, d.h. die fiktiven Kapitalformen zweiter und dritter Ordnung (Fonds und Derivate), müssen auf ihre ursprünglichen Entstehungsgründe zurückgeschnitten und begrenzt werden.

In Kapitalanlagefonds sollen danach nur Wertpapiere eingebracht und gebündelt werden, die entweder zum amtlichen Börsenhandel zugelassen sind oder den Finanz-TÜV bestanden haben, sodass die Risikomischung innerhalb kontrollierter Grenzen bleibt. Derivate zur Kurssicherung sind auf Geschäfte zu begrenzen, die tatsächliche reproduktive Prozesse zur Grundlage haben; Kreditversicherungen (Credit Default Swaps) sind vom Sekundärmarkt auszuschließen, d.h. als nicht mehr negotiabel zu stellen.

Mit der Schließung der Offshore-Zentren sind desgleichen die Steueroasen zu beseitigen. Damit entfallen spezifische Geschäftsmodelle von Ländern und ihren Finanzsektoren, die allesamt auf nichts anderes herauskommen als intransparente Finanztransaktionen mit all ihren immanenten, negativen Verselbständigungsprozessen zu begünstigen bzw. durch Steuer-Dumping die legale und halblegale Steuervermeidung zum Schaden der öffentlichen Haushalte zu befördern.

Finanztransaktionssteuer auf Wertpapiertransaktionen

Während Umsätze am Warenmarkt in den meisten Ländern mit der Umsatz- bzw. Mehrwertsteuer belegt sind, erfolgen Transaktionen mit Wertpapieren aller Art zumeist steuerfrei. Schon von Keynes wurde die Erhebung einer Kapitalverkehrssteuer in die Diskussion eingebracht;[2] später – 1972 – entwickelte James Tobin das Konzept einer Steuer auf Devisentransaktionen. Mit der massiv zunehmenden Umsatztätigkeit an den Weltfinanzmärkten im Zuge der rasant ansteigenden Geldkapitalakkumulation und ihrer Anlageformen ist die Forderung nach einer umfassenden Finanztransaktionssteuer auf den börslichen und außerbörslichen Handel von Wertpapieren und Devisen tendenziell mehrheitsfähig geworden. Hierbei muss zwischen zwei alternativen Zielsetzungen unterschieden werden: Zum einen geht es um die Erschließung neuer Mittelaufkommen für die öffentlichen Budgets, die infolge der Finanzmarktkrise 2007/08 sowie im Abschwung und der Corona-Krise 2020/21 erhebliche Summen zur Stabilisierung der nationalen Bankensysteme und Unternehmen aufgewendet haben; insofern bilden die Mittelaufkommen aus einer Finanztransaktionssteuer eine – nachträgliche – Gegenfinanzierung zu diesen finanziellen Vorleistungen. Zum anderen wird mit der Erhebung einer Finanztransaktionsteuer auch ein prohibitiver Zweck verfolgt. Durch Verteuerung von Wertpapierverkäufen sollen geringmargige Arbitragegeschäfte und weiter generell die spekulationsgeleitete Erzielung von Kursgewinnen als Differenzgewinne eingeschränkt und somit Anzahl und Umfang der Wertpapiertransaktionen vermindert werden; in diesem Sinne ist eine Finanztransaktionssteuer zugleich ein Mittel zur Reduzierung der Geldkapitalakkumulation. Letzteres steht nachfolgend im Mittelpunkt.

Bei dem internationalen Charakter der Geldkapitalakkumulation auf international integrierten Wertpapierbörsen und Finanzmärkten hängt die prohibitive Wirksamkeit einer Finanztransaktionssteuer von einer möglichst umfassenden Einführung auf allen Märkten bzw. an allen Finanzplätzen ab. Nur die entwickelten kapitalistischen Metropolen betrachtet, ist dieses Projekt jedoch keineswegs Konsens zwischen den beteiligten Regierungen. Neben den USA verweigert sich insbesondere Großbritannien hartnäckig der Einführung einer Finanztransaktionssteuer jenseits der im Vereinigten Königreich seit 1986 erhobenen stamp duty reserve tax (SDRT). Handlungsleitend ist dabei für beide Regierungen, dass sie ihr auf die Bedeutung von New York bzw. Chicago sowie London orientiertes Geschäftsmodell einer jeweiligen internationalen Finanzindustrie durch eine merkliche steuerinduzierte Verringerung der Transaktionen gefährdet sehen. Selbst innerhalb der Euro-Zone wird gegenwärtig das von der Europäischen Kommission erarbeitete Konzept einer Finanztransaktionssteuer nicht einhellig geteilt und von einigen Akteuren/Regierungen verdeckt oder offen sabotiert.

Der gegenwärtige Diskussionsstand innerhalb der Euro-Zone ist, dass auf Vorschlag der EU-Kommission alle befürwortenden EU-Staaten eine Steuer auf den Handel von Aktien und Anleihen i.H.v. 0,1% sowie für Derivate dieser Wertpapiere i.H.v. 0,01% einführen sollen; ausgenommen von der Steuer sollen Devisen-

---

[2] Vgl. Keynes 1936: 136: *»Die Einführung einer beträchtlichen Umsatzsteuer auf alle Abschlüsse dürfte sich als die zweckmäßigste verfügbare Reform erweisen, um die Vorherrschaft der Spekulation über das Unternehmertum in den Vereinigten Staaten abzuschwächen.«*

geschäfte am Spotmarkt sowie andere Derivate sein. Die rechtliche Basis dafür findet sich im Rahmen der sogenannten verstärkten Zusammenarbeit von mindestens neun EU-Ländern; bislang haben mit Belgien, Deutschland, Frankreich, Griechenland, Österreich, Portugal, Slowenien, Italien, Spanien, Estland und Slowakei insgesamt elf Länder (verbal) zugestimmt. Um Umgehungen zu vermeiden, soll das Sitzland der beteiligten Bank bzw. Finanzinstitution und nicht der Transaktionsort des Wertpapiergeschäfts, entscheidend für die Steuererhebung sein. Ob das Aufkommen dieser Finanztransaktionssteuer in die jeweiligen nationalen Budgets oder in das EU-Budget eingebracht werden soll, ist ebenfalls noch nicht abschließend geklärt.

Nicht nur in der Bundesrepublik Deutschland ist dieses Instrument einer Finanztransaktionssteuer heftig umstritten. Während ihre Befürworter sich davon neben der Erschließung zusätzlicher Finanzquellen ihre prohibitive Wirkung gegenüber den überbordenden Transaktionen der internationalen Geldkapitalakkumulation erhoffen, verweisen ihre Gegner auf nach wie vor bestehende Ausweich- und Steuervermeidungsmöglichkeiten. Indem Letztere argumentieren, dass nur eine international einheitliche Einführung dieser Steuer Sinn mache, wollen sie dieses die Deregulierung und Flexibilisierung der Finanzmärkte konterkarierende Instrument praktisch auf den Sankt-Nimmerleinstag verschieben. Insofern wäre die in den oben genannten elf Euro-Staaten geplante Einführung der Finanztransaktionssteuer als Fortschritt zu werten.

Allerdings erhebt sich die Frage, ob die bislang in der Diskussion genannten Bemessungsgrundlagen und Steuersätze ausreichend für eine wirksame Reduzierung der Geldkapitaltransaktionen sind. Auch wenn es gar nicht in erster Linie auf eine Maximierung des Steueraufkommens, sondern um ihre prohibitive Wirkung geht, ist zum einen die Ausnahme für Derivate, die nicht auf Aktien und Anleihen bezogen sind, problematisch. Bei einer zusätzlichen Orientierung auf die Wiedereinführung fester Wechselkurse zwischen den wichtigsten Weltmarktwährungen, zunächst mit erweiterten Interventionsbandbreiten oder Zielzonen, entfiele die Notwendigkeit von Kurssicherungsgeschäften auf reproduktive Außenwirtschaftstransaktionen weitgehend, sodass tendenziell alle Derivate-Geschäfte finanztransaktionssteuerpflichtig gestellt werden sollten. Auch die bislang diskutierten Steuersätze von 0,1 bzw. 0,01% sollten unter dem Aspekt der Einschränkung spekulativer Operationen an den Finanzmärkten mindestens verdoppelt werden. Darüber hinaus bleibt natürlich die international einheitliche Einführung dieser Steuer, zusammen mit der Schließung aufsichtsfreier Finanzplätze und Steueroasen, dringlich.

Kapitalverkehrs- und Devisenkontrollen

Die Einführung einer Finanztransaktionssteuer auf Operationen der Geldkapitalakkumulation mit dem Ziel, namentlich kurzfristige Geldkapitalbewegungen durch Ausschaltung von Arbitrageoperationen zu diskriminieren bzw. quantitativ zu beschränken, kann bereits als eine automatisch wirkende Kontrolle des Kapitalverkehrs, sowohl innerhalb eines Währungsraums als auch zwischen verschiedenen Währungsräumen, d.h. als zusätzliche Devisenkontrolle bezeichnet werden. Jenseits dieser »automatischen« Kapitalverkehrs- und Devisenkontrollen kann es jedoch möglich werden, diskretionäre Kontrollen des Kapitalverkehrs mit zusätzlichen administrativen Beschränkungen einzuführen, um negative Rückwirkungen der Geldkapitalakkumulation auf die reproduktive Wertschöpfung zu bekämpfen. Im Mittelpunkt bei diesen diskretionär-administrativen Kapitalverkehrskontrollen steht die Bekämpfung einer Kapitalflucht mit ihren zerstörerischen Wirkungen auf die Einlagen eines nationalen Bankensystems mit der Konsequenz von Kreditrestriktionen und nationalen Zinssteigerungen.

Grundlage für die Einführung diskretionär-administrativer Kapitalverkehrskontrollen ist zunächst die korrekte und umfassende statistische Erfassung von Kapitalbewegungen im Rahmen der nationalen Zahlungsbilanzen. In einer heraufziehenden Krise wäre ein Eskalationsprozess, beginnend mit einer Meldepflicht, im Weiteren einer Bardepotpflicht bis hin zu einer von Fall zu Fall einzuholenden Genehmigungspflicht zu etablieren, um eine grenzüberschreitende Kapitalbewegung zu ermöglichen bzw. zu untersagen. Ausführende Instanz wäre zum einen die beteiligte Bank, zum anderen eine supranationale Institution zur Abstimmung und Koordinierung der exekutiven Maßnahmen. Bei letzterem ist zu denken an die Errichtung eines Europäischen Währungsfonds als Weiterentwicklung des bestehenden Europäischen Stabilisierungsmechanismus (ESM), der in Abstimmung und Arbeitsteilung mit der Europäischen Zentralbank die supranationale Steuerung des grenzüberschreitenden Kapitalverkehrs innerhalb der Euro-Zone übernimmt. Währungsüberschreitende Bewegungen fielen in den Kontroll- und Steuerungsbereich eines zu einer Internationalen Zentralbank (International Clearing-Union) fortentwickelten Internationalen Währungsfonds.

Die totale Liberalisierung des Kapitalverkehrs datiert beginnend mit dem Zusammenbruch des Bretton-Woods-Währungssystems und dem Übergang zu flexiblen Wechselkursen zwischen den wichtigsten Währungen auf dem Weltmarkt seit Anfang der 1970er Jahre. Die sukzessive Aufhebung der bis dato herrschenden Kontrollen und Einschränkungen haben die Verselbständigung der Geldkapitalakkumulation in internationaler Dimension befördert; ihre eigentliche Ursache liegt jedoch, wie ausführlich gezeigt,[3] in den allgemeinen Gesetzmäßigkeiten des kapitalistischen Akkumulationsprozesses selbst begründet. Die Rückkehr zu regulierten und politisch gesteuerten Marktverhältnissen durch Kapitalverkehrs- und Devisenkontrollen ist eine wesentliche Bedingung für die Wiedereinführung von stabilen Wechselkursen, d.h. Zielzonen für ihre Schwankungen, die je nach der Entwicklung der Fundamentaldaten ggf. zu verändern sind. Dermaßen stabile Wechselkurse ermöglichen eine planbare Entwicklung der Außenwirtschaftstransaktionen im Handel (Waren und Dienstleistungen) sowie bei den durch reproduktive Gründe bestimmten langfristigen Kapitalbewegungen (Direktinvestitionen materieller und immaterieller Art, wie Know-how etc.). Erst dadurch würde der internationale Marktzu-

[3] Vgl. zur theoretischen sowie empirisch-statistischen Darstellung Krüger 2010 sowie Krüger 2012a.

sammenhang seine wohlfahrtsstiftenden Effekte entfalten können. Freier Handel von Waren und Dienstleistungen, d.h. Beseitigung von Zöllen und sonstigen nichttarifären Handelshindernissen ist daher nicht nur vereinbar mit einer strikten Regulierung des internationalen Kapitalverkehrs, sondern setzt diese letztendlich sogar zwingend voraus, sollen die immanenten Verselbständigungstendenzen der Geldkapitalakkumulation und ihre negativen Rückwirkungen auf die reproduktive Kapitalakkumulation beseitigt werden. Jenseits akuter Krisenbekämpfung bleibt somit die politische Aufsicht und Steuerung des internationalen Kapitalverkehrs eine wesentliche Anforderung und Aufgabe auch in längerfristiger Perspektive.

b) Sonderfall Direktinvestitionen

Die Diskriminierung des internationalen Geldkapitalverkehrs zum Zweck der Eindämmung spekulativ veranlasster Transaktionen, die volatile Rückwirkungen auf die Wechselkurse der Währungen ausüben und damit dem angestrebten Ziel fixer, wenngleich bei Zahlungsbilanzdisproportionen anpassbarer Austauschverhältnisse zwischen den wichtigsten internationalen Transaktionswährungen entgegenstehen, gilt generell nicht für Direktinvestitionen als zum Zweck eines durch reproduktive Motive initiierten internationalen Kapitalverkehrs. Natürlich sind die Zielländer solcher Direktinvestitionen frei, wenn sie aus nationalen Gründen ein Engagement ausländischen Kapitals beschränken oder gar unterbinden wollen; umgekehrt mag es ebenso im nationalen Interesse liegen, ausländisches Kapital als Direktinvestition in bestimmten Branchen anzuziehen und mit Präferenzregeln z.B. steuerlicher Art zu begünstigen. Eine nicht dem gänzlich unregulierten internationalen Kapitalverkehr verpflichtete Weltmarktverfassung bejaht eine nationale Einflussnahme auf den Import von Direktinvestitionen des Auslands ausdrücklich, da sie eine wichtige Rolle im jeweiligen binnenwirtschaftlichen Kreislauf spielen können und Entwicklungsschritte des Landes befördern können.

Als private Investitionen werden Direktinvestitionen von privatkapitalistischen Akteuren durchgeführt und folgen einzelwirtschaftlichen Zielen. Wenngleich die Zielländer dieser Direktinvestitionen Lenkungs- und Steuerungsmöglichkeiten in ihrem nationalen Interesse haben, sind diese Einflussmöglichkeiten umso beschränkter, umso niedriger deren allgemeiner Entwicklungsgrad ist, insbesondere wenn der Investor ein transnationales Unternehmen ist oder zumindest aus einer kapitalistischen Metropole herstammt. Es macht daher gerade in diesen Fällen Sinn, wenn auf der internationalen Ebene eine weitere Steuerungseinheit angesiedelt ist, die derartige Direktinvestitionen mit entwicklungspolitischen Zielen abstimmt. Dies wäre eine bei der Weltbank anzusiedelnde Einheit. Ihre Funktion bestünde in erster Linie in einer unterstützenden Begleitung solcher Direktinvestitionen mit hohen entwicklungspolitischen Präferenzen durch das Angebot von Beratungsleistungen bis hin zu finanziellen Beiträgen aus ihren Mitteln. Der Effekt würde darin bestehen, das ungleiche Kräfteverhältnis zwischen dem einzelwirtschaftlichen Akteur als metropolitanem Investor und dem unterentwickelten Land als Zielland zugunsten des Letzteren zu beeinflussen und so auch dessen Interessen auf Augenhöhe zu heben. Dies schließt ein, auch auf die Bedingungen im Zielland hinsichtlich dortiger Arbeitsbedingungen und ökologischer Rücksichten einzuwirken.

c) Verbleibende Aufgaben eines internationalen Kapitalmarkts

Der Finanzmarktkapitalismus der letzten Jahrzehnte zeichnet sich hinsichtlich der Institutionen des Finanzsektors und der Finanzmärkte dadurch aus, dass mit der zunehmenden Verbriefung von Kredittiteln das Gewicht der Geld- und Kapitalmärkte zulasten der bankvermittelten Finanzierung verschoben wurde. Auch kurzfristige Kredite sind als Geldmarktpapiere marktfähig und daher handelbar geworden. Darlehen, zu Fondspaketen zusammengefasst und verbrieft, sind ein Vehikel zur Auslagerung von Aktivpositionen aus den offiziellen Bankbilanzen und zur Verschiebung in Schattenbanken und auf graue Kapitalmärkte. Die Reproportionierung des Verhältnisses zwischen reproduktivem Kreislauf und Kreditsystem und die Unterordnung des Letzteren unter die Bedürfnisse der Wertschöpfung erfordern auch, das Verhältnis zwischen bankvermittelter Kreditgewährung und Geld- und Kapitalmarktfinanzierung neu zugunsten einer unter strikter Kontrolle stehenden und mit (weiter) erhöhten Eigenkapitalanforderungen regulierter Banken neu auszutarieren.

Gleichwohl bleiben Geld- und Kapitalmärkte selbst für eine hochentwickelte sozialistische Marktwirtschaft unverzichtbar, werden doch Fremdmittel in größeren Volumina von Unternehmen, Banken und den öffentlichen Haushalten durch Anleihebegebung finanziert und Eigenmittel durch Aktienemission oder Emission von Genossenschaftsanteilen und Genussscheinen eingeworben.[4] Für das Börsenwesen ist allerdings die differenzierte Bewertung und Behandlung der Primär- oder Emissionsmärkte einerseits und der Sekundärmärkte für den Händewechsel bereits in Zirkulation befindlicher Titel andererseits wesentlich. Ort der Finanzspekulation sind die Sekundärmärkte, die nicht nur die Mobilisierung von Wertpapieren vor Ablauf ihrer Laufzeit zwischen verschiedenen Inhabern oder Haltern vermitteln, sondern durch variable Kurse in Abhängigkeit von Erträgnissen und/oder Zinssätzen Differenzgewinne zwischen Verkäufern und Käufern einschließen. Dies gilt über die gesamte Breite des Wertpapierspektrums hinweg, allerdings mit unterschiedlicher quantitativer Bedeutung bei festverzinslichen Papieren bis zu solchen mit variablen Erträgnissen. Langfristig sind bei Letzteren sowohl die Ausgestaltung der

[4] Wir handeln vorliegend nur von regulierten Märkten, für die Prospekthaftung und Transparenzpflicht für die Emittenten sowie standardisierte Transaktionsusancen gelten. Schwarze und graue Kapitalmärkte, die weitgehend aufsichtsfrei sind, sind für eine sozialistische Marktwirtschaft nicht mehr zeitgemäß. Kauf und Verkauf von GmbH- oder KG-Anteilen etc. von kleineren Privatunternehmen bleiben Privatgeschäft der agierenden Personen und unterstehen den Aufsichtsgremien der betroffenen Gesellschaften sowie nachträglich den Finanzämtern.

Wertpapiere als auch die erlaubten Geschäfte einer strikten Regulierung zu unterwerfen; Entsprechendes gilt für Kapitalmarktfonds, soweit ihre Bildung nicht mit Verboten belegt ist.

Aktien, Entsprechendes gilt für Anteile an eingetragenen Genossenschaften sowie in abgemilderter Form auch für Genussscheine,[5] müssen im Sinne der Transparenz der Eigentumsverhältnisse an den Unternehmen statt als Inhaber- als Namensaktien ausgestaltet werden, sodass die Aktionäre jeweils zeitnah im Aktionärsbuch des Unternehmens verzeichnet werden. Werden weder die bloße Information über die Aktionäre noch befristete Haltefristen von Aktien (Lock-up) als ausreichend erachtet, sondern soll auf die Zusammensetzung der Aktionäre im Sinne ihrer Stimmrechte seitens des Unternehmens oder sonstiger öffentlich-wirtschaftspolitischer Stellen bestimmend Einfluss genommen werden, ist die Form der vinkulierten Namensaktie zu präferieren. Die Vinkulierung begründet die für eine sozialistische Marktwirtschaft passende Einschränkung der Handelbarkeit der Aktien am Sekundärmarkt und damit die Verhinderung feindlicher oder nicht wirtschaftspolitisch gewollter Unternehmensübernahmen (jenseits von kartellrechtlichen Beschränkungen), nicht jedoch bereits die Möglichkeit von Kursschwankungen. Diese sind bei Aktien nur durch Kurssicherungsgeschäfte mit Derivaten auszuschalten oder zu begrenzen. Die Ausgabe von Derivaten bedeutet die Konstitution von fiktivem Kapital höherer Ordnung – ihre Handelbarkeit an Sekundärmärkten kann und sollte allerdings durch Verbot ausgeschlossen werden.

Die Austrocknung der Kursspekulation am Sekundärmarkt ist daher vollständig nur durch andere Formen der Verbriefung von Beteiligungspapieren möglich, z.B. durch die Begründung eines neuen Typs als Mischung zwischen Aktie und Genussschein: ein Namensgenussschein mit Stimmrechtsanspruch, dessen Weitergabe durch den Erstzeichner durch den Emittenten reglementiert bzw. vinkuliert wird. Eine derartige Form des Genussscheins ist umso eher ein Instrument der Wahl, als das Optionsrecht der Inhaber bei Kapitalerhöhungen abdingbar sein sollte bzw. im Sinne der bewussten Gestaltung der Eigentumsverhältnisse an den Produktionsmitteln ausgeschlossen wird.

Die vorgeschlagenen Beschränkungen des Wertpapierhandels an den Börsen greifen bei Zugrundelegung der heutigen Verhältnisse nur ein sehr kleines Marktsegment heraus. Dem an die tagtägliche mediale Berichterstattung Gewöhnten mag dies als perspektivische Vernichtung des Börsenwesens erscheinen. Tatsächlich ist dies aber nichts anderes als die Reduzierung der Börsen auf ihre ursprüngliche

[5] Genussscheine sind in der Regel Anteilsscheine am Eigenkapital eines Unternehmens, begründen aber keinen Stimmrechtsanspruch, sondern ein variables Gewinnbezugsrecht; sie weisen damit Ähnlichkeiten mit stimmrechtslosen Vorzugsaktien auf. Ihre Rückzahlung bzw. ihr Verkauf während ihrer Laufzeit erfolgt zum Nennbetrag. Sie sind sowohl als Inhaber- als auch als Namenspapiere ausgestaltbar. Als Namensgenussscheine mit konstanten Kursen können sie als »stille« Beteiligungspapiere ein interessantes Finanzierungsinstrument unter Bedingungen sein, in denen der Kapitalmarkt auf seine reine Allokationsfunktion bei Ausschaltung von spekulativen Begleitumständen fokussiert werden soll.

Funktion als Markt zur Allokation großer Kapitalmengen durch Begebung kleingestückelter Titel, also Sammlung kleiner Geldbeträge und Konzentration zu großen Mengen zur Finanzierung von Geschäften auf gesellschaftlicher Stufenleiter. Zu dieser Funktion bedarf es weder des bedeutenden Einflusses »hochorganisierter Investitions-Sekundärmärkte« (Keynes) noch gar der sog. Finanzinnovationen, die zu einer Vervielfachung der Menge des fiktiven Kapitals und seiner Zirkulationsprozesse geführt haben und spekulative Exzesse anreizen, die wiederum zerstörend auf die wirkliche Akkumulation und Wertschöpfung zurückwirken.

Die vorstehend beschriebenen langfristigen Veränderungen der Kapitalmarktformen und -usancen gelten selbstverständlich auch für die internationale Ebene, auf der neben den nationalen Aufsichtsbehörden, Zentralbanken und Sicherungsfonds auch eine internationale »Surveillance« einzurichten ist, um die von den Finanzmärkten ausgehenden Ursachen von Finanz- und Geldkrisen weitestmöglich auszuschalten.

Kapitel 20: Weiterentwicklung der internationalen Institutionen und Formate

a) G7 vs. UNO und G20

Die Vereinten Nationen, im Folgenden: UNO für United Nations Organization, sind ein zwischenstaatlicher Zusammenschluss von heute 193 Staaten und als globale internationale Organisation ein uneingeschränkt anerkanntes Völkerrechtssubjekt. Ihre wichtigsten Aufgaben sind gemäß ihrer Charta die Sicherung des Weltfriedens, die Einhaltung des Völkerrechts, der Schutz der Menschenrechte und die Förderung der internationalen Zusammenarbeit. Im Vordergrund steht außerdem Unterstützung auf wirtschaftlichen, sozialen und humanitären Gebieten.

Ihre Wurzeln hat die UNO in den Haager Friedenskonferenzen und im Völkerbund, der nach dem Ersten Weltkrieg mit dem Ziel gegründet worden war, den Frieden in der Welt dauerhaft zu sichern. Allerdings erhielt der Völkerbund durch mangelndes Beitrittsinteresse – so waren etwa die USA kein Mitglied im Völkerbund – nicht den nötigen Einfluss, um seine Ziele durchsetzen zu können; er war mit Ausbruch des Zweiten Weltkrieges praktisch gescheitert. Nach dem Scheitern des Völkerbundes unternahmen die USA unter der Präsidentschaft Franklin D. Roosevelts noch während des Zweiten Weltkrieges einen erneuten Versuch, eine Organisation zur Sicherung des Friedens zu schaffen; er ließ zusammen mit dem britischen Premierminister Winston Churchill die Atlantik-Charta erarbeiten. Am 1. Januar 1942 beriefen sich 26 Staaten in der Deklaration der Vereinten Nationen auf die Prinzipien der Atlantik-Charta. Durch die Mitarbeit der Sowjetunion und der Republik China an der neuen Friedensordnung kam es am 30. Oktober 1943 zur Moskauer Deklaration der Vier Mächte, die auf eine schnellstmögliche Schaffung einer allgemeinen, auf dem Prinzip der souveränen Gleichheit aller friedliebenden Staaten aufbauenden Organisation zur Aufrechterhaltung des Friedens und der internationalen Sicherheit zielte. Nach Einbeziehung Frankreichs in den Kreis der hauptverantwortlichen Mächte konnte die Charta der Vereinten Nationen 1945 auf der Konferenz von Jalta fertiggestellt werden. Sie wurde am 26. Juni 1945 in San Francisco von 50 Staaten unterzeichnet. Als erster Staat ratifizierten die Vereinigten Staaten die Charta und boten den Vereinten Nationen als Sitz New York an. Die Charta trat am 24. Oktober 1945 in Kraft, nachdem die Republik China, Frankreich, die Sowjetunion, das Vereinigte Königreich, die Vereinigten Staaten von Amerika und die Mehrheit der Gründungsstaaten die Charta ratifiziert hatten. Bis zum Jahr 1960 gehörten 91 und bis 1990 154 Staaten den Vereinten Nationen an. Seit dem Jahr 2013 haben die Vereinten Nationen 193 Mitglieder.

Die wichtigsten Organe der UNO sind die UN-Generalversammlung als Forum für internationale Diplomatie und zentraler Ort für Debatten über weltpolitische Fragen. Jeder Mitgliedsstaat hat, unabhängig von seiner Größe, eine Stimme. Der

UN-Sicherheitsrat ist das mächtigste Organ der UNO; er kann verbindliche UN-Resolutionen erlassen und beschließt friedenssichernde und friedenserzwingende Maßnahmen sowie nichtmilitärische Druckmittel wie z.B. Wirtschaftssanktionen. Der UN-Sicherheitsrat hat 15 Mitglieder, davon fünf ständige Mitglieder (USA, Russische Föderation als Nachfolgestaat des Sowjetunion, VR China, Großbritannien und Frankreich) mit Veto-Recht. Außerdem gehören der Internationale Gerichtshof mit Sitz in Den Haag sowie der UN-Wirtschafts- und Sozialrat zu den UN-Organisationen.[1] Gegenüber den UN-Organisationen haben sich seit den 1970er Jahren informelle Zusammenschlüsse von Staaten herausgebildet, die ursprünglich die internationale Abstimmung in wirtschaftlichen Fragen als Schwerpunkt besaßen, mittlerweile aber auch genuin Weltpolitik betreiben. Die Gruppe der sieben entwickeltsten kapitalistischen Metropolen (USA, Kanada, BRD, Japan, Großbritannien, Frankreich und Italien), zwischenzeitlich einmal durch Russland, das wegen seiner Annexion der Krim aber wieder ausgeschlossen wurde, zur G8 erweitert, ist das bedeutendste internationale Format, dessen Mitgliedsstaaten 1975 58% des globalen Bruttoinlandsprodukts repräsentierten; ihr Anteil ist mittlerweile auf weniger als die Hälfte (46,9%) gesunken.

Mittlerweile wird die Bedeutung der G7-Zusammenkünfte durch das G20-Format der Staats- und Regierungschefs der 20 größten Industrie- und Schwellenländer infrage gestellt. Die Gruppe der 20 hat ihre Ursprünge in zwei internationalen Wirtschaftskrisen. Die Asienkrise Ende der 1990er Jahre mit ihren Verwerfungen im internationalen Finanzsystem führte auf Veranlassung von USA, Kanada und der BRD zur Einbindung der wichtigsten Schwellenländer (u.a. China, Brasilien, Indien) in internationale Beratungen und Abstimmungen; anfangs war das Dialogforum auf die Finanzminister und Notenbankchefs beschränkt. Mit dem Ausbruch der internationalen Finanzmarktkrise wurde ab 2008 das G20-Format zu einer regelmäßigen Einrichtung mit der Teilnahme auch der Staats- und Regierungschefs der 20 wichtigsten Industrie- und Schwellenländer; neben den G7-Staaten sowie der Europäischen Union sind die VR China, die Russische Föderation, Brasilien, Indien, Argentinien, Süd-Korea, Süd-Afrika, Indonesien, Australien, Türkei, Mexiko und Saudi-Arabien Mitglieder der G20. Die G20 vereinen etwa zwei Drittel der Weltbevölkerung, drei Viertel des globalen Handels und mehr als vier Fünftel der Wirtschaftsleistung.

Zweifellos hat das G20-Format schon aufgrund seiner korrekteren Abbildung der Kräfteverhältnisse in der Weltwirtschaft eine größere Legitimität als der alt-

---

[1] Die wichtigsten sog. UN-Nebenorganisationen sind u.a. der Menschenrechtsrat (HRC), das Entwicklungsprogramm (UNDP), das Kinderhilfswerk (UNICEF), die Konferenz für Handel und Entwicklung (UNCTAD), Welternährungsprogramm/Welternährungsrat, die Abrüstungskonferenz (UNCD), der Hochkommissar für Menschenrechte (UNHCHR) und für Flüchtlinge (UNHCR) sowie die Ernährungs- und Landwirtschaftsorganisation (FAO), Internationale Arbeitsorganisation (ILO), Organisation für Erziehung, Wissenschaft und Kultur (UNESCO) und die Weltgesundheitsorganisation (WHO). Auch der Internationale Währungsfonds und die Weltbank sind Sonderorganisationen der UNO.

eingesessene G7-Club. Andererseits ist seine Heterogenität sowohl hinsichtlich der ökonomischen als auch der in ihm versammelten politischen Systeme erheblich größer. Mit der VR China repräsentiert die mittlerweile zweitgrößte Ökonomie eine zeitgenössische Form sozialistischer Produktionsverhältnisse im Unterschied und Gegensatz zu den verschiedenen Ausgestaltungen des Kapitalismus in den anderen Staaten, die von mehr oder weniger erfolgreichen kapitalistischen Entwicklungsländern bis zu den Protagonisten eines ausgeprägten Finanzmarktkapitalismus reichen. Auch auf der politischen Ebene stehen die traditionellen liberal-kapitalistischen Staaten illiberalen politischen Systemen gegenüber, wenngleich die Aushöhlung demokratischer Standards bei den Ersteren zumindest teilweise mit Demokratisierungsprozessen bei einigen der Letzteren sich aufeinander zubewegen. Andererseits sind im G20-Format autokratische Systeme verschiedener Provenienz vertreten; es reicht auf die jüngeren Entwicklungen beispielsweise in der Türkei oder in Brasilien hinzuweisen, mit Saudi-Arabien ist gar eine absolut-autokratische Monarchie mit ausgeprägt reaktionär-islamistischer Ideologie (Salafismus-Wahhabismus) vertreten.

Neben der internen Heterogenität der G20-Staaten, die Konsensfindungen erschwert, ist die fehlende demokratische Legitimität dieses informellen Zusammenschlusses verschiedener Länder insbesondre aus dem Blickwinkel des großen Rests vorwiegend unterentwickelter Länder der Dritten Welt kritisiert worden. Deren Interessen an wirtschaftlicher Entwicklung und politischer Zusammenarbeit werden allenfalls punktuell und nach Maßgabe der Interessen der G20-Staaten gehört und berücksichtigt. In diesem Sinne taugt der G20-Club nicht als Weltwirtschafts-Regierung neben den bereits vorhandenen völkerrechtlich legitimierten Organen der Vereinten Nationen. Darüber hinaus haben etwaige Beschlüsse der G20-Zusammenkünfte keine Bindewirkung, sondern stellen nur Absichtserklärungen dar, die im Rahmen der jeweiligen nationalen Politik lediglich befolgt werden, wenn sich aus ihnen unmittelbar positive Resultate für die jeweiligen Mitgliedsstaaten ergeben.

Unter pragmatischen Gesichtspunkten ist eine stärkere Integration der Politik der G20 in den UN-Wirtschafts- und Sozialrat, über den die Koordination der Tätigkeiten von IWF und Weltbank erfolgt, anzustreben. Vertreter beider Institutionen nehmen auch bisher bereits an den Tagungen der G20-Zusammenkünfte von Staats- und Regierungschefs sowie Finanzministern und Notenbankgouverneuren teil. Integration der G20 in UN-Organisationen heißt allerdings auch Transformation der gegenwärtigen Parallelstrukturen in Über- und Unterordnung bzw. Zwang zur Abstimmung der G20-Beschlüsse mit UN-Vorgaben. Damit würde zugleich den Ländern der Dritten Welt ein größeres Mitspracherecht eingeräumt. In der weiteren Perspektive geht es dann um ein unter UN-Hoheit zu etablierendes neues Weltmarktregime, das als System die Nachfolge und Weiterentwicklung der seinerzeitigen Bretton-Woods-Organisationen darstellen würde. Die sich in dieser Perspektive ergebenden Fortentwicklungen vorhandener internationaler Wirtschaftsorganisationen sind nachfolgend zu skizzieren.

b) Internationale Steuerungsinstitutionen des Weltmarkts: WTO, Internationale Clearing-Union (Welt-Zentralbank) und Aufwertung der Sonderziehungsrechte zu einer internationalen Währung als Medium der Außenwirtschaftstransaktionen

Das seinerzeit von Keynes vorgeschlagene »International Board« als Welt-Wirtschaftsregierung im Rahmen der UNO stellte eine weitsichtige Vision einer sich im Frieden entwickelnden Welt dar, die schädliche Konjunkturschwankungen ausschalten und alle ihre Anstrengungen auf die Herstellung und beständige Fortentwicklung des Reichtums aller Nationen fokussieren würde.[2] Wenn auch die damaligen Verhältnisse die Realisierung dieses Projekts nicht gestatteten, so ist es mehr als 70 Jahre später dennoch von unverminderter Aktualität; gleichwohl muss konstatiert werden, dass es um seine Realisierungsbedingungen gegenwärtig eher schlechter bestellt ist als in den 1940er Jahren. Andererseits ist diese Einschätzung kein Argument dafür, die wesentlichen Eckpunkte für eine derartige Welt-Wirtschaftsregierung nicht zu skizzieren sowie Zwischenschritte zu benennen, um die Verhältnisse der Gegenwart sukzessive zugunsten der langfristigen Ziele zu transformieren.

Zur Fortentwicklung der Welthandelsorganisation (WTO) zu einer Internationalen Handelsagentur (»International Trade Agency«, ITA) durch Neukonstitution und Übernahme der Überwachung der multilateralen Verträge bezüglich des Handels in materiellen Waren, Dienstleistungen (services) sowie des Schutzes geistigen Eigentums ist bereits früher das Wesentliche gesagt worden. Entscheidend ist die Erweiterung des Aktionsraumes und der Einflussmöglichkeiten dieser ITA im Hinblick auf die Herstellung und Sicherung von Leistungsbilanzsalden der regionalen Wirtschaftsblöcke und sonstigen Einzelstaaten, welche den Zielen der internationalen Wirtschaftspolitik entsprechen. Als Instrumente kommen in diesem Zusammenhang die Erhebung von Abgaben auf Überschüsse von Leistungsbilanzen, die eine vorgegebene Marge überschreiten – ausgenommen die mit den internationalen Zielsetzungen der Handelspolitik harmonierenden Ausnahmetatbestände – sowie die Bereitstellung von internationaler Liquidität bei sich entwickelnden Leistungsbilanzdefiziten in Betracht. Sofern sich durch die Abgaben und Kredite keine Umkehrung der Disproportionen ergeben, bleibt eine konsensuell abgestimmte Veränderung der Wechselkurse der betreffenden Währungen zu den Sonderziehungsrechten als internationaler Währung[3] und damit untereinander die nächstfolgende

---

[2] Vgl. Keynes 1943: 76: »*If an International Economic Board is established, this Board and the Clearing Union might be expected to work in close collaboration to their mutual advantage. If an International Investment or Development Corporation is also set up together with a scheme of Commodity Controls for the control of stocks of staple primary products, we might come to possess in these three institutions a powerful means of combating the evils of the trade cycle, by exercising contradictionist or expansionist influence on the system as a whole or on particular sections.*«

[3] Die bestehenden Sonderziehungsrechte sind als internationale Korbwährung vom IWF geschaffenes internationales Kreditgeld jenseits der jeweiligen Ländereinlagen in den Fonds,

Option. Mit all diesen Maßnahmen ergibt sich eine enge Arbeitsteilung zwischen der ITA und der International Clearing Union als Welt-Zentralbank. Während die Clearing Union somit neben dem Management von kurzfristigen Ausgleichsoperationen der nationalen Leistungsbilanzen die Schaffung, Bereitstellung und Kontrolle internationaler Liquidität bewerkstelligt, würde ein internationales »Investment Board« zur Steuerung des langfristigen Kapitalverkehrs jenseits der entwicklungspolitischen Aufgaben der Weltbank die Bewegung des langfristigen Kapitalverkehrs – nach Reduktion der Geschäftsprozesse dieses langfristigen Kapitalverkehrs auf die nicht den mit Verboten belegten Operationen – monitoren; auch dieses Investment Board benötigte Eingriffsrechte auf internationale Kapitalbewegungen durch zu erhebende Abgaben bzw. zu gewährende Kredite aus langfristigen Fazilitäten der Welt-Zentralbank analog zu den Instrumenten der ITA.

Die International Clearing Union stellt somit die vermittelnde Instanz zwischen der Internationalen Handelsagentur und dem Internationalen Investment Board dar; diese ihre Mittlerposition ergibt sich aus ihrer Funktion der Liquiditätsschaffung (inkl. Steuerung der Menge dieses internationalen Geldes); ihre näheren Aufgaben und Instrumente sind bereits im damaligen Keynesschen Vorschlag weitgehend enthalten gewesen.[4] Kernstück dieses Vorschlages ist die Etablierung einer Welt-Zentralbank im Sinne einer Verrechnungsstelle und Regulierungseinheit für die nationalen Zahlungsbilanzüberschüsse und -defizite sowie die Schaffung einer internationalen Kunstwährung als Verrechnungsmedium, welche die Rolle des Weltgeldes übernimmt. Die Clearing-Union und die internationale Währung werden ökonomisch wirksam mit der Eröffnung von Länder-Konten bei der Clearing-Union, die bei Zahlungsbilanzüberschüssen positive und bei -defiziten negative Salden ausweisen; gesamthaft gleichen sich positive und negative Salden zu Null aus. Die nationalen Währungen bleiben bestehen; sie haben feste, wenngleich prinzipiell anpassbare Austausch- oder Wechselkurse zu dem internationalen Geld. Die Menge der Zuteilung des neuen Weltgeldes auf die einzelnen Länder (und Ländergruppen) bestimmt die Höhe ihrer Währungsreserven, die nicht mehr durch Gold und ausländische Devisen dargestellt werden, und im Weiteren die Menge des internationalen Geldes. Da das neue Weltgeld zugleich internationales Transaktionsmedium ist, stellen die nationalen Zuteilungen zugleich Refinanzierungskontingente für die nationalen Zentralbanken dar. Für die Mitgliedsländer der internationalen Clearing-Union besteht nun ein abgestuftes System mit Abgaben bei Negativsalden aufgrund der Finanzierung von Zahlungsbilanzdefiziten, aber auch von Sanktionsleistungen bei strukturellen Überschüssen der Zahlungsbilanz, die von der ITA festgelegt und monitort werden. Sowohl Defizite als auch Überschüsse stellen eine

welche die normalen Ziehungsrechte begründen. Dies begründete ihren Namen, der im Zuge der Aufwertung ihrer Funktionen als Weltgeldsurrogat – neben dem allgemeinen Äquivalent mit Selbstwert (Gold) – für Transaktions- und Reservezwecke zu ändern bzw. anzupassen wäre.

[4] Vgl. dazu auch Krüger 2012a: 518ff. sowie Krüger 2012b: 301ff.

Abbildung 20.1: Brutto-Währungsreserven in Mrd. US-Dollar

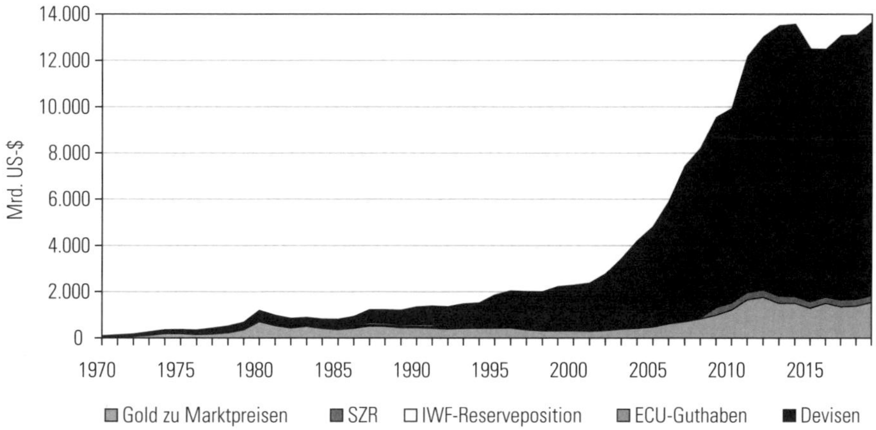

Quelle: IWF und eigene Berechnungen

Vorstufe dar, bevor Währungsauf- oder -abwertungen mit ggf. negativen Rückwirkungen auf die internationalen Wirtschaftsbeziehungen ausgelöst werden dürfen.

Neben der Verständigung der (teilnehmenden) Länder auf symmetrische Anpassungen sowohl bei Überschüssen als auch bei Defiziten ihrer Zahlungsbilanzen inkl. der Delegation der damit verbundenen Interventionsrechte einer Welt-Wirtschaftsregierung stellt die Etablierung einer internationalen Währung die bedeutendste Veränderung gegenüber dem Ist-Zustand der Gegenwart dar.

Bei weitgehend immobilisierten Goldbeständen der Zentralbanken werden die laufenden internationalen Transaktionen zum alles überwiegenden Teil in Devisen vollzogen; die zugeteilten Sonderziehungsrechte (SZR) sind – trotz der Verzehnfachung in 2008 – sowohl als Währungsreserven und noch mehr als Transaktionsmedium demgegenüber quantitativ unbedeutend. Die in Devisen gehaltenen Währungsreserven haben seit 2003 massiv zugelegt und sich seitdem fast vervierfacht (siehe Abb. 20.1).

Bei den in Devisen gehaltenen Währungsreserven dominiert mit Abstand der US-Dollar als Reservewährung, dessen Anteil 2019 etwas mehr als 60% ausmacht und der von Jahr zu Jahr leicht abnimmt (siehe Abb. 20.2). Demgegenüber hat der Euro sein Gewicht nur marginal steigern können. Die anderen in der Vergangenheit international bedeutsamen Währungen – Pfund Sterling, japanischer Yen sowie Schweizer Franken und französischer Franc – haben maximal regionale Bedeutung; dies gilt auch für den chinesischen Renminbi Yuan, dessen Anteil an den weltweiten Devisenreserven 2020 1,9% beträgt. Bei den nationalen Devisen als Transaktionsmedium sieht die Sachlage noch eindeutiger aus, denn hier ist die Übermacht der in Dollar fakturierten internationalen Handelstransaktionen sowie in der US-Devise denominierten Kapitaltransaktionen noch größer. Der Euro als zweitwich-

Abbildung 20.2: Devisen-Währungsreserven nach Währungen

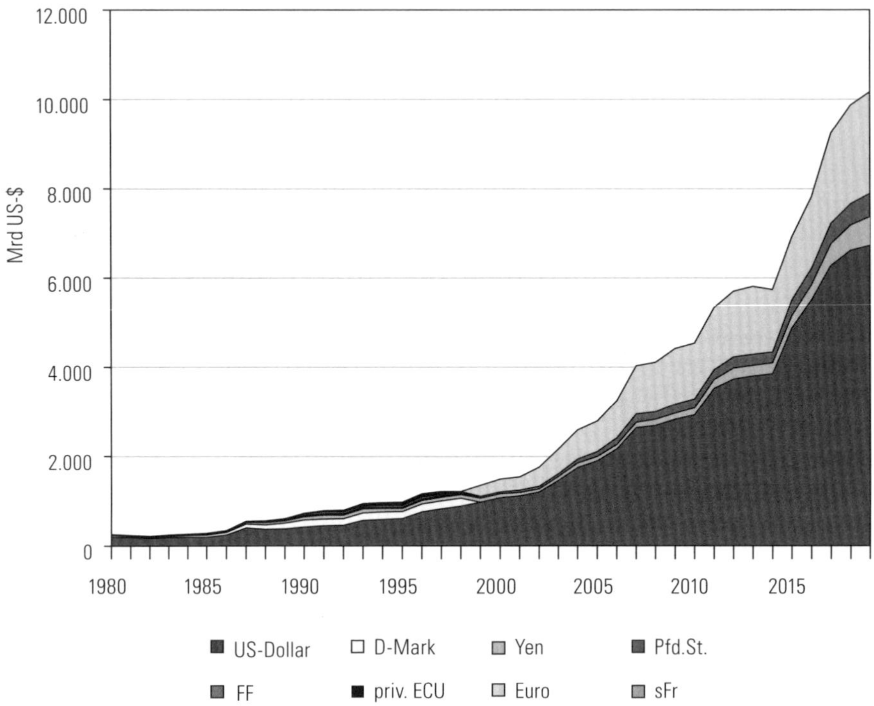

Quelle: IWF

tigste Währung hat nach anfänglichen Erfolgen seine Bedeutung als internationale Transaktionswährung nicht steigern können; die im Anschluss an die Finanzmarktkrise 2007/08 ausbrechende Euro-Krise infolge der Refinanzierungsschwierigkeiten von Griechenland, Irland, Spanien, Portugal und Zypern hat dabei ebenso wie die durch die Bundesrepublik oktroyierte Austeritätspolitik, die die Verluste in der Euro-Zone potenziert hat, diesen Status verfestigt.

Die Reform des IWF und seine Weiterentwicklung zu einer Internationalen Clearing-Union müsste daher die Bedeutung der SZR durch Begründung als Verrechnungsmedium sowie durch weitere Zuteilungen an die Mitgliedsländer steigern und ihre Zulassung/Verwendung als direktes Transaktionsmedium ermöglichen; denn gegenwärtig sind die SZR zwar zusätzlich geschaffene internationale Liquidität, die aber nur als Titel auf nationale Devisen, d.h. im Regelfall US-Dollar und, nachgeordnet, Euro fungieren. Über die Zulassung der SZR als Transaktionsmittel würde auch der Charakter des IWF nach und nach hin zu der beabsichtigten Clearing-Union mit SZR als Verrechnungsmittel der nationalen Salden verschoben und im gleichen Maße die Bedeutung der SZR als Reservemedium gesteigert. Darüber hinaus käme es darauf an, durch international konzertierte Aktionen der nationa-

Abbildung 20.3: Zugeteilte Sonderziehungsrechte in Mrd. SZR

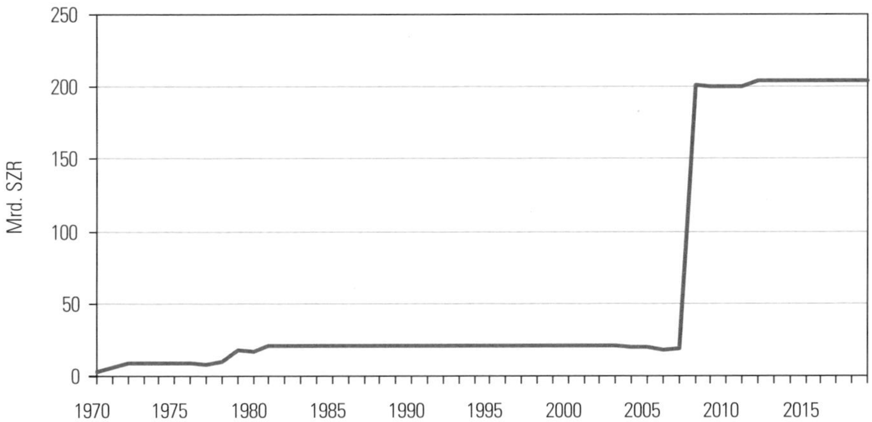

Quelle: IWF

len Zentralbanken und den IWF die früher dargestellten Beschränkungen der internationalen Geldkapitalakkumulation wirksam werden zu lassen. Durch eine prohibitiv wirkende Finanztransaktionssteuer, die internationale Beschränkung bzw. das Verbot schädlicher Geschäfte in fiktivem Kapital sowie grenzüberschreitende Kapitalverkehrskontrollen insbesondere gegenüber nicht-reproduktiv veranlassten Geldkapitalbewegungen etc. könnte faktisch sterilisierend gegenüber den flottierenden Dollarbeständen eingegriffen werden. Im Maße, wie es gelingt, die ökonomische Bedeutung der SZR gegenüber dem US-Dollar zu steigern, müsste schließlich auch die amerikanische Zentralbank beginnen, das Spiel mitzuspielen, um ihre Währung nicht in einen anhaltenden Abwertungsprozess zu treiben. Bedingung für diese Maßnahmen ist eine Veränderung der internationalen politischen Kräfteverhältnisse und eine Neuregelung der Stimmrechte namentlich beim IWF.

Die Denomination der SZR als internationales Geld könnte wie seinerzeit bei der Denomination des Euro durch die Europäische Zentralbank über konsolidierte Umtauschkurse nationaler Währungen und die Definition des SZR als Korbwährung erfolgen.[5] Die Zusammensetzung des Währungskorbes und die Gewichtung

[5] In den ursprünglichen Keynesschen Vorstellungen erfolgte die Denomination des internationalen Geldes durch die Geldware Gold; jenes hieß daher auch Bancor und sollte ein bestimmtes Goldgewicht repräsentieren. Ursprünglich war auch das Sonderziehungsrecht einem bestimmten Goldgewicht – gleich groß wie für 1 US-Dollar vom 1. Juli 1944 – gleichgesetzt, d.h. durch Gold denominiert; seine variable Bewertung ergab sich sodann durch den Übergang zu einer Korbbewertung, die die gewichteten Auf- und Abwertungen der Korbwährungen von diesem Ausgangsniveau misst. Damit wird zugleich die Beziehung zum Gold formell getrennt und durch die gewogene Wechselkursentwicklung der Korbwährungen ersetzt. Mit fortschreitender internationaler Regulierung der Außenwirtschaftsbeziehungen zwischen

der einzelnen Währungen wären von Zeit zu Zeit zu überprüfen und den jeweiligen reproduktiv-ökonomischen Bedingungen anzupassen, was zuletzt durch die Aufnahme des chinesischen Renminbi Yuan in den Denominierungskorb für die SZR begonnen wurde. Schließlich könnte auch über einen passenderen Namen dieser internationalen Kunstwährung nachgedacht werden.

Aktuell beträgt der Bestand an SZR für alle Länder und internationale Währungsinstitutionen 204,1 Mrd. (siehe Abb. 20.3) Dem stehen Währungsreserven aller Länder in Devisen i.H.v. rd. 12 Bio. US-Dollar oder umgerechnet 8,5 Bio. SZR gegenüber – ein Verhältnis von etwa 1:42. Dies macht deutlich, wie viel Transformation (und Sterilisation) von Dollarbeständen in SZR nur bei den Währungsreserven nötig ist, um die SZR tatsächlich als internationale Reserve- und weiter Leitwährung zu verankern.

c) Weltbank

Die Internationale Bank für Wiederaufbau und Entwicklung (Weltbank) als Zwillingsinstitution zum internationalen Währungsfonds besteht wie dieser seit 1946 und hat rd. 190 Mitglieder, die Kapitalanteile in Relation zu ihrer wirtschaftlichen Potenz halten. Das Eigenkapital der Weltbank beträgt rd. 280 Mio. US-Dollar, wovon die alten kapitalistischen Metropolen (USA, Großbritannien, Frankreich, BRD und Japan) über ein Drittel halten. Ihre Hauptaufgabe ist die Vergabe von langfristigen Darlehen an minder entwickelte Länder für Entwicklungs- und Aufbauprojekte. Wie beim IWF auch drückt sich das Stimmengewicht der kapitalistischen Länder in der (wirtschafts)politischen Orientierung der Weltbank aus: sie orientiert auf privatwirtschaftliche Projekte und diesbezügliche entwicklungspolitische Expertise, d.h. die Förderung von Privatisierungen ist ein ausgesprochener Schwerpunkt. Hierin besteht zugleich der wesentliche Kritikpunkt internationaler fortschrittlicher Kräfte an der Weltbank-Politik und ihren schwachen Performance-Daten im Hinblick auf die Erreichung allgemeiner entwicklungspolitischer Ziele.

Die Bekämpfung der Teilung der Welt in entwickelte Länder und sich rasch entwickelnde Schwellenländer einerseits und unterentwickelte Länder andererseits, deren Einbezug in den kapitalistischen Weltmarkt – neben binnenwirtschaftlichen und internen politischen Problemen – diesen Status eher verfestigt als aufhebt, hat die kapitalistische Produktionsweise seit ihren Anfängen begleitet. Die Probleme der unterentwickelten Teile der Welt kommen mittlerweile gerade der europäischen Bevölkerung durch die zunehmenden Flüchtlingsströme aus Afrika

---

den regionalen Wirtschaftsblöcken durch das »International Board« und die Welt-Zentralbank erübrigt sich tendenziell auch der Rückbezug auf Gold als internationale Geldware im Sinne der Rückbindung des »losen Endes« des Denominationsprozesses dieses internationalen Geldes. Dieses wäre mit der Verallgemeinerung eines sozialistischen, noch mehr eines kommunistischen Weltsystems gar kein Geld mehr, sondern bloßes Verrechnungsmedium.

und den Staaten des Nahen und Mittleren Ostens verstärkt zu Bewusstsein. Kriegerische Auseinandersetzungen und ethnisch-religiös motivierte Bürgerkriege, die letztendlich in der massenhaften Armut, Ausweglosigkeit und fehlenden Perspektive eines Großteils der Weltbevölkerung wurzeln, verschaffen der internationalen und nationalen Entwicklungspolitik auch jenseits ethisch-moralischer Begründungen eine wachsende Bedeutung. Nicht nur aus ökonomischen Gründen, sondern zunehmend auch im wohlverstandenen Eigeninteresse der entwickelten Länder, die sich mit Fremdenfeindlichkeit und rassistischen Vorurteilen ihrer heimischen Bevölkerung gegenüber den ankommenden Migranten auseinandersetzen müssen, sind verstärkte Maßnahmen zur sozioökonomischen Entwicklung der Länder der sog. Dritten Welt – sowie friedenpolitische Maßnahmen zur Beendigung von Kriegen – von den Vereinten Nationen und namentlich den entwickelten Staaten auf den Weg zu bringen; denn nur sie verfügen letztendlich über die Potenziale für Finanzen, Know-how und Personal, um deren interne Entwicklungsprozesse zu befördern und bisweilen zu initiieren.

Neben der Steigerung der Mittel für nationale Entwicklungspolitik kommt der Weltbank dabei eine prominente Rolle zu. Ihre Kapitalbasis ist den wachsenden Anforderungen anzupassen und die Stimmengewichte sind nicht vordringlich nach dem Mittelaufkommen, sondern zugunsten der potenziellen Empfängerländer zu demokratisieren. Die entwicklungspolitische Leitlinie der Weltbank darf sich nicht mit einer vordringlichen Privatisierungsförderung am Leitbild einer kapitalistischen Entwicklung der unterentwickelten Länder orientieren. Zusammen mit dem IWF bzw. der Internationalen Clearing Union als Welt-Zentralbank und der Welthandelsagentur (ITA) kommt der Weltbank die allgemeine Aufgabe zu, der internationalen Ausbeutung durch die Gesetzmäßigkeiten der kapitalistischen Außenwirtschaftstransaktionen entgegenzuwirken; einmal durch tatsächliche interne sozioökonomische Entwicklung der Dritte-Welt-Länder, zum anderen mit der Durchsetzung der Prinzipien eines »Fair Trade«, d.h. der Durchsetzung von Preisen für die Exporte der unterentwickelten Länder entsprechend der Produktionskosten, welche ihnen eine interne Reproduktion und Entwicklung ermöglicht. Dies ist durch die Verallgemeinerung der allseits proklamierten Prinzipien des Freihandels gerade nicht gewährleistet.[6]

[6] Es ist hier nicht der Ort und würde den vorliegenden Rahmen der Argumentation sprengen, weiter auf internationale entwicklungspolitische Ziele, Maßnahmen und Instrumente einzugehen, die zudem für einzelne Länder bzw. Ländergruppen zu differenzieren wären. Vorstehend war nur herauszustellen, dass angesichts der gegebenen Kräfteverhältnisse der Schlüssel für eine bessere Entwicklung der Mehrheit der Weltbevölkerung, die nicht in der industrialisierten Welt, d.h. den alten industriellen Metropolen lebt, im »reichen Norden« liegt und eine Umsteuerung der Politik der internationalen Institutionen, die eben von jenen Ländern dominiert werden, voraussetzt.

d) Supranationale Wirtschaftsvereinigungen und regionale Entwicklungsbanken

Neben dem am weitesten ökonomisch und politisch integrierten Verbund der Europäischen Union und Euro-Zone existieren in vielen anderen Regionen der Welt ebenfalls supranationale Wirtschaftsvereinigungen, die mehr als nur multilaterale Freihandelszonen sind. Institutionell finden solche Vereinigungen feste Bezugspunkte durch Entwicklungsbanken oder geplante gemeinsame Währungen.

Die bedeutendste Einrichtung[7] ist die »New Development Bank«, ehemals BRICS Development Bank, die 2014 von den BRICS-Staaten gegründet wurde und faktisch ein Konkurrenzinstitut zur Weltbank ist. Sie soll vorrangig der Finanzierung von Entwicklungsprojekten und Infrastrukturen innerhalb der fünf BRICS-Staaten dienen, folgt nicht dem Mainstream der Weltbankpolitik und ist vom Aufbau wesentlich demokratischer, insofern jedes Teilnahmeland unabhängig von seinen Kapitaleinlagen eine Stimme besitzt. Das Kreditvolumen dieser BRICS-Bank beträgt zunächst 50 Mrd. US-Dollar; außerdem wird eine Sonderrücklage i.H.v. 100 Mrd. US-Dollar aus unterschiedlich hohen Einlagen der Teilnahmeländer gebildet. Mit diesem »Contengency Reserve Agreement« übernimmt die BRICS-Bank über die Finanzierung von Entwicklungsprojekten hinaus auch wirtschaftspolitische Steuerungs- und Interventionsaufgaben z.B. bei ökonomischen Turbulenzen in den Mitgliedsstaaten; damit greift die BRICS-Bank über das Politikspektrum der Weltbank hinaus in angestammte Aufgaben des IWF.

Neben dieser Konkurrenzorganisation der BRICS-Staaten gab und gibt es in mehreren Wirtschaftsregionen Bestrebungen zur Bildung von Währungsunionen, die gegenwärtig unterschiedlich intensiv diskutiert werden und ebenso unterschiedlich konkret umsetzbar sind. So wäre der Weg zu einer asiatischen Währungsgemeinschaft aufgrund der weitgehenden Unklarheit der beteiligten Länder sowie ihrer sehr unterschiedlichen gegenwärtigen wirtschaftlichen Entwicklung sehr viel länger als derjenige für eine südamerikanische Währungsunion mit der Einführung einer gemeinsamen Währung – »Sucre« – für die Handelsabwicklung zwischen den Alba-Staaten (Bolivarische Allianz für Amerika).[8] Diese südamerikanische Währungsunion würde sich insbesondere gegen den US-Dollar als internationale Transaktionswährung sowie gegen die jetzige Politik des Internationalen Währungsfonds richten, mit der gerade südamerikanische Länder in der Vergangenheit schlechte Erfahrungen gemacht haben. Zudem besteht bereits mit der »Banco del Sur« eine

---

[7] Das älteste supranationale Bankinstitut, die Bank für Internationalen Zahlungsausgleich (BIZ) – gegründet 1930 – kann demgegenüber als faktische (nicht formelle) Neben- oder Unterorganisation des IWF angesehen werden, die die Währungsreserven von 60 Mitglieds-Zentralbanken verwaltet, ihre Kooperation organisiert und beim Sekretariat des Financial Stability Board (FSB) und Basler Ausschuss für Bankenaufsicht angesiedelt ist.

[8] Zur »Allianza Bolivariana para los Pueblos des Nuestra América« gehören Antigua und Barbuda, Bolivien, Dominica, Ecuador, Honduras, Kuba, Nicaragua, St. Vincent und die Grenadinen sowie Venezuela.

südamerikanische Entwicklungsbank, die anstelle des IWF Entwicklungs- bzw. Sanierungsvorhaben finanzieren könnte. Es ist jedoch davon auszugehen, dass eine südamerikanische Währungsunion so lange nicht über ein Planungsstadium herauskommt, so lange dieses Projekt nicht von Brasilien und Argentinien übernommen und, wie seinerzeit die europäische Währungsunion durch Deutschland und Frankreich, propagiert wird.

Auch in der Golf-Region gibt es Bestrebungen zur Etablierung einer Gemeinschaftswährung, die vom Golf-Kooperationsrat geplant und vorangetrieben werden. Interne Widersprüche, die zum Ausscheiden von Oman und Kuwait sowie der Arabischen Emirate geführt haben, haben dieses Projekt jedoch vorerst auf Eis gelegt. Ähnlich unbestimmt ist die Perspektive der existierenden CFA-Franc-Währungsunionen zwischen ehemaligen französischen Kolonien Westafrikas sowie der Währungsgemeinschaft CMA im südlichen Afrika zwischen Lesotho, Namibia, Südafrika und Swasiland, die als Währungsprojekte gegenwärtig keine Zugkraft entfalten.

Bei realistischer Betrachtung haben diese verschiedenen Ansätze institutionalisierter supranationaler Kooperation ihren Fokus auf regionale Belange der jeweiligen Mitgliedsländer. Auch wenn sie sich gegen die Suprematie der USA, ihrer Währung und den Vormachtsanspruch des G7-Formats in der Weltwirtschaft richten, sind sie maximal – im Falle der BRICS-Bank – eine Keimzelle für die Reorganisation, den Umbau und die Weiterentwicklung der überkommenen Bretton-Woods-Organisationen.

Kapitel 21: Sozialisierung der Funktionen des Weltmarkt-Demiurgen als langfristige Perspektive und neues Weltmarktregime

Wir haben gesehen, dass in der Vergangenheit die Ablösung von internationalen Dominanzstrukturen kein linearer Prozess gewesen ist, in dem sich ökonomische Verhältnisse mehr oder weniger bruchlos in politische Hegemonialpositionen institutionell umgesetzt haben. Bereits die in den 1920er Jahren beginnende Ablösung von Großbritannien als Weltmarkt-Hegemon durch die USA war neben der Herausbildung einer neuen Betriebsweise des Produktions- und Reproduktionsprozesses (Fordismus) durch die internationale Öffnung der ursprünglich isolationistischen US-Politik, den Zweiten Weltkrieg sowie, damit zusammenhängend, der Veränderung der internationalen Gläubiger-Schuldner-Verhältnisse verbunden; insbesondere das durch den Ausgang des Zweiten Weltkriegs neu strukturierte internationale Kräfteverhältnis war eine wesentliche Bedingung für die Heraussetzung des neuen Weltmarktregimes mit neuen internationalen Institutionen (GATT, Internationaler Währungsfonds, Weltbank etc.), die den Rahmen für das folgende amerikanische Zeitalter festlegten.

Die Verhältnisse in Weltwirtschaft und Weltpolitik sind in der Gegenwart noch wesentlich verwickelter als bei dem Epochenumbruch im vergangenen Jahrhundert. Zwar haben die USA einen langandauernden schleichenden Verlust ihrer vormaligen internationalen ökonomischen Suprematie zu verzeichnen, der in der ersten Runde ihre Rolle als Demiurg des Weltmarkts untergrub und sie zur wirtschaftlichen und politischen Hegemonialmacht herabstufte. Auch diese Rolle als Hegemon des Weltmarkts erfuhr im Verlauf der kapitalistischen Überakkumulation seit Mitte der 1970er Jahre in zunehmendem Umfang Erosionserscheinungen. Heute besitzen sie zwar im Bereich der Digital- und Plattformökonomie eine internationale Spitzenstellung, die jedoch auf der anderen Seite mit einem Niedergang traditioneller Industriebranchen verbunden ist; unterlassene Investitionen in die materielle Infrastruktur vervollkommnen das Bild einer im Finanzmarktkapitalismus disparat gewordenen Wertschöpfungsstruktur der amerikanischen Volkswirtschaft. International sind die USA im Wesentlichen über ihre Währung eine wirtschaftliche Macht, der jedoch sowohl der reproduktive Unterbau weitgehend fehlt und die durch ihre progressiv zunehmende Auslandsverschuldung inhärent fragil ist. Die Aufkündigung der Nachkriegsordnung von (vorherrschendem) internationalem Freihandel und vertragsgebundenem Multilateralismus durch die Politik des »America first« mit der Anzettelung von Handelskriegen durch die Verhängung von Strafzöllen auf Importe mag zwar kurzfristige Wertschöpfungs- und Beschäftigungseffekte generieren, jedoch werden sie mittel- und langfristig negativ auf die US-Binnenökonomie zurückwirken und ihren Ausstiegsprozess beschleunigen. Als finanzieller Hegemon des Weltmarktes ist die Dominanzposition der USA zwar nicht mit dem wirtschaftlichen Niedergang Großbritanniens und seiner Währung in den 1920er Jahren vergleichbar, doch fehlt dem US-Dollar als Weltgeldsurrogat der reproduktive Unterbau; die US-Devise ist mehr aufgrund der Schwäche denn aufgrund der Stärke der US-Ökonomie »too big to fail«. Schließlich steht als dritter internationaler Faktor der USA ihre unangefochtene militärische Stärke auf der Habenseite, die sie unter der vergangenen Trump-Präsidentschaft auch offensiv mit kriegerischen Drohungen ausgespielt haben.

Der große Antipode der USA ist, mangels interner Geschlossenheit und politischer Blockaden, nicht die Europäische Union als faktisch größte wirtschaftliche Macht mit einer gegenwärtig noch überlegenen internationalen Konkurrenzposition im Bereich von Investitionsgütern (inkl. Anlagenbau), sondern die Volksrepublik China. Obzwar China nach objektiven Daten und subjektiver Selbsteinschätzung noch ein Schwellenland ist, das erst im Verlauf kommender Fünfjahrpläne in der gesamten Breite industriell produzierter und international handelbarer Waren zur Weltspitze aufschließen will, verfolgt die Kommunistische Partei ein langfristig-strategisches Ziel der internen Modernisierung der Wirtschaft mit außenwirtschaftlicher Flankierung sowohl in Kooperation mit den anderen BRICS-Staaten als auch durch seine entwicklungspolitische Agenda in Afrika und Asien. China will spätestens zum 100-jährigen Geburtstag der Volksrepublik im Jahr 2049 quantitativ und qualitativ in Produktion und Konsumtion zu den entwickeltsten Ländern der Welt aufgeschlossen bzw. diese überholt haben. Bereits vorher, d.h. im kommenden Jahrzehnt, wird China die USA als absolut weltgrößte Volkswirtschaft ablösen – immer vorausgesetzt, dass keine großen krisenhaften Eruptionen Platz greifen, was aber für die chinesische Binnenwirtschaft eine geringere Gefahr und Wahrscheinlichkeit aufweist als für die kapitalistischen Länder mit ihrem krisenhaften finanzmarktkapitalistischen Regime. Ökonomisch mit den anderen BRICS-Staaten und politisch-militärisch mit der Russischen Föderation entwickelt sich ein neues supranationales Kraftzentrum unter der Führung Chinas, das perspektivisch den USA auf allen Gebieten – wirtschaftlich, geostrategisch und weltpolitisch – Paroli bieten kann und bieten wird.

Die Europäische Union bleibt sowohl ökonomisch als auch politisch weit unter ihren Möglichkeiten. Nachwirkungen der falschen Austeritätspolitik haben das wirtschaftliche Wachstum nach der Finanzmarkt- und Weltwirtschaftskrise gehemmt, rechtspopulistisch-nationalistische Regierungen wirken zersetzend gegenüber Gemeinschaftsprojekten, der Vollzug des Austritts Großbritanniens aus der EU wird Verluste für beide Seiten erbringen. Politisch versteht sich der politische Mainstream der EU immer noch als Vertreter eines demokratischen Kapitalismus, der der festen Verbundenheit mit den USA aus früheren Tagen nachweint und zugleich engere Kooperationen mit tatsächlichen und vermeintlichen autokratischen Regimen ausschließt; im Verhältnis zu China wirkt der überkommene Antikommunismus fort. Ein engerer Schulterschluss mit Japan, immerhin noch drittgrößte Volkswirtschaft der Welt, mit einem zu den USA auf Distanz gehenden Kanada sowie

Schwellenländern wie Australien böte neue Möglichkeiten wirtschaftlicher und politischer Kooperation; ihnen fehlt jedoch jenseits von Freihandelsabkommen mit Japan und Kanada gegenwärtig ein institutionelles Fundament. Bei der Schmiedung bzw. Wiederherstellung internationaler Koalitionen und Kooperationen mit den genannten Ländern haben jedoch die USA mit der gegenwärtigen Biden-Administration die weitaus besseren Karten.

Auch eine systematische wirtschaftliche Kooperation mit den Staaten des afrikanischen Kontinents, immerhin der südliche Nachbar der EU, würde neue Chancen eröffnen. Als Vorbedingung müssten allerdings die Regularien des internationalen Handels der EU mit den afrikanischen Staaten neu geregelt werden, d.h. Abbau von EU-Importzöllen namentlich für agrarische Produkte aus Afrika, Stopp der Überflutung afrikanischer Länder mit der agrarischen Überschussproduktion der EU und anstatt dessen Tolerierung und bewusste Herbeiführung von Handelsbilanzdefiziten in den bilateralen Beziehungen zwischen EU und Afrika. Darüber hinaus bieten sich einige afrikanische Staaten für EU-Direktinvestitionen geradezu an; Voraussetzung ist, dass die EU wie die VR China bereit ist, mit Investitionen in die materiell-technische Infrastruktur in Vorleistung zu gehen und auch die Ausbildung der großen jungen Bevölkerung Afrikas zu unterstützen. Afrika ist ein »schlafender Riese« – seine Erweckung böte mannigfache Möglichkeiten für den benachbarten europäischen Kontinent und kann darüber hinaus mittel- und längerfristig gegenwärtig vorhandene Probleme wie z.B. die ungeregelte Zuwanderung aus Afrika über das Mittelmeer lösen.

Die sich seit einiger Zeit bereits in Bewegung befindliche und zukünftig noch an Veränderungsdynamik gewinnende multipolare Weltwirtschaft schließt aus, dass der Übergang der Rolle des Weltmarkt-Hegemons oder gar Weltmarkt-Demiurgs auf eine einzige Nation als realistisch erscheint. Schließt man kriegerische Auseinandersetzungen, die das Ausmaß regionaler Konflikte übersteigen, aus, so ist festzuhalten, dass einerseits die Unterschiede in der ökonomischen Potenz der Ländergruppen zu gering und andererseits die Konkurrenzverhältnisse bzw. die Heterogenität innerhalb dieser Ländergruppen zu groß für die Bildung eines singulären internationalen Hegemons sind; dies wird absehbar so bleiben. Das Optimum aus dieser internationalen wirtschaftlichen und politischen Konstellation kann daher nur ein kooperatives Szenario sein, in das sich die regionalen Wirtschaftsblöcke unter schrittweiser Fortentwicklung der bestehenden internationalen Institutionen (IWF, Weltbank, WTO) und politischen Formate einsortieren. Langfristiger Zielpunkt wäre damit die »Sozialisierung« der Attribute eines Weltmarkt-Hegemons mit der politisch-ökonomischen Steuerung des internationalen Handels, der Etablierung einer internationalen Zentralbank und der Kreation einer internationalen Währung zur Abwicklung der Außenwirtschaftstransaktionen sowie der Konvertierung der nationalen Währungsreserven. Dies ist das positive Szenario.

Ist aber ein derartiges kooperatives internationales Szenario realistisch, wo doch die Teilnehmer fast ausschließlich kapitalistische Staaten sind und auch die VR China bereits dadurch zu einer ihre nationalen Interessen in den Mittelpunkt stellenden Politik genötigt wird? Gegenüber einer zukunftsorientierten Strukturierung eines neuen internationalen Akkumulationsregimes markieren protektionistische Abschottungstendenzen nicht nur zwischen regionalen Wirtschaftsblöcken, sondern auch zwischen einzelnen Nationalkapitalen innerhalb der Wirtschaftsblöcke die wichtigsten entgegenstehenden Hindernisse. Das Auswachsen des Handelskrieges zwischen den USAund der VR China zu einem internationalen Finanzkrieg, in dem die USA (Wirtschafts-)Sanktionen verhängen und offensiv ihren Dollar als Weltgeldsurrogat zur Durchsetzung ihrer nationalen Interessen einsetzen, könnte die Vorstufe zu größeren kriegerischen Auseinandersetzungen sein, die sich an und für sich bei marginalen Anlässen entzünden könnten, weil die unterliegenden internationalen Kräfteverhältnisse fundamentale Gegensätze zwischen Ländern und Ländergruppen einschließen, die den Epochenwechsel in Weltwirtschaft und Weltpolitik begleiten. Die Alternative »Sozialismus oder Barbarei« ist heutzutage weniger hinsichtlich eines friedlichen Übergangs zu einer sozialistischen Gesellschaftsordnung in großen Teilen der Welt als vielmehr hinsichtlich des Rückfalls in barbarische Entwicklungen real.

Literatur

1. Schriften von Karl Marx und Friedrich Engels

MEGA I, 5: K. Marx/F. Engels, Deutsche Ideologie. Manuskripte und Drucke, in: Marx-Engels-Gesamtausgabe (MEGA), 1. Abteilung, Berlin/Boston 2017

MEGA II, 3.1, 3.2, 3.3, 3.4, 3.5, 3.6: K. Marx, Zur Kritik der politischen Ökonomie, Manuskript 1861-1863, in: MEGA, 2. Abteilung: »Das Kapital« und Vorarbeiten, Berlin (DDR) 1976ff.

MEGA II, 4.1: K. Marx, Ökonomische Manuskripte 1863-1867, Teil 1, in: MEGA, 2. Abteilung: »Das Kapital« und Vorarbeiten, Berlin (DDR) 1988

MEGA II, 7: K. Marx, Le Capital, in: MEGA, 2. Abteilung: »Das Kapital« und Vorarbeiten, Berlin (DDR) 1976ff.

MEGA II, 9: K. Marx, Capital, in: MEGA, 2. Abteilung: »Das Kapital« und Vorarbeiten, Berlin (DDR) 1976ff.

MEGA IV, 18: K. Marx/F. Engels: Exzerpte und Notizen. Februar 1864 bis Dezember 1872 Berlin/Boston 2019

MEW 7: K. Marx/F. Engels, Revue. Mai bis Oktober [1850], in: Marx-Engels-Werke (MEW), Bd. 7, Berlin (DDR) 1971

MEW 12: K. Marx, Die Proklamation Cannings und die Frage des Grundeigentums in Indien, aus: New York Daily Tribune, Nr. 5344 von 7. Juni 1858, in: MEW 12, Berlin (DDR) 1972

MEW 13: K. Marx, Zur Kritik der politischen Ökonomie, in: MEW 13, Berlin (DDR) 1971

MEW 18: F. Engels, Zur Wohnungsfrage, in MEW 18, Berlin (DDR) 1969

MEW 19a: F. Engels, Fränkische Zeit, in: MEW 19, Berlin (DDR)

MEW 19b: K. Marx, Entwürfe einer Antwort auf den Brief von V.I. Sassulitsch, in MEW 19, Berlin (DDR), 1972

MEW 23: K. Marx, Das Kapital, Zur Kritik der politischen Ökonomie, I. Bd.: Der Produktionsprozeß des Kapitals, 4. Auflage von 1890, in: MEW, Bd. 23, Berlin (DDR) 1971

MEW 24: K. Marx, Das Kapital, Zur Kritik der politischen Ökonomie, II. Bd.: Der Zirkulationsprozeß des Kapitals, herausgegeben von F. Engels, in: MEW, Bd. 24, Berlin (DDR) 1971

MEW 25: K. Marx, Das Kapital, Zur Kritik der politischen Ökonomie, III. Bd.: Der Gesamtprozeß der kapitalistischen Produktion, herausgegeben von F. Engels, in: MEW, Bd. 25, Berlin (DDR) 1970

MEW 26.1, 26.2, 26.3: K. Marx, Theorien über den Mehrwert, in: MEW, Bd. 26.1, 26.2, 26.3, Berlin (DDR) 1971, 1967, 1968

MEW 42: K. Marx, Grundrisse der Kritik der politischen Ökonomie, Rohentwurf 1857-1858, Berlin 2005

Marx, K.: Die ethnologischen Exzerpthefte, in: L. Krader (Hrsg.): Karl Marx. Die ethnologischen Exzerpthefte, Frankfurt/M. 1976

2. Monographien und Aufsätze

Abelshauser, W. (1975): Wirtschaft in Westdeutschland 1945-1948. Rekonstruktion und Wachstum in der amerikanischen und britischen Zone, Stuttgart

Abelshauser, W. (1979): Probleme des Wiederaufbaus der westdeutschen Wirtschaft 1945-1953, in: H.A. Winkler (Hrsg.), Politische Weichenstellungen im Nachkriegsdeutschland 1945-1953, Göttingen

Aldcroft, D.H. (1970): The inter-war Economy. Britain 1919-1939, London

Aldcroft, D.H. (1978): Die zwanziger Jahre. Von Versailles zur Wall Street 1919-1929, München/Harmondsworth, Middlesex

Allen, R.C. (2005): Capital Accumulation, Technical Changes, and the Distribution of Income during the British Industrial Revolution; http://piketty.pse.ens.fr/files/Allen05.pdf

Altvater, E. (1987): Sachzwang Weltmarkt. Verschuldungskrise, blockierte Industrialisierung, ökologische Gefährdung – der Fall Brasilien, Hamburg

Altvater, E. (2010): Der große Krach oder die Jahrhundertkrise von Wirtschaft und Finanzen, von Politik und Natur, Münster

Altvater, E./Mahnkopf, B. (1997): Grenzen der Globalisierung. Ökonomie, Ökologie und Politik in der Weltgesellschaft, Münster

Amin, S. (1975): Die ungleiche Entwicklung. Essay über die Gesellschaftsformationen des peripheren Kapitalismus, Hamburg

Arrighi, G. (2007): Adam Smith in Beijing. Die Genealogie des 21. Jahrhunderts, Hamburg

Arrighi, G. (2009): Die verschlungenen Pfade des Kapitals. Ein Gespräch mit David Harvey, Analysen mit Beverly J. Silver zur Weltgeschichte der Arbeiterbewegung und zu China, Hamburg

Asche, H. (1984): Industrialisierte Dritte Welt? Ein Vergleich von Gesellschaftsstrukturen, Hamburg

Asche, H. (2012): Die Wirtschaft Afrikas seit 1960, in: T. Bierschenk/E. Spies (Hrsg.): 50 Jahre Unabhängigkeit in Afrika. Kontinuitäten, Brüche, Perspektiven, Köln

Aschinger, F.E. (1973): Das Währungssystem des Westens, 2. Aufl., Frankfurt/M.

Aschinger, F.E. (1978): Das neue Währungssystem. Von Bretton Woods bis zur Dollarkrise 1977, Frankfurt/M.

Baar, L. (Hrsg.) (1979): Wirtschaftsgeschichte. Ein Leitfaden, Berlin

Bader, V.M. et al. (1975): Krise und Kapitalismus bei Marx, 2 Bde., Frankfurt/M.

Bairoch, P. (1976): Europe's Gross National Product 1800-1975, in: The Journal of European History, 5

Balassa, B. (1964): The Purchasing Power Parity Doctrin. A Reappraisal, in: Journal of Political Economy, Vol. 72

Baller, S. (2010): Urbanes Afrika. Afrikanische Stadtgeschichte 1500-1900, in: Eckert, A./Grau, I./Sonderegger, A. (Hrsg.): Afrika 1500-1900. Geschichte und Gesellschaft, Wien

Bergmann, Th. (1996): Auf dem langen Marsch. Chinas Weg in die sozialsitische Marktwirtschaft, Hamburg

Bernstein, M.A. (1987): The Great Depression. Delayed Recovery and Economic Change in America, 1929-1939, Cambridge/New York/New Rochelle/Melbourne/Sydney
Binus, G./Landefeld, B./Wehr, A. (2015): Staatsmonopolistischer Kapitalismus, Köln
Bischoff, J. (1993): Staatssozialismus – Marktsozialismus, China als Alternative zum sowjetischen Weg?, Hamburg
Bischoff, J. (1999): Der Kapitalismus des 21. Jahrhunderts. Systemkrise oder Rückkehr zur Prosperität?, Hamburg
Bischoff, J. (2001): Mythen der New Economy. Zur politischen Ökonomie der Wissensgesellschaft, Hamburg
Bischoff, J. (2006): Zukunft des Finanzmarktkapitalismus. Strukturen, Widersprüche, Alternativen, Hamburg
Bischoff, J. (2008): Globale Finanzkrise. Über Vermögensblasen, Realökonomie und die »neue Fesselung« des Kapitals, Hamburg
Bischoff, J. (2009): Jahrhundertkrise des Kapitalismus. Abstieg in die Depression oder Übergang in eine andere Ökonomie?, Hamburg
Bischoff, J. (2012): Die Herrschaft der Finanzmärkte. Politische Ökonomie der Schuldenkrise, Hamburg
Bischoff, J. (2014): Finanzgetriebener Kapitalismus. Entstehung – Krise – Entwicklungstendenzen, Hamburg
Bischoff, J, (2017): Kapitalismus ohne Systemopposition? In: Brie, M./Bischoff, J., Ist der Kapitalismus am Ende? Über Gesellschaftsanalyse, Interregnum, Produktivitätsrätsel und fehlende Systemopposition, Supplement zu Heft 10/2017 von sozialismus.de
Bischoff, J. (2019): Tickende Zeitbombe Finanzmärkte. Bankenkrise, globale Kreditketten und Alternativen im Post-Kapitalismus, Hamburg
Bischoff, J./Detje, R. (1989): Massengesellschaft und Individualität. Krise des »Fordismus« und die Strategie der Linken, Hamburg
Bischoff, J./Detje, R./Lieber, C./Müller, B./Siebecke, G. (2010): Die Große Krise, Finanzmarktcrash – verfestigte Unterklasse – Alltagsbewusstsein – Solidarische Ökonomie, Hamburg
Bischoff, J./Lieber, C. (2013): Die »große Transformation« des 21. Jahrhunderts. Politische Ökonomie des Überflusses versus Marktversagen, Hamburg
Bischoff, J./Steinitz, K. (2016): Götterdämmerung des Kapitalismus, Hamburg
Bischoff, J./Fiehler, F./Krüger, S./Lieber, C. (2017): Vom Kapital lernen. Die Aktualität von Marx' Kritik der politischen Ökonomie, Hamburg
Bischoff, J./Krüger, S./Lieber, C. (2018): Die Anatomie und Zukunft der bürgerlichen Gesellschaft. Wertschöpfung, Mystifizierung und Klassenverhältnisse im modernen Kapitalismus, Hamburg
Bloomfield, A.I. (1959): Monetary Policy under the International Gold Standard, New York
Boes, A./Kämpf, T. (2020): Informatisierung und Emanzipation: Zur Dialektik der Informationsökonomie, in: Das Argument. Zeitschrift für Philosophie und Sozialwissenschaften, Nr. 335
Bombach, G./Ramser, H.-J./Timmermann, M./Wittmann, W. (Hrsg.) (1981): Der Keyne-

sianismus, Bd. I-IV, Berlin/Heidelberg/New York
Braudel, F. (1995): Sozialgeschichte des 15.-18. Jahrhunderts, Bd. 3, München
Brenner, R. (2002): Boom & Bubble. Die USA in der Weltwirtschaft, Hamburg
Brenner, R. (2004): Neuer Boom oder neue Bubble. Ist der gegenwärtige Aufschwung der US-Wirtschaft eine Seifenblase, in: Supplement der Zeitschrift Sozialismus 4/2004
Brentjes, B. (1970): Die orientalische Welt, Berlin
Brie, M. (2017): Wolfgangs Streecks These vom Ende des Kapitalismus, in: Brie, M./ Bischoff, J., Ist der Kapitalismus am Ende? Über Gesellschaftsanalyse, Interregnum, Produktivitätsrätsel und fehlende Systemopposition, Supplement zu Heft 10/2017 von sozialismus.de
Brynjolfson/McAffee (2011): Race against the Machine. How the Digital Revolution is Accelerating Innovation, Driving Productivity, and Irreversibly Transforming Employment and the Economy, Lexington (Mass.)
Brzezinski, Z. (1997): Die einzige Weltmacht: Amerikas Strategie der Vorherrschaft, Frankfurt/M.
Bullan, K. (2017): Südafrika 2017 – Ende einer Epoche?, in: Sozialismus 44, Jgg., Heft Nr. 421
Burchardt, M. (1977): Die Currency-Banking-Kontroverse. Real- und theoriegeschichtlicher Hintergrund des V. Abschnitts im 3. Band des »Kapital«, in: Mehrwert, Beiträge zur Kritik der politischen Ökonomie, Bd. 12, Berlin
Butollo, F./ de Paiva Lareiro, P. (2020): Digitale Revolution? Widersprüche der Produktivkraftentwicklung im Postwachstumskapitalismus, in: Das Argument. Zeitschrift für Philosophie und Sozialwissenschaften, Nr. 335
Campbell, G. (2010): Sklaverei und andere Formen unfreier Arbeit in der Welt des Indischen Ozeans, in: Eckert, A./Grau, I./Sonderegger, A. (Hrsg.): Afrika 1500 – 1900. Geschichte und Gesellschaft, Wien
Cameron, B. (1992): Geschichte der Weltwirtschaft 2: Von der Industrialisierung bis zur Gegenwart, Stuttgart
Cecchini, P. (1988): Europa '92: Der Vorteil des Binnenmarktes, Baden-Baden
Childe, V.G. (1936): Man Makes Himself, Nottingham
Christian, D. (2004): Maps of Time. An Introduction to Big History, Berkeley/Los Angeles
Cockshott/Contrell (2011): Economic planning, computers and labour values, in: http://ricardo.ecn.wfu.edu/contrell/aer.pdf
Crome, E. (2018): Europäische Zukunft mit der NATO? Kontinuitäten und Wandlungen des Militärbündnisses unter dem Vorzeichen der Trump-Administration, in: Sozialismus, 45. Jahrgang, Heft Nr. 432 (9/2018)
Davis, M. (1986): Phoenix im Sturzflug, Berlin
Dehmel, A. (1982): Die besondere Stellung des US-Dollars. Eine Untersuchung zur Entwicklung des Dollars als internationales Zahlungsmittel nach der Freigabe des Goldpreises im Jahre 1971, Frankfurt/M.
Dehmel, A. (1985): Die Struktur der internationalen Liquiditätskrise seit dem ersten Ölpreisschub 1973/4. Ursachen, Schuldner- und Gläubigerstruktur, Lösungsansätze,

Frankfurt a.M./Bern/New York
Detje, R. u.a. (1982): Von der Westzone zum Kalten Krieg. Restauration und Gewerkschaftspolitik im Nachkriegsdeutschland, Hamburg
Deutsche Bundesbank (2004/2008): Die Europäische Wirtschafts- und Währungsunion, verschiedene Auflagen, Frankfurt/M.
Deutsche Bundesbank (07/2018): Die Neuausrichtung der chinesischen Wirtschaft und ihre internationalen Folgen, in: Monatsberichte der Deutschen Bundesbank, Juli 2018
Dillmann, R. (2009): China. Ein Lehrstück über alten und neuen Imperialismus, einen sozialistischen Gegenentwurf und seine Fehler, die Geburt einer kapitalistischen Gesellschaft und den Aufstieg einer neuen Großmacht, Hamburg
Dietrich, H. (1993): Das Arbeitssystem der VR China, Strukturen und Entwicklungstendenzen, in: Mitteilungen aus der Arbeitsmarkt- und Berufsforschung, 1/93
Din Xiaoqin (2019): Die Risiken von Sozialistischer Marktwirtschaft, Staatskapitalismus und neoliberalem Kapitalismus, in: isw Report Nr. 119
Dunn, R.E./Mitchell, L.J. (2015): Panorame. A World History, New York
Duwendag, D./Ketterer, K.-H./Kösters, W./Pohl, R./Simmert, D.B. (1977): Geldtheorie und Geldpolitik. Eine problemorientierte Einführung mit einem Kompendium bankstatistischer Fachbegriffe, 2. Aufl., Köln
Eckert, A. (2010): Transatlantischer Sklavenhandel und Sklaverei in Westafrika, in: Eckert, A./Grau, I./Sonderegger, A. (Hrsg.): Afrika 1500-1900. Geschichte und Gesellschaft, Wien
Eder, K. (Hrsg.) (1973): Seminar: Die Entstehung von Klassengesellschaften, Frankfurt/M.
Eder, K. (1980): Die Entstehung staatlich organisierter Gesellschaften. Ein Beitrag zur Theorie sozialer Evolution, Frankfurt/M.
Eichengreen, B. (2008): The European Economy Since 1945: Co-ordinated Capitalism and Beyond, Princeton University Press
Emminger, O. (1976): Deutsche Geld- und Währungspolitik im Spannungsfeld zwischen innerem und äußerem Gleichgewicht (1948-1975), in: Deutsche Bundesbank (Hrsg.), Währung und Wirtschaft in Deutschland 1976-1975, Frankfurt/M.
Emminger, O. (1987): D-Mark, Dollar, Währungskrisen. Erinnerungen eines ehemaligen Bundesbankpräsidenten, Stuttgart
Faulkner, H.U. (1957): Geschichte der amerikanischen Wirtschaft, Düsseldorf
Federico, G./Tena-Junguito, A. (2016); World Trade 1800-2015, in: http://voxeu.org/article/world-trade-1800-2015
Fischer, D./Lackner, M. (Hrsg.) (2007): Länderbericht China, Bonn
Fitzthum, R. (2018): China verstehen. Vom Aufstieg zur Wirtschaftsmacht und der Eindämmungspolitik der USA, Wien
Frank, A.G. (1969): Kapitalismus und Unterentwicklung in Lateinamerika, Frankfurt/M.
Frank, A.G. (1980): Abhängige Akkumulation und Unterentwicklung. Frankfurt/M.
Friedman, M./Schwartz, A.J. (1973): The Great Contraction1929-1933, Princeton/New Jersey
Garnreiter, F. (2018): Hyperglobalisierung. Die neue Phase der Globalisierung, in: Institut für sozial-ökologische Wirtschaftsforschung (isw): Globaler Wirtschaftskrieg.

Der Aufstieg Chinas. Zerbricht der Westen? isw-Report 115
Giddens, A. (1995): A Contemporary Critique of Historical Materialism, 2nd edition, Hampshire/New York
Glastetter, W. (1975): Außenwirtschaftspolitik. Eine problemorientierte Einführung mit einem Kompendium außenwirtschaftlicher Fachbegriffe, Köln
Goepper, R. (Hrsg.) (1988): Das alte China. Geschichte und Kultur des Reiches der Mitte, München
Goldberg, J. (2008): Überleben im Goldland. Afrika im globalen Kapitalismus, Köln
Goldberg, J. (2015): Die Emanzipation des Südens. Die Neuerfindung des Kapitalismus aus Tradition und Weltmarkt, Köln
Golub, P. (2020): Die neue Weltordnung, in: Le Monde diplomatique vom 11.6.2020
Gramsci, A. (1967): Philosophie der Praxis, Frankfurt/M.
Grossmann, H. (1929): Das Akkumulations- und Zusammenbruchsgesetz des kapitalistischen Systems, Frankfurt/M. 1970
Gurven, M.D./Gomes, C.M. (2017): Mortality, Senescence, and Life, in: Muller, M. et al. (Eds.), Chimpanzees and Human Evolution, Cambridge
Guvenen, F. et al. (2017): Offshore Profit Shilling and Domestic Productivity Measurement, Working Paper 03/2017, Universities of Minnesota and Pennsylvania State
Haberler, G. (1933): Der internationale Handel (Reprint), Berlin/Heidelberg/New York 1970
Haberler, G. (1937): Prosperity and Depression, Harvard
Haberler, G. (1976): Die Weltwirtschaft und das internationale Währungssystem in der Zeit zwischen den beiden Weltkriegen, in: Deutsche Bundesbank, Währung und Wirtschaft in Deutschland 1876-1975, Frankfurt/M.
Habermas, J. (1976): Zur Rekonstruktion des Historischen Materialismus, Frankfurt/M.
Haller, H. (1976): Die Rolle der Staatsfinanzen für den Inflationsprozeß, in: Deutsche Bundesbank: Währung und Wirtschaft in Deutschland 1876-1975, Frankfurt/M.
Hankel, W. (1992): Dollar und ECU, Leitwährungen im Wettstreit, Frankfurt/M.
Hansmeyer, K.-H./Caesar, R. (1976): Kriegswirtschaft und Inflation, in: Deutsche Bundesbank: Währung und Wirtschaft in Deutschland 1876-1975, Frankfurt/M.
Harbach, H. (2011): Wirtschaft ohne Markt. Transformationsbedingungen für ein neues System der gesellschaftlichen Arbeit, Berlin
Hardach, G. (1973): Der Erste Weltkrieg, München/Harmondsworth, Middlesex
Harvey, D. (2012): Kapitalismuskritik. Die urbanen Wurzeln der Finanzkrise. Den antikapitalistischen Übergang organisieren, Hamburg
Haug, W.F. (2020): Online Kapitalismus. Eine forschende Auseinandersetzung mit Staabs »Digitalem Kapitalismus«, in: Das Argument. Zeitschrift für Philosophie und Sozialwissenschaften, Nr. 335
Heinrich, M. (2007): Die Wissenschaft vom Wert. Die Marxsche Kritik der Politischen Ökonomie zwischen wissenschaftlicher Revolution und klassischer Tradition, 4. überarb. und erw. Auflage, Münster
Heinsohn, G./Steiger, O. (2010): Eigentum, Zins und Geld: Ungelöste Probleme der Wirtschaftswissenschaft, Marburg
Heitmeyer, W. (Hrsg.) (2010): Deutsche Zustände. Folge 8, Frankfurt/M.

Hermann-Pillath, C. (1993): China: Paradoxe Transformation oder Modell, in: Berichte des Bundesinstituts für ostwissenschaftliche und internationale Studien, Nr. 3/1993
Herr, H. (1986): Geld, Kredit und ökonomische Dynamik in marktvermittelten Ökonomien – die Vision einer Geldwirtschaft, München
Herr, H. (1992): Geld, Währungswettbewerb und Währungssysteme. Theoretische und historische Analyse der internationalen Geldwirtschaft, Frankfurt/New York
Herr, H./Voy, K. (1989): Währungskonkurrenz und Deregulierung der Weltwirtschaft, Entwicklungen und Alternativen der Währungspolitik der Bundesrepublik und der Europäischen Gemeinschaften (EWS), Marburg
Herrmann, J./Sellnow, I. (1982): Produktivkräfte und Gesellschaftsformationen in vorkapitalistischer Zeit, Berlin (DDR)
Hilferding, R. (1923): Das Finanzkapital, Frankfurt/M. 1968
Hobsbawm, Eric (1964): Marx on pre-Capitalist Formations, in: Karl Marx, Pre-Capitalist Economic Formations (the Grundrisse), translated by Jack Cohen, introduced and edited by E. J. Hobsbawm, London, S. 9-65
Hobsbawm, E. (1969): Industrie und Empirie. Britische Wirtschaftsgeschichte seit 1750, 2 Bde., Frankfurt/M.
Hobsbawm, E. (1981): Die Krise des Kapitalismus, in: Krisen der kapitalistischen Weltökonomie, Reinbek/Hamburg
Hobsbawm, E. (1989): Das imperiale Zeitalter 1875-1914, Frankfurt/New York
Hobsbawm, E. (2012): Das Zeitalter der Extreme. Weltgeschichte des 20. Jahrhunderts, München
Hoering, U. (2018): Der Lange Marsch 2.0. Chinas Neue Seidenstraßen als Entwicklungsmodell, Hamburg
Hounshell, D. (1985): From the American System to Mass Production, 1800-1932. The Development of Manufacturing Technology in the United States, Baltimore
Hübner, K. (1989): Theorie der Regulation. Eine kritische Rekonstruktion eines neuen Ansatzes der Politischen Ökonomie, Berlin
Jakowlew, N.N. (1977): Franklin D. Roosevelt. Eine politische Biographie, Berlin
James, H. (1988): Deutschland in der Weltwirtschaftskrise 1924-1936, Stuttgart
Jürgens, U. (2020): Arbeit und Automatisierung in der Automobilindustrie; erscheint demächst
Keiser, G. (1979): Die Energiekrise und die Strategie der Energiesicherung, München
Keynes, J.M. (1919): Die wirtschaftlichen Folgen des Friedensvertrages, München/Leipzig 1920
Keynes, J.M. (1925): Die wirtschaftlichen Folgen von Mr. Churchill, in: Mattfeldt, H., Keynes, Kommentierte Werkauswahl, Hamburg 1985
Keynes, J.M. (1930): A Treatise an Money; deutsch: Vom Gelde, Berlin 1931
Keynes, J.M. (1931): Gedanken über den Freihandel, in: Wirtschaftsdienst, Weltwirtschaftliche Nachrichten, hrsg. vom Hamburger Welt-Wirtschafts-Archiv, 16. Jahrgang
Keynes, J.M. (1933): Nationale Selbstgenügsamkeit, in: Mattfeld, H.: Keynes. Kommentierte Werkauswahl, Hamburg 1985
Keynes, J.M. (1936): General Theory of Employment, Interest and Money; deutsch: Allgemeine Theorie der Beschäftigung, des Zinses und des Geldes, Berlin 1936

Keynes, J.M. (1937): The General Theory of Employment, in: J.M. Keynes, Collected Writings, Vol. XIV, London 1973

Keynes, J.M. (1943): Proposals for an International Clearing Union, in: H.G. Grubel (Hrsg.), World Monetary Reform, Plans and Issues, Stanford (Cal.) 1963

Kindleberger, C.P. (1973): Die Weltwirtschaftskrise, München

Klein, D. (2019): Zukunft oder Ende des Kapitalismus? Eine kritische Diskursanalyse in turbulenten Zeiten, Hamburg

Kleinknecht, A. (1984): Innovation Patterns in Crisis and Prosperity: Schumpeter's Long Cycle reconsidered, Enschede

Köhler, C. (1979): Geldwirtschaft, 2. Bd.: Zahlungsbilanz und Wechselkurs, Berlin

Köhler, C. (1983): Geldwirtschaft, 3. Bd.: Wirtschaftspolitische Ziele und wirtschaftspolitische Strategie, Berlin

Köhler, C. (1990): Internationalökonomie. Ein System offener Volkswirtschaften, Berlin

Kondratieff, N.D. (1926): Die langen Wellen der Konjunktur, in: Die langen Wellen der Konjunktur. Beiträge zur marxistischen Konjunktur- und Krisentheorie, Berlin 1972

Kondratieff, N.D. (1928): Die Preisdynamik der industriellen und landwirtschaftlichen Waren, in: Die langen Wellen der Konjunktur. Beiträge zur marxistischen Konjunktur- und Krisentheorie, Berlin (West) 1972

Krüger, H.-P. (1984): Werte und Weltmarkt. Zur Bildung und Realisierung internationaler Werte, Berlin (DDR)

Krüger, S. (1986): Lange-Wellen-Theorien. Ein Beitrag zur Analyse der langfristigen Entwicklungstendenzen der Kapitalakkumulation, in: Prokla/SPW/Sozialismus/ Memorandum/IMSF: Kontroversen zur Krisentheorie. Überakkumulation, Verschuldung, Nachfragepolitik und Alternativen, Hamburg

Krüger, S. (1988): Konjunktur und Krise. Bundesrepublik 1950-1997: Kritik der Volkswirtschaftlichen Gesamtrechnung, Supplement der Zeitschrift Sozialismus 7-8

Krüger, S. (2007): Konjunkturzyklus und Überakkumulation. Wert, Wertgesetz und Wertrechnung für die Bundesrepublik Deutschland, Hamburg

Krüger, S. (2008): Finanzmarktkrise: Der Umschlag des Kredit- in das Monetarsystem. Einordnung in langfristige Entwicklungstendenzen der Kapitalakkumulation, in: Bischoff, J./S. Krüger/K.G. Zinn, Finanzkrise, Überakkumulation und die Rückkehr des Staates, Supplement der Zeitschrift Sozialismus 12

Krüger, S. (2009): Geld und Geldware. Der Außen- und der Binnenwert des Geldes, in: Knolle-Grothusen, A./Krüger, S./Wolf, D., Geldware, Geld und Währung. Grundlagen zur Lösung des Problems der Geldware, Berlin

Krüger, S. (2010): Allgemeine Theorie der Kapitalakkumulation. Konjunkturzyklus und langfristige Entwicklungstendenzen, Hamburg

Krüger, S. (2012a): Politische Ökonomie des Geldes. Gold, Währung, Zentralbankpolitik und Preise, Hamburg

Krüger, S. (2012b): Keynes & Marx. Darstellung und Kritik der »General Theory«, Bewertung keynesianischer Wirtschaftspolitik, Linker Keynesianismus und Sozialismus, Hamburg

Krüger, S. (2015): Entwicklung des deutschen Kapitalismus. Beschäftigung, Zyklus, Mehrwert, Profitrate, Kredit, Weltmarkt, Hamburg

Krüger, S. (2016): Wirtschaftspolitik und Sozialismus. Vom politökonomischen Minimalkonsens zur Überwindung des Kapitalismus, Hamburg

Krüger, S. (2017a): Soziale Ungleichheit. Private Vermögensbildung, sozialstaatliche Umverteilung und Klassenanalyse, Hamburg

Krüger, S. (2017b): Mit Informationstechnologie zum postkapitalistischen Anarchismus. Masons Potpourri aus Marx, Cyber-Voodoo und Antikapitalismus, in: Sozialismus, 44 Jg., Heft 7/8

Krüger, S. (2019): Profitraten und Kapitalakkumulation in der Weltwirtschaft. Arbeits- und Betriebsweisen seit dem 19. Jahrhundert und der bevorstehende Epochenwechsel, Hamburg

Krüger, S. (2020): Grundeigentum, Bodenrente und die Ressourcen der Erde. Relativierung der Knappheit und Grüner New Deal, Hamburg

Krüger, S./Lieber, C. (2016): Freiheit statt Feudalismus. Gegen Sahra Wagenknechts Autismus in der linken Strategiediskussion, in: Sozialismus, 42. Jg., Heft 6

Krüger, S./Müller, K. (2020): Das Geld im 21. Jahrhundert. Die Aktualität der Marxschen Wert- und Geldtheorie, Köln

Krumbein, W. (2018): Staatsfinanzierung durch Notenbanken! Theoretische Grundlagen, historische Beispiele und aktuelle Konzeptionen einer großen Steuerungschance, Marburg

Küblböck, K./Staritz, C. (Hrsg.) (2008): Asienkrise: Lektionen gelernt? Finanzmärkte und Entwicklung, Hamburg

Kulischer, J. (1958): Allgemeine Wirtschaftsgeschichte des Mittelalters und der Neuzeit, 2 Bde., Berlin

Lechner, H.H. (1988): Währungspolitik, Berlin/New York

Leisewitz, A./Schwarz, W. (2019): Geschlechterverhältnisse und Engels' »Ursprung der Familie, des Privateigentums und des Staates« (Teil I und II), in: Z. Zeitschrift Marxistische Erneuerung, 30. Jahrgang, Nr. 120 und 122

Lipietz, A. (1983): The Enchanted World, Inflation, Credit and the World Crisis, Paris

Li, W./Fumin, S./Lei, Z. (2010): China's Economy, Beijing

Losurdo, D. (2016): Der Klassenkampf oder Die Wiederkehr des Verdrängten? Eine politische und philosophische Geschichte, Köln

Lutz, B. (1984): Der kurze Traum immerwährender Prosperität. Eine Neuinterpretation der industriell-kapitalistischen Entwicklung im Europa des 20. Jahrhunderts, Frankfurt/New York

Lu, J./Teulings, C. (2016): Secular Stagnation, Bubbles, Fiscal Policy, and the Introduction of the Contraceptive Pill, London

Lukács, G. (1982): Die Zerstörung der Vernunft, Berlin (DDR)

Luxemburg, R. (1921/1975): Die Akkumulation des Kapitals. Ein Beitrag zur ökonomischen Erklärung des Imperialismus, Berlin

LW 1: W.I. Lenin, Die Entwicklung des Kapitalismus in Russland: in: Lenin-Werke (LW), Bd. 1, Berlin (DDR) 1972

LW 9: W.I. Lenin, Zwei Taktiken der Sozialdemokratie in der demokratischen Revolution, in: LW 9, Berlin (DDR) 1971

LW 22: W.I. Lenin, Der Imperialismus als höchstes Stadium des Kapitalismus, in: LW

22, Berlin (DDR) 1972
Maaß, G. (1968): Die Rolle des Pfund Sterlings in der Weltwirtschaft seit dem Zweiten Weltkrieg, Tübingen
Maddison, A. (1989): Economic Growth in Japan and the USSR, London
Mahnkopf, B. (2013): Peak Everything – Peak Capitalism. Folgen der sozial-ökologischen Krise für die Dynamik des historischen Kapitalismus, Working Paper 02/2013 der DFG-KollegforscherInnengruppe Postwachstumsgesellschaften
Maito, E.E. (2009): The Historical Transience of Capital. The downward Trend in the Rate of Profit since XIX Century; https://thenextrecession.files.wordpress.com/2014/04/maito-esteban-the-historical-transience-of-capital-the-downward-tren-in-the-rate-of-profit-since-xix-century.pdf
Mandel, E. (1962): Der Spätkapitalismus. Versuch einer marxistischen Erklärung, Frankfurt/M.
Mandel, E. (1983): Die langen Wellen des Kapitalismus. Eine marxistische Erklärung, Frankfurt/M.
Mao Zedong (1968): Über den Widerspruch, Berlin (DDR).
Mao Zedong (1976): Über Dialektik, Berlin (DDR)
Marris, S. (1986): Defizite und der Dollar. Die Weltwirtschaft in Gefahr, Hamburg
Mason, P. (2016): Postkapitalismus. Grundrisse einer kommenden Ökonomie, Berlin
Matis, H. (1988): Das Industriesystem, Wirtschaftswachstum und sozialer Wandel im 19. Jahrhundert, Wien
Mensch, G. (1977): Das technologische Patt. Innovationen überwinden die Depression, Frankfurt/M.
Milanović, B. (2020): Kapitalismus Global. Über die Zukunft des Systems, das die Welt beherrscht, Berlin
Milward, A.S. (1977): Der Zweite Weltkrieg, München/Harmondsworth, Middlesex
Möller, H. (1976): Die westdeutsche Währungsreform, in: Deutsche Bundesbank, Währung und Wirtschaft in Deutschland 1876-1975, Frankfurt/M.
Morris, I. (2010): Why the West Rules – for Now. The patterns of history and what they reveal about the future, London
Morris, I. (2013): The Measure of Civilization. How Social Development Decides the Fate of Nations, London
Müller, W. (2021): Die Rätsel Chinas – Wiederaufsteig einer Weltmacht. Digitale Infrastruktur, Staatskapitalismus oder sozialistische Marktwirtschaft? Hamburg
Neelsen, J.P. (2019): Indien – Global Player der Dritten Welt. Vom Armenhaus zum Schwellenland und zukünftiger Weltwirtschaftsmacht, in: Sozialismus, 46. Jg., Heft Nr. 437 (2/2019)
Ohlin, B. (1971): Interregional and International Trade (Economic Studies), Harvard
Okishio, N. (1961): Technical Changes and the Rate of Profit; deutsch: Technische Veränderungen und Profitrate, in: H.G. Nutzinger/E. Wolfstetter (Hrsg.), Die Marxsche Theorie und ihre Kritik. Eine Textsammlung zur Kritik der politischen Ökonomie, 2 Bde., Frankfurt a.M./New York 1974
Otto, A./Bischoff, J. u.a. (1984): Grundsätze der Politischen Ökonomie. Der zweite Entwurf des »Kapital« (MEGA), Hamburg

Paech, N. (2015): Befreiung vom Überfluss. Auf dem Weg in die Postwachstumsökonomie, 8. Aufl., München

Paetz, M./Ehnts, D. (2019): Die Modern Monetary Theory – ein Überblick, in Sozialismus.de, 46. Jgg., Heft 443 (9/2019)

PEM (1973): Projektgruppe Entwicklung des Marxschen Systems, Das Kapitel vom Geld. Interpretation der verschiedenen Entwürfe, Berlin

PEM (1975): Projektgruppe Entwicklung des Marxschen Systems, Der 4. Band des »Kapital«? Kommentar zu den »Theorien über den Mehrwert«, Berlin

PEM (1978): Projektgruppe Entwicklung des Marxschen Systems, Grundrisse der Kritik der politischen Ökonomie (Rohentwurf). Kommentar, Hamburg

Peters, H. (2015): Der »Sozialismus chinesischer Prägung« aus Sicht der Reform- und Öffnungspolitik der KP Chinas, in: W. Hedeler/M. Keßler (Hrsg.): Reformen und Reformer im Kommunismus, Hamburg

Pfleiderer, O. (1976): Die Reichsbank in der Zeit der großen Inflation, die Stabilisierung der Mark und die Aufwertung von Kapitalforderungen, in: Deutsche Bundesbank, Währung und Wirtschaft in Deutschland, Frankfurt/M. 1976

Piketty, T. (2014): Das Kapital im 21. Jahrhundert, München

Piketty, T. (2020): Kapital und Ideologie, München

PKA (1976a): Projekt Klassenanalyse, Gesamtreproduktionsprozeß der BRD 1950-1975. Kritik der Volkswirtschaftlichen Gesamtrechnung, Berlin

PKA (1976b): Klassen und Klassenkämpfe in den USA 1950-1975, in: Beiträge zum wissenschaftlichen Sozialismus, Heft 3, Berlin

PKA (1976c): Projekt Klassenanalyse, Von de Gaulle zur Volksfront. Klassen und Klassenkämpfe in Frankreich 1950-1975, in: Beiträge zum wissenschaftlichen Sozialismus, Heft 4, Berlin

PKA (1977a): Projekt Klassenanalyse, Klassenstruktur in den Metropolen des Kapitals, in: Beiträge zum wissenschaftlichen Sozialismus, Heft 3, Hamburg/Westberlin

PKA (1977b): Projekt Klassenanalyse, Großbritannien 1945-1975: Das Ende des britischen Empire, in: Beiträge zum wissenschaftlichen Sozialismus, Heft 1, Hamburg/Westberlin

Pohl, H. (1989): Aufbruch der Weltwirtschaft. Geschichte der Weltwirtschaft von der Mitte des 19. Jahrhunderts bis zum Ersten Weltkrieg, Stuttgart

Polanyi, K. (1957): The Great Transformation. Politische und ökonomische Ursprünge von Gesellschaften und Wirtschaftssystemen, Wien

Pollock, F. (1929): Die planwirtschaftlichen Versuche in der Sowjetunion 1917-1927, Frankfurt/M.

Pomrehn, W. (2018) nach http://www.heise.de/tp/news

Quesnay, F. (1971): Ökonomische Schriften (2 Bde.), Berlin (DDR)

Quetzal (o.J.): Quetzal. Politik und Kultur in Lateinamerika. Online Magazin, in: www.quetzal-leipzig.de

Räth et al. (2006): Räth, N./Braakmann, A., Vergleichbare Zeitreihen der Volkswirtschaftlichen Gesamtrechnungen – Revidierte Ergebnisse 1970 bis 1991 für das frühere Bundesgebiet, in: Wirtschaft und Statistik, Heft 10/2006

Rechtziegler, E./Bernt, H./Kannapin, K. (1978): Energie- und Rohstoffprobleme im

heutigen Kapitalismus, in: IPW-Forschungshefte, Nr. 2, Berlin (DDR)
Reffert-Schönemann, D.M. (1984): Die Welt-Währungsordnung. Von den festen zu den flexiblen Wechselkursen – und wie geht es weiter?, Frankfurt/M.
Ricardo, D. (1810/1979): The high Price of Bullion. A Proof of the Depreciation of Banknotes; deutsch: Der hohe Preis der Edelmetalle, in: K. Diehl/P. Mombert (Hrsg.), Vom Gelde. Ausgewählte Lesestücke zum Studium der politischen Ökonomie, Frankfurt/Wien/Berlin 1979
Ricardo, D. (1821/1959): Principles of Political Economy and Taxation; deutsch: Grundsätze der politischen Ökonomie und der Besteuerung, Berlin (DDR) 1959
Richter, W. (2018): Erneuerung der nuklearen Abschreckung, SWP-Aktuell, März 2018
Riese, H. (1983): Wirtschaftspolitik in einer Geldwirtschaft. Theoretische Grundlagen und praktische Fragen, unveröffentlichtes Manuskript, Berlin
Riese, H. (1986): Theorie der Inflation, Tübingen
Roberts, M. Blog; ssion.wordpress.com/2014/04/23/a-world-rate-of-profit-revisited-with-maito-and-piketty/
Roberts, M. (2015); UK Rate of Profit and British Economic History; https://thenextrecession.files.wordpress.com/2015/09/uk-rate-of-profit-august-2015.pdf
Robinson, J. (1949): An Essay on Marxian Economics, London
Robinson, J. (1958): Die Akkumulation des Kapitals, Frankfurt/Berlin/Wien 1972
Robinson, J. (1961): Prelude to a Critique of Economic Theory, in: Oxford Economic Papers, Vol. 13, No. 1
Robinson, J. (1971): Economic Heresies. Some old fashioned Questions in Economic Theory, New York
Robinson, J. (1979): The Generalisation of the General Theory, London and Basingstoke
Roesler, J. (2010): Der schwierige Weg in eine solidarische Wirtschaft, Historische Erfahrungen aus Weltwirtschaftskrise und New Deal, in: Supplement der Zeitschrift Sozialismus 9/2010
Rostowski, J. (1997): Comparing two Great Depressions: 1929 to 1989-93, in: Zecchini, S.: Lessons from the Economic Transition. Central and Eastern Europe in the 1990s
Roth, B. (1983): Xenofinanzmärkte, Zinsentwicklung und internationale Finanzkrise, in: Zirkular der »Arbeitsgruppe Alternative Wirtschaftspolitik«, Nr. 1, Bremen
Samuelson, P. (1964): Volkswirtschaftslehre, Band II, Köln
Sanio, E. (1978): Geld und Währung. Aktuelle Probleme, Frankfurt/M.
Saslawskaja, T. (1989): Die Gorbatschow-Strategie, Wien
Schauzu, M. (2018): Wie Fluchtursachen geschaffen werden – Über die Widersprüche in der Afrikapolitik der EU (unveröffentlichtes Manuskript)
Scheid, H.J. (1987): Weltwirtschaftliche Auswirkungen der amerikanischen Haushalts- und Leistungsbilanzdefizite, Köln
Scherrer, C. (2019): Direkte Konfrontation statt Umzingelung. US-Handelspolitik unter Trump mit China, in: Prokla, 49. Jg., Heft 194 (1/2019)
Schlesinger Jr., A. (1957): The Crisis of the Old Order 1919-1933, Bd. 1, Boston/New York
Schlesinger Jr., A. (2003a): The Politics of Upheaval, Bd. 2, Boston/New York
Schlesinger Jr., A. (2003b): The Coming of the New Deal, Bd. 3, Boston/New York

Schmalz, S. (2018): Machtverschiebungen im Weltsystem. Der Aufstieg Chinas und die große Krise, Frankfurt/M./New York
Schmid, F. (2018): Trumps Wirtschaftskrieg gegen China, in: Institut für sozial-ökologische Wirtschaftsforschung (isw): Globaler Wirtschaftskrieg. Der Aufstieg Chinas. Zerbricht der Westen? isw-Report 115
Schmidt, I./Zimmermann, A. (2019): Population dynamics and socio-spatial organization of the Aurignacian: Scalable quantitative demographic data for western and central Europe, in: PlusOne14(2): https://journals.plos.org/plosone/article?id=10.13781/journal.pone.0211562
Schoeller, W. (1976): Weltmarkt und Reproduktion des Kapitals, Frankfurt/Köln
Schubert, A. (1985): Die internationale Verschuldung. Die Dritte Welt und das transnationale Bankensystem, Frankfurt/M.
Schulmeister, S. (2010): Mitten in der großen Krise – ein »New Deal« für Europa, Wien
Schulmeister, S. (2018): Der Weg zur Prosperität, Wien
Schumpeter, J.A. (1911): Theorie der wirtschaftlichen Entwicklung. Eine Untersuchung über Unternehmergewinn, Kapital, Kredit, Zins und den Konjunkturzyklus, Berlin 1964
Schumpeter, J.A. (1939): Konjunkturzyklen, 2. Bde., Göttingen 1961
Sellnow. I. et al. (1977): Weltgeschichte bis zur Herausbildung des Feudalismus, Berlin (DDR)
Shams, R. (1985): Wechselkurstheorie und Wechselkurspolitik, München/Wien
Shiller, R.J. (2005): Irrational Exuberance, 2nd ed., Princeton/Oxford
Smith, A. (1786/1963): An Inquiry into the Nature and Causes of the Wealth of Nations; dtsch: Eine Untersuchung über das Wesen und die Ursachen des Reichtums der Nationen. Erster, zweiter und dritter Band, Berlin (DDR) 1963 ff.
SOST (1979a): Sozialistische Studiengruppen, Gold, Preise, Inflation, Hamburg
SOST (1979b): Sozialistische Studiengruppen, Nationalkapital der BRD auf dem Weltmarkt. Die Zahlungsbilanz der BRD 1950-1978, Hamburg
SOST (1980a): Sozialistische Studiengruppen, Spaltung der Arbeiterbewegung und Faschismus. Sozialgeschichte der Weimarer Republik, Hamburg
SOST (1980b): Sozialistische Studiengruppen, Erdöl und Energiekrise, in: Beiträge zum wissenschaftlichen Sozialismus, Heft 2, Hamburg
SOST)(1981a): Sozialistische Studiengruppen, »Deutsche Ideologie«. Kommentar, Hamburg
SOST (1981b): Sozialistische Studiengruppen, Kapitalistische Weltwirtschaft, Hamburg
SOST (1982): Sozialistische Studiengruppen, Stagnation und Krise. Langfristige Tendenzen der kapitalistischen Ökonomie, Hamburg
SOST (1982/83): Sozialistische Studiengruppen, Kampf um Industrierohstoffe? Zur langfristigen Entwicklung von Rohstoffpreisen, Teil 1 und 2, in: Sozialismus Nr. 44/1982 und Nr. 45/1983, Hamburg
SOST (1988): Sozialistische Studiengruppen, Die amerikanische Illusion. Wege aus der Verschuldung?, in: Sozialismus 12/1988, Hamburg
Srnicek, N. (2018): Plattform-Kapitalismus, Hamburg
Staab, P. (2016): Falsche Versprechen. Wachstum im digitalen Kapitalismus, Hamburg

Staab, P. (2019): Digitaler Kapitalismus. Markt und Herrschaft in der Ökonomie der Unknappheit, Berlin
Stäglin, R./D. Edler/J. Schintke (1992): Der Einfluss der gesamtwirtschaftlichen Nachfrageaggregate auf die Produktions- und Beschäftigungsstruktur. Eine quantitative Input-Output-Analyse, in: DIW-Beiträge zur Strukturforschung 127/2
Streeck, W. (2013): Gekaufte Zeit. Die vertagte Krise des demokratischen Kapitalismus, Berlin
Streeck, W. (2015):Wie wird der Kapitalismus enden? Teil I und II, in: Blätter für deutsche und international Politik, Heft 3 und 4/2015
Swanepoel, C.J./van Dyk, J. (1978): The fixed capital stock and sectoral capital-output ratios of South Africa, 1946 to 1977; k.co.za/Lists/News and Publications/Attachments/5267/04The fixed capital stock and sectoral capital-output ratios of South Africa, 1946 to 1977.pdf
Teulings, C./Baldwin, R. (2014): Secular Stagnation: Facts, Causes, and Cures, London
Tobin, J. (1978): Grundsätze der Geld- und Staatsschuldenpolitik, Baden-Baden
Tooke, T. (1844): An Inquiry into the Currency Principle. The Connection of the Currency with Prices, and the Expediency of a Separation of issue from banking, London
Tooze, A. (2018a): Crashed. Wie zehn Jahre Finanzkrise die Welt verändert haben, München
Tooze, A. (2018b): Mythen über die Finanzkrise 2008. Über eine vergessene Geschichte und was daraus hätte gelernt werden können, in: Sozialismus.de, 10/2018
Traber, U. (1984): Monetäre und reproduktive Akkumulation – Anmerkungen zu Hyman P. Minsky, in: Prokla 57, 14. Jg.
Treue, W. (Hrsg.) (1967): Deutschland in der Weltwirtschaftskrise in Augenzeugenberichten, Düsseldorf
Triffin, R. (1961): Gold and the Dollar Crisis. The Future of Convertibility, New Haven
Trofimov, I. (2018): The secular decline in profit rates: time series analysis of a classical hypothesis; MPRA Paper No. 88248, posted 31 July 2018; https://mpra.ub.uni-muenchen.de/88248
UNCTAD (2017): Trade and Development Report 2017
Varga, E. (1974): Die Krise des Kapitalismus und ihre politischen Folgen, Frankfurt/M.
Viner, J. (1955): Studies in the Theory of International Trade, London
Voy, K./Polster, W./Thomasberger, C. (Hrsg.) (1991): Marktwirtschaft und politische Regulierung. Beiträge zur Wirtschafts- und Gesellschaftsgeschichte der Bundesrepublik Deutschland (1949-1989) Bd. 1, Marburg
Wagenführ, R. (1933): Die Industriewirtschaft, in: Wagemann, E. (Hrsg.), Vierteljahreshefte zur Konjunkturforschung, Sonderheft Nr. 31, Berlin
Wagenknecht, S. (2016): Reichtum ohne Gier. Wie wir uns vor dem Kapitalismus retten, Frankfurt/New York
Wallerstein, I. (1974): The Modern World-System. Capitalist Agriculture and the Origins of the European World-Economy in the 16th Century, New York/London
Wallerstein, I. (2004): Absturz oder Sinkflug des Adlers? Der Niedergang der amerikanischen Macht, Hamburg
Wallerstein, I./Hopkins, T. (1979): Grundzüge der Entwicklung des modernen Welt-

systems – Entwurf für ein Forschungsvorhaben, in: D. Senghaas (Hrsg.), Kapitalistische Weltökonomie, Frankfurt/M.

Wandel, E. (1980): Die Entwicklung der Bank deutscher Länder und die deutsche Währungsreform 1948. Die Rekonstruktion des westdeutschen Geld- und Währungssystems 1945-1949 unter Berücksichtigung der amerikanischen Besatzungspolitik, Frankfurt/M.

Weber, Max (1972): Wirtschaft und Gesellschaft, Tübingen

Wee, H. van der (1984): Der gebremste Wohlstand. Wiederaufbau, Wachstum, Strukturwandel 1945-1980, München

Wehr, A. (2010): Griechenland, die Krise und der Euro, Köln

Wickizer, V.D./Bennett, M.K. (1941): The Rice Economy of Moonsoon Asia, Stanford/Cal.

Wittvogel, A. (1938): Die Theorie der orientalischen Gesellschaft, in: Zeitschrift für Sozialforschung

Wontroba, G./Menzel, U. (1978): Stagnation und Unterentwicklung in Korea, Meisenheim

Woolridge, P.D. (2006): Veränderte Zusammensetzung von Währungsreserven, in: Bank für Internationalen Zahlungsausgleich, Quartalsbericht, September 2006

Woytinsky, W.S. (1961): Stormy Passage. A Personal History through two Russian Revolutions to Democracy and Freedom, 1905-1960, New York

Zander, E./Richter, S. (1992): China am Wendepunkt zur Marktwirtschaft? Mit einer Einführung in die wichtigsten Phasen der chinesischen Politik und Geschichte, Heidelberg

Ziebura, G. (1984): Weltwirtschaft und Weltpolitik 1922/24-1931. Zwischen Rekonstruktion und Zusammenbruch, Frankfurt/M.

Ziegler, A. (2020): Die neuen Maschinensysteme des Hightech-Kapitalismus. Zum Fundament von Tech-Unternehmen, in: Das Argument. Zeitschrift für Philosophie und Sozialwissenschaften, Nr. 335

Zinn, K.G. (1986): Arbeit, Konsum, Akkumulation. Versuch einer integralen Kapitalismusanalyse von Keynes und Marx, Hamburg

Zinn, K.G. (2008): Die Keynessche Alternative. Beiträge zur Keynesschen Stagnationstheorie, zur Geschichtsvergessenheit der Ökonomik und zur Frage einer linken Wirtschaftsethik, Hamburg

3. Statistische Materialien

Bank of England, www.bankofengland.co.uk/mfsd/iadb/fromshowcolumns.asp
Bank of Japan, Balance of Payments, versch. Jahrgänge
BIZ versch. Jahre: Bank für Internationalen Zahlungsausgleich, Jahresberichte, versch. Jahrgänge
Bureau of Statistics
Deutsche Bundesbank (1976): Deutsches Geld- und Bankwesen in Zahlen 1876-1975, Frankfurt/M.
Deutsche Bundesbank, Jahresabschlüsse der Unternehmen in der Bundesrepublik Deutschland, versch. Jgg. (seit 1965)
Deutsche Bundesbank (1988): 40 Jahre Deutsche Mark. Monetäre Statistiken 1948-1987, Frankfurt/M.
Deutsche Bundesbank, Zahlungsbilanzstatistik, in: Statistisches Beiheft zum Monatsbericht 3
Deutsche Bundesbank, Geschäftsberichte, versch. Jgg.
Deutsche Bundesbank, Monatsberichte der Deutschen Bundesbank
Deutsche Bundesbank, Statistische Beihefte zu den Monatsberichten der Deutschen Bundesbank, Reihe 2: Wertpapierstatistik
Deutsche Bundesbank, Statistische Beihefte zu den Monatsberichten der Deutschen Bundesbank, Reihe 4: Saisonbereinigte Wirtschaftszahlen
Deutsche Bundesbank, Zahlenübersichten und methodische Erläuterungen zur gesamtwirtschaftlichen Finanzierungsrechung der Deutschen Bundesbank 1960 bis 1977, Sonderdruck der Deutschen Bundesbank
Deutsches Institut für Wirtschaftsforschung, DIW-Wochenberichte
Deutsches Institut für Wirtschaftsforschung, Sozialprodukt und Einkommenskreislauf, Vierteljährliche Volkswirtschaftliche Gesamtrechnung für die Bundesrepublik Deutschland
Economic Report of the President
Europäische Zentralbank, Jahresberichte, versch. Jgg.
Europäische Zentralbank, Monatsberichte
FRED: Federal Reserve Bank of St. Louis, Economic Research; https://fred.stlouisfed.org/series/RKNANPUSA666NRUG
Hoffmann, W.G. (1965): Das Wachstum der deutschen Wirtschaft seit Mitte des 19. Jahrhunderts, Berlin/Heidelberg/New York
https://tagesgeld.info/statistiken/bilanzsummen-der-zentralbanken/
https://www.onvista.de/index/S-P-500-Index
ifo-Institut, Spiegel der Wirtschaft, Economic Indicators, Struktur und Konjunktur in Bild und Zahl, versch. Jahrgänge
IISS (http://iiss.org)
INSEE, National Accounts
Institute of Empirical Economic Research nach EZB-Daten
International Monetary Fund, Balance of Payments Yearbooks, versch. Jahrgänge
International Monetary Fund, International Financial Statistics, versch. Jahrgänge

Istat, National Accounts, Database
Länderbericht China
Länderrat der Amerikanischen Besatzungszone: Statistisches Handbuch von Deutschland 1928-1944
League of Nations, Statistical Yearbooks
Maddison Historical Statistics: https://www.rug.nl/ggdc/historicaldevelopment/maddison/releases/maddison-project-database-2018
McKinsey Global Institute, Institute of International Finance (IIF)
Mitchell, B.R. (1978): European Historical Statistics 1750-1970, New York
Monatsberichte der Tokioter Börse, https://www.onvista.de/index/Nikkei-Index
National Bureau of Economic Research (www.nber.org/databasis/macrohistory)
Nihon Keizai Shimbun
OECD, Economic Survey USA, versch. Jahrgänge
OECD, Economic Survey United Kingdom, versch. Jahrgänge
OECD, Economic Survey France, versch. Jahrgänge
OECD, Economic Survey Japan, versch. Jahrgänge
OECD, Balance of Payments of OECD-Countries, versch. Jahrgänge
Organization for Economic Cooperation and Development (OECD), Economic Outlook
Organization for Economic Cooperation and Development (OECD), OECD Statistics: http://stats.oecd.org/
Rosstat: Statistical Office of the Russian Federation
Sachverständigenrat zur Begutachtung der gesamtwirtschaftlichen Entwicklung, Jahresgutachten 2017/18
Statista; https://de.statista.com/
Statistical Abstract of the United States 1988
Statistisches Bundesamt, Wirtschaft und Statistik
Statistisches Bundesamt, Statistisches Jahrbuch der Bundesrepublik Deutschland, versch. Jahrgänge
Statistisches Bundesamt, Statistik des Auslands, versch. Jahrgänge
Statistisches Bundesamt, Volkswirtschaftliche Gesamtrechnungen, in: Fachserien N, Reihe 3 (Sonderbeiträge): Revidierte Zahlen ab 1950
Statistisches Bundesamt, Volkswirtschaftliche Gesamtrechnungen, in: Fachserie 18, Reihe 1: Konten und Standardtabellen, versch. Jahrgänge
Statistisches Bundesamt, Lange Reihen zur Wirtschaftsentwicklung, versch. Jahrgänge
South Africa Reserve Bank
Swanepoel/van Dyk (1977)
The Economist
UNCTAD: https://unctad.org/
United Nations: https://www.un.org/
United Nations DESA Population Division
United States Department of Commerce, Long Term Economic Growth 1860-1965, Washington
United States Department of Commerce, Historical Statistics of the United States, Colonial Times to 1970, Washington

United Nations Organization (UNO), International Trade Statistics
US Census: Census Bureau: https://www.census.gov
Weltbank-Daten: World Bank: https://data.worldbank.org/indicator/gnp
Wikipedia: https://www.wikipedia.de/
World Gold Council: www.gold.org/
World Population Prospects (2017)
World Trade Organization (WTO), http://stat.wto.org/Statistical Program/ WSDBViewData.asp
Woytinski, W.S./Woytinski, E.S. (1955): World Commerce and Governments 20th Century Fund, New York
www.agendastrategica.com.ar
www.gks.ru
www.morefromlessbook.com/data

Verzeichnis der Abbildungen und Tabellen

Abbildungen

Tabellen

VSA: Marxistische Theorie

Karl Marx
Das Kapital
Kritik der politischen Ökonomie | Erster Band
Buch I: Der Produktionsprozess des Kapitals
Neue Textausgabe, bearbeitet und herausgegeben von Thomas Kuczynski
800 Seiten | Hardcover mit USB-Card | € 19.80
ISBN 978-3-89965-777-7
Diese Neuausgabe basiert auf jenem sorgfältigen Vergleich der zweiten deutschen und der französischen Ausgabe des »Kapital«, den Marx gefordert hat, aber nicht mehr vornehmen konnte, und vereint erstmals die Vorzüge der beiden Ausgaben.

Stephan Krüger
Grundeigentum, Bodenrente und die Ressourcen der Erde
Die Relativierung der Knappheit und Umrisse eines linken Green New Deal
408 Seiten | mit farbigen Infografiken | € 29.80
ISBN 978-3-96488-076-5
Grund und Boden als nicht vermehrbare natürliche Ressource ist für alle Menschen essentiell, wie sich vor allem an der Brisanz der Wohnungsfrage zeigt. Stephan Krüger bezieht übergreifende Zusammenhänge der Bodennutzung und des Raumgefüges ein und entwickelt eine nachhaltige sozial-ökologische Transformationsstrategie.

Stephan Krüger
Profitraten und Kapitalakkumulation in der Weltwirtschaft
Arbeits- und Betriebsweisen seit dem 19. Jahrhundert und der bevorstehende Epochenwechsel
344 Seiten | durchgehend mit farbigen Abbildungen | € 24.80
ISBN 978-3-96488-023-9
Ist mit der Etablierung von internationalen Netzwerkstrukturen bereits eine neue gesellschaftliche Betriebsweise und damit das Ende des Kapitalismus in Sicht? Stephan Krügers Analyse der Entwicklungen der nationalen Profitraten sowie ihre zukünftigen Entwicklungsperspektiven kann darüber Auskunft geben.

VSA:

Prospekte/Warenkorb:

VSA: Verlag
St. Georgs Kirchhof 6
20099 Hamburg
Tel. 040/28 09 52 77-10
Fax 040/28 09 52 77-50
Mail: info@vsa-verlag.de

www.vsa-verlag.de